本书是国家社会科学基金重大项目"中国社会景气与社会信心研究:理论与方法"(批准号:18ZDA164)的结项成果

社会景气与总体性社会情绪

理论、方法与数据分析

张彦 李中 李汉林 著

中国社会科学出版社

图书在版编目（CIP）数据

社会景气与总体性社会情绪 ：理论、方法与数据分析 / 张彦，李中，李汉林著. -- 北京 ：中国社会科学出版社，2024. 5. -- ISBN 978-7-5227-3718-8

Ⅰ. C912.63

中国国家版本馆 CIP 数据核字第 20240M97G2 号

出 版 人	赵剑英
责任编辑	姜阿平
责任校对	韩海超
责任印制	张雪娇

出　　版	中国社会科学出版社
社　　址	北京鼓楼西大街甲 158 号
邮　　编	100720
网　　址	http://www.csspw.cn
发 行 部	010 - 84083685
门 市 部	010 - 84029450
经　　销	新华书店及其他书店
印刷装订	北京君升印刷有限公司
版　　次	2024 年 5 月第 1 版
印　　次	2024 年 5 月第 1 次印刷
开　　本	710 × 1000　1/16
印　　张	68.5
插　　页	2
字　　数	1121 千字
定　　价	398.00 元

凡购买中国社会科学出版社图书，如有质量问题请与本社营销中心联系调换
电话：010 - 84083683
版权所有　侵权必究

目 录

第一章　从社会景气到总体性社会情绪 ………………………………… 1

第二章　总体性社会情绪：理论、方法与操作化 ……………………… 10
　一　概念与方法 ……………………………………………………… 12
　　（一）社会情绪与总体性社会情绪 ……………………………… 12
　　（二）总体性社会情绪的结构与功能 …………………………… 18
　　（三）研究的方法 ………………………………………………… 22
　二　研究的操作化 …………………………………………………… 27
　　（一）满意度 ……………………………………………………… 30
　　（二）社会信任与社会信心 ……………………………………… 31
　三　影响因素分析 …………………………………………………… 33
　　（一）意见领袖与参照群体 ……………………………………… 33
　　（二）意识形态 …………………………………………………… 35
　　（三）社会记忆 …………………………………………………… 37
　　（四）集体意识与社会团结 ……………………………………… 40
　　（五）结构紧张 …………………………………………………… 41
　　（六）地位的不一致性 …………………………………………… 43
　四　讨论与思考 ……………………………………………………… 45

第三章　1987年的调查 ………………………………………………… 54
　一　结构背景 ………………………………………………………… 54
　二　调查数据与量表 ………………………………………………… 57
　　（一）调查的抽样方法与样本情况 ……………………………… 57

（二）量表及其制作 …………………………………………… 59
　三　对总体性社会情绪的分析 ………………………………… 72
　　（一）总体性社会情绪的生成与描述 ………………………… 72
　　（二）总体性社会情绪和各个子量表的状况与分析 ………… 73
　　（三）社会期望值的状况与分析 …………………………… 103
　　（四）社会期望值与总体性社会情绪的关系 ……………… 111
　四　小结 ………………………………………………………… 113

第四章　1993年的调查 ……………………………………… 116
　一　结构背景 …………………………………………………… 116
　二　调查数据与量表 …………………………………………… 119
　　（一）问卷的样本与抽样 …………………………………… 119
　　（二）量表及其制作 ………………………………………… 124
　三　对总体性社会情绪的分析 ………………………………… 133
　　（一）总体性社会情绪的生成与描述 ……………………… 134
　　（二）总体性社会情绪和各个子量表的状况与分析 ……… 135
　　（三）社会期望值的状况与分析 …………………………… 168
　　（四）社会期望值与总体性社会情绪的关系 ……………… 176
　四　小结 ………………………………………………………… 177

第五章　2001年的调查 ……………………………………… 181
　一　结构背景 …………………………………………………… 181
　二　调查数据与量表 …………………………………………… 184
　　（一）调查的抽样方法与样本情况 ………………………… 184
　　（二）量表及其制作 ………………………………………… 185
　三　对总体性社会情绪的分析 ………………………………… 194
　　（一）总体性社会情绪的生成与描述 ……………………… 195
　　（二）总体性社会情绪和各个子量表的状况与分析 ……… 196
　　（三）社会期望值的状况与分析 …………………………… 238
　　（四）社会期望值与总体性社会情绪的关系 ……………… 247
　四　小结 ………………………………………………………… 249

第六章　2012年的调查 ····· 253
一　结构背景 ····· 253
二　核心概念的操作化 ····· 258
（一）总体性社会情绪及其测量 ····· 258
（二）社会期望值及测量 ····· 263
三　量表检验与指数构建 ····· 265
（一）量表的信效度检验 ····· 265
（二）总体性社会情绪指数和社会期望值的计算 ····· 272
四　样本抽样与特征分析 ····· 273
五　数据分析 ····· 274
（一）总体性社会情绪现状及其影响分析 ····· 274
（二）社会期望值现状及其影响分析 ····· 360
（三）社会期望值与总体性社会情绪的关系 ····· 378
六　小结 ····· 393

第七章　2013年的调查 ····· 396
一　结构背景 ····· 396
二　核心概念的操作化 ····· 398
（一）总体性社会情绪及其测量 ····· 399
（二）社会期望值及其测量 ····· 403
三　量表检验与指数构建 ····· 404
（一）量表的信效度检验 ····· 404
（二）总体性社会情绪指数和社会期望值的计算 ····· 411
四　样本抽样与特征分析 ····· 412
五　数据分析 ····· 414
（一）总体性社会情绪及其三维度的状况与分析 ····· 414
（二）社会期望值的状况与分析 ····· 489
（三）社会期望值与总体性社会情绪的关系 ····· 502
六　小结 ····· 528

第八章　2014年的调查 ····· 533
一　结构背景 ····· 533

二　核心概念的操作化……534
　（一）总体性社会情绪及其测量……535
　（二）社会期望值及测量……538
三　量表检验与指数构建……539
　（一）量表的信效度检验……539
　（二）总体性社会情绪指数和社会期望值的计算……547
四　样本抽样与特征分析……548
五　总体性社会情绪与社会期望值的现状及变动……550
　（一）总体性社会情绪的分析……554
　（二）社会期望值的分析……587
　（三）总体性社会情绪与社会期望值的关系……595
六　小结……600

第九章　2015年的调查……603

一　结构背景……603
二　核心概念的操作化……606
　（一）总体性社会情绪及其测量……606
　（二）社会期望值及测量……610
三　量表检验与指数构建……611
　（一）量表的信效度检验……611
　（二）总体性社会情绪指数和社会期望值的计算……618
四　样本抽样与特征分析……619
五　总体性社会情绪现状及变动趋势……620
　（一）满意度……624
　（二）社会信任……641
　（三）社会信心的比较与分析……649
六　社会期望值现状及变动趋势……657
　（一）社会期望值的变动……657
　（二）社会期望值的群体差异……657
　（三）主观社会经济地位与社会期望值……660
　（四）社会关系与社会期望值……661
七　社会期望值与总体性社会情绪的关系……663

（一）社会期望值与满意度、社会信任和社会信心的关系 …… 663
　　（二）满意度与社会信心的关系 …… 663
　八　小结 …… 666

第十章　2016年的调查 …… 670
　一　结构背景 …… 670
　二　核心概念的操作化 …… 672
　　（一）总体性社会情绪及其测量 …… 672
　　（二）社会期望值及测量 …… 676
　三　量表检验与指数构建 …… 677
　　（一）量表的信效度检验 …… 677
　　（二）总体性社会情绪指数和社会期望值的计算 …… 683
　四　样本抽样与特征分析 …… 684
　五　总体性社会情绪现状及变动趋势 …… 686
　　（一）满意度 …… 688
　　（二）社会信任 …… 702
　　（三）社会信心 …… 710
　六　社会期望值现状及变动趋势 …… 717
　　（一）社会期望值的波动 …… 718
　　（二）社会期望值的群组差异 …… 719
　　（三）主观社会经济地位与社会期望值 …… 720
　七　社会期望值与总体性社会情绪 …… 721
　　（一）满意度与社会信心 …… 721
　　（二）社会期望值与总体性社会情绪 …… 723
　八　小结 …… 724
　　（一）经济结构失衡与心理结构紧张 …… 726
　　（二）贫富差距过大与社会发展乏力 …… 728
　　（三）未来预期不足与焦虑情绪蔓延 …… 730

第十一章　2017年的调查 …… 734
　一　结构背景 …… 734
　二　数据来源、操作化说明 …… 738

（一）数据来源 738
　　（二）操作化说明 739
　三　数据分析 743
　　（一）总体性社会情绪的状况与分析 743
　　（二）总体性社会情绪各子量表的状况与分析 754
　　（三）社会期望值与总体性社会情绪 773
　四　小结 780

第十二章　2019年的调查 783
　一　结构背景 783
　二　数据来源、操作化说明 787
　　（一）数据来源 787
　　（二）操作化说明 788
　三　数据分析 795
　　（一）总体性社会情绪的状况与分析 796
　　（二）总体性社会情绪各子量表的状况与分析 808
　　（三）社会期望值与总体性社会情绪 821
　四　小结 828

第十三章　2021年的调查 831
　一　结构背景 831
　二　数据来源、操作化说明 836
　　（一）数据来源 836
　　（二）操作化说明 837
　三　数据分析 844
　　（一）总体性社会情绪的状况与分析 845
　　（二）总体性社会情绪各子量表的状况与分析 854
　　（三）社会期望值与总体性社会情绪 870
　四　小结 878

第十四章　总体性社会情绪的趋势分析 882
　一　总体性社会情绪的变化趋势：1987—2021年 882

二　变化趋势的进一步分析：基于年龄—时期—世代模型……………889
　　（一）数据、变量与方法……………………………………………890
　　（二）实证结果………………………………………………………893
　　（三）稳健性检验……………………………………………………921
　三　小结…………………………………………………………………924

第十五章　总体性社会情绪的结构分析……………………………………926
　一　理论模型……………………………………………………………926
　　（一）微观—宏观勾连机制…………………………………………926
　　（二）当下—未来勾连机制…………………………………………935
　二　数据和变量…………………………………………………………951
　　（一）数据来源………………………………………………………951
　　（二）变量说明………………………………………………………951
　三　实证结果……………………………………………………………953
　　（一）描述性分析……………………………………………………953
　　（二）相关性分析……………………………………………………956
　　（三）共同方法偏差检验……………………………………………957
　　（四）回归分析………………………………………………………957
　　（五）稳健性检验……………………………………………………961
　　（六）异质性分析……………………………………………………963
　四　小结…………………………………………………………………966

第十六章　从社会景气到组织景气：一种中观的分析……………………968
　一　组织景气与中观分析………………………………………………968
　二　理论思考与分析框架………………………………………………972
　　（一）文献综述………………………………………………………975
　　（二）中国组织中工作环境的制度背景……………………………980
　　（三）中国组织工作环境的理论背景与框架………………………985
　　（四）组织景气（工作环境）的分析性框架………………………1000
　　（五）组织景气（工作环境）的操作化……………………………1003
　三　组织景气（工作环境）与总体性社会情绪………………………1007
　　（一）数据来源………………………………………………………1008

（二）操作化 …………………………………………………… 1009
　　（三）统计结果 …………………………………………………… 1010

第十七章　社会景气与总体性社会情绪：简短的结论与思考………… 1016

参考文献 ……………………………………………………………… 1031

表目录

表 2-1　总体性社会情绪得分说明 …………………………………… 49
表 3-1　样本与总体在若干指标上的比较 ……………………………… 58
表 3-2　期望与期望实现的程度和满意度 ……………………………… 60
表 3-3　满意度量表的操作化 …………………………………………… 62
表 3-4　对满意度量表的 KMO 和巴特利特球形检验 ………………… 62
表 3-5　对满意度量表的验证性因素分析 ……………………………… 62
表 3-6　对满意度量表的结构性特征的描述（n=2301）……………… 63
表 3-7　社会信任和社会信心量表的操作化 …………………………… 65
表 3-8　对信任和信心量表的 KMO 和巴特利特球形检验 …………… 65
表 3-9　对信任和信心量表的验证性因素分析 ………………………… 66
表 3-10　对信任和信心量表的结构性特征的描述（n=2348）………… 67
表 3-11　社会期望值量表的操作化 ……………………………………… 70
表 3-12　对社会期望值量表的 KMO 和巴特利特球形检验 …………… 70
表 3-13　对社会期望值量表的验证性因素分析 ………………………… 70
表 3-14　对社会期望值量表的结构性特征的描述（n=2297）………… 71
表 3-15　总体性社会情绪的结构性特征的描述（n=2280）…………… 73
表 3-16　满意度在人口学变量上的差异分布 …………………………… 74
表 3-17　文化程度与月收入水平的列联表 ……………………………… 76
表 3-18　满意度在单位特征上的差异分布 ……………………………… 77
表 3-19　满意度在职业上的差异分布 …………………………………… 79
表 3-20　社会身份与满意度的回归分析 ………………………………… 80
表 3-21　满意度在主观社会地位上的差异分布 ………………………… 82
表 3-22　主观社会地位在满意度上的多元比较检验 …………………… 83

表 3-23	各项自然社会特征与主观社会地位的回归分析	83
表 3-24	信任和信心在人口学变量上的差异分布	88
表 3-25	信任和信心在单位特征上的差异分布	90
表 3-26	信任和信心在职业上的差异分布	91
表 3-27	社会身份与信任和信心的回归分析	92
表 3-28	信任和信心在主观社会地位上的差异分布	94
表 3-29	主观社会地位在信任和信心上的多元比较检验	94
表 3-30	总体性社会情绪在人口学变量上的差异分布	95
表 3-31	总体性社会情绪在单位特征上的差异分布	98
表 3-32	总体性社会情绪在职业上的差异分布	99
表 3-33	社会身份与总体性社会情绪的回归分析	101
表 3-34	总体性社会情绪在主观社会地位上的差异分布	102
表 3-35	主观社会地位在总体性社会情绪上的多元比较检验	103
表 3-36	社会期望值在人口学变量上的差异分布	104
表 3-37	社会期望值在单位特征上的差异分布	106
表 3-38	社会期望值在职业上的差异分布	108
表 3-39	社会身份与社会期望值的回归分析	109
表 3-40	社会期望值在主观社会地位上的差异分布	110
表 3-41	主观社会地位在社会期望值上的多元比较检验	110
表 3-42	社会期望值与总体性社会情绪及其子量表的相关分析	112
表 3-43	社会期望值与总体性社会情绪的路径分析模型中的统计值	112
表 4-1	1985—1994 年外商对中国的直接投资额	117
表 4-2	1984—1994 年城镇就业者中国有部门员工的比重	117
表 4-3	样本城市的城市规模	121
表 4-4	1990 年全国城市在业人口人口学特征的分布状况及与样本的比较	123
表 4-5	1991 年全国城市在业人口所有制结构状况及与样本的比较	123
表 4-6	满意度量表的操作化	125
表 4-7	对满意度量表的 KMO 和巴特利特球形检验	126
表 4-8	对满意度量表的验证性因素分析	126
表 4-9	对满意度量表的结构性特征的描述（n=3122）	127
表 4-10	社会信任和社会信心量表的操作化	128

表 4-11	对信任和信心量表的 KMO 和巴特利特球形检验	129
表 4-12	对信任和信心量表的验证性因素分析	129
表 4-13	对信任和信心量表的结构性特征的描述（n=2761）	130
表 4-14	社会期望值量表的操作化	131
表 4-15	对社会期望值量表的 KMO 和巴特利特球形检验	132
表 4-16	对社会期望值量表的验证性因素分析	132
表 4-17	对社会期望值量表的结构性特征的描述（n=3126）	133
表 4-18	总体性社会情绪的结构性特征的描述（n=2720）	135
表 4-19	满意度在人口学变量上的差异分布	136
表 4-20	满意度在单位和工作特征上的差异分布	138
表 4-21	社会身份与满意度的回归分析	142
表 4-22	满意度在主观社会地位上的差异分布	144
表 4-23	主观单位中的地位在满意度上的多元比较检验	144
表 4-24	主观社会中的地位在满意度上的多元比较检验	145
表 4-25	各项自然社会特征与主观社会中的地位的回归分析	147
表 4-26	各项自然社会特征与主观单位中的地位的回归分析	149
表 4-27	信任和信心在人口学变量上的差异分布	151
表 4-28	信任和信心在单位和工作特征上的差异分布	153
表 4-29	社会身份与信任和信心的回归分析	157
表 4-30	信任和信心在主观社会地位上的差异分布	158
表 4-31	主观单位中的地位在信任和信心上的多元比较检验	158
表 4-32	主观社会中的地位在信任和信心上的多元比较检验	158
表 4-33	总体性社会情绪在人口学变量上的差异分布	160
表 4-34	总体性社会情绪在单位和工作特征上的差异分布	162
表 4-35	社会身份与总体性社会情绪的回归分析	165
表 4-36	总体性社会情绪在主观社会地位上的差异分布	167
表 4-37	主观单位中的地位在总体性社会情绪上的多元比较检验	167
表 4-38	主观社会中的地位在总体性社会情绪上的多元比较检验	167
表 4-39	社会期望值在人口学变量上的差异分布	169
表 4-40	社会期望值在单位和工作特征上的差异分布	171

表4-41	社会身份和社会期望值的回归分析	174
表4-42	社会期望值在主观社会地位上的差异分布	175
表4-43	主观单位中的地位在社会期望值上的多元比较检验	175
表4-44	主观社会中的地位在社会期望值上的多元比较检验	175
表4-45	社会期望值与总体性社会情绪及其子量表的相关分析	176
表4-46	社会期望值与总体性社会情绪的路径分析模型中的统计值	177
表5-1	满意度量表的操作化	187
表5-2	对满意度量表的KMO和巴特利特球形检验	187
表5-3	对满意度量表的验证性因素分析	187
表5-4	对满意度量表的结构性特征的描述（n=1445）	188
表5-5	社会信任和社会信心量表的操作化	189
表5-6	对信任和信心量表的KMO和巴特利特球形检验	190
表5-7	对信任和信心量表的验证性因素分析	190
表5-8	对信任和信心量表的结构性特征的描述（n=1422）	191
表5-9	社会期望值量表的操作化	192
表5-10	对社会期望值量表的KMO和巴特利特球形检验	193
表5-11	对社会期望值量表的验证性因素分析	193
表5-12	对社会期望值量表的结构性特征的描述（n=1348）	194
表5-13	总体性社会情绪的结构性特征的描述（n=1304）	195
表5-14	满意度在人口学变量上的差异分布	197
表5-15	满意度在单位特征上的差异分布	200
表5-16	满意度在社会身份上的差异分布	201
表5-17	地位不一致性量表的操作化	203
表5-18	对地位不一致性量表的KMO和巴特利特球形检验	204
表5-19	对地位不一致性量表的验证性因素分析	204
表5-20	对地位不一致性量表的结构性特征的描述（n=1349）	204
表5-21	地位不一致与满意度的相关分析	205
表5-22	地位不一致与满意度的回归分析	206
表5-23	低补偿和回报感量表的操作化	207
表5-24	对低补偿和回报感量表的KMO和巴特利特球形检验	208

表 5-25	对低补偿和回报感量表的验证性因素分析	208
表 5-26	对低补偿和回报感量表的结构性特征的描述（n=1286）	208
表 5-27	低补偿和回报感与满意度的相关分析	210
表 5-28	低补偿和回报感与满意度的回归分析	210
表 5-29	满意度在主观社会地位上的差异分布	211
表 5-30	主观单位中的地位在满意度上的多元比较检验	212
表 5-31	主观社会中的地位在满意度上的多元比较检验	212
表 5-32	各项自然社会特征与主观社会中的地位的回归分析	215
表 5-33	各项自然社会特征与主观单位中的地位的回归分析	217
表 5-34	信任与信心在人口学变量上的差异分布	219
表 5-35	信任和信心在单位特征上的差异分布	222
表 5-36	信任和信心在社会身份上的差异分布	222
表 5-37	地位不一致与信任和信心的相关分析	224
表 5-38	地位不一致与信任和信心的回归分析	225
表 5-39	低补偿和回报感与信任和信心的相关分析	225
表 5-40	低补偿和回报感与信任和信心的回归分析	226
表 5-41	信任和信心在主观社会地位上的差异分布	227
表 5-42	主观单位中的地位在信任和信心上的多元比较检验	227
表 5-43	主观社会中的地位在信任和信心上的多元比较检验	227
表 5-44	总体性社会情绪在人口学变量上的差异分布	229
表 5-45	总体性社会情绪在单位特征上的差异分布	231
表 5-46	总体性社会情绪在社会身份上的差异分布	232
表 5-47	地位不一致与总体性社会情绪的相关分析	234
表 5-48	地位不一致与总体性社会情绪的回归分析	234
表 5-49	低补偿和回报感与总体性社会情绪的相关分析	235
表 5-50	低补偿和回报感与总体性社会情绪的回归分析	236
表 5-51	总体性社会情绪在主观社会地位上的差异分布	236
表 5-52	主观单位中的地位在总体性社会情绪上的多元比较检验	237
表 5-53	主观社会中的地位在总体性社会情绪上的多元比较检验	237

表 5-54	社会期望值在人口学变量上的差异分布	239
表 5-55	社会期望值在单位特征上的差异分布	241
表 5-56	社会期望值在社会身份上的差异分布	242
表 5-57	地位不一致与社会期望值的相关分析	244
表 5-58	地位不一致与社会期望值的回归分析	244
表 5-59	低补偿和回报感与社会期望值的相关分析	245
表 5-60	低补偿和回报感与社会期望值的回归分析	246
表 5-61	社会期望值在主观社会地位上的差异分布	246
表 5-62	主观单位中的地位在社会期望值上的多元比较检验	247
表 5-63	主观社会中的地位在社会期望值上的多元比较检验	247
表 5-64	社会期望值与总体性社会情绪及其子量表的相关分析	248
表 5-65	社会期望值与总体性社会情绪的路径分析模型中的统计值	249
表 6-1	满意度的测量	260
表 6-2	社会信任的测量	261
表 6-3	社会信心的测量	262
表 6-4	社会期望值的测量	265
表 6-5	总体性社会情绪与社会期望值的验证性因子分析	266
表 6-6	总体性社会情绪与人们对社会总体发展水平的感受的方差分析	269
表 6-7	社会期望值与人们对社会总体发展水平的感受的方差分析	271
表 6-8	被访者人口学变量情况（n=8070）	273
表 6-9	总体性社会情绪三维度的描述性分析与 Shapley 值分解	275
表 6-10	总体性社会情绪指数在各项社会自然特征上的均值分布	277
表 6-11	主观经济地位在总体性社会情绪指数上的多元比较检验	281
表 6-12	主观社会地位在总体性社会情绪指数上的多元比较检验	282
表 6-13	受访者在主观经济地位与相对经济地位间的分布	283
表 6-14	受访者在主观社会地位与相对社会地位间的分布	283

表 6-15	社会态度与总体性社会情绪指数	288
表 6-16	受访者的职业声望与经济收入排名	293
表 6-17	受访者在主观经济地位与客观经济地位间的分布	294
表 6-18	受访者在主观社会地位与客观社会地位间的分布	294
表 6-19	满意度在社会性层面各事项上的回归分析	297
表 6-20	满意度在个体性层面各事项上的回归分析	298
表 6-21	社会性事项满意度在各项自然社会特征上的均值分布	300
表 6-22	个体性事项满意度在各项自然社会特征上的均值分布	302
表 6-23	主观经济地位在满意度上的多元比较检验	304
表 6-24	主观社会地位在满意度上的多元比较检验	305
表 6-25	满意度在社会参与上的均值分布	306
表 6-26	社会参与量表的因子分析	307
表 6-27	社会参与量表的可靠性检验	308
表 6-28	关于社会参与的多元回归分析	308
表 6-29	满意度在社会关系上的均值分布	310
表 6-30	社会关系量表的因子分析	311
表 6-31	社会关系量表的可靠性检验	312
表 6-32	关于社会关系状况的多元回归分析	312
表 6-33	关于满意度与社会经济地位的多元回归分析	319
表 6-34	对政府执政能力的信任度在各项自然社会特征上的均值分布	323
表 6-35	对政府职能部门的信任度在各项自然社会特征上的均值分布	325
表 6-36	社会信任分析所使用变量的描述性统计	331
表 6-37	社会信任两维度的多元回归分析（对控制变量的解释）	333
表 6-38	社会信任两维度的多元回归分析（第一种解释）	334
表 6-39	社会信任两维度的多元回归分析（第二种解释）	337
表 6-40	社会信任两维度的多元回归分析（第三种解释）	338
表 6-41	社会信任两维度的多元回归分析（第四种解释）	340
表 6-42	社会保护与社会信任的t检验	342
表 6-43	社会关系与社会信任的方差检验	345
表 6-44	社会发展预期与对社会发展现状满意度的列联表	355

表 6-45	经济发展预期与对经济发展现状满意度的列联表	355
表 6-46	个人收入预期与对收入现状满意度的列联表	355
表 6-47	个人发展机会预期与对发展机会现状满意度的列联表	356
表 6-48	社会期望值在各项社会自然特征上的均值分布	361
表 6-49	与单位内同事相比的社会地位与经济收入	363
表 6-50	与社会上其他人相比的社会地位与经济收入	363
表 6-51	对个人经济收入的现实满意度与未来预期	364
表 6-52	对个人社会地位的现实满意度与未来预期	364
表 6-53	主观经济地位与社会期望值的多元比较检验	365
表 6-54	主观社会地位与社会期望值的多元比较检验	366
表 6-55	社会期望值和社会关系的方差检验	368
表 6-56	社会态度与社会期望值的差异分析	372
表 6-57	以社会期望值为因变量的多元回归分析	376
表 6-58	社会期望值对满意度的影响回归模型	379
表 6-59	社会期望值对满意度的影响：主观经济地位的中介作用	381
表 6-60	社会期望值对社会信任的影响	383
表 6-61	社会期望值对社会信任的影响：社会态度和社会参与的中介作用	385
表 6-62	社会期望值对社会信心的影响	387
表 6-63	社会期望值对总体性社会情绪的影响：主观经济地位的调节作用	389
表 6-64	社会期望值对社会信心的内在影响机制	392
表 7-1	满意度的测量题目	400
表 7-2	社会信任的测量题目	401
表 7-3	社会信心的测量题目	402
表 7-4	社会期望值的测量题目	403
表 7-5	总体性社会情绪与社会期望值的验证性因子分析	405
表 7-6	总体性社会情绪、社会期望值与人们对社会总体发展水平的感受的方差分析	408
表 7-7	被访者人口学变量情况（n=7114）	413

表 7-8	总体性社会情绪三维度的描述性分析与 Shapley 值分解 ……	415
表 7-9	总体性社会情绪指数在各项社会自然特征上的均值分布 ……	419
表 7-10	主观经济地位在总体性社会情绪指数上的多元比较检验 ……	424
表 7-11	主观社会地位在总体性社会情绪指数上的多元比较检验 ……	425
表 7-12	受访者在主观经济地位与相对经济地位间的分布 ……	426
表 7-13	受访者在主观社会地位与相对社会地位间的分布 ……	426
表 7-14	社会态度与总体性社会情绪指数 ……	431
表 7-15	社会性和个体性事项满意度在各项社会自然特征上的均值分布 ……	438
表 7-16	对相关事项的满意度与未来预期 ……	440
表 7-17	基本社会保险享有与单位所有制的列联表 ……	442
表 7-18	受访者收入不平等的特征 ……	443
表 7-19	地区间个人月收入水平的多重比较 ……	444
表 7-20	社会态度与满意度的方差分析 ……	448
表 7-21	社会信任三个维度的描述性分析 ……	453
表 7-22	对政府执行能力和职能部门信任度在各项社会自然特征上的均值分布 ……	455
表 7-23	城镇居民对各级地方政府的信任度评价 ……	457
表 7-24	社会关系与受访者的社会信任的方差分析 ……	465
表 7-25	主观经济地位在社会信任上的多元比较检验 ……	467
表 7-26	主观社会地位在社会信任上的多元比较检验 ……	467
表 7-27	受教育程度、月收入和社会信任 ……	468
表 7-28	社会性事项和个体性事项的信心在各项社会自然特征上的均值分布 ……	471
表 7-29	基本社会保险享有状况与消费预期（更换大宗家电）……	480
表 7-30	基本社会保险享有状况与消费预期（买房）……	480
表 7-31	基本社会保险享有状况与消费预期（买车）……	480
表 7-32	基本社会保险享有状况与消费预期（外出旅游）……	481
表 7-33	社会关系与受访者社会信心的方差分析 ……	483

表 7-34	社会态度与社会信心的方差分析	485
表 7-35	社会期望值在各项社会自然特征上的均值分布	490
表 7-36	主观经济地位在社会期望值上的多元比较检验	494
表 7-37	主观社会地位在社会期望值上的多元比较检验	494
表 7-38	主观社会经济地位与社会期望值的列联表	495
表 7-39	社会期望值对满意度及其二维度的影响	502
表 7-40	社会期望值对满意度的影响：月收入和单位类型的调节效应	504
表 7-41	社会期望值对满意度的影响：主观经济地位的中介效应	507
表 7-42	社会期望值对社会信任的影响：有调节效应	509
表 7-43	社会期望值对社会信任的影响：社会参与的中介效应	512
表 7-44	社会期望值对社会信心的影响	514
表 7-45	社会期望值对社会信心的影响回归模型	515
表 7-46	社会期望值对社会信心的影响：社会和谐的中介效应	519
表 7-47	社会期望值对总体性社会情绪的影响回归模型	521
表 7-48	社会期望值对总体性社会情绪的影响：社会参与和社会态度的中介效应	525
表 7-49	满意度对社会信心的影响：社会信任的中介效应	527
表 7-50	中国居民恩格尔系数（1978—2012）	532
表 8-1	满意度的测量题目	536
表 8-2	社会信任的测量题目	537
表 8-3	社会信心的测量题目	538
表 8-4	社会期望值的测量题目	539
表 8-5	总体性社会情绪与社会期望值的验证性因子分析	541
表 8-6	总体性社会情绪、社会期望值与人们对社会总体发展水平的感受的方差分析	544
表 8-7	受访者人口学变量情况	549
表 8-8	总体性社会情绪三维度的描述性分析与 Shapley 值分解	550
表 8-9	不同群组民众总体性社会情绪指数的方差分析	552
表 8-10	不满意度水平与人们期望值及其实现程度的变化	555
表 8-11	对社会性事项满意度影响因素的夏普利值分解	558

表8-12 对个体性事项满意度影响因素的夏普利值分解 …… 560
表8-13 不同群组民众有关满意度状况的方差分析 …… 562
表8-14 不同社会参与状况的民众的满意度差异 …… 564
表8-15 关于社会参与的多元回归分析 …… 565
表8-16 对社会信任影响因素的夏普利值分解 …… 569
表8-17 信息获取方式对社会信任的影响 …… 572
表8-18 2014年对社会性事项的信心状况影响因素的夏普利值分解结果 …… 580
表8-19 对个体性事项的信心状况影响因素的夏普利值分解结果 …… 581
表8-20 不同群组民众有关社会信心状况的方差分析 …… 584
表8-21 以社会信心为因变量的多元线性回归统计结果 …… 586
表8-22 不同群组民众有关社会期望值状况的方差分析 …… 590
表8-23 主观经济地位在社会期望值上的多元比较检验 …… 593
表8-24 主观社会地位在社会期望值上的多元比较检验 …… 594
表8-25 以社会期望值为因变量的多元线性回归统计结果和夏普利值分解结果 …… 594
表8-26 以总体性社会情绪为因变量的多元线性回归统计结果 …… 596
表9-1 满意度的测量题目 …… 607
表9-2 社会信任的测量题目 …… 608
表9-3 社会信心的测量题目 …… 609
表9-4 社会期望值的测量题目 …… 611
表9-5 总体性社会情绪与社会期望值的验证性因子分析 …… 612
表9-6 总体性社会情绪、社会期望值与人们对社会总体发展水平的满意度的方差分析 …… 614
表9-7 被访者人口学变量情况 …… 620
表9-8 总体性社会情绪三维度的描述性分析与Shapley值分解 …… 621
表9-9 总体性社会情绪指数年度比较的显著性检验 …… 622
表9-10 总体性社会情绪指数在各项社会自然特征上的均值分布 …… 623
表9-11 对社会性事项的满意度指数年度比较的显著性检验 …… 627
表9-12 以对社会性事项的满意度为因变量的相关影响因素夏普利值分解 …… 628

表 9-13	对个体性事项的满意度指数年度比较的显著性检验	630
表 9-14	以对个体性事项的满意度为因变量的相关影响因素夏普利值分解	630
表 9-15	不同群组民众有关满意度状况的方差分析	632
表 9-16	不同社会关系认知状况下的满意度	634
表 9-17	关于社会关系状况的多元回归分析	635
表 9-18	社会经济地位对满意度的影响	639
表 9-19	2013—2015 年对各级政府的信任度比较	642
表 9-20	不同群组民众社会信任的方差分析	645
表 9-21	法律、政府行为评价对社会信任的方差分析	647
表 9-22	不同群组民众社会信心状况的方差分析（2015）	653
表 9-23	2015 年不同群组民众的社会期望值方差分析	658
表 9-24	社会期望值在社会关系状况上的均值分布	662
表 9-25	以社会期望值为自变量的分析	664
表 10-1	满意度的测量题目	673
表 10-2	社会信任的测量题目	674
表 10-3	社会信心的测量题目	675
表 10-4	社会期望值的测量题目	676
表 10-5	总体性社会情绪与社会期望值的验证性因子分析	677
表 10-6	总体性社会情绪、社会期望值与人们对社会整体发展水平的感受的方差分析	680
表 10-7	被访者人口学变量情况	685
表 10-8	2016 年我国城镇居民总体性社会情绪三维度的描述性分析与 Shapley 值分解	687
表 10-9	不同群组民众总体性社会情绪指数的方差分析	688
表 10-10	以对社会性事项的满意度和对个体性事项的满意度为因变量的夏普利值分解	693
表 10-11	不同群组民众有关满意度状况的方差分析	695
表 10-12	不同社会保护状况下民众的满意度差异	698
表 10-13	主观经济收入与对社会性事项的满意度的多元比较检验	701

表 10-14	主观社会地位与对社会性事项的满意度的多元比较检验 …… 701
表 10-15	主观经济收入与对个体性事项的满意度的多元比较检验 …… 702
表 10-16	主观社会地位与对个体性事项的满意度的多元比较检验 …… 702
表 10-17	不同群组民众的社会信任状况的差异分析 …………………… 706
表 10-18	社会公共服务设施的设立与社会信任 ……………………… 709
表 10-19	不同群组民众有关社会信心状况的差异性分析 …………… 713
表 10-20	主观经济收入与对社会性事项的信心的多元比较检验 …… 716
表 10-21	主观社会地位与对社会性事项的信心的多元比较检验 …… 716
表 10-22	主观经济收入与对个体性事项的信心的多元比较检验 …… 717
表 10-23	主观社会地位与对个体性事项的信心的多元比较检验 …… 717
表 10-24	不同群组民众社会期望值的方差分析 ……………………… 719
表 10-25	社会期望值对总体性社会情绪的影响 ……………………… 723
表 11-1	2017 年总体性社会情绪的指标体系 ………………………… 740
表 11-2	各项自然社会特征与总体性社会情绪的方差分析 ………… 745
表 11-3	自评社会经济地位与总体性社会情绪的多元比较检验 …… 749
表 11-4	互联网使用与总体性社会情绪的方差分析 ………………… 751
表 11-5	社会参与和总体性社会情绪的方差分析 …………………… 753
表 11-6	对个体性事项和社会性事项的满意度测量指标夏普利值分解 …… 755
表 11-7	各项自然社会特征与满意度的方差分析 …………………… 757
表 11-8	对个体性事项的满意度与对社会性事项的满意度的回归分析 …… 761
表 11-9	人际信任和组织信任测量指标夏普利值分解 ……………… 763
表 11-10	各项自然社会特征与社会信任的方差分析 ………………… 765
表 11-11	社会参与和人际信任的方差分析 …………………………… 768
表 11-12	社会参与和组织信任的方差分析 …………………………… 769
表 11-13	各项自然社会特征与社会信心的方差分析 ………………… 770
表 11-14	5 年前和现在社会经济地位的列联表 ……………………… 774
表 11-15	社会期望值与总体性社会情绪的回归分析 ………………… 777

表 11-16	社会期望值与总体性社会情绪各子量表的回归分析	779
表 12-1	2019 年总体性社会情绪的指标体系	789
表 12-2	对个体性事项的满意度量表的 Alpha 检验	792
表 12-3	对社会性事项的满意度量表的 Alpha 检验	793
表 12-4	组织信任量表的 Alpha 检验	793
表 12-5	各项自然社会特征与总体性社会情绪的方差分析	798
表 12-6	2019 年工作环境指标体系	802
表 12-7	工作环境、组织景气与总体性社会情绪间的相关分析	804
表 12-8	工作环境、组织景气与总体性社会情绪的回归分析	804
表 12-9	对个体性事项和社会性事项的满意度测量指标夏普利值分解	809
表 12-10	各项自然社会特征与满意度的方差分析	810
表 12-11	对个体性事项的满意度与对社会性事项的满意度的回归分析	813
表 12-12	组织信任测量指标夏普利值分解	815
表 12-13	各项自然社会特征与社会信任的方差分析	817
表 12-14	各项自然社会特征与社会信心的方差分析	820
表 12-15	5 年前和现在社会经济地位的列联表	823
表 12-16	总体性社会情绪与社会期望值的回归分析	826
表 12-17	总体性社会情绪各子量表与社会期望值的回归分析	827
表 13-1	2021 年总体性社会情绪的指标体系	838
表 13-2	对个体性事项的满意度量表的 Alpha 检验	841
表 13-3	对社会性事项的满意度量表的 Alpha 检验	842
表 13-4	组织信任量表的 Alpha 检验	842
表 13-5	各项自然社会特征与总体性社会情绪的方差分析	848
表 13-6	组织景气与总体性社会情绪的回归分析	851
表 13-7	互联网使用与总体性社会情绪的方差分析	853
表 13-8	对个体性事项和社会性事项的满意度测量指标夏普利值分解	856
表 13-9	各项自然社会特征与满意度的方差分析	857
表 13-10	对个体性事项的满意度与对社会性事项的满意度的回归分析	860
表 13-11	组织信任测量指标夏普利值分解	863

表13-12	各项自然社会特征与社会信任的方差分析	865
表13-13	各项自然社会特征与社会信心的方差分析	868
表13-14	各项自然社会特征与社会期望值的方差分析	872
表13-15	总体性社会情绪与社会期望值的回归分析	875
表13-16	总体性社会情绪各子量表与社会期望值（参照群体）的回归分析	876
表13-17	总体性社会情绪各子量表与社会期望值（过去）的回归分析	877
表14-1	总体性社会情绪趋势分析中相关变量的描述性统计结果	891
表14-2	基于虚拟变量法的APC模型估计结果	894
表14-3	总体性社会情绪时期效应的异质性（社会人口学特征变量）	903
表14-4	总体性社会情绪时期效应的异质性（社会分层变量）	908
表14-5	基于HAPC模型的回归结果	921
表15-1	总体性社会情绪结构分析中相关变量的描述性统计结果	953
表15-2	不同群体总体性社会情绪情况	955
表15-3	主要变量之间的皮尔逊相关矩阵	956
表15-4	"微观—宏观勾连机制"验证分析结果	957
表15-5	"当下—未来勾连机制"验证分析结果	959
表15-6	组织信任中介效应的稳健性检验	962
表15-7	异质性分析结果（一）	964
表15-8	异质性分析结果（二）	965
表16-1	工作环境指标体系	1009
表16-2	2019年组织景气指标与总体性社会情绪指数间的相关关系	1011
表16-3	2019年工作环境、组织景气与总体性社会情绪的回归分析	1013
表16-4	2021年组织景气与总体性社会情绪的回归分析	1013

图目录

图 2-1　总体性社会情绪的研究框架 ·················· 48
图 3-1　满意度的直方图及其正态分布曲线 ············ 64
图 3-2　信任和信心的直方图及其正态分布曲线 ········ 67
图 3-3　社会期望值的直方图及其正态分布曲线 ········ 71
图 3-4　1987 年总体性社会情绪正态分布 ·············· 73
图 3-5　人口学变量与满意度 ························· 75
图 3-6　单位类型与满意度 ··························· 77
图 3-7　职业与满意度 ······························· 80
图 3-8　主观社会地位与满意度的均值分布 ············ 83
图 3-9　人口学变量与信任和信心 ····················· 89
图 3-10　单位类型与信任和信心 ····················· 90
图 3-11　职业与信任和信心 ························· 91
图 3-12　主观社会地位与信任和信心的均值分布 ······· 95
图 3-13　人口学变量与总体性社会情绪 ··············· 97
图 3-14　单位特征与总体性社会情绪 ················· 98
图 3-15　职业与总体性社会情绪 ····················· 99
图 3-16　主观社会地位与总体性社会情绪的均值分布 ··· 103
图 3-17　人口学变量与社会期望值 ··················· 106
图 3-18　单位类型与社会期望值 ····················· 107
图 3-19　职业类别与社会期望值 ····················· 108
图 3-20　主观社会地位与社会期望值的均值分布 ······· 111
图 3-21　社会期望值与总体性社会情绪的路径分析模型 · 112
图 4-1　满意度的直方图及其正态分布曲线 ············ 127

| 图目录 |

图 4-2　信任和信心的直方图及其正态分布曲线 …………… 130
图 4-3　社会期望值的直方图及其正态分布曲线 …………… 133
图 4-4　1993年总体性社会情绪的正态分布曲线 …………… 135
图 4-5　人口学变量与满意度 ………………………………… 138
图 4-6　单位和工作特征与满意度 …………………………… 141
图 4-7　主观社会地位与满意度 ……………………………… 145
图 4-8　人口学变量与信任和信心 …………………………… 153
图 4-9　单位和工作特征与信任和信心 ……………………… 155
图 4-10　主观社会地位与信任和信心 ………………………… 159
图 4-11　人口学变量与总体性社会情绪 ……………………… 161
图 4-12　单位和工作特征与总体性社会情绪 ………………… 164
图 4-13　主观社会地位与总体性社会情绪 …………………… 168
图 4-14　人口学变量与社会期望值 …………………………… 170
图 4-15　单位和工作特征与社会期望值 ……………………… 172
图 4-16　主观社会地位与社会期望值 ………………………… 176
图 4-17　社会期望值与总体性社会情绪的路径分析模型 …… 177
图 5-1　满意度的直方图及其正态分布曲线 ………………… 188
图 5-2　信任和信心的直方图及其正态分布曲线 …………… 191
图 5-3　社会期望值的直方图及其正态分布曲线 …………… 194
图 5-4　2001年总体性社会情绪的正态分布曲线 …………… 196
图 5-5　人口学变量与满意度 ………………………………… 199
图 5-6　社会身份与满意度 …………………………………… 202
图 5-7　地位不一致性的直方图及其正态分布曲线 ………… 205
图 5-8　地位不一致与满意度的散点分布 …………………… 206
图 5-9　低补偿和回报感的直方图及其正态分布曲线 ……… 209
图 5-10　低补偿和回报感与满意度的散点分布 ……………… 210
图 5-11　主观社会地位与满意度 ……………………………… 212
图 5-12　人口学变量与信任和信心 …………………………… 221
图 5-13　社会身份与信任和信心 ……………………………… 223
图 5-14　地位不一致与信任和信心的散点分布 ……………… 224
图 5-15　低补偿和回报感与信任和信心的散点分布 ………… 226
图 5-16　主观社会地位与信任和信心 ………………………… 228

图 5-17	人口学变量与总体性社会情绪	230
图 5-18	社会身份与总体性社会情绪	233
图 5-19	地位不一致与总体性社会情绪的散点分布	234
图 5-20	低补偿和回报感与总体性社会情绪的散点分布	235
图 5-21	主观社会地位与总体性社会情绪	238
图 5-22	人口学变量与社会期望值	240
图 5-23	社会身份与社会期望值	243
图 5-24	地位不一致与社会期望值的散点分布	244
图 5-25	低补偿和回报感与社会期望值的散点分布	245
图 5-26	主观社会地位与社会期望值	248
图 5-27	社会期望值与总体性社会情绪的路径分析模型	249
图 6-1	总体性社会情绪与人们对社会总体发展水平的感受	271
图 6-2	社会期望值与人们对社会总体发展水平的感受	271
图 6-3	总体性社会情绪指数的总体分布	275
图 6-4	总体性社会情绪在六个因子上的得分情况	276
图 6-5	总体性社会情绪与主观经济地位间的关系	281
图 6-6	总体性社会情绪与主观社会地位间的关系	282
图 6-7	相对经济地位、相对社会地位与总体性社会情绪的关系	283
图 6-8	受访者对各种社会关系的看法	284
图 6-9	总体性社会情绪指数在各种社会关系上的均值分布	285
图 6-10	各类社会活动的参加比例	286
图 6-11	总体性社会情绪指数在各类社会参与形式上的均值分布	286
图 6-12	月收入水平与总体性社会情绪指数	290
图 6-13	权力地位与总体性社会情绪指数的关系	291
图 6-14	职业声望与总体性社会情绪指数间的相关关系	292
图 6-15	满意度的总体分布	296
图 6-16	满意度两个维度间的关系分布	296
图 6-17	社会总体层面满意度与重要性的关系矩阵	298
图 6-18	个体层面满意度与重要性的关系矩阵	299
图 6-19	主观经济地位、主观社会地位与满意度的关系	304
图 6-20	满意度在受访者对劳动力市场分割看法上的均值分布	305
图 6-21	受访者所获得保护的状况	315

图 6-22	某些群体是否应给予保护的回答比例	315
图 6-23	满意度在社会保护相关方面的均值分布	315
图 6-24	满意度在社会保护认知上的均值分布	315
图 6-25	满意度与收入水平的散点分布	316
图 6-26	满意度在收入层级上的均值分布	316
图 6-27	满意度在行政级别上的均值分布	317
图 6-28	满意度在管理层级上的均值分布	317
图 6-29	满意度与职业声望间的散点分布	318
图 6-30	社会信任的频次分布	322
图 6-31	受访者的社会信任的比例分布	322
图 6-32	主观经济地位与对社会信任的关系	346
图 6-33	主观社会地位与对社会信任的关系	346
图 6-34	收入水平与社会信任（基于受教育程度）	347
图 6-35	收入水平与社会信任（基于管理层级）	347
图 6-36	对社会整体发展水平的满意度与预期的比例分布	348
图 6-37	对经济整体发展水平的满意度与预期的比例分布	348
图 6-38	国民收入增长水平（1987—2010年）	349
图 6-39	年平均工资水平（1988—2011年）	349
图 6-40	受访者对社会性事项的信心比例分布	350
图 6-41	二氧化碳年排放量	350
图 6-42	环境污染造成的经济损失	351
图 6-43	我国居民消费信心指数及各类物价的升涨水平	351
图 6-44	居民消费信心指数（2010—2012）	352
图 6-45	受访者对个体性事项的信心的比例分布	353
图 6-46	社会保护状况与社会信心	353
图 6-47	满意度与社会信心之间的关系	354
图 6-48	社会信任与社会信心的关系	357
图 6-49	对政府行为方式满意度与社会信心间的关系	357
图 6-50	受访者行为意愿的比例分布	358
图 6-51	受访者行为意愿与社会信心间的关系	358
图 6-52	主观社会经济地位与社会信心的关系	359
图 6-53	职业声望与社会信心的关系	359

图 6-54	社会期望值的频次分布	360
图 6-55	社会期望值在主观经济地位分层上的均值分布	365
图 6-56	社会期望值在主观社会地位分层上的均值分布	366
图 6-57	社会期望值在劳动力市场分割上的均值分布	367
图 6-58	社会关系与社会期望值的关系	367
图 6-59	生活保障与社会期望值的关系分布	369
图 6-60	社会期望值在社会保护上的均值分布	369
图 6-61	社会期望值在社会保护认知上的均值分布	370
图 6-62	社会期望值在月收入层级上的均值分布	374
图 6-63	社会期望值与年收入水平的关系分布	374
图 6-64	社会期望值在管理层级上的均值分布	375
图 6-65	社会期望值在行政级别上的均值分布	375
图 6-66	社会期望值与职业声望的关系分布	375
图 6-67	社会期望值与个体性事项的满意度间的关系	378
图 6-68	社会期望值与社会性事项的满意度间的关系	379
图 6-69	不同月收入水平受访者的满意度对社会期望值的影响	381
图 6-70	社会期望值与社会信任的关系：社会态度与社会参与的中介效应	386
图 6-71	社会期望值与社会信心的关系：社会态度与社会参与的中介效应	388
图 6-72	不同主观经济地位受访者的社会期望值对总体性社会情绪的影响	391
图 6-73	不同社会信任度受访者的社会期望值对社会信心的影响	393
图 6-74	总体性社会情绪指数与社会期望值的分布	394
图 7-1	总体性社会情绪、社会期望值与人们对社会总体发展水平的感受	410
图 7-2	总体性社会情绪指数的频次分布	415
图 7-3	总体性社会情绪在七个因子上的得分情况	416
图 7-4	社会学家对某些事项的满意度指数	416
图 7-5	2012年、2013年总体性社会情绪及其三个维度的均值比较	417

图目录		
图 7-6	2012 年、2013 年总体性社会情绪在七个因子上的均值比较 ………………………………………………………………	418
图 7-7	总体性社会情绪与主观经济地位间的关系 ………………	424
图 7-8	总体性社会情绪与主观社会地位间的关系 ………………	424
图 7-9	相对经济地位、相对社会地位与总体性社会情绪指数的关系 ………………………………………………………………	425
图 7-10	受访者对各种社会关系的看法 ……………………………	427
图 7-11	总体性社会情绪指数在各种社会关系上的均值分布 ……	428
图 7-12	受访者的社会参与状况 ……………………………………	429
图 7-13	总体性社会情绪指数在各类社会参与形式上的均值分布 …	429
图 7-14	总体性社会情绪指数在各类信息获取渠道上的均值分布 …	430
图 7-15	月收入水平与总体性社会情绪指数 ………………………	434
图 7-16	权力地位与总体性社会情绪的关系 ………………………	435
图 7-17	职业声望与总体性社会情绪指数间的相关关系 …………	435
图 7-18	满意度与信心之间的关系 …………………………………	437
图 7-19	我国居民收入基尼系数（2003—2012）……………………	442
图 7-20	人均国内生产总值及其增长速度（2003—2011）…………	445
图 7-21	城镇居民可支配收入及其增长速度（2003—2011）………	445
图 7-22	经济收入与满意度之间的关系 ……………………………	446
图 7-23	收入水平、相关事项的满意度之间的关系 ………………	447
图 7-24	是否社区参与与满意度的关系 ……………………………	450
图 7-25	社区参与与满意度之间的关系 ……………………………	451
图 7-26	2011 年不同国家（地区）的民众对政府的信任度 ………	454
图 7-27	对各级地方政府的信任度占比 ……………………………	458
图 7-28	民众参与意愿与社会信任之间的关系 ……………………	460
图 7-29	社会参与行为与社会信任之间的关系 ……………………	460
图 7-30	社会组织发展状况（2000—2011）…………………………	462
图 7-31	公共服务与社会信任之间的关系 …………………………	463
图 7-32	社会保障与社会信任 ………………………………………	464
图 7-33	主观经济地位与社会信任的关系 …………………………	466
图 7-34	月收入水平与社会信任 ……………………………………	468
图 7-35	权力地位与社会信任的关系 ………………………………	469

| 图 7-36 | 2012 年、2013 年社会信心指数 ········· 470
| 图 7-37 | 社会学家对具体事项的信心指数 ········· 473
| 图 7-38 | 2013 年普通城镇居民对社会性事项信心的分布情况 ········ 474
| 图 7-39 | 2013 年普通城镇居民对个体性事项信心的分布情况 ········ 474
| 图 7-40 | 2012 年、2013 年社会性事项信心占比的比较 ········ 475
| 图 7-41 | 2012 年、2013 年个体性事项信心占比的比较 ········ 476
| 图 7-42 | "三险一金"享有状况与社会信心之间的关系 ········ 476
| 图 7-43 | 社会保险享有状况与社会信心之间的关系 ········ 477
| 图 7-44 | 社会保险享有状况、收入水平与社会信心之间的关系 ······ 478
| 图 7-45 | 消费者信心预期指数与消费者信心指数（2006 年 1 月—2013 年 5 月）
·········· 479
| 图 7-46 | 我国城镇化发展趋势（2002—2011）········· 482
| 图 7-47 | 各项行为意愿与社会信心 ········· 487
| 图 7-48 | 主观社会经济地位与社会信心 ········· 488
| 图 7-49 | 行政级别、管理层级与社会信心 ········· 488
| 图 7-50 | 客观经济收入水平与社会期望值之间的关系 ········ 492
| 图 7-51 | 社会期望值与主观社会经济地位之间的关系 ········ 493
| 图 7-52 | 社会保障与社会期望值之间的关系 ········· 497
| 图 7-53 | 月收入水平、社会保险与社会期望值 ········ 497
| 图 7-54 | 职业声望与社会期望值的关系 ········· 498
| 图 7-55 | 不同所有制单位的社会期望值比较 ········· 498
| 图 7-56 | 不同所有制单位中社会保障享有状况与社会期望值的关系 ······ 499
| 图 7-57 | 住房拥有量与社会期望值的关系 ········· 500
| 图 7-58 | 不同居住社区类型受访者的社会期望值对比 ········ 501
| 图 7-59 | 不同月收入水平受访者的社会期望值对满意度的影响比较
·········· 506
| 图 7-60 | 不同所有制性质单位受访者的社会期望值对满意度的影响比较
·········· 506
| 图 7-61 | 不同政治面貌的受访者的社会期望值对社会信任的影响比较
·········· 511
| 图 7-62 | 不同月收入水平的受访者的社会期望值对社会信任的影响比较
·········· 511

图 7-63 是否享有失业保险受访者的社会期望值对社会信任的影响比较 …………………………………………………………………… 511
图 7-64 不同受教育程度受访者的社会期望值对社会信心的影响比较 …………………………………………………………………… 518
图 7-65 不同月收入水平受访者的社会期望值对社会信心的影响比较 …………………………………………………………………… 518
图 7-66 不同所有制性质单位的受访者的社会期望值对社会信心的影响比较 …………………………………………………… 518
图 7-67 不同月收入水平的受访者的社会期望值对总体性社会情绪的影响比较 ……………………………………………… 523
图 7-68 不同所有制性质单位的受访者的社会期望值对总体性社会情绪的影响比较 …………………………………… 524
图 7-69 不同主观经济地位的受访者的社会期望值对总体性社会情绪的影响比较 ……………………………………… 524
图 7-70 社会期望值与总体性社会情绪：社会参与、社会态度的中介效应 …………………………………………………… 526
图 8-1 总体性社会情绪、社会期望值与人们对社会总体发展水平的感受 …………………………………………………………… 547
图 8-2 2012—2014 年总体性社会情绪指数的比较 …………… 551
图 8-3 民众对各种社会关系的评价 …………………………… 554
图 8-4 不同社会关系评价上的总体性社会情绪指数比较 …… 554
图 8-5 满意度的变化趋势（2012—2014）………………………… 557
图 8-6 民众对社会性事项的满意度状况（2012—2014）……… 558
图 8-7 社会性事项满意度水平与内部具体因素重要性的关系矩阵 …………………………………………………………………… 559
图 8-8 民众对个体性事项的满意度状况（2012—2014）……… 559
图 8-9 个体性事项满意度水平与其重要性的关系矩阵 ……… 561
图 8-10 对政府职能部门和执政能力的信任度变化趋势（2012—2014）…………………………………………………………… 567
图 8-11 民众对不同层级政府的信任度（2013—2014）………… 568
图 8-12 民众对政府服务和行为方式的满意度状况（2013—2014）…………………………………………………………… 568

图 8-13	政府行为的满意度水平与其重要性的关系矩阵 ········· 569
图 8-14	社会关系与对政府执政能力的信任度 ················· 570
图 8-15	社会关系与对政府职能部门的信任度 ················· 570
图 8-16	不同受教育程度民众对政府执政能力的信任度与其网络媒介使用的关系 ·· 575
图 8-17	不同受教育程度民众对政府职能部门的信任度与其网络媒介使用的关系 ·· 575
图 8-18	不同受教育程度民众对政府执政能力的信任度与其传统媒介使用的关系 ·· 575
图 8-19	不同受教育程度民众对政府职能部门的信任度与其传统媒介使用的关系 ·· 576
图 8-20	社会信心指数的均值比较（2012—2014）············· 578
图 8-21	民众对社会性事项的发展预期（2012—2014）········· 579
图 8-22	民众对社会性事项的预期状态与其重要性的关系矩阵 ····· 580
图 8-23	民众对个体性事项的发展预期（2012—2014）········· 581
图 8-24	民众对个体性事项的预期状态与其重要性的关系矩阵 ····· 582
图 8-25	不同社会信任满意度对社会信心的影响 ··············· 586
图 8-26	社会期望值影响因素的分类图式 ····················· 587
图 8-27	社会期望值的变化趋势（2012—2014）··············· 588
图 8-28	社会期望值各指标的年度比较（2012—2014）········· 589
图 8-29	社会期望值与社会经济地位变动的关系 ··············· 592
图 8-30	社会期望值与主观社会经济地位的关系 ··············· 593
图 8-31	民众预期状况的类型划分 ··························· 598
图 8-32	民众收入水平与社会预期的关系 ····················· 599
图 9-1	总体性社会情绪、社会期望值与人们对社会总体发展水平的满意度 ··· 617
图 9-2	2012—2015 年总体性社会情绪指数的比较 ············ 621
图 9-3	2012—2015 年总体性社会情绪三因子的比较 ·········· 622
图 9-4	2012—2015 年个体性事项与社会性事项的满意度相关关系的比较 ·· 626
图 9-5	2012—2015 年满意度的比较 ························ 626
图 9-6	对社会性事项的满意度的比较分析 ··················· 627

图 9-7　满意度水平与构成要素贡献率的关系矩阵（2015）············ 629
图 9-8　2012—2015 年对个体性事项的满意度的比较分析 ········· 629
图 9-9　对个体性事项的满意度与构成要素贡献率的关系矩阵（2015）
　　　　·· 631
图 9-10　2013—2015 年社会信任的比较 ······························ 642
图 9-11　2012—2015 年对政府执政能力的信任度比较 ············ 643
图 9-12　对政府职能部门信任状况的年度比较 ······················ 644
图 9-13　社会保护措施与社会信任 ····································· 648
图 9-14　社会保护的评价与社会信任 ·································· 649
图 9-15　2012—2015 年社会信心比较 ································· 649
图 9-16　2012—2015 年对个体性事项和对社会性事项的社会信心比较
　　　　·· 650
图 9-17　民众对社会性事项的信心程度（2012—2015）··········· 651
图 9-18　民众对个体性事项的信心程度（2012—2015）··········· 652
图 9-19　民众对相关事项的满意度和未来预期状况的国际比较（2013）
　　　　·· 654
图 9-20　主观社会经济地位与社会信心 ······························ 655
图 9-21　行为意愿与社会信心 ·· 656
图 9-22　2012—2015 年社会期望值变化情况 ······················· 657
图 9-23　主观社会经济地位与社会期望值 ··························· 660
图 9-24　社会经济地位的变动与社会期望值 ························ 661
图 9-25　社会和谐与社会期望值 ······································· 662
图 9-26　对社会性事项的满意度与社会信心的相关关系（2012—2015）
　　　　·· 665
图 9-27　对个体性事项的满意度与社会信心的相关关系（2012—2015）
　　　　·· 665
图 10-1　总体性社会情绪、社会期望值与人们对社会总体发展水平的
　　　　感受 ··· 683
图 10-2　我国城镇居民总体性社会情绪指数的变动趋势（2012—2016）
　　　　·· 687
图 10-3　民众满意度状况（2012—2016）···························· 691
图 10-4　民众对各事项的满意度排序（2012—2016）············· 693

图 10-5　对社会性事项的满意度水平与要素贡献率的关系矩阵 …… 694
图 10-6　对个体性事项的满意度水平与要素贡献率的关系矩阵 …… 695
图 10-7　主观社会经济地位与对社会性事项的满意度 ………… 700
图 10-8　主观社会经济地位与对个体性事项的满意度 ………… 702
图 10-9　对各层级政府的信任度（2013—2016） ……………… 705
图 10-10　对政府职能部门和执政能力的信任度（2013—2016）
　　　　 …………………………………………………………… 706
图 10-11　社会公共服务的满意度与社会信任 ………………… 710
图 10-12　社会信心状况变动趋势（2013—2016） ……………… 711
图 10-13　民众对社会性事项的信心状况（2012—2016） ……… 711
图 10-14　民众对个体性事项的信心状况（2012—2016） ……… 712
图 10-15　社会信心与各项行为意愿的关系 …………………… 715
图 10-16　主观社会经济地位与对社会性事项的信心 ………… 715
图 10-17　主观社会经济地位与对个体性事项的信心 ………… 717
图 10-18　民众的社会期望值状况（2012—2016） ……………… 718
图 10-19　民众主观经济地位认同的变动（2012—2016） ……… 720
图 10-20　民众主观社会地位认同的变动（2012—2016） ……… 721
图 10-21　民众对相关事项满意状况与社会信心各项状况的分布矩阵
　　　　（2012—2016）…………………………………………… 722
图 11-1　2017 年总体性社会情绪的直方图 …………………… 744
图 11-2　自评社会经济地位与总体性社会情绪变化的趋势图 ……… 748
图 11-3　对个体性事项的满意度均值与 R^2 贡献值的关系矩阵 …… 755
图 11-4　对社会性事项的满意度均值与 R^2 贡献值的关系矩阵 …… 756
图 11-5　人际信任均值与 R^2 贡献值的关系矩阵 ………………… 763
图 11-6　组织信任均值与 R^2 贡献值的关系矩阵 ………………… 764
图 11-7　自评社会经济地位与社会信心 ………………………… 773
图 11-8　主观社会经济地位变化的直方图 ……………………… 775
图 11-9　总体性社会情绪与社会期望值的散点图 ……………… 776
图 12-1　总体性社会情绪与人们对社会总体状况评价的变化趋势图
　　　　 …………………………………………………………… 795
图 12-2　2019 年总体性社会情绪的直方图 …………………… 797
图 12-3　2019 年总体性社会情绪的雷达图 …………………… 797

图 12-4	总体性社会情绪和工作环境的散点图	803
图 12-5	总体性社会情绪和组织景气的散点图	803
图 12-6	对个体性事项的满意度均值与 R^2 贡献值的关系矩阵	809
图 12-7	对社会性事项的满意度均值与 R^2 贡献值的关系矩阵	810
图 12-8	组织信任均值与 R^2 贡献值的关系矩阵	816
图 12-9	主观社会经济地位变化的直方图	823
图 12-10	2017—2019 年社会期望值变化	824
图 12-11	总体性社会情绪与社会期望值的散点图	825
图 13-1	总体性社会情绪与人们对社会总体状况评价变化趋势图	844
图 13-2	2021 年总体性社会情绪指数直方图	846
图 13-3	2017—2021 年总体性社会情绪的变迁	847
图 13-4	2017—2021 年总体性社会情绪的雷达图	847
图 13-5	2017—2021 年满意度的变迁	855
图 13-6	对个体性事项的满意度均值与 R^2 贡献值的关系矩阵	856
图 13-7	对社会性事项的满意度均值与 R^2 贡献值的关系矩阵	857
图 13-8	2017—2021 年社会信任的变迁	862
图 13-9	组织信任均值与 R^2 贡献值的关系矩阵	864
图 13-10	2017—2021 年社会信心的变迁	868
图 13-11	社会期望值各指标的条形图	871
图 13-12	总体性社会情绪与社会期望值的散点图	873
图 14-1	1987—2021 年总体性社会情绪的变动情况与趋势	887
图 14-2	1987—2021 年满意度的变动情况与趋势	887
图 14-3	1987—2021 年社会信任的变动情况与趋势	888
图 14-4	1987—2021 年社会信心的变动情况与趋势	889
图 14-5	总体性社会情绪的时期效应（2013—2019）	897
图 14-6	总体性社会情绪时期线性趋势（2013—2019）	898
图 14-7	2013—2019 年总体性社会情绪及相关客观指标变化情况	900
图 14-8	总体性社会情绪指标时期效应（2013—2019）	902
图 14-9	总体性社会情绪指标时期线性趋势（2013—2019）	902
图 14-10	不同性别的总体性社会情绪时期效应（2013—2019）	905
图 14-11	不同户籍的总体性社会情绪时期效应（2013—2019）	907

图 14-12　不同学历的总体性社会情绪时期效应（2013—2019）…… 910

图 14-13　不同相对收入的总体性社会情绪时期效应（2013—2019）
　　　　………………………………………………………………… 912

图 14-14　不同自评社会地位的总体性社会情绪时期效应（2013—2019）
　　　　………………………………………………………………… 913

图 14-15　总体性社会情绪随年龄变化趋势……………………………… 914

图 14-16　总体性社会情绪指标随年龄变化趋势………………………… 917

图 14-17　总体性社会情绪随世代变化趋势……………………………… 918

图 14-18　总体性社会情绪指标随世代变化趋势………………………… 920

图 14-19　总体性社会情绪的年龄、时期和世代效应（HAPC 模型）
　　　　………………………………………………………………… 923

图 15-1　总体性社会情绪结构分析的路径关系 ………………………… 927

图 15-2　信任的决策树模型 ……………………………………………… 946

图 15-3　总体性社会情绪直方图 ………………………………………… 954

图 15-4　基于结构方差模型的路径系数 ………………………………… 961

图 16-1　组织景气（工作环境）的分析性框架 ………………………… 1002

图 16-2　工作环境的散点图 ……………………………………………… 1011

图 16-3　组织景气的散点图 ……………………………………………… 1011

第一章

从社会景气到总体性社会情绪

如何在宏观与微观的结合上把握中国社会发展的形势，如何分析和看待在发展过程中出现的问题，对于我国当前与今后的发展至关重要，对研究者以及政策制定者能够在事实基础上做出正确的分析与选择至关重要。在长期的研究过程中我们发现，当社会中的经济增长和经济结构转型出现问题的时候，人们可以用经济景气的方法来进行解释和分析，从而使党和政府能够做出相应的制度安排以从容地应对。但是当社会发展和社会结构转型过程中出现问题时，我们却缺乏相应的分析工具来系统、科学地研究这些问题。[①] 为了摆脱这种在把握社会发展过程中的被动局面，使我们能够在社会发展的事实基础上做出正确的判断、分析与选择，我们需要注重和加强社会景气与社会信心的研究，使理论的研究者以及具体政策的制定者能够有一个"简单""敏感"且易于操作的量表来把握中国社会发展的脉搏。

在以往的社会景气与社会信心研究中，我们主要从以下几个方面来展开对发展变迁过程中社会景气与社会信心的分析。

首先，在研究的过程中，我们试图说清楚社会景气的概念。我们认为，社会景气主要是指人们对自身目前所处的社会环境的一种主观感受。在通常的情况下，这种对社会环境的主观感受，主要是指不同社会群体对向上流动和自我改善的机制以及对社会氛围感觉良好与否，在与不同群体社会互动过程中对公平、公正、机会均等、平等参与等社会环境的基本结

---

① 李汉林:《要注重和加强社会景气和社会信心的研究》,《中国社会科学报》2012年12月31日，第A02版。

构性要素改善与否的评价。社会景气正是试图通过人们的主观感受来描述这种具有结构性特征的社会环境，与此同时，试图分析在这种社会环境中，人们是否以及在多大的程度上被影响或被激励。① 事实上，人们的主观感受能够反映一个社会的客观现实；人们主观感受到的客观现实也能够反映出一个国家社会景气的水平和社会发展的程度。②

其次，我们认为，一个社会的社会环境可以从两个方面来观察。在社会结构层面，社会上的制度安排能否最大限度地照顾到大多数人的利益，即能否努力实践公平正义、公正透明、惩恶扬善，推动机会均等、平等参与、激励向上，推动竞争。在人们的主观感受层面，人们是否以及在多大的程度上能够感受到自身所认可的这种制度安排。当社会结构层面的良好制度安排与人们事实上的主观感受比较一致的时候，一个蒸蒸日上的良好社会环境就会被营造出来，这个社会就会呈现出一种景气的状况。反过来，如果社会结构层面的制度安排及其后果与人们事实上的主观感受不一致或者完全背离，这个社会的社会环境就会变得日益恶化。

与此同时，我们认为，测量社会景气有两个理论依据。一是人们的主观感受能够反映出一个社会的客观现实；人们主观感受到的客观现实能够反映出一个国家社会治理的水平和社会发展的程度。在这个基础上，我们可以判断，一个发展状况良好的社会应该是一个景气的社会。二是由于一个社会中许多重要的外在的客观变化都能在人们的主观感受中稳定地表现出来，那么，通过科学抽样的办法，就能把每一个个体的主观感受"归纳"成为特定群体的主观感受，进而使研究者有可能来观察总体的主观感受。换句话说，个体层次上的主观态度一旦"化合"到总体性的社会情绪之中，那么就可能会具有社会事实的特征。虽然社会景气是人们某种主观态度的总体性体现，但的确能够反映整个社会结构是否整合有序、整个社会环境是否安定团结、整个社会方向是否顺应民意。

再次，我们认为，人们对社会环境的主观感受可以主要从以下三个方面来概括和观察。一是满意度，人们会从各个不同的角度感受和评价自身所处的社会环境。人们满意与否的感受与状况能够直接或间接地反映出一个社会宏观社会环境的状况。二是相对剥夺感，它主要是指人们从期望得

---

① 李汉林：《关于社会景气研究》，《社会发展研究》2016年第2期，第63—77页。
② 张彦、魏钦恭、李汉林：《发展过程中的社会景气与社会信心——概念、量表与指数构建》，《中国社会科学》2015年第4期，第64—84页。

到的和实际得到的差距中所产生出来的或所感受到的一种负面主观感受和不满的情绪。三是对政府的信任度，它主要是指人们对政府执政能力与自我治理的主观感受，是对政府所做的一些相应的制度安排的评价。人们对政府的信任度愈高，那么，政府的公信力也就愈大，其行为合法性的基础也就愈牢固。另外，在社会发展过程中，政府职能的变化、政府责任的强化以及政府执政能力的提高在很多的情况下都是与社会、与市场、与公众不断博弈和互动的过程。

当具体分析人们对社会环境主观感受的结构的时候，我们就会发现，首先能够观察到的是人们满意或不满意的社会情绪，当我们进一步深入分析人们为什么以及和谁相比满意或不满意的时候，对相对剥夺感的分析就具有了举足轻重的意义。另外，不同层级的政府，都承担着构建安全稳定的社会秩序、营造包容和谐的社会环境的责任。不同群体的满意与不满意的主观感受，都会直接或间接与政府制定的政策、提供的公共服务、社会管理的水平以及履行的社会责任和社会义务相关。所以，从这个意义上说，对政府的信任度，既可能是造成人们对社会环境不同主观感受的一种原因，也可能是这种主观感受所形成的一种社会后果。①

最后，我们在研究中还深入探讨了社会景气与社会信心之间的关系。在我们看来，社会景气所描述的主要是人们对其所处的宏观与微观环境的一种主观感受，而社会信心则主要是指人们对自身的日常生活状况以及国家的经济社会发展形势等诸方面的主观感受进行综合判断后得出的对未来发展前景的预期。社会景气与社会信心两者之间的一个根本区别是，社会景气研究的是人们对目前社会环境的主观感受，而社会信心则是人们对未来社会环境状况的一种预期。社会景气与社会信心是分析与研究一个社会的两个重要的方面，如果抽去对社会景气的研究，那么人们对社会信心的分析就没有了条件和前提；反过来说，如果放弃了对社会信心的探讨，那么，人们对社会景气的思考起码就缺少了理论与实践的张力。

我们的期望是，通过对社会景气的研究，能够使人们可以较为准确地把握社会变迁与发展的形势，较为全面地把握经济社会的运行状况，从而使理论的研究以及政策的制定有一个全面、可靠的数据基础。

随着研究的推进，我们逐渐发现，在社会急剧变迁的过程中，用社会

---

① 李汉林：《关于社会景气研究》，《社会发展研究》2016年第2期，第63—77页。

景气可以进行描述，但是却很难对这种社会变迁的状况用社会景气做更深层次的分析。特别是在解释人们的主观感受与宏观的社会发展状况之间联系的时候，似乎缺少一个理论与实践相结合且具有学术张力的分析工具。与此同时，我们也看到目前关于社会景气与社会信心研究中存在的四个主要问题。一是没有能够很好地在理论和方法两个向度上对社会景气的深层结构进行深入思考和系统分析。二是以往关于社会景气的研究主要是对调查数据的解读性（interpretation）讨论，缺少对事物之间内在因果逻辑的解释性（explanation）阐述。三是对分析过程中宏观与微观之间的勾连，特别是对人们主观感受与宏观社会发展状况之间的联系缺少有学术张力的解释。四是以往的研究把社会信心作为和社会景气平行的概念，而把满意度、相对剥夺感以及对政府的信任度作为社会景气的子量表。这样一来，不仅三个子量表内在的学术联系与逻辑关系不清楚，而且社会信心与三个子量表以及社会景气之间的关系也不明确，这就使得社会景气的学术张力以及相应的实际应用受到较大的限制。

正是在这个背景下，我们认为在原有社会景气与社会信心研究的基础上需要进一步推进，弄清楚社会景气的深层结构等许多理论与方法的问题。

在长期的田野工作中我们感到，在多数情况下，人们首先能直接观察到的，是在自己身边的以及其自身所知晓的一些人和事。在对这些人和事的了解、比较与分析的基础上，人们才会得出相应的判断以及非常具体的主观感受，比如，腰包鼓不鼓，交通堵不堵，看病难不难，单位好不好，工作满意不满意，等等。一些举足轻重的大国大事往往寓于许多柴米油盐的小民琐事。人民至上的国家治理，就是要让国家与政府治理的政策能够直击人们的急难愁盼，贴近人们的主观感受，高效率地实践全心全意为人民服务。面对这样一种复杂的"社会事实"，仅仅使用社会景气来进行归纳和阐释，似乎隔靴搔痒，一方面难以比较准确地把握人们的这种主观感受；另一方面，也未能为"社会事实"转换成为社会政策打下坚实的学术基础。在研究的推进过程中，我们也认识到，人们个体的一些主观感受和主观态度只有通过科学的抽样方法来归纳与总结，才能够具有总体的意义，换句话说，个体层次上的主观态度一旦融入总体性的社会情绪之中，那么它就具有能够反映一个社会总体性社会事实的特征。

深入的研究使我们看到，能够在人们微观感受及行为与宏观社会状况之间进行有效勾连的,可能就是这种弥漫以及沉淀在社会中的总体性社会情绪,而社会景气的深层结构也是这种总体性社会情绪。正是受这种总体性社会情绪所驱动,社会才会不断变迁。为了进一步推进社会景气与社会信心研究,我们需要从理论与实践的结合上探讨社会景气的深层结构,认真分析社会景气与总体性社会情绪之间的关系,特别是要在深入研究的实践中努力弄清楚:为什么社会景气的深层结构是总体性社会情绪?如果这个理论判断成立,那么,这种总体性社会情绪在景气的意义上如何、为什么以及在多大的程度上能够影响一个国家经济与社会的发展?与此同时,在景气的意义上我们应该如何解释一个社会的客观状况与人们的主观感受之间的关系?如果总体性社会情绪是社会景气的深层结构,那么它的理论依据是什么?学术张力在哪里?另外,如何实现总体性社会情绪理论概念的操作化?操作化过程中所形成的子量表之间以及子量表与总体性社会情绪之间具有什么样的内在逻辑联系?通过什么样的机制与社会过程实现它们内在的学术勾连?人们的微观层次上的主观感受如何通过总体性社会情绪作用于国家的宏观社会状况,或者反过来,国家宏观的社会状况如何影响人们的微观的主观感受?微观与宏观、当下与未来如何通过总体性社会情绪来实现勾连?只有在理论与实践的结合上弄清楚这些问题,我们才能够深刻地理解一个国家社会景气的深层结构,同时准确地把握一个国家总体性社会情绪状况。

中国式现代化的历程告诉我们,一个国家的发展是与总体性社会情绪这种社会景气的深层结构息息相关。无论是从理论上思考还是从田野经验上观察,总体性社会情绪都是由每一个人的具体、琐碎甚至可能是渺小且看起来是微不足道的主观感受经过一个复杂的社会过程而积累、沉淀和形成的。人们经过一些事件的反复磨打和冲击,其一些表面上平静如水的日常行为和生活,可能会在沉默的深层结构中隐藏着总体性社会情绪的惊涛骇浪。通过对总体性社会情绪的研究,我们不仅能够深刻地认识社会景气的深层结构,而且能够在理论与实践的结合上透过人们平静如水的社会生活与行为,把握住一个国家的总体性社会情绪。深度挖掘总体性社会情绪理论与实践应用的意义就在于,相比较社会景气而言,总体性社会情绪能够实现在微观层次上不悬浮,具体可触人们的主观感受;在宏观层次上可勾连,紧密联结个体与群体、国家与社会,并最终沉淀和嵌入社会的结构之中。总体性社会情绪通过满意度、社会信任与社会信心实现表达，并作为人们所认知、认同以及认可的行为取向。它可以作为一种社会动员的方式来凝聚民族、社会与国家的共识，形成精神与物质上的铜墙铁壁。实际上，对未来的希望、渴望、梦想变成现实以及通过努力能够进步与上升的空间，都会变成一股不可撼动的力量，支撑在大众情绪的深层，推动人们砥砺前行。人们的社会信任与社会信心以及在此基础上形成的总体性社会情绪对整个社会的发展与变迁能够产生巨大的震撼效应。用总体性社会情绪来分析与研究一个社会的景气状况，可能更深入，且更具有学术张力，而这恰恰是我们研究总体性社会情绪的学术与实践意义。

目前的这项研究，就是为了把社会景气与社会信心的研究全面深入地向前推进一步。在这项研究里，我们把总体性社会情绪看作社会景气的深层结构，并深入地从理论与方法、操作化、量表与题器、信效度检验、趋势与结构分析、微观和中观与宏观勾连、个体与总体的联系等诸方面来展开研究。

本书的第二章，我们尝试建构总体性社会情绪的理论框架。我们认为，作为社会景气的深层结构，总体性社会情绪主要是指弥散在不同社会群体之中的、能够容易形成共鸣和分享的一种比较一致的群体表达，是人们在社会认知、社会认同以及行为取向基础上形成的一种比较稳定的信念、精神和价值。总体性社会情绪的结构主要由社会认知、社会认同与行为取向组成，并通过满意度、社会信任与社会信心实现操作化；而总体性社会情绪的功能则主要表现为社会整合与结构维持。总体性社会情绪总是嵌入一个社会的结构之中，人们在总体性社会情绪引导下的社会行为既维持着结构，又改变着结构；对人们行为既有制约作用，同时也是人们行为的前提与条件，进而形成总体性社会情绪结构的二重性。所以，在这个意义上，国家治理从根本上说，就是在于把握一个社会中的总体性社会情绪，在于对这种总体性社会情绪的解构、建构和重构。还有，围绕作用于总体性社会情绪的影响因素，我们分析了意见领袖与参照群体、意识形态、社会记忆、集体意识与社会团结、结构紧张、地位的不一致性等诸方面问题。另外，在这项研究中，我们把比较或者说通过比较来展开分析看作研究总体性社会情绪的重要方法。我们试图侧重于三个方面来讨论总体性社会情绪的研究方法，一个是比较的方法，一个是关于微观到宏观的勾连，再一个就是关于对个体到总体推论的思考。

本书的第三章到第十三章是年度的数据分析。为了展开深入分析，我们用 1987 年到 2021 年共 12 个全国性的问卷调查数据① 来测试总体性社会情绪是否简单、敏感且容易操作，是否能够准确把握不同时期的社会事实，且具有很好的学术张力，并以此来分析不同时期中国社会的发展状况。我们的测试试图说明，在中国社会发展与变迁的 35 年时间里，总体性社会情绪可能如影相随、此起彼伏地推动着社会向前。需要指出的是，在这 12 个全国性的调查问卷中，每次研究的主题不尽相同，当时的调查总是根据当时的需要，针对当时所要解决的问题而设计问卷和拟定假设的。实事求是地说，当时我们并没有考虑到以后会利用这些数据做相应的分析与测试。但是在这项研究中，我们仍然试图利用这些数据来做一些分析，仍然试图在比较的过程中去检验我们的量表以及研究假设。我们这样做主要是基于以下两点考虑。首先，我们做的是纵贯研究（longitudinal study），是试图通过纵贯 30 多年的数据来分析我国社会的发展与变迁过程，并从中努力找寻社会发展变迁的趋势与规律。对纵贯数据的分析比较灵活，没有像面板数据分析（panel study）那样对样本、指标及量表有严格的限定。② 从某种意义上说，当我们能够从不同的角度、利用不同的量表说明这种行为的差异的时候，我们就能够在一定的程度上证明我们的一些研究假设；反过来，当我们不能证明这种行为差异的时候，我们仍然可以做出相应的解释，即为什么在特定的时期里我国社会中的总体性社会情绪会出现这样的表现。其次，虽然我们的一些分析结果或许也能够揭示出总体性社会情绪的一些结构性特征和发展趋势，但受抽样方法的限制、时间跨度长、我们当时对总体性社会情绪理解的程度以及样本量大小的局限

---

① 为了对数据进行深入分析，在 2019 年相关数据的讨论中我们用了两个数据库。一个数据来自中国社会状况综合调查（CSS），据此来分析 2019 年总体性社会情绪；另一个用的是中国工作环境研究团队实施的中国工作环境研究数据库，以此来分析 2019 年组织景气的状况。同时需要说明的是，2017 年、2018 年、2019—2020 年、2022—2023 年四个年度的中国工作环境状况问卷调查由信阳师范学院资助，中国工作环境研究团队主持完成。

② 参见 Judy Tanur, *Questions about Questions: Inquiries into the Cognitive Bases of Surveys*, New York: Russell Sage Foundation, 1992; U. Engel, et al., *Panelanalyse*, Berlin: de Gruyter, 1994; D. Nachmias, *Research Methods in the Social Sciences*, New York: St. Martin's, 1976; H. Loether, et al., *Desciptive and Inferencial Statistics*, Boston: Prentice Hall, 1989; S.Cole, *The Sociological Method*, Chicago: Rand, McNally & co.'s, 1980; E.Babbie, *The Practice of Social Research*, Belmont: Wadsworth, 1989。

等诸方面的因素的影响，我们的研究只做一些有限的学术推论。这样一来，我们就会在很大的程度上避免以偏概全，避免方法论上的错误。这些调查所提供的探索性的知识和结论，对于我们进一步感悟以往、理解目前以及展望未来中国所发生的社会变迁以及在这个大背景下人们的社会行为，都是非常有益的。

同时还需要说明的是，在2012年以前的各项调查数据中，我们事先并没有刻意地去设计关于总体性社会情绪这方面的假设，实事求是地说，当时对这方面的认识应该也是十分模糊的。其更多的是调查问卷以及以后分析调查数据的一个"偶然的发现"和"意外的收获"。正因为如此，在2012年以前的调查数据中，对总体性社会情绪量表及其子量表的制作远没有我们在后来的调查过程中那么系统和自觉。这样的一种认识水平，不仅表现在当时总体性社会情绪量表的制作上，同时还表现在当时其他的一些量表的制作上。我们客观地把这些问题摆出来，是为了给同行一个实事求是的交代，是为了让同行对我们的研究轨迹有一个清楚的了解，同时也是为了我们自己对过去的研究有一个比较理性的检讨与梳理。①

本书的第十四章是趋势分析。作为对量表的测试，我们用1987—2021年的12个问卷调查数据做趋势分析并试图说明，用总体性社会情绪量表能够以简单、敏感且容易操作的方式反映国家社会发展的状况，从而使我们理解中国式现代化过程有一个很好的学术数据基础，在推进高效率的国家治理中变得更从容、更理性。

本书的第十五章是结构分析。我们试图用2016年的研究数据来分析总体性社会情绪内部存在的两条主要理论机制：微观—宏观勾连机制和当下—未来勾连机制。我们认为，深入分析这两种理论机制，可能是理解总体性社会情绪内部结构的重要条件和基础。

本书的第十六章是从社会景气到组织景气，即从宏观到中观的分析。我们认为，仅仅停留在弄清楚社会景气的深层结构是总体性社会情绪并不够，还需要深入思考总体性社会情绪的组织与制度载体。人们对社会上的一些感受往往和自身在组织中的感受联系在一起。人们对未来社会的发展没有信心也往往和自身在组织中发展的不如意状况息息相关。因此，深

---

① 李汉林、渠敬东：《制度规范行为——关于单位的研究与思考》，《社会学研究》2002年第5期，第1—22页。

入推进社会景气以及总体性社会情绪的研究,有必要认真分析一个组织的景气状况即工作环境,从而使我们对微观与宏观的分析有了一个中观的勾连。对组织中的工作环境及组织景气这样中观层次的研究,能够使我们把人们在微观与宏观层次上的感受很好地联系起来,为社会景气与总体性社会情绪微观—中观—宏观的分析提供一个具有可操作性的理论思考与框架。

  在这项研究里,我们试图比较系统地从理论、方法与操作化的角度切入,集中分析社会景气的深层结构即总体性社会情绪。我们试图通过分析来说明,相比较社会景气,总体性社会情绪是能够在更深层次上实现理论与实践相结合,成为更具有学术张力的分析工具。在理顺总体性社会情绪量表与子量表、满意度、社会信任与社会信心三个子量表之间的内部逻辑关系以后,特别是通过深入解释人们的主观感受与宏观的社会发展状况之间联系、当下与未来、个体与总体的勾连以后,我们就会对总体性社会情绪有一个更深入的理解。我们认为,总体性社会情绪的学术魅力就在于,它能够反映一种比较真实的社会发展状况,为科学预警和国家治理的政策基础提供一个敏感、简单且容易操作和把握的社会事实依据。实际上,总体性社会情绪作为一个极具学术张力的理论,也只有在打通和实现理论到应用、微观与宏观勾连的条件下,才会更加彰显其广阔的发展前景。也正因为如此,总体性社会情绪的研究还需要不断地深入,使其在学科发展与政策研究的意义上具有更大的潜力。事实上,总体性社会情绪这样一个极具张力的理论只有深深地扎根于中国社会巨大的经验场景且在中国实践的基础上,才能够最终完成厚重学术底蕴的理论构建与重建。

第二章

总体性社会情绪：理论、方法与操作化

目前的中国，处于实现第二个百年奋斗目标的关键时期，这对于人民至上、以人民为中心的国家治理提出了更高的要求。以人民为中心的国家治理，首先需要了解人民的急难愁盼，了解人民之心。特别是在当前面临世界百年未有之大变局叠加世纪疫情的情况下，准确地把握人们在一个时期的普遍诉求与期望，了解与回应民心，并相应地调整我们的经济与社会政策，是实现高质量国家治理的前提与条件。

在长期的研究过程中我们发现，当社会中的经济增长和经济结构转型出现问题的时候，人们可以用经济景气的方法来进行解释和分析，从而使党和政府能够做出相应的制度安排以从容地应对。但是当社会发展和社会结构转型过程中出现问题时，我们却缺乏相应的分析工具来系统、科学地分析与研究这些问题，从而使我们在解决这些问题的时候往往处于一种不从容的被动境地。因此，为了改变这种状况，使我们能够在社会发展的事实基础上做出正确的判断、分析与选择，我们需要注重和加强社会景气与社会信心的研究。①

在以往的社会景气与社会信心研究中，我们主要从以下四个方面来展开分析。② 随着研究的推进，我们同时也逐渐发现，以往的社会景气与社会信心研究存在四个主要的问题，从而使得社会景气研究的学术张力以及

---

① 李汉林：《要注重和加强社会景气和社会信心的研究》，《中国社会科学报》2012年12月31日，第A02版。
② 李汉林：《关于社会景气研究》，《社会发展研究》2016年第5期，第63—77页；张彦、魏钦恭、李汉林：《发展过程中的社会景气与社会信心——概念、量表与指数构建》，《中国社会科学》2015年第4期，第64—84页；同时参看第一章。

相应的实际应用受到较大的限制。① 从理论上说，高质量的国家治理追求的是执政的高效率与低成本，同时要求国家与政府提供良好的公共服务，及时呼应民心民意，协调与缓解社会冲突与矛盾，维持和谐的社会秩序，进而得到绝大多数人民的拥护与支持。② 在这里，实现高质量国家治理的一个重要前提条件是要准确地把握一个时期内人们的普遍期望与诉求，了解人们的主观感受，并以此作为制定和调整国家治理政策与工具的社会事实基础。只有在这种条件下，国家治理才可能实现高质量发展，从而为国家的政治稳定、经济发展、人民幸福以及社会安定提供有力的保障。③ 很显然，在缺乏理论与方法有力支撑的基础上，社会景气作为国家治理有力的政策工具就显得力不从心。

事实上，一个社会中的社会景气④ 可以体现为人们在一段时期内可以观察到或感受到的一种弥散在不同社会群体之中的总体性社会情绪，换句话说，社会景气的深层结构是总体性社会情绪，社会景气的状况可以通过总体性社会情绪反映出来。所以，理解总体性社会情绪，是理解社会景气的前提。特别是对于正处于急速变迁的中国社会来说，能够在人们微观感受与宏观社会状况之间进行有效勾连的，就是这种弥漫以及沉淀在社会中的总体性社会情绪。正是受这种总体性社会情绪所驱动，社会发生着不断的变迁与发展。不了解一个社会中的总体性社会情绪，就不可能从根本上实现有效的国家治理，从而也不能够从实质上把握社会的变迁与发展。努力去做到这一点，恰恰也是我们研究总体性社会情绪的学术与实践意义。

正是在这个背景下，我们认为在原有社会景气与社会信心研究的基础上需要进一步推进，弄清楚社会景气的深层结构等许多理论与方法的问题。

---

① 参看第一章。
② 俞可平：《推进国家治理现代化的六大措施》，《国家治理网》，2015 年 9 月 26 日，http://isg.hust.edu.cn/gjzlw/display2.jsp?urltype=news.NewsContentUrl&wbtreeid=1093&wbnewsid=1310。
③ 《中共中央关于坚持和完善中国特色社会主义制度推进国家治理体系和治理能力现代化若干重大问题的决定》，2019 年 11 月 5 日，http://www.gov.cn/zhengce/2019-11/05/content_5449023.htm。
④ 张彦、魏钦恭、李汉林：《发展过程中的社会景气与社会信心——概念、量表与指数构建》，《中国社会科学》2015 年第 4 期，第 64—84 页。

一　概念与方法

（一）社会情绪与总体性社会情绪

为了更好地理解总体性社会情绪，我们首先要对一些基本的概念进行梳理。

我们对总体性社会情绪的思考来源于社会情绪的概念。在国内，近30年来，关于社会情绪的研究主要集中在两个方面，一个是把情感或情绪过程作为社会现象，另一个则是试图把情感与情绪这个概念以及相关社会过程的研究主要应用于越轨与社会控制、婚姻与家庭、性别角色、群体团结、精神健康与分层等领域。① 另外，在对社会情绪研究的过程中，有人从情感体制切入展开讨论，② 有人从历史角度进行分析，③ 也有人从理论发展脉搏加以研究。④ 这些有益的探索为我们进一步打开社会情绪的概念，并进一步思考总体性社会情绪打下了很好的基础。⑤

在一般的意义上，社会情绪（social emotion）是指伴随个体整个社会心理过程产生的主观心理体验和心理感受，是个体在长期社会交往中所体验和表达的情绪。⑥ 事实上，人作为社会关系的总和，其从一出生就开始体验到的情绪，均不可避免地带有社会和文化的烙印。个体在成长过

---

① 王鹏、侯钧生：《情感社会学：研究的现状与趋势》，《社会》2005年第4期，第70—87页。

② 成伯清：《当代情感体制的社会学探析》，《中国社会科学》2017年第5期，第83—101页。

③ 郭景萍：《情感社会学：理论、历史、现实》，上海：上海三联书店，2008年，第199—354页。

④ 于灵嘉：《情感社会学视域：浅析群体性事件发生的情感逻辑——读〈人类情感——社会学的理论〉》，《社会科学前沿》2017年第6期，第904—908页；郭景萍：《西方情感社会学理论的发展脉络》，《社会》2007年第5期，第26—46页。

⑤ 除去社会情绪的研究，国内还有人从社会心理学的角度切入，用社会心态的概念来探讨中国的社会变迁，也有人从社会态度的概念出发，用数据来分析中国的社会发展。这些研究对我们思考和讨论总体性社会情绪，给了很多启发，打下良好的基础。参见王俊秀《社会心态：转型社会的社会心理研究》，《社会学研究》2014年第1期，第104—124页；杨宜音《社会心态形成的心理机制及效应》，《哈尔滨工业大学学报（社会科学版）》2012年第6期，第2—7页；李路路、王鹏《转型中国的社会态度变迁（2005—2015）》，《中国社会科学》2018年第3期，第83—101页。

⑥ 参见J. M. Barbalet, *Emotion, Social Theory and Social Structure: A Macrosociological Approach*, New York: Cambridge University Press, 2004; T.J. Scheff, *Microsociology: Discourse, Emotion and Social Structure*, Chicago: The University of Chicago Press, 1990; 百度词条，社会情绪，2015年3月31日，https://baike.baidu.com/item/社会情绪/821422?fr=aladdin；许婵《中国共产党从社会管理到社会治理的思想演变及发展》，博士学位论文，武汉理工大学，2017年。

程中，不断地从与周围人的交往中习得如何表达和体验情绪。在这一过程中，个体所在的社会环境、文化规范和道德信念等，均成为情绪表达与理解不可忽视的影响因素。社会文化的内涵和意义附加到类似于痛苦、高兴等与生俱来的基本情绪中，形成相互交织和相互渗透的诸多复杂情绪，这就是社会化的情绪。① 从这个意义上说，人的情绪就是社会情绪，人的成长过程就是情绪的社会化过程，换句话说，情绪就是受社会文化影响的一种社会建构。② 人们在同其他人进行互动的过程中，不断地充实、积累或者改变自己的认知，体验、归纳以及总结自己的主观感受，并在这个过程中思考、寻找以及探索自己的认同，从而在这个基础上逐步形成自己的行为取向，使自己的社会情绪在这种解构和建构的过程中逐步地稳定下来、沉淀下去。按照涂尔干的话说，这种社会情绪就是一种维持社会整合和团结在一起的黏合剂（glue），即便是与科学信仰以及大众信仰相比，社会情绪仍然具有相对稳定的和可预期的特质，而且这种社会情绪在维持整个社会的秩序上也起到了至关重要的作用。③ 在涂尔干的基础上，有人进一步认为，社会情绪就是勾连社会结构与社会行动的最重要的因素。④ 也恰恰在这个意义上我们可以看到，社会情绪也就从心理学的概念转变成了社会学的概念，变成一种社会学独特的分析工具与研究视角。⑤ 这也是我们

---

① 杨大威：《新冠肺炎疫情对社会情绪的影响：心理健康服务视角——本刊专访中国人民大学教授、博士生导师俞国良》，《黑龙江社会科学》2020 年第 5 期，第 72—78 页。

② 参见 J.M. Barbalet, *Emotion, Social Theory and Social Structure: A Macrosociological Approach*, New York: Cambridge University Press, 2004。

③ Social emotions "are glue that hold the society together ... they are regular, relatively stable, and to some extent predictable phenomena ... they could play a key role in sustaining social order." In: Von Scheve, Christian & Rolf Von Luede, "Emotion and social structures: Towards an interdisciplinary approach," *Journal for the Theory of Social Behaviour*, Vol.35, No.3(2005), pp.303-328.

④ Von Scheve, Christian & Rolf Von Luede, "Emotion and social structures: Towards an interdisciplinary approach," *Journal for the Theory of Social Behaviour*, Vol.35, No.3(2005), pp.303-328.

⑤ "Key aspects of social structure are examined through the development and application of social emotions categories. Thus rationality, class structure, social action, social conformity, basic rights, and social change are considered through discussion of a particular emotion or set of social emotions which both characteristically pertains to each of them and elucidates the processes to which each is subject... Social emotion can be developed in and applied to the analysis of social structure." In:J.M. Barbalet, *Emotion, Social Theory and Social Structure: A Macrosociological Approach*, New York: Cambridge University Press, 2004, pp.1-2.

为什么会反复地说明，我们是从社会学的角度以及在社会学的意义上来运用社会情绪以及总体性社会情绪的概念，并以此作为我们研究与分析框架中的重要工具。①

概括来说，社会情绪是个体与群体互动过程中产生的一些主观感受，同时也是受社会文化影响的一种社会建构。人们在与他人互动的过程中，不断地充实、积累或者改变自己的认知，体验以及总结自己的主观感受，思考以及探索自己的认同，从而在这个基础上，逐步形成自己的行为取向，形成自己的社会情绪。在这里，社会情绪作为个体或者群体的一种主观感受，它缺乏对一个社会中人们情绪的一种总体性的观照和描述，也没有很好地顾及、归纳与观察弥漫在不同群体之中且能够引起共鸣与共情的主观感受。正因为如此，用总体性来归纳与概括人们跨群体的主观感受，可能会使社会情绪的概念变得更准确，且更具有学术张力。实际上，社会情绪与总体性社会情绪最根本的区别就在于，社会情绪反映的是个体或者群体中的主观感受，而总体性社会情绪则能够准确反映弥漫在社会之中以及不同群体之间的且能够引起共鸣与共情的主观感受。一般性的社会情绪可能是不稳定的，但是一旦形成总体性社会情绪，那么它就有了不同社会群体的共鸣、共识与认同，就有了稳定化的基础和趋势。只有总体性社会情绪才有可能从正面或负面、积极或消极的层面来反映社会中结构性与制度性的状态，深度揭示一个社会深层次结构性、制度性的问题或矛盾。

---

① 吴文藻认为，人的行为是刺激—反应的结果。当这种刺激引起几个人乃至整群人的反应，那么这就是个人心理学研究的对象；当几个人乃至整群人受同一刺激而反应的时候，这种行为则可以作为社会行为。在这种社会行为中，有若干人的"群集"因受同一刺激而起反应，则可以看作"群众行为"或者"群集行为"，而这样的一类社会行为，则是社会心理学所研究的对象。在这里，社会学与社会心理学不同，社会学侧重研究"大社会行为"（societal behavior）。吴文藻进一步解释道，因"共同情境"而引起的"多个反应"，则是"多个行为"（multi-individual behavior）；因"相互刺激与反应"而形成的互相了解与一致合作的现象，则是"共个行为"（co-individual behavior）。"多个行为"是指若干人同时对同一刺激而起的同一反应，而"共个行为"则是若干人成群结队同心合力地联合起来。吴文藻同时认为，社会学与社会心理学最大的区别在于，社会学的研究必须包括共同情境与多个反应的行为，或者说大社会行为。在这里，给我们的研究一个深刻启示是，吴文藻所说的大社会行为，即共同情境的多个反应的行为与我们试图要研究的总体性社会情绪有着很多一致的地方，都是在社会认知基础上对一些社会情境与事件所产生的一种共同的或者说相似的反应，是不同群体之间的一种共鸣、一种认同、一种相似的行为取向，或者说"同类意识"指导下的大社会行为。参见吴文藻《论社会学的中国化》，北京：商务印书馆，2010年，第110—112、116—124页。

现在，让我们聚焦讨论总体性社会情绪这个概念。在这里，总体性社会情绪主要是指弥散在不同社会群体之中且容易形成共鸣和分享的一种比较一致的群体表达，是人们在社会认知、社会认同以及行为取向基础上形成的一种比较稳定的信念、精神和价值。可以说，总体性社会情绪反映的是人们在特定环境下形成的一种极具认同感、极具内聚力的集体意识状态。与此同时，这种总体性社会情绪能够集中体现人们对国家与社会的一个具有趋势指向的总体性的判断与感受。人们可能会分属于不同阶层，有不同的价值观念与行为规范，但是却可能在某一个或者几个点上引起共鸣与共情，形成一种极具认同感的虚拟群体，他们相互感染，相互激励，有种相似的行为取向，同时也为着相似或相同的目标而奋斗。在这里，总体性社会情绪的积累是一个比较长的社会过程。在这个过程中，人们通过认知、认同逐渐形成与积累这种情绪，通过共鸣与共情逐渐强化这种情绪。然后，可能一个偶然的事件就可以像导火索一样把人们长期积累的这种情绪点燃、唤醒，从而使其爆发。所谓"一呼百应""不约而同"说的就是这样的一种情况。在这里，总体性社会情绪被唤醒的基本前提有两个，一个是传播的条件，在传统的社区里可能是口口相传，也可能是依托于传统的媒介（如报纸、杂志、广播等），在互联网高速发展的今天，总体性社会情绪的唤醒则更多地依赖于现代媒体的烘托；另一个则是能够引起人们的共鸣与共情可能的偶然事件。不管怎样，当一种总体性社会情绪得以沉淀和稳定下来并通过一些"事件"被"唤醒"的时候，就会变成像观念、信仰以及精神一样的巨大力量，对一个社会的变迁、对一个社会结构的建构与解构产生无比巨大和深远的影响。每个时代都有其特定的总体性社会情绪，通过总体性社会情绪来认识时代与社会，是一种途径，也是一种学术使命。

通过深入分析我们发现，总体性社会情绪来源于人们对特定社会环境或者说社会事实的理解（Verstehen）和评估。这样一种理解和评估的基础是比较，参照群体是"社会上大多数人的行为"，在这个基础上人们逐渐形成对评估对象的看法，或者说形成有参照群体的认知、认同与行为取向。按照经典社会学的观点，社会学总是试图用解释的方式来理解人们有意义的行为（sinnhaftes Handeln），并做出相应的社会学的因果解释。从这个角度思考，认知和认同就是一种解释，就是一种理解（Verstehen），人们是通过认知来理解社会行动与行为互动，并在这个过程中实现社会化。在这个社会化的过程中，人们的社会情绪被不断地解构和建构，最终被人们理解为自身眼中的他人与社会,并以此作为人们行为取向以及与行为互动的基础。在这里,"自己的看法或者社会情绪"实际上是大多数人的看法和社会情绪(set of social emotions),或者说是被大多数人的看法及社会情绪所形塑的看法和社会情绪。在这个意义上,总体性社会情绪就是社会生活,但又不仅仅作用于社会生活,它嵌入人们的社会生活与社会行为互动之中,由社会来建构或解构,属于更广泛的社会关系模式的一部分。正是在这个意义上,涂尔干认为这种社会情绪就是一种维持社会整合和团结在一起的黏合剂(glue),具有相对稳定的和可预期的特质,而且在维持整个社会的秩序上也起到了至关重要的作用。[①] 在这里,涂尔干是在用社会学的方法研究心理学的东西,并努力把社会情绪这样的心理学概念变成社会学的概念来进行分析,有意识地把微观的问题放在了宏观的视角去加以探讨。也恰恰是在这里我们可以看到,社会情绪也就从心理学的概念转变成了社会学的概念,无论是从建构与解构的角度还是从结构与功能的角度,社会情绪作为社会学的概念就会显得更有学术张力、更厚重以及更有解释力,变成一种社会学独特的分析工具与研究视角。

关于总体性社会情绪的形成,可能存在两个解释的角度。一个是社会心理学的可能解释,人们对期望与目标实现差距的认知,会影响人们对特定问题上的看法及感受,逐渐形成一种情绪,这种情绪的积累会影响人们对问题的态度以及以后形成的行为。当这种情绪的积累以及和其他情绪产生共鸣的时候,就会形成总体性社会情绪。[②] 另一个是从社会学的角度进

[①] Von Scheve, Christian & Rolf Von Luede, "Emotion and social structures: Towards an interdisciplinary approach." *Journal for the Theory of Social Behaviour*, Vol.35, No.3(2005), pp.303-328.

[②] 按照吴文藻的说法,社会心理学着重研究有若干人乃至整群人受同一刺激而起反应的"群众行为"或者"群集行为",而社会学则应该侧重研究"大社会行为"(societal behavior)。吴文藻认为,社会学与社会心理学最大的区别在于,社会学的研究必须包括共同情境与多个反应的行为,或者说大社会行为。在这里,给我们的研究一个深刻启示是,吴文藻所说的大社会行为,即共同情境的多个反应的行为与我们试图要研究的总体性社会情绪有很多一致的地方,都是在社会认知基础上对一些社会情境与事件所产生的一种共同的或者说相似的反应,是不同群体之间的一种共鸣、一种认同、一种相似的行为取向,或者说"同类意识"指导下的大社会行为。总体性社会情绪与"同类意识"指导下的大社会行为都表现为源于常识,但同时是常识之上的一种沉淀。也恰恰在这个意义上,社会学的研究对象,除了考虑地方(环境)、工作(行为)之外,还要研究总体性社会情绪(生活的表象),即经由共同意识、相似的心理、一致的行为、民风和国纪(社会景气)而长久沉淀、积累的总体性社会情绪。它是稳定的,是可以被刻画和测量的,也是可以感知当下社会运行状况、预测未来社会发展趋势的最直接的"生活表象"和"社会表征"。参见吴文藻《论社会学的中国化》,北京:商务印书馆,2010年,第110—112、116—124页。

行讨论。因为从社会学的角度观察，社会心理学在这里可能没有解释清楚的是，认知在什么样的情况下或通过什么样的机制会影响人们社会情绪的形成，或者说，认知是通过什么机制使人们形成总体性社会情绪，个体的情绪通过什么机制变成了总体性社会情绪。社会心理学可以分析人们的认知、人们的态度、人们的情绪以及人们的行为，但是进一步的分析却没有回答为什么会形成这样一种认知的社会事实以及社会结构的背景。所以，我们在这里从社会学的角度出发，不仅要试图回答为什么会形成这样的认知，厘清社会化、意识形态、参照群体、社会记忆、结构紧张、社会信任与社会信心等社会环境要素对人们认知状况以及总体性社会情绪的共同作用和影响，与此同时，还需要深入地分析为什么会形成这样一种共同作用与影响。只有从社会学的角度深入地加以分析，我们才能够从根本上理解总体性社会情绪形成的社会过程、社会条件以及社会机制。

一个社会中的总体性社会情绪一般具有四个特点。第一，跨群体。共情与共鸣发自社会中的不同群体。第二，累积性。总体性社会情绪发端于一些个体与群体情绪的积累，发酵于参照群体的比较，同时与社会上一些弥漫着的情绪相碰撞，最终凝结成一个时期的总体性社会情绪，完成了从个体情绪到群体情绪再到总体性社会情绪的转变。第三，弥散性。在很多的情况下，总体性社会情绪往往在开始形成的阶段处于一种弥散的状态，没有明确的行为与态度指向，表达一种说不清、道不明的心境，是一种混沌模糊的情感，如同泼墨而成的图景。在特定时期，当一个具体事件发生时，人们的这种混沌模糊的心境与情感会即刻明晰，极易形成共鸣。第四，传染性。总体性社会情绪作为个人情绪的长期积累与沉淀，很容易激起人们的共鸣与共情，从而得到很快传播。特别是通过媒体的作用以及其他一些口口相传的方式，这种情绪很容易变成一些极具号召力与影响力的诉求和舆论推力，并迅速散开。

我们知道，期望与目标实现一致性程度能够影响人们的主观感受，同时影响个体在期望与目标实现问题上产生的社会情绪。社会情绪只有在与他人或者群体社会互动的过程中才能产生，因为只有在这种互动过程中，人们才能够比较深刻地感受到目标以及目标实现的状况，并在此基础上形成相应的社会认知。[①] 在这个意义上，社会情绪从一开始就带有非常强烈

---

① 在我们的这项研究中，我们把这种期望与目标实现的差异表述为社会期望值（ratio of the social expectations）。

的社会性，特别是在一个急剧变迁的社会，当传统与现代对接和碰撞的时候，人们最明显以及最容易触摸和感受到的就是不同群体中社会情绪的变化。通过观察分散在不同个体与群体当中的社会情绪变化，我们就能够对弥漫与沉淀在一个社会之中的总体性社会情绪有一个基本的判断与预测，从而在微观群体社会情绪的变化中找到宏观的总体性社会情绪的变化趋势与发展过程，实现微观与宏观的勾连。

（二）总体性社会情绪的结构与功能

我们知道，结构—功能分析是一种社会学独特的学科视角。通过分析结构，我们能够更好地理解我们所分析主体的内部关系，看清楚所分析的主体到底是什么；而通过分析功能，我们则可以进一步了解主体的这样一种结构安排到底发挥了什么样的作用。这样一来，就可以使我们的研究能够进入所分析主体的结构内部去观察与思考，进而从总体上比较全面地把握我们所分析的主体。下面我们具体分析一下总体性社会情绪的结构与功能。

与人们的社会行为一样，总体性社会情绪也总是嵌入一个社会的结构之中，反映的是一个社会发展与变迁的结构状况。当一个社会的结构与功能不断调整的时候，人们首先能够比较容易感受到的是不同个体或群体社会情绪的变化。这种社会情绪的变化往往隐藏在社会结构的调整过程中，反映的是个体或群体在期望与目标实现问题上的主观感受。从嵌入的角度来观察分散在不同群体中的社会情绪变化，我们就能够把握与分析沉淀在这个社会中的总体性社会情绪。所以，把总体性社会情绪放到一个社会的结构当中去分析，放到一个社会的发展与变迁的过程中去思考，就会使我们在把握这种总体性社会情绪时有一个结构性的基础。

如果打开总体性社会情绪这个概念，我们就会看到，总体性社会情绪的结构主要由社会认知、社会认同以及行为取向组成。我们知道，人们在社会化的过程中，首先的一个情不自禁的行为就是观察与比较"社会上大多数人"是怎样以及他们是怎么做的。在这样的一个行为标尺和参照群体的指导下，人们在行为互动过程中才会逐步解决"我是谁""我应该怎么做"的问题，才会逐步形成自己的行为与"社会上大多数人"行为相一致的认知、认同与行为取向。无论是对社会上的其他人的认知，还是对社会角色以及对自己的认知，人们总是在社会主流价值观念与行为规范的框架下来实现的，同时，人们也在这个基础上构建自己的认知，调整自己的认同，而行为取向则是在认知与认同基础上的一个必然结果。换句话说，认知的水平决定认同的程度，而认知与认同的水平则会最终决定人们的行为取向。在这里，认知与认同形成的过程，实际上也是一个对自身认知与认同结构的建构或解构过程。

需要说明的是，总体性社会情绪的结构是在人们互动过程中以及期望和目标实现过程中逐步形成的，其显著的特征是趋同的社会认知、社会认同以及行为取向。人们可能分属于不同的阶层，有不同的价值观念与行为规范，但是在某一个点上或者在一些问题上却能够产生共鸣与共情，形成一种跨越群体和极具内聚力的社会共识。这个时候的群体，已经不是原来意义上的社会群体了，而是成为一种具有相同或相似认知、认同以及行为取向的新社会群体。这种新社会群体的产生实际上是在与参照群体反复比较的基础上形成认知与认同的结果。这种新社会群体一旦形成，就会具有很强的聚合与号召能力，群体成员可以为着他们的信仰、共同的目标团结整合在一起，并为之而努力奋斗。换句话说，人们满意与否的状况以及由此产生的信任与信心也建构在这种新的认知、认同与行为取向的基础上。在这里，我们对总体性社会情绪进行结构分析，主要是为了在结构分解的基础上，找出具有共性的以及普遍意义的结构性特征，从而在更深层次上理解总体性社会情绪。与此同时，我们可以清楚地看到，在比较基础上认知与认同的结构变化，不仅可以导致人们行为取向的变化，而且会在更深层次上引起社会群体结构乃至整个社会结构的变化。特别是当这种总体性社会情绪在这些社会群体中被沉淀、被稳定下来的时候，它就会变成一股强大的维持结构稳定和推动社会发展的力量，这种力量或是在积极的方向推动社会结构的稳定与变迁，使社会以及相应的社会结构在更高层次上得以建构，或是用一种极端的方式，比如社会运动以及其他激烈的行为来解构现存的社会秩序，推动社会的变迁。[①]

总体性社会情绪的功能首先表现为社会整合，即用社会化的力量、制度规范行为的力量以及意识形态的力量让人们按照"主流社会"的规则

[①] 我们在这里试图说明的是两种结构：一种是总体性社会情绪的结构，它由认知、认同与行为取向构成，我们首先试图分析总体性社会情绪本身结构的变化如何影响与作用于总体性社会情绪；另一种是社会结构，我们同时试图说明，总体性社会情绪深深地嵌入社会结构当中，总体性社会情绪的状况会影响与作用于社会结构的变化。

去行为，在"主流社会"的框架下来表达和体验自己的社会情绪，与此同时，解决在社会上行为与行为互动过程中"我是谁"的问题以及解决在特定社会群体中的归属感问题；其次是结构维持，使人们明白自己在社会上的"社会位置"与"社会角色"，让制度规范行为，不逾规；另外，总体性社会情绪作为促使社会群体在社会上凝聚的力量，能够在宏观上达到维持结构平衡的目的。

在这里，值得重视的是总体性社会情绪的功能对整个社会及社会结构的影响。总体性社会情绪通过社会化以及意识形态的力量影响人们按照"主流社会"的价值观念与行为规范去行为，并在行为过程中逐步完成自己对相应社会群体的认同与归属，从而在整体上实现社会结构的维持与稳定。这里，我们是从建构的角度来思考总体性社会情绪的社会功能的。从解构的角度来说，当一种新的思想、新的理论通过宣传、意识形态以及社会化的力量在反复说明，一种现存的社会体制需要改革、现存的社会结构需要变迁，而且这种反复的"灌输"与宣传被大家逐步接受和认可的时候，一种社会体制的改革与社会结构的变迁就会发生，整个社会就会产生一种新的而且是稳定的总体性社会情绪，并以此在新的社会体制与社会结构的基础上维持着新的结构平衡。也恰恰在这个意义上，一个新的社会发展阶段的开始，总是和新的、稳定的总体性社会情绪联系在一起。

另外，我们同时还需要关注总体性社会情绪的结构化。由于总体性社会情绪是建构在某种社会事实基础上的一种比较一致性的群体表达，所以特别需要注意一些重大事件中不同群体之间的相互影响。在很多情况下我们可以观察到，一方面，不同的社会群体会在相互作用与影响的过程中形成比较相同或者类似的社会情绪，使社会情绪具有不同群体总体性的结构特征，或者说，不同的社会情绪在不同群体的相互比较与互动的过程中嵌入到不同生活圈的结构之中，形成带有鲜明群体特征的总体性社会情绪，甚至变成结构的一部分；另一方面，这种结构化的社会情绪在自觉与不自觉之间改变着结构，促进群体情绪的变迁。换句话说，一方面，社会情绪在相互作用的过程中逐步嵌入不同的群体之中，形成一种群体性的社会情绪；另一方面，这种群体性的社会情绪形成以后，其变化与变迁将带动整个特定群体社会情绪的变化与变迁，有一种群体内部相互感染、相互影响的意味，类似于群体内部的集体行为过程，这就是社会情绪结构化过程中的二重性。在这里，总体性社会情绪结构的二重性表现得非常明显：这种社会情绪的结构对人的行为不仅有制约作用，同时也是行为的前提与条件。人们在社会情绪引导下的社会行为既维持着结构，又改变着结构。当然，这里需要进一步认真分析的是，是什么样的因素在影响和制约着总体性社会情绪内部的结构化。与此同时，我们仍然需要关注，这样的一种总体性社会情绪如何嵌入一个社会的结构之中，又如何影响整个社会的结构以及结构变迁。

事实上，总体性社会情绪结构化和制度化可以通过很多方式得以实现。比如，用意识形态来塑造和规范不同群体的社会情绪，使人们能够在主流社会价值和社会环境的基础上进行情绪表达和实现情绪认同。又如，用社会记忆传递特定的情感与情绪，并嵌入特定的社会结构当中，形成比较固定的认知、认同与行为取向，逐渐实现社会情绪的结构化和制度化。

另外我们看到，在经典社会学的理论当中，韦伯也注意到稳定的社会情绪（或者说总体性社会情绪）以及精神的力量对人们行为的影响。他认为，按照"经济行为理性以及合理化"的"资本主义精神"从事社会的生产与再生产，推动了资本主义的诞生与发展。[1] 这里，韦伯重点关注的是，人们出于什么样的认知、认同和行为取向以及实践方式来进行资本主义的经营，也就是他所强调的"精神"方面的因素。韦伯发现，新教教徒所信仰的"预定论"作为一种宗教伦理直接或者间接地成为人们兢兢业业工作以及努力创造财富的行为动力，变成推动资本主义形成、兴起与发展的"资本主义精神"。[2] 很明显，重要的是一种观念、一种精神在规范、约束和激励着人们的行为。

在这里，我们可以非常明确地感受到，韦伯所分析的新教伦理和资本主义精神，实际上是要从社会学的角度说明，一种精神上的寄托和力量、一种信仰和追求以及一种意识形态对人们的行为会产生多么大的影响、激励和约束。观念、信仰以及精神的力量，既可以改变人的行为，也可以改

---

[1] 参见韦伯《新教伦理与资本主义精神》，于晓、陈维纲等译，北京：生活·读书·新知三联书店，1987年，同时参见王木木《〈新教伦理与资本主义精神〉的启发》，《社会科学论坛》2013年第11期，第76—90页；刘林平、任美娜、杨阿诺《"新教伦理与资本主义精神"命题之反思》，《社会科学》2021年第2期，第76—85页。

[2] 参见韦伯《新教伦理与资本主义精神》，于晓、陈维纲等译，北京：生活·读书·新知三联书店，1987年，同时参见王木木《〈新教伦理与资本主义精神〉的启发》，《社会科学论坛》2013年第11期，第76—90页；刘林平、任美娜、杨阿诺《"新教伦理与资本主义精神"命题之反思》，《社会科学》2021年第2期，第76—85页。

变整个世界，推动社会的变迁与发展。在这个意义上我们可以看到，当一种总体性社会情绪得以沉淀和稳定下来的时候，就会变成为信念、精神和价值，可对一个社会结构的建构与解构产生无比巨大和深远的影响。

在一般意义上，人们对期望与目标实现差距的认知，会影响人们对特定问题的看法及感受，逐渐形成一种情绪，这种情绪的积累会影响人们对问题的态度以及以后形成的行为。① 当这种情绪积累到一定程度以及和其他情绪产生共鸣并通过一些"特殊事件"被"唤醒"的时候，就会形成总体性社会情绪。这种总体性社会情绪的存在对一个社会的发展来说是一把"双刃剑"：一方面可以推动社会的进步，另一方面也会撕裂社会的结构，造成社会紧张。

（三）研究的方法

下面我们试图从方法论的角度来探讨如何研究总体性社会情绪。

打开总体性社会情绪的结构，我们就可以比较清晰地看到，比较以及参照群体有着举足轻重的作用，是我们研究总体性社会情绪的重要方法论。从实质上说，社会学的研究就是一种比较的过程和比较的研究。② 比较是研究与思考的开始，比较传递的是理念、思想和知识以及一些可以借鉴的行为规范与价值观念。③ "没有比较的思维是不可思议的，如果

---

① 李路路、王鹏：《转型中国的社会态度变迁（2005—2015）》，《中国社会科学》2018年第3期，第83—101页。

② 张静在以费孝通的《江村经济》为例分析燕京学派何以独特的时候做了如下的归纳总结："《江村经济》的分析逻辑……也是运用类型比较的结果，而类型比较也是社会科学常用的分析方法之一。费孝通在1985年提到……乡土社会之所以'特有'，是和先工业化社会比较的结果。但比较得以进行，必定要依赖类型划分，因而费孝通指出，中国的特点并不是处理互不相干的现象，相反，是采用一系列学界通用的分析工具去认识不同对象的特点。他经过比较研究得出的结论，比如差序格局的社会关系结构等能够被不同文化及社会的学者所理解，不在于观点的差异——寻找差异特点正是社会科学研究的内容，而在于得出这些不同观点所使用的一致方法论立场：社会科学专家共享的类别划分、概念工具以及分析逻辑。"我们在这里大段引用张静对费孝通的分析是想说明，比较在过去、现在和将来都是社会学研究的一种传统。离开了比较，所有的研究，包括社会学研究，就会成为无源之水，无本之木。研究的过程就是比较的过程，这是经过反复学术实践证明的道理。参见张静《燕京社会学派因何独特？——以费孝通〈江村经济〉为例》，《社会学研究》2017年第1期，第24—30页。

③ 参见 J. Suls, R.L.Collins & L.Wheeler, eds., *Social Comparison, Judgment and Behavior*, New York: Oxford university Press, 2020。

不进行对比,一切科学思维和所有科学研究,也都是不可思议的。"① 涂尔干也认为,"比较社会学并不是社会学的一个特殊分支,就它已不再是纯描述性社会学,并且渴望对事实进行说明而论,它就是社会学本身。"② 人们首先总是试图通过比较,把一些事物与问题联系起来进行比较分析,努力用比较的方法找出事物与问题的内在联系、规律与本质。③

用比较作为基本的方法论似乎是老生常谈,但是如果认真地思考,我们就会发现,恰恰是这种简单的方法论能够打开总体性社会情绪的结构,清晰地揭示出总体性社会情绪形成的内在机制。

我们知道,确定目标与努力实现目标是人们行为以及行为互动的重要动力。目标与目标实现一致性程度能够深刻影响人们的主观感受,同时影响个体在目标与目标实现问题上产生的社会情绪,而这种情绪的积累同样会深刻影响人们对问题的态度以及以后形成的行为。在这里,人们在行为与行为互动的过程中,总是通过与自身所认同的群体与个人的不断比较,来反复地修正自己的行为,④ 重构、建构或者解构自身的认知、认同和行为取向。而总体性社会情绪实际上就是人们在与他人以及参照群体反复比较的过程中逐渐形成的。通过比较,人们逐渐形成稳定的认知,寻找相关群体的归属,确定自己与其他人的认同。⑤

在这里,我们可以看到,目标与目标实现的过程以及在这个过程中所产生的差异,不仅是人们行为互动的动力,同时也是人们以后形成满意不满意、对他人信任不信任、对将来的发展有没有信心的主观感受的一个

---

① 斯梅尔塞:《社会科学的比较方法》,王宏周、张平平译,北京:社会科学文献出版社,1992年,第2页。

② 斯梅尔塞:《社会科学的比较方法》,王宏周、张平平译,北京:社会科学文献出版社,1992年,第2页。

③ 参见 B.P.Buunk & F.X.Gibbons,"Toward enlightenment in social comparison theory," In: J.Suls & L. Wheeler, eds., *Handbook of Social Comparison: Theory and Research*, New York: Kluwer Academic/Plenum Publishers, 2000, pp.487–499。

④ 参见 B.P.Buunk & F.X.Gibbons,"Toward enlightenment in social comparison theory," In: J.Suls & L. Wheeler, eds., *Handbook of Social Comparison: Theory and Research*, New York: Kluwer Academic/Plenum Publishers, 2000, pp.487–499。

⑤ 参见李友梅、肖瑛、黄晓春《社会认同:一种结构视野的分析——以美、德、日三国为例》,上海:上海人民出版社,2007年,第1—30页;应星《从宏观比较历史分析到微观比较历史分析——拓展中国革命史研究的一点思考》,《江苏社会科学》2018年第3期,第253—258页。

根本原因和机制。而比较在这个过程中起着举足轻重的作用：就行动者而言，其通过在日常生活中的比较来体验满意不满意，形成相应的判断与具体的主观感受；就研究者而言，通过观察行动者的比较行为以及由此产生的共鸣与共情的主观感受来分析行动者行为的动因与机制，把握社会中的总体性社会情绪。①

当然，在比较过程中，如何实现微观到宏观、个体社会情绪到总体性社会情绪的勾连，是需要我们进一步讨论的问题。

我们发现，在涂尔干的著作中，他一再强调个体意识与集体意识之间存在着一个转换机制或者说一种化合作用。② 正如勒庞在《乌合之众》一书中描述的那样，一些彬彬有礼且有知识教养与理性的个人，一旦裹挟到特定的群体行为当中，其行为与观念就会随着时间的推移以及群体规模的增大而相互影响，并逐渐趋于一致，形成一种类似于跨群体的联合。③ 尽管人们可能会看到，社会上会出现总体性社会情绪与一些个人的主观感受不一致的状况，但是这种状况反映的只是个体的差异性，是个人的主观感受与社会态度的表达，而这种个体的差异性不能取代一些弥漫在社会上总体性的感受。恰恰是在比较的过程中人们的行为趋于从众，融于总体，实现个体行为趋同于总体行为的转变。④

也正是为了分析微观向宏观的跃迁，赫斯特洛姆提出了"解析社会"的观点⑤，即宏观现象有着其内在的微观发生机制，只要掌握了这种发生

---

① 从某种意义上说，社会学的定性、定量研究，就是在分析的过程中比较差异，探讨机制与行为动因。以社会学的统计分析为例，人们通过比较均值（Anova）来思考行为之间的差异，通过观察显著度、做结构方程与回归模型来比较和研究为什么以及在什么样的条件下有差异，从而试图归纳社会行为的机制、动力和原因。分析与比较差异既是研究的起点和过程，同时也是研究极其重要的条件。

② "毫无疑问，如果没有个人意识，任何集体生活都不可能产生，但仅有这个必要条件是不够的，还必须把个人意识结合或化合起来……个人的精神在相互结合、相互渗透和相互融合的过程中产生一种存在，说这种存在是心理的存在亦可，但它具有一种新的心理个性。"参见 E. 迪尔凯姆《社会学方法的准则》，狄玉明译，北京：商务印书馆，2009 年，第 116 页。

③ 参见古斯塔夫·勒庞《乌合之众》，冯克利译，北京：中央编译出版社，2005 年。

④ 事实上，通过科学抽样的方法我们能够在抽样总体中反映和捕捉大多数人群趋同的主观感受或者说总体性社会情绪，其折射出来的是一种客观的事实存在。

⑤ 彼得·赫斯特洛姆：《解析社会：分析社会学原理》，陈云松等译，南京：南京大学出版社，2010 年，同时参见陈云松《分析社会学：寻求连接微观与宏观的机制性解释》，《浙江社会科学》2008 年第 5 期，第 22—29 页。

机制就可以实现微观与宏观、主体与结构之间的联结。这种分析社会的逻辑以个体行动的原因为基础，以行动者之间的互动为核心机制，在演绎和归纳的基础上层层递升，进而实现对宏观社会现象的解释。按照"解析社会"的基本分析思路，人们从个体行动发生的原因出发，并强调只有具有目的性的行为才能被看作是行动，只有个体的行为能够被期望（desires）、信念（beliefs）和机会（opportunities）解释时[①]，才是一种行动，从而其分析社会的微观基础也被称为"DBO 理论"。[②] 在明确了个体行动的原因之后，赫斯特洛姆进一步指出，只有对目的性行动之间的社会互动进行解释才能洞察个体行动与群体行为之间的关联，因此，社会互动及其背后的因果机制才可能构成从微观行动向群体行为跃迁的基础。也正是在这个互动效应的基础上，我们才可以理解从个体行动到群体行为趋同的发生机制，以及实现从微观行动向宏观现象的逻辑解释。[③] 正是在这个意义上，微观与宏观的勾连恰恰说明了社会学作为一个学科的学术张力和一种在宏

[①] 张彦、魏钦恭、李汉林：《发展过程中的社会景气与社会信心——概念、量表与指数构建》，《中国社会科学》2015 年第 4 期，第 64—84 页。

[②] 就如何处理微观行为与宏观社会现象之间的关系这一问题而言，赫斯特洛姆和科尔曼在一定程度上具有某种一致性，都强调对个体行动的关注，并且都认为从微观行为来解释宏观现象面临一种跃迁的障碍，科尔曼将之称为智力障碍（intellectual hurdle），而赫斯特洛姆走得更进了一步，即通过对转换型机制（transformational mechanisms）的分析来实现从微观向宏观的上升。科尔曼用以探讨微观与宏观关系的"靶子"是韦伯关于"新教伦理与资本主义精神"的分析路径。他认为这种从宏观到宏观的阐述缺乏合理性，首先，通过缺少变异性（little variation）的个案（data inadequacy）来说明规律性在方法论上存有问题；其次，除非我们认为社会系统是自我平衡的（排除内在变化的可能性），否则很难理解与解释为何现象之间的关系是如此而非其他，即关系背后的因果逻辑很难说明；最后，这种研究方式必须要将已存的社会系统假定为初始点（starting point），一旦如此便永远难以回答诸如霍布斯主义者有关社会秩序的问题。当然最主要的问题还是如何从微观行为上升到对宏观现象的分析，诚如韦伯认为的，新教教义（protestant doctrine）通过影响个体价值观念（individual value）进而影响经济行为（economical behavior），但是他却难以阐明这些个体取向的结合是如何产生我们称之为资本主义的经济组织结构的。参见彼得·赫斯特洛姆《解析社会：分析社会学原理》，陈云松等译，南京：南京大学出版社，2010 年，第 40—50 页；James S.Coleman, "Social theory, social research, and a theory of action," *American Journal of Sociology*, Vol.91, No.6(1986), pp.1309-1335。

[③] 彼得·赫斯特洛姆：《解析社会：分析社会学原理》，陈云松等译，南京：南京大学出版社，2010 年，同时参见陈云松《分析社会学：寻求连接微观与宏观的机制性解释》，《浙江社会科学》2008 年第 5 期，第 22—29 页。

观与微观之间穿梭的能力，说明了"社会学的学术想象力"①。

在费孝通那里我们同样也可以看到，无论是"江村经济""云南三村"，还是20世纪80年代的"小城镇大问题"的研究，他总是试图实现从个案社区研究到类型比较方法的转向，强调通过社区分类，将某种特定社区研究的普遍意义进行深入剖析，从而实现微观到宏观、个体与总体之间的勾连。②费孝通认为，"一切事物都在一定条件下存在的，如果条件相同就会发生相同的事物，相同条件形成的相同事物就是一个类型。……如果我们用比较方法把中国农村的各种类型一个一个地描述出来，那就不需要把千千万万个农村一一地加以观察而接近于了解中国所有的农村了。请注意上面我多次用了'逐步'和'接近'两个词。通过类型比较法是有可能从个别逐步接近整体的。"③在这里，微观以及个别的类型比较与观察是勾连宏观与整体社会状况的重要前提条件。

斯梅尔塞和孟西认为，微观与宏观的勾连最重要的是要看两点，即一个是要看宏观分析是否会对个体行为及群体行为起到很重要的指导作用；另一个是要看宏观分析是否在宏观上保持其结果与立场不变的前提下，仍然会对个体行为与群体行为起示范效应。④与此同时，他们指出，宏观与微观的勾连主要是通过两个途径来实现的：一个是宏观分析的内化（the macro as internalized），另一个则是把宏观分析作为个体行为与群体行为参照系的框架（macro as limit frame of reference）。⑤而总体性社会情绪恰恰能够承担微观与宏观勾连的使命：通过总体性社会情绪结构化的过程使其成为个体与群体行为的参照系；通过个体与群体行为之间的相互影响，尤其是参照群体的作用，使总体性社会情绪深深嵌入人们的行为结构之

---

① 参见郭于华《倾听底层：我们如何讲述苦难》，桂林：广西师范大学出版社，2011年，第3页。

② 参见刘雪菊《个案研究的困境与出路——基于科学主义的反思》，《海南师范大学学报（社会科学版）》2016年第9期，第111—117页。

③ 费孝通：《缺席的对话：人的研究在中国——个人的经历》，《读书》1990年第10期，第3—11页。同时参见http://www.sohu.com/a/456097915_120051495。

④ Richard Muench, N.J.Smelser, "Relating micro to macro," In: J. Alexander, B.Giesen, R.Muench, N.J.Smelser, ed., *The Micro Macro Link*, Berkeley: University of California Press, 1987, pp.356-388.

⑤ Richard Muench, N.J.Smelser, "Relating micro to macro," In: J. Alexander, B.Giesen, R.Muench, N.J.Smelser, ed.,*The Micro Macro Link*, Berkeley: University of California Press, 1987, pp.356-388.

中，并成为他们行为的认知、认同与行为取向。也正是在这个意义上，微观与宏观的勾连比较不仅说明了总体性社会情绪在宏观与微观之间穿梭的能力，同时也表现出了社会学作为一个学科的学术张力，展示出一种"社会学的学术想象力"①。

我们在问卷调查的田野中可以清晰地看到，在抽样基础上的数理统计分析可以过滤掉个体的差异性，取而代之的是总体的一致性以及群体等一些结构变量的差异性。实际上，当不同个体以及不同群体对一些问题的感受趋于一致的时候，我们能够通过对问卷数据的分析，把握住总体性社会情绪的脉搏。另外，通过随机抽样得来的数据不是个体意义上的简单叠加，而是通过诸如共鸣与共情、情绪感染、去个性化等机制新生成的具有本身特质和功能的社会事实，反映出个体与宏观社会在社会情绪意义上的联结与相互构建。② 由此我们可以看出，总体性社会情绪是我们观察微观个体的主观感受与宏观社会变迁与发展进行勾连的一个很好的切入点。

二 研究的操作化

虽然总体性社会情绪弥漫在一个社会之中，人们在实际的社会生活中也能够触摸到，但是其仍然有一种让人看得见却摸不着、时隐时现的感觉。因此，我们需要从学术和学理上找到总体性社会情绪的表达方式，找到一种简单、敏感和容易操作的分析工具，使研究者以及政策制定者能够做出正确的判断与选择，使理论的研究以及国家治理政策的制定有一个全面、可靠的社会事实基础，进而在宏观与微观的结合上能够比较准确地把握一个社会中的总体性社会情绪。③

我们知道，总体性社会情绪是一个能够实现宏观与微观勾连的核心概

---

① 参见郭于华《倾听底层：我们如何讲述苦难》，桂林：广西师范大学出版社，2011年，第3页。

② 杨宜音：《个体与宏观社会的心理关系：社会心态概念的界定》，《社会学研究》2006年第4期，第117—131页；杜甘：《比较社会学：马太·杜甘文选》，李洁等译，北京：社会科学文献出版社，2006年。

③ 在学理的意义上，理论需要抽象，而操作化则需要具体。"In order to test a theory, the more general (and therefore abstract) the data, the better. But in order to construct a theory, the more concrete (and therefore particular) the data, the better." In: T.J. Scheff, *Microsociology: Discourse, Emotion, and Social Structure*, Chicago: The University of Chicago Press, 1990, p.195.

念，这就需要我们从宏观与微观的结合上来思考总体性社会情绪的操作化问题。与此同时，总体性社会情绪的操作化需要能够做到简单、敏感以及容易操作。根据这些选择条件我们发现，满意度、社会信任与社会信心可能是一个很好的切入点。

其一，满意度、社会信任与社会信心在微观层面上具有形成总体性社会情绪的底层逻辑和条件，同时在宏观上又可以勾连一个国家与社会的景气状况，是一个国家政府合法性的重要证明。人们总是先从自己的状况来感受日子过得好不好，满意不满意，对他人信任不信任，对未来的发展有没有信心。只有在这个基础上，人们才可能推己及人，对社会的总体环境做出合乎实际的判断。在这里，个人的满意度、信任与信心就成为人们对国家与社会宏观状况判断的基础。很多国家的发展过程都反复说明，社会的不稳定首先表现出来的就是人们的不满，对政府的不信任以及对自己乃至国家未来发展的无信心。① 缺少这种底层的逻辑与条件，就很难把握住积极的总体性社会情绪，推动社会向前发展。

实际上，在期望与目标实现的过程中，通过与参照群体的反复比较，首先能够触摸的是人们满意或不满意的主观感受，这种主观感受经过社会记忆和意识形态等过程得到不断积累与强化，会逐渐形成比较稳定的社会认知、社会认同以及行为取向。换句话说，期望与目标实现的差距状况使人们首先会产生满意或不满意的主观感受，这种主观感受的沉淀会直接影响人们对自己、对他人、对社会以及对未来的预期，影响人们的信任和信心。社会信任与社会信心作为一种稳定的预期来源于人们体验到的满意或者不满意的主观感受。当这种预期反映出信任或者不信任、有信心或者没有信心的时候，那么，表现出来的就是各种不同社会群体在一些方面的满意或者不满意，最后沉淀下来的则是一种积极的或者消极的总体性社会情绪。在这个意义上，满意度、社会信任与社会信心三者之间紧密的内在逻辑联系，使人们能够用简单、敏感且易操作的方式实现对一个社会总体性社会情绪的分析。

其二，满意度、社会信任与社会信心都能够很好地实现微观与宏观的勾连。在微观上，满意度能够反映人们在与他人以及群体比较过程中的

---

① 参见亨廷顿《变化社会中的政治秩序》，王冠华等译，北京：生活·读书·新知三联书店，1989年，第241—264页。

主观感受，信任能够勾连对他人的信任，成为与他人进行社会互动的基础，而信心则能够反映对个人未来发展期望实现的感受；在宏观上，满意度能够反映人们对社会一些宏观事项的主观感受，勾连人们对社会群体、对单位、对组织以及对政府部门或机构的满意或者不满意的主观感受。信任能够勾连对制度、对政府、对政府机构以及对社会的信任，而信心则能够反映对国家社会未来发展期望实现的感受。三个子量表从不同的角度通过简单、敏感和容易操作的方式折射出一个国家一定时期内的总体性社会情绪。

还需要指出的是，这三个子量表都有一种重要的溢出效应与联想机制，使人们在一些问题上容易产生共情与共鸣，"唤醒"人们共同的情感，影响其在一些问题上的基本判断。[①] 人们可能说不清一些大道理，但是却可以从日常的生活中切切实实地来感受幸福不幸福、认可不认可、满意不满意。人们对所处的社会宏观与微观环境的直观感受，会直接或者间接地让人们产生联系，在参照群体的影响下产生共鸣与共情。这里我们可以清楚地看到，满意度实际上已经成为影响人们对其他问题主观感受的基础。

其三，从理论上说，社会信心是人们根据现在状况的主观感受，对个人与社会未来可能的发展所作出的一种判断和预期。在很多的情况下，人们对未来的发展信心不足，往往来源于对目前状况的不满意。事实上，当个人的发展完全看不到希望的时候，人们很难对国家与社会的发展充满信心。对个人以及对国家社会的发展丧失信心，对他人、对单位以及对政府失去信任，就可能从负面的角度引起整个社会的结构紧张。[②] 这样的一种微观与宏观的勾连同时也说明了社会信心与社会信任重要的溢出效应与联想机制。

下面让我们分别对这些子量表做进一步的分析和说明。

[①] 关于总体性社会情绪形成过程中共鸣、共情与唤醒机制的深入分析，我们将另外撰文展开讨论。

[②] 满意度的这种负面溢出效应与联想机制对总体性社会情绪的形成会起到很重要的负面作用，在一些情况下会直接威胁一个社会的稳定。国家治理从根本上说，就是要及时认识和阻止满意度状况的这种负面溢出，并通过相关政策的调整，使人们总体性社会情绪向好、积极。参见 J.M.Orbell & R.C.Shay, "Toward a theory of revolution: The legacy of James C. Davies in historical perspective," *Politics and the Life Sciences*, Vol.30. No.1(2011), pp.85-90。

（一）满意度

满意度主要指的是人们在比较过程中的一种主观感受。当人们的劳动付出（effort）与所得到的回报（reward）在和相关参照群体的比较过程中产生差异，那么，人们就会产生一种满意不满意、公平不公平的感受。[①]所以，满意度首先是一个比较的结果，简单的付出与回报的自我权衡，只有在与相关的他人进行比较的过程中，才会产生满意度的这种主观感受。在这里，人们对个人付出与回报状况的主观感受，实际上受制于类似于参照群体这样的社会结构环境，在这样一种社会背景下所产生出来的满意度，既可以看作情感性的，也可以看作出于理性的考量。[②]其次，人们的行为过程是有预期的，要充分考虑行为预期对人们满意不满意的影响。因为，影响人们满意不满意主观感受的一个重要因素就是期望与目标实现过程中的差异。最后，满意度作为量表主要用于测量人们在付出与所得之间差异上的主观感受，当然，这种差异并不意味着绝对的、客观的差异，而是对差异的主观判断和感觉，甚至在很多时候，客观上可以衡量的付出和所得也都含有个人主观上的判准。具体来说，人们期待更多的是，自身能否在正常制度框架中付出和回报对等，一旦制度或执行制度的管理者没有在安排中将这两者对等起来，人们就会产生一种由不平衡带来的公平或者不公平的主观判断。而且，付出与回报之间的差距愈大，愈不对称，人们的心理就愈不平衡，对制度分配给自身的报酬或补偿的满意或者不满意程度就会愈高。

因此，我们在分析满意度的时候，特别要注意"期望"这一更具有主观色彩的因素。"期望"成为构成行为及其比较的重要维度，"实际所得到的"与"期望所得到的"之间的差别，在很大程度上是一种主观的差别以及对这种差别的主观判断。在这个意义上，期望就是一种主观上的预期感受，而对期望是否能够得到实现及实现程度的判断，也属于主观感受的范畴。满意度试图要测量和解释的主要表现为三个方面。其一，人们的付出是否被所处的制度、社会与文化环境所认可，认可度愈高，回报愈大，满

---

① J.E.Maddux, ed., *Subjective Well-being and Life Satisfaction*, New York: Taylor & Francis Group, 2018.
② 参见郭旭新《经济转型中的秩序》，北京：社会科学文献出版社，2007年，第104—116页。

意度则愈高。其二，如果人们的付出与回报出现差异，那么需要探究，是人们在工作中的付出行为对所处的制度、社会与文化环境不适应，还是自己的目标与目标实现和制度规定的目标与目标实现出现裂痕。无论是不适应还是出现裂痕，都可能导致人们产生不满意和不公平的主观感受，长此以往，会引发人们对制度以及相应制度安排的不信任。目前在一些年轻人当中所流行的"躺平"，反映的就是付出以后得不到或者说看不到获得相应回报的希望，因此而产生的一种消极的情绪。① 其三，同时我们也需要探究，付出与回报所产生的差异是否与深深嵌入人们行为之中的价值、制度以及相应的解释结构相关。这突出表现在人们的一些付出不被认可、不被承认，因而也得不到相应的回报。在这个意义上所形成的不满意与不公平的主观感受，会在很大的程度上影响人们在许多问题上的行为取向，会影响人们对自己、对社会未来发展的信心。

我们在田野调查中可以观察到，促使不同群体产生共鸣共情的往往不是因为教育水平、收入状况以及社会地位的差异，更多的是相同或者相似的、日益增长的满意或不满意。在这种情况下，教育水平、收入状况以及社会地位的影响往往表现出不显著的特征。这就是说，相同与相似的满意不满意的状况以及由此产生的总体性社会情绪就成为勾连不同社区与群体的重要纽带。

（二）社会信任与社会信心

按照尼克拉斯·卢曼（Niklas Luhmann）的理论，社会信任是人们交往互动的一个前提与条件，也是社会系统得以运行的重要前提和条件。用卢曼的话说就是，如果一个人对世界失去信任和信心，那么他早上甚至没有办法从床上爬起来。② 卢曼认为，信任首先是社会成员在互动过程中减少复杂性的机制，没有基本的信任，就不可能发生最基本的互动；③ 其

---

① 熊钰认为"躺平语系衍化的过程，是情绪强化的过程，是群体互动的过程，是意义赋予的过程，是认知趋同的过程"。参见熊钰《网络"躺平"现象与青年奋斗精神培育》，《中国青年研究》2022年第2期，第14—21页。

② 卢曼：《信任：一个社会复杂性的简化机制》，瞿铁鹏、李强译，上海：上海世纪出版集团、上海人民出版社，2005年，第1页；"信任逐渐成为一种正常和理性生活方式的基本前提"，参见第63页。

③ 卢曼：《信任：一个社会复杂性的简化机制》，瞿铁鹏、李强译，上海：上海世纪出版集团、上海人民出版社，2005年，第33页。

次,"信任指的是对某人期望的信心,它是社会生活的基本事实。"① 在这里,信任作为一种托付和期望,不可避免地就成为人们行为互动过程中一种稳定的预期,由于有了这种稳定的预期和基本的信任,社会互动才可能发生,变得简单,有效率。信任作为人们社会互动系统中的通讯媒介(Kommunikationsmedium),和其他社会子系统的通讯媒介一样,在维持系统运行以及发挥系统功能的过程中起着不可替代的作用。一个社会信任度愈高,那么这个社会的系统功能就会发挥愈好,系统效率就会愈高。事实上,一个社会与经济的发展,都是以相互行为互动的基本信任为前提,以长期社会化过程中潜移默化的"乡风民约"以及相互默契的诚信为基础。如果一个社会在其变迁的过程中缺少了这种基本的信任,以牺牲诚信和契约精神为代价,那么,我们的发展就会像一匹脱缰的马,奋力狂奔后迅速疲软,社会就会逐渐失去"理性预期",陷入一种社会基本信任与信心丧失的危险境地。

从某种意义上说,社会信心的基础是社会信任,社会信心来源于社会信任,失去了相互间的信任不可能构建相互行为与互动的信心。② 只有人们相互间具有了信任,对他人有了一个比较稳定的行为预期,其对他人的行为才会产生起码的信任,对自身未来的行为取向才会产生可预测的期望,也就是在这样的一个过程中,信心才可能产生。在这里,期望与目标实现的差距愈小,人们的信任与信心就会愈大。另外,对他人、对一个组织或者对社会系统产生信任和信心的过程,实际上也反映出对他人、对组织以及对社会系统的一个逐渐认知与认同的过程。在宏观的层面上,一个社会的整合需要社会信任与社会信心作为基础,如果人们对政府以及对社会没有足够的信任与信心,那么就很难想象社会中的个人与群体能够团结在一起,相互包容地往前走。换句话说,一个国家与政府的质量,取决于民众对其的信任和信心,取决于其对民众的信任敏感与在乎的程度。用规则与制度守护人际信任,再用这种信任共筑对未来与社会的信心,这不仅是行为的逻辑、社会发展的逻辑,也是总

---

① 卢曼:《信任:一个社会复杂性的简化机制》,瞿铁鹏、李强译,上海:上海世纪出版集团、上海人民出版社,2005年,第1页。
② "如果具有某种存在于内心之中的自信心,使他们能够镇定自若地预见信任可能带来的失望,那么他们更愿意去信任。"参见卢曼《信任:一个社会复杂性的简化机制》,瞿铁鹏、李强译,上海:上海世纪出版集团、上海人民出版社,2005年,第103页。

体性社会情绪形成的逻辑。

总之，社会信任与社会信心是在期望与目标实现过程中所表现出来的一种比较稳定的预期。而这种预期往往来源于人们在各个不同方面体验到的满意或者不满意的主观感受。在这里，微观上不同群体的主观感受汇集在宏观层面上就会形成总体性社会情绪，并影响整个社会的稳定与发展。往往当一个社会的总体性社会情绪不稳定的时候，社会就会缺乏方向感和安全感，而这种方向感与安全感恰恰源自信任，来源于对期望与目标实现过程的信心，这同时构成了人们社会行为的重要的动力。实际上，在期望与目标实现过程中的状况能够通过人们的总体性社会情绪反映出来。只要我们认真地探究与观察，就能够发现和触摸到弥散在不同社会群体当中越发难以抑制的总体性社会情绪，也能感到，对未来的希望、渴望梦想变成现实以及通过努力能够进步与上升的空间，都会变成一股不可撼动的力量，支撑在大众情绪的深层，推动人们砥砺前行。一个社会民众的社会信任与社会信心以及在此基础上形成的总体性社会情绪对整个社会的发展与变迁能够产生巨大的震撼效应。

三 影响因素分析

我们已经知道，总体性社会情绪总是嵌入一个社会的结构之中，人们在总体性社会情绪引导下的社会行为既维持着结构，又改变着结构；其对人们行为既有制约作用，同时也是人们行为的前提与条件。这里，我们同时需要认真分析的是，是什么样的因素在影响和制约着总体性社会情绪内部的结构化，这样的一种总体性社会情绪如何嵌入一个社会的结构之中，进而如何影响整个社会的结构以及结构变迁。接下来，我们需要进一步说明，一些重要的结构性因素是如何影响和作用于一个社会的总体性社会情绪的。

（一）意见领袖与参照群体

在一般的意义上，意见领袖是指能够以独特的魅力和影响力左右他人认知、认同与行为取向的个人或者特定群体。意见领袖的态度既能够代表创新，又能够反映守旧。其价值观念与行为取向能够直接代表、影响与制约他人与群体的行为，进而在整个社会互动以及总体性社会情绪的形成过程中发挥极其重要的作用。①

我们知道，人们的投入与付出不对等，期望与目标实现产生差异是形成失望与失落、不满意与不公平主观感受的一个根本原因。在这种主观感受的形成过程中，如果人们把相关的意见领袖与参照群体的看法纳入自身的比较与判断的过程，那么，上述的这些主观感受就会变得更加强烈。②在这里，参照群体主要是指这样的一些群体，他们的行为通常被人们作为修正、比较甚至规范自己行为的标准。在很多的情况下，人们总是在与意见领袖和参照群体的比较过程中不断调整自己的行为，校正自己的认知，并逐渐把这种认知变成习惯、形成认同，变成指导自己行为的取向，在此基础上，逐步形成比较稳定的社会情绪。

在这里，由于意见领袖与参照群体嵌入人们认知、认同与行为取向的形成过程，所以，人们对自身付出与回报的评估与判断就有了一个标准，并以此来判断是否公平与满意。事实上，人们在与参照群体的比较中越感到合理与平衡，那么，其关于满意与公平的主观感受就会愈好。当然，这种主观感受在很大程度上与社会的宏观氛围相关，受整个社会、经济与文化结构状况的影响。

和参照群体紧密联系在一起的是示范效应，这主要是指人们在与参照群体比较过程中所产生的影响作用与后果。参照群体的确定，使人们在自己的行为过程中有了具体比较的标尺，有了自己行为过程的取向。在许多的情况下，这种示范效应不仅仅是让人们在行为过程中有一个修正与认定自己行为的标准，而且更重要的是，这种示范效应在很大的程度上能够影响人们的行为取向。梳理我国改革开放与社会发展变迁的历史过程，我们可以比较清楚地看到，当体制改革过程中，旧的东西在制度上已经破裂，而新的东西在人们主流的价值观念与行为规范上还没有真正确立下来，人们的参照群体不断更迭，旧的以及新的参照群体所带来的示范效应发生冲突与摩擦的时候，很容易造成人们社会认知、社会认同以及行为取向上的彷徨和无所适从，从而使社会结构紧张与不稳定。这种状况从一个角度说

---

① 按照传播学的观点，传播者与接受者的社会互动在许多情况下是通过意见领袖的消化、宣传和说服作用来实现的。在这个过程中，意见领袖的价值取向成为人们社会互动中评估与选择的一个重要参照系。在本项研究中，我们可以把意见领袖与参照群体作为相似的概念，并在这个意义上展开分析。参见李汉林《知识流通论》，太原：山西人民出版社，1991年，第127—129页。

② R.K.Merton and A.S.Rossi, "Contributions to the theory of reference group behavior," In: R.K.Merton, *Social Theory and Social Structure*, New York: The Free Press, 1968, pp.279-334.

明，参照群体以及由此产生的示范效应对人们的行为乃至对整个社会结构以及社会变迁会产生多么重要的影响。基于此，因势利导，用意见领袖和参照群体的认知、认同与行为取向来影响不同群体的行为，从而凝聚民心与共识，应该成为提高国家治理质量的一个重要政策路径。

如果从宏观结构取向的社会学理论分析来观察，我们就会发现，这些理论分析总是倾向于建立在整体性的社会比较假定的基础上，而微观行为取向的相对位置理论则更倾向于人们对局部状况的比较。① 在这里，人们更在意的是与自己社会经济地位相当或相关的社会其他人的状况，以及与他们进行比较过程中自己的感受。相对的位置与相应的参照群体使人们在这种比较的过程中产生出相对满意或者不满意的主观感受。人们正是在这种比较的过程中，不断认定并调整自己的行为，校正与形成比较稳定的总体性社会情绪。

（二）意识形态

在一般的意义上，意识形态主要是指一种信仰体系、世界观以及一种系统的价值观念和行为规范。② 它是一种由社会中占统治地位的利益集团所倡导和推动的主流思想文化，是占统治地位利益集团进行统治的基础。③ 如果打开意识形态的结构与功能，从意识形态所担负的合法化、社会化、简单化、整合、管理和行为引导功能切入进行分析，那么，我们就能够比较深入地理解一定的社会集团或阶级生产、引导和消费意识形态的社会过程。④ 在社会学研究中，人们往往把意识形态与社会化过程以及价值观念与行为规范变迁联系在一起分析，同时也将其作为认知、认同与行为取向重新塑造的社会过程。⑤ 也正是在这一点上，意识形态与总体性社

---

① 李国武：《相对位置与经济行为：社会比较理论》，《社会学评论》2020 年第 1 期，第 35—50 页。
② 阿普特：《现代化的政治》，陈尧译，上海：上海世纪出版集团，2011 年，第 234—240 页。
③ 蔡文辉：《社会变迁》，台湾：三民书局，1983 年，第 31 页；同时参见蔡文辉《社会学与中国研究》，台湾：东大图书公司，1981 年。
④ 申明民：《政治转变中的中国共产党》，《二十一世纪》网络版，2005 年第 38 期，载自 https://www.cuhk.edu.hk/ics/21c/media/online/0501006.pdf. Berger, P.L., et al., *Die Gesellschaftliche Konstruktion der Wirklichkeit*, Frankfurt am Main: Westdeutscher Verlag, 1992。
⑤ Dutta, Mohan J., *Communicating Social Change: Structure, Culture, and Agency*, New York: Routledge Press, 2001.

会情绪紧紧地勾连在了一起。

意识形态归根到底是用一种令人信服的逻辑来说明"是什么"和"为什么"的问题,是为了在特定社会群体中形成一种理解、信任、认同以及"跟着走、跟着干"的社会情绪,或者说,形成一种"集体的无意识",即人们被社会舆论和社会道德来影响,不假思索就认同的生活方式和思维方式。同样的道理,当意识形态通过自身令人信服的逻辑和世界观来说明一些观念、一些所认定的社会事实的时候,人们就会不由自主地把意识形态的逻辑和世界观融入自己的认知,内化于心,或者说变成自己的认知,进而在这个基础上形成自己的主观感受,并形成自己的行为取向。在意识形态的影响下,或者说通过意识形态的形塑,人们相互影响和激励,逐步在一个社会中形成总体性社会情绪。

从另外一个角度来看,总体性社会情绪可以通过意识形态的过程使其能够在特定社会或社会群体中逐步稳定和沉淀下来,并嵌入社会与社会群体的结构之中,整合为一体,成为结构的一部分。正是在这样的一个意识形态的过程中,人们完成总体性社会情绪的内化与社会化。也恰恰在这个过程中,意识形态能够帮助总体性社会情绪实现其整合、认同以及结构维持的社会功能。

一般的情况下,意识形态主要通过以下三种方式来影响和作用于总体性社会情绪。首先是宣传,通过各种不同宣传形式来论证和说明一种思想、观念或者行为取向的正确性,其目的是让人们能够不由自主地接受,并将其作为自己思想、意志以及行为取向的一个重要组成部分。[①] 在这里,宣传不完全是政治,但是宣传行为的确是占统治地位的国家与集团代表主流社会对价值进行权威性分配,并在这个基础上,规范人们的认知、认同以及行为取向,最终达到使人们的社会情绪与主流意识形态一致或者趋同的目的。其次是大众传媒,互联网的高速发展,极大地改变了信息的传播方式与速度,使人们有可能从正反两个角度、积极与消极两个方面迅速地放大与传播信息,从而更便捷、高效、迅速地表达以及与他人分享社会情绪,更容易生动地在传播社会情绪的过程中感染他人,引起更多人的共鸣,由分享而共享,由共感而共情,更容易聚类和群分,从而使得认

---

① 陈振明主编:《政治学——概念、理论与方法》,北京:中国社会科学出版社,2004年,第362页。

知、认同与行为取向在社会情绪的相互感染的过程中得以强化，使得传播的时间更快，空间范围更大。人们也就是在这种相互影响过程中形成较为稳定的总体性社会情绪的。毋庸置疑，一个强有力的大众传媒的力量能够在控制舆论以及左右社会中的总体性社会情绪方面起到举足轻重的作用。最后是社会动员与学习，通过对人们反复教育、劝服和引导，努力强化需要强化的东西，释放人们的一些正面或负面的情绪，沿着主流的方式解疑释惑，最终达到按照主流意识形态实现社会化的目的。[①] 通过这种社会动员与学习过程，可以达到激发人们的政治热情，规范人们的社会情绪的目的，使一个社会、民族以及国家的凝聚力得以加强，人们的社会情绪得以沉淀和稳定。也就是在这个意义上，社会动员与学习作为一种特殊的方式影响总体性社会情绪的建构与解构的社会过程。

（三）社会记忆

在一般的意义上，社会记忆主要是指一个社会对过去的重构与建构，表现为一个社会的过去与现在乃至未来的一种勾连，[②] 这种对过去的勾连、重构与建构成为统治集团统治合法性以及自身存在的重要基础。一个国家与社会走向怎样的未来，往往取决于它是如何梳理、整理和面对自己的传统、文化与过去，这取决于社会记忆的质量。回顾社会变迁的历史可以看到，只有当人们都能够共享同一段共同记忆的时候，社会才能够共同分享经验与教训，也就能够具备进一步整合的条件与基础。[③] 我们在这里讨论社会记忆的意义就在于，社会记忆可以造成知识和情绪的传递，使人们产生一种社会认同，使一种特定的社会情绪通过知识传递的方式嵌入社会结构之中，形成比较固定的认知、认同与行为取向。从某种意义上说，通过

[①] 参见郭于华《倾听底层：我们如何讲述苦难》，桂林：广西师范大学出版社，2011年，第72—73页。

[②] 哈布瓦赫认为，"我们关于过去的概念，是受我们用来解决现在的问题的心智意向影响的，因此……在本质上是立足于现在而面对过去的一种重构"。参见哈布瓦赫《论集体记忆》，毕然、郭金华译，上海：上海人民出版社，2002年，第59页；同时参见 E.Shils, *Tradition*, Chicago: Chicago University Press, 1981。

[③] 康纳顿：《社会如何记忆》，纳日碧力戈译，上海：上海人民出版社，2000年，第1页。同时参见王汉生、刘亚秋《社会记忆及其建构——一项关于知青集体记忆的研究》，《社会》2006年第3期，第46—68页；刘亚秋《从集体记忆到个体记忆——对社会记忆研究的一个反思》，《社会》2010年第5期，第217—242页。

社会记忆的方式可以使人们逐渐实现社会情绪的结构化和制度化。作为社会化的重要组成部分以及作为意识形态的社会过程，社会记忆能够对形成、归纳出一种相对稳定的总体性社会情绪起到至关重要的强化作用。

我们知道，社会中总体性社会情绪的结构主要包括社会认知、社会认同与行为取向。一个主流社会的社会记忆会告诉人们，什么值得记忆，哪些值得扬弃。这种社会记忆通过知识、情感、情绪的传递，使人们产生一种社会的认同、[①] 一种特定的情感和情绪。正是通过这种强化且有选择性的传递，使这种社会记忆嵌入特定的社会情绪和社会结构之中，同时在这种不断反复的过程中，人们逐渐形成与主流意识形态趋同的认知、认同与行为取向。在中国共产党成立一百周年时，通过学党史、开庆祝会、举办大型展览、推出文艺作品等各种方式进行纪念，就是在系统梳理人们的社会记忆，告诉人们"只有共产党才能救中国"的道理，夯实中国共产党的合法性以及执政基础。[②] 实际上，对一些过去事件的纪念以及强调是为了传承，是为了通过这样的一种社会记忆来实现立足于现在对过去的一种社会性建构，[③] 恰恰在这个意义上，把握人们的社会记忆，那么就能够把握一个社会的现在与未来，就可以夯实一个社会的合法性基础，从而也就能够从容推进社会的稳定与发展。[④] 社会记忆既能够建构、重构以及解构今天社会的共识，也能够建构、重构以及解构一个社会的认同。也正是在这个过程中，通过对过去的定位、选择、识别以及相应的价值判断，人们的认知、认同以及行为取向得到了建构、解构与重构。当总体性社会情绪的主要结构性要素即认知、认同以及行为取向被重构、建构和解构的时候，社会记忆对总

---

① 社会记忆"在一个集体——特别是民族集体——回溯性的身份认同中起到了持久的作用"。参见格罗塞《身份认同的困境》，王鲲译，北京：社会科学文献出版社，2010年，第37页。

② "合法性和认同是社会记忆的固化中的两个主要维度，其实质则是政治权力和社会权力对社会记忆进行保存和巩固的重要成果。"参见周海燕《记忆的政治》，北京：中国发展出版社，2013年，第16页。

③ 阿斯曼认为，社会记忆的作用范围"包括两个方向：向后和向前。记忆不仅重构着过去，而且组织着当下和未来的经验。……两者互为条件，相互依存"。参见阿斯曼《文化记忆：早期高级文化中的文字、回忆和政治身份》，金寿福、黄晓晨译，北京：北京大学出版社，2015年，第35页。

④ "通过和现在一代的群体成员一起参加纪念性的集会，我们就能在想象中通过重演过去来再现集体思想，否则过去就会在时间的迷雾中慢慢地飘散。"参见哈布瓦赫《论集体记忆》，毕然、郭金华译，上海：上海人民出版社，2002年，第43页。同时参见张莉《建构社会的记忆力量》，2013年4月1日，http://media.people.com.cn/n/2013/0401/c360068-20991086.html。

体性社会情绪的影响就会成为题中应有之义，从而变得举足轻重。

事实上，社会记忆作为社会化的一个重要组成部分以及作为一种意识形态的社会过程，它能够对形成、归纳出一种相对稳定的总体性社会情绪起到至关重要的作用。在这个过程中，我们既可以用意识形态来塑造和规范不同群体当中的社会情绪，使人们能够在主流社会价值、社会环境以及主体社会情绪的基础上进行情绪表达和情绪认同。与此同时，我们还可以用爱国主义，集体至上，美丽、丑恶等社会情绪来进行相关的社会建构。我们可以通过有选择地对社会记忆加以传递，在历史知识的传递过程中，同时传递一种情感和情绪，使这种情绪在传递过程中得以建构，变成人们新的认知、认同与行为取向。

同时需要指出的是，社会记忆其中的一个重要功能就是比较，通过社会记忆是为了说明，现在是在过去基础上的进步，是在过去基础上进一步的发展。① 在这里，比较成为一个重要的参照系以及统治集团统治合法性的重要基础。② 人们总是倾向于体验现在的时候，参照自身过去的经验和知识以及认同的群体，③ 在不断比较的过程中，修正自己的行为，重构、建构或者解构自身的认知、认同和行为取向。④ 当一种社会记忆被主流社会所承认和认可，并作为一种价值观念与行为规范固定下来的时候，这种社会记忆就会作为主流社会秩序的一部分转变成一种巨大的制度性力量约束和规范人们的行为。事实上，当人们的认知、认同与行为取向被重构、建构或者解构的时候，那么，社会记忆实际上也在作为一种重要的方式重构、建构或者解构一个社会的总体性社会情绪，而且这种影响是深远的，

---

① "记忆不断经历着重构。过去在记忆中不能保留其本来面目，持续向前的当下生产出不断变化的参照框架，过去在此框架中被不断重新组织。即使是新的东西，也只能以被重构的过去的形式出现。传统只能被传统，过去只能被过去替换。"参见阿斯曼《文化记忆：早期高级文化中的文字、回忆和政治身份》，金寿福、黄晓晨译，北京：北京大学出版社，2015 年，第 35 页。

② "统治以回溯的方式论证自己的合法性，并以前瞻的方式使自己变得不朽。"参见阿斯曼《文化记忆：早期高级文化中的文字、回忆和政治身份》，金寿福、黄晓晨译，北京：北京大学出版社，2015 年，第 67 页。

③ "感知一个事物或者对它有所为，就是把它放到预期体系中。感知者的世界以历时经验来规定，是建立在回忆基础上的一套有序的期待。"参见康纳顿《社会如何记忆》，纳日碧力戈译，上海：上海人民出版社，2000 年，第 1 页。

④ 阿斯曼认为，过去"是一个社会建构物，其本质决定于对意义的需求及其参照框架"。参见阿斯曼《文化记忆：早期高级文化中的文字、回忆和政治身份》，金寿福、黄晓晨译，北京：北京大学出版社，2015 年，第 41 页。

会对一代人甚至几代人产生持续的影响。所以，也正是在这个意义上，主流社会中的社会记忆能够对一个社会的治理产生巨大的影响，社会记忆在总体性社会情绪结构的形成与稳定过程中起到举足轻重的作用。

（四）集体意识与社会团结

在涂尔干的理论中，集体意识不是个体意识的总和，而是被看作为一个社会成员共同分享的价值、规范、信仰和情感的总和。"社会成员平均具有的信仰和感情的总和，构成了他们自身明确的生活体系，我们称之为集体意识（collective consciousness）或共同意识（common consciousness）。"[①] 人们在行为互动过程中，总是倾向于参照"社会上大多数其他人"的行为，并在这样的一个过程中形成自己的认知、认同与行为取向。在这里，"我的看法"符合于"大多数人的看法"，符合于大多数人对社会以及对社会中一些现象的共同理解，用涂尔干的话说，必须用集体状态来解释个人现象，而不是用个人现象来解释集体状态，这就是集体意识。[②] 这里同时需要注意的是，一个国家和社会所确定的主流意识形态、政治制度与方向、爱国主义以及民族主义情感以及传统的价值与规范等共同意识都可以成为建构或者解构集体意识的重要来源和因素。[③]

在涂尔干那里，集体意识成为形成社会团结的精神基础。"团结首先是一种社会事实，但它是建立在我们单个有机体的基础上的。它要想具备一种生存能力，就必须适应自己的生理和心理机制。"[④] 一个社会的集体意识来源于人们的社会认知，来源于在这种社会认知基础上产生的社会认同，而社会团结恰恰是建立在这种集体意识之上。社会团结作为社会的一种秩序，需要人们在社会互动过程中不断地认可和认同，并以此作为自己的行为规范与价值观念。也就是在这个意义上，集体意识成为社会团结的价值结构。社会团结是涂尔干的一个关键分析概念。他认为解决资本主义社会危机的一个最重要的途径，就是要在新的社会基础上对社会重新进行

---

① 涂尔干:《社会分工论》，渠东译，北京：生活·读书·新知三联书店，2000年，第42页。
② 阿隆:《社会学主要思潮》，葛智强、胡秉诚、王沪宁译，北京：华夏出版社，2000年，第216—217页。
③ 李汉林、渠敬东、夏传玲、陈华珊:《组织变迁的社会过程：以社会团结为视角》，上海：东方出版中心，2006年，第13页。
④ 涂尔干:《社会分工论》，渠东译，北京：生活·读书·新知三联书店，2000年，第30页。

解构与建构，倡导新的"社会团结"，防止"社会排斥"和"社会分裂"。在对社会进行重构与建构的过程中，社会团结起到很重要的作用，从而更深刻和持续地推动一个社会的变迁。正是在现代社会的变迁过程中，社会团结才能获得其题中应有之义。[①]

如果我们承认，一个社会当中的集体意识来源于人们的社会认知，来源于在这种社会认知基础上产生的社会认同，那么，总体性社会情绪与集体意识则异曲同工，两者都是在社会认知基础上产生的社会认同以及相同或者相似的行为取向，都是一个社会之中社会团结的基础。二者的重要区别在于，集体意识是一个理论概念，而总体性社会情绪则是一个能够勾连微观与宏观且具有可操作性的学术概念。集体意识是人们经过长时期社会化过程而沉淀下来的比较稳定的信念、精神与价值，而在总体性社会情绪那里，这种稳定的信念、精神与价值则经常处于一种需要被唤醒的状态。事实上，把握住一个社会中的集体意识与总体性社会情绪，就能够把握住一个社会国家治理的基础、社会秩序的基础，或者说社会团结的基础。

我们已经讨论，意识形态对总体性社会情绪的形成起到了很重要的作用。同时不可忽略的是，一种跨群体、跨社区的总体性社会情绪以及集体意识的形成与产生，有时候并不是意识形态的结果，其更多的可能是相同或者相似的、日益增长的满意和不满意，这个时候群体地位或者说阶层地位所带来的差异往往表现出不显著的特征。在这种情况下，集体意识与社会团结很可能是人们对满意不满意状况的一种日积月累，同时在一些时间节点以及问题上的共鸣与共情，并且这种社会团结反过来作为一个重要的影响因素作用于总体性社会情绪。

（五）结构紧张

结构稳定与结构紧张通常是一个社会变迁与发展的两个方面。一个社会结构始终稳定，很可能就会造成变迁的静止，不会有社会的进步，因为社会的进步需要社会中功能与结构的不断调整；一个社会结构持续紧张，那么就会造成社会的不稳定，从而导致社会的瓦解甚至更替。在社会学的意义上，"结构紧张"主要是指社会的结构分化速度快于制度规范的

[①] 涂尔干：《社会分工论》，渠东译，北京：生活·读书·新知三联书店，2000年，同时参见李汉林《组织团结与和谐社会建设》，《社会科学管理与评论》2006年第3期，第22—24页。

整合速度而形成的结构要素之间的不协调、不平衡乃至脱节状态。① 一个社会的变迁与发展，从根本上说，首先表现为一种结构要素之间的不协调和不平衡，或者说结构的紧张。缓和结构紧张，是为了使社会结构在新的层次和水平上实现平衡、协调以及稳定。需要同时强调的是，在社会变迁与发展过程中，结构紧张始终呈现出两个方向：一种方向的结构紧张反映出发展过程中的不平衡、不协调，需要我们在不断调整结构与功能的情况下推动社会变迁与发展；另一种方向的结构紧张则是源于利益表达与实现方面存在着巨大的障碍和问题，表现为群体之间的撕裂，这种方向的结构紧张同样需要我们通过调整相关的社会政策、提高国家治理的质量来加以解决。

如果我们仔细观察就会发现，结构紧张并不是简单地表现为文化目标与制度手段之间的张力结构，② 在很多的情况下，结构紧张与总体性社会情绪一起作为一把"双刃剑"在发挥作用：既能够推动社会改革与变迁，也能够引发社会的不稳定。结构紧张现象始终与社会变迁相伴，是发展的动力，没有结构紧张，就没有一个社会的发展。制度变迁的合理性，往往通过对结构紧张不断改革与调整而深刻地呈现出来，而社会结构的紧张在"改革与发展"的过程中才能得到不断缓解。③ 事实上，任何一个社会的变迁与发展，都会引起社会结构的紧张，因为群体内部以及群体之间的结构要素随着变迁会不断地调整，旧的利益与矛盾被解决，新的利益与矛盾又会出现，这就需要群体间、人与人之间互动中的相互理解和整合。人们在这个过程中形成的群体内部的总体性社会情绪也需要逐渐地沉淀和"更新"。在一定程度上，国家治理如果能够把握住在这个过程中形成的总体性社会情绪，就能够把握一个社会结构紧张与社会变迁的方向。

从理论上说，社会的总体结构是一种具有张力和弹性的结构：这种结构能够让不同群体在基本价值一致的情况下允许差异，其结构本身具有较强的"纠错能力"，上下的意见表达与沟通的渠道畅通，从而使整个结构

---

① 李汉林、魏钦恭、张彦：《社会变迁过程中的结构紧张》，《中国社会科学》2010年第2期，第121—143页。
② R.K.Merton, *Social Theory and Social Structure*, New York: The Free Press, 1968, pp.185-193.
③ 李汉林、魏钦恭、张彦：《社会变迁过程中的结构紧张》，《中国社会科学》2010年第2期，第121—143页。

具有韧性与张力。这种结构张力能够有效地避免结构的过度反应而形成的结构紧张。① 在这里，形成结构张力的一个重要的机制就是社会安全阀。科塞认为，安全阀制度可以使猛烈的蒸汽不断推泄出去，使社会上的一些敌对情绪能够得以发泄。这种社会安全阀"清洁了空气……通过允许行为的自由表达，而防止了被堵塞的敌意倾向的积累"②。

另外，与结构紧张同时相联系的还有社会焦虑和脆弱性。在一般的意义上，焦虑是在描述个体行为互动过程中期望与目标实现的不确定性以及挫折感所带来的情绪不稳定的状态。如果这种个体行为层面上的状态反映到社会上，则变成为整个社会的焦虑。实际上，在一个变迁的社会中，当旧的制度或价值体系被破坏，而新的制度或价值体系还没有建立起来的时候，不仅仅会表现出结构紧张，同时我们也能观察到社会中蔓延的许多焦虑与不安，反映出来的是一种不稳定、消极的总体性社会情绪。而当一个社会实现了成功转型以及价值重建的时候，我们就会看到，取而代之的是一种稳定的、积极的总体性社会情绪。恰恰在这个意义上，结构紧张是作用于总体性社会情绪的重要因素。

从理论上说，总体性社会情绪总是嵌入一个社会的结构之中。当一个社会的结构呈现出一种紧张状态的时候，不同的个体与群体都会或多或少地有一些不同的主观感受。人们可能从不同的角度感到不满意、不公平或者感到烦恼与愤怒。这种主观感受不可避免地会反映到总体性社会情绪上，形成一种相互勾连、相互影响以及相互作用的状态，呈现微观层次上的宏观问题，或者说，在宏观层次上把握人们在微观日常生活中的主观感受。这样一来，当我们从结构紧张的角度去思考，可能就会更深刻地理解总体性社会情绪形成的过程；反过来，当我们从总体性社会情绪的角度去思考，可能也就会更深刻地体会到一个社会的结构紧张。所以，只有从这两个方面思考与观察，我们才能够更好地把握一个社会的变迁，推动社会的发展，这也恰恰是我们研究结构紧张与总体性社会情绪的意义。

（六）地位的不一致性

地位的不一致性主要是指基于社会共识（social consensus）以及人们

---

① T.Skocpol, *States and Social Revolution*, New York: Cambridge University Press, 1979.
② 科塞：《社会冲突的功能》，孙立平等译，北京：华夏出版社，1989年，第25页。

主观感受所认定地位与资源、付出与回报所处于的一种不对称的状况。[①]我们经常可以观察到,当具有较高学历或较好职业或较高行政级别等这样一些社会成员在组织与社会中无法实现整个社会所普遍预期或期待的资源和机会的时候,这种不一致性就会非常强烈地体现出来。这种地位的不一致性不仅仅有个人或群体的主观感受和判断,而且同时被认定为社会主流群体以及大多数社会成员的主观感受和判断。确切地说,对地位不一致性的观察首先强调的是要有一个社会共识与社会认同的基础,在这个基础上所形成的付出与资源获得之间的不对称和不满意,才是地位的不一致性这一概念试图想要说明和解释的状况。在这里,地位的不一致性可以作为一种解释变量(explanatory variable),说明的是社会共识以及社会认同基础上投入与回报不平衡、不满意的社会过程,[②]试图解释的是地位不一致性是如何通过不对称、不平衡的负面感受来影响和作用于一个社会中的总体性社会情绪。

在人们的实际社会生活中,存在着两种不同的地位不一致性:一种是主观感受的地位不一致性,即人们在和参照群体比较过程中一种高投入而低回报的不平衡、不满意的感觉;还有一种是客观认定的地位不一致性,即基于社会共识基础上形成地位与付出不对称的状况。[③]无论是主观的还是客观的地位不一致性,描述的都是主观认定条件下的一种客观事实,突出的仍然是人们的主观感受。[④]在这里,人们的主观感受主要还是来源于在付出—回报比较过程中所产生的不平衡,而这种不平衡在很多情况下受到主观认定的客观事实的影响,即一个社会中的主流群体及大多数成员对

[①] U.Wuggenig, "Eine strukturelle Version der Theorie der Statusinkonsistenz,"In: K.D.Opp & R.Wippler(Hrsg.), *Empirischer Theorievergleich: Erklärungen sozialen Verhaltens in Problemsituationen*, Frankfurt am Main: Westdeutscher Verlag, 1990, pp.37–69.

[②] "We argue that status and status inconsistency may serve as explanatory variables which help to clarify the social processes."In: S.B.Bachrach, P.Bamberger & B.Mundell, "Status inconsistency in organizations: From social hierarchy to stress," *Journal of Organizational Behavior*, Vol.14, No.1(1993), pp.21–36.

[③] S.B.Bachrach, P.Bamberger & B.Mundell,"Status inconsistency in organizations: From social hierarchy to stress," *Journal of Organizational Behavior*, Vol.14, No.1(1993), pp.21–36.

[④] 有人完全拒绝地位的不一致性是一种客观认定,主张完全是一种人们在比较过程中的主观感受。参见 P.J.Sung & G.M.Armstrong, "Status inconsistency and striving for power in a church," *Korea Journal of Population and Development*, Vol.26, No.1(1997), pp.103–129。

特定的社会地位历史的、社会文化及传统上的主观评价。① 换句话说，地位的不一致性所体现出来的不公平，是在社会共识的主观认定的前提下产生的，它不仅与特定社会的历史、文化和传统相关，同时也受社会主流意识形态影响。在这个意义上，"地位的不一致性"与"满意度"两个学术概念的相左，就在于前者所强调的是社会共识与社会认同基础上所产生的不对称，而后者则主要是以其他参照群体为衡量差异的基础。

如果说满意度是和其他参照群体比较以后所产生的一种不平衡不公平的主观感受，那么地位的不一致性则是参照一个社会在更大范围内所形成社会共识基础上所产生的不平衡不公平的主观感受。较之满意度，地位的不一致性更具有在"主流社会"比较"客观"标尺基础上形成的主观感受。因此，在这种地位的不一致性基础上所产生的影响，对于总体性社会情绪形成与沉淀都具有非常重要的意义。从负面的角度，不满意度以及地位的不一致性两者叠加所产生的效应，不仅会对一个社会的稳定产生消极的影响，而且会刺激社会中不同群体的不满，容易形成负面的总体性社会情绪。在这种负面的总体性社会情绪的影响下，很容易导致一些集体的越轨行为与运动，造成社会的重新建构与解构。只有深刻地认识到由比较所产生的上述比较负面的主观感受，才会有意识地避免负面的总体性社会情绪的产生，用积极正面以及主流的意识形态与集体意识来建构、形成与巩固正面积极的总体性社会情绪，使社会互动发展与变迁变得更加稳定。

四　讨论与思考

在这一章里，我们集中分析了一个社会中的总体性社会情绪。我们认为，总体性社会情绪主要是指弥散在不同社会群体之中的、能够容易形成共鸣和分享的一种比较一致性的群体表达，是人们在社会认知、社会认同以及行为取向基础上形成的一种比较稳定的信念、精神和价值。总体性社会情绪的结构主要由社会认知、社会认同与行为取向组成；而

---

① 在这里，有人把地位的不一致性产生的条件归纳为四点：其一，人们现在与过去地位的差距；其二，人们期望实现的目标与现实状况之间的冲突；其三，社会结构位置的竞争过程中的冲突；其四，对所认同的个人与群体认知上的差异。参见 P.J.Sung & G.M.Armstrong, "Status inconsistency and striving for power in a church," *Korea Journal of Population and Development*, Vol.26, No.1(1997), pp.103-129。

总体性社会情绪的功能则主要表现为社会整合与结构维持。事实上，不同的社会情绪在不同群体的相互比较的过程中嵌入不同生活圈的结构之中，形成了带有鲜明的群体特征的总体性社会情绪。与此同时，这种总体性社会情绪结构化的过程自觉与不自觉之间改变着一个社会的整个结构，并从根本上影响着社会的变迁。在这里，总体性社会情绪结构的二重性表现得非常明显：这种社会情绪的结构对人的行为有制约作用，也是行为的前提与条件。人们在社会情绪引导下的社会行为既维持着结构，又改变着结构。在这个意义上，社会治理从根本上说，就是在于把握一个社会中的总体性社会情绪，在于对这种总体性社会情绪的解构、建构和重构。事实上，把握住一个社会的总体性社会情绪，实际上就把握住了一个社会发展的底气。

从方法论的角度，比较是分析与研究总体性社会情绪的方法论，通过比较的方法，我们能够实现从微观到宏观、从个体社会情绪到总体性社会情绪的跃迁。在操作化过程中，我们试图把能够反映具有跨群体、累积、弥散和传染特征，且能够引起共鸣与共情的认知、认同与行为取向从人们诸多的主观感受中抽象出来，作为我们分析与研究总体性社会情绪的基础。因为只有通过这样的方式操作化而获取的量表和指标，才可能使总体性社会情绪实现在微观层次上不悬浮，具体可触；在宏观层次上可勾连，紧密联结个体与群体以及国家与社会，并最终沉淀和嵌入社会的结构之中。正是基于这样的思考，我们认为，满意度、社会信任与社会信心可能是操作化的一个很好切入点，人们在满意度、社会信任与社会信心上蕴含的认知、认同与行为取向可以比较集中地反映一个国家的总体性社会情绪。

首先，满意度、社会信任与社会信心表现为形成总体性社会情绪的底层逻辑和条件，同时又可以勾连一个国家与社会的景气状况，是一个国家治理效率与合法性的重要证明。人们往往从自己的状况来感受日子过得好不好，满意不满意，对他人信任不信任，对未来的发展有没有信心。只有在这个基础上，人们才可能推己及人，对社会的总体环境做出合乎实际的判断。在这里，个人的满意度、信任与信心就成为人们对国家与社会宏观状况判断的基础。缺少这种底层的逻辑与条件，就很难把握住积极的总体性社会情绪，推动社会向前发展。

其次，社会信任与社会信心是在期望与目标实现过程中所表现出来的一种比较稳定的预期。也只有在这种预期的基础上，人们才会体验到在各个不同方面的满意或者不满意的主观感受。事实上，当这种预期反映出信任或者不信任、有信心或者没有信心的时候，那么，表现出来的就是各种不同社会群体在一些方面的满意或者不满意的感受，最后沉淀下来的则是一种积极的或者消极的总体性社会情绪。在这个意义上，满意度、社会信任与社会信心就成为形成总体性社会情绪的重要前提与条件。

最后，满意度、社会信任与社会信心都能够很好地实现微观与宏观的勾连。在微观上，满意度能够反映人们在与他人以及群体比较过程中的主观感受，信任能够勾连对他人的信任，成为与他人进行社会互动的基础，而信心则能够反映个人对未来发展期望实现的感受；在宏观上，满意度则能够反映人们对社会一些宏观事项的主观感受，勾连人们对社会群体、对单位、对组织以及对政府部门或机构的满意或者不满意的主观感受，信任能够勾连对制度、对政府、对政府机构以及对社会的信任，而信心则能够反映对国家社会未来发展期望实现的感受。三项指标从不同的角度通过简单、敏感和容易操作的方式折射出一个国家一定时期内的总体性社会情绪状况。

在具体分析作用于总体性社会情绪的因素的时候，我们发现，意见领袖与参照群体在形塑人们的社会认知、社会认同与行为取向过程中起到校正与对标的作用。意识形态则是通过宣传、运动、学习、动员等方式来影响和作用于总体性社会情绪，在这种总体性社会情绪形成过程中起到至关重要的作用。社会记忆作为意识形态的一种补充，通过有选择地传递，使特定的社会历史事实通过社会记忆嵌入特定的社会情绪之中，使人们逐渐实现社会情绪的结构化和制度化，从而对形成、归纳出一种相对稳定的总体性社会情绪起到至关重要的强化作用。集体意识与社会团结既是总体性社会情绪的一个结果，同时会反过来加强或者削弱一个社会中的总体性社会情绪。在很多情况下，集体意识与社会团结很可能是人们对自身满意不满意状况的一种日积月累，同时在一些时间节点以及问题上的共鸣与共情，并且反过来作为一个重要的影响因素作用于总体性社会情绪。结构紧张是总体性社会情绪的结果或者反映。结构紧张作为往往隐藏在总体性社会情绪背后，并作为结构双重性发挥作用：既能够推动社会改革与向前变迁，也能够引发社会的动荡与向后倒退。在这个过程中，总体性社会情绪需要逐渐地沉淀和"更新"，作为治理，需要在把握总体性社会情绪的同时把握社会变迁的方向。地位的不一致性是人们主观与客观比较的结果，在总体性社会情绪的形成过程中，地位的不一致性主要是作为一种解释变量并试图说明，地位的不一致性是如何通过不对称、不平衡的负面感受来影响和作用于总体性社会情绪的。图 2-1 中，我们试图比较清楚地描述我们在这方面的思考。

```
                         社会景气
                            │
                       总体性社会情绪
                         │ 操作化
         ┌───────────────┼───────────────┐
       满意度           社会信任          社会信心
         │                │                │
   个体感受勾连宏      对他人信任        对个人发展的信心
   观感受,表现为:     对制度信任        对国家发展的信心
    ·个人满意度       对政府信任
    ·社会满意度

  机制分析     目标与目标实现的差距
  深层原因分析

  影响因素:
   ·意见领袖与参照群体
   ·意识形态
   ·社会记忆
   ·集体意识与社会团结
   ·结构紧张
   ·地位的不一致性
```

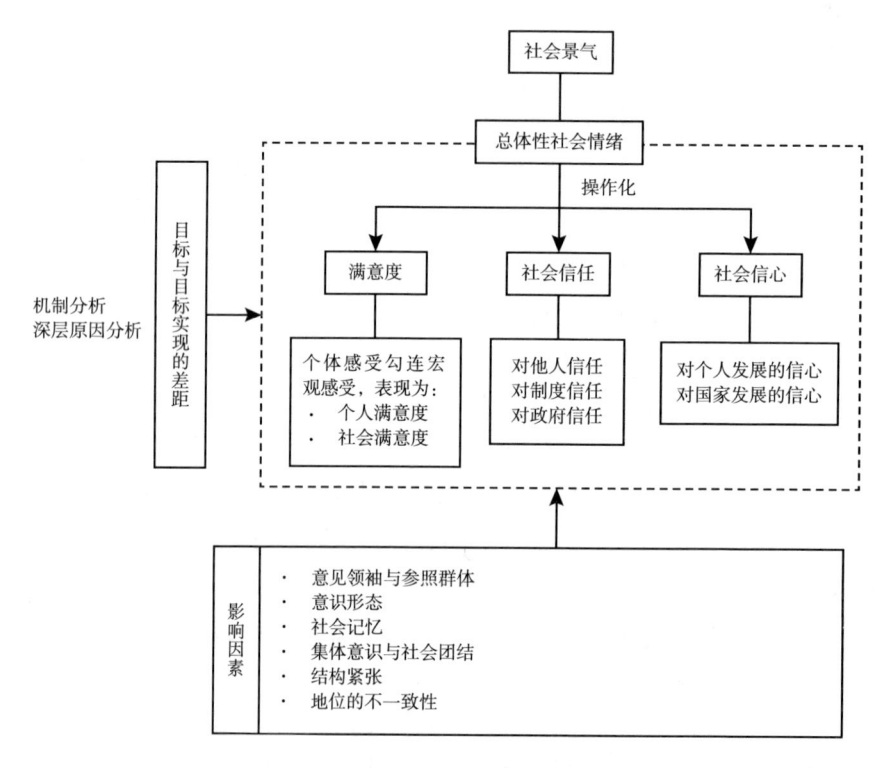

图 2-1 总体性社会情绪的研究框架

从图 2-1 中我们看到，目标与目标实现的差距反映的是社会期望值（ratio of the social expectations）与预期实现的状况，说明的是产生总体性社会情绪的社会机制。我们知道，期望与目标实现一致性程度能够影响人们的主观感受，同时影响个体在期望与目标实现问题上产生的社会情绪。社会情绪只有在人们与他人或者群体社会互动的过程中才能产生，因为在这种互动过程中，人们能够比较深刻地感受到目标以及目标实现的状况，并在此基础上形成相应的社会认知。实际上，在期望与目标实

现的过程中，通过与参照群体的反复比较，我们首先能够体验到的是人们满意不满意的主观感受，经过社会记忆和意识形态过程得到不断积累与强化，人们会逐渐形成社会认知、社会认同以及特定的行为取向，并在这个基础上形成一个社会一段时期内的总体性社会情绪。而社会信任与社会信心是在期望与目标实现过程中所表现出来的一种比较稳定的预期。也只有在这种预期的基础上，人们才会体验到在各个不同方面的满意或者不满意的主观感受。所以，社会期望与预期实现的状况会深刻影响人们在个人与社会层次上满意不满意的主观感受，进而会进一步影响人们在个人与社会层次上的信任与信心。换句话说，社会期望值与预期的实现状况通过人们满意不满意、信任不信任、对将来有无信心的主观感受间接地作用于总体性社会情绪，从而使我们对社会景气深层结构即总体性社会情绪的分析有了从理论到实践、微观到宏观的坚实基础。与此同时，对总体性社会情绪影响因素的分析能够进一步加强我们对总体性社会情绪的认识与理解。

简单归纳一下，在本项研究的具体过程中，我们首先要弄清楚产生总体性社会情绪的社会原因与机制，即主要表现为期望与目标实现过程中产生的差距以及人们对这种差距的一种主观感受。然后，我们进一步把总体性社会情绪操作化为满意度、社会信任与社会信心，并以此切入作为勾连微观与宏观，分析中国社会变迁状况的主要指标。

为了更好地理解总体性社会情绪得分的现实意义，在表2-1中，我们根据中国社会发展的实际情况以及对数据的深入挖掘与分析，将总体性社会情绪的得分划分为六个等级。

表2-1 总体性社会情绪得分说明

分数（分）	说明
40分及以下	预警
41—50	感受波动大，情绪不稳定
51—60	合格
61—70	中等
71—80	良好
81分及以上	优秀

具体来说,当总体性社会情绪的分值低于40分的时候,社会进入预警状态,国家与政府拟在社会的不同层面进行相应的结构与政策调整,使社会逐步回到常规的发展轨道;当总体性社会情绪数值大于40分且小于50分的时候,表明一些社会成员对个人和社会状况的感受波动比较大,且总体性社会情绪不稳定;当总体性社会情绪数值大于50分的时候,意味着社会成员整体上对个人和社会的现状与预期表达了积极的态度;当总体性社会情绪数值大于60分的时候,则意味着人们对个人与社会的发展状况的主观感受趋于稳定,且积极向上,对未来有较好的期望;而当总体性社会情绪数值大于70分的时候,意味着人们对个人与社会发展状况整体上是一种孜孜奋斗与看到曙光在前的满足交加的感受,对未来充满自信;当总体性社会情绪数值大于80分的时候,则代表着整个社会恢宏昂扬,欣欣向荣,这个时候的总体性社会情绪数值愈大,整个社会以及社会成员离实现中华民族伟大复兴中国梦的理想状态就会愈近。我们把总体性社会情绪的数值按照程度与状况的不同分为上述的六个等级,是为了用科学的方法更具体地"刻画"一个社会运行的状态,使我们能够从国家治理与政策层面上更好地把握总体性社会情绪,同时构建一个简单、敏感且容易操作的学术工具,为高效率的国家治理提供一个科学的"社会事实"基础。

为了展开深入分析,我们拟用1987年到2021年共12个全国性的问卷调查数据,围绕总体性社会情绪产生机制以及操作化问题展开研究,并试图说明在中国社会发展与变迁的30多年时间里,总体性社会情绪始终如影随形、此起彼伏地推动着社会向前发展。而有意识地抓住我国社会中的总体性社会情绪,适时调整我国的社会政策,就会极大地提高我国的社会治理水平和能力。

需要指出的是,在这12个全国性的问卷调查数据中,每次研究的主题不尽相同,每个年度的调查都是根据当时的需要,针对当时所要解决的问题而设计问卷和拟定假设的。实事求是地说,当时我们并没有考虑到以后会利用这些数据做相应的比较。12个不同时期的经验研究所侧重的主题不同,所选择的样本不同,样本的大小也不一样。[①] 但是在这项研究中,

---

① 李汉林、渠敬东:《制度规范行为——关于单位的研究与思考》,《社会学研究》2002年第5期,第1—22页。

我们仍然试图利用这些数据来做一些分析和比较。我们这样做主要是基于以下两点考虑。

第一，我们做的是纵贯研究（longitudinal study），本研究试图通过纵贯30多年的数据来分析我国社会的发展与变迁过程，并从中努力找寻社会发展变迁的趋势与规律。对纵贯数据的分析比较灵活，没有像面板数据分析（panel study）那样对样本、指标及量表有严格的限定。我们在这里所做的比较，实际上是一种间接的比较，一种宏观的比较，而不是对同一个样本、同一批人群所做的追踪调查（panel study），因而这样的一种比较在方法论上是可以成立的。①

实际上，尽管各年度的测量指标不尽相同，但是都能一定程度上反映和测量总体性社会情绪的主要特征，只是效度水平存在一定差异。从方法论的角度，只要指标测量的是相似的概念特征，就能够具有一定的比较基础。1987年、1993年和2001年调查对总体性社会情绪的测量是一种粗线条式，没有像2012年之后的调查一样从满意度、社会信任和社会信心三个维度进行精细化的测量，但是从结果上看依然能够反映出人们对于个人和社会发展的总体感受和态度，而这种总体感受和态度与人们的满意度、社会信任和社会信心是有紧密联系的。

第二，尽管我们的分析旨在检验我们的研究假设，同时也会得出相应的结论，我们的一些分析结果或许也能够揭示出总体的一些结构性特征和发展趋势，但是，受抽样方法的限制、时间跨度长、我们当时对总体性社会情绪理解的程度以及样本量大小的局限等诸方面的因素的影响，我们只做一些有限的学术推论，这样一来，我们就会在很大的程度上避免以偏概全，避免方法论上的错误。这项研究的学术价值和意义主要在于，首先，它是一种探索性研究的成果，通过这些调查所做的分析以及由此所得出的分析结论能够为未来进一步的研究、为未来从样本推论总体提供坚实的学术知识的基础；其次，通过选择相应的角度，能够比较有效地检验我们相

---

① 参见 Judy Tanur, *Questions about Questions: Inquiries into the Cognitive Bases of Surveys*, New York: Russell Sage Foundation, 1992; U. Engel, et al., *Panelanalyse*, Berlin: de Gruyter, 1994; D Nachmias, *Research Methods in the Social Sciences*, New York: St. Martin's, 1976; H., Loether, et al., *Desciptive and Inferential Statistics*, Boston: Prentice Hall, 1986; S.Cole, *The Sociological Method*, Chicago: Rand, McNally & co.'s, 1980; E.Babbie, *The Practice of Social Research*, Belmont: Wadsworth, 1989。

应的研究假设,为我们了解和掌握总体的一些情况和变化提供一个可靠的学术的样本依据;最后,它能够为我们今后进一步的研究以及在更大范围内的随机抽样提供方法论上的依据。总之,这些调查所提供的探索性的知识和结论,对于我们进一步理解目前中国所发生的社会变迁,理解在中国社会变迁大的背景下人的社会行为,都是非常有益的。①

需要说明的是,在2012年以前的各项调查数据中,我们事先并没有刻意地去设计关于这方面的假设,实事求是地说,当时对这方面的认识应该说也是十分模糊的。总体性社会情绪更多的是调查问卷以及以后分析调查数据的一个"偶然的发现"和"意外的收获"。正因为如此,在2012年以前的调查数据中,对总体性社会情绪量表及其子量表的制作远没有我们在后来的调查过程中那么系统和自觉。这样的一种认识水平,不仅表现在当时总体性社会情绪量表的制作上,还表现在当时其他的一些量表的制作上。我们客观反复地把这些问题摆出来,是为了使读者加深年度数据的学术印象,说清楚年度之间数据分析的学术联系。与此同时,期望给同行一个实事求是的交代,让同行对我们的研究轨迹有一个清楚和历史的了解,同时也对我们过去的研究有一个比较理性的梳理。

随着研究的深入,我们深深感到,一些举足轻重的大国大事往往寓于许多柴米油盐的小民琐事。人民至上的国家治理,就是要让国家与政府治理的政策能够直击人们的急难愁盼,贴近人们的主观感受,高效率地实践全心全意为人民服务。无论是从理论上思考还是从田野经验上观察,总体性社会情绪都是由每一个人的具体、琐碎甚至可能是渺小且看起来是微不足道的主观感受经过一个复杂的社会过程积累、沉淀和形成的。深度挖掘总体性社会情绪理论的学术与政策治理层次上的意义在于,总体性社会情绪能够实现在微观层次上不悬浮,具体可触人们的主观感受;在宏观层次上可勾连,紧密联结个体与群体、国家与社会,并最终沉淀和嵌入社会的结构之中。总体性社会情绪通过满意度、社会信任与社会信心实现表达,并表现为人们所认知、认同以及认可的行为取向。它可以作为一种社会动员的方式来凝聚民族、社会与国家的共识,形成精神与物质上的铜墙铁壁。实际上,对未来的希望、渴望梦想变成现实以及通过努力能够进步与

---

① 李汉林、渠敬东:《制度规范行为——关于单位的研究与思考》,《社会学研究》2002年第5期,第1—22页。

上升的空间，都会变成一股不可撼动的力量，支撑在大众情绪的深层，推动人们砥砺前行。一个社会民众的社会信任与社会信心以及在此基础上形成的总体性社会情绪对整个社会的发展与变迁能够产生巨大的震撼效应。

当然，我们需要在将来的深入研究中进一步探讨，从社会学的角度，认知、认同与行为取向在什么样的情况下或者说通过什么样的机制影响总体性社会情绪的形成；满意度、社会信任与社会信心通过什么样的社会过程与社会机制来表达总体性社会情绪；人们的主观感受通过什么样的社会过程影响一个社会中的宏观社会状况；微观与宏观、客观数据与人们的主观感受通过什么样的机制才能够实现有效的跃迁和勾连。只有在理论与实践的结合上弄清楚这些问题，我们才能够从根本上理解总体性社会情绪形成的社会过程、社会条件以及社会机制，并以此作为高效率国家治理的学术基础。

另外，知识的生产不仅仅要有理论上的思考和分析的逻辑，同时还需要能够转化为实际应用和社会政策，而理论的操作化则是这种知识转化的重要前提与条件。总体性社会情绪的学术魅力就在于，它能够反映一种比较真实的社会发展状况，为科学预警和国家治理的政策基础提供一个敏感、简单与容易操作和把握的社会事实依据。实际上，总体性社会情绪作为一个极具学术张力的理论，也只有在打通和实现理论到应用、微观与宏观勾连的条件下，才会更加彰显这一理论更为广阔的发展前景。也正因为如此，总体性社会情绪的研究还需要不断地深入，使其在学科发展与政策研究的意义上具有更大的潜力。事实上，总体性社会情绪这样一个极具张力的理论只有深深地扎根于中国社会巨大的经验场景且在中国实践的基础上，才能够最终完成厚重学术底蕴的理论构建与重建。

第三章

1987 年的调查

一 结构背景

整个 20 世纪 80 年代,是中国社会发生转型和急剧变迁的时代。这个时期社会经济制度主要的结构性特征如下。

第一,在经济体制上,政府开始有意识地引导整个国家从传统的计划经济体制向市场经济体制转变。其主要标志是:①国家计委管的工业指令性计划产品已从 1984 年的 120 种左右减到 60 多种;②国家统配物资已从 1984 年规定的 256 种减到 20 种,商业部计划管理的商品也已从 1979 年的 188 种减到 23 种;③建设资金由政府渠道开支的比例已从 1978 年的 76.6% 下降到 1986 年的 31.6%,由银行渠道解决的比例已从 23.4% 上升到 68.4%;④1986 年工农业产品的商品率已达 63.9%;⑤主要生产资料由企业自销的比重上升,1986 年钢材自销达 32%,水泥达 48%,煤炭达 25%;⑥各类商品已实行浮动价和市场价的比重,农产品占 65%,工业消费品占 55%,生产资料占 40%,一般小商品也都放开随行就市;⑦1986 年城市融通资金达 300 亿元;⑧出口总额占国民收入的比重从 1979 年的 5.6% 提高到 1986 年的 12%;⑨截至 1986 年,向国外筹借资金达 206 亿元,引进技术 10000 多项,开办 7700 个外资、中外合资企业及 3277 个海外企业。①

第二,在经济发展的结构上,初级农产品在这一时期的超常规增长,

---

① 参见《世界经济导报》1987 年 7 月 6 日;胡伟《制度变迁中的县级政府行为》,北京:中国社会科学出版社,2007 年。

构成了整个国民经济增长的主动因。有人估算，在这一时期，农民的消费和积累增长能够解释62%以上的国民经济总增长。这就是说，这一时期社会总产值每年平均增长的近9个百分点中，约有5—6个百分点是来自农村经济发展的贡献，来自农民经济行为的贡献。① 这样的一种增长格局，从根本上动摇了长期以来形成的全国性农产品供不应求的局面。从20世纪80年代初期开始，一些基本的农产品突然遇到了"仓容危机"，粮食和棉花也开始出现剩余，国家对粮食的统购，从当时政府的财政实力来看，已逐渐感受到了一种不堪承受的压力。②

第三，正是在上述状况下，可以进一步判断，我国已普遍地结束了以温饱满足为中心的必需品消费阶段，国民经济增长的主要动力也不再来自满足广大国民的低层次的消费，而是来自非必需品的消费。根据当时的分析，城乡居民的食品收入弹性③降到了0.7左右，日用品、住宅及某些服务的收入弹性都大于1，其中住宅和耐用消费品的收入弹性高达3以上。④ 这一结果验证了我们的判断，我国的消费结构正在急剧变化当中。

在改革开放的大环境中，消费结构的急剧变化，首先带来的是国内外消费示范效应⑤的双重压力。在国际上，大量凝聚先进科学技术成就的消费品开始涌入中国，不仅在更大的程度上刺激了国内的消费，而且也强烈地刺激了人们对凝聚在消费品之中的那些现代生活方式和价值观念的欲望和向往，因之也构成了对人们本身的生活方式和价值观念的强烈的示范效应以及无形的、社会文化的巨大压力。在国内，一些先富起来的社会群

---

① 周其仁、杜鹰、邱继成：《发展的主题》，成都：四川人民出版社，1987年，第10—26页。
② 参见周其仁、杜鹰、邱继成《发展的主题》，成都：四川人民出版社，1987年，第10—26页。
③ 收入弹性，又称需求收入弹性，指的是一个商品需求量的变化百分数除以消费者收入变化的百分数，需求函数中所有其他变量保持不变。对大多数商品来说，它的需求收入弹性为正值，即随着消费者收入的增加而增加对商品的需求；这类商品称作正常商品，其中必需品的需求收入弹性一般在0与1之间；奢侈品的需求收入弹性则往往大于1；另有一些廉价商品，消费者收入增加时会少用它们，称为"低档品"（inferiov goods），其需求收入弹性为负值。参见胡代光、高鸿业主编《西方经济学大辞典》，北京：经济科学出版社，2000年，第312—313页。
④ 周其仁、杜鹰、邱继成：《发展的主题》，成都：四川人民出版社，1987年，第10—26页。
⑤ 消费示范效应指的是受外界因素影响所诱发的不顾生产力水平和经济条件去模仿过高消费水平和消费方式的经济现象。外界，既指世界发达国家，又指国内经济水平和消费水平较高的地区。参见马国泉、张品兴、高聚成主编《新时期新名词大辞典》，北京：中国广播电视出版社，1992年，第333—334页。

体和社会集团的那些情不自禁的炫耀性消费,也在更广阔的社会层面上极大地刺激了人们的消费欲望。羡慕与妒忌、攀比与模仿、失落与愤怒等各种情绪交织在一起,使消费的示范效应带来的压力变得愈来愈大,使得当时刚性的社会经济结构变得愈来愈不堪重负,当时各个不同阶层之间的矛盾和冲突也因之变得愈来愈尖锐了。

当时的情况是,虽然政府曾在经济上大大推进了农村的改革,卓有成效地在全国范围内对整个分配、流通、金融、信贷、价格等经济体制的诸方面进行了大胆创新,把中国推入了一个对原有体制的"破"与对新的市场经济体制的"立"的新旧体制转换的历史阶段,但是,由于各方面的原因,我国也出现了经济改革和社会改革不同步的失调状况,经济迅速发展起来,而社会变迁却严重滞后。这种社会变迁滞后首先主要表现在社会体制变迁滞后,即在推进经济发展和经济体制改革的同时,没有与之相适应地推进政治体制、教育体制、文化体制、科技体制、政府行政管理体制的改革,经济改革与社会改革之间的不同步,使得当时的经济发展受到体制的制约。其次,还表现为人们的价值观念和行为规范的变迁滞后。在经济体制改革、新旧体制转换的非常时期,没有与之相适应地转变人们的价值观念和行为规范,这就使得许多传统的东西在制度上已经破裂,但许多崭新的东西却没有在人们的价值观念和行为规范上确立起来。特别是双重体制带来双重价值观念和行为规范,彼此间的摩擦与冲突,造成人们价值取向上的混乱,从而使其迸生出疏离感、颓废感、无所适从和无规范感。在当时所出现的一些"社会震荡",正是人们的价值观念和行为规范上发生危机的典型表现,也是人们价值观念和行为规范变迁滞后的一种集中反映。最后,在组织层次上,则集中体现在社会组织变迁滞后。在20世纪80年代后期,中国大多数的政治、经济、文化、科技、教育等各种社会组织仍留有深深的传统社会的印记,主要表现为任何社会组织都是大家庭式的社会单位和实体,既自给自足,又集经济、政治、教育、福利、安全、社会控制等许多社会功能于一身,在实际上无法作为现代化经济与社会发展的有效率的组织载体。①

当时,种种迹象都表明,社会变迁滞后,社会改革处于一种事实上的

---

① 参见李汉林、方明、王颖、孙炳耀、王琦《寻求新的协调——中国城市发展的社会学分析》,北京:测绘出版社,1988年;胡伟《制度变迁中的县级政府行为》,北京:中国社会科学出版社,2007年。

虚置状态，这使得改革遇到不少阻力，随着经济改革的深入和结构性矛盾的日趋激化，各种不同利益集团的冲突不断地尖锐起来。在当时旧体制某些部分衰退、新体制的相应部分尚未充分发育的时候，社会变迁滞后的状况就不可避免地引起了整个转型时期社会秩序的混乱。用一种社会学的术语表达，那就是社会变迁过程中的失范。与此同时，按照我们现在的观点进行归纳，即弥散和沉淀在不同社会群体之中的总体性社会情绪具有较大波动且不稳定。①

正是在这样一种宏观的背景下，我们对全国城市社区的居民做了一次较大规模的问卷调查。② 当时的初衷，是为了了解中国社会的分化与整合的状况。出于各方面的原因，我们没有达到这个目的。但是，现在看来，我们在当时有意和无意之中所设计的一些变量，对于我们回过头来描述与分析总体性社会情绪，仍然是十分有益处的。这些数据最起码给我们提供了一个不可多得的、能够进行比较的实证基础，提供了一个实事求是的客观存在。

二 调查数据与量表

（一）调查的抽样方法与样本情况

1987年所实施的问卷调查，其抽样方案主要是根据多阶段分层整群随机抽样方法来设计的。我们根据区域的特征及城市的规模，在全国的范围内，抽取了30个城市。每个城市计划发放100份问卷，由每个城市的调查员随机抽取区、街道办事处和居委会来展开调查。调查员到达最后抽中的居委会以后，根据居委会管辖的居民小区成员的花名册，确定一个随机数，然后按简单随机的方式抽取样本个体。通过这种方法，我们对30个城市发放了3000份问卷，其中，有效问卷为2348份，回收率为78.27%。

在对样本误差进行检验的过程中，我们选择了一些主要的人口学变

---

① 参见李汉林等《寻求新的协调：中国城市发展的社会学分析》，北京：测绘出版社，1988年；胡伟《制度变迁中的县级政府行为》，北京：中国社会科学出版社，2007年。
② 1987年的问卷调查主要是由当时的中国社会科学院社会学研究所城乡研究室的科研人员组织实施。

量,然后在样本指标和总体指标之间进行了比较。结果显示(见表3-1),在年龄和性别两个方面,样本与总体的误差不大,但在婚姻状况和教育水平上,样本和总体之间有一些误差。在婚姻状况方面,样本中的未婚比例比总体低约8.5个百分点,而样本中的已婚比例则要比总体高约12.5个百分点。我们认为,这种情况主要是由我们采取的抽样方法所导致。我们最后的访问单位是家庭住户,访问对象在一般情况下是访问中首先遇到的对象。这就不可避免地增大样本中已婚样本的比例。另外一个客观事实是,在当时的中国,未婚单身的人士主要集中在单位分的集体宿舍中,分散在居民小区居住的单身人士的比率是比较小的。而在教育水平上,样本中的小学及以下文化水平的人数占比与总体相差约20个百分点。造成这种误差的原因是,一些城市的访问员入户访问时,主要是让被调查者自己填写问卷,而文化水平低的被调查者是很难完成这项工作的,由此导致的一个结果是,访问员另外抽取了样本。应该承认,这是当时抽样和调查质量控制的一个失误。虽然当时的调查在上述方面有一些瑕疵,但仍然为我们了解我国20世纪80年代后期的社会状况提供了较为可靠的事实材料。

表3-1 样本与总体在若干指标上的比较

		样本(in %)	总体(in %)
婚姻状况	未婚	18.5	27.04
	已婚	78.4	65.94
	丧偶	2.0	6.5
	离婚	1.1	0.5
年龄	17—25岁	20.6	20.10
	26—35岁	26.4	25.96
	36—49岁	30.1	28.72
	50岁及以上	22.9	25.11
性别	男性	56.4	55.5
	女性	43.6	44.5
教育水平	小学及以下	13.6	33.2
	初中	33.9	37.5
	高中及中专	31.4	22.2
	大专及以上	21.1	7.1

资料来源:参见国家统计局编《中国统计年鉴1988》,北京:中国统计出版社,1988年。

（二）量表及其制作

我们所要研究的总体性社会情绪，主要是指弥散在不同社会群体之中且容易形成共鸣和分享的一种比较一致的群体表达，是人们在社会认知、社会认同以及行为取向基础上形成的一种比较稳定的信念、精神和价值。我们认为，总体性社会情绪可以操作化为满意度、社会信任和社会信心，即通过人们在满意度、社会信任和社会信心上的表达，我们能够在宏观与微观的结合上比较准确地把握总体性社会情绪。与此同时，确定期望与努力实现期望是人们行为以及行为互动的重要动力，并且，人们期望与期望实现之间的差距是人们以后形成满意不满意、对他人信任不信任、对未来的发展有没有信心的主观感受的一个根本原因。在这个意义上，期望与期望实现之间的差距，即社会期望值，是影响总体性社会情绪的微观、深层原因。为了捕捉那个时期人们的主观感受，尤其是在满意度、社会信任和社会信心以及社会期望值上的表现，我们根据问卷调查中所取得的数据制作了相应的量表。

1. 满意度

在严格的意义上，满意度是一个社会心理学的概念，它测量的主要是人们社会心理上的一种感受。当人们在工作与行为上的付出与劳动（effort）能够得到自身认为应该得到的回报、补偿和奖励（reward）的时候，其就会自然而然地在心理上产生一种相对公平和满足的感觉。反之，两者之间的差距愈大，或者说，人们付出的比自身所得到的愈多，其对这种报酬的不满意程度就会愈高。① 这里需要强调的至少有以下三点。

第一，满意度强调的是在投入—产出行为过程中自我的一种不断的权衡和比较，以及由此在心理上所产生的一种相对平衡和公平的自我感受，同时也是一种在投入—产出的交换过程中趋于追求利益最大化的行为感受。②

---

① 参见 J.Siegrist, "Adverse health effects of high-effort/low-reward conditions," *Journal of Occupational Health Psychology*, Vol.1.No.1(1996), pp.27-41; A.B.Weinert, *Lehrbuch der Organisationspsychologie*, München: Urban & Schwarzenberg, 1981; H.Bosetyky, P.Heinrich, *Mensch und Organisation: Aspekte bürokratischer Sozialisation*, Muenchen: Deutscher Gemeindeverlag, 1989; P.Mayring, *Psychologie des Glücks*, Berlin: Verlag W.Kohlhammer, 1991。

② 参见 A.Bellebaum(Hrg.), *Glueck und Zufriedenheit*, Westdeutscher Verlag: Opladen, 1992; K.H.Hillmann, *Wertwandel: zur Frage soziokultureller Voraussetzungen alternativer Lebensformen*, DarmstadtL Wissenschaftliche Buchgesellschaft, 1989; Vester, Michael, et al., *Soziale Milieus im gesellschaftlichen Strukturwandel*, Köln: Bund, 1993。

事实上，人们在投入后所获取的利益回报愈大，那么，其在心理上的成功与满足、平衡与公平的感受就会变得愈加强烈，否则，人们就会产生强烈的不满意的感受。[①] 在这里，满意度所强调的是比较和交换。这样的一种感受，可以用下列公式表示出来：

$$\frac{实际所得到的}{期望所得到的} = 满意度的高低$$

在这个公式中，分子愈大，分母愈小，商则相应的会愈大。也就是说，人们实际得到的比自身所期望得到的愈多，人们自身的满意度就会愈高；反之，人们期望值愈高，而实际所能得到的愈少，那么，人们的怨恨愈深，牢骚愈多，相应的，其满意度就会变得愈低。

第二，在分析满意度的过程中，必须重视和考虑的、与之相应的重要概念和因素是期望以及期望实现的程度。在实际的社会行为过程中，人们满意度的高低往往取决于自身期望实现的程度。从表3-2我们可以看出，期望实现的程度愈高，人们的满意度也就相应地变得愈高；反过来，当人们的期望值高于其期望实现的程度的时候，人们就会感到失望，其满意度也就相应地变得愈低。[②]

表3-2　期望与期望实现的程度和满意度

期望	期望实现的程度	满意度
高	高	高
低	高	高
高	低	低
低	低	不高不低（趋中）

第三，人们的满意度所表示出来的那种相对平衡与公平的感觉，似乎并不在意于回报的高低，更多的是在乎这种回报与奖赏是否公平或者与自

---

① 李汉林、魏钦钦、张晨曲：《发展过程中的满意度》，《社会学评论》2013年第1期，第75—88页。
② 李汉林、渠敬东：《制度规范行为——关于单位的研究与思考》，《社会学研究》2002年第5期，第1—22页。

己的付出是否等值。这种公平或等值的判断,以及人们实际上对某种事物或事件做出满意或不满意的评价时,有可能受到个人社会地位、环境、参照群体等各种外在因素的影响。①

需要明确强调的是,在1987年,我们没有直接设计满意度量表。我们是在后来考虑要对人们的满意度进行分析的时候,才回过头来研究问卷,思考问卷中的哪些问题能够间接或直接地反映人们满意不满意的情绪。为此,我们选择了在问卷中所列举的七种当时社会上比较流行的看法(见表3-3),分别让受访者判断自身对这些看法的态度,选项包括很同意、同意、不同意和很不同意。这样做的主要依据是,满意度作为一个综合性指标,主要反映的是人们的一些主观感受,个人对一些社会现象的满意程度也是影响其社会行为和社会态度的一个重要变量。事实上,人们对自己以及自己所处的社会、经济和政治环境的满意程度是可以直接通过测量个人对社会上一些主要的社会现象的看法和评价以及由此产生的一些主观感受而得到的。1987年调查问卷中的这些在当时社会上比较流行的看法,应该说是能够比较典型地反映我们国家20世纪80年代中后期社会经济政治环境的一些主要的结构性特征。所以,我们的期望是,通过观察人们对上述的这些看法所持的态度,了解其在多大的程度上能够感受到公平和满足。我们的基本假定是,人们同意上述的这些看法的程度愈高,那么,其不满意的程度可能就会愈高。②

由7个题器构成的满意度量表详见表3-3,其内部一致性克隆巴赫α系数为0.5006,可见整个量表的信度偏低,满意度量表从整体上表现出一种不够稳定的状态。经KMO和巴特利特球形检验,得到巴特利特球形检验卡方为1190.126($p<0.001$),KMO为0.600(见表3-4),表明可以进一步做因素分析,观察满意度量表的归聚状况,并验证构造满意度量表的可行性。其验证性因素分析的结果显示:7个变量通过主成分因子法可以提取出一个共同因子,初始特征值为1.803,能够解释的方差比例为25.76%,使用方差最大法对其进行正交旋转,得到各个变量具体的因子载荷(见表3-5)。结果表明,7个变量确实有信息上的共指,但归聚状态较

---

① 李汉林、魏钦、张晨曲:《发展过程中的满意度》,《社会学评论》2013年第1期,第75—88页。

② 李汉林、渠敬东:《制度规范行为——关于单位的研究与思考》,《社会学研究》2002年第5期,第1—22页。

弱。总的来说，把7个变量作为满意度量表是不够理想的，信度不够稳定，构造效度归聚欠佳。尽管如此，我们还是认为，人们对自身状况的满意程度是可以通过其对当时一些典型的社会现象的评价间接地体现出来的。

表3-3 满意度量表的操作化

概念	题器	变量类型	编码	Cronbach α 系数
满意度	知识分子名声好听，实惠不多，收入太低	定序变量	4-很不同意 3-不同意 2-同意 1-很同意	0.5006
	工人地位相对下降，生活质量提高不快	定序变量		
	商业、服务业人员工作紧张，责任大，收入低	定序变量		
	小学教师辛苦，未得到应有承认，收入太低	定序变量		
	个体户发财致富，许多靠的是歪门邪道	定序变量		
	干部以权谋私，有不少实惠	定序变量		
	这几年农民富得快，收入比工人高	定序变量		

注：满意度的引导语为：对社会上流行的以下看法，您是否赞同。

表3-4 对满意度量表的KMO和巴特利特球形检验

KMO取样适切性量数		0.600
巴特利特球形检验	卡方	1190.126
	自由度	21
	显著性	0.000

表3-5 对满意度量表的验证性因素分析

条目	成分1
a.知识分子名声好听，实惠不多，收入太低	0.456
b.地位相对下降，生活质量提高不快	0.587
c.商业、服务业人员工作紧张，责任大，收入低	0.273
d.小学教师辛苦，未得到应有承认，收入太低	0.511
e.个体户发财致富，许多靠的是歪门邪道	0.634
f.干部以权谋私，有不少实惠	0.648
g.这几年农民富得快，收入比工人高	0.308
特征值	1.803
贡献率（%）	25.76

提取方法：主成分。

本研究根据上述 7 个变量生成满意度，具体过程如下。第一步，我们对指标进行处理，一方面，针对缺失值，我们对于存在缺失值且其数量不超过指标数量三分之一的样本，采用该样本在未缺失题目中的评分均值（取整）进行插补；另一方面，针对指标量纲不同的状况，我们对指标进行归一化处理，并且为了便于理解和表述，在去量纲之后，对所有指标乘以 100，使得处理之后的所有指标量程一致，介于 0 和 100 之间。第二步，我们对指标进行因子分析，提取一个特征根大于 1 的公共因子，然后计算各个指标的因子得分，对因子得分进行归一化处理后作为指标的权重。在此基础上，我们将各指标分数与权重相乘后加总，生成一个潜变量用以表征被访者的满意度，该变量的取值范围为 0—100，其取值越高，表明被访者对个人与社会总体状况的满意度越高。

1987 年，我国城镇居民的满意度平均为 40.21，众数和中位数分别为 33.33 和 40.34，标准差为 13.83，偏度系数和峰度系数分别为 0.169 和 3.460（见表 3-6），直方图拟合的正态分布曲线（见图 3-1）呈现为轻微的右偏态和尖峰分布。总的来说，1987 年，人们的满意度偏低，结合当时的社会经济背景，个人生活与社会发展都处于百废待兴的状况。

表3-6　对满意度量表的结构性特征的描述[①]（n=2301）

	集中趋势		离散趋势		分布状况	
满意度	均值	40.21	标准差	13.83	偏度	0.169
	众数	33.33	最小值	0.00	峰度	3.460
	中位数	40.34	最大值	100.00		

---

① 制作这个表格，主要是试图对我们所制作量表的一般性的、统计学意义上的结构性特征做一简单的、总结性的描述，从而使读者能够一目了然。参见 Judy Tanur, *Questions about Questions: Inquiries into the Cognitive Bases of Surveys*, New York: Russell Sage Foundation, 1992; Hanlin Li, Atteslander, Tanur & Wang, "Potential social warning instrument—Concept and Construction,"In: J. Ariffin, ed., *Social Challenges of Rapid Economic Transformation*, Malaysia: Insititute Sultan Iskandar, 2001; Hanlin Li, Atteslander, Tanur & Wang, "Anomie scale: Measuring social instability"In: Atteslander P., et al., *Comparative Anomie Research: Hidden Barriers, Hidden Potential for Social Development,* London: Ashgate Pub Ltd, 1999; Loether H. J., McTavish D. G., *Descriptive and Inferential Statistics*, Hoboken: John Wiley & Sons Inc, 1980; D.Nachmias, *Research Methods in Social Sciences*, New York: St. Martin's, 1976; Singleton Jr., Royce, et al., *Approaches to Social Research*, New York: Oxford University Press, 1988; E.Babbie, *The Practice of Social Research*, Belmont: Wadsworth, 1989; M.Walizer, P.Wienir, *Research Methods and Analysis: Searching for Relationships*, New York: Harper and Row, 1978; J.Simon, *Basic Research Methods in Social Sciences*, New York: Random House, 1989。

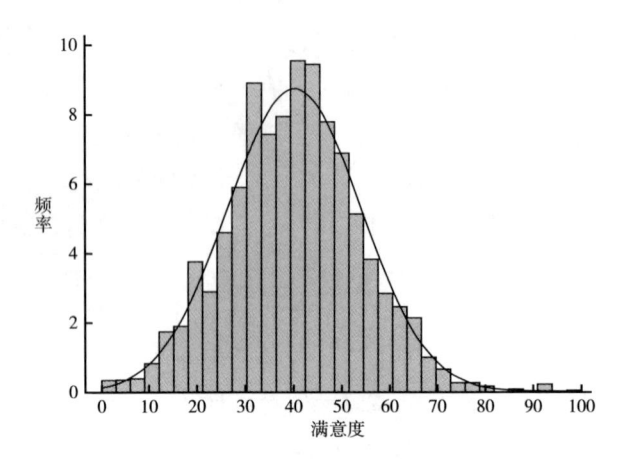

图3-1 满意度的直方图及其正态分布曲线

2. 社会信任和社会信心

首先需要说明的是，1987年实施这项问卷调查，根据当时的认识水平，我们没有考虑到去设计总体性社会情绪以及相关子量表的题器。现在回过头来审视1987年的调查以及相关的问卷与题器，还是觉得仍然有深入挖掘的余地，在不能直接找到相关题器的情况下，或可间接地运用相应的题器做分析。

就社会信任和社会信心而言，在1987年的问卷调查里，我们没有设计能够直接反映人们社会信任和社会信心感受的题器。在这样的一种背景下，我们仍然没有放弃思考。我们发现，问卷中有一些涉及社会参与的题器。我们考虑和假定，社会信任和社会信心的一个重要行为后果是对社会事务的冷漠、不关心，间接反映出人们对未来的失望。从这一点出发，人们在社会与政治行为上的态度愈消极，对社会政治事务愈不关心，对社会政治参与愈冷漠，那么，其社会信任与社会信心就会愈低，当然，也可以间接反映出人们对社会不满意的程度。正是基于这样的考虑，我们选择了在1987年的调查中设计的一些相关问题，把这些变量逐一处理成为虚拟变量，并在此基础上做成我们的社会信任和社会信心量表。

由7个变量构成的社会信任和社会信心量表详见表3-7，量表内部的克隆巴赫α系数为0.7415，可见整个量表的信度不错。经KMO和巴特利特球形检验，得到巴特利特球形检验卡方为4439.075（$p < 0.001$），KMO为0.706（见表3-8），结果支持进一步对量表进行因素分析，验证社会

信任和社会信心量表构造的可行性。其验证性因素分析的结果显示：7个变量通过主成分因子法可以提取出一个共同因子，初始特征值为2.837，能够解释的方差比例为40.53%，使用方差最大法对其进行正交旋转，得到各个变量具体的因子载荷（见表3-9）。该结果表明，虽然个别变量的因子载荷较低，未能很好地归聚在一起，但总体上，7个变量存在信息上的共指，能够构造在一起，以反映当时社会信任和社会信心的一些状况。

表3-7 社会信任和社会信心量表的操作化

概念	题器	变量类型	编码	Cronbach α系数
信任和信心	您对您所在单位组织的选举活动（如选领导、选先进工作者、民意测验等）感兴趣吗	定类变量	1-感兴趣 0-无所谓和反感	0.7415
	您认为您投的一票有作用吗	定类变量	1-有作用 0-无作用和不知道	
	您是否经常向单位领导提出一些改进本单位工作的建议和意见	定类变量	1-经常提 0-有时提和从来不提	
	您认为您所提出的建议和意见能得到应有的重视吗	定类变量	1-能够和可能得到重视 0-不能得到重视和不知道	
	您对选举人大代表感兴趣吗	定类变量	1-感兴趣 0-不感兴趣	
	您是否有兴趣了解人大代表候选人的情况	定类变量	1-有兴趣 0-没有兴趣	
	您对您所在的街道、地区发展建设方面的事情（如修公园、改善环境、制止环境污染、办一些公共服务设施等）愿意提出自己的建议和想法吗	定类变量	1-愿意 0-无所谓和不愿意	

注：在后文具体的数据分析以及图表中，"社会信任和社会信心"缩写为"信任和信心"。

表3-8 对信任和信心量表的KMO和巴特利特球形检验

KMO取样适切性量数		0.706
巴特利特球形检验	卡方	4439.075
	自由度	21
	显著性	0.000

表3-9 对信任和信心量表的验证性因素分析

条目	成分1
a.您对您所在单位组织的选举活动（如选领导、选先进工作者、民意测验等）感兴趣吗	0.727
b.您认为您投的一票有作用吗	0.697
c.您是否经常向单位领导提出一些改进本单位工作的建议和意见	0.354
d.您认为您所提出的建议和意见能得到应有的重视吗	0.510
e.您对选举人大代表感兴趣吗	0.796
f.您是否有兴趣了解人大代表候选人的情况	0.785
g.您对您所在的街道、地区发展建设方面的事情（如修公园、改善环境、制止环境污染、办一些公共服务设施等）愿意提出自己的建议和想法吗	0.433
特征值	2.837
贡献率（%）	40.53

提取方法：主成分。

再次强调，这一量表更多的是调查问卷以及而后分析调查数据过程中的一个"偶然的发现"和"意外的收获"。正因为如此，在1987年的调查中，对社会信任与社会信心量表的制作远没有我们在后来的调查过程中那么系统和自觉。这样的一种认识水平，不仅表现在当时社会信任与社会信心量表的制作上，还表现在当时其他的一些量表的制作上。我们客观地把这些问题摆出来，是为了给同行一个实事求是的交代，是为了让同行对我们的研究轨迹有一个清楚的和历时性的了解，同时也是为了让我们自己对过去的研究有一个比较理性的梳理。[①]

本研究根据上述7个变量生成社会信任和社会信心，具体过程如下。第一步，我们对指标进行处理，一方面，针对缺失值，我们对于存在缺失值且其数量不超过指标数量三分之一的样本，采用该样本在未缺失题目中的评分均值（取整）进行插补；另一方面，针对指标量纲不同的状况，我们对指标进行归一化处理，并且为了便于理解和表述，在去量纲之后，对所有指标乘以100，使得处理之后的所有指标量程一致，介于0和100之间。第二步，我们对指标进行因子分析，提取一个特征根大于1的公共

[①] 李汉林、渠敬东：《制度规范行为——关于单位的研究与思考》，《社会学研究》2002年第5期，第1—22页。

因子，然后计算各个指标的因子得分，对因子得分进行归一化处理后作为指标的权重。在此基础上，我们将各指标分数与权重相乘后加总，生成一个潜变量用以表征被访者在社会信任和社会信心上的状况，该变量的取值范围为0—100，其取值越大，表明被访者的社会信任和社会信心越好。

1987年，我国城镇居民的信任和信心平均值为46.36，众数和中位数分别为100.00和44.82，标准差为31.67，偏度系数和峰度系数分别为0.290和1.827（见表3-10），直方图拟合的正态分布曲线（见图3-2）呈现为比较轻微的右偏态和明显的平峰分布。不难发现，当时人们在信任和信心上的表现，其离散的程度远大于集中的程度。

表3-10 对信任和信心量表的结构性特征的描述（n=2348）

	集中趋势		离散趋势		分布状况	
信任和信心	均值	46.36	标准差	31.67	偏度	0.290
	众数	100.00	最小值	0.00	峰度	1.827
	中位数	44.82	最大值	100.00		

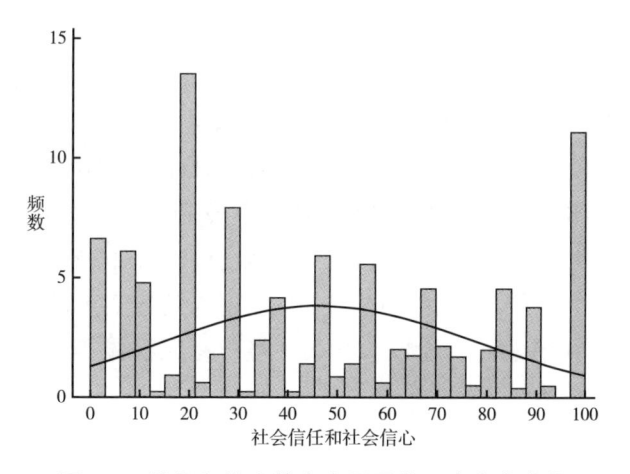

图3-2 信任和信心的直方图及其正态分布曲线

3. 社会期望值

和满意度量表相似，社会期望值量表测量的也是人们行为过程中的一种主观感受。在这里，社会期望值主要是指人们在期望得到的和实际得到的差距中（discrepancy between expectation and actuality），特别是与相应的参照群体的比较过程中所产生的一种正面或负面的主观感受和情绪。① 在我们理解社会期望值这个概念的过程中，起码有以下四点需要强调。

第一，社会期望值总是在期望以及期望实现的不断比较过程中产生出来的。当人们的行为期望总是高于实际实现的时候，人们就会感到失望和失落。反过来，人们就会有一种获得感，有一种自我实现以及努力得到社会承认的满意。在这里，人们的期望总是一种其认为自身能够得到或者说应该得到的东西。当人们认为自己能够或应该得到的东西而在实际上却没有得到的时候，其就很容易在实际行为过程中感到失落以及不满意。

第二，期望与期望实现的差距同时也是人们在其行为的过程中，不断地与其相应的参照群体（reference group）相比较的结果。参照群体主要是指价值观念和行为规范被特定的社会集团和个人自觉或不自觉地作为自己的行为取向的那些社会群体。人们总是在与自己所参照的群体与个人的比较过程中，不断修正自身的行为。也正是在这样的一个过程中，人们感受到期望与期望实现之间的差距。在这里，社会期望值量表的特殊之处在于，它更多地在意自己所得到的回报和奖赏在和自己的参照群体的比较过程中，是否处于一种等值或公平的状态。人们在拿自己的付出和回报与其相应的参照群体的比较过程中愈感到平衡与公平，那么，其期望与期望实现的差距就愈小。反过来，如果人们在拿自己的付出和回报与其相应的参照群体的比较过程中愈感到不平衡和不公平，那么，其期望与期望实现的差距就愈大，人们在满意度上的感受就愈极化，情绪的表达也愈发激荡。因此，社会期望值是相对的，在对期望与期望实现的差距进行评价时，有可能受到个人社会地位、社会环境、参照群体等各种外在因素的影响。②

---

① Gurr, T.R., *Why Men Rebel*, Princeton: Princeton University Press, 1971; K.D.Opp, *The Rationality of Political Protest*, Boulder CO: Westview Press, 1989, pp.132-179.

② H.H.Kelly,"Two functions of reference groups,"In: G.H.Swanson, ed.al., *Readings in Social Psychology*, New York: Henry Holt, 1952, pp.401-414; Eisenstadt, Shmuel Noah, "Studies in reference group behaviour: 1. Reference norms and the social structure," *Human Relations*, Vol.7.No.2(1954), pp.191-216; R.K.Merton and A.S.Rossi, "Contributions to the theory of reference group behavior,"In: R.K.Merton, *Social Theory and Social Structure*, Washington: The Free Press, 1968, pp.279-334.

第三，当期望大于实际实现，且期望与期望实现的差距愈大时，社会期望值作为负面的感受就会变得愈强烈，因为在这种情况下反映的是人们的失望和失落，表达的是一种愤慨和不满的情绪。虽然满意度量表和社会期望量表强调的重点或概念的指向不同，但是都是在期望值与实际实现值产生差距的情况下出现的，因此，二者之间存在着紧密的联系。

第四，期望与期望实现差距大的状况往往产生于不切实际地大幅度提高人们的期望值，做出许多没有实现或不可能实现的允诺。这样必然会导致人们的期望和实际实现的差距不断拉大，使人们经常地陷入失望与失落、不满和愤慨的情绪之中。在这种情况下，人们的不满与失落也就会不可避免地产生。[1]

同时需要说明的是，社会期望值与相对剥夺感的概念相近，都是在分析期望与目标实现过程中的感受。两个学术概念最大的不同在于，相对剥夺感测量的是人们的负面感受；而社会期望值测量的则是人们积极和消极两个方面的感受，其学术张力远大于相对剥夺感。

为了测量上述这种主观感受，我们选择了在调查问卷中设计的3个问题。我们的预期是这些不同问题能够从不同角度来反映和测量人们期望与期望实现之间差距的状况与感受，当人们对自身状况的评价越低时，表明其社会期望值越高，反映出的是人们的期望与期望实现间的差距越大。制作的社会期望值量表详见表3-11，量表的克隆巴赫α系数为0.6507，整个量表的信度尚可。经 KMO 和巴特利特球形检验，得到巴特利特球形检验卡方为 1124.279（$p<0.001$），KMO 为 0.609（见表3-12）。基于此，我们可以进一步对社会期望值做验证性因素分析，其结果显示：3个变量通过主成分因子法可以提取出一个共同因子，初始特征值为1.792，能够解释的方差比例为59.75%，使用方差最大法对其进行正交旋转，得到各个变量具体的因子载荷（见表3-13）。结果表明：3个变量有信息上的共指，能够归聚在一起，也就是说，统计结果在一定程度上证实了我们对于社会期望值的预期。

---

[1] 李汉林、渠敬东：《制度规范行为——关于单位的研究与思考》，《社会学研究》2002年第5期，第1—22页。

表3-11 社会期望值量表的操作化

概念	题器	变量类型	编码	Cronbach α 系数
社会期望值	同您所做的社会贡献相比，您目前的经济收入如何	定序变量	1-很高 2-偏高 3-正好 4-偏低 5-很低	0.6507
	同您所做的社会贡献相比，您目前的社会地位如何	定序变量		
	同您所做的社会贡献相比，您目前的生活条件如何	定序变量		

注：社会期望值的引导语为：同您所做的社会贡献相比，您的经济收入、社会地位和生活条件如何。

表3-12 对社会期望值量表的KMO和巴特利特球形检验

KMO取样适切性量数		0.609
巴特利特球形检验	卡方	1124.279
	自由度	3
	显著性	0.000

表3-13 对社会期望值量表的验证性因素分析

条目	成分1
a.同您所做的社会贡献相比，您目前的经济收入如何	0.824
b.同您所做的社会贡献相比，您目前的社会地位如何	0.645
c.同您所做的社会贡献相比，您目前的生活条件如何	0.835
特征值	1.792
贡献率（%）	59.75

提取方法：主成分。

本研究根据上述3个变量生成社会期望值，具体过程如下。第一步，我们对指标进行处理，一方面，针对缺失值，我们对于存在缺失值且其数量不超过指标数量三分之一的样本，采用该样本在未缺失题目中的评分均值（取整）进行插补；另一方面，针对指标量纲不同的状况，我们对指标进行归一化处理，并且为了便于理解和表述，在去量纲之后，对所有指标乘以100，使得处理之后的所有指标量程一致，介于0和100之间。第二步，我们对指标进行因子分析，提取一个特征根大于1的公共因子，然后计算各个指标的因子得分，对因子得分进行归一化处理后作为指标的权重。在此基础上，我们将各指标分数与权重相乘后加总，生成一个潜变量用以表征被访者在社会期望值上的状况，该变量的取值范围为0—100，其取值越大，表明被访者期望与期望实现之间的差距越大。

1987年，我国城镇居民的社会期望值平均为67.62，众数和中位数分别为75.00和67.97，标准差为14.51，偏度系数和峰度系数分别为-0.277和3.739（见表3-14），直方图拟合的正态分布曲线（见图3-3）呈现出轻微的左偏态和尖峰分布。总的来说，在当时人们的社会期望值偏高，即期望与期望实现之间的差距偏大。

表3-14 对社会期望值量表的结构性特征的描述（n=2297）

	集中趋势		离散趋势		分布状况	
社会期望值	均值	67.62	标准差	14.51	偏度	-0.277
	众数	75.00	最小值	0.00	峰度	3.739
	中位数	67.97	最大值	100.00		

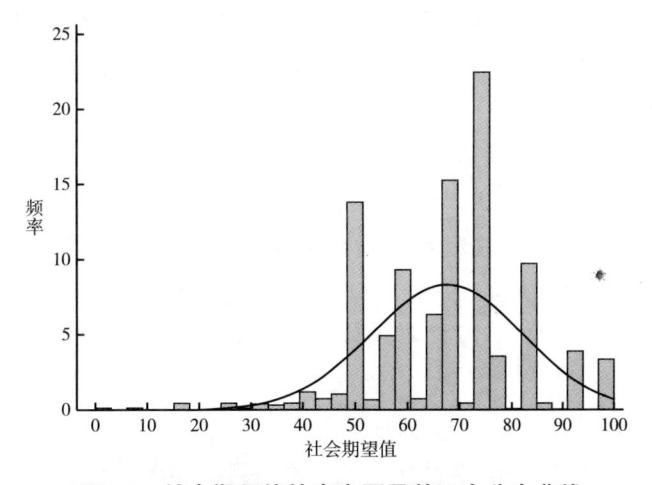

图3-3 社会期望值的直方图及其正态分布曲线

三 对总体性社会情绪的分析

如前所述，总体性社会情绪，可以从满意度、社会信任和社会信心这三个方面进行观测。人们或许对于宏观的社会运行态势理不清和道不明，但是其对于个体生活的变化有着最为直接和深刻的感受，能直观地感受到自己的生活过得好不好、满不满意，与他人相处信不信任，对未来有没有信心。在这个基础上，人们才可能推己及人，对社会总体环境做出合乎实际的判断。也就是说，满意度、社会信任和社会信心既是构成总体性社会情绪的重要前提与条件，也是形成总体性社会情绪的底层逻辑。基于这种操作化思路，接下来，我们具体介绍我们利用1987年的调查数据去生成总体性社会情绪量表的过程，并努力描述与分析当时社会中总体性社会情绪的状况。

（一）总体性社会情绪的生成与描述

在1987年实施调查时，我们尚未形成总体性社会情绪研究的自觉，没有满意度、社会信任和社会信心所对应的成熟量表，但当时的问卷设计和思索仍然有挖掘的空间，为我们提供了对中国社会转型过程中总体性社会情绪展开长时段纵贯研究的可能。如前所述，我们形成了满意度和社会信任与社会信心两个子量表，并生成了对应的潜变量。在此基础上，我们进一步对两个潜变量做因子分析，提取一个特征根大于1的公共因子，然后计算各自的因子得分并确定相应的权重，通过子量表分数与权重相乘后加总，生成一个新的潜变量，其取值范围为0—100，值越大，代表总体性社会情绪越好。

经描述性分析（见表3-15），可得：1987年，人们在总体性社会情绪上得分平均为43.20，众数和中位数分别为27.17和40.89，标准差为18.69，偏度系数和峰度系数分别为0.311和2.156，直方图拟合的正态分布曲线（见图3-4）呈现为轻微的右偏态和平峰分布。结果表明，1987年，虽然一些社会成员和社会群体对个人—社会生活有着良好的感受与判断，但由于当时的整个社会处于一种新旧经济交替与社会体制急剧变迁，思想的碰撞与观念的冲突激烈的过程之中，所以就整体而言，社会的总体性社会情绪不稳定，人们的一些主观感受也有相当程度的差异。

表3-15 总体性社会情绪的结构性特征的描述（n=2280）

	集中趋势		离散趋势		分布状况	
总体性 社会情绪	均值	43.20	标准差	18.69	偏度	0.311
	众数	27.17	最大值	0.00	峰度	2.156
	中位数	40.89	最小值	100.00		

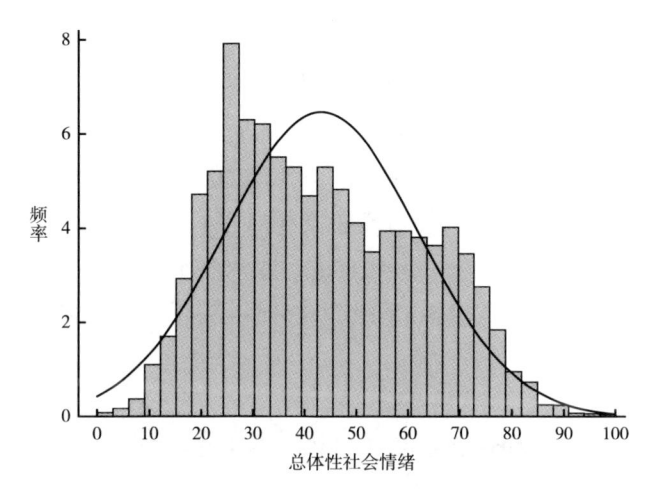

图3-4 1987年总体性社会情绪正态分布

（二）总体性社会情绪和各个子量表的状况与分析

1987年时值改革开放初期，人们在心态和行为上都是在"摸着石头过河"，小心翼翼而又跃跃欲试。社会经济地位不同的社会群体，其生活境遇改善的状况开始有分化的趋势，连带着人们的主观感受也开始有较强的异质性。为了进一步刻画改革开放初期总体性社会情绪的状况，探索当时弥漫和沉淀在各个社会群体间的总体性社会情绪的差异分布，我们对总体性社会情绪和各个子量表的状况分别进行了探索。

1. 满意度的状况与分析

作为总体性社会情绪的子量表，满意度是人们在不断权衡和比较目标与目标实现后所产生的一种主观感受，它对于人们的社会态度和行为有着重要影响，跃迁到社会总体环境上，它也反映了公众对于社会运行与发展的认识和评价，勾连人们对社会群体、对单位、对组织以及对政府部门或机构的满意或者不满意的主观感受。1987年，我们的满意度量表尚不成熟，主要是通过人们对7种当时社会上流行的看法的赞同程度，来测量人们在满意度上的情绪。在此基础上，我们描述与分析当时人们在满意度上的状况。

——人口学特征与满意度

为了了解当时人们在满意度上的总体状况与差异分布，我们将满意度同性别、年龄、婚姻状况、文化程度和月收入等人口学变量进行方差分析（见表3-16），发现：1987年，在0.05的显著性水平上，人们的满意度在性别、年龄和婚姻状况上没有显著差异，但在文化程度和月收入水平[①]上呈现出显著的差异。其中，就文化程度而言，文化程度越高的群体，其满意度反而越低；就收入水平来说，人们的满意度与收入水平呈U形关系，月收入在0—59元的群体，满意度相对较高，月收入在60—85元的群体，满意度反而相对最低。文化程度、收入水平与满意度的具体趋势详见图3-5。也就是说，高知和中等收入群体可能有着更为强烈的不满意和不公平的感受。

表3-16 满意度在人口学变量上的差异分布

		均值	标准差	样本量	差异显著性
性别	男	40.38	13.88	1295	$F=0.45$，$df=1$
	女	39.99	13.78	1004	$p=0.5028$
年龄	17—25岁	40.38	14.00	472	$F=0.74$，$df=3$
	26—35岁	40.29	13.71	600	$p=0.5306$
	36—49岁	39.62	13.78	684	
	50岁及以上	40.78	13.86	519	
婚姻状况	未婚	40.49	13.44	423	$F=0.81$，$df=3$
	已婚	40.15	13.73	1786	$p=0.4873$
	丧偶	38.12	16.47	44	
	离婚	43.16	14.07	26	
文化程度	小学及以下	42.62	13.56	306	$F=13.91$，$df=3$
	初中	41.28	13.93	768	$p=0.0000$
	高中及中专	40.33	13.98	714	
	大专及以上	36.93	13.28	485	

① 这里，我们将月收入划分为5个水平（0—59元、60—85元、86—115元、116—165元、166—250元和251元及以上），样本数据中各个水平的频数分别约占样本的10%、15%、25%、25%、15%、10%。

续表

		均值	标准差	样本量	差异显著性
月收入	0—59元	42.41	14.26	229	
	60—85元	38.83	13.94	344	
	86—115元	39.23	13.24	589	$F=4.94$，$df=5$
	116—165元	39.60	13.77	565	$p=0.0002$
	166—250元	40.88	14.05	354	
	251元及以上	43.21	13.94	220	

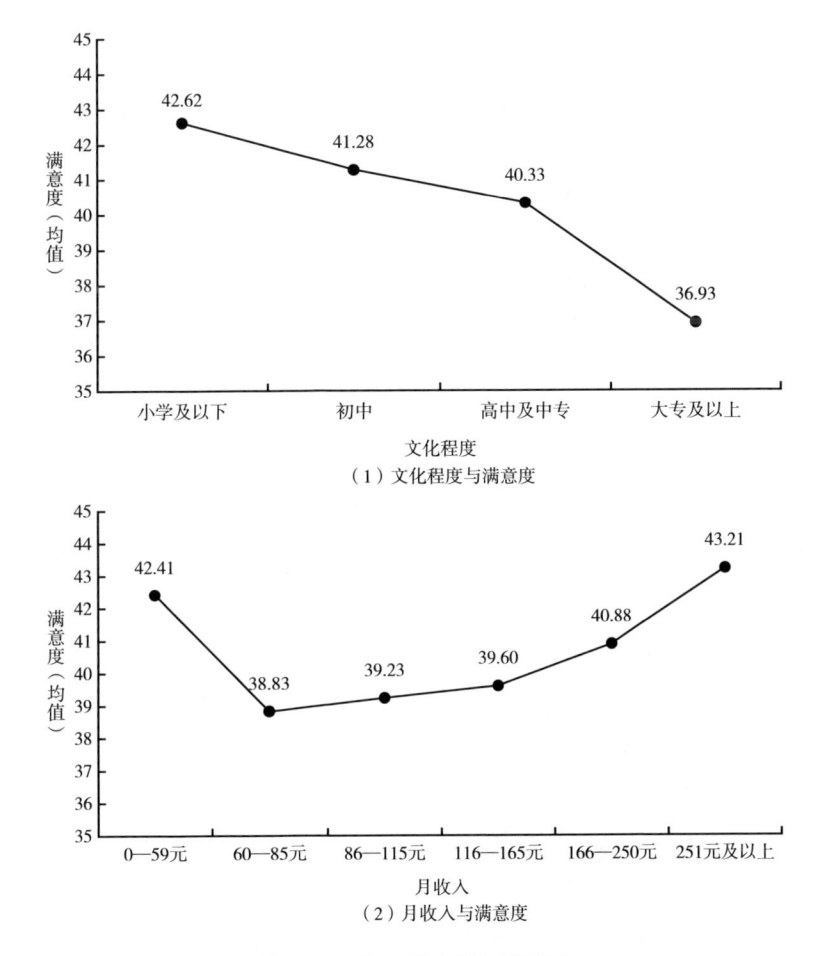

（1）文化程度与满意度

（2）月收入与满意度

图3-5 人口学变量与满意度

针对上述的一些"反常"现象，我们进一步对月收入水平和文化程度做卡方检验，两者的列联表见表3-17，结果表明：月收入水平与文化程度显著相关，但它们之间并不是简单的、理想的线性相关关系，可以看到，有部分文化程度较高的人群，其月收入水平较低，也有部分文化程度较低的人群，其月收入水平反而较高。一般而言，文化程度较高，其职业及职业待遇也会较好，当人们的这种预期与现实相悖时，就会引起人们强烈的不满意和不公平感。这或许可以解释，为什么一部分文化程度较高、收入水平较低的人具有如此强烈的不满感受。这一现象也驱动我们进一步去探索地位不一致性、社会期望值等状况及其对于满意度乃至总体性社会情绪的影响。

表3-17 文化程度与月收入水平的列联表

		文化程度			
		小学及以下	初中	高中及中专	大专及以上
月收入	0—59元	51（22.17）	86（37.39）	81（35.22）	12（5.22）
	60—85元	65（18.57）	136（38.86）	114（32.57）	35（10.00）
	86—115元	78（13.15）	196（33.05）	208（35.08）	111（18.72）
	116—165元	52（9.12）	168（29.47）	177（31.05）	173（30.35）
	165—250元	43（12.04）	112（31.37）	88（24.65）	114（31.93）
	251元及以上	26（11.93）	87（39.91）	60（27.52）	45（20.64）
差异显著性		Pearson chi2（15）=140.54　$p=0.000$			

注：表格中，括号前的数值是频数，括号内的数值是频率。

——单位特征与满意度

在1987年的社会环境中，单位组织作为一种制度和社会结构深刻地影响着人们的行为和感受。我们探索满意度在单位特征上的差异分布，一方面是从制度规范行为的角度切入，研判单位制度在多大程度上规范着人们的行为、影响着人们的主观感受；另一方面，也是为了窥见满意度在当时的社会环境中突破"制度区隔"，跨群体弥散以及引发共鸣的状况。这里，我们所理解的单位制度主要是指具有集体和国有所有制形式的各种类型的社会组织以及相应的行为规范和取向；与此相对应，我们所理解的非单位制度，则主要是指除集体和国家所有制以外的各种类型的社会组织以及相应的行为规范和取向。

可以看到（见表3-18），总体上，人们的满意度相对较低，并且在单位与非单位、单位所有制结构和单位类型等单位特征上均存在显著差异。就单位与非单位来说，单位成员的满意度均值显著低于非单位成员；就单位所有制来说，国家所有制的单位成员的满意度均值要显著低于集体所有制的单位成员，而集体所有制的单位成员的满意度均值又显著低于私人所有制的单位成员；就单位类型来说，国有企业中单位成员的满意度相对最低，政府事业单位和集体企业单位中单位成员的满意度也相对较低，私营企业中的职工的满意度则明显较上述的单位成员要高。其中，单位类型与满意度的具体趋势见图3-6。

表3-18 满意度在单位特征上的差异分布

		均值	标准差	样本量	差异显著性
单位与非单位	非单位	47.08	13.61	291	$F=88.05$, $df=1$ $p=0.0000$
	单位	39.10	13.50	1914	
单位所有制	私营单位	47.08	13.61	291	$F=44.81$, $df=2$ $p=0.0000$
	集体单位	39.96	14.49	322	
	国营单位	38.93	13.29	1592	
单位类型	私营单位	47.08	13.61	291	$F=30.87$, $df=3$ $p=0.0000$
	集企单位	39.96	14.49	322	
	国企单位	38.43	13.12	918	
	政府事业单位	39.60	13.50	674	

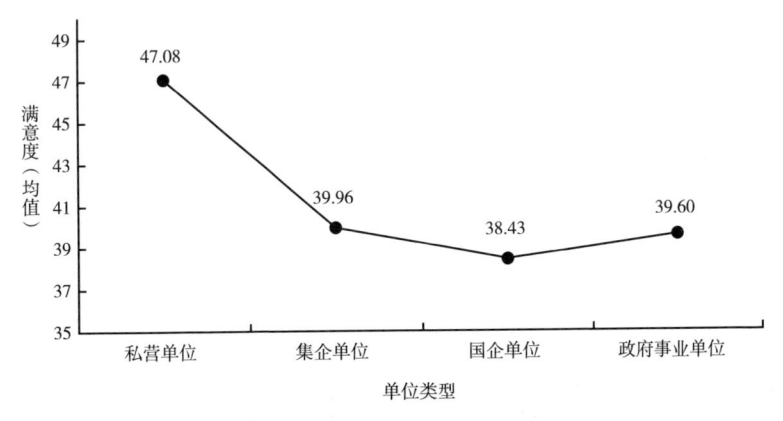

图3-6 单位类型与满意度

联系 20 世纪 80 年代末期的主要社会经济的结构性特征，我们可能就能够比较容易地理解这里的统计分析结果。80 年代后期所进行的经济体制改革，触动最大的是国有企业单位。那个时候议论最多的、政策的行为导向以及具体的操作实施最集中的，也就是要打破国有企业的铁饭碗，提高国有企业的经济效益。这对于长期生活在计划经济体制下的国有企业单位的成员来说，其已经习惯并形成了行为惯性，这无疑是一个巨大的冲击。那个时候的单位成员很难一下子理解和接受"下岗"这样的一个现实。于是，当"下岗"真的来临，人们的不公平和不满意的感觉就会一下子变得强烈起来。集体所有制中的单位成员，由于单位对其大包大揽的程度远不如国有所有制下的单位成员，其"铁饭碗"的牢固程度从根本上也远不如国有所有制下的单位成员。所以，那个时期经济体制改革对其冲击，从主观感受上远没有国有所有制下的单位成员那么强烈。具体反映在其满意度的倾向上，自然也就比国家所有制下的单位成员稍高一些。相对而言，满意程度最高的是私营企业中的非单位成员。在这种非公所有制形式下生活和工作，其前提条件就是要遵循和适应在这种制度中的一系列的行为规范和取向，而这种组织和制度以及相应的行为规范本身就是经济体制改革的产物。人们进入这种体制中工作与生活，应该说是有一定的思想和心理准备来应对当时经济体制改革的冲击。因此，非单位成员相较于国家和集体所有制下的单位成员来说，表现得更加能够适应，其满意度相对而言也就要高一些。①

——社会身份与满意度

接下来，我们考虑社会身份与满意度间的关联。社会身份是指人的出身、地位或资格，它是某人标识自己的重要标志。② 确证社会身份的标识是多样的，包括性别、文化程度、户籍等等。在这里，我们重点关注职业、单位类型和政治面貌这三种标识。因为在 1987 年，我国尚且处于一种总体性社会的状态，社会结构比较单一，一个人的职业、所处单位的类

---

① 李汉林、渠敬东：《制度规范行为——关于单位的研究与思考》，《社会学研究》2002 年第 5 期，第 1—22 页。

② 纪江明：《新生代农民工身份认同困境与消费方式转型——基于 2010 年上海市外来农民工的调查》，载上海市社会科学界联合会编《国家治理：民主法治与公平正义——上海市社会科学界第十届学术年会文集（2012 年度）政治·法律·社会学科卷》，上海：上海人民出版社，2012 年，第 145—161 页。

型、政治面貌在很大程度上标识了个人的社会身份，足以在相当大的程度上决定其生活境遇和发展机会，形塑其在满意度上的感受。

就职业来说，不同职业群体之间的满意度存在显著差异（见表3-19和图3-7）。具体地说，当时社会中，农民[①]，党、政、军机关干部，个体劳动者/其他和医务工作者的满意度相对较高，而中小学教师，文艺、体育工作者和科学技术及研究人员的满意度相对较低。其中，个体劳动者作为最早、最直接受益于改革开放红利的一批人，拥有着较好的满意度。伴随市场经济的发展，个体劳动者的生活日益改善，这切实提升了当时的社会活力，但也对教育、文体、科研等相对稳定的领域的劳动者形成了一种强烈的冲击，这些劳动者群体容易滋生起被相对剥夺、不公平的感受，其满意度随之滑落。更为重要的是，这些主观感受势必影响人们的行动，教育、文体、科研等系统的动荡在深层次上影响着社会发展的质量。

表3-19 满意度在职业上的差异分布

		均值	标准差	样本量	差异显著性
职业	个体劳动者/其他	44.92	13.77	377	$F=14.00$, $df=10$ $p=0.0000$
	农民	48.27	12.63	19	
	工人	39.44	13.11	694	
	商业、饮食、服务业人员	39.21	14.29	157	
	中小学教师	32.44	13.33	100	
	文艺、体育工作者	35.27	15.86	13	
	医务工作者	42.02	12.57	65	
	大学教师	36.92	11.41	26	
	企事业单位管理人员	39.88	13.28	409	
	科学技术及研究人员	34.70	12.89	193	
	党、政、军机关干部	43.33	14.01	228	

为了探索政治面貌和单位类型与满意度的联系，我们进行了回归分析，具体结果如表3-20所示。

---

① 鉴于所使用的数据是城市居民调查所得，调查样本的农民不能严格推论和代表农民这个群体。

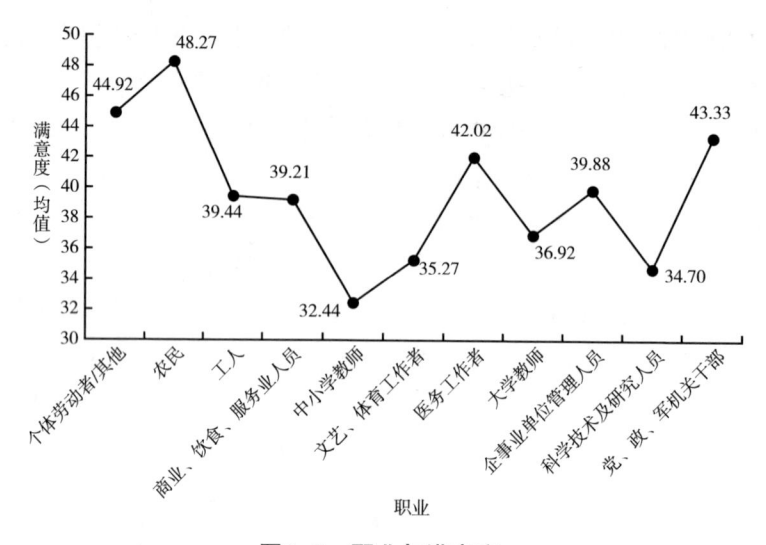

图3-7 职业与满意度

表3-20 社会身份与满意度的回归分析

	模型1 满意度	模型2 满意度	模型3 满意度
		已控制	
政治面貌（以群众为参照）			
共产党员		1.742* （0.731）	
共青团员		0.134 （0.917）	
民主党派		−1.218 （2.160）	
单位类型（以私营单位为参照）			
集企单位			−6.453*** （1.122）
国企单位			−7.384*** （0.943）
政府事业单位			−5.152*** （1.051）
常数项	45.959*** （1.888）	46.439*** （2.014）	50.823*** （2.053）

续表

	模型1 满意度	模型2 满意度	模型3 满意度
F值	9.54	7.01	14.37
R^2	2.10%	2.51%	5.11%

注：括号内是标准误；$^+ p<0.1$，$^* p<0.05$，$^{**} p<0.01$，$^{***} p<0.001$。

其中，回归模型 1 只考察了控制变量（性别、年龄、婚姻状况、文化程度和月收入）对满意度的影响，在 0.05 的显著性水平下，该模型显著解释了满意度 2.10% 的差异。回归模型 2 在回归模型 1 的基础上加入了政治面貌，考察政治面貌对满意度的影响。结果显示，在保持人口学变量不变的情况下，只有共产党员与群众（参照组）在满意度上有显著差异，其中，共产党员的回归系数为 1.742，该模型显著解释了满意度 2.51% 的差异。该结果表明，控制人口学变量保持不变的情况下，共产党员的满意度比群众平均高 1.742 个单位。也就是说，共产党员的满意度相对于普通群众来说要更高一些。之所以共产党员的满意度较高，可能有两方面的缘故，一方面是党员在社会中起带头作用，通过组织的教育，其能够主动认同国家社会的政策方针，能够切实感受到发展所带来的变化并且理解发展过程中所面临的困境，有相对正面的感受；另一方面，在当时社会中，党和国家基本掌握了所有重要的资源，并通过"国家—单位—个人"的结构来实现全社会的控制与整合。有了党员的身份，使人们能够有了一个更好发展的基础和条件。因此，政治面貌这项社会身份自然也就会影响人们在满意度上的表现。另外，回归模型 3 在回归模型 1 的基础上加入了单位类型，考察单位类型对满意度的影响。结果显示，在保持人口学变量不变的情况下，集企单位、国企单位和政府事业单位成员均与私营单位成员（参照组）在满意度上有显著差异，其中，集体企业、国营企业和政府事业单位的回归系数分别为 −6.453、−7.384 和 −5.152，该模型显著解释了满意度 5.11% 的差异。该结果表明，控制人口学变量保持不变，集企单位、国企单位和政府事业单位成员的满意度分别比私营单位成员低 6.453 个、7.384 个和 5.152 个单位。也就是说，私营单位成员的满意度相对最高，集体企业和国营企业员工的满意度相对较低。就当时的社会状况来说，私营单位最先突破体制的限制，遨游在新兴市场之中，迅速发展壮大，其成员的物质生活也得到明显改善，表现为满意度相对较高；集体企业和国营企业员工的满意度相对较低，很可能是在和私营企业员工的比较过程中滋生出的相对不满和不公平等情绪体验；而政府事业单位成员的满意度比集体企业和国营企业员工略高，也是在相互比较的过程中形成的感受，即政府事业单位成员在与其私营企业单位比较中所受的冲击没有国企和集企单位那么大，工作的体面程度和所享受的福利待遇也比国企和集企单位要好。

——主观社会地位与满意度

除了相对客观的自然社会状况以外，人们对于自身的主观判断与评价，也影响着人们的情绪体验与社会行动。在这里，我们从主观社会地位切入，探索主观感受与满意度间的联系。主观社会地位指的是人们对自己社会地位的综合评价，反映了调查对象对自身阶级或阶层地位的主观认同，[1] 个体对自身在社会阶层结构中所占据位置的感知，会作用于其社会态度和行为。[2] 在1987年实施问卷调查的时候，我们通过题器"如果从事不同职业的人的社会地位可分为下列五等，您认为自己属于哪一等"来测度当时的受访者的主观社会地位，同满意度进行差异分析。结果显示，满意度在主观社会地位上存在显著差异（见表3-21、表3-22和图3-8）。具体地说，主观社会地位为中等和中上等的群体，其满意度相对较高；而主观社会地位为下等和中下等的群体，其满意度相对较低；主观社会地位为上等的群体，其满意度则居于其中。

表3-21 满意度在主观社会地位上的差异分布

		均值	标准差	样本量	差异显著性
主观社会地位	下等	38.63	13.81	912	$F=6.89$, $df=4$ $p=0.0000$
	中下等	37.25	11.58	78	
	中等	41.58	13.83	1079	
	中上等	41.33	13.73	164	
	上等	41.10	16.33	33	

---

[1] 华红琴、翁定军：《社会地位、生活境遇与焦虑》，《社会》2013年第1期，第136—160页。
[2] 高文珺：《基于社会比较的主观社会阶层过程模型》，《湖南师范大学社会科学学报》2018年第4期，第90—100页。

表3-22　主观社会地位在满意度上的多元比较检验

中下等–下等=-1.38 （p=0.397）			
中等–下等=2.95 （p=0.000）	中等–中下等=4.33 （p=0.007）		
中上等–下等=2.70 （p=0.021）	中上等–中下等=4.08 （p=0.031）	中上等–中等=-0.25 （p=0.827）	
上等–下等=2.47 （p=0.311）	上等–中下等=3.85 （p=0.178）	上等–中等=-0.48 （p=0.844）	上等–中上等=-0.23 （p=0.931）

注：表格中数值是不同层回归系数之差。

主观社会地位与满意度均值分布：
- 上等：41.10
- 中上等：41.33
- 中等：41.58
- 中下等：37.25
- 下等：38.63

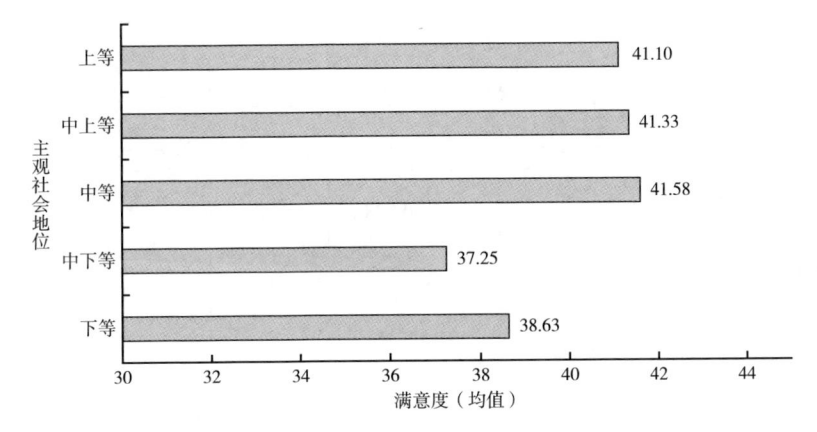

图3-8　主观社会地位与满意度的均值分布

人们对于主观社会地位的认定离不开其客观状况与条件，那么，在1987年的社会中，究竟哪些自然社会特征参与形塑了个人的主观社会地位呢？它们又发挥着多大的作用呢？我们设计了一系列回归模型来进行探索，具体结果如表3-23所示。

表3-23　各项自然社会特征与主观社会地位的回归分析

	模型1 主观社会 地位	模型2 主观社会 地位	模型3 主观社会 地位	模型4 主观社会 地位	模型5 主观社会 地位	模型6 主观社会 地位
			已控制			
月收入（以0—59元为参照）						
60—85元		0.063 （0.099）				

续表

	模型1 主观社会地位	模型2 主观社会地位	模型3 主观社会地位	模型4 主观社会地位	模型5 主观社会地位	模型6 主观社会地位
86—115元		0.250** （0.092）				
116—165元		0.241* （0.095）				
166—250元		0.333** （0.101）				
251元及以上		0.125 （0.111）				
文化程度（以小学及以下为参照）						
初中			0.056 （0.078）			
高中及中专			0.144+ （0.080）			
大专及以上			0.345*** （0.084）			
职业声望（以较低为参照）						
一般				0.295*** （0.083）		
较高				0.432*** （0.051）		
政治面貌（以共产党员为参照）						
共青团员					−0.144+ （0.084）	
民主党派					−0.269 （0.176）	
群众					−0.296*** （0.057）	
单位类型（以私营单位为参照）						
集企单位						0.093 （0.090）

续表

	模型1 主观社会地位	模型2 主观社会地位	模型3 主观社会地位	模型4 主观社会地位	模型5 主观社会地位	模型6 主观社会地位
国企单位						0.116 (0.074)
政府事业单位						0.360*** (0.077)
常数项	2.346*** (0.120)	2.199*** (0.139)	2.147*** (0.150)	2.219*** (0.120)	2.463*** (0.138)	2.156*** (0.136)
F值	0.48	2.44	4.53	15.45	5.01	5.40
R^2	0.06%	0.86%	1.21%	3.34%	1.34%	1.47%

注：括号内是标准误；$^+p<0.1$，$^*p<0.05$，$^{**}p<0.01$，$^{***}p<0.001$。

其中，回归模型1只考察了控制变量（性别、年龄、婚姻状况）对主观社会地位的影响，在0.05的显著性水平下，该模型显著解释了主观社会地位0.06%的差异。回归模型2在回归模型1的基础上加入了月收入，考察月收入对主观社会地位的影响。结果显示，在控制变量保持不变的情况下，月收入为86—115元、116—165元和166—250元的群体与月收入为0—59元的群体（参照组）在主观社会地位上有着显著差异，而月收入为60—85元和251元及以上的群体则与其没有显著差异，其中，月收入为86—115元、116—165元和166—250元的回归系数分别为0.250、0.241和0.333，该模型显著解释了主观社会地位0.86%的差异。该结果表明，控制变量保持不变的情况下，月收入为86—115元、116—165元和166—250元的群体的主观社会地位分别比月收入为0—59元的群体要平均高0.250个、0.241个和0.333个单位。也就是说，月收入为86—250元的群体，其主观社会地位要相对高于月收入在0—59元和251元及以上的群体。回归模型3在回归模型1的基础上加入了文化程度，考察文化程度对主观社会地位的影响。结果显示，在控制变量保持不变的情况下，文化程度为大专及以上的群体与文化程度为小学及以下的群体（参照组）在主观社会地位上有显著差异，而文化程度为初中、高中及中专的群体则与其没有显著差异，其中，大专及以上的回归系数为0.345，该模型显著解释了主观社会地位1.21%的差异。该结果表明，控制变量保持不变的情况下，文化程度为大专及以上群体的主观社会地位比文化程度为小学及以下的群体要平均高 0.345 个单位。也就是说，文化程度为大专及以上的群体，其主观社会地位相对文化程度为小学及以下的群体较高。回归模型 4 在回归模型 1 的基础上加入了职业声望①，考察职业声望对于主观社会地位的影响。结果显示，在控制变量保持不变的情况下，职业声望一般和较高组均与职业声望较低组（参照组）在主观社会地位上有显著差异，其中，职业声望一般和较高的回归系数分别为 0.295 和 0.432，该模型显著解释了主观社会地位 3.34% 的差异。该结果表明，控制变量保持不变的情况下，职业声望一般和较高组的主观社会地位比职业声望较低组要平均高 0.295 个和 0.432 个单位。总的来说，职业声望越高，其主观社会地位越高。回归模型 5 在回归模型 1 的基础上加入了政治面貌，考察政治面貌对于主观社会地位的影响。结果显示，在控制变量保持不变的情况下，群众身份与共产党员身份（参照组）在主观社会地位上有着显著差异，而共青团员和民主党派则与其没有显著差异，其中，群众的回归系数为 -0.296，该模型显著解释了主观社会地位 1.34% 的差异。该结果表明，控制变量保持不变的情况下，群众的主观社会地位比共产党员要平均低 0.296 个单位，也就是说，群体的主观社会地位相较于共产党员要更低一些。回归模型 6 在回归模型 1 的基础上加入了单位类型，考察单位类型对于主观社会地位的影响。结果显示，在控制变量保持不变的情况下，政府事业单位成员与私营单位成员（参照组）在主观社会地位上有着显著差异，而国企单位和集企单位成员则与其没有显著差异，其中，政府事业单位的回归系数为 0.360，该模型显著解释了主观社会地位 1.47% 的差异。该结果表明，控制变量保持不变的情况下，政府事业单位成员的主观社会地位比私营单位成员要平均高 0.360 个单位，也就是说，政府事业单位成员的主观社会地位相较于私营单位成员要更高一些。

综上所述，我们发现，具有月收入在 86—250 元、文化程度为大专及以上、职业声望较好、共产党员、政府事业单位成员等特征的群体，其

---

① 这里，我们将职业按照职业声望大致划分为三类，即较低、一般和较高组。较低组包括个体劳动者，农民，工人，商业、饮食、服务业人员与其他职业群体；一般组包括中小学教师，文艺、体育工作者，医务工作者和大学教师；较高组包括企事业单位管理人员、科学技术及研究人员和党、政、军机关干部。

主观社会地位相对较高。并且,在所讨论的5项特征中,职业声望对于主观社会地位的解释力度相对较强,而月收入对于主观社会地位的解释力度相对较弱。这或许说明,1987年,人们主要是基于社会关于职业身份的共识来认定自身的社会地位的,职业身份浓缩了关于权力、经济、声望等多方面的个人状况。

2. 社会信任和社会信心的状况与分析

作为总体性社会情绪的子量表,社会信任和社会信心则是人们在期望与期望实现过程中表现出来的一种稳定的预期。人们对社会群体、对单位、对组织以及对政府部门或机构信不信任,对个人与国家的发展有没有信心,往往源于其对现实状况满意与否的感受,并且在宏观上构成社会良性发展的基石。在1987年的问卷调查里,我们没有设计能够直接反映人们社会信任与社会信心感受的题器。在这样的一种背景下,我们仍然没有放弃思考。我们发现,问卷中有一些涉及社会参与的题器。我们考虑和假定,社会信任与社会信心的一个重要行为后果是对社会事务的冷漠、不关心,间接反映出人们对未来的失望。从这一点出发,人们在社会与政治行为上的态度愈消极,对社会政治事务愈不关心,对社会政治参与愈冷漠,那么,其社会信任与社会信心就会愈低。正是基于这种考虑,我们筛选了一些社会参与的题器来构成社会信任与社会信心量表以测度当时的状况。在此基础上,我们描述与分析当时人们在社会信任和社会信心上的状况。

——人口学特征与信任和信心

为了了解当时人们在社会信任和社会信心的总体状况与差异分布,我们将信任和信心同性别、年龄、婚姻状况、文化程度及月收入等人口学变量进行方差分析(见表3-24),发现:1987年,在0.05的显著性水平上,人们的信任和信心在性别、年龄、婚姻状况及文化程度上均存在显著差异,但在收入水平上没有显著差异。其中,就性别来说,男性的信任和信心显著高于女性;就年龄来说,相较于年轻一辈,年老一辈的信任和信心显著较高;就婚姻状况来说,已婚者的信任和信心相对高于未婚者;就文化程度来说,文化程度越高的群体,其信任和信心反而越低。年龄、文化程度与信任和信心的具体趋势详见图3-9。

表3-24 信任和信心在人口学变量上的差异分布

		均值	标准差	样本量	差异显著性
性别	男	47.83	31.55	1306	$F=6.43$, $df=1$ $p=0.0013$
	女	44.47	31.71	1013	
年龄	17—25岁	44.47	31.70	473	$F=9.61$, $df=3$ $p=0.0000$
	26—35岁	43.26	30.28	609	
	36—49岁	45.54	31.29	688	
	50岁及以上	52.62	32.78	524	
婚姻状况	未婚	43.61	31.69	426	$F=3.95$, $df=3$ $p=0.0080$
	已婚	46.80	31.55	1801	
	丧偶	58.81	35.18	46	
	离婚	39.69	30.31	26	
受教育程度	小学及以下	55.13	31.98	307	$F=35.27$, $df=3$ $p=0.0000$
	初中	51.64	32.30	774	
	高中及中专	44.08	31.70	724	
	大专及以上	35.96	26.91	487	
月收入	0—59元	49.98	33.29	231	$F=1.03$, $df=5$ $p=0.3997$
	60—85元	45.73	32.16	350	
	86—115元	45.02	31.51	596	
	116—165元	46.07	31.08	570	
	166—250元	46.10	31.52	353	
	251元及以上	48.32	31.28	221	

——单位特征与信任和信心

考虑信任和信心在单位特征上的分化，结果显示（见表3-25）：人们的信任和信心在单位与非单位、单位所有制和单位类型上均存在着显著差异。其中，就单位与非单位来说，单位成员的信任和信心显著低于非单位成员；就单位所有制来说，国家所有制的单位成员的信任和信心相对最低，集体所有制的单位成员的信任和信心也相对较低，私人所有制的单位成员拥有相对较高的信任和信心；就单位类型来说，政府事业单位中单位成员的信任和信心相对最低，私营企业中的职工的信任和信心相对最高，国有企业和集体企业中单位成员的信任和信心则居于其间，单位类型与信

（1）年龄与信任和信心

（2）文化程度与信任和信心

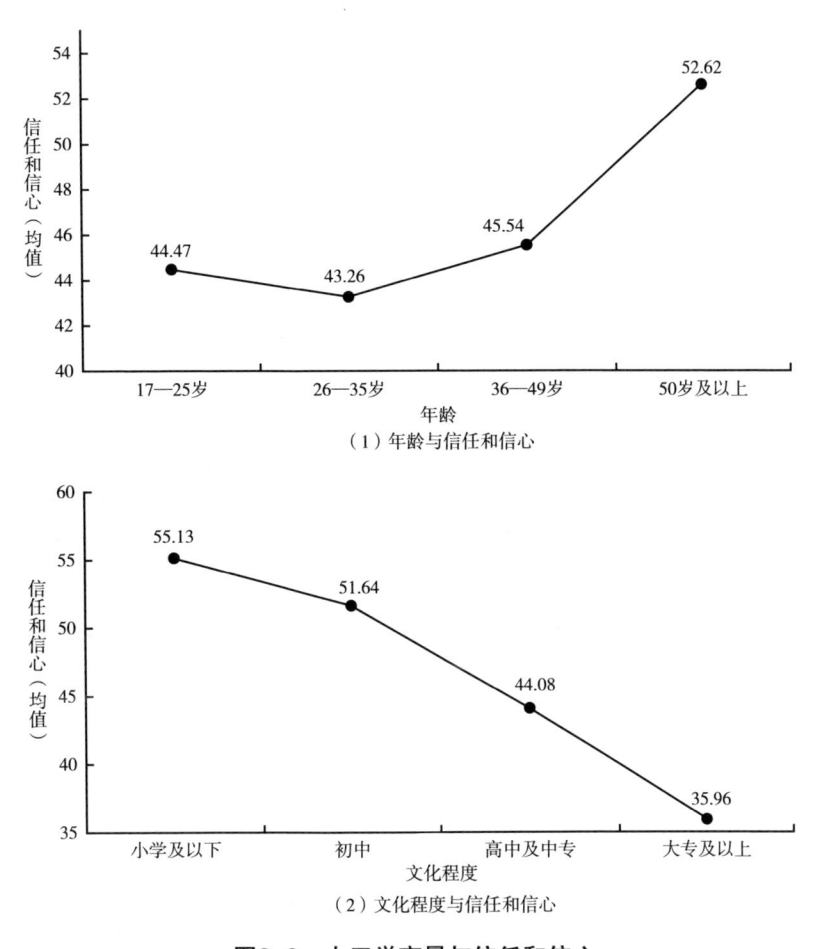

图3-9 人口学变量与信任和信心

任和信心的具体趋势见图 3-10。

这里需要解释的是，为什么单位人比非单位人更倾向于丧失信任和信心。我们认为一个根本的原因是经济体制改革对单位人的冲击，这种改革对单位人在长期社会化过程中所形成的行为规范和价值观念带来了前所未有的震荡。一些以前被认为在单位中理所当然地应该得到的东西，诸如像企业办社会所提供的各种服务，突然一下子要失去，或者变得不理所当然了；以前被单位所否定的，现在被肯定；而那些以前被肯定的东西现在又被否定，恐怕再没有别的什么能比这给人们带来更多的迷茫和无所适从了。正是在这样一种情况下，相较于非单位成员，单位成员在认知、认同与行为取向上表现出来的彷徨、迷茫和无助，使得其对未来发展的信心以及对他人与社会的信任呈现出较大的波动。也正是在这种宏观社会背景下,在单位体制内部,相较于集体企业和国营企业,政府事业单位成员在期望与期望实现的差距就显得较大,反映到其信任和信心上的感受也不是很好。

表3-25 信任和信心在单位特征上的差异分布

		均值	标准差	样本量	差异显著性
单位与非单位	非单位	53.23	33.26	293	$F=17.81$,$df=1$ $p=0.0000$
	单位	44.94	31.05	1934	
单位所有制	私营单位	53.23	33.26	293	$F=14.03$,$df=2$ $p=0.0000$
	集体单位	49.99	32.85	324	
	国营单位	43.92	30.58	1610	
单位类型	私营单位	53.23	33.26	293	$F=14.19$,$df=3$ $p=0.0000$
	集企单位	49.99	32.85	324	
	国企单位	46.44	30.82	929	
	政府事业单位	40.48	29.93	681	

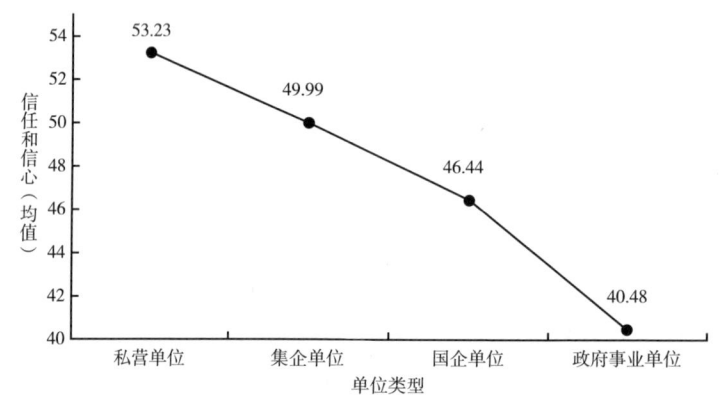

图3-10 单位类型与信任和信心

——社会身份与信任和信心

接下来,我们继续从个体的职业、单位类型以及政治面貌进行切入,分析社会身份与信任和信心间的关联。我们发现,就职业来说,不同职业群体的信任和信心间存在显著差异(见表3-26和图3-11)。具体地说,

1987年，大多数职业群体的信任和信心相对稳定，不过，个体劳动者/其他和企事业单位管理人员的信任和信心明显高于其他职业群体，而大学教师和科学技术及研究人员的信任和信心明显低于其他职业群体。联系前面的分析，我们发现，个体劳动者/其他、企事业单位管理人员、大学教师和科学技术及研究人员这4类职业群体在信任和信心上的表现相较于满意度有较大的波动。如果说满意度注重的是当下的感受，那信任和信心则

表3-26 信任和信心在职业上的差异分布

		均值	标准差	样本量	差异显著性
职业	个体劳动者/其他	53.71	33.13	376	$F=8.53$, $df=10$ $p=0.0000$
	农民	49.64	35.60	19	
	工人	44.89	31.81	702	
	商业、饮食、服务业人员	46.18	32.34	160	
	中小学教师	40.12	29.62	101	
	文艺、体育工作者	47.07	28.59	13	
	医务工作者	41.41	29.36	66	
	大学教师	35.56	26.90	27	
	企事业单位管理人员	52.37	31.08	413	
	科学技术及研究人员	32.75	26.58	194	
	党、政、军机关干部	44.21	29.60	228	

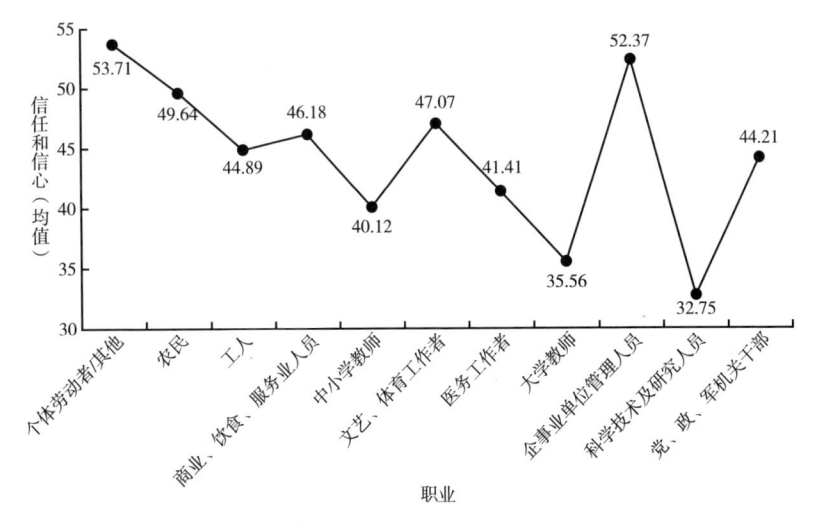

图3-11 职业与信任和信心

聚焦的是一种对未来的预期。显然，所有预期都基于人们对当下的理解与认识。结合当时的结构背景，个体劳动者/其他和企事业单位管理人员的满意度、信任和信心均相对较好，表明整个国家与社会对人们在市场上的经济行为缓慢松绑，营商环境不断好转且迸发活力，人们尝到市场经济的甜头且愿意持续投入；而大学教师和科学技术研究人员的满意度相对一般，且信任和信心相对较差，可能反映了传统的体制与市场经济体制间冲突、碰撞在情感与主观感受上所体验的阵痛。改革开放40余年之后，再度反观转型和发展过程中的这些情绪感受，对我们思考当下的发展路径极为重要。

为了探索政治面貌和单位类型与信任和信心的联系，我们进行回归分析，结果详见表3-27。

表3-27 社会身份与信任和信心的回归分析

	模型1 信任和信心	模型2 信任和信心	模型3 信任和信心
		已控制	
政治面貌（以群众为参照）			
共产党员		9.542***	
		(1.636)	
共青团员		3.870+	
		(2.050)	
民主党派		15.314**	
		(4.852)	
单位类型（以私营单位为参照）			
集企单位			−1.591
			(2.552)
国企单位			−3.670+
			(2.146)
政府事业单位			−5.549*
			(2.389)
常数项	68.857***	70.727***	68.649***
	(4.251)	(4.489)	(4.654)

续表

	模型1 信任和信心	模型2 信任和信心	模型3 信任和信心
F值	24.69	21.14	15.53
R^2	5.22%	7.15%	5.45%

注：括号内是标准误；$^+p<0.1$，$^*p<0.05$，$^{**}p<0.01$，$^{***}p<0.001$。

其中，回归模型1只考察了控制变量（性别、年龄、婚姻状况、文化程度和月收入）对信任和信心的影响，在0.05的显著性水平下，该模型显著解释了信任和信心5.22%的差异。回归模型2在回归模型1的基础上加入了政治面貌，考察政治面貌对信任和信心的影响。结果显示，在保持人口学变量不变的情况下，共产党员与民主党派成员和群众（参照组）在信任和信心上有显著差异，而共青团员只在0.05的显著性水平上与群众不存在显著差异，其中，共产党员与民主党派成员的回归系数分别为9.542和15.314，该模型显著解释了信任和信心7.15%的差异。该结果表明，控制人口学变量保持不变的情况下，共产党员与民主党派成员的信任和信心分别比群众高9.542个和15.314个单位，也就是说，共产党员和民主党派的信任和信心相对较高，而群众和共青团员的信任和信心相对较低。另外，回归模型3在回归模型1的基础上加入了单位类型，考察单位类型对信任和信心的影响。结果显示，在保持人口学变量保持不变的情况下，集体企业和国有企业单位成员均与私营单位成员（参照组）在信任和信心上没有显著差异，仅有政府事业单位成员与其有显著差异，其中，政府事业单位的回归系数为-5.549，该模型显著解释了信任和信心5.45%的差异。该结果表明，控制人口学变量保持不变的情况下，政府事业单位成员的信任和信心要比私营单位成员平均低5.549个单位。简而言之，政府事业单位成员相较于私营单位中的成员，其信任和信心显著更低。

数据分析中反映出来的共产党员和民主党派成员的信任和信心较高，可能是因为多年受党的教育的影响，对党和政府的方针政策有一种类似于路径依赖性的认同与拥护。在数据分析过程中我们还发现，在控制人口学变量不变的情况下，信任和信心在不同类型的单位成员间的差异较小，这恰恰说明了当时社会中，人们的信任和信心更多地源自其自身的生活境遇和发展机会，而非单位组织的支持、保护和包容状况。

——主观社会地位与信任和信心

主观社会地位是个人对自身的社会地位的综合评价，考察信任和信心在主观社会地位上的差异（见表3-28、表3-29和图3-12），我们发现：不同主观社会地位的群体，其信任和信心的充足程度有显著差异。具体地说，从下等地位到中等地位群体，主观社会地位越高，其信任和信心也相对越高；但中上等和上等地位的群体，相较于中等地位群体，其信任和信心程度反而有所滑落。

表3-28 信任和信心在主观社会地位上的差异分布

		均值	标准差	样本量	差异显著性
主观社会地位	下等	40.52	30.47	917	F=13.46，df=4 p=0.0000
	中下等	46.68	32.53	82	
	中等	50.60	31.35	1088	
	中上等	49.46	33.41	165	
	上等	44.31	32.58	31	

表3-29 主观社会地位在信任和信心上的多元比较检验

中下等-下等=6.16（p=0.087）			
中等-下等=10.08（p=0.000）	中等-中下等=3.92（p=0.274）		
中上等-下等=8.94（p=0.001）	中上等-中下等=2.78（p=0.510）	中上等-中等=-1.14（p=0.664）	
上等-下等=3.79（p=0.507）	上等-中下等=-2.37（p=0.718）	上等-中等=-6.29（p=0.269）	上等-中上等=-5.11（p=0.399）

注：表格中数值是不同层回归系数之差。

3. 总体性社会情绪的状况与分析

在我们的认识中，一种积极的总体性社会情绪可以在经验上表达为，人们的目标与目标实现间的差距较小时，人们对个人生活和社会环境中的各种事项都感到满意，进而形成较为稳定的未来预期，这个过程中，人们相互间的信任筑牢安全的"篱笆"，对未来发展拥有信心凝聚一致的方向，整个社会能够平衡好稳定与发展这两大主题，表现出欣欣向荣和蒸蒸日

```
主观社会地位
  上等       44.31
  中上等     49.46
  中等       50.60
  中下等     46.68
  下等       40.52
         30   35   40   45   50   55
              信任和信心（均值）
```

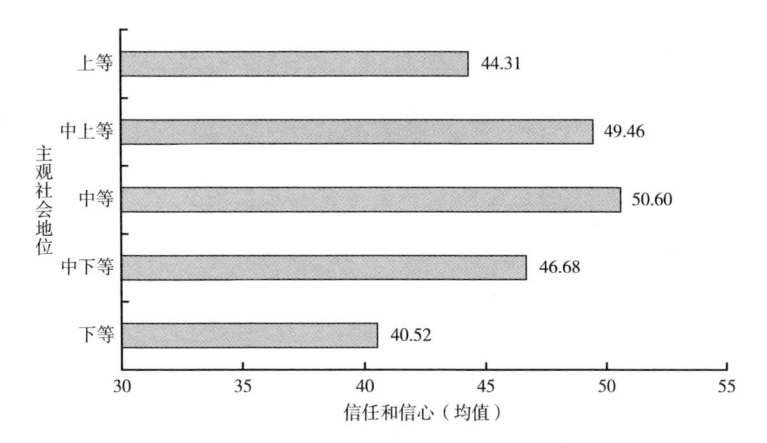

图3-12 主观社会地位与信任和信心的均值分布

上。在这个意义上，我们将总体性社会情绪操作化为满意度、社会信任和社会信心。通过处理和加总满意度与社会信任和社会信心两个子量表，我们生成了取值范围为0—100的潜变量——总体性社会情绪。

——人口学特征与总体性社会情绪

为了了解1987年我国社会的总体性社会情绪的基本情况，我们将其同性别、年龄、婚姻状况、文化程度和月收入等人口学变量进行方差分析（见表3-30），发现：1987年，在0.05的显著性水平上，人们的总体性社会情绪在性别、年龄、文化程度和月收入上存在显著差异，但是在婚姻状况上没有显著差异。其中，就性别来说，男性的总体性社会情绪显著高于女性；就年龄来说，年龄与总体性社会情绪呈现为U形关系，26—35岁的总体性社会情绪相对最低，50岁及以上的总体性社会情绪相对最高；就文化程度而言，文化程度越高的群体，其总体性社会情绪反而越低；就月收入来说，月收入与总体性社会情绪也呈现为U形关系，月收入在0—59元的群体的总体性社会情绪相对最好，而月收入在60—85元的群体的总体性社会情绪相对最差。年龄、文化程度、月收入和总体性社会情绪的具体趋势详见图3-13。

表3-30 总体性社会情绪在人口学变量上的差异分布

		均值	标准差	样本量	差异显著性
性别	男	44.03	18.84	1283	$F=5.83$，$df=1$ $p=0.0158$
	女	42.13	18.44	995	

续表

		均值	标准差	样本量	差异显著性
年龄	17—25岁	42.44	18.45	467	$F=7.55$，$df=3$ $p=0.0001$
	26—35岁	41.69	18.32	599	
	36—49岁	42.49	18.52	675	
	50岁及以上	46.57	19.09	513	
婚姻状况	未婚	42.04	17.91	420	$F=1.74$，$df=3$ $p=0.1575$
	已婚	43.38	18.75	1770	
	丧偶	48.29	21.25	43	
	离婚	41.43	19.31	26	
文化程度	小学及以下	48.73	18.46	300	$F=40.78$，$df=3$ $p=0.0000$
	初中	46.43	18.92	760	
	高中及中专	42.12	18.54	710	
	大专及以上	36.33	16.46	482	
月收入	0—59元	46.25	18.90	224	$F=2.82$，$df=5$ $p=0.0152$
	60—85元	41.96	18.81	341	
	86—115元	42.16	18.43	584	
	116—165元	42.65	18.26	561	
	166—250元	43.45	19.20	350	
	251元及以上	45.79	18.83	220	

——单位特征与总体性社会情绪

1987年，单位组织作为一种制度和社会结构，全方位地影响着人们的工作与生活，形塑了人们的行为和感受。接下来，我们同样从单位与非单位、单位所有制和单位类型等单位特征切入，探索不同单位的成员在总体性社会情绪上的表现。差异分析的结果表明（见表3-31），总体性社会情绪在三项单位特征上均存在显著差异，其中，就单位与非单位来说，非单位成员在总体性社会情绪上的表现明显好于单位成员；就单位所有制来说，国家所有制的单位成员的总体性社会情绪相对最差，集体所有制的单位成员的总体性社会情绪略好，私人所有制的单位成员的总体性社会情绪则明显好于前两者；就单位类型来说，私营单位的成员在总体性社会情绪上的表现明显好于集体企业单位、国有企业单位和政府事业单位，在后三种单位类型中，政府事业单位成员的表现又相对最差。单位特征与总体性社会情绪的具体趋势详见图 3-14。

（1）年龄和总体性社会情绪

（2）文化程度和总体性社会情绪

（3）月收入和总体性社会情绪

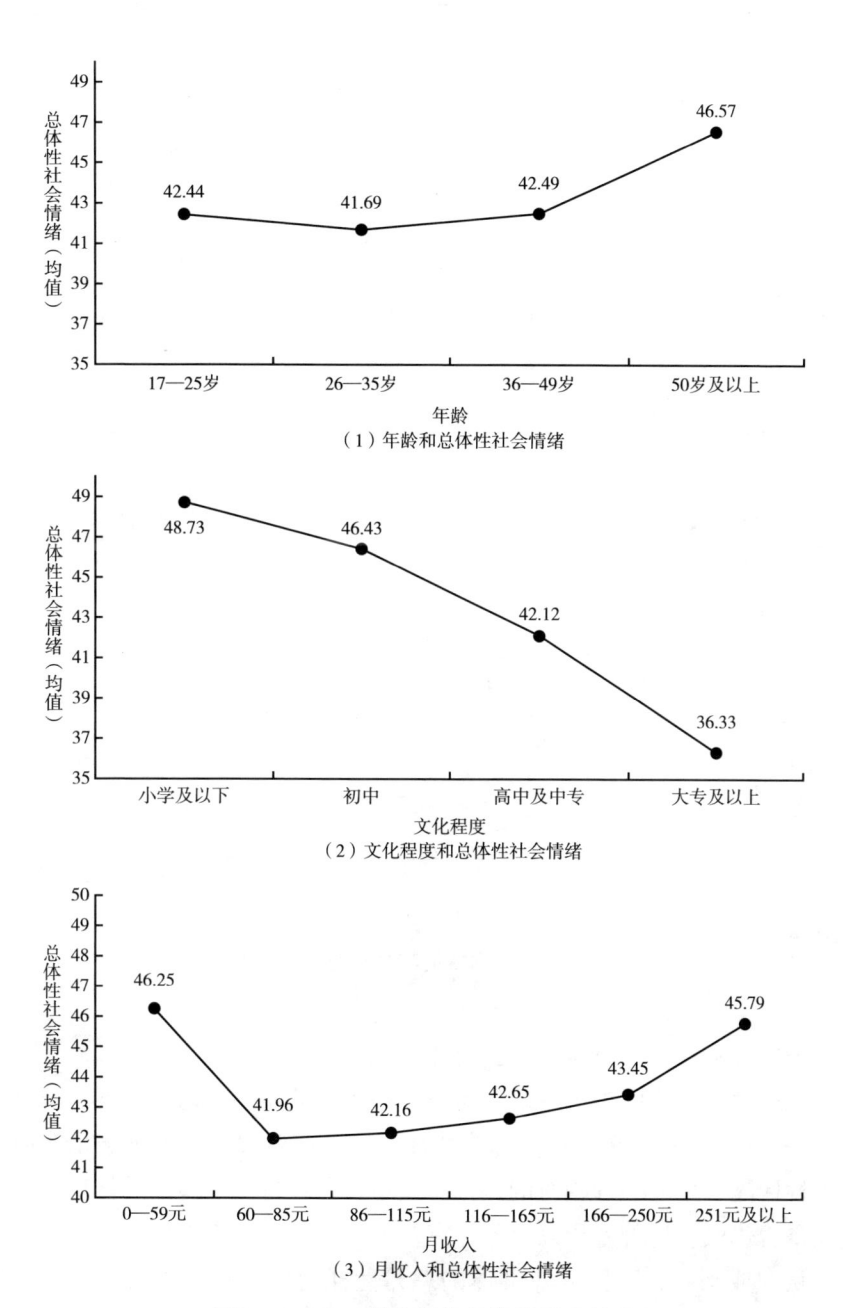

图3-13 人口学变量与总体性社会情绪

表3-31 总体性社会情绪在单位特征上的差异分布

		均值	标准差	样本量	差异显著性
单位与非单位	非单位	50.26	19.23	287	$F=51.37$, $df=1$ $p=0.0000$
	单位	41.92	18.25	1900	
单位所有制	私营单位	50.26	19.23	287	$F=30.70$, $df=2$ $p=0.0000$
	集体单位	44.86	19.15	317	
	国营单位	41.33	18.02	1583	
单位类型	私营单位	50.26	19.23	287	$F=22.43$, $df=3$ $p=0.0000$
	集企单位	44.86	19.15	317	
	国企单位	42.28	18.07	913	
	政府事业单位	40.04	17.88	670	

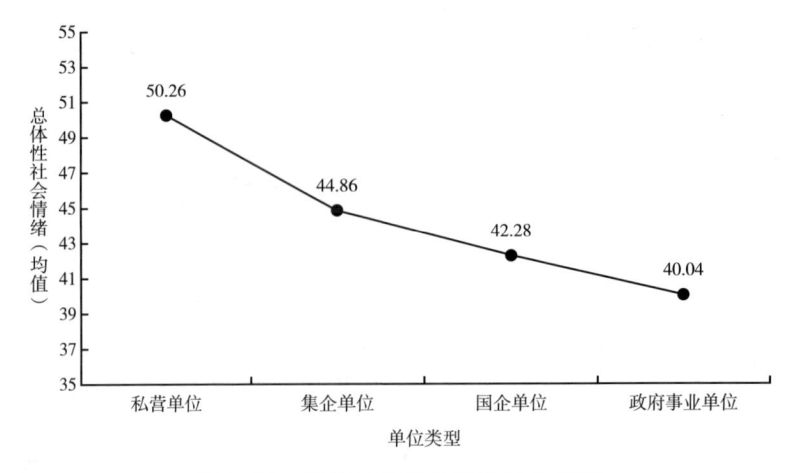

图3-14 单位特征与总体性社会情绪

——社会身份与总体性社会情绪

从职业、政治面貌、单位类型这三种重要的社会身份去考察总体性社会情绪，可以一窥1987年，总体性社会情绪在多大程度上突破了当时的制度性区隔，形成一种相对的共鸣与共情，各种身份群体的总体性社会情绪间是否仍然有显著差异以及差异有多大。

从职业来看，不同职业群体的总体性社会情绪存在显著差异（见表3-32和图3-15）。具体地说，1987年，个体劳动者/其他，农民，企事业管理人员，党、政、军机关干部在总体性社会情绪上表现相对较好，其均值分别为 49.36、48.95、46.19 和 43.80；而中小学教师、大学教师、科学技术及研究人员在总体性社会情绪上的表现则相对较差，其均值仅为 35.95、35.00 和 33.55；其他职业群体，如工人，商业、饮食、服务业人员，医务工作者，文艺、体育工作者则表现一般，其均值分别为 42.16、42.16、

表3-32　总体性社会情绪在职业上的差异分布

		均值	标准差	样本量	差异显著性
职业	个体劳动者/其他	49.36	19.24	369	$F=13.42$，$df=10$ $p=0.0000$
	农民	48.95	18.67	19	
	工人	42.16	18.57	688	
	商业、饮食、服务业人员	42.16	18.66	156	
	中小学教师	35.95	17.34	100	
	文艺、体育工作者	41.17	14.02	13	
	医务工作者	41.66	16.43	65	
	大学教师	35.00	14.54	26	
	企事业单位管理人员	46.19	17.91	406	
	科学技术及研究人员	33.55	16.13	192	
	党、政、军机关干部	43.80	18.23	226	

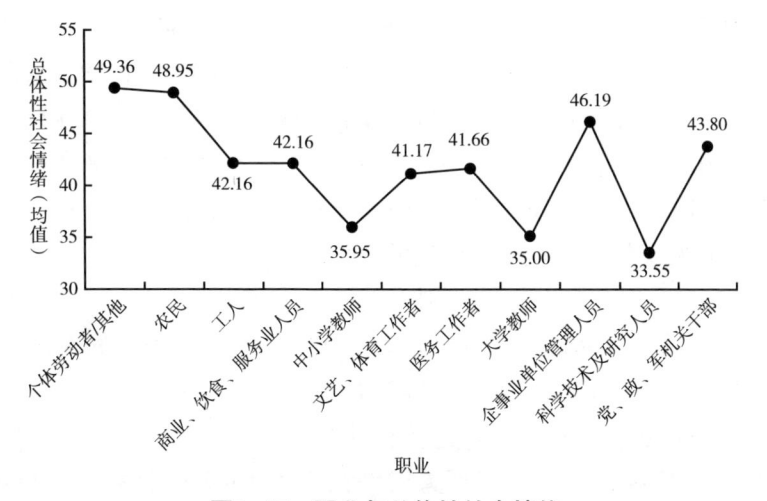

图3-15　职业与总体性社会情绪

41.66 和 41.17。总的来说，依照职业划分的群体在总体性社会情绪方面有着显著差异，并且这种差异的梯度也比较明显，可以映射出社会转型过程对不同职业群体的冲击程度。

接下来，我们通过回归分析来探索由政治面貌和单位类型划分的身份群体在总体性社会情绪上的表现，具体结果如表3-33所示。其中，回归模型1只考察了控制变量（性别、年龄、婚姻状况、文化程度和月收入）对总体性社会情绪的影响，在0.05的显著性水平下，该模型显著解释了总体性社会情绪5.83%的差异。回归模型2在回归模型1的基础上加入了政治面貌，考察政治面貌对总体性社会情绪的影响。结果显示，在保持人口学变量不变的情况下，共青团员和群众与共产党员（参照组）在总体性社会情绪上有显著差异，而民主党派成员则与其没有显著差异，其中，共青团员和群众的回归系数分别为-4.095和-5.822，该模型显著解释了总体性社会情绪7.73%的差异。该结果表明，控制人口学变量保持不变的情况下，共青团员和群众的总体性社会情绪分别比共产党员少4.095个和5.822个单位，也就是说，共产党员和民主党派成员在总体性社会情绪上表现得相对较积极，而群众和共青团员则表现得相对较不那么积极。另外，回归模型3在回归模型1的基础上加入了单位类型，考察单位类型对总体性社会情绪的影响。结果显示，在保持人口学变量保持不变的情况下，集企单位、国企单位和政府事业单位成员均与私营单位成员（参照组）在总体性社会情绪上有着显著差异，其中，集企单位、国企单位和政府事业单位的回归系数分别为-4.251、-5.750和-5.448，该模型显著解释了总体性社会情绪6.89%的差异。该结果表明，控制人口学变量保持不变的情况下，集企单位、国企单位和政府事业单位成员在总体性社会情绪上的表现相较于私营单位成员要低4.251个、5.750个和5.448个单位。也就是说，相较于集企单位、国企单位和政府事业单位的成员，私营单位成员在总体性社会情绪上表现得更积极一些。

在控制了人口学变量（性别、年龄、婚姻状况、文化程度和月收入）不变之后，总体性社会情绪在政治面貌和单位类型上的确都有显著差异，但是从回归模型的解释力度和总体性社会情绪在两者上的差异程度来看，很显然，单位类型对总体性社会情绪有一定影响力，但政治面貌的影响力相对更大。这一现象或许说明了1987年的两个社会事实。一是国家仍旧掌控大部分的资源，政治因素深度嵌入经济发展当中，因而，根据政治面貌划分的身份群体在生活境遇和发展机会上有着质的差异，总体性社会情绪在这个向度上的表现的分化程度也相对更大。二是趋于稳定、相对平均、较低水平的单位生活受到冲击，新兴的非公有制单位蓬勃发展，其成员靠着努力，切实改善了自身的生活，与此同时，公有单位中的成员在社会比较的过程中感受到的则多是不满与不公平，所以后者相较于前者在总体性社会情绪上的表达要稍差一些。同时，在月收入、文化程度等人口学特征受到控制的情况下，公有单位内部的差异程度并不是很大，或许恰恰说明了单位身份本身的式微。在整个社会逐渐分化的背景下，人们越发聚焦个体的生活状况及发展，这个时候，一些个体化的特征更适合来标识人们的状态，比如职业、财富、权力等，仅仅一个单位身份已不能较为精准地概括个人的工作与生活状况了。

表3-33　社会身份与总体性社会情绪的回归分析

	模型1 总体性社会情绪	模型2 总体性社会情绪	模型3 总体性社会情绪
	已控制		
政治面貌（以共产党员为参照）			
共青团员		−4.095** （1.378）	
民主党派		1.398 （2.883）	
群众		−5.822*** （0.969）	
单位类型（以私营单位为参照）			
集企单位			−4.251** （1.513）
国企单位			−5.750*** （1.271）
政府事业单位			−5.448*** （1.414）
常数项	57.657*** （2.521）	64.847*** （2.849）	60.229*** （2.761）

续表

	模型1 总体性社会情绪	模型2 总体性社会情绪	模型3 总体性社会情绪
F值	27.29	22.61	19.58
R^2	5.83%	7.73%	6.89%

注：括号内是标准误；$^+ p<0.1$，$^* p<0.05$，$^{**} p<0.01$，$^{***} p<0.001$。

——主观社会地位与总体性社会情绪

考察总体性社会情绪在主观社会地位上的差异（见表3-34、表3-35和图3-16），我们发现：不同主观社会地位的群体在总体性社会情绪上的表现有着显著差异，两者大体上呈现为一种倒U形的趋势，即中上等和中等地位群体在总体性社会情绪上表现得相对较好，下等地位群体在总体性社会情绪上表现得相对较差，而上等和中下等地位群体则居于其间。其中，相较于中等和中上等地位群体，上等地位群体在总体性社会情绪上的表现有所滑落，这或许是因为，1987年，处于社会剧烈转型的时期，收入和消费愈发成为标识社会地位的一种重要的尺度，而那些经综合评价将自身定位为上等地位的群体，其对自身的期望，尤其是收入方面的期望并不一定能较好地实现，因此对当下状况的满意度反而不高；并且，对改革开放状况的理解和认识，也让上等地位群体感知到更多关于发展的困难与未来的不确定性，所以在信任和信心上也显得不够充足。上等地位群体在总体性社会情绪上的表现相对不那么积极，这实际上牵引出一个问题，就是发展与转型过程中势必涉及利益格局的变动，那么我们在激发社会的活力的同时，也要兼顾到提振人们的信心，目的是要减少不满意与不公平的情绪，以规避其短期性、破坏性的行为。

表3-34 总体性社会情绪在主观社会地位上的差异分布

		均值	标准差	样本量	差异显著性
主观 社会地位	下等	39.55	18.15	905	$F=16.06$，$df=4$ $p=0.0000$
	中下等	41.20	18.45	78	
	中等	46.06	18.43	1070	
	中上等	45.24	19.70	162	
	上等	42.44	19.50	31	

表3-35　主观社会地位在总体性社会情绪上的多元比较检验

中下等-下等=1.65 （*p*=0.448）			
中等-下等=6.51 （*p*=0.000）	中等-中下等=4.86 （*p*=0.025）		
中上等-下等=5.69 （*p*=0.000）	中上等-中下等=4.04 （*p*=0.112）	中上等-中等=-0.82 （*p*=0.598）	
上等-下等=2.89 （*p*=0.391）	上等-中下等=1.24 （*p*=0.752）	上等-中等=-3.62 （*p*=0.281）	上等-中上等=-2.80 （*p*=0.438）

注：表格中数值是不同层回归系数之差。

主观社会地位：
- 上等　42.44
- 中上等　45.24
- 中等　46.06
- 中下等　41.20
- 下等　39.55

总体性社会情绪（均值）

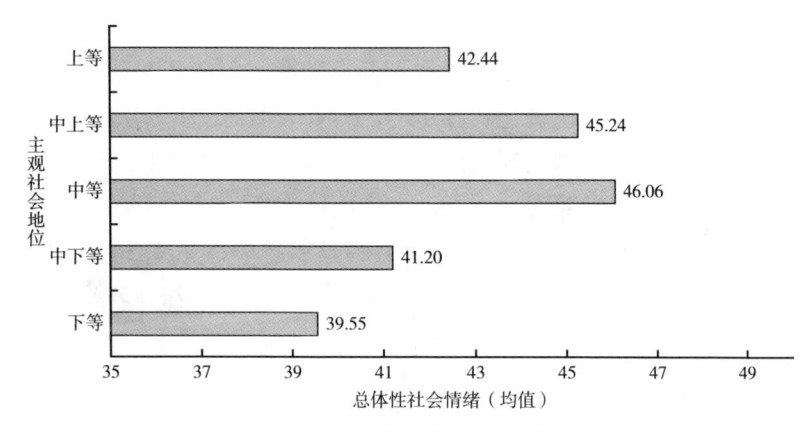

图3-16　主观社会地位与总体性社会情绪的均值分布

（三）社会期望值的状况与分析

社会期望值测量的是人们行为过程中的一种主观感受，主要是指人们在期望得到的和实际得到的差距中（discrepancy between expectation and actuality），特别是与相应的参照群体的比较过程中所产生的一种正面或负面的主观感受和情绪。它对于人们的主观感受以及以后的行为有着举足轻重的影响，可能是形成总体性社会情绪的深层原因。1987年，调查问卷中设计有三个问题，即"同您所做的社会贡献相比，您的经济收入、社会地位和生活条件如何"，分别就目前的经济收入、社会地位和生活水平让受访者判断自己的状况是很高、偏高、差不多、偏低还是很低。我们的预期是，这些问题从不同角度反映和测量了社会期望值，可以帮助我们了解和把握当时人们的期望与期望实现的差距的状况与感受，当人们对自身状况的评价越低时，其社会期望值越高，这反映出人们的期望与期望实现间的差距越大。在此基础上,我们描述与分析当时人们在社会期望值上的状况。

——人口学特征与社会期望值

为了了解当时人们在社会期望值上的总体状况与差异分布,我们将社会期望值同性别、年龄、婚姻状况、文化程度和月收入等人口学变量进行方差分析(见表3-36)发现:1987年,在0.05的显著性水平上,人们的社会期望值在性别、年龄、文化程度和月收入上呈现出显著差异,但在婚姻状况上没有显著差异。其中,就性别来说,女性的社会期望值高于男性,即女性的期望与期望实现之间的差距相对较大;就年龄来说,总体上,年龄越大的群体,其社会期望值越低,即期望与期望实现之间的差距越小;就文化程度来说,文化程度越高的群体,其社会期望值也越高,即高学历人群的期望与期望实现之间的差距相对较大;就月收入来说,月收入越高的群体,其社会期望值越低,即期望与期望实现之间的差距越小。年龄、文化程度和月收入与社会期望值的具体趋势详见图3-17。需要注意的是,人们的社会期望值虽然在一些人口学变量上有着显著差异,但总的来说,不同社会群体间社会期望值的差异程度都不算大,1987年,人们在社会期望值上的得分普遍偏高。

表3-36 社会期望值在人口学变量上的差异分布

		均值	标准差	样本量	差异显著性
性别	男	67.06	14.83	1299	$F=4.56$,$df=1$ $p=0.0329$
	女	68.36	14.05	996	
年龄	17—25岁	68.95	13.96	457	$F=13.37$,$df=3$ $p=0.0000$
	26—35岁	69.02	13.29	606	
	36—49岁	67.93	15.14	693	
	50岁及以上	64.15	14.90	517	
婚姻状况	未婚	68.83	14.12	408	$F=1.25$,$df=3$ $p=0.2905$
	已婚	67.44	14.56	1799	
	丧偶	66.26	14.76	45	
	离婚	69.13	14.62	25	

续表

		均值	标准差	样本量	差异显著性
文化程度	小学及以下	65.95	16.95	305	$F=10.14$,$df=3$ $p=0.0000$
	初中	66.25	15.82	776	
	高中及中专	67.72	13.30	702	
	大专及以上	70.50	11.71	485	
月收入	0—59元	70.54	16.67	210	$F=13.69$,$df=5$ $p=0.0000$
	60—85元	70.72	13.75	347	
	86—115元	68.69	13.65	594	
	116—165元	67.02	13.35	572	
	166—250元	65.33	14.97	355	
	251元及以上	62.32	15.78	219	

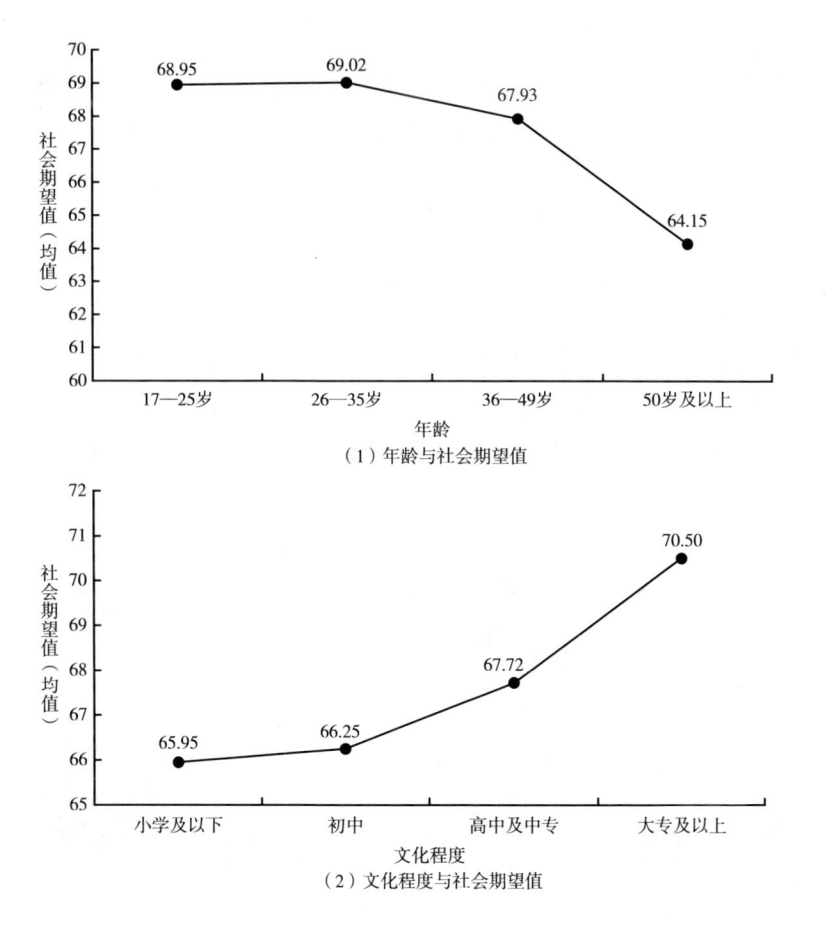

（1）年龄与社会期望值

（2）文化程度与社会期望值

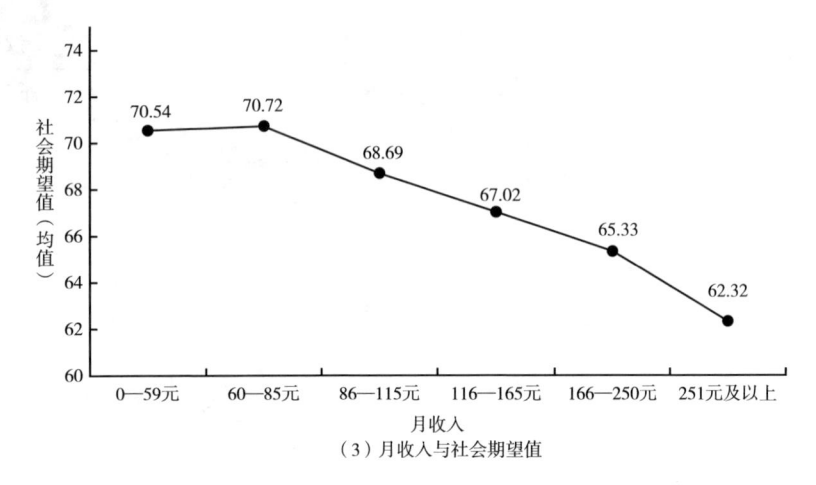

```
  74
  72 ┤ 70.54  70.72
社 70                68.69
会                          67.02
期 68                              65.33
望 66
值                                        62.32
（ 64
均
值 62
）
  60
      0—59元 60—85元 86—115元 116—165元 166—250元 251元及以上
                               月收入
                       (3) 月收入与社会期望值
```

图3-17 人口学变量与社会期望值

——单位特征与社会期望值

我们探索了社会期望值在单位特征上的差异分布。在20世纪80年代后期，单位作为一种制度和社会结构深刻地影响着人们的生活境遇和发展机会，在很大程度上决定了人们的实际获得，并参与人们的期望的形塑过程。可以看到（见表3-37），社会期望值在单位与非单位、单位所有制和单位类型上均存在显著差异。这里，非单位指的是除集体和国家所有制以外的各种类型的社会组织，其成员的社会期望值明显低于单位中成员，即其期望与期望实现之间的差距相对较小。而在单位内部，政府事业单位的成员的社会期望值略高于集企单位的成员，集企单位的成员的社会期望值又略高于国企单位的成员。其中，单位类型与社会期望值的具体趋势见图3-18。

表3-37 社会期望值在单位特征上的差异分布

		均值	标准差	样本量	差异显著性
单位与非单位	非单位	59.41	17.35	288	$F=109.15$, $df=1$ $p=0.0000$
	单位	68.68	13.50	1934	
单位所有制	私营单位	59.41	17.35	288	$F=54.55$, $df=2$ $p=0.0000$
	集体单位	68.63	15.15	327	
	国营单位	68.69	13.14	1607	

续表

		均值	标准差	样本量	差异显著性
单位类型	私营单位	59.41	17.35	288	$F=37.24$，$df=3$ $p=0.0000$
	集企单位	68.63	15.15	327	
	国企单位	68.21	13.76	928	
	政府事业单位	69.35	12.22	679	

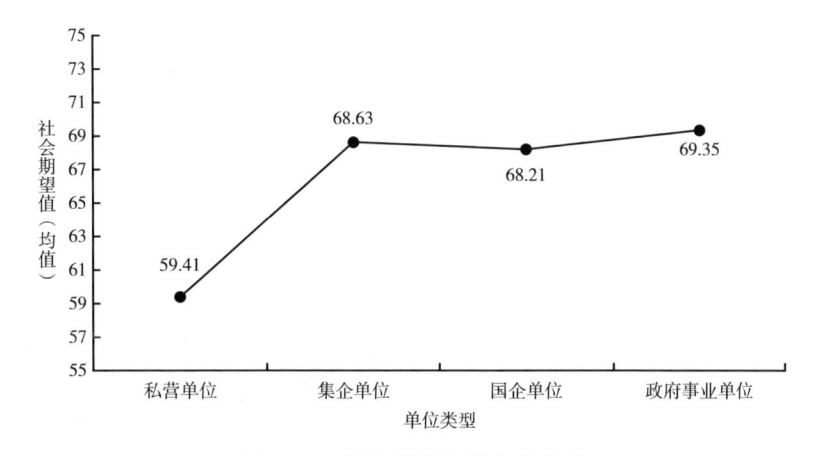

图3-18 单位类型与社会期望值

——社会身份与社会期望值

接下来，我们考虑社会身份与社会期望值间的关联，具体从人们的职业、所处单位的类型和政治面貌切入，探索当时人们的社会期望值在这些社会身份特征上的差异分布。首先，就职业来说，不同职业群体的社会期望值间存在显著差异（见表3-38和图3-19）。具体说来，1987年，中小学教师、大学教师和科学技术及研究人员的社会期望值相对较高，也就是说，这些职业群体的期望与期望实现之间的差距相对较大；而与此同时，个体劳动者/其他，文艺、体育工作者以及企事业单位管理人员的社会期望值相对较低，这些职业群体在期望与期望实现之间差距上的评判和感受相对没有那么尖锐。

为了相对精准地把握政治面貌和单位类型与社会期望值的联系，我们采用回归分析方法进行切入，具体结果如表3-39所示。

表3-38 社会期望值在职业上的差异分布

职业		均值	标准差	样本量	差异显著性
职业	个体劳动者/其他	61.93	18.14	354	$F=11.35$，$df=10$ $p=0.0000$
	农民	67.52	14.83	19	
	工人	69.64	15.14	704	
	商业、饮食、服务业人员	67.43	13.52	160	
	中小学教师	73.47	11.47	99	
	文艺、体育工作者	64.98	13.07	13	
	医务工作者	69.93	9.34	66	
	大学教师	72.15	11.82	27	
	企事业单位管理人员	65.93	12.49	413	
	科学技术及研究人员	71.43	11.77	194	
	党、政、军机关干部	66.56	12.06	229	

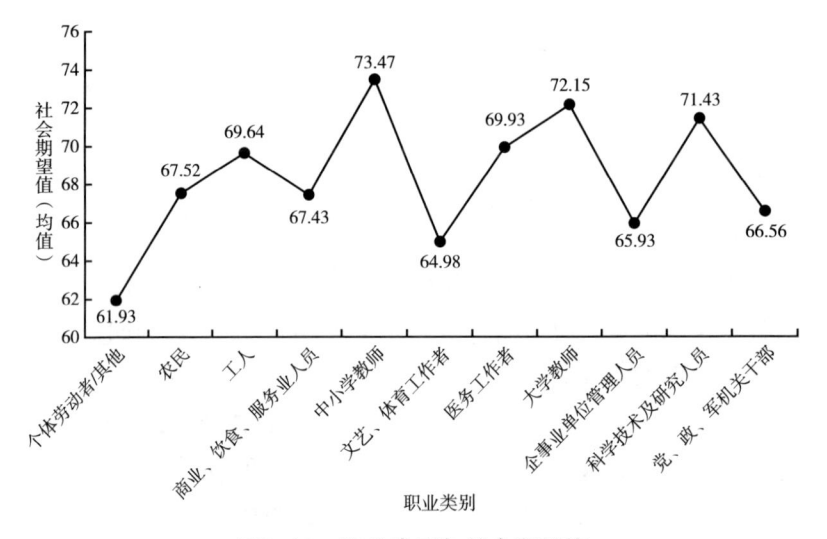

图3-19 职业类别与社会期望值

其中，回归模型1只考察了控制变量（性别、年龄、婚姻状况、文化程度和月收入）对社会期望值的影响，在0.05的显著性水平下，该模型解释了社会期望值4.93%的差异。回归模型2在回归模型1的基础上加入了政治面貌，考察政治面貌对社会期望值的影响。结果显示，在保持人口学

表3-39 社会身份与社会期望值的回归分析

	模型1 总体性社会情绪	模型2 总体性社会情绪	模型3 总体性社会情绪
		已控制	
政治面貌（以群众为参照）			
共产党员		−0.956	
		（0.754）	
共青团员		0.540	
		（0.954）	
民主党派		−4.263	
		（2.261）	
单位类型（以私营单位为参照）			
集企单位			7.422***
			（1.156）
国企单位			7.404***
			（0.975）
政府事业单位			8.168***
			（1.086）
常数项	66.906***	65.732***	62.425***
	（1.970）	（2.090）	（2.113）
F值	23.04	14.55	22.66
R^2	4.93%	5.08%	7.78%

注：括号内是标准误；$^+p<0.1$，$^*p<0.05$，$^{**}p<0.01$，$^{***}p<0.001$。

变量不变的情况下，共产党员、共青团员和民主党派成员均与群众（参照组）在社会期望值上没有显著差异，该模型解释了社会期望值5.08%的差异，相较于回归模型1在解释力度上的提升非常微弱。该结果表明，1987年，控制人口学变量保持不变的情况下，政治面貌这项身份标志对人们在期望与期望实现的差距的评判和感受上没有显著影响。同时，回归模型3在回归模型1的基础上加入了单位类型，考察单位类型对社会期望值的影响。其结果显示，在控制人口学变量不变的情况下，集体企业、国营企业和政府事业单位成员均与私营单位成员（参照组）在社会期望值上有显著差异，其中，集体企业、国营企业和政府事业单位成员的回归系数分别为

7.422、7.404 和 8.168,该模型显著解释了社会期望值 7.78% 的差异。该结果表明,控制人口学变量保持不变,集企单位、国企单位和政府事业单位的成员的社会期望值分别比私营单位成员高 7.422 个、7.404 个和 8.168 个单位。也就是说,政府事业单位成员的社会期望值略大于集企单位成员,集企单位成员的社会期望值又略大于国企单位成员,而所有这些体制内单位成员的社会期望值明显大于体制外私营单位成员的社会期望值。结合当时的社会经济状况,不难发现,体制外力量的异军突起,已经逐步提升了人们对个人生活和社会发展的预期,但传统体制的束缚使得预期与预期实现的差距格外突出,这可能是当时人们的总体性社会情绪相对较低的深层原因。正是因为不同类型的单位受到传统体制束缚的程度不一,不同类型单位中,单位成员的社会期望值有着比较明显的差异。

——主观社会地位与社会期望值

主观社会地位是个人对自身的社会地位的综合评价,考察社会期望值在主观社会地位上的差异(见表 3-40 和表 3-41),我们发现:不同主观社

表3-40 社会期望值在主观社会地位上的差异分布

		均值	标准差	样本量	差异显著性
主观社会地位	下等	72.87	13.93	907	$F=64.54$,$df=4$ $p=0.0000$
	中下等	71.24	14.31	81	
	中等	64.24	12.58	1081	
	中上等	60.03	18.05	163	
	上等	62.36	18.14	32	

表3-41 主观社会地位在社会期望值上的多元比较检验

中下等–下等=−1.63 (p=0.307)			
中等–下等=−8.63 (p=0.000)	中等–中下等=−7.01 (p=0.000)		
中上等–下等=−12.84 (p=0.000)	中上等–中下等=−11.21 (p=0.000)	中上等–中等=−4.21 (p=0.000)	
上等–下等=−10.51 (p=0.000)	上等–中下等=−8.88 (p=0.002)	上等–中等=−1.88 (p=0.447)	上等–中上等=2.33 (p=0.381)

注:表格中数值是不同层回归系数之差。

会地位的群体间,其社会期望值存在着显著差异。具体地说,从下等地位到中上等地位,人们的主观社会地位越高,其社会期望值越小,即期望与期望实现的差距越小,但主观社会地位为上等的群体,相较于中上等的群体,其社会期望值又有所上升,该结果表明这一群体的期望与期望实现间的差距又有所扩大。两者的变化趋势详见图3-20。

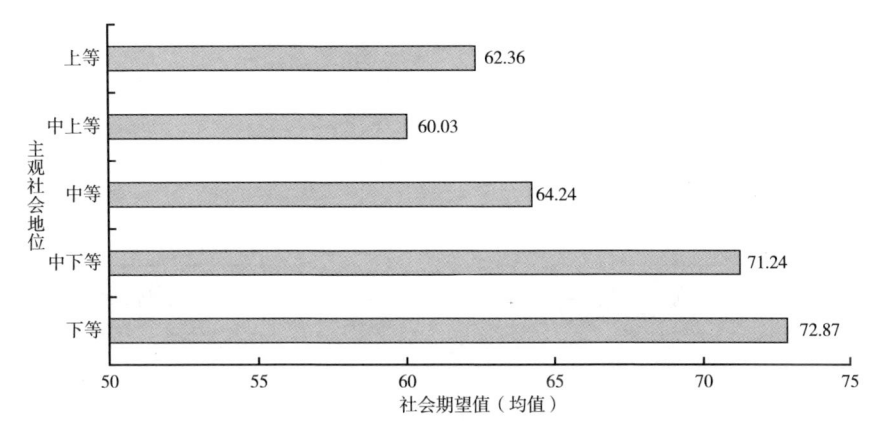

图3-20 主观社会地位与社会期望值的均值分布

（四）社会期望值与总体性社会情绪的关系

我们知道,社会期望值主要是指期望与期望实现的差距中所产生出来的或所感受到的,特别是与相应的参照群体的比较过程中所产生的一种正面或负面的主观感受和情绪,它可以影响人们的主观感受和情绪。人们在不断权衡和比较期望与期望实现的差距的过程中,最直接的感受就是满不满意,并且期望与期望实现之间的差距也是形塑社会信任和社会信心这类稳定预期的重要来源。因此,我们认为期望与期望实现的差距,即社会期望值,是生成总体性社会情绪的深层原因。

在这里,我们利用1987年的调查数据来验证这一基本假设。首先,对社会期望值与满意度、社会信任和社会信心以及总体性社会情绪进行相关分析（见表3-42）,结果表明:社会期望值与总体性社会情绪及其两个子量表在0.05的显著性水平下显著相关。在此基础上,我们进一步验证社会期望值影响总体性社会情绪这一路径是否成立,以及在多大程度上解释了总体性社会情绪,路径分析结果详见图3-21,模型中的统计值详见表3-43。

表3-42 社会期望值与总体性社会情绪及其子量表的相关分析

	社会期望值	满意度	社会信任和社会信心	总体性社会情绪
社会期望值	1.0000			
满意度	−0.2073***	1.0000		
社会信任和社会信心	−0.2762**	0.2346***	1.0000	
总体性社会情绪	−0.3133***	0.5691***	0.9328***	1.0000

注：$^+ p<0.1$，$^* p<0.05$，$^{**} p<0.01$，$^{***} p<0.001$。

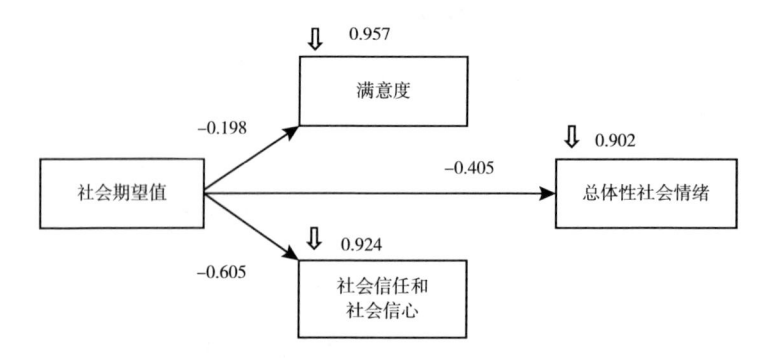

图3-21 社会期望值与总体性社会情绪的路径分析模型

表3-43 社会期望值与总体性社会情绪的路径分析模型中的统计值

X	Y	Beta（p）
社会期望值	满意度	−0.198（0.000）
社会期望值	社会信任和社会信心	−0.605（0.000）
社会期望值	总体性社会情绪	−0.405（0.000）

模型中包括了三条路径，当我们将社会期望值作为自变量、满意度作为因变量时，社会期望值可以解释满意度4.3%的差异；当我们将社会期望值作为自变量，社会信任和社会信心作为因变量的时候，社会期望值可以解释社会信任和社会信心7.6%的差异；当我们将社会期望值作为自变量，总体性社会情绪作为因变量的时候，社会期望值则可以解释总体性社会情绪9.8%的差异。这一模型显示出，社会期望值能够对总体性社会情绪及其两个子量表做出有效的解释。

四　小结

在这一章节里，我们对1987年总体性社会情绪状况及其子量表、相关影响因素进行了细致的分析。分析结果大致如下。

（1）人们在满意度上得分平均为40.21，众数和中位数分别为33.33和40.34，标准差为13.83，其偏度系数和峰度系数分别为0.169和3.460，直方图拟合的正态分布曲线呈现为轻微的右偏态和尖峰分布。1987年，个人生活与社会发展都处于百废待兴的状况，人们对个人生活以及对当时社会发展的状况较不满意。

（2）就满意度在各项自然社会特征上的差异分布来说，人们的满意度在性别、年龄和婚姻状况上没有显著差异，但在文化程度和月收入水平上存在显著差异；单位成员的满意度均值显著低于非单位成员，其中，国有企业中单位成员的满意度相对最低，政府事业单位和集体企业单位中单位成员的满意度也相对较低；中小学教师，文艺、体育工作者和科学技术及研究人员的满意相对较低，党、政、军机关干部和个体劳动者的满意度相对较高；共产党员的满意度显著高于普通群众；主观社会地位为下等和中下等的群体的满意度相对较低。

（3）人们在信任和信心上得分平均为46.36，众数和中位数分别为100.00和44.82，标准差为31.67，其偏度系数和峰度系数分别为0.290和1.827，直方图拟合的正态分布曲线呈现为轻微的右偏态和明显的平峰分布。相较于满意度，1987年，人们在信任和信心上的表现稍好一些，但信任和信心内部的分化也相对较大一些。

（4）就信任和信心在各项自然社会特征上的差异分布来说，人们的信任和信心在性别、年龄、婚姻状况和文化程度上均存在显著差异，但在月收入水平上不存在显著差异；单位成员的信任和信心显著低于非单位成员，其中，政府事业单位中单位成员的信任和信心相对最低，国有企业和集体企业中单位成员的信任和信心相对较低；大学教师和科学技术及研究人员的信任和信心相对较低，而个体劳动者/其他和企事业管理人员的信任和信心相对较高；共产党员和民主党派成员的信任和信心显著高于群众和共青团员；主观社会地位与信任和信心大体呈倒U形，中等地位的群体的信任和信心相对较好。

（5）人们在总体性社会情绪上得分平均为43.20，众数和中位数分别为27.17和40.89，标准差为18.69，其偏度系数和峰度系数分别为0.311和2.156，直方图拟合的正态分布曲线呈现为轻微的右偏态和平峰分布。总的来说，1987年，虽然有部分人对个人—社会生活有着良好的感受与判断，但就整体而言，社会的总体性社会情绪呈现出波动比较大且不稳定的状态，不同群体的人们的体验与评价也存有相当程度的差异。

（6）就总体性社会情绪在各项自然社会特征上的差异分布来说，人们的总体性社会情绪在性别、年龄、文化程度和月收入上存在显著差异，但是在婚姻状况上没有显著差异；非单位成员在总体性社会情绪上的表现明显好于非单位成员，在单位内部，政府事业单位成员的表现相对最差，集体企业单位和国有企业单位成员的总体性社会情绪相对较差；个体劳动者、企事业管理人员、党政军机关干部在总体性社会情绪上表现相对较好，而中小学教师、大学教师、科学技术及研究人员在总体性社会情绪上的表现则相对较差；共青团员和群众在总体性社会情绪上的表现显著差于共产党员和民主党派成员；主观社会地位与总体性社会情绪大体呈倒U形，中等地位的群体在总体性社会情绪上的表现相对较好。

（7）人们在社会期望值上得分平均为67.62，众数和中位数分别为75.00和67.97，标准差为14.51，其偏度系数和峰度系数分别为-0.277和3.739，直方图拟合的正态分布曲线呈现出轻微的左偏态和尖峰分布。总的来说，在当时人们的社会期望值偏高，即期望与期望实现之间的差距偏大。

（8）就社会期望值在各项自然社会特征上的差异分布来说，人们的社会期望值在性别、年龄、文化程度和月收入上呈现出显著差异，但在婚姻状况上没有显著差异；非单位成员的社会期望值明显低于单位中成员，其中，政府事业单位的成员的社会期望值略高于集企单位的成员，集企单位的成员的社会期望值又略高于国企单位的成员；中小学教师、大学教师和科学技术及研究人员的社会期望值相对较高，而个体劳动者/其他，文艺、体育工作者以及企事业单位管理人员的社会期望值相对较低；社会期望值在政治面貌上没有显著差异；主观社会地位与社会期望值大体呈U形，中上等地位的群体的社会期望值相对最低。

我们努力把握当时的总体性社会情绪，并将其同结构背景勾连起来，帮助人们理解20世纪80年代后期的社会发展态势。可以看到，整个社会刚进入"立新除弊"的阶段，国家在经济体制上进行大胆创新，经济结构与消费结构急剧变化，与此同时，社会变迁却严重滞后，尤其是旧的价值观念和行为规范已经破裂，但仍发挥着相当大的作用，而新的价值观念和行为规范又尚未确立起来，这不可避免地引起了整个转型时期社会秩序的混乱。因此，可以看到，人们在总体性社会情绪上的表现相对不那么积极，当时的总体性社会情绪处于一种波动较大且不稳定的状况。面对这种情况，我们一方面要坚定改革决心，深入进行体制机制改革，解放旧体制带来的束缚，拓展社会经济发展的空间，以逐步改善人们的日常生活；另一方面，也要努力保持社会经济大局稳定，争取民众和社会各界对于改革的支持与理解，并切实保障其基本福祉与权益。如此这般，人们正面、积极的情绪才可能生成和弥散开来，进而沉淀下来，从根本上夯实社会经济发展的基础。

第四章

1993 年的调查

一　结构背景

整个 90 年代的上半期,是中国经济实现快速增长的时期。在这个时期,中国的制度环境与结构性特征主要表现如下。

第一,宏观经济环境有了极大的改善。邓小平在中国政治经济社会中具有举足轻重的影响力。在南方谈话中,他一针见血地提出了衡量工作得失的三个"有利于"的标准;与此同时,他还非常明确地指出,"市场经济不等于资本主义,社会主义也有市场"。这些旗帜鲜明的论断,打破了许多长期困扰改革与发展的思想障碍,从而为启动新一轮的改革奠定了理论和制度环境基础。

第二,正是由于邓小平作为国家领袖的独特影响,他在南方谈话中所发出的信号,在国内迅速地启动了新一轮的改革;在国际上,极大地推动了外商在中国投资的热潮。有人统计,1991 年、1992 年两年的外商直接投资相当于 1985—1990 年六年的总和,而 1993 年、1994 年两年的外商直接投资则几乎是 1991 年、1992 年两年投资额的四倍。[①] 外资的大量涌入对于直接或间接地拉动那个时期的中国经济增长,起到了不可忽视的作

[①] 程晓农:《繁荣从何而来——中国经济现状与趋势的分析》,《开放时代》2000 年第 9 期,第 4—24 页。

用。① 1985—1994年外商对中国的直接投资额见表4-1。

表4-1　1985—1994年外商对中国的直接投资额

年份	1985	1986	1987	1988	1989	1990	1991	1992	1993	1994
投资额（亿美元）	16.6	18.7	23.1	31.9	33.9	34.9	43.7	110.1	257.6	337.7

资料来源：参见国家统计局编《中国统计年鉴 1995》，北京：中国统计出版社，1995年。

第三，在90年代的上半期，中国的所有制结构和80年代相比没有发生实质性的重大变化。从表4-2中我们可以看出，从1984年到1994年，城镇就业者中，国有部门员工所占比重在此期间只降低了不到4个百分点，仍占城镇就业人员的三分之二。有人估算，直到1994年，城市居民收入中的85%仍然来自国有部门。② 在这一时期，国家和政府实际上是用保护国有部门，满足其成员的利益要求作为制定政策的主要依据，用国有部门的高收入高福利支撑着一个潜在购买力强大、对外商有巨大吸引力的消费市场，维持着中国社会结构的相对稳定，并以此为基础，推动整个中国的经济发展。③

表4-2　1984—1994年城镇就业者中国有部门员工的比重

年份	1984	1988	1990	1992	1993	1994
比重（%）	70.6	70.0	70.2	69.7	68.4	66.7

资料来源：参见国家统计局编《中国统计年鉴 1995》，北京：中国统计出版社，1995年。

---

① 有人测算，由投资需求直接或间接拉动的因素占整个经济增长的60%以上。有人甚至提出，90年代的增长方式实际上是投资主导型的增长方式。参见程晓农《维持稳定与深化改革：中国面临的抉择》，《当代中国研究》1994年第1、2期；程晓农《繁荣从何而来——中国经济现状与趋势的分析》，《开放时代》2000年第9期，第4—24页；马洪、孙尚清主编《经济白皮书：中国经济形势与展望（1992—1993）》，北京：中国发展出版社，1993年，第301—322页；郭克莎《中国所有制结构变动与资源总配置效应》，《经济研究》1994年第7期，第3—13页。

② 程晓农：《繁荣从何而来——中国经济现状与趋势的分析》，《开放时代》2000年第9期，第4—24页。

③ 程晓农：《繁荣从何而来——中国经济现状与趋势的分析》，《开放时代》2000年第9期，第4—24页。

我们知道，外资的涌入，不单单是资金的投入，更多的是一种科学技术的投入，管理的经验、规范和知识的投入。按照社会学的观点，科学技术和管理知识是对外在环境进行控制的一种社会形式，它的最显著特征是能够提高人们认识世界和改造世界的能力，从而使其能够更好地适应社会的和自然的环境，更顺利地达到自己的既定目标，进而实现一个国家、一个社区或一个群体的社会整合。科学技术和管理知识的这种优势，能够使一个国家、一个社区或一个群体控制社会的或物质的环境，以达到扩展自己权力、利益和影响力的目的。[①] 同时，由于科学技术和管理知识不仅仅是一种器物形式，还凝聚着一个国家、社区或群体的制度、观念和规范，所以，随着这种科学技术和管理知识向另一个国家、社区或群体输入和扩散，这种知识势必同时作为一种先进文化传播了出去，表现出来的，不仅仅是中心—边陲社会互动的格局，同时还有扩散方对接受方的示范效应。[②]

一般来说，这样的一种由扩散方所引发的示范效应总是会从积极和消极两个方面作用于接受方。在积极的意义上，示范效应所带来的模仿过程，会引发和刺激后发展地区或群体自身的发展；从消极的方面来看，一个社会在制度转型的过程中，大量外资以及科学技术和管理知识的涌入，势必会加剧转型本身所带来的内部冲突和摩擦，特别是相互间在利益分配上的示范效应以及相互间规范与观念影响的传递，在处理不好的情况下，则会对这种业已存在的冲突和摩擦起推波助澜的作用。具体到一些不同所有制的单位成员，尽管总体上其生活水平在不断地提高，但是，其仍然可能会由于相互间的攀比而变得更加失落和不满，相对被剥夺的感觉可能也会变得愈来愈强烈。认识和理解这一点，对于我们把握住这一时期典型的结构性特征具有不同寻常的意义。

我们同时还知道，在 90 年代上半期，国家和政府以全力保护国有部门来支撑经济的发展和社会与政治的稳定，用巨大和潜在的消费市场概念和魅力来吸引大量的国外投资。随着改革的不断深入，旧制度对人们行为的束缚就会变得愈来愈明显，国外投资者要求改善投资的制度环境的呼声

[①] 李汉林：《论科学与文化的社会互动》，《自然辩证法通讯》1987 年第 1 期，第 20—29 页。

[②] 参见 Hanlin Li, *Ausdifferenzierung der Wissenschaftsbewertung in der Wissensproduktion*, Muenchen: Minerva Publikation, 1984；李汉林《科学社会学》，北京：中国社会科学出版社，1987 年；李汉林《知识流通论》，太原：山西人民出版社，1991 年。

也会变得愈来愈高。国家和政府过多地对经济行为的干预与保护，最终的结果是使其自身陷入一种极为尴尬的两难境地：保护过多，就会从制度上造成这样的一个情境，即一个父亲（政府）在讨价还价和抱怨的喧嚣声中心力交瘁地为一群孩子（国有部门单位及其成员）在奔忙，无法从事自己应该干的工作，而孩子则在过分的照顾和限制下成长为一群"贵族单位"和"贵族员工"，成长为一群依赖于旧制度上长不大的"老小孩"；完全放弃干预和保护，人们就会把自己直接的利益损失统统归结为国家和政府的过失，本来是各个不同社会群体之间的矛盾，由于旧体制的惯性，人们也会情不自禁地把这种矛盾所产生的不满撒到国家和政府的身上，长此以往，整个社会的震荡和不安定也就会随之变得不可避免。①

上述的这些制度环境和结构性特征，也就构成了我们此次调查的社会经济和政治背景。②

二 调查数据与量表

（一）问卷的样本与抽样

当时设计调查问卷的时候，我们主要针对的是中国独具特色的单位现象加以调查，所以，在设计过程中，除去一部分必要的自变量，问卷主要包括以下六个部分的内容。第一是社会流动，即通过对人们流动意愿的分析，探讨中国的单位在多大的程度上并且是怎样影响和制约着人们职业与单位的选择与调动。第二是单位内部的权力结构，即通过对单位内不同类型的成员在单位各种社会资源分配过程中所处的地位的观察，研究单位内部的权力结构状况。第三是单位参与，即通过观察单位各种不同类型的成员在多大的程度上关心和参加单位中各种社会资源分配的行为来思考单位成员的参与状况。第四是单位中的社会网络，即分析单位成员在单位内外

---

① 参见李汉林、方明、王颖、孙炳耀、王琦《寻求新的协调——中国城市发展的社会学分析》，北京：测绘出版社，1988年；Hanlin Li, Atteslander, Tanur & Wang, *Searching for Hidden Reality: Anomie and Social Change*, Biel: Swiss Academy of Development, 1998。

② 参见李汉林、方明、王颖、孙炳耀、王琦《寻求新的协调——中国城市发展的社会学分析》，北京：测绘出版社，1988年；胡伟《制度变迁中的县级政府行为》，北京：中国社会科学出版社，2007年。

的社会交往，探讨单位内部的正式和非正式群体对单位成员行为的影响。第五是通过分析单位中的功能多元化状况，探讨单位成员在多大的程度上仍然依赖于自身的单位。第六是单位成员的满意度（satisfaction），即通过单位成员对自身单位状况的自我感觉与评价来观察其在多大程度上整合于自身的单位。我们力图通过调查问卷中以上六个部分的内容，比较全面地从社会学的角度反映出中国单位现象的客观存在。

那么，我们所设计的研究中国单位现象的问卷调查能否与我们现在所要分析的总体性社会情绪状况相勾连呢？

我们知道，问卷调查涉及样本个体，直击的是人们的主观感受。作为研究者，我们需要从社会学的角度分析被调查者的主观感受，由此联系到我们试图要研究的微观与宏观问题上来。事实上，在很多的情况下，人们首先能够直接观察到的，是在自己身边的以及自身所知晓的一些人和事。在对这些人和事的了解、比较与分析的基础上，人们就会得出一些相应的判断以及非常具体的主观感受，更直接地说，人们首先从自己的状况来感受过得好不好，满意不满意，对他人信任不信任，对未来的发展有没有信心。只有在这个基础上，人们才可能推己及人，对社会的总体环境做出合乎实际的判断。很难设想，人们在自身感受不好、对他人不信任以及对未来发展没有信心的情况下对国家与社会做出完全相反的判断。在这个基础上，如果我们能够通过科学的抽样方法来归纳与总结，那么，这些个体的主观感受和主观态度就会具有总体的意义，反映一个社会总体的主观感受或社会情绪。换句话说，个体层次上的主观态度一旦融入总体性的社会情绪分析之中，它就能够具有反映一个社会总体性社会事实的特征。① 在这个意义上，尽管本研究的数据年代久远，而且是离现在已经30多年的涉及中国社会中的组织现象问题，但这一问卷调查始终是围绕观察人们的主观感受展开的，那么，我们就可能实现这些调查数据与现在要研究的总体性社会情绪主题的勾连。

在该次问卷中，根据研究的目的和内容，以及经济、有效的原则，我们主要采用了多阶段分层整群随机抽样方法抽取"样本城市"、"样本单位"和"样本个体"。

---

① 张彦、魏钦恭、李汉林：《发展过程中的社会景气与社会信心研究——概念、量表与指数构建》，《中国社会科学》2015年第4期，第64—84页。

在样本城市的抽样过程中，考虑到科研经费的限制，我们首先确定了调查的样本城市数量。我们主要采用了整群分层与简单随机的抽样方法，在全国517个城市中，抽取了10个样本城市。在这里，整群分层主要是指按照城市人口规模的大小把517个城市进行分类，并以此作为抽取这次调查的样本城市的标准。根据研究工作的需要和中国的实际情况，我们把中国城市的人口规模分别按以下七个标准分层分类：500万人口以上的城市、300万人口以上的城市、200万人口以上的城市、150万人口以上的城市、100万人口以上的城市、50万人口以上的城市以及50万人口以下的城市。简单随机，则是在整群分层的基础上，依据简单随机的方法在517个城市中抽取10个样本城市。具体抽样结果见表4-3。

表4-3 样本城市的城市规模

城市规模	样本城市	
500万人口以上	北京	
300万人口以上	沈阳	武汉
200万人口以上	广州	
150万人口以上	成都	
100万人口以上	兰州	石家庄
50万人口以上	洛阳	苏州
50万人口以下	保定	

资料来源：参见国家统计局城市社会经济调查总队编《中国城市统计年鉴 1991》，中国统计出版社，1991年，第15页。

由于中国单位在事实上总是具有不同的行政级别和不同的所有制类型，同时又总是隶属于或概括为行政单位、事业单位和企业单位这三种不同的单位类型，所以，我们在抽样过程中把这三种单位的主要社会特征作为抽取样本单位的主要标准。根据4000份问卷的样本量，我们确定了分别在10个城市中抽取100个单位，即每个城市抽取10个样本单位。具体在每个样本城市中抽取样本单位，则主要根据简单随机抽样的原则进行。[1]

---

[1] 李汉林、李路路：《资源与交换——中国单位组织中的依赖性结构》，《社会学研究》1999年第4期，第46—65页。

最终的抽样单元是不同类型单位组织中的单位成员。具体方法是，调查员到样本单位以后，根据单位成员的花名册，确定一个随机数，然后按简单随机的方式抽取样本个体。根据设想，我们在每个城市所选择的 10 个样本单位中抽取了 400 份样本个体。

按照社会学研究的惯例，为了说明样本指标代表性的大小以及样本指标（sample）与总体指标（population）相差的一般范围，我们进行了样本误差的检验。

首先，我们分析了样本的标准误差（standard error of sample）。我们在拟定抽样方案时确定样本的可信系数为 95%（confident interval）。在检验时，我们主要依据下列公式：

$$s.e.(p) = \frac{\sqrt{p(1-p)}}{n}$$

这里，n 为样本量，$s.e.$ 为样本的标准误差，p 为把握程度的百分比。在可信系数为 95% 的情况下，则按下列公式进行检验：

$$s.e.(p) = \frac{\sqrt{p(1-p)}}{n}$$

其次，我们还从样本量的大小上检验了样本误差。我们在拟定抽样方案时确定样本的可信系数为 95%，样本允许误差为 ±0.02（accurate of sample）。根据以下公式，我们得到：

$$n = Z\frac{PQ}{e} = \frac{1.96(0.50)(0.50)}{0.02} = 2401$$

这就是说，为了达到样本的可信系数为 95%，在样本允许误差为 ±0.02 的情况下，所需的样本量为 2401 份。很显然，我们所确定的 4000 份样本量符合我们此次调查研究的需要。

另外一种检验样本误差的方法是在尽可能的情况下，找出一些主要的指标，然后在样本指标与总体指标之间进行比较，从实际上直观地检验样本与总体的差别。据我们这次调查的需要以及现有的统计资料，我们主要从性别、就业人口年龄、所有制结构、文化程度及婚姻状况五个方面进行了比较，结果显示（见表4-4和表4-5），样本中的性别比例、年龄比例、单位所有制比例、文化程度比例和婚姻状况比例均与总体大体相似，这表明调查样本与总体的误差不大，调查样本的状况能够比较好地代表总体的状况。[①]

表4-4　1990年全国城市在业人口人口学特征的分布状况及与样本的比较

		样本（%）	总体（%）
性别	男	51.5	51.5
	女	48.5	48.5
年龄	17—25岁	25.0	23.1
	26—35岁	37.9	33.5
	36—49岁	29.0	31.8
	50岁及以上	8.1	11.6
文化程度	小学	21.3	33.2
	初中	27.5	33.5
	高中	34.4	22.2
	大专	15.3	3.9
	本科	1.5	3.1
婚姻状况	未婚	24.8	25.3
	已婚	73.8	69.0
	丧偶	0.5	5.0
	离婚	0.9	0.8

资料来源：参见国务院人口普查办公室、国家统计局人口统计司编《中国1990年人口普查资料（第二册）》，中国统计出版社，1993年，第6、26—49、490—492页等。

表4-5　1991年全国城市在业人口所有制结构状况及与样本的比较

所有制形式	样本（%）	总体（%）
全民所有制	71.4	72.9
集体所有制	19.6	25.1
其他所有制	9.0	2.0

资料来源：参见国家统计局城市社会经济调查总队编《中国城市统计年鉴1992》，中国统计出版社，1992年，第661页。

[①] 李汉林、李路路：《资源与交换——中国单位组织中的依赖性结构》，《社会学研究》1999年第4期，第46—65页。

（二）量表及其制作

按照我们的认识，总体性社会情绪是指弥散在不同社会群体之中且容易形成共鸣和分享的一种比较一致的群体表达，是人们在社会认知、社会认同以及行为取向基础上形成的一种比较稳定的信念、精神和价值。这一抽象的学术概念被具体操作化为满意度、社会信任和社会信心三个维度，我们能够从上述主观感受切入，在宏观与微观的结合上比较准确地把握一个社会的总体性社会情绪。与此同时，我们认为，人们期望与期望实现之间的差距是人们以后形成满意不满意、对他人信任不信任、对未来的发展有没有信心的主观感受的一个根本原因，也能够帮助我们更深入地理解总体性社会情绪。为了描述与分析这一时期我国的总体性社会情绪状况，我们根据问卷调查中所取得的数据，制作了满意度、社会信任和社会信心以及社会期望值量表。具体制作过程见下。

1. 满意度

满意度是一个综合性指标。这里，满意度主要是指人们对自己以及自己所处的社会、经济和政治环境满意程度的评价与感受，可以通过直接测量个人对所在单位、日常工作与生活等各个方面的感受来进行反映。[①] 根据上述判断，我们在问卷中设计了一些问题来探究满意度，即"您是否对自己的下列状况感到满意"，具体列举了15类项目，分别让受访者判断在所列的项目中自己感到很满意、比较满意、一般满意、不太满意或者是很不满意。

我们认为，这15类项目能够基本囊括人们在中国单位社会中的基本社会、经济和政治等各方面的需求。通过观察人们这些需求实现的程度，能够了解人们在多大的程度上能够自我感受到公平和满足。事实上，人们在这些项目上的需求实现的程度愈高，人们所感受的满意的程度也会愈高。[②]

具体由15个题器组成的满意度量表详见表4-6，量表的克隆巴赫α系数为0.9054，说明量表的信度很好，从整体上表现出一种稳定的状态。我

---

① 李汉林、渠敬东：《制度规范行为——关于单位的研究与思考》，《社会学研究》2002年第5期，第1—22页。
② 李汉林、渠敬东：《制度规范行为——关于单位的研究与思考》，《社会学研究》2002年第5期，第1—22页。

们进一步对满意度量表做 KMO 和巴特利特球形检验，得到巴特利特球形检验卡方为 18804.008（$p < 0.001$），KMO 为 0.922（见表 4-7），表明可以支持做因素分析，验证构造满意度量表的可行性。其验证性因素分析的结果显示：15 个变量通过主成分因子法可以提取出一个共同因子，初始特征值为 6.640，能够解释的方差比例为 44.27%，使用方差最大法对其进行正交旋转，得到各个变量具体的因子载荷（见表 4-8）。结果表明，15 个变量确实有信息上的共指，能够比较好地归聚在一起。总的来说，1993 年的满意度量表的信效度良好，能够比较稳定和有效地反映人们的满意度。

表4-6 满意度量表的操作化

概念	题器	变量类型	编码	Cronbach α 系数
满意度	对自己的具体工作	定序变量	5-很满意 4-比较满意 3-一般满意 2-不太满意 1-很不满意	0.9054
	对本单位在社会上的地位	定序变量		
	对自己职业的体面程度	定序变量		
	与单位同事的关系	定序变量		
	与单位领导的关系	定序变量		
	单位的劳保福利状况	定序变量		
	单位的工作收入	定序变量		
	单位的工作条件	定序变量		
	自己才能的发挥	定序变量		
	单位中的晋升机会	定序变量		
	住房状况	定序变量		
	工作调动	定序变量		
	学习培训机会	定序变量		
	工作轻松自由	定序变量		
	工作稳定性	定序变量		

注：满意度的引导语为：您是否对自己的下列状况感到满意。

表4-7 对满意度量表的KMO和巴特利特球形检验

KMO取样适切性量数		0.922
巴特利特球形检验	卡方	18804.008
	自由度	105
	显著性	0.000

表4-8 对满意度量表[①]的验证性因素分析

条目	成分1
a.对自己的具体工作	0.678
b.对本单位在社会上的地位	0.677
c.对自己职业的体面程度	0.671
d.与单位同事的关系	0.470
e.与单位领导的关系	0.635
f.单位的劳保福利状况	0.706
g.单位的工作收入	0.731
h.单位的工作条件	0.739
i.自己才能的发挥	0.734
j.单位中的晋升机会	0.733
k.住房状况	0.549
l.工作调动	0.716
m.学习培训机会	0.640
n.工作轻松自由	0.578
o.工作稳定性	0.658
特征值	6.640
贡献率(%)	44.27

提取方法：主成分。

本研究根据上述15个变量生成满意度，具体过程如下。第一步，我们对指标进行处理，一方面，针对缺失值，我们对于存在缺失值且其数量不超过指标数量三分之一的样本，采用该样本在未缺失题目中的评分均值（取整）进行插补；另一方面，针对指标量纲不同的状况，我们对指标进行归一化处理，并且为了便于理解和表述，在去量纲之后，我们对所有指标乘以100，使得处理之后的所有指标量程一致，介于0和100之间。第

[①] 量表的来源参见李汉林、李路路《资源与交换——中国单位组织中的依赖性结构》，《社会学研究》1999年第4期，第46—65页。

二步，我们对指标进行因子分析，提取一个特征根大于 1 的公共因子，然后计算各个指标的因子得分，对因子得分进行归一化处理后作为指标的权重。在此基础上，我们将各指标分数与权重相乘后加总，生成一个潜变量用以表征被访者的满意度，该变量的取值范围为 0—100，其取值越高，表明被访者对个人与社会总体状况的满意度越高。

1993 年，我国城镇居民的满意度平均为 47.94，众数和中位数分别为 50.00 和 48.51，标准差为 15.06，其偏度系数和峰度系数分别为 -0.046 和 4.015（见表 4-9），直方图拟合的正态分布曲线（见图 4-1）在对称性上表现良好，但呈现为轻微的尖峰分布。总的来说，相较于 1987 年，1993 年，个人与社会状况都在向好发展，这种状况比较直接地反映在满意度上，即人们的满意度有一定程度的提升，均值从 1987 年的 40.21 上升至 47.94。

表4-9　对满意度量表的结构性特征的描述（n=3122）

	集中趋势		离散趋势		分布状况	
满意度	均值	47.94	标准差	15.06	偏度	-0.046
	众数	50.00	最小值	0.00	峰度	4.015
	中位数	48.51	最大值	100.00		

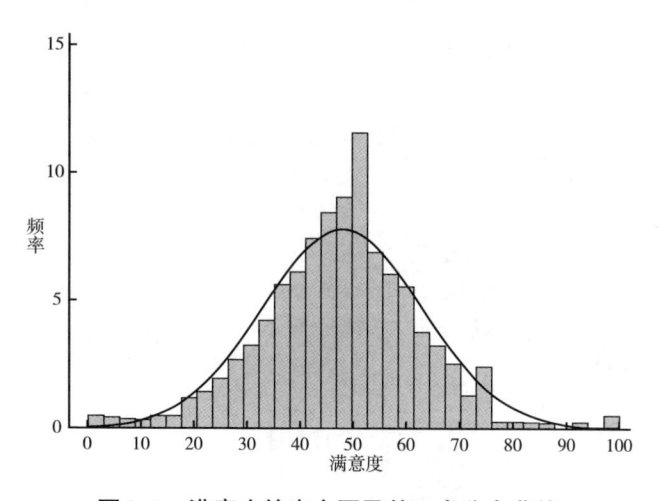

图4-1　满意度的直方图及其正态分布曲线

2. 社会信任与社会信心

1993 年的问卷调查里，我们同样没有设计能够直接反映人们社会信任与社会信心感受的题器。所以，我们沿袭1987年研究的思路来考虑社会信任与社会信心量表，假定社会信任与社会信心的一个重要行为后果是对社会事务的冷漠、不关心，间接反映出人们对未来的失望。从这一点出发，人们在其所在单位中的社会与政治行为上的态度愈消极，对其单位内部的社会政治事务愈不关心，对社会政治参与愈冷漠，那么，其社会信任与社会信心的程度就会愈低，当然，这也可以间接反映出人们对社会不满意的程度。反过来，人们在其所在单位中的社会与政治行为上的态度愈积极，对其单位内部的社会政治事务愈关心，对社会政治参与愈热情，那么，其社会信任与社会信心的程度就会愈高。

正是基于这样的一种认识，我们在1993年的调查中找到一组相关的问题，即"对单位内部以下的各项事务，您期望的参与情况如何"。为此，我们选择了单位内部9个方面的主要事务分别让受访者说明自身期望参与的情况，期望的参与情况分为3种，即期望有决定权、有发言权，或是期望不管不问。然后，我们把这些变量逐一处理成标准值，并在此基础上做成我们的社会信任与社会信心量表。

社会信任和社会信心量表由9个题器组成，详见表4-10，其克隆巴赫 α 系数为0.9201，可见整个量表的信度良好。经KMO和巴特利特球形检验，得到巴特利特球形检验卡方为17968.515（$p < 0.001$），KMO为0.910（见表4-11），其结果支持进行对量表进行因素分析，观察这些变量的归

表4-10 社会信任和社会信心[1]量表[2]的操作化

概念	题器	变量类型	编码	Cronbach α 系数
信任和信心	单位发展的重大决策	定序变量	1-有决定权和有发言权 0-不管不问	0.9201
	管理上的合理化建议	定序变量		
	单位规章制度的建立	定序变量		
	各种福利奖金的分配	定序变量		
	单位内干部选举	定序变量		
	工会工作	定序变量		
	分房子	定序变量		
	涨工资	定序变量		
	提职称	定序变量		

注：1. 在后文具体的数据分析以及图表中，"社会信任和社会信心"缩写为"信任和信心"。

2. 信任和信心的引导语为：对单位内部以下的各项事务，您期望的参与情况如何。

聚状况以验证社会信任和社会信心量表构造的可行性。对量表做验证性因素分析，结果显示：9个变量通过主成分因子法可以提取出一个共同因子，初始特征值为5.632，能够解释的方差比例为62.58%，使用方差最大法对其进行正交旋转，得到各个变量的因子载荷（见表4-12）。该结果表明，社会信任和社会信心量表的构造效度不错，能够比较有效地反映当时社会信任和社会信心的状况。

表4-11 对信任和信心量表的KMO和巴特利特球形检验

KMO取样适切性量数		0.910
巴特利特球形检验	卡方	17968.515
	自由度	36
	显著性	0.000

表4-12 对信任和信心量表的验证性因素分析

条目	成分1
a.单位发展的重大决策	0.777
b.管理上的合理化建议	0.732
c.单位规章制度的建立	0.784
d.各种福利奖金的分配	0.773
e.单位内干部选举	0.793
f.工会工作	0.776
g.分房子	0.832
h.涨工资	0.828
i.提职称	0.820
特征值	5.632
贡献率（%）	62.58

本研究根据上述9个变量生成社会信任和社会信心，具体过程如下。第一步，我们对指标进行处理，一方面，针对缺失值，我们对于存在缺失值且其数量不超过指标数量三分之一的样本，采用该样本在未缺失题目中的评分均值（取整）进行插补；另一方面，针对指标量纲不同的状况，我们对指标进行归一化处理，并且为了便于理解和表述，在去量纲之后，我

们对所有指标乘以 100，使得处理之后的所有指标量程一致，介于 0 和 100 之间。第二步，我们对指标进行因子分析，提取一个特征根大于 1 的公共因子，然后计算各个指标的因子得分，对因子得分进行归一化处理后作为指标的权重。在此基础上，我们将各指标分数与权重相乘后加总，生成一个潜变量用以表征被访者在社会信任和社会信心上的状况，该变量的取值范围为 0—100，其取值越大，表明被访者的社会信任和社会信心越好。

1993 年我国城镇居民的信任和信心平均为 75.47，众数和中位数均为 100.00，标准差为 33.44，其偏度系数和峰度系数分别为 -1.183 和 3.071（见表 4-13），直方图拟合的正态分布曲线（见图 4-2）呈现为左偏态。总的来说，相较 1987 年，在 1993 年我国城镇居民的个人生活与社会状况都有比较明显的改善，人们对未来有良好的预期，在信任和信心上的表达非常正面和积极，均值从 1987 年的 46.36 攀升到 75.47。

表4-13　对信任和信心量表的结构性特征的描述（n=2761）

	集中趋势		离散趋势		分布状况	
信任和信心	均值	75.47	标准差	33.44	偏度	-1.183
	众数	100.00	最小值	0.00	峰度	3.071
	中位数	100.00	最大值	100.00		

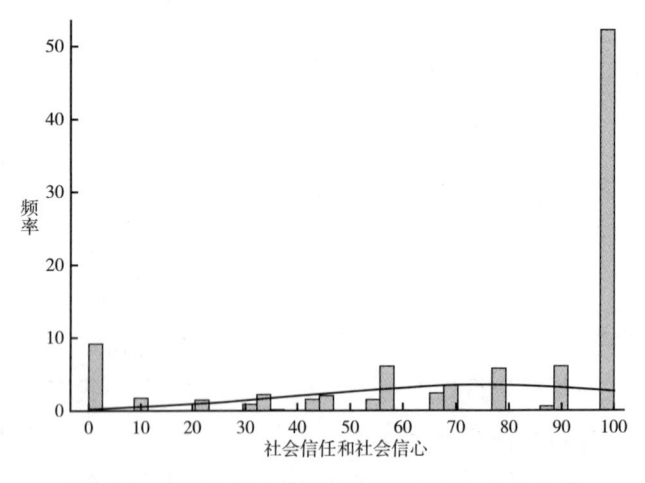

图4-2　信任和信心的直方图及其正态分布曲线

3. 社会期望值

我们认为，社会期望值量表反映的主要是人们期望得到的和实际得到之间的差距以及与其相应的参照群体的比较过程中所产生出来的主观感受。为了测量这种主观感受，我们在调查问卷中设计了相应的 6 个问题，即针对被访者目前的经济收入、社会地位和政治地位，分别让被访者与单位内同事和社会上的其他人来进行比较，判断自己的状况是很高、偏高、差不多、偏低还是很低。我们的预期是，上述的这些不同问题能够从不同角度来反映和测量人们期望与期望实现之间的差距状况。

制作的社会期望值量表详见表 4-14，其克隆巴赫 α 系数为 0.8602，整个量表的信度较高。经 KMO 和巴特利特球形检验，得到巴特利特球形检验卡方为 10246.591（$p < 0.001$），KMO 为 0.717（见表 4-15）。基于此，我们可以进一步对社会期望值做验证性因素分析，其结果显示：6 个变量通过主成分因子法可以提取出一个共同因子，初始特征值为 3.574，能够解释的方差比例为 59.56%，使用方差最大法对其进行正交旋转，得到各个变量的因子载荷（见表 4-16）。该结果表明，6 个变量能够比较好地归聚在一起，也就是说，统计结果验证了我们关于社会期望值的预期。在信度和效度上，社会期望值量表都有比较良好的表现，能够反映当时人们在期望与期望实现之间差距的状况与感受。

表 4-14　社会期望值量表的操作化

概念	题器	变量类型	编码	Cronbach α 系数
社会期望值	与单位内同事相比，您目前的经济收入如何	定序变量	1-很高 2-偏高 3-差不多 4-偏低 5-很低	0.8602
	与单位内同事相比，您目前的社会地位如何	定序变量		
	与单位内同事相比，您目前的政治地位如何	定序变量		
	与社会上的其他人相比，您目前的经济收入如何	定序变量		
	与社会上的其他人相比，您目前的社会地位如何	定序变量		
	与社会上的其他人相比，您目前的政治地位如何	定序变量		

注：社会期望值的引导语为：在下列问题上，您觉得您与单位内同事／社会上的其他人相比怎样。

表4-15 对社会期望值量表的KMO和巴特利特球形检验

KMO取样适切性量数		0.717
巴特利特球形检验	卡方	10246.591
	自由度	15
	显著性	0.000

表4-16 对社会期望值量表的验证性因素分析

条目	成分1
a.与单位内同事相比，您目前的经济收入如何	0.679
b.与单位内同事相比，您目前的社会地位如何	0.831
c.与单位内同事相比，您目前的政治地位如何	0.800
d.与社会上的其他人相比，您目前的经济收入如何	0.647
e.与社会上的其他人相比，您目前的社会地位如何	0.834
f.与社会上的其他人相比，您目前的政治地位如何	0.817
特征值	3.574
贡献率（%）	59.56

提取方法：主成分。

本研究根据上述6个变量生成社会期望值，具体过程如下。第一步，我们对指标进行处理，一方面，针对缺失值，我们对于存在缺失值且其数量不超过指标数量三分之一的样本，采用该样本在未缺失题目中的评分均值（取整）进行插补；另一方面，针对指标量纲不同的状况，我们对指标进行归一化处理，并且为了便于理解和表述，在去量纲之后，我们对所有指标乘以100，使得处理之后的所有指标量程一致，介于0和100之间。第二步，我们对指标进行因子分析，提取一个特征根大于1的公共因子，然后计算各个指标的因子得分，对因子得分进行归一化处理后作为指标的权重。在此基础上，我们将各指标分数与权重相乘后加总，生成一个潜变量用以表征被访者在社会期望值上的状况，该变量的取值范围为0—100，其取值越大，表明被访者期望与期望实现之间的差距越大。

1993年，我国城镇居民的社会期望值平均为64.26，众数和中位数分别为50.00和62.37，标准差为14.97，其偏度系数和峰度系数分别为0.573

和 3.173（见表 4-17），直方图拟合的正态分布曲线（见图 4-3）呈现出轻微的右偏态和尖峰分布。相较于 1987 年，1993 年，人们的社会期望值略有下降，均值从 1987 年的 67.62 降至 64.26。不过从直方图来看，这一时期，社会中仍有一些群体的期望与期望实现之间的差距相对较大。

表4-17 对社会期望值量表的结构性特征的描述（n=3126）

	集中趋势		离散趋势		分布状况	
社会期望值	均值	64.26	标准差	14.97	偏度	0.573
	众数	50.00	最小值	0.00	峰度	3.173
	中位数	62.37	最大值	100.00		

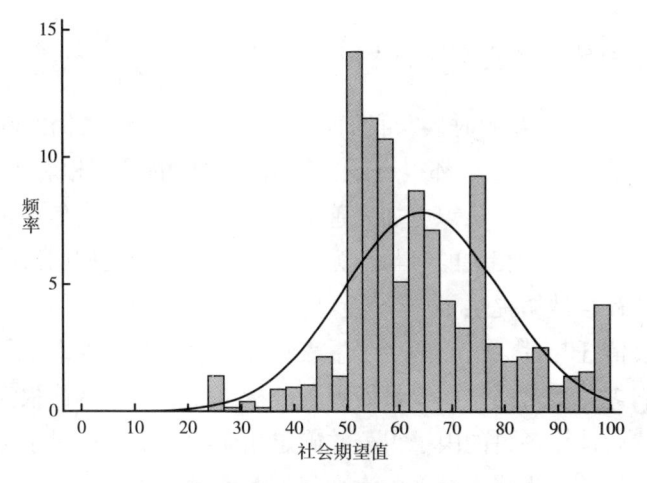

图4-3 社会期望值的直方图及其正态分布曲线

三 对总体性社会情绪的分析

概念的测量，尤其是针对总体性社会情绪这样一个极具学术张力的抽象概念的测量，是一项艰巨细致的工作。我们关于总体性社会情绪的操作化思路，牢牢抓住了这种经验现实，即人们不一定关心和完全明白宏观社会运行的方方面面，但是其对于周围的一些人和事都有较为敏锐的知觉和判断。在了解、经历、比较与分析周围的人或事的过程中，人们会生成一些非常具体的主观感受，比如满意不满意、信任不信任以及有没有信心，在这个基础上，人们形成关于社会总体环境与发展态势的认知，建构相应的认同与行为倾向。一方面，很难设想，人们在积聚较多不满、对他人缺乏信任以及对未来发展信心不足的状态下，还会对国家的经济社会环境做出良好的判断；另一方面，个体间的主观感受虽有差异，但是人们的具体主观感受可以化成一种具有总体性社会事实特征的社会态度，成就一种对国家与社会具有"向量"指向的判断。因此，我们认为，测量人们在满意度、社会信任与社会信心上的状况可以很好地反映弥漫和沉淀在社会中的总体性社会情绪，具体的测量过程也努力做到简单、敏感和容易操作。接下来，我们具体分析用1993年的调查数据制作总体性社会情绪量表的过程，并努力描述与分析当时社会中总体性社会情绪的状况。

（一）总体性社会情绪的生成与描述

1993年实施调查的时候，我们对于总体性社会情绪仍旧缺乏基本的认识，甚至连模糊的觉察都很有限，但值得欣喜的是，相对于1987年的调查，我们对满意度的认识更加完善了，社会信任与社会信心也可以通过更多与日常生活息息相关的参与行为映射出来，这为我们回过头来探索当时的总体性社会情绪提供了一个重要的基础。在前面，我们已经形成了满意度和社会信任与社会信心两个子量表，并生成了对应的潜变量。在此基础上，我们进一步对两个潜变量做因子分析，提取一个特征根大于1的公共因子，然后计算各自的因子得分并确定相应的权重，通过子量表分数与权重相乘后加总，生成一个新的潜变量，其取值范围为0—100，值越大，代表总体性社会情绪越好。

对总体性社会情绪进行描述性分析（见表4-18），我们发现：1993年，人们在总体性社会情绪上的得分平均为61.51，中位数为67.28，众数为75.00，标准差为19.05，其偏度系数和峰度系数分别为-0.928和3.142，直方图拟合的正态分布曲线（见图4-4）呈现为左偏态和轻微的尖峰分布。进一步考察总体性社会情绪的子量表，人们的满意度均值为47.94，而信任和信心的均值达到75.47。综合来看，这个时期，虽然人们在满意度上的表达相对较差，但人们普遍拥有良好的信任和信心水平，整个社会呈现出欣欣向荣的状态。

表4-18　总体性社会情绪的结构性特征的描述（n=2720）

	集中趋势		离散趋势		分布状况	
总体性社会情绪	均值	61.51	标准差	19.05	偏度	−0.928
	众数	75.00	最小值	0.00	峰度	3.142
	中位数	67.28	最大值	100.00		

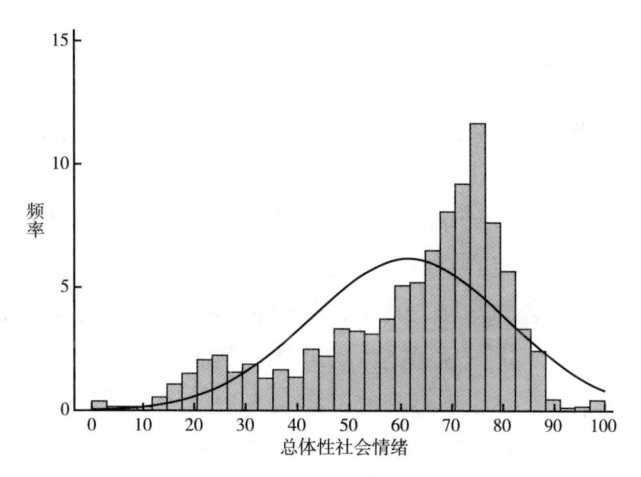

图4-4　1993年总体性社会情绪的正态分布曲线

（二）总体性社会情绪和各个子量表的状况与分析

1993年的中国社会，宏观的经济环境有了极大改善，而面对迅速变化的外部环境，人们的适应程度有着较大的差异。其中，一些社会群体走在时代浪潮前列，迅速发展起来，物质生活渐次充裕；而一些社会群体面对迅速变化的宏观环境反应迟缓，有时甚至无所适从。在这种情况下，一些社会群体很容易在社会比较的过程中，既"眼红"于市场中丰富的利益，又不愿轻易放弃自身"旱涝保收"的单位待遇，进而产生失落和不满，相对被剥夺的感觉愈发强烈。这从正反两个角度说明，在一个社会剧烈变迁的过程中，这些普遍弥漫和沉淀在社会中的总体性社会情绪，既可以引致或加剧社会转型过程中的冲突和摩擦，也可以在合理的引导下让社会焕发出巨大的生机和活力。为了进一步探索1993年中国总体性社会情绪状况，我们对总体性社会情绪及其子量表分别进行了分析。

1. 满意度的状况与分析

满意度是人们在不断权衡和比较期望与期望实现后所产生的，对自己以及自己所处的社会、经济和政治环境满意程度的评价与感受。1993年，我们的满意度量表更加完善，主要是通过人们对当时中国单位社会中的社会、经济和政治等方面的15种基本需求进行评价，包括自己的具体工作、本单位在社会上的地位、职业的体面程度、与单位同事的关系、与单位领导的关系等指标[①]，以综合测量人们在满意度上的情绪状况。在此基础上，我们描述与分析当时人们在满意度上的状况。

——人口学特征与满意度

为了了解当时人们在满意度上的总体状况与差异分布，我们将满意度同性别、年龄、婚姻状况、教育水平和月收入等人口学变量进行方差分析。根据满意度的方差分析（见表4-19），我们发现：1993年，在0.05的显著性水平上，人们的满意度在性别、年龄、婚姻状况、教育水平和月收入上均呈现出显著的差异。其中，就性别而言，男性的满意度高于女性的满意度；就年龄来说，年龄越大的群体，其满意度相对越高；就教育水平而言，总体上，教育水平越高的群体，人们的满意度反而相对越低；就月收入来说，月收入越高的群体，其满意度也相对越高。其中，年龄、教育水平以及月收入与满意度的具体趋势详见图4-5。

表4-19 满意度在人口学变量上的差异分布

		均值	标准差	样本量	差异显著性
性别	男	49.02	15.03	1601	$F=17.31$，$df=1$ $p=0.0000$
	女	46.77	14.99	1494	
年龄	18—30岁	46.81	14.97	1490	$F=12.42$，$df=3$ $p=0.0000$
	31—40岁	47.77	15.01	894	
	41—50岁	50.27	15.12	439	
	51岁及以上	52.43	13.76	199	
婚姻状况	未婚	46.03	15.49	758	$F=6.78$，$df=3$ $p=0.0001$
	已婚	48.63	14.73	2241	
	丧偶	52.58	13.92	14	
	离婚	44.22	18.99	30	

---

① 李汉林、渠敬东：《制度规范行为——关于单位的研究与思考》，《社会学研究》2002年第5期，第1—22页。

续表

		均值	标准差	样本量	差异显著性
教育水平	小学及以下	48.96	14.74	662	$F=7.71$，$df=4$ $p=0.0000$
	初中	49.71	13.90	843	
	高中	47.27	15.46	1039	
	大专	45.66	15.91	461	
	本科及以上	43.83	17.26	43	
月收入	0—149元	43.08	16.35	265	$F=29.82$，$df=4$ $p=0.0000$
	150—249元	45.74	14.75	1418	
	250—349元	50.44	13.88	626	
	350—499元	51.38	13.45	339	
	500元及以上	54.12	13.85	117	

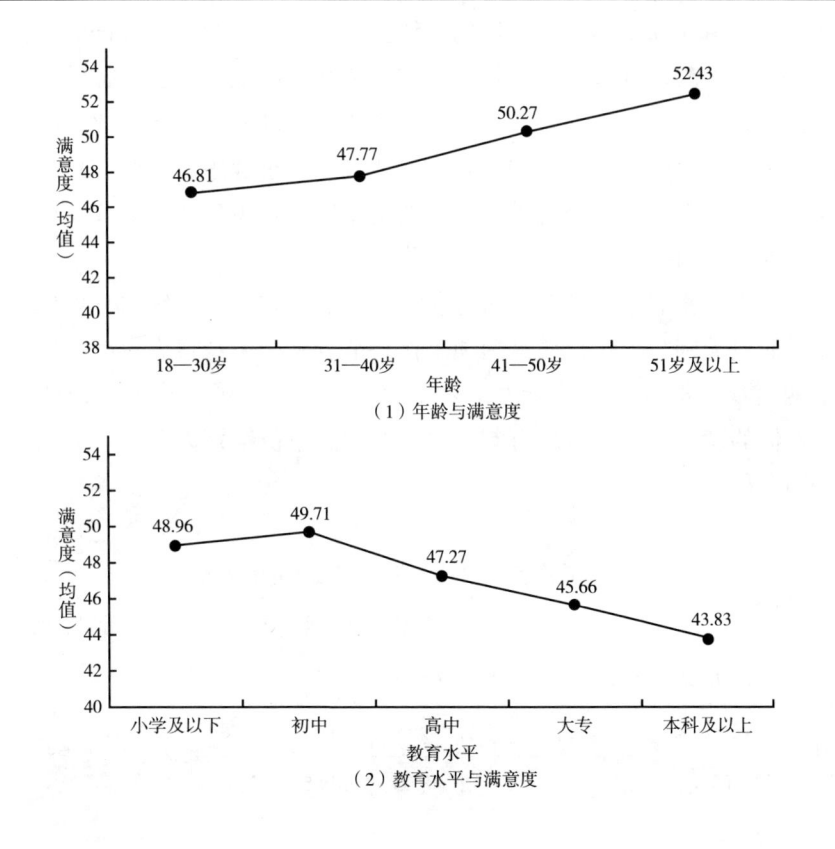

（1）年龄与满意度

（2）教育水平与满意度

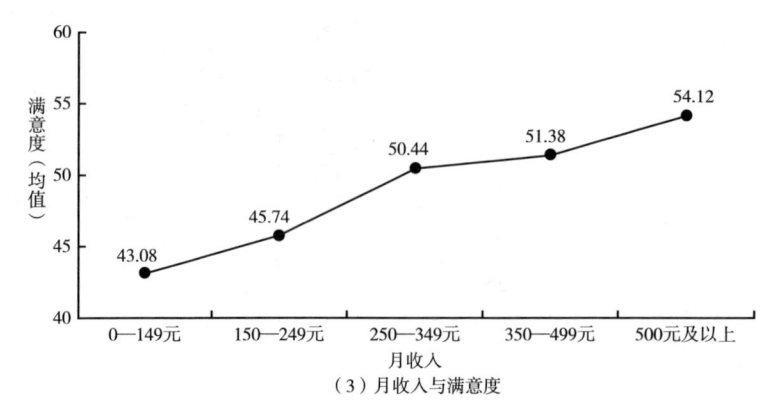

```
         60 ┐
             │                                                      54.12
         55 ┤
  满          │                                      50.44    51.38
  意       50 ┤
  度          │                         45.74
 （均值）  45 ┤         43.08
             │
         40 ┴─────┬───────┬───────┬───────┬───────
              0—149元 150—249元 250—349元 350—499元 500元及以上
                              月收入
                         （3）月收入与满意度
```

图4-5　人口学变量与满意度

——单位和工作特征与满意度

1993年，人们的单位身份仍然在相当大的程度上决定其社会地位和生活水平，由此深刻影响着人们的情绪体验与社会行为。与此同时，党和政府也在加大改革开放力度，努力稳定整个社会的秩序。在这样的一个大的社会经济背景下，不同特征的单位和个体所受到的经济体制改革的冲击在时间和程度上存在着明显的差异，在适应变革过程中的限制与束缚也有较大的不同。因此，不难想见，人们的满意度会在单位特征以及具体的工作特征这两个向度上有着相对突出的分化。

接下来，我们主要从单位所有制、单位类型与单位级别这三项单位特征以及职业类别与工作性质这两项工作特征着手，来观察满意度在这些特征上的表现。根据差异分析（见表4-20），我们发现，除了工作性质以外，人们的满意度在单位所有制、单位类型、单位级别以及职业类别等特征上均有显著差异。

表4-20　满意度在单位和工作特征上的差异分布

		均值	标准差	样本量	差异显著性
单位所有制	集体单位	46.41	15.14	587	$F=5.41$，$df=2$ $p=0.0045$
	私营单位	49.89	15.58	278	
	国有单位	48.03	14.85	2177	

续表

		均值	标准差	样本量	差异显著性
单位类型	政府事业单位	49.70	12.76	1292	$F=10.66$，$df=3$ $p=0.0000$
	国企单位	46.45	14.76	995	
	集企单位	46.56	15.15	500	
	私企单位及其他	47.62	16.26	335	
单位级别	省部级	47.79	16.04	466	$F=5.01$，$df=5$ $p=0.0001$
	司局地级	48.40	18.05	79	
	地县级	46.30	14.97	645	
	科级	48.12	14.89	925	
	股级	50.69	13.82	507	
	无行政级	48.79	13.14	133	
职业类别	工人	44.42	15.45	965	$F=25.00$，$df=5$ $p=0.0000$
	党政群团、企事业单位负责人	53.33	14.83	144	
	党政机关干部	51.69	14.93	403	
	企事业单位管理人员	50.46	14.69	704	
	各类专业技术人员	47.82	13.57	727	
	其他	45.08	15.41	109	
工作性质	固定工	46.47	15.69	1138	$F=0.48$，$df=3$ $p=0.6962$
	合同制工	46.98	14.74	491	
	临时工	44.89	17.55	87	
	其他	46.23	15.31	80	

具体地说，就单位所有制而言，私人所有制的单位成员的满意度相对最高，国家所有制的单位成员的满意度也相对较高，集体所有制的单位成员的满意度则相对低一些。就单位类型来说，政府事业单位成员的满意度相对较高，国企单位与集企单位成员的满意度相对较低，私企单位及其他非公有单位的成员的满意度则居于两者之间。联系到90年代上半期的情况，我们可以理解上述现象。外资在这一时期的大量涌入，为非公有部门的发展提供了很多有利的条件，较之国有所有制和集体所有制的单位成员，非公有部门的成员不仅有较高的收入、较好的工作条件，而且还有

较多自身发展的机会,[①] 毫无疑问,其满意度相对较高;但与此同时,国家和政府出于追求社会与政治稳定的考虑,用比较明显的政策倾斜极力地去安抚和满足国有所有制单位中成员的主要的和基本的利益要求,在其市场份额不断下降,对经济增长的贡献越来越小的情况下,仍然用稳定的高福利和高收入支撑着他们的存在与发展,这在一定的程度上维护了在国有部门工作成员的满意度,简而言之,这是在用一种特殊的经济的不理性选择来换取社会的理性选择;而在集体所有制单位和部分重要程度不够高的国家所有制单位中工作的单位成员的情况却不是这样,他们既没有在私营或合资组织中工作的成员那么幸运,也没有像国有部门工作成员那样有一位大包大揽和极力给予他们保护的"父亲"(国家和政府),他们所能得到的各种机会和资源都远远少于其他类型的单位成员,满意度自然相对较低。[②]

就单位级别来说,股级单位成员的满意度相对最高,中间依次是无行政级、司局地级、科级、省部级单位的成员,反而是地县级单位成员的满意度相对最低。从单位级别来考察人们的满意度,可能是一个极具中国社会特色的视角,就1993年的结构背景来看,单位制度外新兴的私营企业的蓬勃发展,这在事实上已经将当时体制的改革推到一种箭在弦上的状态,这既是制度的松动,也是创新,位于制度边缘地带的单位在这个时期快速发展起来,形成了乡镇企业异军突起等现象,所以无行政级别、股级和科级单位成员有着相对较好的满意度。与此同时,原有体制内的省部级和司局地级单位保持着稳定的福利待遇和较多的发展机会,在改革过程中也得到不少政策倾斜,其成员的满意度也能够维持着不错的水平;反而是处于中间的、广大的地县级单位,所受的束缚和限制不如前者,所得的保护和支持不如后者,显得分外举步维艰,其成员的满意度也相对较低。

就职业类别来说,党政群团、企事业单位负责人的满意度相对最高,而工人以及其他类别职业群体的满意度相对较低,党政机关干部、企事业单位管理人员、各类专业技术人员则居于其间。总的来说,越处于行政权

[①] 李汉林、渠敬东:《制度规范行为——关于单位的研究与思考》,《社会学研究》2002年第5期,第1—22页。

[②] 李汉林、渠敬东:《制度规范行为——关于单位的研究与思考》,《社会学研究》2002年第5期,第1—22页。

力序列前端的人，其获取资源与适应变化的能力越强，满意度相对越好。其中，单位级别与职业类别和满意度之间的具体趋势详见图4-6。

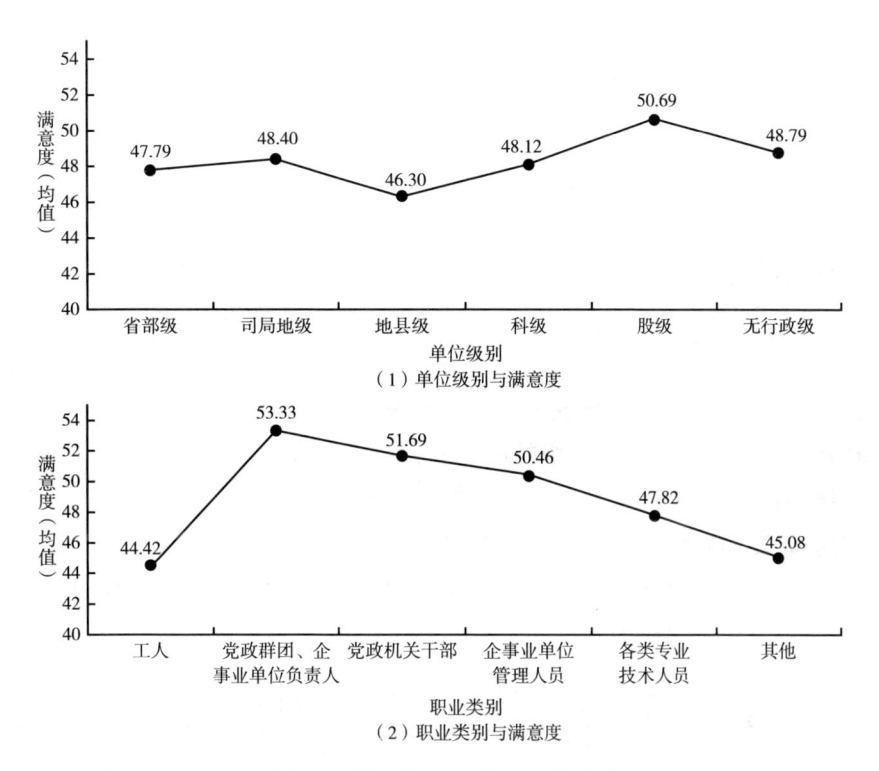

图4-6 单位和工作特征与满意度

——社会身份与满意度

除了上述的人口学、单位与工作特征以外，人们还可以借助一些重要的因素来标识其社会身份。在这里，我们考虑个人的政治面貌、行政级别和技术级别①三种标准划分的社会身份，并通过回归分析探索它们对于满意度的影响，具体结果如表4-21所示。其中，回归模型1只考察了控制变量（性别、年龄、婚姻状况、教育水平和月收入）对满意度的影响，在0.05的显著性水平下，该模型显著解释了满意度4.48%的差异。回归模型2在回归模型1的基础上加入了政治面貌，考察政治面貌对满意度

---

① 如果被访者是专业人员或干部，其技术级别划分为高级、中级、初级和未定级；如果被访者是工人，其技术级别划分为技师以上、高级、中级、初级及以下。

的影响。结果显示，在保持人口学变量不变的情况下，党员/团员① 和群众（参照组）在满意度上有显著差异，而民主党派成员与其在满意度上没有显著差异，其中，党员/团员回归系数为2.641，该模型显著解释了满意度5.11%的差异。该结果表明，控制人口学变量保持不变的情况下，党员/团员的满意度显著高于群众2.641个单位，也就是说，与群众相比，党员/团员的满意度相对较高。回归模型3则在回归模型1的基础上加入了个人行政级别，考察个人行政级别对满意度的影响。结果显示，在保持人口学变量不变的情况下，科级、处级均与科员及以下（参照组）在满意度上有着显著差异，反而是司局级及以上的与其在满意度上没有显著差异，其中，科级、处级的回归系数分别为3.426和3.618，该模型显著解释了满意度5.12%的差异。该结果表明，控制人口学变量保持不变的情况下，科级、处级的满意度平均比科员及以下的满意度分别高3.426个和3.618个单位，即科级、处级的满意度相对高于科员及以下的群体。最后，回归模型4是在回归模型1的基础上加入个人技术级别，考察个人技术级别对满意度的影响。结果显示，在保持人口学变量不变的情况下，技术级别为高级、中级和初级的群体均与未定级的群体在满意度上没有显著差异，该模型显著解释了满意度4.53%的差异。

表4–21　社会身份与满意度的回归分析

	模型1 满意度	模型2 满意度	模型3 满意度	模型4 满意度
	已控制			
政治面貌（*以群众为参照*）				
民主党派		−2.111 （3.098）		
党员/团员		2.641*** （0.637）		
个人行政级别（*以科员及以下为参照*）				
科级			3.426*** （0.880）	
处级			3.618* （0.899）	
司局级及以上			2.956 （3.573）	

---

① 指代共产党员和共青团员。

续表

	模型1 满意度	模型2 满意度	模型3 满意度	模型4 满意度
	已控制			
个人技术级别（以未定级为参照）				
初级				−0.737 （0.845）
中级				0.726 （1.084）
高级				0.111 （1.703）
常数项	42.124*** （1.668）	38.821*** （1.900）	40.731*** （2.087）	41.302*** （1.928）
F值	24.36	19.61	11.45	11.44
R^2	4.48%	5.11%	5.12%	4.53%

注：括号内是标准误；$^+ p < 0.1$, $^* p < 0.05$, $^{**} p < 0.01$, $^{***} p < 0.001$。

——主观社会地位与满意度

人们对于自身的主观判断与评价更为直接影响着人们的情绪体验与社会行动，这里，我们考察主观社会地位与满意度间的关联。主观社会地位是人们对自己社会地位的综合评价，反映了个体对于自身在社会阶层中的定位与认同，通常作用于其主观感受。在1993年，我们将主观社会地位具体操作化为两个方面，分别是人们主观在单位中所感受到的社会地位和主观在社会中所感受到的社会地位，前者通过题器"如果人的地位可以分为五等，您认为您在单位中属于哪一等"、后者通过题器"如果人的地位可以分为五等，您认为您在社会中属于哪一等"来进行测度，答案均分为五个层次，分别是上等、中上等、中等、中下等和下等。后文中，我们将人们主观在单位中所感受到的社会地位简称为主观单位中的地位，将人们主观在社会中所感受到的社会地位简称为主观社会中的地位，两个方面综合起来可以较好地反映人们在主观社会地位上的状况。

将满意度同主观社会地位的两个面向进行方差分析，结果显示（见表4-22、表4-23、表4-24和图4-7），满意度在主观单位中的地位和主观社会中的地位上均存在显著差异。就前者而言，主观单位中的地位较高的群体，其满意度也相对较高；就后者而言，总体趋势依然如此，但当人们主观社会中的地位为上等时,其满意度相较于中上等群体又有较大的滑落。

表4-22 满意度在主观社会地位上的差异分布

		均值	标准差	样本量	差异显著性
主观单位中的地位①	下等	36.43	17.37	315	F=98.31,df=4 p=0.0000
	中下等	45.08	13.44	903	
	中等	50.21	13.59	1533	
	中上等	55.18	15.12	271	
	上等	63.11	16.78	33	
主观社会中的地位②	下等	37.69	16.83	379	F=92.28,df=4 p=0.0000
	中下等	45.23	13.15	1004	
	中等	51.26	13.66	1393	
	中上等	55.50	15.58	217	
	上等	47.72	24.22	36	

表4-23 主观单位中的地位在满意度上的多元比较检验

中下等−下等=8.64 (p=0.000)			
中等−下等=13.78 (p=0.000)	中等−中下等=5.14 (p=0.000)		
中上等−下等=18.74 (p=0.000)	中上等−中下等=10.10 (p=0.000)	中上等−中等=4.96 (p=0.000)	
上等−下等=26.67 (p=0.507)	上等−中下等=18.03 (p=0.000)	上等−中等=12.89 (p=0.000)	上等−中上等=7.93 (p=0.002)

注:表格中数值是不同层回归系数之差。

---

① 我们所使用的题器是"如果人的地位可以分为五等,您认为您在单位中属于哪一等",答案分为五个层次,分别是上等、中上等、中等、中下等和下等,测量的是人们在单位中所感受到的社会地位,简称为主观单位中的地位。

② 我们所使用的题器是"如果人的地位可以分为五等,您认为您在社会中属于哪一等",答案分为五个层次,分别是上等、中上等、中等、中下等和下等,测量的是人们在社会中所感受到的社会地位,简称为主观社会中的地位。

表4-24 主观社会中的地位在满意度上的多元比较检验

中下等−下等=7.54 （p=0.000）			
中等−下等=13.56 （p=0.000）	中等−中下等=6.03 （p=0.000）		
中上等−下等=17.80 （p=0.000）	中上等−中下等=10.27 （p=0.000）	中上等−中等=4.24 （p=0.000）	
上等−下等=10.03 （p=0.000）	上等−中下等=2.49 （p=0.302）	上等−中等=−3.53 （p=0.142）	上等−中上等=−7.77 （p=0.002）

注：表格中数值是不同层回归系数之差。

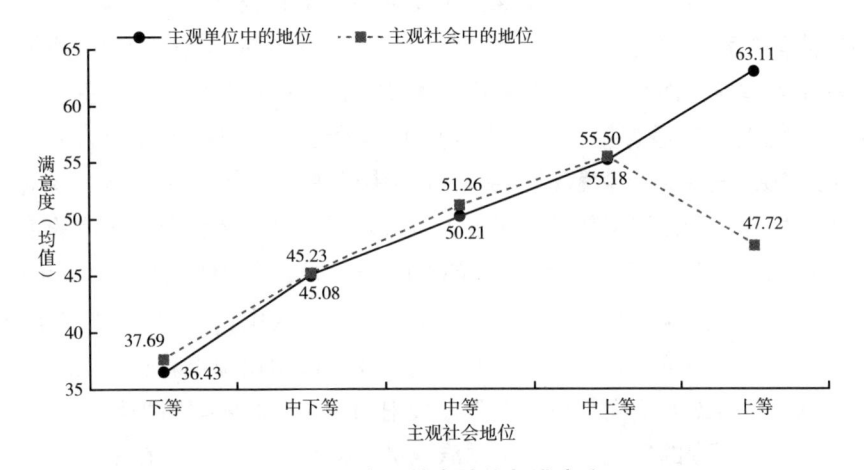

图4-7 主观社会地位与满意度

人们对于主观社会地位的认定离不开其客观状况与条件。那么，在1993年的社会中，究竟哪些自然社会特征参与形塑了个人的主观社会地位呢？它们又发挥着多大的作用呢？我们设计了一系列回归模型来进行探索，具体结果如表4-25和表4-26所示。

表4-25的6个回归模型主要关注的是各项特征对于主观社会中的地位的影响。其中，回归模型1只考察了控制变量（性别、年龄、婚姻状况）对主观社会中的地位的影响，在0.05的显著性水平下，该模型显著解释了主观社会中的地位0.29%的差异。回归模型2在回归模型1的基础上加入了月收入，考察月收入对主观社会中的地位的影响。结果显示，在控制变量保持不变的情况下，月收入为250—349元、350—499元和500

元及以上的群体与月收入为 0—149 元的群体（参照组）在主观社会中的地位上均有着显著差异，而月收入为 150—249 元的群体则与其没有显著差异，其中，月收入为 250—349 元、350—499 元和 500 元及以上的回归系数分别为 0.185、0.292 和 0.422，该模型显著解释了主观社会中的地位 2.17% 的差异。该结果表明，控制变量保持不变的情况下，月收入为 250—349 元、350—499 元和 500 元及以上的群体的主观社会中的地位分别比月收入为 0—149 元的群体平均要高 0.185 个、0.292 个和 0.422 个单位。总的来说，月收入越高，其主观社会中的地位越高。回归模型 3 在回归模型 1 的基础上加入了教育水平，考察教育水平对主观社会中的地位的影响。结果显示，在控制变量保持不变的情况下，教育水平为高中和大专的群体与教育水平为小学及以下（参照组）的群体在主观社会中的地位上有着显著差异，而教育水平为初中、本科及以上的群体则与其在主观社会中的地位上没有显著差异，其中，高中与大专的回归系数分别为 −0.222 和 −0.350，该模型显著解释了主观社会中的地位 2.45% 的差异。该结果表明，控制变量保持不变的情况下，教育水平为高中和大专的群体的主观社会中的地位比教育水平为小学及以下的群体要平均低 0.222 个和 0.350 个单位，也就是说，相对于小学及以下的群体，高中和大专学历的群体的主观社会中的地位要较低一些。回归模型 4 在回归模型 1 的基础上加入了政治面貌，考察政治面貌对于主观社会中的地位的影响。结果显示，在控制变量保持不变的情况下，民主党派成员与群众（参照组）在主观社会中的地位上没有显著差异，而党员/团员与其在主观社会中的地位上有着显著差异，其中，党员/团员的回归系数为 0.181，该模型显著解释了主观社会中的地位 1.26% 的差异。该结果表明，控制变量保持不变的情况下，党员/团员的主观社会中的地位比群众要平均高 0.181 个单位，也就是说，党员/团员的主观社会中的地位相较于普通群众要高一些。回归模型 5 在回归模型 1 的基础上加入了单位所有制，考察单位所有制对于主观社会中的地位的影响。结果显示，在控制变量保持不变的情况下，私营单位和国有单位成员均与集体单位成员（参照组）在主观社会中的地位上有着显著差异，其中，私营单位和国有单位的回归系数分别为 0.313 和 0.174，该模型显著解释了主观社会中的地位 1.26% 的差异。该结果表明，控制变量保持不变的情况下，私营单位和国有单位成员的主观社会中的地位分别比集体单位成员的主观社会中的地位高 0.313 个和 0.174 个单位，即集体单位成员的主观社会中的地位相对最低。回归模型6在回归模型1的基础上加入了职业类别，考察职业类别对于主观社会中的地位的影响。结果显示，除其他以外，其余职业类别均与工人（参照组）在主观社会中的地位上有着显著差异，其中，各类单位的负责人、党政机关干部、企事业单位管理人员和各类专业人员的回归系数分别为0.412、0.402、0.203和0.239，该模型显著解释了主观社会中的地位3.01%的差异。该结果表明，各类单位的负责人、党政机关干部、企事业单位管理人员和各类专业人员的主观社会中的地位平均比工人高0.412个、0.402个、0.203个和0.239个单位。也就是说，各类单位的负责人、党政机关干部的主观社会中的地位相对较高，企事业单位管理人员和各类专业人员的主观社会中的地位居于中间，工人和其他职业的主观社会中的地位则相对较低。

综合上述，我们发现，具有下列特征的群体，即月收入较高、文化程度为初中及以下或者本科及以上、属于共产党员或共青团员、私营单位成员、单位负责人或党政机关干部，其主观社会中的地位可能会相对较高。并且，在所讨论的5项特征中，职业、教育水平和月收入对于主观社会中的地位的解释力度相对较强，政治面貌和单位所有制的解释力度不再特别突出。这反映的是那个时期的社会分层状况，经济向度上的持续分化，使得收入水平越发成为衡量个体社会地位的尺度，而职业，尤其是掌握权力与资源的关键位置，是人们获取资源和机会的重要途径，教育水平则是谋求一份好职业的重要影响因素。

表4-25　各项自然社会特征与主观社会中的地位的回归分析

	模型1 主观社会中的地位	模型2 主观社会中的地位	模型3 主观社会中的地位	模型4 主观社会中的地位	模型5 主观社会中的地位	模型6 主观社会中的地位
	已控制					
月收入（以0—149元为参照）						
150—249元		0.020（0.058）				
250—349元		0.185**（0.065）				
350—499元		0.292***（0.073）				
500元及以上		0.422***（0.100）				

续表

	模型1 主观社会中的地位	模型2 主观社会中的地位	模型3 主观社会中的地位	模型4 主观社会中的地位	模型5 主观社会中的地位	模型6 主观社会中的地位
	已控制					
教育水平（以小学及以下为参照）						
初中			−0.043 （0.045）			
高中			−0.222*** （0.043）			
大专			−0.350*** （0.053）			
本科及以上			−0.149 （0.150）			
政治面貌（以群众为参照）						
民主党派				0.054 （0.176）		
党员/团员				0.181*** （0.034）		
单位所有制（以集体单位为参照）						
私营单位					0.313*** （0.063）	
国有单位					0.174*** （0.041）	
职业类别（以工人为参照）						
各类单位的负责人						0.412*** （0.078）
党政机关干部						0.402*** （0.051）
企事业单位管理人员						0.203*** （0.043）
各类专业人员						0.239*** （0.043）
其他						0.142 （0.088）
常数项	2.433*** （0.075）	2.326*** （0.089）	2.534*** （0.078）	2.246*** （0.085）	2.265*** （0.082）	2.251*** （0.078）
F值	2.81	8.33	10.27	7.39	7.32	11.13
R^2	0.29%	2.17%	2.45%	1.26%	1.26%	3.01%

注：括号内是标准误；$^+p<0.1$，$^*p<0.05$，$^{**}p<0.01$，$^{***}p<0.001$。

表 4-26 的 5 个回归模型主要关注的是各项特征对于主观单位中的地位的影响。其中，回归模型 1 只考察了控制变量（性别、年龄、婚姻状况）对主观单位中的地位的影响，在 0.05 的显著性水平下，该模型显著解释了主观单位中的地位 1.04% 的差异。回归模型 2、回归模型 3、回归模型 4、回归模型 5 在回归模型 1 的基础上分别考察了月收入、教育水平、政治面貌和职业类别对于主观单位中的地位的影响，其结果均与其对于主观社会中的地位的影响大体一致，各个模型分别显著解释了主观单位中的地位 2.59%、2.45%、2.76% 和 4.06% 的差异。具体地说，控制变量保持不变的情况下，月收入为 250—349 元、350—499 元和 500 元及以上的群体的主观单位中的地位分别比月收入为 0—149 元的群体要平均高 0.163 个、0.189 个和 0.350 个单位；教育水平为高中和大专的群体的主观单位中的地位比教育水平为小学及以下的群体要平均低 0.187 个和 0.249 个单位；党员/团员的主观单位中的地位比群众要平均高 0.234 个单位；各类单位的负责人、党政机关干部、企事业单位管理人员、各类专业人员及其他职业类别的主观单位中的地位要比工人平均高 0.566 个、0.171 个、0.321 个、0.189 个和 0.184 个单位。相较于各项特征对于主观社会中的地位的影响，它们对于主观单位中的地位的影响中有两点需要注意，一是政治面貌对于主观单位中的地位的解释力度比对于主观社会中的地位的解释力度有明显提高；二是在职业类别中，党政机关干部的主观社会中的地位相对更高，其主观单位中的地位没有那么突出，而企事业单位管理人员的主观社会中的地位没有那么突出，但主观单位中的地位相对较高。

表 4-26　各项自然社会特征与主观单位中的地位的回归分析

	模型1 主观单位中的地位	模型2 主观单位中的地位	模型3 主观单位中的地位	模型4 主观单位中的地位	模型5 主观单位中的地位
控制变量	已控制				
月收入（以0—149元为参照）					
150—249元		0.007 (0.057)			
250—349元		0.163* (0.064)			

续表

	模型1 主观单位中的地位	模型2 主观单位中的地位	模型3 主观单位中的地位	模型4 主观单位中的地位	模型5 主观单位中的地位
控制变量	已控制				
350—499元		0.189** (0.071)			
500元及以上		0.350*** (0.098)			
教育水平(以小学及以下为参照)					
初中			−0.037 (0.044)		
高中			−0.187*** (0.042)		
大专			−0.249*** (0.052)		
本科及以上			−0.236 (0.145)		
政治面貌(以群众为参照)					
民主党派				−0.007 (0.170)	
党员/团员				0.234*** (0.033)	
职业类别(以工人为参照)					
各类单位的负责人					0.566*** (0.076)
党政机关干部					0.171*** (0.050)
企事业单位管理人员					0.321*** (0.042)
各类专业人员					0.189*** (0.041)
其他					0.184* (0.085)
常数项	2.374*** (0.073)	2.271*** (0.088)	2.436*** (0.076)	2.114*** (0.082)	2.248*** (0.076)
F值	10.41	10.08	10.37	16.53	15.31
R^2	1.04%	2.59%	2.45%	2.76%	4.06%

注:括号内是标准误;$^+ p < 0.1$,$^* p < 0.05$,$^{**} p < 0.01$,$^{***} p < 0.001$。

2. 社会信任和社会信心的状况与分析

社会信任和社会信心是人们在期望与期望实现过程中表现出来的一种稳定的预期。关于社会信任与社会信心的操作化,我们仍然延续1987年的思路,假定丧失社会信任和社会信心的一个重要行为后果是对社会事务的冷漠、不关心,间接反映出人们对未来的失望。反过来,人们在社会与政治行为上的态度愈积极,对社会政治事务愈关心,对社会政治参与愈热情,那么,其社会信任与社会信心的程度就会愈高。基于此,我们筛选出一些社会参与的题器来构成社会信任和社会信心量表以测度当时的状况。不过,相较于1987年的调查,我们主要采用的是测量参与期望的题器,这些相对全面的参与期望可以综合地反映人们在单位生活中对于社会与政治参与的态度,从而映射其社会信任和社会信心的水平。在此基础上,我们描述与分析当时人们在社会信任和社会信心上的状况。

——人口学特征与信任和信心

根据社会信任和社会信心的方差分析结果(见表4-27),我们发现:1993年,在0.05的显著性水平上,人们的信任和信心在性别、年龄、婚姻状况、教育水平和月收入上均呈现出显著的差异。其中,就性别来说,男性的信任和信心显著高于女性;就年龄来说,人们的信任和信心与年龄表现为倒U形关系,年龄为41—50岁的群体,其信任和信心相对最高;就婚姻状况而言,已婚者的信任和信心略高于未婚者,离婚者的信任和信心相对最低,丧偶者的信任和信心相对最高;就教育水平来说,人们的信任和信心与教育水平表现为U形关系,教育水平为大专的群体,其信任和信心相对最低;就收入水平来说,总体上,收入水平越高的群体,其信任和信心也相对越高。年龄、教育水平和月收入与信任和信心的具体趋势详见图4-8。

表4-27 信任和信心在人口学变量上的差异分布

		均值	标准差	样本量	差异显著性
性别	男	77.08	32.50	1412	$F=6.78$, $df=1$ $p=0.0093$
	女	73.75	34.28	1322	
年龄	18—30岁	73.44	34.50	1353	$F=7.75$, $df=3$ $p=0.0000$
	31—40岁	75.44	33.45	780	
	41—50岁	82.84	28.22	371	
	51岁及以上	76.37	33.49	167	

续表

		均值	标准差	样本量	差异显著性
婚姻状况	未婚	73.81	35.08	686	F=4.34，df=3 p=0.0047
	已婚	76.36	35.72	1964	
	丧偶	85.29	25.58	12	
	离婚	57.00	36.97	29	
教育水平	小学及以下	79.28	30.29	605	F=6.31，df=4 p=0.0000
	初中	76.78	31.87	752	
	高中	75.27	34.80	911	
	大专	68.80	36.01	393	
	本科及以上	72.19	38.32	37	
月收入	0—149元	71.69	37.08	236	F=9.56，df=4 p=0.0000
	150—249元	72.40	34.22	1288	
	250—349元	78.50	31.16	553	
	350—499元	82.93	29.32	292	
	500元及以上	82.45	31.13	107	

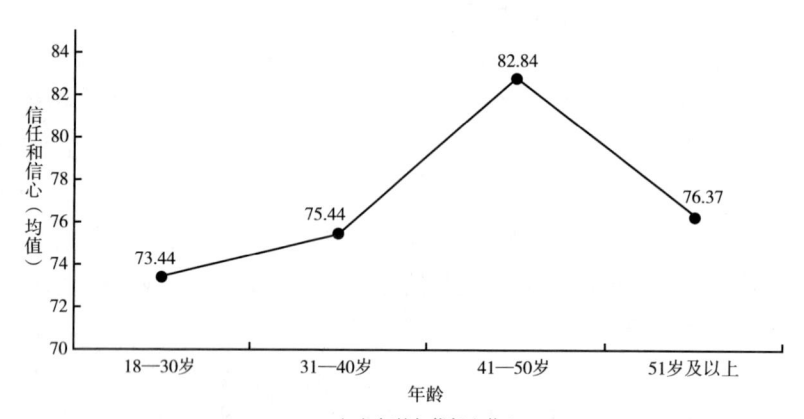

（1）年龄与信任和信心

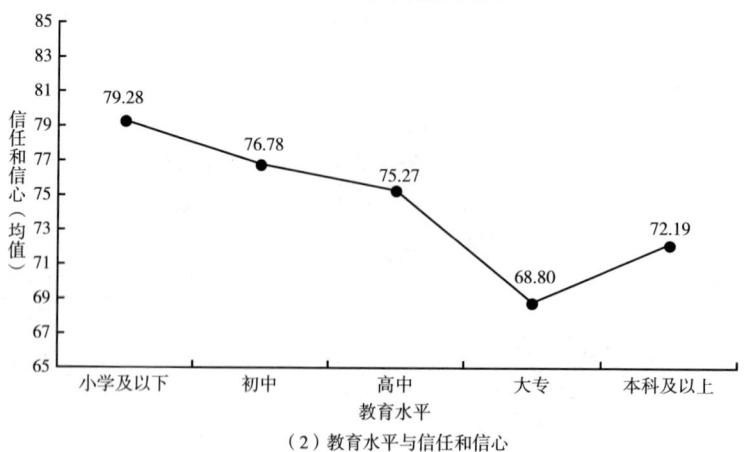

（2）教育水平与信任和信心

```
      84
           82.93   82.45
      82
信
任
和    78.50
信 78
心
(
均    
值    72.40
)     71.69
      72

      70
         0—149元  150—249元  250—349元  350—499元  500元及以上
                            月收入
```

（3）月收入与信任和信心

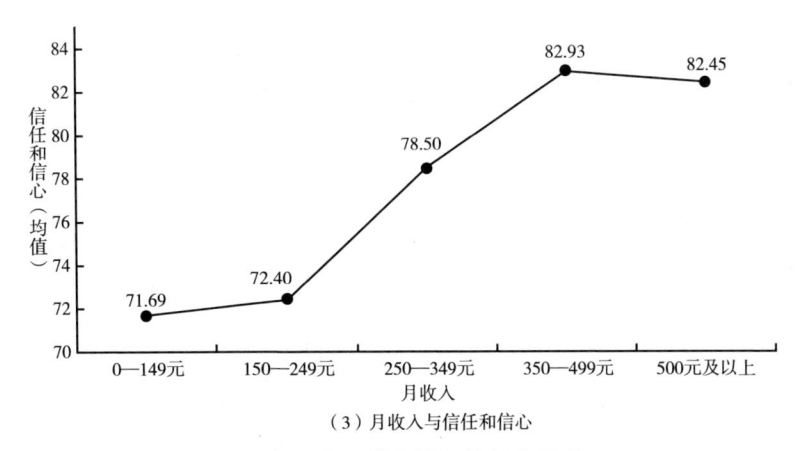

图4-8　人口学变量与信任和信心

——单位和工作特征与信任和信心

接下来，我们同样从单位所有制、单位类型与单位级别这三项单位特征以及职业类别与工作性质这两项工作特征着手，来观察信任和信心在这些特征上的表现。根据差异分析（见表4-28），我们发现，除了单位级别，人们的信任和信心在单位所有制、单位类型、职业类别和工作性质上均有着显著差异。

表4-28　信任和信心在单位和工作特征上的差异分布

		均值	标准差	样本量	差异显著性
单位所有制	集体单位	71.60	35.99	506	$F=4.47$, $df=2$ $p=0.0115$
	私营单位	77.36	30.78	239	
	国有单位	76.36	33.03	1962	
单位类型	政府事业单位	74.93	33.34	1134	$F=4.11$, $df=3$ $p=0.0064$
	国企单位	77.71	32.37	916	
	集企单位	71.15	36.40	435	
	私企单位及其他	77.01	31.88	276	
单位级别	省部级	74.88	33.90	406	$F=1.92$, $df=5$ $p=0.0882$
	司局地级	86.28	28.58	69	
	地县级	76.70	33.30	592	
	科级	74.49	33.92	834	
	股级	77.10	31.51	448	
	无行政级	75.67	32.64	121	

续表

		均值	标准差	样本量	差异显著性
职业类别	工人	71.23	35.54	869	$F=9.22$, $df=5$ $p=0.0000$
	党政群团、企事业单位负责人	82.79	28.73	118	
	党政机关干部	74.93	32.62	348	
	企事业单位管理人员	79.26	30.87	624	
	各类专业技术人员	78.77	31.83	657	
	其他	63.95	39.58	94	
工作性质	固定工	74.53	34.00	1015	$F=2.65$, $df=3$ $p=0.0447$
	合同制工	73.13	35.56	440	
	临时工	64.15	40.43	76	
	其他	68.54	35.04	76	

具体就单位所有制来说，私人所有制和国家所有制的单位成员的信任和信心相对较高，而集体所有制的单位成员的信任和信心相对较低；就单位类型来说，国企单位和私企单位及其他非公有单位的单位成员的信任和信心相对较高，集企单位成员的信任和信心相对较低，政府事业单位成员的信任和信心则居于其间。这里需要解释的是，为什么在当时的情况下，除国营企业职工外，单位人的信任和信心要低于非单位人。我们认为一个根本的原因是经济体制改革对单位人的冲击，是这种改革对单位人在长期社会化过程中所形成的行为规范和价值观念所带来的前所未有的震荡。一些以前被认为在单位中理所当然地应该得到的东西，诸如像企业办社会所提供的各种服务，突然一下子要失去，或者变得不理所当然了；以前被社会所否定的，现在被肯定；而那些以前被肯定的东西现在又被否定……恐怕再没有什么别的能比这种情况更让人们感到迷茫和无所适从了。正是在这样的一种情况下，单位成员的信任和信心比非单位成员低似乎就变得不可避免了。而国营企业职工在改革过程中，受到来自国家的相对较多的保护，可能是其信任和信心能够维持较高水平的一个重要原因。

就职业类别来说，党政群团、企事业单位负责人、企事业单位管理人员和各类专业技术人员的信任和信心相对较高，而党政机关干部、工人以及其他类别职业群体的信任和信心相对较低；就工作性质来说，固定工和合同制工的信任和信心相对较高，但临时工和其他工作性质的工人的信任和信心相对较低。其中，职业类别、工作性质与信任和信心之间的具体趋势详见图4-9。总的来说，信任和信心在单位与工作特征这两个向度上有一定程度的群体差异，但人们的社会信任和社会信心还是相对集中地表现出一种比较良好的状态。

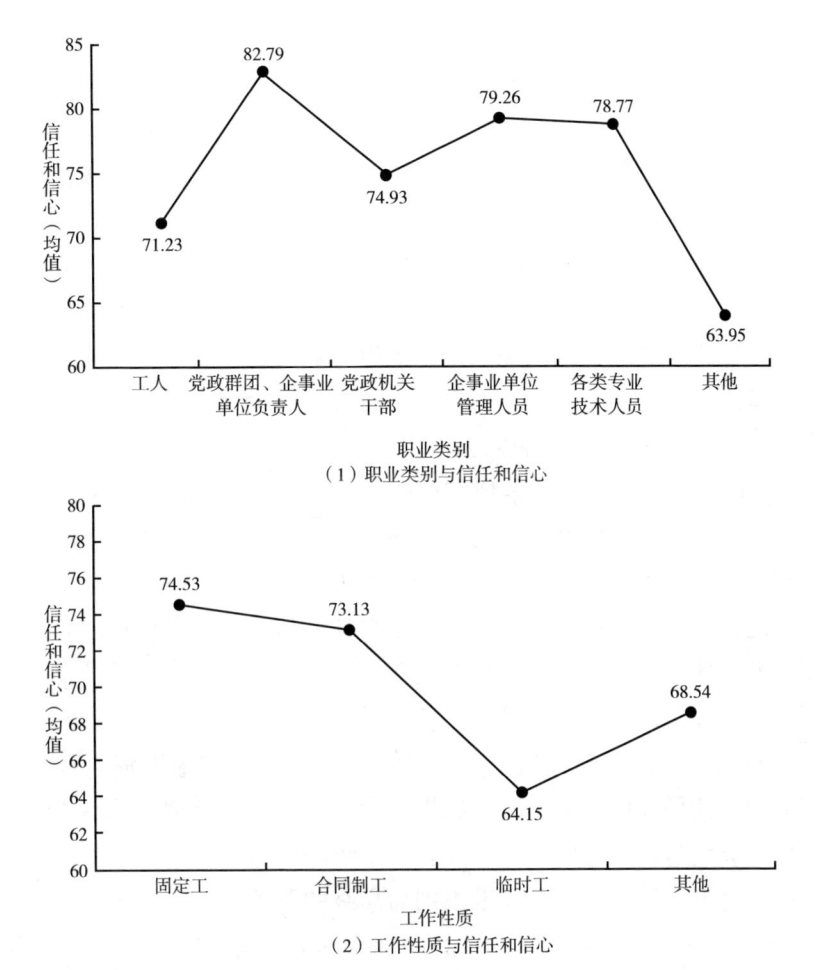

图4-9 单位和工作特征与信任和信心

——社会身份与信任和信心

除人口学、单位与工作特征外，这里，我们继续考察个人的政治面貌、行政级别和技术级别对于信任和信心的影响，通过回归分析具体进行探索，结果如表4-29所示。其中，回归模型1只考察了控制变量（性别、年龄、婚姻状况、教育水平和月收入）对信任和信心的影响，在

0.05 的显著性水平下，该模型显著解释了信任和信心 2.58% 的差异。回归模型 2 在回归模型 1 的基础上加入了政治面貌，考察政治面貌对信任和信心的影响。结果显示，在保持人口学变量不变的情况下，党员/团员①和群众（参照组）在信任和信心上有显著差异，而民主党派成员与其在信任和信心上没有显著差异，其中，党员/团员回归系数为 6.783，该模型显著解释了信任和信心 3.61% 的差异。该结果表明，控制人口学变量保持不变的情况下，党员/团员的信任和信心显著高于群众 6.783 个单位，也就是说，相对于群众来说，党员/团员的信任和信心要高一些。

回归模型 3 在回归模型 1 的基础上加入了个人行政级别，考察个人行政级别对信任和信心的影响。结果显示，在控制人口学变量不变的情况下，行政级别为科级与司局级及以上的群体和行政级别为科员及以下的群体（参照组）在信任和信心上有着显著差异，而处级则与其在信任和信心上没有显著差异，其中，科级与司局级及以上的回归系数分别为 4.533 和 19.005，该模型显著解释了信任和信心 3.33% 的差异。该结果表明，控制人口学变量保持不变的情况下，行政级别为科级与司局级及以上的群体在信任和信心上的表现分别比科员及以下要平均高 4.533 个和 19.005 个单位。简而言之，科级、司局级及以上的干部群体的信任和信心相对较高，科员及以下的群体，其信任和信心相对较低，且处级干部群体与科员及以下的群体在信任和信心上的表现没有显著差异。

回归模型 4 在回归模型 1 的基础上加入了个人技术级别，考察个人技术级别对信任和信心的影响。结果显示，在控制人口学变量不变的情况下，技术级别为初级与中级的群体和未定级的群体（参照组）在信任和信心上有着显著差异，反而是技术级别为高级的群体与其在信任和信心上没有显著差异，其中，初级与中级的回归系数分别为 5.259 和 9.917，该模型显著解释了信任和信心 2.57% 的差异。该结果表明，控制人口学变量不变的情况下，技术级别为初级和中级的群体在信任和信心上的表现分别比未定级的群体要平均高 5.259 个和 9.917 个单位，也就是说，初级和中级技术群体的信任和信心相对较高，未定级和高级技术群体的信任和信心相对较低。

---

① 指代共产党员和共青团员。

表4–29 社会身份与信任和信心的回归分析

	模型1 信任和信心	模型2 信任和信心	模型3 信任和信心	模型4 信任和信心
	已控制			
政治面貌（以群众为参照）				
民主党派		−10.407 （7.526）		
党员/团员		6.783*** （1.530）		
个人行政级别（以科员及以下为参照）				
科级			4.533* （2.018）	
处级			5.621+ （3.349）	
司局级及以上			19.005* （8.648）	
个人技术级别（以未定级为参照）				
初级				5.259** （2.010）
中级				9.917*** （2.604）
高级				4.649 （4.188）
常数项	80.206*** （4.262）	70.873*** （4.741）	77.661*** （4.945）	68.730*** （4.929）
F值	10.22	10.65	5.77	5.11
R^2	2.58%	3.61%	3.33%	2.57%

注：括号内是标准误；+ $p<0.1$，* $p<0.05$，** $p<0.01$，*** $p<0.001$。

——主观社会地位与信任和信心

主观社会地位是个人对自身的社会地位的综合评价，考察信任和信心在主观社会地位上的差异（见表4-30、表4-31、表4-32和图4-10），我们发现：不同主观社会地位的群体，其信任和信心的充足程度有显著差异。就主观单位中的地位来说，主观社会地位较高的群体，其信任和信心也相对较高；就主观社会中的地位来说，从下等地位到中上等地位群体，主观社会地位较高的群体，其信任和信心也相对较高，但主观社会地位为上等的群体，其信任和信心程度又有明显的滑落。

表4-30 信任和信心在主观社会地位上的差异分布

		均值	标准差	样本量	差异显著性
主观单位中的地位	下等	61.62	38.79	283	$F=25.14$，$df=4$ $p=0.0000$
	中下等	72.62	35.69	822	
	中等	78.17	31.19	1355	
	中上等	86.63	22.99	237	
	上等	92.85	19.30	26	
主观社会中的地位	下等	61.25	39.44	333	$F=22.49$，$df=4$ $p=0.0000$
	中下等	74.80	34.35	904	
	中等	78.56	30.97	1240	
	中上等	84.87	24.51	194	
	上等	79.06	28.95	34	

表4-31 主观单位中的地位在信任和信心上的多元比较检验

中下等−下等=10.99 ($p=0.000$)			
中等−下等=16.54 ($p=0.000$)	中等−中下等=5.55 ($p=0.001$)		
中上等−下等=25.00 ($p=0.000$)	中上等−中下等=14.01 ($p=0.000$)	中上等−中等=8.46 ($p=0.000$)	
上等−下等=31.23 ($p=0.000$)	上等−中下等=20.24 ($p=0.002$)	上等−中等=14.69 ($p=0.024$)	上等−中上等=6.22 ($p=0.358$)

注：表格中数值是不同层回归系数之差。

表4-32 主观社会中的地位在信任和信心上的多元比较检验

中下等−下等=13.55 ($p=0.000$)			
中等−下等=17.31 ($p=0.000$)	中等−中下等=3.76 ($p=0.009$)		
中上等−下等=23.62 ($p=0.000$)	中上等−中下等=10.07 ($p=0.000$)	中上等−中等=6.31 ($p=0.013$)	
上等−下等=17.81 ($p=0.003$)	上等−中下等=4.26 ($p=0.458$)	上等−中等=0.50 ($p=0.931$)	上等−中上等=−5.81 ($p=0.341$)

注：表格中数值是不同层回归系数之差。

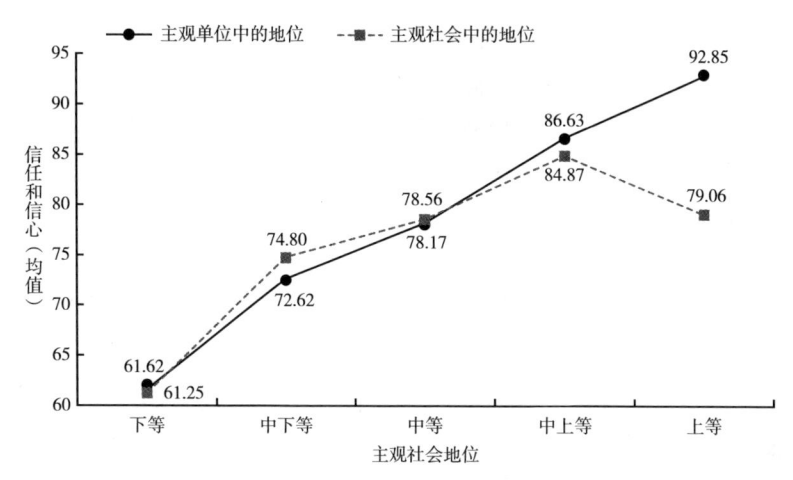

图4-10 主观社会地位与信任和信心

3. 总体性社会情绪的状况与分析

将总体性社会情绪操作化为满意度、社会信任和社会信心，可以较好地勾连总体性社会情绪的经验现象与学理思考。借助1993年的数据，我们利用生成的满意度和社会信任与社会信心两个子量表，通过处理和加总，生成了取值范围为0—100的潜变量总体性社会情绪，来反映当年人们在总体性社会情绪上的状况，并对此进行进一步的描述与分析。

——人口学特征与总体性社会情绪

我们分析1993年我国社会的总体性社会情绪在人口学变量上的差异。将总体性社会情绪同性别、年龄、婚姻状况、教育水平和月收入等人口学变量进行方差分析（见表4-33），我们发现：1993年，在0.05的显著性水平上，人们的总体性社会情绪在性别、年龄、婚姻状况、教育水平和月收入上都存在显著差异。其中，就性别而言，男性的总体性社会情绪显著高于女性；就年龄来说，年龄与总体性社会情绪的关联大体呈倒U形趋势，41—50岁的群体在总体性社会情绪上的表现相对最好；就婚姻状况而言，已婚者的总体性社会情绪相对高于未婚者，离婚者在总体性社会情绪上的表现相对最差；就教育水平来说，教育水平和总体性社会情绪的关联大体呈U形趋势，大专学历群体的总体性社会情绪相对最低；就月收入而言，收入水平越高的群体，其在总体性社会情绪上的表现也越好。其中，年龄、教育水平和月收入与总体性社会情绪的具体趋势详见图4-11。

表4-33 总体性社会情绪在人口学变量上的差异分布

		均值	标准差	样本量	差异显著性
性别	男	62.85	18.51	1392	$F=14.40$，$df=1$ $p=0.0002$
	女	60.08	19.45	1302	
年龄	18—30岁	59.94	19.21	1333	$F=13.20$，$df=3$ $p=0.0000$
	31—40岁	61.29	19.12	769	
	41—50岁	66.63	16.90	366	
	51岁及以上	64.21	19.40	164	
婚姻状况	未婚	59.63	19.45	675	$F=7.48$，$df=3$ $p=0.0001$
	已婚	62.35	18.71	1936	
	丧偶	69.43	12.00	12	
	离婚	50.46	23.42	29	
教育水平	小学及以下	63.98	17.79	598	$F=9.31$，$df=4$ $p=0.0000$
	初中	62.95	17.58	738	
	高中	61.04	19.80	897	
	大专	57.09	20.46	390	
	本科及以上	58.22	24.02	37	
月收入	0—149元	56.97	20.15	232	$F=22.73$，$df=4$ $p=0.0000$
	150—249元	58.88	19.20	1265	
	250—349元	64.38	17.31	549	
	350—499元	66.98	16.84	287	
	500元及以上	68.20	17.66	106	

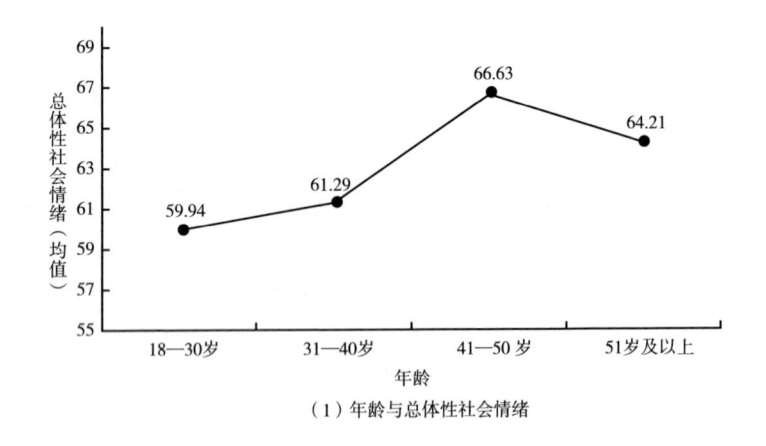

(1) 年龄与总体性社会情绪

(2）教育水平与总体性社会情绪

(3）月收入与总体性社会情绪

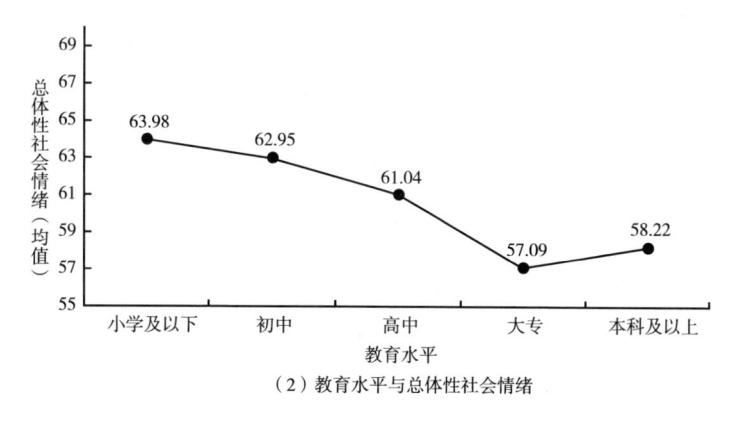

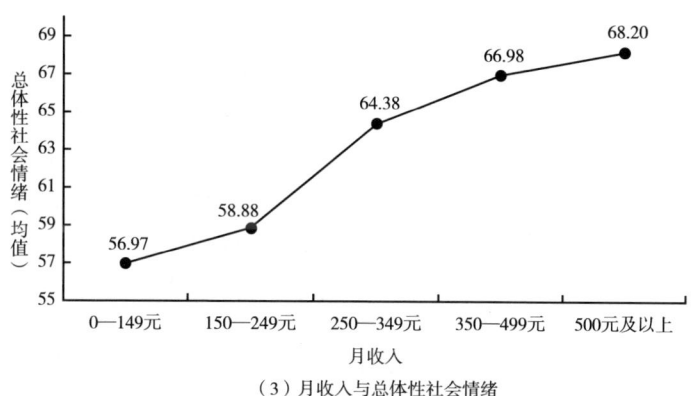

图4-11 人口学变量与总体性社会情绪

——单位和工作特征与总体性社会情绪

从单位所有制、单位类型、单位级别这三项单位特征来看，总体性社会情绪在单位所有制、单位类型和单位级别上均有显著差异（见表4-34），即集体所有制中的单位员工在总体性社会情绪上的表现要稍差于国家所有制单位和私人所有制单位中的单位成员；集企单位成员的总体性社会情绪要弱于国企单位和政府事业单位，更弱于私企单位及其他非公有单位；司局地级及以上单位的成员在总体性社会情绪上的表现明显高于其他级别单位的成员，单位级别和总体性社会情绪的趋势详见图4-12。

表4-34 总体性社会情绪在单位和工作特征上的差异分布

		均值	标准差	样本量	差异显著性
单位所有制	集体单位	58.66	20.99	501	$F=7.87$,$df=2$ $p=0.0004$
	私营单位	63.64	18.33	237	
	国有单位	62.05	18.55	1930	
单位类型	政府事业单位	62.12	18.98	1115	$F=4.36$,$df=3$ $p=0.0045$
	国企单位	61.93	17.88	901	
	集企单位	58.48	21.30	432	
	私企单位及其他	62.38	18.96	272	
单位级别	省部级	61.12	19.79	404	$F=2.58$,$df=5$ $p=0.0244$
	司局地级	67.20	17.21	69	
	地县级	61.38	18.52	580	
	科级	61.01	19.20	821	
	股级	63.77	17.51	442	
	无行政级	62.14	18.36	121	
职业类别	工人	57.56	19.96	855	$F=18.74$,$df=5$ $p=0.0000$
	党政群团、企事业单位负责人	68.33	17.48	117	
	党政机关干部	63.08	18.86	340	
	企事业单位管理人员	64.75	17.66	615	
	各类专业技术人员	63.18	17.65	651	
	其他	54.36	20.43	94	
工作性质	固定工	60.29	19.36	1000	$F=3.20$,$df=3$ $p=0.0225$
	合同制工	60.06	20.12	432	
	临时工	53.09	22.98	75	
	其他	58.56	19.66	74	

值得注意的是,前面的探索中,我们发现满意度在单位级别上有显著差异,但信任和信心在单位级别上是没有显著差异的。这可能是因为,单位级别在很大程度上决定了单位资源的性质与多寡,使得人们的生活境遇以及满意与否的感受在这个向度上有所分化;但是彼时当下单位的资源状

况和单位成员的生活境遇并非主导信任和信心的因素，恰恰是其变化的趋势形塑了人们对未来的预期，所以信任与信心在这个向度上表现得相对一致。1993 年，总体性社会情绪在单位所有制、单位类型和单位级别三个向度上均有所分化，但其分化都相对较弱，这反映出的是当时社会中的一种由改革开放所带来的"欣欣向荣"的整体氛围。就当时的结构性背景来说，1992 年邓小平同志南方谈话结束后，整个社会掀起了进一步改革开放的热潮；既往的体制改革探索也在这个时期初见成效，人们感受到实实在在的变化。可能正是这种"欣欣向荣"的时代底色冲淡了满意度上的分化，使人们普遍有着较好的信任和信心，从而在总体性社会情绪上凝聚成相对一致的情绪表达。

就工作特征而言，总体性社会情绪在职业类别和工作性质上均存在显著差异（见表 4-34）。职业类别上，党政群团、企事业单位负责人在总体性社会情绪上的感受相对最好，企事业单位管理人员、各类专业技术人员、党政机关干部在总体性社会情绪上的感受良好，相对而言，工人和其他类别职业群体在总体性社会情绪上的感受则较差。工作性质上，固定工和合同制工在总体性社会情绪上的感受相对较好，而临时工在总体性社会情绪上的感受相对较差。这一时期，国企改制的步伐逐渐加快，相关政策与战略不断进行调适，一些国企员工下岗，进入劳动力市场中自由流动，这一群体大多是普通工人，下岗后部分成为临时工，因此，这部分人在总体性社会情绪上的感受要相对差一些。其中，将总体性社会情绪在职业类别与工作性质上的差异状况可视化，具体见图 4-12。

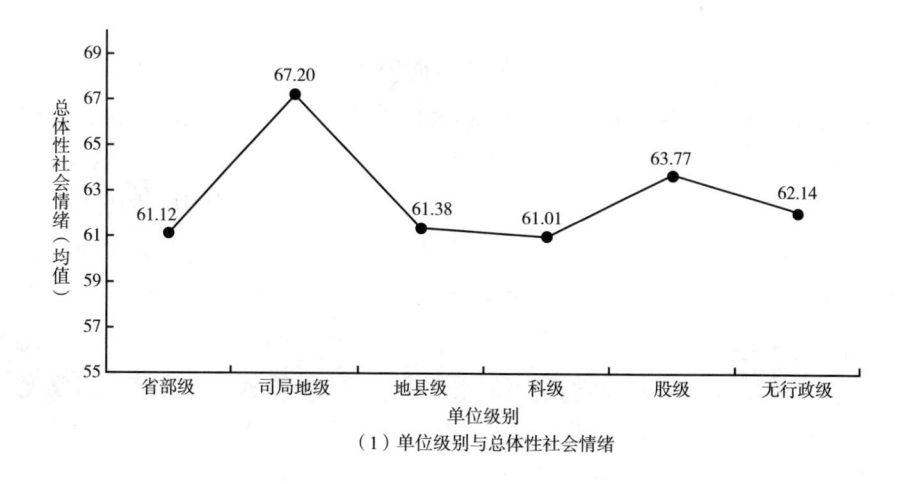

（1）单位级别与总体性社会情绪

（2）职业类别与总体性社会情绪

（3）工作性质与总体性社会情绪

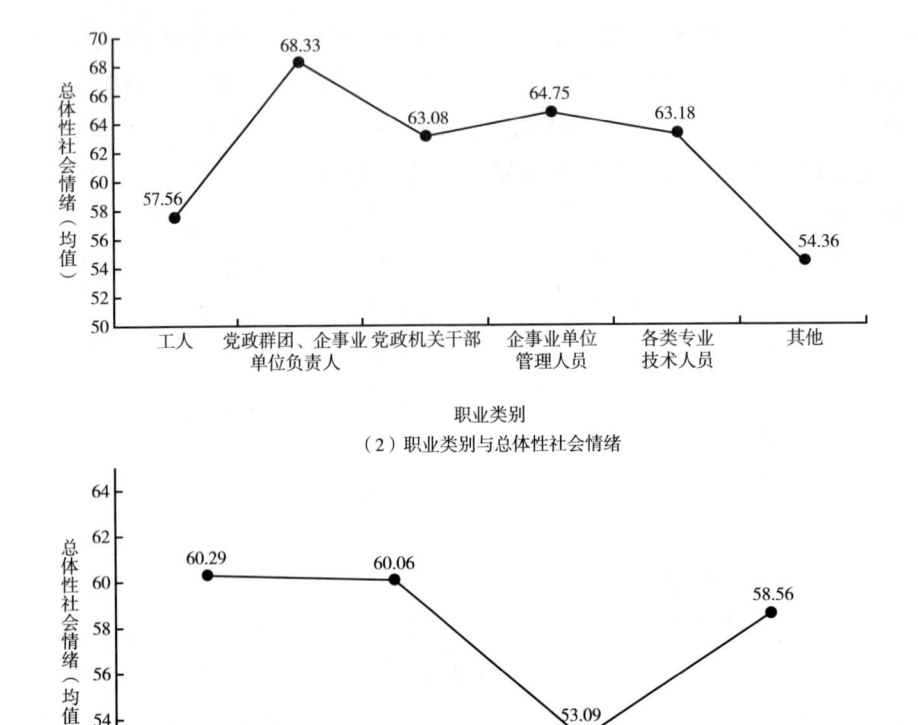

图4-12　单位和工作特征与总体性社会情绪

——社会身份与总体性社会情绪

在这里，我们同样考察个人的政治面貌、行政级别和技术级别对于总体性社会情绪的影响。这三项特征实际上反映的是个体的政治身份、行政权力和技术水平，它们在很大程度上标识了个体的社会身份。

通过回归分析具体进行探索，结果如表4-35所示。其中，回归模型1只考察了控制变量（性别、年龄、婚姻状况、教育水平和月收入）对总体性社会情绪的影响，在0.05的显著性水平下，该模型显著解释了总体性社会情绪4.52%的差异。回归模型2在回归模型1的基础上加入了政治面貌，考察政治面貌对总体性社会情绪的影响。结果显示，在保持人口学变量不变的情况下，党员/团员、民主党派成员均与群众（参照组）在总体性社会情绪上有着显著差异，其中，党员/团员和民主党派回归系数分别为 4.563 和 -8.376，该模型显著解释了总体性社会情绪 6.03% 的差异。该结果表明，控制人口学变量保持不变的情况下，党员/团员的总体性社会情绪显著高于群众 4.563 个单位，而民主党派成员的总体性社会情绪显著低于群众 8.376 个单位。回归模型 3 在回归模型 1 的基础上加入了个人行政级别，考察个人行政级别对总体性社会情绪的影响。结果显示，在控制人口学变量不变的情况下，其他行政级别均与科员及以下（参照组）存在着显著差异，其中，科级、处级与司局级及以上的回归系数分别为 3.715、3.811 和 12.296，该模型显著解释了总体性社会情绪 5.71% 的差异。该结果表明，控制人口学变量保持不变的情况下，行政级别为科级、处级与司局级及以上的群体在总体性社会情绪上的表现分别比科员及以下高 3.715 个、3.811 个和 12.296 个单位。回归模型 4 在回归模型 1 的基础上加入了个人技术级别，考察个人技术级别对总体性社会情绪的影响。结果显示，在控制人口学变量不变的情况下，技术级别为初级和中级的群体与未定级的群体（参照组）在总体性社会情绪上有显著差异，其中，初级和中级技术的回归系数分别为 2.569 和 5.618，该模型显著解释了总体性社会情绪 4.47% 的差异。该结果表明，控制人口学变量保持不变的情况下，技术级别为初级和中级的群体在总体性社会情绪上的表现比未定级的群体平均要高 2.569 个和 5.618 个单位，也就是说，初级和中级技术群体的总体性社会情绪相对较好。

表4-35 社会身份与总体性社会情绪的回归分析

	模型1 总体性社会情绪	模型2 总体性社会情绪	模型3 总体性社会情绪	模型4 总体性社会情绪
	已控制			
政治面貌（以群众为参照）				
民主党派		-8.376* (4.202)		
党员/团员		4.563*** (0.859)		
个人行政级别（以科员及以下为参照）				
科级			3.715** (1.130)	
处级			3.811* (1.888)	

续表

	模型1 总体性社会情绪	模型2 总体性社会情绪	模型3 总体性社会情绪	模型4 总体性社会情绪
	已控制			
司局级及以上			12.296* （4.881）	
个人技术级别（以未定级为参照）				
初级				2.569* （1.130）
中级				5.618*** （1.464）
高级				2.485 （2.352）
常数项	58.368*** （2.233）	52.076*** （2.536）	55.842*** （2.636）	52.241*** （2.540）
F值	21.62	20.63	11.29	10.08
R^2	4.52%	6.03%	5.71%	4.47%

注：括号内是标准误；$^+ p < 0.1$，$^* p < 0.05$，$^{**} p < 0.01$，$^{***} p < 0.001$。

综合上述，我们发现，具有下列特征的群体，即共产党员或共青团员、个人行政级别较高、个人技术级别为中级，其总体性社会情绪可能会相对较高。并且，在三项社会身份特征中，政治面貌和个人行政级别对于总体性社会情绪的解释力度相对较高，而个人技术级别的解释力度则相对有限，这说明在当时的社会中，基于政治身份与行政权力所形成的区隔比较显著，而技术上的分化则影响相对较弱，可能从一个侧面说明整个社会对于尊重知识和尊重人才的风气还需要进一步培育。在上述基于政治身份和行政权力而形成的显著区隔下，一些社会失范现象的出现在客观上似乎就变得不可避免，这就使得人们在主观上能够体验到强烈的不公平和被相对剥夺的感受。

——主观社会地位与总体性社会情绪

考虑主观社会地位在总体性社会情绪上的差异（见表4-36、表4-37、表4-38和图4-13），我们发现：在主观单位中的地位方面，主观社会地位越高的群体，其总体性社会情绪也相对越好；而在主观社会中的地位方面，主观社会地位与总体性社会情绪大体上呈现为一种倒U形的趋势，即中上等地位群体在总体性社会情绪上表现得相对最好，下等地位群体在总体性社会情绪上表现得相对最差，中等、上等和中下等地位群体则居于其间。

表4-36 总体性社会情绪在主观社会地位上的差异分布

		均值	标准差	样本量	差异显著性
主观单位中的地位	下等	48.62	20.95	277	$F=69.01$, $df=4$ $p=0.0000$
	中下等	58.56	19.26	811	
	中等	64.10	17.28	1340	
	中上等	71.00	15.30	235	
	上等	78.40	14.01	26	
主观社会中的地位	下等	48.87	21.18	327	$F=61.18$, $df=4$ $p=0.0000$
	中下等	59.92	18.62	894	
	中等	64.75	17.32	1228	
	中上等	70.05	15.87	191	
	上等	62.93	21.83	33	

表4-37 主观单位中的地位在总体性社会情绪上的多元比较检验

中下等–下等=9.94 ($p=0.000$)				
中等–下等=15.48 ($p=0.000$)	中等–中下等=5.54 ($p=0.000$)			
中上等–下等=22.38 ($p=0.000$)	中上等–中下等=12.44 ($p=0.000$)	中上等–中等=6.90 ($p=0.000$)		
上等–下等=29.78 ($p=0.000$)	上等–中下等=19.83 ($p=0.000$)	上等–中等=14.30 ($p=0.000$)	上等–中上等=7.40 ($p=0.048$)

注：表格中数值是不同层回归系数之差。

表4-38 主观社会中的地位在总体性社会情绪上的多元比较检验

中下等–下等=11.06 ($p=0.000$)				
中等–下等=15.88 ($p=0.000$)	中等–中下等=4.82 ($p=0.000$)			
中上等–下等=21.18 ($p=0.000$)	中上等–中下等=10.13 ($p=0.000$)	中上等–中等=5.30 ($p=0.000$)		
上等–下等=14.07 ($p=0.000$)	上等–中下等=3.01 ($p=0.352$)	上等–中等=–1.81 ($p=0.574$)	上等–中上等=–7.12 ($p=0.039$)

注：表格中数值是不同层回归系数之差。

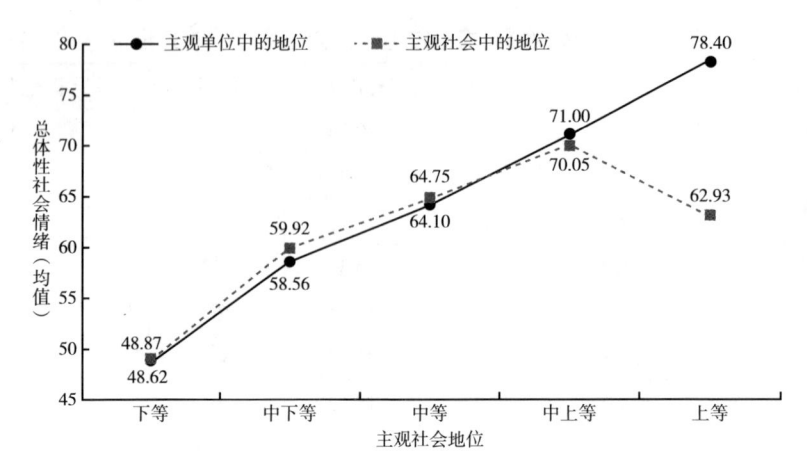

图4-13 主观社会地位与总体性社会情绪

（三）社会期望值的状况与分析

针对社会期望值所进行的分析，旨在探索总体性社会情绪的生成基础与微观过程。这里，社会期望值主要指的是期望与期望实现的差距中特别是与相应的参照群体的比较过程中所产生或所感受到的一种正面或负面的主观感受和情绪。关于期望与期望实现的差距的评判和感受直接形塑了人们在满意度上的表现，并进而影响着人们的信任与信心。1993年，我们对于社会期望值的认识还不清晰和不成熟，但当时的调查问卷中有部分题器可以从各个角度来反映社会期望值的状况，即针对被访者目前的经济收入、社会地位和政治地位，询问被访者与单位内同事相比怎样，以及与社会上其他人相比怎样。借助于1993年的调查数据，我们可以尽最大可能去把握当时的社会经济背景下人们在期望与期望实现之间的差距及其感受。

——人口学特征与社会期望值

为了了解当时人们在社会期望值上的总体状况与差异分布，我们将社会期望值同性别、年龄、婚姻状况、教育水平和月收入等人口学变量进行方差分析。根据社会期望值的方差分析结果（见表4-39），我们发现：1993年，在0.05的显著性水平上，人们的社会期望值在性别和婚姻状况上没有显著差异，但在年龄、教育水平和月收入上均存在显著差异。其中，就年龄而言，年龄区间在18—40岁的群体的社会期望值相对年龄在41岁及以上的群体要大一些；就教育水平来说，教育水平与社会期望值大体上呈现为倒 U 形的趋势，高中和大专学历群体的社会期望值相对较大，即这两个群体在期望与期望实现上的差距要相对大一些；就月收入而言，月收入越高的群体，其社会期望值越小，即高收入群体在期望与期望实现上的差距要相对小一些。年龄、教育水平和月收入与社会期望值的具体趋势见图4-14。总的来说，相较于1987年，1993年，人们的社会期望值有所降低，但值得注意的是，社会期望值在月收入这项特征上的分化更加突出了，月收入处于0—149元的群体和500元及以上的群体之间社会期望值相差较大，达到13个单位以上，这告诉我们要警惕一小部分人因期望与期望实现的差距较大而滋生出的强烈不公平感与愤恨情绪。

表4-39 社会期望值在人口学变量上的差异分布

		均值	标准差	样本量	差异显著性
性别	男	64.15	15.22	1608	$F=0.25$，$df=1$ $p=0.6162$
	女	64.42	14.73	1492	
年龄	18—30岁	64.97	14.64	1487	$F=8.88$，$df=3$ $p=0.0000$
	31—40岁	65.00	15.01	893	
	41—50岁	62.04	15.55	445	
	51岁及以上	60.76	14.50	201	
婚姻状况	未婚	65.48	14.63	757	$F=2.49$，$df=3$ $p=0.0583$
	已婚	63.88	15.08	2243	
	丧偶	60.97	14.06	14	
	离婚	65.67	14.64	30	
教育水平	小学及以下	62.28	14.60	660	$F=17.50$，$df=4$ $p=0.0000$
	初中	62.01	14.18	845	
	高中	65.59	14.87	1043	
	大专	68.02	15.68	458	
	本科及以上	62.83	16.02	39	
月收入	0—149元	70.69	15.05	263	$F=41.99$，$df=4$ $p=0.0000$
	150—249元	66.10	14.71	1432	
	250—349元	61.18	13.97	619	
	350—499元	59.31	13.67	334	
	500元及以上	57.41	15.16	116	

（1）年龄与社会期望值

- 18—30岁：64.97
- 31—40岁：65.00
- 41—50岁：62.04
- 51岁及以上：60.76

（2）教育水平与社会期望值

- 小学及以下：62.28
- 初中：62.01
- 高中：65.59
- 大专：68.02
- 本科及以上：62.83

（3）月收入与社会期望值

- 0—149元：70.69
- 150—249元：66.10
- 250—349元：61.18
- 350—499元：59.31
- 500元及以上：57.41

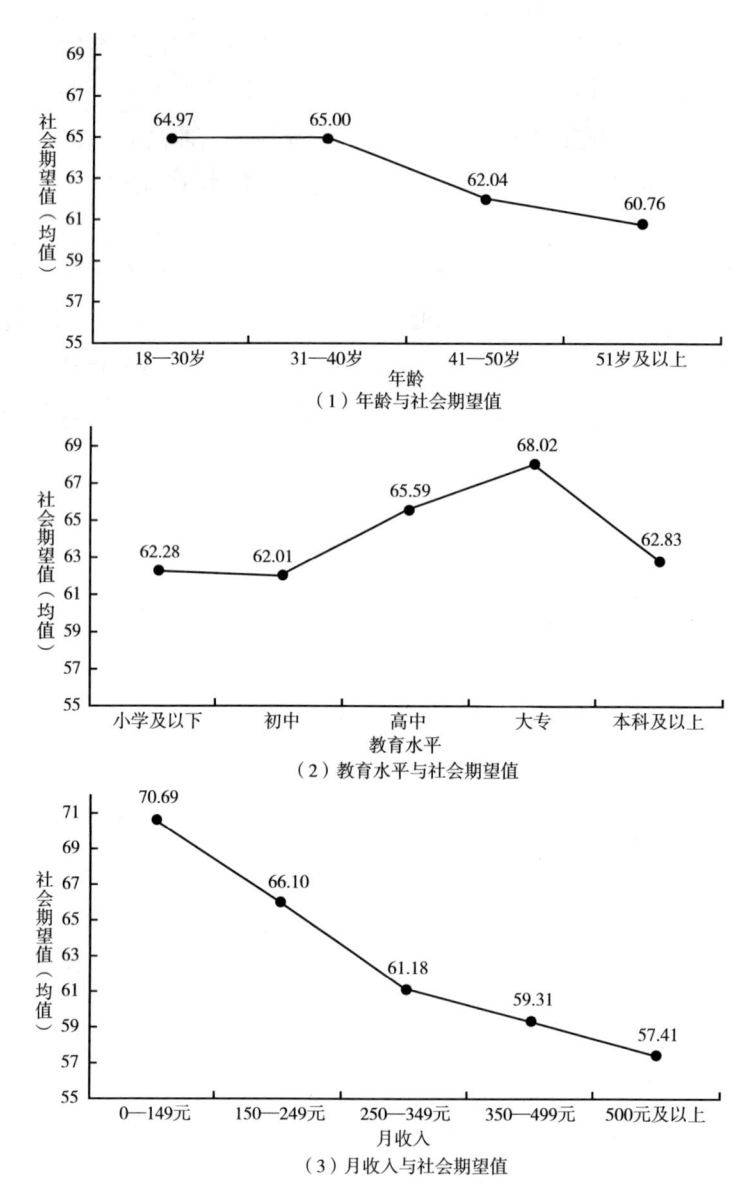

图4—14 人口学变量与社会期望值

——单位和工作特征与社会期望值

1993年，人们仍然在很大程度上依赖于单位，在单位中工作以获得工资、福利、住房、培训学习等生活资源以及发展机会。在这个意义上，单位身份以及工作特征决定着人们的生活境遇和社会地位，深刻影响着其情绪体验和社会行为。基于此，我们从单位所有制、单位类型与单位级别这三项单位特征以及职业类别与工作性质这两项工作特征着手,来具体观测社会期望值,了解社会期望值在这些特征上的分化状况。根据差异分析结果(见表4-40),我们发现,除了工作性质以外,社会期望值在单位所有制、单位类型、单位级别和职业类别上均有着显著差异。

表4-40 社会期望值在单位和工作特征上的差异分布

		均值	标准差	样本量	差异显著性
单位 所有制	集体单位	66.00	15.48	579	$F=7.76$,$df=2$ $p=0.0005$
	私营单位	61.83	14.54	279	
	国有单位	64.20	14.80	2188	
单位 类型	政府事业单位	62.13	14.33	1292	$F=17.74$,$df=3$ $p=0.0000$
	国企单位	66.19	15.12	1009	
	集企单位	66.29	15.45	494	
	私企单位及其他	63.69	15.13	331	
单位 级别	省部级	64.62	16.03	462	$F=4.70$,$df=5$ $p=0.0003$
	司局地级	63.42	15.77	80	
	地县级	65.80	14.52	647	
	科级	63.30	14.57	928	
	股级	62.07	14.40	505	
	无行政级	66.09	15.71	133	
职业 类别	工人	68.36	15.38	969	$F=29.06$,$df=5$ $p=0.0000$
	党政群团、企事业单位负责人	57.20	12.24	144	
	党政机关干部	60.80	14.50	404	
	企事业单位管理人员	62.55	14.38	701	
	各类专业技术人员	63.70	14.09	726	
	其他	62.52	15.36	108	
工作 性质	固定工	66.43	15.82	1142	$F=0.72$,$df=3$ $p=0.5400$
	合同制工	65.75	14.40	491	
	临时工	67.45	15.48	87	
	其他	64.58	14.66	82	

具体就单位所有制而言,私营单位成员的社会期望值相对最小,国有单位成员的社会期望值相对较大,而集体单位成员的社会期望值相对最

大，也就是说，集体和国有单位成员在期望与期望实现的差距上往往要大于私营单位中的成员。就单位类型来说，国企单位和集企单位成员的社会期望值非常接近，且都相对较大，私企单位成员及其他非公有单位成员的社会期望值则相对较小，社会期望值相对最小的是政府事业单位中的成员。从单位级别来看，股级单位成员的社会期望值相对最小，而无行政级别和地县级单位中，单位成员的社会期望值相对较大。

同时，在工作特征上，以职业类别为切入点，我们可以看到，工人的社会期望值相对最大，而党政群团、企事业单位负责人的社会期望值相对最小，党政机关干部、企事业单位管理人员、各类专业技术人员以及其他类别职业群体的社会期望值则居于其间。从整体上说，相较于三项单位特征，社会期望值在职业类别上的分化更为明显，这或许是因为在社会与组织变迁的过程中，相较于单位所受到的冲击及其对自身的影响，不同职业群体更加敏于自身在工作中、在与其他职业群体的互动中的变化，通过相互比较从而形成对期望与期望实现间差距的评判和感受，这个向度上的分化就显得更为明显。其中，单位级别和职业类别与社会期望值的具体趋势详见图4-15。

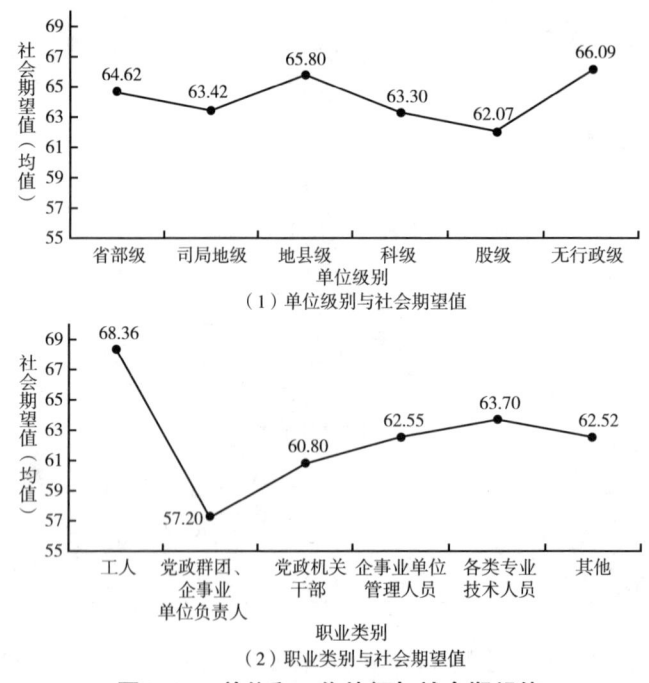

图4-15 单位和工作特征与社会期望值

——社会身份与社会期望值

除人口学、单位与工作特征外，我们继续考察个人的政治面貌、行政级别与技术级别对于社会期望值的影响，通过回归分析具体进行探索，结果如表4-41所示。其中，回归模型1只考察了控制变量（性别、年龄、婚姻状况、教育水平和月收入）对社会期望值的影响，在0.05的显著性水平下，该模型显著解释了社会期望值6.42%的差异。回归模型2在回归模型1的基础上加入了政治面貌，考察政治面貌对于社会期望值的影响。结果显示，在保持人口学变量不变的情况下，党员/团员和群众（参照组）在社会期望值上有显著差异，而民主党派成员与其在社会期望值上没有显著差异，其中，党员/团员的回归系数为-6.334，该模型显著解释了社会期望值10.20%的差异。该结果表明，控制人口学变量保持不变的情况下，党员/团员的社会期望值显著低于群众6.334个单位，也就是说，相较于群众，党员/团员的社会期望值相对较小，即期望与期望实现间的差距相对较小。

回归模型3在回归模型1的基础上加入了个人行政级别，考察个人行政级别对于社会期望值的影响。结果显示，在控制人口学变量不变的情况下，行政级别为科级和处级的群体与行政级别为科员及以下的群体（参照组）在社会期望值上有着显著差异，而司局级及以上的群体则与其没有显著差异，其中，科级与处级的回归系数分别为-4.516和-8.379，该模型显著解释了社会期望值8.06%的差异。该结果表明，控制人口学变量保持不变的情况下，行政级别为科级和处级的群体在社会期望值上的表现分别比科员及以下要低4.516个和8.379个单位。简而言之，科级和处级干部群体的社会期望值相对较小，而行政级别的两端，科员及以下群体和司局级及以上群体的社会期望值相对较大。

回归模型4在回归模型1的基础上加入了个人技术级别，考察个人技术级别对于社会期望值的影响。结果显示，在控制人口学变量不变的情况下，技术级别为中级的群体和未定级的群体（参照组）在社会期望值上有着显著差异，而其他技术级别的群体则与其没有显著差异，其中，中级的回归系数为-2.254，该模型显著解释了社会期望值6.96%的差异。该结果表明，控制人口学变量不变的情况下，技术级别为中级的群体的社会期望值相对于未定级群体要更低一些，即期望与期望实现之间的差距相对较小。

表4-41 社会身份和社会期望值的回归分析

	模型1 社会期望值	模型2 社会期望值	模型3 社会期望值	模型4 社会期望值
	已控制			
政治面貌（以群众为参照）				
民主党派		−2.434 （3.004）		
党员/团员		−6.334*** （0.619）		
个人行政级别（以科员及以下为参照）				
科级			−4.516*** （0.835）	
处级			−8.379*** （1.359）	
司局级及以上			−3.208 （3.393）	
个人技术级别（以未定级为参照）				
初级				1.342 （0.840）
中级				−2.254* （1.078）
高级				−1.941 （1.723）
常数项	71.705*** （1.654）	80.074*** （1.837）	72.889*** （1.977）	71.989*** （1.911）
F值	35.55	41.37	18.62	18.00
R^2	6.42%	10.20%	8.06%	6.96%

注：括号内是标准误；+ $p<0.1$，* $p<0.05$，** $p<0.01$，*** $p<0.001$。

——主观社会地位与社会期望值

考虑主观社会地位在社会期望值上的差异（见表4-42、表4-43、表4-44和图4-16），我们发现：就主观单位中的地位而言，主观社会地位越高的群体，其社会期望值越小；而在主观社会中的地位方面，主观社会地位与社会期望值大体上呈现为一种U形趋势，即主观社会地位越高的群体，其社会期望值越小，但上等地位群体的社会期望值相较于中上等地位群体又有所提升，其中，中上等地位群体的社会期望值相对最小，即这一群体在期望与期望实现间的差距相对最小。并且需要注意的是，社会期望值在主观社会地位上的分化非常明显，不同主观社会地位的群体间期望与期望实现的差距状况迥异。

表4-42 社会期望值在主观社会地位上的差异分布

		均值	标准差	样本量	差异显著性
主观单位中的地位	下等	81.00	16.92	325	$F=276.11$，$df=4$ $p=0.0000$
	中下等	69.68	12.90	906	
	中等	59.48	11.40	1554	
	中上等	55.35	14.00	272	
	上等	48.07	20.64	32	
主观社会中的地位	下等	81.31	15.35	392	$F=298.52$，$df=4$ $p=0.0000$
	中下等	67.73	12.49	1019	
	中等	58.49	11.32	1405	
	中上等	54.65	13.25	220	
	上等	62.97	27.92	36	

表4-43 主观单位中的地位在社会期望值上的多元比较检验

中下等−下等=−11.32 ($p=0.000$)			
中等−下等=−21.52 ($p=0.000$)	中等−中下等=−10.20 ($p=0.000$)		
中上等−下等=−25.65 ($p=0.000$)	中上等−中下等=−14.34 ($p=0.000$)	中上等−中等=−4.13 ($p=0.000$)	
上等−下等=−32.93 ($p=0.000$)	上等−中下等=−21.62 ($p=0.000$)	上等−中等=−11.41 ($p=0.000$)	上等−中上等=−7.28 ($p=0.003$)

注：表格中数值是不同层回归系数之差。

表4-44 主观社会中的地位在社会期望值上的多元比较检验

中下等−下等=−13.58 ($p=0.000$)			
中等−下等=−22.82 ($p=0.000$)	中等−中下等=−9.24 ($p=0.000$)		
中上等−下等=−26.66 ($p=0.000$)	中上等−中下等=−13.08 ($p=0.000$)	中上等−中等=−3.84 ($p=0.000$)	
上等−下等=−18.34 ($p=0.000$)	上等−中下等=−4.75 ($p=0.028$)	上等−中等=4.48 ($p=0.037$)	上等−中上等=8.33 ($p=0.000$)

注：表格中数值是不同层回归系数之差。

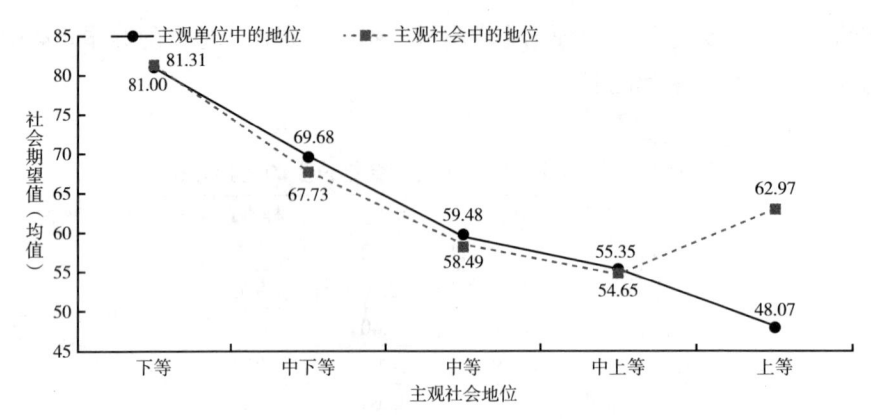

图4-16 主观社会地位与社会期望值

（四）社会期望值与总体性社会情绪的关系

我们认为，社会期望值主要是指期望与期望实现的差距中所产生或所感受到的特别是与相应的参照群体的比较过程中所产生一种正面或负面的主观感受和情绪，它可以影响人们的主观感受和情绪，即社会期望值是形成满意不满意、信任不信任和有没有信心等主观感受的重要基础和源头。也就是说，我们关于总体性社会情绪的基本假设是，人们关于期望与期望实现的差距的判断与感受，即社会期望值，是生成总体性社会情绪的深层原因。

在这里，我们利用1993年的调查数据来验证这一基本假设。首先，对社会期望值与满意度、社会信任和社会信心以及总体性社会情绪进行相关分析（见表4-45），结果表明：社会期望值与总体性社会情绪及其两个子量表在0.05的显著性水平下显著相关。在此基础上，我们进一步验证社会期望值影响总体性社会情绪这一路径是否成立，以及在多大程度上解释了总体性社会情绪，路径分析结果详见图4-17，模型中的统计值详见表4-46。

表4-45 社会期望值与总体性社会情绪及其子量表的相关分析

	社会期望值	满意度	社会信任和社会信心	总体性社会情绪
社会期望值	1.0000			
满意度	−0.4636***	1.0000		
社会信任和社会信心	−0.1261***	0.1039***	1.0000	
总体性社会情绪	−0.3011***	0.4854***	0.9200***	1.0000

注：$^+p<0.1$，$^*p<0.05$，$^{**}p<0.01$，$^{***}p<0.001$。

```
                    ⇩ 0.794
                  ┌─────────┐
            -0.018│  满意度  │
          ┌──────→└─────────┘      ⇩ 0.909
┌────────┐│                      ┌─────────────┐
│社会期望值├┼──────-0.383────────→│总体性社会情绪│
└────────┘│                      └─────────────┘
          │    ⇩ 0.984
          │  ┌───────────────┐
    -0.281└─→│社会信任和社会信心│
             └───────────────┘
```

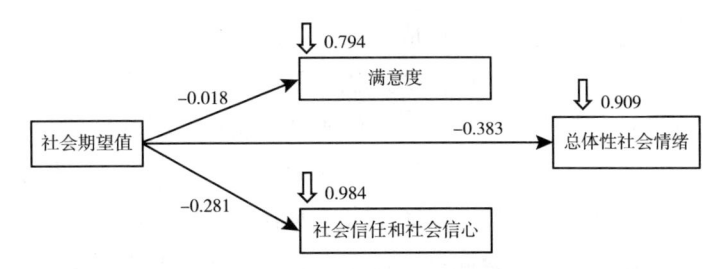

图4-17　社会期望值与总体性社会情绪的路径分析模型

表4-46　社会期望值与总体性社会情绪的路径分析模型中的统计值

X	Y	Beta（p）
社会期望值	满意度	-0.018（0.000）
社会期望值	社会信任和社会信心	-0.281（0.000）
社会期望值	总体性社会情绪	-0.383（0.000）

模型中包括了三条路径，当我们将社会期望值作为自变量、满意度作为因变量时，社会期望值可以解释满意度20.6%的差异；当我们将社会期望值作为自变量，社会信任和社会信心作为因变量的时候，社会期望值可以解释社会信任与社会信心1.6%的差异；当我们将社会期望值作为自变量，总体性社会情绪作为因变量的时候，社会期望值则可以解释总体性社会情绪9.1%的差异。这一模型向我们显示出，社会期望值能够对总体性社会情绪及其两个子量表做出有效的解释。

四　小结

在这一章节里，我们对1993年总体性社会情绪状况进行了细致的描述与分析。1993年，总体性社会情绪及其子量表和社会期望值的总体状况和差异分布概述如下：

（1）人们在满意度上得分平均为47.94，众数和中位数分别为50.00和48.51，标准差为15.06，其偏度系数和峰度系数分别为-0.046和4.015，直方图拟合的正态分布曲线呈现为轻微的尖峰分布。相较于1987年，1993年的时候，人们的满意度有整体上的显著改善。

（2）就满意度在各项自然社会特征上的差异分布来说，人们的满意度在性别、年龄、婚姻状况、教育水平和月收入上均呈现出显著的差异；私人所有制的单位成员的满意度相对最高，国家所有制的单位成员的满意度也相对较高，集体所有制的单位成员的满意度则相对低一些；政府事业单位成员的满意度相对较高，然后依次是私企单位及其他非公有单位的成员、国企单位成员与集企单位成员；股级单位成员的满意度相对最高，而地县级单位成员的满意度相对最低；职业类别上，党政群团、企事业单位负责人与党政机关干部的满意度相对较高，而工人以及其他类别职业群体的满意度相对较低；满意度在固定工、合同制工等工作性质上没有显著差异；党员/团员的满意度相对较高；行政级别与满意度大体呈倒U形趋势，处级干部群体的满意度相对较高；技术级别则与满意度间没有显著差异；主观单位中的地位方面，主观社会地位越高的群体，其满意度也越高，但在主观社会中的地位方面，主观社会地位与满意度间呈倒U形趋势，主观社会地位为上等的群体，其满意度反而相较于中上等群体有所滑落。

（3）人们在信任和信心上的得分平均为75.47，众数和中位数均为100.00，标准差为33.44，其偏度系数和峰度系数分别为−1.183和3.071，直方图拟合的正态分布曲线呈现为明显的左偏态。1993年，人们普遍有着高度的信任和信心水平。

（4）就信任和信心在各项自然社会特征上的差异分布来说，人们的信任和信心在性别、年龄、婚姻状况、教育水平和月收入上均呈现出显著的差异；私人所有制和国家所有制的单位成员的信任和信心相对较高，而集体所有制的单位成员的信任和信心相对较低；国企单位和私企单位及其他非公有单位的单位成员的信任和信心相对较高，集企单位的单位成员的信任和信心相对较低，政府事业单位成员的信任和信心则居于其间；信任和信心在单位级别上没有显著差异；党政群团、企事业单位负责人，企事业单位管理人员和各类专业技术人员的信任和信心相对较高，而党政机关干部、工人以及其他类别职业群体的信任和信心相对较低；固定工和合同制工的信任和信心相对较高，但临时工和其他工作性质的工人的信任和信心相对较低；党员/团员的信任和信心相对较高；司局级及以上干部的信任和信心明显高于其他行政级别的群体，科级干部的信任和信心也相对较高；中级技术群体的信任和信心相对较高；主观单位中的地位方面，主观社会地位越高的群体，其信任和信心也越高，但在主观社会中的地位方面，主观社会地位与信任和信心间呈倒U形趋势，主观社会地位为上等的群体，其信任和信心反而相较于中上等群体有所滑落。

（5）人们在总体性社会情绪上的得分平均为61.51，众数和中位数分别为 75.00 和 67.28，标准差为 19.05，其偏度系数和峰度系数分别为 -0.928 和 3.142，直方图拟合的正态分布曲线呈现为明显的左偏态和轻微的尖峰分布。这表明 1993 年，虽然人们在满意度上的表达相对较差，但人们普遍拥有良好的信任和信心水平，整个社会呈现出欣欣向荣的状态。

（6）就总体性社会情绪在各项自然社会特征上的差异分布来说，人们的总体性社会情绪在性别、年龄、婚姻状况、教育水平和月收入上都存在显著差异；集体所有制中的单位员工在总体性社会情绪上的表现要稍差于国家所有制单位和私人所有制单位中的单位成员；集企单位成员的总体性社会情绪要弱于国企单位和政府事业单位，更弱于私企单位及其他非公有单位；司局地级及以上单位的成员在总体性社会情绪上的表现明显高于其他级别的单位成员；党政群团、企事业单位负责人在总体性社会情绪上的表现相对较好，工人和其他类别职业群体在总体性社会情绪上的表现较差；固定工和合同制工在总体性社会情绪上的表现相对较好，而临时工在总体性社会情绪上的表现相对较差；党员/团员在总体性社会情绪上的表现要好于群众，群众在总体性社会情绪上的表现又好于民主党派成员；个人的行政级别越高，其总体性社会情绪相对也表现得越好；中级技术群体的总体性社会情绪相对较好；个体在主观单位中的地位方面，主观社会地位越高，总体性社会情绪也越好，但个体在主观社会中的地位方面，主观社会地位与总体性社会情绪间呈倒 U 形，主观社会地位为上等的群体，其总体性社会情绪的表现相较于中上等群体反而有所滑落。

（7）人们在社会期望值上的得分平均为 64.26，众数和中位数分别为 50.00 和 62.37，标准差为 14.97，其偏度系数和峰度系数分别为 0.573 和 3.173，直方图拟合的正态分布曲线呈现出轻微的右偏态和尖峰分布。相较于 1987 年，1993 年，人们的社会期望值略有下降，但这个时期，仍有一些群体的期望与期望实现之间的差距相对较大。

（8）就社会期望值在各项自然社会特征上的差异分布来说，人们的社会期望值在性别和婚姻状况上没有显著差异，但在年龄、教育水平和月收入上均存在显著差异；私营单位成员的社会期望值相对最小，国有单位成员的社会期望值相对较大，而集体单位成员的社会期望值相对最大；在单位类型上，国企单位和集企单位成员的社会期望值非常接近，且都相对较大，私企单位成员及其他非公有单位成员的社会期望值则相对较小，社会期望值相对最小的是政府事业单位中的成员；股级单位成员的社会期望值相对最小,而无行政级别和地县级单位中,单位成员的社会期望值相对较大;工人的社会期望值相对最大,而党政群团、企事业单位负责人的社会期望值相对最小,党政机关干部、企事业单位管理人员、各类专业技术人员以及其他类别职业群体的社会期望值则居于其间;社会期望值在工作性质上没有显著差异;相较于群众和民主党派,党员/团员的社会期望值相对较小,即期望与期望实现间的差距相对较小;科级和处级干部群体的社会期望值相对较小,而行政级别的两端,科员及以下群体和司局级及以上群体的社会期望值相对较大;技术级别为中级的群体的社会期望值相对较小;主观单位中的地位方面,主观社会地位越高的群体,其社会期望值越低,但在主观社会中的地位方面,主观社会地位与社会期望值间呈 U 形趋势,主观社会地位为上等的群体,其社会期望值相较于中上等群体反而有所提升,即期望与期望实现之间的差距有所扩大。

总的来说,90 年代初期,既往的体制改革探索初见成效,人们感受到实实在在的变化,尤其是物质生活有着较为明显的改善;而且从邓小平同志南方谈话为启动新一轮改革奠定了理论和制度环境基础之后,整个社会掀起了进一步改革开放的热潮,巨大和潜在的消费市场吸引大量外商投资,激发了整个社会创造与创新的活力,个人生活与社会发展状况几乎是日新月异,前景一片光明。因此,人们的满意度相较于 1987 年稳步提升,信任和信心水平更是攀至一个相当高的状态,弥散和沉淀在社会中的总体性社会情绪整体上趋于正面与积极。该结果表明,我国深化改革有着相对稳定的民众基础,社会经济进一步发展的动能较为充足。但与此同时,社会经济各个方面的变动对于国家治理体系和治理能力提出了更高的要求,我们所面临的挑战和困难也更加复杂与严峻。在这种背景下,分税制改革拉开帷幕,大大提升了中央的财政汲取能力,深刻调整了中央与地方的关系,从而确保此后一段时间社会活力与社会秩序的相对统一;国有企业也进入以建立现代企业制度为目标的改革阶段,极大地推动了社会主义市场经济体制的建设进程,国家对政府与市场关系的认识愈加清晰、探索愈加深入,从根本上增强了国有企业的活力和国有经济的控制力,夯实了社会经济健康快速发展的基础。不过,实践中,诸如此类的战略举措深刻调整了整个社会的利益格局,促使思想观念上的深刻变化。因此,在具体改革的过程中,我们格外注重统筹与兼顾好稳定和发展这两大主题,既坚定改革决心,也切实保障民众的基本权益不受损失,有效回应了民众的利益诉求。

第五章

2001年的调查

一 结构背景

在2000年前后,中国的经济与社会发生了很大的结构性变化。其中一个最引人注目的变化是,非国有经济得到了迅速和持续的发展。据统计,在我国工业企业的资产结构中,国有工业企业固定资产净值年余额所占全社会固定资产净值比重从改革初期的90%以上降至1985年的85.4%,再降至1999年的71.8%,与之相应,非国有工业企业固定资产净值比重由不足10%升至14.6%,再升至28.2%;国有工业企业流动资产年均余额所占比重,由改革初期的80%以上降至1985年的76%,再降至1999年的62.7%,与之相应,非国有工业企业流动资产年均余额由不足20%升至24%,再升至37.3%。[①]

在社会结构变迁的意义上,非国有经济的迅速和持续的发展,说明长期以来在社会结构中占主导地位的单位制度受到了巨大的冲击和挑战。非单位的制度从单位制度中游离出来,并在市场经济活动中得以迅速壮大。生活在非单位制度中的成员,或者按照市场的机制,或者同时利用市场与非市场新旧两种机制,也在不断地改善自己的生活境遇,提升自己的社会经济地位。作为一种参照群体,他们的价值观念和行为模式在很大程度上刺激着生活在单位制度中的社会成员。我们完全有理由推定,这

[①] 刘伟:《转轨经济中的国家、企业和市场》,北京:华文出版社,2001年,第124页;国家统计局编:《中国统计年鉴2000》,北京:中国统计出版社,2000年。

样的一种结构性变迁在中国这样的一个社会中较长时期存在,①势必会导致一系列的冲突、不满,唤醒或者刺激弥漫在不同群体之中的总体性社会情绪。②

从经济发展的角度,国有制在一个国家和社会经济发展过程中起着非常重要的作用。某些行业、某些产业用国家所有的形式经营,有利于打破私人垄断,有利于统一处理外部经济与外部的不经济;有利于维护必要的市场秩序,特别是通过国有制贯彻政府定价,以保持某些领域的价格标准;有利于提高经济对劳动力就业的吸纳能力,促进就业率的提高和稳定,改善劳动力的供求关系;有利于改善经济调节机制的功能,丰富国家调控经济的制度手段;等等。就是在市场经济高度发达的西方国家,国有经济仍然占有着较高的比重。③ 进入21世纪以来,国有经济已经不仅仅是一个意识形态的概念,更多的,它还是一个社会经济发展的手段和必不可少的条件。

在这里,一个根本的问题是,中国的国有经济,乃至以国有经济形式存在的国有企业以及国家所有的事业和行政单位,除了具有和其他西方国家所具有的国有经济的一般特征以外,还具有中国所独有的制度性特征,那就是中国国有经济制度中所具有的政治功能。在中国的国有经济制度中,任何一个单位都会有党的组织存在,任何一个单位,都必须要努力地去贯彻党的指示,都必须要努力地去实现这种政治功能。这样的一些单位,就不仅仅是一种单纯的经济组织,它同时还体现着一种统治,或者说,是统治的一种制度化的形式。④ 在这里,国家与政府处于一种两难的境地:一方面,要维持中国共产党的领导和统治,那么,党的组织就不能够和不应该从国有经济的基层单位中退出;另一方面,市场经济的一般要求又强调经济组织在产权上必须是单纯的经济性质,因而从根本上要求国有经济不应该承担实现经济功能以外的其他社会功能。所以,在这个意义上,如何使国家所有的制度与自由的市场经济有机地结合在一起,就成为

---

① 胡伟、李汉林:《单位作为一种制度——关于单位研究的一种视角》,《江苏社会科学》2003年第6期,第68—76页。
② 有学者把这种社会结构的变迁称作社会结构的断裂。参见孙立平《断裂:20世纪90年代以来的中国社会》,北京:社会科学文献出版社,2003年;孙立平《转型与断裂:改革以来中国社会结构的变迁》,北京:清华大学出版社,2004年。
③ 刘伟:《转轨经济中的国家、企业和市场》,北京:华文出版社,2001年,第80—82页。
④ Hanlin Li, *Die Grundstruktur der chinesischen Gesellschaft: vom traditionellen Klansystem zur modernen Danwei-Organisation*, Westdeutscher Verlag: Opladen, 1991.

制度与发展过程中的重要命题和"哥德巴赫猜想"。正是基于这样的一个认识,从制度规范行为的角度来分析和观察单位与非单位制度中人们社会行为及行为取向上的差别,对于我们从深层次上理解在 2000 年前后的中国社会产生总体性社会情绪的制度基础,从根本上"解惑",提供了一些必要的知识前提与条件。[①]

在 2000 年前后,中国消费疲软的状况仍然没有得到根本的转变。据预测,在 2002 年,中国 86% 的商品将处于一种供过于求的状态,这也是市场供过于求的压力最大的一年。[②] 据统计,在 1999 年,全年商品零售价格下降了 3.0% 左右,居民消费价格下降 1.4% 左右;主要肉禽价格累计下降 10.5%,而 1998 年中国居民的消费率比世界水平低 14 个百分点。一方面消费疲软,另一方面城乡居民储蓄余额则在不断增加,这一数字到 1999 年已达 6 万亿元左右,比 1998 年增长 12%。[③] 这两者的一升一降,在很大程度上说明了人们对未来预期的一种不确定性心理,同时也说明了我们国家社会保障制度不够完善。特别是在加大国有企业改革力度的舆论导向下,国有企业为了"脱困"全面实施下岗分流给其职工所造成的"人到哪里去"的无所适从,使消费疲软和储蓄增长更加具有了潜在的、意味深长的社会结构冲突与变迁的意义。[④]

在国有企业总体上不景气的同时,腐败愈来愈成为威胁中国社会稳定与发展的最主要的因素。在广东省,仅 2001 年上半年就抓获贪污贿赂犯罪嫌疑人 102 人,涉案金额为 2.32 亿元。[⑤] 在北京市,从 2000 年以来,截至 2001 年 9 月,全市检察机关共立案侦查贪污贿赂等职务犯罪案件 761 件,其中发生在国有企业的就达 544 件,占立案总数的 71.5%。[⑥]

[①] 李汉林、渠敬东:《制度规范行为——关于单位的研究与思考》,《社会学研究》2002 年第 5 期,第 1—22 页。

[②] 参见《今年将是供过于求压力最大的一年》,《金融信息参考》2002 年第 3 期,第 36 页。

[③] 汝信、陆学艺、单天伦主编:《2000 年:中国社会形势分析与预测》,北京:社会科学文献出版社,2000 年,第 240 页。

[④] 胡伟、李汉林:《单位作为一种制度——关于单位研究的一种视角》,《江苏社会科学》2003 年第 6 期,第 68—76 页。

[⑤] 《广东省追逃 102 条经济蛀虫 105 名干部被查处》,《南方都市报》2001 年 6 月 27 日,https://news.sina.com.cn/c/287176.html。

[⑥] 《监管不力、漏洞多多 财务制度引发国有企业职务犯罪》,中国新闻网,2001 年 11 月 21 日,http://finance.sina.com.cn/g/20011121/146249.html。

从江西省副省长胡长清到全国人大常委会副委员长成克杰的腐败案，再到厦门远华集团数百亿元走私大案的公之于众，这些反腐败斗争实践使人们一方面看到了中国共产党反腐倡廉的决心，另一方面也看到了触目惊心的腐败事实。特别是对那些处于下岗分流困境的人，对于那些在为基本生存操劳、在经济上非常困难的国有企业的职工，其震撼和愤慨应该说是巨大的。这些腐败分子作为一种特殊的参照群体所能引发的社会震荡也是巨大的。邓小平所说的"腐败可以亡党亡国"绝不是危言耸听，而是一种被事实反复证明了的警世之言。事实上，当一种经济制度的激励结构不是在鼓励人们在经济活动中去致力于"生产性的努力"，而是在鼓励人们去追求"分配性努力"，亦即，社会财富的分配不是以"生产性努力"作为参照系，而是以经济人在分配过程中尽量"多吃多占"的能力大小为参照系的时候，① 这个社会的经济增长就会不可避免地逐渐处于一种停滞的状态，这个社会中的结构同时也会不可避免地趋于紧张，人们的那种不满意、不信任以及没有信心的负面情绪就会积累得愈来愈多，这样的一种状况对于社会的转型、发展与变迁会起到一个消极的作用。

上述的这些制度环境和结构性特征，构成了我们2001年调查的社会经济和政治背景。

二 调查数据与量表

（一）调查的抽样方法与样本情况

我们已经知道，就总体而言，在20世纪90年代末期和21世纪初，至少在城市社区中，集体所有制的单位和企业在中国社会经济和政治生活中所起的作用愈来愈小，与之形成鲜明对照的是，私营企业、三资企业② 在整个中国尤其是在城市社区中社会经济和政治生活中所起的作用愈来愈大。正是从这样的一个客观事实出发，在2001年调查的抽样过程中，我们一方面有意识地忽略集体所有制的单位，另一方面，又有意识地加大了非国有组织或企业在整个样本中的分量。

---

① 道格拉斯·诺斯、胡家勇：《历时经济绩效》，《经济译文》1994年第6期，第1—7页。
② 三资企业即在中国境内设立的中外合资经营企业、中外合作经营企业、外商独资经营企业三类外商投资企业。

由于经费的限制，我们此次问卷调查的重点主要集中在了北京。我们采用的抽样方法是非概率的整体随机抽样。我们主要按照所有制的标识，有意识地选择了一些国有和非国有的单位与组织。然后，按照简单随机的原则，对所选定的样本单位中的成员进行抽样。我们一共选择了近30个单位，每个单位发放的问卷数量视单位的大小和样本单位参与的程度而不同。此次调查的样本总量为1800，有效样本为1501。另外，在我们所调查的样本中，国有所有制的单位占有效样本的62%，其他非国有单位和组织占38%。[1]

需要特别强调的是，由于此项调查的样本属于非概率的整群抽样样本，从严格的方法论的角度，是不能够由此推论到任何已知的总体的。虽然我们所选择的样本城市或许能够代表某些城市的类型，我们的一些分析结果或许也能够揭示出总体的一些结构性特征和发展趋势，但是，即便如此，我们的此次研究仍然不准备做任何总体的推论。此项研究的学术价值和意义主要在于，首先，它是一种探索性研究的成果，通过此项调查所做的分析以及由此所得出的分析结论能够为将来进一步的研究、为将来从样本推论总体提供坚实的学术知识的基础；其次，通过选择两个极端的样本（单位与非单位），能够比较有效地检验我们相应的研究假设，为我们了解和掌握总体的一些情况和变化，提供一个可靠的学术的样本依据；最后，它能够为我们将来进一步的研究以及在更大范围内的随机抽样提供方法论上的依据。总之，此次调查所提供的探索性的知识和结论，对于我们进一步理解当时中国在组织、制度和结构上所发生的社会变迁，理解那个时期中国社会的总体性社会情绪，理解制度对行为的影响作用，都是非常有益的。[2]

（二）量表及其制作

和前几章一样，我们根据问卷调查中所取得的数据，制作了满意度、社会信任和社会信心以及社会期望值量表。相应的量表制作过程见下。

---

[1] 胡伟、李汉林：《单位作为一种制度——关于单位研究的一种视角》，《江苏社会科学》2003年第6期，第68—76页。

[2] 李汉林、渠敬东：《制度规范行为——关于单位的研究与思考》，《社会学研究》2002年第5期，第1—22页。

1. 满意度

我们2001年的调查是在充分顾及和考虑1987年和1993年调查的基础上展开的。在1987年和1993年的调查问卷中，我们并不是一开始就自觉地和刻意地去设计一些问题，实际情况更多的是，我们按照研究的逻辑和惯性，首先尽可能全面地设计各方面的问题，然后再根据数据分析的结果所提供的逻辑，相应地制作我们的满意度量表和其他量表。换句话说，尽管这两次调查的研究主题是明确的，但从总体上来看，前两次的研究更多的是探索性的（explorative research）。

2001年实施问卷调查的时候，情况却不是这样。首先，我们有了两次大规模问卷调查的基础，在制作量表和选择相应的问题上有了较丰富的经验；其次，我们不仅有了明确的研究目的和主题，而且还有了较明确的研究假设，主要是为了检验不同的制度是否、在什么样的情况下以及在多大的程度上能够影响和制约人们的社会行为和行为取向；最后，我们在分析中所需要的一些主要的自变量和因变量与前几次调查相比，也显得清楚了许多。正是在这样的一种情况下，我们设计、选择的问题以及后来所制作的量表都比较有的放矢和简练一些。正是在这个意义上，2001年的调查可能更多的是一种验证性的（confirmative research）。

就满意度来说，我们已经知道，作为一种综合性指标，我们可以通过直接询问被访者对自己在社会、经济和政治状况的好坏高低的感受中得到一些基本信息。我们的期望是，通过直接观察人们对自己社会经济和政治状况的好坏的感受，能够了解到其满意或者是不满意的程度。为此，我们设计了3个题器，制作成为满意度量表（见表5-1），其克隆巴赫α系数为0.8790，可见整个量表的信度较高，表现出相对稳定的状态。经KMO和巴特利特球形检验，得到巴特利特球形检验卡方为2315.090（$p < 0.001$），KMO为0.742（见表5-2），表明可以进一步做因素分析，验证构造满意度量表的可行性。其验证性因素分析的结果显示：3个变量通过主成分因子法可以提取出一个共同因子，初始特征值为2.421，能够解释的方差比例为80.70%，使用方差最大法对其进行正交旋转，得到各个变量的因子载荷（见表5-3），且能够很好地归聚在一起，量表也比较稳定，能够测量出人们在满意度上的表现。

表5-1 满意度量表的操作化

概念	题器	变量类型	编码	Cronbach α 系数
满意度	您对您目前的经济收入是否感到满意	定序变量	5-很满意 4-还算满意 3-一般 2-不满意 1-很不满意	0.8790
	您对您目前的福利状况是否感到满意	定序变量		
	您对您目前的社会地位是否感到满意	定序变量		

注：满意度的引导语为：总而言之，根据您的教育水平、工作能力以及您对社会的贡献，您对您目前下列的状况是否感到满意。

表5-2 对满意度量表的KMO和巴特利特球形检验

KMO取样适切性量数		0.742
巴特利特球形检验	卡方	2315.090
	自由度	3
	显著性	0.000

表5-3 对满意度量表的验证性因素分析

条目	成分1
a.您对您目前的经济收入是否感到满意	0.907
b.您对您目前的福利状况是否感到满意	0.901
c.您对您目前的社会地位是否感到满意	0.886
特征值	2.421
贡献率（%）	80.70

提取方法：主成分。

本研究根据上述3个变量生成满意度，具体过程如下。第一步，我们对指标进行处理，一方面，针对缺失值，我们对于存在缺失值且其数量不超过指标数量三分之一的样本，采用该样本在未缺失题目中的评分均值（取整）进行插补；另一方面，针对指标量纲不同的状况，我们对指标进行归一化处理，并且为了便于理解和表述，在去量纲之后，我们对所有指标乘以100，使得处理之后的所有指标量程一致，介于0和100之间。第二步，我们对指标进行因子分析，提取一个特征根大于1的公共因子，然后计算各个指标的因子得分，对因子得分进行归一化处理后作为指标的权重。在此基础上，我们将各指标分数与权重相乘后加总，生成一个潜变量用以表征被访者的满意度，该变量的取值范围为0—100，其取值越高，表明被访者对个人与社会总体状况的满意度越高。

2001年，我国城镇居民的满意度平均为43.29，众数和中位数均为50.00，标准差为17.86，其偏度系数和峰度系数分别为-0.266和3.149（见表5-4），直方图拟合的正态分布曲线（见图5-1）呈现为轻微的左偏态和尖峰分布。这个时期，改革开放进入以建立现代企业制度为目标的阶段，大规模的企业改制导致相当一部分单位员工下岗分流，造成人们"人到哪儿去"的困惑和无所适从，在满意度上的表现也就相对较差。

表5-4　对满意度量表的结构性特征的描述（n=1445）

	集中趋势		离散趋势		分布状况	
满意度	均值	43.29	标准差	17.86	偏度	-0.266
	众数	50.00	最小值	0.00	峰度	3.149
	中位数	50.00	最大值	100.00		

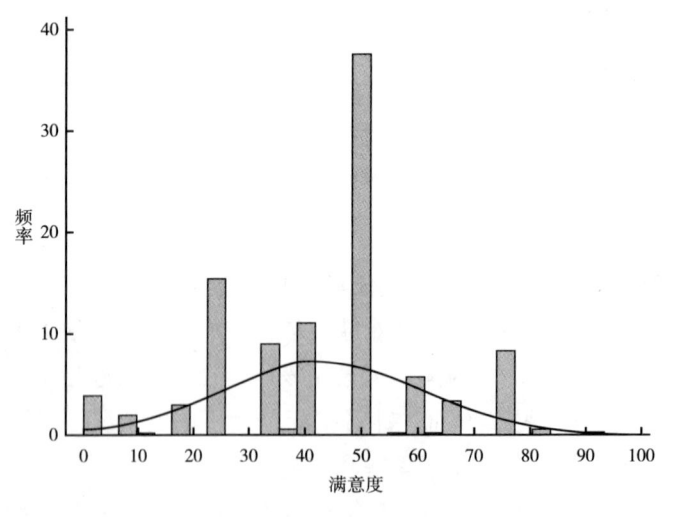

图5-1　满意度的直方图及其正态分布曲线

2. 社会信任和社会信心

事实上，人们在社会行为的过程中丧失社会信任和社会信心往往表现为一种失范，即人们的行为及行为取向所表现出来的一种无所适从、迷茫、疏离、颓废沮丧、无规范感和无信任感。这样的一种行为及行为取向反映了人们在社会生活中的一种消极和冷漠的态度。所以，在 2001 年的调查中，我们仍然采取了直接询问被访者的方法，比较集中地设计了四个方面的看法，分别让受访者判断其对于这些看法的赞同程度。我们认为，如果人们在日常的社会生活和工作中能够比较强烈地感受到对任何其他人的不信任，对自己的前途与发展沮丧、颓废和悲观，对自己的工作和生活抱着一种得过且过的消极态度，或者说，对社会上的其他人都表现出一种冷漠和茫然的话，那么，这样的个人或群体就在很大程度上处于一种社会信任和社会信心缺乏的状态。①

具体由 4 个题器组成的社会信任和社会信心量表详见表 5-5，量表的克隆巴赫 α 系数为 0.6850，即整个量表的稳定性合格，但还不够稳定。经 KMO 和巴特利特球形检验，得到巴特利特球形检验卡方为 955.835（$p < 0.001$），KMO 为 0.697（见表 5-6），也勉强支持我们对量表进行因素分析，验证量表构造的可行性。其验证性因素分析的结果显示，4 个变量通过主成分因子法可以提取出一个共同因子，初始值为 2.079，能够解释的

表5-5 社会信任和社会信心[1]量表[2]的操作化

概念	题器	变量类型	编码	Cronbach α 系数
信任和信心	在目前，人们在社会上很难找到自己真正所信赖的朋友	定序变量	5-完全不赞同 4-不赞同 3-部分赞同 2-赞同 1-完全赞同	0.6850
	当一天和尚撞一天钟，过一天算一天	定序变量		
	我觉得前途渺茫，对自己的将来没什么信心	定序变量		
	各扫自家门前雪，莫管他人瓦上霜	定序变量		

注：1.在后文具体的数据分析以及图表中，"社会信任和社会信心"缩写为"信任和信心"。
2.信任和信心的引导语为：对以下的一些看法，您是否赞同。

---

① 王召平、李汉林：《行为取向、行为方式与疾病——一项医学社会学的调查》，《社会学研究》2002 年第 4 期，第 66—76 页。

方差比例为51.97%，使用方差最大法对其进行正交旋转，得到各个变量的因子载荷（见表5-7）。总的来说，虽然社会信任和社会信心量表在信度和效度上的表现一般，但它仍然为我们提供了难得的实证材料以了解和分析当时的社会信任和社会信心状况。

表5-6 对信任和信心量表的KMO和巴特利特球形检验

KMO取样适切性量数		0.697
巴特利特球形检验	卡方	955.835
	自由度	6
	显著性	0.000

表5-7 对信任和信心量表的验证性因素分析

条目	成分1
a.在目前，人们在社会上很难找到自己真正所信赖的朋友	0.596
b.当一天和尚撞一天钟，过一天算一天	0.764
c.我觉得前途渺茫，对自己的将来没什么信心	0.753
d.各扫自家门前雪，莫管他人瓦上霜	0.757
特征值	2.079
贡献率（%）	51.97

本研究根据上述4个变量生成社会信任和社会信心，具体过程如下。第一步，我们对指标进行处理，一方面，针对缺失值，我们对于存在缺失值且其数量不超过指标数量三分之一的样本，采用该样本在未缺失题目中的评分均值（取整）进行插补；另一方面，针对指标量纲不同的状况，我们对指标进行归一化处理，并且为了便于理解和表述，在去量纲之后，我们对所有指标乘以100，使得处理之后的所有指标量程一致，介于0和100之间。第二步，我们对指标进行因子分析，提取一个特征根大于1的公共因子，然后计算各个指标的因子得分，对因子得分进行归一化处理后作为指标的权重。在此基础上，我们将各指标分数与权重相乘后加总，生成一个潜变量用以表征被访者在社会信任和社会信心上的状况，该变量的取值范围为0—100，其取值越大，表明被访者的社会信任和社会信心越好。

2001年，我国城镇居民的信任和信心平均为62.49，众数和中位数分别为50.00和63.25，标准差为17.17，其偏度系数和峰度系数分别为-0.396和3.812（见表5-8），直方图拟合的正态分布曲线（见图5-2）呈现为左偏态和尖峰分布。虽然相较于1993年，人们的信任和信心略有滑落，但总的来说，2001年，人们对未来有着向好的、比较稳定的预期，在信任和信心上的表达较好。

表5-8 对信任和信心量表的结构性特征的描述（n=1422）

	集中趋势		离散趋势		分布状况	
信任和信心	均值	62.49	标准差	17.17	偏度	-0.396
	众数	50.00	最小值	0.00	峰度	3.812
	中位数	63.25	最大值	100.00		

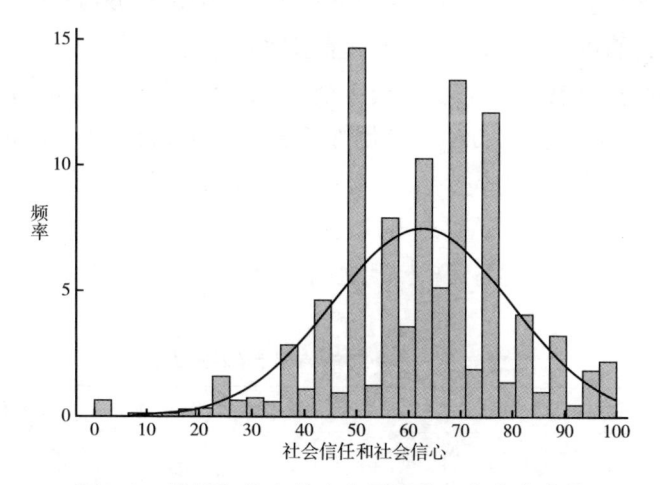

图5-2 信任和信心的直方图及其正态分布曲线

3. 社会期望值

我们认为，社会期望值量表反映的主要是人们从期望得到的和实际得到的差距以及与其相应的参照群体的比较过程中所产生出来的主观感受。从我们现在的认识水平上看，人们对期望与期望实现差距的认知，会影响人们对特定问题的看法及感受，逐渐形成一种情绪，这种情绪的积累会影响人们对问题的态度以及以后形成的行为。[①] 当这种情绪逐渐积累起来并

[①] 李路路、王鹏：《转型中国的社会态度变迁（2005—2015）》，《中国社会科学》2018年第3期，第83—101页。

和其他情绪产生共鸣,通过一些"特殊事件"被"唤醒"的时候,就会形成总体性社会情绪。所以,我们认为,社会期望值是人们以后逐渐形成满意度、社会信任和社会信心的微观、深层的原因。

为了测量这种主观感受,我们在调查问卷中设计了相应的5个问题,即针对被访者目前的经济收入和目前的社会地位,分别让被访者与单位内同事进行比较后判断自己的状况,以及针对被访者的经济收入、福利状况和社会地位,分别让被访者与社会上的其他人来进行比较后判断自己的状况。我们的预期是,上述的这些不同问题能够从不同角度来反映和测量人们在期望与期望实现之间的差距中的感受。

制作的社会期望值量表详见表5-9,量表的克隆巴赫α系数为0.8971,表明量表处于一种相对稳定的状态。经KMO和巴特利特球形检验,得到巴特利特球形检验卡方为4323.571($p<0.001$),KMO为0.787(见表5-10)。基于此,我们可以进一步对社会期望值做验证性因素分析,其结果显示:5个变量通过主成分法可以提取出一个共同因子,初始特征值为3.550,能够解释的方差比例为71.00%,使用方差最大法对其进行正交旋转,得到各个变量的因子载荷(见表5-11)。该结果表明,5个变量能够较好地归聚在一起,构造效度较高。综合上述,社会期望值量表能够较为稳定和有效地反映当时人们在期望与期望实现之间差距的状况和感受。

表5-9 社会期望值量表的操作化

概念	题器	变量类型	编码	Cronbach α 系数
社会期望值	与单位内同事相比,您目前的经济收入如何	定序变量	1-很高 2-偏高 3-差不多 4-偏低 5-很低	0.8971
	与单位内同事相比,您目前的社会地位如何	定序变量		
	与社会上的其他人相比,您目前的经济收入如何	定序变量		
	与社会上的其他人相比,您目前的福利状况如何	定序变量		
	与社会上的其他人相比,您目前的社会地位如何	定序变量		

注:社会期望值的引导语为:在下列问题上,您觉得您与单位内同事/社会上的其他人相比怎样。

表5-10　对社会期望值量表的KMO和巴特利特球形检验

KMO取样适切性量数		0.787
巴特利特球形检验	卡方	4323.571
	自由度	10
	显著性	0.000

表5-11　对社会期望值量表的验证性因素分析

条目	成分1
a.与单位内同事相比，您目前的经济收入如何	0.817
b.与单位内同事相比，您目前的社会地位如何	0.831
c.与社会上的其他人相比，您目前的经济收入如何	0.859
d.与社会上的其他人相比，您目前的福利状况如何	0.841
e.与社会上的其他人相比，您目前的社会地位如何	0.865
特征值	3.550
贡献率（%）	71.00

提取方法：主成分。

本研究根据上述5个变量生成社会期望值，具体过程如下。第一步，我们对指标进行处理，一方面，针对缺失值，我们对于存在缺失值且其数量不超过指标数量三分之一的样本，采用该样本在未缺失题目中的评分均值（取整）进行插补；另一方面，针对指标量纲不同的状况，我们对指标进行归一化处理，并且为了便于理解和表述，在去量纲之后，我们对所有指标乘以100，使得处理之后的所有指标量程一致，介于0和100之间。第二步，我们对指标进行因子分析，提取一个特征根大于1的公共因子，然后计算各个指标的因子得分，对因子得分进行归一化处理后作为指标的权重。在此基础上，我们将各指标分数与权重相乘后加总，生成一个潜变量用以表征被访者在社会期望值上的状况，该变量的取值范围为0—100，其取值越大，表明被访者期望与期望实现之间的差距越大。

2001年，人们的社会期望值平均为61.24，众数和中位数分别为50.00和59.78，标准差为14.97，其偏度系数和峰度系数分别为0.535和3.152（见表5-12），直方图拟合的正态分布曲线（见图5-3）呈现出轻微的右偏态和尖峰分布。相较于1987年和1993年，2001年，人们的社会期望值继续小幅度下降，从1987年的67.62降至1993年的64.26，再到2001年的61.24；但总体上，人们的社会期望值仍然较高。

表5-12 对社会期望值量表的结构性特征的描述（n=1348）

	集中趋势		离散趋势		分布状况	
社会期望值	均值	61.24	标准差	14.97	偏度	0.535
	众数	50.00	最小值	9.78	峰度	3.152
	中位数	59.78	最大值	100.00		

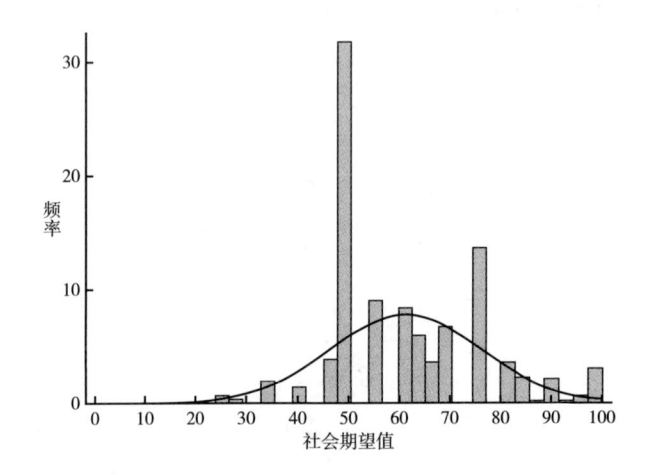

图5-3 社会期望值的直方图及其正态分布曲线

三 对总体性社会情绪的分析

在我们的认识中，弥漫与沉淀在社会中的总体性社会情绪可以通过个体满意不满意、信任不信任和有没有信心这些基础的主观感受表达出来。个体的这些主观感受，是人们在相互比较和权衡过程中生成的，具有深刻的社会性，当这些主观感受积淀下来和传染开来时，就会引起各种社会群体就某些情绪表达形成共情、共鸣乃至同频共振。此时，个体的这些主观感受就化合成为一种总体性社会情绪，具有影响群际关系乃至社会结构的作用。

借助于科学抽样的问卷调查和基于数理统计的问卷数据分析在一定程

度上过滤了个体异质性，我们认为，当问卷数据中各种社会群体内部的不同个体或不同社会群体中的不同个体就满意度、社会信任和社会信心的感受趋于一致时，就能够捕捉到当时社会中总体性社会情绪的脉搏。下面我们具体介绍如何利用2001年的调查数据去制作总体性社会情绪量表的过程，并描述与分析当时社会中总体性社会情绪的状况。

（一）总体性社会情绪的生成与描述

2001年，在前两次问卷调查的基础上，我们在制作量表和设置题器上有了一些经验，对于某些问题和概念的认识也更进一步，因此，不难发现，该年份问卷中满意度与社会信任和社会信心量表都比较简练和有的放矢。虽然数据上有所局限，但还是可以为我们探索当时的总体性社会情绪提供重要的线索和证据。前面，我们已经形成了满意度与社会信任和社会信心两个子量表，并生成了对应的潜变量。在此基础上，我们进一步对两个潜变量做因子分析，提取一个特征根大于1的公共因子，然后计算各自的因子得分并确定相应的权重，通过子量表分数与权重相乘后加总，生成一个新的潜变量，其取值范围为0—100，值越大，代表总体性社会情绪越好。

对总体性社会情绪进行描述性分析（见表5-13），我们发现，2001年，人们在总体性社会情绪上的得分平均为52.88，中位数和众数分别为53.33和50.00，标准差为13.71，其偏度系数和峰度系数分别为-0.326和3.332，直方图拟合的正态分布曲线（见图5-4）呈现轻微的左偏态和尖峰分布。从集中趋势来看，此时的总体性社会情绪比较中正平和，没有明显的积极或消极表现；而从离散趋势来看，大部分人在总体性社会情绪上的表现较好，但有一小部分人在总体性社会情绪上的表现很差，这启示我们要重点关注和观照在改革过程中利益严重受损的少部分群体。

表5-13　总体性社会情绪的结构性特征的描述（n=1304）

	集中趋势		离散趋势		分布状况	
总体性社会情绪	均值	52.88	标准差	13.71	偏度	-0.326
	众数	50.00	最大值	100.00	峰度	3.332
	中位数	53.33	最小值	0.00		

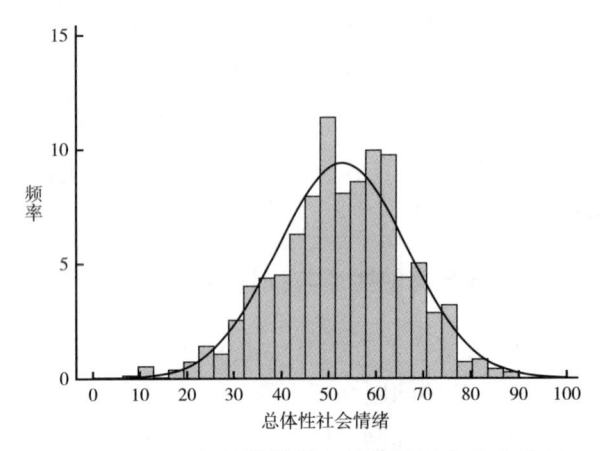

图5-4　2001年总体性社会情绪的正态分布曲线

（二）总体性社会情绪和各个子量表的状况与分析

2001年，一方面，国有企业大规模的改制造成不少员工下岗分流，造成人们"人到哪儿去"的困惑与无所适从；另一方面，非国有经济迅速和持续发展起来，非单位制度中的社会成员可以借助于市场或非市场新旧两种机制不断改善自身的社会经济地位，也在很大程度上刺激着单位制度中的社会成员，一种不满和不公的情绪自然就滋生与蔓延开来，相伴而生的还有对未来预期的一种不确定性。这些负面社会情绪的积累、沉淀与弥漫，具有一种总体性社会事实的特征，势必会对社会的进一步发展产生负面影响。为了探索当时社会中总体性社会情绪的状况，我们对总体性社会情绪及其子量表分别进行了分析，结果如下。

1. 满意度的状况与分析

我们知道，满意度是与参照群体不断进行比较的结果。满意度强调的是一种在期望—目标实现行为过程中自我的一种不断权衡和比较，以及由此所产生的一种相对平衡和公平的感受，同时也是一种在交换过程中趋于追求利益最大化的理性行为感受。[①] 在许多的情况下，社会情绪和行为理性的逻辑非常相似，以致我们很难认定某一行为是出于理性还是出于情感。作为社会行动者，人们的社会行为总是交织在理性与情感之中而无法剥离，这样的一种相互交织的关系恰恰是我们用满意度这个子量表来勾连理性与情绪、微观与宏观、主观

---

① 李汉林、魏钦恭、张晨曲：《发展过程中的满意度》，《社会学评论》2013年第1期，第75—88页。

感受与客观事实的重要学术基础。这就更需要我们在分析的时候，着眼于在何种结构环境之下，人们的社会行为是由理性主导或是由社会情绪驱动。就人们的满意度而言，其既是某种主观感受的反映，也受到社会结构环境的影响；其既可以看作是情感性的，也可以看作是出于理性的考量。[①]

2001年，我们的满意度量表更加有的放矢和简练，具体操作为直接询问人们关于当前的经济收入、福利状况和社会地位的好坏高低的感受，以反映其在满意度上的情绪状况。虽然，制作满意度量表的初衷是为了试图观察，在不同单位或非单位的制度中人们满意与不满意的感受是否不同，从而进一步地去深入探讨当时我们确定的核心问题，即，制度能否规范行为，制度在什么样的情况下以及在多大的程度上能够规范人们的行为，[②]但这样一个初衷并不妨碍我们利用当时的数据从今天的角度分析当时的满意度以及总体性社会情绪。

——人口学特征与满意度

为了了解当时人们在满意度的总体状况与差异分布，我们将满意度同性别、年龄、婚姻状况、受教育程度和月收入等人口学变量进行方差分析。根据满意度的方差分析（见表5-14），我们发现：2001年，在0.05的显著性水平上，除婚姻状况外，人们的满意度在性别、年龄、受教育程度和收入水平上均呈现出显著的差异。其中，就性别而言，男性的满意度高于女性的满意度；就年龄来说，相较于年轻一辈，年老一辈的满意度更高，51岁及以上的群体，其满意度明显高于其他年龄段群体；就受教育程度而言，受教育程度为高中的群体，其满意度相对最低，而受教育程度为本科的群体，其满意度相对最高；就收入水平来说，总的来说，收入水平越高的群体，其满意度也越高。年龄、教育水平、月收入等人口学特征与满意度的具体趋势详见图5-5。

表5-14 满意度在人口学变量上的差异分布

		均值	标准差	样本量	差异显著性
性别	男	45.68	18.04	558	$F=16.58$, $df=1$ $p=0.0000$
	女	41.77	17.59	886	

[①] 参见郭旭新《经济转型中的秩序》，北京：社会科学文献出版社，2007年，第104—116页。
[②] 李汉林、渠敬东：《制度规范行为——关于单位的研究与思考》，《社会学研究》2002年第5期，第1—22页。

续表

		均值	标准差	样本量	差异显著性
年龄	19—30岁	42.74	18.21	531	$F=3.23$,$df=3$ $p=0.0217$
	31—40岁	42.96	17.48	464	
	41—50岁	43.28	17.24	366	
	51岁及以上	49.44	20.18	76	
婚姻状况	未婚	43.82	17.53	351	$F=0.24$,$df=3$ $p=0.8697$
	已婚	43.02	17.99	1071	
	丧偶	41.68	10.53	6	
	离婚	45.10	17.96	12	
教育水平	初中及以下	42.03	22.20	46	$F=8.66$,$df=4$ $p=0.0000$
	高中	39.07	18.66	280	
	大专	44.23	16.51	404	
	本科	46.88	17.20	457	
	硕博研究生	43.83	19.52	65	
月收入	0—1000元	36.83	17.47	214	$F=28.39$,$df=5$ $p=0.0000$
	1001—1500元	39.39	16.83	271	
	1501—2000元	39.01	17.35	296	
	2001—3000元	47.62	16.29	109	
	3001—5000元	52.12	14.69	117	
	5001元及以上	57.23	14.09	60	

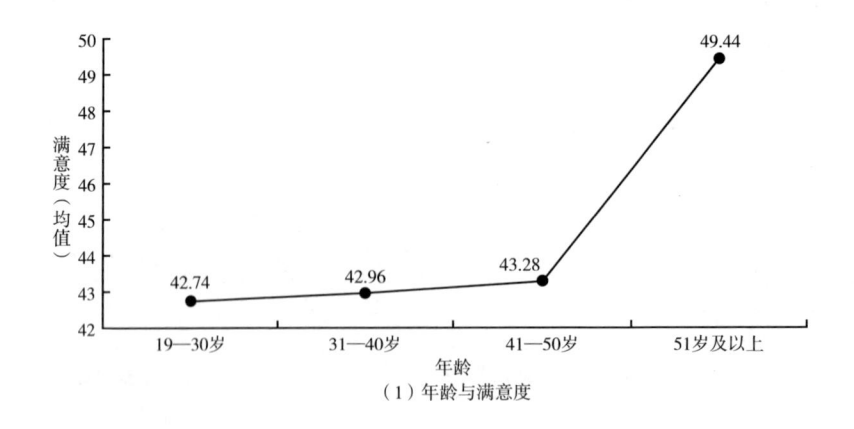

（1）年龄与满意度

（2）教育水平与满意度

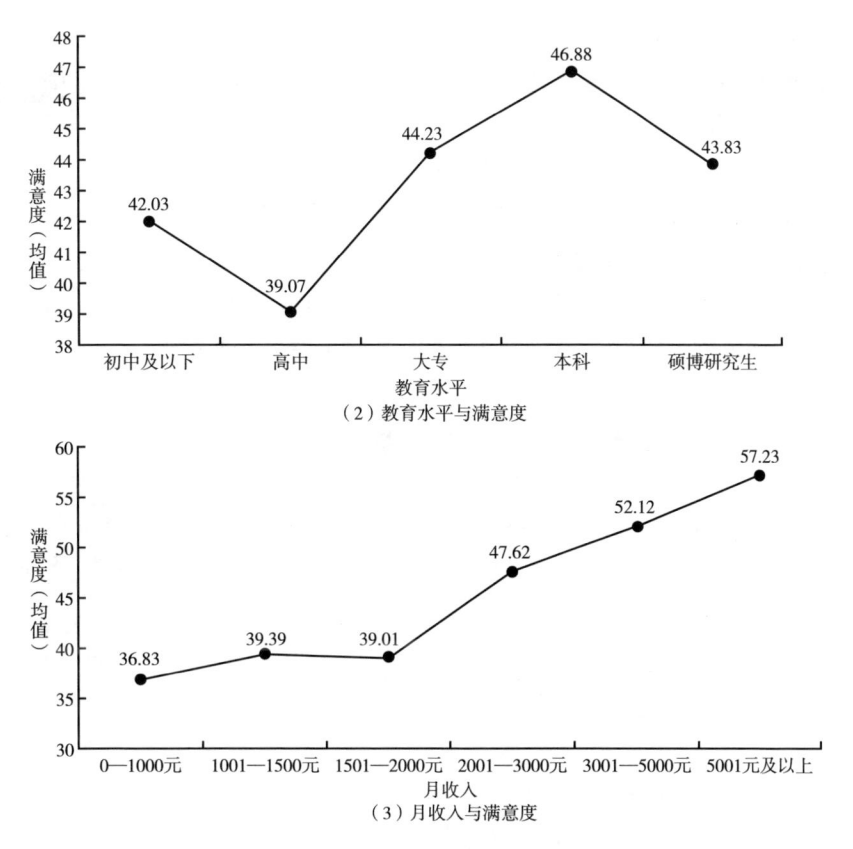

（3）月收入与满意度

图5-5 人口学变量与满意度

——单位特征与满意度

单位作为一种制度和社会结构仍然显著规范着人们的行为并影响其主观感受。我们试图去探索在什么样的制度条件下，单位成员间的主观感受会发生什么程度的分化与集中。从满意度在单位所有制、单位类别和单位级别上的差异分布来看（见表5-15），2001年，人们的满意度在三项单位特征上均存在显著差异。

其中，就单位所有制而言，公有单位成员比非公有单位成员要更倾向于不满意；就单位类别来说，事业单位成员的满意度相对最低，企业单位成员的满意度相对最高，行政单位成员的满意度也相对较高；就单位级别来说，无行政级别单位的成员的满意度明显高于其他单位中的单位成员。这里，事业单位成员的怨气和不满意非常明显。可能的解释是：一方面，在改革过程中首先受到市场经济强烈冲击的是国有企业的职工，无论是党和政府还是相应的各项政策都给予其以巨大的关注和倾斜,相应的政策配套和社会支持体系比较而言要更完善一些,并且,我们的这次调查主要集中在北京地区,各级政府对国有企业职工的支持、帮助和关注可能又会比其他地方做得更好一些,这在某种程度上缓解了这部分群体心中的一些不满意的情绪;另一方面,产生不满意度的情绪在一定程度上是比较的结果,在北京集聚了大量的中央国家机关事业单位,其成员知道和了解的情况比其他单位成员要多,他们所参照和比较的群体的经济水平有时候也比其他单位成员要高。这样一来,这一群体较多的怨言和较高的不满意的情绪有时也就会因之而变得不可避免。

表5-15 满意度在单位特征上的差异分布

		均值	标准差	样本量	差异显著性
单位所有制	非公有单位	51.68	14.53	493	$F=187.42$,$df=1$ $p=0.0000$
	公有单位	38.92	17.87	951	
单位类别	企业单位	47.43	16.85	853	$F=71.32$,$df=2$ $p=0.0000$
	事业单位	36.04	17.68	508	
	行政单位	44.78	15.03	81	
单位级别	省部级	42.42	14.83	37	$F=21.89$,$df=3$ $p=0.0000$
	司局地级	41.87	18.06	957	
	处县级	41.23	18.46	245	
	无行政级别	52.42	13.54	205	

——社会身份与满意度

除了上述的人口学特征和单位特征以外,人们通常还借助一些重要的因素来标识其社会身份。在这里,我们考虑个人的政治面貌、行政级别和技术级别[①]三种标准划分的社会身份,并通过差异分析探索满意度在社会身份上的分化,具体结果如表5-16所示。结果表明:2001年,在0.05的显著性水平上,人们的满意度在政治面貌、行政级别和技术级别上均呈现出显著的差异。其中,就政治面貌而言,共产党员和民主党派成员的满意度相对较高,而共青团员和群众的满意度相对较低。一般而言,政党吸纳、保护和支持的是持同一政治信仰的精英,共产党员和民主党派工作者的发展能力、社会地位和生活境遇都相对较好,反映在满意度上,即表现为共

---

① 如果被访者是专业人员或干部,其技术级别划分为高级、中级、初级和未定级;如果被访者是工人,其技术级别划分为技师以上、高级、中级、初级及以下。

产党员和民主党派成员的满意度显著高于共青团员和群众。值得注意的是，2001年，满意度在政治面貌上的差异显著存在，但这种差异的程度并不突出。回到当时的社会状况中进行思索，我们认为，这实际上反映的是发展过程中的一种阵痛和新生，一方面，经历大规模的国企改制，不少员工纷纷下岗失业，其他员工也对前景忐忑不安，人们的工作生活受到较大冲击，使得相对较低的满意度成为这个时期相对一致的情绪表达；另一方面，虽然具有党员身份的单位成员在改革过程中获得相对较多的保护和支持，但市场机制给予人们新的发展路径，在新的体制机制的冲击下，人们传统地位观念在逐渐动摇，这或许是具有党员身份的单位成员和群众在满意度上的间隙相对较小的深层次原因。就个人行政级别来说，行政级别与满意度之间呈现为一种倒U形关系，处级干部的满意度相对最高，司局级及以上干部的满意度相较于处级干部有着较大幅度的滑落。抛开司局级及以上干部的满意度状况，我们可以发现，这一群体在社会地位这个维度上的满意度很高，但在经济收入和福利待遇上的满意度相对较低，这两个方面上的落差是导致司局级及以上干部满意度滑落的重要因素。就个人技术级别而言，技术级别与满意度之间则呈现为一种U形关系，初级技术群体的满意度相对最低。进一步将技术级别与月收入进行关联，我们可以发现，未定级和初级技术群体的月收入相对较低，而中级和高级技术群体的月收入显著高于前两者，显然，初级技术群体在与其他群体进行比较的过程中，有一定技术但没有收获与之相匹配的收入，往往感受到较多的相对剥夺与付出—回报不平衡，因而在满意度上的表现显著差于其他群体。政治面貌、行政级别和技术级别与满意度的具体趋势详见图5-6。

表5-16 满意度在社会身份上的差异分布

		均值	标准差	样本量	差异显著性
政治面貌	共产党员	46.30	17.23	418	$F=6.11$, $df=3$ $p=0.0004$
	共青团员	42.14	18.50	310	
	民主党派	46.64	15.04	25	
	群众	41.88	17.91	664	
行政级别	司局级及以上	43.26	18.14	5	$F=12.30$, $df=3$ $p=0.0217$
	处级	54.37	16.37	61	
	科级	48.39	15.74	165	
	科员及以下	42.82	16.53	551	

续表

		均值	标准差	样本量	差异显著性
技术级别	未定级	45.09	16.99	118	$F=10.24$，$df=3$ $p=0.0000$
	初级	38.40	17.76	400	
	中级	44.74	18.79	382	
	高级	45.38	18.29	87	

（1）政治面貌与满意度

（2）行政级别与满意度

（3）技术级别与满意度

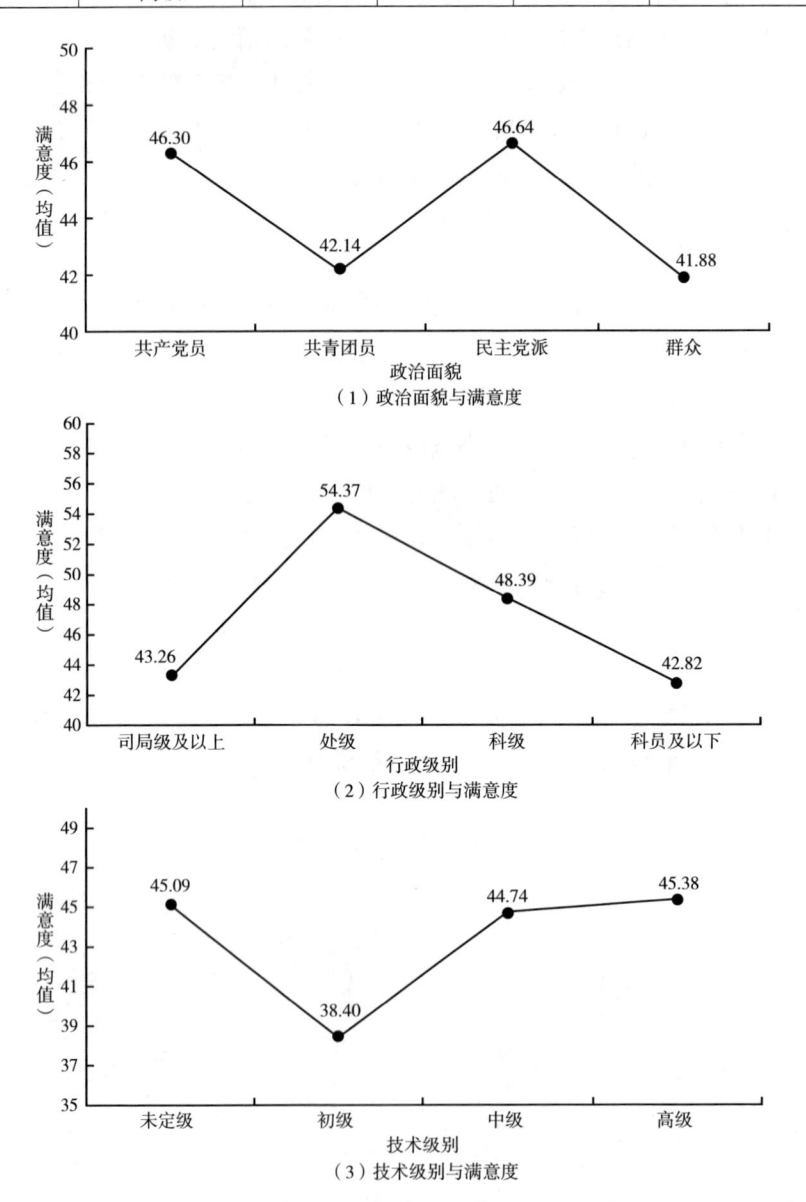

图5-6　社会身份与满意度

——地位不一致性与满意度

个体的地位不一致性主要是指基于社会共识所认定的社会地位与其所得的资源和机会处于一种不对称的状况。当人们不能够得到在相应的社会地位上所应该得到的社会报酬（social reward）的时候，地位的不一致性的感觉就会变得强烈起来。[①] 这里，我们比较集中地设计了三种不同看法，通过直接询问被访者的赞同程度来观察人们在地位不一致上的状况。我们认为，如果人们能够比较强烈地感受到自己的工作地位与自身的教育程度和水平不相适应，自己在工作中的努力得不到相应的荣誉和承认，自己的所得到的报酬与自身在工作中的付出也不相适应，那么，我们就能够比较有理由和有把握地推测与判断，这样的个体或群体处于一种地位不一致的状态，或者说，人们从心理上已经比较明显地感觉到自身的付出和得到之间的不平衡和不公平。当然，还会有另外的一种情况，那就是付出的少，得到的多，这也是一种地位的不一致性。我们在这里讨论的，更多是人们在生活中所普遍遇到的前一种情况。

我们制作的地位不一致量表详见表 5-17，量表的克隆巴赫 α 系数为 0.7140，表明量表的稳定性尚可。经 KMO 和巴特利特球形检验，得到巴特利特球形检验卡方为 820.373（$p < 0.001$），KMO 为 0.663（见表 5-18）。基于此，我们可以进一步对地位不一致做验证性因素分析，其结果显示：3 个变量通过主成分法可以提取出一个共同因子，初始特征值为 1.923，能够解释的方差比例为 64.12%，使用方差最大法对其进行正交旋转，得到各个量表的因子载荷（见表 5-19）。该结果表明，3 个变量确实有信息上的共指，能够较好地归聚在一起，反映人们在地位不一致性上的状况。

表5-17　地位不一致性量表的操作化

概念	题器	变量类型	编码	Cronbach α 系数
地位不一致	我目前的工作地位和我的教育程度和水平相适应	定序变量	5-完全不赞同 4-不赞同 3-部分赞同 2-赞同 1-完全赞同	0.7140
	我在工作中的付出和努力能够得到相应的荣誉和承认	定序变量		
	我的工资和报酬与我在工作上的付出和能力相适应	定序变量		

注：地位不一致性的引导语为：对以下的一些看法，您是否赞同。

[①] 李汉林、魏钦恭、张彦：《社会变迁过程中的结构紧张》，《中国社会科学》2010年第2期，第 121—143 页。

表5-18　对地位不一致性量表的KMO和巴特利特球形检验

KMO取样适切性量数		0.663
巴特利特球形检验	卡方	820.373
	自由度	3
	显著性	0.000

表5-19　对地位不一致性量表的验证性因素分析

条目	成分1
a.我目前的工作地位和我的教育程度和水平相适应	0.755
b.我在工作中的付出和努力能够得到相应的荣誉和承认	0.840
e.我的工资和报酬与我在工作上的付出和能力相适应	0.805
特征值	1.923
贡献率（%）	64.12

提取方法：主成分。

由3个变量经算术平均后生成一个潜变量，用以表征地位不一致的状况，该变量的取值范围为3—15，当取值越大时，表明人们地位的不一致性越大。2001年，人们的地位不一致性平均值为9.02，众数和中位数均为9.00，标准差为2.02，其偏度系数和峰度系数分别为0.275和3.438（见表5-20），直方图拟合的正态分布曲线（见图5-7）呈现出轻微的右偏态和尖峰分布。结果表明，人们普遍存在不同程度的地位不一致，且有少数人的地位不一致较为突出。

表5-20　对地位不一致性量表的结构性特征的描述（n=1349）

	集中趋势		离散趋势		分布状况	
地位的不一致性	均值	9.02	标准差	2.02	偏度	0.275
	众数	9.00	最小值	3.00	峰度	3.438
	中位数	9.00	最大值	15.00		

在地位不一致的状况下，人们往往感受到强烈的不公平和不满意。2001年，我们探索地位不一致与满意度间的关系，其分析结果（见表

5-21 和图 5-8）显示，地位不一致与满意度间的确呈现为显著的线性相关关系，其相关系数为 -0.4978，表明个体的地位不一致越高，其满意度越低。进一步通过回归分析来探索这种影响的程度与稳健性，结果如表 5-22 所示。其中，回归模型 1 只考察了控制变量（性别、年龄、婚姻状况、教育水平和月收入）对满意度的影响，在 0.05 的显著性水平下，该模型显著解释了满意度 14.03% 的差异。回归模型 2 在回归模型 1 的基础上加入了地位不一致，考察地位不一致对满意度的影响。结果显示，在保持人口学变量不变的情况下，地位不一致对满意度有着显著影响，其回归系数为 -4.13，该模型显著解释了满意度 34.46% 的差异。该结果表明，控制人口学变量保持不变的情况下，地位不一致每增加 1 个单位，满意度平均降低 4.13 个单位。不难发现，回归模型 2 的解释力度相较于回归模型 1 有大幅度提升，地位不一致是形塑满意度的一个重要因素。

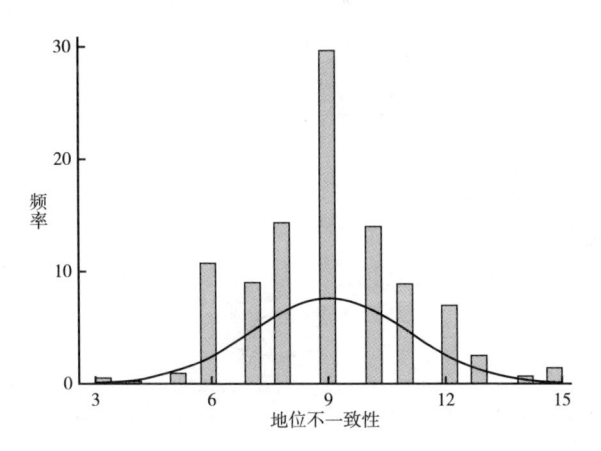

图5-7 地位不一致性的直方图及其正态分布曲线

表5-21 地位不一致与满意度的相关分析

	地位不一致	满意度
地位不一致	1.0000	
满意度	−0.4978***	1.0000

注：$^{*}p < 0.05$，$^{**}p < 0.01$，$^{***}p < 0.001$。

社会景气与总体性社会情绪 | 理论、方法与数据分析

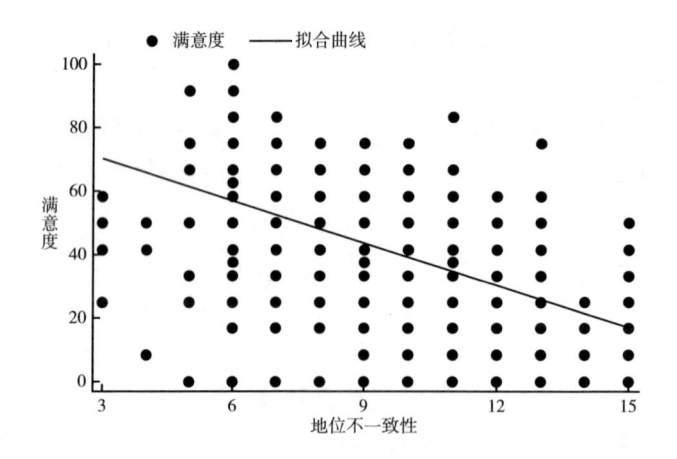

● 满意度 —— 拟合曲线

图5-8 地位不一致与满意度的散点分布

表5-22 地位不一致与满意度的回归分析

	模型1 满意度	模型2 满意度
控制变量	已控制	
地位不一致		−4.13*** （0.26）
常数项	23.65*** （3.10）	63.03*** （3.70）
F值	30.06	74.66
R^2	14.03%	34.46%

注：括号内是标准误；$^+p < 0.1$，$^*p < 0.05$，$^{**}p < 0.01$，$^{***}p < 0.001$。

——低补偿和回报感与满意度

如果说满意度是从总体上把握人们对自己在社会经济和政治状况的满意程度的话，那么，低补偿和回报感则是从人们日常工作和生活中的一些具体的感受中去归纳他们社会心理上的一种不平衡、不公平和不满意的感受。实际上，满意度与低补偿和回报感这两个量表试图去说明和测量的问题是一致的，但是两者观察问题的角度却是不一样的。我们在这次的研究中把两者分开来，从两个不同的角度来观察一个非常相似的问题，更有利于我们细致和深入地分析与观察不同制度环境下人们行为取向

变化的一些情况，应该说，这符合我们的初衷和总体的假设。为了制作低补偿和回报感这个量表，我们在问卷中设计了以下 5 个方面的看法，分别让受访者判断其对于这些看法的赞同程度。我们认为，当人们在工作上经常受到一些不公正的待遇、自己的努力得不到承认，而且很少被提职提薪的时候，那么其在思想上所感到的付出和得到的差距就会变得愈来愈大，心理上的那种不公平、不平衡、不满意的感觉就会因之变得愈来愈强烈。这种低补偿和低回报的感觉，实际上是产生不满意的最根本原因。①

制作的低补偿和回报感量表详见表 5-23，其克隆巴赫 α 系数为 0.6844，表明量表处于一种不够稳定的状态，但它仍然为我们了解和探索当时的低补偿和回报感提供了难得的实证材料。经 KMO 和巴特利特球形检验，得到巴特利特球形检验卡方为 987.602（$p < 0.001$），KMO 为 0.747（见表 5-24），支持我们对低补偿和回报感量表进行验证性因素分析。其结果显示：5 个变量通过主成分法可以提取出一个共同因子，初始特征值为 2.258，使用方差最大法对其进行正交旋转，得到各个变量的因子载荷（见表 5-25）。该结果表明，5 个变量能够归聚在一起，反映人们在低补偿和回报感上的状况。

表5-23 低补偿和回报感量表的操作化

概念	题器	变量类型	编码	Cronbach α 系数
低补偿和回报感	我在工作上经常受到不公正的待遇	定序变量	5-完全赞同 4-赞同 3-部分赞同 2-不赞同 1-完全不赞同	0.6844
	在我的工作中，经常受到一些烦心的事干扰	定序变量		
	近年来，我感到工作上的要求变得愈来愈高	定序变量		
	在目前的工作里，我很少被提职提薪	定序变量		
	如果工作得不到相应的承认，我会感到很难受	定序变量		

注：低补偿和回报感的引导语为：对以下的一些看法，您是否赞同。

---

① 王召平、李汉林：《行为取向、行为方式与疾病——一项医学社会学的调查》，《社会学研究》2002 年第 4 期，第 66—76 页。

表5-24 对低补偿和回报感量表的KMO和巴特利特球形检验

KMO取样适切性量数		0.747
巴特利特球形检验	卡方	987.602
	自由度	10
	显著性	0.000

表5-25 对低补偿和回报感量表的验证性因素分析

条目	成分1
a.我在工作上经常受到不公正的待遇	0.654
b.在我的工作中，经常受到一些烦心的事干扰	0.742
c.近年来，我感到工作上的要求变得愈来愈高	0.698
d.在目前的工作里，我很少被提职提薪	0.711
e.如果工作得不到相应的承认，我会感到很难受	0.536
特征值	2.258
贡献率（%）	45.17

提取方法：主成分。

由5个变量经算术平均后生成一个潜变量，用以表征低补偿和回报感的状况，该变量的取值范围为5—25，当取值越大时，表明人们的低补偿和回报感越强烈。2001年，人们的低补偿和回报感平均为16.72，众数和中位数分别为15.00和16.00，标准差为3.00，其偏度系数和峰度系数分别为0.336和3.336（见表5-26），直方图拟合的正态分布曲线（见图5-9）呈现为轻微的右偏态和尖峰分布。该结果表明，这一时期，人们的低补偿和回报感比较强烈。

表5-26 对低补偿和回报感量表的结构性特征的描述（n=1286）

	集中趋势		离散趋势		分布状况	
地位的不一致性	均值	16.72	标准差	3.00	偏度	0.336
	众数	15.00	最小值	5.00	峰度	3.336
	中位数	16.00	最大值	25.00		

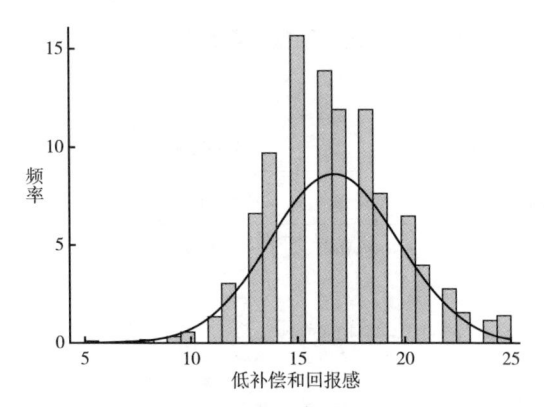

图5-9　低补偿和回报感的直方图及其正态分布曲线

承前所述，低补偿和回报感指的是从人们日常工作和生活中的一些具体的感受中去归纳自身在社会心理上的一种不平衡、不公平和不满意的感受。如果人们在工作生活中经常受到不公正的待遇、努力得不到承认，而且很少提职提薪的时候，自身的付出未能达成预期的回报，心理上的那些不平衡、不公平和不满意的感受就愈发强烈，这或许是形塑人们满意与否的基础。2001年，两者的相关分析结果（见表5-27和图5-10）显示，低补偿和回报感与满意度间呈现为显著的线性相关关系，其相关系数为-0.3313，表明个体的低补偿和回报感越高，其满意度越低。进一步通过回归分析来探索这种影响的程度与稳健性，结果如表5-28所示。其中，回归模型1只考察了控制变量（性别、年龄、婚姻状况、教育水平和月收入）对满意度的影响，在0.05的显著性水平下，该模型显著解释了满意度14.03%的差异。回归模型2在回归模型1的基础上加入了低补偿和回报感，考察低补偿和回报感对满意度的影响。结果显示，在保持人口学变量不变的情况下，低补偿和回报感对满意度有着显著影响，其回归系数为-1.76，该模型显著解释了满意度22.92%的差异。该结果表明，控制人口学变量保持不变的情况下，低补偿和回报感每增加1个单位，满意度平均降低1.76个单位。不难发现，回归模型2的解释力度相较于回归模型1有明显的提升，日常工作生活中的低补偿和回报感形塑着人们的满意度。

表5-27　低补偿和回报感与满意度的相关分析

	低补偿和回报感	满意度
低补偿和回报感	1.0000	
满意度	−0.3313***	1.0000

注：+$p < 0.1$，*$p < 0.05$，**$p < 0.01$，***$p < 0.001$。

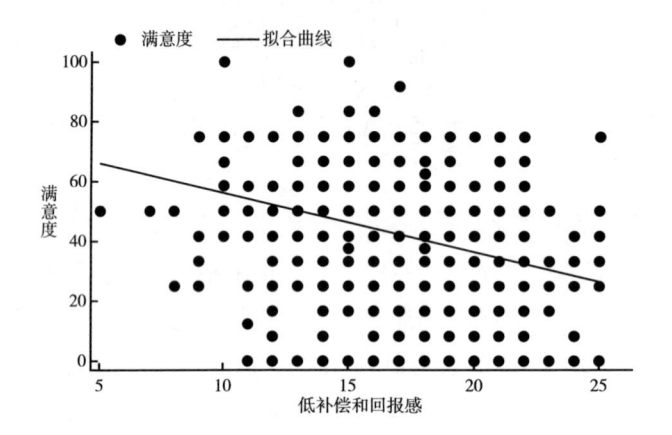

图5-10　低补偿和回报感与满意度的散点分布

表5-28　低补偿和回报感与满意度的回归分析

	模型1 满意度	模型2 满意度
控制变量	已控制	
低补偿和回报感		−1.76*** （0.19）
常数项	23.65*** （3.10）	55.82*** （4.68）
F值	30.06	40.78
R^2	14.03%	22.92%

注：括号内是标准误；+$p < 0.1$，*$p < 0.05$，**$p < 0.01$，***$p < 0.001$。

——主观社会地位与满意度

主观社会地位指的是人们对自己社会地位的综合评价，反映了个体对于自身在社会阶层中的定位与认同。人们对于自身的主观判断与评价直接影响着人们的情绪体验与社会行动,因而,一个人的主观社会地位与其满意度是息息相关的。

在2001年,我们也将主观社会地位具体操作化为两个方面,分别是人们主观在单位中所感受到的社会地位和主观在社会中所感受到的社会地位,前者通过题器"如果人的地位可分为五等,您认为您在单位中属于哪一等"、后者通过题器"如果人的地位可分为五等,您认为您在社会中属于哪一等"来进行测度,答案均分为五个层次,分别是上等、中上等、中等、中下等和下等。后文中,我们将人们主观在单位中所感受到的社会地位简称为主观单位中的地位,将人们主观在社会中所感受到的社会地位简称为主观社会中的地位,两个方面综合起来可以较好地反映人们在主观社会地位上的状况。将满意度同主观社会地位进行方差分析,结果显示(见表5-29、表5-30、表5-31和图5-11),满意度在主观单位中的地位和主观社会中的地位上均存在显著差异。就前者而言,主观单位中的地位越高的群体,其满意度也越高;就后者而言,总体趋势依然如此,但当人们主观社会中的地位为上等时,其满意度相较于中上等地位群体又有较明显的滑落。

表5-29 满意度在主观社会地位上的差异分布

		均值	标准差	样本量	差异显著性
主观单位中的地位[①]	下等	23.60	20.54	119	$F=95.33$,$df=4$ $p=0.0000$
	中下等	35.73	15.87	380	
	中等	48.22	14.92	777	
	中上等	51.76	16.45	112	
	上等	53.03	14.08	11	
主观社会中的地位[②]	下等	21.67	21.30	100	$F=100.17$,$df=4$ $p=0.0000$
	中下等	34.57	16.05	333	
	中等	47.48	14.31	760	
	中上等	53.87	17.98	124	
	上等	46.15	13.17	11	

---

① 我们所使用的题器是"如果人的地位可分为五等,您认为您在单位中属于哪一等";答案可分为五个层次,分别是上等、中上等、中等、中下等和下等,测量的是人们在单位中所感受到的社会地位,简称为主观单位中的地位。

② 我们所使用的题器是"如果人的地位可分为五等,您认为您在社会中属于哪一等";答案可分为五个层次,分别是上等、中上等、中等、中下等和下等,测量的是人们在社会中所感受到的社会地位,简称为主观社会中的地位。

表5-30　主观单位中的地位在满意度上的多元比较检验

中下等–下等=12.12 （p=0.000）			
中等–下等=24.62 （p=0.000）	中等–中下等=12.48 （p=0.000）		
中上等–下等=28.16 （p=0.000）	中上等–中下等=16.03 （p=0.000）	中上等–中等=3.54 （p=0.027）	
上等–下等=29.42 （p=0.000）	上等–中下等=17.30 （p=0.000）	上等–中等=4.81 （p=0.318）	上等–中上等=1.27 （p=0.800）

注：表格中数值是不同层回归系数之差。

表5-31　主观社会中的地位在满意度上的多元比较检验

中下等–下等=12.90 （p=0.000）			
中等–下等=25.81 （p=0.000）	中等–中下等=12.91 （p=0.000）		
中上等–下等=32.20 （p=0.000）	中上等–中下等=19.29 （p=0.000）	中上等–中等=6.38 （p=0.000）	
上等–下等=24.49 （p=0.000）	上等–中下等=11.58 （p=0.016）	上等–中等=−1.33 （p=0.781）	上等–中上等=−7.71 （p=0.119）

注：表格中数值是不同层回归系数之差。

图5-11　主观社会地位与满意度

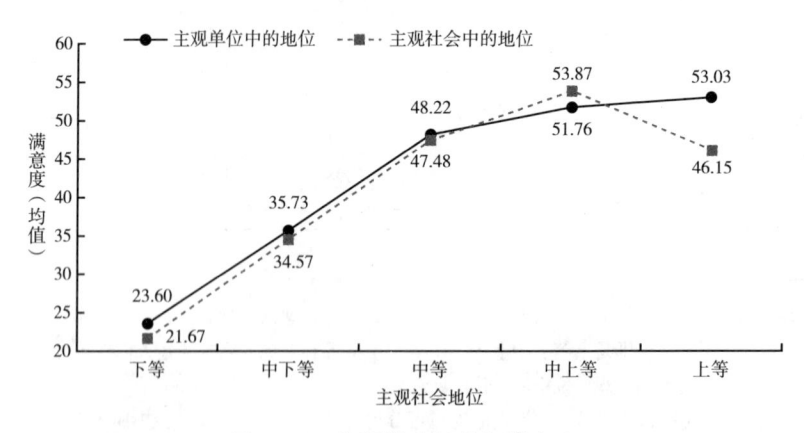

人们对于主观社会地位的认定离不开其客观状况与条件，那么，在2001年的社会中，究竟哪些自然社会特征参与形塑了个人的主观社会地位呢？它们又发挥着多大的作用呢？我们设计了一系列回归模型来进行探索，具体结果如表5-32和表5-33所示。

表5-32的6个回归模型主要关注的是各项特征对于主观社会中的地位的影响。其中，回归模型1只考察了控制变量（性别、年龄、婚姻状况）对主观社会中的地位的影响，在0.05的显著性水平下，该模型显著解释了主观社会中的地位0.99%的差异。回归模型2在回归模型1的基础上加入了月收入，考察月收入对于主观社会中的地位的影响。结果显示，在控制变量保持不变的情况下，月收入在1501—2000元的群体与月收入在0—1000元的群体（参照组）在0.05的显著性水平下没有显著差异，而月收入在1001—1500元、2001—3000元、3001—5000元和5001元及以上的群体与参照组在主观社会中的地位上有着显著差异，其回归系数分别为0.144、0.460、0.659和0.885，该模型显著解释了主观社会中的地位10.90%的差异。该结果表明，控制变量保持不变的情况下，月收入在1001—1500元、2001—3000元、3001—5000元和5001元及以上的群体的主观社会中的地位分别比月收入在0—1000元的群体平均要高0.144个、0.460个、0.659个和0.885个单位。总的来说，月收入越高的群体，其主观社会中的地位也越高。回归模型3在回归模型1的基础上加入了受教育程度，考察受教育程度对主观社会中的地位的影响。结果显示，在控制变量保持不变的情况下，受教育程度为大专、本科和硕博研究生的群体与受教育程度为初中及以下的群体（参照组）在主观社会中的地位上有着显著差异，而高中学历的群体则与其没有显著差异，其中，大专、本科和硕博研究生的回归系数分别为0.537、0.721和0.894，该模型显著解释了主观社会中的地位10.41%的差异。该结果表明，控制变量保持不变的情况下，受教育程度为大专、本科和硕博研究生的群体的主观社会中的地位比受教育程度为初中及以下的群体平均要高0.537个、0.721个和0.894个单位，高受教育程度群体的主观社会中的地位也相对更高。回归模型4在回归模型1的基础上加入了政治面貌，考察政治面貌对主观社会中的地位的影响。结果显示，在控制变量保持不变的情况下，群众与共青团员和共产党员（参照组）在主观社会中的地位上有着显著差异，而民主党派成

员则与其在 0.05 的显著性水平上没有显著差异，其中，群众与共青团员的回归系数分别为 –0.147 和 –0.232，该模型显著解释了主观社会中的地位 2.11% 的差异。该结果表明，控制变量保持不变的情况下，群众与共青团员的主观社会中的地位相较于共产党员平均要低 0.147 个和 0.232 个单位。也就是说，共产党员与民主党派成员的主观社会中的地位高于群众与共青团员。回归模型 5 在回归模型 1 的基础上加入了个人行政级别，考察行政级别对主观社会中的地位的影响。结果显示，在控制变量保持不变的情况下，科级、处级和司局级及以上的干部均与科员及以下（参照组）在主观社会中的地位上有着显著差异，其回归系数分别为 0.186、0.513 和 1.025，该模型显著解释了主观社会中的地位 5.53% 的差异。该结果表明，控制变量保持不变的情况下，科级、处级和司局级及以上的干部的主观社会中的地位平均要比科员及以下的高 0.186 个、0.513 个和 1.025 个单位。总的来说，个人的行政级别越高，其主观社会中的地位也越高。回归模型 6 在回归模型 1 的基础上加入了个人技术级别，考察技术级别对主观社会中的地位的影响。结果显示，在控制变量保持不变的情况下，中级和高级技术群体与未定级群体（参照组）在主观社会中的地位上有着显著差异，而初级技术群体与其没有显著差异，其中，中级、高级技术群体的回归系数分别为 0.246 和 0.428，该模型显著解释了主观社会中的地位 5.45% 的差异。该结果说明，中级、高级技术群体的主观社会中的地位比未定级的平均要高 0.246 个和 0.428 个单位。也就是说，中高级技术群体的主观社会中的地位相对较高。

综合上述，我们发现，具有下列特征的群体，即高收入群体、高受教育程度群体、共产党员、行政级别较高的干部、中高级技术群体，其主观社会中的地位可能会相对较高。并且，在讨论的若干特征当中，月收入和教育水平对于主观社会中的地位的解释力度相对较强，政治面貌对于主观社会中的地位的解释力度相对较弱。另外，相较于 1993 年，2001 年，用月收入和教育水平来解释主观社会中的地位的差异，其解释力度有明显的提升，这反映的是整个社会越发注重将个人努力向上的成果来作为衡量社会地位的尺度，个人在教育和收入等向度上的发展能够得到社会的承认。

表5-32　各项自然社会特征与主观社会中的地位的回归分析

	模型1 主观社会 中的地位	模型2 主观社会 中的地位	模型3 主观社会 中的地位	模型4 主观社会 中的地位	模型5 主观社会 中的地位	模型6 主观社会 中的地位
			已控制			
月收入（以0—1000元为参照）						
1001—1500元		0.144* (0.069)				
1501—2000元		0.132+ (0.068)				
2001—3000元		0.460*** (0.090)				
3001—5000元		0.659*** (0.088)				
5001元及以上		0.885*** (0.110)				
受教育程度（以初中及以下为参照）						
高中			0.178 (0.125)			
大专			0.537*** (0.123)			
本科			0.721*** (0.123)			
硕博研究生			0.894*** (0.149)			
政治面貌（以共产党员为参照）						
共青团员				−0.232** (0.072)		
民主党派				0.273+ (0.163)		
群众				−0.147** (0.051)		

续表

	模型1 主观社会 中的地位	模型2 主观社会 中的地位	模型3 主观社会 中的地位	模型4 主观社会 中的地位	模型5 主观社会 中的地位	模型6 主观社会 中的地位
	已控制					
行政级别（以科员及以下为参照）						
科级					0.186** （0.068）	
处级					0.513*** （0.103）	
司局级及以上					1.025** （0.311）	
技术级别（以未定级为参照）						
初级						−0.080 （0.081）
中级						0.246** （0.084）
高级						0.428*** （0.116）
常数项	2.945*** （0.083）	2.476*** （0.108）	2.327*** （0.151）	3.188*** （0.113）	3.048*** （0.107）	3.018*** （0.116）
F值	3.80	15.35	19.21	4.69	6.95	8.80
R^2	0.99%	10.90%	10.41%	2.11%	5.53%	5.45%

注：括号内是标准误；$^+ p < 0.1$，$^* p < 0.05$，$^{**} p < 0.01$，$^{***} p < 0.001$。

表5-33的6个回归模型主要关注的是各项特征对于主观单位中的地位的影响。其中，回归模型1只考察了控制变量（性别、年龄、婚姻状况）对主观单位中的地位的影响，在0.05的显著性水平下，该模型显著解释了主观单位中的地位0.39%的差异。回归模型2—回归模型6在回归模型1的基础上分别加入了月收入、教育水平、政治面貌、个人行政级别和技术级别，考察它们对于主观单位中的地位的影响，其结果与对于主观社会中的地位的影响大致相近，各个模型显著解释了主观单位中的地位9.12%、8.95%、2.18%、9.37%和7.65%的差异。具体说来，在控制变量保持不变的情况下，月收入为1501—2000元、2001—3000元、3001—5000元和5001元及以上的群体的主观单位中的地位分别比月收入为0—1000元的群

体平均要高 0.142 个、0.469 个、0.576 个和 0.780 个单位；受教育程度为高中、大专、本科、硕博研究生的群体的主观单位中的地位分别比初中及以下的群体平均要高 0.269 个、0.602 个、0.779 个和 0.955 个单位；政治面貌为共青团员和群众的群体的主观单位中的地位分别比共产党员平均要低 0.283 个和 0.202 个单位；行政级别为科级、处级和司局级及以上的干部的主观单位中的地位分别比科员及以下平均要高 0.376 个、0.710 个和 1.286 个单位；技术级别为中级和高级的群体的主观单位中的地位分别比未定级的群体平均要高 0.393 个和 0.683 个单位。相较于各项特征对于主观社会中的地位的影响，我们发现，行政级别和技术级别在主观单位中的地位的解释力度明显提升，而政治面貌对于主观社会中的地位和主观单位中的地位的解释力度都比较弱，这反映了这一时期人们的政治身份在日常工作生活中的重要性有所式微，在教育、收入等向度上的追求是社会的主流趋势。

表5-33　各项自然社会特征与主观单位中的地位的回归分析

	模型1 主观单位中的地位	模型2 主观单位中的地位	模型3 主观单位中的地位	模型4 主观单位中的地位	模型5 主观单位中的地位	模型6 主观单位中的地位
			已控制			
月收入（以0—1000元为参照）						
1001—1500元		0.126⁺ （0.067）				
1501—2000元		0.142[*] （0.065）				
2001—3000元		0.469^{***} （0.085）				
3001—5000元		0.576^{***} （0.085）				
5001元及以上		0.780^{***} （0.107）				
受教育程度（以初中及以下为参照）						
高中			0.269[*] （0.125）			
大专			0.602^{***} （0.122）			
本科			0.779^{***} （0.123）			
硕博研究生			0.955^{***} （0.149）			

续表

	模型1 主观单位地位	模型2 主观单位地位	模型3 主观单位地位	模型4 主观单位地位	模型5 主观单位地位	模型6 主观单位地位
	已控制					
政治面貌（*以共产党员为参照*）						
共青团员				−0.283*** （0.072）		
民主党派				0.212 （0.161）		
群众				−0.202*** （0.049）		
行政级别（*以科员及以下为参照*）						
科级					0.376*** （0.065）	
处级					0.710*** （0.100）	
司局级及以上					1.286*** （0.311）	
技术级别（*以未定级为参照*）						
初级						0.011 （0.080）
中级						0.393*** （0.083）
高级						0.683*** （0.113）
常数项	2.815*** （0.083）	2.373*** （0.105）	2.113*** （0.151）	3.118*** （0.111）	2.936*** （0.104）	2.790*** （0.115）
F值	1.86	13.30	17.22	5.17	13.29	13.48
R^2	0.39%	9.12%	8.95%	2.18%	9.37%	7.65%

注：括号内是标准误；$^+ p < 0.1$,$^* p < 0.05$,$^{**} p < 0.01$,$^{***} p < 0.001$。

2. 社会信任和社会信心的状况与分析

社会信任和社会信心是人们在期望与期望实现过程中表现出来的一种稳定的预期。在2001年的调查中，我们根据被访者对其赞同与否的程度来测度其社会信任和社会信心的状况,而非此前间接地通过社会与政治参与情况来反映社会信任和社会信心。在这种操作化思路背后,我们当时的假定是,如果人们在日常的社会生活和工作中能够比较强烈地感受到对任何其他人的不信任,对自己的前途与发展沮丧颓废和悲观,对自己的工作和生活抱着一种得过且过的消极态度,或者说,对社会上的其他人都表现出一种冷漠和茫然的话,那么,这样的一群人就在很大的程度上处于一种社会信任与社会信心缺乏的状态[①]。在此基础上,我们描述与分析当时人们在社会信任和社会信心上的状况。

——人口学特征与信任和信心

为了了解当时人们在社会信任和社会信心的总体状况和差异分布,我们将信任和信心同性别、年龄、婚姻状况、教育水平和月收入等人口学变量进行方差分析。根据信任和信心的方差分析结果(见表5-34),我们发现:2001年,在0.05的显著性水平上,除性别以外,人们的信任和信心在年龄、婚姻状况、受教育程度和收入水平上均呈现出显著的差异。其中,就年龄来说,19—30岁的群体的信任和信心显著高于其他年龄阶段的群体;就婚姻状况而言,已婚者和离婚者的信任和信心相对较弱;就受教育程度来说,受教育程度越高的群体,其信任和信心越好;就月收入而言,总体上,月收入越高的群体,其信任和信心也越好。年龄、受教育程度及月收入与信任和信心的具体趋势详见图5-12。

表5-34 信任与信心在人口学变量上的差异分布

		均值	标准差	样本量	差异显著性
性别	男	63.50	19.40	543	$F=3.02$,$df=1$ $p=0.0823$
	女	61.87	15.63	878	
年龄	19—30岁	65.47	17.28	541	$F=39.28$,$df=3$ $p=0.0000$
	31—40岁	60.13	16.08	455	
	41—50岁	61.09	17.14	351	
	51岁及以上	61.51	20.75	67	

[①] 王召平、李汉林:《行为取向、行为方式与疾病——一项医学社会学的调查》,《社会学研究》2002年第4期,第66—76页。

续表

		均值	标准差	样本量	差异显著性
婚姻状态	未婚	65.43	18.93	358	$F=4.79$，$df=3$ $p=0.0025$
	已婚	61.50	16.42	1042	
	丧偶	65.27	24.41	7	
	离婚	60.72	14.55	12	
受教育程度	初中及以下	57.27	18.18	40	$F=8.46$，$df=4$ $p=0.0000$
	高中	59.59	18.15	274	
	大专	63.14	16.91	395	
	本科	65.87	15.92	453	
	硕博研究生	67.63	13.03	66	
月收入	0—1000元	57.35	20.60	214	$F=7.05$，$df=5$ $p=0.0000$
	1001—1500元	62.99	15.57	270	
	1501—2000元	62.43	14.79	295	
	2001—3000元	64.06	18.11	110	
	3001—5000元	67.17	16.68	117	
	5001元及以上	67.38	14.71	60	

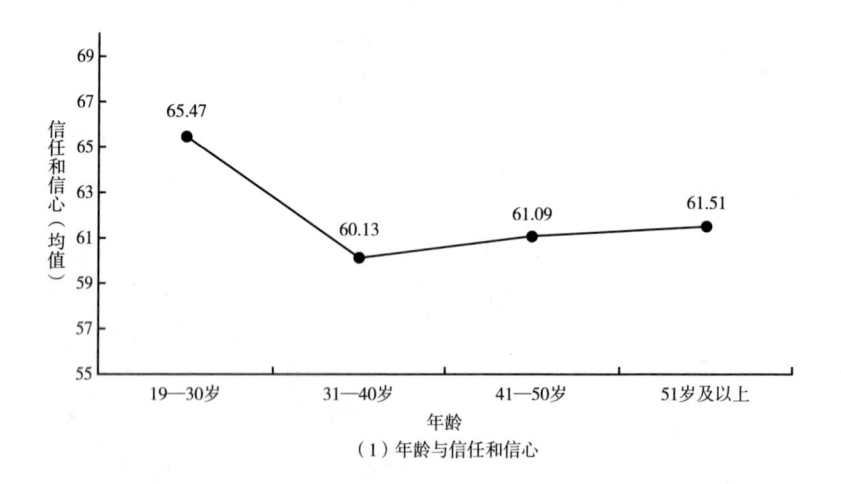

（1）年龄与信任和信心

(图表上部)

（2）受教育程度与信任和信心

（图表下部）

（3）月收入与信任和信心

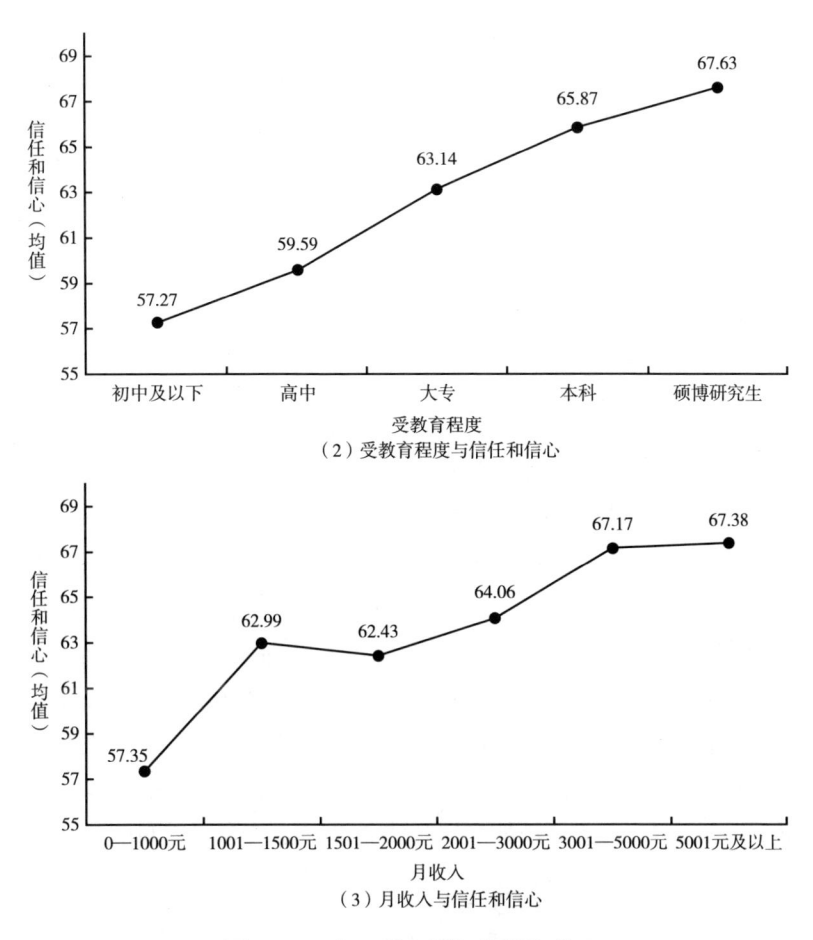

图5-12 人口学变量与信任和信心

——单位特征与信任和信心

就信任和信心在单位所有制、单位类别和单位级别上的差异分布来说（见表5-35），人们的信任和信心在三项单位特征上均存在显著差异。其中，非公有单位成员的信任和信心略高于公有单位成员；行政单位成员的信任和信心高于企业单位成员，更高于事业单位成员；单位级别与信任和信心大体上呈现为U形趋势，处县级单位中单位成员的信任和信心相对最低。总体而言，虽然信任和信心在单位特征上有一定程度的分化，但人们在信任和信心上的表现还是趋于一致且良好。

表5-35　信任和信心在单位特征上的差异分布

		均值	标准差	样本量	差异显著性
所有制	非公有单位	65.02	17.01	473	$F=15.67$，$df=1$ $p=0.0001$
	公有单位	61.22	17.13	948	
单位类别	企业单位	62.56	18.92	827	$F=3.64$，$df=2$ $p=0.0264$
	事业单位	61.58	14.14	515	
	行政单位	67.20	14.97	77	
单位级别	省部级	66.26	16.12	37	$F=15.89$，$df=3$ $p=0.0000$
	司局地级	62.23	15.33	935	
	处县级	57.69	20.84	240	
	无行政级别	68.48	18.69	209	

——社会身份与信任和信心

接下来，我们同样从政治面貌、行政级别和技术级别这三项标识个人社会身份的特征出发，观察信任和信心在这些特征上的差异分布状况。根据方差分析结果（见表5-36），我们发现，人们的信任和信心在政治面貌和行政级别上有着显著差异，但在技术级别上没有显著差异。其中，就政治面貌来说，共产党员和共青团员的信任和信心相对较高，而民主党派成员和群众的信任和信心相对要低一些；就行政级别来说，司局级及以上的干部的信任和信心相对最高，而科级、科员及以下的群体的信任和信心相对较低。政治面貌、行政级别和技术级别与信任和信心之间的具体趋势详见图5-13。

表5-36　信任和信心在社会身份上的差异分布

		均值	标准差	样本量	差异显著性
政治面貌	共产党员	63.78	17.39	398	$F=5.36$，$df=3$ $p=0.0011$
	共青团员	64.94	17.81	320	
	民主党派	60.56	18.99	22	
	群众	60.73	16.48	658	
个人行政级别	司局级及以上	76.44	19.15	4	$F=2.71$，$df=3$ $p=0.0440$
	处级	67.79	17.98	61	
	科级	61.76	17.75	154	
	科员及以下	62.51	17.29	542	
个人技术级别	未定级	64.57	16.59	121	$F=2.00$，$df=3$ $p=0.1125$
	初级	62.58	17.35	404	
	中级	61.52	16.99	377	
	高级	65.62	12.83	86	

(1) 政治面貌与信任和信心

(2) 行政级别与信任和信心

(3) 技术级别与信任和信心

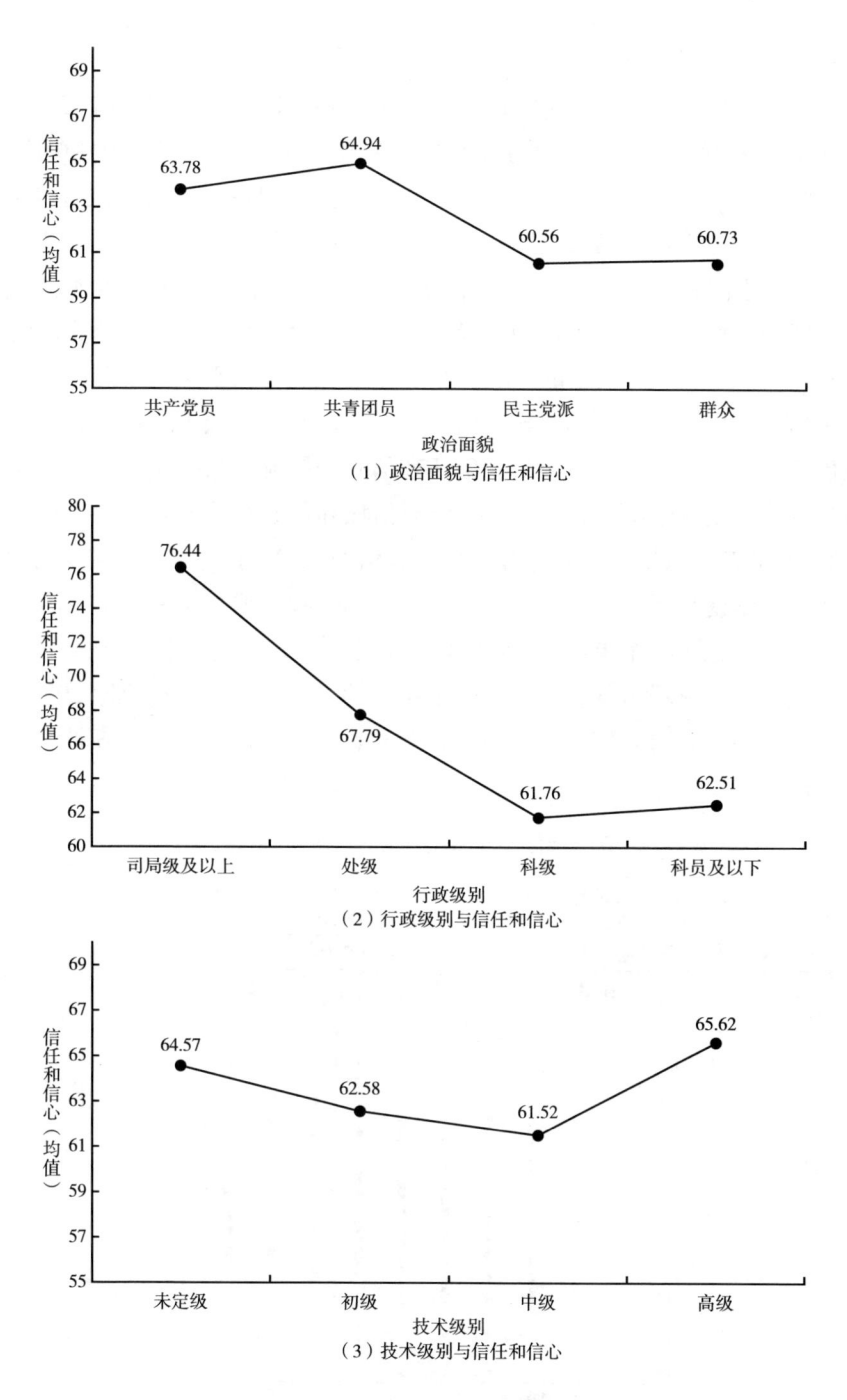

图5-13 社会身份与信任和信心

——地位不一致性与信任和信心

就地位不一致与信任和信心来说,两者的相关分析结果(见表5-37和图5-14)显示,两者也呈现为显著的线性相关关系,相关系数为-0.0860,即个体地位的不一致性越高,其信任和信心越低。从相关系数的数值来看,地位不一致与信任和信心之间是一种低度的负相关关系,进一步通过回归分析来探索两者间关系的稳健性和具体影响程度,结果如表5-38所示。其中,回归模型1只考察了控制变量(性别、年龄、婚姻状况、受教育程度和月收入)对信任和信心的影响,在0.05的显著性水平下,该模型显著解释了信任和信心4.67%的差异。回归模型2在回归模型1的基础上加入了地位不一致,考察地位不一致对信任和信心的影响。结果显示,在控制人口学变量不变的情况下,地位不一致对信任和信心有着显著影响,其回归系数为-0.72,该模型显著解释了信任和信心6.32%的差异。该结果表明,控制人口学变量保持不变的情况下,地位不一致每增加1个单位,信任和信心平均降低0.72个单位。不难发现,地位不一致的回归系数较小,并且,回归模型2的解释力度相较于回归模型1的提升也较小,这说明2001年,虽然地位不一致对于信任和信心的影响显著,但这种影响比较薄弱,从我们的调查结果来看,整个社会弥散的是相对较高的信任和信心。

表5-37 地位不一致与信任和信心的相关分析

	地位不一致	信任和信心
地位不一致	1.0000	
信任和信心	-0.0860***	1.0000

注:$^+p<0.1, ^*p<0.05, ^{**}p<0.01, ^{***}p<0.001$。

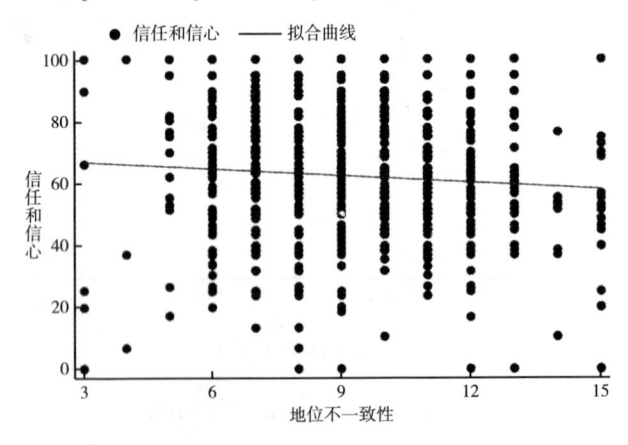

图5-14 地位不一致与信任和信心的散点分布

表5-38　地位不一致与信任和信心的回归分析

	模型1 信任和信心	模型2 信任和信心
控制变量	已控制	
地位不一致		−0.72* （0.28）
常数项	57.90*** （3.05）	63.05*** （4.06）
F值	8.96	9.73
R^2	4.67%	6.32%

注：括号内是标准误；$^+p<0.1$, $^*p<0.05$, $^{**}p<0.01$, $^{***}p<0.001$。

——低补偿和回归感与信任和信心

就低补偿和回报感与信任和信心来说，两者的关系分析结果（见表5-39和图5-15）显示，两者也呈现为显著的线性相关关系，相关系数为−0.2876，即个体感受到的低补偿和回报感越高，其信任和信心越低。我们进一步通过回归分析来探索两者间关系的稳健性和具体影响程度，结果如表5-40所示。其中，回归模型1只考察了控制变量（性别、年龄、婚姻状况、受教育程度和月收入）对信任和信心的影响，在0.05的显著性水平下，该模型显著解释了信任和信心4.67%的差异。回归模型2在回归模型1的基础上加入了低补偿和回报感，考察低补偿和回报感对信任和信心的影响。结果显示，在控制人口学变量不变的情况下，低补偿和回报感对信任和信心有着显著影响，其回归系数为−1.15，该模型显著解释了信任和信心8.58%的差异。该结果表明，控制人口学变量保持不变的情况下，人们的低补偿和回报感每增加1个单位，其信任和信心平均降低1.15个单位。人们在日常生活工作所感受到的低补偿和回报感对其信任和信心的形塑有着显著的负面影响。由此观之，在发展过程中提振信任和信心，一个基本要点就是让人们的付出得到与之相匹配的回报。

表5-39　低补偿和回报感与信任和信心的相关分析

	低补偿和回报感	信任和信心
低补偿和回报感	1.0000	
信任和信心	−0.2876***	1.0000

注：$^+p<0.1$, $^*p<0.05$, $^{**}p<0.01$, $^{***}p<0.001$。

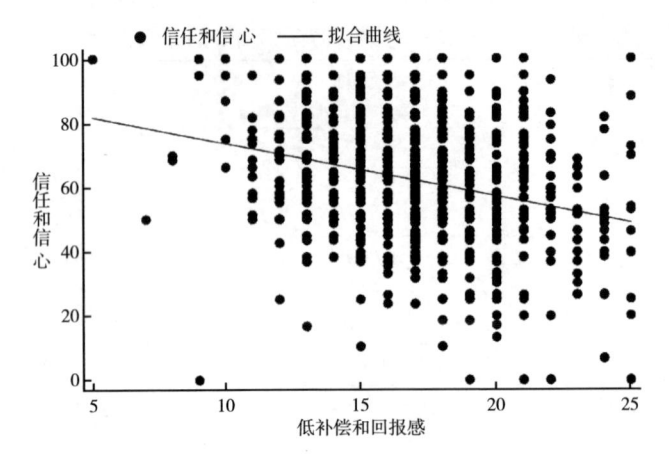

图5-15 低补偿和回报感与信任和信心的散点分布

表5-40 低补偿和回报感与信任和信心的回归分析

	模型1 信任和信心	模型2 信任和信心
控制变量	已控制	
低补偿和回报感		−1.15*** （0.19）
常数项	57.90*** （3.05）	79.69*** （4.74）
F值	8.96	13.00
R^2	4.67%	8.58%

注：括号内是标准误；+ $p<0.1$，* $p<0.05$，** $p<0.01$，*** $p<0.001$。

——主观社会地位与信任和信心

主观社会地位是个人对自身社会地位的综合评价，考察信任和信心在主观社会地位上的差异（见表5-41、表5-42、表5-43和图5-16），我们发现：不同主观社会地位的群体，其信任和信心有着显著差异。2001年，无论是主观单位中的地位还是主观社会中的地位，主观社会地位越高的群体，其信任和信心也越高。并且从细致的多元比较检验中可以看到，信任和信心在中等、中上等、上等地位群体间的分化是不够显著的，只是中下等和下等地位群体的信任和信心显著弱于中等及以上地位的群体。也就是说，信任和信心在主观单位中的地位和主观社会中的地位上的分化是较弱的，整个社会在信任和信心上有着相对一致的良好表现。

表5-41　信任和信心在主观社会地位上的差异分布

		均值	标准差	样本量	差异显著性
主观单位中的地位	下等	56.15	19.23	110	F=12.98，df=4 p=0.0000
	中下等	58.86	16.41	373	
	中等	64.40	16.98	763	
	中上等	66.69	13.90	110	
	上等	70.07	19.55	11	
主观社会中的地位	下等	55.00	19.33	91	F=17.16，df=4 p=0.0000
	中下等	58.31	16.62	321	
	中等	64.84	16.14	747	
	中上等	67.82	16.00	121	
	上等	69.69	15.86	10	

表5-42　主观单位中的地位在信任和信心上的多元比较检验

中下等-下等=2.72（p=0.137）			
中等-下等=8.25（p=0.000）	中等-中下等=5.54（p=0.000）		
中上等-下等=10.54（p=0.000）	中上等-中下等=7.83（p=0.000）	中上等-中等=2.29（p=0.182）	
上等-下等=13.92（p=0.009）	上等-中下等=11.20（p=0.030）	上等-中等=5.67（p=0.268）	上等-中上等=3.38（p=0.526）

注：表格中数值是不同层回归系数之差。

表5-43　主观社会中的地位在信任和信心上的多元比较检验

中下等-下等=3.31（p=0.092）			
中等-下等=9.84（p=0.000）	中等-中下等=6.54（p=0.000）		
中上等-下等=12.82（p=0.000）	中上等-中下等=9.51（p=0.000）	中上等-中等=2.98（p=0.066）	
上等-下等=14.68（p=0.008）	上等-中下等=11.38（p=0.032）	上等-中等=4.84（p=0.356）	上等-中上等=1.86（p=0.731）

注：表格中数值是不同层回归系数之差。

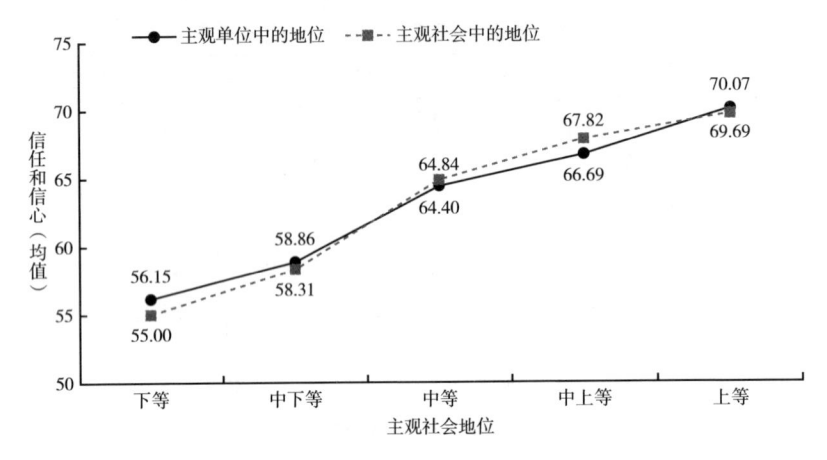

图5-16 主观社会地位与信任和信心

3. 总体性社会情绪的状况与分析

我们可以通过人们在满意度、社会信任和社会信心上的情绪表达,去探索与研判这个社会中总体性社会情绪的状况。借助于2001年的数据,我们利用满意度和社会信任与社会信心两个子量表,通过处理和加总,生成了取值范围为0—100的潜变量总体性社会情绪,来反映当年人们在总体性社会情绪上的状况。在此基础上,我们描述与分析当时总体性社会情绪。

——人口学特征与总体性社会情绪

为了了解当时的总体性社会情绪的总体状况和差异分布,我们将总体性社会情绪同性别、年龄、婚姻状况、受教育程度和月收入等人口学变量进行方差分析。根据总体性社会情绪的方差分析结果(见表5-44),我们发现:2001年的时候,在0.05的显著性水平上,除了婚姻状况以外,人们的总体性社会情绪在性别、年龄、受教育程度和月收入上都存在显著差异。其中,就性别而言,男性的总体性社会情绪略高于女性的总体性社会情绪;就年龄来说,人们的总体性社会情绪与年龄表现为U形关系,年龄为31—40岁的群体,其总体性社会情绪相对最低;就受教育程度而言,文化程度为高中的群体,其总体性社会情绪相对最低,而受教育程度为本科的群体,其总体性社会情绪相对最高,总体上,高受教育程度的群体的总体性社会情绪相对较高;就收入水平来说,总体上,收入水平越高的群体,其总体性社会情绪也越高。年龄、受教育程度和月收入与总体性社会情绪的具体趋势详见图5-17。

表5-44 总体性社会情绪在人口学变量上的差异分布

		均值	标准差	样本量	差异显著性
性别	男	54.74	14.60	522	$F=15.76$, $df=1$ $p=0.0001$
	女	51.73	13.02	852	
年龄	19—30岁	54.09	14.08	526	$F=3.24$, $df=3$ $p=0.0214$
	31—40岁	51.63	13.19	434	
	41—50岁	52.24	13.13	341	
	51岁及以上	54.74	16.79	66	
婚姻状况	未婚	54.47	14.26	345	$F=2.18$, $df=3$ $p=0.0891$
	已婚	52.31	13.53	1009	
	丧偶	54.87	16.95	6	
	离婚	52.91	9.65	12	
受教育程度	初中及以下	50.82	13.42	40	$F=12.57$, $df=4$ $p=0.0000$
	高中	49.26	14.18	265	
	大专	53.63	13.23	388	
	本科	56.35	12.88	442	
	硕博研究生	55.73	13.14	63	
月收入	0—1000元	47.08	14.31	206	$F=24.06$, $df=5$ $p=0.0000$
	1001—1500元	51.29	12.92	262	
	1501—2000元	50.61	12.27	288	
	2001—3000元	55.75	13.24	105	
	3001—5000元	59.60	11.61	113	
	5001元及以上	62.34	11.68	59	

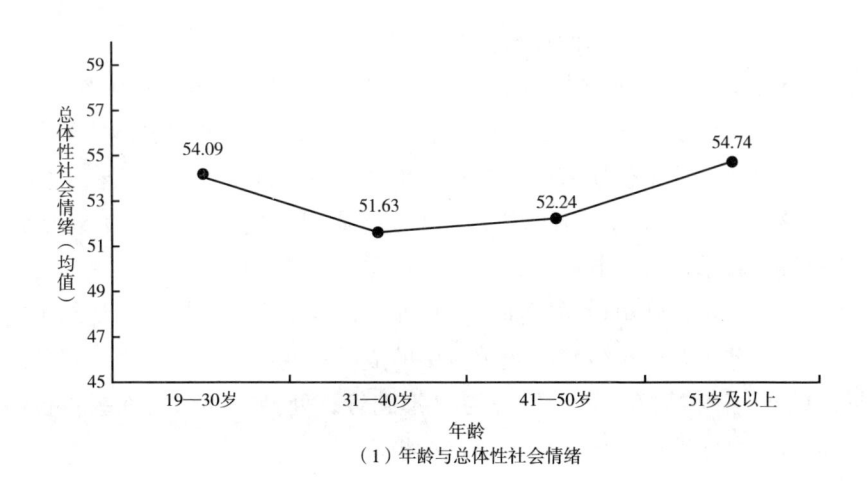

(1) 年龄与总体性社会情绪

(2) 受教育程度与总体性社会情绪

(3) 月收入与总体性社会情绪

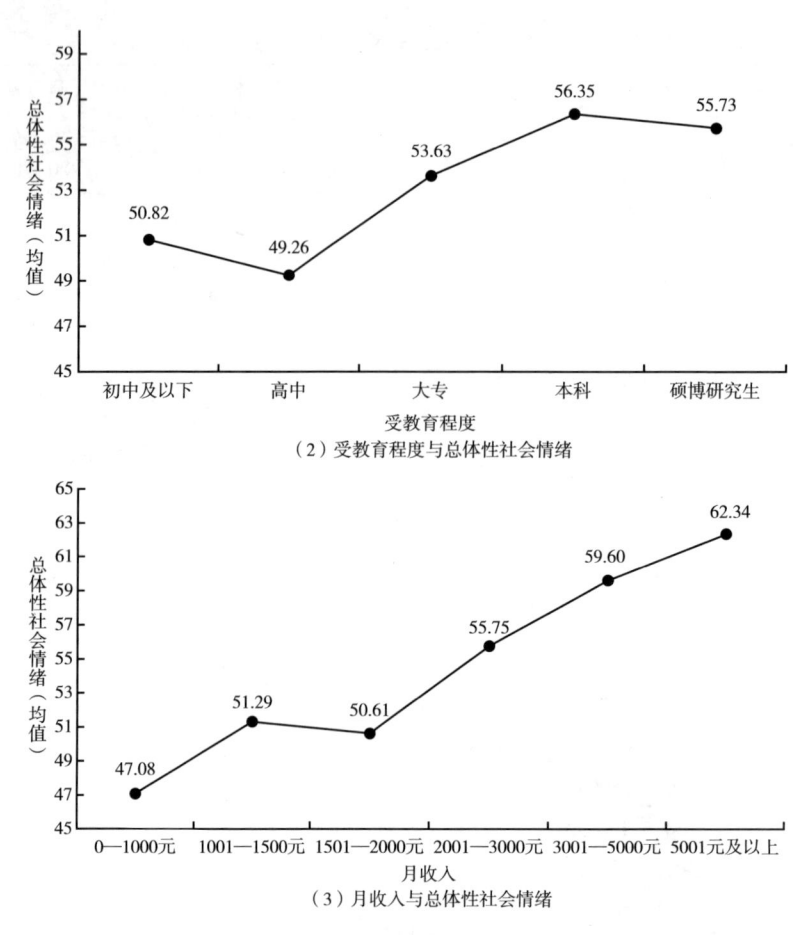

图5-17 人口学变量与总体性社会情绪

——单位特征与总体性社会情绪

虽然作为基层管理体制的单位制趋于弱化，但在制度惯性的作用下，单位仍然与人们的工作生活紧密联系着，从单位的角度考察总体性社会情绪重要且必要。从单位所有制、单位类别和单位级别切入，人们在总体性社会情绪上的表现在这三项单位特征上均有着显著的差异（见表5-45）。具体地说，就单位所有制而言，非公有单位成员的总体性社会情绪显著好于公有单位成员；就单位类别而言，事业单位成员在总体性社会情绪上的表现要明显差于企业单位和行政单位中的成员；就单位级别而言，单位级别与总体性社会情绪大体上呈现为U形趋势，处县级和司局地级单位中单位成员的总体性社会情绪相对较差一些。

表5-45 总体性社会情绪在单位特征上的差异分布

		均值	标准差	样本量	差异显著性
所有制	非公有单位	58.62	12.01	453	$F=130.26$，$df=1$ $p=0.0000$
	公有单位	50.04	13.61	921	
单位类别	企业单位	55.19	14.02	789	$F=38.25$，$df=2$ $p=0.000$
	事业单位	48.74	12.43	507	
	行政单位	55.94	12.18	76	
单位级别	省部级	54.72	11.64	35	$F=28.76$，$df=3$ $p=0.0000$
	司局地级	51.91	12.93	911	
	处县级	49.60	15.45	227	
	无行政级别	60.57	12.69	201	

——社会身份与总体性社会情绪

紧接着，我们同样考察个人的政治面貌、行政级别与技术级别对于总体性社会情绪的影响，这三项特征反映的是一个人的政治身份、行政权力和技术水平，在相当大程度上标识了其社会身份。将总体性社会情绪同这三项特征做差异分析，结果如表5-46所示，我们发现：2001年，在0.05的显著性水平上，总体性社会情绪在个人的政治面貌、行政级别和技术级别上均存在显著差异。其中，就政治面貌来说，共产党员在总体性社会情绪上的表现相对最好，群众在总体性社会情绪上的表现相对最差，共青团员和民主党派成员则居于其间。就行政级别来说，行政级别与总体性社会情绪大体呈倒U形趋势，处级干部在总体性社会情绪上的表现相对最好；而在技术级别与总体性社会情绪的关联中，两者则大体呈U形趋势，初级技术群体在总体性社会情绪上的表现相对最差。与此同时，不难发现，总体性社会情绪在政治面貌和技术级别上的分化都比较弱，在行政级别上的分化也只是相对突出一些。这种状况实际上反映的是，在当时的社会中，不同社会身份的人们大体上共享着相对一致的总体性社会情绪表达。政治面貌、行政级别和技术级别与总体性社会情绪间的具体趋势详见图5-18。

| 社会景气与总体性社会情绪 | 理论、方法与数据分析

表5-46 总体性社会情绪在社会身份上的差异分布

		均值	标准差	样本量	差异显著性
政治面貌	共产党员	54.96	13.67	388	F=5.65，df=3 p=0.0008
	共青团员	53.52	14.43	310	
	民主党派	53.18	13.12	22	
	群众	51.41	13.26	632	
行政级别	司局级及以上	59.01	18.00	4	F=6.98，df=3 p=0.0001
	处级	60.96	13.09	57	
	科级	54.90	13.58	149	
	科员及以下	52.89	13.01	527	
技术级别	未定级	55.04	12.60	113	F=5.01，df=3 p=0.0019
	初级	50.61	14.14	394	
	中级	52.93	14.37	367	
	高级	55.40	12.33	83	

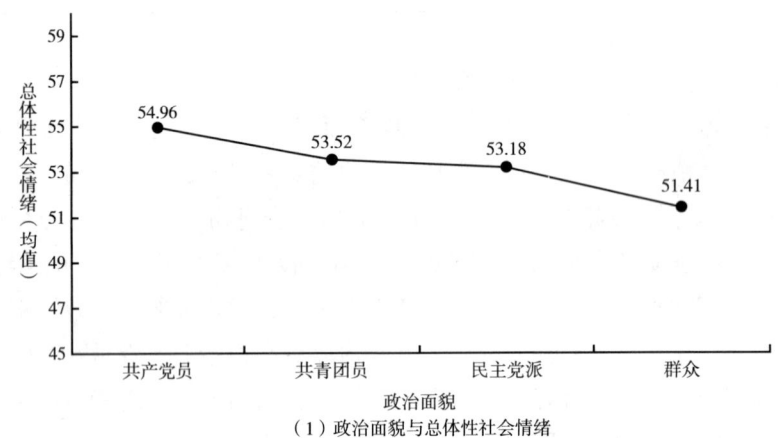

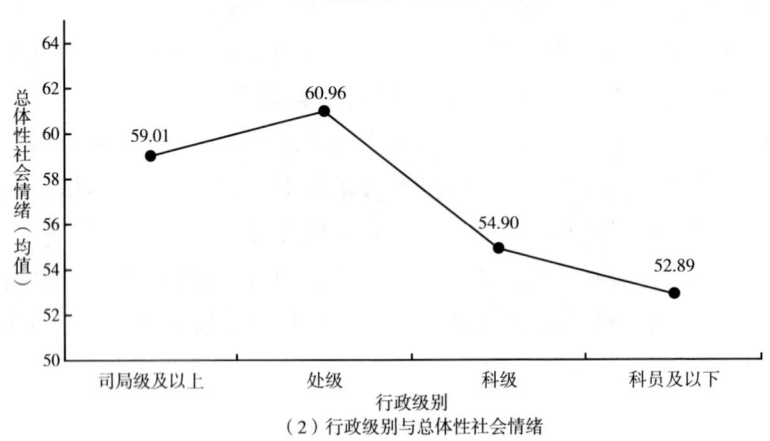

（1）政治面貌与总体性社会情绪

（2）行政级别与总体性社会情绪

（3）技术级别与总体性社会情绪

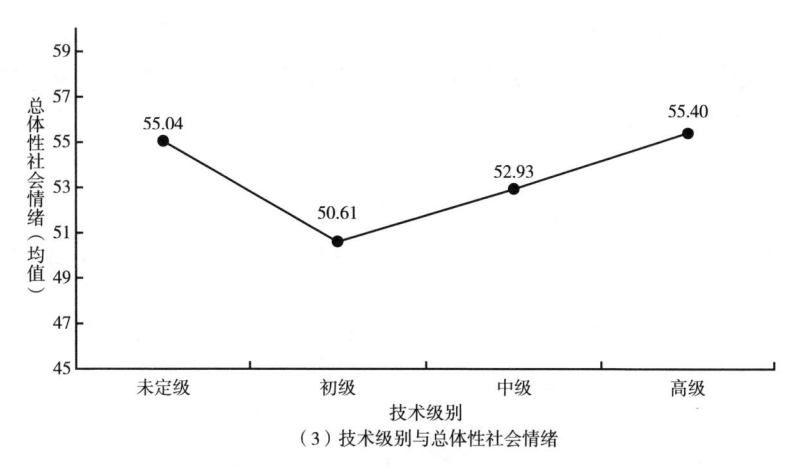

图5-18　社会身份与总体性社会情绪

——地位不一致与总体性社会情绪

就地位不一致与总体性社会情绪来说，两者间的相关分析结果（见表5-47和图5-19）显示，两者间呈现为显著的线性相关关系，相关系数为-0.3874，表明个体的地位不一致越高，其在总体性社会情绪上的表现越差。同样进一步去考察两者间关系的稳健性与具体影响程度，回归分析结果如表5-48所示。其中，回归模型1只考察了控制变量（性别、年龄、婚姻状况、受教育程度和月收入）对总体性社会情绪的影响，在0.05的显著性水平下，该模型显著解释了总体性社会情绪11.58%的差异。回归模型2在回归模型1的基础上加入了地位不一致，考察地位不一致对总体性社会情绪的影响。结果显示，在保持人口学变量不变的情况下，地位不一致对总体性社会情绪有着显著影响，其回归系数为-2.45，该模型显著解释了总体性社会情绪25.30%的差异。该结果表明，控制人口学变量保持不变的情况下，个人的地位不一致每增加1个单位，其总体性社会情绪平均下降2.45个单位。可以看到，回归模型2的解释力度相较于回归模型1有明显提升，地位不一致是影响总体性社会情绪的一个重要因素。回顾满意度与信任和信心中的有关分析，诸如司局级及以上的干部的满意度滑落、初级和中级技术人群有着相对较低的信任和信心等现象，都是当时人们地位的不一致所牵引出的系列主观体验。而这些主观体验很可能影响这一部分人的社会心态与行为，从而也会对社会良性发展的基础产生负面的影响。因此我们认为，在社会发展的过程中，适当的地位不一致可以促进社会阶层间的平衡与流动，但必须警惕其可能诱发的短期性、破坏性行为，并致力于在整个社会中营造一种机会公平与相对正义的良好氛围。

表5-47 地位不一致与总体性社会情绪的相关分析

	地位不一致	总体性社会情绪
地位不一致	1.0000	
总体性社会情绪	−0.3874***	1.0000

注：$^+p < 0.1, ^*p < 0.05, ^{**}p < 0.01, ^{***}p < 0.001$。

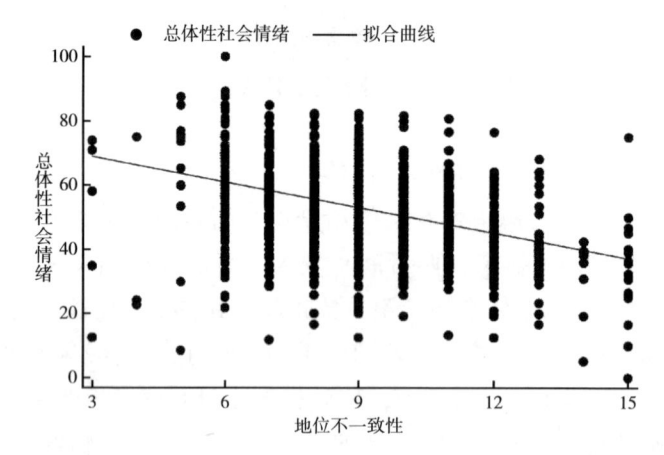

图5-19 地位不一致与总体性社会情绪的散点分布

表5-48 地位不一致与总体性社会情绪的回归分析

	模型1 总体性社会情绪	模型2 总体性社会情绪
控制变量	已控制	
地位不一致		−2.45*** （0.21）
常数项	40.79*** （2.41）	63.03*** （3.00）
F值	23.44	47.93
R^2	11.58%	25.30%

注：括号内是标准误；$^+p < 0.1, ^*p < 0.05, ^{**}p < 0.01, ^{***}p < 0.001$。

——低补偿和回报感与总体性社会情绪

就低补偿和回报感与总体性社会情绪来说，两者间的相关分析结果

（见表 5-49 和图 5-20）显示，两者间呈现为显著的线性相关关系，相关系数为 -0.3985，表明个体的低补偿和回报感越强烈，其在总体性社会情绪上的表现越差。我们同样进一步去考察两者间关系的稳健性与具体影响程度，回归分析结果如表 5-50 所示。其中，回归模型 1 只考察了控制变量（性别、年龄、婚姻状况、受教育程度和月收入）对总体性社会情绪的影响，在 0.05 的显著性水平下，该模型显著解释了总体性社会情绪 11.58% 的差异。回归模型 2 在回归模型 1 的基础上加入了低补偿和回报感，考察低补偿和回报感对总体性社会情绪的影响。结果显示，在保持人口学变量不变的情况下，低补偿和回报感对总体性社会情绪有着显著影响，其回归系数为 -1.47，该模型显著解释了总体性社会情绪 21.69% 的差异。该结果表明，控制人口学变量保持不变的情况下，个人的低补偿和回报感每增加 1 个单位，其总体性社会情绪平均下降 1.47 个单位。可以看到，回归模型 2 的解释力度相较于回归模型 1 有明显提升，人们在日常工作生活中体验到的低补偿和回报感也影响着其在总体性社会情绪上的表达。虽然低补偿和回报感对总体性社会情绪的解释力度相较于地位不一致要稍弱一些，但两者的解释力度都相对较大。

表5-49　低补偿和回报感与总体性社会情绪的相关分析

	低补偿和回报感	总体性社会情绪
低补偿和回报感	1.0000	
总体性社会情绪	-0.3985***	1.0000

注：+ $p < 0.1$，* $p < 0.05$，** $p < 0.01$，*** $p < 0.001$。

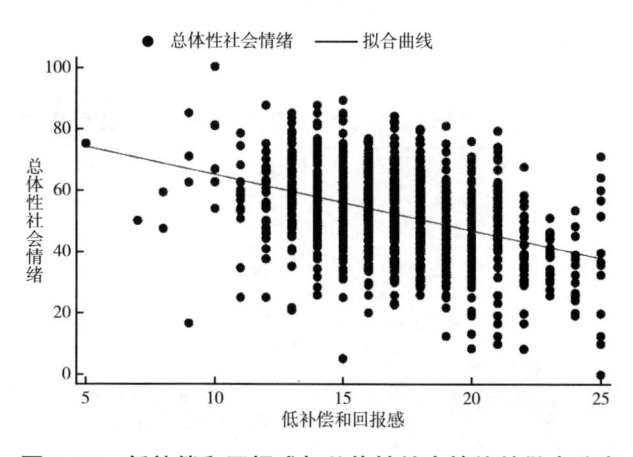

图5-20　低补偿和回报感与总体性社会情绪的散点分布

表5-50 低补偿和回报感与总体性社会情绪的回归分析

控制变量	模型1 总体性社会情绪	模型2 总体性社会情绪
	已控制	
低补偿和回报感		−1.47*** （0.15）
常数项	40.79*** （2.41）	67.70*** （3.60）
F值	23.44	37.71
R^2	11.58%	21.69%

注：括号内是标准误；$^+ p<0.1$，$^* p<0.05$，$^{**} p<0.01$，$^{***} p<0.001$。

——主观社会地位与总体性社会情绪

考虑总体性社会情绪在主观社会地位上的差异（见表5-51、表5-52、表5-53和图5-21），我们发现，总体性社会情绪在主观单位中的地位和主观社会中的地位上均存在着显著差异。其中，就主观单位中的地位来说，主观社会地位越高的群体，其在总体性社会情绪上的表现越好；而就主观社会中的地位来说，人们的主观社会地位与总体性社会情绪大体上呈现倒U形趋势，中上等地位的群体在总体性社会情绪上的表现相对最好，上等地位的群体的总体性社会情绪相较于其有所滑落。需要注意的是，从细致的多元比较检验中可以看到，总体性社会情绪在中等、中上等、上等地位群体间的分化是不够显著的，但是中下等和下等地位群体的总体性社会情绪显著且明显地弱于中等及以上地位的群体。

表5-51 总体性社会情绪在主观社会地位上的差异分布

		均值	标准差	样本量	差异显著性
主观单位中的地位	下等	39.61	15.12	109	$F=71.11$，$df=4$ $p=0.0000$
	中下等	47.30	12.48	367	
	中等	56.39	12.22	741	
	中上等	58.84	11.30	107	
	上等	61.71	11.50	10	

续表

		均值	标准差	样本量	差异显著性
主观社会中的地位	下等	37.76	15.26	91	F=82.43，df=4 p=0.0000
	中下等	46.47	12.33	318	
	中等	56.20	11.56	734	
	中上等	60.66	13.53	119	
	上等	57.73	10.54	10	

表5-52 主观单位中的地位在总体性社会情绪上的多元比较检验

中下等–下等=7.70 (p=0.000)				
中等–下等=16.78 (p=0.000)	中等–中下等=9.08 (p=0.000)			
中上等–下等=19.24 (p=0.000)	中上等–中下等=11.54 (p=0.000)	中上等–中等=2.46 (p=0.057)		
上等–下等=22.10 (p=0.000)	上等–中下等=14.41 (p=0.000)	上等–中等=5.33 (p=0.180)	上等–上等=0.87 (p=0.487)	

注：表格中数值是不同层回归系数之差。

表5-53 主观社会中的地位在总体性社会情绪上的多元比较检验

中下等–下等=8.71 (p=0.000)			
中等–下等=18.44 (p=0.000)	中等–中下等=9.73 (p=0.000)		
中上等–下等=22.90 (p=0.000)	中上等–中下等=14.19 (p=0.000)	中上等–中等=4.46 (p=0.000)	
上等–下等=19.97 (p=0.000)	上等–中下等=11.26 (p=0.004)	上等–中等=1.53 (p=0.695)	上等–中上等=–2.93 (p=0.467)

注：表格中数值是不同层回归系数之差。

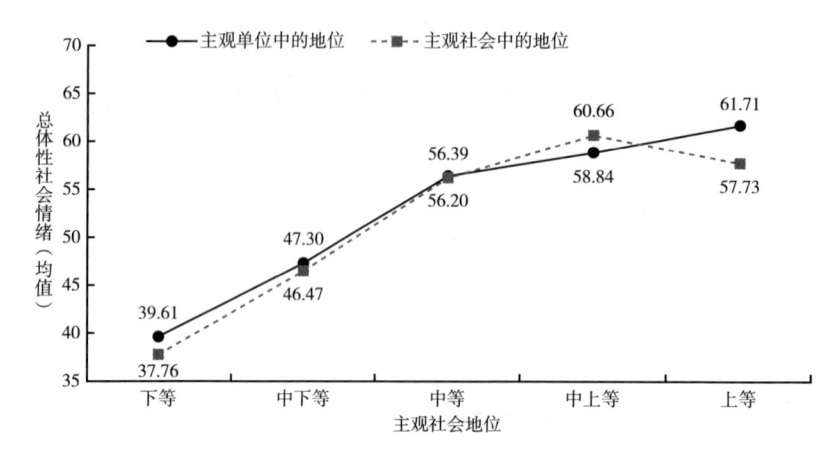

图5-21 主观社会地位与总体性社会情绪

（三）社会期望值的状况与分析

社会期望值主要是指人们从期望得到的和实际得到的差距以及在与其相应的参照群体的比较过程中所产生出来的主观感受。我们知道，人们对于期望与期望实现差距的认识，会影响人们对特定问题的看法及感受，逐渐形成一种情绪，这种情绪的积累会影响人们对问题的态度以及以后形成的行为。[①] 当这些情绪积累与沉淀下来，能够与其他情绪产生共鸣并通过一些"特殊事件"被"唤醒"的时候，就会形成总体性社会情绪。也就是说，社会期望值可能是生成总体性社会情绪的深层原因。了解人们在期望与期望实现的差距上的评判和感受，有助于我们理解人们在满意度、社会信任和社会信心上的情绪表达，从而把握社会中总体性社会情绪的状况与变化。在2001年，调查问卷的设计里也有一些题器可以从各个角度来反映社会期望值的状况，借助于当时的调查数据，我们可以回过头来尽可能把握当时人们在期望与期望实现之间的差距及其感受。

——人口学变量与社会期望值

为了了解当时人们在社会期望值上的总体状况与差异分布，我们将社会期望值同性别、年龄、婚姻状况、受教育程度和月收入等人口学变量进行方差分析。根据社会期望值的方差分析（见表5-54），我们发现：2001

[①] 李路路、王鹏：《转型中国的社会态度变迁（2005—2015）》，《中国社会科学》2018年第3期，第83—101页。

年，在 0.05 的显著性水平上，除年龄以外，人们的社会期望值在其他人口学变量上均存在显著差异。其中，就性别而言，男性的社会期望值显著大于女性的社会期望值；就婚姻状况来说，已婚者的社会期望值相对较大；就受教育程度而言，高中及以下学历的群体的社会期望值相对较大，然后受教育程度越高的群体，其社会期望值越小；就月收入来说，月收入越高的群体，其社会期望值越小。受教育程度和月收入与社会期望值的具体趋势见图 5-22。总的来说，相较于 1993 年，2001 年，人们的社会期望值略有下降，但社会期望值在各个向度上的分化更明显了，也就是说，不同社会群体在社会期望值上的差异程度有所扩大。

表5-54　社会期望值在人口学变量上的差异分布

		均值	标准差	样本量	差异显著性
性别	男	62.17	14.46	843	$F=8.54$，$df=1$ $p=0.0035$
	女	59.71	15.68	504	
年龄	19—30岁	60.74	15.65	516	$F=0.73$，$df=3$ $p=0.5329$
	31—40岁	61.39	14.91	433	
	41—50岁	62.10	14.24	332	
	51岁及以上	59.88	13.82	60	
婚姻状况	未婚	59.00	14.71	338	$F=3.52$，$df=3$ $p=0.0147$
	已婚	62.04	15.03	991	
	丧偶	60.01	10.45	6	
	离婚	59.98	16.64	10	
受教育程度	初中及以下	66.92	17.21	39	$F=32.78$，$df=4$ $p=0.0000$
	高中	67.71	15.12	262	
	大专	60.59	13.09	369	
	本科	56.05	13.56	439	
	硕博研究生	55.22	15.14	65	
月收入	0—1000元	69.11	14.77	192	$F=64.49$，$df=5$ $p=0.0000$
	1001—1500元	65.94	13.90	265	
	1501—2000元	64.98	13.31	293	
	2001—3000元	55.50	9.81	106	
	3001—5000元	50.49	8.52	111	
	5001元及以上	44.18	11.06	57	

(1) 受教育程度与社会期望值

(2) 月收入与社会期望值

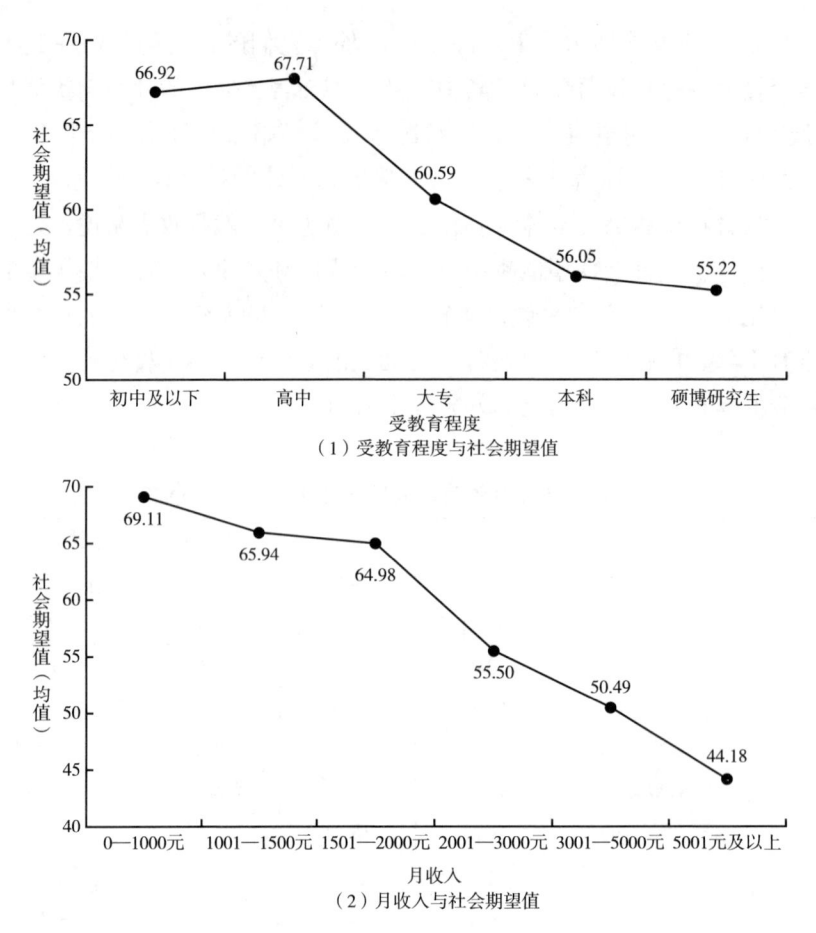

图5-22 人口学变量与社会期望值

——单位特征与社会期望值

就社会期望值在单位所有制、单位类别和单位级别上的差异分析来说（见表5-55），人们的社会期望值在三项单位特征上均存在显著差异。其中，公有单位成员的社会期望值明显大于非公有单位成员的社会期望值，该结果说明公有单位成员的期望与期望实现之间的差距相对较大；同时就单位类别来说，这一时期，事业单位成员的社会期望值显著大于行政单位成员，而行政单位成员的社会期望值又显著大于企业单位成员；就单位级别来说，单位级别与社会期望值大体上呈现为倒U形，处县级单位成员的社会期望值相对较大，而无行政级别单位成员的社会期望值相对较小。这一时期，人们的社会期望值在单位特征上有着较为明显的分化，反映的是当时大规模企业改制对于人们工作与生活处境的冲击，在这种背景下，不同单位的成员间，其期望与期望实现的差距有着云泥之别。

表5-55 社会期望值在单位特征上的差异分布

		均值	标准差	样本量	差异显著性
单位所有制	非公有单位	51.77	10.78	459	$F=351.56$，$df=1$ $p=0.0000$
	公有单位	66.13	14.47	889	
单位类别	企业单位	56.29	13.80	777	$F=129.67$，$df=2$ $p=0.0264$
	事业单位	68.93	13.82	502	
	行政单位	60.87	11.84	68	
单位级别	省部级	61.03	13.39	31	$F=43.30$，$df=3$ $p=0.0000$
	司局地级	63.01	15.07	906	
	处县级	63.50	14.71	219	
	无行政级别	50.37	9.40	192	

——社会身份与社会期望值

除了上述的人口学特征和单位特征以外，人们还通常借助一些重要的因素来标识其社会身份。在这里，我们同样考虑个人的政治面貌、行政级别和技术级别，观察社会期望值在这三项特征上的差异分布状况。根据方差分析结果（见表5-56），我们发现：人们的社会期望值在政治面貌、行政级别和技术级别均有着显著差异。其中，就政治面貌来说，相较于其他群体，共产党员的社会期望值相对较小，即期望与期望实现间的差距较小；就行政级别而言，科级和处级干部群体的社会期望值相近，总体上，行政级别越高的群体，其社会期望值越小；就技术级别来说，技术级别为未定级和初级的群体的社会期望值相对较大，而为中级和高级的群体的社会期望值相对较小。三项特征与社会期望值的具体趋势详见图5-23。在三项特征中，社会期望值在行政级别上的分化程度较大，而在政治面貌和技术级别上的分化程度没有那么突出。

表5-56　社会期望值在社会身份上的差异分布

		均值	标准差	样本量	差异显著性
政治面貌	共产党员	59.29	13.63	384	$F=3.17$，$df=3$ $p=0.0235$
	共青团员	61.94	15.89	306	
	民主党派	61.33	11.80	20	
	群众	62.14	15.21	621	
行政级别	司局级及以上	50.04	16.14	5	$F=9.29$，$df=3$ $p=0.0000$
	处级	55.63	13.46	56	
	科级	55.60	12.24	148	
	科员及以下	61.12	13.48	520	
技术级别	未定级	62.62	15.18	115	$F=9.36$，$df=3$ $p=0.0000$
	初级	64.43	14.51	382	
	中级	59.03	14.73	344	
	高级	58.90	14.53	84	

（1）政治面貌与社会期望值

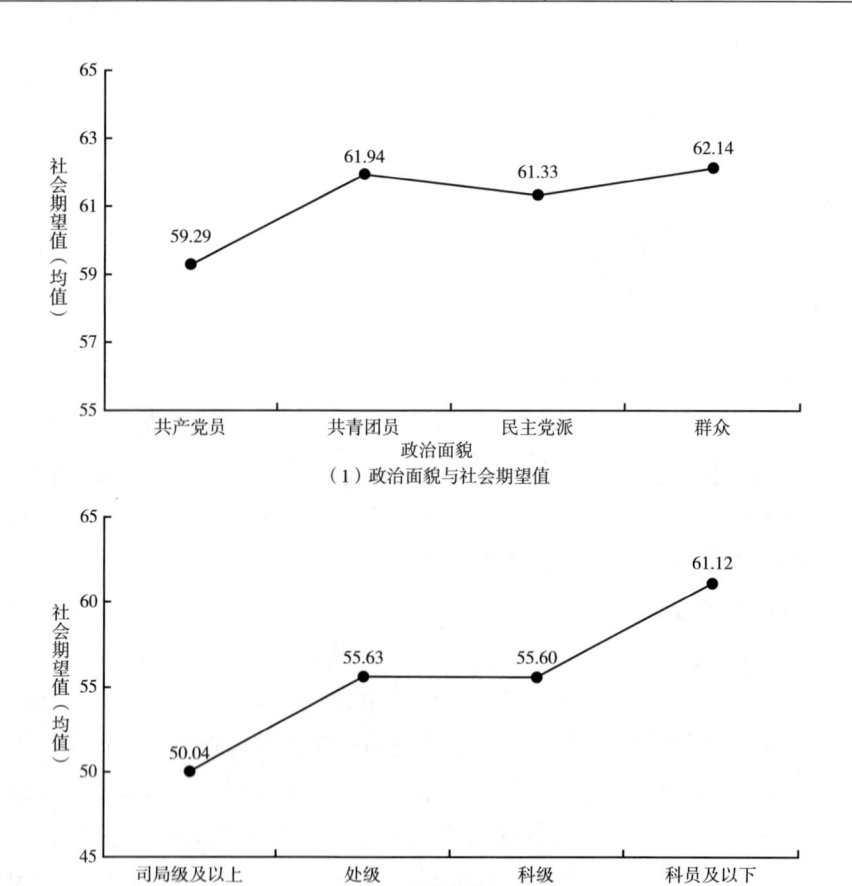

（2）行政级别与社会期望值

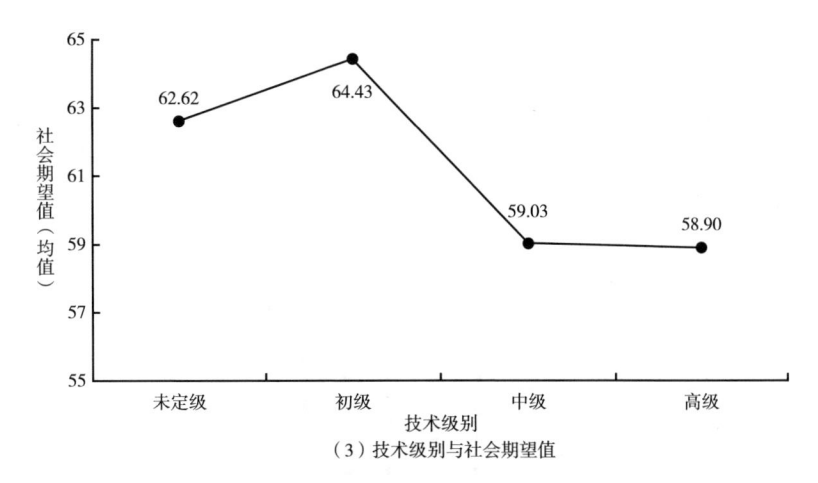

图5-23 社会身份与社会期望值

（3）技术级别与社会期望值

未定级：62.62　初级：64.43　中级：59.03　高级：58.90

——地位不一致与社会期望值

就地位不一致与社会期望值来说，两者的相关分析结果（见表5-57和图5-24）显示，两者呈现为显著的线性相关关系，相关系数为0.4335，即个体地位的不一致性越高，其社会期望值越大。从相关系数的数值来看，地位不一致与社会期望值之间是一种较强的正相关关系，进一步通过回归分析来探索这两者间关系的稳健性和具体影响程度，结果如表5-58所示。其中，回归模型1只考察了控制变量（性别、年龄、婚姻状况、受教育程度和月收入）对社会期望值的影响，在0.05的显著性水平下，该模型显著解释了社会期望值24.92%的差异。回归模型2在回归模型1的基础上加入了地位不一致，考察地位不一致对社会期望值的影响。结果显示，在控制人口学变量不变的情况下，地位不一致对社会期望值有显著影响，其回归系数为2.65，该模型显著解释了社会期望值37.34%的差异。该结果表明，控制人口学变量保持不变的情况下，地位不一致每增加1个单位，社会期望值平均增加2.65个单位。在这里，地位不一致主要指的是基于社会共识所认定的社会地位与其资源和机会处于一种不对称的状况。可以看到，2001年，地位不一致对社会期望值有着较大的影响，当人们的生活境遇主要表现为社会地位认定较高而资源和机会较少时，其期望与期望实现间就不可避免地存在较大的差距，越可能生成负面的、消极的情绪体验。

表5-57　地位不一致与社会期望值的相关分析

	地位不一致	社会期望值
地位不一致	1.0000	
社会期望值	0.4335***	1.0000

注：$^+p < 0.1, ^*p < 0.05, ^{**}p < 0.01, ^{***}p < 0.001$。

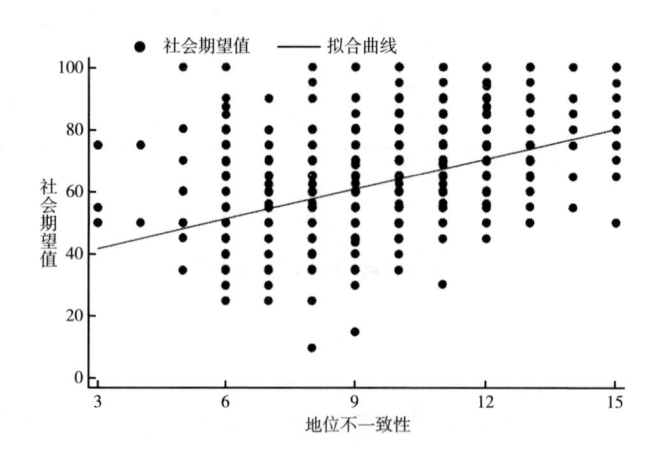

图5-24　地位不一致与社会期望值的散点分布

表5-58　地位不一致与社会期望值的回归分析

	模型1 社会期望值	模型2 社会期望值
控制变量	已控制	
地位不一致		2.65*** （0.21）
常数项	79.39*** （2.43）	54.04*** （3.02）
F值	58.49	81.65
R^2	24.92%	37.34%

注：括号内是标准误；$^+p < 0.1, ^*p < 0.05, ^{**}p < 0.01, ^{***}p < 0.001$。

——低补偿和回报感与社会期望值

低补偿和回报感主要是从人们日常工作和生活中的一些具体的感受去归纳其在社会心理上的一种不平衡、不公平和不满意的感受。这些日常生活中感受在很大程度上影响着人们对期望与期望实现之间的差距的评判和感受，两者的相关分析结果（见表5-59和图5-25）显示，低补偿和回报感与社会期望值间确实呈现为显著的线性相关关系,其相关系数为0.4335,表明人们的低补偿和回报感越强烈,其社会期望值越大。进一步通过回归分析来探索这种影响的程度和稳健性,结果如表5-60所示。其中,回归模型1只考察了控制变量(性别、年龄、婚姻状况、受教育程度和月收入)对社会期望值的影响,在0.05的显著性水平下,该模型显著解释了社会期望值24.92%的差异。回归模型2在回归模型1的基础上加入了低补偿和回报感,考察低补偿和回报感对社会期望值的影响。结果显示,在控制人口学变量不变的情况下,低补偿和回报感对社会期望值有显著影响,其回归系数为1.21,该模型显著解释了社会期望值31.96%的差异。该结果表明,控制人口学变量保持不变的情况下,低补偿和回报感每增加1个单位,社会期望值平均增加1.21个单位。回归模型2的解释力度确实相较于回归模型1有明显的提升,也就是说,人们在日常生活中的低补偿和回报感直接影响着人们关于期望与期望实现的评判。关于期望与期望实现间差距的认识又会反过来形塑人们对特定问题的看法及感受,逐渐形成一种情绪,作用于以后的态度和行为。

表5-59 低补偿和回报感与社会期望值的相关分析

	低补偿和回报感	社会期望值
低补偿和回报感	1.0000	
社会期望值	0.4335***	1.0000

注:$^{+}p < 0.1, ^{*}p < 0.05, ^{**}p < 0.01, ^{***}p < 0.001$。

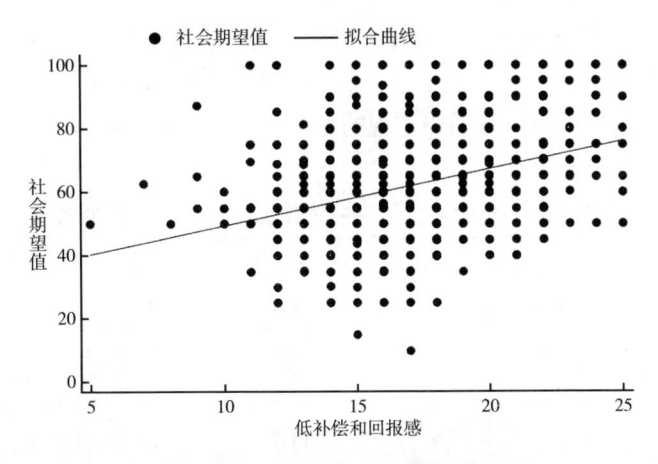

图5-25 低补偿和回报感与社会期望值的散点分布

表5-60　低补偿和回报感与社会期望值的回归分析

控制变量	模型1 社会期望值	模型2 社会期望值
控制变量	已控制	
低补偿和回报感		1.21*** （0.15）
常数项	79.39*** （2.43）	57.36*** （3.69）
F值	58.49	62.00
R^2	24.92%	31.96%

注：括号内是标准误；$^+p<0.1$，$^*p<0.05$，$^{**}p<0.01$，$^{***}p<0.001$。

——主观社会地位与社会期望值

主观社会地位是个人对自身社会地位的综合评价，个体对自己所处社会阶层位置的信念和主观认知在很大程度上决定了其所确立的期望，影响其对期望与期望实现之间差距的评判以及感受。因此，我们可以假设社会期望值在主观社会地位上有显著差异，并且这可能是主观社会地位影响生活满意度的一个重要机制。在2001年的时候，考察社会期望值在主观社会地位上的差异分布（见表5-61、表5-62、表5-63和图5-26），我们发现：主观社会地位不同的群体，其社会期望值存在显著差异。无论是主观单位中的地位还是主观社会中的地位，人们的主观社会地位与社会期望值都大体上呈现为U形趋势，其中，主观社会地位越高的群体，其社会期望值越小，中上等地位群体的社会期望值相对最小，但上等地位的群体社会期望值相较于中上等地位的群体又有所提升。并且，总的来说，2001年，社会期望值在主观社会地位上的分化程度也较为突出，尤其是下等地位和中上等地位群体间关于期望与期望实现的差距的评判和感受相差悬殊。

表5-61　社会期望值在主观社会地位上的差异分布

		均值	标准差	样本量	差异显著性
主观单位 中的地位	下等	81.90	14.61	112	$F=171.73$，$df=4$ $p=0.0000$
	中下等	68.96	13.05	356	
	中等	55.88	11.06	740	
	中上等	50.81	13.00	104	
	上等	54.55	19.88	10	

续表

		均值	标准差	样本量	差异显著性
主观社会中的地位	下等	84.12	14.53	94	$F=197.59$，$df=4$ $p=0.0000$
	中下等	70.26	12.39	324	
	中等	56.22	10.87	736	
	中上等	49.28	13.96	121	
	上等	65.60	11.53	8	

表5-62 主观单位中的地位在社会期望值上的多元比较检验

中下等-下等=-12.94 ($p=0.000$)			
中等-下等=-26.02 ($p=0.000$)	中等-中下等=-13.07 ($p=0.000$)		
中上等-下等=-31.09 ($p=0.000$)	中上等-中下等=-18.14 ($p=0.000$)	中上等-中等=-5.07 ($p=0.027$)	
上等-下等=-27.35 ($p=0.000$)	上等-中下等=-14.40 ($p=0.000$)	上等-中等=-1.33 ($p=0.731$)	上等-中上等=3.74 ($p=0.354$)

注：表格中数值是不同层回归系数之差。

表5-63 主观社会中的地位在社会期望值上的多元比较检验

中下等-下等=-13.86 ($p=0.000$)			
中等-下等=-27.90 ($p=0.000$)	中等-中下等=-14.04 ($p=0.000$)		
中上等-下等=-34.84 ($p=0.000$)	中上等-中下等=-20.98 ($p=0.000$)	中上等-中等=-6.94 ($p=0.000$)	
上等-下等=-18.52 ($p=0.000$)	上等-中下等=-4.66 ($p=0.274$)	上等-中等=9.38 ($p=0.027$)	上等-中上等=16.32 ($p=0.000$)

注：表格中数值是不同层回归系数之差。

（四）社会期望值与总体性社会情绪的关系

我们关于总体性社会情绪的基本假设是，人们对于期望与期望实现的差距的判断与感受,即社会期望值,是生成总体性社会情绪的深层原因。具体来说,当人们的期望与期望实现有较大的差距时,人们往往会产生不公和不满的感受,并进一步表现为对他人的不信任与冷漠,对未来发展有一种高度不确定和信心不足。

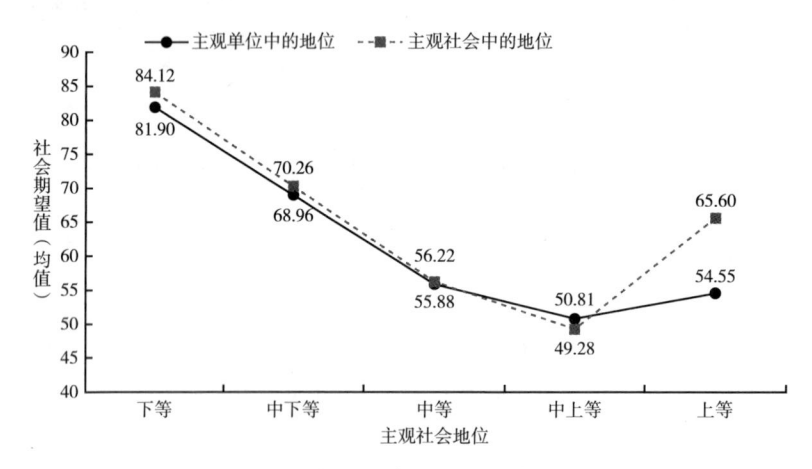

图5-26 主观社会地位与社会期望值

在这里,我们同样利用2001年的调查数据来验证这一基本假设。首先,对社会期望值与满意度、社会信任和社会信心以及总体性社会情绪进行相关分析(见表5-64),结果表明:社会期望值与总体性社会情绪及其两个子量表在0.05的显著性水平下显著相关。在此基础上,我们进一步验证社会期望值影响总体性社会情绪这一路径是否成立,以及在多大程度上解释了总体性社会情绪,路径分析结果详见图5-27,模型中的统计值详见表5-65。

表5-64 社会期望值与总体性社会情绪及其子量表的相关分析

	社会期望值	满意度	社会信任和社会信心	总体性社会情绪
社会期望值	1.0000			
满意度	−0.6975***	1.0000		
社会信任和社会信心	−0.2241***	0.2284***	1.0000	
总体性社会情绪	−0.5970***	0.7924***	0.7748***	1.0000

注:$^+ p < 0.1$,$^* p < 0.05$,$^{**} p < 0.01$,$^{***} p < 0.001$。

```
           ⇩ 0.513
        ┌─────────┐
        │  满意度  │
        │         │
        └─────────┘
       ↗              ⇩ 0.644
  -0.832                       ┌──────────────┐
┌──────────┐    -0.548         │ 总体性社会情绪 │
│ 社会期望值 │ ──────────────→  │              │
└──────────┘                   └──────────────┘
       ↘
  -0.254    ⇩ 0.950
        ┌─────────┐
        │社会信任和│
        │社会信心 │
        └─────────┘
```

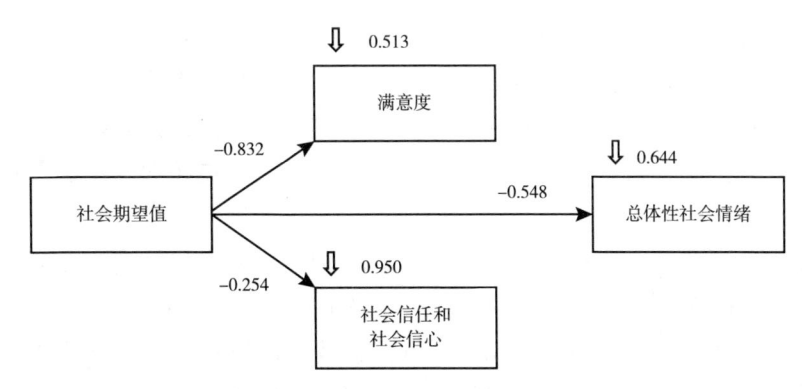

图5-27 社会期望值与总体性社会情绪的路径分析模型

表5-65 社会期望值与总体性社会情绪的路径分析模型中的统计值

X	Y	Beta（p）
社会期望值	满意度	-0.832（0.000）
社会期望值	社会信任和社会信心	-0.254（0.000）
社会期望值	总体性社会情绪	-0.548（0.000）

模型中包括了三条路径，当我们将社会期望值作为自变量、满意度作为因变量时，社会期望值可以解释满意度48.7%的差异；当我们将社会期望值作为自变量，社会信任和社会信心作为因变量的时候，社会期望值可以解释社会信任和社会信心5.0%的差异；当我们将社会期望值作为自变量，总体性社会情绪作为因变量的时候，社会期望值则可以解释总体性社会情绪35.6%的差异。这一模型向我们显示出，社会期望值能够对总体性社会情绪及其两个子量表做出有效的解释。

四　小结

在这一章节里，我们对2001年总体性社会情绪状况进行了细致的分析。总体性社会情绪及其子量表和社会期望值的总体状况和差异分布概述如下。

（1）人们在满意度上的得分平均为43.29，众数和中位数均为50.00，标准差为17.86，其偏度系数和峰度系数分别为-0.266和3.149，直方图拟合的正态分布曲线呈现为轻微的左偏态和尖峰分布。总体上，2001年，人们对当下的满意度相对较差。

（2）就满意度在各项自然社会特征上的差异分布来说，人们的满意度在性别、年龄、受教育程度和收入上存在显著差异，但在婚姻状况上没有显著差异；公有单位成员比非公有单位成员要更倾向于不满意；事业单位成员的满意度相对最低，企业单位成员的满意度相对最高，行政单位成员的满意度也相对较高；无行政级别单位的成员的满意度明显高于其他单位中的单位成员；共产党员和民主党派成员的满意度相对较高，而共青团员和群众的满意度相对较低；行政级别与满意度之间呈倒U形关系，处级干部的满意度相对较高，司局级及以上干部的满意度相较于处级干部有着较大幅度的滑落；技术级别与满意度之间则呈U形关系，初级技术群体的满意度相对较低；人们地位不一致的程度越高，其满意度越低；人们的低补偿和回报感越强烈，其满意度越低；在主观单位中的地位方面，主观社会地位越高的群体，满意度也越高，但在主观社会中的地位方面主观社会地位与满意度间呈倒U形趋势，主观社会地位为上等的群体，其满意度反而有所滑落。

（3）人们在信任和信心上的得分平均为62.49，众数和中位数分别为50.00和63.25，标准差为17.17，其偏度系数和峰度系数分别为-0.396和3.812，直方图拟合的正态分布曲线呈现为轻微的左偏态和尖峰分布。2001年，虽然相较于1993年，人们的信任和信心略有滑落，但总体上，人们有着较高的信任和信心水平。

（4）就信任和信心在各项自然社会特征上的差异来说，人们的信任和信心在年龄、婚姻状况、受教育程度和收入水平上均呈现出显著的差异，但在性别上没有显著差异；非公有单位成员的信任和信心略高于公有单位成员；行政单位成员的信任和信心高于企业单位成员，更高于事业单位成员；单位级别与信任和信心大体上呈U形趋势，处县级单位中单位成员的信任和信心相对最低；共产党员和共青团员的信任和信心相对较高，而民主党派成员和群众的信任和信心相对要低一些；司局级及以上的干部的信任和信心相对最高，而科级、科员及以下的群体的信任和信心相对较低；信任和信心在技术级别上则没有显著差异；人们地位不一致的程度越高，其信任和信心越低；人们的低补偿和回报感越强烈，其信任和信心也越低；无论是主观单位中的地位还是主观社会中的地位，主观社会地位越高的群体，其信任和信心也越高。

（5）人们在总体性社会情绪上的得分平均为52.88，众数和中位数分别为50.00和53.33，标准差为13.71，其偏度系数和峰态系数分别为-0.326和3.332，直方图拟合的正态分布曲线呈现为轻微的左偏态和尖峰分布。综合而言，2001年，人们在总体性社会情绪上的表现尚可，改革所带来的"阵痛"，让人们有着较为强烈的不满感受，但社会环境的积极氛围也形塑了人们迈向未来的信任和信心。

（6）就总体性社会情绪在各项自然社会特征上的差异分布来说，人们的总体性社会情绪在性别、年龄、受教育程度和收入水平上都存在显著差异，但在婚姻状况上没有显著差异；非公有单位成员的总体性社会情绪显著好于公有单位成员；事业单位成员在总体性社会情绪上的表现要明显差于企业单位和行政单位中的成员；单位级别与总体性社会情绪大体上呈U形趋势，处县级和司局地级单位的成员的总体性社会情绪相对较差一些；共产党员在总体性社会情绪上的表现相对较好，群众在总体性社会情绪上的表现相对较差；行政级别与总体性社会情绪大体呈倒U形趋势，处级干部在总体性社会情绪上的表现相对最好；技术级别与总体性社会情绪大体呈U形趋势，初级技术群体在总体性社会情绪上的表现相对较差；人们地位的不一致程度越高，其在总体性社会情绪上的表现越差；人们的低补偿和回报感越强烈，其在总体性社会情绪上的表现也越差；主观单位中的地位方面，主观社会地位越高的群体，其在总体性社会情绪上的表现越好，而在主观社会中的地位方面，主观社会地位与总体性社会情绪间大体呈倒U形趋势，中上等地位的群体在总体性社会情绪上的表现相对最好，上等地位的群体的总体性社会情绪相较于其又有所滑落。

（7）人们在社会期望值上的得分平均为61.24，众数和中位数分别为50.00和59.78，标准差为14.97，其偏度系数和峰度系数分别为0.535和3.152，直方图拟合的正态分布曲线呈现出轻微的右偏态和尖峰分布。相较于1993年，2001年，人们的社会期望值继续小幅度下降，但人们的社会期望值仍然较高。

（8）就社会期望值在各项自然社会特征上的差异分布来说，人们的社会期望值在性别、婚姻状况、教育水平和月收入上都存在着显著差异，但在年龄上没有显著差异；非公有单位成员的社会期望值显著低于公有单位成员；事业单位成员的社会期望值大于行政单位成员，而行政单位成员的社会期望值又大于企业单位成员；单位级别与社会期望值大体上呈倒U形趋势，处县级单位成员的社会期望值相对较大，而无行政级别单位成员的社会期望值相对较小；共产党员的社会期望值相对较小，即期望与期望实现间的差距较小；总体上，行政级别越高的群体，其社会期望值越小；技术级别为未定级和初级的群体的社会期望值相对较大，而为中级和高级的群体的社会期望值相对较小；人们地位的不一致程度越高，其社会期望值越高；人们的低补偿和回报感越强烈，其社会期望值也越高；无论是主观单位中的地位还是主观社会中的地位，人们的主观社会地位与社会期望值都大体上呈U形趋势，上等地位的群体社会期望值相较于中上等地位的群体又有所提升，并且社会期望值在主观社会地位上的分化程度比较突出。

勾连这一时期的总体性社会情绪和结构背景，不难发现，当时的社会发展态势可谓是"喜忧参半"。一方面，非国有经济迅速和持续发展起来，市场主体壮大和活力迸发，这既为经济发展提供源源不断的动力，也在这个过程中切实增益了民生福祉；但另一方面，大规模的企业改制导致许多单位员工下岗分流，造成人们"人到哪儿去"的困惑和无所适从，在行为上表现为消费意愿下降而储蓄行为增长，与此同时，国家对国有资产的管理、监督还不够全面和有力，企业改制过程中腐败问题频发致使国有资产大量流失，对民众所产生的震撼和愤慨应该说是巨大的。在这种情况下，人们的满意度相对较低也就不难理解了，保持相对较高的信任和信心水平则实属不易，弥散和沉淀在社会中的总体性社会情绪暂时较为平和。为了预防总体性社会情绪可能发生的向消极面的演化，这一时期，我们积极引导、规范和监管国有企业改革，切实保障职工的切身利益和权益，并有效管理国有资产；同时坚持用发展的办法解决前进中的问题，坚持深化改革和扩大开放，通过积极融入经济全球化、深度参与国际分工与竞争来促进社会经济进一步发展，从而让老百姓过上好日子和过有盼头的日子。只有从根本上保障和改善人们的生活境遇和发展机会，人们正面的、积极的情绪才可能生成和弥散开来，沉淀下来以夯实社会经济发展的基础。20世纪初期，我国加入世界贸易组织、党的十六大提出建立国有资产出资人制度、组建国务院国有资产监督管理委员会并公布《企业国有资产监督管理暂行条例》等。这一系列战略举措推动我国逐步进入经济社会高速、稳定发展的时期。

第六章

2012年的调查

一 结构背景

为了做好这项研究，我们需要深入地理解近年来尤其是2012年（即我们调查时点）里我们国家的一些发展背景与状况。

2012年是中国发展历史上不平凡的一年。2012年召开党的十八大，在总结以往发展经验的基础上确定了国家新的发展战略与方向，确定了按照科学发展观的要求来推进中国的社会变迁与经济发展。

党的十六大以来这10年，我国进入新世纪新阶段。2012年，中央财政教育支出与2005年相比增加近10倍，就业和社会保障支出仅中央财政负担的资金就远超出2005年中央、地方两级财政支出之和。[①] 在经济发展上，国家出台了新"非公36条"细则来推动民营经济的发展，采取了一系列稳增长举措，诸如下调人民币基准利率、加快投资项目审批以及推动执行节能家电补贴计划，努力夯实经济发展的基础，扩大内需、刺激消费。另外，一场新的"保增长"竞赛，也在地方政府之间展开。据不完全统计，仅2012年7月和8月两个月，已公布的地方投资计划就超过10万亿元；在已公布1—6月固定资产投资数据的28个主要城市中，增速超过全国平均增速（20.4%）的达到21个，其中贵阳高达57.9%，兰州、海口超过40%，东部沿海的宁波、福州，亦在30%以上。这种地方政府组

[①] 丁伟、汪晓东、刘晓鹏、张音、于洋：《转型十年 中国探索——十六大以来中国改革发展历程述评之二》，《新长征（党建版）》2012年第9期，第4—7页。

织的投资行为一方面刺激着经济的成长，另一方面也加剧了这种投资融资在未来的还款风险。

另外，2012年发布的两个报告——《中国城市发展报告（2012）》[①]和《中国流动人口发展报告（2012）》[②]，都不约而同地提到了一个重大的社会事实，即中国的城镇化率首次超过50%。《中国城市发展报告（2012）》指出，2011年中国城镇人口首次超过农村人口，达到69079万人，比上年末增加2100万人；城镇人口占总人口的比重首次超过50%，达到51.27%，实现历史性突破。[③]而《中国流动人口发展报告（2012）》则从流动人口总量发生重大变化这个社会事实出发，指出2010年我国流动人口总量已接近2.3亿人，占全国总人口的17%，流动人口规模达到历史新高。[④]流动人口流量、流向、结构和流动人口群体的利益诉求都在发生深刻变化，同时城镇常住人口超过了农村常住人口这一社会事实也意味着中国已经结束了以乡村型社会为主体的时代，开始进入以城市型社会为主体的新的城市时代。[⑤]2011年中国城镇人口占比首次超过50%，达到51.3%，根据经济合作与发展组织（OECD）的预测，到2030年，中国已形成快速增长之势的城镇人口，将会再增加3亿人，相当于当前美国总人口数。每年平均将有1500万—2000万人从农村走入城市，今天的所谓鬼城，将很快变成明天的繁荣大都市。[⑥]麦肯锡（McKinsey）的一项研究估计，中国到2025年将至少有220个人口超过百万人的城市（2010年只有125个）；甚至将会有23个人口至少500万人的大城市。

[①]《中国城市发展报告（2012）》由中国市长协会主办，国际欧亚科学院中国科学中心承办，《中国城市发展报告》编委会编写，并邀请了数十位院士、专家和学者撰稿，全面记叙了我国城市发展在2012年中的热点、焦点问题和典型案例。《中国城市发展报告（2012）》紧扣党的十八大这一主题，聚焦以人为核心的新型城镇化，注重把生态文明理念和原则与城镇化全过程相结合，在各篇章中为读者展现出一年来中国城市发展的清晰脉络和丰繁画卷。

[②]《中国流动人口发展报告（2012）》由国家人口计生委流动人口服务管理司发布，围绕流动人口生成发展、流动人口社会融合、人口管理和特大城市人口规模调控、流动人口计划生育、中德项目合作五个专题对2012年我国流动人口发展状况进行了调查分析。

[③]《中国社会科学院发布〈中国城市发展报告（2012）〉》，国务院新闻办公室网站，http://www.scio.gov.cn/zhzc/8/4/ Document/1203142/1203142.htm，2012年8月15日。

[④]《人口计生委发布〈中国流动人口发展报告（2012）〉》，中央政府门户网站，https://www.gov.cn/jrzg/2012-08/07/content _2199409.htm，2012年8月7日。

[⑤] 董赛：《关注城镇化 把握新契机》，《中国建筑金属结构》2013年第6期，第20—22页。

[⑥] 斯蒂芬·罗奇：《中国经济会实现软着陆》，《IT时代周刊》2012年第21期，第23页。

城镇化是经济社会发展的必然趋势，也是现代化的重要标志。我国城镇人口从 1978 年的 1.7 亿人发展到目前的 6.9 亿人，30 多年来增加了 5 亿人，其中有相当数量是进城的农民工。如此大规模的人口迁徙，史无前例、世所罕见，既改变了亿万农民的命运，更为经济发展注入了强大动力；[①] 城镇化一方面推动着整个中国经济与社会结构的调整，另一方面也给城镇化过程中的社会发展带来巨大的挑战。虽然城镇化能拉动国内的巨大消费需求，但在城乡二元结构没有得到根本改变的宏观背景下，城镇化也会带来一系列的社会矛盾、冲突和问题，比如流动人口如何进城安家落户，如何融入当地的社会结构，如何逐步解决在就业、居住、医疗、子女入学等方面遇到的困难，等等。这些问题如果不妥善解决，城镇化作为中国目前最大的内需，就不可能真正被激发和拉动。农民工这么巨大的一个社会群体生活在不同的城市之中，在其付出等于或大于城市居民的同时，每天感受到的却是低于城市居民的社会政治经济待遇，这种直接体验到的相对剥夺与绝对剥夺，这种直接感受到的不平等与不公正，对人们社会心理上的冲击是巨大的，对人们社会态度与社会行为的影响也是不可低估的。

在 2012 年，我们同时也能够深刻感受到社会发展滞后所带来的结构性紧张。"经济体制深刻变革，社会结构深刻变动，利益格局深刻调整，思想观念深刻变化"[②] 已经成为这个时期的主要特征。急剧的社会变迁给中国社会造成的一个直接后果是使得社会的利益主体多元化，各种不同利益群体之间的利益关系更趋复杂；人们对发展与变迁的社会预期普遍提高，对自身利益的保护意识日益增强，对公共资源分享的诉求日益强烈，利益冲突有时变得更加尖锐，利益表达有时变得更加无序，利益的实现有时也变得更加极端，利益的综合也因此变得更加困难。而结构紧张正是这种社会变迁的结果形式之一，同时又是"冲突与混乱"的根源。[③]

---

① 于晨：《也谈扩大内需与城镇化》，《创造》2012 年第 4 期，第 46—47 页。

② 2006 年，党的十六届六中全会通过的《中共中央关于构建社会主义和谐社会若干重大问题的决定》指出："我国已进入改革发展的关键时期，经济体制深刻变革，社会结构深刻变动，利益格局深刻调整，思想观念深刻变化。"这"四个深刻"是党中央对我国当前经济社会形势进行综合分析之后作出的科学判断，为把构建社会主义和谐社会摆在更加突出的位置提供了重要依据。

③ 李汉林、魏钦恭、张彦：《社会变迁过程中的结构紧张》，《中国社会科学》2010 年第 2 期，第 121—143 页。

从中国社会发展和变迁的具体现实出发，结构紧张越来越表现为两种因素交互作用的复杂结果，一是急剧现代化过程中所产生内生性的结构矛盾，二是与国际接轨过程中直接衍生出晚期现代性总体化和普遍化的结构矛盾。造成"结构紧张"的因素有很多，既有社会变迁过程中不同利益群体之间由于政策与制度安排变化所产生的结构性张力，也有弥散性、不满的社会心态，还有不同社会群体相互比较过程中所产生的被绝对剥夺与相对剥夺的感受。这种结构性的紧张，既可以从客观上的社会地位、权力地位、组织、角色、收入水平与教育水平结构上进行观察，也可以从处在不同社会结构位置上的不同群体对一些问题的认识与主观感受上反映出来。社会与制度变迁的无数案例反复告诉我们，社会与制度变迁越剧烈，这个社会的各种结构性要素之间的组合就越复杂，各种不同的社会群体在其相互比较与互动的过程中使其关系紧张的可能性就会变得越大。在这个过程中，主导这个变迁的行动者，比如政府，如果在协调和处理不同社会群体利益表达、利益综合与利益实现的途径、条件与方式上准备得越充分，就能越好地调整这些不同社会群体之间的紧张，使社会矛盾趋于和缓，并逐步在新的制度条件下形成平衡；反之，这种结构性要素之间的紧张就会加剧，社会危机和社会动乱就会变得不可避免。①

从理论上说，任何一个发展的阶段，如果结构紧张处理不当，都会陷入一种具有阶段特征的恶性循环，使之处于其中而不能自拔。经过30年的改革，中国目前的经济总量已经位居世界第二，人均GDP也突破了4000美元大关，但是结构性的矛盾和紧张也愈来愈突出，社会发展滞后愈来愈严重。《经济参考报》新华社世界问题研究中心研究员丛亚平、李永久指出，我国基尼系数已从改革开放初的0.28上升到2007年的0.48，近两年不断上升，实际已超过了0.5；城乡人均收入差距之比已从改革开放初期的1.8∶1扩大到2007年的3.33∶1。② 2011年的统计表明，我国农民工总数已达2.42亿人，由于长期以来的城乡二元结构，户籍制度及其相关制度仍然对农民与市民做出区分，进城农民工不被给予与市民相同的待遇，被排斥在城市化的进程以外。因此，一些地区相关群体行为事件频

---

① 李汉林、魏钦恭、张彦：《社会变迁过程中的结构紧张》，《中国社会科学》2010年第2期，第121—143页。
② 丛亚平、李永久：《新华社：中国基尼系数已超0.5可能导致社会动乱》，《经济参考报》2010年5月21日。

发，给社会的总体稳定造成威胁。①

一个明显的事实是，今天中国的发展，给我们社会带来了巨大的进步，同时也带来了严重的问题。收入分配的不平等，就是其中之一。应该看到，中国在发展的初期，强调效益优先，让一部分人先富起来，同时引入市场机制，造成社会原来的结构与功能失调以后，经过逐步的调整达到新的协调，实现了发展的突破与超越。这样一种发展的理念，对于中国的发展起到了举足轻重的作用，形成了中国值得不断总结的发展经验。但是，"带着问题发展，在发展中解决问题"的方式已经不能适应目前中国发展的要求。不转变发展的方式，不强调社会的发展，中国就可能陷入发展的陷阱。

大量社会学的研究表明，当一个社会的不平等、不公平和不公正超过大众所能承受的限度的时候，就会在很大的程度上影响这个社会的稳定。我们知道，任何一个社会不可能有绝对的平等、公平和公正。没有差异，就不可能有发展；不让一部分人先富起来，就不可能最终实现全体人民的共同富裕。问题的关键在于，一个政府是否有可能通过相应的制度安排，在不平等造成贫富差距过大的时候，努力缩小贫富的差距；当社会的不公平和不公正导致利益分配机制严重失衡的时候，努力调整它的利益分配政策。②

从社会学理论上说，一个社会的不平等和不公正并不是直接影响这个社会稳定的原因，只有在以下三个条件逐步递进并不断强化的情况下，才有可能导致一个社会的不稳定。这三个条件简单地说就是：第一，人们的期望与实际获得之间的差距、地位的不一致性和不满意度变得愈来愈高；第二，社会的基本价值取向和行为规范发生动摇和混乱；第三，政府不作为。具体地说，不平等和不公正首先造成的一个最明显的社会后果是利益分配不当、激励机制扭曲和贫富差距过大。先富起来的群体以及一些腐败分子的炫耀性消费的示范效应，民众在经济制度中行为的激励结构扭曲以及社会生活中经济、政治行为规范与取向混乱，使人们的羡慕与妒忌、攀比与模仿、失落与愤怒等各种情绪交织在了一起。如果再加上媒体不适当的炒作与推动，就会使得社会群体心理上的那种期望与实际获得之间的差距与地位的不一致性在相互比较的过程中变得愈来愈强烈，由此引发的

---

① 李汉林、魏钦恭、张晨曲：《发展过程中的满意度》，《社会学评论》2013年第1期，第75—88页。

② 李汉林、魏钦恭、张晨曲：《发展过程中的满意度》，《社会学评论》2013年第1期，第75—88页。

不满意度就会变得愈来愈高。① 如果在这样的一种情况下，政府在政策上没有做适当的调整，在结构上没有做出适当的制度安排，那么，人们就会对一个社会的基本价值观念产生怀疑，对政府以及政府的行为愈来愈不信任。在这样一种情况下，任何一个偶然的事件都可能会必然引起这个社会大规模的动荡和全面的不稳定，人们的愤怒与不满就可能会用一种极端的方式发泄出来。在这里，期望与实际获得之间的不一致感在这样一个结构紧张与冲突的过程中起到了举足轻重的作用。

二 核心概念的操作化

正是在这样的一种宏观背景下，我们展开了2012年总体性社会情绪与社会期望值的研究与调查。我们期望，通过我们的研究，能够制作出一种可以从宏观与微观的结合上把握中国社会发展的形势的"量表"。这种量表对于分析者和使用者而言，能够满足三个基本标准：首先是简单（simple），其次是敏感（sensitive），最后是便于操作（easy to use）。我们期望，用总体性社会情绪（aggregated mood）来测量在上述宏观结构背景下中国城镇居民的总体感受，从一个很重要的侧面清晰地了解到一个社会在实践公平正义方面的状况；用社会期望值（ratio of social expectation）来探寻形成总体性社会情绪的深层原因，为研究者下一步的深入分析提供基础，为政府调整相应的政策提供依据。

（一）总体性社会情绪及其测量

从理论演绎的角度出发，结合有关社会发展的四个理念，② 我们试图

---

① 李汉林：《哪些因素会影响我们社会的稳定》，《中国社会报》2006年5月15日。
② 中国社会科学院社会发展战略研究院认为，"社会发展是致力于福祉、公平、包容和可持续发展的一种理念"，其中，福祉是社会发展的根本目标，公平是社会发展的基本要求，包容是社会发展的主要机制，可持续是社会发展的前提条件。包容作为社会发展的一种理念，包含三个方面的含义：一是建立一种具有社会整合功能的机制，改善以充分就业、社会保障和公共资源共享为目标的社会治理；二是优化公共资源的有效配给渠道，协调和平衡贫富关系、干群关系、劳资关系、民族关系，减少社会矛盾和社会冲突；三是尊重不同文化、族群和宗教的差异，建设一个多元共生的和谐社会体系。同时，包容作为社会发展的主要机制，要求平等对待不同地域、不同民族和不同文化的差异性，拓展广泛参与的社会建设渠道，让所有人都可以有条件和渠道参与发展过程，公平合理地共享发展成果。渠敬东：《社会发展的理念和评估》，载李汉林主编《中国社会发展年度报告》，北京：中国社会科学出版社，2012年，第15—18页。

将这种总体性社会情绪操作化为满意度、社会信任和社会信心三个维度。其中，满意度和社会信任指向公众对当下社会的感受，社会信心指向公众对未来社会发展的预期，两层面三维度相结合共同表征公众对所处社会的总体性社会情绪。

满意度是人们在心理层面的一种主观感受，指涉民众的社会福祉状况，如个人收入水平、住房状况、健康状况、发展机会等个体性事项和食品安全、环境质量、医疗服务水平等社会性事项，同时还包括了解人们对社会公平公正状况的感受。当然，在发展的过程中，政府及政府行为是一个不可忽视的因素，它们在推动社会发展和创造发展的环境、条件等方面都起着举足轻重的作用。在发展的过程中，政府的制度安排不仅影响着社会公平的实现和民众社会福祉的提升，而且在一定程度上对社会的包容性发展起到引导和促进作用。因此，我们将社会信任操作化为公众对政府的信任程度，是指人们对政府执政能力的主观感受，是对政府所做的相应制度安排的评价，同时也是人们对政府行为绩效的一种认可以及人们对政府行为的一些预期与这些预期实现状况之间关系的评判。它在一定的意义上既反映了政府在推动国家发展过程中的业绩和效率，又同时影响着人们对社会发展其他方面的判断与感受，既包括对政府执政能力的信任度，又包括对涉及民生问题的政府职能部门的信任度。社会信心，主要是指人们基于对所处社会现状的感受生发的对未来可能的发展的一个看法、期望和预期。在此，其可操作化为民众在当下判断的基础上对未来有关社会福祉、社会公平、社会包容状况的发展预期，也是社会能否可持续发展的民众信心基础，既包括对社会总体性事项的信心度，也包括对个体性事项的信心度。[①]

上述三个方面既有各自的侧重点，又相互交织。尽管社会信心与满意度和社会信任一样，都是人们对自身所处的社会在宏观与微观层面上产生的一种主观感受，但是两者之间一个最根本的区别是，满意度和社会信任研究的是人们对目前社会环境的主观感受与看法，而社会信心则是人们在综合考虑各方面因素的基础上对社会未来发展的理性预期和心理期望，折射出来的是人们对国家未来社会发展的预期，反映的是人们对未来社会发

---

① 张彦、魏钦恭、李汉林：《发展过程中的社会景气与社会信心——概念、量表与指数构建》，《中国社会科学》2015年第4期，第64—84页。

展与进步的期待和希望。它们三者是分析与研究总体性社会情绪的重要方面。缺少了满意度和社会信任的研究,对社会信心的观察就成了无源之水,无本之木;反过来,缺少了对社会信心的分析,对总体性社会情绪的探讨起码就缺少了理论与实践的张力。

1. 满意度

满意度的测量由对社会总体层面的满意程度和对个体层面的满意度两部分构成,其中对环境质量、基础设施状况、物价水平、教育水平、医疗服务水平、社会保障水平、治安状况、食品安全状况、社会公平公正、就业机会和社会风气十一个方面的感受用以测量社会总体层面的满意度水平;对个人收入水平、家庭经济状况、住房状况、健康状况、工作状况、生活压力、家庭关系、人际关系、社会地位和发展机会十个方面的感受用以测量个体层面的满意度水平。这些感受均分为五个层次,即很不满意、较不满意、一般、较满意、很满意,分别赋值为1—5分,分值越高,表示满意度水平越高。[①] 我们希望通过这十一个方面的问题,人们能够从宏观上勾画出自身对国家和政府的感受;与此同时,我们又从十个角度设计了有关个人生活方面的问题,希望从微观上把握人们的主观感受(见表6-1)。

表6-1 满意度的测量

维度	题目	赋值
对社会性事项的满意度	您对社会以下具体方面是否感到满意: 01.环境质量 02.基础设施状况 03.物价水平 04.教育水平 05.医疗服务水平 06.社会保障水平 07.治安状况 08.食品安全状况 09.社会公平公正 10.就业机会 11.社会风气	5-很满意 4-较满意 3-一般 2-较不满意 1-很不满意

[①] 李汉林、魏钦恭、张晨曲:《发展过程中的满意度》,《社会学评论》2013年第1期,第75—88页。

续表

维度	题目	赋值
对个体性事项的满意度	您对生活的以下具体方面是否感到满意： 01.个人收入水平 02.家庭经济状况 03.住房状况 04.健康状况 05.工作状况 06.生活压力 07.家庭关系 08.人际关系 09.社会地位 10.发展机会	5-很满意 4-较满意 3-一般 2-较不满意 1-很不满意

2. 社会信任

问卷调查中我们将社会信任操作化为民众对政府执政能力的信任程度和对政府职能部门的信任程度。对政府执政能力的信任度包括对政府处理突发事件的能力、对政府服务是否能够征询民意、对政府服务是否公道、对政府服务是否能让民众得到实惠、对政府服务是否贴近民众需要的感受和评价，并采用李克特五度量表，1代表完全不赞同、5代表完全赞同，分值越高，表示民众对该表述的赞同度越高，即对政府执政能力的信任度越高；对政府职能部门的信任度包括对城管部门、信访部门、工商或税务部门、公安局或派出所和法院的信任度，也采用李克特五度量表，赋值1—5分，分值越高，表示信任度越高（见表6-2）。

表6-2 社会信任的测量

维度	题目	赋值
对政府执政能力的信任度	您是否对下列说法赞同： 01.政府服务贴近我的需要 02.政府服务让我得到实惠 03.政府处理问题公道 04.政府能够处理好各种突发事件 05.政府愿意听取老百姓意见	5-完全赞同 4-比较赞同 3-一般 2-比较不赞同 1-完全不赞同
对政府职能部门的信任度	总的来说，您对下列政府部门是否信任： 01.公安局/派出所 02.法院 03.工商/税务部门 04.信访部门 05.城管部门	5-很信任 4-较信任 3-一般 2-较不信任 1-很不信任

3. 社会信心

心理学上的解释，信心主要是指对行为必定成功的信念。信心的表现构成包括对行动实现难度的外在认知、情绪和外在意识三个方面的构成要素。有时激增信心中的任何一个表现要素，都会引发另外两个要素的相应反应，这也就是外在认知、情绪和外在意识这三个要素的协调一致性。① 在社会学领域，有人把社会信心理解为公众信心，定义为是一种能够使公众相信某一事物（目标）未来可以实现的心理力量，指公众对某一行动主体、某一事物、某个具体对象的一种认可、信任的心理状态以及在此基础上形成的稳定的心理期望。② 也有人把公众信心即社会信心理解为包括三个相互整合的层面，即对国家政权的信心、对己身所处的社会的信心和对社会中自我的信心。其中，个人对自我的信心是基础，横向延展出去形成对社会的信心，纵向攀升而上的是对国家政权的信心。③ 基于此，社会信心可以操作化为公众对宏观社会在环境质量、基础设施状况、物价水平、教育水平、医疗服务水平、社会保障水平、治安状况、食品安全状况、社会公平公正、就业机会和社会风气十一个方面未来三年发展的预期，和对微观个人在个人收入水平、家庭经济状况、住房状况、健康状况、工作状况、生活压力、家庭关系、人际关系、社会地位和发展机会十个方面未来三年发展的预期。公众在这两个层面的预期均分为三个档次，1代表变差、2代表不变、3代表变好，分值越高，表示公众的信心越高（见表6-3）。

表6-3 社会信心的测量

维度	题目	赋值
对社会性事项的信心	您认为下列项目未来三年有什么变化： 01.环境质量 02.基础设施状况 03.物价水平 04.教育水平 05.医疗服务水平 06.社会保障水平 07.治安状况 08.食品安全状况 09.社会公平公正 10.就业机会 11.社会风气	3-变好 2-不变 1-变差

---

① 刘东胜、孙艳婷：《产品伤害危机后消费者信心影响因素研究》，《中国市场》2010年第48期，第72—74页。

② 朱力：《公众信心聚散的社会心理学解读》，《人民论坛》2013年第5期，第10—12页。

③ 褚松燕：《公众信心聚散机理与重塑对策》，《人民论坛》2013年第5期，第6—9页。

续表

维度	题目	赋值
对个体性事项的信心	您认为未来三年下面一些方面是否会有变化： 01.个人收入水平 02.家庭经济状况 03.住房状况 04.健康状况 05.工作状况 06.生活压力 07.家庭关系 08.人际关系 09.社会地位 10.发展机会	3-变好 2-不变 1-变差

（二）社会期望值及测量

早在1980年，学者Olive便在测量消费者对零售服务业的满意度研究中提出了期望差异理论（expectation disconfirmation theory），即消费者的满意度被表征为实际观测结果与理论期望结果的拟合程度。当实际观测结果高于理论期望时，消费者会感到满意；当实际观测结果低于理论期望时，消费者会感到不满意；当实际观测结果等于理论期望时，消费者可能会觉得满意或者对服务无特别感受。公众对社会的总体感知与评价中，同样也存在这种深层次的认知过程。身处社会场域中的公众，通过个人活动、家庭生活和单位工作直接或间接地沉浸于社会之中。从预期—实现的对比机制出发，人们对宏观社会和微观个体的发展均有一个预期，一旦发现自身预期未能实现或实现程度较低时，就易产生消极的总体性社会化情绪；而只有当实际获得与自身预期基本一致甚至高于自身预期时，才会产生积极的总体性社会情绪，即是说，公众在一定程度上感到社会是欣欣向荣的。在这里要强调的是，一旦人们将与其相应的参照群体（reference group）[①]纳入自身主观的比较和判断过程之中，上述感受会再叠加一个维度，从而变得更加强烈。因此，在2012年我们试图引入"社会期望值"来表征公众的这种感受。

---

① 在这里，参照群体指的是这样一些社会群体或个人，他们的行为规范和价值取向通常被其他某些社会群体或个人当作自身的行为规范和价值取向，而由此造成的社会行为及其效果也被这些群体或个人用来与自身相比较。

社会期望值主要是指人们从期望得到和实际得到的差距中（discrepancy between expectation and actuality）所产生出来的或所感受到的，特别是与相应的参照群体的比较过程中所产生出来的一种主观感受。[①] 马克思在谈论"雇佣劳动与资本"的时候，就这样描述社会期望值："一座房子不管怎样小，在周围的房屋都是这样小的时候，它是能满足社会对住房的一切要求的。但是，一旦在这座房子近旁耸立起一座宫殿，这座小房子就缩成茅舍模样了。这时，狭小的房子证明它的居住者不能讲究或者只能有很低的要求；并且不管小房子的规模怎样随着文明的进步而扩大起来，只要近旁的宫殿以同样的或更大的程度扩大起来，那座小房子的居住者就会在四壁之内越发觉得不舒适，越发不满意，越发感到受压抑。"[②] 所以马克思认为："我们在衡量需要和享受时是以社会为尺度，而不是以满足它们的物品为尺度的。因为我们的需要和享受具有社会性质，所以它们具有相对的性质。"[③] 正是在这种意义上，"社会期望值"具有相对性，表现为个体与参照群体比较之后，对自身经济地位与社会地位变化的主观感受。所以，社会期望值在个体层面反映的是相对地位的变动，但其在深层次上，反映的是一个社会的发展变动状况。[④] 与一个稳定的社会相比，一个变动剧烈的社会中，人们更加敏感于自己的得失，无论是客观的社会分层还是主观的经济社会地位变动都能够在人们的主观意识中显现出来，而社会期望值的变化可以较好地反映这种分层意识或不平等意识的变化。[⑤]

在上述意义上，社会期望值的社会属性要强于满意度感受，有时甚至是带有想象的差异。在一定程度上，人们社会期望值的变化与整个社会的宏观氛围密切相关，时刻会受到整个社会结构及其文化气氛的变迁状况影

[①] Kelly, "Two functions of reference groups," in: G. E. Swanson, et al., *Readings in Social Psychology*, New York: Henry Holt and Company, 1952, pp.401-414; Merton, R. K. & A. S. Rossi, "Contributions to the theory of reference group behavior," in: R. K. Merton, *Social Theory and Social Structure*, New York: The Free Press, 1968, pp.279-330; Runciman W. G., *Relative Deprivation and Social Justice*, London: ROUTLEDGE, 1972, pp.56-70; Gurr T. R., *Why Men Rebel*, Princeton: Princeton University Press, 1971, pp.119-127; Opp K. D. & Hartmann P., *The Rationality of Political Protest*, Boulder: Westview Press, 1989, pp.132-179.

[②] 《马克思恩格斯选集》（第一卷），北京：人民出版社，2012年，第345页。

[③] 《马克思恩格斯选集》（第一卷），北京：人民出版社，2012年，第345页。

[④] 张彦、魏钦恭、李汉林：《发展过程中的社会景气与社会信心——概念、量表与指数构建》，《中国社会科学》2015年第4期，第64—84页。

[⑤] 刘欣：《相对剥夺地位与阶层认知》，《社会学研究》2002年第1期，第81—90页。

响。在问卷调查的过程中,考虑到社会期望值的相对性,我们认为工作场域中的他人往往是人们社会期望值产生的重要参照群体之一,另外,工作场域之外的重要他人也会影响社会期望值大小。因此,我们将人们的社会期望值操作化为与单位内同事相比之时,经济收入和社会地位之间的差距以及与社会上其他人相比之时经济收入和社会地位的差距(见表6–4)。采用李克特五度量表来表征人们在上述比较中的高低水平,1代表很高、2代表较高、3代表差不多、4代表较低、5代表很低,分值越高,表示人们在与单位内同事或社会上其他人的比较中存在越大的不一致感。

表6–4 社会期望值的测量

维度	题目	赋值
社会期望值—单位内	在下列问题上,您觉得和您一起进单位的同事相比如何? 01.您目前的经济收入 02.您目前的社会地位	1–很高 2–较高 3–差不多 4–较低 5–很低
社会期望值—单位外	在下列问题上,您觉得与社会上其他人相比如何? 01.您目前的经济收入 02.您目前的社会地位	1–很高 2–较高 3–差不多 4–较低 5–很低

三 量表检验与指数构建

(一)量表的信效度检验

为了做好总体性社会情绪与社会期望值的分析,需要对所使用的量表和题器进行信度与效度检验,通过验证性因子分析(confirmative factor analysis),检验我们所构建的测量模型是否能够得到经验数据的支持。

数据分析的结果显示(见表6–5),"对社会性事项的满意度"的信度系数为0.915,"对个体性事项的满意度"的信度系数为0.906,"对政府职能部门的信任度"的信度系数为0.831,"对政府执政能力的信任度"的信度系数为0.833,"对社会性事项的信心"的信度系数为0.916,"对个体性事项的信心"的信度系数为0.908。从总体性社会情绪的这六个一阶因子来看，测量模型具有比较高的信度系数。就整个测量模型而言，总体性社会情绪量表的信度系数为 0.853。同时，用以测量公众的期望实现差距的"社会期望值"的信度系数为 0.800，分值也超过了 0.80。总体而言，研究所设计的量表具有较高的稳定性与一致性，能够较为可靠地测量我们所预设的总体性社会情绪与公众的期望实现差距。

表6–5　总体性社会情绪与社会期望值的验证性因子分析[1]

	因子负荷估值（标准化）λ_i（标准误）	残方差（θ_{ii}）	题器信度系数[2] $\dfrac{\lambda_i^2}{\lambda_i^2 + \theta_{ii}}$		因子负荷估值（标准化）λ_i（标准误）	残方差（θ_{ii}）	题器信度系数 $\dfrac{\lambda_i^2}{\lambda_i^2 + \theta_{ii}}$
对社会性事项的满意度量表（信度系数0.915）				对个体性事项的满意度量表（信度系数0.906）			
stg_1	0.444（0.01）	0.197	0.500	sti_1	0.600（0.01）	0.360	0.500
stg_2	0.458（0.01）	0.210	0.499	sti_2	0.613（0.01）	0.375	0.501
stg_3	0.326（0.01）	0.107	0.498	sti_3	0.510（0.01）	0.261	0.499
stg_4	0.482（0.01）	0.232	0.500	sti_4	0.393（0.01）	0.155	0.499
stg_5	0.506（0.01）	0.256	0.500	sti_5	0.613（0.01）	0.376	0.499
stg_6	0.567（0.01）	0.321	0.500	sti_6	0.515（0.01）	0.265	0.500
stg_7	0.470（0.01）	0.221	0.499	sti_7	0.348（0.01）	0.121	0.500
stg_8	0.428（0.01）	0.183	0.500	sti_8	0.438（0.01）	0.192	0.499
stg_9	0.594（0.01）	0.353	0.499	sti_9	0.574（0.01）	0.330	0.499
stg_10	0.499（0.01）	0.249	0.500	sti_10	0.595（0.01）	0.354	0.500
stg_11	0.562（0.01）	0.315	0.501	对个体性事项的信心量表（信度系数0.908）			
对社会性事项的信心量表（信度系数0.916）				sci_1	0.658（0.01）	0.434	0.499
scg_1	0.506（0.01）	0.256	0.500	sci_2	0.637（0.01）	0.406	0.499
scg_2	0.403（0.01）	0.162	0.501	sci_3	0.551（0.01）	0.303	0.500

续表

	因子负荷估值（标准化）λ_i（标准误）	残方差（θ_{ii}）	题器信度系数 $\dfrac{\lambda_i^2}{\lambda_i^2+\theta_{ii}}$		因子负荷估值（标准化）λ_i（标准误）	残方差（θ_{ii}）	题器信度系数 $\dfrac{\lambda_i^2}{\lambda_i^2+\theta_{ii}}$
scg_3	0.508（0.01）	0.258	0.500	sci_4	0.566（0.01）	0.320	0.500
scg_4	0.490（0.01）	0.240	0.500	sci_5	0.641（0.01）	0.411	0.499
scg_5	0.561（0.01）	0.315	0.499	sci_6	0.511（0.01）	0.261	0.500
scg_6	0.531（0.01）	0.282	0.499	sci_7	0.504（0.01）	0.254	0.500
scg_7	0.546（0.01）	0.298	0.500	sci_8	0.546（0.01）	0.298	0.500
scg_8	0.568（0.01）	0.323	0.499	sci_9	0.637（0.01）	0.406	0.499
scg_9	0.642（0.01）	0.412	0.500	sci_10	0.651（0.01）	0.424	0.499
scg_10	0.511（0.01）	0.261	0.500	对政府执政能力的信任度量表（信度系数0.833）			
scg_11	0.623（0.01）	0.388	0.500	bgg_1	0.659（0.01）	0.434	0.500
对政府职能部门的信任度量表（信度系数0.831）				bgg_2	0.651（0.01）	0.424	0.499
bgd_1	0.719（0.01）	0.517	0.499	bgg_3	0.641（0.01）	0.411	0.499
bgd_2	0.652（0.01）	0.425	0.500	bgg_4	0.532（0.01）	0.283	0.500
bgd_3	0.634（0.01）	0.402	0.499	bgg_5	0.591（0.01）	0.349	0.500
bgd_4	0.592（0.01）	0.351	0.499	总体性社会情绪量表（信度系数0.853）			
bgd_5	0.493（0.01）	0.243	0.500	stg	0.697（0.01）	0.486	0.499
社会期望值量表（信度系数0.800）				sti	0.598（0.01）	0.358	0.499
rd_1	0.787（0.01）	0.619	0.500	bgd	0.512（0.01）	0.262	0.500
rd_2	0.815（0.01）	0.665	0.499	bgg	0.608（0.01）	0.369	0.500
rd_3	0.794（0.01）	0.630	0.500	scg	0.566（0.01）	0.321	0.499

续表

	因子负荷估值（标准化）λ_i（标准误）	残方差（θ_{ii}）	题器信度系数 $\dfrac{\lambda_i^2}{\lambda_i^2+\theta_{ii}}$		因子负荷估值（标准化）λ_i（标准误）	残方差（θ_{ii}）	题器信度系数 $\dfrac{\lambda_i^2}{\lambda_i^2+\theta_{ii}}$
rd_4	0.822（0.01）	0.675	0.500	sci	0.357（0.01）	0.128	0.498

注：1.表格中，stg代表对社会性事项的满意度，stg_1代表对社会性事项的满意度量表中的第一个题器的满意度，以此类推；sti代表对个体性事项的满意度，sti_1代表对个体性事项的满意度量表中的第一个题器的满意度，以此类推；scg代表对社会性事项的信心，scg_1代表对社会性事项的信心量表中的第一个题器的信心，以此类推；sci代表对个体性事项的信心，sci_1代表对个体性事项的信心量表中的第一个题器的信心，以此类推；bgd代表对政府职能部门的信任度，bgd_1代表对政府职能部门的信任度量表中的第一个题器的信任度，以此类推；bgg代表对政府执政能力的信任度，bgg_1代表对政府执政能力的信任度量表中的第一个题器的信任度，以此类推；rd代表社会期望值，rd_1、rd_2代表社会期望值量表单位内维度第一个、第二个题器的社会期望值，rd_3、rd_4代表社会期望值量表单位外维度第一个、第二个题器的社会期望值。

2.此处关于信度系数的计算参照我们以往的研究，即在验证性因子分析框架下，常用的量表信度系数Cronbach的α值不能恰当地拟合指标和因子间关系，从而采用Raykov的信度系数，其计算公式为 $\rho = \dfrac{u^2}{u^2+v} = \dfrac{(\sum_{i=1}^{k}\lambda_i)^2}{(\sum_{i=1}^{k}\lambda_i)^2+\sum_{i=1}^{k}\theta_{ii}}$，其中 λ_i 是第i个题器的因子载荷，θ_{ii} 是第i个题器的残方差。参见李汉林、渠敬东、夏传玲、陈华珊《组织变迁的社会过程：以社会团结为视角》，上海：东方出版中心，2006年，第49页。

在信度测量的基础上，进一步对量表的效度进行检验，以查看所设计的量表的有效性，即能否真正反映我们所要观察的总体性社会情绪。① 在我们的调查中，有一项题器可资用来对总体性社会情绪量表的效度进行检查，这项题器询问受访者"对社会整体发展水平的满意度"，答案分为"很满意"、"较满意"、"一般"、"较不满意"和"很不满意"五个层级。按照我们前述的理论逻辑，一个具有积极正向总体性社会情绪的社会应该是一个发展态势良好的社会，也应该是人们对社会发展状况满意的社会，从而，

---

① 关于信度与效度间的关系，存有以下四种：（1）信度低，效度必定低；（2）信度高，效度未必高；（3）效度低，信度有可能很高；（4）效度高，信度必然高。也就是说信度是效度的必要条件，效度是信度的充分条件。

如果每个量表的测量结果与人们对社会发展水平的满意度状况相一致，那么我们就可以认为所设计的量表具有较好的效度。结果如表6-6和图6-1所示，无论是总体性社会情绪二阶因子还是各项一阶因子，都与人们对社会发展水平的满意度态势相一致，且两两之间在0.001置信水平上显著相关，从而证明我们所设计的总体性社会情绪量表具有较好的效度。

表6-6 总体性社会情绪与人们对社会总体发展水平的感受的方差分析

	差异源	离差平方和 SS	自由度 df	均方MS	F值	显著性p
对个体性事项的信心	组间	16.314	4	4.079	29.823	0.000
	组内	658.218	4813	0.137		
	总计	674.532	4817			
对社会性事项的信心	组间	51.331	4	12.833	88.620	0.000
	组内	653.801	4515	0.145		
	总计	705.132	4519			
对个体性事项的满意度	组间	194.184	4	48.546	134.452	0.000
	组内	2236.799	6195	0.361		
	总计	2430.982	6199			
对社会性事项的满意度	组间	435.638	4	108.909	326.129	0.000
	组内	2331.279	6981	0.334		
	总计	2766.917	6985			
对政府执政能力的信任度	组间	530.204	4	132.551	171.241	0.000
	组内	6124.364	7912	0.774		
	总计	6654.568	7916			
对政府职能部门的信任度	组间	297.190	4	74.297	170.849	0.000
	组内	2854.930	6565	0.435		
	总计	3152.120	6569			
社会信心	组间	23.543	4	5.886	55.130	0.000
	组内	388.082	3635	0.107		
	总计	411.625	3639			
满意度	组间	258.864	4	64.716	258.184	0.000
	组内	1417.473	5655	0.251		
	总计	1676.338	5659			
社会信任	组间	377.761	4	94.440	211.393	0.000
	组内	2922.650	6542	0.447		
	总计	3300.411	6546			
总体性社会情绪	组间	1.655	4	0.414	7.330	0.000
	组内	161.966	2870	0.056		
	总计	163.621	2874			

社会景气与总体性社会情绪 | 理论、方法与数据分析

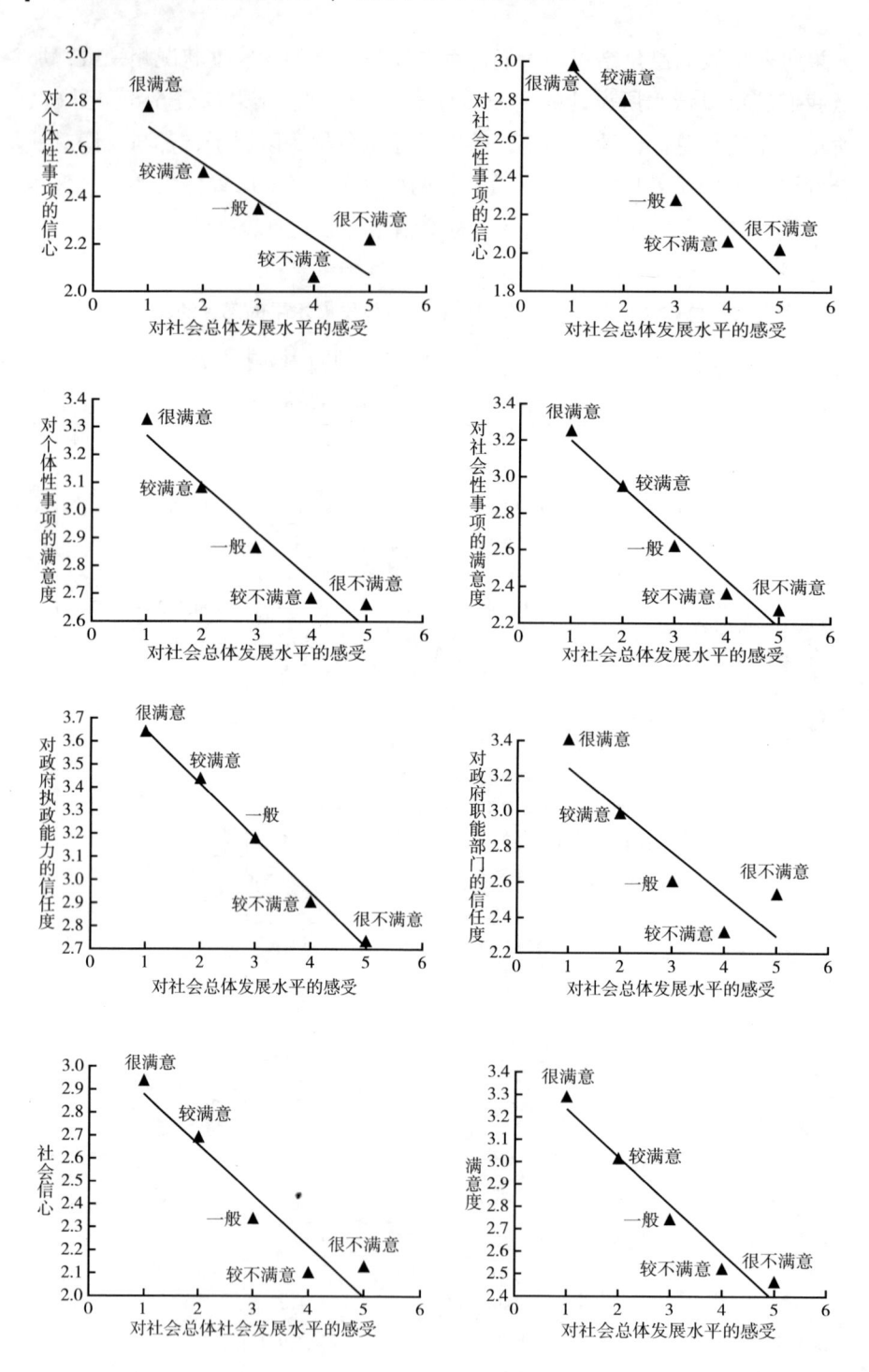

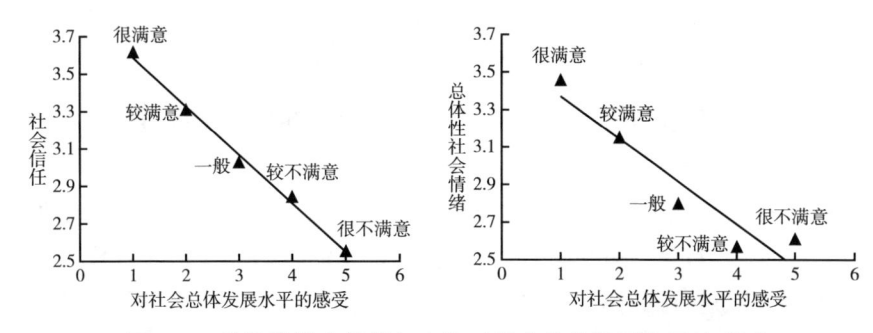

图6-1　总体性社会情绪与人们对社会总体发展水平的感受

同理可推，当公众认为自身的社会经济地位与参照群体相比差不多，甚至较高时，这种相对优越的感知也会溢出到其对整个社会发展状况的满意度上，反之亦然。从而，如果表征公众期望实现差距的社会期望值量表的测量结果与人们对社会发展水平的满意度状况呈相反的发展趋势，那么我们就可以认为所设计的量表具有较好的效度。方差分析结果如表6-7和图6-2所示，F值为21.880且在0.001置信水平上显著，社会期望值越高的公众，对社会总体发展水平越不满意，从而证明社会期望值量表的外部校标效度较好。

表6-7　社会期望值与人们对社会总体发展水平的感受的方差分析

	差异源	离差平方和SS	自由度df	均方MS	F值	显著性p
社会期望值	组间	27.020	4	6.755	21.880	0.000
	组内	972.520	3150	0.309		
	总计	999.540	3154			

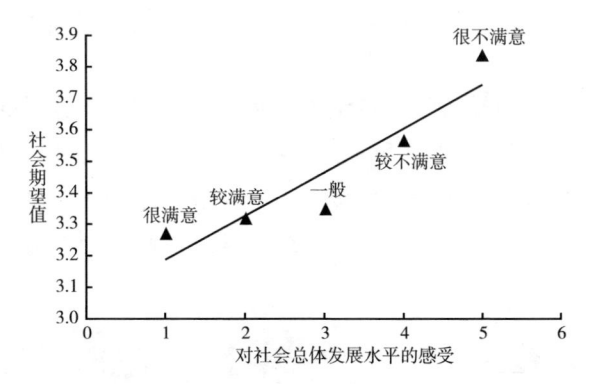

图6-2　社会期望值与人们对社会总体发展水平的感受

（二）总体性社会情绪指数和社会期望值的计算

在上述对量表的信度和效度检验的基础上，此处需要从两个方面进一步对指数的构建进行论证。

首先，在合成指标前，需要处理缺失值。在一个指标下的题器存在缺失值且缺失值数量不超过三分之一的样本，我们按照该样本在未缺失题目中的得分均值进行插补。其次，由于指标的量纲不同，因此在合成对社会性事项的满意度、对个体性事项的满意度、对个体性事项的信心、对社会性事项的信心、对政府执政能力的信任度和对政府职能部门的信任度六个指标前，我们需要对指标进行归一化处理，公式如下：

$$Indicate_i = \frac{indicate - \min(indicate)}{\max(indicate) - \min(indicate)} \times 100$$

其中，$Indicate_i$ 表示该指标下的第 i 项题器上的分值。

在考虑各项题器权重①的条件下，上述六个指标的计算公式如下：

$$index = \frac{\sum_i^k W_i Indicate_i}{\sum_i^k W_i}, i = 1,...,k$$

其中，$Indicate_i$ 表示该指标下的第 i 项题器，W_i 表示该指标下的第 i 项题器的权重。以此类推，算出满意度、社会信任和社会信心三个维度和社会期望值上的分值。

同样按照上述对缺失值、量纲不一致的处理方式，将对社会性事项的满意度、对个体性事项的满意度、对个体性事项的信心、对社会性事项的信心、对政府执政能力的信任度和对政府职能部门的信任度六个指标进行处理，并依据上述权重计算方法，最终得到总体性社会情绪指数。

---

① 对题器权重的计算，我们依据各项指标在潜变量上的因子负荷大小而定，在此不再赘述。

四 样本抽样与特征分析

中国社会科学院社会发展战略研究院于 2012 年所实施的"中国社会态度与社会发展"问卷调查的目标总体为中华人民共和国城市居民。此处,"城市居民"的操作性定义为,中国大陆直辖市、地级市、县级市中居住在社区(居委会)辖区中的 16 周岁及以上人口。调查在国家统计局发布的《第六次全国普查(分县)数据》(简称"六普")数据的基础上建立抽样框,采取多阶抽样设计,其中县级行政区划(市辖区、县级市)为一级抽样单位(primary sampling unit,PSU),社区(居委会)为二级抽样单位(second sampling unit,SSU),家庭户作为三级抽样单位,最终抽样单位为个人。[①] 调查的执行工作是通过公开招标方式,委托商业性的专业调查机构负责执行的。在执行过程中,调查组通过督导进行了较为严格的质量控制。所得样本情况如表 6-8 所示。

表6-8 被访者人口学变量情况(n=8070)

变量	类别	频率	百分比	变量	类别	频率	百分比
性别	男	4137	51.3%	户口	农业户口	3081	38.3%
	女	3933	48.7%		非农户口	4960	61.7%

---

① 2012 年,中国社会科学院社会发展战略研究院组织实施了"社会态度与社会发展状况调查"。《中国统计年鉴 2011》数据显示,我国共有市辖区 853 个,县级市 370 个。因此,2012 年调查 PSU 抽样框中共包括 1223 个单位。PSU(市辖区和县级市)抽样框来自《中华人民共和国全国分县市人口统计资料(2010 年)》(公安部治安管理局编)。我们据此按照 PPS 原则(与人口规模成比例)从中抽取出了 60 个市、区作为 PSU。抽中的 PSU 所辖的社区(居委会)构成了二级样本框。这些信息并没有现成的数据来源提供,由课题组独立取得。在抽中的 60 个市、区中,我们按简单随机原则在每个市、区的所有社区居委会中抽取 9 个社区居委会作为 SSU,最后共抽取了 540 个社区居委会作为 SSU。抽中的社区(居委会)包含的家庭户、集体户以及各类集体居住点构成第三级样本框。第三级样本框中的信息由抽样员在当地采集。"居内抽户"采用系统抽样法(等距抽样)。抽中的家庭户中包含的所有 16 岁及以上家庭成员构成第四级样本框。在成功入户后,访问员需要借助问卷首页上的 Kish 表从户内成员中抽选出被访者。

续表

变量	类别	频率	百分比	变量	类别	频率	百分比
年龄	16—19岁	230	2.8%	所在地	安徽	92	1.1%
	20—29岁	1316	16.3%		北京	380	4.7%
	30—39岁	1632	20.2%		福建	110	1.4%
	40—49岁	2176	27.0%		甘肃	212	2.6%
	50—59岁	1433	17.8%		广东	701	8.7%
	60—69岁	806	10.0%		广西	20	0.3%
	70岁及以上	478	5.9%		河南	194	2.4%
受教育程度	没有受过教育	267	3.3%		黑龙江	35	0.4%
	小学	2334	29.2%		湖北	666	8.2%
	初中	3380	42.3%		湖南	198	2.5%
	高中	1223	15.3%		江苏	679	8.4%
	中专/技校	175	2.2%		江西	175	2.2%
	大学专科	341	4.3%		辽宁	1091	13.5%
	大学本科	245	3.1%		山东	445	5.5%
	研究生	17	0.2%		山西	178	2.2%
政治面貌	共产党员	479	6.0%		上海	566	7.0%
	共青团员	652	8.1%		四川	877	10.9%
	民主党派	7	0.1%		天津	28	0.3%
	群众	6901	85.8%		云南	181	2.2%
民族	汉族	7385	92.2%		浙江	654	8.1%
	少数民族	621	7.8%		重庆	587	7.3%

五 数据分析

（一）总体性社会情绪现状及其影响分析

1. 总体性社会情绪的总体状况及其影响因素分析

（1）总体性社会情绪的总体状况

调查分析的结果显示，2012年，我国城镇居民总体性社会情绪指数为41.92，标准差为14.284，偏度系数为0.137，峰度系数为0.149（见图

6-3）①。在总体性社会情绪的三个子量表上，满意度得分最高（均值为43.10，分值越高表示满意度越高），其次是社会信任（均值为36.18，分值越高表示对政府越信任），最后是社会信心（均值为30.36，分值越高表示对社会未来三年的发展越有信心）。基于总体性社会情绪指数的回归方程进行Shapley值分解，结果如表6-9所示，社会信任对总体性社会情绪指数差异贡献最大，为51.14%；其次是满意度，贡献率为38.13%；最后是社会信心，贡献率为10.74%。

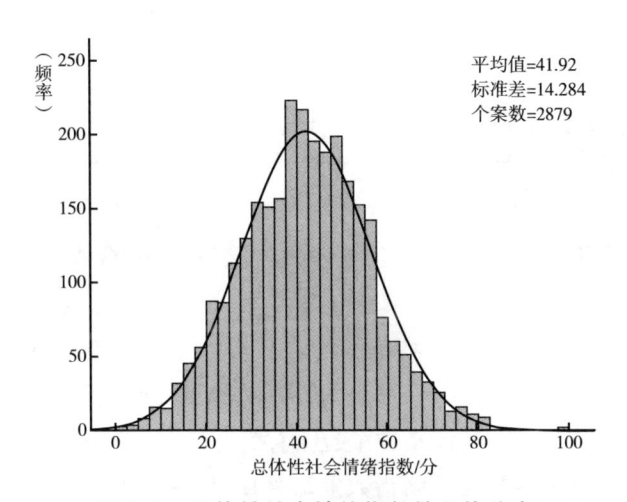

图6-3　总体性社会情绪指数的总体分布

表6-9　总体性社会情绪三维度的描述性分析与Shapley值分解

	均值	标准差	Shapley值	贡献率（%）
满意度	43.10	15.20	0.38	38.13
社会信任	36.18	18.73	0.51	51.14
社会信心	30.36	17.90	0.11	10.74

具体分析满意度、社会信任和社会信心下面各因子的得分情况发现，受访者在满意度两个因子上的得分较高，均超过45；其次是对政府职能

---

① 在后来的数据分析过程中我们发现，作为探索性研究(Explorative Research)，2012年的调查数据与2013年相比在测量题器的设计和选择上存在一定差异，这可能是导致2012年总体性社会情绪得分相对偏低的原因。不过，这并不影响我们对2012年总体性社会情绪的综合判断和具体分析。

部门和政府执政能力的信任度，均值在 35 左右；而社会信心得分整体较低，其中对个体性事项的信心最低，均值未达到 30（见图 6-4）。

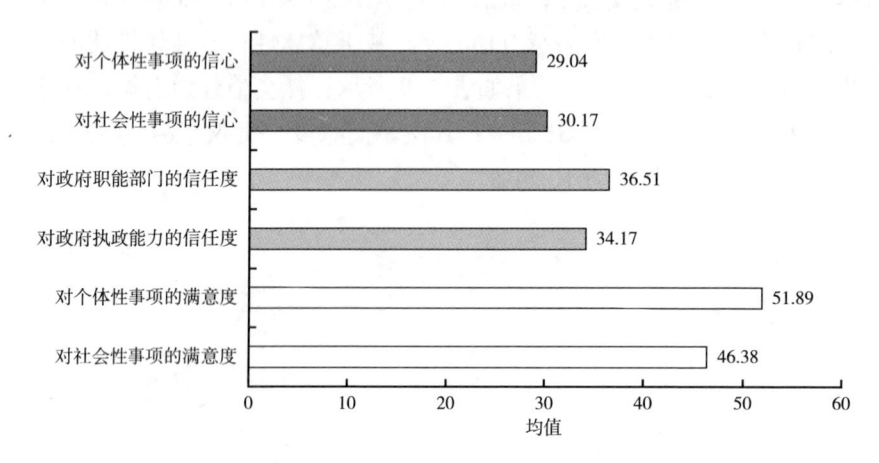

对个体性事项的信心　29.04
对社会性事项的信心　30.17
对政府职能部门的信任度　36.51
对政府执政能力的信任度　34.17
对个体性事项的满意度　51.89
对社会性事项的满意度　46.38

图6-4　总体性社会情绪在六个因子上的得分情况

在对受访者的社会自然特征的初步分析中（见表 6-10），我们发现，总体性社会情绪指数并不存在显著的性别差异和年龄差异；不同婚姻状况的受访者在总体性社会情绪指数上也不存在显著的差异；但受教育程度不同的受访者在总体性社会情绪指数上却存在显著差异，大学本科学历的受访者在总体性社会情绪指数上的得分显著最高（均值为 43.76）、研究生学历的受访者在总体性社会情绪指数上的得分显著最低（均值为 38.67）；农业户口者与非农业户口者在总体性社会情绪指数上并不存在显著差异，但外市县户口的受访者的总体性社会情绪更积极（均值为 43.43）；总体性社会情绪在区域①分布上具有显著区别，西部地区的受访者的总体性社会情绪指数更高（均值为 45.07），其后依次为中部地区（均值为 42.39）、东部地区（均值为 42.22），东北地区受访者在总体性社会情绪指数上的评分最低（均值为 36.35）。另外，在对受访者的工作特征和单位特征的初步分析中，我们发现，所有制不同的单位员工在总体性社会

---

① 对区域的划分，我们依据国家统计局的划分标准，将此次调查涉及的北京、天津、山东、上海、江苏、浙江、福建、广东 8 个省（市）归为东部地区；中部地区包括山西、安徽、江西、河南、湖北、湖南 6 个省；西部地区包括广西、重庆、四川、云南、甘肃 5 个省（自治区、直辖市）；东北地区包括辽宁和黑龙江 2 个省。

情绪指数上在 0.1 置信水平下存在显著差异，港澳台资企业员工的总体性社会情绪指数更高（均值为 46.47），其后依次是中外合资企业（均值为 43.57）、国有企业（均值为 42.90）、私有或民营企业（均值为 42.21）、外资所有企业（均值为 41.34）和集体所有企业（均值为 38.86）；离退休人员在总体性社会情绪指数上得分显著最高（均值为 43.08），在校学生的得分则显著最低（均值为 38.55）；单位中领导、中层管理者、普通职工在总体性社会情绪指数上却不存在显著差异。

表6-10 总体性社会情绪指数在各项社会自然特征上的均值分布

特征值		均值	标准差	样本数	差异显著性
性别	男性	41.90	0.39	1372	$T=-0.0529$, $df=1$ $p=0.9578$
	女性	41.93	0.36	1507	
年龄	16—29岁	42.31	14.76	822	$F=0.48$, $df=4$ $p=0.7485$
	30—39岁	41.59	14.05	758	
	40—49岁	41.67	14.24	721	
	50—59岁	41.79	13.95	398	
	60岁及以上	42.79	14.01	180	
婚姻状况	未婚	41.10	0.60	603	$T=-1.5818$, $df=1$ $p=0.1138$
	已婚	42.13	0.30	2276	
管理层级	领导	42.69	13.85	36	$F=0.79$, $df=2$ $p=0.4549$
	中层管理者	43.25	13.27	187	
	普通职工	41.87	14.43	1130	
受教育程度	小学及以下	42.83	14.90	169	$F=2.63$, $df=5$ $p=0.0151$
	初中	40.63	14.21	817	
	高中/中专/技校	42.29	14.54	1063	
	大学专科	41.74	13.77	488	
	大学本科	43.76	13.99	327	
	研究生	38.67	11.93	15	
单位所有制性质	国有	42.90	14.58	393	$F=2.08$, $df=5$ $p=0.0658$
	集体所有	38.86	13.66	144	
	私有/民营	42.21	14.10	726	
	港澳台资	46.47	8.81	10	
	外资所有	41.34	18.13	39	
	中外合资	43.57	10.67	50	
户籍	农业户口	42.49	0.47	894	$T=1.4625$, $df=1$ $p=0.1437$
	非农业户口	41.65	0.32	1982	

续表

特征值		均值	标准差	样本数	差异显著性
户口所在地	本市县户口	41.66	0.29	2436	$T=-2.3485$, $df=1$ $p=0.0189$
	外市县户口	43.43	0.69	422	
工作状态	有固定工作	42.20	14.04	1725	$F=2.66$, $df=5$ $p=0.0209$
	临时性工作	40.48	15.43	344	
	离退休	43.08	13.42	314	
	在校学生	38.55	14.70	114	
	失业下岗	41.21	15.55	129	
	在家持家	42.51	14.50	236	
区域	东部	42.22	13.49	1457	$F=24.09$, $df=3$ $p=0.000$
	中部	42.39	15.86	727	
	西部	45.07	12.91	353	
	东北	36.35	13.99	342	

如果把总体性社会情绪指数的三个子量表展开来进行差异分析，我们发现如下。

——在满意度方面，女性受访者的满意度（均值为43.61）显著高于男性受访者（均值为42.52）；越年长的受访者的满意度也显著越高，60岁及以上受访者的满意度均值达到49.46；已婚受访者的满意度（均值为43.87）也显著高于未婚受访者（均值为40.27）；非农业户口的受访者满意度（均值为44.08）显著高于农业户口的受访者（均值为41.30），户口在本市县的受访者的满意度（均值为43.58）也显著高于户口在外市县的受访者（均值为40.65）；西部地区受访者的满意度显著最高，均值为44.23，其后依次是东北地区（均值为43.64）、东部地区（均值为43.06）和中部地区（均值为42.10）；尽管受教育程度不同的受访者在满意度得分上略有不同，但却不存在统计学意义上的显著差异；离退休人员的满意度显著高于其他群体，均值为48.49，其后依次是有固定工作的受访者（均值为43.86）、在家持家人员（均值为43.16）、在校学生（均值为39.92）、有临时性工作的受访者（均值为39.08），失业下岗人员的满意度最低，为38.61；在有工作的群体中，国有企业员工的满意度显著最高，为44.79，其后依次是港澳台资企业员工（均值为44.27）、集体所有制企业员工（均值为42.92）、中外合资企业员工（均值为42.46）、外资所有企业员工（均值为42.41），私有或民营企业员工的满意度最低，为42.40；单位中，领导的满意度显著最高，均值为51.84，其后依次是中层管理人员（均值为47.55），普通职工的满意度最低（均值为42.17）。

——在社会信任方面，男性的社会信任水平（均值为37.47）显著高于女性（均值为35.07）；越年轻的受访者在社会信任上得分显著越高，而60岁及以上的受访者的社会信任水平最低，均值为31.33；未婚群体的社会信任水平比已婚群体（均值为35.50）更高，均值为38.56；受教育程度不同的受访者在社会信任上的得分不存在统计学上的显著差异；与持农业户口的受访者（均值为34.15）相比，持非农业户口的受访者的社会信任水平更高，均值为39.93，同时，持外市县户口的受访者在社会信任上得分（均值为40.81）显著高于本市县户口的受访者（均值为35.39）；西部地区受访者的社会信任水平最高，均值为38.49，其后依次是中部地区（均值为37.59）、东部地区（均值为35.86）和东北地区（均值为30.27）；失业下岗群体的社会信任水平最高，均值为40.54，其后依次是有临时性工作人员（均值为39.24）、在校学生（均值为38.17）、在家持家群体（均值为35.84）、有固定工作人员（均值为35.73），离退休人员最低（均值为32.02）；在就业群体中，港澳台资企业员工的社会信任水平最高，均值为40.65，其后依次是私有或民营企业员工（均值为38.06）、外资所有企业员工（均值为37.67）、中外合资企业员工（均值为36.47）、国有企业员工（均值为33.38）和集体所有企业员工（均值为32.66）；其中，单位中的普通职工的社会信任水平最高，均值为36.55，而中层管理人员的信任度最低，均值为33.33。

——在社会信心方面，社会信心不存在显著的性别差异，但男性对社会性事项的信心（均值为30.99）显著高于女性（均值为29.47）；不同年龄段的受访者在社会信心上也不存在显著差异，但年龄越大的受访者对社会性事项的信心显著越低，对个体性事项的信心显著越高；未婚群体对社会性事项的信心显著较高，而对个体性事项的信心却显著较低；随着受教育程度的增加，社会信心指数略微呈现出倒U形的发展趋势，研究生学历的受访者对社会的信心最低，均值为26.10；持非农业户口的受访者对社会的信心（均值为30.88）显著高于持农业户口的受访者（均值为29.30）；中部地区受访者对社会的信心显著最高，均值为31.14，其后依次是东部地区（均值为30.88）、西部地区（均值为30.64）和东北地区（均值为26.30）；虽然单位所有制性质不同的受访者的社会信心并不存在整体上的显著差异，但是中外合资企业员工对个体性事项的信心显著最高，均值为31.41，其后依次是集体所有企业员工（均值为30.27）、国有企业员工（均值为29.40）、港澳台资企业员工（均值为28.18）、私有或民营企业员工（均值为27.34）和外资所有企业员工（均值为21.02）；在单位中，普通职工对个体性事项的信心最高，均值为20.15，其后依次是中层管理人员，领导的信心最低，均值为22.94。

（2）总体性社会情绪的影响因素分析

第一，社会平等状况与总体性社会情绪。

我们对社会平等状况的考察主要从人们的主观感受出发，与客观平等状况（如基尼系数、洛伦兹曲线等）不同，人们对自身不平等状况的感受与认知更为真实、具体，所谓"冷暖自知"，就如同我们不能用同样的收入水平去测度不同经济发展水平地区的消费水平一样，对不平等的主观感受可以排除区域、经济发展等宏观结构性因素的干扰。如有研究者指出："权力、收入、声望等理想事物在各阶层内部分配的趋同性和在各阶层之间分配的差异性，使得不同的阶层相互区别开来，不同的人由于对各种理想事物的占有不平等，被划到不同的阶层中去，所以个体无疑是社会分层的客体；不但如此，社会中的每一个人对社会都有一种'分层意识'，即关于自己和他人地位的看法，所以个体也是分层的主体。"[①] 所以从受访者对其自身地位的主观判断来衡量社会的平等状况有着更为贴切的意义。

在此处，我们将分析主观经济地位、主观社会地位、相对经济地位和相对社会地位几个方面的平等状况在受访者在总体性社会情绪指数上的差异。经济地位与社会地位将被划分为五个等级，即低、较低、中等、较高、高。其中，主观经济地位和主观社会地位划分为"低层""较低层""中层""较高层""高层"；相对经济地位和相对社会地位划分为"很低""较低""差不多""较高""很高"。

就主观经济地位而言，"较高层"的受访者拥有更积极的总体性社会情绪（均值为45.31），"较低层"的受访者则在总体性社会情绪指数上更低（均值为41.00），总体分布大致呈现倒U形关系（见图6-5）。多元比较检验的结果显示，在各层的相互比较上，"高层"与其他各层间在总体

---

① 聂元飞:《地位象征和相对剥夺：主观分层的二律背反》，《社会》1989年第7期，第10—11页。

性社会情绪指数上不具有显著的差异性,"较低层"与"低层"之间、"中层"与"低层"之间的总体性社会情绪不存在显著性差异,其余各层级的受访者在总体性社会情绪上存在显著差异(见表6-11)。

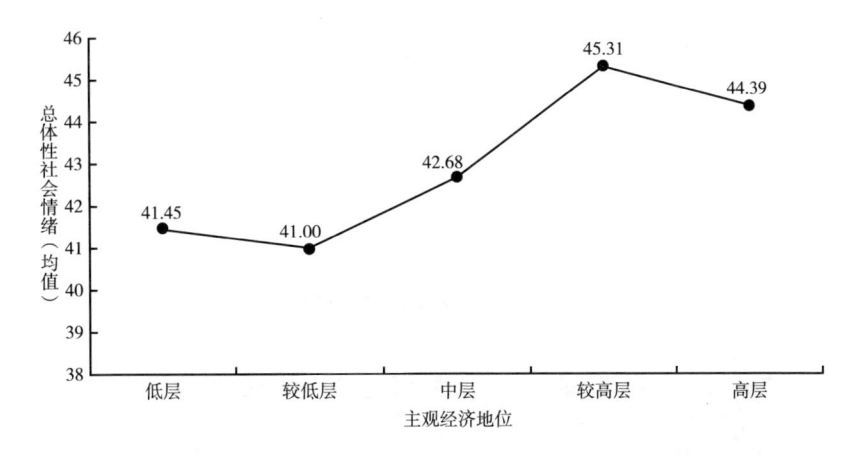

图6-5 总体性社会情绪与主观经济地位间的关系

表6-11 主观经济地位在总体性社会情绪指数上的多元比较检验

较低层-低层=-0.45 (p=0.526)			
中层-低层=1.23 (p=0.090)	中层-较低层=1.68 (p=0.008)		
较高层-低层=3.86 (p=0.002)	较高层-较低层=4.31 (p=0.000)	较高层-中层=2.63 (p=0.029)	
高层-低层=2.94 (p=0.497)	高层-较低层=3.39 (p=0.432)	高层-中层=1.71 (p=0.692)	高层-较高层=-0.92 (p=0.836)

注:表格中数值是不同层回归系数之差。

在主观社会地位上,"高层"的受访者拥有更积极的总体性社会情绪(均值为48.09),"较低层"的受访者在总体性社会情绪指数较差(均值为41.36),总体分布呈现 U 形关系(见图6-6)。主观社会地位在总体性社会情绪指数上的多元比较检验的结果显示,"高层"与其他各层之间在总体性社会情绪指数上不具有显著差异,"较高层"与"较低层"、"较高层"与"中层"之间在 0.05 置信水平下存在显著差异,"较高层"与"低层"之间在 0.1 置信水平下存在显著差异(见表6-12)。

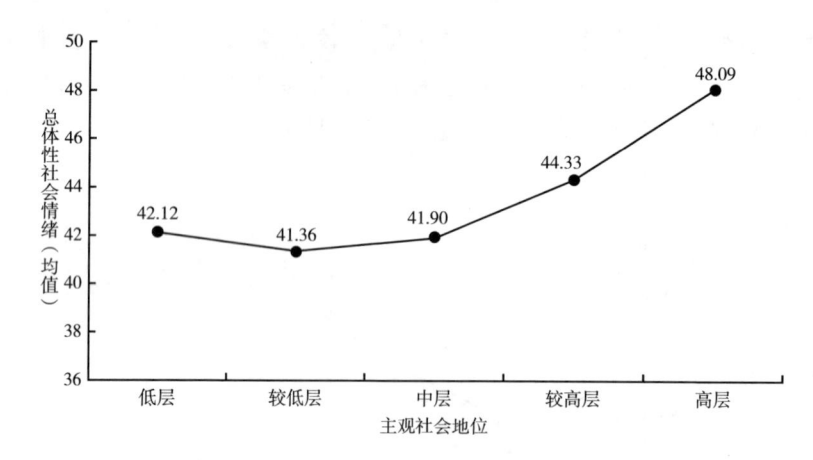

图6-6　总体性社会情绪与主观社会地位间的关系

表6-12　主观社会地位在总体性社会情绪指数上的多元比较检验

较低层–低层=-0.75（p=0.328）			
中层–低层=-0.22（p=0.775）	中层–较低层=0.53（p=0.385）		
较高层–低层=2.22（p=0.070）	较高层–较低层=2.97（p=0.009）	较高层–中层=2.44（p=0.031）	
高层–低层=5.97（p=0.190）	高层–较低层=6.73（p=0.138）	高层–中层=6.19（p=0.172）	高层–较高层=3.75（p=0.418）

注：表格中数值是不同层回归系数之差。

在相对经济地位上，那些经济地位"很高"的受访者拥有更为积极的总体性社会情绪；在相对社会地位上，那些社会地位"较高"的受访者的总体性社会情绪更积极（见图6-7）。在对受访者的主观经济（社会）地位与相对经济（社会）地位进行相互比较后，结果表明（见表6-13、表6-14），人们的主观经济（社会）地位与相对经济（社会）地位有一定的差异，与"比上不足"者相比，更多的受访者认为自己"比下有余"。其中48.65%的受访者主观经济地位与相对经济地位不一致，39.88%的受访者在相互比较时认为自己的经济地位更高，8.77%的受访者在相互比较时认为自己的经济地位更低；47.96%的受访者主观社会地位与相对社会地位不一致，在相互比较时，38.78%的受访者认为自己的社会地位更高，9.18%的受访者认为自己的社会地位更低。

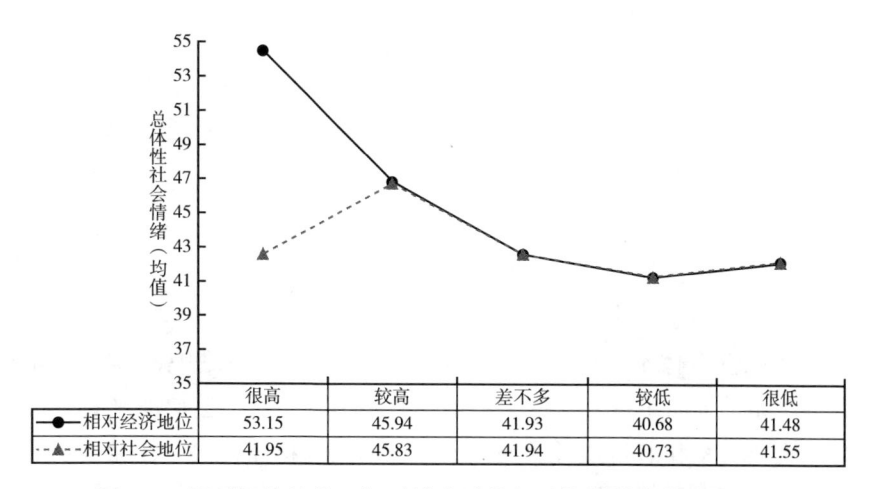

	很高	较高	差不多	较低	很低
—●— 相对经济地位	53.15	45.94	41.93	40.68	41.48
--▲-- 相对社会地位	41.95	45.83	41.94	40.73	41.55

图6-7 相对经济地位、相对社会地位与总体性社会情绪的关系

表6-13 受访者在主观经济地位与相对经济地位间的分布

相对经济地位＼主观经济地位	低层	较低层	中层	较高层	高层
很低	890（11.00%）	122（1.5%）	38（0.5%）	4（0.05%）	8（0.1%）
较低	998（12.40%）	1281（15.9%）	346（4.3%）	49（0.6%）	8（0.1%）
差不多	384（4.80%）	1461（18.1%）	1802（22.4%）	116（1.4%）	6（0.07%）
较高	17（0.20%）	68（0.8%）	276（3.4%）	162（2%）	1（0.01%）
很高	3（0.04%）	2（0.03%）	1（0.01%）	8（0.1%）	4（0.05%）

表6-14 受访者在主观社会地位与相对社会地位间的分布

相对社会地位＼主观社会地位	低层	较低层	中层	较高层	高层
很低	580（7.20%）	98（1.20%）	32（0.40%）	3（0.04%）	7（0.09%）
较低	854（10.60%）	1096（13.60%）	339（4.20%）	49（0.60%）	3（0.04%）
差不多	426（5.30%）	1546（19.20%）	2347（29.20%）	188（2.30%）	11（0.10%）
较高	35（0.40%）	47（0.60%）	210（2.60%）	161（2.00%）	8（0.09%）
很高	0（0.00%）	3（0.04%）	2（0.02%）	2（0.02%）	3（0.04%）

总体而言，那些处于社会底层的群体更多地会产生消极的总体性社会情绪。这也符合实际与常理，但需要引起我们注意的是，如果社会的不平等状况是结构性的，亦即人们主观上的地位分化与客观地位分层具有较高的一致性，那么则表明这个社会的不平等已经固化，更缺乏上下的流通渠道，不利于社会的稳定与整合。对主观地位认同与客观分层间的关系，我们将在后文关于客观社会经济地位的分析中详加论述。

第二，社会关系的和谐状况与总体性社会情绪。

任何社会个体都"嵌入"于各种形式的社会关系之中，其自身在构建各种关系的同时也受到这些关系的影响与制约。从社会层面来看，一个社会的主要关系和谐与否可反映这个社会的结构特征、秩序状况以及景气程度，如近年来日益凸显的劳资紧张、干群矛盾、贫富差距拉大等群体间关系问题正是我国在社会转型期不同群体间利益不一致、关系不协调的表现。在调查中，为了深入分析社会关系状况对总体性社会情绪的影响，我们设置了专门的量表用于考察我国目前主要的社会关系状况，包括社会总体关系、老板与员工关系、穷人与富人关系、城里人与农村人关系、汉族与其他民族关系、信教与不信教者关系、干部与群众关系以及本地人与外地人的关系等。

从受访者的回答比例来看，多数受访者持有较为积极的总体性社会情绪，但同时认为，贫富关系（认为穷人与富人关系和谐的比例为13.56%，不和谐的比例为44.89%）和干群关系（认为干部与群众关系和谐的比例为19.74%，不和谐的比例为27.98%）仍趋于紧张（见图6-8）。数据分析的结

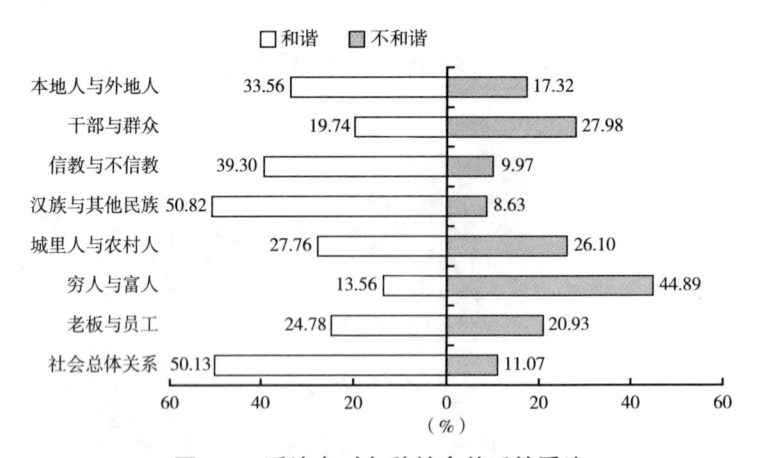

社会关系	和谐	不和谐
本地人与外地人	33.56	17.32
干部与群众	19.74	27.98
信教与不信教	39.30	9.97
汉族与其他民族	50.82	8.63
城里人与农村人	27.76	26.10
穷人与富人	13.56	44.89
老板与员工	24.78	20.93
社会总体关系	50.13	11.07

图6-8 受访者对各种社会关系的看法

果表明：社会关系的和谐状况影响受访者的总体性社会情绪，那些认为不同群体间关系更为和谐的受访者有更为积极的总体性社会情绪（见图6-9）。

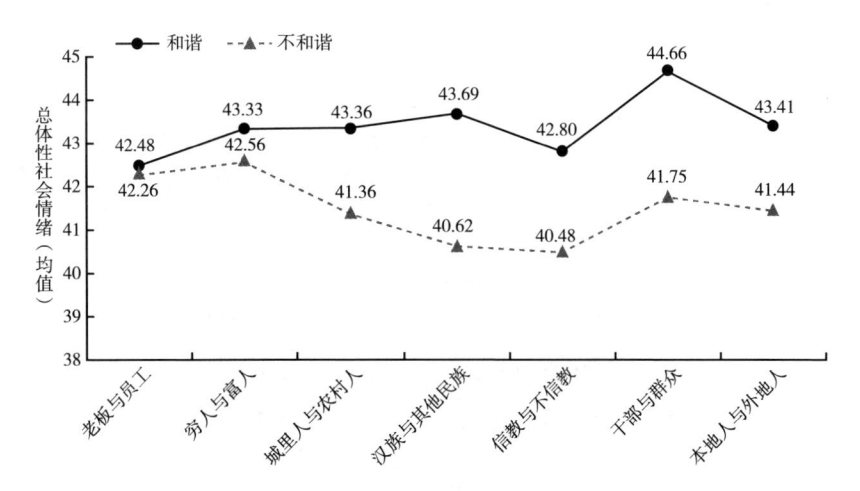

图6-9 总体性社会情绪指数在各种社会关系上的均值分布

事实上，对贫富关系和干群关系的不满意的主观感受与我国目前的社会状况在很大的程度上相一致。据报道，目前在中国，不足10%的家庭掌握了全国41.4%的财富。我国基尼系数已从改革开放初的0.28上升到2007年的0.48，近两年不断上升，实际已超过了0.5。[①] 在干群关系上，2011年在广东发生的"乌坎事件"再次刺痛了"干群关系"的神经，2012年初《人民日报》发文称"乌坎事件折射部分基层干部滥权严重，也折射出当前一些地方农村基层党组织软弱涣散，党群干群关系紧张"。[②] 这些状况的存在，在很大的程度上恶化了社会环境，负面影响民众的总体性社会情绪。

第三，社会参与类型的差异与总体性社会情绪。

社会参与既是公民的权利，也是民主的重要组成部分。人们是否以及在多大的程度上参与社会的事务可以从一个角度反映出一个国家民众的总体性社会情绪状况。从下面数据分析的结果来看，经常参加各项活动的受访者比例较低，参与的各项活动的比例仅在5%左右（见图6-10），社区

[①] 丛亚平、李永久：《新华社：中国基尼系数已超0.5可能导致社会动乱》，《经济参考报》2010年5月21日。

[②] 周军：《乌坎事件折射部分基层干部滥权严重》，《人民日报》2012年1月10日。

文体活动、社区志愿者活动等社会活动中未参与的受访者比例高达42%左右（见图6-11）。这样一种消极的参与状况，既值得我们深思，也需要采取相应的措施加以改变。

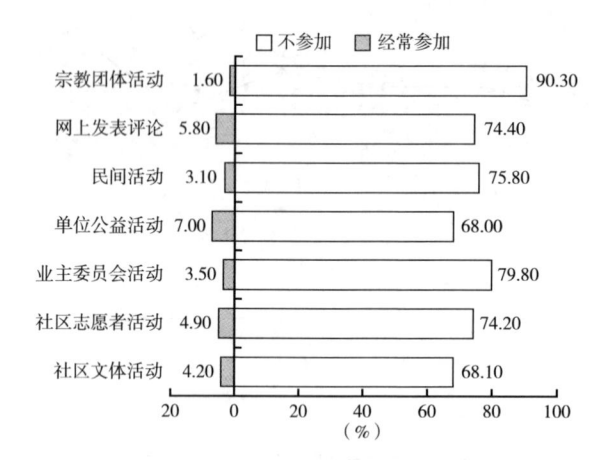

图6-10　各类社会活动的参加比例

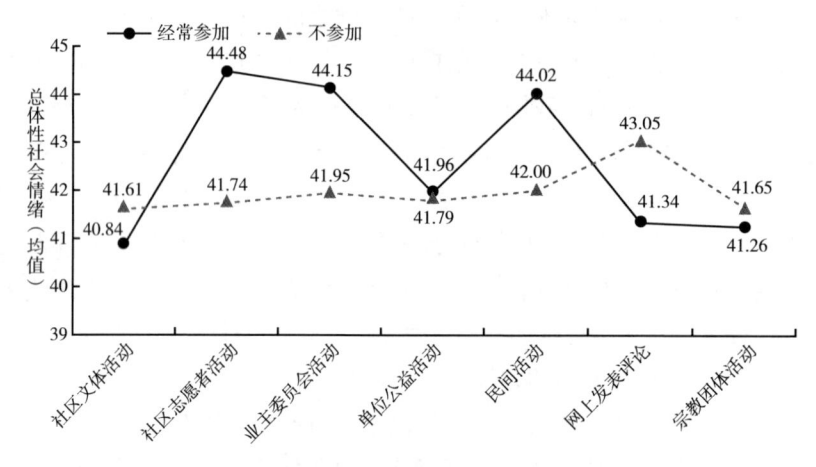

图6-11　总体性社会情绪指数在各类社会参与形式上的均值分布

一方面，我们发现，在总体性社会情绪指数上，那些现实社会活动（如社区志愿者活动[①]、业主委员会活动[②]）参与程度高的受访者比未参与者

---

① F值为2.91，p值为0.0544，在0.1统计水平下显著。
② F值为3.56，p值为0.0285，在0.05统计水平下显著。

的得分更高一些，两者之间相差2.5个数值左右。另一方面，我们也观察到，经常在网上论坛、博客、微博等发表评论或转发消息的受访者比不经常上网者在总体性社会情绪指数上更低，两者之间相差约1.71个数值。①

为了进一步研究这种状况，我们把信息获取方式与人们的总体性社会情绪联系在一起分析。结果显示，与主要以报纸、广播电视等传统方式获取信息的受访者相比，那些主要以网络、手机等现代媒介为主要信息获得方式的受访者在总体性社会情绪指数上明显更低，两者之间相差约2个数值。②

我们知道，信息网络化与全球化是我们这个时代的总体特征。信息网络化极大地改变了信息的传播方式与速度，使人们有可能从正反两个角度、积极与消极两个方面迅速地放大与传播信息，这既为社会管理提供了新的平台，也增加了政府管理社会的难度。一方面，网络使人们找到了一个参与以及发表意见的渠道，在事实上起到了实践社会参与，通过"网络民主"吸纳和整合不同群体诉求与利益的重要作用。另一方面，网络的开放性，同时也使得人们找到一个宣泄极端情绪的虚拟空间与舆论平台，引导得当，就会起到"安全阀"的积极作用；引导不当，就会使极端的声音更容易放大与传播，形成一种可怕的"网络暴力"，进而威胁一个社会的和谐与稳定。③ 我们的调查数据也反复地说明，传统媒体与网络媒体对人们行为与主观感受的影响是不一样的，中国目前确实存在着两个舆论场，如果我们只关注一个而忽略另一个，并以此作为我们研究与实施制度安排的依据，都会使我们的行为产生偏颇和失误。④

第四，社会态度与总体性社会情绪。

社会态度是个体对某一社会事实的主观反映，既受到客观社会环境的

---

① F 值为 2.93，p 值为 0.0812，在 0.1 统计水平下显著。
② F 值为 23.87，在 0.01 的置信水平上具有统计显著性。
③ 据报道，2008年，因一条"某地发现生虫橘子"的新闻被网络转载，引发人们恐慌，导致中国第二大水果——柑橘严重滞销；2011年，日本地震引发核泄漏，一则"吃碘盐可防辐射，受日本核辐射影响，国内盐产量将短缺"的谣言在微博上散发，由此引发了一场席卷全国的"抢盐风暴"（时晓冉：《"跑偏"的自由》，《中国青年》2012年第14期，第18—20页）。此类现象不一而足，但恰恰说明网络这把"双刃剑"在虚拟世界和现实社会都具有巨大的能量，需要审慎对待。
④ 李汉林：《要注重和加强社会景气和社会信心的研究》，《中国社会科学报》2012年12月31日，A02版。

影响又影响个体的行为与价值判断。这些价值观念虽可能是个人的心理气质或性格使然，但在整体层面上却更多地与当下的社会结构相关联，[①] 持有不同态度和价值观念的个体，会对社会总体状况形成不同的判断。分析结果显示（见表6-15），对个人前途拥有极强信心的受访者拥有更加积极的总体性社会情绪（"我觉得前途渺茫，对未来没有什么信心"题器上持"完全不赞同"的受访者在总体性社会情绪指数上得分显著最高，均值为45.03）；在工作上有更积极体验和态度的受访者也会有更积极的总体性社会情绪体验（"我的工作让我有成就感"和"我的工作有良好的发展前景"两个题器上持"完全赞同"的受访者在总体性社会情绪指数上得分显著最高，分别为48.96和46.27）；压力较低、情绪积极者也会在总体性社会情绪指数上较高一些（"我时常觉得很累"和"我时常心情不好"两个题器上持"完全不赞同"的受访者在总体性社会情绪指数上得分显著最高，分别为49.21和46.24）。

表6-15　社会态度与总体性社会情绪指数

	均值	标准差	样本数	差异显著性
"我觉得前途渺茫，对未来没有什么信心"				
完全赞同	42.91	14.71	147	
比较赞同	42.23	14.47	699	
说不清	41.27	14.38	701	$F=6.49$，$df=4$ $p=0.000$
不是很赞同	40.76	13.58	946	
完全不赞同	45.03	14.80	359	
"社会上的是非标准变得很模糊"				
完全赞同	47.16	17.16	217	
比较赞同	41.82	14.00	1423	
说不清	42.10	13.99	669	$F=10.39$，$df=4$ $p=0.000$
比较不赞同	39.90	13.70	466	
完全不赞同	39.50	12.61	78	

[①] 李汉林、魏钦恭、张彦：《社会变迁过程中的结构紧张》，《中国社会科学》2010年第2期，第121—143页。

续表

	均值	标准差	样本数	差异显著性
"我时常觉得很累"				
完全赞同	44.43	14.85	296	
比较赞同	40.79	14.25	1132	
说不清	40.82	14.00	625	$F=13.90$, $df=4$ $p=0.000$
比较不赞同	42.31	13.98	686	
完全不赞同	49.21	13.51	131	
"我时常心情不好"				
完全赞同	45.92	15.61	180	
比较赞同	40.72	13.88	800	
说不清	41.22	14.20	706	$F=10.47$, $df=4$ $p=0.000$
比较不赞同	41.73	14.31	964	
完全不赞同	46.24	13.65	216	
"我的工作让我有成就感"				
完全赞同	48.96	13.17	209	
比较赞同	40.93	13.53	1134	
说不清	40.86	14.20	726	$F=19.49$, $df=4$ $p=0.000$
比较不赞同	40.92	14.68	560	
完全不赞同	45.82	15.39	168	
"我的工作有良好的发展前景"				
完全赞同	46.27	13.64	193	
比较赞同	41.63	13.63	1008	
说不清	40.94	14.34	762	$F=8.85$, $df=4$ $p=0.000$
比较不赞同	40.92	14.19	635	
完全不赞同	45.25	16.47	183	

第五，社会经济地位差异与总体性社会情绪。

此处对社会经济地位的测量从韦伯的理论出发，将其操作化为经济、权力和声望三个维度。虽然韦伯认为此三个维度各自都可以构成社会分层的依据和标准，但毫无疑问采用多元的视角更符合社会现状以及社会经济地位自身所蕴含的实质意义。经济维度将通过受访者的收入水平测量，权力维度将通过受访者的行政级别与管理层级两个变量测量，声望维度事实上指的是人们的社会地位，将通过受访者的职业声望进行测量。此处关于社会经济地位的分析与前述社会平等状况的不同之处在于，我们对社会平等状况的测量主要侧重于人们的主观感受，并认为主观感知更能反映社会的平等状况；而对社会经济地位的测量主要从客观层面出发，即依据人们的经济收入、权力地位和职业声望对其进行分层。事实上，客观分层与主观地位认同间的关系已引起研究者的诸多关注，我们更倾向于认为二者之间存有着较大的差异，客观的标准更易于划分与描述社会的分层结构，标准化程度较高；而主观的地位认知更能反映社会的平等状况，准确性较高。

——收入水平越高，总体性社会情绪越积极

我们将受访者的月收入划分为1000元以下、1000—1999元、2000—2999元、3000—3999元、4000—4999元、5000元及以上六个层级，结果显示（见图6-12），受访者的月收入水平越高，总体性社会情绪越积极（F值3.92，p值为0.0015）。这意味着物质经济基础对个体的主观感受有很大的影响。

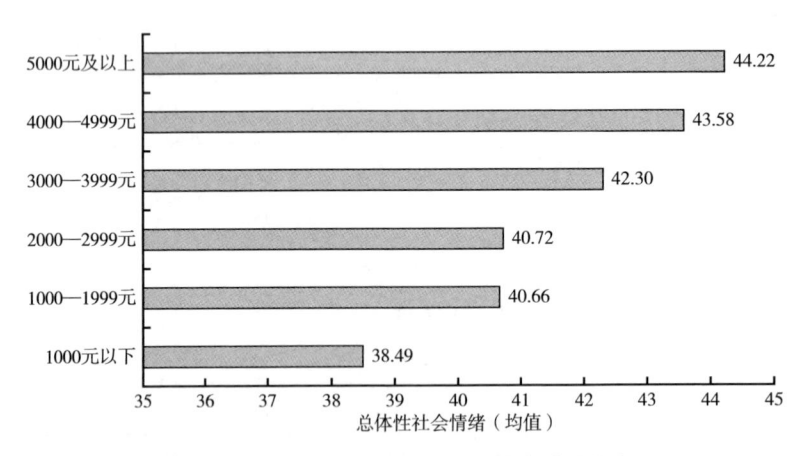

月收入	总体性社会情绪（均值）
5000元及以上	44.22
4000—4999元	43.58
3000—3999元	42.30
2000—2999元	40.72
1000—1999元	40.66
1000元以下	38.49

图6-12 月收入水平与总体性社会情绪指数

由于收入水平与教育程度间有着较强的相关性，我们在对受访者的受教育程度与总体性社会情绪指数进行相关和回归分析后，统计结果显示，大学本科及以上文化程度的受访者拥有更积极的总体性社会情绪，初中及高中文化程度的受访者与小学及以下文化程度的受访者相比，差异不是很显著。对此种统计结果，我们认为通过文化程度划分人们的社会经济地位差异并非层次清晰，由于大众文化水平的不断提高以及国家义务教育的普及，初高中及小学文化程度的受访者在收入水平上的差异性已不具有绝对的层级意义（截至 2011 年，15—24 岁的中国人口的识字率达到了 99.37%）。再加之近年来大学不断扩招（每 10 万人口中具有大学本科及以上文化程度的人数由 2000 年的 3611 人上升为 8930 人）[①]，获得大专及以上学历已成为获得一份较为稳定职业的必要条件之一。在各自的职业声望得分上，除大专及以上学历的受访者外（职业声望平均得分为 51.80），其他受教育程度的受访者并无显著的差异性（小学及以下为 43.56，初中为 44.66，高中为 45.32）。

——权力地位与总体性社会情绪指数不存在统计学上的显著相关

在权力地位方面，分析结果显示，尽管在权力地位上，受访者的行政级别越高，拥有越积极的总体性社会情绪（$F=1.32$，$p=0.2511$），在管理层级上，与普通职工相比，领导和中层管理人员的总体性社会情绪指数更高（$F=0.79$，$p=0.4549$），但是，这种差异性在 0.1 置信水平上却不显著（见图 6-13）。

行政级别	总体性社会情绪（均值）
无行政级别	41.81
科员及以下	44.09
科级	42.33
处级	46.93
司局级及以上	49.26

（1）行政级别与总体性社会情绪

管理层级	总体性社会情绪（均值）
普通职工	41.87
中层管理人员	43.25
领导	42.69

（2）管理层级与总体性社会情绪

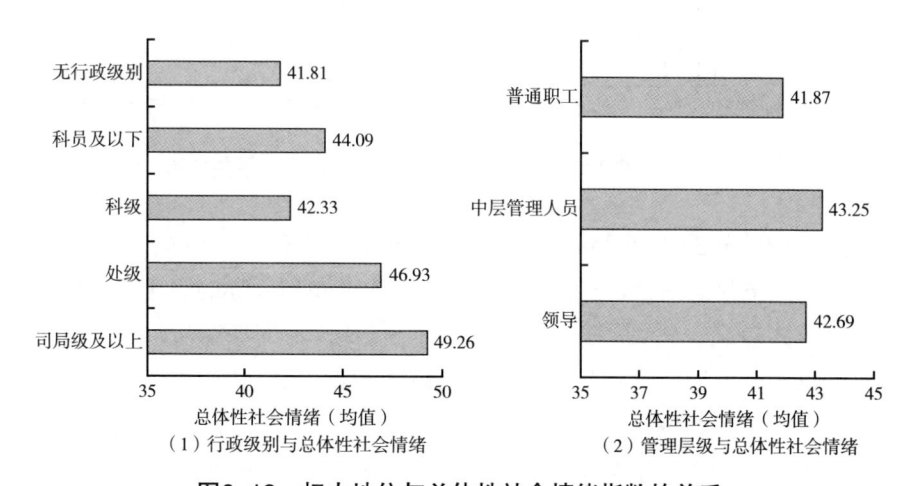

图6-13 权力地位与总体性社会情绪指数的关系

[①] 资料来源：CEIC 亚洲经济数据库，https://www.ceicdata.com.cn/zh-hans/products。

——职业声望越高,总体性社会情绪越积极

职业声望是一项综合性的指标,是在综合考虑了各种职业的权力、地位、收入水平等因素的基础上对各种职业赋予一定的声望得分,所有职业都被赋值为0—100取值区间的数值,数值越大,表示职业声望越高。我们对职业声望与总体性社会情绪指数进行相关分析后,结果显示,二者之间具有显著的正相关关系,职业声望越高,总体性社会情绪越积极(p=0.10, p=0.000)(见图6-14)。

在这里值得我们注意的是人们的收入水平、权力地位、职业声望与总体性社会情绪指数均呈正相关关系,那么是否意味着人们的社会经济地位在各个方面也具有一致性。对此问题的回答,有助于我们把握目前中国的社会阶层结构与变迁流动状况。

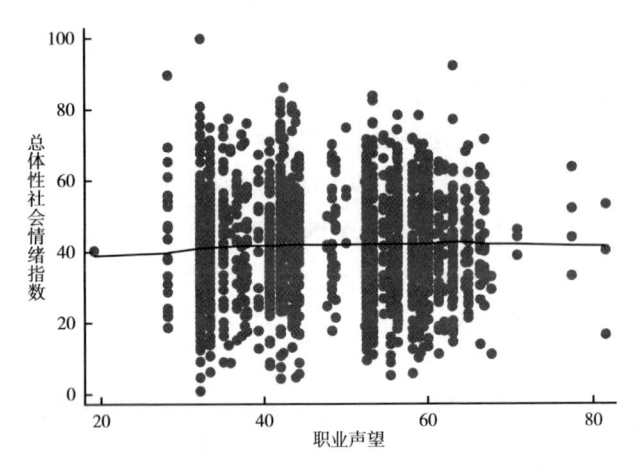

图6-14　职业声望与总体性社会情绪指数间的相关关系

进一步的分析结果显示,在收入水平和职业声望上,某些受访者的职业声望和经济收入排名具有差异性,其中企事业单位领导的职业声望较低,但经济收入较高;村/居委会干部的职业声望居中,但经济收入较低;党政机关领导干部职业声望最高,但经济收入较低;其他职业类别上,职业声望与经济收入地位差距并不明显(见表6-16)。在一般的意义上,一个社会呈现出一定程度上的地位不一致性,有利于社会流动与社会变迁。[①]

---

① Wuggenig U., "Eine Strukturelle Version der Theorie der Statusinkonsistenz," In: K. D. Opp & R.Wippler(Hrsg.), *Empirischer Theorievergleich*, Frankfurt am Main: Westdeutscher Verlag, 1990, pp.37–69.

一个教授的职业声望要比一个企业家的职业声望高,但一个教授的收入则要比一个企业家低。这种状况能够形成人们在努力过程中有差异性的选择,不同社会群体之间形成一种良性的竞争,整个社会形成一种良性的结构。而当经济差异导致了社会差异,经济地位与社会地位相一致时,社会分层就会"结构化",从而形成固化的阶层结构,不利于整个社会的流动变迁。①

表6-16 受访者的职业声望与经济收入排名

职业类别(未分小类)	职业声望排名	经济收入排名	地位一致性差距
党政机关领导干部	1	4	3
群众团体领导干部	3	2	1
企事业单位领导	8	1	7
村/居委会干部	6	11	5
专业技术人员	2	3	1
教师	5	6	1
经济业务人员	4	5	1
办事人员	7	7	0
销售人员	11	9	2
服务人员	10	10	0
工人	9	8	1
农、林、牧、渔劳动者	12	12	0

如果多数人对自己的主观地位判断与其客观地位相一致,则在很大程度上反映出这个社会的阶层结构具有"一致性"特征,也就是说根据不同的测量标准测量出来的社会成员地位水平基本相当。而地位一致的视角可以对社会阶层的形成做出较为明确的判断,可以认定某个阶层边界清晰、地位定型。② 我们数据分析的结果显示,34.75% 的受访者在主观经济地位与客观经济(收入水平)地位上相一致;34.66% 的受访者在主观社会

---

① Giddens, Anthony, *The Class Structure of the Advanced Societies*, London: Hutchinson, 1973, p.2.

② 董运生:《地位一致性与阶层结构化》,《吉林大学社会科学学报》2007 年第 1 期,第 151—155 页。

地位与客观社会地位（职业声望）上相一致（见表6-17、表6-18），这也意味着我们国家当下社会阶层分化的一致性特征并不十分明显。但同样需要引起我们警惕的是，一个地位一致、阶层定型、结构固化的社会也是一个不平等加剧、社会矛盾加深的社会，一旦形成某种意义上"强者更强""弱者更弱"的社会态势，将不利于社会的持续、健康、稳定发展。

表6-17 受访者在主观经济地位与客观经济地位间的分布

客观经济地位 \ 主观经济地位	低层	较低层	中层	较高层	高层
低层	246（5.80%）	127（3.00%）	65（1.50%）	3（0.07%）	1（0.02%）
较低层	458（10.90%）	719（17.00%）	448（10.60%）	39（0.90%）	3（0.07%）
中间层	163（3.90%）	472（11.20%）	439（10.40%）	55（1.30%）	2（0.05%）
较高层	42（1.00%）	220（5.20%）	359（8.50%）	64（1.50%）	3（0.07%）
高层	14（0.30%）	49（1.20%）	167（4.00%）	58（1.40%）	2（0.05%）

表6-18 受访者在主观社会地位与客观社会地位间的分布

客观社会地位 \ 主观社会地位	低层	较低层	中层	较高层	高层
低层	2（0.04%）	3（0.06%）	0	0	0
较低层	351（7.20%）	496（10.10%）	455（9.30%）	44（9.00%）	2（0.04%）
中间层	592（12.10%）	1006（20.60%）	1131（23.00%）	177（3.60%）	15（0.30%）
较高层	56（1.10%）	188（3.80%）	292（6.00%）	74（1.50%）	6（0.10%）
高层	0	0	3（0.06%）	0	1（0.02%）

2. 满意度现状及其影响分析

在2012年的调查中，对满意度的测量由社会总体层面的满意度和个体层面的满意度两部分构成，其中对环境质量、基础设施状况、物价水平、教育水平、医疗服务水平、社会保障水平、治安状况、食品安全状况、社会公平公正、就业机会和社会风气的感受用以测量总体层面的满意度水平；对个人收入水平状况、家庭经济状况、住房状况、健康状况、工作状况、生活压力、家庭关系、人际关系、社会地位和发展机会十个方面的感受用以测量个体层面的满意度水平。这些感受均分为五个层次，即"很满意""较满意""一般""较不满意""很不满意"，依次赋值为"5"到"1"，分值越高，表示满意度水平越高。我们希望，通过这些方面的问题，不仅能够从宏观上勾画出人们对国家和政府以及对社会发展的满意度，与此同时，也从微观上把握人们的满意度变化，进而比较此两者之间的差距。我们在此处隐含的假设是，社会发展过程中的满意度不仅体现在宏观层面，也关涉到社会成员个体的发展，只有当这两个方面都具有较高水平满意度的时候，整个社会的发展才会体现出包容和可持续性，偏废任何一方都将有碍于社会的发展。我们在进行满意度研究的时候，一项最为基本的判断是，某一社会个体的满意度状况可能会具有较大变动性，因为个体对满意与否的判断是依据其当时的感受做出的，在不同的时候可能有不同的感受和判断（这也是许多研究者抨击问卷调查不能获知受访者真实感受的主要原因），但某一群体乃至社会总体性的满意度状况则更多地具有结构性和稳定性的特征，不可能时此时彼（当然这些结论须建立在科学抽样和规范调查所获得的数据基础上），这也是我们进行统计分析以及通过满意度来分析社会发展状况的理论基础。

（1）满意度现状分析

数据分析的结果显示，受访者在个体层面的满意度（均值为51.89）高于对社会总体层面的满意度（均值为46.38）（见图6-15）。其中对社会总体层面满意度最高的是基础设施状况（48.33%的受访者认为满意）、满意度最低的是物价水平（12.13%的受访者认为满意）；在个体层面满意度最高的家庭关系（75.04%的受访者认为满意），最不满意的是生活压力（认为生活压力较小的受访者比例为20.96%）。对于此种关系，我们进一步分析发现，受访者对社会总体层面的满意度与其对个体层面的满意度呈现较为明显的线性相关关系（见图6-16）。

为了深入分析满意度状况，我们将社会总体层面和个体层面的满意度诸事项进行重要性排序，排序的原则是根据各事项在满意度上的影响大小而定。具体做法是，我们将满意度作为因变量，各事项作为自变量纳入回归方程中，依据各事项的标准回归系数（beta 值）大小确定其重要性程度。

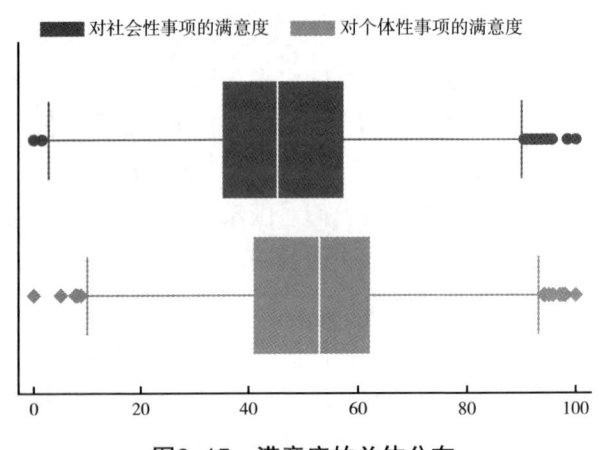

图6-15 满意度的总体分布

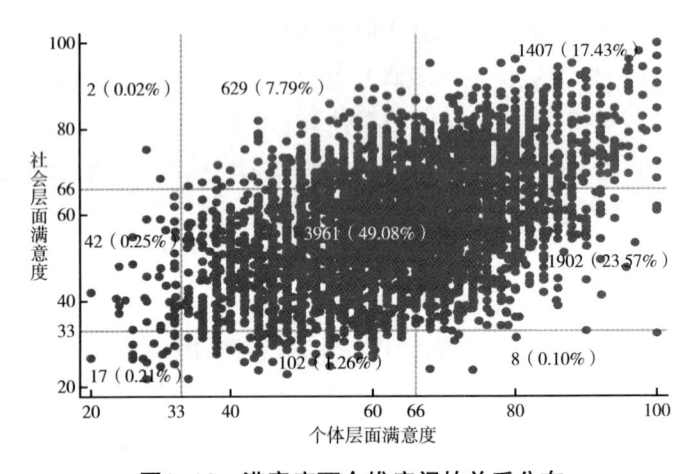

图6-16 满意度两个维度间的关系分布

在满意度的社会总体层面，最为重要的是社会保障（beta 值 =0.19）、社会公平公正（beta 值 =0.18）、就业机会（beta 值 =0.17）、医疗服务（beta 值 =0.16）；重要性居中的是社会风气（beta 值 =0.14）、环境质量（beta 值 =0.14）、基础设施（beta 值 =0.13）、教育水平（beta 值 =0.13）、治安状况（beta 值 =0.13）；重要性程度较低的是食品安全（beta 值 =0.11）和物价水平（beta 值 =0.08）（见表 6-19）。

表6-19 满意度在社会性层面各事项上的回归分析

	回归系数	标准误	t值	显著度	Beta值
环境质量	1.75	0.08	21.26	0.000	0.14
基础设施	1.88	0.09	20.84	0.000	0.13
物价水平	1.18	0.09	13.26	0.000	0.08
教育水平	1.85	0.09	20.10	0.000	0.13
医疗服务	2.11	0.09	24.43	0.000	0.16
社会保障	2.68	0.09	28.42	0.000	0.19
治安状况	1.71	0.09	19.85	0.000	0.13
食品安全	1.43	0.09	16.45	0.000	0.11
社会公平公正	2.49	0.09	26.38	0.000	0.18
就业机会	2.39	0.09	26.75	0.000	0.17
社会风气	2.00	0.10	20.83	0.000	0.14

$F=2179.00$, $Prob>F=0.0000$, $R^2=0.8083$

随后我们对社会总体层面各事项与受访者在其上的满意度进行矩阵分析，结果显示，在重要性程度高的事项上，受访者的满意度较低或仅居中。其中约36.05%的受访者对社会保障满意，29.30%的受访者对就业机会满意，33.25%的受访者对医疗服务满意，22.10%的受访者对社会公平公正满意；在重要性居中的事项上，受访者对基础设施（48.33%的受访者满意）、教育水平（39.98%的受访者满意）、治安状况（37.89%的受访者满意）的满意度较高，但对社会风气（28.20%的受访者满意）、环境质量（30.68%的受访者满意）的满意度较低，对食品安全（18.30%的受访者满意）的满意度更低；在重要性较低的物价水平上，仅12.12%的受访者表示满意，满意度最低（见图6-17）。

在满意度的个体层面，最为重要的是生活压力（beta值=0.18）、个人收入（beta值=0.17）、发展机会（beta值=0.15）和家庭经济状况（beta值=0.15）；重要性居中的是住房状况（beta值=0.14）、工作状况（beta值=0.14）、社会地位（beta值=0.14）和健康状况（beta值=0.11）；重要性程度较低的是人际关系（beta值=0.10）和家庭关系（beta值=0.06）（见表6-20）。

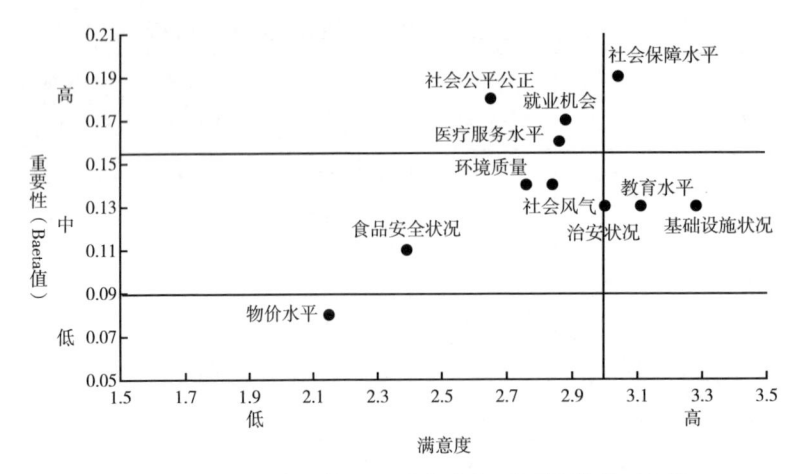

图6-17 社会总体层面满意度与重要性的关系矩阵

表6-20 满意度在个体性层面各事项上的回归分析

	回归系数	标准误	t值	显著度	Beta值
个人收入	2.52	0.14	18.13	0.000	0.17
家庭经济	2.27	0.14	15.66	0.000	0.15
住房状况	1.98	0.12	16.57	0.000	0.14
健康状况	1.65	0.12	13.31	0.000	0.11
工作状况	1.99	0.13	14.94	0.000	0.14
生活压力	2.39	0.14	20.56	0.000	0.18
家庭关系	0.88	0.14	6.36	0.000	0.06
人际关系	1.51	0.14	10.56	0.000	0.10
社会地位	2.15	0.14	15.58	0.000	0.14
发展机会	2.24	0.14	16.52	0.000	0.15

$F=1149.12$, $Prob>F=0.0000$, $R^2=0.6690$

在对个体层面各事项与受访者在其上的满意度进行矩阵分析后，结果显示，在重要性程度高的事项上，受访者的满意度均较低，其中人们对生活压力（20.95%的受访者感到满意）、个人收入（22.03%的受访者感到满意）、发展机会（25.76%的受访者感到满意）和家庭经济的满意度较低（27.11%的受访者感到满意）；在重要性居中的事项上，人们对住房状况（32.24%的受访者感到满意）、社会地位（23.42%的受访者感到满意）、工作状况（28.50%的受访者感到满意）的满意度较低，对个体健康状况（60.68%的受访者感到满意）的满意度较高；在重要性较低的事项上，人们对人际关系（62.60%的受访者感到满意）和家庭关系（75.04%的受访者感到满意）的满意度较高（见图6-18）。

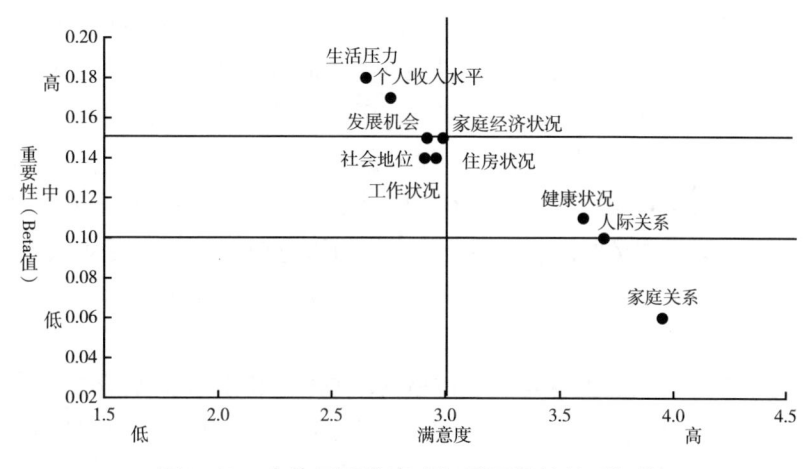

图6-18 个体层面满意度与重要性的关系矩阵

上述的分析结果表明，我们在一些社会问题上还需要加大解决力度，以期提高民众的满意度，尤其是对那些重要紧迫但人们满意度较低的事项更需保持政策制度的优先性。有研究者在对中国城乡居民的满意度与政府治理之间的关系进行研究后发现，人们真正希望政府提供的服务是创造就业机会，以及在向市场过渡的过程中提供基本的保障以应对可能遇到的各种问题。① 这也与我们的研究结果较为一致。在此后一段时期内，我们需要在以下方面加大力度，如社会公平公正的提高、社会保障制度的完善、就业机会的增加、食品安全和物价水平的优化以及对个体的发展机会、收入水平、社会地位和工作状况的改善等。②

进一步对满意度两个维度的差异性分析，结果显示如下。

——在社会性事项的满意度上，女性（均值为46.91）比男性（均值为

---

① 托尼·塞奇、李明：《公民对治理的认知：中国城乡居民满意度调查》，《经济社会体制比较》2011年第4期，第92—101页。

② 李汉林、魏钦恭、张晨曲：《发展过程中的满意度》，《社会学评论》2013年第1期，第75—88页。

45.72）对社会性事项的满意度显著更高，已婚受访者（均值为47.01）比未婚受访者（均值为44.04）对社会性事项更满意；年龄越大的受访者，对社会性事项也越满意；大学本科受访者对社会性事项的满意度显著最低，均值为44.19；持非农业户口的受访者（均值为47.39）较农业户口者对社会性事项更满意；持本市县户口的受访者（均值为46.79）对社会性事项相较外市县户口被访者更满意；东北地区受访者对社会性事项的满意度最高，均值为48.05，其后依次是西部地区（均值为46.53）、东部地区（均值为46.19）和中部地区（均值为46.07）；离退休人员的满意度最高，均值为51.30，在校学生（均值为42.59）的满意度最低；虽然不同单位所有制性质的员工对社会性事项的满意度在0.05置信水平下不存在显著差异，但是在单位中，领导人员的满意度显著最高，均值为51.54，其后是中层管理者（均值为48.24），最后是普通职工（均值为45.18）（见表6-21）。

表6-21 社会性事项满意度在各项自然社会特征上的均值分布

	特征值	均值	标准差	样本数	差异显著性
性别	男性	45.72	0.28	3173	$T=-3.1608$, $df=1$ $p=0.0016$
	女性	46.91	0.25	3868	
年龄	16—29岁	43.82	15.52	2102	$F=43.22$, $df=4$ $p=0.0000$
	30—39岁	45.51	15.45	1856	
	40—49岁	47.19	15.22	1662	
	50—59岁	49.19	15.55	919	
	60岁及以上	52.41	16.86	502	
婚姻状况	未婚	44.04	0.40	1507	$T=-6.5306$, $df=1$ $p=0.0000$
	已婚	47.01	0.21	5534	
管理层级	领导	51.54	15.73	81	$F=11.77$, $df=2$ $p=0.0000$
	中层管理者	48.24	16.04	387	
	普通职工	45.18	15.80	2385	
受教育程度	小学及以下	46.12	14.99	1301	$F=4.26$, $df=5$ $p=0.0003$
	初中	47.32	15.74	2087	
	高中/中专/技校	46.75	15.97	1800	
	大学专科	45.73	15.68	1113	
	大学本科	44.19	16.24	690	
	研究生	45.99	15.61	38	

续表

特征值		均值	标准差	样本数	差异显著性
单位所有制性质	国有	47.00	16.22	791	$F=1.71$，$df=5$ $p=0.1284$
	集体所有	46.15	15.62	322	
	私有/民营	45.19	15.90	1512	
	港澳台资	46.20	15.42	28	
	外资所有	43.83	14.83	80	
	中外合资	44.98	14.62	138	
户籍	农业户口	44.54	0.31	2505	$T=-7.3003$，$df=1$ $p=0.0000$
	非农业户口	47.39	0.24	4522	
户口所在地	本市县户口	46.79	0.20	5972	$T=5.1015$，$df=1$ $p=0.0000$
	外市县户口	44.09	0.49	1032	
工作状态	有固定工作	46.49	15.71	3705	$F=28.35$，$df=5$ $p=0.0000$
	临时性工作	43.28	14.51	856	
	离退休	51.30	16.37	789	
	在校学生	42.59	15.06	389	
	失业下岗	44.72	16.36	363	
	在家持家	47.12	15.25	877	
区域	东部	46.19	15.78	3664	$F=2.62$，$df=3$ $p=0.0494$
	中部	46.07	16.29	1551	
	西部	46.53	15.71	1243	
	东北	48.05	13.62	583	

——在个体性事项的满意度上，女性（均值为52.40）比男性（均值为51.32）对个体性事项的满意度更高，已婚受访者（均值为52.48）比未婚受访者（均值为49.77）对个体性事项更满意；60岁及以上受访者对个体性事项最满意，均值为55.81，而16—29岁的青年群体的满意度最低，均值为51.02；大学本科受访者对个体性事项的满意度显著最高，均值为55.08；持非农业户口的受访者（均值为52.96）较农业户口者对个体性事项更满意；持本市县户口的受访者（均值为52.31）对个体性事项相较外市县户口被访者更满意；西部地区受访者对个体性事项的满意度最高，均值为52.91，其后依次是东部地区（均值为51.98）、东北地区（均值为51.74）和中部地区

（均值为50.90）；离退休人员的满意度最高，均值为55.53，失业下岗人员（均值为45.43）的满意度最低；国有企业员工对个体性事项最满意，均值为54.52，集体企业员工的满意度最低（均值为51.48）；在单位中，领导人员的个体性事项满意度显著最高，均值为61.67，其后是中层管理者（均值为58.45），最后是普通职工（均值为51.42）（见表6-22）。

表6-22 个体性事项满意度在各项自然社会特征上的均值分布

特征值		均值	标准差	样本数	差异显著性
性别	男性	51.32	0.30	2939	$T=-2.7184$, $df=1$ $p=0.0066$
	女性	52.40	0.27	3325	
年龄	16—29岁	51.02	15.15	1896	$F=8.29$, $df=4$ $p=0.0000$
	30—39岁	52.51	15.76	1752	
	40—49岁	51.12	15.00	1573	
	50—59岁	52.73	17.13	746	
	60岁及以上	55.81	17.52	297	
婚姻状况	未婚	49.77	0.41	1348	$T=-5.6230$, $df=1$ $p=0.0000$
	已婚	52.48	0.22	4916	
管理层级	领导	61.67	16.83	80	$F=48.25$, $df=2$ $p=0.0000$
	中层管理者	58.45	15.78	389	
	普通职工	51.42	15.39	2354	
受教育程度	小学及以下	51.05	15.59	1085	$F=8.92$, $df=5$ $p=0.0000$
	初中	50.61	16.02	1799	
	高中/中专/技校	51.77	15.70	1636	
	大学专科	53.16	15.17	1048	
	大学本科	55.08	15.23	651	
	研究生	54.82	14.39	35	
单位所有制性质	国有	54.52	16.51	808	$F=3.80$, $df=5$ $p=0.0020$
	集体所有	51.48	14.83	312	
	私有/民营	51.76	15.61	1476	
	港澳台资	54.31	18.48	30	
	外资所有	53.98	15.70	86	
	中外合资	53.02	12.44	127	

续表

特征值		均值	标准差	样本数	差异显著性
户籍	农业户口	50.02	0.32	2279	$T=-7.1650$, $df=1$ $p=0.0000$
	非农业户口	52.96	0.25	3976	
户口所在地	本市县户口	52.31	0.22	5252	$T=4.5337$, $df=1$ $p=0.0000$
	外市县户口	49.84	0.50	976	
工作状态	有固定工作	53.24	15.57	3646	$F=34.88$, $df=5$ $p=0.0000$
	临时性工作	47.74	14.63	865	
	离退休	55.53	17.11	502	
	在校学生	51.20	14.80	253	
	失业下岗	45.43	14.96	293	
	在家持家	50.54	15.17	644	
区域	东部	51.98	15.83	3263	$F=3.45$, $df=3$ $p=0.0159$
	中部	50.90	15.84	1361	
	西部	52.91	15.46	1129	
	东北	51.74	14.74	511	

（2）满意度的影响分析

在上述总体性描述的基础上，接下来我们将从社会平等、社会参与、社会关系、社会保护、社会经济地位差异等几个方面进行更为深入的分析，以期获知影响人们满意度高低的内在机制。

第一，社会平等与满意度。

此处对社会平等状况的测量，在前述主观经济地位和主观社会地位的基础上引入了表示劳动力市场分割状况的变量，主要有性别分割、地域分割以及户籍分割。

主观经济地位不同的受访者在满意度上具有显著差异（F值为89.88，p值为0.000）。就主观经济地位的各层级而言，"较高层"的满意度最高（满意度均值为49.16）；"最低层"的满意度最低（满意度均值为38.13）；就整体分布而言，满意度与主观经济地位呈倒U形关系（见图6-19）。进一步比较处于不同层级受访者的满意度发现，"最高层"与其他各层的受访者在满意度上没有显著的差异性，其他各层级之间在满意度上存在不同程度的显著差异（见表6-23）。

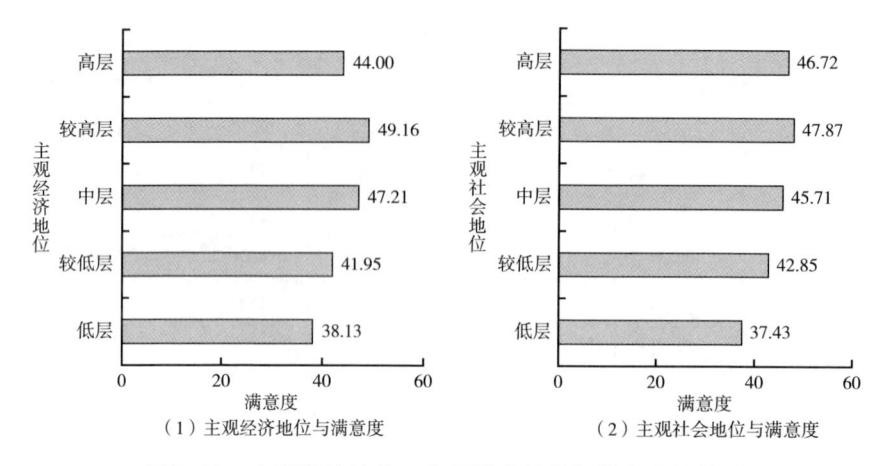

图6-19 主观经济地位、主观社会地位与满意度的关系

表6-23 主观经济地位在满意度上的多元比较检验

较低层−低层=3.82 （p=0.000）			
中层−低层=0.08 （p=0.000）	中层−较低层=5.26 （p=0.000）		
较高层−低层=11.03 （p=0.000）	较高层−较低层=7.21 （p=0.000）	较高层−中层=1.95 （p=0.042）	
高层−低层=5.87 （p=0.077）	高层−较低层=2.05 （p=0.536）	高层−中层=−3.21 （p=0.333）	高层−较高层=−5.16 （p=0.101）

注：表格中数值是不同层回归系数之差。

与主观经济地位对满意度的影响一样，满意度与主观社会地位亦略微呈现倒U形关系（$F=68.61$，$p=0.000$）。"较高层"社会地位的受访者满意度最高（满意度均值为47.87），"低层"的受访者满意度最低（满意度均值为37.43）（见图6-19）。主观社会地位"高层"群体与其他层级群体在满意度上均不存在显著差异，而其他各层级群体两两之间在满意度上却存在不同程度的显著差异（见表6-24）。

对劳动力市场而言，性别、地域和户籍的分割是造成不平等的主要先赋性因素，由于我们较难获得这些方面在劳动力市场上分布的客观数据，因而通过受访者的认知回答来测度当下的劳动力市场分割状况。调查结果表明，越是赞同上述分割状况的受访者满意度越高（见图6-20）。

表6-24 主观社会地位在满意度上的多元比较检验

较低层-低层=5.43 （p=0.000）			
中层-低层=8.29 （p=0.000）	中层-较低层=2.86 （p=0.000）		
较高层-低层=10.45 （p=0.000）	较高层-较低层=5.02 （p=0.000）	较高层-中层=2.16 （p=0.015）	
高层-低层=9.30 （p=0.007）	高层-较低层=3.87 （p=0.258）	高层-中层=1.01 （p=0.768）	高层-较高层=-1.15 （p=0.742）

注：表格中数值是不同层回归系数之差。

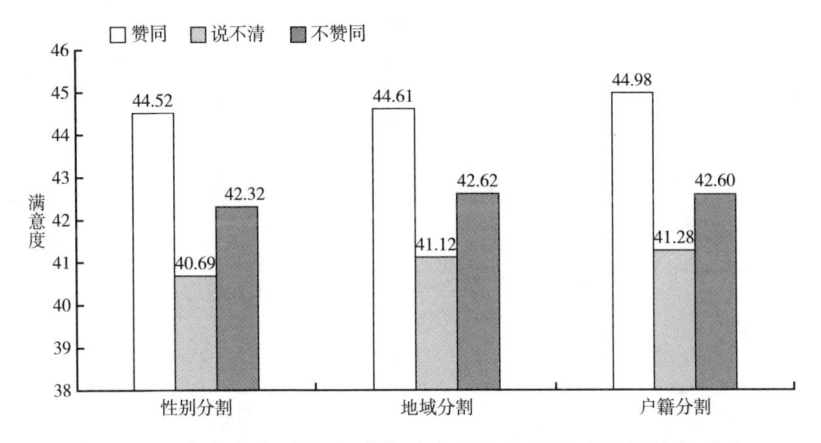

图6-20 满意度在受访者对劳动力市场分割看法上的均值分布

上述分析结果表明，一个社会的平等状况影响人们的满意度水平，那些处于相对优势地位的群体满意度更高。这些优势地位有些是先赋性的（如户籍、地域），有些是后致性的（如职业、受教育程度等）。如果一个社会的平等状况更多的是因先赋性因素而定，则是一个刚性的社会，更加不利于人们的向上流动，不利于社会的整合与发展。

第二，社会参与与满意度。

社会参与最初被当作社会地位的一个维度，作为一个通过其同伴的地位来测量某个体的社会地位的指标；参与同样被视作自我实现的一种方式与途径，也被看作是社区整合的催化剂，还可被看作是日益弱化的家庭和宗教初始纽带的替代，亦可被认作政治社会化和主导价值体系的表现形式，同样也是促进社会变迁的途径之一。事实上，社会参与和社会结构、社会关系、社会信任、满意度等方面都有着莫大的联系，[①] 在我们的分析中，主要考察了对社区活动、单位活动、民间活动、宗教活动和网络活动的参与。均值分析的结果显示，除网络活动（虽不具有显著差异性，但是不参与网络活动的受访者满意度更高）外，在其他类型的社会活动上参与程度越高，受访者的满意度越高（见表6-25）。

表6-25 满意度在社会参与上的均值分布

	均值	标准差	样本数	差异显著性
社区组织的文体活动				
经常参加	47.84	16.86	228	$F=70.38$, $df=2$ $p=0.000$
偶尔参加	46.30	16.01	1581	
不参加	41.44	14.38	3724	
社区志愿者活动				
经常参加	50.67	17.72	273	$F=69.92$, $df=2$ $p=0.000$
偶尔参加	45.57	15.90	1343	
不参加	41.69	14.44	3845	
业主委员会活动				
经常参加	52.05	17.17	197	$F=58.49$, $df=2$ $p=0.000$
偶尔参加	45.37	16.07	905	
不参加	41.90	14.56	4087	
单位组织的公益活动				
经常参加	46.11	15.70	648	$F=21.55$, $df=2$ $p=0.000$
偶尔参加	43.89	15.15	1643	
不参加	42.08	14.96	2843	
民间组织的活动				
经常参加	47.33	17.21	192	$F=18.15$, $df=2$ $p=0.000$
偶尔参加	44.39	15.54	1309	
不参加	42.28	14.70	3890	

---

① 李汉林、魏钦恭、张晨曲：《发展过程中的满意度》，《社会学评论》2013年第1期，第75—88页。

续表

	均值	标准差	样本数	差异显著性
在网上论坛、博客、微博等发表评论或转发消息				
经常参加	42.78	15.54	537	$F=1.01$，$df=2$ $p=0.3637$
偶尔参加	42.24	15.35	1583	
不参加	42.90	14.70	3185	
宗教团体活动				
经常参加	47.14	17.43	75	$F=6.79$，$df=2$ $p=0.0011$
偶尔参加	45.04	17.66	405	
不参加	42.82	14.84	4595	

接下来我们想要进一步分析，哪些受访者的社会参与程度更高，从而影响了其满意度高低。为此我们首先对社会参与量表（与上述均值分析一致，我们在此剔除了"网络参与"这一项题器）进行主成分分析。结果显示，6项因子自然地归聚到了一起，因子载荷较高（除宗教团体活动，其因子载荷低于0.6），特征值为2.86，解释了约47.69%的差异。将宗教团体活动这一项题器剔除，之后5项因子聚合到一起，因子载荷均超过0.6，特征值为2.66，累积方差提高到了53.17%（见表6-26）。然后我们进一步对该量表进行Alpha检验，以检验量表的稳定性，结果显示，在去掉一些变量后，其Alpha值仍维持在0.69以上，表现出较好的稳定性和可靠性（见表6-27）。在此基础上我们生成社会参与潜变量，该变量的数值越高，表示参与程度越高。

表6-26 社会参与量表的因子分析

因子	因子载荷1	因子载荷2（剔除后）
社区组织的文体活动	0.789	0.800
社区志愿者活动	0.802	0.809
业主委员会活动	0.743	0.738
单位组织的公益活动	0.631	0.652
民间组织的活动	0.647	0.629
宗教团体活动	0.477	
特征值	2.86	2.66
累计方差	47.69%	53.17%

表6-27 社会参与量表的可靠性检验

	去掉当前题目问卷合计分的均数	去掉当前题目问卷合计分的方差	当前题目得分与去掉当前题目问卷合计分的相关系数	去掉当前题目后问卷的Cronbach α 系数
社区组织的文体活动	10.62	2.78	0.62	0.70
社区志愿者活动	10.59	2.76	0.64	0.69
业主委员会的活动	10.50	3.02	0.56	0.72
单位组织的公益活动	10.78	2.71	0.47	0.76
民间组织的活动	10.57	3.12	0.45	0.76
Alpha=0.77				

回归分析的结果如表6-28所示，模型1表明年龄影响受访者的社会参与程度，年龄越小，社会参与度越高，但是该模型的解释力较小（R^2=0.2%）。模型2是在模型1的基准上引入受访者的月收入水平和教育程度两个变量，结果显示，个人的月收入越多，社会参与程度越高；月收入水平每提升1个单位，社会参与程度提高约0.21个单位。受教育程度的影响作用显著，受教育程度越高，社会参与程度越高；每多接受教育1年，民众的社会参与程度提高约0.51个单位。模型3是在模型1的基础上引入表示户籍与地域的变量，结果显示，在95%的置信水平下，两个变量均具有显著的影响作用。就户籍而言，以农业户口为参照组，非农业户口的受访者社会参与的程度更高；地域以本市县为参照组，外市县受访者的社会参与程度更高。模型4是在模型1的基础上考察工作状态对受访者社会参与程度的影响，统计结果显示，以有固定工作者为参照组，有临时性工作的受访者社会参与程度显著降低；失业下岗者和在家持家者的社会参与程度亦显著较低；在校学生和离退休者与有固定工作者相比，没有显著的差异性。

表6-28 关于社会参与的多元回归分析

变量	模型1 社会参与	模型2 社会参与	模型3 社会参与	模型4 社会参与
性别（以男性为参照）				
女性	−0.08 (−1.44)	0.09 (1.26)	−0.09 (−1.74)	0.01 (0.25)

续表

变量	模型1 社会参与	模型2 社会参与	模型3 社会参与	模型4 社会参与
年龄	-0.07** (-3.27)	0.11** (3.11)	-0.10*** (-4.56)	-0.07* (-2.48)
收入		0.21*** (6.05)		
受教育年限		0.51*** (11.93)		
户籍（*以农业户口为参照*)				
非农户口			0.51*** (8.93)	
地域（*以本市县为参照*)				
外市县			0.18* (2.38)	
工作状态（*以有固定工作为参照*)				
有临时性工作				-0.47*** (-5.86)
离退休				0.17 (1.59)
在校学生				0.17 (1.59)
失业下岗				-0.780*** (-6.31)
在家持家				-0.77*** (-8.79)
截距	7.02*** (71.50)	4.32*** (21.05)	6.07*** (34.79)	7.02*** (65.18)
R^2	0.2%	7.2%	1.5%	3.0%

注：括号中数值为 t 值；$^+ p<0.1$，$^* p<0.05$，$^{**} p<0.01$，$^{***} p<0.001$。

第三，社会关系与满意度。

满意度与社会关系状况间的均值分析结果显示，认为各类群体间关系越和谐的受访者，满意度越高（见表6-29）。

表6-29 满意度在社会关系上的均值分布

	均值	标准差	样本数	差异显著性
老板与员工关系				
不好	39.19	14.45	1201	$F=205.79$, $df=2$ $p=0.000$
一般	41.57	14.31	3076	
好	49.78	15.64	1417	
穷人与富人关系				
不好	39.42	14.11	2461	$F=223.02$, $df=2$ $p=0.000$
一般	44.00	14.76	2404	
好	51.66	15.78	822	
城里人与农村人关系				
不好	39.38	14.76	1428	$F=131.96$, $df=2$ $p=0.000$
一般	42.26	14.77	2673	
好	47.90	15.11	1589	
汉族与其他民族关系				
不好	40.96	15.68	496	$F=36.49$, $df=2$ $p=0.000$
一般	41.44	15.08	2274	
好	44.77	15.03	2917	
信教与不信教				
不好	42.16	15.75	557	$F=38.81$, $df=2$ $p=0.000$
一般	41.57	14.77	2849	
好	45.25	15.34	2285	
干部与群众				
不好	37.74	14.06	1551	$F=289.92$, $df=2$ $p=0.000$
一般	42.77	14.16	2979	
好	51.24	15.80	1156	
本地人与外地人				
不好	39.04	15.36	958	$F=137.00$, $df=2$ $p=0.000$
一般	41.49	14.51	2794	
好	47.49	15.07	1930	

事实上，人际关系和谐与否是满意度高低的一个重要方面，且社会中不同身份的个体对社会中不同群体人际关系的和谐程度有着一定的区别。在老板与员工关系上，普通职工认为此二者关系更不和谐，23.7%的普通职工认为老板与员工关系不好，相形之下，领导认为不好的比例为19.0%。在穷人与富人关系上，自身经济收入越低的受访者，认为此二者间关系越

不好，经济收入最底层受访者中52.0%的人认为贫富关系不好，与之相比，较高层受访者认为不好的比例为36.6%。在城里人与农村人关系上，农村受访者认为此二者关系更不和谐，其中农业户口受访者的比例为32.2%，非农业户口受访者认为不好的比例为22.5%。在汉族与其他民族关系上，25.9%的汉族受访者认为两者关系不好，而少数民族受访者认为不好的比例为33.2%。在信教与不信教关系上，认为二者关系不好的受访者中信教者（10.9%）的比例高于不信教者（9.9%）。在干部与群众关系上，认为二者关系不好的受访者中无行政职务者（29.4%）的比例高于有行政职务者（27.4%）的比例。在本地人与外地人关系上，本市县户口受访者（15.6%）认为二者关系不好的比例低于外市县户口受访者（26.8%）。

以上的分析结果表明，人们所处的社会位置决定了其对各种关系的判断与认知。为了进一步分析不同身份的受访者对社会关系状况的认知，我们在社会关系量表的基础上生成社会关系状况潜变量。由于在我们数据样本中，少数民族受访者的比例（2.7%）和有宗教信仰者的比例（7.1%）太低，对汉族与其他民族和信教与不信教群体间关系的比较会因为样本量的差异造成统计偏差，因而在生成量表的过程中，我们剔除了评价汉族与其他民族和信教与不信教群体间关系的题器。

首先，我们对社会关系量表进行主成分分析，结果显示5项因子自然归聚到了一起，因子载荷较高，特征值为2.32，解释了约46.38%的差异。进一步的分析结果显示，量表的可靠性程度较高，Alpha值为0.71，在删除一些题器后，量表的Alpha值仍维持在0.64以上（见表6-30、表6-31）。在此基础上我们生成社会关系状况潜变量，变量的数值越高，表示社会关系状况越和谐。

表6-30 社会关系量表的因子分析

因子	因子载荷
老板与员工关系	0.607
穷人与富人关系	0.722
城里人与农村人关系	0.729
干部与群众关系	0.689
本地人与外地人关系	0.652
特征值=2.32	
累计方差为46.38%	

表6-31　社会关系量表的可靠性检验

	去掉当前题目问卷合计分的均数	去掉当前题目问卷合计分的方差	当前题目得分与去掉当前题目问卷合计分的相关系数	去掉当前题目后问卷的Cronbach α系数
老板与员工关系	7.78	4.04	0.40	0.68
穷人与富人关系	8.14	3.74	0.50	0.64
城里人与农村人关系	7.80	3.62	0.51	0.64
干部与群众关系	7.90	3.88	0.45	0.66
本地人与外地人关系	7.66	3.88	0.44	0.66
Alpha=0.71				

多元回归分析的结果显示（见表6-32）如下。在不考虑其他因素的前提下，受访者的性别和年龄影响其对社会关系状况的判断。女性比男性认为社会关系状况更好；受访者的年龄越大，认为社会关系状况越好。模型2是在模型1的基础上引入月收入水平和受教育程度两个变量。月收入水平对受访者关于社会关系状况的认知没有显著的影响作用。受教育程度的影响具有显著意义，以小学及以下为参照，文化程度越高，认为社会关系状况愈好。模型3是在模型1的基础上引入了户籍、户口所在地和管理层级三项变量。户籍的影响作用显著，以农业户口为参照，非农业户口者认为社会关系状况更好。户口所在地不具有统计上的显著意义。管理层级以领导为参照，普通职工认为社会关系状况更差。模型4引入了工作状态变量，以有固定工作作为参照，临时性工作者和在校学生认为社会关系状况更差。

表6-32　关于社会关系状况的多元回归分析

变量	模型1 社会关系	模型2 社会关系	模型3 社会关系	模型4 社会关系
性别（以男性为参照）				
女性	0.25*** (4.77)	0.15* (2.08)	0.23** (2.70)	0.23*** (4.22)
年龄	0.28*** (13.46)	0.24*** (6.29)	0.18*** (4.04)	0.24*** (9.00)
月收入水平（以1000元以下为参照）				
1000—1999元		0.07 (0.55)		
2000—2999元		0.03 (0.21)		

续表

变量	模型1 社会关系	模型2 社会关系	模型3 社会关系	模型4 社会关系
3000—4999元		0.18 (1.17)		
5000元及以上		0.08 (0.44)		
受教育程度（*以小学及以下为参照*）				
初中			0.50** (2.93)	
高中			0.50** (2.95)	
大专及以上			0.50** (2.83)	
户籍（*以农业户口为参照*）				
非农业户口			0.33*** (3.33)	
户口所在地（*以本市县户口为参照*）				
外市县			−0.21 (−1.79)	
管理层级（*以领导为参照*）				
中层管理人员			−0.40 (−1.50)	
普通职工			−0.63* (−2.57)	
工作状态（*以有固定工作为参照*）				
临时性工作			−0.25** (−3.05)	
离退休			0.07 (0.70)	
在校学生			−0.51*** (−4.28)	
失业下岗			−0.17 (−1.41)	
在家持家			−0.04 (−0.52)	
截距	8.75*** (87.80)	8.60*** (35.55)	9.30*** (24.74)	8.95*** (80.86)
R^2	2.4%	1.2%	2.1%	2.8%

注：括号中数值为t值；$^+ p<0.1$，$^* p<0.05$，$^{**} p<0.01$，$^{***} p<0.001$。

第四,社会保护与满意度。

社会保护(social protection)是一个较为宽泛的概念,其常被当作与社会保障(social security)和福利(welfare)等同的概念使用,但其实质上具有不同的内涵,社会保护主要是指应该对那些处于风险地位(at risk)的有需求者(being in need)进行的保护[①]。有研究认为社会保护主要是以政府和社会为主体,通过一系列的政策和制度安排以及培育富有效率的劳动力市场降低人们面对就业的风险,提高居民保护自身收入和生活水平的能力,从而降低贫困发生率和减少脆弱性[②]。事实上,在我们的传统中有着经典的关于社会保护理想状况的描述,那就是"大同社会"[③]。在我们的分析中,社会保护被操作化为受访者实际获得的保护(如安全、住房、养老)和对某些弱势群体是否应给予保护(贫穷、残疾、孤寡)的认知判断[④]。

在调查中,实际获得的保护主要是询问受访者"在过去的一年自己或家人是否遇到过偷窃或抢窃""有无住房公积金""有无养老保险";对某些弱势群体的保护是询问受访者是否认为"社会应该保障穷人的基本生活""社会应该关照残疾人""社会应该照料孤寡老人"。数据结果显示:26.16%的受访者及家人被偷窃或抢窃过,73.81%的受访者没有住房公积金,43.16%的受访者没有养老保险;86.72%的受访者赞同保障穷人的基本生活,92.73%的受访者赞同关照残疾人,93.39%的受访者赞同照料孤寡老人(见图6-21、图6-22)。

---

① Guy Standing, "Social protection," *Development in Practice*, 2007, Vol.17, Issue.4-5, pp.511-522.

② 这类制度安排主要包括:(1)旨在保护就业安全性和劳动者权益的就业政策和劳动力市场制度;(2)旨在保护居民免受失业、疾病、伤残和老龄困扰的社会保障体系;(3)对特殊困难和脆弱人群如儿童、"三无"老人、特殊地区居民的社会救助和福利等。参见蔡昉《刘易斯转折点与公共政策方向的转变——关于中国社会保护的若干特征性事实》,《中国社会科学》2010年第6期,第125—137页。

③ 大道之行也,天下为公,选贤与能,讲信修睦。故人不独亲其亲,不独子其子,使老有所终,壮有所用,幼有所长,矜、寡、孤、独、废疾者皆有所养,男有分,女有归。货恶其弃于地也,不必藏于己;力恶其不出于身也,不必为己。是故谋闭而不兴,盗窃乱贼而不作,故外户而不闭。参见郭齐勇解读《礼记(节选)》,北京:科学出版社,2020年,第176—198页。

④ 李汉林、魏钦恭、张晨曲:《发展过程中的满意度》,《社会学评论》2013年第1期,第75—88页。

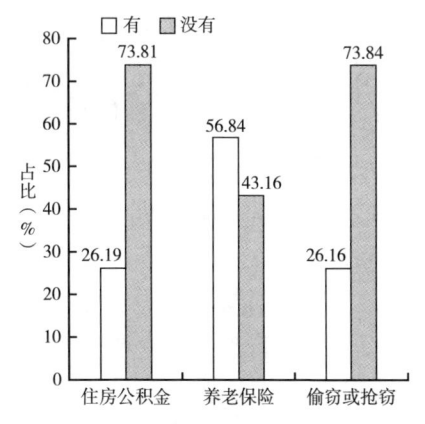

图6-21 受访者所获得保护的状况

图6-22 某些群体是否应给予保护的回答比例

数据分析的结果表明,较好的社会保护能提升人们的满意度。未曾经历过偷窃或抢窃、安全感强的受访者满意度更高($t=11.8520$,$p=0.000$);有住房公积金的受访者满意度更高($t=-8.4746$,$p=0.000$);有养老保险的受访者满意度更高($t=-10.3254$,$p=0.000$)(见图6-23)。

在对某些弱势群体的社会保护认知上,那些赞同给予保护的受访者满意度更高。赞同保障穷人基本生活的受访者满意度显著高于不赞同者($F=15.08$,$p=0.000$);赞同关照残疾人的受访者满意度显著高于不赞同者($F=15.41$,$p=0.000$);赞同照料孤寡老人的受访者满意度显著高于不赞同者($F=19.05$,$p=0.000$)(见图6-24)。

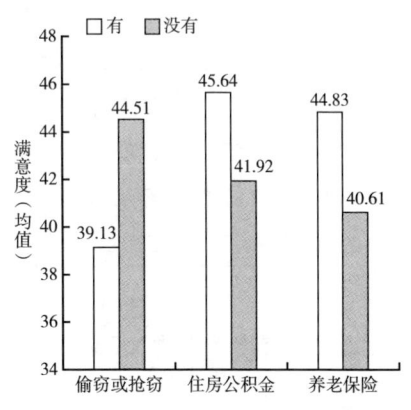

图6-23 满意度在社会保护相关方面的均值分布

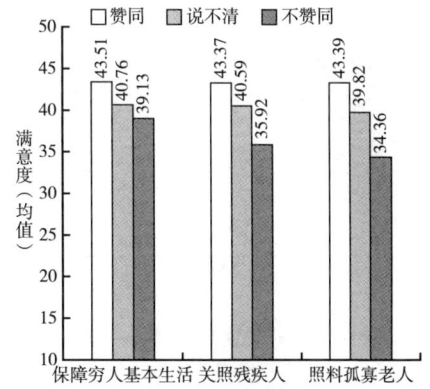

图6-24 满意度在社会保护认知上的均值分布

对于为何赞同给予弱势群体社会保护的受访者满意度更高，我们认为这一方面缘于回答频数的非比例所致，不赞同保障穷人基本生活的受访者比例为3.7%，不赞同关照残疾人的受访者比例为1.8%，不赞同照料孤寡老人的受访者比例为1.4%，同时不赞同上述三项的受访者人数仅为31；另一方面可能是从受访者自身的经历感受出发作出的认知判断。将上述三项与"在生活中遇到困难时，能否及时得到帮助"这项题器进行交互分析后，结果显示，那些经常得到别人帮助的人更赞同对弱势群体进行保护与帮扶（其中赞同"保障穷人基本生活"的受访者中得到过别人帮助的比例为43.9%，未得到过帮助的比例为29.9%；赞同"关照残疾人"的受访者中得到过别人帮助的比例为43.3%，未得到过帮助的比例为30.0%；赞同"照料孤寡老人"的受访者中得到过别人帮助的比例为43.3%，未得到过帮助的比例为29.0%），而经常得到别人帮助的受访者满意度显著高于未得到过帮助者（$F=545.02$，$p=0.000$）。

第五，社会经济地位与满意度。

——经济地位与满意度

月收入水平与受访者满意度间的关系分析结果显示，二者之间呈现显著的线性相关关系，收入水平越高满意度越高（见图6-25）。将收入水平划分为不同的层级，均值分析的结果同样表明，不同收入层级的受访者在满意度上具有显著的差异性（$F=17.19$，$p=0.000$）（见图6-26）。

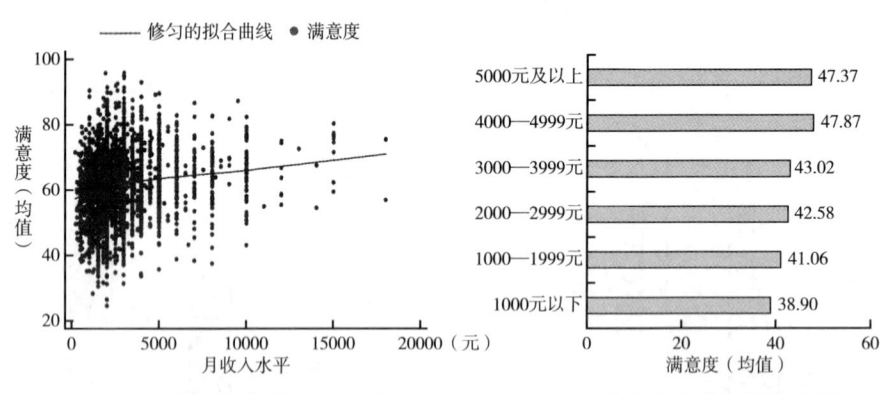

图6-25 满意度与收入水平的散点分布

图6-26 满意度在收入层级上的均值分布

收入层级	满意度（均值）
5000元及以上	47.37
4000—4999元	47.87
3000—3999元	43.02
2000—2999元	42.58
1000—1999元	41.06
1000元以下	38.90

——权力地位与满意度

权力地位被操作化为行政级别与管理层级两个方面,这两个方面事实上会有交叉之处,行政权力主要指的是人们的行政级别(俗话说的是不是"当官"的),与制度内的岗位设置相关;而管理层级则指代更为广泛,包含行政级别。统计结果显示,权力地位越高,受访者的满意度越高。在行政级别上,行政级别高的受访者满意度显著高于低者(F=6.98,p=0.000);在管理层级上,管理级别高的受访者满意度显著高于低者(F=30.59,p=0.000)(见图6-27、图6-28)。

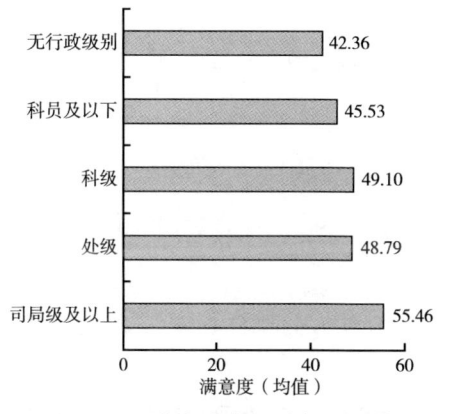

图6-27　满意度在行政级别上的均值分布

- 无行政级别：42.36
- 科员及以下：45.53
- 科级：49.10
- 处级：48.79
- 司局级及以上：55.46

图6-28　满意度在管理层级上的均值分布

- 普通职工：42.17
- 中层管理人员：47.55
- 领导：51.84

——社会地位与满意度

就职业声望而言,从总体趋势来看,职业声望越高,受访者的满意度越高,但相关性极强(二者之间的相关系数为0.0834,在0.001的置信水平上具有统计显著性)(见图6-29)。

上述分析表明人们的社会经济地位确实影响其满意度水平,但人们的经济地位、权力地位以及社会地位间往往有着较为复杂的相关性,究其哪些因素对人们的满意度起主要影响作用(main effect)还需要在综合考虑其他因素的基础上进行分析。下面我们将满意度作为因变量,将社会经济地位诸操作变量作为自变量,通过回归方程进一步确认在控制其他条件变量的情况下,各变量对满意度的影响作用。

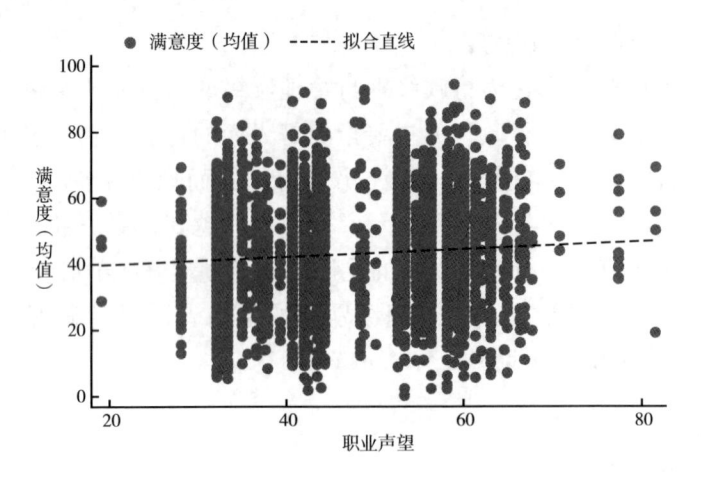

图6-29 满意度与职业声望间的散点分布

首先我们构建回归方程：

$$Y = \beta_0 + \beta_1 \chi_1 + \beta_2 \chi_2 + \beta_3 \chi_3 + \beta_4 \chi_4 + \mu$$

Y 为因变量满意度，χ_1 表示收入水平，χ_2 表示受教育程度，χ_3 表示管理级别，χ_4 表示职业声望。

通过日常经验，我们可以判断收入水平与人们的受教育程度、管理层级有着较强的相关性，而受教育程度与职业声望亦有着较强的关联性。为了更加准确地估计各变量对满意度的影响，我们需要考虑变量间的交互效应（interactive effects），从而构建交互项。这些交互项有收入水平*受教育程度、收入水平*管理级别和受教育程度*职业声望。这样方程2可表示如下。

$$Y = \beta'_0 + \beta'_1 \chi_1 + \beta'_2 \chi_2 + \beta'_3 \chi_3 + \beta'_4 \chi_4 + \beta'_5 \chi_1 \cdot \chi_2 + \beta'_6 \chi_1 \cdot \chi_3 + \beta'_7 \chi_2 \cdot \chi_4 + \mu_1$$

统计分析的结果显示，在模型1中，收入水平的影响作用显著，收入水平越高满意度越高；管理层级具有显著的影响效应，以普通职工为参照组，管理层级越高，满意度越高；职业声望亦具有显著意义，职业声望高的受访者满意度显著提高。在模型2中，我们纳入交互变量后，结果显示只有管理层级具有显著意义，收入水平与职业声望的显著性消失。这也就意味着收入水平与职业声望的影响作用更多地与受教育程度相关，管理层级对人们的满意度具有独立的影响作用，收入水平、受教育程度及职业声望并不是影响人们满意度高低的主要因素。同时，我们注意到交互项2虽不显著，但是其作用方向相反，以普通职工*收入为参照组，管理层级高的群体，收入水平的提升对其满意度的提升作用甚微。在交互项1中，大专及以上受教育程度的受访者与参照组相比，收入提高对满意度的提升作用有限。但整体模型的解释力较小（R^2小于10%），表明社会经济地位的高低并非决定人们满意度高低的主要因素（见表6-33）。[①]

表6-33 关于满意度与社会经济地位的多元回归分析

变量	模型1 满意度	模型2 满意度
收入水平（连续变量）	0.0007*** (5.58)	0.001 (0.71)
受教育程度（以小学及以下为参照）		
初中	1.00 (0.83)	−5.38 (−0.92)
高中	1.24 (1.07)	−1.66 (−0.29)
大专及以上	0.59 (0.50)	−4.27 (−0.75)
管理层级（以普通职工为参照）		
中层管理人员	1.89** (3.21)	2.80* (2.43)
领导	5.42*** (4.34)	7.44** (3.19)
职业声望（连续变量）	0.04* (2.13)	−0.06 (−0.45)
交互项1（以小学及以下*收入水平为参照）		
初中*收入水平		0.0005 (0.34)
高中*收入水平		0.00008 (0.06)
大专及以上*收入水平		−0.0003 (−0.23)

---

① 李汉林、魏钦恭、张晨曲：《发展过程中的满意度》，《社会学评论》2013年第1期，第75—88页。

续表

变量	模型1 满意度	模型2 满意度
交互项2（以普通职工*收入水平为参照）		
中层管理人员*收入水平		−0.0002 （−0.89）
领导*收入水平		−0.0005 （−1.25）
交互项3（以小学及以下*职业声望为参照）		
初中*职业声望		0.13 （0.84）
高中*职业声望		0.06 （0.44）
大专及以上*职业声望		0.13 （0.88）
截距	57.04*** （41.99）	60.90*** （11.13）
R^2	4.0%	4.4%

注：括号中数值为t值；$^+p<0.1$，$^*p<0.05$，$^{**}p<0.01$，$^{***}p<0.001$。

3. 社会信任现状及其影响因素分析

如上所述，社会信任被操作化为受访者对所在地政府的信任。对政府的信任度是人们对政府执政能力的主观感受，是对政府所做的相应的一些制度安排的评价。一个被公众不信任的政府，很可能是一个执政能力不高的政府，在这样一个政府的领导下，社会很可能不会稳定，人们对这个社会的经济社会与政治发展也很可能不会满意。发展的过程，在很多的情况下，都是政府与企业、政府与社会、政府与公众不断博弈和互动的过程。如何推动发展，如何创造发展的环境和条件……政府都起到了举足轻重的作用。① 在发展的过程中，政府通过权力可以有意识地配置资源。

需要回顾说明的是，改革开放以来，中国的经济发展，尤其是中国的市场化和私有产权的发展，始终保持了一种混合经济的形态，就是市

---

① 李汉林：《关于社会景气研究》，《社会发展研究》2016年第2期，第63—77页。

场领域和政府干预和调控的领域并存、私有产权与公有产权并存,政府始终处于一种强势的地位,有很强的动员、集中以及分配资源的能力,这就从根本上保证了政府对国家经济发展宏观的可控性和稳定性,从而避免了社会的分裂和对抗。[①] 在这里,政府有效治理的一个根本前提,就是政府长期以来形成的权威,或者说,是人们对政府行为长期以来所形成的一种信任。一旦人们对政府的信任发生动摇或者弱化,那么,长期以来政府形成的动员、集中和分配资源的能力就会受到挑战与质疑,政府行为的合法性也会因此而受到削弱、挑战与质疑。这些都说明,人们对政府的信任度对于一个处于执政地位的利益群体的极端重要性,这同时也是我们制作这个量表并以此来测量人们对政府信任度的主要目的和意义。

在这里,对社会信任的测量主要分为两个维度,即对政府执政能力的信任度和对政府职能部门的信任度。对政府执政能力的信任度由五项题器构成,分别为"政府服务贴近我的需要"、"政府服务让我得到实惠"、"政府处理各种事情公道"、"政府能够处理好各种突发事件"以及"政府愿意听取老百姓意见";对政府职能部门的信任度分别涉及"公安局/派出所"、"法院"、"工商/税务部门"、"信访部门"和"城管部门"。

调查结果显示,受访者的社会信任度均值为36.18,标准差为18.73,偏度系数为0.547,峰度系数为-0.234,频次分布的高峰稍向左、长尾向右侧延伸,呈正偏态分布,即受访者的社会信任度总体偏低。具体分解到社会信任的两个方面:对政府执政能力的信任度(均值为34.17)低于对相关职能部门的信任度(均值为36.51)(见图6-30)。在对政府执政能力的信任度上,信任度最高的是"政府能处理好各种突发事件"(56.06%的受访者信任),信任度最低的是"政府处理事情公道"(约44.53%的受访者信任);对政府相关职能部门最为信任的是法院(约56.26%的受访者信任),信任度最低的是城管部门(约26.78%的受访者信任)(见图6-31)。

---

① 华生、罗小朋、张学军、边勇壮:《中国奇迹的源头与动力何在》,《金融时报》2008年12月8日。

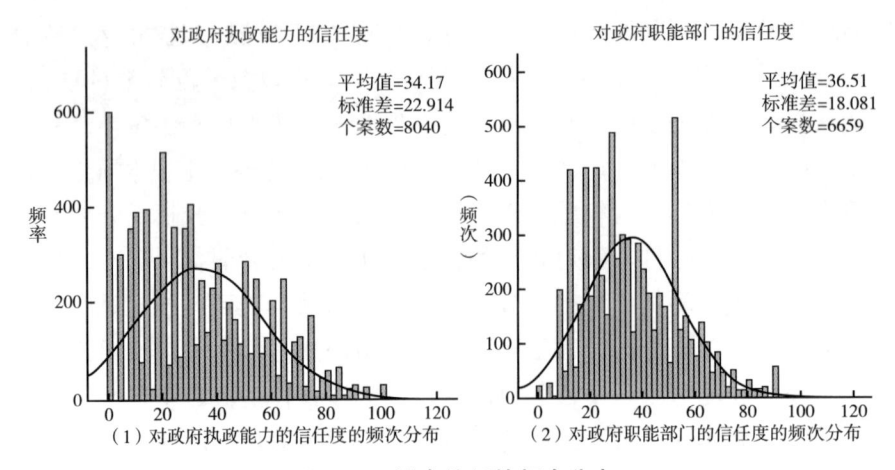

图6-30 社会信任的频次分布

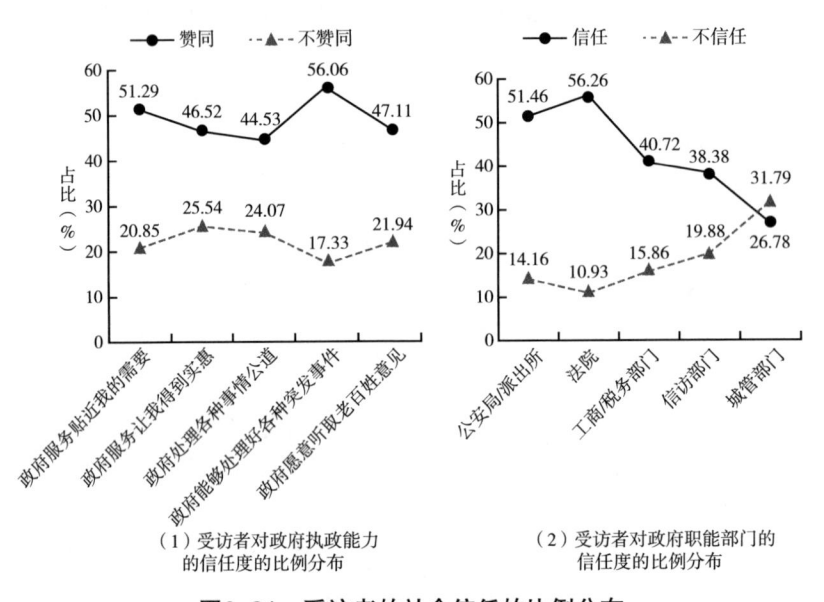

（1）对政府执政能力的信任度的频次分布
平均值=34.17
标准差=22.914
个案数=8040

（2）对政府职能部门的信任度的频次分布
平均值=36.51
标准差=18.081
个案数=6659

图6-31 受访者的社会信任的比例分布

（1）受访者对政府执政能力的信任度的比例分布

赞同 / 不赞同

- 政府服务贴近我的需要：51.29 / 20.85
- 政府服务让我得到实惠：46.52 / 25.54
- 政府处理各种事情公道：44.53 / 24.07
- 政府能够处理好各种突发事件：56.06 / 17.33
- 政府愿意听取老百姓意见：47.11 / 21.94

（2）受访者对政府职能部门的信任度的比例分布

信任 / 不信任

- 公安局/派出所：51.46 / 14.16
- 法院：56.26 / 10.93
- 工商/税务部门：40.72 / 15.86
- 信访部门：38.38 / 19.88
- 城管部门：26.78 / 31.79

进一步对社会信任两个维度的差异性分析，结果显示如下。

——在对政府执政能力的信任度方面，男性（均值为35.40）比女性（均值为33.14）对政府执政能力更信任，未婚受访者（均值为37.68）比已婚受访者（均值为33.19）对政府执政能力更信任；年龄越小的受访者，对政府执政能力的信任度更高；受教育程度越高的受访者，对政府执政能力的信任度更高；持农业户口的受访者（均值为37.81）或持外市县户口的受访者（均值为39.16）对政府执政能力的信任度更高；西部地区受访者对政府执政能力的信任度最高，均值为37.49，其后依次是中部地区（均值为34.52）、东部地区（均值为33.70）和东北地区（均值为28.79）；离退休人员对政府执政能力的信任度最低，均值为28.85；虽然不同单位所有制性质的员工对政府执政能力的信任度在0.05置信水平下不存在显著差异，但是在单位中，普通职工对政府执政能力更为信任，均值为34.46，其后是中层管理者（均值为32.35），最后是领导（均值为30.88）（见表6-34）。

表6-34　对政府执政能力的信任度在各项自然社会特征上的均值分布

特征值		均值	标准差	样本数	差异显著性
性别	男性	35.40	0.39	3663	$T=4.4216$, $df=1$ $p=0.0000$
	女性	33.14	0.34	4377	
年龄	16—29岁	37.55	23.07	2410	$F=28.86$, $df=4$ $p=0.0000$
	30—39岁	34.44	23.15	2079	
	40—49岁	33.07	22.64	1906	
	50—59岁	31.22	22.47	1054	
	60岁及以上	28.26	20.86	591	
婚姻状况	未婚	37.68	0.55	1763	$T=7.3054$, $df=1$ $p=0.0000$
	已婚	33.19	0.29	6276	
管理层级	领导	30.88	25.08	95	$F=2.45$, $df=2$ $p=0.0861$
	中层管理者	32.35	23.46	424	
	普通职工	34.46	23.06	2629	
受教育程度	小学及以下	34.83	22.90	1535	$F=2.87$, $df=5$ $p=0.0137$
	初中	33.95	23.31	2437	
	高中/中专/技校	33.12	22.43	2016	
	大学专科	33.99	22.47	1231	
	大学本科	36.48	23.45	763	
	研究生	37.25	24.80	44	
单位所有制性质	国有	31.23	23.44	877	$F=7.13$, $df=5$ $p=0.1284$
	集体所有	30.63	21.52	346	
	私有/民营	35.83	23.19	1684	
	港澳台资	36.60	22.80	32	
	外资所有	36.23	25.61	89	
	中外合资	37.80	20.43	140	

续表

特征值		均值	标准差	样本数	差异显著性
户籍	农业户口	32.03	0.32	2976	$T=11.0048$, $df=1$ $p=0.0000$
	非农业户口	37.81	0.42	5050	
户口所在地	本市县户口	33.30	0.28	6804	$T=-8.1752$, $df=1$ $p=0.0000$
	外市县户口	39.16	0.66	1192	
工作状态	有固定工作	33.33	23.15	4073	$F=23.97$, $df=5$ $p=0.0000$
	临时性工作	37.82	22.63	1030	
	离退休	28.85	21.15	900	
	在校学生	38.25	21.74	463	
	失业下岗	39.42	23.65	438	
	在家持家	34.25	22.36	1060	
区域	东部	33.70	23.57	4126	$F=23.65$, $df=3$ $p=0.0000$
	中部	34.52	22.44	1759	
	西部	37.49	21.74	1486	
	东北	28.79	21.37	669	

——在对政府职能部门的信任度方面，男性（均值为37.57）比女性（均值为35.62）总体层面对政府更信任，不同婚姻状况的受访者在政府职能部门信任度上不存在显著差异（t值为1.1871，p值为0.2352）；年龄越小的受访者，对政府职能部门的信任度越高，16—29岁受访者对政府职能部门最为信任，60岁及以上受访者的信任度则最低；受教育程度为小学及以下的受访者对政府职能部门的信任度最高（均值为37.91），其次为初中（均值为36.94）；持农业户口的受访者（均值为39.29）或持外市县户口的受访者（均值为38.91）对政府职能部门的信任度更高；中部地区受访者对政府职能部门的信任度最高，均值为39.28，其后依次是西部地区（均值为37.23）、东部地区（均值为35.97）和东北地区（均值为31.65）；离退休人员对政府职能部门的信任度最低，均值为33.82；港澳台资企业员工对政府职能部门最为信任，中外合资员工对其的信任度最低；在单位中，普通职工对政府职能部门最为信任，均值为36.41，其次是中层管理者（均值为33.68），最后是领导（均值为33.40）（见表6-35）。

表6-35 对政府职能部门的信任度在各项自然社会特征上的均值分布

特征值		均值	标准差	样本数	差异显著性
性别	男性	37.57	0.34	3060	$T=4.3901$,$df=1$ $p=0.0000$
	女性	35.62	0.29	3599	
年龄	16—29岁	37.41	17.61	2014	$F=8.65$,$df=4$ $p=0.0000$
	30—39岁	36.93	18.33	1703	
	40—49岁	37.11	18.07	1572	
	50—59岁	34.05	18.59	893	
	60岁及以上	33.86	17.63	477	
婚姻状况	未婚	37.01	0.46	1468	$T=1.1871$,$df=1$ $p=0.2352$
	已婚	36.37	0.25	5190	
管理层级	领导	33.40	16.08	75	$F=4.39$,$df=2$ $p=0.0124$
	中层管理者	33.68	17.35	355	
	普通职工	36.41	17.93	2225	
受教育程度	小学及以下	37.91	18.67	1250	$F=3.11$,$df=5$ $p=0.0082$
	初中	36.94	18.11	1949	
	高中/中专/技校	35.86	18.28	1708	
	大学专科	35.37	17.31	1040	
	大学本科	35.93	17.38	665	
	研究生	36.38	17.63	34	
单位所有制性质	国有	35.01	17.91	759	$F=4.90$,$df=5$ $p=0.0002$
	集体所有	33.77	17.20	292	
	私有/民营	37.17	17.92	1406	
	港澳台资	40.81	16.74	22	
	外资所有	37.64	20.33	73	
	中外合资	30.92	14.31	113	
户籍	农业户口	35.01	0.27	2329	$T=11.0048$,$df=1$ $p=0.0000$
	非农业户口	39.29	0.38	4320	
户口所在地	本市县户口	36.12	0.24	5653	$T=-4.4508$,$df=1$ $p=0.0000$
	外市县户口	38.91	0.59	971	

续表

特征值		均值	标准差	样本数	差异显著性
工作状态	有固定工作	36.14	17.87	3445	$F=11.91$，$df=5$ $p=0.0000$
	临时性工作	39.86	19.24	824	
	离退休	33.82	18.09	757	
	在校学生	34.93	16.12	386	
	失业下岗	39.54	19.27	343	
	在家持家	36.40	17.55	841	
区域	东部	35.97	17.97	3550	$F=27.23$，$df=3$ $p=0.0000$
	中部	39.28	18.87	1441	
	西部	37.23	17.50	1086	
	东北	31.65	16.55	582	

对社会信任的研究主要涉及的是政治信任（political trust）的核心议题，即政府执政的合法性（legitimacy）和政策执行的有效性（effectiveness）问题。就合法性而言，对政府的信任度反映了一个国家（或地方）的政府及其行为在多大程度上得到了一般民众的认可；对于政策执行的有效性而言，民众对政府的信任度过低则意味着政治体系或政府行为丧失了民众基础，从而使得政策的制定和执行过程会遇到更多的阻力和反对，需付出更大的社会成本。①

对政府的信任问题在国内长期未被研究者所论及，一方面是因为国家和政府拥有改造社会的强大动员能力可以赢得社会的认可和支持，而且国家有足够的资源汲取和配置能力，能够保证社会改造目标的实现，因而在民众中拥有很高的合法性地位，在政策的执行中具有很高的效率；另一方面，新中国的国家政权以其巨大的革命功绩赢得了民众的广泛拥戴，对国家和政府基本上是深信不疑的。② 改革以来，随着国家的合法性基础从以

---

① 马得勇：《政治信任及其起源——对亚洲8个国家和地区的比较研究》，《经济社会体制比较》2007年第5期，第79—86页。

② 冯仕政：《中国国家运动的形成与变异：基于政体的整体性解释》，《开放时代》2011年第1期，第72—97页。

"意识形态"为主转向以"绩效"为主,社会改造目标的实现从以"运动式"的动员为主转向以政策制度的推动为主,国家与民众的关系从以"革命教化"为主转向以"治理参与"为主,各级政府在执政过程中出现的问题和暴露的不足成为改革不断推进和社会经济发展的阻碍,国家和政府有较强的动力和足够的勇气去面对和解决这些问题。在此种情境之下对政府的信任问题进行研究,对于提高政府的执政能力、稳固执政的民众基础、维持社会的和谐稳定意义重大。

目前学者们对中国政府信任问题的研究主要关注政府的层级差异,即民众对政府的信任度会随着政府层级的不同而有较大差异。多数研究发现,我国民众对政府的信任存在着"央强地弱"或"政治信任层级差"的结构特征,政府的层级越高,民众的信任度越高。[①] 除了这种层级差异外,同时也有研究者指出,政治信任对象的抽象程度越高,人们的政治信任水平越高。[②] 与以往多数研究者将政治信任的对象划分为从中央政府到地方政府的梯层[③] 不同,我们的调查发现人们对抽象程度较高的中央政府更信任,而对具体的地方政府的信任度却相对较低。对政府信任的层级差异问题学者们已提出许多富有见地的观点,但对抽象与具体的差异研究还很不足。下文将在综述以往研究的基础上,提出我们的分析视角,并进行数据的验证。

第一种观点可称为"文化视角",学者们认为当下民众更信任中央政府的原因是受到传统政治文化的影响。有研究者在分析文化价值对政治信任的影响时,认为中国文化的两个方面显著地影响了民众对政府的态度观念。第一种是人们的权力和权威取向。中国传统文化中的个体与国家关系

[①] 参见叶敏、彭妍《"央强地弱"政治信任结构的解析——关于央地关系一个新的阐释框架》,《甘肃行政学院学报》2010年第3期,第49—57、126页;沈士光《论政治信任——改革开放前后比较的视角》,《学习与探索》2010年第2期,第60—65页;Lianjiang Li, "Political trust in Rural China," *Modern China*, Vol. 30, No. 2 (Apr., 2004), pp.228-258;胡荣《农民上访与政治信任的流失》,《社会学研究》2007年第3期,第39—55、243页。

[②] 谢治菊:《政治信任的含义、层次(结构)与测量——对中西方学界相关研究的述评》,《南昌大学学报(人文社会科学版)》2011年第4期,第10—15页。

[③] 参见托尼·塞奇、李明《公民对治理的认知:中国城乡居民满意度调查》,《经济社会体制比较》2011年第4期,第92—101页;Lianjiang Li, "Political trust in rural China," *Modern China*, Vol. 30, No. 2 (Apr., 2004), pp.228-258; Lianjiang Li, & O'BRIEN, K. J. "Villagers and popular resistance in contemporary China," *Modern China*, Vol.22, No.1(1996), pp.28-61.

是等级分明的，而不是互惠式的关系（reciprocal relationship），民众并不认为政府有义务满足自己的要求，从而对公共权威的态度并不会因为政府的行为而产生很大的影响。第二种是冲突取向，中国文化中的社会控制与西方不同，依赖于民众的自律（self-discipline），当在某些重要事项上发生利益冲突时，更愿意为了社会整体的和谐而牺牲自己的利益。正是在这种文化的熏陶之下，当政府不能满足自身的利益诉求时，为了社会和谐，民众会撇弃一己之私而非舍政府于不顾。另有研究者在对亚洲8个国家和地区的政治信任水平进行比较时，认为威权主义价值观是政治信任的重要影响因素，政治威权主义越强的国家和地区，对中央政府的信任度越高。① 上述观点，将民众完全视为"顺民"，失之偏颇。事实上，中国的传统文化同样强调统治者对民众力量的重视，"君者，舟也；庶人者，水也。水则载舟，水则覆舟"，要想社稷稳固就得"取信于民""深得民心"，正所谓"民无信不立"。正是在这种文化影响下，作为统治者的皇帝要想树立自己"天子"的权威，除了礼乐教化还得让百姓普受恩泽，对自身及政治官僚严格要求。正是在这种意义上，有学者指出，政绩合法性在中国的历史上发挥了重要的作用，古代中国政府所承担的民生职责是大多数其他古代社会所不具备的，一位好的皇帝同样需要按照儒家的标准来约束自己，治国安邦、抵御外敌、关注民生。政绩在政权合法性中的突出作用，使得古代的中国百姓可以从政绩的角度来评判他们的统治者，甚至于"揭竿而起""改朝换代"。②

第二种观点可称为"制度主义视角"。从政治体制出发，民众偏信中央政府被视为是中央集权体制所造成的一种意外后果（unintended consequence），在此种体制下，中央政府在获取民众政治信任时具有更为明显的优势，相比之下，地方政府的自主性不强、动力不足、能力有限，更容易进入民众视野而显露各种不足。③ 这实质上涉及的是中央政府与地方政府之间的关系问题。在实行分权后的压力型体制之下，

---

① 马得勇：《政治信任及其起源：对亚洲8个国家和地区的比较研究》，《经济社会体制比较》2007年第5期，第79—86页。

② 赵鼎新、龚瑞雪、胡婉等：《"天命观"及政绩合法性在古代和当代中国的体现》，《经济社会体制比较》2012年第1期，第116—121页。

③ 叶敏、彭妍：《"央强地弱"政治信任结构的解析——关于央地关系一个新的阐释框架》，《甘肃行政学院学报》2010年第3期，第49—57、126页。

基层政府为了完成上级政府下达的各项指标任务，在上级设立的各种排名中取得好名次、先进称号，以博得上级的赞许、获得更多的政策性支持会采取各种实现目标的手段（包括"非正式的制度"和"制度的非正式化"）。[①] 这种体制在实现赶超现代化的同时所带来的负面影响也是很明显的，如乱罚款、乱收费、乱摊派集资等非制度化行为严重影响了地方政府的形象，这也是造成民众对地方政府信任度降低的主要原因。相较于上述将地方政府视为上级政府的完全代理不同，在中国的政治体制下，中央与地方之间并非简单的分权与集权关系，而是各自有着相对的自主性，因为集权的多层级和多源性可能导致"有组织的无序"，从而瓦解集权的控制效力，扩大下层组织的自主性空间，集权的层次越多，下层的自主性空间就越大。但由于研究者们多将地方自主性与地方官僚群体的自主性混为一谈，且人们常将地方政府与地方干部联系起来，并将地方或基层干部道德品质的负面评价放大，认为"上面的政策是好的，是下面的和尚把经给念歪了"，基层干部会根据自己的利益进行选择，甚至对上级政策采取选择性执行[②]，因而研究者们往往得出对地方政府的信任度低在很大程度上是对地方官员或者办事人员的不满所致的结论。制度主义的视角具有较强的解释力，但由于许多研究是从宽泛的角度出发进行的阐释，并未指明是制度的哪些层面或哪些机制影响了人们对政府的信任度，因而难以令人获知其中的具体原委。

当然在多数民众眼中，"政府"是一个既抽象又具体的概念，在抽象的意义上，只要是管理自己的部门或人员都被划归为政府，法院、检察院、人大等机构也常被人们认为是"政府"；在具体的意义上，人们会认为乡镇政府（或街道）是最低层级的政府机构，而村委会（或居委会）则不构成行政层级意义上的政府。因而在调查的过程中，对抽象意义上的政

[①] 荣敬本等：《从压力型体制向民主合作体制的转变：县乡两级政治体制改革》，北京：中央编译出版社，1998年，第28—57页。

[②] 熊万胜：《基层自主性何以可能——关于乡村集体企业兴衰现象的制度分析》，《社会学研究》2010年第3期，第48—81、244页；周雪光：《基层政府间的"共谋现象"——一个政府行为的制度逻辑》，《社会学研究》2008年第6期，第1—21页；周黎安：《中国地方官员的晋升锦标赛模式研究》，《经济研究》2007年第7期，第36—50页；Kevin J. O'BRIEN, Lianjiang LI, "Selective policy implementation in Rural China," *Comparative Politics*, Vol.31, No.2 (Jan.,1999), pp.167–186.

府我们只以"政府"的指代出现，而对具体政府的操作化则对象明确，如工商部门、公安局或派出所、城管部门等。

上述研究将民众对政府信任度的差异归结为结构性原因，强调宏观因素的影响作用。如果在宏观机制的基础上引入某些微观因素，则会使得解释更为完备。接下来我们将从四个方面分析影响人们对政府信任度水平差异的原因及其内在机制。

第一种解释着重于制度的结构性影响，如现有的二元户籍制度、单位制度。因为这些附着于个体之上的政策制度使得人们在相关福利、保障方面具有较大的差异，从而会对政府的信任程度构成影响。

第二种解释强调新闻信息获得及社会信任状况对政府信任度的影响作用，以往研究已经证实人际信任状况和媒体信息获得都会对政府的信任度产生影响。[①] 我们想要获知这些因素对政府信任度以何种机制发生及在多大程度上具有影响作用。

第三种解释着重分析制度化的主体行为对政府信任的影响，这些制度化的行为就政府主体而言，包括是否忠于职责、廉洁自律以及能否有效惩治腐败等；就社会个体而言，主要指社会参与及决策参与等。政府以何种行为方式处理行政事务以及个体以何种方式进行社会参与并非任意为之，其背后都受到相关制度的约束，这些制度既包括正式的法律规章，也包括诸如意识形态、社会习俗等方面。毫无疑问，政府自身的行为方式及行为取向会影响民众对其的信任度，而民众的参与方式、参与程度亦会影响其对政府的信任度。[②]

第四种解释主要分析主体的价值观念对政府信任的影响。如政府主体的执政理念，"为人民服务""三个代表"等；而对于社会个体，其满意度、社会期望值、社会信心等心理和价值观念都构成了对政府信任度影响的内在因素。

[①] 参见罗纳德·英格尔哈特《信任、幸福与民主》，载沃伦主编《民主与信任》，吴辉译，北京：华夏出版社，2004年，第25—30页。

[②] 参见余敏江、梁莹《政府信任与公民参与意识内在关联的实证分析——以南京市为例》，《中国行政管理》2008年第8期，第121—125页；孙昕、徐志刚、陶然、苏福兵《政治信任、社会资本和村民选举参与——基于全国代表性样本调查的实证分析》，《社会学研究》2007年第4期，第165—187页。

表6-36 社会信任分析所使用变量的描述性统计

变量名	样本量	最小值	最大值	均值	标准差	属性
社会信任	8070	20	100	67.18	12.33	连续变量
年龄	8070	16	84	38.44	13.11	0=16—29岁 1=30—39岁 2=40—49岁 3=50—59岁 4=60岁及以上
政治面貌	8044					0=非党员 1=党员
受教育程度	8056					0=初中及以下 1=高中、中专 2=大专及以上
收入水平	4218					0=2000元及以下 1=2001—3000元 2=3001—5000元 3=5000元以上
户籍	8056					0=农业户口 1=非农业户口
单位属性	3190					0=非国有单位 1=国有单位
信息获得	7228					0=网络媒介 1=传统媒体
很难找到可信赖的朋友	7875					0=赞同 1=说不清 2=不赞同
准备多结交朋友	8055					0=没有打算 1=有模糊的打算 2=有清晰的打算
政府忠于职责	7863					0=不满意 1=一般 2=满意
政府廉洁自律	7318					0=不满意 1=一般 2=满意
政府公开透明	7417					0=不满意 1=一般 2=满意

续表

变量名	样本量	最小值	最大值	均值	标准差	属性
政府防治腐败	7707					0=不满意 1=一般 2=满意
决策参与	7276					0=不满意 1=一般 2=满意
社会参与	5739	1	3	1.32	0.36	连续变量
政策为百姓考虑	8058					0=不赞同 1=说不清 2=赞同
满意度	8070	23.33	100	61.23	9.93	连续变量
社会期望值	8070	20	100	53.28	11.92	连续变量
对未来没有信心	7723					0=赞同 1=说不清 2=不赞同

在上文论述的基础上，我们拟构建统计模型，将社会信任的两个维度（对政府执政能力的信任度和对政府职能部门的信任度）作为因变量，进行影响因素分析。由于因变量是连续变量，因而通过多元线性回归进行统计分析。首先我们引入人们的年龄、政治面貌、受教育程度和收入水平几个变量，作为模型的控制变量，同时也是人们的基本社会人口特征属性。分析的结果显示（见表6-37），在对社会信任上，人们的年龄、政治面貌都具有显著的影响作用。就年龄而言，以16—29岁的受访者为参照组，年龄越大，人们对政府相关职能部门越信任，这也与以往相关研究的结论一致。[①] 人们的政治面貌在人们对政府执政能力的信任度方面具有显著的影响作用，而在人们对政府职能部门的信任度方面的影响却不显著，党员对政府执政能力的信任度显著高于非党员群体。这也意味着政治社会化在人们对政府的信任度上具有显著的影响作用，政治社会化程度越高，对政府的信任度越高。接下来，受教育程度对社会信任的两个维度均具有显著的影响作用也在一定程度上支持了关于政治社会化作用的论述。众所周

---

① Tang, W. and Parrish, W. L., *Chinese Urban Life Under Reform: The Changing Social Contract,* New York: Cambridge University Press, 2000, pp. 121-127.

知,在中国从小学教育阶段开始就有关于思想政治的课程,即使到研究生阶段也不例外,有研究者发现大学本科中的"两课"(即马克思主义理论课和思想品德课)学习时数甚至达到420个学时以上。① 这也从一个侧面反映出群体受教育程度越高,政治社会化程度越深的可能性,进而可能对政府的主流意识形态更为认同,对政府更为信任。

表6-37 社会信任两维度的多元回归分析(对控制变量的解释)

变量	模型1 对政府执政能力的信任度	模型2 对政府职能部门的信任度
年龄(以16—29岁为参照)		
30—39岁	-3.22*** (-4.67)	-0.87 (-1.45)
40—49岁	-4.57*** (-6.33)	-0.92 (-1.46)
50—59岁	-6.40*** (-7.35)	-4.12*** (-5.47)
60岁及以上	-9.41*** (-8.60)	-4.71*** (-4.89)
政治面貌(以党员为参照)	-3.27** (-3.45)	-0.34 (-0.41)
受教育程度(以小学及以下为参照)		
初中	-1.14 (-1.54)	-1.11+ (-1.70)
高中/中专/技校	-2.32** (-2.99)	-2.32** (-3.44)
大学专科	-2.76** (-3.06)	-3.57*** (-4.57)
大学本科	0.15 (0.14)	-2.96** (-3.26)
研究生	1.86 (0.53)	-2.37 (-0.75)
收入水平	-3.43e-06 (-0.11)	-0.0000284 (-1.14)
截距	39.25*** (125.56)	39.73*** (61.29)
F值	13.33***	5.97***
R^2	1.80%	0.98%

注:括号中数值为t值; $^+ p<0.1$, $^* p<0.05$, $^{**} p<0.01$, $^{***} p<0.001$。

---

① 杨晓娟:《关于"两课"课程设置的再思考》,《山西高等学校社会科学学报》2005年第3期,第117—119页。

接下来我们将分析相关制度对民众的社会信任的影响作用。我们在参照模型的基准上引入户籍和单位属性两项变量，结果显示户籍的影响作用显著，相对于农业户口者，非农业户口的受访者的社会信任水平显著较高（见表6-38）。自我国1958年确立城乡分割的"二元户籍"制度后，其造成的结构性影响远非"一纸"之差，其背后所承载的诸如劳动就业、社会保障、子女教育等差异造成了农业户口与非农业户口间的"隔离"。由于我们所选取的调查样本是城镇人口，因而城镇中的农业户口者多以流动人口的身份出现，进一步的分析结果表明，非农业户口的受访者对社会公平公正状况满意的比例（23%）显著高于农业户口受访者（19%）；对个人发展机会满意的比例（27%）亦高于农业户口受访者（22%）。城镇中的这部分农业户口群体在城市的境遇易使得他们会更多地产生不满意、相对剥夺、不公平等感受，进而降低对政府的信任度。

表6-38 社会信任两维度的多元回归分析（第一种解释）

变量	模型1 对政府执政能力的信任度	模型2 对政府职能部门的信任度
年龄（以16—29岁为参照）		
30—39岁	−1.48 (−1.45)	−0.65 (−0.75)
40—49岁	−4.35*** (−3.87)	−0.67 (−0.71)
50—59岁	−1.37 (−0.82)	−4.47** (−3.16)
60岁及以上	−5.24 (−1.11)	−7.20+ (−1.87)
政治面貌（以党员为参照）	−3.19** (−2.45)	0.25 (0.23)
受教育程度（以小学及以下为参照）		
初中	−1.63 (−1.17)	−1.48 (−1.24)
高中/中专/技校	−2.36+ (−1.17)	−3.03** (−2.71)
大学专科	−1.07 (−0.79)	−3.41** (−2.98)
大学本科	3.05* (2.03)	−2.13+ (−1.69)
研究生	4.60 (1.10)	−2.01 (−0.54)

续表

变量	模型1 对政府执政能力的信任度	模型2 对政府职能部门的信任度
收入水平	−0.0002293[+] (−1.78)	−0.0004094[**] (−3.19)
户籍（以非农业户口为参照）	−6.26[***] (−6.69)	−3.28[***] (−4.10)
单位属性（以非国有单位为参照）	−3.24[***] (−3.61)	−1.00 (−1.32)
截距	43.11[***] (33.10)	42.81[***] (38.21)
F值	10.56[***]	5.56[***]
R^2	4.19%	2.67%

注：括号中数值为t值；[+] $p<0.1$, [*] $p<0.05$, [**] $p<0.01$, [***] $p<0.001$。

表 6-39 是在基准模型的基础上引入表示结构性文化的变量（信息获得方式、人际信任和交友情况）所做的统计分析，结果显示分析如下。信息获得方式在人们对社会的信任度上有着显著的影响作用，相比新兴媒介（网络、手机等），以传统信息渠道（报纸、广播电视等）获取信息的人对社会的信任水平更高。随着网络时代的到来，人们对信息的获得不再依赖于传统信息渠道，报纸、杂志、电台、电视和互联网共同构成了当下的信息源，而由于网络的便捷、迅速和匿名等特性，信息的传播方式和传播内容更具多样性。正如麦克卢汉所言，"传媒方式本身就是信息（media is the message）"，不同的传媒形式及其内容会对社会带来不同的影响。现代化理论认为信息会影响和形塑人们对公共权威的取向，[①]《人民日报》《新闻联播》对政府的报道断然不同于网络媒介，正如时任人民日报社社长张研农所描述的那样"看半天微博，要看七天'新闻联播'才能治愈"。我们并非认为网络上的信息都是与主流价值相背离的负面新闻。在承认其优点的同时，我们更加发现因为网络信息传播的便利、廉价，让垃圾信息和不良信息的制造和传播，都变得异常容易，并难以得到预防和控制。更有很多新闻信息为了博人眼球，赚取点击率，常被"网络水军"置顶到网站首页，如 2011 年 6 月 20 日，"郭美美"炫富事件将官办慈善事业置于广众的批判之下。随后出现的"刘翔比赛受伤事

[①] Karal W. Deutsch, "Social mobilization and political development," *American Political Science Review*, 55(1961), p. 634.

件"和"周克华被击毙案"遭到众多网民的质疑显现出部分民众对政府、对社会信任的缺失。除了信息内容本身的差异之外，不同特征的社会群体在获取信息的途径与渠道上也有较大的差异。我们的调查结果显示，16—29岁的受访者更多地选择网络、手机等新兴媒介方式获取信息；文化程度高的人群更多地选择报纸、杂志、广播电视等作为获取信息的第一渠道。

人际信任对社会信任的影响作用显著。相比那些认为"很难找到可信赖的朋友"的受访者，持不赞同意见的受访者的人际信任程度更高，对社会的信任水平也高。在交友情况方面，相对于没有打算准备多结交朋友的受访者，想要多结交朋友的受访者对社会的信任度更高。当然人际信任与社会信任是两个不同的概念。纽顿认为，通过互惠和信任，社会资本把个人从缺乏社会良心和社会责任感的、自利的和自我中心主义的算计者转变为具有共同利益的、对社会关系有共同假设的共同体的成员，从而构成了将社会聚合在一起的黏合剂。① 在这个意义上，人际信任构成了社会资本的重要部分，而社会资本被认为有助于增强政府的治理绩效和政府合法性。②

在我们的调查中，有28%左右的受访者认为很难找到可信赖的朋友，25%左右的受访者在未来三年没有多结交朋友的打算，这在很大程度上反映出当下社会的人际信任状况。在关于"老人摔倒，要不要帮扶"的议论中除了叹息人情冷漠之外，更折射出我们社会的人际信任水平已低到"冰点"。统计结果表明的人际信任对社会信任有正向影响作用只不过是其"正能量"的效应之一，良好的人际信任上到凝聚共识、增强团结，下到人际交往、买卖交易都具有举足轻重的作用。③ 我们需要民众信任的政府，也亟待社会信任的重建。

---

① 孔凡义：《信任、政治信任与政府治理：全球视野下的比较分析》，《中国行政管理》2009年第10期，第123—126页。

② 马得勇、王正绪：《社会资本、民主发展与政府治理——对69个国家的比较研究》，《开放时代》2009年第5期，第70—83页。

③ 有学者在论述市场经济与社会信任的关系时，认为"市场经济是分工合作的秩序不断扩展的过程。这个秩序的道德基础是分工的人们对相互产权的尊重。尊重产权是一种社会共识，它要求人们之间建立基本的信任关系。越是缺乏信任，人们之间的分工就越不发达，并且交易成本越高。当信任关系微弱到使交易成本高于分工与交往所能得到的好处时，合作秩序的扩展就停滞了"。参见汪丁丁《市场经济与道德基础》，上海：上海人民出版社，2007年，第35页。

表6-39 社会信任两维度的多元回归分析（第二种解释）

变量	模型1 对政府执政能力的信任度	模型2 对政府职能部门的信任度
年龄（以16—29岁为参照）		
30—39岁	−3.65*** (−4.22)	−1.12 (−1.49)
40—49岁	−4.68*** (−5.35)	−1.60* (−2.11)
50—59岁	−5.83*** (−5.79)	−4.07*** (−4.69)
60岁及以上	−9.46*** (−7.70)	−4.41*** (−4.13)
政治面貌（以党员为参照）	−3.56** (−3.17)	−1.05 (−1.10)
受教育程度（以小学及以下为参照）		
初中	−1.19 (−1.40)	−0.80 (−1.07)
高中/中专/技校	−3.10** (−3.43)	−1.96* (−2.51)
大学专科	−2.95** (−2.66)	−3.84*** (−4.00)
大学本科	−0.27 (−0.20)	−1.25 (−1.08)
研究生	−0.06 (−0.01)	−3.37 (−0.81)
收入水平	8.01e−0.6 (0.26)	−0.0000253 (−1.01)
信息获得（以传统媒介为参照）	−0.54+ (−0.88)	−0.44+ (−0.83)
人际信任（以赞同很难找到可信赖的朋友为参照）		
不赞同	−3.61*** (−5.25)	−1.47* (−2.46)
交友情况（以没有打算准备多结交朋友为参照）		
有模糊的打算	1.14 (1.44)	1.08 (1.58)
有清晰的打算	1.00 (1.23)	0.24 (0.34)
截距	39.72*** (32.66)	40.10*** (38.15)
F值	9.42***	3.72***
R^2	2.92%	1.40%

注：括号中数值为t值；+ $p<0.1$，* $p<0.05$，** $p<0.01$，*** $p<0.001$。

接下来，我们将分析政府行为方式与民众的社会参与方式对社会信任的影响（见表6-40）。在基准模型的基础上，我们引入了以下影响变量，即政府是否忠于职责、政府是否廉洁自律、政府是否公开透明、政府能否防治腐败，以及民众的决策性参与和社会参与。统计结果表明，政府的行为方式显著影响了民众对社会的信任水平。那些满意于政府行为方式的受访者对政府执政能力的信任度和对政府职能部门的信任度都显著更高。对此种结果不难理解，上述所列事项本是政府执政的分内之责，我们很难相信一个不忠于职责、不廉洁自律的政府会得到民众的认同与支持。当然此处的结果也意味着无论是中央政府还是地方政府、无论是政策制定部门还是政策执行部门，要想获得民众的信任与支持都必须先加强自身的职能建设。

在决策性参与上，那些对政府通过听证会的方式征询民意状况满意的受访者对政府执政能力的信任度和对政府职能部门的信任度都更高；社会参与程度越高的受访者对社会的信任度越高。大量关于社会参与和政治参与的研究都表明，有效的参与（尤其是决策性参与）能提升参与者的满意度和成就感。这一方面体现出人们较为关心政府制定相关政策时能否考虑利益相关者的诉求表达；另一方面也显现出我们当下在制定政策时对民众意见的征询还很不够（在我们的调查中，有30%左右的受访者对政府"通过听证会等方式征询民意"的状况不满意），民众的决策性参与还很低。

表6-40 社会信任两维度的多元回归分析（第三种解释）

变量	模型1 对政府执政能力的信任度	模型2 对政府职能部门的信任度
年龄（以16—29岁为参照）		
31—39岁	−1.99** （−2.87）	−0.68 （−1.06）
40—49岁	−2.08** （−2.85）	0.01 （0.01）
50—59岁	−2.74** （−3.10）	−2.30** （−2.81）
60岁及以上	−3.71** （−3.23）	−1.75 （−1.64）
政治面貌（以党员为参照）	−1.91* （−2.03）	1.17 （1.34）
受教育程度（以小学及以下为参照）		
初中	−1.10 （−1.41）	−0.97 （−1.32）

续表

变量	模型1 对政府执政能力的信任度	模型2 对政府职能部门的信任度
高中/中专/技校	−1.72* （−2.17）	−2.89*** （−3.91）
大学专科	−1.96* （−2.19）	−3.08*** （−3.69）
大学本科	0.98 （0.94）	−3.82*** （−3.97）
研究生	−1.78 （−0.52）	−2.43 （−0.76）
收入水平	0.0000129 （0.50）	−0.0000167 （−0.73）
忠于职责（*以满意为参照*）		
一般	−7.19*** （−9.99）	−6.02*** （−8.95）
不满意	−12.38*** （−14.15）	−9.19*** （−11.26）
廉洁自律（*以满意为参照*）		
一般	−4.57*** （−6.84）	−1.05+ （−1.69）
不满意	−4.50*** （−5.26）	−1.47+ （−1.84）
公开透明（*以满意为参照*）		
一般	−6.22*** （−9.25）	−3.91*** （−6.21）
不满意	−10.33*** （−11.88）	−5.22*** （−6.43）
防治腐败（*以满意为参照*）		
一般	−4.84*** （−7.00）	−2.47*** （−3.82）
不满意	−9.27*** （−11.05）	−4.80*** （−6.15）
决策参与状况（*以满意为参照*）		
一般	−4.51*** （−6.65）	−2.69*** （−4.24）
不满意	−8.04*** （−9.72）	−4.09*** （−5.31）
社会参与	0.03*** （2.59）	0.01*** （1.01）
截距	59.39*** （62.71）	52.15*** （59.29）
F值	127.78	46.78***
R^2	35.42%	18.30%

注：括号中数值为t值；+ $p<0.1$，* $p<0.05$，** $p<0.01$，*** $p<0.001$。

表6-41是在控制变量的基础上引入表示政府执政理念和民众社会心理的变量所做的统计分析,结果显示如下。政府执政理念对社会信任具有显著的影响作用,赞同政府政策为老百姓考虑的受访者对社会的信任水平显著更高。国家和政府一贯强调"执政为民",只有以老百姓的需求为各项政策的出发点和落脚点,将政策与民众的需求结合起来才能"取信于民"。

在民众的心理层面,满意度对政府执政能力的信任度和对政府职能部门的信任度作用显著,较高的满意度能有效提升对社会的信任水平。在我们的分析中,满意度是一项涵盖多项内容和对象的变量,不仅涉及个人的收入、家庭状况,还包括诸如民生保障、物价水平、社会公正等宏观因素,由于这些宏观和微观层面的状况改善很大程度上有赖于政府的致力而为,因此政府公共服务职能的履行状况与受访者的满意度状况密切相关,并影响了受访者对社会的信任水平。

表6-41 社会信任两维度的多元回归分析(第四种解释)

变量	模型1 对政府执政能力的信任度	模型2 对政府职能部门的信任度
年龄(以16—29岁为参照)		
30—39岁	-2.70** (-2.90)	-0.72 (-0.83)
40—49岁	-5.41*** (-5.38)	-0.73 (-0.78)
50—59岁	-2.66+ (-1.73)	-4.32** (-3.07)
60岁及以上	-4.23 (-1.07)	-1.86 (-0.52)
政治面貌(以党员为参照)	-2.08+ (-1.78)	1.45 (1.35)
受教育程度(以小学及以下为参照)		
初中	-2.01 (-1.52)	-0.99 (-0.80)
高中/中专/技校	-2.55* (-2.06)	-2.70** (-2.36)
大学专科	-0.94 (-0.75)	-2.75** (-2.38)
大学本科	2.25 (1.63)	-1.79 (-1.41)

续表

变量	模型1 对政府执政能力的信任度	模型2 对政府职能部门的信任度
研究生	0.76 (0.19)	−5.72 (−1.43)
收入水平	0.0002332⁺ (1.71)	−0.0001145 (−0.92)
政策为百姓考虑（以赞同为参照）		
说不清	−16.65*** (−10.04)	−5.35*** (3.50)
不赞同	−26.90*** (−17.33)	−7.52*** (−5.22)
满意度	0.52*** (19.53)	0.31*** (12.85)
社会期望值	−0.12* (−3.96)	−0.04 (−1.38)
对未来没有信心（以不赞同为参照）		
说不清	0.09 (0.09)	−2.29** (−2.38)
赞同	5.88*** (5.80)	−0.14 (−0.15)
截距	71.31*** (23.76)	56.12*** (20.50)
F值	69.41***	19.51
R^2	31.75%	13.11%

注：括号中数值为t值；⁺$p<0.1$，*$p<0.05$，**$p<0.01$，***$p<0.001$。

在上述分析的基础上，下文我们将从社会保护、社会关系、社会经济地位差异几个方面进一步对社会信任进行分析。我们将不再区分社会信任的两个维度，而是从整体上进行考察。该变量是在对政府执政能力的信任度和对政府职能部门的信任度加总而成，为介于 0 和 100 之间的数值，数值越高表示对社会越加信任。从其分布可以看出，民众对社会的信任度较低，超过一半的受访者对社会的信任度超过 33.90，变量的均值为 36.18。

（1）社会保护与社会信任

此处对社会保护状况的分析新引入两项题器，即"过去一年，您和您家人有没有买到过假冒伪劣食品""您家步行 30 分钟以内是否有医院（卫生院、诊所等）"，与治安状况、养老保险和住房公积金享有共同构成社会保护的操作变量。在我们的调查中，有超过四分之一的受访者或者其家人在过去一年中曾遇到过偷窃或抢窃，而有超过半数的受访者在过去一年曾买到过假冒伪劣食品，13.14%左右的受访者住所步行30分钟以内无医院（卫生院、诊所等）。与受访者的遭遇状况较为一致，在询问人们对治安状况和食品安全状况的满意程度时，约26.49%的受访者对治安状况不满意，54.63%的受访者对食品安全状况不满意。

数据分析的结果显示，较好的社会保护能有效提高民众对社会的信任水平。具体来看，未曾遇到过偷窃或抢窃的受访者（均值为41.09）对社会的信任水平显著高于曾遇到过者（均值为34.42）；未曾买到过假冒伪劣食品的受访者（均值为39.24）对社会的信任水平显著高于买到过者（均值为32.77）；有住房公积金的受访者（均值为37.33）对社会的信任水平显著高于无住房公积金者（均值为33.43）；有养老保险的受访者（均值为39.87）对社会的信任水平显著高于无养老保险者（均值为33.57）；住所附近有医院（卫生院、诊所等）的受访者（均值为40.09）对社会的信任水平显著高于住所附近无医院（卫生院、诊所等）的受访者（均值为35.55）（见表6-42）。

表6-42 社会保护与社会信任的t检验

	均值	标准差	样本数	差异显著性
"您或者您的家人过去一年有没有遇到偷窃或抢窃"				
没有	41.09	0.47	4888	$T=-12.8689$
有	34.42	0.26	1720	$p=0.0000$
"过去一年，您和您的家人有没有买到过假冒伪劣食品"				
没有	39.24	0.33	3148	$T=-14.2280$
有	32.77	0.31	3448	$p=0.0000$
"您有没有住房公积金"				
没有	33.43	0.43	4618	$T=7.4644$
有	37.33	0.28	1757	$p=0.0000$
"您有没有养老保险"				
没有	33.57	0.30	2702	$T=13.5142$
有	39.87	0.36	3796	$p=0.0000$
"您家步行30分钟以内是否有医院（卫生院、诊所等）"				
没有	35.55	0.25	891	$T=6.7647$
有	40.09	0.65	5715	$p=0.0000$

上述所列事项事实涉及社会保护状况（如治安状况、食品安全监管、社会保障、基础设施建设）反映着政府公共服务职能的履行情况，它在很大程度上会影响民众对社会的信任。随着我国经济的快速发展，社会的不断进步，民众对政府的职能要求也发生了相应的转变，人民群众日益增长的物质文化需求与经济、社会发展不平衡的矛盾日益凸显。近年来，国家政府不遗余力地改善经济社会发展"一条腿长、一条腿短"的问题，成效显著，如取消农业税、实行免费的义务教育、建立覆盖城乡的社会保障制度框架等，但需要引起我们注意的是，在经济发展与社会发展的协调性明显增强的同时，在改善民生方面还有诸多问题需要解决。[1]

近年来，随着我国经济转轨和社会转型速度的加快、影响的加深而引发的相关经济社会问题逐渐显现，学者们对此提出了诸种理论猜测，如认为中国社会已陷入"中等收入陷阱"（middle income trap）[2]或"转型陷阱"（transition trap）[3]。我们暂且不论中国社会是否已真的陷入某种"危险境地"，一个不争的事实是，我国居民的人均GDP已经突破了4000美元的大关，正步入中等偏上收入发展阶段。国际经验表明，处于此阶段的国家和社会可能会遭到社会风险高发的困扰，而在社会发展中所存在的问题，大量地反映在社会保护机制不健全、不充分上。[4] 因而通过构建完善的社会保护体系、增强政府的公共服务职能、转变公共政策方向，对提高民众的满意度、提升民众对社会的信任十分关键。

（2）社会关系与社会信任

受访者对社会关系状况的满意度与其对社会信任水平的方差分析结

---

[1] 温家宝：《关于发展社会事业和改善民生的几个问题》，《求是》2010年第7期，第3—16页。
[2] 王治平：《质疑"人均GDP 1000美元是道坎"》，《探索和争鸣》2005年第9期，第28—30页；成思危：《转变经济发展方式 规避"中等收入陷阱"》，《拉丁美洲研究》2011年第3期，第3—5页；李扬：《借鉴国际经验 应对"中等收入陷阱"的挑战》，《拉丁美洲研究》2011年第3期，第5—6页。
[3] 清华大学凯风发展研究院社会进步研究所、清华大学社会学系社会发展研究课题组：《"中等收入陷阱"还是"转型陷阱"？》，《开放时代》2012年第3期，第124—145页。
[4] 蔡昉将社会保护机制的不健全及其问题归纳为以下三个方面：第一，相对于经济增长的成绩，社会发展严重滞后，造成实际社会保护水平与需求严重不适应；第二，政府在提供公共服务，从而构建社会保护机制方面的作用，不像在推动经济发展方面那样有力；第三，城乡居民在获得包括社会保护在内的公共服务的权利和机会上，存在着巨大差异。参见蔡昉《刘易斯转折点与公共政策方向的转变——关于中国社会保护的若干特征性事实》，《中国社会科学》2010年第6期，第125—137、223页。

果显示，对各类群际关系更为满意的受访者对社会的信任水平更高（见表6-43）。具体来看，在劳资关系、贫富关系、城乡关系、民族关系、宗教关系、干群关系以及地域关系上，受访者的对各类群体间关系的满意度与其对社会的信任水平呈现显著的正相关。其中受访者对贫富关系（45%的受访者认为不满意）、干群关系（27%的受访者认为不满意）和城乡关系（26%的受访者认为不满意）不满意的比例居于前三位。近年来随着我国经济社会的快速转型和利益格局的不断调整，社会结构、社会组织形式和社会利益格局发生了深刻的变化，与此同时，各阶层、群体间的利益矛盾与冲突也不断加剧，诸如劳资关系紧张、贫富差距拉大、干群关系恶化等都使得民众将不满与怨愤上升到社会结构层面。

但我们不能仅停留在社会矛盾冲突的负面效应上。从社会冲突的功能主义视角出发，社会冲突具有"安全阀"的功能，是释放不满、敌对情绪的重要机制，对社会具有内部整合、维持稳定的功能。正如某项研究所认为的，构建和谐社会不是构建一个没有矛盾与冲突的社会，而是在利益矛盾与冲突的基础上，构建一个能够协调、整合或控制利益矛盾与冲突的社会。[①] 在这个意义上，社会冲突与矛盾并非社会发展的"毒药"，而是应该通过健全利益协调机制、诉求表达机制和矛盾调处机制，不断提高政府应对与处理社会冲突的制度化能力。

从社会冲突产生的根源来看，由于社会的急剧变迁使得传统的制度和价值观念被打破而新的制度和价值观念并未能及时建立，社会整体层面缺乏核心的价值指导，整个社会处于价值"失范"或价值"真空"状态，表现为人们的道德滑坡、人际信任缺失、对未来失去信心等。同时，改革以来的经济发展带来了利益的不断重组，但这种利益的重组又带有很大的不规范、不公正和偶然性，在这种情况下，既得利益者没有安全感，而失意者则有相对剥夺感和不公正感，整个社会充满浮躁。[②] 因此，我们应该通过相应的制度安排与政策调整改变现有的群际关系状况，如完善收入分配制度，使经济发展的成果更多地向弱者倾斜；改变二元户籍制度，消除户籍身份的排斥与隔离；加强干部监管制度，防治干部腐败、与民争利；等等。

[①] 杨建华、张秀梅：《浙江社会群际关系调查——基于社会冲突的视角》，《中共浙江省委党校学报》2010年第5期，第103—110页。

[②] 赵鼎新：《社会与政治运动讲义》，北京：社会科学文献出版社，2006年，第297—298页。

表6-43 社会关系与社会信任的方差检验

	均值	标准差	样本数	差异显著性
老板与员工关系				
不好	30.01	16.98	1454	$F=136.39$,$df=2$ $p=0.0000$
一般	37.50	18.62	3502	
好	40.06	19.21	1678	
穷人与富人关系				
不好	27.13	15.52	2947	$F=289.29$,$df=2$ $p=0.0000$
一般	33.41	17.79	2727	
好	41.63	18.82	954	
城里人与农村人关系				
不好	29.45	16.56	1728	$F=226.81$,$df=2$ $p=0.0000$
一般	36.86	18.38	3039	
好	42.23	19.24	1863	
汉族与其他民族关系				
不好	32.89	17.70	601	$F=108.58$,$df=2$ $p=0.0000$
一般	39.75	19.17	2670	
好	38.52	19.06	3356	
信教与不信教关系				
不好	32.18	17.56	679	$F=101.96$,$df=2$ $p=0.0000$
一般	38.83	18.93	3327	
好	38.60	19.36	2626	
干部与群众关系				
不好	26.83	14.56	1871	$F=433.88$,$df=2$ $p=0.0000$
一般	35.05	17.39	3396	
好	45.01	19.90	1362	
本地人与外地人关系				
不好	30.46	17.21	1150	$F=181.78$,$df=2$ $p=0.0000$
一般	38.09	18.57	3258	
好	41.79	19.18	2225	

（3）社会经济地位差异与社会信任

与前述不同，此处引入人们的主观社会经济地位变量，与人们的客观收入水平、管理级别及职业声望共同构成社会经济地位的操作化变量。

在人们的主观经济地位上，处于中间层的受访者对社会的信任水平更高，整体分布趋势呈倒U形关系；在主观社会地位上，地位层级越高，社会信任水平越高。但此种分布趋势因人们的受教育程度差异而有较大区别，对于主观经济地位，高中、中专教育程度的受访者随着主观经济地位的升高对社会的信任水平亦随之增加，其他学历的受访者的社会信任呈倒U形发展态势；对于主观社会地位，高中、中专学历的受访者对社会的信任水平随着主观社会地位的提升而增加，其他学历的受访者的社会信任呈倒U形发展态势（见图6-32、图6—33）。这表明，受教育程度在建构人们的主观认知方面具有显著的影响作用，在主观社会经济地位上处于相同层级的受访者会因受教育程度的差异而引发对社会的信任水平不同。

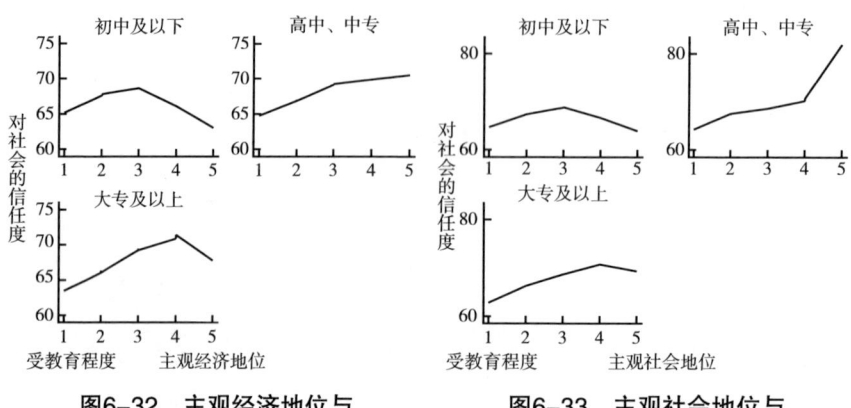

图6-32 主观经济地位与对社会信任的关系

图6-33 主观社会地位与对社会信任的关系

收入水平与社会信任之间没有明确的线性趋势关系。从主观经验出发，人们的收入水平与受教育程度及管理级别间有着内在的交互关系，因而我们进一步观察不同受教育程度、管理层级的受访者对社会的信任是否会随着收入水平的变动而呈现出某种稳定的差异趋势。统计结果显示，在受教育程度的差异上，低学历的受访者随着收入水平的提高对社会的信任水平降低，高学历的受访者对社会的信任水平随着收入水平的提高而增加（见图6-34）；在管理层级的差异上，普通职工对社会的信任水平随着收入水平的提高而升高，领导和中层管理人员对社会的信任水平与其收入水平的关系并不明确（见图6-35）。

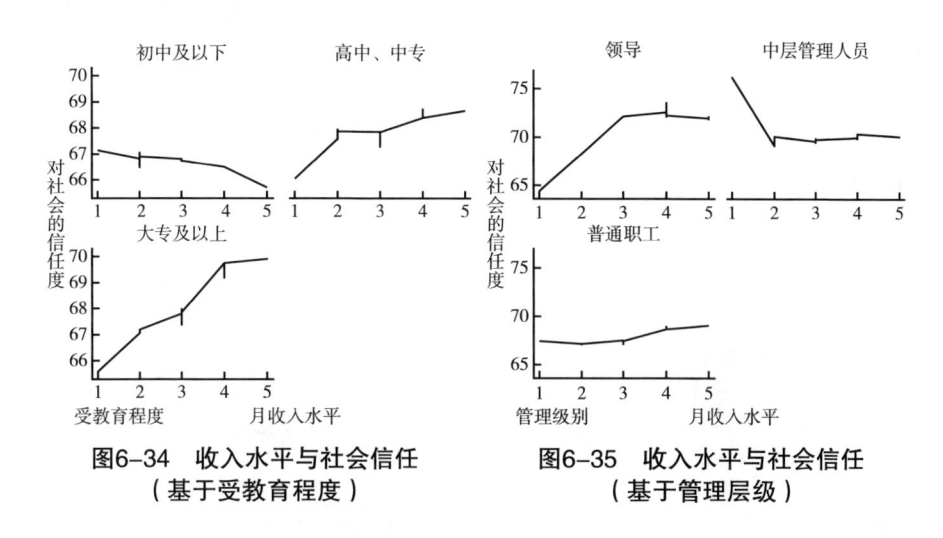

图6-34　收入水平与社会信任
（基于受教育程度）

图6-35　收入水平与社会信任
（基于管理层级）

4. 社会信心现状及其影响因素分析

在前文指标构建的基础上，数据分析的结果显示，调查时点中国的社会信心指数均值为30.36，说明人们对国家未来三年社会发展的理性预期较低。在宏观层面，人们的社会信心指数均值为30.17；在微观层面，人们的社会信心指数均值为29.04，表明均处于一种较低的状态。进一步的分析发现如下。

受访者对调查时点社会经济整体发展水平比较满意，对未来三年社会经济发展预期良好。从数据分析的结果可以发现，受访者对调查时点的社会经济整体发展水平比较满意，对未来的发展理性预期良好。在所有的回答比例中，49.7%的受访者对调查时点的社会整体发展水平满意，远高于不满意者（占比为12.0%）（见图6-36）。在对社会发展水平的预期中，64.1%的受访者对未来三年社会发展水平有着较好的预期。与社会发展水平相一致，受访者对经济发展水平的满意度比例（51.3%）远高于不满意者（13.9%），65.7%的受访者对未来三年的经济发展水平有着良好的预期（见图6-37）。

事实上，人们的满意度与其所处的社会结构环境有着很大的关联，尤其是对经济发展水平的满意度和预期与当下的经济状况及以往的经济发展水平有着不可分割的关系。近年来，我国经济持续增长，人们物质生活水平不断提高，国家统计局的数据显示，城镇居民的恩格尔系数连年下降，从 2000 年的 39.4% 下降到 2005 年的 36.7%，到 2010 年下降为 35.7%。从图 6-38、图 6-39 亦可以看出，1987—2010 年我国的国民收入一直维持在较高的增长水平，年均增长 10.3%；从 1988 年开始至 2011 年，人均年工资持续增长，年均增长约 1741 元，年均增长率为 14.9%。这种高满意度和高预期的现状反映出人们对社会经济发展的信心充足，这也对未来社会经济的持续稳定发展意义重大。

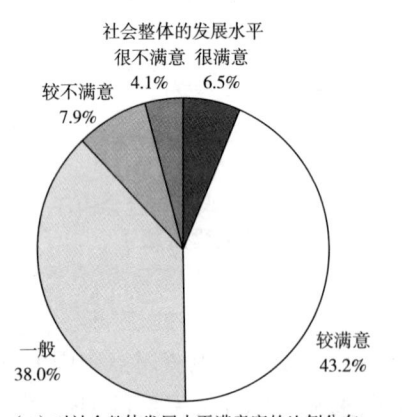

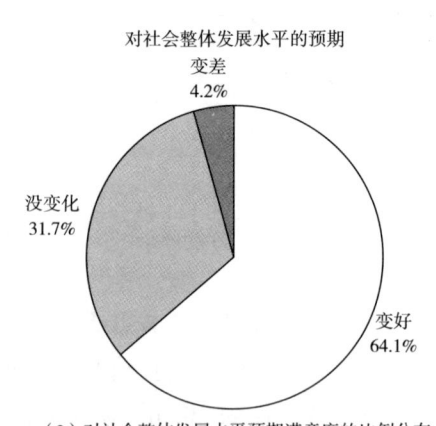

（1）对社会整体发展水平满意度的比例分布

- 社会整体的发展水平
- 很不满意 4.1%
- 很满意 6.5%
- 较不满意 7.9%
- 一般 38.0%
- 较满意 43.2%

（2）对社会整体发展水平预期满意度的比例分布

- 对社会整体发展水平的预期
- 变差 4.2%
- 没变化 31.7%
- 变好 64.1%

图6-36　对社会整体发展水平的满意度与预期的比例分布

资料来源：CEIC亚洲经济数据库，https://www.ceicdata.com.cn/zh-hans/products。

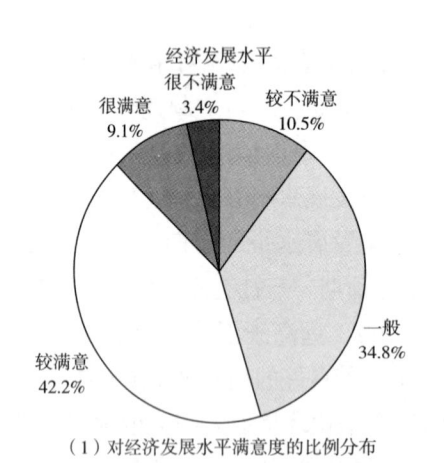

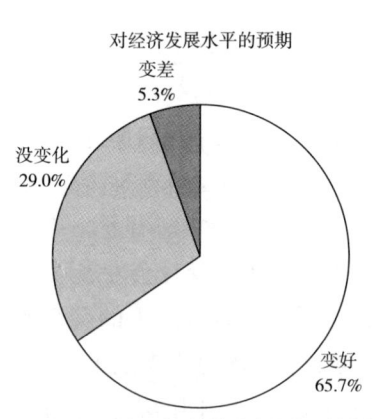

（1）对经济发展水平满意度的比例分布

- 经济发展水平
- 很不满意 3.4%
- 较不满意 10.5%
- 很满意 9.1%
- 较满意 42.2%
- 一般 34.8%

（2）对经济发展水平预期满意度的比例分布

- 对经济发展水平的预期
- 变差 5.3%
- 没变化 29.0%
- 变好 65.7%

图6-37　对经济整体发展水平的满意度与预期的比例分布

资料来源：CEIC亚洲经济数据库，https://www.ceicdata.com.cn/zh-hans/products。

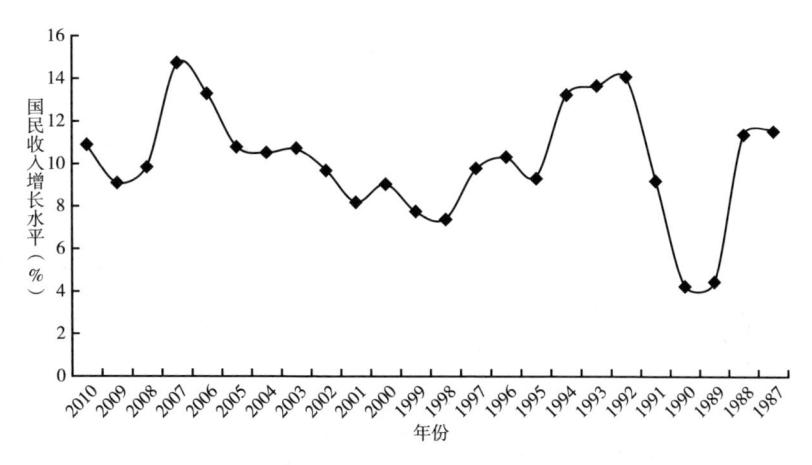

图6-38　国民收入增长水平（1987—2010年）

资料来源：CEIC亚洲经济数据库，https://www.ceicdata.com.cn/zh-hans/products。

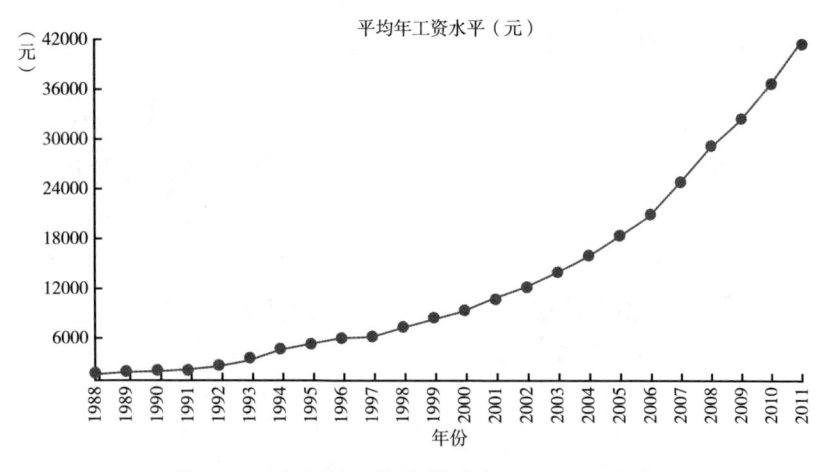

图6-39　年平均工资水平（1988—2011年）

资料来源：CEIC亚洲经济数据库，https://www.ceicdata.com.cn/zh-hans/products。

受访者对未来三年社会总体预期良好，但在环境质量、物价水平和食品安全问题上与其他方面相比，显得信心不足。受访者对未来三年的社会总体信心明显好于人们对现状的评价，说明受访者对社会状况的改善有着良好的憧憬。比如，人们认为基础设施状况（65.01%）、教育水平（61.00%）、社会保障水平（59.69%）、治安状况（55.56%）、医疗服务水平（55.87%）等方面在未来三年都会得到较大的改善。与这些方面相比，人们对环境质量（20.51%的受访者认为会变差）、物价水平（31.34%）

的受访者认为会变差）和食品安全状况（19.77% 的受访者认为会变差）的改善略显信心不足（见图 6-40）。

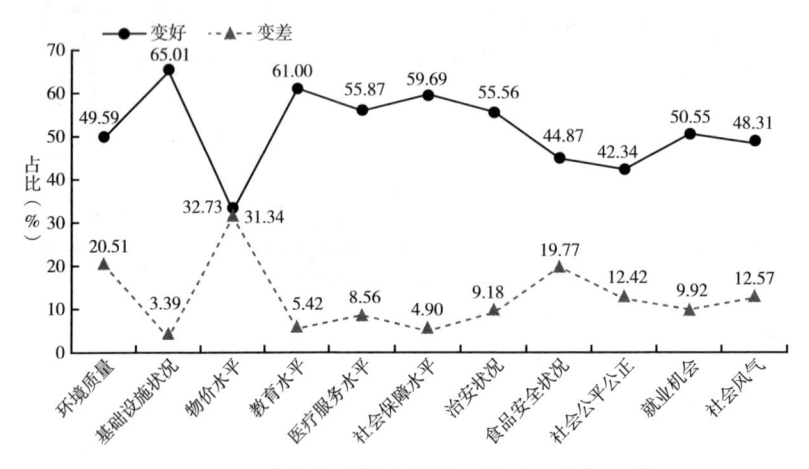

图6-40　受访者对社会性事项的信心比例分布

这种差异并非无迹可寻，而是与社会现状相吻合。就环境质量而言，其他的资料和数据表明，由于粗放的经济增长方式和人们环境保护意识的淡薄，我国的环境问题日益凸显，大众对环境的关心也与日俱增。从 20 世纪末到 21 世纪初二氧化碳年排放量和环境污染造成的经济损失可以看出，我国环境问题不容乐观，各种关于节能减排和环境保护的制度安排十分必要（见图 6-41、图 6-42）。

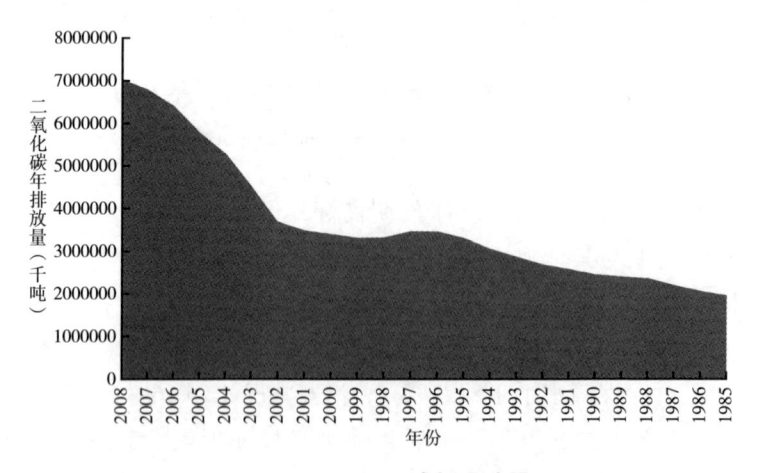

图6-41　二氧化碳年排放量

经济损失（百万元）

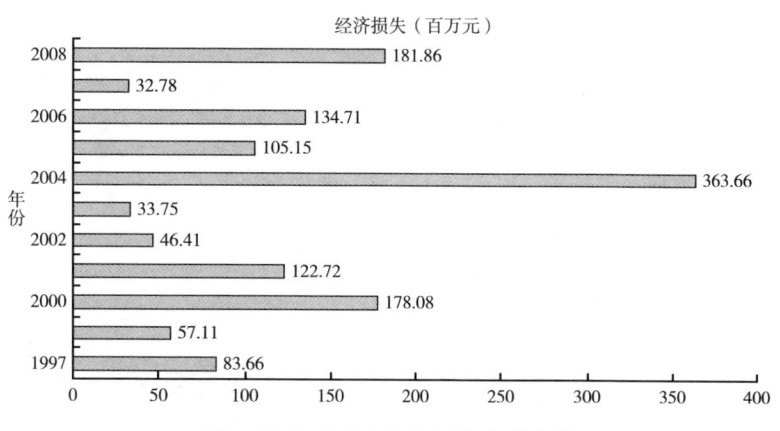

2008　181.86
　　　32.78
2006　134.71
　　　105.15
2004　363.66
年　　33.75
份
2002　46.41
　　　122.72
2000　178.08
　　　57.11
1997　83.66

图6-42　环境污染造成的经济损失

数据显示，被访者认为物价水平在未来三年会得到改善的回答比例最低。一方面，这与近年来物价的不断升高相关。图6-43和图6-44的数据表明，我国的CPI从2009年开始不断升高（与上一年度相比，2009年为99.1，2010年为103.2，2011年为105.3），具体到衣食住行各方面的生活成本均不同程度增加。另一方面，其表明我国居民的消费信心不足，与2011年同期（3月的消费信心指数为107.6，4月为106.6，5月为105.8）相比，2012年的居民消费信心指数同比下滑（3月的消费信心指数为100.0，4月为103.0，5月为104.2）。

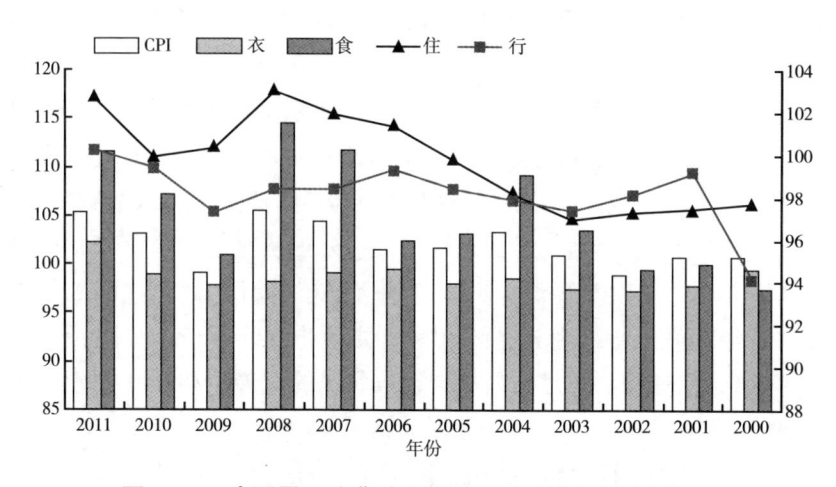

图6-43　我国居民消费信心指数及各类物价的升涨水平

资料来源：CEIC亚洲经济数据库，https://www.ceicdata.com.cn/zh-hans/products。

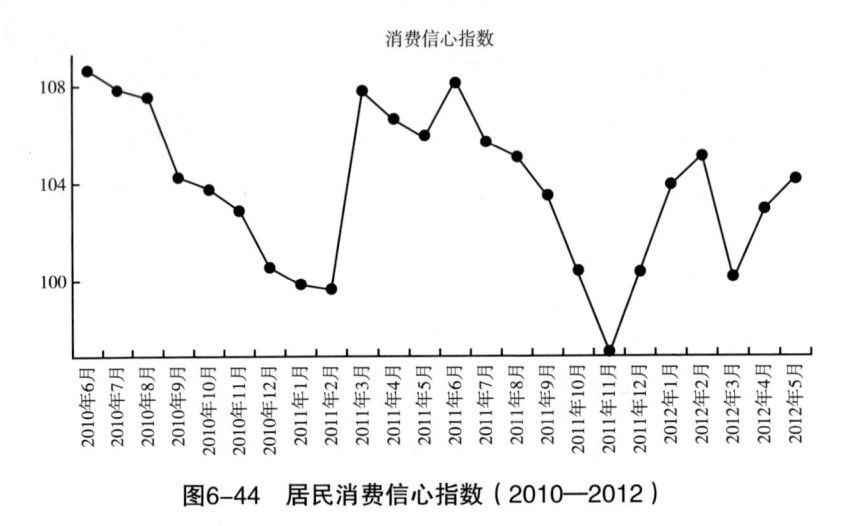

| 社会景气与总体性社会情绪 | 理论、方法与数据分析

消费信心指数

图6-44　居民消费信心指数（2010—2012）

资料来源：CEIC亚洲经济数据库，https://www.ceicdata.com.cn/zh-hans/products。

在食品安全方面，此一时期一系列食品安全事件（2006年的瘦肉精事件、苏丹红事件、吊白块事件，2008年的三聚氰胺事件，2009年的地沟油事件，2011年的"染色馒头"等）将我国的食品安全监管推到了"风口浪尖"，使得人们的神经异常敏感，甚至于"谈食色变"。人们对食品安全信心的不足反映出我国有关食品安全的法律制度还不完善、监管还不到位，没有把"民以食为天"提高到举足轻重的重视程度，再加上媒体不断曝光的各种食品安全问题强烈刺激着人们的神经，使得大家对未来的预期变得低迷。

数据分析的结果显示，受访者对个体微观层面的信心普遍高于对社会宏观层面的信心。其中对社会宏观层面各事项信心最为充足的是基础设施（包括学校、医院、银行、商店、通信等）状况的改善（65.01%的受访者认为会变好），信心相对不足的是社会公平公正状况的改善（42.34%的受访者认为会变好）以及物价水平（32:73的受访者认为会变好）；对个体微观层面各事项信心最为充足的是家庭关系的改善（65.39%的受访者认为会变好），信心相对不足的是社会地位状况的改善（38.94%的受访者认为会变好）（见图6-45）。这个数据的结果从一个侧面说明，尽管人们对目前社会方方面面的状况有诸多的不满意，但是，人们对我们这个国家以后的改革与发展仍然充满了期待和希望，这可能是我们进一步改革与发展的重要基础。

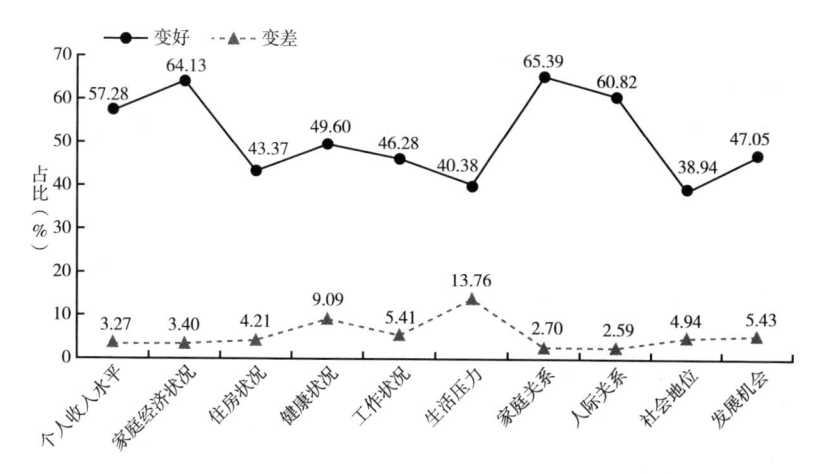

图6-45 受访者对个体性事项的信心的比例分布

在上述描述性分析的基础上,我们将分析社会保护、社会态度与行为意愿、社会经济地位差异状况对人们未来预期的影响。

(1) 社会保护与社会信心

分析结果表明,较好的社会保护能提升人们对未来的预期。具体表现为:食品安全状况对人们的社会信心有影响作用,买到过假冒伪劣食品的受访者社会信心(均值为28.99)显著低于未买到过者(均值为31.83);医疗保障水平越高,人们对未来的预期越好,有可便于获取的医疗设施的受访者对社会信心均值为37.17;而其他社会事项上的体验对受访者的社会信心虽然有差异,但在0.1置信水平下不显著(见图6-46)。

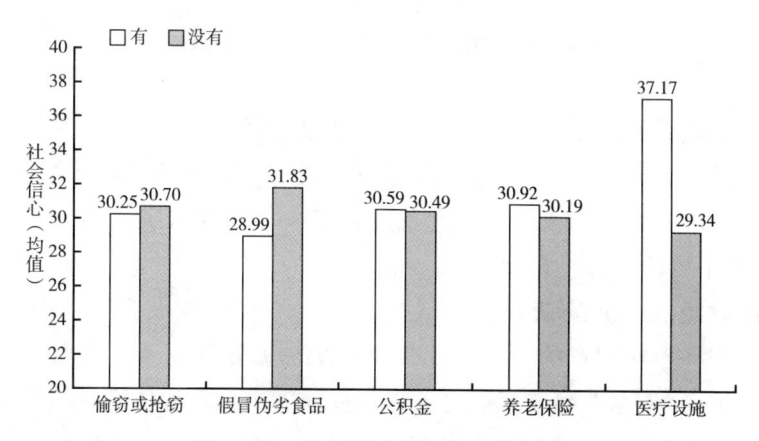

图6-46 社会保护状况与社会信心

（2）社会态度、行为意愿与社会信心

此处关于社会态度与社会信心间的关系，主要从人们的满意度和对社会的信任度进行分析，每种态度都将被划分为5个层级。行为意愿主要指受访者在未来三年的购买意愿、投资意愿和更换工作的意愿。

第一，满意度与社会信心。

就满意度而言，人们对现状的满意程度与其社会信心显著相关。总体而言，满意度越高，社会信心水平愈高（见图6-47），方差检验得到 F 值为55.13，且在0.001置信水平下显著。这意味着人们对未来的预期，很大程度上借由对现状的判断而产生。下文的列联表结果表明，对现状更为满意的受访者对未来预期更加充足。当然这是就整体分布而言，并不排除有部分受访者对现状满意但对未来预期较差，或者对现状不满意但为未来预期良好。

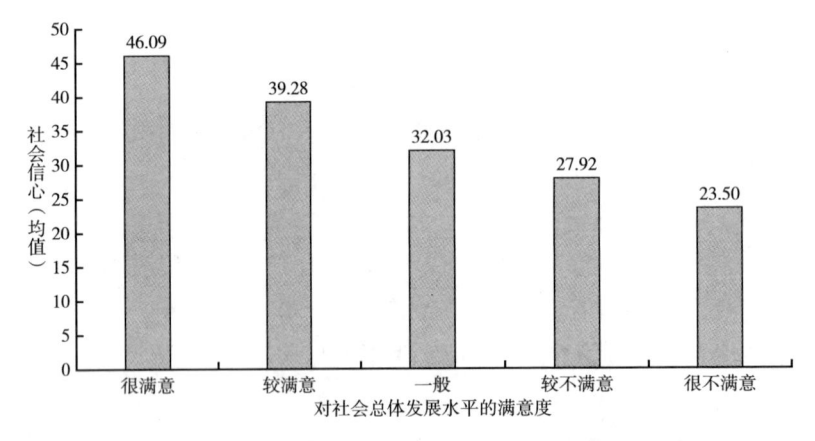

图6-47 满意度与社会信心之间的关系

在宏观层面，认为未来三年社会发展会变好的受访者中，对社会发展现状满意的比例（61.02%）显著高于对现状不满意的比例（5.42%）；而在认为未来三年社会发展会变差的受访者中，对现状满意的受访者比例（15.91%）更低（见表6-44）。

在对经济发展的认知上，认为未来三年经济发展会变好的受访者中，对经济现状满意的受访者比例（59.91%）显著高于不满意者的比例（7.34%）；而在认为经济发展会变差的受访者中，对现状满意的受访者比例（16.23%）明显低于对现状不满意的比例（43.62%）（见表6-45）。

表6-44 社会发展预期与对社会发展现状满意度的列联表

对社会现状满意度 \ 对社会发展预期	变好	没变化	变差
不满意	262（5.42%）	315（15.41%）	90（40.91%）
一般	1624（33.57%）	924（45.21%）	95（43.18%）
满意	2952（61.02%）	805（39.38%）	35（15.91%）

表6-45 经济发展预期与对经济发展现状满意度的列联表

对经济现状满意度 \ 对经济发展预期	变好	没变化	变差
不满意	376（7.34%）	337（18.06%）	131（43.38%）
一般	1678（32.75%）	814（43.62%）	122（40.40%）
满意	3070（59.91%）	715（38.32%）	49（16.23%）

在微观层面，认为个人收入水平会变好的受访者中，对现状满意的受访者比例（25.93%）高于不满意者比例（23.93%），而认为个人收入水平会变差的受访者中，对现状满意的比例（6.67%）明显低于不满意者比例（57.78%）（见表6-46）。

表6-46 个人收入预期与对收入现状满意度的列联表

对收入现状满意度 \ 对个人收入预期	变好	没变化	变差
不满意	943（23.93%）	880（32.59%）	130（57.78%）
一般	1976（50.14%）	1264（46.81%）	80（35.56%）
满意	1022（25.93%）	556（20.59%）	15（6.67%）

在对个人发展机会的认知上，认为未来三年个人发展机会状况会变好的受访者中，对现状满意的受访者比例（37.99%）明显高于不满意者比例（14.67%），而认为个人发展机会状况会变差的受访者中，对现状满意的受访者比例（7.65%）明显低于不满意者比例（62.06%）（见表6-47）。

表6-47 个人发展机会预期与对发展机会现状满意度的列联表

发展机会现状满意度 \ 发展机会预期	变好	没变化	变差
不满意	444（14.67%）	705（23.91%）	211（62.06%）
一般	1433（47.34%）	1661（56.34%）	103（30.29%）
满意	1150（37.99%）	582（19.74%）	26（7.65%）

第二，社会信任与社会信心。

人们的社会信任与其社会信心间关系的分析结果显示，社会信任程度越高，对未来的社会信心愈加充足（见图6-48），拟合回归方程的 F 值为315.23，且在 0.001 置信水平下显著。正如我们前文所论述的那样，人们对未来的预期是基于各种现状的综合考虑所作出的判断，如经济发展水平、社会公平公正状况、个人收入、发展机会等，而政府无疑在改善上述诸种状况方面扮演着最为重要的角色。正因如此，我们将从政府信任的角度去测量民众的社会信任水平。尤其是在当下的中国，基于绩效合法性的政府被民众寄予各种厚望，如果对政府不信任，势必对社会的发展预期和社会信心水平下降。进一步的分析结果显示，对政府行为方式更为满意的受访者对未来预期更好。其中对政府是否忠于职责满意的受访者（均值为37.75）社会信心好于不满意者（均值为25.57）；对政府防治腐败满意的受访者（均值为35.64）社会信心好于不满意者（均值为26.25）；对政府征询民意状况满意的受访者（均值为36.92）社会信心好于不满意者（均值为25.78）；对政府办事效率满意的受访者（均值为35.85）社会信心好于不满意者（均值为26.39）；对政府公开透明状况满意的受访者（均值为36.00）社会信心好于不满意者（均值为26.25）（见图6-49）。

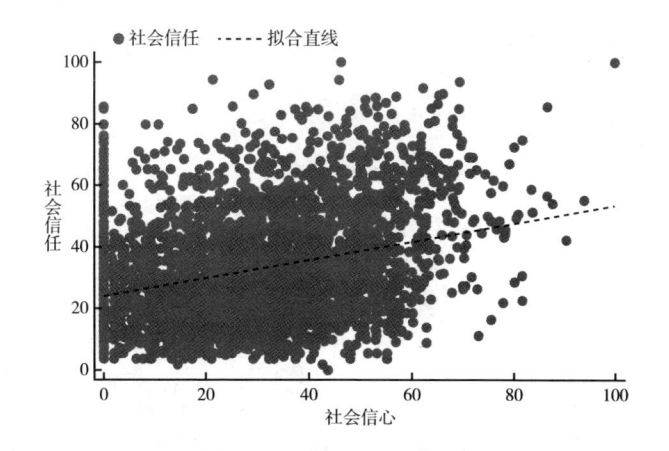

图6-48 社会信任与社会信心的关系

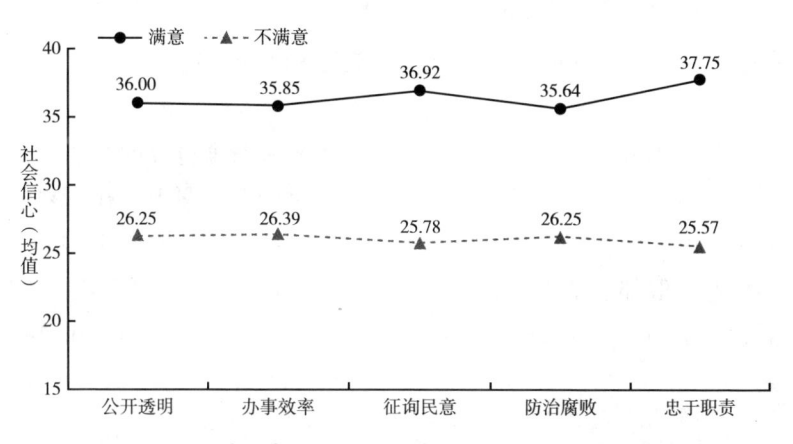

图6-49 对政府行为方式满意度与社会信心间的关系

第三，行为意愿与社会信心。

如果社会信心是对未来预期的总体感知，那么行为意愿则更为具体。数据调查的结果显示（见图6-50），16.03%的受访者有清晰的意愿更换家用电器，相比之下，买房和买车的意愿较低，8.25%的受访者在未来三年有买房的打算，8.95%的受访者在未来三年有买车的打算。当我们在谈论经济时，经常会提到通过内需拉动经济发展，而国人多有储蓄而非消费的习惯，如果从社会信心的视角进行分析，无疑对社会未来的发展预期是影响人们是否愿意充分消费的重要影响因素。在投资意愿和"跳槽"意愿上，9.78%的受访者有清晰的意愿投资创业，13.52%的受访者有清晰的意愿更换工作。接下来我们将分析受访者的行为意愿与其社会信心间的关系。

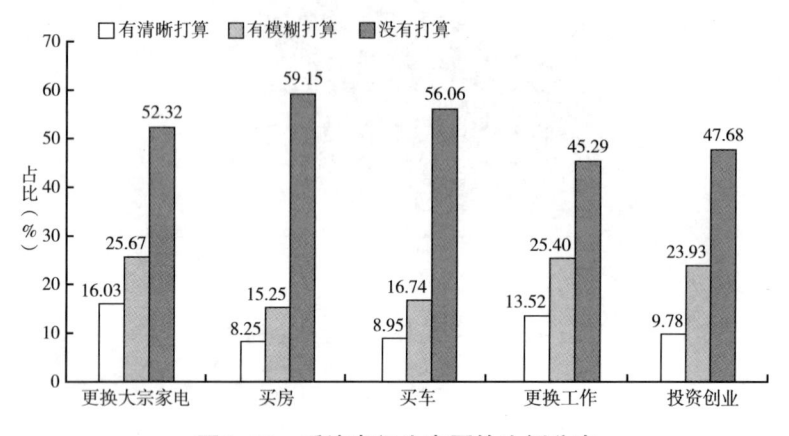

图6-50 受访者行为意愿的比例分布

分析的结果显示,在投资意愿上,在未来有清晰打算的受访者社会信心明显高于有模糊打算和没有打算者;在"跳槽"意愿上,在未来明确想要更换工作的受访者社会信心水平要比没有打算者高(见图6-51)。人们的行为意愿一般都建基于其需求之上,一个稳定发展的社会环境能够给予人们更为充足的信心和安全感,从而更积极从事诸如投资创业和更换工作等行为。

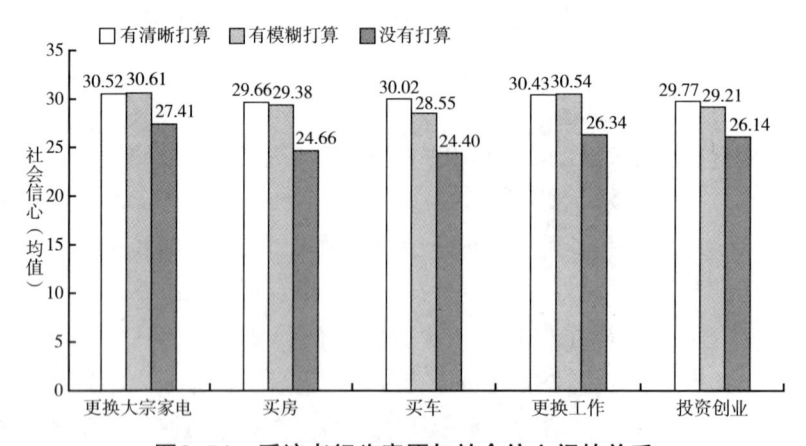

图6-51 受访者行为意愿与社会信心间的关系

（3）社会经济地位差异与社会信心

此处我们将人们的社会经济地位操作化为主观和客观两个层面，主观层面主要指受访者对自己经济收入与社会地位的层级认同；客观层面包括收入水平、管理层级和职业声望。

主观社会地位与受访者社会信心间关系分析的结果显示，二者之间呈现 U 形关系，处于中间层的受访者社会信心水平更低（F 值为 3.76，且在 0.01 置信水平下显著）。在主观经济地位上，主观经济地位最低的受访者社会信心水平更高，而中间层社会信心水平最低（F 值为 6.08，且在 0.001 置信水平下显著）（见图 6-52）。

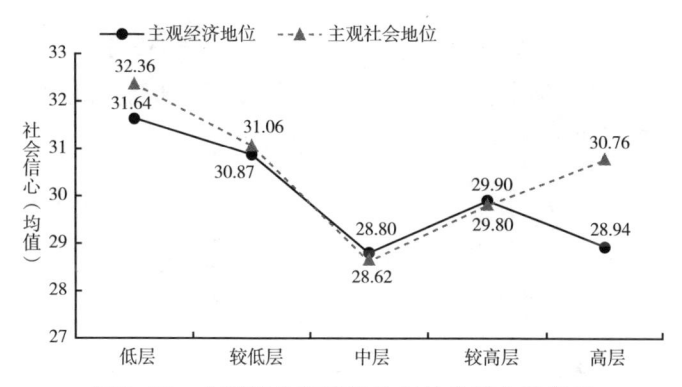

图6-52 主观社会经济地位与社会信心的关系

在人们的社会地位与社会信心的关系上，那些职业声望低的受访者社会信心水平更高（见图 6-53）。可以发现，在人们的客观社会经济地位上，那些经济地位、权力地位以及社会地位最低层级的受访者对未来的预期更好，对社会发展的前景更加充满信心。

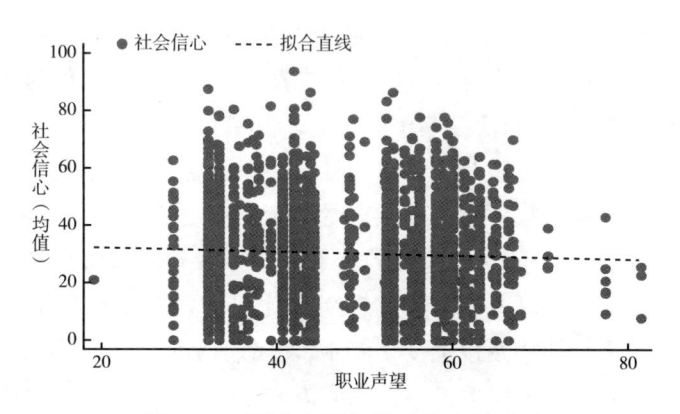

图6-53 职业声望与社会信心的关系

（二）社会期望值现状及其影响分析

对社会期望值的测量由4项题器构成，分为组织内的社会期望值和社会层面的社会期望值。这4项题器分别是"与单位内同事相比，您目前的生活水平""与单位内同事相比，您目前的社会地位""与社会上其他人相比，您目前的经济收入""与社会上其他人相比，您目前的社会地位"。这些感受分为5个层次，为了与总体性社会情绪其他操作指标的方向一致，便于我们的解释与全章节的统一，1表示很高，2表示较高，3表示差不多，4表示较低，5表示很低，分值越高，期望与实际获得之间的不一致感越强烈。

总体来看，我国城镇居民感知到的期望与实际获得之间不一致感适中，均值为55.40，标准差为14.036，峰度系数为4.05，偏度系数为0.36，接近正态分布（见图6-54）。

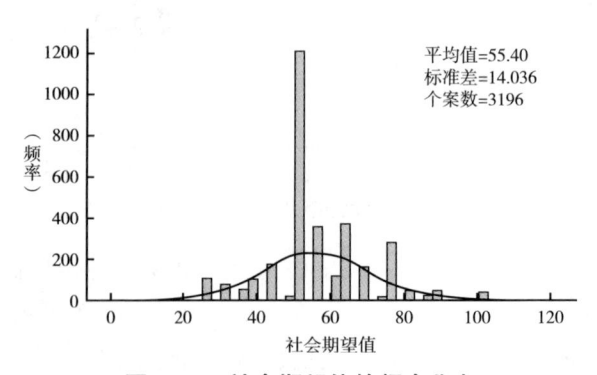

图6-54 社会期望值的频次分布

数据分析的结果显示，受访者的社会期望值在年龄、户籍、受教育程度和工作状态上具有显著的差异性。具体表现为：女性（均值为55.62）比男性（均值为55.20）的社会期望值更高，但在0.1置信水平下不显著；与其他年龄段相比，50—59岁受访者的社会期望值更高，30—39岁受访者的社会期望值相对最低；不同婚姻状态受访者在社会期望值上不存在显著差异；农业户口者（均值为57.57）比非农业户口者（均值为54.41）社会期望值更高；外市县户口者（均值为56.91）比本市县户口者（均值为55.03）社会期望值更高；初中及以上受访者中，受教育程度越高，社会期望值越低；失业下岗者社会期望值最高（均值为87.28）；在单位中，地位等级越高者，社会期望值越低；集体所有制企业、私有/民营企业员工的社会期望值相对较高，均值分别为 57.21 和 56.55；西部地区受访者的社会期望值最高（均值为 57.88），东部地区受访者的社会期望值显著最低（均值为 54.79）（见表 6-48）。

表6-48 社会期望值在各项社会自然特征上的均值分布

特征值		均值	标准差	样本数	差异显著性
性别	男性	55.20	0.35	1655	$T=-0.8321$，$df=1$ $p=0.4054$
	女性	55.62	0.35	1541	
年龄	16—29岁	55.52	13.29	1076	$F=3.67$，$df=4$ $p=0.0055$
	30—39岁	54.31	13.38	1005	
	40—49岁	55.90	15.27	832	
	50—59岁	57.72	14.46	257	
	60岁及以上	53.84	19.55	26	
婚姻状况	未婚	55.73	0.49	756	$T=0.7262$，$df=1$ $p=0.4678$
	已婚	55.30	0.29	2440	
管理层级	领导	40.77	15.76	95	$F=177.63$，$df=2$ $p=0.0000$
	中层管理者	46.57	11.45	423	
	普通职工	57.31	13.48	2623	
受教育程度	小学及其以下	57.79	13.75	496	$F=32.45$，$df=5$ $p=0.0000$
	初中	59.57	13.84	609	
	高中/中专/技校	55.95	14.11	777	
	大学专科	53.30	13.18	743	
	大学本科	51.15	13.41	533	
	研究生	44.51	16.68	33	
单位所有制性质	国有	53.38	14.06	874	$F=11.19$，$df=5$ $p=0.0000$
	集体所有	57.21	14.44	348	
	私有/民营	56.55	13.79	1678	
	港澳台资	53.34	15.64	32	
	外资所有	54.11	15.59	89	
	中外合资	50.32	11.65	141	
户籍	农业户口	57.57	0.43	1010	$T=5.9454$，$df=1$ $p=0.0000$
	非农业户口	54.41	0.30	2184	
户口所在地	本市县户口	55.03	0.27	2607	$T=-2.9052$，$df=1$ $p=0.0037$
	外市县户口	56.91	0.59	570	

续表

特征值		均值	标准差	样本数	差异显著性
工作状态	有固定工作	54.32	13.44	2760	$F=28.24$, $df=5$ $p=0.0000$
	临时性工作	62.77	15.59	405	
	离退休	50.00	11.36	202	
	在校学生	50.00	10.89	310	
	失业下岗	87.28	9.45	440	
	在家持家	68.78	8.80	1067	
区域	东部	54.79	13.58	1882	$F=6.26$, $df=3$ $p=0.0003$
	中部	55.39	14.11	596	
	西部	57.88	16.18	482	
	东北	55.25	12.13	236	

古人素有"不患寡而患不均"之忧,社会期望值具有极强的相对性,是人们在与他人比较的过程中产生的一种心理感受,是由于社会成员将与其相应的参照群体(reference group)纳入自身主观的比较和判断过程之中,考虑自己所得到的回报在与参照群体或个人的对比过程中,是否处于一种等值或公平的状态。① 这种感受主要源于对经济收入与社会地位的比较,若经济收入高而社会地位低(或者相反)就会形成"地位不一致"感;若经济收入低同时社会地位亦低,则会形成"地位一致性"感。格尔(Gurr)则提出每个人都有某种价值期望(value expectation),而社会则有某种价值能力(value capacity),当社会变迁导致社会的价值能力小于个人的价值期望时,人们就会产生"发展型"社会期望值。② 事实上,每个个体在某些方面都会具有与他人相比的"弱势",但当一个社会其成员的社会期望值具有某种群体性抑或结构性特征时,其往往成为社会不稳定因素的潜藏之处,甚至如格尔所认为的那样,成为社会运动得以产生的重要动因。

从现状出发,受访者在经济收入和社会地位上的社会期望值更多具有"地位一致性"特征。与单位内同事相比,经济收入低的受访者认为自身社会地位低者所占的比例为14.90%,而认为自身社会地位高者仅占0.03%;认为自身社会地位与经济地位差不多的受访者比例为61.00%。与

---

① 李汉林、渠敬东:《中国单位组织变迁过程中的失范效应》,上海:上海人民出版社,2005年,第164页。

② 赵鼎新:《社会与政治运动讲义》,北京:社会科学文献出版社,2006年,第78页。

社会上其他人相比,社会地位低的受访者认为自身经济收入高者所占的比例仅为0.2%,而认为自身经济收入低者的比例为33.3%;认为自身社会地位与经济地位差不多的受访者比例为40.4%(见表6-49、表6-50)。

表6-49　与单位内同事相比的社会地位与经济收入

		社会地位		
		低	差不多	高
经济收入	低	476 (14.90%)	149 (4.7%)	1 (0.03%)
	差不多	182 (5.70%)	1953 (61.00%)	62 (1.90%)
	高	7 (0.20%)	163 (5.00%)	207 (6.50%)

表6-50　与社会上其他人相比的社会地位与经济收入

		社会地位		
		低	差不多	高
经济收入	低	2682 (33.3%)	1052 (13.1%)	30 (0.4%)
	差不多	391 (4.9%)	3249 (40.4%)	130 (1.6%)
	高	13 (0.2%)	217 (2.7%)	312 (3.9%)

在对经济收入与社会地位的现实满意度和未来预期比较上,更多的受访者认为未来会变得更好。也就是说,受访者的"发展型"社会期望值[①]较弱,认为社会未来的发展能力能够较好地满足自己的价值期望。在经济收入方面,对经济收入现状不满意的受访者认为未来会变好的比例(13.7%)远高于认为会变差的比例(1.9%);对经济收入现状满意的受访者认为未来会变得更好的比例(14.9%)亦远高于认为变差的比例(0.2%)。

[①] "'发展型'社会期望值"一词,借鉴自"发展型"相对剥夺感。"发展型"相对剥夺感的概念最早由戴维斯(Davies)提出,研究者们一般认为"发展型"相对剥夺感常见于发展中的或处于改革的社会。戴维斯声称这一概念源于马克思和托克维尔。马克思认为在资本主义社会,工人工资的增长总是跟不上经济的增长,社会上的贫富差距因此而增大,工人也会因此而产生相对贫困和相对剥夺感。转引自赵鼎新《社会与政治运动讲义》,北京:社会科学文献出版社,2006年,第78页;参见 Davies, James C., "Toward a theory of revolution," *American Sociological Review*, 27(1962), pp.5-19。

在社会地位方面，对现实社会地位不满意的受访者认为未来会变好的比例（13.7%）高于变差的比例（1.9%）；对现实社会地位满意的受访者认为未来会变好的比例（14.9%）也明显高于变差的比例（0.2%）（见表6-51、表6-52）。

表6-51　对个人经济收入的现实满意度与未来预期

		未来预期		
		变好	没变化	变差
现实状况	不满意	943（13.7%）	880（12.8%）	130（1.9%）
	一般	1976（28.8%）	1264（18.4%）	80（1.2%）
	满意	1022（14.9%）	556（8.1%）	15（0.2%）

表6-52　对个人社会地位的现实满意度与未来预期

		未来预期		
		变好	没变化	变差
现实状况	不满意	943（13.7%）	880（12.8%）	130（1.9%）
	一般	1976（28.8%）	1264（18.4%）	80（1.2%）
	满意	1022（14.9%）	556（8.1%）	15（0.2%）

在上述描述性分析的基础上，我们将从社会平等、社会关系、社会保护、社会态度、社会经济地位几个方面对受访者社会期望值的强弱差异、影响因素进行分析。

1. 社会平等与社会期望值

在此次调查中，我们将社会平等操作化为主观层面的主观社会经济地位和客观层面的劳动力市场分割状况两个方面。

在经济地位与社会期望值的关系上，主观经济地位最低层的受访者在社会期望值上得分最高，均值为68.56；较高层的受访者得分最低（均值为39.74），方差检验所得 F 值为358.53，且在0.001置信水平下显著。在各层的相互比较上，多元比较检验的结果显示：主观经济地位"低层"

的社会期望值与其他各层相比具有显著的差异性;"最高层"与"中层"之间不具有显著性差异;其他各层之间在 0.05 置信水平下存在显著差异;整体分布趋势略呈 U 形关系(见表 6-53 和图 6-55)。

表6-53　主观经济地位与社会期望值的多元比较检验

较低层–低层=–11.08 (p=0.000)			
中层–低层=–19.52 (p=0.000)	中层–较低层=–8.45 (p=0.000)		
较高层–低层=–28.82 (p=0.000)	较高层–较低层=–17.74 (p=0.000)	较高层–中层=–9.30 (p=0.000)	
高层–低层=–20.79 (p=0.000)	高层–较低层=–9.71 (p=0.000)	高层–中层=–1.27 (p=0.720)	高层–较高层=8.03 (p=0.027)

注:表格中数值是不同层回归系数之差。

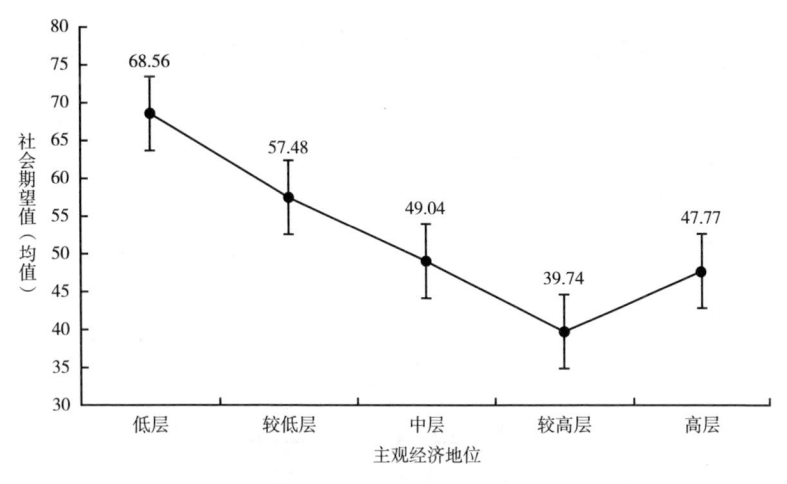

图6-55　社会期望值在主观经济地位分层上的均值分布

在社会地位与社会期望值的关系上,主观社会地位"最低层"的社会期望值最高,均值为 67.05;"最高层"的社会期望值最低(均值为 40.01)。在各层的相互比较上,多元比较检验的结果显示:主观社会地位"最低层"的受访者与其他各层之间有着显著的差异性;"较高层"的社会期望值与其他各层(除"最高层")之间亦有着显著的差异;"高层"与"中层"、"高层"与"较高层"之间不具有显著性差异;整体分布趋势与主观经济地位稍有不同，二者呈显著负相关关系（F值为262.18，且在0.001置信水平下显著）（见表6-54和图6-56）。

表6-54 主观社会地位与社会期望值的多元比较检验

较低层–低层=-8.96（p=0.000）			
中层–低层=-16.47（p=0.000）	中层–较低层=-7.51（p=0.000）		
较高层–低层=-24.97（p=0.000）	较高层–较低层=-16.02（p=0.000）	较高层–中层=-8.50（p=0.000）	
高层–低层=-27.03（p=0.000）	高层–较低层=-18.08（p=0.000）	高层–中层=-10.57（p=0.720）	高层–较高层=-2.06（p=0.469）

注：表格中数值是不同层回归系数之差。

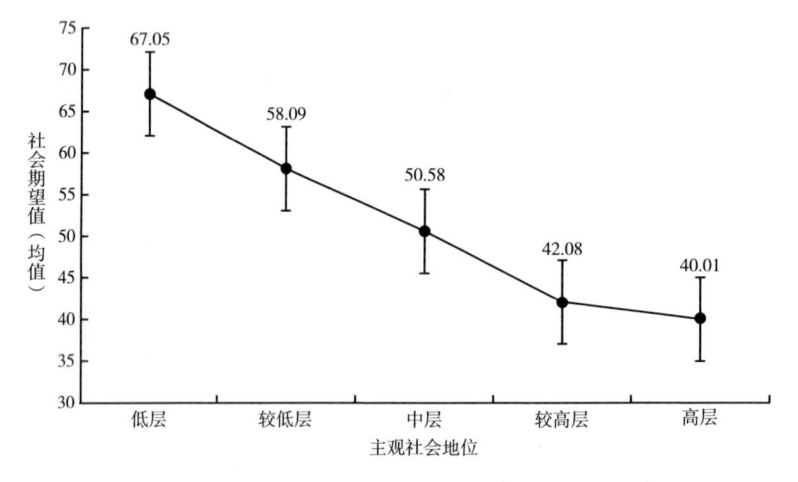

图6-56 社会期望值在主观社会地位分层上的均值分布

对于劳动力市场分割而言，在社会期望值的分布上，性别分割不具有显著差异性（F=1.17，p=0.310）；地域分割（F=6.93，p=0.001）与户籍分割（F=19.02，p=0.000）具有显著的差异，那些不赞同地域分割与户籍分割的受访者社会期望值更高（见图6-57）。这主要是因为不赞同地域分割的受访者中外地人所占比例更高（59.4%比23.4%）；不赞同户籍分割的受访者中农业户口者所占比例比更高（65.0%比18.9%），而农业户口、外地受访者的社会期望值均高于非农业户口和本地受访者。

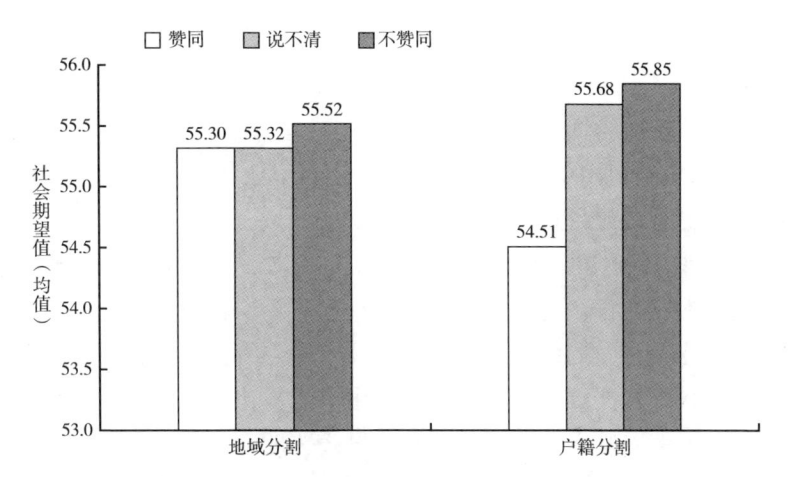

图6-57 社会期望值在劳动力市场分割上的均值分布

2. 社会关系与社会期望值

人们对社会关系状况的认知与其社会期望值的关系分析显示，认为社会总体状况愈加和谐，人们的社会期望值愈低（见图6-58）。和谐的社会关系不仅能提升人们的满意度，同样能降低人们期望与实际获得的不一致感。

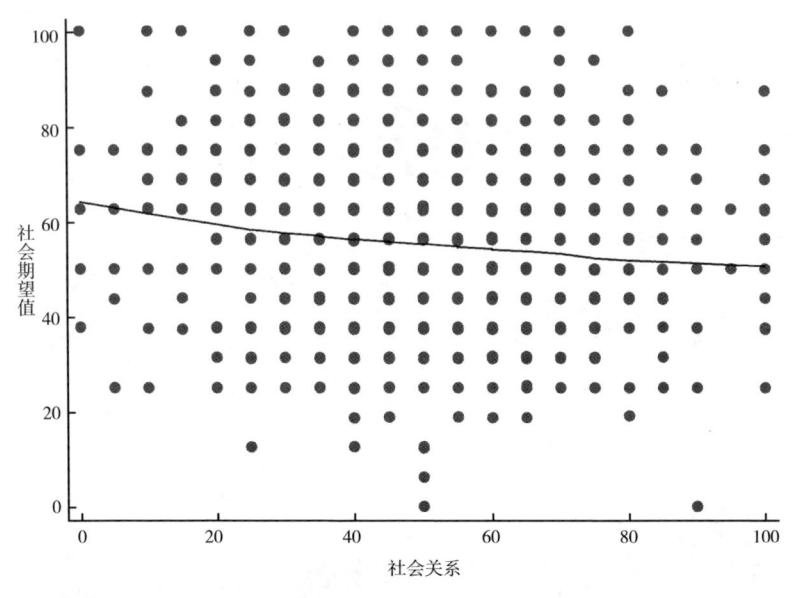

图6-58 社会关系与社会期望值的关系

在对不同社会群体间关系的认知上,除民族关系状况及宗教信仰关系状况对人们的社会期望值不具有显著的影响外,其他群体关系状况越好,人们的社会期望值越低(见表6-55)。

事实上,群体间的比较正是人们社会期望值得以产生的重要原因之一,这种感受有的源自直接的利害冲突,如劳资关系、干群关系;也有间接的或依据参照群体所感知的判断,如贫富关系、城里人与农村人关系等。但就其本质而言,这种主观感受在社会结构层面反映的是一种不平等状况,一个社会不同群体间的期望与实际获得之间的不一致感越强烈,则社会不平等状况越严重。从我们的分析中可以看出,目前劳资关系、干群关系、贫富关系以及户籍差别和地域差异较为明显地影响着人们的社会期望值,在今后的一段时期内我们需在制度安排上进行调整从而兼顾各群体的利益。

表6-55 社会期望值和社会关系的方差检验

	均值	标准差	样本数	差异显著性
老板与员工关系				
不好	56.04	14.49	744	
一般	56.04	13.30	1695	$F=11.07$,$df=2$ $p=0.000$
好	53.30	14.94	756	
穷人与富人关系				
不好	56.95	14.35	1451	
一般	54.81	13.43	1325	$F=23.43$,$df=2$ $p=0.000$
好	51.87	14.06	414	
城里人与农村人关系				
不好	56.46	15.06	809	
一般	55.59	13.44	1521	$F=6.35$,$df=2$ $p=0.0018$
好	54.07	13.96	860	
汉族与其他民族关系				
不好	54.38	16.70	279	
一般	55.89	13.96	1303	$F=1.76$,$df=2$ $p=0.1727$
好	55.18	13.57	1608	

续表

	均值	标准差	样本数	差异显著性
信教与不信教				
不好	55.08	16.63	308	$F=0.23$,$df=2$ $p=0.7939$
一般	55.55	13.46	1587	
好	55.27	14.05	1300	
干部与群众				
不好	57.72	14.27	911	$F=26.16$,$df=2$ $p=0.0000$
一般	55.16	13.44	1676	
好	52.49	14.68	605	
本地人与外地人				
不好	55.65	15.68	587	$F=7.71$,$df=2$ $p=0.0005$
一般	56.18	13.52	1584	
好	53.99	13.70	1022	

3. 社会保护与社会期望值

在是否获得社会保护与社会期望值的关系上，较好的社会保护能降低受访者的社会期望值，那些认为自己的生活没有什么保障的受访者社会期望值明显较高（$F=14.65$,$p=0.000$）（见图6-59）。具体表现为：有养老保险的受访者社会期望值更低（$t=7.9240$,$p=0.000$），有住房公积金的受访者社会期望值更低（$t=11.1415$,$p=0.000$），安全感强的受访者社会期望值更低（$F=-1.3190$,$p=0.000$）（见图6-60）。

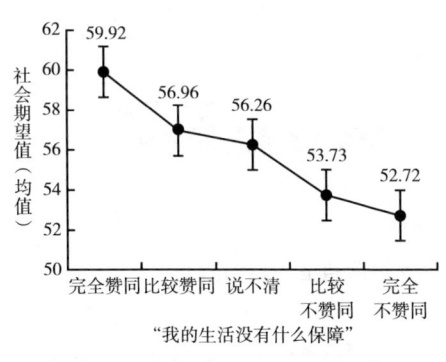

图6-59 生活保障与社会期望值的关系分布

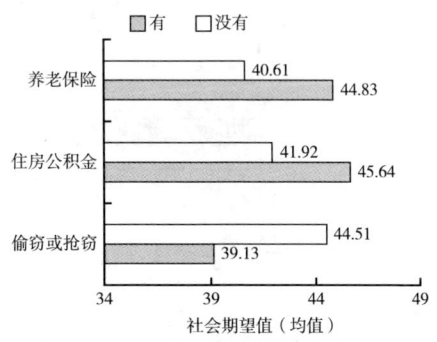

图6-60 社会期望值在社会保护上的均值分布

在是否赞同给予某些弱势群体社会保护与社会期望值的关系上，认为应该保护穷人、残疾人和孤寡老人的受访者社会期望值较低。具体表现为：不赞同保障穷人基本生活的受访者社会期望值更高（$F=15.08$，$p=0.000$）；不赞同关照残疾人的受访者社会期望值更高（$F=15.41$，$p=0.000$）；不赞同照料孤寡老人的受访者社会期望值更高（$F=19.05$，$p=0.000$）。对于此种统计结果，我们认为一方面那些不赞同给予弱势群体社会保护的受访者人数与赞同者的人数不成比例从而可能造成统计偏差（在关于满意度的分析中已提及）；另一方面，这些不赞同保护弱势群体的受访者多是认为当下社会是非标准模糊者（其中不赞同保障穷人基本生活的受访者中认为社会是非标准模糊的比例为58.8%，而赞同者的比例为23.3%；不赞同关照残疾人的受访者中认为社会是非标准模糊的比例为48.2%，而赞同者的比例为22.6%；不赞同照料孤寡老人的受访者中认为社会是非标准模糊的比例为44.6%，而赞同者的比例为20.5%），而持有此种价值观念的受访者社会期望值更高（在关于社会态度与社会期望值间的关系分析中将会论及），这也可能是造成上述结果的原因之一（见图6-61）。

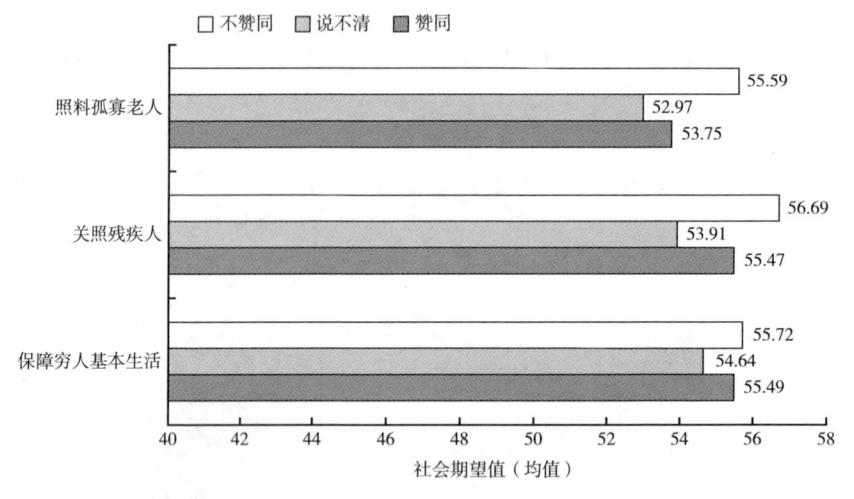

图6-61 社会期望值在社会保护认知上的均值分布

以上的分析结果表明，社会保护状况影响受访者的社会期望值，较好的社会保护制度和完善的社会保护体系能够有效降低民众的社会期望值。

近年来，我国社会保障体系不断完善和发展，正在为实现"学有所教、劳有所得、病有所医、老有所养、住有所居"的社会保障目标而不断努力，2011年温家宝总理在政府工作报告中指出，我国最低生活保障制度已实现全覆盖，城乡社会救助体系基本建立，社会福利、优抚安置、慈善和残疾人事业取得新进展。① 完善的社会保护不仅能够起到经济"减震器"和社会"稳定器"的作用，而且对维护和谐稳定的社会秩序、培养积极健康的民众心理意义重大。

4. 社会态度与社会期望值

从严格的意义出发，社会期望值是社会态度的一种，但此种态度由于更多的是在与参照群体的比较、与社会发展预期的比较中产生，因而更多地具有结构性特征。社会期望值作为一种主观感受，与其他社会态度（如满意度、成就感）相比其社会性程度要更高，此种态度在很大程度上与整个社会的宏观氛围密切相关，时刻会受到整个社会结构及其文化气氛的变迁状况的影响。②

数据分析的结果显示，那些态度乐观、工作有成就感、付出与回报相一致的受访者社会期望值更低；相反，态度消极、情绪低落者的社会期望值更高。具体来看，价值观念处于"失范"状态的受访者社会期望值更高，③ 那些认为社会上是非标准模糊、人际信任缺失、对未来丧失信心的受访者社会期望值明显更高，而那些成就感高、回报感强、预期感充足的受访者社会期望值明显较低（见表6-56）。以上的结果可以认为，与其说人们的态度影响了社会期望值，毋宁认为社会期望值只是社会态度更为结构化的表现形式之一，因为人们的社会态度从主观层面反映出了社会的

---

① 温家宝：《政府工作报告——2011年3月5日在第十一届全国人民代表大会第四次会议上》，《中国乡镇企业》2011年第3期，第4—16页。

② 李汉林、渠敬东：《中国单位组织变迁过程中的失范效应》，上海：上海人民出版社，2005年，第45页。

③ 此处所谓的失范主要是指"人们在主观上的一种无所适从、迷茫、疏离、颓废以及无规范和混乱的主观感受"，我们在分析中将失范感受操作化为三项题器，分别为是否赞同"社会上的是非标准已变得很模糊"、是否赞同"现在的社会很难找到真正的朋友"、是否赞同"觉得自己前途很渺茫，对未来没有什么信心"。相关的论述和研究可参见李汉林、渠敬东《中国单位组织变迁过程中的失范效应》，上海：上海人民出版社，2005年，第45页；李汉林、魏钦恭、张彦《社会变迁过程中的结构紧张》，《中国社会科学》2010年第2期，第121—143页。

客观状况和结构特征。已有研究者提出通过"相对剥夺感曲线"(relative deprivation curve)[①]对社会不平等状况进行描述与分析。

表6-56 社会态度与社会期望值的差异分析

	均值	标准差	样本数	差异显著性
"我觉得前途渺茫,对未来没有什么信心"				
完全赞同	63.51	16.93	133	
比较赞同	59.03	15.58	702	$F=34.64$,$df=4$
说不清	54.94	12.71	798	$p=0.0000$
不是很赞同	53.19	12.09	1034	
完全不赞同	52.85	14.73	432	
"现在很难找到真正可信赖的朋友"				
完全赞同	56.07	16.38	270	
比较赞同	56.47	14.28	1022	$F=4.14$,$df=4$
说不清	55.56	13.43	727	$p=0.0024$
不是很赞同	54.33	13.15	881	
完全不赞同	53.44	13.56	231	
"社会上的是非标准变得很模糊"				
完全赞同	59.70	15.60	346	
比较赞同	54.74	14.30	1483	$F=11.07$,$df=4$
说不清	55.74	12.98	735	$p=0.0000$
不是很赞同	53.72	13.06	451	
完全不赞同	53.77	13.87	91	
"我时常觉得很累"				
完全赞同	59.43	15.65	400	
比较赞同	55.61	13.96	1337	$F=13.56$,$df=4$
说不清	54.33	13.51	641	$p=0.0000$
不是很赞同	53.93	12.95	664	
完全不赞同	51.18	15.10	102	

---

① 相对剥夺感曲线指的是人们的收入和财富分布与相对剥夺感分布之间的曲线关系,收入财富主要包括初始收入(original income)、总收入(gross income)和可支配收入(disposable income)。收入财富和相对剥夺感均被划分为十等份,相互间关系显示,那些收入财富高的人相对剥夺感显著较低。参见 Nanak Kakwani, "The relative deprivation curve and its applications," *Journal of Business & Economic Statistics,* Vol. 2, No. 4 (Oct., 1984), pp. 384–394。

续表

	均值	标准差	样本数	差异显著性
"我时常心情不好"				
完全赞同	60.73	17.97	211	$F=12.56$，$df=4$ $p=0.0000$
比较赞同	56.32	14.69	918	
说不清	55.10	12.85	766	
不是很赞同	54.01	12.90	999	
完全不赞同	53.32	14.30	226	
"我的工作让我有成就感"				
完全赞同	47.99	16.46	195	$F=96.83$，$df=4$ $p=0.0000$
比较赞同	52.08	12.58	1160	
说不清	55.05	12.28	826	
不是很赞同	59.67	13.81	681	
完全不赞同	67.53	15.25	218	
"我的工作有良好的发展前景"				
完全赞同	47.68	15.45	180	$F=100.74$，$df=4$ $p=0.0000$
比较赞同	51.23	13.17	1045	
说不清	55.54	12.04	932	
不是很赞同	59.08	13.93	676	
完全不赞同	67.47	14.73	227	
"我的工资和报酬与我的付出和能力相适应"				
完全赞同	50.80	15.65	162	$F=55.75$，$df=4$ $p=0.0000$
比较赞同	52.61	13.35	1238	
说不清	55.23	12.50	796	
不是很赞同	58.06	13.94	710	
完全不赞同	65.80	16.03	214	

5.社会经济地位与社会期望值

第一，经济地位与社会期望值。

受访者的月收入水平与社会期望值间的关系呈负相关（$P=-0.2530$，$p=0.000$），将月收入水平划分为六个层级，随着收入层级的提高，社会期望值显著降低（$F=129.02$，$p=0.000$）（见图6-62）。随着年收入的增加，

| 社会景气与总体性社会情绪 | 理论、方法与数据分析

受访者的社会期望值呈倒 U 形发展趋势，其中年收入为 49976.78 元时，社会期望值达到最低点（见图 6-63）。

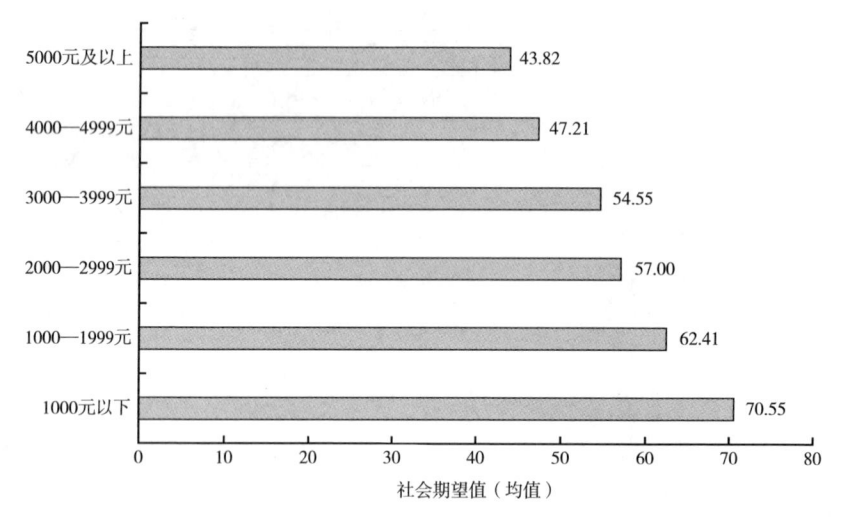

图6-62 社会期望值在月收入层级上的均值分布

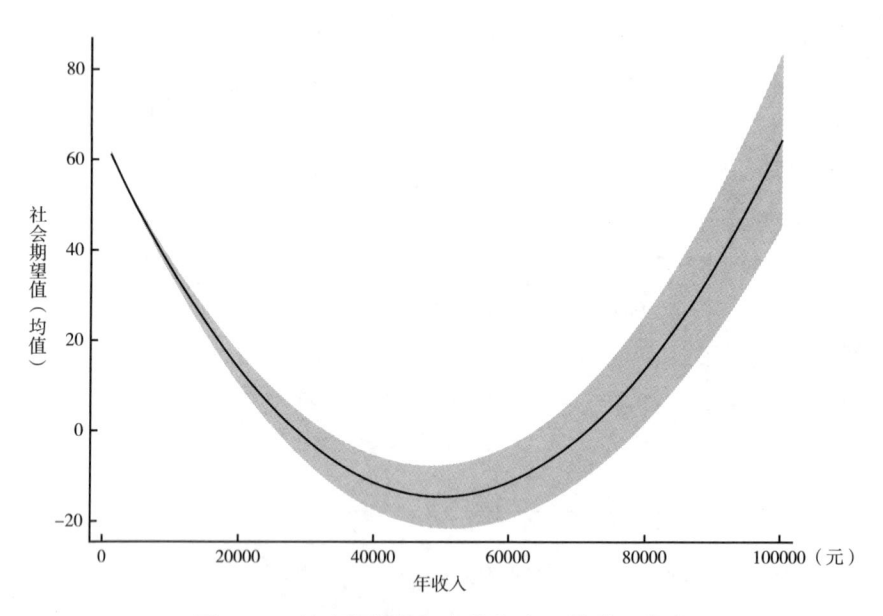

图6-63 社会期望值与年收入水平的关系分布

第二，权力地位与社会期望值。

权力地位与社会期望值的关系分析结果显示，受访者的管理层级越

高，社会期望值越低（$F=177.63$，$p=0.000$）（见图6-64）；在行政级别上社会期望值的分布呈倒U形关系，处级领导的社会期望值最低（均值为40.44），无行政级别者社会期望值最高（均值为56.41）（见图6-65）。

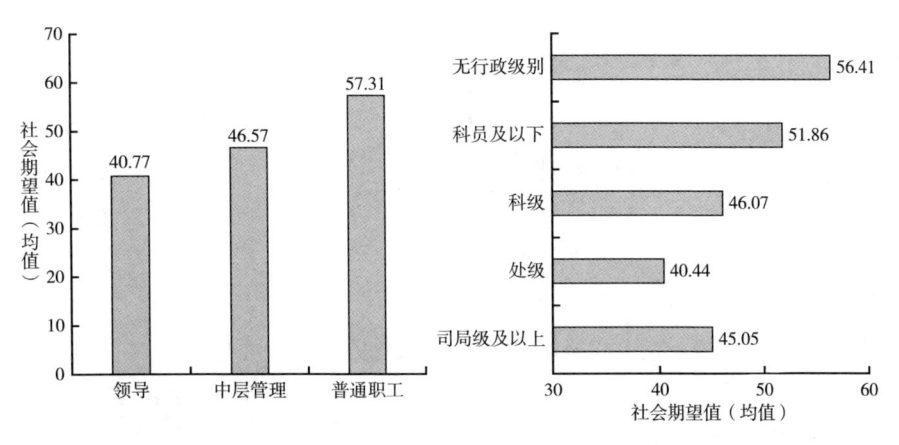

图6-64　社会期望值在管理层级上的均值分布

图6-65　社会期望值在行政级别上的均值分布

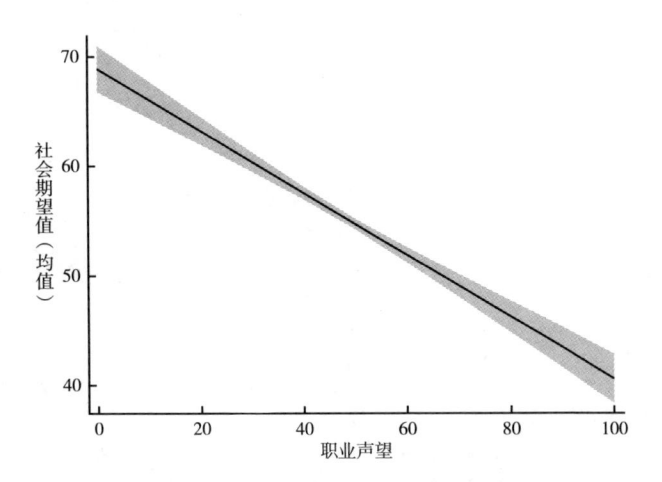

图6-66　社会期望值与职业声望的关系分布

第三，社会地位与社会期望值。

就整体分布趋势而言，职业声望越高，社会期望值越低（见图6-66）。与前文的分析一样，由于社会经济地位的不同维度间有着复杂的相关关系，因此我们通过回归方程进一步确认在控制其他条件变量的情况下，各变量对社会期望值的影响作用。

在模型1中，收入水平、行政级别、管理层级和职业声望都对受访者的社会期望值具有显著的影响作用。收入水平越高，社会期望值越低；与无行政级别的受访者相比，有行政级别者的社会期望值更低；管理层级以普通职工为参照，管理层级越高，社会期望值越低；职业声望越高，社会期望值越低。模型2、模型3、模型4、模型5是在模型1的基础上引入交互项，结果显示，收入水平对社会期望值的影响显著受到受访者受教育程度的影响作用，收入水平对社会期望值的影响显著受到受访者在单位中管理层级的影响作用；而职业声望对社会期望值的影响作用与受教育程度无关；收入水平对社会期望值的影响作用与其行政级别无关（见表6-57）。

表6-57 以社会期望值为因变量的多元回归分析

变量	模型1 社会期望值	模型2 社会期望值	模型3 社会期望值	模型4 社会期望值	模型5 社会期望值
月收入（连续变量）	−0.001*** (−9.38)	−0.002*** (−6.45)	−0.001*** (−8.50)	−0.001*** (−8.87)	−0.001*** (−9.23)
受教育程度（以小学及以下为参照）					
初中	0.94 (1.17)	−3.56** (−2.88)	0.83 (1.04)	0.75 (0.94)	0.07 (0.02)
高中/中专/技校	−1.86** (−2.43)	−2.72* (−1.91)	−1.90* (−2.49)	−1.86* (−2.44)	−4.84 (−1.42)
大学专科	−2.37** (−3.02)	−7.08*** (−5.56)	−2.44** (−3.12)	−2.20** (−2.81)	−2.83 (−0.79)
大学本科	−2.98** (−3.41)	−3.78* (−2.32)	−2.97** (−3.39)	−2.65** (−3.03)	−11.21** (−2.68)
研究生及以上	−5.93* (−2.43)	−0.70 (−0.15)	−5.37* (−2.16)	−5.32* (−2.19)	20.14 (1.11)
行政级别（以无行政级别为参照）					
司局级及以上	−3.67 (−0.89)	−1.36 (−0.33)	−0.75 (−0.13)	−3.80 (−0.93)	−3.77 (−0.92)
处级（含副处）	−6.01** (−2.44)	−5.43* (−2.22)	−2.79 (−0.60)	−6.05* (−2.47)	−6.29* (−2.56)
科级（含副科）	−1.79 (−1.30)	−1.68 (−1.23)	0.55 (0.20)	−1.61 (−1.18)	−1.71 (−1.23)
科员及科员以下	−2.02* (−2.48)	−1.94* (−2.41)	0.80 (0.05)	−2.11** (−2.61)	−2.05* (−2.53)

续表

变量	模型1 社会期望值	模型2 社会期望值	模型3 社会期望值	模型4 社会期望值	模型5 社会期望值
管理层级（以普通职工为参照）					
中层管理人员	−6.92*** (−8.82)	−6.40*** (−8.14)	−6.81*** (−8.65)	−5.20*** (−3.68)	−6.84*** (−8.68)
领导	−11.87*** (−8.29)	−10.79*** (−7.42)	−11.74*** (−7.98)	−15.48*** (−9.22)	−11.79*** (−8.05)
职业声望（连续变量）	−0.12*** (−5.00)	−0.12*** (−4.94)	−0.12*** (−5.15)	−0.12*** (−4.99)	−0.17** (−2.96)
交互项1（以小学及以下×收入水平为参照）					
初中*收入水平		0.002*** (4.71)			
高中/中专/技校*收入水平		0.0003 (0.71)			
大学专科*收入水平		0.002*** (4.57)			
大学本科*收入水平		0.001 (1.25)			
研究生*收入水平		−0.0004 (−0.46)			
交互项2（以无行政级别*收入水平为参照）					
司局级及以上*收入水平			−0.001 (−0.75)		
处级*收入水平			−0.001 (−0.86)		
科级*收入水平			−0.001 (−1.04)		
科员及以下*收入水平			−0.001 (−1.54)		
交互项3（以普通职工*收入水平为参照）					
中层管理人员*收入水平				−0.0003 (−1.10)	
领导*收入水平				0.001*** (4.23)	
交互项4（以小学及以下*职业声望为参照）					
初中*职业声望					0.02 (0.20)

续表

变量	模型1 社会期望值	模型2 社会期望值	模型3 社会期望值	模型4 社会期望值	模型5 社会期望值
高中/中专/技校*职业声望					0.07 (0.90)
大学专科*职业声望					0.01 (0.18)
大学本科*职业声望					0.16$^+$ (1.95)
研究生*职业声望					−0.41 (−1.39)
截距	66.41*** (53.96)	69.94*** (46.93)	66.49*** (53.89)	67.20*** (54.11)	68.56*** (26.02)
F值	41.89***	35.73***	34.44***	40.57***	32.74***
R^2	16.50%	17.51%	16.66%	17.20%	16.76%

注：括号中数值为t值；$^+ p<0.1$，$^* p<0.05$，$^{**} p<0.01$，$^{***} p<0.001$。

（三）社会期望值与总体性社会情绪的关系

1. 社会期望值对满意度的影响

满意度毫无疑问是测量人们社会态度状况的主要维度，我们的分析结果与此一致，无论是个体层面的满意度还是社会总体层面的满意度，都与社会期望值间有着显著的负相关关系（见图6-67、图6-68）。

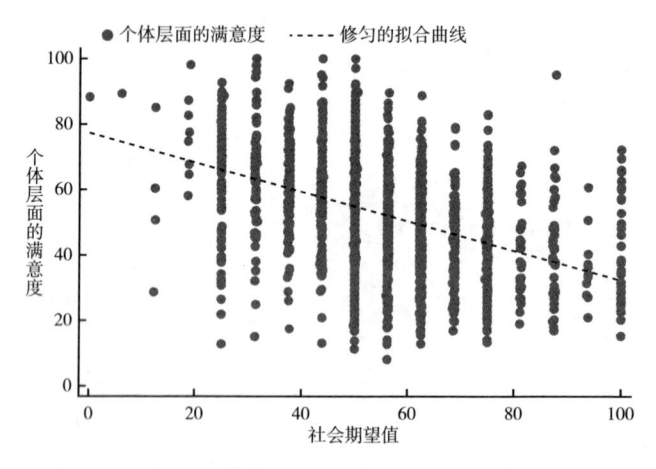

图6-67 社会期望值与个体性事项的满意度间的关系

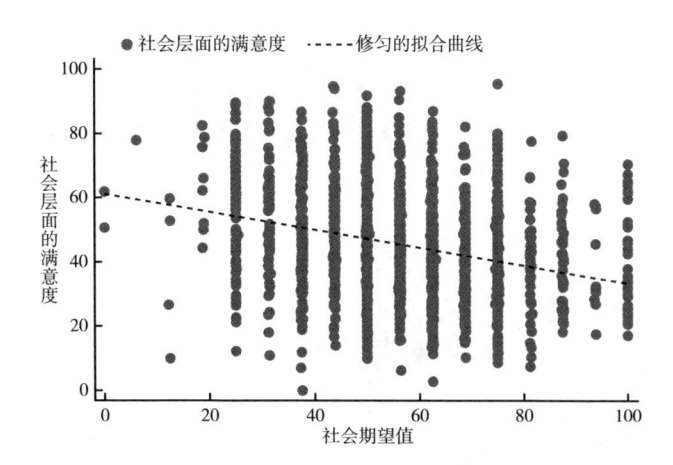

图6-68 社会期望值与社会性事项的满意度间的关系

将受访者的月收入、年龄、受教育程度、户口类型与户口所在地、经济区域、工作状态、单位类型和管理层级作为控制变量，考察社会期望值对满意度的影响，结果如表6-58所示。模型1显示，在保持上述控制变量保持不变的情况下，受访者的社会期望值每提升1个单位，其满意度就会显著下降0.39个单位。模型2、模型3将这种影响具体分解到满意度的两个维度上发现，与社会层面的满意度相比，社会期望值对受访者在个体层面的满意度的影响更大；在保持上述控制变量保持不变的情况下，受访者在个体层面的社会期望值每提高1个单位，满意度就会下降0.42个单位。模型4试图探寻不同月收入水平的受访者的社会期望值对其满意度的影响是否存在显著差异。结果显示，社会期望值与月收入水平的交互项在0.1置信水平下存在显著差异；与月收入1000元以下的受访者相比，在月收入在4000—4999元的受访者中社会期望值对满意度的影响力显著较小（见图6-69）。

表6-58 社会期望值对满意度的影响回归模型

变量	模型1 满意度	模型2 对社会性事项的满意度	模型3 对个体性事项的满意度	模型4 满意度
社会期望值	−0.39*** (−16.88)	−0.30*** (−13.00)	−0.42*** (−18.88)	−0.50*** (−3.71)
月收入水平（以1000元以下为参照）				
1000—1999元	−1.68 (−0.74)	−1.13 (−0.48)	−3.02 (−1.43)	−9.03 (−0.89)

续表

变量	模型1 满意度	模型2 对社会性事项的满意度	模型3 对个体性事项的满意度	模型4 满意度
2000—2999元	−2.70 (−1.19)	−3.09 (−1.30)	−2.67 (−1.26)	−13.35 (−1.33)
3000—3999元	−2.31 (−1.01)	−3.67 (−1.54)	−2.19 (−1.03)	−4.29 (−0.43)
4000—4999元	0.04 (0.02)	−1.08 (−0.41)	−0.60 (−0.25)	−16.71 (−1.55)
5000元及以上	−1.32 (−0.54)	−3.16 (−1.23)	0.07 (0.03)	−12.60 (−1.23)
交互项（以社会期望值*1000元以下为参照）				
社会期望值*1000—1999元				0.10 (0.73)
社会期望值*2000—2999元				0.16 (1.15)
社会期望值*3000—3999元				0.003 (0.02)
社会期望值*4000—4999元				0.30+ (1.83)
社会期望值*5000元及以上				0.19 (1.26)
年龄	0.10** (3.00)	0.11*** (3.54)	0.04 (1.48)	0.10** (3.00)
受教育程度	−0.56* (−2.38)	−0.63** (−2.64)	0.01 (0.04)	−0.57* (−2.45)
户口类型	1.69* (2.41)	1.31+ (1.85)	2.50*** (3.76)	1.60* (2.28)
户口所在地	−0.75 (−0.90)	0.46 (0.54)	−1.29 (−1.63)	−0.78 (−0.93)
区域	1.02** (2.96)	0.24 (0.67)	1.34*** (4.08)	1.02** (2.95)
工作状态	−1.22 (−1.28)	−1.10 (−1.15)	−0.72 (−0.80)	−1.26 (−1.33)
单位类型	−0.31 (−1.33)	−0.32 (−1.33)	−0.18 (−0.77)	−0.30 (−1.28)
管理层级	−0.92 (−1.34)	−0.34 (−0.49)	−1.13+ (−1.76)	−1.08 (−1.57)
截距	65.19*** (15.13)	62.85*** (14.24)	74.64*** (18.35)	73.53*** (7.13)
F值	32.64***	17.98***	45.53***	24.90***
R^2	15.27%	8.32%	18.84%	15.75%

注：括号中数值为t值；+ $p<0.1$，* $p<0.05$，** $p<0.01$，*** $p<0.001$。

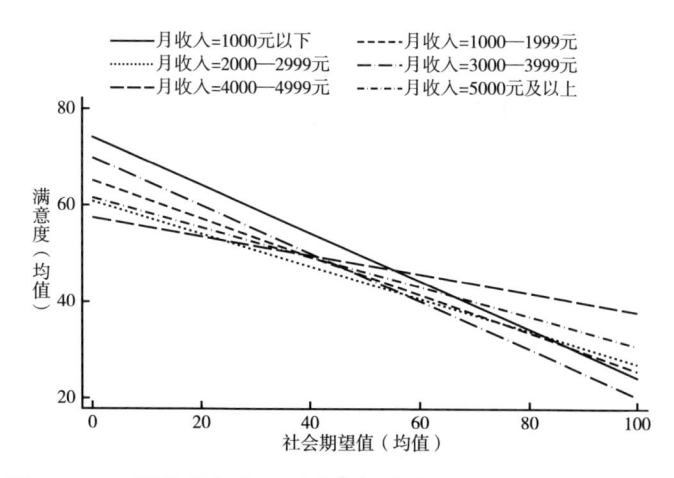

图6-69 不同月收入水平受访者的满意度对社会期望值的影响

此外,为了探索社会期望值对满意度影响的内在机制,我们将社会期望值作为自变量、满意度作为因变量,个体主观感知到的经济地位水平作为中介变量,进行模型检验,结果如表6-59所示。

表6-59 社会期望值对满意度的影响:主观经济地位的中介作用

变量	模型1 满意度	模型2 主观经济地位	模型3 满意度
社会期望值	-0.40^{***} (-17.79)	-0.03^{***} (-30.82)	-0.34^{***} (-13.23)
主观经济地位			1.99^{***} (4.83)
月收入	-0.00004 (-0.44)	0.00002^{***} (4.39)	-0.00007 (-0.81)
年龄	0.10^{**} (3.16)	-0.001 (-0.70)	0.10^{**} (3.22)
受教育程度	-0.52^{*} (-2.26)	0.02^{*} (2.17)	-0.54^{*} (-2.38)
户口类型	1.65^{*} (2.36)	0.02 (0.67)	1.63^{*} (2.34)
户口所在地	-0.72 (-0.86)	-0.06^{+} (-1.73)	-0.55 (-0.67)
区域	1.00^{**} (2.91)	-0.01 (-0.53)	1.00^{**} (2.92)

续表

变量	模型1 满意度	模型2 主观经济地位	模型3 满意度
工作状态	−1.00 (−1.08)	−0.02 (−0.42)	−0.93 (−1.01)
单位所有制性质	−0.30 (−1.26)	−0.01 (−0.67)	−0.28 (−1.19)
管理层级	−1.18$^+$ (−1.75)	−0.12*** (−4.29)	−0.93 (−1.38)
截距	63.91*** (18.11)	4.32*** (28.60)	55.14*** (13.94)
F值	44.94***	146.33***	43.33***
R^2	15.03%	32.29%	15.81%

注：括号中数值为t值；$^+ p<0.1$，$^* p<0.05$，$^{**} p<0.01$，$^{***} p<0.001$。

模型1为基准模型，将月收入、年龄、受教育程度、户口类型、户口所在地、工作状态、单位所有制性质和单位中的管理层级作为控制变量，回归结果显示，随着受访者感知到的社会期望值的增加，其整体满意度会显著降低，回归模型的解释力为15.03%。模型2显示，在保持上述控制变量不变的情况下，受访者感知到的社会期望值每提高1个单位，其主观感知到自己的经济地位就会降低0.03个单位。模型3将社会期望值、主观经济地位均纳入自变量，考察二者共同对受访者满意度的影响。模型1与模型3进行比较发现，社会期望值的回归系数在两个模型中均在0.001置信水平下显著，且从0.40降低到了0.34，同时主观经济地位的回归系数依然显著影响满意度。综上三个模型可知，社会期望值对满意度影响的直接效应为0.34，主观经济地位部分中介了社会期望值对主观经济地位的影响，其产生的间接效应为0.06。采用Bootstrap检验其中介效应，结果发现主观经济地位中介了15.00%社会期望值对满意度的影响，Z值为−4.86，且在0.01置信水平下显著，95%的置信区间中不包含0。由此说明，社会期望值除了可以直接影响受访者的满意度大小之外，还可以通过主观经济地位间接影响其满意度。

2. 社会期望值对社会信任的影响

运用多元回归方法，将性别、政治面貌、年龄、月收入、受教育程度等人口学变量和工作状态、单位所有制性质等工作组织变量作为控制变量，考察社会期望值对社会信任的影响（见表6-60）。模型1显示，在上述控制变量保持不变的情况下，受访者感知到的社会期望值每提高1个单位，其对社会的信任度就会降低0.30个单位。具体将这种影响分解到社会信任的两个维度上，模型2和模型3结果显示，社会期望值的这种负面影响也显著体现在社会信任的两个维度（即对政府执政能力的信任度和对政府职能部门的信任度）上，社会期望值在两个模型中的回归系数均在0.001置信水平下显著。同时，为了考察这种负面影响在不同群体中是否存在大小的差异，我们得到了模型4和模型5。模型4显示，性别在社会期望值对社会信任影响中起到显著调节作用，社会期望值对社会信任的负面影响在男性群体中显著大于女性群体；另外，模型5显示，受访者的政治面貌也在社会期望值对社会信任影响中起到显著调节作用，社会期望值对社会信任的负面影响在党员群体中显著小于非党员群体。

表6-60　社会期望值对社会信任的影响

变量	模型1 社会信任	模型2 对政府执政能力的信任度	模型3 对政府职能部门的信任度	模型4 社会信任	模型5 社会信任
社会期望值	−0.30*** (−10.90)	−0.39*** (−12.22)	−0.17*** (−6.47)	−0.38*** (−10.80)	−0.41*** (−5.86)
性别（以男性为参照）					
女性	−2.37** (−3.31)	−1.64* (−1.99)	−2.49*** (−3.55)	7.97** (2.79)	−2.37** (−3.31)
政治面貌（以非党员为参照）					
党员	−1.31 (−1.17)	−1.97 (1.52)	0.35 (0.31)	−1.22 (−1.08)	−7.54+ (−1.94)
交互项1（以社会期望值*男性为参照）					
社会期望值*女性				−0.19*** (−3.74)	
交互项2（以社会期望值*非党员为参照）					
社会期望值*党员					−0.12+ (−1.67)
月收入	−0.00003 (−0.22)	0.0001 (0.94)	−0.0001 (−1.07)	−0.00004 (−0.31)	−0.00003 (−0.23)
年龄	−0.21*** (−5.46)	−0.22*** (−4.97)	−0.16*** (−4.35)	−0.21*** (−5.55)	−0.20*** (−5.36)

续表

变量	模型1 社会信任	模型2 对政府执政能力的信任度	模型3 对政府职能部门的信任度	模型4 社会信任	模型5 社会信任
受教育程度	0.07 (0.25)	0.69* (2.12)	−0.62* (−2.25)	0.05 (0.18)	0.07 (0.25)
户口所在地	3.99*** (4.11)	3.70*** (3.32)	1.95* (2.05)	3.89*** (4.02)	4.04*** (4.17)
区域	1.34** (3.11)	1.37** (2.79)	0.95* (2.26)	1.27** (2.95)	1.35** (3.14)
工作状态	−0.18 (−0.16)	0.10 (0.08)	1.38 (1.26)	0.02 (0.02)	−0.12 (−0.11)
单位所有制性质	0.65* (2.15)	0.97** (2.77)	−0.30 (−1.00)	0.62* (2.05)	0.64* (2.09)
管理层级	−0.65 (−0.77)	−1.42 (−1.49)	0.20 (0.24)	−0.85 (−1.02)	−0.70 (−0.84)
截距	22.97*** (5.54)	14.24** (2.99)	32.15*** (7.90)	16.83*** (4.06)	23.80*** (5.70)
F值	22.69***	23.29***	10.85***	22.08***	21.05***
R^2	8.87%	7.74%	4.43%	9.37%	8.97%

注：括号中数值为t值；$^+ p<0.1$，$^* p<0.05$，$^{**} p<0.01$，$^{***} p<0.001$。

具体探讨社会期望值如何影响社会信任时，我们构建了如表6-61中四个回归模型。模型1为基准模型，是将性别、政治面貌、年龄、月收入、受教育程度等人口学变量和工作状态、单位所有制性质等工作组织变量作为控制变量，考察社会期望值对社会信任的影响。结果显示，在上述控制变量保持不变的情况下，社会期望值每提高1个单位，受访者对社会的信任度就会减少0.30个单位，这种负面影响在0.001置信水平下显著。接着，模型2和模型3结果表明，社会期望值分别对受访者的社会参与和社会态度均存在显著负面影响。在保持上述相同控制变量保持不变的情况下，受访者的社会期望值每提高1个单位，其社会参与的行为就会显著降低0.18个单位，对社会的积极态度也会降低0.01个单位。模型4中，我们将社会期望值和社会参与、社会态度同时纳入自变量，考察三者共同对社会信任的影响。结果显示，在上述控制变量保持恒定不变的情况下，社会期望值每提高1个单位，受访者对社会的信任度就会降低0.23个单位；

社会参与的行为每提高1个单位，社会信任随之提高0.05个单位；对待社会的积极态度每提高1个单位，受访者对社会的信任度也会显著提高5.82个单位。将模型1与模型4进行对比发现，社会期望值的回归系数从0.30降低到了0.23，且依然在0.001置信水平下显著，这表明，社会参与和社会态度部分中介了社会期望值对社会信任的影响。统计发现，社会期望值对社会信任的直接效应为0.23，社会参与在社会期望值与社会信任之间产生的间接效应为0.009，社会态度产生的间接效应为0.0582。运用Bootstrap对中介效应进行检验，结果显示，社会参与中介了社会期望值对社会信任影响的22.27%，社会态度中介了社会期望值对社会信任影响的40.65%，且两个中介效应均在0.001置信水平下显著，95%的置信区间中不包含0，中介效应成立（见图6-70）。

表6-61　社会期望值对社会信任的影响：社会态度和社会参与的中介作用

变量	模型1 社会信任	模型2 社会参与	模型3 社会态度	模型4 社会信任
社会期望值	−0.30*** （−10.94）	−0.18*** （−5.80）	−0.01*** （−7.35）	−0.23*** （−7.96）
社会参与				0.05** （2.68）
社会态度				5.82*** （12.59）
性别（以男性为参照）				
女性	−2.32** （−3.24）	1.25 （1.55）	−0.11*** （−3.61）	−1.35+ （−1.80）
政治面貌（以非党员为参照）				
党员	−1.83+ （−1.66）	9.17*** （7.39）	−0.09+ （−1.93）	−0.73 （−0.63）
月收入	−9.80e−06 （−0.07）	0.0001 （1.03）	8.28e−06+ （1.74）	−0.0001 （−0.60）
年龄	−0.22*** （−5.89）	0.04 （0.94）	−0.01** （−3.22）	−0.15*** （−3.68）
受教育程度	0.02 （0.06）	2.11*** （6.67）	−0.01 （−0.60）	−0.31 （1.05）
户口所在地	4.23*** （4.39）	0.65 （0.61）	0.02 （0.45）	4.39*** （4.42）

续表

变量	模型1 社会信任	模型2 社会参与	模型3 社会态度	模型4 社会信任
区域	1.36** (3.15)	3.84*** (8.01)	−0.01 (−0.58)	2.01*** (4.42)
工作状态	−0.10 (−0.09)	−0.95 (−0.76)	−0.02 (−0.48)	0.67 (0.57)
管理层级	−0.82 (−0.99)	−2.36* (−2.55)	0.07* (1.99)	−1.56+ (−1.80)
截距	25.15*** (6.25)	17.71*** (3.95)	2.30*** (13.94)	9.10* (2.10)
F值	24.62***	33.45***	11.04***	31.40***
R^2	8.73%	11.30%	3.51%	14.53%

注：括号中数值为t值；$^+p<0.1$，$^*p<0.05$，$^{**}p<0.01$，$^{***}p<0.001$。

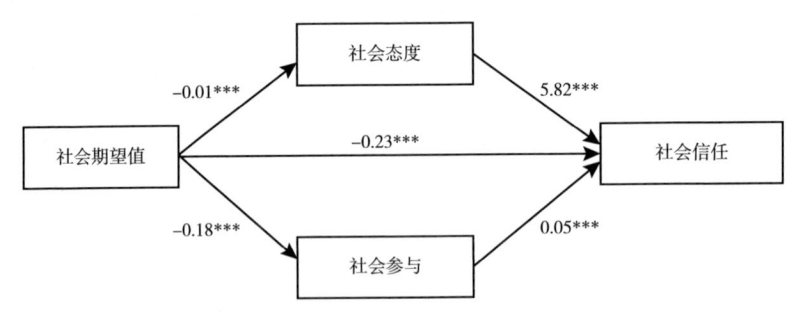

图6-70 社会期望值与社会信任的关系：社会态度与社会参与的中介效应

注：$^+p<0.1$，$^*p<0.05$，$^{**}p<0.01$，$^{***}p<0.001$。

3. 社会期望值对社会信心的影响

社会期望值与社会信心间的关系表明，社会期望值较强的受访者，社会信心水平反而更高，相关系数为0.12，且在0.01置信水平下显著。在前文我们论述了社会期望值的一种类型——"发展型"社会期望值，如果对现状不满意，同时对未来的预期较低，则"发展型"社会期望值较强；而如果对现状不满意，但对未来有较好的预期，认为社会的发展能不断满足自己的各种需求，则"发展型"社会期望值较弱。以此为据，我们采用多元回归分析，探讨社会期望值对社会信任的具体影响（见表6-62）。模型1显示，在控制了性别、年龄和受教育程度等人口学变量和单位所有制性质、管理层级等工作变量保持不变的情况下,这种"发展型"社会期望值每提高 1 个单位,受访者对社会发展的信心就会提高 0.12 个单位。这种影响也可分解到社会信心的两个维度上,模型 2 和模型 3 结果便表明,同样在保持上述控制变量不变的情况下,"发展型"社会期望值每提高 1 个单位,受访者对社会发展的信心会提高 0.15 个单位、对个体发展的信心会提高 0.12 个单位。模型 4、模型 5、模型 6 是以模型 1 为基准,分别考察社会期望值对社会态度、社会参与的影响,和将社会期望值、社会态度和社会参与同时作为自变量考察三者对社会信心的影响。结果显示,这种"发展型"社会期望值对社会态度有显著正向影响,对社会参与有显著负向影响(见图 6-71)。对比模型 1 和模型 6 的回归结果发现,社会期望值对社会信任的影响受到社会参与和社会态度的中介影响,其中,社会参与中介了 22.52% 社会期望值对社会信任的影响,社会态度中介了 41.91% 社会期望值对社会信任的影响。采用 Bootstrap 对中介效应进行检验,结果显示,Z 值为 4.95,且在 0.01 置信水平下显著,95% 置信区间中不包括 0,这表明社会参与与社会态度的中介效应成立。

表6-62 社会期望值对社会信心的影响

变量	模型1 社会信心	模型2 对社会性 事项的信心	模型3 对个体性 事项的信心	模型4 社会态度	模型5 社会参与	模型6 社会信心
社会期望值	0.12** (3.44)	0.15*** (4.27)	0.12** (3.23)	0.01*** (7.27)	−0.18*** (−5.82)	0.03 (0.87)
社会参与						−0.10*** (−4.72)
社会态度						4.86*** (8.09)
性别(以男性参照)						
女性	−1.56+ (−1.68)	−2.04* (−2.22)	−1.65+ (−1.79)	−0.11*** (−3.58)	1.21 (1.50)	−1.67+ (−1.79)
政治面貌(以非党员为参照)						
党员	−1.61 (−1.09)	−3.17* (−2.14)	−2.39 (−1.63)	−0.10* (−2.14)	8.63*** (6.80)	−0.42 (−0.28)
月收入	−0.0001 (−0.39)	−0.00002 (−0.12)	−0.00003 (−0.22)	8.40e−06+ (1.76)	0.0001 (1.12)	−0.0002 (−0.96)

续表

变量	模型1 社会信心	模型2 对社会性 事项的信心	模型3 对个体性 事项的信心	模型4 社会态度	模型5 社会参与	模型6 社会信心
年龄	0.003 (0.06)	0.17*** (−3.50)	0.28*** (5.64)	−0.01** (−3.35)	0.03 (0.62)	0.03 (0.55)
受教育程度	0.34 (0.91)	0.28 (0.76)	−0.18 (−0.50)	−0.01 (−0.71)	2.06*** (6.51)	0.44 (1.17)
户口所在地	0.35 (0.28)	1.26 (0.99)	−2.59* (−2.07)	0.03 (0.63)	0.85 (0.79)	−0.10 (−0.08)
区域	1.50** (2.73)	1.57** (2.86)	−0.19 (−0.34)	−0.01 (−0.69)	3.82*** (7.97)	2.31*** (4.06)
工作状态	0.27 (0.17)	−0.91 (−0.59)	−1.48 (−1.04)	−0.02 (−0.41)	−0.74 (−0.59)	1.17 (0.76)
单位所有制性质	−0.06 (−0.14)	0.14 (0.34)	−0.11 (−0.29)	−0.02 (−1.21)	−0.47 (−1.38)	−0.22 (−0.55)
管理层级	0.99 (0.90)	−1.11 (−1.00)	3.72*** (3.56)	−0.06+ (1.80)	−2.50** (−2.68)	0.20 (0.19)
截距	18.90** (3.45)	30.12*** (5.48)	10.62* (2.02)	2.37*** (13.85)	19.58*** (4.22)	13.33* (2.34)
F值	2.88**	5.36***	8.45***	9.99***	30.08***	9.54***
R^2	2.02%	3.14%	4.46%	3.51%	11.23%	8.31%

注：括号中数值为t值；+ $p<0.1$，* $p<0.05$，** $p<0.01$，*** $p<0.001$。

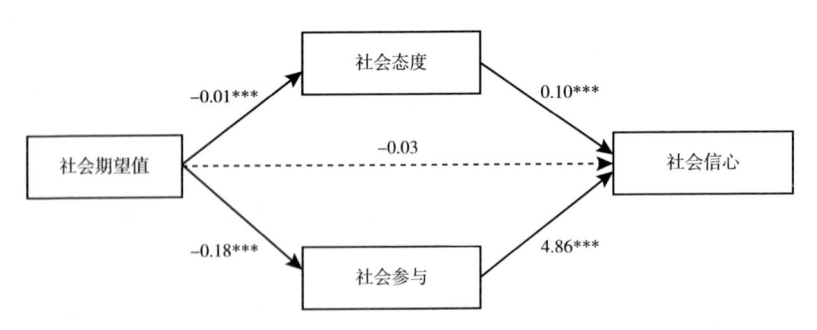

图6-71 社会期望值与社会信心的关系：社会态度与社会参与的中介效应

注：+ $p<0.1$，* $p<0.05$，** $p<0.01$，*** $p<0.001$。

4. 社会期望值对总体性社会情绪的影响

我们将性别、年龄、政治面貌和受教育程度等人口学变量和工作状态、单位所有制性质等工作变量作为控制变量，以社会期望值作为自变量、总体性社会情绪作为因变量，考察社会期望值对受访者感知到的总体性社会情绪的影响（见表6-63）。模型1结果显示，在上述控制变量保持不变的情况下，社会期望值每提高1个单位，受访者感知到的总体性社会情绪就会降低0.08个单位。模型2发现，主观经济地位在社会期望值对总体性社会情绪的影响中起到显著调节作用。由图6-72可见，在主观经济地位"高层"的受访者群体中，社会期望值对总体性社会情绪的负面影响是显著最大的；而主观经济地位低层或"较低层"的受访者群体中，社会期望值对总体性社会情绪的影响不太明显。

表6-63 社会期望值对总体性社会情绪的影响：主观经济地位的调节作用

变量	模型1 总体性社会情绪	模型2 总体性社会情绪
社会期望值	−0.08** （−2.85）	0.01+ （0.09）
性别（*以男性为参照*）		
女性	0.69 （0.88）	0.70 （0.89）
政治面貌（*以非党员为参照*）		
党员	0.58 （0.47）	0.52 （0.42）
主观经济地位（*以低层为参照*）		
较低层		−0.20 （−0.04）
中层		12.77** （2.37）
较高层		8.26 （1.34）
高层		24.95 （0.90）

续表

变量	模型1 总体性社会情绪	模型2 总体性社会情绪
交互项（以社会期望值*低层为参照）		
社会期望值*较低层		−0.01 （−0.07）
社会期望值*中层		−0.24** （−2.69）
社会期望值*较高层		−0.08 （−0.62）
社会期望值*高层		−0.43 （−0.81）
月收入水平	0.0001 （0.98）	0.00005 （0.33）
年龄	−0.31 （−0.74）	−0.41 （−0.98）
受教育程度	0.07 （0.22）	0.02 （0.07）
户口类型	0.30 （0.31）	0.16 （0.16）
户口所在地	2.91* （2.51）	3.07** （2.65）
区域	2.91*** （6.17）	2.80*** （5.93）
工作状态	−1.36 （−1.03）	−1.64 （−1.24）
单位所有制性质	−0.07 （−0.21）	−0.10 （−0.30）
管理层级	0.84 （0.88）	1.28 （1.33）
截距	34.03*** （7.03）	28.56*** （4.54）
F值	5.02***	3.91***
R^2	4.42%	5.70%

注：括号中数值为t值；+ $p<0.1$，* $p<0.05$，** $p<0.01$，*** $p<0.001$。

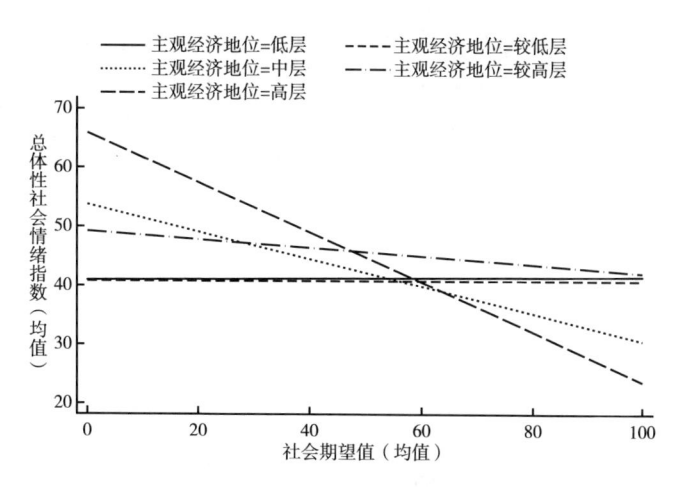

图6-72 不同主观经济地位受访者的社会期望值对总体性社会情绪的影响

同时，我们也探讨了总体性社会情绪的三个维度（满意度、社会信任和社会信心）与社会期望值的具体关系，如表6-64所示。模型1中，我们将性别、年龄、政治面貌和受教育程度等人口学变量和工作状态、单位所有制性质等工作变量作为控制变量，以社会期望值作为自变量、社会信心作为因变量，考察社会期望值对受访者社会信心的影响。结果表明，在上述控制变量保持不变的情况下，社会期望值每提高1个单位，受访者对社会的信心就会提高0.12个单位。以模型1为基准，我们在模型4中将社会信任纳入自变量中，且增加社会信任与社会期望值的相互项。结果显示，社会期望值对社会信任的影响显著受到社会信任的调节。在此基础上，我们将社会信任进行分类处理，社会信任得分小于20为"低"、20—40为"较低"、40—60为"中"、60—80为"较高"、80以上为"高"，比较社会信任高低不同的群体在社会期望值对社会信心的影响上是否存在大小差异。结果如图6-73所示，对社会信任度较高的群体，发展型社会期望值对社会信心的影响更大一些。

同时，我们以模型1为基准，考察满意度在社会期望值对社会信心影响中的中介作用，结果如模型2和模型3所示。模型2表明，在保持控制变量恒定不变的情况下，社会期望值每提高1个单位，受访者的满意度会显著下降0.40个单位。与模型1比较，模型3中社会期望值的回归系数降低了，且模型的决定系数也提高到了18.03%。这表明，满意度部分中介了社会期望值对社会信心的影响，间接效应为0.188。

表6-64 社会期望值对社会信心的内在影响机制

变量	模型1 社会信心	模型2 满意度	模型3 社会信心	模型4 社会信心
社会期望值	0.12** (3.43)	−0.40*** (−17.76)	−0.05+ (−1.30)	−0.15* (−2.13)
满意度			−0.47*** (−16.47)	
社会信任				0.03 (0.29)
社会期望值*社会信任				0.01** (2.97)
性别（以男性为参照）				
女性	−1.66+ (−1.79)	1.78** (3.06)	−0.49 (−0.55)	−1.42 (−1.52)
政治面貌（以非党员为参照）				
党员	−1.67 (−1.12)	1.54+ (1.71)	−1.02 (−0.73)	−2.19 (−1.48)
月收入水平	−0.0001 (−0.40)	−0.00002 (−0.22)	0.00003 (0.20)	−0.0002 (−0.94)
年龄	−0.14 (−0.28)	0.96** (3.08)	0.41 (0.88)	0.27 (0.56)
受教育程度	0.20 (0.54)	−0.65** (−2.77)	−0.01 (−0.03)	−0.06 (−0.17)
户口类型	2.01+ (1.78)	1.53* (2.19)	2.95** (2.73)	3.44** (3.01)
户口所在地	1.16 (0.86)	−0.63 (−0.76)	1.49 (1.16)	0.43 (0.32)
区域	1.49** (2.72)	0.98** (2.84)	1.94*** (3.70)	0.79 (1.42)
工作状态	0.52 (0.34)	−1.18 (−1.27)	−0.36 (−0.25)	−0.21 (−0.14)
单位所有制性质	−0.05 (−0.12)	−0.27 (−1.12)	0.001 (0.00)	−0.08 (−0.20)
管理层级	1.01 (0.92)	−1.24+ (−1.81)	0.84 (0.80)	1.09 (0.98)
截距	15.16** (2.70)	63.41*** (18.40)	41.13*** (7.27)	20.50** (3.16)
F值	2.92***	38.74***	24.17***	13.63***
R^2	2.23%	15.53%	18.03%	12.08%

注：括号中数值为t值；+ $p<0.1$，* $p<0.05$，** $p<0.01$，*** $p<0.001$。

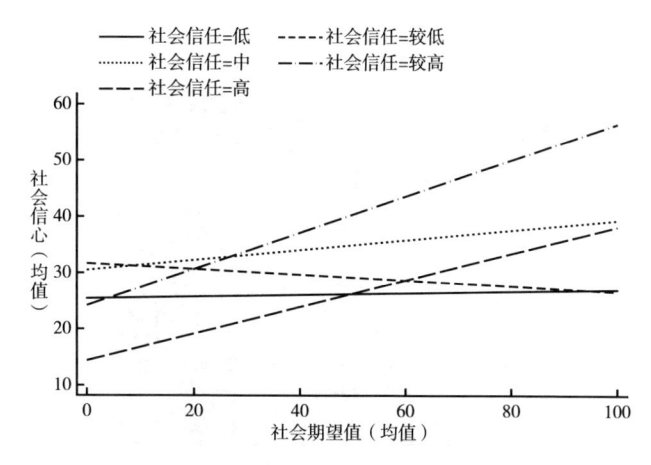

图6-73 不同社会信任度受访者的社会期望值对社会信心的影响

六 小结

我们在前文对中国 2012 年中国城镇居民总体性社会情绪进行了详尽的分析，发现在 2012 年，有以下几个方面的现状和特征值得我们注意。

第一，调查时点民众的总体性社会情绪不佳。2012 年，中国总体性社会情绪指数为 41.92，社会期望值指数（即期望与实际获得之间的不一致感）为 55.40。其中，对当下的满意度均值为 43.10，社会信任水平为 36.18，社会信心指数为 30.36。如果将总体性社会情绪指数与社会期望值分别划分为三个层级，表示总体性社会情绪指数与社会期望值的水平状况（0—33 表示"较差"，34—66 表示"一般"，67—100 表示"良好"），那么如图 6-74 所示，人们体验到的总体性社会情绪与其感知到的目标与实际获得不一致的程度基本一致。尤其需要注意的是，尽管人们对调查时点的社会信任较低且具有一定程度的目标与实际获得不一致感，但还是对未来社会发展保持了中等水平的信心。这些数据的结果从一个侧面说明，尽管人们对 2012 年社会方方面面的状况有诸多的不满意，但是，人们对我们国家未来的改革与发展仍然充满了期待和希望，这可能是我们进一步改革与发展的重要基础。①

---

① 李汉林：《社会景气调查：决策的一个依据》，《领导科学》2013 年第 4 期，第 21 页。

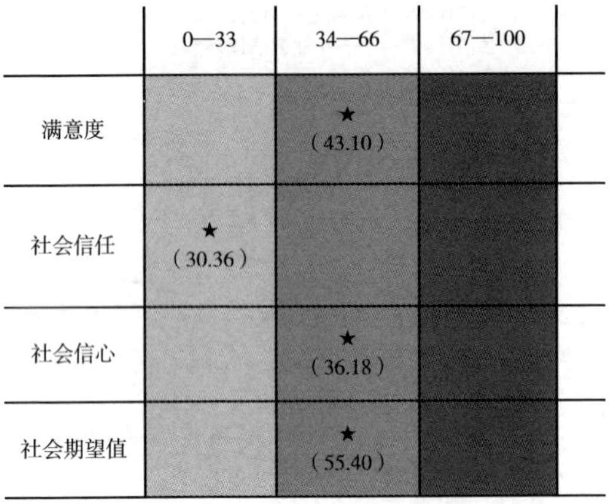

	0—33	34—66	67—100
满意度		★ （43.10）	
社会信任	★ （30.36）		
社会信心		★ （36.18）	
社会期望值		★ （55.40）	

图6-74　总体性社会情绪指数与社会期望值的分布

第二，人们在个体层次上的满意度（均值为51.89）要高于在社会总体层次上的满意度（均值为46.38）。在社会总体层次上，人们最为满意的前三项依次是基础设施状况、治安状况和教育水平；人们最不满意的后三项依次是物价水平、食品安全状况和环境质量状况。在个体层次的满意度中，人们最为满意的是家庭关系、人际关系和健康状况；人们最不满意的后三项依次是生活压力、个人收入水平和住房状况。

第三，在社会信任上，人们对政府执政能力的信任度低于对政府相关职能部门的信任度。在执政能力方面，信任度最高的是"政府能处理好各种突发事件"（约56%的受访者信任），信任度最低的是"政府处理问题公道"（约44%的受访者信任）；对政府相关职能部门最为信任的是法院（约56%的受访者信任），信任度最低的是城管部门（约26%的受访者信任）。

第四，受访者对社会宏观层面的信心水平高于微观层面。其中对社会宏观层面各事项信心最为充足的是基础设施（包括学校、医院、银行、商店、通信等）状况的改善，信心相对不足的是物价水平的改善；对社会微观层面各事项信心最为充足的是家庭关系状况的改善，信心相对不足的是社会地位状况的改善。

第五，人们在现状上的社会期望值强于对未来预期的社会期望值。社会期望值更多的具有"地位一致性"特征，"发展型"社会期望值较弱。与单位内同事相比，经济收入低的受访者认为自身社会地位低者所占的比例为14.90%，而认为自身社会地位高者仅占0.03%；认为自身社会地位与经济地位差不多的受访者比例为61.00%。与社会上其他人相比，社会地位低的受访者认为自身经济收入高者所占的比例仅为0.2%，而认为自身经济收入低者的比例为33.3%。在对经济收入与社会地位的现实满意度和未来预期比较上，更多的受访者认为未来会变得更好。也就是说，受访者的"发展型"社会期望值较弱，认为社会未来的发展能力能够较好地满足自己的价值期望。

第六，受访者的"发展型"社会期望值对其总体性社会情绪有显著正向影响，且该影响受到受访者主观经济地位的调节，在主观经济地位最高层的受访者群体中，社会期望值对总体性社会情绪的负面影响是显著最大的。具体分析发现，受访者的"发展型"社会期望值对社会信心也具有显著正向影响，且该影响被受访者对社会的信任度大小的调节，对社会信任度较高的群体，"发展型"社会期望值对社会信心的影响更大一些；同时，满意度还部分中介了"发展型"社会期望值对总体性社会情绪指数的影响，间接效应大小为0.188。

总之，我们的研究说明，目前我们面对的是一个欣欣向荣与严峻挑战并存的中国。人们主观感受到的欣欣向荣主要还是我们国家宏观的经济发展与增长，人们主观感受到的严峻挑战主要来自社会发展滞后所带来的结构性紧张。如何理性地面对严峻挑战，按照变迁与发展的自身的逻辑与规律来处理发展过程中的问题，如何冷静和实事求是地评估我们的成绩，在发展中凝聚共识，并进一步地推进我们的社会发展，这不仅是国家与政府的责任，同时也是我们生活在这个社会中的群体与个体的责任。我们应该担负起这个责任。

第七章

2013 年的调查

一 结构背景

2013 年是不平凡的一年。尽管中国经济社会的发展与改革遇到困难,但其始终在往前不断推进。国家统计局发布的数据显示:2013 年第三季度中国经济同比增长 7.8%,增速比上季度回升了 0.3 个百分点。2013 年 6 月以来,中国制造业采购经理指数(PMI)连续 4 个月回升,同年 10 月 PMI 达到 51.4%,创下 18 个月以来新高,这一经济先行指标,发出了市场预期良好和信心稳定的信号。2013 年前三个季度,第三产业增速超过第二产业 0.6 个百分点,第三产业占 GDP 比重也比上半年提高 0.2 个百分点。中国经济始终在合理的区间内,勾勒出一条平滑的增长曲线。[①] 在推动改革上,2013 年以来,中央已经取消和下放行政审批事项 334 项。9 月挂牌的上海自贸试验区探索"负面清单"管理模式,仅限定企业"不能做什么",将更多的主动权、决定权交给企业、交给市场。[②] 中国坚持稳增长、调结构和促改革的基调,在新一届中央领导集体的带领下,贯彻党的十八届三中全会的精神,用"踏石留印,抓铁有痕"的决心,扎实稳健地推动社会经济发展。

2013 年,中国在发展的同时也面临困难与挑战。国家未富先老、发展

[①]《稳中求进开新局——党的十八大以来改革发展述评》,中央政府门户网站,2013 年 11 月 9 日,http://www.gov.cn/jrzg/2013-11/09/content_2524543.htm。

[②]《十八大一年来新局新风新进展》,中国广播网,2013 年 11 月 9 日,http://news.cnr.cn/special/18sz/news/201311/t20131109_514083451.shtml。

过程中所享有的人口红利优势在逐渐消失、传统增长模式失灵、经济结构失衡以及社会结构调整严重滞后的状况还没有得到根本的转变、城乡差距加大、社会分配不公、食品安全、空气污染、住房、看病、就业等诸方面的社会问题屡屡触动中国老百姓过日子的神经，社会矛盾引发的群体性事件和突发事件也不断挑战人们的社会心理底线。一方面，这些愈来愈尖锐的矛盾、困难、问题和挑战，形成了巨大的"成长的烦恼"；另一方面，过去多年来经济快速增长过程中产生和积累的问题，形成了巨大的压力和结构性紧张，这一切都急切地呼唤着迅速且深刻的改革与变迁。[1]

2013年，在多次的田野调查中我们比较强烈地感到，中国老百姓所关心和议论的重心已经不再是温饱，更多的是"国家的大事"。人们对腐败问题发议论，对自身的权益更关心，对环境污染不满意，对社会的参与更期盼，对公平公正的追求更强烈。这些是否都在说明，在社会急剧转型与变迁过程中，人们的行为、观念与态度的取向已经开始在发生一些根本的转变呢？

在2013年，我们同时也能够深刻感受到社会发展滞后所带来的结构性紧张。"经济体制深刻变革，社会结构深刻变动，利益格局深刻调整，思想观念深刻变化"已经成为这个时期主要特征。[2] 急剧的社会变迁对中国社会造成的一个直接后果是，社会的利益主体多元化，各种不同利益群体之间的利益关系更趋复杂；人们对发展与变迁的社会预期普遍提高，对自身利益的保护意识日益增强，对公共资源分享的诉求日益强烈，利益冲突有时变得更加尖锐，利益表达有时变得更加无序，利益的实现有时变得更加极端，利益的综合也因此变得更加困难。而结构紧张正是这种社会变迁的结果形式之一，同时又是"冲突与混乱"的根源。[3]

事实上，没有哪个社会在经济发展的过程中不面临各种问题与挑战，正如同中国的改革进程一样。改革以来，市场经济在积累起前所未有巨大财富的同时，也蓄积了空前巨大的紧张和张力。[4] 这些问题在社会层面的

---

[1] 李汉林：《关于社会景气研究》，《社会发展研究》2016年第2期，第63—77页。
[2] 《中共第十六届中央委员会第六次全体会议公报全文》，中国新闻网，2006年10月11日，https://www.chinanews.com/gn/news/2006/10-11/802885.shtml。
[3] 李汉林、渠敬东：《中国单位组织变迁过程中的失范效应》，上海：上海人民出版社，2005年，第2页。
[4] 沈原：《又一个三十年？转型社会学视野下的社会建设》，《社会》2008年第3期，第1—9页。

突出反映可概括为"结构紧张",而市场化改革的两条主要路径,即经济体制的转型和市场规则的扩张,是造成这种结构紧张的主要内在原因。需要指出的是,这种结构紧张不仅体现在社会结构层面,而且,在经济与社会发展的总体结构中也会反映出来。经济结构与社会结构调整的不同步,以及相互之间发展的不协调也会造成中国发展与变迁过程中的紧张。人们观察结构紧张的时候,其中一个直接的办法是观察人们在变迁过程中行为方式与主观感受的变化。当然,我们需要认真思考的是,在2013年的时候,用人们在行为方式与主观感受上的变化来观察到的这种紧张是否也在发生着某些根本性的变化呢?

为了进一步了解这些问题,我们在2013年实施了"社会态度与社会发展状况"问卷调查。

二 核心概念的操作化

首先,和2012年的研究一样,在对社会发展进行研究的过程中,我们首先尝试从城镇居民的总体性社会情绪出发,对整个社会的发展状况进行评估。我们认为,一个社会中民众的总体性社会情绪作为一种主观社会态度,强调的是人们对当下所处的社会环境的感受与看法,它是反映一个社会发展态势的"晴雨表",所有的外在客观变化都能在人们的主观感受中稳定地表现出来。我们所开展的总体性社会情绪调查,虽然是对人们主观态度的测量,但反映的是整个社会结构是否整合有序,整个社会环境是否安定团结,整个社会方向是否顺应民意。[①] 一个发展良好的社会理应是一个民众满意度水平高、对社会信任且对社会未来发展充满信心的社会。正是基于上述研究逻辑,我们将总体性社会情绪的测量操作化为满意度、社会信任和社会信心三个维度。其次,从预期—实现的对比机制出发,人们对宏观社会和微观个体的发展均有一个预期,一旦发现自身预期未能实现或实现程度较低时,就易产生消极的总体性社会情绪;而只有当其实际获得与自身预期基本相符甚至高于自身预期时,才会产生积极的总体性社会情绪,即是说,公众在一定程度上感到社会

---

① 张彦、魏钦恭、李汉林:《发展过程中的社会景气与社会信心——概念、量表与指数构建》,《中国社会科学》2015年第4期,第64—84页。

是欣欣向荣的。因此，我们尝试引入"社会期望值"来刻画人们在期望与期望实现之间差距的状况与感受，并假设社会期望值是生成总体性社会情绪的微观、深层原因。接下来，我们对总体性社会情绪和社会期望值具体进行操作化。

（一）总体性社会情绪及其测量

从理论演绎的角度出发，我们将这种总体性社会情绪操作化为满意度、社会信任和社会信心三个维度。其中，满意度和社会信任指向公众对当下社会的感受，社会信心指向公众对未来社会发展的预期，两层面三维度相结合共同表征公众对所处社会结构的总体性社会情绪。

1. 满意度

满意度是人们在心理层面的一种主观感受，是个体对当下自己在各个方面所拥有的水平满足自身需求水平的一种主观感知，主要包括对社会性事项的满意度和对个体性事项的满意度。其中，个体对环境质量、基础设施状况、物价水平、教育水平、医疗服务水平、社会保障水平、治安状况、食品安全状况、社会公平公正、就业机会和社会风气等方面的感知用以测量对社会性事项的满意度水平；对个人自身的收入水平、家庭经济状况、住房状况、健康状况、工作状况、生活压力、家庭关系、人际关系、社会地位和发展机会等方面的感知用以测量个体性事项的满意度水平。这些感知均分为五个层次，即很不满意、较不满意、一般、较满意、很满意，分别赋值1—5分，分值越高，表示满意度水平越高。我们希望，通过这11个方面的问题，人们能够从宏观上勾画出他们对我们国家和政府的感受；与此同时，我们又从10个角度设计了有关个人生活方面的问题，希望从微观上把握人们的主观感受（见表7-1）。

2. 社会信任

我们将社会信任操作化为公众对政府的信任程度，是指人们对政府执政能力的主观感受，是对政府所做的相应制度安排的评价，同时也是人们对政府行为绩效的一种认可以及人们对政府行为的一些预期与这些预期实现状况之间关系的评判。① 它由公众对政府执政能力的信任度、对政府职

---

① 张彦、魏钦恭、李汉林：《发展过程中的社会景气与社会信心——概念、量表与指数构建》，《中国社会科学》2015年第4期，第64—84页。

表7-1 满意度的测量题目

维度	题目	赋值
对社会性事项的满意度	您对社会以下具体方面是否感到满意： 01. 环境质量 02. 基础设施状况 03. 物价水平 04. 教育水平 05. 医疗服务水平 06. 社会保障水平 07. 治安状况 08. 食品安全状况 09. 社会公平公正 10. 就业机会 11. 社会风气	5-很满意 4-较满意 3-一般 2-较不满意 1-很不满意
对个体性事项的满意度	您对生活的以下具体方面是否感到满意： 01. 个人收入水平 02. 家庭经济状况 03. 住房状况 04. 健康状况 05. 工作状况 06. 生活压力 07. 家庭关系 08. 人际关系 09. 社会地位 10. 发展机会	5-很满意 4-较满意 3-一般 2-较不满意 1-很不满意

能部门的信任度和对各级地方政府的信任度三个维度构成。对政府执政能力的信任度包括对政府处理突发事件的能力、对政府服务是否能够征询民意、对政府服务是否公道、对政府服务是否能让民众得到实惠、对政府服务是否贴近民众需要的感受和评价，并采用李克特五度量表，1代表不赞同、5代表完全赞同，分值越高，表示民众对相关表述的赞同度越高、即对政府的总体信任度越高；对政府职能部门的信任度包括对城管部门、信访部门、社会保障部门、工商/税务部门、公安局/派出所和法院的信任度，对各级地方政府的信任度包括对中央、省、市和县、区自上而下各级地方政府的信任度，均采用李克特五度量表，可赋值1—5分，分值越高，表示信任度越高（见表7-2）。

表7-2 社会信任的测量题目

维度	题目	赋值
对政府执政能力的信任度	您是否赞同下列说法： 01.政府服务贴近我的需要 02.政府服务让我得到实惠 03.政府处理问题公道 04.政府能够处理好各种突发事件 05.政府愿意听取老百姓意见 06.政府提供的服务很方便 07.现在政策主要还是为老百姓考虑的	5-完全赞同 4-比较赞同 3-一般 2-比较不赞同 1-完全不赞同
对政府职能部门的信任度	总的来说，您对下列政府部门是否信任： 01.公安局/派出所 02.法院 03.工商/税务部门 04.社会保障部门 05.信访部门 06.城管部门	5-很信任 4-较信任 3-一般 2-较不信任 1-很不信任
对各级地方政府的信任度	总的来说，您对下列政府部门是否信任： 01.中央政府 02.省、市政府 03.县、区政府	5-很信任 4-较信任 3-一般 2-较不信任 1-很不信任

3. 社会信心

我们将社会信心理解为公众信心，定义为一种能够使公众相信某一事物（目标）未来可以实现的心理力量，指公众对某一行动主体、某一事物、某个具体对象的一种认可、信任的心理状态以及在此基础上形成的稳定的心理期望。① 基于此定义，我们将社会信心操作化为个体对社会性事项的信心和对个体性事项的信心两个维度。对社会性事项的信心，可以操作化为公众对宏观社会在环境质量、基础设施状况、物价水平、教育水平、医疗服务水平、社会保障水平、治安状况、食品安全状况、社会公平公正、就业机会和社会风气11个方面未来三年发展的预期；对个体性事项的信心，可以操作化为公众对微观个人在个人收入水平、家庭经济状况、住房状况、健康状况、工作状况、生活压力、家庭关系、人际关系、社会地位和发展机会等方面未来三年发展的预期。公众在这两个维度上的

---

① 朱力：《公众信心聚散的社会心理学解读》，《人民论坛》2013年第5期，第10—12页。

预期均分为三个档次，1代表变差、2代表不变、3代表变好，分值越高，表示公众的信心越高（见表7-3）。

表7-3 社会信心的测量题目

维度	题目	赋值
对社会性事项的信心	您认为下列项目未来三年有什么变化： 01.环境质量 02.基础设施状况 03.物价水平 04.教育水平 05.医疗服务水平 06.社会保障水平 07.治安状况 08.食品安全状况 09.社会公平公正 10.就业机会 11.社会风气	3-变好 2-不变 1-变差
对个体性事项的信心	您认为未来三年下面一些方面是否会有变化： 01.个人收入水平 02.家庭经济状况 03.住房状况 04.健康状况 05.工作状况 06.生活压力 07.家庭关系 08.人际关系 09.社会地位 10.发展机会	3-变好 2-不变 1-变差

上述三个方面既有各自的侧重点，又相互交织。尽管社会信心与满意度和社会信任一样，都是人们对自身所处的社会在宏观层面与微观层面产生的一种主观感受，但社会信心与满意度和社会信任之间一个最根本的区别是，满意度和社会信任研究的是人们对目前社会环境的主观感受与看法，而社会信心则是人们在综合考虑各方面因素的基础上对社会未来发展的理性预期和心理期望，折射的是人们对未来社会发展的预期，反映的是人们对未来社会发展与进步的期待和希望。它们三者是分析与研究总体性社会情绪的两个重要的方面。良好的满意度和社会信任是人们对未来社会发展具有充分信心的前提与基础，而社会信心同样保障了良好的满意度和社会信任可持续下

去，在这个意义上，缺少了满意度和社会信任的研究，对社会信心的观察就成了无源之水，无本之木；反过来，缺少了对社会信心的分析，对总体性社会情绪的探讨起码就缺少了理论与实践的张力。

（二）社会期望值及其测量

在具体研究的过程中，我们首先要关注的是产生总体性社会情绪的社会机制。我们知道，期望与目标实现的一致性程度能够影响人们的主观感受，同时影响个体在期望与目标实现问题上产生的社会情绪。上述这种总体性社会情绪只能在与他人或者群体社会互动的过程中才能产生，因为在这种互动过程中，人们能够比较深刻地感受到目标以及目标实现的状况，并在此基础上形成相应的社会认知。在这个意义上，我们将这种个体的期望与目标实现的一致性程度称为"社会期望值"，它是人们从期望得到的和实际得到的差距中（discrepancy between expectation and actuality）所产生的或所感受到的，特别是与相应的参照群体的比较过程中所产生的一种主观感受。因此，社会期望值并非绝对性感知，而是一种相对性感知。在2013年的调查中，我们将社会期望值操作化为与单位内同事相比之时，个体当下实际的经济收入和社会地位与其期望水平的差距，以及与社会上其他人相比之时实际的经济收入和社会地位与其期望之间的差距（见表7-4），通过与同事群体和社会上其他人这两个向度的比较，可以相对全面地反映出人们在社会期望值上的表现。这里，我们同样采用李克特五度量表来表征人们在上述比较中的高低水平，1代表很高、2代表较高、3代表差不多、4代表较低、5代表很低，分值越高，表示人们在与单位内同事或社会上其他人的比较中产生的社会期望值越高，也即人们的期望与实际获得之间的差距越大。

表7-4　社会期望值的测量题目

维度	题目	赋值
社会期望值—单位内	在下列问题上，您觉得和您一起进单位的同事相比如何？ 01.您目前的经济收入 02.您目前的社会地位	1-很高 2-较高 3-差不多 4-较低 5-很低

续表

维度	题目	赋值
社会期望值—单位外	在下列问题上，您觉得与社会上其他人相比如何？ 01.您目前的经济收入 02.您目前的社会地位	1-很高 2-较高 3-差不多 4-较低 5-很低

三　量表检验与指数构建

（一）量表的信效度检验

为了做好总体性社会情绪与社会期望值的分析，需要对所使用的量表和题器进行信度与效度检验，通过验证性因子分析（confirmative factor analysis），检验我们所构建的测量模型是否能够得到经验数据的支持。

数据分析的结果显示（见表7-5），"对社会性事项的满意度"的信度系数为0.916，"对个体性事项的满意度"的信度系数为0.908，"对政府职能部门的信任度"的信度系数为0.826，"对各级地方政府的信任度"的信度系数为0.819，"对政府执政能力的信任度"的信度系数为0.874，"对社会性事项的信心"的信度系数为0.916，"对个体性事项的信心"的信度系数为0.908。从总体性社会情绪的这七个一阶因子来看，测量模型具有比较高的信度系数。就整个测量模型而言，总体性社会情绪量表的信度系数为0.863。同时，用以测量公众的社会期望值的信度系数为0.800，分值也超过了0.800。总体而言，研究所设计的量表具有较高的稳定性与一致性，能够较为可靠地测量我们所预设的总体性社会情绪状况与公众的社会期望值。

在信度测量的基础上，进一步对量表的效度进行检验，以查看所设计的量表的有效性，即能否真正反映我们所要观察的总体性社会情绪状况。[①] 在我们的调查中，有一项题器可以用来对总体性社会情绪量表的效度进行检查，这项题器询问受访者"对社会整体发展水平的满意度"，答案分为

[①] 关于信度与效度间的关系，有以下四种：（1）信度低，效度必定低；（2）信度高，效度未必高；（3）效度低，信度有可能很高；（4）效度高，信度必然高。也就是说信度是效度的必要条件，效度是信度的充分条件。

"很满意"、"较满意"、"一般"、"较不满意"和"很不满意"五个层级。①按照我们前述的理论逻辑，民众总体性社会情绪积极的社会应该是一个发展态势良好的社会，也应该是人们对社会发展状况满意的社会，如果每个量表的测量结果与人们对社会整体发展水平的满意度状况相一致，那么我们就可以认为所设计的量表具有较好的效度。结果如表7-6和图7-1所示，无论是总体性社会情绪二阶因子还是各项一阶因子，都与人们对社会整体发展水平的满意度态势相一致，且两两之间在0.001置信水平上显著相关，从而证明我们所设计的总体性社会情绪量表具有较好的效度。

表7-5 总体性社会情绪与社会期望值的验证性因子分析[1]

	因子负荷估值（标准化）λ_i（标准误）	残方差（θ_{ii}）	题器信度系数[2] $\dfrac{\lambda_i^2}{\lambda_i^2+\theta_{ii}}$		因子负荷估值（标准化）λ_i（标准误）	残方差（θ_{ii}）	题器信度系数 $\dfrac{\lambda_i^2}{\lambda_i^2+\theta_{ii}}$
对社会性事项的满意度量表（信度系数0.916）				对个体性事项的满意度量表（信度系数0.908）			
stg_1	0.462（0.04）	0.360	0.372	sti_1	0.676（0.02）	0.452	0.503
stg_2	0.505（0.03）	0.203	0.557	sti_2	0.746（0.02）	0.317	0.637
stg_3	0.394（0.03）	0.346	0.310	sti_3	0.669（0.02）	0.326	0.579
stg_4	0.519（0.04）	0.313	0.463	sti_4	0.576（0.02）	0.253	0.567
stg_5	0.509（0.03）	0.261	0.498	sti_5	0.596（0.02）	0.352	0.502
stg_6	0.536（0.04）	0.287	0.500	sti_6	0.593（0.02）	0.355	0.498
stg_7	0.511（0.04）	0.259	0.502	sti_7	0.503（0.02）	0.332	0.432
stg_8	0.559（0.04）	0.270	0.536	sti_8	0.571（0.02）	0.448	0.421
stg_9	0.588（0.04）	0.155	0.690	sti_9	0.563（0.02）	0.556	0.363

---

① 张彦、魏钦恭、李汉林：《发展过程中的社会景气与社会信心——概念、量表与指数构建》，《中国社会科学》2015年第4期，第64—84页。

续表

	因子负荷估值(标准化) λ_i (标准误)	残方差 (θ_{ii})	题器信度系数 $\dfrac{\lambda_i^2}{\lambda_i^2+\theta_{ii}}$		因子负荷估值(标准化) λ_i (标准误)	残方差 (θ_{ii})	题器信度系数 $\dfrac{\lambda_i^2}{\lambda_i^2+\theta_{ii}}$
stg_10	0.451 (0.03)	0.255	0.444	sti_10	0.673 (0.02)	0.457	0.498
stg_11	0.600 (0.04)	0.213	0.628	对个体性事项的信心量表 (信度系数0.908)			
对社会性事项的信心量表 (信度系数0.916)				sci_1	0.625 (0.03)	0.399	0.495
scg_1	0.504 (0.02)	0.309	0.451	sci_2	0.617 (0.03)	0.390	0.494
scg_2	0.383 (0.02)	0.262	0.359	sci_3	0.574 (0.03)	0.275	0.545
scg_3	0.508 (0.04)	0.360	0.418	sci_4	0.545 (0.03)	0.199	0.599
scg_4	0.517 (0.03)	0.301	0.470	sci_5	0.573 (0.03)	0.310	0.514
scg_5	0.529 (0.03)	0.288	0.493	sci_6	0.557 (0.03)	0.328	0.486
scg_6	0.468 (0.03)	0.219	0.500	sci_7	0.447 (0.02)	0.297	0.402
scg_7	0.536 (0.03)	0.280	0.506	sci_8	0.524 (0.02)	0.329	0.455
scg_8	0.549 (0.03)	0.268	0.529	sci_9	0.624 (0.03)	0.381	0.505
scg_9	0.600 (0.03)	0.258	0.583	sci_10	0.632 (0.03)	0.391	0.505
scg_10	0.513 (0.03)	0.147	0.641	对政府执政能力的信任度量表 (信度系数0.874)			
scg_11	0.556 (0.03)	0.254	0.549	bgg_1	0.583 (0.01)	0.359	0.486
对政府职能部门的信任度量表 (信度系数0.826)				bgg_2	0.580 (0.01)	0.424	0.425
bgd_1	0.511 (0.03)	0.598	0.304	bgg_3	0.663 (0.01)	0.457	0.490
bgd_2	0.700 (0.03)	0.795	0.381	bgg_4	0.486 (0.01)	0.236	0.500

续表

	因子负荷估值（标准化）λ_i（标准误）	残方差 (θ_{ii})	题器信度系数 $\dfrac{\lambda_i^2}{\lambda_i^2+\theta_{ii}}$		因子负荷估值（标准化）λ_i（标准误）	残方差 (θ_{ii})	题器信度系数 $\dfrac{\lambda_i^2}{\lambda_i^2+\theta_{ii}}$
bgd_3	0.680（0.03）	0.459	0.502	bgg_5	0.676（0.01）	0.44	0.509
bgd_4	0.687（0.03）	0.379	0.555	bgg_6	0.675（0.01）	0.336	0.576
bgd_5	0.698（0.04）	0.487	0.500	bgg_7	0.599（0.01）	0.340	0.513
bgd_6	0.616（0.04）	0.472	0.446	总体性社会情绪量表（信度系数0.863）			
对各级地方政府的信任度量表（信度系数0.819）				stg	0.678（0.02）	0.018	0.962
bga_1	0.678（0.02）	0.462	0.499	sti	0.587（0.02）	0.234	0.596
bga_2	0.891（0.02）	0.49	0.618	bgg	0.696（0.03）	0.419	0.536
bga_3	0.773（0.03）	0.262	0.695	bgd	0.700（0.03）	0.490	0.500
社会期望值量表（信度系数0.800）				bga	0.647（0.03）	0.484	0.464
sd_1	0.722（0.03）	0.531	0.495	scg	0.483（0.02）	0.345	0.403
sd_2	0.717（0.03）	0.591	0.465	sci	0.133（0.02）	0.460	0.370
sd_3	0.769（0.03）	0.514	0.535				
sd_4	0.729（0.03）	0.521	0.505				

注：1.表格中，stg代表对社会性事项的满意度，stg_1代表对社会性事项的满意度量表中的第一个题器的满意度，以此类推；sti代表对个体性事项的满意度，sti_1代表对个体性事项的满意度量表中的第一个题器的满意度，以此类推；scg代表对社会性事项的信心，scg_1代表对社会性事项的信心量表中的第一个题器的信心，以此类推；sci代表对个体性事项的信心，sci_1代表对个体性事项的信心量表中的第一个题器的信心，以此类推；bgd代表对政府职能部门的信任度，bgd_1代表对政府职能部门的信任度量表中的第一个题器的信任度，以此类推；bgg代表对政府执政能力的信任度，bgg_1代表对政府执政能力的信任度量表中的第一个题器的信任度，以此类推；bga代表对各级地方政府的信任度，bga_1代表对各级地方政府的信任度量表中的第一个题器的信任度，以此类推；sd代表社会期望值，sd_1、sd_2分

别代表社会期望值量表下单位内的第一个、第二个题器，sd_3、sd_4代表社会期望值量表下单位外的第一个、第二个题器。

2. 此处关于信度系数的计算参照我们以往的研究，即在验证性因子分析框架下，常用的量表信度系数 Cronbach 的 α 值不能恰当地拟合指标和因子间关系，从而采用 Raykov 的信度系数，其计算公式为 $\rho = \dfrac{u^2}{u^2+v} = \dfrac{(\sum_{i=1}^{k}\lambda_i)^2}{(\sum_{i=1}^{k}\lambda_i)^2 + \sum_{i=1}^{k}\theta_{ii}}$，其中 λ_i 是第 i 个题器的因子载荷，θ_{ii} 是第 i 个题器的残方差。参见李汉林、渠敬东、夏传玲、陈华珊《组织变迁的社会过程：以社会团结为视角》，上海：东方出版中心，2006年，第49页。

表7–6　总体性社会情绪、社会期望值与人们对社会总体发展水平的感受的方差分析

	差异源	离差平方和SS	自由度df	均方MS	F值	显著性p
对个体性事项的信心	组间	21717.210	4	5429.303	25.761	0.000
	组内	1480569.137	7025	210.757		
	总计	1502286.347	7029			
对社会性事项的信心	组间	50189.147	4	12547.287	57.098	0.000
	组内	1543742.061	7025	219.750		
	总计	1593931.208	7029			
对个体性事项的满意度	组间	117244.711	4	29311.178	141.575	0.000
	组内	1454430.979	7025	207.036		
	总计	1571675.690	7029			
对社会性事项的满意度	组间	182933.553	4	45733.388	290.846	0.000
	组内	1104628.353	7025	157.242		
	总计	1287561.906	7029			
对政府执政能力的信任度	组间	193479.690	4	48369.923	189.055	0.000
	组内	1797350.674	7025	255.851		
	总计	1990830.364	7029			
对政府职能部门的信任度	组间	90071.794	4	22517.948	99.043	0.000
	组内	1587166.297	7025	227.355		
	总计	1687238.090	7029			
对各级地方政府的信任度	组间	186662.604	4	46665.651	131.642	0.000
	组内	2490292.470	7025	354.490		
	总计	2676955.074	7029			

续表

差异源		离差平方和SS	自由度df	均方MS	F值	显著性p
社会信心	组间	41564.209	4	10391.052	60.412	0.000
	组内	1208316.441	7025	172.002		
	总计	1249880.649	7029			
满意度	组间	147933.374	4	36983.344	291.345	0.000
	组内	891755.178	7025	126.940		
	总计	1039688.552	7029			
社会信任	组间	150206.768	4	37551.692	212.545	0.000
	组内	1241152.758	7025	176.677		
	总计	1391359.526	7029			
总体性社会情绪	组间	126357.855	4	31589.464	300.928	0.000
	组内	737438.510	7025	104.973		
	总计	863796.365	7029			
社会期望值	组间	3371.632	4	842.908	12.660	0.000
	组内	467722.371	7025	66.580		
	总计	471094.003	7029			

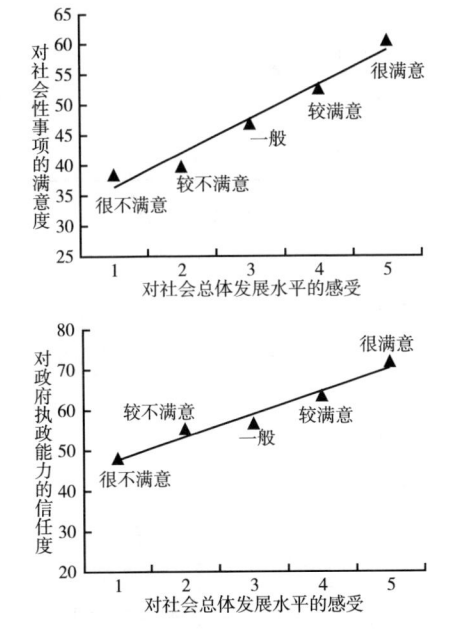

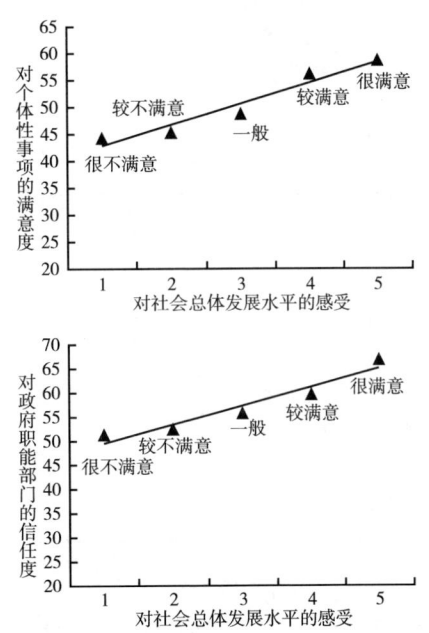

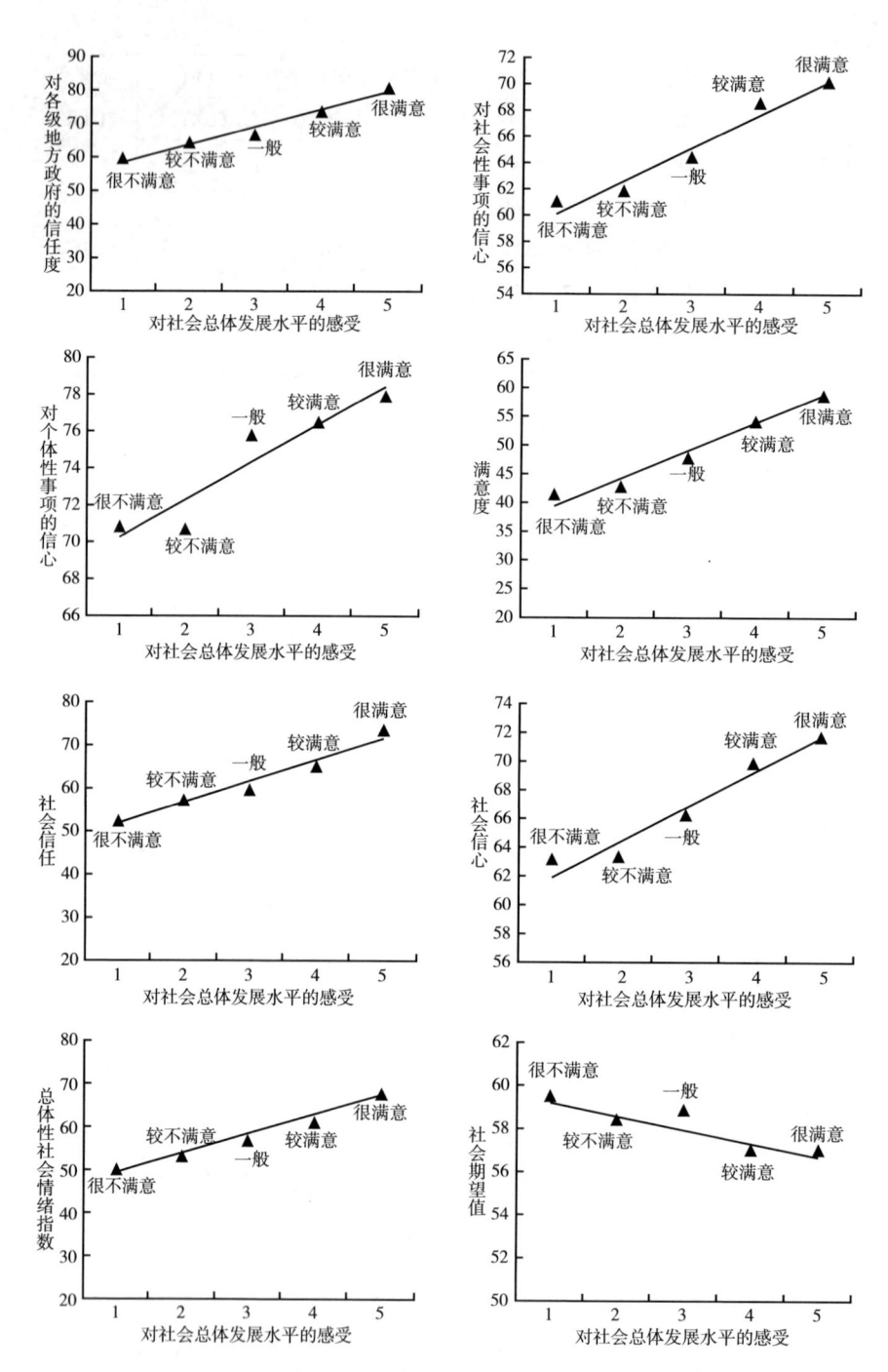

图7-1 总体性社会情绪、社会期望值与人们对社会总体发展水平的感受

同理可推，当公众认为自身的社会经济地位与参照群体相比差不多，甚至较高时，这种相对优越的感知也会溢出到其对整个社会发展状况的满意度上，反之亦然。也就是说，如果表征公众期望与实际获得之间差距的社会期望值的测量结果与人们对社会总体发展水平的满意度状况呈相反的发展趋势，那么我们就可以认为所设计的量表具有较好的效度。方差分析结果如表7-6和图7-1所示，社会期望值 F 值为12.66，且在0.001的置信水平上显著，社会期望值越高的公众，对社会总体发展水平越不满意，从而证明社会期望值量表的外部校标效度较好。

（二）总体性社会情绪指数和社会期望值的计算

在上述对量表的信度和效度检验的基础上，此处需要从两个方面进一步对指数的构建进行论证。

首先，在合成指标前，需要处理缺失值。在一个指标下的题器存在缺失值且缺失值数量不超过 1/3 的样本，我们按照该样本在未缺失题目中的得分均值进行插补。其次，由于指标的量纲不同，因此在合成对社会性事项的满意度、对个体性事项的满意度、对个体性事项的信心、对社会性事项的信心、对政府执政能力的信任度、对政府职能部门的信任度和对各级地方政府的信任度7个指标前，我们需要对指标进行归一化处理，公式如下：

$$Indicate_i = \frac{indicate - \min(indicate)}{\max(indicate) - \min(indicate)} \times 100$$

其中，$Indicate_i$ 表示该指标下的第 i 项题器上的分值。

在考虑各项题器权重的条件下①，上述7个指标的计算公式如下：

$$index = \frac{\sum_{i}^{k} W_i Indicate_i}{\sum_{i}^{k} W_i}, i=1,...,k$$

其中，$Indicate_i$ 表示该指标下的第 i 项题器，W_i 表示该指标下的第 i 项题

---

① 对题器权重的计算，我们依据各项指标在潜变量上的因子负荷大小而定，在此不再赘述。

器的权重。以此类推，算出满意度、社会信任和社会信心三个维度和社会期望值上的分值。

同样按照上述对缺失值、量纲不一致的处理方式，将对社会性事项的满意度、对个体性事项的满意度、对个体性事项的信心、对社会性事项的信心、对政府执政能力的信任度、对政府职能部门的信任度和对各级地方政府的信任度7个指标进行处理，并依据上述权重计算方法，最终得到总体性社会情绪指数。

四 样本抽样与特征分析

中国社会科学院社会发展战略研究院于2013年所开展的"社会态度与社会发展（2013）"问卷调查的推论总体为中华人民共和国（不含港澳台地区）城市居民。此处，"城市居民"的操作性定义为，中华人民共和国（不含港澳台地区）直辖市、地级市、县级市中居住在社区（居委会）辖区中的16岁及以上人口。

调查采取多阶抽样设计，其中县级行政区划（市辖区、县级市）为一级抽样单位（primary sampling unit，PSU），社区（居委会）为二级抽样单位（second sampling unit，SSU），家庭户作为三级抽样单位（third sampling unit，TSU），最终抽样单位为个人（ultimate sampling unit，USU）。[①] 抽样流程兼顾便利调查操作与缩小抽样误差。在此原则下，我们确定PSU的抽取数量为60个。然后，在抽中的PSU中按随机抽取9个社区（居委会）。之后，在抽中的社区（居委会）中按定距方式抽取15

---

① 《中国统计年鉴2011》数据显示，我国（不含港澳台地区）共有市辖区853个、县级市370个，因此，2013年调查PSU抽样框中共包括有1223个单位。PSU（市辖区和县级市）抽样框来自《中华人民共和国全国分县市人口统计资料（2010年）》（公安部治安管理局编）。我们据此按照PPS原则（与人口规模成比例）从中抽取了60个市辖区、县级市作为PSU。抽中的PSU所辖的社区（居委会）构成了二级样本框。这些信息并没有现成的数据来源，由课题组独立取得。我们按简单随机原则，在每个市辖区、县级市的所有社区居委会中抽取9个社区居委会作为SSU，最后共抽取了540个社区居委会作为SSU。抽中的社区（居委会）包含的家庭户、集体户以及各类集体居住点构成第三级样本框。第三级样本框中的信息由抽样员在当地采集。"居内抽户"采用系统抽样法（等距抽样）。抽中的家庭户中包含的所有16岁及以上家庭成员构成第四级样本框。在成功入户后，访问员需要借助问卷首页上的Kish表从户内成员中抽取被访者。为了检测在调查过程中访问员是否及在多大程度上按照访问规程进行了调查，以及对数据质量进行控制，我们对被访者进行了10%比例的回访。

个家庭户,在抽中的家庭户中由访问员采用随机数表(Kish 表)在 16 岁及以上的家庭成员中抽选一人作为被调查对象。调查的执行工作是通过公开招标方式,委托商业性的专业调查机构负责执行的。在执行过程中,调查组通过督导进行了较为严格的质量控制。所得样本情况如表 7-7 所示。

表7-7 被访者人口学变量情况(n=7114)

变量	类别	频率	百分比	变量	类别	频率	百分比
性别	男	3246	45.63%	户口	农业户口	2086	29.43%
	女	3868	54.47%		非农业户口	5001	70.57%
年龄	16—19岁	343	4.82%	所在地	上海	266	3.74%
	20—29岁	1659	23.32%		云南	229	3.22%
	30—39岁	1587	22.31%		北京	394	5.54%
	40—49岁	1828	25.70%		四川	524	7.37%
	50—59岁	858	12.06%		天津	121	1.70%
	60—69岁	572	8.04%		安徽	61	0.86%
	70岁及以上	267	3.75%		山东	755	10.61%
受教育程度	没有受过教育	161	2.27%		山西	124	1.74%
	小学	692	9.74%		广东	630	8.86%
	初中	2212	31.13%		广西	124	1.74%
	高中	1574	22.15%		江苏	798	11.22%
	中专/技校	721	10.15%		江西	130	1.83%
	大学专科	987	13.89%		河南	241	3.39%
	大学本科	696	9.80%		浙江	637	8.95%
	研究生	62	0.87%		湖北	791	11.12%
政治面貌	共产党员	679	9.57%		湖南	126	1.77%
	共青团员	1005	14.17%		甘肃	110	1.55%
	民主党派	10	0.14%		辽宁	529	7.44%
	群众	5399	76.12%		重庆	393	5.52%
民族	汉族	6913	97.19%		黑龙江	131	1.84%
	少数民族	200	2.81%				

五　数据分析

2013年，我国经济持续高速增长，但增长过程中产生和积累的问题也形成了巨大的压力和结构性紧张，尤其是在利益格局的深刻调整和思想观念的深刻变化之下，人们对于自身及社会的认识与评价也受到巨大的冲击，这不仅形塑着人们的主观体验，影响其社会情绪的生成和表达，也进而影响着人们以后的行为。为了了解这一时期人们在行为取向、观念与态度上的总体状况及变化，我们借助2013年的"社会态度与社会发展（2013）"问卷调查数据来进行描述和分析，并在这个基础上，努力捕捉弥漫和沉淀在当时社会中的总体性社会情绪。

在具体的数据分析中，我们首先对总体性社会情绪及其三个子量表进行描述与分析，把握当时人们在总体性社会情绪、满意度、社会信任以及社会信心上的总体状况与差异分布，并结合一些重要的方面，如社会平等状况、社会关系和谐状况、社会参与等，来与之进行分析，探索各种可能影响总体性社会情绪的因素；其次，我们也对当时的社会期望值进行了较为全面和深入的描述与分析，因为社会期望值所反映的人们在期望与期望实现之间的差距很可能是我们切入总体性社会情绪的微观、深层原因；最后，我们探究了社会期望值之于总体性社会情绪的具体影响和作用机制。有关统计结果及分析见下。

（一）总体性社会情绪及其三维度的状况与分析

1. 总体性社会情绪的状况与分析

（1）总体性社会情绪的总体状况

"社会态度与社会发展（2013）"问卷调查数据结果显示，2013年，我国城镇居民的总体性社会情绪指数平均值为59.85，标准差为11.066，偏度系数为0.03，峰度系数为3.14，整体趋近于正态分布（见图7-2）。在总体性社会情绪的三个维度上，社会信心得分最高（均值为67.92，标准差为13.29，分值越高表示对社会未来三年的发展越有信心），其次是社会信任（均值为62.95，标准差为14.07，分值越高表示对政府越信任），最后是满意度（均值为50.83，标准差为12.13，分值越高表示越满意）。总体而言，2013年我国城镇居民在上述三个维度的得分均值均高于50，表明对社会的整体态度较为积极（见表7-8）。另外，基于总体性社会情绪指数的回归方程进行Shapley值分解，结果如表7-8所示，社会信任对总体性社会情绪指数差异贡献最大，为53.67%；其次是满意度，贡献率为32.99%；最后是社会信心，贡献率为13.34%。

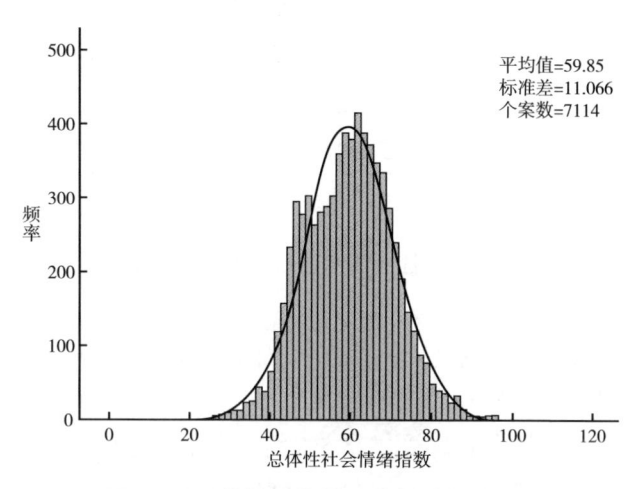

图7-2 总体性社会情绪指数的频次分布

表7-8 总体性社会情绪三维度的描述性分析与Shapley值分解

	均值	标准差	Shapley值	贡献率（%）
满意度	50.83	12.13	0.33	32.99
社会信任	62.95	14.07	0.54	53.67
社会信心	67.92	13.29	0.13	13.34

具体分析满意度、社会信任和社会信心下各因子的得分情况发现，受访者在社会信心两个因子上的得分较高，均值均超过65；其次是社会信任，具体表现在对政府执政能力的信任度、对各级地方政府的信任度和对政府职能部门的信任度三个方面，均值均在55以上；而满意度较低，其中对社会性事项的满意度最低，均值未达到50（见图7-3）。

2013年，课题组在全国城镇居民抽样调查的同时，也在全国范围内选取了100位社会学家，进行了专家问卷访问。我们希望通过这种方法，让全国调查和专家访问的数据结果能够相互验证，使我们的调查与研究更具科学性和说服力。

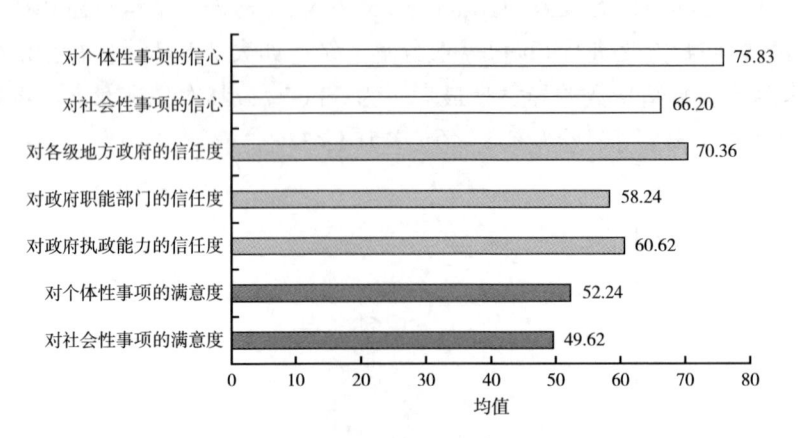

图7-3 总体性社会情绪在七个因子上的得分情况

因子	均值
对个体性事项的信心	75.83
对社会性事项的信心	66.20
对各级地方政府的信任度	70.36
对政府职能部门的信任度	58.24
对政府执政能力的信任度	60.62
对个体性事项的满意度	52.24
对社会性事项的满意度	49.62

专家问卷访问的数据表明，社会学家的总体性社会情绪指数得分与我们全国城镇居民抽样调查数据的结果基本一致，亦为59.85。对于当下中国的社会发展状况的主观感受，25.5%的社会学家态度积极，47.0%的社会学家态度中立，27.0%的社会学家态度较为消极。在对具体事项的感知和评价上，社会学家对环境质量、食品安全状况、医疗服务水平、社会风气和社会公平公正状况的满意度较低，对社会整体发展水平的满意度较高（见图7-4）。

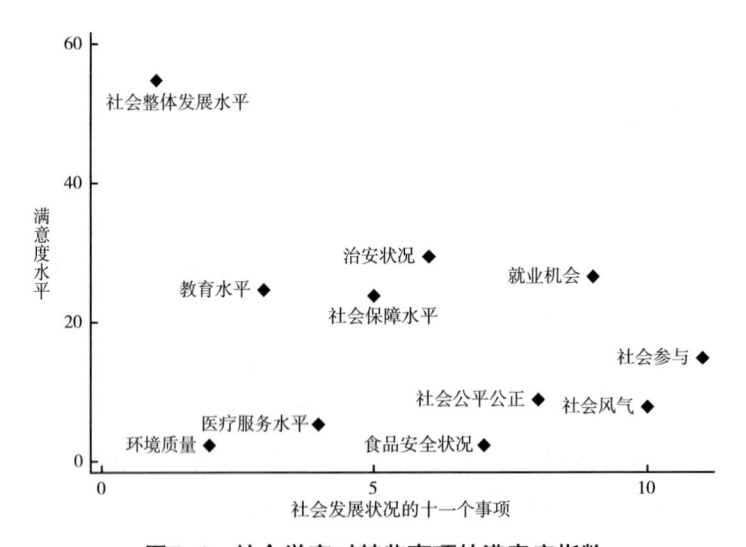

图7-4 社会学家对某些事项的满意度指数

与 2012 年相比，2013 年总体性社会情绪指数从 41.92（2012 年均值）提升到了 59.85，这表明 2013 年我国城镇居民的总体性社会情绪比 2012 年更为积极、向上。这种向好趋势也可分解到总体性社会情绪的三个维度上，2013 年城镇居民的社会信任和社会信心均比 2012 年提高了 20 以上，而 2013 年城镇居民的满意度较 2012 年也有大的提升。其中，社会信心提高得最多，提高了 37.56；其次是社会信任，提高了 26.77；满意度的提升最末，提高了 7.73（见图 7-5）。具体分解到满意度、社会信任和社会信心各自的因子上发现，与 2012 年统计数据相比，2013 年相关数据有以下特点。首先，2013 年城镇居民在社会信任的因子上提升非常突出，对政府执政能力的信任度、对政府职能部门的信任度都提升了超过 20，此外，2013 年还增加了"对各级地方政府的信任度"因子，得分也高达 70.36，这表明我国城镇居民对政府的信任度大大提高。其次，城镇居民对未来三年社会发展的信心也大大提高，无论是对社会性事项的信心，还是对个体性事项的信心，都提高了 30 以上。最后，与此不同的是，2013 年城镇居民对当下社会性事项和个体性事项的满意度虽然也略有提高，但不如上述几项因子的提高幅度那么大，与 2012 年统计数据相比，均仅仅提高了 2 左右（见图 7-6）。总的来说，相较于 2012 年，个人的生活状况与社会的发展状况都略有改善，虽然人们在各种个体性事项与社会性事项上的满意度并没有出现明显的变化，但人们确确实实地感受到个人与社会正在向好发展，提升了对社会的信任，并对未来有着更稳定的良好预期。

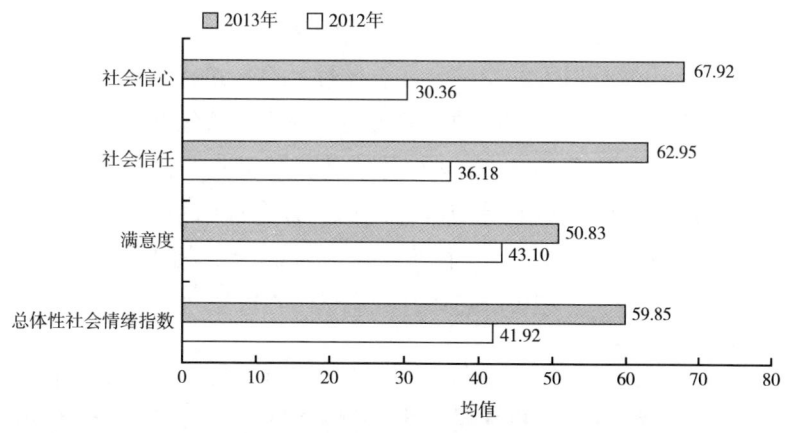

图 7-5　2012 年、2013 年总体性社会情绪及其三个维度的均值比较

社会景气与总体性社会情绪 | 理论、方法与数据分析

因子	2013年	2012年
对个体性事项的信心	75.83	29.04
对社会性事项的信心	66.20	30.17
对各级地方政府的信任度	70.36	
对政府职能部门的信任度	58.24	36.51
对政府执政能力的信任度	60.62	34.17
对个体性事项的满意度	52.24	51.89
对社会性事项的满意度	49.62	46.38

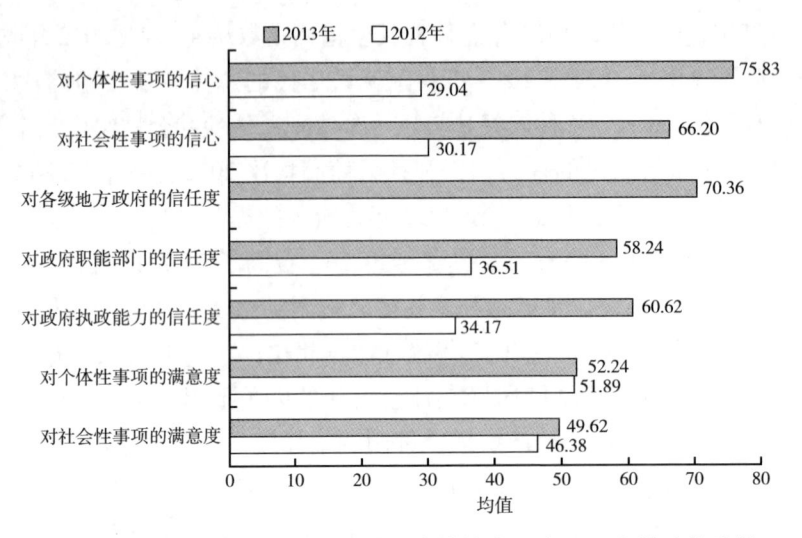

图7-6　2012年、2013年总体性社会情绪在七个因子上的均值比较

（2）总体性社会情绪的差异性分析

在对受访者的自然与社会特征的初步分析中（见表7-9），我们发现，不同婚姻状况的受访者在总体性社会情绪指数上不存在显著的差异；但总体性社会情绪指数在0.1置信水平下存在显著的性别差异和年龄差异，女性受访者的得分（均值为60.08）显著略高于男性受访者（均值为59.58）；随着年龄的增加，受访者在总体性社会情绪指数上的得分呈现"先升后降"的倒U形趋势，50—59岁受访者的总体性社会情绪指数显著最高，均值为60.99；受教育程度不同的受访者在总体性社会情绪指数上也存在显著差异，研究生及以上的受访者在总体性社会情绪指数上的得分显著最高（均值为63.10）、小学及以下的受访者在总体性社会情绪指数上的得分显著最低（均值为57.44）；不同户籍的受访者的总体性社会情绪指数存在显著差异，农业户口者（均值为60.62）的得分显著高于非农业户口者（均值为59.54）；不同户口所在地的受访者的总体性社会情绪指数存在显著差异，本市县户口受访者的总体性社会情绪（均值为60.25）相比外县市户口的受访者（均值为57.07）更积极；总体性社会情绪在区域①分布上具有显著区

---

① 对区域的划分，我们依据国家统计局的划分标准，将北京、天津、上海、江苏、浙江、山东、广东7个省（区、市）归为东部地区；中部地区包括山西、安徽、江西、河南、湖北、湖南6个省；西部地区包括广西、重庆、四川、云南、甘肃5个省（自治区、直辖市）；东北地区包括辽宁和黑龙江两个省。

别，东北地区的受访者的总体性社会情绪更为积极（均值为62.15），其后依次为西部地区（均值为61.09）、中部地区（均值为60.67），东部地区受访者在总体性社会情绪指数上的评分最低（均值为58.61）。另外，在对受访者的工作特征和单位特征的初步分析中，我们发现，所有制不同的单位员工在总体性社会情绪指数上在0.001置信水平下存在显著差异，集体所有制企业和国有企业员工的总体性社会情绪更为积极（均值分别为62.98、62.95），其后依次是中外合资企业（均值为59.76）、私有或民营企业（均值为58.22）、外资所有企业（均值为56.20）和港澳台资企业（均值为50.71）；从工作状态来看，在家持家人员在总体性社会情绪指数上得分显著最高（均值为61.85，失业下岗人员的得分则显著最低（均值为58.48）；但从管理层级来看，单位中领导、中层管理者或是普通职工在总体性社会情绪指数上不存在显著差异。

表7-9　总体性社会情绪指数在各项社会自然特征上的均值分布

特征值		均值	标准差	样本数	差异显著性
性别	男性	59.58	11.46	3246	$T=-1.8981$, $df=1$ $p=0.0577$
	女性	60.08	10.72	3868	
年龄	16—19岁	59.68	10.60	343	$F=6.37$, $df=6$ $p=0.0000$
	20—29岁	59.69	11.26	1659	
	30—39岁	59.05	10.77	1587	
	40—49岁	60.46	10.93	1828	
	50—59岁	60.99	10.61	858	
	60—69岁	60.18	11.55	572	
	70岁及以上	57.30	12.63	267	
政治面貌	共产党员	59.70	11.91	679	$F=16.80$, $df=3$ $p=0.0000$
	共青团员	62.14	10.90	1005	
	民主党派	59.93	9.30	10	
	群众	59.45	10.95	5399	
婚姻状况	未婚	59.92	11.46	1635	$T=0.3047$, $df=1$ $p=0.7606$
	已婚	59.83	10.94	5466	
管理层级	领导	56.89	12.50	34	$F=2.23$, $df=2$ $p=0.1079$
	中层管理者	58.69	11.42	438	
	普通职工	59.63	11.02	2203	

续表

特征值		均值	标准差	样本数	差异显著性
受教育程度	小学及以下	57.44	11.39	1574	$F=22.07$, $df=5$ $p=0.0000$
	初中	60.09	10.75	2212	
	高中/中专/技校	61.17	10.86	1574	
	大学专科	60.33	11.11	987	
	大学本科	60.58	10.91	696	
	研究生	63.10	10.50	62	
单位所有制性质	国有	62.95	10.94	547	$F=30.27$, $df=5$ $p=0.0000$
	集体所有	62.98	9.87	269	
	私有/民营	58.22	10.96	1634	
	港澳台资	50.71	9.20	55	
	外资所有	56.20	11.23	94	
	中外合资	59.76	10.81	100	
户籍	农业户口	60.62	10.94	2086	$T=3.7431$, $df=1$ $p=0.0002$
	非农业户口	59.54	11.12	5001	
户口所在地	本市县户口	60.25	11.01	6173	$T=8.0891$, $df=1$ $p=0.0000$
	外市县户口	57.07	10.96	901	
工作状态	有固定工作	59.88	11.06	3786	$F=7.39$, $df=5$ $p=0.0000$
	临时性工作	58.91	10.95	683	
	离退休	59.19	11.54	966	
	在校学生	60.10	11.09	538	
	失业下岗	58.48	10.96	263	
	在家持家	61.85	10.33	735	
区域	东部	58.61	11.31	3601	$F=33.44$, $df=3$ $p=0.0000$
	中部	60.67	10.24	1473	
	西部	61.09	10.78	1380	
	东北	62.15	11.29	660	

如果把总体性社会情绪指数的三个子量表展开来进行差异分析，我们发现如下。

——在满意度方面，男女受访者的得分不存在统计学意义上的显著差异；随着年龄的增加，受访者的满意度大体呈现出倒U形趋势，50—59岁受访者的满意度显著最高，均值为51.81；不同婚姻状况的受访者的满意度不存在统计学意义上的显著差异；从户籍来看，农业户口的受访者满意度（均值为51.61）显著高于非农业户口的受访者（均值为50.52）；不同户口所在地的受访者的满意度存在显著差异，户口在本市县的受访者的满意度（均值为51.10）也显著高于户口在外市县的受访者（均值为48.96）；从区域来看，中部地区受访者的满意度显著最高，均值为53.15，其后依次是西部地区（均值为52.63）、东北地区（均值为52.09）和东部地区（均值为48.96）；从受教育程度来看，受教育程度不同的受访者在满意度得分上也存在显著差异，研究生学历背景的受访者满意度最高，均值为55.10；从工作状态来看，在家持家人员和有固定工作的人员在满意度上显著高于其他群体，均值分别为51.99和51.71，其后依次是在校学生（均值为49.71）、有临时性工作的受访者（均值为49.51）、离退休人员（均值为48.93），失业下岗人员的满意度最低，均值为48.83；在有工作的群体中，就职于党政机关的受访者满意度显著最高，均值为59.07，企业员工的满意度显著最低，均值为50.03；从单位所有制性质来看，国有企业员工的满意度显著最高，为55.13，其后依次是集体所有制企业员工（均值为54.56）、中外合资企业员工（均值为50.77）、私有或民营企业员工（均值为49.68）、外资所有企业员工（均值为48.10），港澳台资企业员工的满意度最低，均值为42.75；在单位内部，不同职位受访者的满意度不存在统计学意义上的显著差异。

——在社会信任方面，男性的社会信任水平（均值为63.29）显著高于女性（均值为62.54）；从年龄来看，50—59岁受访者的社会信任水平显著最高，均值为64.26，而70岁及以上的受访者的社会信任水平最低，均值为61.16；不同婚姻状况的受访者在社会信任上不存在统计学意义上的显著差异；从受教育程度来看，研究生学历受访者的社会信任水平上显著最高，均值为65.83，而小学及以下学历受访者的社会信任水平显著最低，均值为60.63；从户籍来看，与持非农业户口的受访者（均值为62.61）相比，持农业户口的受访者有着更高的社会信任水平，均值为63.82；同时，不同户口所在地的受访者在社会信任上存在显著差异，持本市县户口的受访者的社会信任水平（均值为63.47）显著高于外市县户口的受访者（均值为59.37）；从地区来看，东北地区受访者的社会信任水平最高，均值为65.13，其后依次是西部地区（均值为63.50）、中部地区（均值为63.13）和东部地区（均值为62.27）；从工作状态来看，在家持家人员的社会信任水平最高，均值为65.64，其后依次是在校学生（均值为64.21）、离退休人员（均值为63.01）、有固定工作人员（均值为62.57）、有临时性工作人员（均值为61.97），失业下岗人员最低（均值为60.92）；在有工作的群体中，就职于党政机关的受访者具有最高的社会信任水平，均值为71.04，而企业员工的社会信任水平最低，均值为61.25；从单位所有制性质来看，集体所有制企业员工的社会信任水平最高，均值为66.48，其后依次是国有企业员工（均值为65.51）、中外合资企业员工（均值为62.80）、私有或民营企业员工（均值为61.05）、外资所有企业员工（均值为58.11）和港澳台资企业员工（均值为52.50）；单位中的普通职工在社会信任上得分最高，均值为62.57，而高层管理人员的社会信任得分则最低，均值为56.42。

——在社会信心方面，尽管女性的社会信心（均值为67.94）略高于男性（均值为67.89），但在统计学意义上二者不存在显著差异；随着年龄的增加，受访者对未来三年社会发展的信心呈现先升后降的倒U形趋势；不同婚姻状况的受访者的社会信心没有显著的差异；从受教育程度来看，随着受教育程度的提高，社会信心指数基本呈现波动上升趋势，研究生学历的受访者对社会的信心最高，均值为70.33；从户籍来看，持非农业户口的受访者对社会的信心（均值为67.68）显著低于持农业户口的受访者（均值为68.47）；不同户口所在地的受访者的社会信心存在显著差异，持本市县户口的受访者（均值为68.17）显著高于持外市县户口的受访者（均值为66.06）；从地区来看，东北地区受访者对社会的信心显著最高，均值为72.82，其后依次是西部地区（均值为70.48）、中部地区（均值为67.90）和东部地区（均值为66.04）；从工作状态来看，就职于党政机关或事业单位的受访者对未来三年社会发展的信心显著最高，均值分别为70.55和70.18，而企业员工的社会信心最低，均值为66.45；从单位所有制性质来看，国有企业员工对未来三年社会发展的信心显著最高，均值为70.30，其后依次是集体所有企业员工（均值为68.56）、中外合资企业员工（均值为68.10）、私有或民营企业员工（均值为66.09）、外资所有企业员工（均值为66.06）和港澳台资企业员工（均值为60.43）。

（3）总体性社会情绪的影响因素分析

在了解总体性社会情绪的总体状况与差异分布之后，我们不禁思考哪些因素影响人们在满意度、社会信任和社会信心上的情绪表达，进而形塑了不同社会群体在总体性社会情绪上的差异化表现。这里，我们认为，通过了解社会平等状况、社会关系的和谐状况、社会参与的状况、社会态度以及社会经济地位等方面的因素，我们可能捕捉到人们在某些关键性事项上的认知、认同以及行为取向，而恰恰是这些认知、认同和行为取向能够在不同社会群体间弥漫并最终沉淀下来形成了一个时期的总体性社会情绪。正是在这个意义上，社会平等状况、社会关系的和谐状况、社会参与的状况、社会态度以及社会经济地位可能作为总体性社会情绪的影响因素，对各种社会群体在总体性社会情绪上的表达发挥某些作用。接下来，我们通过差异分析、相关检验等方法具体探索和检验各种因素之于总体性社会情绪的影响。

第一，社会平等状况与总体性社会情绪。

在此处，我们依旧沿用 2012 年统计分析中的思路，关注人们对于社会地位的主观认知，并认为这些主观感受能相对准确地反映社会的平等状况。我们具体通过主观经济地位、主观社会地位、相对经济地位和相对社会地位等方面来对社会平等状况进行考察，经济地位与社会地位将分别被划分为 5 个等级，即低、较低、中等、较高和高。其中，主观经济地位和主观社会地位划分为"低层""较低层""中层""较高层""高层"；相对经济地位和相对社会地位分为"很低""较低""差不多""较高""很高"。据此，可以考查总体性社会情绪指数在社会平等状况上的差异。

就主观经济地位而言，"中层"受访者的总体性社会情绪更积极（均值为 61.42），"高层"受访者的总体性社会情绪指数相对最低（均值为 55.03），总体分布大致呈现倒 U 形关系（见图 7-7）。多元比较检验的结果显示，在各层的相互比较上，"中层"与其他各层之间以及"较低层"与"低层""高层"之间在总体性社会情绪指数上都具有显著的差异性，而"较高层"与"低层"、与"较低层"之间以及"高层"与"低层"、与"较高层"之间在总体性社会情绪指数上不存在显著性差异（见表 7-10）。

在主观社会地位上，"中层"受访者的总体性社会情绪更积极（均值为 61.89），"低层"受访者的总体性社会情绪指数相对最低（均值为 57.75），总体分布呈现倒 U 形关系（见图 7-8）。多元比较检验的结果显示，"中层"与其他各层（除"高层"之外）之间在总体性社会情绪指数上具有显著差异，"较低层"与"低层"之间在 0.05 置信水平下存在显著差异，而其他主观社会地位层级之间在 0.05 置信水平下均不存在显著差异（见表 7-11）。

社会景气与总体性社会情绪 | 理论、方法与数据分析

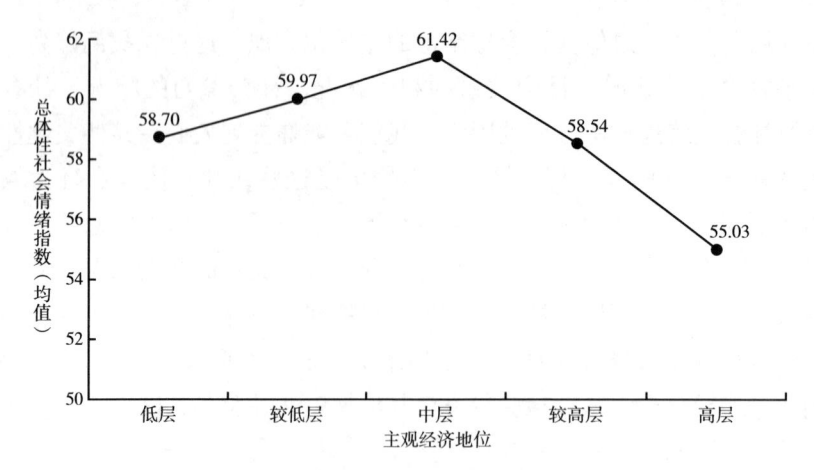

图7-7　总体性社会情绪与主观经济地位间的关系

（低层58.70，较低层59.97，中层61.42，较高层58.54，高层55.03）

表7-10　主观经济地位在总体性社会情绪指数上的多元比较检验

较低层-低层=1.27 （p=0.000）			
中层-低层=2.71 （p=0.000）	中层-较低层=144 （p=0.000）		
较高层-低层=-0.17 （p=0.829）	较高层-较低层=-1.44 （p=0.058）	较高层-中层=-2.88 （p=0.000）	
高层-低层=-3.67 （p=0.091）	高层-较低层=-4.94 （p=0.023）	高层-中层=-6.38 （p=0.003）	高层-较高层=-3.51 （p=0.124）

注：表格中数值是不同层回归系数之差。

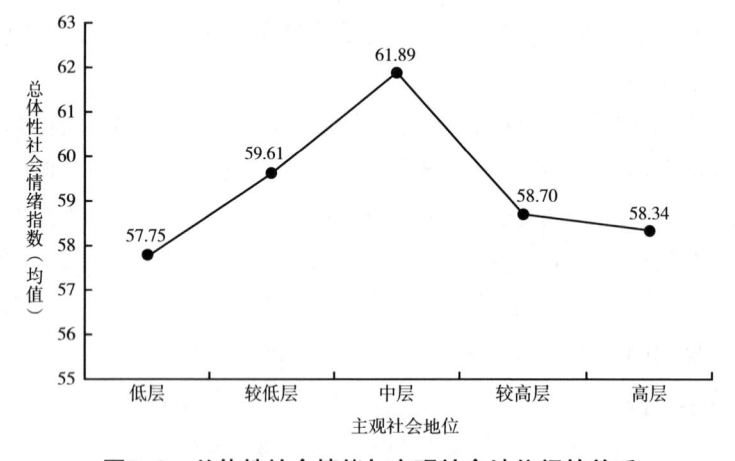

图7-8　总体性社会情绪与主观社会地位间的关系

（低层57.75，较低层59.61，中层61.89，较高层58.70，高层58.34）

表7-11 主观社会地位在总体性社会情绪指数上的多元比较检验

较低层−低层=1.86 （p=0.000）			
中层−低层=4.14 （p=0.000）	中层−较低层=2.28 （p=0.000）		
较高层−低层=0.95 （p=0.174）	较高层−较低层=−0.91 （p=0.183）	较高层−中层=−3.18 （p=0.000）	
高层−低层=0.59 （p=0.761）	高层−较低层=−1.27 （p=0.507）	高层−中层=−3.55 （p=0.064）	高层−较高层=−0.37 （p=0.855）

注：表格中数值是不同层回归系数之差。

在相对经济地位上，那些地位"较高"的受访者体验到的总体性社会情绪更为积极；在相对社会地位上，那些地位"较高"的受访者体验到的总体性社会情绪也更积极（见图7-9）。在对受访者的主观地位与相对地位进行相互比较后，结果表明，人们的主观地位与相对地位有一定的差异，其中，59.30%的受访者主观经济地位与相对经济地位不一致，47.86%的受访者在相互比较时认为自己的经济地位更高，11.44%的受访者在相互比较时认为自己的经济地位更低；55.24%的受访者主观社会地位与相对社会地位不一致，在相互比较时，44.87%的受访者认为自己的社会地位更高，10.37%的受访者认为自己的社会地位更低（见表7-12和表7-13）。

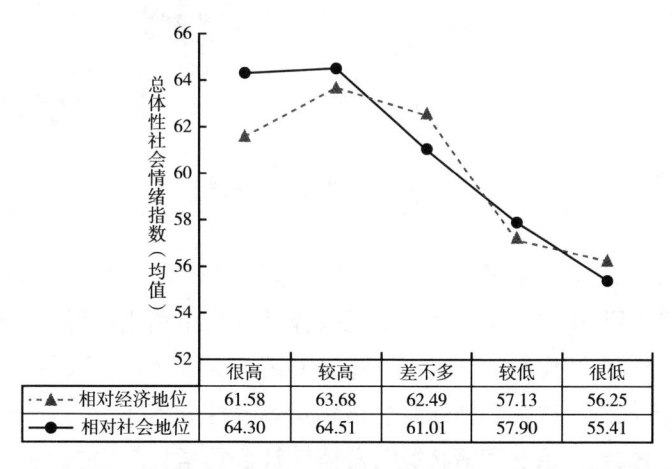

总体性社会情绪指数（均值）	很高	较高	差不多	较低	很低
--▲-- 相对经济地位	61.58	63.68	62.49	57.13	56.25
—●— 相对社会地位	64.30	64.51	61.01	57.90	55.41

图7-9 相对经济地位、相对社会地位与总体性社会情绪指数的关系

表7-12 受访者在主观经济地位与相对经济地位间的分布

相对经济地位 \ 主观经济地位	低层	较低层	中层	较高层	高层
很低	541（7.70%）	172（2.40%）	79（1.10%）	18（0.03%）	8（0.10%）
较低	1030（14.60%）	1119（15.90%）	363（5.20%）	63（0.90%）	12（0.20%）
差不多	643（9.10%）	1412（20.00%）	1154（16.40%）	85（1.20%）	5（0.006%）
较高	33（0.50%）	67（1.00%）	173（2.50%）	54（0.80%）	1（0.001%）
很高	4（0.005%）	1（0.001%）	2（0.003%）	8（0.10%）	0（0.00%）

表7-13 受访者在主观社会地位与相对社会地位间的分布

相对社会地位 \ 主观社会地位	低层	较低层	中间层	较高层	高层
很低	331（4.70%）	121（1.70%）	43（0.60%）	9（0.01%）	5（0.006%）
较低	704（10.00%）	968（13.70%）	311（4.40%）	51（0.70%）	5（0.006%）
差不多	583（8.30%）	1644（23.30%）	1798（25.50%）	164（2.30%）	17（0.20%）
较高	24（0.30%）	55（0.80%）	136（1.90%）	56（0.80%）	5（0.006%）
很高	1（0.001%）	3（0.004%）	6（0.008%）	6（0.008%）	1（0.001%）

总体而言，处于社会"中层"的群体体验到的总体性社会情绪更积极，而"低层"和"高层"体验到的总体性社会情绪则相对更消极；在与社会其他群体进行比较的情况下，感知到的相对经济地位或相对社会地位越高的受访者，往往在总体性社会情绪指数上得分越高。

第二，社会关系的和谐状况与总体性社会情绪。

任何社会个体都"嵌入"各种形式的社会关系之中，其自身在构建各种关系的同时也受到这些关系的影响与制约。从社会层面来看,一个社会的主要关系和谐与否可反映这个社会的结构特征、秩序状况以及景气程度,如近年来日益凸显的劳资紧张、干群矛盾、贫富差距拉大等群体间关系问题正是我国在社会转型期不同群体间利益不一致、关系不协调的表现。我们在2013年的调查中,为了深入分析社会关系状况对总体性社会情绪的影响,设置了专门的量表用于考察我国调查时点主要的社会关系状况,包括老板与员工关系、穷人与富人关系、城里人与农村人关系、汉族与其他民族关系、信教者与不信教者关系、干部与群众关系以及本地人与外地人之间的关系等。

从受访者的回答比例来看,多数受访者体验到的总体性社会情绪比较积极,但同时可以发现,贫富关系(认为穷人与富人关系和谐的比例为12.49%,不和谐的比例为44.37%)和干群关系(认为干部与群众关系和谐的比例为23.66%,不和谐的比例为22.55%)仍趋于紧张,城乡关系也需要引起重视(认为城里人与农村人关系和谐的比例为28.33%,不和谐的比例为21.13%)(见图7-10)。

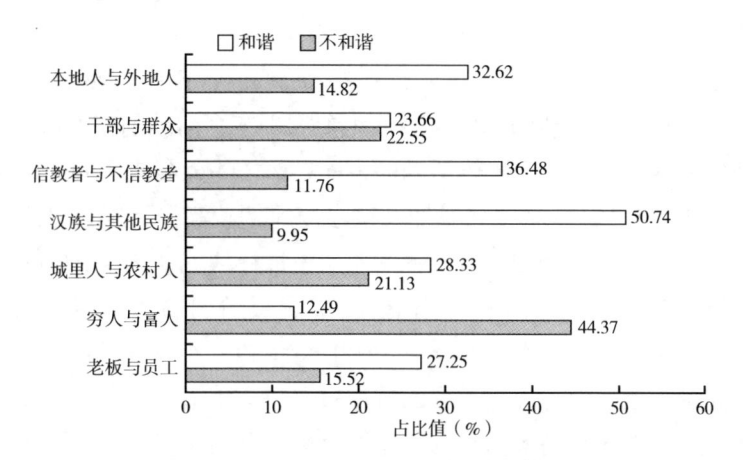

图7-10 受访者对各种社会关系的看法

考察社会关系不同和谐程度与总体性社会情绪指数之间的关系,数据分析的结果表明:被访者的总体性社会情绪在社会关系的和谐状况上有着显著差异,那些认为社会中不同群体间关系更为和谐的受访者体验到的总体性社会情绪也更加积极(见图7-11)。

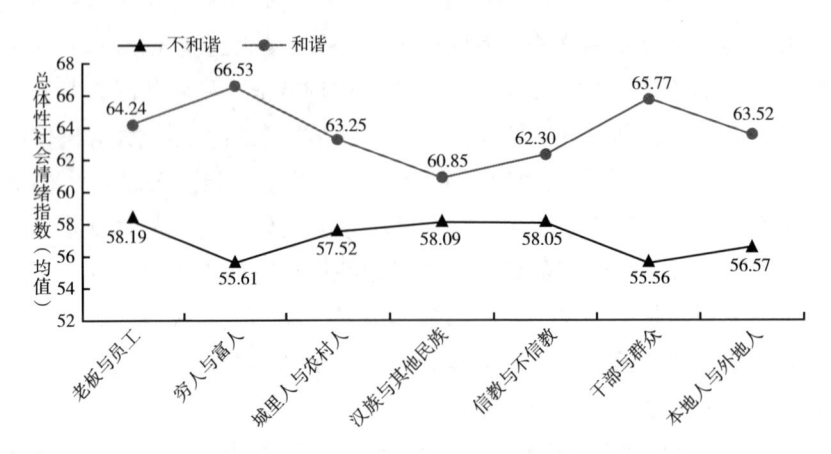

图7-11 总体性社会情绪指数在各种社会关系上的均值分布

第三，社会参与状况与总体性社会情绪。

社会参与既是公民的权利，也是民主的重要组成部分。人们是否以及在多大的程度上参与社会的事务可以从一个角度反映出一个国家民众的总体性社会情绪状况。2013年，我们从参与社区活动、参与组织团体和参与政治活动三个方面来考察我国城镇居民的社会参与情况。其中，政治参与的比例不高（参加过区县人大代表选举投票的占比为27.65%、业主委员会选举投票的占比为15.63%、其他选举投票的占比仅4.90%），参加各类社会团体组织的活动的比例也较低（参加过工会活动的仅9.06%、青年团活动的占6.58%、社会团体活动的占6.76%、基金会或民间非企业单位活动的占3.12%），但城镇居民的社区参与比例较高（参加过社会活动的占19.14%、谈论社区事务的占30.47%、去过社区或居委会的占37.91%、见过居委会人员的占56.40%）（见图7-12）。总的来说，我国民众的社会参与程度还比较低，人们的参与意识还有待培育，参与渠道也需要进一步拓展。同时，社会参与程度不同的群体对于社会生活的接触与认识也会有所差异，这势必会影响人们在总体性社会情绪上的表现。

比较在各类社会参与形式上受访者的总体性社会情绪指数发现，有过不同形式的社区参与（如参加社区活动、谈论社区事务、去过社区或居委会）的受访者在总体性社会情绪指数上得分更高；参加过不同团体（如工会、青年团、社会团体、基金会或民间非企业单位）组织的各种活动的受访者也普遍得分更高；而在政治参与方面稍有不同，参加过业主委员会选举投票的受访者在总体性社会情绪指数上得分更高，但参加过区县人大代表选举投票的受访者则在总体性社会情绪指数上略低于未参加过此类活动的受访者（见图7-13）。这可能是因为该群体在较高层次的政治参与中，能接触并认识到相对更多的社会发展与治理的困境，其自身对个人与社会的期望也相对较高，所承担的责任较大，因而在总体性社会情绪上的表现相对不那么积极。

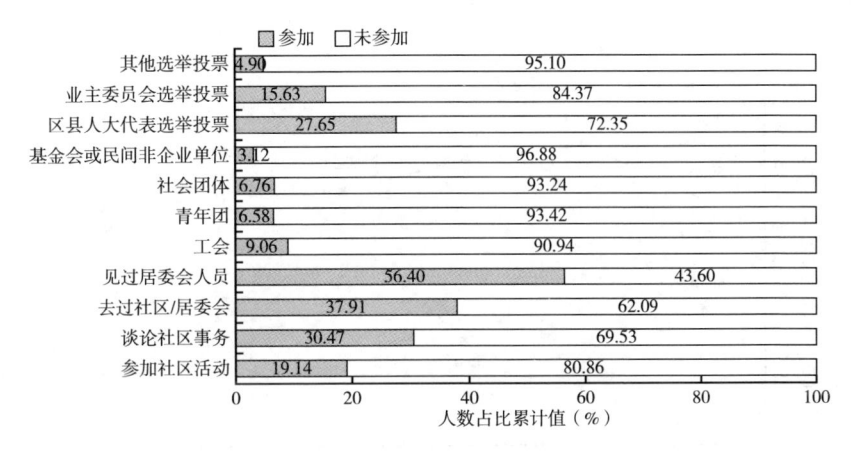

图7-12 受访者的社会参与状况

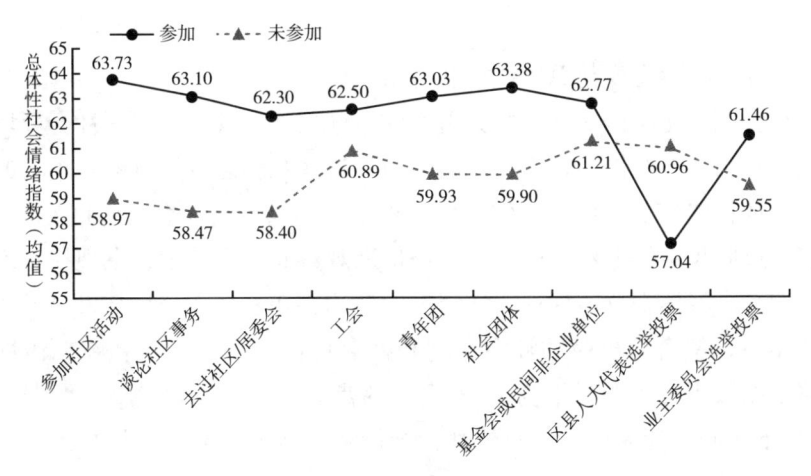

图7-13 总体性社会情绪指数在各类社会参与形式上的均值分布

我们发现，一方面，在总体性社会情绪指数的得分上，那些现实社会活动（如社区活动、各种社会团体活动或政治选举投票活动）参与程度高的受访者通常比未参与者得分更高一些。另一方面，总体性社会情绪指数在信息获取上存在差异，经常通过传统媒介（如听广播、阅读报刊或宣传栏等公共场所信息）获取信息的受访者比通过网络媒介（如手机短信或微信）获取信息者得分更高，两者之间相差 0.30—1.76 个单位（见图 7-14）；而是否通过门户网站①、博客或微博②获取信息对受访者的总体性社会情绪指数在统计学意义上并没有显著影响。

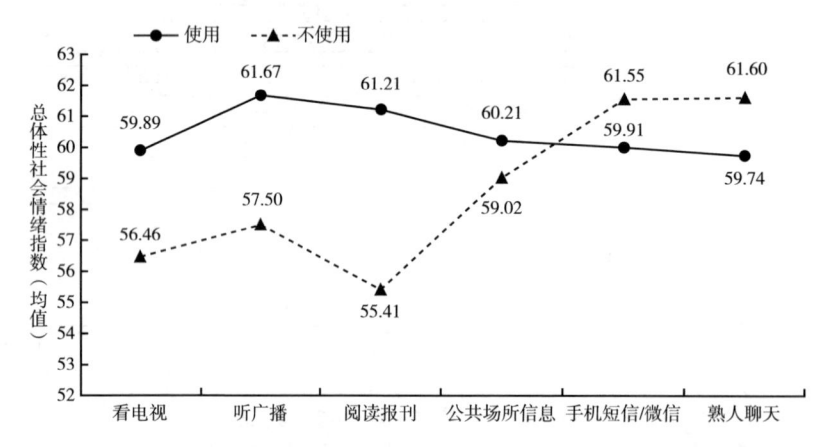

图7-14 总体性社会情绪指数在各类信息获取渠道上的均值分布

第四，社会态度与总体性社会情绪。

社会态度是个体对某一社会事实的主观反映，既受到客观社会环境的影响又进而影响个体的行为与价值判断。这些社会态度虽可能是个人的心理气质或性格使然，但在整体层面上更多地与当下的社会结构相关联。③我们通过收集被访者对一些说法的评价来观察其社会态度，发现持有不同态度的社会群体在总体性社会情绪上的表达存在差异，分析结果显示（见表 7-14），持有更积极的社会态度和社会价值观念的受访者在总体性社会情绪指数得分上明显更高（"社会上的是非标准变得很模糊"题器上持"完全不赞同"的受访者在总体性社会情绪指数上得分显著最高，均值为

---

① t 值为 -0.2367，p 值为 0.8129，在 0.1 统计水平下不显著。
② t 值为 -0.0215，p 值为 0.9829，在 0.1 统计水平下不显著。
③ 李汉林、魏钦恭、张彦：《社会变迁过程中的结构紧张》，《中国社会科学》2010 年第 2 期，第 121—143 页。

67.64；"生活中遇到困难，我总能及时得到帮助"题器上持"完全赞同"的受访者在总体性社会情绪指数上得分显著最高，均值为69.34；"现在很难找到真正可信赖的朋友"题器上持"完全不赞同"的受访者在总体性社会情绪指数上得分显著最高，均值为63.94）；对个人前途拥有极强信心的受访者体验到的总体性社会情绪更加积极（"我觉得前途渺茫，对未来没什么信心"题器上持"完全不赞同"的受访者在总体性社会情绪指数上得分显著最高，均值为64.71）；在工作上有更积极体验和态度的受访者也会体验到更加积极的总体性社会情绪（"我的工作让我有成就感"和"我的工作有良好的发展前景"两个题器上持"完全赞同"的受访者在总体性社会情绪指数上得分显著最高，均值分别为65.10和63.73；"我的工资和报酬与我的付出和能力相适应"题器上持"比较赞同"的受访者在总体性社会情绪指数上得分显著最高，均值为61.68）；压力较低、情绪积极的被访者也会体验到更积极的总体性社会情绪（"我时常觉得很累"和"我时常心情不好"两个题器上持"完全不赞同"的受访者在总体性社会情绪指数上得分显著最高，均值分别为66.09和64.55）。

表7-14 社会态度与总体性社会情绪指数

	均值	标准差	样本量	差异显著性
"社会上的是非标准变得很模糊"				
完全赞同	58.05	13.79	660	$F=36.23$ $p=0.0000$
比较赞同	59.22	10.72	3207	
说不清	60.02	10.11	2061	
比较不赞同	62.06	10.99	771	
完全不赞同	67.64	14.28	170	
"生活中遇到困难，我总能及时得到帮助"				
完全赞同	69.34	10.93	437	$F=413.68$ $p=0.0000$
比较赞同	64.09	9.89	2288	
说不清	59.76	9.65	1869	
比较不赞同	54.60	9.81	1857	
完全不赞同	50.79	11.61	405	

续表

	均值	标准差	样本量	差异显著性
"现在很难找到真正可信赖的朋友"				
完全赞同	60.59	12.49	771	F=46.46 p=0.0000
比较赞同	57.78	10.81	2629	
说不清	60.76	10.06	1562	
比较不赞同	61.33	10.71	1580	
完全不赞同	63.94	13.03	349	
"我时常觉得很累"				
完全赞同	57.71	12.90	873	F=56.71 p=0.0000
比较赞同	58.88	10.61	3067	
说不清	59.74	10.31	1473	
比较不赞同	62.54	10.28	1274	
完全不赞同	66.09	13.01	280	
"我时常心情不好"				
完全赞同	57.92	13.25	593	F=80.64 p=0.0000
比较赞同	57.38	11.00	2539	
说不清	60.61	9.68	1562	
比较不赞同	62.18	10.41	1760	
完全不赞同	64.55	11.74	438	
"我觉得前途渺茫,对未来没什么信心"				
完全赞同	55.96	12.90	637	F=111.87 p=0.0000
比较赞同	56.74	10.87	1773	
说不清	60.24	9.99	1692	
比较不赞同	61.60	10.25	1885	
完全不赞同	64.71	11.27	801	
"我的工资和报酬与我的付出和能力相适应"				
完全赞同	61.01	14.90	417	F=31.90 p=0.0000
比较赞同	61.68	11.32	2307	
说不清	61.02	9.50	1826	
比较不赞同	58.63	10.11	1275	
完全不赞同	56.41	11.57	410	

续表

	均值	标准差	样本量	差异显著性
"我的工作让我有成就感"				
完全赞同	65.10	13.11	487	$F=60.83$ $p=0.0000$
比较赞同	61.52	11.45	2082	
说不清	60.58	9.73	1980	
比较不赞同	58.12	9.85	1260	
完全不赞同	55.80	11.87	396	
"我的工作有良好的发展前景"				
完全赞同	63.73	13.76	441	$F=44.06$ $p=0.0000$
比较赞同	61.75	11.56	1943	
说不清	60.52	9.55	2054	
比较不赞同	58.59	10.09	1148	
完全不赞同	56.39	11.67	528	

第五，社会经济地位差异与总体性社会情绪。

此处对社会经济地位的测量从韦伯的理论出发，将其操作化为经济、权力和声望三个维度。虽然韦伯认为此三个维度各自可以构成社会分层的依据和标准，但毫无疑问采用多元的视角更符合社会现状以及社会经济地位自身所蕴含的实质意义。经济维度将通过受访者的收入水平加以测量，权力维度将通过受访者的行政级别与管理层级两个变量加以测量，声望维度事实上指的是人们的社会地位，将通过受访者的职业声望进行测量。此处关于社会经济地位的分析与前述社会平等状况的不同之处在于，我们对社会平等状况的测量主要侧重于人们的主观感受，并认为主观感知更能反映社会的平等状况；而对社会经济地位的测量主要从客观层面出发，即依据人们的经济收入、权力地位和职业声望对其进行分层。事实上，客观分层与主观地位认同间的关系已被很多研究者所论证，我们更倾向于认为二者之间存在较大的差异，客观的标准更易于划分与描述社会的分层结构，标准化程度较高；而主观的地位认知更能反映社会的平等状况，准确性更高。这里，我们考察总体性社会情绪在社会经济地位三个维度上的分化，具体情况如下。

——收入水平与总体性社会情绪

我们将受访者的月收入划分为 1000 元及以下、1001—2000 元、2001—3000 元、3001—5000 元、5001—7000 元、7001—10000 元、10001 元及以上 7 个层级，结果显示（见图 7-15），随着受访者的月收入水平逐渐增高，总体性社会情绪指数大体上呈现先降后升的倒 U 形发展趋势（F 值 2.18，p 值为 0.0421）。从总体性社会情绪指数在月收入水平上的分化来看，物质经济基础对个体的主观感受有着较大的影响。

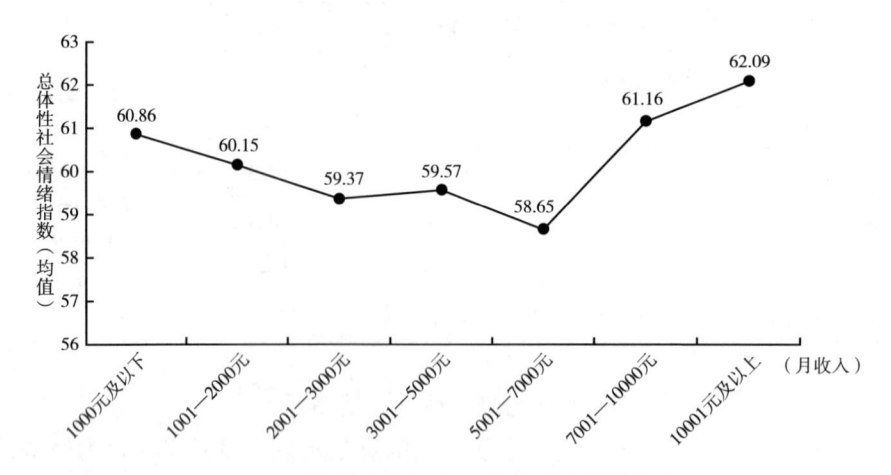

图7-15　月收入水平与总体性社会情绪指数

——权力地位与总体性社会情绪

在权力地位方面，分析结果显示，尽管在权力级别上，分析结果显示，受访者的行政级别越高，总体性社会情绪更积极（$F=13.81$，$p=0.0000$）；在管理层级上，与普通职工相比，领导和中层管理人员在总体性社会情绪指数上较低（$F=2.23$，$p=0.1079$）（见图 7-16），但这种差异性在 0.1 置信水平上却不显著。

——职业声望与总体性社会情绪

职业声望是一项综合性的指标，是在综合考虑了各种职业的权力、地位、收入水平等因素的基础上对各种职业赋予一定的声望得分，所有职业都被赋值为 0—100，数值越大，表示职业声望越高。我们对职业声望与总体性社会情绪指数进行相关分析后，结果显示，二者之间具有显著的正相关关系，职业声望越高时，总体性社会情绪愈加积极（相关系数为 0.0272，p 值为 0.0217）（见图 7-17）。

（1）行政级别与总体性社会情绪

- 无行政级别：58.93
- 科员及以下：63.62
- 科级：63.50
- 处级：66.72
- 司局级及以上：67.42

（2）管理层级与总体性社会情绪

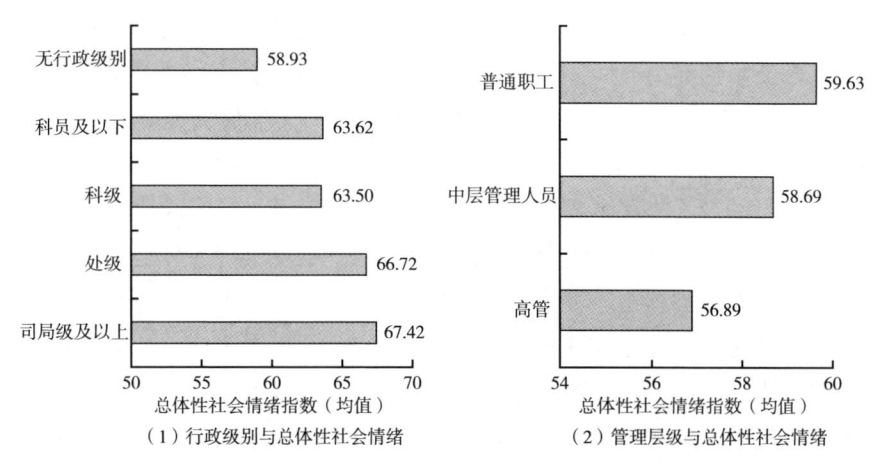

- 普通职工：59.63
- 中层管理人员：58.69
- 高管：56.89

图7-16 权力地位与总体性社会情绪的关系

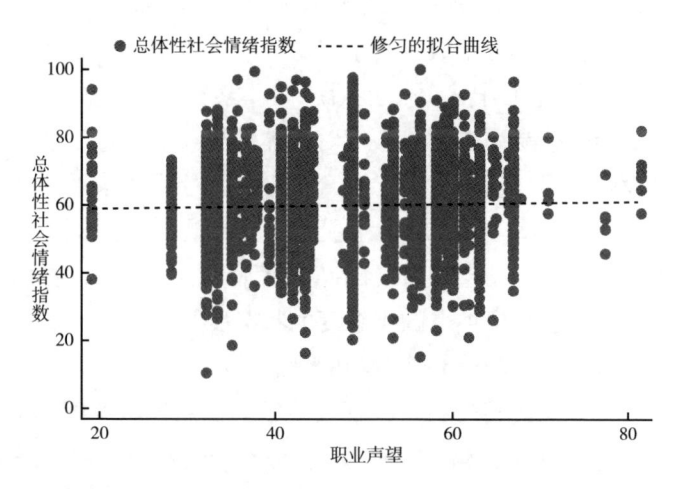

图7-17 职业声望与总体性社会情绪指数间的相关关系

在这里值得我们注意的是，人们的收入水平、权力地位、职业声望与总体性社会情绪均呈正相关关系，那么是否意味着人们的社会经济地位在各个方面也具有一致性？对此问题的回答，有助于我们把握目前中国的社会阶层结构与变迁流动状况。

2. 满意度的状况与分析

满意度是人们在心理层面的一种主观感受，其既反映个体的一种相对平衡和公平与否的状态，也反映人们对自身所处的社会环境的满意状况。在微观上，人们会直接从自身经济收入、社会地位以及向上流动机会状况等方面来感受社会的发展变化；在宏观上，人们也会从其所生活的社区及国家政策对生活质量的提高、社会保护和社会包容等方面感受社会是否发生变化以及在多大程度上发生了变化。① 在这个意义上，人们的满意度既是受情感驱动的主观感受，也具有收益权衡之后的理性判断成分。在许多情形之下，情感和理性的逻辑非常相似，以至于我们很难认定某一行为或认知是出于理性考量还是受情感驱动，作为社会行动者，人们的社会行为总是交织在理性与情感之中而无法剥离。所以，我们对满意度的分析不是去探讨人们对某一事项的认知是出于理性考量还是受感性驱动，而是着眼于社会结构环境的变化及其对人们满意度的影响。也就是说，在一定程度上，人们对自身及其所处社会环境的满意度能够直接或间接地反映一个国家与社会的发展状况，一个景气的社会必定是一个人们满意度水平较高的社会。

在我们的调查中，对满意度的测量由对个体性事项的满意度和对社会性事项的满意度两部分组成，其中对个人收入水平、家庭经济状况、住房状况、健康状况、工作状况、生活压力、家庭关系、人际关系、社会地位和发展机会的感受用以测量人们对个体性事项的满意度水平；对环境质量、基础设施状况、物价水平、教育水平、医疗服务水平、社会保障水平、治安状况、食品安全状况、社会公平公正状况、就业机会和社会风气的感受用以测量人们对社会性事项的满意度水平。接下来，我们就个体性事项的满意度和社会性事项上的满意度的状况展开具体分析。

（1）对个体性事项和社会性事项的满意度

通过对调查数据进行分析，我们发现，人们总体满意度均值为50.83、标准差为12.13；人们对个体性事项的满意度高于对社会性事项的满意度（对个体性事项的满意度均值为52.24，对社会性事项的满意度均值为49.62）。

在个体层面人们满意度最高的三项分别是家庭关系（63.1%）、人际关系（53.7%）和健康状况（50.10%）；最不满意的三项依次是生活压力（22.0%）、收入水平（22.40%）和社会地位（24.00%）。在对未来三年变化的预期上，人们信心最高（认为会变好）的三项依次是家庭关系（65.75%）、家庭经济状况（64.03%）和人际关系（61.98%）；信心最低（认为会变差）的三项依次是生活压力（10.00%）、健康状况（6.32%）和工作状况（5.78%）。

---

① 李汉林、魏钦恭、张晨曲：《发展过程中的满意度》，《社会学评论》2013年第1期，第75—88页。

在社会总体层面人们满意度最高的三项依次是基础设施状况（56.10%）、教育水平（入学择校、教学质量等）（44.82%）和治安状况（39.70%）；相比之下，人们满意度最低的三项依次是物价水平（14.91%）、食品安全状况（20.74%）和社会公正（24.91%）。在对未来三年变化的预期上，人们信心最高（认为会变好）的三项依次是基础设施状况（63.68%）、教育水平（57.04%）和医疗服务水平（54.79%）；相比之下人们信心最低（认为会变差）的三项依次是物价水平（33.97%）、环境质量（24.33%）和食品安全状况（18.47%）。

图7-18是城镇居民的满意度与信心水平的交叉矩阵。从中我们看到，在个体性事项上，满意度均值最高的是家庭关系，相应的，人们的信心水平也较高；在社会性事项上，满意度均值最高的是基础设施状况，相应的，人们的信心水平也较高。

（1）对个体性事项的满意度与信心

（2）对社会性事项的满意度与信心

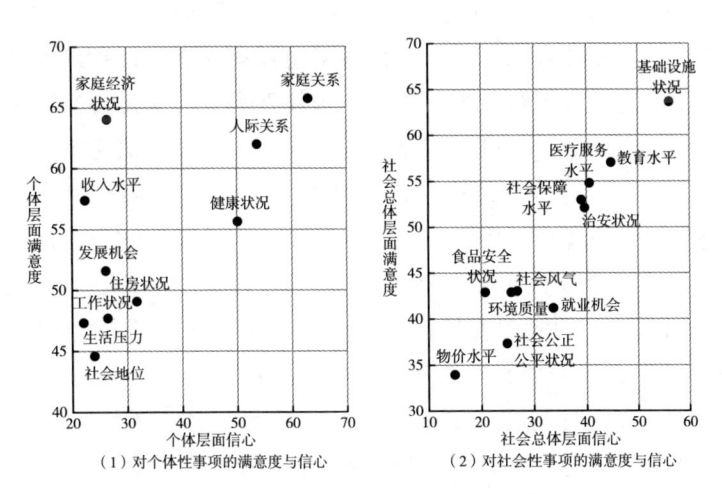

图7-18 满意度与信心之间的关系

可以发现，无论是在个体层面还是在社会总体层面，人们在当下的满意度会在很大的程度上影响其对未来的预期，那些在当下满意度较高的事项也往往被人们报以较高的未来发展预期。同样，诸如较重的生活压力、较低的收入水平，以及对物价水平、食品安全状况、环境质量、社会公平公正状况等方面的不满，进一步拉低了人们对这些方面改善和发展的预期与信心。

具体分析社会性事项满意度和个体性事项满意度在各项社会自然特征上的差异，结果如表7-15所示。首先，从社会性事项来看，其满意度没有显著的性别差异和婚姻状况差异；在30—69岁的受访者中，随着受访者年龄的增长，人们对社会性事项的满意度呈上升的势态，70岁及以上受访者满意度最低，均值为49.03；不同教育背景的受访者对社会性事项的满意度也存在显著差异，以高中、中专或技校为最高教育背景的受访者对社会性事项最为满意（均值为51.27），而大学本科学历的受访者对社会性事项却最不满意（均值为48.07）；中部地区和西部地区的受访者对社会性事项的满意度都较高，均值分别为50.77和50.76，而东部地区的受访者的满意度则显著低于其他区域受访者，均值为48.56；持有本市县户口的受访者（均值为50.02）比持外市县户口的受访者（均值为46.87）对社会性事项更满意；不同所有制类型单位的员工对社会性事项的满意度也存在显著差异，国有企业（均值为51.67）和集体所有企业（均值为52.38）的受访者满意度显著高于其他所有制类型单位员工，而港澳台资企业（均值为45.97）和中外合资企业（均值为46.82）的受访者则满意度显著更低。

其次，从个体性事项来看，其满意度也没有显著的性别差异和婚姻状况差异；随着受访者年龄的增长，其对个体性事项的满意度略微呈现先升后降的倒U形趋势，50—59岁受访者的满意度最高，均值为53.09；同时，随着受访者受访教育程度的提高，其对个体性事项的满意度也逐渐提高，大学本科学历受访者对个体性事项的满意度较大学专科学历者低一些；中部地区受访者对个体性事项的满意度显著高于其他区域受访者，均值为55.92，而东部地区的满意度最低，均值为49.42；与持非农业户口的受访者（均值为51.65）相比，持农业户口的受访者（均值为53.70）对个体性事项更满意；在所有制类型单位差异上，国有企业（均值为59.15）和集体所有企业（均值为57.09）的受访者对个体性事项的满意度同样显著较高，而港澳台资企业员工对个体性事项的满意度则在分值上断层低于其他所有制类型单位员工，均值仅39.00。

表7-15 社会性和个体性事项满意度在各项社会自然特征上的均值分布

单位：%

特征值		社会性事项上的满意度	个体性事项上的满意度
性别	男性	49.64（0.24）	51.84（0.27）
	女性	49.60（0.21）	52.58（0.23）
差异显著性		$T=0.1117, p=0.9111$	$T=-2.0820, p=0.0374$

续表

特征值		社会性事项上的满意度	个体性事项上的满意度
年龄	16—19岁	49.47（13.64）	51.83（14.09）
	20—29岁	49.25（13.68）	52.95（14.55）
	30—39岁	48.72（13.03）	52.91（15.11）
	40—49岁	49.90（13.69）	52.93（14.47）
	50—59岁	50.70（13.78）	53.09（14.03）
	60—69岁	51.00（12.77）	49.27（15.98）
	70岁及以上	49.03（13.72）	43.31（17.42）
差异显著性		$F=3.55$, $p=0.0017$	$F=22.47$, $p=0.0000$
政治面貌	共产党员	49.33（13.71）	51.01（16.96）
	共青团员	51.33（14.69）	55.63（14.04）
	民主党派	50.22（11.14）	55.97（16.69）
	群众	49.35（13.21）	51.77（14.72）
差异显著性		$F=6.25$, $p=0.0003$	$F=20.93$, $p=0.0000$
婚姻状况	未婚	49.20（0.36）	52.42（0.35）
	已婚	49.74（0.18）	52.18（0.20）
差异显著性		$T=-1.4403$, $p=0.1498$	$T=0.5717$, $p=0.5675$
管理层级	领导	48.31（14.00）	55.49（20.75）
	中层管理者	48.50（13.39）	52.64（17.24）
	普通职工	49.51（13.50）	53.14（14.79）
差异显著性		$F=1.13$, $p=0.3248$	$F=0.62$, $p=0.5399$
受教育程度	小学及以下	48.22（12.75）	47.50（16.24）
	初中	50.19（12.89）	51.57（15.14）
	高中/中专/技校	51.27（14.08）	54.23（13.72）
	大学专科	49.01（13.84）	55.43（12.81）
	大学本科	48.07（14.46）	55.24（13.51）
	研究生	49.65（14.95）	61.45（14.06）
差异显著性		$F=11.24$, $p=0.0000$	$F=60.04$, $p=0.0000$
单位所有制性质	国有	51.67（14.58）	59.15（13.07）
	集体所有	52.38（13.35）	57.09（12.66）
	私有/民营	48.47（13.01）	51.09（15.34）
	港澳台资	45.97（10.28）	39.00（16.41）
	外资所有	48.03（13.68）	48.18（18.03）
	中外合资	46.82（14.19）	55.36（14.02）
差异显著性		$F=9.03$, $p=0.0000$	$F=41.12$, $p=0.0000$
户籍	农业户口	49.81（0.30）	53.70（0.29）
	非农业户口	49.56（0.19）	51.65（0.22）
差异显著性		$T=0.7234$, $p=0.4695$	$T=5.2748$, $p=0.0000$

续表

特征值		社会性事项上的满意度	个体性事项上的满意度
户口所在地	本市县户口	50.02（0.17）	52.36（0.19）
	外市县户口	46.87（0.45）	51.38（0.48）
差异显著性		$T=6.5704$，$p=0.0000$	$T=1.8455$，$p=0.0650$
区域	东部	48.56（12.81）	49.42（15.76）
	中部	50.77（12.97）	55.92（12.89）
	西部	50.76（14.74）	54.82（13.78）
	东北	50.40（15.04）	54.05（13.63）
差异显著性		$F=15.05$，$p=0.0000$	$F=93.14$，$p=0.0000$

注：填入的数字为均值，括号内为标准差。

（2）现状评估与未来预期

"社会态度与社会发展（2013）"调查结果显示，当下人们对国家经济发展水平满意度较高，对未来三年经济发展持有较高的预期。但与此同时，一些社会问题也比较突出，其中，人们对社会公平公正状况、物价水平、食品安全状况和环境质量的满意度相对较低（见表7-16）。这充分说明，在经济高速增长的物质基础上，人们开始更为关注"以人为本"的社会发展。而无论是对社会公平公正的维护，还是对物价水平、食品安全状况以及环境质量问题的关注，都是人们的行为和态度从片面地追求经济增长转向全面地推进社会发展的结果。任何一个社会的发展都不是一种单纯的经济行为，任何一个社会的发展若不能产生协调与整合机制，就会产生严重的社会分化和分裂。[①] 正是在这个意义上，经济增长的物质基础需要与"以人为本"的社会发展充分融合，以不断推进经济社会的和谐进步。

表7-16 对相关事项的满意度与未来预期

单位：%

对现状的满意度				对未来发展的预期		
满意	一般	不满意		变好	没变化	变差
53.6	34.0	12.4	经济增长速度	59.1	34.4	6.5
24.9	45.6	29.5	社会公平公正状况	37.3	52.4	10.3
14.9	38.5	61.5	物价水平	31.8	34.3	34.0
20.7	27.2	52.0	食品安全状况	42.9	38.6	18.5
25.7	31.3	43.0	环境质量	42.9	32.8	24.3

---

① 李汉林（主编）：《中国社会发展年度报告（2012）》，北京：中国社会科学出版社，2012年。

（3）基本民生服务满意度与基本公共服务覆盖率

党的十八大报告提出："加强社会建设，必须以保障和改善民生为重点。要多谋民生之利，多解民生之忧，解决好人民最关心最直接最现实的利益问题，在学有所教、劳有所得、病有所医、老有所养、住有所居上持续取得新进展，努力让人民过上更好生活。"[①] 2013年的调查结果显示，人们对基本民生服务的满意度较低，其中对教育水平满意的比例为44%；对医疗服务满意的比例为41%；对就业机会满意的比例为39%；对收入增长满意的比例为27%；对公共租赁服务满意的比例为31%。在基本公共服务提供上，虽然大部分城市具有基本公共服务项目或机构，但还不能做到全面覆盖。14%的民众认为所在城市没有接收农民工子女的中小学；20%的民众认为没有公益性养老服务机构；11%的民众认为没有社区公共卫生服务机构；28%的民众认为没有免费就业信息和就业指导服务；24%的民众认为没有公共租赁住房。

更进一步的分析结果表明，人们对社会保障水平的满意度较低（39.0%的受访者满意），基本社会保险还不完善，如36.3%的受访者没有基本养老保险；20.5%的受访者没有基本医疗保险。所有在单位组织工作（固定工作）的受访者中，42%没有失业保险；60%没有住房公积金。虽然从理论上而言，社会保障体系能够以"安全网"的方式防止不平等固化，但基于现实中的制度性和结构性原因，我国的社会保障体系在公平性上还有所欠缺，甚至会产生扩大收入差距的负向作用。[②] 从我们的调查结果来看，基本社会保险覆盖存在明显的单位分割效应，即基本社会保险在单位所有制上存在显著差异。其中，在基本养老保险、基本医疗保险和住房公积金供给方面，私有或民营企业给员工提供基本社会保险的比例显著低于其他所有制类型单位（见表7-17）。这一结果表明，我们国家私营企业社会保险制度的发展还比较滞后，不仅存在基本社会保险漏缴、骗缴行为，而且私营企业员工本身也缺乏相应的权利意识，从而需要通过制度建设和社会宣传等方式促进私营企业社会保险制度不断完善，以真正保护劳动者的合法权益。

---

① 胡锦涛：《坚定不移沿着中国特色社会主义道路前进 为全面建成小康社会而奋斗——在中国共产党第十八次全国代表大会上的报告》，《中国共产党第十八次全国代表大会文件汇编》，北京：人民出版社，2013年，第31页。

② 朱玲：《中国社会保障体系的公平性与可持续性研究》，《中国人口科学》2010年第5期，第2—12页。

表7-17 基本社会保险享有与单位所有制的列联表

单位：人

基本养老保险	国有单位	集体所有	私有/民营	外资（合资）
有	507	226	1271	237
没有	39	43	353	12
统计检验	Pearson chi2（3）= 91.1248, $p = 0.000$			
基本医疗保险	国有单位	集体所有	私有/民营	外资（合资）
有	525	245	1401	243
没有	21	24	228	6
统计检验	Pearson chi2（3）= 65.6864, $p = 0.000$			
住房公积金	国有单位	集体所有	私有/民营	外资（合资）
有	402	88	306	173
没有	133	176	1284	70
统计检验	Pearson chi2（3）= 673.6522, $p = 0.000$			

（4）收入差距与收入水平满意度

收入分配结构体现一个社会的公平性质。自改革以来，我国经济快速发展，人民的物质生活水平持续提升，但收入差距持续拉大成为一个不容忽视的问题。从国家统计局公布的数据来看，2003年以来，我国的基尼系数一直维持在0.47以上（见图7-19）。收入分配制度改革已成为实现社会公平正义的必要路径之一，逐步提高居民收入在国民收入中的比

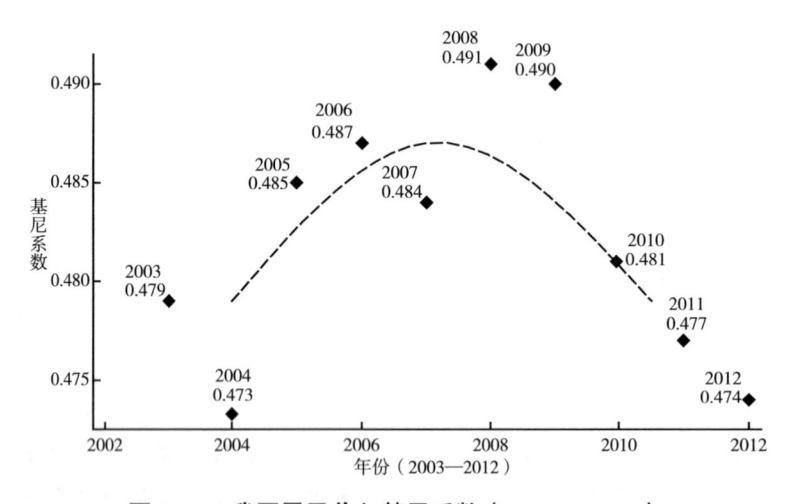

图7-19 我国居民收入基尼系数（2003—2012）

资料来源：《统计局公布10年居民收入基尼系数》，新浪网，2013年11月1日，http://finance.china.com.cn/news/special/jjsj12/20130118/1245164.shtml。

重和提高劳动报酬在初次分配中的比重成为收入分配制度改革的现实目标。只有在"先富"的基础上，防止两极分化，才能逐步实现共同富裕，维持社会和谐稳定。

从调查数据来看，人们对收入增长水平和家庭经济状况的满意度都较低。其中对个人收入水平满意的比例仅为22.8%；对家庭经济状况满意的比例也只有26.3%。如果从收入差距的角度来看，通过对最高收入组与最低收入组的收入分布进行比较，可以发现，收入差距扩大的趋势仍然明显（见表7-18）。就个人月收入而言，最低10%收入组占有的收入份额为3.5%，而最高10%收入组占有的收入份额为23.6%，二者之比（最高10%：最低10%）为6.74；就家庭月收入而言，最低10%收入组占有的收入份额为3.3%，最高10%收入组占有的收入份额为25.4%，二者之比（最高10%：最低10%）为7.7。如果考虑到在调查过程中高收入人群入样及填答收入水平存在的偏误，那么实际收入差距应该高于上述比例。[1]

表7-18 受访者收入不平等的特征

	均值	中位数	占总收入份额
个人月收入（元）			
总体	3015.8	2600.0	—
最低10%收入组	1050.2	1050.0	3.5%
最高10%收入组	7082.5	6000.0	23.6%
家庭月收入（元）			
总体	6560.0	5800.0	—
最低10%收入组	1543.5	2000.0	3.3%
最高10%收入组	16541.0	12000.0	25.4%

人们的收入水平除了两极差距明显，还具有显著的地域差别。根据受访者所在的地区，我们将民众划分为东部、中部、西部和东北四个区域，统计结果显示，无论是个人月收入还是家庭月收入，东部地区的民众都显著的高于

---

[1] 有研究者在研究中国收入差距时，对样本的结构性偏差进行修正后发现，高收入人群样本偏差导致了城镇内部收入差距的严重低估，也导致了城乡之间收入差距和地区之间收入差距较大程度的低估。参见李实、罗楚亮《中国收入差距究竟有多大？——对修正样本结构偏差的尝试》，《经济研究》2011年第4期，第68—79页。

其他地区；而中部地区、西部地区和东北地区之间没有显著的差异性（见表7-19）。①

表7-19 地区间个人月收入水平的多重比较

单位：元

个人月收入	东部 3431	中部 2619	西部 2709	东北 2546	家庭月收入	东部 7695	中部 5739	西部 5777	东北 4688
中部	-812（0.000）	—			中部	-1956（0.000）	—		
西部	-722（0.000）	90（0.842）	—		西部	-1918（0.000）	38（1.000）	—	
东北	-885（0.000）	-73（0.941）	-163（0.613）	—	东北	-3007（0.000）	-1051（0.064）	-1088（0.077）	—

（5）经济（收入）增长与满意度

关于经济（收入）增长与满意度（幸福感）之间的关系长期为学界所研究，结论不尽一致，形成了所谓的"满意度（幸福感）悖论"，即有的研究结果发现，随着人们收入水平的不断提高，满意度呈不断提高的态势，但相反的观点则认为，经济（收入）与满意度之间没有必然的关系，甚至在一定程度上，当经济增长到一定水平，会出现满意度下降的趋势。就中国目前的社会事实而言，亦呈现这种满意度的"双重印象"，一方面，随着中国经济的快速发展，居民的收入水平和生活水平显著提高（见图7-20和图7-21）；② 另一方面，由于经济社会发展的不平衡，各种矛盾和问题，如社会公平正义问题、环境恶化问题、贫富差距问题、食品药品安全问题等凸显，在一定程度上影响了人们的满意度水平。③

---

① 有研究者在对收入差距扩大的状况和原因进行分析后，发现收入不平等的地区差异具有显著性，对收入不平等（基尼系数）的贡献率为8.4%。参见陈光金《收入差距扩大的原因》，载李培林等《当代中国民生》，北京：社会科学文献出版社，2010年，第132、134页。有研究对中国家庭资产状况进行实证分析后发现，2011年，我国城市家庭总资产均值为247.6万元，中位数为40.5万元，家庭资产分布严重不均衡，仅14.3%的城市家庭资产超过均值，中部、西部地区家庭户均资产分别仅为东部地区家庭资产的14.2%和12.1%。参见甘犁、尹志超、贾男、徐舒、马双《中国家庭资产状况及住房需求分析》，《金融研究》2013年第4期，第1—14页。

② 《从十六大到十八大经济社会发展成就系列报告之一》，共产党员网，2012年8月15日，https://www.12371.cn/2012/08/15/ARTI1345022076859850.shtml。

③ 刘军强、熊谋林、苏阳：《经济增长时期的国民幸福感——基于CGSS数据的追踪研究》，《中国社会科学》2012年第12期，第82—102页。

图7-20 人均国内生产总值及其增长速度(2003—2011)

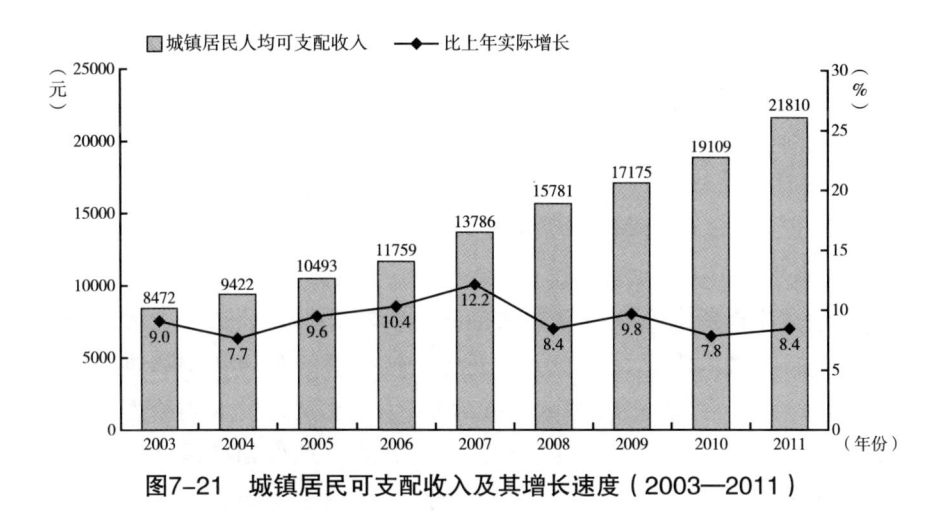

图7-21 城镇居民可支配收入及其增长速度(2003—2011)

从我们的调查数据来看,经济收入与人们的满意度呈现二元分殊的态势,即在个体性事项满意度层面,随着收入水平的提高,人们的满意度逐渐提升;但在社会性事项满意度层面,随着人们的收入水平提高,满意度呈现"先降低,后升高,再降低"的总体下降趋势(见图7-22)。对于此种结果,有研究者指出,一般意义上,对物质财富的追求与对幸福感的追求是一致的,但富有者是否一定比贫穷者幸福、所有社会成员经济收入的增加是否意味着所有成员幸福感的增强——对于此种具有道德或哲学意义上的问题,实质上是要求回答物质财富是否等同于满意度(或幸福感),

而对上述疑问回答的缺失，主要是因为缺少关于幸福感的测量数据。① 在随后的研究中，伊斯特林等对中国1990—2010年的幸福感进行了研究，发现随着中国失业率的上升，以及社会安全网的缺失和收入不公平的加剧，中国民众的满意度水平并未随着经济的增长而提升。从不同的社会阶层来看，最低收入层和受教育程度最低层的民众生活满意度有逐年降低的态势，而与之相比，那些社会经济地位上层的人的满意度却在稳中趋升。②

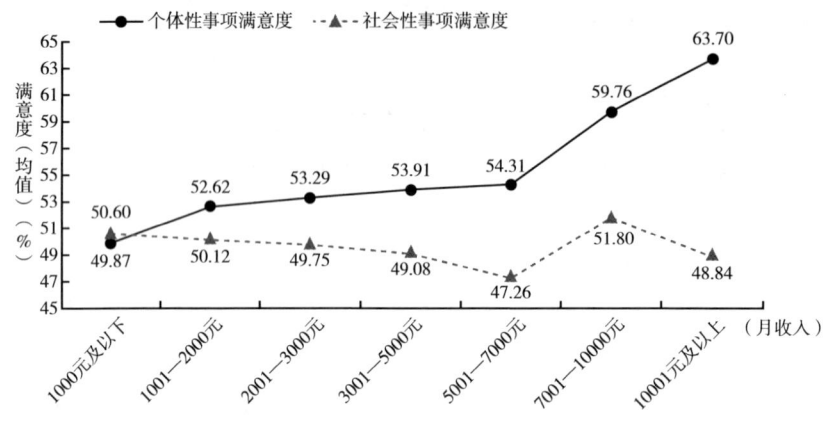

图7-22 经济收入与满意度之间的关系

另外一种解释则强调，随着社会的不断发展和人们物质生活水平的提升，人们的价值观念逐渐发生了变化。这种价值观与强调物质满足不同，而是趋向于后物质导向（post-material），也就是说人类的需求存在一个层级，较高层级的需求只有在较低层级的需求得到满足之后才会出现。③ 英格里哈特等认为"物质主义"者看重的是经济和物质安全维度的东西，而"后物质主义"者的目标则上升到诸如环境保护、公民权和平等自由等。根据其所主持的"世界价值观调查"的数据发现，国民生产总值（GNP）水平越高的国家，个体持有后物质主义价值观的成分越高；经济

---

① Richard A. Easterlin, "Dose money by happiness?" *The Public Interest*, No.30(1973), p.3.

② Richard A. Easterlin, Robson Morgan, Malgorzata Switek, and Fei Wang, "China's life satisfaction, 1990-2010," *Proceedings of the National Academy of Sciences*, Vol.109, No.25(2012), pp.9775–9780.

③ Inglehart, R., & Abramson, P. R., "Measuring postmaterialism," *American Political Science Review*, Vol.93, Issue 3(1999), pp.665–677.

发展越快的国家，其年轻世代比年长世代更稳定地向后物质导向的价值观靠拢。①

进一步的分析结果也表明，那些收入水平较高，但对社会性事项满意度较低的群体，主要是对环境质量、食品安全状况和社会公平公正状况不满，也就是说收入水平越高的群体，对"非物质性"的社会性事项的满意度越低（见图 7–23）。这些结果表明，随着国家经济的不断增长以及个体物质水平的不断提升，人们开始转向更高层级的需求，而这种现象在较高收入者群体中尤为明显。从而，当经济发展到一定阶段之后，首先应该注重更加公平地分配收入，以提升全体民众在个体性事项上的满意度；同时，也应该更加注重与人们休戚相关的事项的完善和发展，以满足人们进一步增长的需求，在社会总体层面提升民众的满意度。

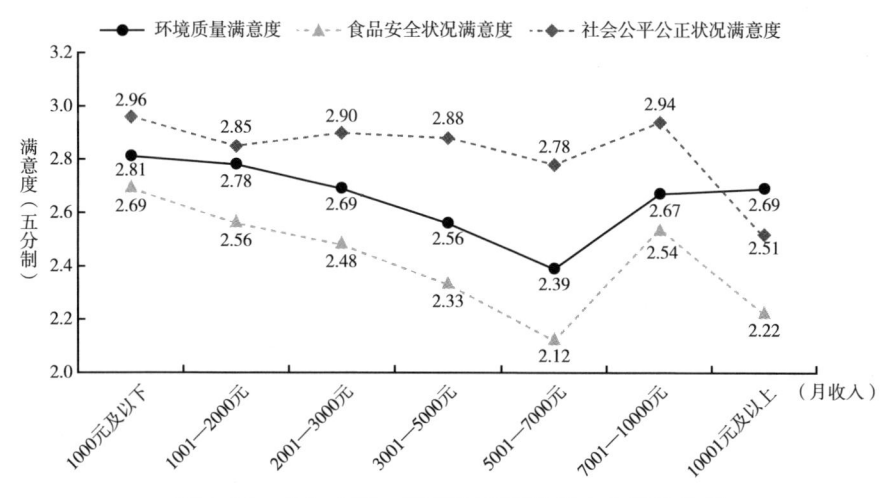

图7–23 收入水平、相关事项的满意度之间的关系

（6）社会态度与满意度

人们对工作、生活和社会所持有的态度势必影响其对当下社会的满意度。数据分析显示，持有积极价值观、生活观的受访者满意度更高，例如，"社会上的是非标准变得很模糊"和"现在很难找到真正可信赖的朋

---

① Abramson, P.R., & Inglehart, R., "Education, security, and postmaterialism: A comment on dutch and taylor's, postmaterialism and the economic condition," *American Political Science Review*, Vol.88, Issue 2(1994), pp.336–354.

友"两个题器上持"完全不赞同"的受访者对社会总体的满意度较高,而"生活中遇到困难,我总能及时得到帮助"题器上持"完全赞同"的受访者对社会更满意;对工作有积极体验和正向感知的受访者也有更高的满意度,如"我的工资和报酬与我的付出和能力相适应"、"我的工作让我有成就感"和"我的工作有良好的发展前景"三个题器上持"完全赞同"的受访者,满意度得分最高;此外,保持积极、乐观、健康心态的受访者,满意度也会更高(见表7-20)。

表7-20 社会态度与满意度的方差分析

	均值	标准差	样本量	差异显著性
"社会上的是非标准变得很模糊"				
完全赞同	48.64	14.63	660	
比较赞同	50.33	11.96	3207	
说不清	50.80	11.18	2061	F=37.88 p=0.0000
比较不赞同	52.97	11.73	771	
完全不赞同	60.10	15.00	170	
"生活中遇到困难,我总能及时得到帮助"				
完全赞同	60.17	13.90	437	
比较赞同	55.06	11.11	2288	
说不清	50.88	10.73	1869	F=324.00 p=0.0000
比较不赞同	45.24	10.84	1857	
完全不赞同	42.95	11.99	405	
"现在很难找到真正可信赖的朋友"				
完全赞同	50.60	13.84	771	
比较赞同	48.51	12.11	2629	
说不清	52.45	10.84	1562	F=52.02 p=0.0000
比较不赞同	52.22	11.52	1580	
完全不赞同	55.84	13.95	349	
"我时常觉得很累"				
完全赞同	47.90	14.19	873	
比较赞同	49.78	11.75	3067	
说不清	50.90	11.31	1473	F=58.53 p=0.0000
比较不赞同	53.90	11.17	1274	
完全不赞同	57.04	14.18	280	

续表

	均值	标准差	样本量	差异显著性
"我时常心情不好"				
完全赞同	48.16	14.66	593	
比较赞同	47.98	12.11	2539	$F=90.13$
说不清	51.98	10.34	1562	$p=0.0000$
比较不赞同	53.50	11.57	1760	
完全不赞同	55.92	12.53	438	
"我觉得前途渺茫，对未来没什么信心"				
完全赞同	45.82	14.60	637	
比较赞同	47.00	12.20	1773	$F=139.39$
说不清	51.81	10.88	1692	$p=0.0000$
比较不赞同	52.93	10.73	1885	
完全不赞同	56.42	12.26	801	
"我的工资和报酬与我的付出和能力相适应"				
完全赞同	52.52	16.47	417	
比较赞同	53.24	12.74	2307	$F=37.58$
说不清	52.16	10.31	1826	$p=0.0000$
比较不赞同	49.20	10.88	1275	
完全不赞同	47.46	11.93	410	
"我的工作让我有成就感"				
完全赞同	57.49	15.46	487	
比较赞同	52.90	12.67	2082	$F=71.15$
说不清	51.69	10.40	1980	$p=0.0000$
比较不赞同	48.87	10.81	1260	
完全不赞同	46.54	12.11	396	
"我的工作有良好的发展前景"				
完全赞同	55.23	16.07	441	
比较赞同	53.53	13.03	1943	$F=55.43$
说不清	51.58	10.15	2054	$p=0.0000$
比较不赞同	49.19	11.09	1148	
完全不赞同	46.87	11.65	528	

（7）社区参与与满意度

在对民众的社区参与程度与满意度水平进行分析之后，结果显示，经常参与社区活动（参加社区活动、和邻居谈论社区事务、参加业主委员会选举投票）的民众满意度更高（见图7-24）。控制社区类型之后，这种相关性仍然存在，意味着良好的社区参与能够提升人们的满意度（见图7-25）。

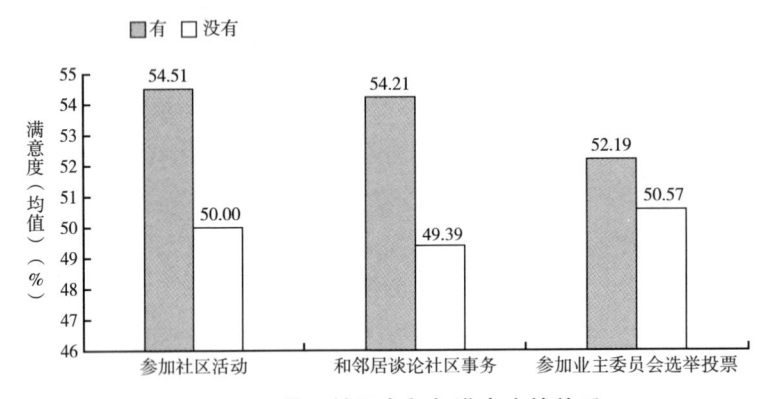

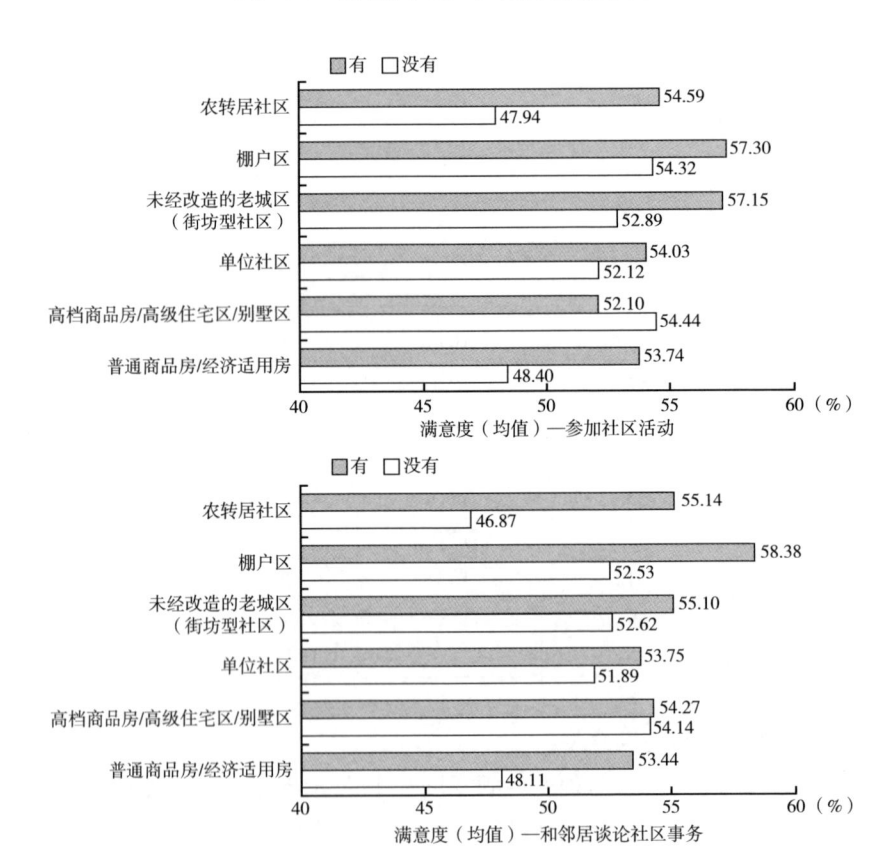

图7-24 是否社区参与与满意度的关系

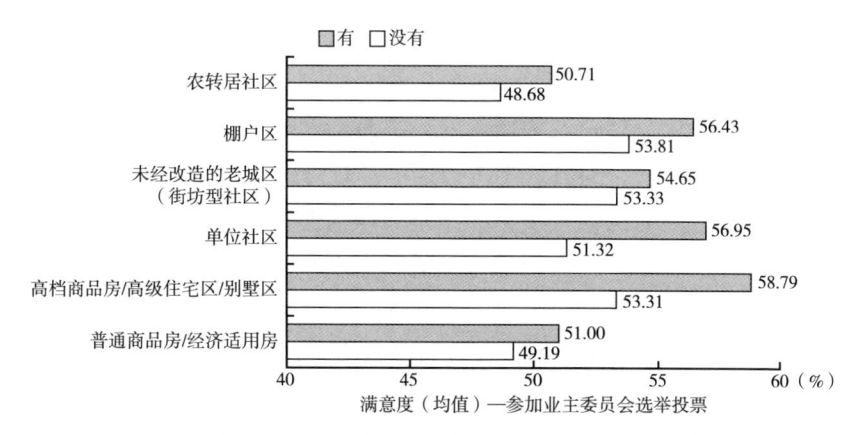

```
■ 有   □ 没有
农转居社区      50.71 / 48.68
棚户区          56.43 / 53.81
未经改造的老城区
（街坊型社区）  54.65 / 53.33
单位社区        56.95 / 51.32
高档商品房/高级住宅区/别墅区  58.79 / 53.31
普通商品房/经济适用房  51.00 / 49.19
满意度（均值）—参加业主委员会选举投票
```

图7-25　社区参与与满意度之间的关系

在传统社会，城市民众一般生活在"单位社区"或"街坊型社区"，人们相互之间熟识，人际关系和谐。随着社会的剧烈变迁，人口流动加快，城市居民之间的"熟人社会"被打破，甚至是"同在屋檐下，老死不往来"。《零点宜居指数》调查数据表明，有高达55.5%的市民不知道邻居户主的工作单位，42.0%的市民不知道邻居户主的名字，33.3%的市民不知道邻居家庭有几口人，10.0%的市民根本就不认识自己的邻居。在这种人际交往缺乏的社区里，居民对社区的认同感也会降低，从而导致社区内联系的减弱，居民缺乏安全感与归属感。①

在当下，城市社区建设的意义非常重要，一方面，应该充分发挥行政主导的力量，通过居委会为社区参与提供制度空间和平台，通过形式多样的社区活动带动居民参与其中，从而改善人际关系，增强对社区的归属感和满意度。如某些城市社区举办"邻里饺子宴""社区流水席"等增进了邻里之间的和睦与相互关怀。另一方面，在公民意识缺失的中国社会，更应注重公民文化的培育，在尊重传统文化的基础上，实现费孝通先生所谓的"美美与共、天下大同"。还应该看到，随着信息化的不断发展，中国的网民数量已经远超其他国家，网络参与甚至成为不少社会个体社会参与的主要方式，在这个意义上，应该充分发挥网络参与的积极力量，通过社区论坛、网上社区等方式促进社区居民将网络参与与真实的社区参与行为相融合。

---

① 张继涛、潘晨晨：《城市社区人际关系何以疏离》，《中国教育报（理论版）》2009年3月28日。

3. 社会信任的状况与分析

在2013年的调查中，我们仍然沿用2012年对社会信任的测量思路，将社会信任操作化为对政府的信任度，进而设计了专门的题器测量民众对政府的信任程度，包含对各级地方政府的信任度、对政府职能部门的信任度和对政府执政能力的信任度。各级地方政府包括中央政府、省/市政府和县/区政府；政府职能部门包含城管部门、信访部门、社会保障部门、工商或税务部门、法院和公安局/派出所；对政府执政能力的信任度则从"政府服务是否贴近民众需要"、"政府服务是否让民众得到了实惠"、"政府愿意听取老百姓意见"、"政府处理事情是否公道"、"政府能否较好地处理各种突发事件"、"政府提供的服务很方便"和"现在政策主要还是为老百姓考虑的"等方面进行观察。接下来，我们对被具体操作化为政府信任度的社会信任的状况展开分析。

首先，我们了解和把握民众社会信任的总体状况和差异分布；其次，在此基础上进一步打开其内部结构与成因，深入分析"央强地弱"的信任结构，并将社会信任同社会参与、公共服务、社会态度等多方面的因素勾连起来，探索它们对社会信任的影响。

（1）社会信任的总体状况与差异分布

在将社会信任操作化为对政府执政能力、重要职能部门和各级地方政府的信任状况的理论框架之下，我们认为上述社会信任的三个维度是人们对政府执政能力的主观感受，是对政府所做的相应制度安排的评价，进而形成民众对社会的总体信任状况。民众对政府的信任度主要涉及的是政府执政的"合法性"（legitimacy）和政策执行的"有效性"（effectiveness）问题。就合法性而言，对政府的信任度反映了一个国家（或地区）的政府及其行为在多大程度上得到了一般民众的认可；对于政策执行的有效性而言，民众对政府的信任度过低则意味着政治体系或政府行为丧失了民众基础，从而使得政策的制定和执行过程会遇到更多的阻力和反对，需要付出更高的社会成本。[①]

改革开放以来，以绩效为合法性基础的中国政府在不断的发展进程中面临着越来越沉重的绩效负担。在这种情况下，中国的各级政府面临一

[①] 李汉林、魏钦恭：《社会景气与社会信心研究》，北京：中国社会科学出版社，2013年，第128页；马得勇：《政治信任及其起源——对亚洲8个国家和地区的比较研究》，《经济社会体制比较》2007年第5期，第79—86页。

个两难困境：一方面，为了维持政治稳定，需要不断提高执政绩效（主要表现在维持经济的持续高速发展）；另一方面，由于经济发展带来的利益重组具有很大的不规范、不公正和偶然性，从而使得既得利益者没有安全感，而失意者有很强的期望与实际获得的不一致感和不公正感。① 在此种情境之下，对政府信任度的问题进行研究，对于提高政府的执政能力、稳固执政的民众基础具有重要意义。

2013年的调查结果显示，人们对政府执政能力的信任度为60.62（均值，下同），对政府职能部门的信任度为58.24，对各级地方政府的信任度为70.36（赋值0—100，分值越大，信任度越高）（见表7-21）。该结果说明，这一时期，人们普遍对于政府有着较高的信任程度。

表7-21　社会信任三个维度的描述性分析

	均值	标准差	偏度	峰度
对各级地方政府的信任度	70.36	19.52	−0.40	3.21
对政府职能部门的信任度	58.24	15.50	−0.06	4.06
对政府执政能力的信任度	60.62	16.83	−0.37	3.30

爱德曼信任度调查报告的数据结果也显示，2011年度，在所调查的全球25个国家（地区）中，中国和阿联酋的民众对政府的信任度最高（88）（见图7-26）；2012年度的调查结果显示民众对中国政府的信任度虽有所降低（75），但仍然是世界国家（地区）中政府信任度最高的国家（地区）之一（仅次于阿联酋，78）。以上数据结果充分说明，中国政府在民众心目中拥有较高的合法性，这为稳固政府执政、缓和改革阻力奠定了良好的基础。

2013年以来，面对中国经济呈现逐季下行的态势，中央没有再出台大规模的刺激计划，而是强调"稳增长、调结构、促改革"，② 通过结构调整来推动经济发展，让改革红利惠及广大人民群众，通过寻找经济增长与社会发展之间的"平衡点"来化解政府沉重的绩效负担与民众不断上升的利

---

① 赵鼎新:《社会与政治运动讲义》，北京：社会科学文献出版社，2006年，第297—298页。
②《稳中向好新开局——2013年中国经济回望之一》，中央政府门户网站，2014年1月22日，https://www.gov.cn/zhengce/2014-01/22/ content_2603833.htm。

益诉求之间的矛盾。可以预期，随着我国改革的不断推进，经济社会结构的不断优化，改革红利的不断释放，民众对政府的信任度会继续上升。

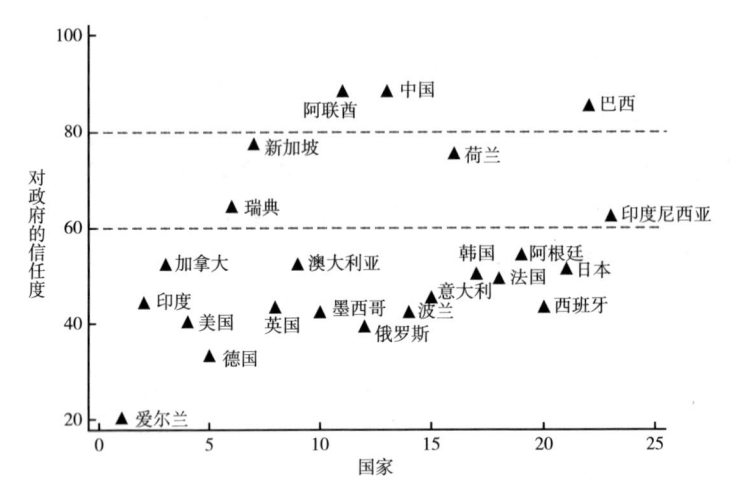

图7-26　2011年不同国家（地区）的民众对政府的信任度

资料来源：http://zh.scribd.com/doc/79026497/2012-Edelman-Trust-Barometer-Executive-Summary。

具体分析不同群体的社会信任是否存在显著差异，结果如表7-22所示。首先，对政府总体的信任度不存在显著的性别差异和婚姻状况差异，但存在显著的年龄差异，20—29岁受访者对政府总体的信任度最低（均值为59.38），在此基础上随着年龄的增长，受访者对政府总体的信任度提升，60—69岁受访者的信任度达到最高值（均值为62.18），但70岁及以上受访者对政府总体的信任度又降至最低（均值亦为59.38）；从受教育程度来看，持有高中或中专或技校学历的受访者对政府总体的信任度最高，均值为62.37；从地区来看，东北地区受访者对政府总体的信任度最高，均值为65.79，其后依次是中部地区、西部地区和东部地区；从单位所有制性质来看，国有企业员工的信任度最高（均值为64.53），港澳台资企业员工最低（均值为51.33）；在单位中，普通职工对政府总体的信任度（均值为60.18）高于其他职位的员工。其次，对政府职能部门的信任度存在显著的性别和年龄差异，女性信任度高于男性；从年龄来看，70岁及以上的被访者对政府职能部门的信任度最低（均值为56.85）；从受教育程度来看,受访者的受教育程度越高,其对政府职能部门的信任度也越高;从单位所有制性质来看,集体所有制单位员工(均值为61.18)和中外合资企业员工(均值为60.17)对政府职能部门的信任度更高,而港澳台资企业员工对政府职能部门的信任度最低(均值为49.25)。最后,对各级地方政府的信任度也会随着受访者年龄或受教育程度的增加呈现出波动上升的势态;从户籍和户口所在地来看,持农业户口(均值为72.37)和持本市县户口(均值为70.86)的受访者对各级地方政府更信任;从单位所有制性质来看,国有单位员工(均值为73.11)和集体所有制单位员工(均值为75.37)对政府职能部门的信任度更高,而港澳台资企业员工对政府职能部门的信任度最低(均值为57.17)。

表7-22 对政府执行能力和职能部门信任度在各项社会自然特征上的均值分布

特征值		对政府执行能力的信任度	对政府职能部门的信任度	对各级地方政府的信任度
性别	男性	60.23(0.30)	57.61(0.29)	70.17(0.35)
	女性	60.94(0.27)	58.77(0.24)	70.52(0.31)
差异显著性		$T=-1.7746$, $p=0.0760$	$T=-3.1388$, $p=0.0017$	$T=-0.7659$, $p=0.4437$
年龄	16—19岁	60.55(16.31)	58.91(14.81)	69.60(19.16)
	20—29岁	59.38(17.39)	58.76(16.10)	69.86(20.62)
	30—39岁	59.69(16.65)	57.12(14.87)	68.95(19.58)
	40—49岁	61.62(16.30)	58.50(15.53)	71.36(18.85)
	50—59岁	61.98(17.07)	58.85(15.38)	72.38(18.95)
	60—69岁	62.18(16.77)	58.38(15.92)	71.26(18.52)
	70岁及以上	59.38(17.06)	56.85(15.09)	67.59(20.22)
差异显著性		$F=5.41$, $p=0.0000$	$F=2.48$, $p=0.0212$	$F=5.10$, $p=0.0000$
政治面貌	共产党员	60.74(16.79)	58.17(16.07)	70.34(20.52)
	共青团员	62.02(16.77)	61.43(16.55)	72.69(19.31)
	民主党派	60.99(18.21)	56.39(17.88)	69.14(17.72)
	群众	60.33(16.84)	57.68(15.15)	69.94(19.44)
差异显著性		$F=2.89$, $p=0.0343$	$F=16.70$, $p=0.0000$	$F=5.61$, $p=0.0008$
婚姻状况	未婚	60.02(0.43)	59.17(0.40)	70.43(0.51)
	已婚	60.80(0.23)	57.96(0.21)	70.34(0.26)

续表

特征值		对政府执行能力的信任度	对政府职能部门的信任度	对各级地方政府的信任度
差异显著性		$T=-1.6408$, $p=0.1009$	$T=2.7828$, $p=0.0054$	$T=0.1575$, $p=0.8749$
管理层级	领导	53.27（18.70）	52.42（12.48）	63.89（21.67）
	中层管理者	58.93（15.78）	56.85（15.70）	67.91（19.11）
	普通职工	60.18（16.29）	58.16（15.34）	69.71（19.62）
差异显著性		$F=3.96$, $p=0.0193$	$F=3.51$, $p=0.0301$	$F=2.88$, $p=0.0561$
受教育程度	小学及以下	58.53（16.72）	56.26（15.45）	67.46（19.42）
	初中	61.54（16.49）	57.95（14.87）	71.50（18.70）
	高中/中专/技校	62.37（16.46）	59.35（15.35）	71.15（19.72）
	大学专科	59.23（17.49）	59.01（15.86）	69.88（20.44）
	大学本科	60.31（17.43）	59.74（16.94）	71.99（19.98）
	研究生及其以上	62.04（15.92）	62.14（13.89）	73.61（19.26）
差异显著性		$F=11.16$, $p=0.0000$	$F=9.57$, $p=0.0000$	$F=10.44$, $p=0.0000$
单位所有制性质	国有	64.53（16.69）	59.36（16.32）	73.11（19.80）
	集体所有	63.32（16.48）	61.18（13.78）	75.37（17.64）
	私有/民营	58.57（15.59）	57.20（15.20）	67.69（19.32）
	港澳台资	51.33（13.85）	49.25（14.09）	57.17（16.69）
	外资所有	55.30（18.05）	55.31（13.99）	63.95（17.34）
	中外合资	57.91（16.62）	60.17（15.80）	70.56（22.93）
差异显著性		$F=18.86$, $p=0.0000$	$F=8.69$, $p=0.0000$	$F=17.76$, $p=0.0000$
户籍	农业户口	61.17（0.38）	58.36（0.34）	72.37（0.43）
	非农业户口	60.40（0.23）	58.22（0.22）	69.54（0.27）
差异显著性		$T=1.7564$, $p=0.0791$	$T=0.3450$, $p=0.7301$	$T=5.5570$, $p=0.0000$
户口所在地	本市县户口	61.32（0.21）	58.61（0.20）	70.86（0.25）
	外市县户口	55.82（0.59）	55.60（0.52）	67.01（0.69）
差异显著性		$T=9.2212$, $p=0.0000$	$T=5.4721$, $p=0.0000$	$T=5.5340$, $p=0.0000$

续表

特征值		对政府执行能力的信任度	对政府职能部门的信任度	对各级地方政府的信任度
区域	东部	59.50（15.71）	58.19（15.59）	69.44（20.25）
	中部	61.34（17.20）	57.43（15.63）	71.04（18.82）
	西部	60.28（18.07）	59.35（14.40）	71.21（18.53）
	东北	65.79（18.13）	57.99（16.76）	72.13（18.81）
差异显著性		$F=27.52$, $p=0.0000$	$F=3.78$, $p=0.0101$	$F=5.96$, $p=0.0005$

注：填入的数字为均值，括号内为标准差。

（2）"央强地弱"的信任结构

多数研究结果发现，我国民众对政府的信任度存在"央强地弱"或"政府层次信任差"的结构特征。有民谣如是："中央是恩人，省里是亲人，县里是好人，乡里是恶人，村里是仇人。"[①] 根据"中国社会信用制度研究"课题组的调查结果，城乡居民对政府的信任度存在较为显著的层级差异（见表7-23）。城镇居民对各级政府的信任度呈现典型的"央强地弱"的差序性样态，对中央政府的信任度最高，依次是由上至下各级地方政府，这一结果表明，在普通民众心目中，中国政府并不是一个完整的整体，而是一个多层次的复杂系统。[②]

表7-23 城镇居民对各级地方政府的信任度评价

政府层级	信任度（%）		平均数（标准差）
	低信任	高信任	
中央政府	20.5	79.5	4.09（.96）
省级政府	30.7	69.3	3.81（.93）
地市政府	40.2	59.8	3.61（1.06）
区县政府	47.2	52.8	3.44（1.08）
乡镇政府	50.2	49.8	3.36（1.04）

---

① 张厚安、蒙桂兰：《完善村民委员会的民主选举制度 推进农村政治稳定与发展——湖北省广水市村民委员会换届选举调查》，《社会主义研究》1993年第4期，第38—43页。

② 高学德、翟学伟：《政府信任的城乡比较》，《社会学研究》2013年第2期，第1—27页。

在 2013 年的调查中，我们分别询问受访者对中央，省、市政府和县、区政府的信任度，与上述结果相一致，民众对政府信任的"央强地弱"层级差异明显，我国城镇居民对中央政府的信任度最高，占比 80.32%；其次，66.97% 的受访者对省、市政府表示信任；但仅 50.31% 的受访者信任县、区政府（见图 7-27）。

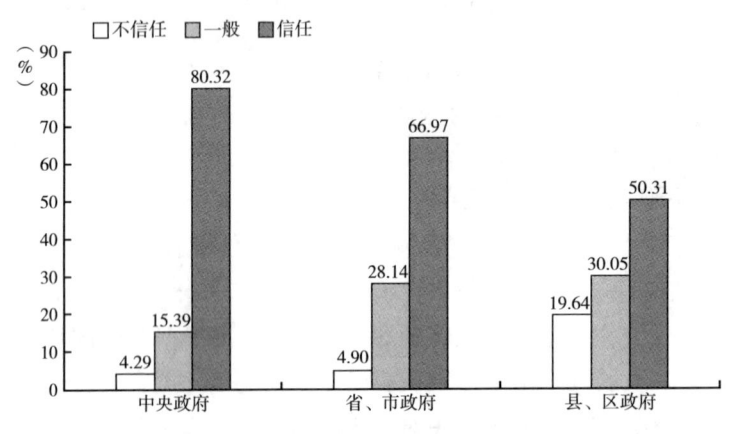

图7-27 对各级地方政府的信任度占比

在中国的传统文化中，一直强调民众力量的重要性，"君者，舟也；庶人者，水也。水则载舟，水则覆舟"，要想执政稳固就得"得民心""取信于民"。上述结果表明，在当下，政府在民众心目中具有较高的信任度和权威性，尤其是中央和省级政府的信任度非常高，但这种层级差异也需要引起我们在以下方面的注意。第一，中央在获取民众政治信任时具有更为明显的优势，相比之下，地方政府的自主性不强、动力不足、能力有限，更容易进入民众视野而显露各种不足。[1] 从而，地方政府尤其是基层政府需要正视民众的利益诉求，通过更好的服务来提升自身的信任度。第二，在"压力型体制"下，有些下级政府可能通过非正规、非制度化的方式来完成上级政府的任务安排，比如乱罚款、乱收费、乱摊派集资等行为，这严重影响了地方政府在民众心目中的形象。[2] 因而，对地方政府的

---

[1] 叶敏、彭妍：《"央强地弱"政治信任结构的解析——关于央地关系一个新的阐释框架》，《甘肃行政学院学报》2010 年第 3 期，第 49—57 页。

[2] 荣敬本等：《从压力型体制向民主合作体制的转变：县乡两级政治体制改革》，北京：中央编译出版社，1998 年，第 211—218 页。

信任度低在很大程度上是对地方官员或者办事人员的不满所致。第三，基层政府尤其是街道（乡镇）一级政府的行为、办事能力与民众最切身的利益、最日常的需求紧密关联，而正是由于这些政府眼中"鸡毛蒜皮"的小事办不好，严重影响了民众对基层政府的信任度，甚至如有学者所言的"中国丧失了办小事的能力，行政化社区与群众间出现了断裂"[①]。

（3）社会参与与社会信任

党的十八大报告指出，"要围绕构建中国特色社会主义管理体系，加快形成党委领导、政府负责、社会协同、公众参与、法治保障的社会管理体系"[②]。社会协同与公众参与在社会管理中的重要性凸显，要增强社会协同和公众参与，除了社会自组织的发育和完善，还需要逐渐培养公民意识、公民精神，倡导公民参与公共事务，进而提升政府的治理能力，改善政府与公民的关系，进一步巩固政府的政治信任基础。[③] 这表明，民众的社会参与情况是构建其对政府、对社会信任的关键因素。

2013年的调查数据分析结果显示，社会参与和民众的社会信任（被操作化为对政府执政能力、对政府职能部门和对各级地方政府的信任程度）间有紧密的关联，被访者社会参与的程度越强，其社会信任水平越高。在分析中，我们分别测量了民众的参与意愿、社会参与行为与社会信任之间的关系。就参与意愿而言，参加公益活动的意愿越强烈，社会信任的水平越高（$F=30.40$, $p=0.000$），在未来三年中，参与社会公益活动的打算越清晰，社会信任越强（$F=11.31$, $p=0.000$）（见图7-28）。就参与行为而言，参加过工会活动（$t=-2.0143$, $p=0.0440$）或青年团活动（$t=-3.8054$, $p=0.0001$）、参加过社区活动（$t=-11.7341$, $p=0.0000$）、参加过社会团体活动（$t=-6.0140$, $p=0.0000$）、参加过业主委员会选举投票（$t=-5.2168$, $p=0.0000$）的民众在社会信任上得分更高（见图7-29）。

---

① 潘维：《中国社会丧失办小事的能力》，《中国乡村发现》2013年2月4日，https://www.zgxcfx.com/Article/53733.html。

② 《胡锦涛在中国共产党第十八次全国代表大会上的报告》，人民网，2012年12月18日，http://cpc.people.com.cn/n/2012/1118/c64094-19612151.html。

③ 宁可振：《社区建设中政府信任与公民参与意识内在关联的实证分析》，《管理观察》2009年第34期，第304—305页。

| 社会景气与总体性社会情绪 | 理论、方法与数据分析

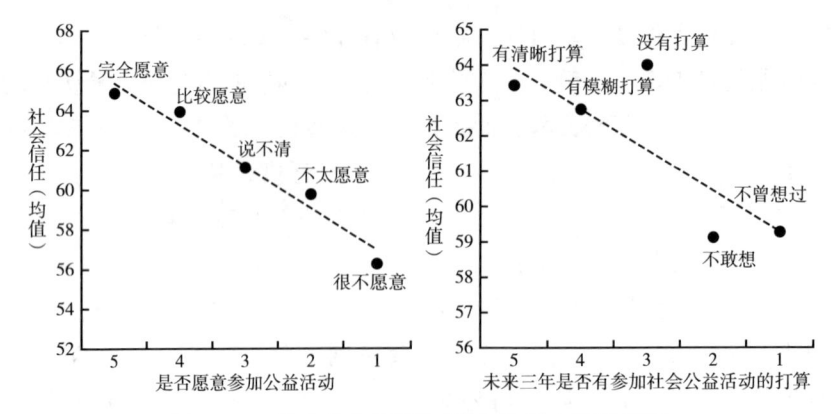

图7-28　民众参与意愿与社会信任之间的关系

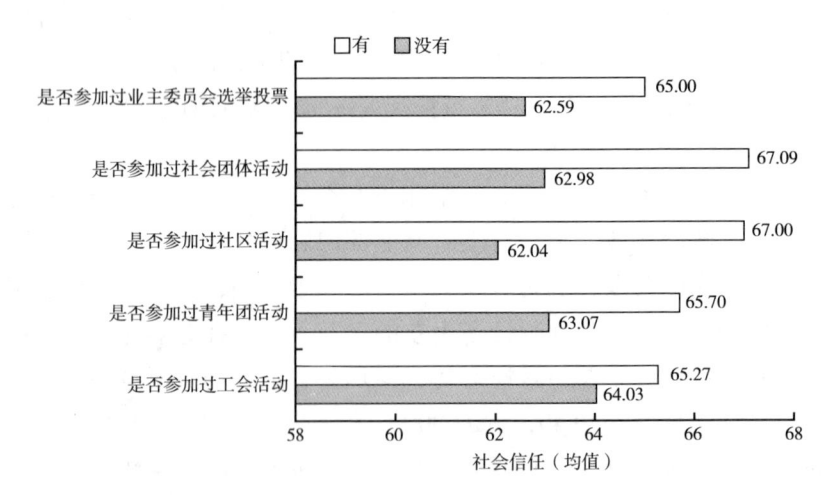

图7-29　社会参与行为与社会信任之间的关系

社会参与影响社会信任表现为积极的社会参与会提升参与者对政府的信任程度，这一结论在不少研究中已经得到证实。这主要是因为社会参与会通过提升参与者之间的人际信任，进而提升对政府的信任。普特南认为公民参与各种组织和俱乐部活动，不仅会改善每个人的信任，而且会改善对政府的信任。[①] 一种由社会自组织建立的社会网络和共同体，公民参与其中的程度越深，便越可能为了共同利益而合作，"当公民很少参与公

---

① 金炳燮、金镇炯、卻继红：《通过参与和透明的方式提升政府信任》，《经济社会体制比较》2008年第4期，第137—144页。

民生活和缺乏社会互惠体验的时候，他们也很难信任制约政治生活的制度"①。这也就意味着对政府的信任是社会信任的一种特殊表现形式，更多的社会参与会提高社会大众之间的信任度，进而可以有效地增进对社会的信任。国内学者的研究发现，诸如关心工作单位的事情、关心居住小区的事情、关心国家的大政方针等事情的程度越强，对政府的信任度越高，公民性的培育和公共事务参与意识的增强是提升民众对政府信任度进而影响其社会信任的重要途径。②

进入21世纪以来，我国社会组织数量快速发展。统计数据显示，2000年以来，社会团体的数量从13.07万个增加到了2011年的25.5万个，年均增加6.3%；民办非企业单位从2.26万家增加到了2011年的20.4万家，年均增加32.8%；基金会数量从2003年的954个增加到了2011年的2614个，年均增加13.8%（见图7-30）。"社会态度与社会发展（2013）"调查结果显示，66%的城镇居民愿意参加公益活动，民众的参与意愿较为强烈。尽管我国社会组织发展迅速，民众参与意愿较高，但公众的实际参与状况仍然较低。在所调查的受访者中，约81%的受访者在过去半年中没有参加过社区举办的活动；约93%的受访者在过去一年中没有参加过社会团体举办的活动；约97%的受访者在过去一年中没有参加过民办非企业单位或基金会举办的活动；约65%的受访者没有参与过上述任何一种组织举办的活动。这表明我们需要进一步培养社会组织，完善社会参与的渠道和保障机制，从而增加公众与社会、与政府的互动，提升其对社会的信任度。

（4）公共服务与社会信任

随着我国经济社会的发展，基本公共服务体系逐步完善，更多的人享受到了经济发展和社会进步带来的成果。《国家基本公共服务体系"十二五"规划》指出，"十二五"时期的主要目标是，覆盖城乡居民的基本公共服务体系逐步完善，推进基本公共服务均等化取得明显进展；到2020年实现全面建设小康社会奋斗目标时，基本公共服务体系比较健全，

---

① Keele, "Social capital and the dynamics of trust in government," *American Journals of Political Science*, Vol.51, Issue 2 (2007), p.241，转引自胡荣、胡康、温莹莹《社会资本、政府绩效与城市居民对政府的信任》，《社会学研究》2011年第1期，第96—117页。

② 胡荣、胡康、温莹莹：《社会资本、政府绩效与城市居民对政府的信任》，《社会学研究》2011年第1期，第96—117页。

城乡区域间基本公共服务差距明显缩小,争取基本实现基本公共服务均等化。① 实现基本公共服务均等化是当今政府的主要社会责任,但基本公共服务均等化是一个复杂的过程,需要经过艰苦的努力,克服许多障碍。② 基本公共服务均等化不是完全数量意义上的均等化和内容上的无差异化,而是对制度性供给不均、财政支持不均和成果享受不均等的改善和克服,主要是逐渐达到机会均等、标准相同和结果相当。③

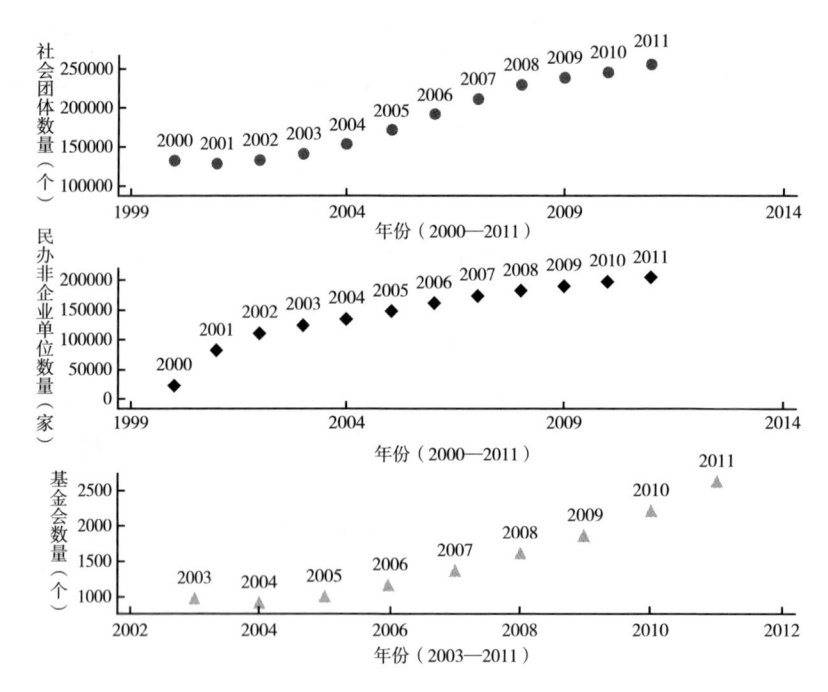

图7-30 社会组织发展状况(2000—2011)

资料来源:中华人民共和国国家统计局编《中国统计年鉴2012》,北京:中国统计出版社,2012年,第35—38页。

市场化的改革虽然在促进经济发展方面作用显著,但是以"效率"为原则的经济发展与民众对基本公共服务的需求之间仍然有着较大的差距。

---

① 《国家基本公共服务体系"十二五"规划》,《光明日报》2012年7月20日,第9版。
② 关信平:《中共十八大报告对我国社会建设的理论发展》,《社会工作》2013年第2期,第3—9页。
③ 吴莹:《基本公共服务均等化视角下的城市住房保障满意度研究——基于全国社会态度与社会发展状况调查》,《城市观察》2019年第2期,第123—132页。

正是因为市场在提供公共产品方面存在的不足，为了有效应对市场化导致的公共服务缺失，政府成为公共服务提供的主要责任主体。与计划经济时期政府的"大包大揽"不同，新时期政府基本公共服务的对象是各类人群，不因区域、城乡和单位的不同而有区别。正是在这个意义上，实现基本公共服务的有效供给不仅有助于经济社会的和谐稳定，而且能巩固政府的执政基础，提升民众对整个社会的信任水平。

在调查中我们询问受访者所在城市是否有"残疾人、孤儿、流浪乞讨人员的救助或托养机构""接收农民工子女的中小学""公益性养老服务机构""社区工公共卫生服务机构""免费就业信息和指导培训等服务""公共租赁住房"时，结果显示，大部分城市具有上述公共服务机构或项目（占所有受访者的94%），但仍然有6%的受访者认为其所在城市没有上述任何机构或项目。进一步的数据分析结果显示，完善的公共服务能显著提升民众的社会信任，所居住城市设有免费就业信息和就业指导培训等服务（$t=5.9053$，$p=0.0000$）、有社区公共卫生服务机构（$t=5.3540$，$p=0.0000$）或有公益性养老服务机构（$t=5.2821$，$p=0.0000$），那么其中城镇居民的社会信任水平更高（见图7-31）。

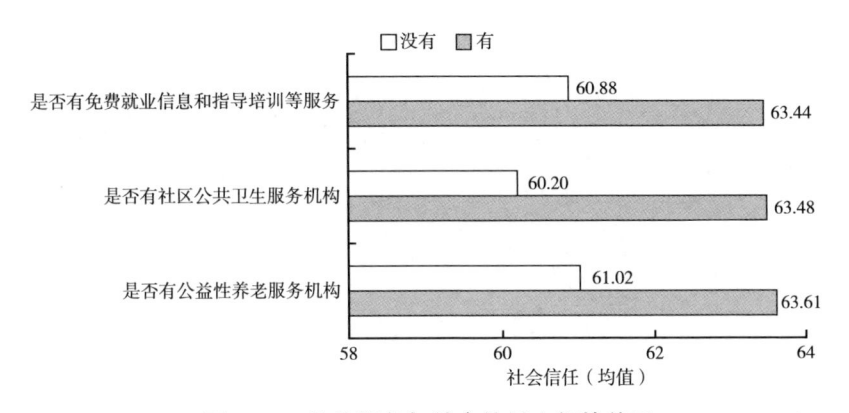

图7-31 公共服务与社会信任之间的关系

事实上，基本公共服务的全民共享是社会公平正义的体现，而政府在其中发挥的重要作用是其他主体所不能代替的。这说明在很长一段时期内，由政府主导、市场参与、社会协同的公共服务生产方式将是主要路径。一方面，完善的公共服务能够起到社会保护的作用，但恰恰当下的公共服务水平在社会保护方面的功能还有待提升和完善。另一方面，我们所讲的公共服务提供和均等化目标应该是一个动态的发展过程,不能是低水平层面的均等化,而是应该随着经济社会的发展,不断提高服务水平,以满足人民群众不断增长的公共服务需求。

(5)社会保障与社会信任

此处对社会保障状况的分析引入"三险一金",即基本养老保险、基本医疗保险、失业保险和住房公积金享有情况。在我们的调查中,有18.65%的受访者并没有享有"三险一金"中任一项,67.76%的受访者享有若干项"三险一金"、但不全;仅有13.59%的受访者享有完全的"三险一金"。享有全部"三险一金"的受访者在社会信任上的得分最高,均值为63.52,而没有享有"三险一金"中任何一项社保的受访者在社会信任上得分最低,均值为62.03;具体分解到"三险一金"各项中,是否享有养老保险或住房公积金对社会信任不存在显著影响,但享有基本医疗保险的受访者有更高的社会信任,而享有失业保险的受访者的社会信任水平则相对较低(见图7-32)。

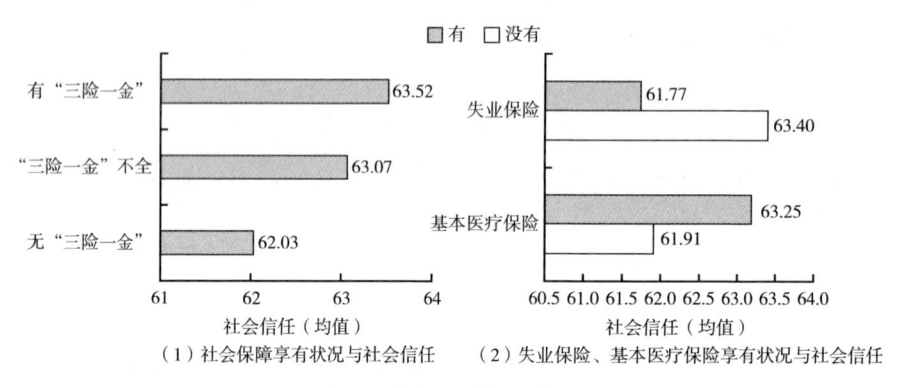

图7-32 社会保障与社会信任

(6)社会关系与社会信任

受访者对社会关系的感受与其社会信任水平间的均值分析结果显示,对各类群际关系更为满意的受访者在社会信任水平上得分更高。具体来看,在劳资关系、贫富关系、城乡关系、民族关系、宗教关系、干群关系以及地域关系上,受访者的对各类群体间关系的积极感受与其社会信任有着显著的正向相关(见表7-24)。近年来随着我国经济社会的快速转型和利益格局的不断调整,社会结构、社会组织形式和社会利益格局发生了深刻的变化，与此同时，各阶层、群体间的利益矛盾与冲突也不断加剧，诸如劳资关系紧张、贫富差距拉大、干群关系恶化等都使得民众将不满与怨愤上升到社会结构层面，甚而对政府产生不满。反之，如果上述各类群体之间关系融洽，则会提升人们的社会信任水平。

表7-24 社会关系与受访者的社会信任的方差分析

	均值	标准差	样本数	差异显著性
老板与员工关系				
不好	61.84	14.28	1104	$F=162.79$，$df=2$ $p=0.000$
一般	60.97	13.57	4071	
好	67.74	13.86	1938	
穷人与富人关系				
不好	58.56	13.17	3155	$F=337.36$，$df=2$ $p=0.000$
一般	65.52	13.38	3068	
好	69.74	14.57	888	
城里人与农村人关系				
不好	60.36	14.77	1502	$F=121.92$，$df=2$ $p=0.000$
一般	61.80	13.31	3594	
好	66.93	14.05	2014	
汉族与其他民族关系				
不好	61.78	14.26	707	$F=34.05$，$df=2$ $p=0.000$
一般	61.50	13.72	2795	
好	64.30	14.18	3607	
信教者与不信教者关系				
不好	61.67	14.13	836	$F=87.01$，$df=2$ $p=0.000$
一般	61.23	13.61	3681	
好	65.82	14.24	2594	
干部与群众关系				
不好	57.85	14.75	1604	$F=371.40$，$df=2$ $p=0.000$
一般	61.92	12.71	3825	
好	70.16	13.52	1683	

续表

	均值	标准差	样本数	差异显著性
本地人与外地人关系				
不好	59.36	14.93	1054	$F=166.87$，$df=2$ $p=0.000$
一般	61.38	13.11	3738	
好	67.12	14.20	2320	

（7）社会经济地位与社会信任

随着人们主观经济地位水平的提高，社会信任得分呈现先升后降的倒U形发展态势，主观感知自己的经济地位居于社会中层的受访者在社会信任上得分相对最高，均值为64.39（$F=10.17$，$p=0.0000$）；相同的，随着人们主观社会地位水平的提高，社会信任得分也呈现先升后降的倒U形发展态势，主观感知自己的社会地位居于社会中层的受访者在社会信任上得分相对最高，均值为65.08（$F=27.49$，$p=0.0000$）（见图7-33）。

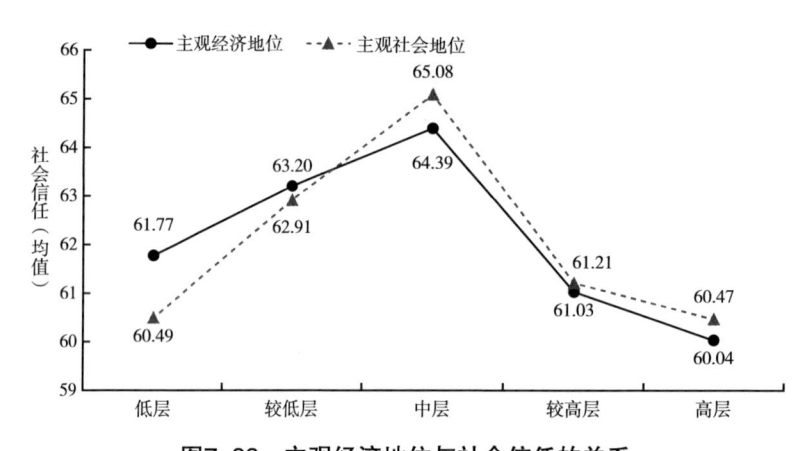

图7-33 主观经济地位与社会信任的关系

深入比较主观经济地位和主观社会地位各个层级社会信任得分的差异发现，无论是在主观经济地位还是在主观社会地位层面，处于"高层"的受访者与其他四个层级受访者的社会信任不存在显著差异，处于"较高层"社会/经济地位的受访者与"低层"的社会/经济地位受访者在社会信任上的得分也不存在显著差异，而"低层"社会/经济地位受访者的社会信任水平显著低于"较低层"的受访者和"中层"的受访者，"中层"

社会/经济地位受访者的社会信任水平显著高于"较低层"受访者和"较高层"受访者,"较低层"社会/经济地位受访者比"较高层"受访者有着相对较高的社会信任(见表7-25和表7-26)。

表7-25 主观经济地位在社会信任上的多元比较检验

较低层−低层=1.43 (p=0.000)			
中层−低层=2.62 (p=0.000)	中层−较低层=1.19 (p=0.005)		
较高层−低层=−0.74 (p=0.448)	较高层−较低层=−2.17 (p=0.025)	较高层−中层=−3.36 (p=0.001)	
高层−低层=−1.73 (p=0.531)	高层−较低层=−3.16 (p=0.253)	高层−中层=−4.35 (p=0.117)	高层−较高层=−0.99 (p=0.732)

注：表格中数值是不同层回归系数之差。

表7-26 主观社会地位在社会信任上的多元比较检验

较低层−低层=2.42 (p=0.000)			
中层−低层=4.59 (p=0.000)	中层−较低层=2.17 (p=0.000)		
较高层−低层=0.71 (p=0.426)	较高层−较低层=−1.71 (p=0.049)	较高层−中层=−3.88 (p=0.000)	
高层−低层=−0.02 (p=0.994)	高层−较低层=−2.44 (p=0.319)	高层−中层=−4.61 (p=0.060)	高层−较高层=−0.73 (p=0.776)

注：表格中数值是不同层回归系数之差。

此外，我们同样将个人客观社会经济地位操作化为经济、权力和声望三个维度。经济维度将通过受访者的收入水平测量；权力维度将通过受访者的行政级别与管理层级两个变量测量；声望维度事实上指的是人们的社会地位，将通过受访者的职业声望进行测量。具体分析如下。

首先，我们根据受访者月收入的频次分布情况，将月收入划分为1000元及以下、1001—2000元、2001—3000元、3001—5000元、5001—7000元、7000—10000元和10001元及以上7个水平，方差分析发现，随月收入水平的增加，受访者的社会信任水平大体呈现先降后升的U形发展态势（F=2.77，p=0.0108）。值得注意的是，中等收入群体（月收入2001—7000元）在社会信任上的得分显著低于其他收入水平的受访者

（见图7-34）。由于收入水平与受教育程度间有着较强的相关性，我们在控制了受访者受教育程度后比较月收入水平与社会信任的关系。结果显示，上述这种发展态势仅仅体现在小学及以下教育学历的受访者群体中，而并不显著体现在其他群体中（见表7-27）。

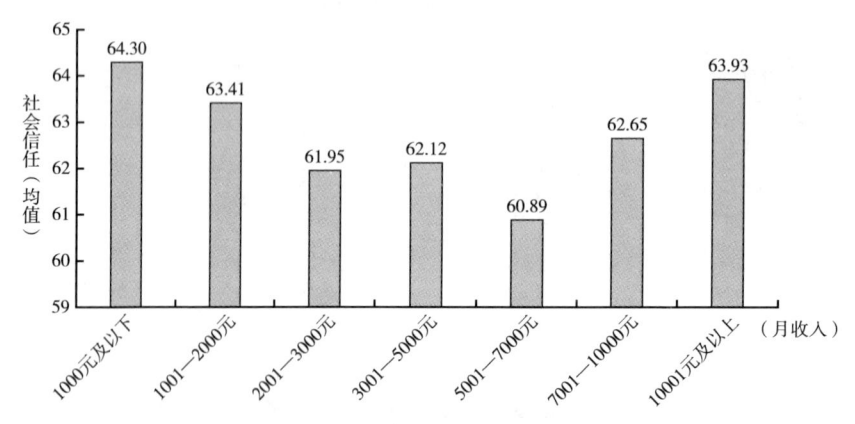

图7-34 月收入水平与社会信任

表7-27 受教育程度、月收入和社会信任

		受教育程度					
		小学及以下	初中	高中/中专/技校	大学专科	大学本科	研究生
月收入	1000元及以下	64.32（13.49）	64.57（11.89）	63.75（13.46）	59.75（17.41）	73.29（24.19）	/
	1001—2000元	61.72（13.17）	63.58（13.16）	64.87（14.01）	63.40（14.77）	61.57（17.14）	41.09（0.00）
	2001—3000元	58.75（14.74）	62.53（13.89）	63.11（13.81）	62.04（14.40）	63.95（13.83）	67.76（9.59）
	3001—5000元	58.56（14.28）	61.44（13.04）	64.01（13.40）	60.72（14.25）	65.54（13.63）	70.01（11.46）
	5001—7000元	57.59（13.89）	59.17（13.13）	62.40（14.57）	61.14（16.29）	63.87（13.64）	60.09（11.92）
	7001—10000元	64.89（17.61）	64.80（11.77）	68.22（12.17）	57.90（17.20）	60.64（17.95）	65.96（24.22）
	10001元及以上	60.71（20.14）	67.49（11.78）	70.69（11.82）	60.98（14.28）	57.75（17.18）	70.09（11.65）
差异显著性		$F=2.82$ $p=0.0101$	$F=1.78$ $p=0.0990$	$F=1.24$ $p=0.2850$	$F=0.83$ $p=0.5478$	$F=1.38$ $p=0.2227$	$F=1.69$ $p=0.1581$

注：表格中为社会信任的均值（标准差）。

在权力地位上，在单位中处级职务的受访者在社会信任上得分最高，均值为 67.63，而无行政级别的受访者的社会信任水平最低，均值为 61.82（F=6.13，p=0.0001）（见图 7-35）；同时，随着在单位中职位的提升，受访者的社会信任水平呈递减态势（F=4.99，p=0.0068）（见图 7-35）。

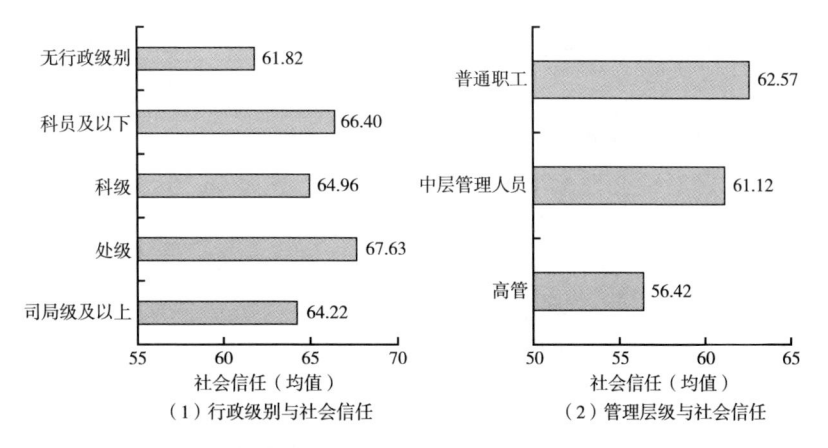

图7-35 权力地位与社会信任的关系

职业声望是一项综合性的指标，是在综合考虑了各种职业的权力、地位、收入水平等因素的基础上对各种职业赋予一定的声望得分，所有职业都被赋值 0—100，数值越大，表示职业声望越高。我们对职业声望与社会信任进行的相关分析结果显示，二者之间呈显著的正相关关系，且个人的职业声望越高，受访者的社会信任水平越高（F=0.0066，p=0.000）。具体比较不同职业群体的社会信任发现，党政机关领导干部、基层领导干部和事业单位人员的社会信任水平更高，均值均在 70 以上；而手工业从业人员和农林牧渔业劳动者的社会信任水平则相对较低，均值均在 60 以下。可以看到，社会信任在职业群体上的分化较为明显，政府有待强化与手工业从业人员、农林牧渔业劳动者等职业群体的联系，提升各种职业群体的社会信任水平。

4. 社会信心的状况与分析

在前文指标构建的基础上，我们形成了比较成熟的社会信心量表。借助"社会态度与社会发展（2013）"调查数据，我们具体就社会信心的状况进行描述与分析。我们首先对社会信心进行描述性分析以及差异分析，以整体把握当时人们在社会信心上的总体状况和差异分布。在此基础上,一方面,我们结合社会学家的社会信心访问和"社会态度与社会发展(2013)"调查数据来深化人们对各种个体性事项和社会性事项上的信心;另一方面,我们同样将社会保障、社会关系、社会态度等多方面的因素同社会信心勾连起来,探索它们对社会信心的影响机制与影响程度。

(1) 社会信心的总体状况与差异分布

数据分析的结果显示,2013年中国城镇居民的社会信心指数为67.92(见图7-36),标准差为13.29,较2012年的社会信心指数提升30多个分值,这表明,人们对国家未来三年社会发展的预期良好,信心充足。其中,城镇居民对社会性事项未来三年的信心指数为66.20,对个体性事项未来三年的信心更高一些,均值为75.83。

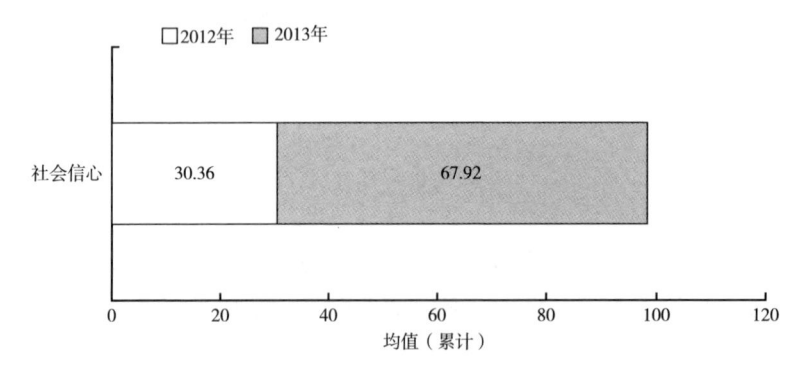

图7-36 2012年、2013年社会信心指数

在对受访者的社会特征与其对未来的预期进行初步分析后,我们发现,总体而言,不同社会属性的人群对未来三年社会发展的预期均表现出良好的状态,信心充足(根据计算公式,社会信心得分高于50则表示认为未来三年社会发展状况会改善,分值越高,社会信心越高)。具体来看,无论是对社会性事项的信心还是对个体性事项的信心,都不存在显著的性别差异和婚姻状况差异。不同年龄受访者的对社会性事项的信心差异并不大,但40—69岁年龄段受访者对社会性事项的信心显著较高于其他年龄段受访者($F=3.53$, $p=0.0017$);这种差异也体现在受访者对个体性事项未来三年的发展信心上($F=5.88$, $p=0.0000$),即40—59岁受访者在对个体性事项未来三年发展的信心上却显著低于其他年龄段受访者($F=6.92$, $p=0.0000$)。持有农业户口或本市县户口的受访者,对社会性事项未来三

年的发展更有信心,同时,持有非农业户口或本市县户口的受访者,对个体性事项未来三年的发展更有信心。不同受教育程度的受访者,其社会信心随着教育水平的提高呈现波动上升态势($F=11.71$, $p=0.0000$),这种态势也体现在受访者对社会性事项未来三年的发展信心上($F=14.39$, $p=0.0000$),但值得注意的是,无论是在总体社会信心还是对社会性事项的信心,都在大学本科受访者这个群体上出现下跌;而在对个体性事项未来三年发展的信心上,虽然不同受教育程度的受访者得分存在显著差异,但并没有某种稳定的态势($F=5.86$, $p=0.0000$)。从工作状况来看,对个体性事项的信心在工作状况上没有显著差异,但对社会性事项的信心在工作状况上有显著差异,其中,失业下岗和在家持家人员的信心(均值分别为69.19和68.30)相对较高。在就业群体中,不同所有制性质单位的受访者对个体性事项未来三年发展的信心不存在显著差异,但国有企业员工(均值为68.92)和集体所有企业员工(均值为67.06)对社会性事项的信心更足,港澳台资企业员工则在这方面信心最低,均值为56.53。在单位中,身处不同管理层级的受访者对社会性事项的信心不存在显著差异,但高层领导对个体性事项未来三年发展的信心明显高于中层管理人员和普通职工,均值达86.69(见表7-28)。从区域来看,东北地区的受访者对社会性事项的信心最高(均值为72.34),其后依次是西部地区、中部地区和东部地区的受访者(均值分别为69.32、66.83和63.62);在个体性事项的信心上,中部地区受访者的社会信心相对最低(均值为72.84)。

表7-28 社会性事项和个体性事项的信心在各项社会自然特征上的均值分布

	特征值	对社会性事项的信心	对个体性事项的信心
性别	男性	66.11(0.26)	76.08(0.26)
	女性	66.27(0.24)	75.62(0.23)
差异显著性		$T=-0.4521$, $p=0.6512$	$T=1.3201$, $p=0.1868$
年龄	16—19岁	65.57(13.38)	76.18(15.37)
	20—29岁	65.96(15.02)	76.89(14.91)
	30—39岁	64.95(14.66)	75.95(14.81)
	40—49岁	67.04(15.22)	74.88(14.57)
	50—59岁	67.78(14.05)	74.22(14.12)
	60—69岁	66.80(16.28)	76.08(13.68)
	70岁及以上	63.77(16.59)	79.16(12.79)
差异显著性		$F=5.88$, $p=0.0000$	$F=6.92$, $p=0.0000$

续表

特征值		对社会性事项的信心	对个体性事项的信心
政治面貌	共产党员	66.27（16.02）	78.01（14.45）
	共青团员	68.05（14.37）	77.43（14.85）
	民主党派	65.50（12.05）	75.01（14.59）
	群众	65.83（14.98）	75.26（14.53）
差异显著性		$F=6.19, p=0.0003$	$F=11.89, p=0.0000$
婚姻状况	未婚	66.44（0.37）	76.31（0.39）
	已婚	66.12（0.20）	75.69（0.19）
差异显著性		$T=0.7591, p=0.4478$	$T=1.5165, p=0.1294$
管理层级	领导	64.73（16.81）	86.69（11.18）
	中层管理者	64.67（14.62）	79.16（12.87）
	普通职工	65.21（14.38）	75.45（14.46）
差异显著性		$F=0.26, p=0.7680$	$F=21.98, p=0.0000$
受教育程度	小学及以下	63.78（15.38）	76.98（14.22）
	初中	65.96（14.78）	75.05（14.20）
	高中/中专/技校	67.25（14.84）	75.05（14.58）
	大学专科	68.30（13.94）	76.98（14.47）
	大学本科	66.82（15.78）	75.56（16.45）
	研究生	68.53（16.03）	78.62（15.92）
差异显著性		$F=14.39, p=0.0000$	$F=5.86, p=0.0000$
工作状况	有固定工作	65.76（14.86）	75.74（14.74）
	有临时性工作	66.22（14.46）	75.86（13.74）
	离退休人员	65.38（15.46）	76.43（12.77）
	在校学生	65.75（15.14）	76.14（16.70）
	失业下岗	69.19（14.74）	74.96（14.49）
	在家持家	68.30（14.91）	75.31（15.00）
差异显著性		$F=6.33, p=0.0000$	$F=0.77, p=0.5705$
单位所有制性质	国有	68.92（14.11）	76.63（14.33）
	集体所有	67.06（12.84）	75.49（13.83）
	私有/民营	63.94（14.78）	75.96（14.62）
	港澳台资	56.53（11.17）	78.36（14.93）
	外资所有	63.06（13.96）	79.91（12.13）
	中外合资	66.30（12.89）	76.37（11.57）
差异显著性		$F=15.41, p=0.0000$	$F=1.84, p=0.1022$

续表

	特征值	对社会性事项的信心	对个体性事项的信心
户籍	农业户口	67.20（0.32）	74.31（0.33）
	非农业户口	65.78（0.21）	76.47（0.20）
差异显著性		$T=3.6393$，$p=0.0003$	$T=-5.6858$，$p=0.0000$
户口所在地	本市县户口	66.43（0.19）	76.20（0.18）
	外市县户口	64.52（0.50）	73.16（0.58）
差异显著性		$T=3.5635$，$p=0.0004$	$T=5.8501$，$p=0.0000$
区域	东部	63.62（14.57）	77.20（14.77）
	中部	66.83（15.10）	72.84（15.22）
	西部	69.32（13.30）	75.83（12.38）
	东北	72.34（17.15）	75.04（15.42）
差异显著性		$F=97.06$，$p=0.0000$	$F=32.25$，$p=0.0000$

注：填入的数字为均值，括号内为标准差。

（2）社会学家社会信心

对选取的100位社会学家进行问卷访问后结果显示，在对具体事项的预期上，社会学家们认为社会整体发展水平、社会参与和社会保障水平在未来三年将会有较大改善；环境质量、社会公平公正和社会风气的改善程度有限；对治安状况和就业机会改善的信心不足（见图7-37）。社会学家的社会信心与普通城镇居民的社会信心（见图7-38和图7-39）大体相似，这一方面说明了我们调查结果的可信度和有效性，另一方面也反映了人们在个体性事项与社会性事项未来发展的信心上有着相对一致的表达。

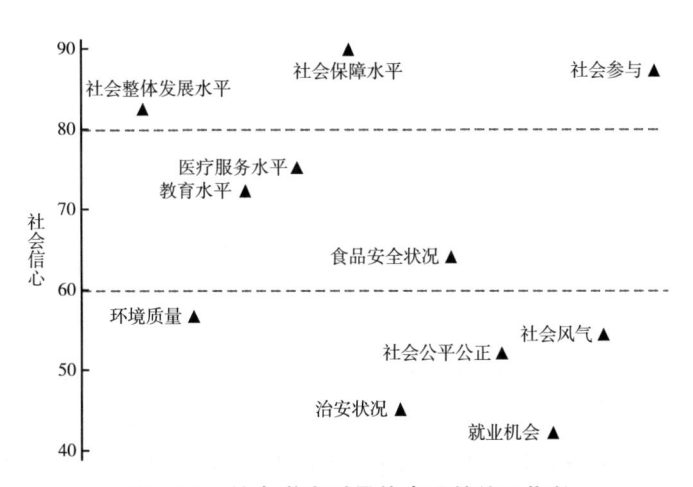

图7-37 社会学家对具体事项的信心指数

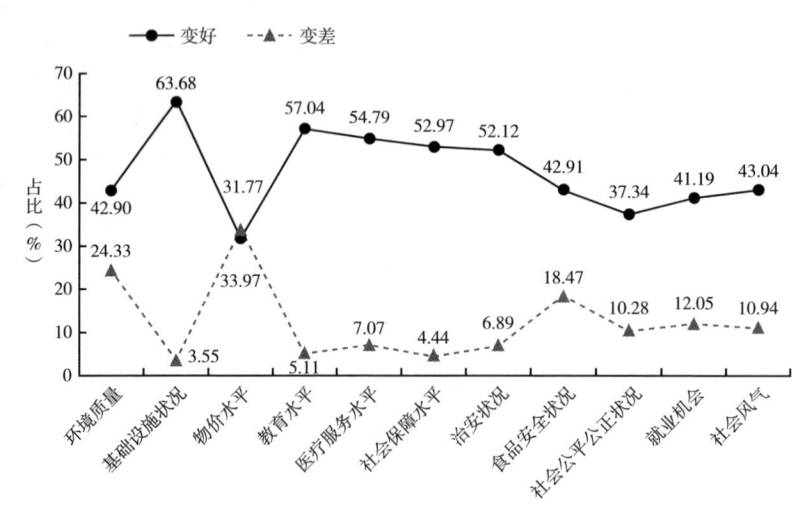

图7-38 2013年普通城镇居民对社会性事项信心的分布情况

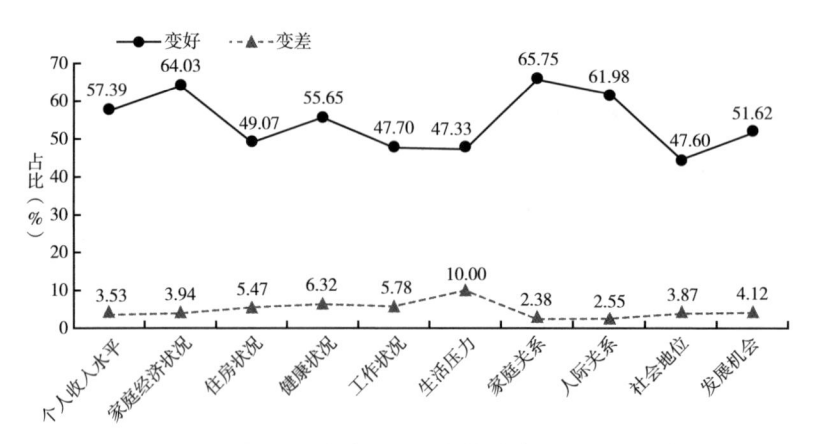

图7-39 2013年普通城镇居民对个体性事项信心的分布情况

（3）对社会性事项和个体性事项的社会信心

2013年，在对社会性事项的信心层面，受访者对基础设施（学校、医院、银行、商店、交通、通信等）状况未来三年发展信心明显更足（63.68%的受访者认为此项未来三年会变好），其后依次是对教育水平、医疗服务水平、社会保障水平和治安状况，超过一半的受访者认为上述四项未来三年会变得更好；而对物价水平却明显信心不足，仅31.77%的受访者认为未来三年物价会变好，另外高达33.97%的受访者甚至认为会变差;同时,环境质量也需要引起重视,虽然有42.90%的受访者对未来环境质量持积极态度,但仍然有24.33%的受访者持消极态度,认为会变得更糟糕(见图7-38)。在对个体性事项的信心方面,受访者对个人收入水平、家庭经济状况、住房状况、健康状况、工作状况、生活压力、家庭关系、人际关系、社会地位和发展机会十个事项上均表现出较强的信心,超过44%的受访者均认为未来三年上述各项会变得更好。尽管如此,但受访者面临的生活压力仍然是潜在的发展风险,10.00%的受访者认为未来三年生活压力会变得更大,信心并不太高(见图7-39)。

与2012年人们对社会性事项的信心数据对比发现,2013年受访者对环境质量、基础设施状况、物价水平、教育水平、医疗服务水平、社会保障水平、治安状况、食品安全状况、社会公平公正状况、就业机会和社会风气十一项的信心均有些许下降,其中,受访者在基础设施状况、物价水平、医疗服务水平和食品安全状况四项上差异并不大,差距都不超过2个百分点;而在环境质量、社会保障水平、就业机会和社会风气事项上差距均超过5个百分点(见图7-40)。在对个体性事项的信心方面,与2012年相比,2013年受访者对除家庭经济状况之外的其余九项上的信心均有所提升。其中,对个人住房状况、健康状况、生活压力和社会地位均提升超过5个百分点;但对个人收入水平、家庭关系和人际关系三项持积极态度的受访者占比提高不足1个百分点(见图7-41)。

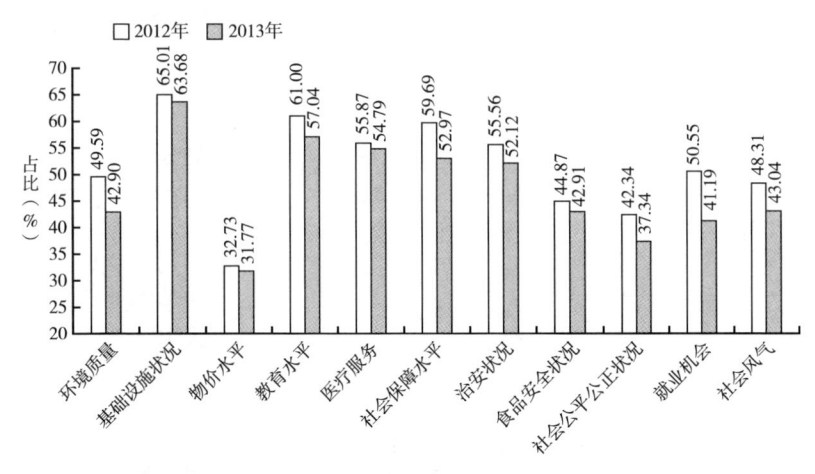

图7-40 2012年、2013年社会性事项信心占比的比较

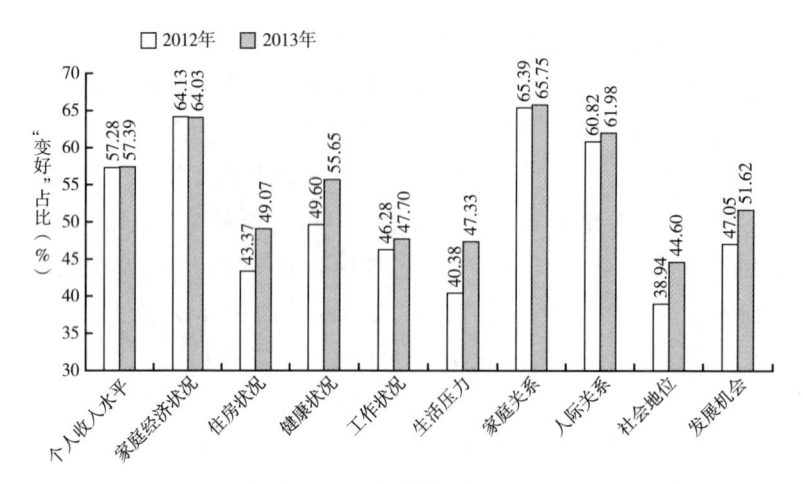

图7-41 2012年、2013年个体性事项信心占比的比较

(4) 社会保障与社会信心

在对受访者是否享有"三险一金"与其对未来的预期进行分析后，结果显示，无论是在微观层面（$t=-3.5509$，$p=0.0004$）还是宏观层面（$t=-4.0594$，$p=0.0000$），完善的社会保险都能显著提升人们对未来的预期（见图7-42）。分解社会保险享有状况对城镇居民在宏观和微观层面社会信息的影响可以发现，在宏观层面，不享有失业保险（$t=3.7458$，$p=0.0002$）或享有住房公积金（$t=-4.0177$，$p=0.0001$）的受访者对社会性事项未来三年发展的信心更高，而养老保险（$t=-0.1663$，$p=0.8679$）和医疗保险（$t=-1.3069$，$p=0.1913$）的享有状况却不影响受访者对宏观层面的

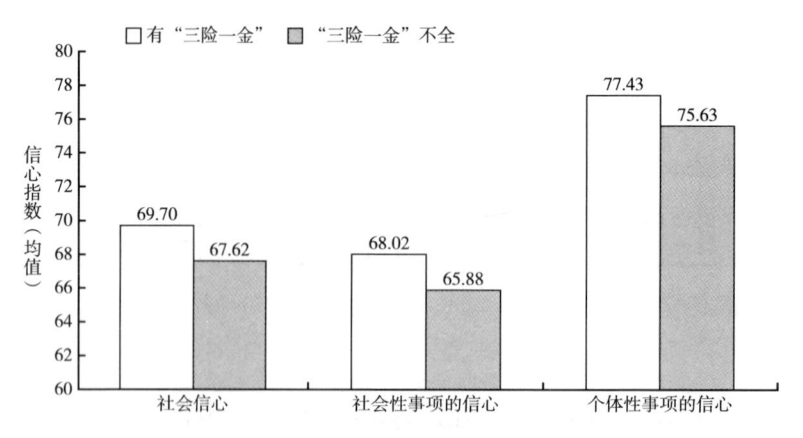

图7-42 "三险一金"享有状况与社会信心之间的关系

社会信心；在微观层面，享有养老保险（t=-6.5823，p=0.0000）、医疗保险（t=-4.2436，p=0.0000）、失业保险（t=-6.9682，p=0.0000）或住房公积金（t=-2.2359，p=0.0254）任意一项社会保障的受访者对个体性事项未来三年发展的信心更高（见图7-43）。

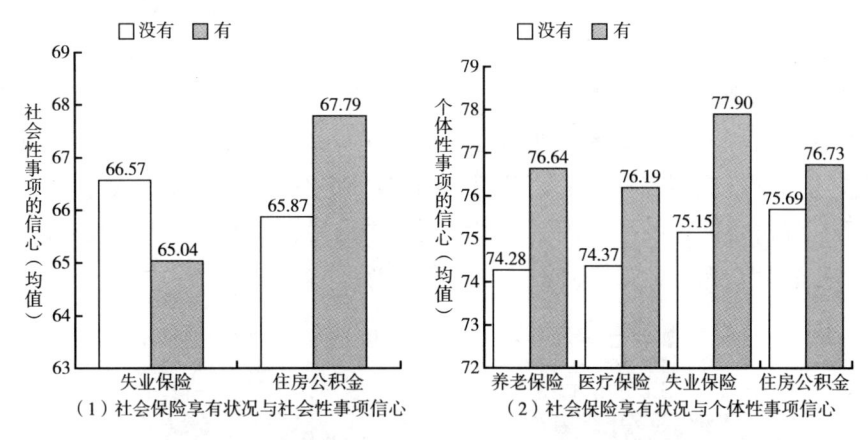

图7-43 社会保险享有状况与社会信心之间的关系

党的十六大以来，我国出台了多项社会保障制度，城镇居民养老、医疗等各项保障都有所加强，农村居民的各项保障也逐步被纳入社会保障体系中。2011年末，全国参加城镇基本养老保险的人数为28391万人，比2002年末增加了13654万人；参加城镇失业保险的人数为14317万人，比2002年末增加了4135万人。2011年末，全国27个省、自治区的1902个县（市、区、旗）和4个直辖市、新疆生产建设兵团纳入国家城镇居民社会养老保险试点，覆盖率约为60%。国家新型农村社会养老保险和城镇居民社会养老保险试点县参保人员3.3亿人。[①] 这表明，我国基本社会保障体系建设日益完善，但覆盖面仍然不足。在保基本的同时，问题仍然突出，主要表现在社会保障体系的板块分割状况呈现"碎片化"状态，即公共部门就业者（尤其是公务员）"保护过度"，而非正规经济部门的就业者，尤其是农民工的"社会保护不足"，从而使得整个社会保障体系既有失公平，又损失效率，甚至妨碍劳动力流动，增加管理成本。[②]

---

① 《从十六大到十八大经济社会发展成就系列报告之二》，财界网，2012年8月25日，http://finance.17ok.com/news/257/2012/0825/2191156_2.html。

② 朱玲：《中国社会保障体系的公平性与可持续性研究》，《中国人口科学》2010年第5期，第2—12页。

进一步的分析结果表明,在控制收入水平的基础上,享有基本社会保险的受访者社会信心更加充足(见图7-44)。作为基本社会保障的一部分,完善的社会保险可以帮助人们应对社会风险与市场风险,基本社会保障作为社会"安全网",能够有效增强人们的社会信心。对于社会保障的重要意义不再赘述,但需要指出的是,造成当时基本社会保障不足的原因主要如下:第一,相对于经济增长的绩效,社会发展严重滞后,造成实际社会保障水平与需求严重不适应;第二,政府在提供公共服务时,在构建社会保护机制方面,不像在推动经济发展方面那样有力;第三,城乡居民在获得包括社会保障在内的公共服务的权利和机会上,存在巨大差异。[①]从而在经济不断增长的基础上,应该更加注重社会公平,加大财政支持力度,完善社会保障体系,使得民众"心安意稳"。

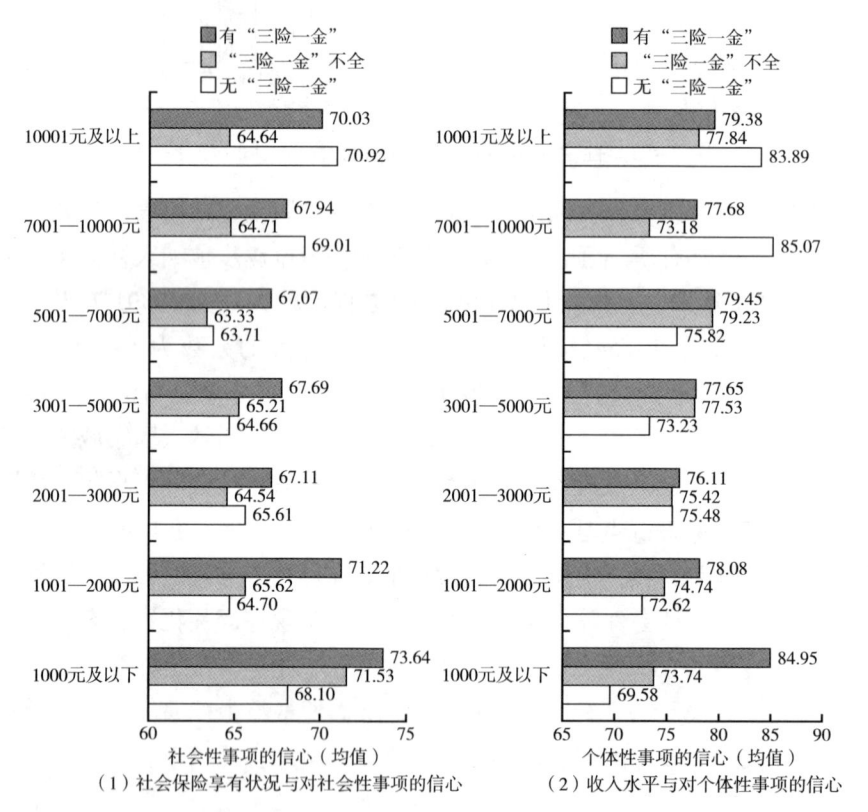

图7-44 社会保险享有状况、收入水平与社会信心之间的关系

(1)社会保险享有状况与对社会性事项的信心

收入	有"三险一金"	"三险一金"不全	无"三险一金"
10001元及以上	70.03	64.64	70.92
7001—10000元	67.94	64.71	69.01
5001—7000元	67.07	63.33	63.71
3001—5000元	67.69	65.21	64.66
2001—3000元	67.11	64.54	65.61
1001—2000元	71.22	65.62	64.70
1000元及以下	73.64	71.53	68.10

(2)收入水平与对个体性事项的信心

收入	有"三险一金"	"三险一金"不全	无"三险一金"
10001元及以上	79.38	77.84	83.89
7001—10000元	77.68	73.18	85.07
5001—7000元	79.45	79.23	75.82
3001—5000元	77.65	77.53	73.23
2001—3000元	76.11	75.42	75.48
1001—2000元	78.08	74.74	72.62
1000元及以下	84.95	73.74	69.58

[①] 蔡昉:《刘易斯转折点与公共政策方向的转变——关于中国社会保护的若干特征性事实》,《中国社会科学》2010年第6期,第125—137页。

（5）社会保障与消费信心

投资、出口和消费是拉动中国经济增长的"三驾马车"，但随着国际市场的风云变幻以及依赖投资进行经济刺激而产生的各种"后遗症"，[①]国内民众消费的重要意义越来越凸显。国家统计局的统计结果显示，一方面，随着国际金融危机影响效应的逐渐消散，国内经济走势的好转，消费者的预期和信心都在不断增强（见图7-45）；但另一方面，国民的储蓄率不降反升。[②] 这也就意味着消费预期与实际消费行为之间的差距的产生还有着更为深层的经济社会原因。中国民众的高储蓄率难以在短期内转化为高消费，这当然存在错综复杂的深层原因，一个不容忽视的因素是民众对现实的担忧，突出反映在民众在医疗、养老、教育、住房等方面负担的加重，从而通过银行储蓄来应对各种风险。当然，要改变民众的消费行为，并非朝夕可为，而是要通过逐步建立和完善相关的制度来增强居民的消费信心。除了稳步增加居民收入和调整收入分配结构，完善社会保障和公共服务体系无疑具有"定心丸"的作用。

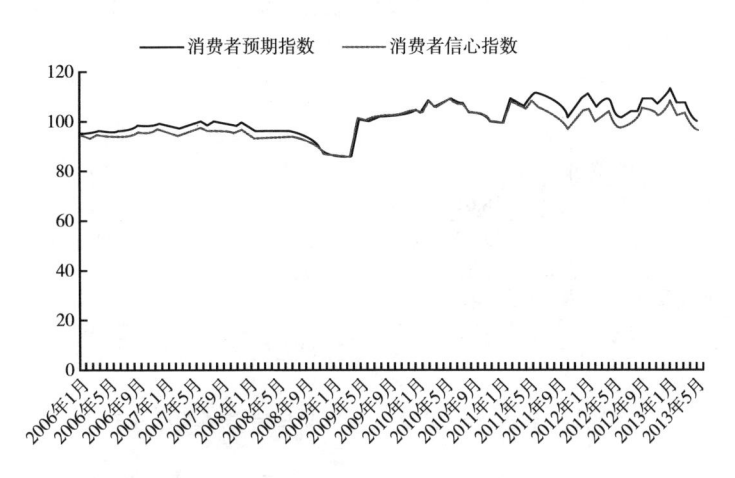

图7-45 消费者信心预期指数与消费者信心指数（2006年1月—2013年5月）

资料来源：国家统计局数据，http://www.stats.gov.cn/tjsj/jdsj/。

[①] 高柏：《金融秩序与国内经济社会》，《社会学研究》2009年第2期，第1—16页。
[②] 2012年，我国居民储蓄余额已经超过了40万亿元，人均居民储蓄已经超过了3万元，成为全球储蓄总额和人均储蓄金额最多的国家。王石川：《人均储蓄3万元背后的沉重》，《中国教工》2013年第10期，第45页。

"社会态度与社会发展（2013）"调查数据的结果显示，基本社会保险的享有状况与民众的消费预期紧密关联，那些享有完善社会保险的受访者通常有着更强的消费信心（如更换大宗家电、买房、买车和外出旅游）（见表7-29、表7-30、表7-31、表7-32）。

表7-29　基本社会保险享有状况与消费预期（更换大宗家电）

单位：%

		社会保障			总计
		无"三险一金"	"三险一金"不全	有"三险一金"	
更换大宗家电	有清晰的打算	14.39	16.45	22.53	16.77
	有模糊的打算	20.89	27.42	28.99	26.35
	没有打算	56.85	50.93	42.91	51.13
	不敢想	4.11	2.66	1.22	2.77
	不曾想过	3.76	2.54	4.36	2.98
	总计	100.00	100.00	100.00	100.00

表7-30　基本社会保险享有状况与消费预期（买房）

单位：%

		社会保障			总计
		无"三险一金"	"三险一金"不全	有"三险一金"	
买房	有清晰的打算	8.12	10.89	15.43	10.89
	有模糊的打算	18.61	23.86	23.94	22.86
	没有打算	57.83	50.84	47.99	51.85
	不敢想	10.13	9.08	8.39	9.2
	不曾想过	5.31	5.34	4.25	5.2
	总计	100.00	100.00	100.00	100.00

表7-31　基本社会保险享有状况与消费预期（买车）

单位：%

		社会保障			总计
		无"三险一金"	"三险一金"不全	有"三险一金"	
买车	有清晰的打算	6.42	8.53	13.32	8.68
	有模糊的打算	13.28	16.54	19.79	16.29
	没有打算	62.65	60.53	55.33	60.33
	不敢想	11.65	9.05	7.64	9.38
	不曾想过	6.00	5.35	3.92	5.31
	总计	100.00	100.00	100.00	100.00

表7-32　基本社会保险享有状况与消费预期（外出旅游）

单位：%

		社会保障			总计
		无"三险一金"	"三险一金"不全	有"三险一金"	
外出旅游	有清晰的打算	20.41	21.21	36.75	22.87
	有模糊的打算	33.65	38.80	40.40	38.01
	没有打算	34.59	30.14	17.23	29.48
	不敢想	6.23	6.33	2.92	5.92
	不曾想过	5.12	3.51	2.71	3.73
总计		100.00	100.00	100.00	100.00

如果说居民消费是连接经济与社会的最基本"桥梁"，那么当时中国的内需不足问题就得从经济与社会之间的关系中去寻找。2008年国际金融危机爆发之后，由于出口的下降，国内居民消费对经济拉动的重要性再度凸显。但是，中国在社会保障方面的滞后和收入分配的不公使得国内需求持续疲软，这不仅导致通货紧缩，还使得中国GDP中的国内部分所占比例相对较低，从而使得GDP对贸易依存度加大，形成一种不良循环。① 正是在这层意义上，国内有学者强调以"重建社会来再造经济"，意指随着中国社会从生活必需品时代转向耐用消费品时代，解决内需问题已经是一个综合性的难题，只有调整社会利益关系、社会结构转型和建设相关社会制度才能解决问题，其中自然包含建立完善的社会保障制度。②

同时还需要指出的是，随着我国城镇化水平的不断提升，2011年，中国城镇人口首次超过农村人口，城镇化率超过50%（见图7-46）。城镇化已经成为长期拉动中国内需的重要增长点，③ 城镇化与工业化、市场化一起成为中国经济增长的重要驱动力。城镇化一方面牵动着整个中国经济与社会结构的调整；另一方面也给社会发展带来了巨大的挑战，在目前城乡二元结构没有得到根本改变的宏观背景下，快速的城

---

① 高柏：《日本经济的悖论——繁荣与停滞的制度性根源》，刘耳译，北京：商务印书馆，2004年，第8页。

② 孙立平：《以重建社会来再造经济》，《社会学研究》2009年第2期，第17—26页。

③ 赵新平、周一星：《改革以来中国城市化道路及城市化理论研究述评》，《中国社会科学》2002年第2期，第132—138页。

镇化带来了一系列的社会矛盾、冲突和问题，如农民工的就业、城市融入、社会保障、子女入学、居住等问题。① 这些问题若不能妥善解决，城镇化的经济社会功能就不能完全释放，甚至会造成新的城乡差距和社会不公平。

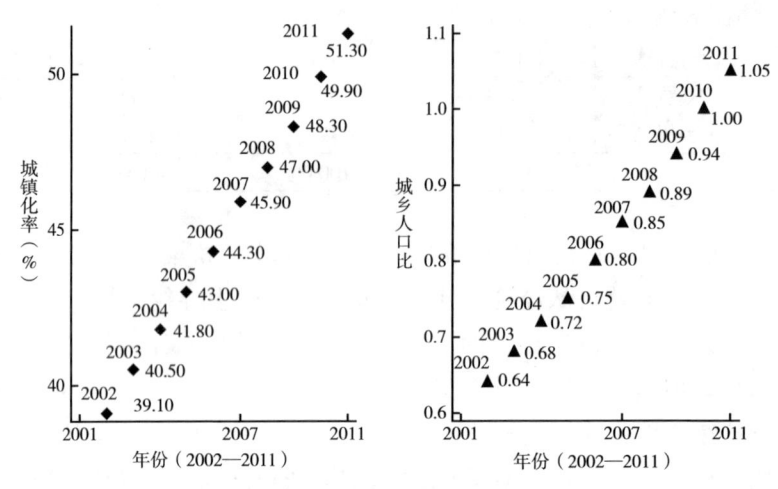

图7-46 我国城镇化发展趋势（2002—2011）

资料来源：《从十六大到十八大经济社会发展成就系列报告》（之二、之三），国家统计局网站，2012年8月17日，http://big5.www.gov.cn/gate/big5/www.gov.cn/gzdt/2012-08/17/content_2205972.htm。

在快速城镇化过程中，一个突出的问题就是"人的城镇化"。在现实中农业户口的城市就业者成为"非正规劳动力"的主体，② 根据估算，2012年7.11亿城镇人口中，以农民工为主体的农业户口者有2.62亿人，③ 其工作和生活在城市中，但在很多方面不能享受与非农业户口者同等的待遇。在我国，由于许多社会保障制度附着在户籍之上，而农业户口的进城人员一般在传统的正规部门之外就业，从而大多未被纳入国家

---

① 李汉林、魏钦恭：《社会景气与社会信心研究》，北京：中国社会科学出版社，2013年，第6页。

② "非正规劳动力"指缺乏劳动法规保护和社会保障的从业人员。参见黄宗智、李强、潘毅、李丁、许庆红、胡伟、刘世定、胡鞍钢、张静、郭रे和、张勇、万向东《中国非正规经济》（上），《开放时代》2011年第1期，第5—37页。

③ 《报告称2012年农民工总量达2.6亿》，中国新闻网，2013年5月27日，http://www.chinanews.com/gn/2013/05-27/4858328.shtml。

的法律保护和社会保障网络之中。① 调查结果显示,在城市有固定工作和临时性工作的受访者中,农业户口者占31%,非农业户口者占69%,农业户口的受访者月收入水平(2755元)显著低于非农业户口者(3130元)(F=33.9, p=0.000);而在基本社会保险的享有上,户籍分割效应明显。

在基本社会保险享有上,51%的农业户口从业者没有基本养老保险(非农业户口者的比例为23%);27%的农业户口从业者没有基本医疗保险(非农业户口者的比例为15%);84%的农业户口从业者没有失业保险(非农业户口者的比例为52%)。在这个意义上,规模巨大的流动农民工人的社会保障还有待加强,只有加快农民工市民化的步伐,提升其经济社会地位,才能与我国快速的城镇化步调相一致,才能真正实现城镇化对经济社会发展的有力推动,才能在更多的社会群体中重振包括消费信心在内的社会信心。

(6)社会关系与社会信心

城镇居民对社会的信心与其身处的社会关系状况有关。数据分析发现,良好的劳资关系、贫富关系、城乡关系、民族关系、宗教关系、干群关系和地域关系均会提升受访者对社会未来三年发展的信心,其中,受访者的社会信心在干群关系和贫富关系两个向度上的分化相对最大(见表7-33)。不断改善各种社会群体之间的社会关系、营造和谐的社会氛围是人们对未来发展形成良好预期的前提与基础。

表7-33 社会关系与受访者社会信心的方差分析

	均值	标准差	样本数	差异显著性
老板与员工关系				
不好	65.95	14.26	1104	F=62.63, df=2 p=0.000
一般	67.13	12.89	4071	
好	70.69	13.11	1938	

---

① 胡鞍钢等人的研究,将非正规就业定义为以下三部分:城镇就业中的私营企业从业人员、个体经济从业人员,以及以大量从事非正规就业的农业转移劳动力为主的未纳入统计部分的从业人员(参见胡鞍钢、赵黎《我国转型期城镇非正规就业与非正规经济(1990—2004)》,《清华大学学报(哲学社会科学版)》2006年第3期,第111—119页)。毫无疑问,规模巨大的农民工群体构成了非正规劳动力的主体。

续表

	均值	标准差	样本数	差异显著性
穷人与富人关系				
不好	65.05	12.46	3155	$F=162.15$，$df=2$ $p=0.000$
一般	69.43	13.37	3068	
好	72.88	13.58	888	
城里人与农村人关系				
不好	66.17	13.38	1502	$F=30.90$，$df=2$ $p=0.000$
一般	67.69	12.86	3594	
好	69.65	13.78	2014	
汉族与其他民族关系				
不好	66.03	13.78	707	$F=11.31$，$df=2$ $p=0.000$
一般	67.64	13.30	2795	
好	68.51	13.14	3607	
信教者与不信教者关系				
不好	65.28	13.64	836	$F=30.31$，$df=2$ $p=0.000$
一般	67.60	13.09	3681	
好	69.22	13.31	2594	
干部与群众关系				
不好	65.87	13.79	1604	$F=78.55$，$df=2$ $p=0.000$
一般	67.30	12.86	3825	
好	71.27	13.17	1683	
本地人与外地人关系				
不好	65.26	13.88	1054	$F=65.02$，$df=2$ $p=0.000$
一般	67.19	12.82	3738	
好	70.30	13.40	2320	

（7）社会态度、行为意愿与社会信心

城镇居民对社会未来发展的信心程度与其社会态度、价值观密切相关。数据统计发现，"社会上的是否标准变得很模糊"和"现在很难找到真正可信赖的朋友"两项关于社会态度的题器上持"完全不赞同"的受访者对社会未来发展的信心显著较大；而"生活中遇到困难，我总能及时得到帮助"题器上持"完全赞同"的受访者则对社会未来发展更有信心。"我的工作让我有成就感"和"我的工作有良好的发展前景"两个测量工作感受的题器上持"完全赞同"（正向的工作体验）的受访者对社会未来发展的信心最大（见表7-34）。

表7-34 社会态度与社会信心的方差分析

	均值	标准差	样本量	差异显著性
"社会上的是非标准变得很模糊"				
完全赞同	68.87	14.20	660	
比较赞同	67.43	13.24	3207	
说不清	67.95	13.62	2061	$F=3.89$ $p=0.0037$
比较不赞同	68.30	12.36	771	
完全不赞同	70.71	14.78	170	
"生活中遇到困难，我总能及时得到帮助"				
完全赞同	74.16	12.38	437	
比较赞同	70.15	13.12	2288	
说不清	67.87	13.61	1869	$F=83.09$ $p=0.0000$
比较不赞同	64.48	12.55	1857	
完全不赞同	63.95	13.38	405	
"现在很难找到真正可信赖的朋友"				
完全赞同	67.68	12.48	771	
比较赞同	66.61	13.03	2629	
说不清	68.81	14.17	1562	$F=13.22$ $p=0.0000$
比较不赞同	68.80	13.27	1580	
完全不赞同	70.52	13.68	349	
"我时常觉得很累"				
完全赞同	67.75	13.33	873	
比较赞同	67.57	13.32	3067	
说不清	67.29	13.56	1473	$F=6.67$ $p=0.0000$
比较不赞同	68.99	12.94	1274	
完全不赞同	70.78	13.74	280	

续表

	均值	标准差	样本量	差异显著性
"我时常心情不好"				
完全赞同	67.11	13.53	593	
比较赞同	66.86	13.52	2539	$F=10.50$
说不清	67.96	13.66	1562	$p=0.0000$
比较不赞同	69.08	12.89	1760	
完全不赞同	70.00	12.65	438	
"我觉得前途渺茫,对未来没什么信心"				
完全赞同	65.47	13.27	637	
比较赞同	65.29	12.85	1773	$F=38.97$
说不清	68.20	13.85	1692	$p=0.0000$
比较不赞同	69.50	13.28	1885	
完全不赞同	70.76	12.73	801	
"我的工资和报酬与我的付出和能力相适应"				
完全赞同	68.79	14.58	417	
比较赞同	68.86	12.96	2307	$F=5.22$
说不清	68.47	13.62	1826	$p=0.0003$
比较不赞同	67.28	13.50	1275	
完全不赞同	66.35	13.41	410	
"我的工作让我有成就感"				
完全赞同	70.77	13.20	487	
比较赞同	69.09	13.49	2082	$F=11.59$
说不清	68.25	13.52	1980	$p=0.0000$
比较不赞同	66.82	13.22	1260	
完全不赞同	66.49	13.20	396	
"我的工作有良好的发展前景"				
完全赞同	71.03	13.01	441	
比较赞同	68.66	13.36	1943	$F=10.40$
说不清	68.32	13.56	2054	$p=0.0000$
比较不赞同	67.27	13.71	1148	
完全不赞同	66.00	13.09	528	

社会信心除与社会态度有关之外，行为意愿也可预测受访者对未来所持的预期。数据统计发现，对于未来三年是否参与社会公益活动、出门旅游、准备出国、多交朋友、买车或更换大宗家用电器等多个方面已有清晰打算的受访者对社会发展的信心更充足，同时，没有打算在未来三年更换单位、投资创业或买房的受访者对社会发展的信心也更高（见图7-47）。

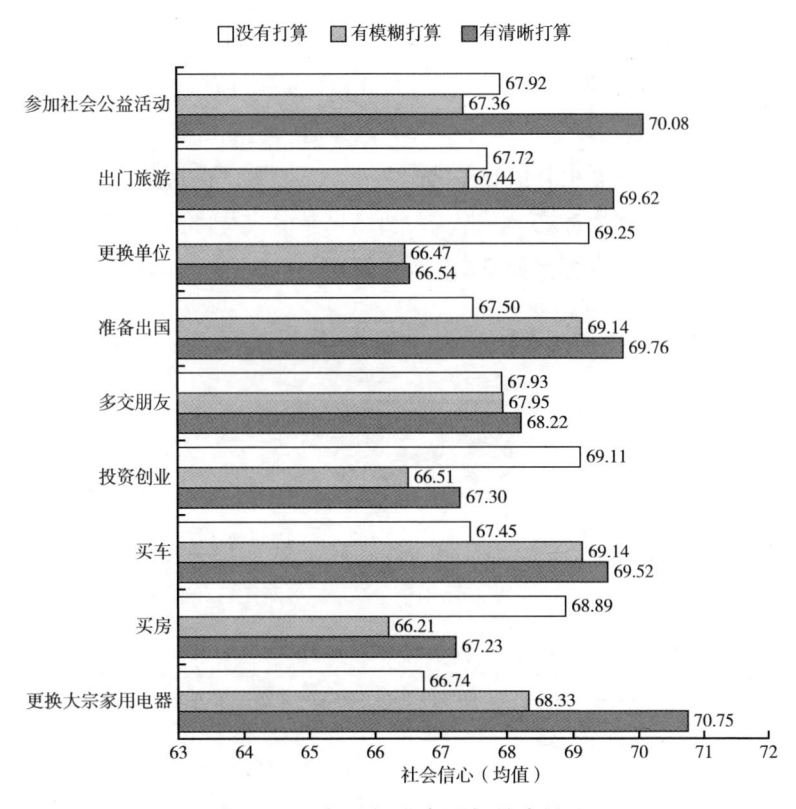

图例：□没有打算　▨有模糊打算　■有清晰打算

项目	没有打算	有模糊打算	有清晰打算
参加社会公益活动	67.92	67.36	70.08
出门旅游	67.72	67.44	69.62
更换单位	69.25	66.47	66.54
准备出国	67.50	69.14	69.76
多交朋友	67.93	67.95	68.22
投资创业	69.11	66.51	67.30
买车	67.45	69.14	69.52
买房	68.89	66.21	67.23
更换大宗家用电器	66.74	68.33	70.75

社会信心（均值）

图7-47　各项行为意愿与社会信心

（8）社会经济地位与社会信心

此处我们将人们的社会经济地位操作化为主观和客观两个层面，主观层面主要指受访者对自己经济收入与社会地位的层级认同；客观层面包括收入水平、管理层次和职业声望。

在分析客观个人月收入水平与其对社会的信心之间的关系时发现，月收入不同水平的受访者的社会信心指数确实在0.01置信水平下存在显著差异（$F=3.48$, $p=0.0020$），但是这种差异并没有呈现明显的变化态势。不过，在分析个人感知的主观社会经济地位水平与其社会信心之间的关系时，我们发现主观经济地位和主观社会地位处于"中层"的受访者，对社会的信心显著最足，均值分别为68.94和68.72；而"高层"主观经济地位的受访者的社会信心显著最低，为61.52（见图7-48）。除此之外，我们也可以从受访者在单位组织中的行政级别和管理层级来进一步了解个体经济社会地位与其对社会未来三年发展的信心之间的关系。方差分析结果显示，在单位中拥有较高行政级别的受访者对整个社会未来三年的发展更有信心（$F=11.44$，$p=0.0000$）；同时，尽管在0.1置信水平下，普通职工、中层管理人员和高层领导在社会信心指数上并不存在统计学意义的显著差异，但从均值比较来看，仍然可见单位中的高层领导对社会未来三年的发展更有信心（见图7-49）。最后，职业声望也是衡量人们社会经济地位的客观指标之一。相关分析结果显示，人们职业声望的高低与其对社会的信心程度并没有显著关联（$P=-0.0266$，$p=0.1607$）。

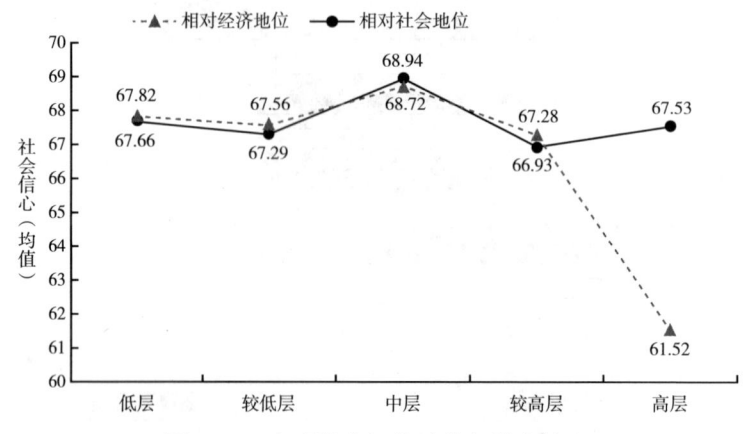

图7-48　主观社会经济地位与社会信心

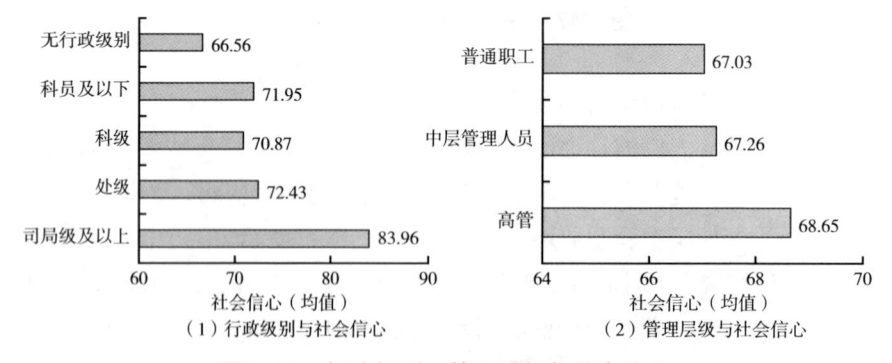

图7-49　行政级别、管理层级与社会信心

（二）社会期望值的状况与分析

马克思在谈论"雇佣劳动与资本"的时候，有一段这样的描绘："一座房子不管怎样小，在周围的房屋都是这样小的时候，它是能满足社会对住房的一切要求的。但是，一旦在这座房子近旁耸立起一座宫殿，这座小房子就缩成茅舍模样了。这时，狭小的房子证明它的居住者不能讲究或者只能有很低的要求；并且不管小房子的规模怎样随着文明的进步而扩大起来，只要近旁的宫殿以同样的或更大的程度扩大起来，那座小房子的居住者就会在那四壁之内越发觉得不舒适，越发不满意，越发感到受压抑。"① 所以马克思认为，"我们在衡量需要和享受时是以社会为尺度，而不是以满足它们的物品为尺度的。因为我们的需要和享受具有社会性质，所以它们具有相对的性质"②。正是在这种意义上，"社会期望值"体现的是一种双重比较，是与参照群体比较之后，对期望的经济地位、社会地位与自身现实的经济地位、社会地位之间差距的主观感受。所以，社会期望值在个体层面反映的是相对地位的变动，但其在深层次上，反映的是一个社会的发展变动状况。与一个稳定的社会相比，在一个变动剧烈的社会中，人们更加敏感于自己的得失，无论是客观的社会分层还是主观的经济社会地位变动都能够在人们的主观意识中显现出来，而社会期望值的变化可以较好地反映这种分层意识或不平等意识的变化。③

虽然，每个个体成员在某些方面都具有与他人相比的"弱势"，但毫无疑问的是，经济收入和社会地位构成了人们相互比较的主要"标尺"；同时，如果一个社会，其成员的社会期望值具有某种群体性或结构性特征时，这种特征往往成为社会结构分化的标志之一，也容易成为社会不稳定因素的潜藏之处，甚至如格尔所认为的那样，成为社会运动产生和发展的重要动因。④

在2013年的调查中，我们设置了专门的题器用以测量人们的社会期望值，即"与工作同事相比的生活水平"、"与工作同事相比的社会地位"、"与社会上其他人相比的经济收入"以及"与社会上其他人相比的社会地位"变化。接下来，我们就当时人们在社会期望值上的状况具体展开描述

---

① 《马克思恩格斯选集》（第一卷），北京：人民出版社，2012年，第345页。
② 《马克思恩格斯选集》（第一卷），北京：人民出版社，2012年，第345页。
③ 刘欣：《相对剥夺地位与阶层认知》，《社会学研究》2002年第1期，第81—90页。
④ 李汉林、魏钦恭：《社会景气与社会信心研究》，北京：中国社会科学出版社，2013年，第100—101页。

和分析。我们首先通过描述性分析和差异分析了解社会期望值的总体状况与差异分布。在此基础上，为了进一步打开和把握当时社会中人们的社会期望值状况，我们将社会经济地位、社会保障和居住状况同社会期望值勾连起来，分析它们对于社会期望值的影响机制与程度。

1. 社会期望值的总体状况与差异分布

统计结果显示，当下城市社会，人们的社会期望值均值（赋值0—100，数值越大，社会期望值越高，即个体期望与目标现实的差距越大）为57.58，标准差为8.18。该结果说明，这一时期，人们期望与实际获得之间的差距仍然较大。具体考察社会期望值在各项自然社会特征上的分化，我们发现，我国城镇居民的社会期望值并不存在性别和年龄差异，也不会因婚姻状况不同而有显著差别；但是，随着受教育程度的不断提高，受访者的社会期望值呈现明显的下降趋势，具有研究生学历的受访者的社会期望值均值为47.38，低于50，即表明高学历的受访者感知到自身期望的经济地位和社会地位与现实状况更为一致；与具有其他政治面貌背景的受访者相比，一般群众的社会期望值显著最高，均值为58.05；从户籍或户口所在地来看，持有农业户口或持有外市县户口的受访者在社会期望值显著较高，均值分别为59.16和58.91；比较不同经济地区群体表明，东部地区受访者的社会期望值显著最高（均值为58.18），其后依次是西部地区、东北地区和东部地区；在就业人群中，港澳台资企业员工的社会期望值最高（均值为63.96），国有企业员工的社会期望值显著最低（均值为53.21）；在单位组织中，身处较高职位的员工的社会期望值显著较低（见表7-35）。

表7-35　社会期望值在各项社会自然特征上的均值分布

特征值		均值	标准差	样本数	差异显著性
性别	男性	57.39	0.15	3246	$T=-1.7600$，$df=1$ $p=0.0785$
	女性	57.73	0.12	3868	
年龄	16—19岁	57.81	4.93	343	$F=0.52$，$df=6$ $p=0.7919$
	20—29岁	57.65	8.16	1659	
	30—39岁	57.27	9.43	1587	
	40—49岁	57.66	9.30	1828	
	50—59岁	57.73	7.50	858	
	60—69岁	57.53	3.95	572	
	70岁及以上	57.68	1.29	267	

续表

特征值		均值	标准差	样本数	差异显著性
政治面貌	共产党员	55.92	10.13	679	$F=27.85$,$df=3$ $p=0.0000$
	共青团员	56.21	6.69	1005	
	民主党派	49.92	7.44	10	
	群众	58.05	8.10	5399	
婚姻状况	未婚	57.60	0.19	1635	$T=0.1498$,$df=1$ $p=0.8809$
	已婚	57.57	0.11	5466	
管理层级	领导	47.46	20.15	34	$F=55.92$,$df=2$ $p=0.0000$
	中层管理者	52.35	12.98	438	
	普通职工	58.78	12.77	2203	
受教育程度	小学及以下	58.73	7.64	1574	$F=73.06$,$df=5$ $p=0.0000$
	初中	58.77	6.98	2212	
	高中/中专/技校	57.61	7.84	1574	
	大学专科	56.37	9.11	987	
	大学本科	53.77	9.40	696	
	研究生	47.38	13.78	62	
单位所有制性质	国有	53.21	13.27	547	$F=22.33$,$df=5$ $p=0.0000$
	集体所有	55.93	13.90	269	
	私有/民营	59.27	12.77	1634	
	港澳台资	63.96	12.78	55	
	外资所有	57.40	12.54	94	
	中外合资	54.82	13.37	100	
户籍	农业户口	59.16	0.15	2086	$T=3.9125$,$df=1$ $p=0.0001$
	非农业户口	57.32	0.12	5001	
户口所在地	本市县户口	57.37	0.10	6173	$T=-5.2905$,$df=1$ $p=0.0000$
	外市县户口	58.91	0.30	901	
区域	东部	58.18	8.48	3601	$F=15.31$,$df=3$ $p=0.0000$
	中部	56.68	7.83	1473	
	西部	57.35	7.70	1380	
	东北	56.74	7.92	660	

2. 社会经济地位与社会期望值

我们以人们的经济收入来测量客观经济水平，并将人们的客观收入划分为月收入和家庭月收入两个层面，统计结果显示，人们的社会期望值水平在经济收入上有着显著差异。就个人月收入而言，随着收入水平的提高，社会期望值显著降低（$F=33.54$, $p=0.0000$），1000元及以下受访者的社会期望值比 10001 元及以上者高出近 12 个单位；家庭月收入在社会期望值上的分布态势与个人月收入一致，最低家庭收入受访者的社会期望值显著高于最高家庭收入受访者（$F=13.02, p=0.0000$），两者间相差近 6 个单位（见图 7-50）。

（1）个人月收入水平与社会期望值

（2）家庭月收入水平与社会期望值

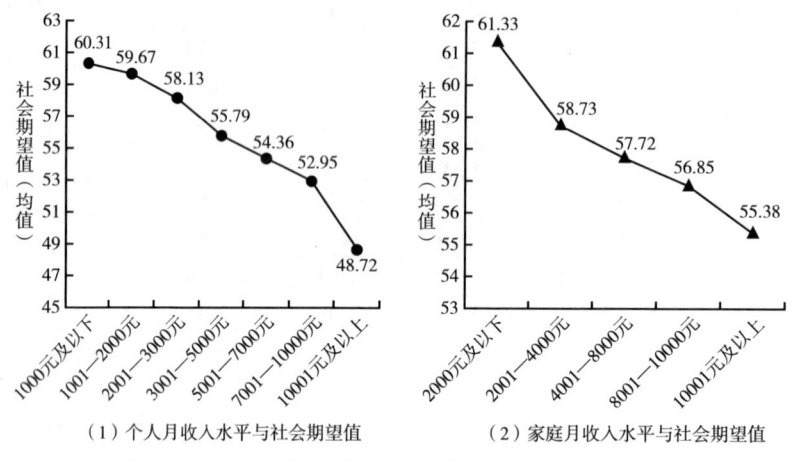

图 7-50 客观经济收入水平与社会期望值之间的关系

以上结果表明，经济收益（收入水平）已成为人们与参照群体相比较的主要"标尺"之一，2013 年调查发现，那些经济收入低的受访者所从事的职业往往不在正式单位组织中，主要是销售人员、服务人员或工人（占 70% 左右），其中有近七成的人时常觉得很累，过半数人经常加班，近四成的人认为工作没有成就感。这部分人在城市中，不仅客观收入低，而且在与其他职业群体比较的过程中，往往具有利益相对受损或不公的感受，成为有学者所谓的"利益相对受损集团"[①]。

在客观收入分析的基础上，我们在调查中，还询问受访者对自身主观社会经济地位的认同。[②] 如前文所述，如果社会期望值能够较好地反映人们的分层意识或不公平意识的变化，那么我们有理由认为社会期望值在不同主观社会经济地位群体中的分布具有差异性。因为社会期望值具有鲜明的社会性，即与一般的个体性感受相比，其所体现的群体性、阶层性属性更强，除了实际利益

---

① 李强从利益结构变迁的角度，将我国的社会群体分为四类，分别是特殊获益者群体、普通获益者群体、利益相对受损集团、社会底层群体。参见李强《转型时期中国社会分层》，沈阳：辽宁教育出版社，2004 年。

② 调查询问受访者"如果整个社会由下到上分为十层（第一层代表最低，第十层代表最高）"，受访者的收入属于第几层，受访者的社会地位属于第几层。

的得失所引起的目标与现实的不一致感受，有时甚至是带有想象的差异。①

　　分析结果显示，总体而言，人们的社会期望值随着主观社会经济地位的提升而降低，但值得注意的是，无论是主观经济地位还是主观社会地位，那些地位认同在七层以上的受访者的社会期望值会增大（见图7-51）。进一步将主观经济地位和主观社会地位分别分为低层、较低层、中层、较高层和高层五个水平，分层回归分析比较发现，在主观经济地位方面，"高层"受访者与"低层"受访者的社会期望值在0.05置信水平下不存在显著差异，除此之外，主观感知自身经济地位处于各个水平的受访者的社会期望值均在0.05置信水平下存在显著差异，主观经济地位由"低层"向"较高层"依次递进，受访者的社会期望值逐级递减，而"高层"主观经济地位的受访者在社会期望值上显著最高，均值达到62.33（见表7-36）。在主观社会地位方面，"高层"主观社会地位受访者与"低层"主观社会地位受访者、"较低层"主观社会地位受访者和"中层"主观社会地位受访者之间的社会期望值在0.05置信水平下并不存在显著差异，但处于其他各个水平的主观社会地位受访者之间在社会期望值上均存在显著差异，其中，也呈现"主观社会地位由'低层'向'较高层'依次递进，受访者的社会期望值逐级递减"的发展趋势，而"高层"主观社会地位的受访者在社会期望值上有上升之势（见表7-37）。

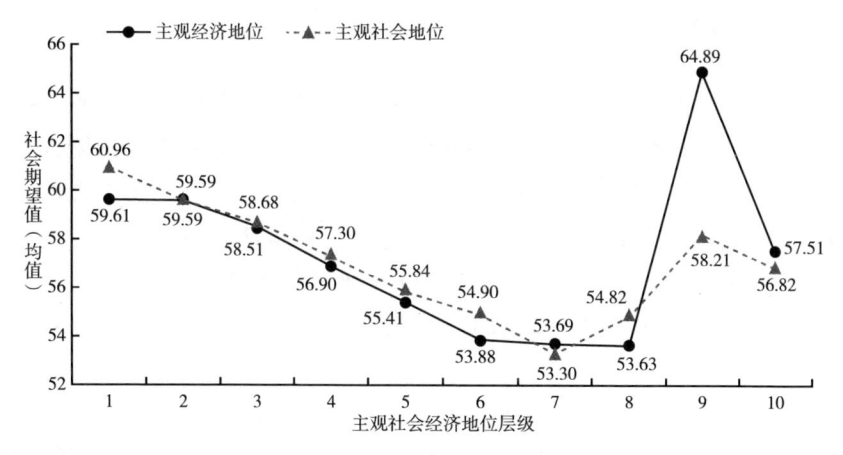

图7-51　社会期望值与主观社会经济地位之间的关系

---

① Karl Dieter Opp, Petra Hartmann, *The Rationality of Political Protest: A Comparative Analysis of Rational Choice Theory*, New York: Westview Press, 1989, pp.101-114.

表7-36　主观经济地位在社会期望值上的多元比较检验

较低层−低层=−1.79（p=0.000）			
中层−低层=−4.56（p=0.000）	中层−较低层=−2.78（p=0.000）		
较高层−低层=−5.93（p=0.000）	较高层−较低层=−4.14（p=0.000）	较高层−中层=−1.36（p=0.015）	
高层−低层=2.73（p=0.082）	高层−较低层=4.52（p=0.004）	高层−中层=7.29（p=0.000）	高层−较高层=8.66（p=0.000）

注：表格中数值是不同层回归系数之差。

表7-37　主观社会地位在社会期望值上的多元比较检验

较低层−低层=−2.17（p=0.000）			
中层−低层=−4.55（p=0.000）	中层−较低层=−2.38（p=0.000）		
较高层−低层=−6.39（p=0.000）	较高层−较低层=−4.22（p=0.000）	较高层−中层=−1.84（p=0.000）	
高层−低层=−2.39（p=0.088）	高层−较低层=−0.22（p=0.874）	高层−中层=2.16（p=0.122）	高层−较高层=4.00（p=0.006）

注：表格中数值是不同层回归系数之差。

接下来，我们综合考虑主观经济地位与主观社会地位的一致性与差异性（我们在调查的基础上，将受访者依循其对自身的地位认同简化为高、中、低三个层级）及其对社会期望值受的影响[①]（见表7-38）。调查结果显示，在地位的一致性层面，高收入—高社会地位者的社会期望值最低，均值为53.19，其后依次是中等收入—中等社会地位者（均值为55.69）、低收入—低社会地位者（均值为59.66）。这个结果与我们

[①] 根据伦斯基的分类，其将地位的一致性程度称为地位结晶化（status crystallization），他认为高地位结晶化是指运用各种标准，得到的地位程度相一致，无论这种一致是在高地位层次还是低地位层次；而低地位结晶化则是指运用各种标准得到的地位程度不一致（参见赵频、赵芬、刘欣《美国社会学家关于地位不一致研究的概述》，《社会》2001年第5期，第27—30页）。虽然伦斯基指出了地位不一致上的两种分类，但是关于高地位结晶化和低地位结晶化内部的差异显然没有受到更多的关注。

的一般日常理解相一致,即那些既处于较低经济地位又处于较低社会地位的群体,不仅是利益的相对剥夺者,甚至在有些层面是利益的绝对受损者。比如城市下岗工人,其社会期望值(均值为59.50)高于一般人群(均值为57.58)。这些人员所持有的强烈的目标与现实的不一致感不仅来自与城市中具有稳定工作者的比较,而且来自与自己以往生活经历的比较。

从地位不一致的视角出发,我们发现:经济地位与社会地位之间的差异越大,人们感知到的期望与实际获得之间的不一致程度越大。首先,在同样的经济地位下,社会地位越高,人们的社会期望值越低;其次,在同样的社会地位下,经济地位越高,人们的社会期望值也越低。经济地位虽然是决定人们地位身份的重要因素,但是在中国的文化中,人际交往过程中的社会互动即他人对自己的评判在一定程度上也构成了"个人地位"的重要维度。[①] 中国人素来讲"面子",有钱而没有社会地位的人常被人们所"鄙夷",并被冠以"暴发户""土豪"等称谓,从而在既定的经济地位基础上,人们会尽可能地提升自己的社会地位,以实现在社会互动中"心理地位"的满足。

以上的分析结果表明,社会经济地位的差异不仅显著地影响人们的社会期望值,而且人们的社会期望值所具有的社会性和结构性特征,使得我们可以通过对它的测量来反映整个社会的发展状况,即一个景气的社会理应是一个公平正义的社会和社会期望值较低的社会。

表7-38 主观社会经济地位与社会期望值的列联表

主观经济地位 \ 主观社会地位	低层	中层	高层
低层	59.66 (8.17)	57.73 (6.07)	56.83 (5.73)
中层	57.41 (6.49)	55.69 (7.63)	54.65 (8.76)
高层	56.06 (3.39)	57.47 (12.26)	53.19 (15.04)

注:表格中的数值是社会期望值均值,括号内是标准差。

---

① 翟学伟:《个人地位:一个概念及其分析框架——中国日常社会的真实建构》,《中国社会科学》1999年第4期,第144—157页。

3. 社会保障与社会期望值

党的十八大报告指出："社会保障是保障人民生活、调节社会分配的一项基本制度。要坚持全覆盖、保基本、多层次、可持续方针，以增强公平性、适应流动性、保证可持续性为重点，全面建成覆盖城乡居民的社会保障体系。改革和完善企业和机关事业单位社会保险制度，整合城乡居民基本养老保险和基本医疗保险制度，逐步做实养老保险个人账户，实现基础养老金全国统筹，建立兼顾各类人员的社会保障待遇确定机制和正常调整机制。"[①]

从社会保障调节社会分配的作用出发，良好的社会保障制度可以较好地促进社会公平，也可以弥补人们由于在初次分配中的差异而产生的不公感和期望与实际获得的不一致感。在此次调查中，我们设置了专门的题器用以测量人们基本社会保险（"三险一金"：基本养老保险、基本医疗保险、失业保险和住房公积金）[②]的享有状况。统计结果显示，基本社会保险的享有越完善，人们的社会期望值越低（$F=167.95$，$p=0.0000$）；具体比较各项社会保险享有情况与社会期望值之间的关系发现，享有养老保险（$t=3.9213$，$p=0.0001$）、医疗保险（$t=3.9489$，$p=0.0001$）、失业保险（$t=7.7755$，$p=0.0000$）或住房公积金（$t=17.5705$，$p=0.0000$）受访者的社会期望值相对较低，其中，享有住房公积金的受访者与未享有住房公积金的受访者在社会期望值上的差距最大，相差近5个单位（见图7-52）。

进一步的分析结果显示，在控制收入的基础上，社会保险的享有仍然显著地影响人们的社会期望值。除月收入最低层级之外，无论在哪个收入层级享有"三险一金"的受访者的社会期望值都显著低于"三险一金"不全或无"三险一金"的受访者（见图7-53）。

---

① 《胡锦涛在中国共产党第十八次全国代表大会上的报告》，人民网，2012年12月18日，http://cpc.people.com.cn/n/2012/1118/c64094-19612151.html。

② 社会保险作为一项社会保障制度，其目的在于"使劳动者（公民）在因年老、患病、生育、受伤、致残、死亡、失业等原因而造成的正常的谋生能力中断或永久性丧失劳动能力之后，其本人及所供养的家庭成员可以获得的一定物质帮助或社会照顾"（参见陈冬红、王敏《社会保障学》，成都：西南财经大学出版社，1996年，第163页）。与一般的商业保险不同，社会保险具有强制性，完善的社会保险制度可以成为人们抵御社会风险的"安全网"。

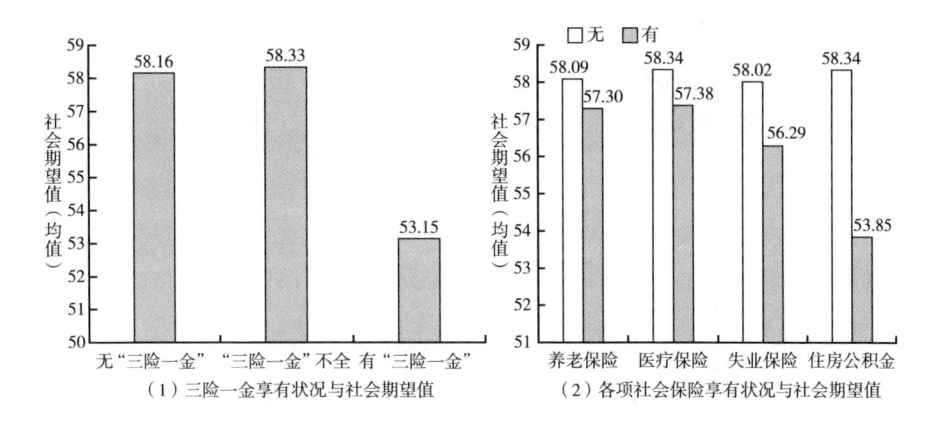

图7-52 社会保障与社会期望值之间的关系

（1）三险一金享有状况与社会期望值

（2）各项社会保险享有状况与社会期望值

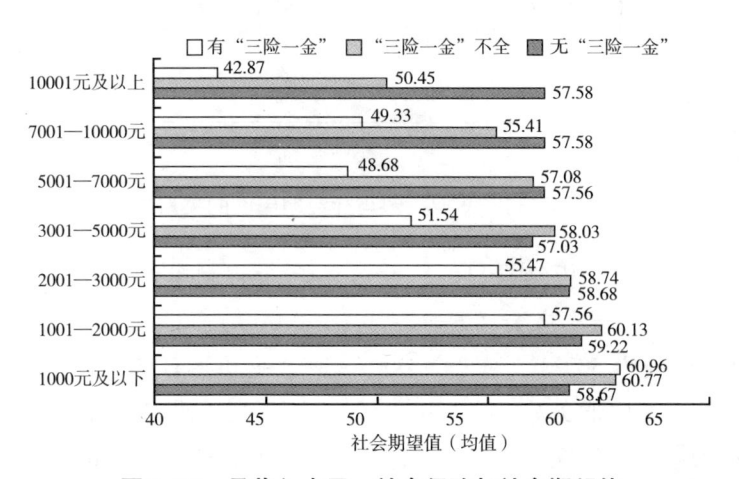

图7-53 月收入水平、社会保险与社会期望值

这充分说明，完善的社会保险不仅具有抵御社会风险的功能，而且能够起到缓和人们心理失衡的作用。在调查时点，求职者一般除了对工资待遇的要求，更看重应聘单位的社会保险是否完善（如"三险一金"或"五险一金"），比如国家企事业单位，因为能够提供给就业者更为完善的社会保障，从而成为很多求职者的首选目标。一份稳定而又有保障的工作对人们的吸引力远甚于较高的工资。据报道，2013年国家公务员报考人数达到152万人，较上年增加10%，最热岗位竞争比达7192:1。[①] 这充分说明，2013年时我们国家的单位分割效应明显，使得那些处于"体制外"

---

① 《国考报名审核结束 152万合格 平均77人争一职位》，《京华时报》2013年10月28日。

单位的群体不公平感和目标与实际获得不一致感更为强烈。

就职业而言,职业声望与社会期望值呈显著负相关关系($P=-0.1920$,$p=0.000$),即拥有较高职业声望的受访者感知到的目标与实际获得的不一致程度较低(见图7-54)。

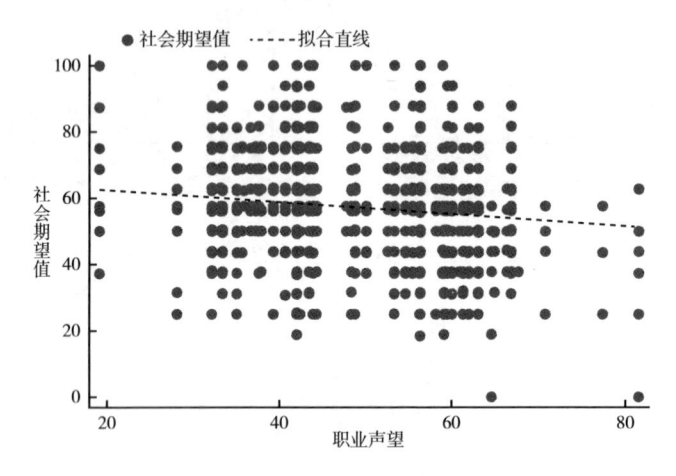

图7-54 职业声望与社会期望值的关系

更进一步的分析结果显示,身处不同所有制单位的受访者在社会期望值上也存在显著差异($F=22.33$,$p=0.000$)。国有单位的职工社会期望值(均值为53.21)最低,港澳台资企业和私有或民营企业的职工社会期望值(均值分别为63.96、59.27)最高(见图7-55)。但在控制社会保险享有状况变量的基础上,我们可以看出,无论在哪种所有制单位中,完善的社会保障都可以有效地降低社会期望值差异(见图7-56)。

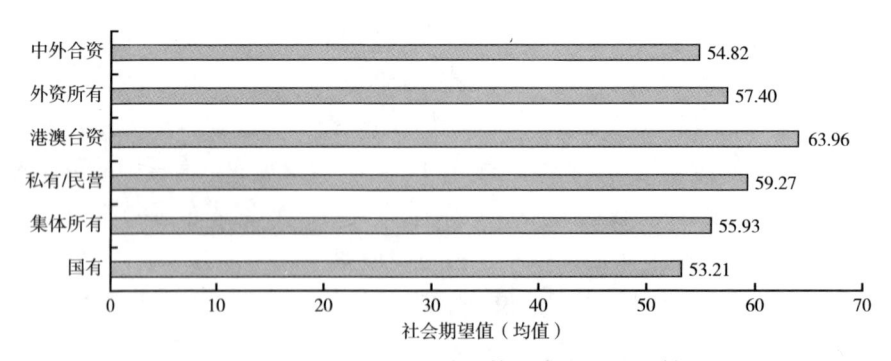

图7-55 不同所有制单位的社会期望值比较

所有制	社会期望值(均值)
中外合资	54.82
外资所有	57.40
港澳台资	63.96
私有/民营	59.27
集体所有	55.93
国有	53.21

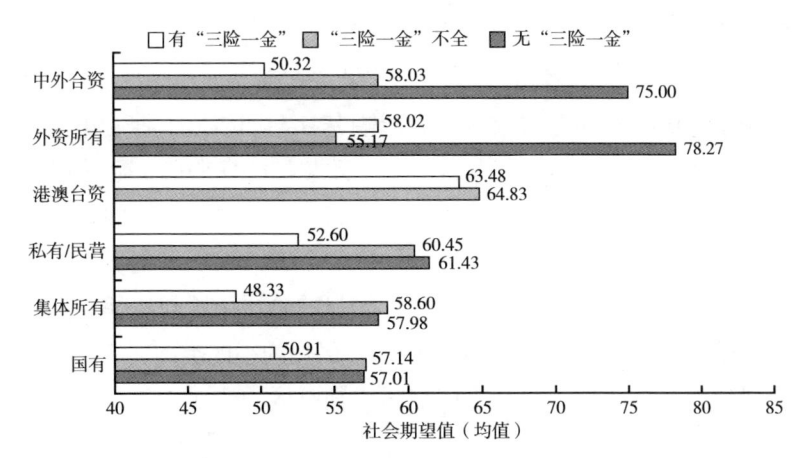

图7-56　不同所有制单位中社会保障享有状况与社会期望值的关系

注：港澳台资企业员工受访者中没有"无'三险一金'"者。

4. 居住状况与社会期望值

"居者有其屋"是人们的基本需求，国人一直重视"安居"，将"家"与"住所"密切地联系在一起。但在当时，拥有住房却变成了不少城市家庭的"梦想"。国民最想和最高领导人聊的话题是什么？2010年9月8日人民网·中共新闻网开通的"直通中南海——中央领导人和中央机构留言板"，在开通一个星期之后给出的答案是：房价。[①] 在某种意义上，住房不再完全是居住功能的载体，而成为财产和盈利的重要手段，更是地位和身份的象征。[②] "中国家庭金融调查与研究中心"统计的数据显示，2012年城镇家庭住房的刚性需求为6459万套，每年新增需求为579万套，城镇地区的房屋供给约为4046万套，缺口为2413万套；按揭贷款成为不少城镇家庭购买住房的主要方式，非农户籍家庭购房贷款总额平均为28.4万元，户均借款7.1万元，购房债务占家庭总债务的一半以上。[③]

"社会态度与社会发展（2013）"调查结果显示，住房状况、个人收入和生活压力已成为城市民众最不满意的事项，而在实质上，这三者之间相互关联，住房成为城市民众产生收入压力和生活压力的主要原因。统计结

---

① 史哲：《高房价如何能不再困扰民生》，《南方周末》2010年9月16日。
② 李强：《转型时期城市"住房地位群体"》，《江苏社会科学》2009年第4期，第42—53页。
③ 甘犁、尹志超、贾男、徐舒、马双：《中国家庭资产状况及住房需求分析》，《金融研究》2013年第4期，第1—14页。

果表明，在所有受访者中，租房居住者的比例为15.6%，其中30岁以下者占45.4%，40岁以下者占70%，也就是说青年人成为租房的主要需求人群。城镇居民拥有的住房数量显著影响其社会期望值，拥有更多住房的受访者，感知到的期望与实际获得的不一致（社会期望值）显著更低（$P=-0.05$，$p=0.000$）（见图7-57）。除了住房拥有量，居住空间的差异也构成了人们社会期望值的主要来源。根据以往的研究，人们发现居住的空间分割已成为社会阶层分化一项重要来源，客观的阶层位置与居住空间的分化存在相当程度的一致性。[①] 我们根据受访者居住的小区类型，将居住空间由高到低划分为高档商品房或高级住宅区或别墅区、普通商品房或经济适用房、单位社区、未经改造的老城区（街坊型社区）、棚户区和农转居社区，分析结果显示，居住小区环境越好的受访者社会期望值显著较低（$F=10.68$，$p=0.000$），居住在高档商品房社区的受访者社会期望值最低（均值为54.18），而居住在农转居社区的受访者社会期望值最高（均值为58.29）（见图7-58）。正如桑德斯所认为的，当下社会，衡量一个人的时候，其住房状况比工作状况更为重要，住房已成为社会不平等的主要来源之一。[②]

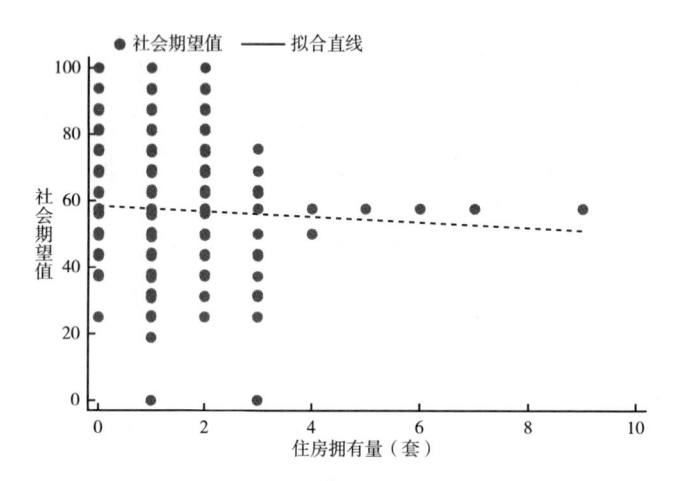

图7-57 住房拥有量与社会期望值的关系

[①] 刘精明、李路路：《阶层化：居住空间、生活方式、社会交往与阶层认同——我国城镇社会阶层化问题的实证研究》，《社会学研究》2005年第3期，第52—81页。

[②] Peter Saunders, "Beyond housing classes: The sociological significance of private property rights in means of consumption," *International Journal of Urban and Regional Research*, Vol.8, Issue 2(1984), pp.202-227.

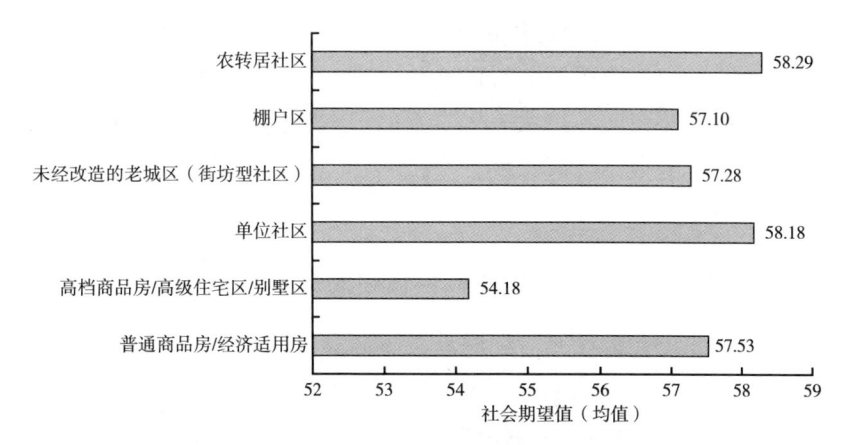

```
农转居社区         ████████████████ 58.29
棚户区            ███████████████ 57.10
未经改造的老城区（街坊型社区） ███████████████ 57.28
单位社区          ████████████████ 58.18
高档商品房/高级住宅区/别墅区 ██████████ 54.18
普通商品房/经济适用房 ███████████████ 57.53
                 52  53  54  55  56  57  58  59
                         社会期望值（均值）
```

图7-58　不同居住社区类型受访者的社会期望值对比

以上结果说明，在当时的中国城镇，由于住房而形成的"结构性紧张"问题可能已经出现。一方面，形成了有房者和无房者之间的社会分化和利益冲突；另一方面，出现"别墅与棚户共存，高楼并地下室齐飞"的场景，在社会空间意义上重新构建着不公，所有这些都加大了无房者的期望与实际获得的不一致感，甚至出现"住房问题决定当今中国的人心向背"的讨论。① 国人常言"有恒产者有恒心"，但面对城市高企的房价，不少青年梦断"北上广"。"一个年轻人理想只有'水泥盒子'那么大的民族，她的未来也大不了哪儿去。我们不能再沉浸在房地产的虚假繁荣之中了，高房价表面上扼杀的是青年人的梦想，实际上磨灭的是我们国家的未来。"②

随着我国城镇化的不断推进，住房问题在很长一段时期内仍将继续是一项关乎民生的重要问题，从而需要政府从制度层面进行改革和完善。中国要处理好政府提供公共服务和市场化的关系、住房发展的经济功能和社会功能的关系、需要和可能的关系、住房保障和防止福利陷阱的关系，以真正实现"居者有其屋"。③

---

① 陈先奎：《住房问题决定人心向背和天下兴亡》，环球网，2013年11月4日，http://opinion.huanqiu.com/opinion_china/2013-11/4528285.html。

② 《高房价扼杀的青年人的梦想 磨灭我们国家的未来》，《世界财经报道》2011年1月5日。

③ 《习近平谈住房问题 要求处理好四个关系》，新华网，2013年10月31日，http://news.xinhuanet.com/politics/2013-10/31/c_117939410.htm。

上述关于人们社会期望值的分析也表明,中国的社会发展要充分融合以经济增长和财富分配为主导的物质基础,要充分吸取以人为本的发展观,将发展的成果落实在广大人民群众的根本利益上,积极寻找能够将上述两种发展目标有效结合起来的社会机制。[①] 中国要通过社会建设促进社会发展,致力于人民福祉的增进、社会公平的实现、社会包容的提升。

(三)社会期望值与总体性社会情绪的关系

我们认为,人们期望与其实际获得之间的不一致(社会期望值)势必会影响其对社会的感知与态度,进而影响其个人行为。因此,我们首先探寻社会期望值对总体性社会情绪的三个维度——满意度、社会信任和社会信心的影响,在此基础上再具体分析社会期望值作用于总体性社会情绪指数的机制。

1. 社会期望值对满意度的影响

根据上述差异性分析的结果,我们将采用多元回归分析的方法探寻社会期望值对满意度及其二维度的影响。结果显示,在保持上述控制变量恒定不变的情况下,受访者的社会期望值每增加1个单位,满意度就会显著降低0.37个单位。这种影响也可以具体分解到满意度的两个维度上,在保持上述控制变量不变的条件下,受访者的社会期望值每增加1个单位,其对社会性事项的满意度会显著减少0.26个单位;而同样在控制上述自然特征变量和工作特征变量恒定不变的条件下,受访者的社会期望值每增加1个单位,其对个体性事项的满意度会显著减少0.49个单位(见表7-39)。

表7-39 社会期望值对满意度及其二维度的影响

变量	模型1 满意度	模型2 对社会性事项的满意度	模型3 对个体性事项的满意度
社会期望值	-0.37*** (-20.54)	-0.26*** (-12.20)	-0.49*** (-23.53)
年龄	0.26 (1.19)	0.23 (0.87)	0.30 (1.17)

---

① 李汉林主编:《中国社会发展年度报告(2012)》,北京:中国社会科学出版社,2012年。

续表

变量	模型1 满意度	模型2 对社会性事项的满意度	模型3 对个体性事项的满意度
政治面貌	−0.08 (−0.39)	−0.27 (−1.11)	0.14 (0.58)
户口类型	−1.98*** (−3.53)	−0.55 (−0.83)	−3.65*** (−5.52)
户口所在地	−0.78 (−1.15)	−1.06 (−1.33)	−0.45 (−0.56)
受教育程度	0.80*** (4.45)	−0.08 (−0.38)	1.84*** (8.62)
区域	1.40*** (5.54)	0.82** (2.76)	2.07*** (6.96)
工作状态	1.80* (2.28)	0.45 (−0.48)	3.38*** (3.63)
月收入	−1.33*** (−5.87)	−1.45*** (−5.44)	−1.19*** (−4.46)
单位类型	−0.39 (−1.27)	−0.04 (−0.10)	−0.81* (−2.21)
单位所有制性质	−0.79*** (−3.68)	−0.54* (−2.16)	−1.07*** (−4.24)
行政级别	−1.41** (−3.20)	−1.81** (−3.48)	−0.96+ (−1.84)
截距	83.15*** (24.65)	79.43*** (20.01)	87.48*** (22.00)
F值	62.57***	21.31***	90.78***
R^2	0.2253	0.0901	0.2968

注：括号中数值为t值；$^+ p<0.1$，$^* p<0.05$，$^{**} p<0.01$，$^{***} p<0.001$。

不难看出，对自己在社会中的期望值越高（既定期望与实际获得的不一致程度越高）时，人们往往会对指涉个人利益的个体性事项（如个人收入、家庭经济状况、住房、健康、工作等方面）表达出相对不满的情绪；与此同时，这种不满会溢出到个人生活以外，跃迁至人们对社会性事项（如社会经济、物价、环境、教育、医疗等宏观方面）的评价上，同样对社会性事项表达出相对不满的情绪。

在上述回归分析的基础上，我们发现，虽然社会期望值对人们的满意度有显著负向影响，但这种影响的大小却受到个体所在单位类型和个体月收入的调节。在将上述年龄、政治面貌、户口类型与户口所在地、受教育程度和区域等自然特征变量和工作状态、单位类型与所有制性质、行政职务和月收入等工作特征变量作为控制变量的同时，分别引入社会期望值与单位类型的交互项和社会期望值与月收入水平的交互项进行多元回归分析，结果如表7-40所示。表7-40中模型1统计结果显示，在多元回归模型中，社会期望值与月收入水平交互项的回归系数在0.05置信水平下显著，表明个人的月收入水平可以调节社会期望值对满意度影响的大小。如图7-59所示，可以发现，以月收入1000元及以下为参照组，在月收入水平越高的群体中，这种社会期望值对满意度的负向影响会显著变小。即是说，较高的月收入水平可以有效减缓人们高社会期望所产生的不满。另外，模型2统计结果显示，在多元回归模型中，社会期望值与单位所有制性质交互项的回归系数也在0.05置信水平下显著，这表明不同所有制性质单位的员工在社会期望值对满意度的影响上有显著差异。结合图7-60和表7-40模型2的统计数据，比较不同所有制性质单位员工的社会期望值对满意度的影响大小可见，私有或民营企业员工感知到的这种负面影响显著大于国有企业和集体所有企业员工。由此可见，拥有较好社会保障、工作稳定性更强的国有制和集体所有制企业能够在一定程度上缓冲其员工因过高的社会期望而导致的不满态度，相反，工作稳定性相对较低、灵活性较大的私有或民营企业则很难给予其员工这样的保障。

表7-40　社会期望值对满意度的影响：月收入和单位类型的调节效应

变量	模型1 满意度	模型2 满意度
控制变量	控制中	控制中
社会期望值	−0.17⁺ （−1.87）	−0.41^{***} （−18.58）
月收入水平（以1000元及以下为参照）		
1001—2000元	6.80 （1.05）	
2001—3000元	15.62[*] （2.44）	
3001—5000元	14.06[*] （2.20）	

续表

变量	模型1 满意度	模型2 满意度
5001—7000元	9.60 （1.38）	
7001—10000元	10.86 （1.28）	
10001元及以上	7.37 （−0.78）	
社会期望值*月收入水平（以1000元及以下为参照）		
社会期望值*1001—2000元	−0.09 （−0.97）	
社会期望值*2001—3000元	−0.26** （−2.74）	
社会期望值*3001—5000元	−0.27** （−2.83）	
社会期望值*5001—7000元	−0.24* （−2.23）	
社会期望值*7001—10000元	−0.21 （−1.40）	
社会期望值*10001元及以上	−0.05 （−0.25）	
单位所有制类型（以私有/民营企业为参照）		
国有企业		−5.92* （−2.42）
集体所有企业		−8.21* （−2.53）
港澳台资企业		−5.04 （−0.64）
外资所有企业		−4.52 （−0.82）
中外合资企业		0.01 （0.00）
社会期望值*单位所有制类型（以私营/民营企业为参照）		
社会期望值*国有企业		0.15** （3.45）
社会期望值*集体所有企业		0.19** （3.47）
社会期望值*港澳台资企业		0.03 （0.22）
社会期望值*外资所有企业		0.05 （0.54）

续表

变量	模型1 满意度	模型2 满意度
社会期望值*中外合资企业		0.003 （0.03）
截距	72.76*** （10.68）	83.13*** （22.90）
F值	34.61***	37.89***
R^2	0.2285	0.2363

注：括号中数值为t值；$^+p<0.1$，$^*p<0.05$，$^{**}p<0.01$，$^{***}p<0.001$。

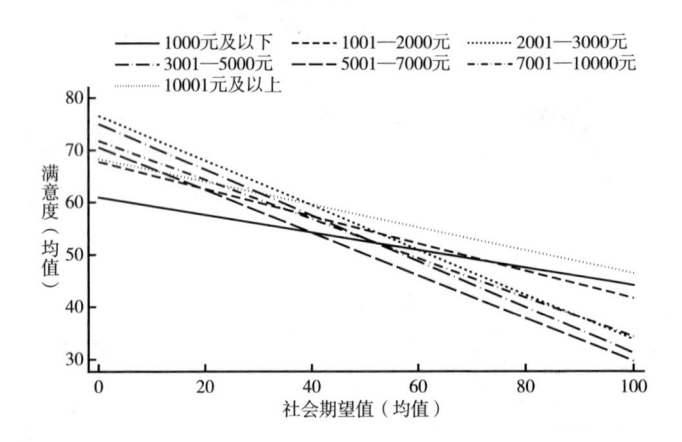

图7-59 不同月收入水平受访者的社会期望值对满意度的影响比较

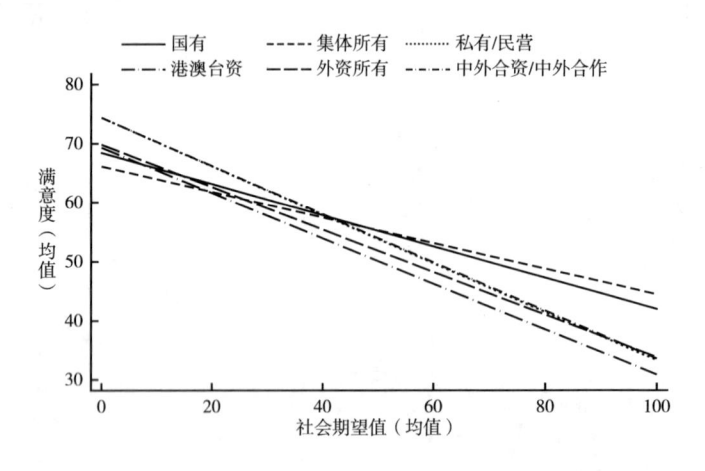

图7-60 不同所有制性质单位受访者的社会期望值对满意度的影响比较

除了上述影响差异之外，我们也试图探寻社会期望值具体是如何影响受访者满意度的。结果如表7-41所示，模型1为基准模型，在将上述年龄、政治面貌、户口类型与所在地、受教育程度和区域等自然特征变量和工作状态、单位类型与单位所有制性质、行政级别和月收入等工作特征变量作为控制变量保持不变的情况下，人们的社会期望值每增加1个单位，其满意度会显著降低0.37个单位。在模型2中，我们将主观经济地位作为因变量、社会期望值作为自变量，在上述控制变量保持不变的情况下，人们的社会期望值每增加1个单位，其主观经济地位就会降低0.01个单位。在模型3中，我们将社会期望值和主观经济地位同时作为自变量，考察其对满意度的影响。结果显示，社会期望值和主观经济地位的回归系数均在0.05置信水平下显著，且对满意度均产生负向影响。对比模型1和模型3发现，模型3中社会期望值的回归系数与模型1相比有些许下降，且模型的决定系数也从模型1的0.2253上升到了0.2308。这表明，社会期望值对满意度的影响被主观经济地位部分中介了，间接效应大小为0.011。采用Bootstrap检验其中介效应，结果发现主观经济地位产生的中介效应不大，中介了2.93%社会期望值对满意度的影响，但Z值为2.42，且在0.05置信水平下显著，95%的置信区间中不包含0。由此说明，社会期望值除了可以直接影响受访者的满意度大小之外，还可以通过主观经济地位间接影响满意度。

表7-41 社会期望值对满意度的影响：主观经济地位的中介效应

变量	模型1 满意度	模型2 主观经济地位	模型3 满意度
社会期望值	-0.37^{***} （-20.54）	-0.01^{***} （-12.14）	-0.38^{***} （-20.78）
主观经济地位			-0.76^{*} （-2.54）
年龄	0.26 （1.19）	-0.06^{***} （-3.93）	0.23 （1.02）
政治面貌	-0.08 （-0.39）	-0.01 （-0.81）	-0.04 （-0.18）
户口类型	-1.98^{***} （-3.53）	0.17^{***} （4.55）	-1.90^{**} （-3.37）
户口所在地	-0.78 （-1.15）	-0.20^{***} （-4.40）	-0.92 （-1.35）

续表

变量	模型1 满意度	模型2 主观经济地位	模型3 满意度
受教育程度	0.80*** (4.45)	−0.04** (−3.37)	0.78*** (4.28)
区域	1.40*** (5.54)	−0.06** (−3.30)	1.42*** (5.60)
工作状态	1.80* (2.28)	−0.09+ (−1.69)	1.78* (2.24)
月收入	−1.33*** (−5.87)	0.28*** (18.43)	−1.18*** (−4.87)
单位类型	−0.39 (−1.27)	−0.01 (−0.62)	−0.42 (−1.35)
单位所有制性质	−0.79*** (−3.68)	−0.005 (−0.35)	−0.72** (−3.37)
行政级别	−1.41** (−3.20)	−0.12*** (−4.12)	−1.64*** (−3.70)
截距	83.15*** (24.65)	3.27*** (14.65)	86.28*** (24.54)
F值	62.57***	79.47***	59.22***
R^2	0.2253	0.2709	0.2308

注：括号中数值为t值；$^+p<0.1$, $^*p<0.05$, $^{**}p<0.01$, $^{***}p<0.001$。

2. 社会期望值对社会信任的影响

分析社会期望值对社会信任的影响大小和差异，结果如表7-42所示。模型1中，我们根据方差分析的结果将年龄、政治面貌、户口类型与户口所在地、受教育程度和区域等自然特征变量和工作状态、单位类型、月收入和行政级别等工作特征变量作为控制变量保持恒定不变，社会期望值每增加1个单位，人们的社会信任水平就会显著降低0.27个单位。在模型2中，我们在模型1基础上引入了社会期望值与政治面貌的交互项为自变量，统计结果显示该组交互项在0.05置信水平下显著，即是说，个人不同的政治面貌可以调节社会期望值对社会信任的影响。具体比较如图7-61和表7-42模型2所示，以群众为参照组，共产党员的社会期望值对社会信任的负面影响要比群众的少8.57个单位。此外，以模型1为基准模型，在模型3中额外添加社会期望值与月收入的交互项进入自变量，多元回归结果显示，社会期望值与月收入交互项的回归系数在 0.05 置信水平下显著，这表明个人的月收入水平能够有效调节社会期望值对社会信任的影响。具体比较可见，以月收入 1000 元及以下为参照组，随着月收入水平的提升，社会期望值对社会信任的负面影响呈现先降后升的 U 形发展态势，其中，月收入在 5001—7000 元的受访者群体中，社会期望值对社会信任产生的负面影响最小（见图 7-62）。这表明，个人较高的月收入可以减缓因过高社会期望值而导致的低水平社会信任。最后，模型 4 在模型 1 的基础上将社会期望值与失业保险享有状况的交互项纳入自变量，多元回归分析的结果显示，该交互项的回归系数也是显著的，这表明是否享有失业保险能有效调节社会期望值对社会信任的影响。结合模型 4 统计结果和图 7-63 可知，享有失业保险的受访者感知到的社会期望值对社会信任的负面影响相对较小。

表7-42　社会期望值对社会信任的影响：有调节效应

变量	模型1 社会信任	模型2 社会信任	模型3 社会信任	模型4 社会信任
控制变量	控制中	控制中	控制中	控制中
社会期望值	−0.27*** (−12.49)	−0.25*** (−10.38)	0.06+ (0.59)	−0.20*** (−6.57)
月收入水平（以1000元及以下为参照）				
1001—2000元			16.15* (2.07)	
2001—3000元			23.70** (3.06)	
3001—5000元			23.35** (3.02)	
5001—7000元			21.40** (2.52)	
7001—10000元			13.65 (1.33)	
10001元及以上			13.40 (1.16)	
社会期望值*月收入（以1000元及以下为参照）				
社会期望值*1001—2000元			−0.24* (−2.11)	

续表

变量	模型1 社会信任	模型2 社会信任	模型3 社会信任	模型4 社会信任
社会期望值*2001—3000元			−0.39** (−3.42)	
社会期望值*3001—5000元			−0.40** (−3.44)	
社会期望值*5001—7000元			−0.42** (−3.18)	
社会期望值*7001—10000元			−0.26 (−1.44)	
社会期望值*10001元及以上			−0.09 (−0.36)	
政治面貌（以群众为参照）				
共产党员		8.57* (2.54)		
共青团员		0.91 (0.23)		
民主党派		−18.91 (−0.33)		
社会期望值*政治面貌（以群众为参照）				
社会期望值*共产党员		−0.15** (−2.63)		
社会期望值*共青团员		0.05 (0.62)		
社会期望值*民主党派		0.20 (0.16)		
失业保险（以没有享有为参照）				
享有				5.78* (2.36)
社会期望值*没有失业保险（参照）				
社会期望值*享有失业保险				−0.14** (−3.34)
截距	86.83*** (3.22)	83.39*** (17.97)	63.88*** (7.56)	84.19*** (17.82)
F值	24.67***	19.33***	14.73***	23.61***
R^2	0.1116	0.1201	0.1220	0.1250

注：括号中数值为t值；† $p < 0.1$，* $p < 0.05$，** $p < 0.01$，*** $p < 0.001$。

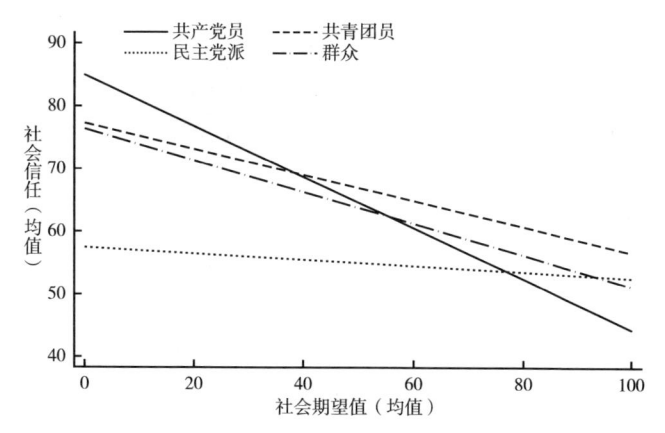

图7-61　不同政治面貌的受访者的社会期望值对社会信任的影响比较

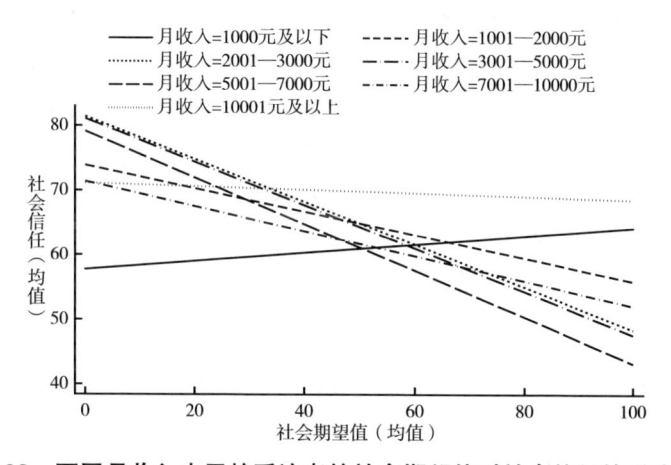

图7-62　不同月收入水平的受访者的社会期望值对社会信任的影响比较

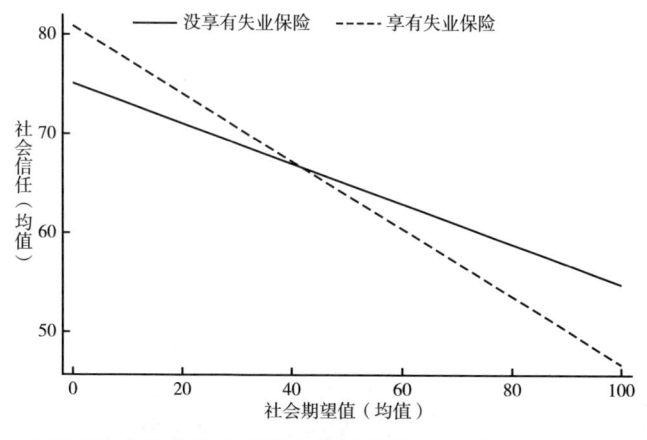

图7-63　是否享有失业保险受访者的社会期望值对社会信任的影响比较

我们认为，人们社会参与的程度越深，其对政府执行能力或各职能部门的了解越深入，进而影响其社会的总体信任度。因此，我们将社会参与作为中介变量，探寻其在社会期望值与社会信任之间所起的作用。数据统计结果如表 7-43 所示，模型 1 为基准模型，在保持年龄、政治面貌、户口类型与户口所在地、受教育程度和区域等自然特征变量和工作状态、单位类型、月收入和行政级别等工作特征变量保持恒定不变的情况下，社会期望值每增加 1 个单位，人们的社会信任水平会显著降低 0.27 个单位。模型 2 将社会参与作为因变量、社会期望值作为自变量，结果显示，人们的社会期望值对其社会参与的行为有显著负向影响作用。模型 3 将社会期望值和社会参与同时作为自变量、将社会信任作为因变量，统计结果显示，社会期望值和社会参与两项上的回归系数均在 0.001 置信水平下显著。同时，将模型 3 与模型 1 进行比较可见，社会期望值的回归系数有所提高，且模型的决定系数从 0.1116 增加到了 0.1493。综上三个模型结果可知，社会参与在社会期望值与社会信任的关系中起着显著中介作用。采用 Bootstrap 检验其中介效应，结果发现社会参与产生的间接效应不大，中介了 7.57% 社会期望值对社会信任的影响，但 Z 值为 -4.02，且在 0.01 置信水平下显著，95% 的置信区间中不包含 0。由此说明，较高的社会期望值除了可以直接影响受访者的社会信任水平之外，还可以通过减少人们社会参与的行为，进而间接降低其社会信任。

表7-43 社会期望值对社会信任的影响：社会参与的中介效应

变量	模型1 社会信任	模型2 社会参与	模型3 社会信任
社会期望值	−0.27*** （−12.49）	−0.10*** （−4.62）	−0.25*** （−11.76）
社会参与			0.20*** （10.57）
年龄	0.40 （1.49）	0.54+ （1.94）	0.30 （1.13）
政治面貌	−0.45+ （−1.79）	−0.17 （−0.65）	−0.40 （−1.64）
户口类型	−2.51*** （−3.67）	−2.01** （−2.87）	−2.11** （−3.14）

续表

变量	模型1 社会信任	模型2 社会参与	模型3 社会信任
户口所在地	−3.74*** (−4.53)	−2.71** (−3.20)	−3.12*** (−3.84)
受教育程度	0.34 (1.54)	0.07 (0.29)	0.32 (1.48)
区域	0.22 (0.73)	0.19 (0.59)	0.23 (0.74)
工作状态	2.55** (2.64)	2.16* (2.18)	2.12* (2.23)
月收入	−1.10*** (−3.67)	0.53+ (1.73)	−1.22*** (−4.14)
单位类型	−0.55 (−1.44)	−0.63 (−1.62)	−0.42 (−1.11)
单位所有制性质	−0.64* (−2.42)	−0.87** (−3.23)	−0.45+ (−1.74)
行政职务	−0.72 (−1.28)	−1.75** (−3.03)	−0.44 (−0.80)
职位	2.36** (3.22)	1.65* (2.20)	2.06** (2.87)
截距	86.83*** (19.22)	84.23*** (18.22)	70.03*** (14.86)
F值	24.67***	9.65***	31.88***
R^2	0.1116	0.0470	0.1493

注：括号中数值为t值；$^+ p<0.1$，$^* p<0.05$，$^{**} p<0.01$，$^{***} p<0.001$。

3. 社会期望值对社会信心的影响

在分析社会期望值对社会信心的影响时，表7-44中模型1根据方差分析的结果，将民族、年龄、政治面貌、户口类型与户口所在地、区域和受教育程度等自然特征变量和工作状态、单位类型与所有制性质、月收入和职位等工作特征变量作为控制变量，得到如下结果。在上述控制变量保持不变的情况下，社会期望值每增加1个单位，人们对社会的总体信心会减少0.12个单位。较高的社会期望值所产生的这种负面影响也可以在一定程度上分解到社会信心的两个维度上。同样从模型2和模型3可知，在保持上述控制变量不变的情况下，人们的社会期望值每增加1个单位，其对社会性事项的信心会减少 0.15 个单位，但对个体性事项信心的影响却在 0.05 统计性水平下不显著（见表 7-44）。

表7-44 社会期望值对社会信心的影响

变量	模型1 社会信心	模型2 对社会性事项的信心	模型3 对个体性事项的信心
社会期望值	−0.12*** （−5.82）	−0.15*** （−6.57）	0.03 （1.29）
民族	1.66 （1.04）	2.30 （1.28）	−1.28 （−0.71）
年龄	0.73** （2.90）	0.97** （3.41）	−0.35 （−1.24）
政治面貌	−0.42+ （−1.82）	−0.29 （−1.09）	−1.06*** （−4.02）
户口类型	−2.35*** （−3.69）	−3.04*** （−4.23）	0.82 （1.14）
户口所在地	−2.19** （−2.85）	−1.52+ （−1.75）	−5.31*** （−6.10）
受教育程度	0.91*** （4.40）	1.25*** （5.35）	−0.64** （−2.74）
区域	−0.39 （−1.36）	−0.25 （−0.79）	−1.02** （−3.13）
工作状态	2.43** （2.70）	2.97** （2.92）	−0.03 （−0.03）
月收入	−0.55* （−2.10）	−0.98** （−3.33）	1.45*** （4.90）
单位类型	0.004 （0.01）	0.04 （0.10）	−0.16 （−0.41）
单位所有制性质	−0.38 （−1.56）	−0.58* （−2.10）	0.52+ （1.88）
行政职务	−0.61 （−1.18）	−0.61 （−1.04）	−0.63 （−1.06）
职称	−1.40*** （−3.69）	−1.62*** （−3.79）	−0.38 （−0.89）
截距	84.42*** （20.09）	83.56*** （17.65）	88.37*** （18.58）
F值	13.82***	16.00***	8.19***
R^2	0.0700	0.0802	0.0427

注：括号中数值为t值；+ $p<0.1$，* $p<0.05$，** $p<0.01$，*** $p<0.001$。

基于上述对社会期望值和社会信心关系的初步回归分析，表7-45中模型1将社会期望值与受教育程度的交互项引入自变量。结果显示，该组交互项在0.05置信水平下显著，即表明受教育程度在社会期望值与社会信心之间关系中起着显著调节作用。具体如图7-64所示，以高中或中专或技校教育背景的受访群体为参照组，拥有研究生教育背景受访者的社会期望值对社会信心有着积极影响，而非消极影响。模型2将社会期望值与月收入的交互项引入自变量，统计结果显示，该组交互项在0.05置信水平下显著，即可以证明月收入水平也是社会期望值与社会信心之间关系的调节变量。从统计结果和图7-65可知，以月收入1000元及以下为参照组，月收入水平越高的受访者感知到社会期望值对社会信心的负面影响越小。这表明，较高的月收入可以有效缓解因较高的社会期望而导致的较低社会信心。最后，模型3将社会期望值与单位所有制性质的交互项引入自变量中，回归结果显示，该组交互项在0.05置信水平下显著，即表明不同所有制性质单位员工的社会期望值对社会信心产生的影响存在显著差异。具体如图7-66所示，与私有或民营企业员工进行比较，国有企业和集体所有企业员工更多感知到的是社会期望值对社会信心的正向影响，而非负向影响。这表明，不同企业给员工提供的保障或福利等会显著调节因其个人期望与实际获得的不一致程度而导致的较低社会信心。

表7-45　社会期望值对社会信心的影响回归模型

变量	模型1 社会信心	模型2 社会信心	模型3 社会信心
控制变量	控制中	控制中	控制中
社会期望值	-0.13^{**} （-3.14）	0.12^{+} （1.19）	-0.18^{***} （-7.26）
月收入水平（以1000元及以下为参照）			
1001—2000元		10.29 （1.41）	
2001—3000元		12.39^{+} （1.70）	
3001—5000元		14.55^{*} （2.00）	
5001—7000元		14.07^{+} （1.78）	

续表

变量	模型1 社会信心	模型2 社会信心	模型3 社会信心
7001—10000元		12.60 (1.31)	
10001元及以上		17.14 (1.59)	
社会期望值*月收入（以1000元及以下为参照）			
社会期望值*1001—2000元		−0.21⁺	
		(−1.93)	
社会期望值*2001—3000元		−0.24[*] (−2.19)	
社会期望值*3001—5000元		−0.28[*] (−2.60)	
社会期望值*5001—7000元		−0.31[*] (−2.52)	
社会期望值*7001—10000元		−0.31⁺ (−1.84)	
社会期望值*10001元及以上		−0.36 (−1.52)	
单位所有制性质（以私有/民营企业为参照）			
国有企业			−10.85^{***} (−3.88)
集体所有企业			−6.93⁺ (−1.88)
港澳台资企业			−4.47 (−0.50)
外资所有企业			−10.65⁺ (−1.70)
中外合资企业			−5.57 (−1.01)
社会期望值*单位所有制性质（以私营/民营企业为参照）			
社会期望值*国有企业			0.22^{***} (4.63)
社会期望值*集体所有企业			0.13[*] (2.08)

续表

变量	模型1 社会信心	模型2 社会信心	模型3 社会信心
社会期望值*港澳台资企业			0.02 (0.15)
社会期望值*外资所有企业			0.18⁺ (1.65)
社会期望值*中外合资企业			0.12 (1.19)
受教育程度（以高中/中专/技校为参照）			
小学及以下	−3.50 (−0.96)		
初中	−2.35 (−0.67)		
大学专科	−1.77 (−0.50)		
大学本科	−0.12 (−0.03)		
研究生	−13.65* (−2.12)		
社会期望值*受教育程度（以高中/中专/技校为参照）			
社会期望值*小学及以下	0.01 (0.16)		
社会期望值*初中	−0.01 (−0.16)		
社会期望值*大学专科	0.05 (0.77)		
社会期望值*大学本科	−0.02 (−0.24)		
社会期望值*研究生	0.29* (2.16)		
截距	90.04*** (19.54)	70.67*** (8.91)	87.17*** (19.35)
F值	9.52***	8.46***	9.87***
R^2	0.0788	0.0764	0.0814

注：括号中数值为t值；⁺$p<0.1$，*$p<0.05$，**$p<0.01$，***$p<0.001$。

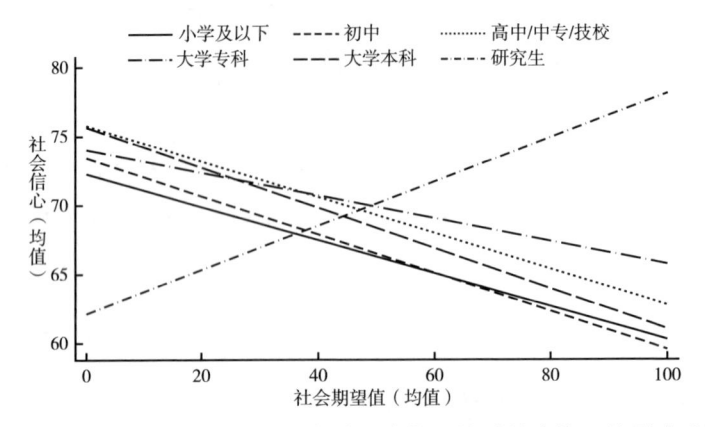

图7-64 不同受教育程度受访者的社会期望值对社会信心的影响比较

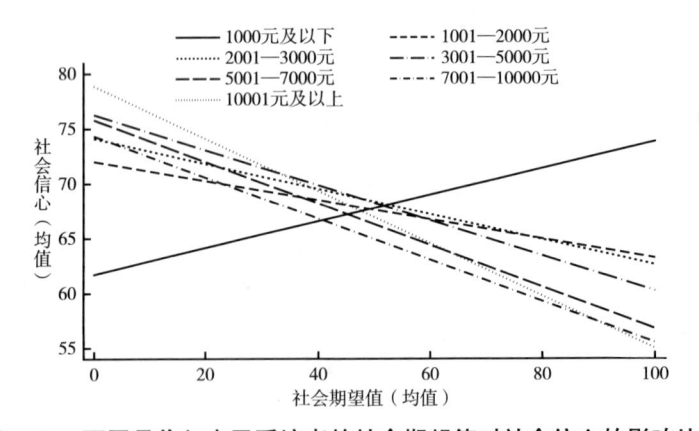

图7-65 不同月收入水平受访者的社会期望值对社会信心的影响比较

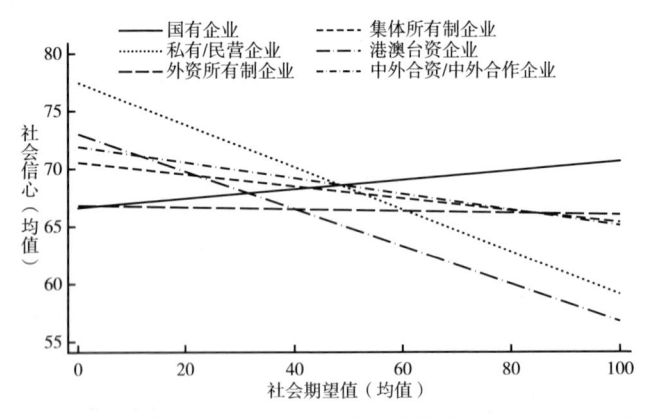

图7-66 不同所有制性质单位的受访者的社会期望值对社会信心的影响比较

此外，我们将人们感知到的社会和谐程度作为中介变量，探寻其在社会期望值和社会信任之间的作用。结果如表7-46所示。模型1为基准模型，在保持上述控制变量恒定不变的情况下，人们的社会期望值每增加1个单位，其对社会的总体信心会降低0.12个单位。模型2为中介模型，结果表明在控制变量保持不变的情况下，人们的社会期望值每增加1个单位，其认为社会和谐程度会降低0.01个单位。模型3将社会期望值和社会和谐程度均纳入自变量，结果显示，在一系列控制变量保持不变的情况下，社会期望值对社会信心会产生显著负向影响，而社会和谐程度则会产生积极证明影响。具体比较模型1和模型3发现，社会期望值的回归系数从0.12降低到了0.09，且均在0.001置信水平下显著，模型的决定系数从0.0700提高到了0.0988，这表明，社会期望值对社会信心的影响部分被社会和谐程度中介了。采用Bootstrap检验其中介效应，结果发现社会和谐中介了25.73%社会期望值对社会信心的影响，但Z值为-6.10，且在0.01置信水平下显著，95%的置信区间中不包含0。由此说明，较高的社会期望值除了可以直接影响受访者对社会总体的信心大小之外，还可以通过降低人们对社会和谐的感知，进而间接降低其对社会的信心。

表7-46　社会期望值对社会信心的影响：社会和谐的中介效应

变量	模型1 社会信心	模型2 社会和谐	模型3 社会信心
社会期望值	-0.12*** (-5.82)	-0.01*** (-8.48)	-0.09*** (-4.32)
社会和谐			2.50*** (9.05)
民族	1.66 (1.04)	-0.03 (-0.24)	1.70 (1.08)
年龄	0.73** (2.90)	0.69*** (3.89)	0.55* (2.20)
政治面貌	-0.42+ (-1.82)	-0.01 (-0.72)	-0.38+ (-1.67)
户口类型	-2.35*** (-3.69)	-0.10* (-2.27)	-2.08** (-3.29)
户口所在地	-2.19** (-2.85)	-0.07 (-1.24)	-1.99** (-2.61)

续表

变量	模型1 社会信心	模型2 社会和谐	模型3 社会信心
受教育程度	0.91*** （4.40）	0.004 （0.31）	0.91*** （4.44）
区域	−0.39 （−1.36）	−0.003 （−0.18）	−0.39 （−1.38）
工作状态	2.43** （2.70）	0.07 （1.02）	2.27* （2.55）
月收入	−0.55* （−2.10）	−0.06** （−3.12）	−0.41 （−1.59）
单位类型	0.004 （0.01）	−0.03 （−1.18）	0.08 （0.22）
单位所有制性质	−0.38 （−1.56）	−0.03 （−1.49）	−0.28 （−1.16）
行政职务	−0.61 （−1.18）	−0.01 （−0.32）	−0.58 （−1.12）
职称	−1.40*** （−3.69）	0.03 （1.00）	−1.52*** （−4.06）
截距	84.42*** （20.09）	4.56*** （15.41）	73.08*** （16.87）
F值	13.82***	9.12***	18.72***
R^2	0.0700	0.0474	0.0988

注：括号中数值为t值；$^+ p<0.1$,$^* p<0.05$,$^{**} p<0.01$,$^{***} p<0.001$。

4. 社会期望值对总体性社会情绪的影响

最后，我们看看社会期望值对整体总体性社会情绪指数的影响（见表7-47）。模型1将民族、年龄、政治面貌、户口类型与所在地、区域和受教育程度等自然特征变量和工作状态、单位类型与单位所有制性质、月收入和级别等工作特征变量作为控制变量，结果显示，在上述控制变量保持不变的情况下，人们的社会期望值每提高1个单位，其总体性社会情绪指数就会降低0.28个单位。模型2在模型1基础上引入社会期望值与月收入水平的交互项，结果显示，该组交互项的回归系数在0.05置信水平下显著，这表明，不同月收入水平的受访者在社会期望值对总体性社会情绪的影响大小上存在显著差异。对比表7-47中模型2统计结果和图7-67可知，以月收入1000元及以下为参照组，较高月收入的受访者感知到的社会期望值对总体性社会情绪的负面影响较小。模型3则将社会期望值与单位所有制类型的交互项引入自变量中，统计结果显示，该组交互项的回归系数在0.05置信水平下显著，即不同的单位所有制类型可以调节社会期望值对总体性社会情绪产生的负面影响大小。由模型3的数据结果和图7-68可见，以私有或民营企业员工为参照组，国有企业和集体所有企业员工感知到的社会期望值对总体性社会情绪的负面影响明显更小。最后，模型4则将社会期望值与主观经济地位的交互项引入自变量，统计结果显示，该组交互项也在0.05置信水平下显著。这表明，主观经济地位不同的受访者感知到的社会期望值对总体性社会情绪带来的影响大小是存在显著差异的。由模型4统计结果和图7-69可见，以"低层"主观经济地位受访者为参照组，"中层"主观经济地位受访者感知到的社会期望值对总体性社会情绪带来的影响更小，而"高层"主观经济地位受访者则感知到的社会期望值越高，其持有更为积极的总体性社会情绪。

表7-47 社会期望值对总体性社会情绪的影响回归模型

变量	模型1 总体性社会情绪	模型2 总体性社会情绪	模型3 总体性社会情绪	模型4 总体性社会情绪
控制变量	控制中	控制中	控制中	控制中
社会期望值	-0.28^{***} (-16.46)	-0.02^{+} (-0.27)	-0.33^{***} (-15.86)	-0.23^{***} (-7.12)
月收入水平（以1000元及以下为参照）				
1001—2000元		11.50^{+} (1.90)		
2001—3000元		18.91^{**} (3.15)		
3001—5000元		18.45^{**} (3.07)		
5001—7000元		16.48^{*} (2.47)		
7001—10000元		16.49^{*} (1.98)		
10001元及以上		14.54 (1.62)		
社会期望值*月收入水平（以1000元及以下为参照）				
社会期望值*1001—2000元		-0.18^{*} (-1.97)		

续表

变量	模型1 总体性社会情绪	模型2 总体性社会情绪	模型3 总体性社会情绪	模型4 总体性社会情绪
社会期望值*2001—3000元		−0.31*** (−3.53)		
社会期望值*3001—5000元		−0.32*** (−3.59)		
社会期望值*5001—7000元		−0.33** (−3.18)		
社会期望值*7001—10000元		−0.30* (−2.06)		
社会期望值*10001元及以上		−0.15 (−0.77)		
单位所有制性质（以私营/民营企业为参照）				
国有企业			−7.23** (−3.08)	
集体所有企业			−7.83* (−2.55)	
港澳台资企业			−5.70 (−0.77)	
外资所有企业			−2.90 (−0.51)	
中外合资企业			2.19 (0.45)	
社会期望值*单位所有制性质（以私有/民营企业为参照）				
社会期望值*国有企业			0.16*** (3.88)	
社会期望值*集体所有企业			0.19*** (3.56)	
社会期望值*港澳台资企业			0.02 (0.19)	
社会期望值*外资所有企业			0.03 (0.27)	
社会期望值*中外合资企业			−0.02 (−0.22)	
主观经济地位（以低层为参照）				
较低层				3.66 (1.32)

续表

变量	模型1 总体性社会情绪	模型2 总体性社会情绪	模型3 总体性社会情绪	模型4 总体性社会情绪
中层				5.97* (2.10)
较高层				−0.29 (−0.08)
高层				−36.00* (−2.27)
社会期望值*主观经济地位（以低层为参照）				
社会期望值*较低层				−0.05 (−1.22)
社会期望值*中层				−0.10* (−2.25)
社会期望值*较高层				−0.03 (0.55)
社会期望值*高层				0.46* (1.97)
截距	78.68*** (24.53)	65.94*** (10.05)	84.92*** (22.85)	77.88*** (19.82)
F值	42.32***	24.40***	27.34***	27.33***
R^2	0.1829	0.2000	0.2048	0.1907

注：括号中数值为t值；$^+ p < 0.1$, $^* p < 0.05$, $^{**} p < 0.01$, $^{***} p < 0.001$。

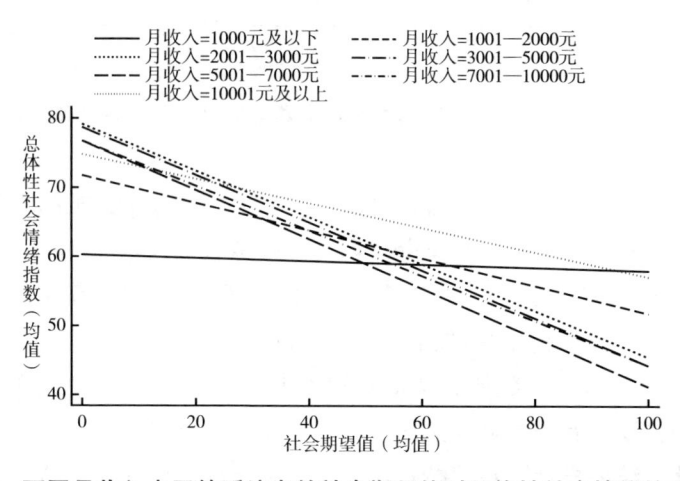

图7-67 不同月收入水平的受访者的社会期望值对总体性社会情绪的影响比较

| 社会景气与总体性社会情绪 | 理论、方法与数据分析

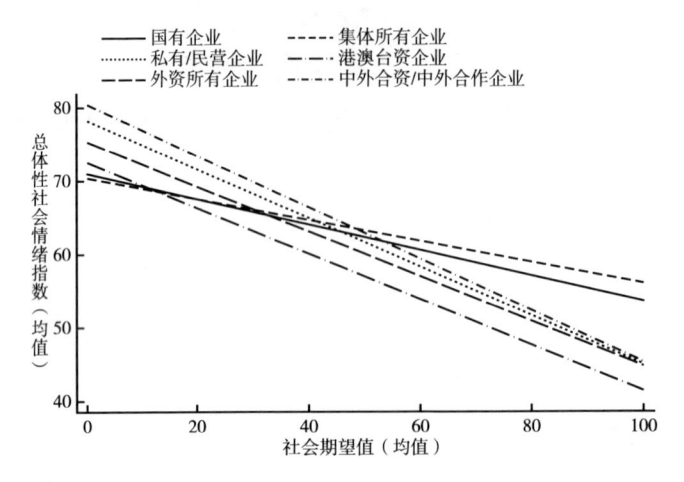

图7-68 不同所有制性质单位的受访者的社会期望值对总体性社会情绪的影响比较

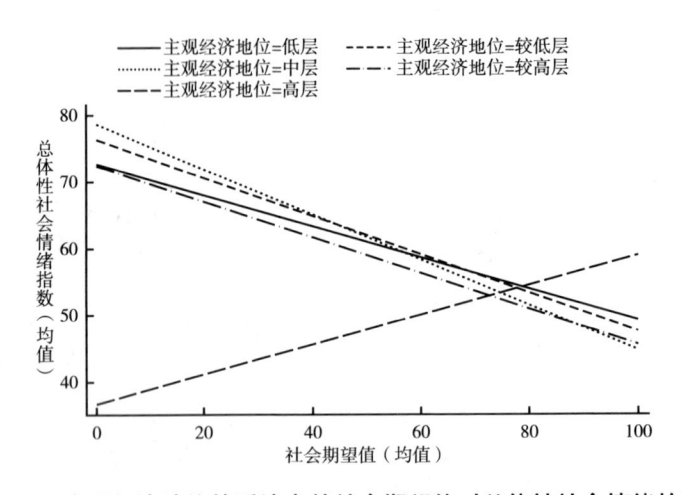

图7-69 不同主观经济地位的受访者的社会期望值对总体性社会情绪的影响比较

深入分析社会期望值对总体性社会情绪影响的内在机制发现，人们对期望与实际获得的不一致感既可以通过社会参与行为，也可以通过社会态度影响其总体性社会情绪（见表7-48）。模型1作为基准模型，在保持上述控制变量保持不变的情况下，人们的社会期望值每增加1个单位，其总体性社会情绪指数便会降低0.28个单位。模型2和模型3为中介模型，分别将社会参与、社会态度作为因变量，考察社会期望值对其产生的影响。统计结果显示，在保持控制变量保持不变的情况下，人们的社会期望值每增加1个单位，其社会参与的程度会降低0.11个单位，积极的社

会态度也会降低 0.02 个单位。模型 4 是整合模型，将社会参与、社会态度和社会期望值同时纳入自变量，统计结果显示，社会期望值、社会参与和社会态度三项上的回归系数依然在 0.001 置信水平下显著。同时，对比模型 1 和模型 4 发现，社会期望值的回归系数从 0.28 降低到了 0.24，模型的决定系数从 0.1829 提高到了 0.2624。由此表明，社会期望值对总体性社会情绪指数的影响，部分被社会参与和社会态度两个变量中介了。采用 Bootstrap 检验其中介效应，结果发现社会参与和社会态度分别中介了 6.83% 和 9.72% 的社会期望值对总体性社会情绪的影响，但 Z 值为 -7.15，且在 0.01 置信水平下显著，95% 的置信区间中不包含 0。由此说明，较高的社会期望值除了可以直接消极影响受访者的总体性社会情绪之外，还可以通过降低人们参与社会的行为和降低人们积极的社会态度，进而间接降低其总体性社会情绪指数（见图 7-70）。

表7-48 社会期望值对总体性社会情绪的影响：社会参与和社会态度的中介效应

变量	模型1 总体性社会情绪	模型2 社会参与	模型3 社会态度	模型4 总体性社会情绪
社会期望值	-0.28*** (-16.46)	-0.11*** (-4.68)	-0.02*** (-9.48)	-0.24*** (-14.15)
社会参与				0.18*** (12.34)
社会态度				1.57*** (8.79)
年龄	0.48* (2.24)	0.50+ (1.75)	0.02 (0.77)	0.31 (1.51)
政治面貌	-0.40* (-2.06)	-0.15 (-0.58)	0.03 (1.44)	-0.44* (-2.34)
户口类型	-2.61*** (-4.90)	-2.35** (-2.78)	-0.32*** (-5.36)	-1.68** (-3.23)
户口所在地	-3.04*** (-4.79)	0.17 (0.74)	0.25** (3.48)	-2.83*** (-4.58)
受教育程度	0.53** (3.06)	0.09 (0.28)	0.13*** (6.93)	0.28+ (1.65)
区域	0.75** (3.11)	0.09 (0.28)	0.07** (2.43)	0.72** (3.10)

续表

变量	模型1 总体性社会情绪	模型2 社会参与	模型3 社会态度	模型4 总体性社会情绪
工作状态	2.79*** (3.79)	2.02* (2.05)	0.13 (1.54)	2.27** (3.17)
月收入	−0.42 (−1.40)	−0.62 (−1.56)	−0.05 (−1.57)	−0.26 (−0.88)
单位类型	−0.61** (−3.00)	−0.84** (−3.05)	−0.07** (−2.96)	−0.36+ (−1.83)
单位所有制性质	−1.41** (−3.22)	−1.79** (−3.05)	−0.06 (−1.23)	−0.97* (−2.28)
行政职务	3.06*** (5.82)	1.11 (1.59)	0.18** (3.15)	2.50*** (4.92)
职称	−1.80e−06** (−2.86)	2.27e−07 (0.27)	1.19e−07+ (1.68)	−2.08e−06** (−3.37)
截距	78.68*** (24.53)	87.08*** (20.35)	3.66*** (10.24)	57.45*** (16.82)
F值	42.32***	8.94***	25.03***	56.08***
R^2	0.1829	0.0453	0.1205	0.2624

注：括号中数值为t值；+ $p<0.1$，* $p<0.05$，** $p<0.01$，*** $p<0.001$。

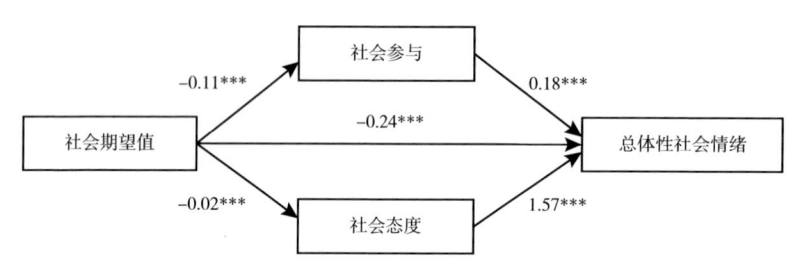

图7-70 社会期望值与总体性社会情绪：社会参与、社会态度的中介效应

注：+ $p<0.1$，* $p<0.05$，** $p<0.01$，*** $p<0.001$。

除了从整体考察社会期望值对总体性社会情绪的影响，我们还试图去探寻总体性社会情绪内部三因子之间的潜在关系。如表7-49所示，我们认为社会信心作为指涉个体总体性社会情绪的重要因素，是可作为满意度和社会信任的影响因子的。因此，模型1将社会信心作为因变量、满意度作为自变量，将年龄、政治面貌、户口类型和户口所在地、受教育程度和区域等自然特征变量和工作状态、单位类型和单位所有制性质、月收入和职称等工作特征变量作为控制变量，考察满意度对社会信心的影响。结果显示，人们对社会总体满意度每增加 1 个单位，其社会信心就显著增加 0.40 个单位。模型 2 是中介模型，结果显示，在保持上述控制变量保持不变的情况下，满意度每增加 1 个单位，人们的社会信任水平就会增加 0.68 个单位。模型 3 是整合模型，将满意度和社会信任同时作为自变量，结果显示，满意度和社会信任两项上的回归系数均在 0.001 置信水平下显著。将模型 1 与模型 3 进行比较发现，满意度的回归系数从 0.40 降低到了 0.32，模型的决定系数从 0.1925 提高到了 0.2041。由此可见，满意度对社会信心的影响部分被社会信任中介了，间接效应大小为 0.09。采用 Bootstrap 检验其中介效应，结果发现社会信任中介了 21.42% 满意度对社会信心的影响，但 Z 值为 5.40，且在 0.01 置信水平下显著，95% 的置信区间中不包含 0。由此说明，对社会较高的满意度除了可以直接积极影响受访者对社会的信心之外，还可以通过提高人们的社会信任水平进而间接提升其社会信心指数。

表7-49　满意度对社会信心的影响：社会信任的中介效应

变量	模型1 社会信心	模型2 社会信任	模型3 社会信心
满意度	0.40*** （20.74）	0.68*** （37.05）	0.32*** （13.25）
社会信任			0.13*** （6.12）
年龄	0.61** （2.61）	0.10 （0.45）	0.60* （2.58）
政治面貌	−0.39^{+} （−1.81）	−0.37^{+} （−1.79）	−0.35 （−1.60）
户口类型	−1.52* （−2.55）	−1.12* （−1.98）	−1.38* （−2.33）
户口所在地	−1.73* （−2.43）	−3.04*** （−4.46）	−1.35^{+} （−1.90）
受教育程度	0.54** （2.83）	−0.15 （−0.84）	0.56** （2.95）

续表

变量	模型1 社会信心	模型2 社会信任	模型3 社会信心
区域	−0.97*** (−3.61)	−0.72** (−2.80)	−0.88** (−3.30)
工作状态	1.79* (2.13)	1.20 (1.50)	1.64* (1.96)
月收入	−0.08 (−0.35)	−0.56* (−2.43)	−0.01 (−0.06)
单位类型	0.19 (0.57)	−0.60+ (−1.91)	0.26 (0.80)
单位所有制性质	−0.05 (−0.23)	−0.11 (−0.48)	−0.04 (−0.18)
行政职务	−0.02 (−0.03)	0.53 (1.13)	−0.08 (−0.17)
职称	−1.37*** (−3.91)	0.20 (0.59)	−1.39*** (−4.01)
截距	54.11*** (14.57)	35.61*** (10.05)	49.63*** (13.20)
F值	47.14***	123.37***	47.07***
R^2	0.1925	0.3842	0.2041

注：括号中数值为t值；+ $p<0.1$，* $p<0.05$，** $p<0.01$，*** $p<0.001$。

六 小结

我们对2013年总体性社会情绪状况进行分析后，发现如下。

（一）2013年，我国城镇居民的总体性社会情绪指数为59.85。课题组在对全国城镇居民抽样调查的同时，也在全国范围内选取了100位社会学家进行了专家问卷访问。数据表明，社会学家对社会发展状况的一些看法与我们全国城镇居民抽样调查数据的结果基本一致，在一定程度上佐证了我们调查结果的可信性。

（二）2013年，我们国家的社会信心指数为67.92，较2012年的社会信心指数提升较大，表明人们对国家未来三年社会发展的预期良好，信心充足。在社会信心微观层面，人们信心最高（认为会变好的比例）的三项依次是家庭关系（65.75%）、家庭经济状况（64.03%）和人际关系（61.98%）；信心最低（认为会变差的比例）的三项依次是生活压力（10.00%）、健康状况（6.32%）和工作状况（5.78%）。在社会宏观层面，对未来三年变化的预期上，人们信心最高的三项依次是基础设施状况（63.68%）、教育水平（57.04%）和医疗服务水平（54.79%）；相比之下人们信心最低的三项依次是物价水平（33.97%）、环境质量（24.33%）和食品安全状况（18.47%）。进一步的分析结果显示，完善的社会保障不仅能够增强人们对未来的预期，而且能够提升人们的消费信心。

（三）对人们的满意度进行分析后，我们发现，人们在个体层面的满意度好于在社会总体层面的满意度。在个体层面人们满意度最高的三项分别是家庭关系（63.1%）、人际关系（53.7%）和健康状况（50.1%）；最不满意的三项依次是生活压力（22.0%）、个人收入水平（22.4%）和社会地位（24.0%）。在社会总体层面人们满意度最高的三项依次是基础设施状况（56.1%）、教育水平（入学择校、教学质量等）（44.8%）和治安状况（39.7%）；满意度最低的三项依次是物价水平（14.9%）、食品安全状况（20.7%）和社会公正（24.9%）。

（四）进一步的数据分析结果还表明：经济收入对人们满意度的影响呈现二元分殊态势，即在个体性事项满意度层面，人们的收入水平越高，满意度越高；而在社会性事项满意度层面，随着收入水平的提高，满意度呈现"先降低，后升高，再降低"的总体下降趋势。总体而言，人们对收入水平满意度较低，人们的收入差距仍然明显；相比之下，人们对经济发展水平满意度较高，但社会公平公正状况、物价水平、食品安全状况和环境质量成为民众最不满意的社会问题；人们对基本民生服务满意度较低，基本公共服务覆盖率仍需提高；同时，我们还发现，有效的社区参与能够显著提升人们的满意度水平。

（五）对社会信任进行分析后，我们发现：人们对政府职能部门的信任度为58.24，对政府执政能力的信任度为60.62。对政府进行分层分析以后，人们对政府的信任度随政府层级的提高依次递减。人们对中央的信任度最高，为95，对省、市政府的信任度为93，而对县、区政府的信任度则为72。数据分析结果还显示，社会参与程度的高低直接影响人们对政府的信任度，参与程度越高，对政府的信任度越高。

（六）对人们的社会期望值进行分析后，结果显示：人们经济收入的高低直接影响人们的社会期望值水平，收入水平越高，社会期望值越低。而且，人们的社会期望值会随着主观社会经济地位的提升而降低。从地位不一致的视角出发，经济地位与社会地位之间的差异越大，其社会期望值越大；在同样的经济地位下，社会地位越高，人们的社会期望值越低。进一步的分析结果表明，完善的社会保险不仅具有抵御社会风险的功能，而且能够起到缓和人们心理失衡的作用，能够显著降低人们的期望与实际获得的不一致感受。

（七）我们也发现，城市居民的居住状况显著影响其社会期望值，住房状况愈差，人们的期望与实际获得的不一致感受就愈强烈。住房状况、个人收入和生活压力已成为城市民众最不满意的事项，而在实质上，这三者之间相互关联，住房成为城市民众产生收入压力和生活压力的主要来源之一。统计结果表明，在所有受访者中，租房居住者的比例为15.6%，其中30岁以下者占45.4%，40岁以下者占70%，也就是说青年人成为住房的主要需求人群。住房问题不仅关乎人心的向背，而且会直接影响中国年轻一代的政治取向与态度。①

（八）关于社会期望值与总体性社会情绪，我们发现，就满意度来说，在控制各种自然社会特征之后，人们的社会期望值越高，其满意度越低，并且这种关系受月收入水平和单位所有类型的调节，还部分通过主观经济地位间接影响满意度；就社会信任来说，在控制各种自然社会特征之后，人们的社会期望值越高，其社会信任也越低，并且这种关系受政治面貌、月收入水平和失业保险享有状况的调节，还部分通过社会参与间接影响社会信任；就社会信心来说，在控制各种自然社会特征之后，人们的社会期望值越高，其社会信心同样越低，具体是对社会性事项的信心越低，而在个体性事项上的信心没有显著变化，并且这种关系也受到月收入水平和单位所有制类型的调节，还部分通过社会和谐发挥作用。总的来说，在控制各种自然社会特征之后，人们的社会期望值越高，其总体性社会情绪指数越低，并且这种关系受到月收入水平、单位所有制类型和主观经济地位等因素的调节，社会期望值也部分通过社会参与和社会态度间接对总体性社

---

① 《多省成立改革领导小组 部分机构面临整合》，中证网，2014年1月1日，https://www.cs.com.cn/xwzx/hg/201401/t20140101_4267074.html。

会情绪指数产生影响。

在2013年的调查中，我们深切地感到，人们的一些重要的期盼已经不再是基于温饱的点点滴滴，而是提高生活质量的方方面面；人们的一些重要的关注点已经转移到国家宏观的形势、社会与政治参与的程度以及实现社会公平正义的问题上来了；人们的一些重要诉求也主要放在了住房、环境质量、食品安全、物价水平等关乎民生的基本问题上，放在了自身权益的保护上。① 如果说，改革开放前期实现温饱和稳定就业是人们的重要期盼，决定政府的绩效，那么，在现在能否致力于提高环境质量、改善住房条件、保障食品安全、注重人们自身权益的保护，则关系着人心的向背、政权的稳固以及中国年轻一代不久将来的政治取向与态度。所以，所有这一切似乎都可以说明，中国的社会发展可能也已经到了一个"拐点"，从社会发展的基本需求即低收入阶段提高到了社会发展更高层次需求的中等收入阶段。在这个社会发展的新阶段里，人们的诉求可能更多地会关注自身权益的保护，关注自己与周围社会群体生活质量的提高，强调社会公平正义的实现以及对公共事务参与表达出强烈的意愿。

我们认为，出现中国社会发展拐点的一个最重要的基本条件是，中国的经济发展通过多年的积累和努力，实现了温饱，并能够逐步走向小康与富裕。在这里，值得注意的一个指标是恩格尔系数。按照联合国粮农组织提出的标准，恩格尔系数在59%以上为贫困，50%—59%为温饱，40%—50%为小康，30%—40%为富裕，30%以下为最富裕。根据统计的数据，在2012年，中国城镇居民恩格尔系数为37.1%，农村居民恩格尔系数为40.8%（见表7-50），说明国家在2010年前后，已经实现了温饱，并在逐步走向小康和富裕。② 这种恩格尔系数变化的状况也可以从人们的社会态度上反映出来。在1987年做的一次全国城市居民的抽样调查中，我们发现，那时候人们最不满意的是物价上涨，③ 而我们2013年的调查中，我们发现，人们最不满意的社会问题则是社会公平公

---

① 陈磊：《社科院报告显示：城管部门成最不受信任国家机关》，人民网，2014年1月2日，http://politics.people.com.cn/n/2014/0102/c70731-24005773.html。

② 李小军编：《数读中国60年》，北京：社会科学文献出版社，2009年，第217页。

③ 李汉林、渠敬东：《中国单位组织变迁过程中的失范效应》，上海：上海人民出版社，2005年，第235页。

正。这说明,随着人们生活水平的提高,人们的精神追求也会发生深刻变化。①

表7-50 中国居民恩格尔系数(1978—2012)

	1978年	1980年	1990年	1995年	2000年	2010年	2012年
城镇居民恩格尔系数(%)	57.5	56.9	54.2	50.1	39.4	35.7	37.1
农村居民恩格尔系数(%)	67.7	61.8	58.8	58.6	49.1	41.1	40.8

我们同时也认为,出现中国社会发展拐点的条件,除了中国的经济发展通过多年的积累,最终实现了温饱并逐步走向小康和富裕这个基本条件以外,最重要的还是人们的一种被强烈包围着的感受,即对于民众来说,出于一种对国家的热爱和参与的责任,强烈地感到要改变现状,用改革来促进国家的发展;对广大干部来说,也看到国家与社会在发展中存在的各种问题,出于对民族和对历史的责任感,也强烈地感到不改革不行,希望通过改革促进国家的发展,实现中华民族伟大复兴的中国梦。事实上,我们能够看到的是,当上面与下面这种不约而同的不安与焦虑,和人们不断提高的物质生活水平以及由之所产生的更高层次的需求交织在一起的时候,中国社会发展的拐点就会不可避免地出现。②

把握中国社会发展拐点的意义,首先在于能够对我们所处的社会发展阶段以及这个阶段人们的主要需求有一个正确的把握;其次,正确把握社会发展阶段和人们的主要需求,有利于我们准确地调整社会政策,有的放矢地做好我们的制度安排;最后,有利于我们在调整正确的社会政策与制度安排的基础上,不失时机地把中国的社会发展推向一个新的阶段。

在今天的中国,我们有能力摆脱"成长的烦恼",有能力把握社会发展的拐点,也有能力把今天中国的社会发展推向新的阶段。

---

① 李汉林:《社会发展促奔小康集体意识形成》,《中国社会科学报》2015年12月9日。
② 李汉林:《社会发展促奔小康集体意识形成》,《中国社会科学报》2015年12月9日。

第八章

2014 年的调查

一　结构背景

2014年我国召开了党的十八届四中全会，第一次以依法治国作为全会的主题，并形成了《中共中央关于全面推进依法治国若干重大问题的决定》的文件，把依宪治国、依宪执政、构建法治国家作为建设中国特色社会主义的重要任务，为国家的长治久安，实现公平正义打下了坚实的法治基础。

2014年，中国经济的发展保持在经济运行的合理区间，更为平稳，成熟和具有定力。在2014年末召开的中央经济工作会议上，中央正式提出了"经济新常态"的概念，概括了经济新常态的九大特征，[①] 使人们对中国的经济发展有了更为全面和深刻的认识。

按照社会学的观点，一个国家的经济结构，包括人们在经济活动中的行为总是嵌入这个国家的社会结构之中，与之息息相关，相互影响和制

---

① 模仿型排浪式消费阶段基本结束，个性化、多样化消费渐成主流；基础设施互联互通和一些新技术、新产品、新业态、新商业模式的投资机会大量涌现；我国低成本比较优势发生了转化，高水平引进来、大规模走出去正在同步发生；新兴产业、服务业、小微企业作用更凸显，生产小型化、智能化、专业化将成产业组织新特征；人口老龄化日趋发展，农业富余人口减少，要素规模驱动力减弱，经济增长将更多依靠人力资本质量和技术进步；市场竞争逐步转向质量型、差异化为主的竞争；环境承载能力已达到或接近上限，必须推动形成绿色低碳循环发展新方式；经济风险总体可控，但化解以高杠杆和泡沫化为主要特征的各类风险将持续一段时间；既要全面化解产能过剩，也要通过发挥市场机制作用探索未来产业发展方向。http://szb.qzwb.com/dnzb/html/2014-12/12/content_66711.htm。

约。① 当一个国家的经济行为以及相应的经济结构发生变化的时候，或者说，经济增长的方式、过程、结构等诸方面开始出现调整的时候，势必会和与之相关的社会结构、社会行为以及社会环境发生联动，形成相互影响与制约的效应。这一方面意味着经济结构的变化与调整关联到社会结构的状态与属性，对经济发展状况的把握需要时刻关注经济与社会之间的内在关系、二者间的协同变化及总体性的经济社会结构特征。另一方面意味着经济状况既构成了人们价值和行为取向的约束条件，同时也会影响人们对社会发展的期望和信念。事实上，如果对经济发展状况的监测与经济问题的预测脱离具体的社会发展环境，人们就难以有效地监控和预测经济发展状况，还可能因为无法准确地把握社会情势而使得依此制定的一系列政策产生各种"非预期性后果"。这样一来，非但不能使经济与社会协调发展，反而会产生更为严重的经济问题乃至社会危机。所以，正确理解中国经济发展的新常态，同时正确认识与之相关的中国社会发展的阶段、特征与环境，理解人们在推动经济发展的新常态过程中的社会行为以及社会态度，对于我们推动经济社会的协调发展，最终实现中国梦具有举足轻重的意义。②

上述的这些思考，既是开展 2014 年中国城镇居民社会态度调查的初衷，也是我们分析 2014 年以及比较过去两年中城镇居民总体性社会情绪状况的基础。

二 核心概念的操作化

和 2012 年的调查一样，在对社会发展进行研究的过程中，我们尝试从城镇居民的总体性社会情绪出发，对整个社会的发展状况进行评估。我们认为，社会民众的总体性社会情绪强调的是人们对当下所处的社会环境的感受与看法，它是反映一个社会发展程度的"晴雨表"，所有的外在客观变化都能在人们的主观感受中稳定地表现出来。一个发展良好的社会理应是一个民众满意度水平高、对政府信任且对社会未来发展充满信心的社会。在上述研究逻辑之上，我们将总体性社会情绪的测量操作化为满

---

① Granovetter, Mark. "Economic action and social structure: the problem of embeddedness," *American Journal of Sociology*, Vol.81, No.3(1985), pp.489–515.

② 李汉林：《社会发展促奔小康集体意识形成》，《中国社会科学报》2015 年 12 月 9 日。

意度、社会信任和社会信心三个维度。另外，从预期—实现的对比机制出发，人们对宏观社会和微观个体的发展均有一个预期，一旦发现自身预期未能实现或实现程度较低时，就易产生消极的总体性社会情绪；而只有当实际获得与自身预期不尽相同，甚至高于自身预期时，才会产生积极的总体性社会情绪，即是说，公众在一定程度上感到社会是欣欣向荣的。因此，我们继续引入"社会期望值"来解释这种影响，并假设社会期望值是反映个体总体性社会情绪的微观深层原因。

（一）总体性社会情绪及其测量

在对总体性社会情绪测量时，我们继续保持自2012年以来的理论假设，将其操作化为满意度、社会信任和社会信心三个维度。其中，满意度和社会信任指向公众对当下社会的感受，社会信心指向公众对未来社会发展的预期，我们结合当下和未来两个层面，通过满意度、社会信任和社会信心三个维度共同表征公众对所处社会结构的总体性社会情绪。

1. 满意度

满意度是人们在心理层面的一种主观感受，是个体对当下自己在各个方面所拥有的水平满足自身需求水平的一种主观感知，在本研究中操作化为对社会性事项的满意度和对个体性事项的满意度。其中，个体对环境质量、基础设施状况、物价水平、教育水平、医疗服务水平、社会保障水平、治安状况、食品安全状况、社会公平公正、就业机会和社会风气十一个方面的感知用以测量社会总体层面的满意度水平；对个人收入水平、家庭经济状况、住房状况、健康状况、工作状况、生活压力、家庭关系、人际关系、社会地位和发展机会十个方面的感知用以测量个体层面的满意度水平。这些感知均分为五个层次，即很不满意、较不满意、一般、较满意和很满意，依次赋值1—5分，分值越高，表示满意度水平越高。我们希望，通过这十一个方面的问题，人们能够从宏观上勾画出其对国家和政府的感受；与此同时，我们又从十个角度设计了有关个人生活方面的问题，希望从微观上把握人们的主观感受（见表8-1）。

2. 社会信任

我们将社会信任继续操作化为公众对政府的信任程度，因为我们认为民众的社会信任在一定程度上表现为对政府行为绩效的一种认可及人们

表8-1 满意度的测量题目

维度	题目	赋值
对社会性事项的满意度	您对社会以下具体方面是否感到满意： 01.环境质量 02.基础设施状况 03.物价水平 04.教育水平 05.医疗服务水平 06.社会保障水平 07.治安状况 08.食品安全状况 09.社会公平公正 10.就业机会 11.社会风气	5-很满意 4-较满意 3-一般 2-较不满意 1-很不满意
对个体性事项的满意度	您对生活的以下具体方面是否感到满意： 01.个人收入水平 02.家庭经济状况 03.住房状况 04.健康状况 05.工作状况 06.生活压力 07.家庭关系 08.人际关系 09.社会地位 10.发展机会	5-很满意 4-较满意 3-一般 2-较不满意 1-很不满意

对政府行为的一些预期与这些预期实现状况之间关系的评判。它由公众对政府执政能力的信任度、对政府职能部门的信任度和对各级地方政府的信任度三个维度构成。对政府执政能力的信任度包括对政府处理突发事件的能力、对政府服务是否能够征询民意、对政府服务是否公道、对政府服务是否能让民众得到实惠、对政府服务是否贴近民众需要和提供的服务是否方便的感受和评价六方面，采用李克特五度量表，1代表不赞同、5代表完全赞同，分值越高，表示民众对该表述的赞同度越高、即对政府的总体信任度越高；对政府职能部门的信任度包括对城管部门、信访部门、社会保障部门、工商或税务部门、公安局或派出所和法院的信任度；对各级地方政府的信任度包括对中央、省市和县区自上而下各级地方政府的信任度，采用李克特五度量表，赋值1—5分，分值越高，表示信任度越高（见表8-2）。

表8-2 社会信任的测量题目

维度	题目	赋值
对政府执政能力的信任度	您是否下列说法赞同： 01.政府服务贴近我的需要 02.政府服务让我得到实惠 03.政府处理问题公道 04.政府能够处理好各种突发事件 05.政府愿意听取老百姓意见 06.政府提供的服务很方便	5-完全赞同 4-比较赞同 3-一般 2-比较不赞同 1-完全不赞同
对政府职能部门的信任度	总的来说，您对下列政府部门是否信任： 01.公安局/派出所 02.法院 03.工商/税务部门 04.社会保障部门 05.信访部门 06.城管部门	5-很信任 4-较信任 3-一般 2-较不信任 1-很不信任
对各级地方政府的信任度	总的来说，您对下列各级政府是否信任： 01.中央政府 02.省市政府 03.县区政府	5-很信任 4-较信任 3-一般 2-较不信任 1-很不信任

3. 社会信心

在这里，社会信心被理解为公众信心，定义为一种能够使公众相信某一事物（目标）未来可以实现的心理力量，指公众对某一行动主体、某一事物、某个具体对象的一种认可、信任的心理状态以及在此基础上形成的稳定的心理期望。[①] 基于此定义，我们将社会信心操作化为个体对社会性事项的信心和对个体性事项的信心两个方面。社会性事项的信心，可以操作化为公众对宏观社会在环境质量、基础设施状况、物价水平、教育水平、医疗服务水平、社会保障水平、治安状况、食品安全状况、社会公平公正、就业机会和社会风气十一个方面未来三年发展的预期；对个体性事项的信心，可以操作化为公众对微观个人在个人收入水平、家庭经济状况、住房状况、健康状况、工作状况、生活压力、家庭关系、人际关系、社会地位和发展机会十个方面未来三年发展的预期。公众在这两个层面的预期均分为三个档次，1代表变差、2代表不变、3代表变好，分值越高，表示公众的信心越高（见表8-3）。

[①] 朱力：《公众信心聚散的社会心理学解读》，《人民论坛》2013年第5期，第10—12页。

表8-3 社会信心的测量题目

维度	题目	赋值
对社会性事项的信心	您认为下列项目未来三年有什么变化： 01.环境质量 02.基础设施状况 03.物价水平 04.教育水平 05.医疗服务水平 06.社会保障水平 07.治安状况 08.食品安全状况 09.社会公平公正 10.就业机会 11.社会风气	3-变好 2-不变 1-变差
对个体性事项的信心	您认为未来三年下面一些方面是否会有变化： 01.个人收入水平 02.家庭经济状况 03.住房状况 04.健康状况 05.工作状况 06.生活压力 07.家庭关系 08.人际关系 09.社会地位 10.发展机会	3-变好 2-不变 1-变差

中国城镇居民的总体性社会情绪在上述三个维度既有着各自的侧重点，又相互交织。尽管社会信心与满意度和社会信任一样，都是人们对自身所处的社会在宏观与微观层面上产生的一种主观感受，但是社会信心区别于满意度和社会信任的地方在于满意度和社会信任研究的是人们对目前社会环境的主观感受与看法；而社会信心则是人们在综合考虑各方面因素的基础上对社会未来发展的理性预期和心理期望，折射的是人们对国家未来社会发展的预期，反映的是人们对未来社会发展与进步的期待和希望。

（二）社会期望值及测量

在具体研究的过程中，我们首先要关注的是产生总体性社会情绪的社会机制。我们知道，期望与目标实现的一致性程度能够影响人们的主观感受，同时影响个体在期望与目标实现问题上产生的社会情绪。上述这种总体性社会情绪只能在与他人或者群体社会互动的过程中才能产生，因为在这种互动过程中，人们能够比较深刻地感受到期望以及实际获得的状况，并在此基础上形成相应的社会认知。在这个意义上，我们将这种个体的期望与实际获得的一致性程度称为"社会期望值"，它是人们从期望得到的和实际得到的差距中（discrepancy between expectation and actuality）产生的或感受到的，特别是与相应参照群体的比较过程中产生的一种主观感受。因此，社会期望值并不是绝对性感知，而是一种相对性感知。在2014年度调查中，我们将社会期望值操作化为指向经济收入的社会期望值和指向社会地位的社会期望值两个维度。每个指向上的社会期望值都是指个人与身边的亲朋好友、单位内同事、相同职业的人和社会上其他人相比时实际的经济收入和社会地位状况与个人期望之间的差距（见表8-4）。我们采用李克特五度量表来表征人们在上述比较中的高低水平，1代表很高、2代表较高、3代表差不多、4代表较低、5代表很低，分值越高，表示人们在与他人比较中产生的社会期望值越高，即个人的期望与实际获得之间的不一致程度越大。

表8-4 社会期望值的测量题目

维度	题目	赋值
指向经济收入的社会期望值	与下面的人群相比，您在经济收入上的状况如何？ 01.身边的亲朋好友 02.单位内同事 03.相同职业的人 04.社会上其他人	1-很高 2-较高 3-差不多 4-较低 5-很低
指向社会地位的社会期望值	与下面的人群相比，您在社会地位上的状况如何？ 01.身边的亲朋好友 02.单位内同事 03.相同职业的人 04.社会上其他人	1-很高 2-较高 3-差不多 4-较低 5-很低

三 量表检验与指数构建

（一）量表的信效度检验

为了做好总体性社会情绪与社会期望值的分析，我们需要对所使用的量表和题器进行信度与效度检验。通过验证性因子分析（confirmative factor analysis）的方法，检验我们构建的测量模型是否得到经验数据的支持。

数据分析的结果显示（见表 8-5），"对社会性事项的满意度"的信度系数为 0.916，"对个体性事项的满意度"的信度系数为 0.907；"对社会性事项的信心"的信度系数为 0.916，"对个体性事项的信心"的信度系数为 0.909；"对政府职能部门的信任度"的信度系数为 0.856，"对各级地方政府的信任度"的信度系数为 0.742，"对政府执政能力的信任度"的信度系数为 0.857。从总体性社会情绪的这七个一阶因子来看，测量模型具有比较高的信度系数。就整个测量模型而言，总体性社会情绪量表的信度系数为 0.933。同时，用以测量公众的社会期望值的信度系数均超过 0.700。总体而言，研究所设计的量表具有较高的稳定性与一致性，能够较为可靠地测量我们所预设的总体性社会情绪状况与公众的社会期望值。

在信度测量的基础上，进一步对量表的效度进行检验，以察看所设计量表的有效性，即能否真正反映我们所要观察的总体性社会情绪状况。① 在我们的调查中，有一项题器可资用来对总体性社会情绪量表的效度进行检查，这项题器询问受访者"对社会整体发展水平的满意度"，答案分为"很满意"、"较满意"、"一般"、"较不满意"和"很不满意"五个层级。② 按照我们前述的理论逻辑，一个充满积极总体性社会情绪民众的社会应该是一个发展态势良好的社会，也应该是人们对社会发展状况满意的社会。如果每个量表的测量结果与人们对社会发展水平的满意度状况相一致，那么我们就可以认为所设计的量表具有较好的效度。结果如表 8-6 和图 8-1 所示，无论是总体性社会情绪二阶因子还是各项一阶因子，都与人们对社会发展水平的满意度态势相一致，且两两之间在 0.01 统计水平上显著相关，从而证明我们设计的总体性社会情绪量表具有较好的效度。

---

① 关于信度与效度间的关系，存有以下四种：(1) 信度低，效度必定低；(2) 信度高，效度未必高；(3) 效度低，信度有可能很高；(4) 效度高，信度必然高。也就是说信度是效度的必要条件，效度是信度的充分条件。

② 张彦、魏钦恭、李汉林：《发展过程中的社会景气与社会信心——概念、量表与指数构建》，《中国社会科学》2015 年第 4 期，第 64—84 页。

表8-5 总体性社会情绪与社会期望值的验证性因子分析[1]

	因子负荷估值(标准化)λ_i(标准误)	残方差(θ_{ii})	题器信度系数[2] $\frac{\lambda_i^2}{\lambda_i^2+\theta_{ii}}$		因子负荷估值(标准化)λ_i(标准误)	残方差(θ_{ii})	题器信度系数 $\frac{\lambda_i^2}{\lambda_i^2+\theta_{ii}}$
对社会性事项的满意度量表(信度系数0.916)				对个体性事项的满意度量表(信度系数0.907)			
stg_1	0.487(0.01)	0.300	0.442	sti_1	0.639(0.02)	0.432	0.486
stg_2	0.494(0.02)	0.272	0.473	sti_2	0.672(0.02)	0.370	0.550
stg_3	0.448(0.01)	0.439	0.314	sti_3	0.593(0.02)	0.426	0.452
stg_4	0.527(0.01)	0.350	0.443	sti_4	0.474(0.02)	0.409	0.355
stg_5	0.593(0.01)	0.220	0.615	sti_5	0.440(0.02)	0.248	0.438
stg_6	0.550(0.01)	0.303	0.500	sti_6	0.498(0.02)	0.194	0.561
stg_7	0.469(0.01)	0.351	0.385	sti_7	0.639(0.02)	0.224	0.646
stg_8	0.592(0.02)	0.277	0.559	sti_8	0.652(0.02)	0.352	0.547
stg_9	0.662(0.01)	0.201	0.686	sti_9	0.608(0.02)	0.451	0.450
stg_10	0.522(0.01)	0.242	0.528	sti_10	0.657(0.02)	0.409	0.513
stg_11	0.547(0.01)	0.237	0.558	对个体性事项的信心量表(信度系数0.909)			
对社会性事项的信心量表(信度系数0.916)				sci_1	0.660(0.01)	0.424	0.507
scg_1	0.467(0.01)	0.371	0.370	sci_2	0.626(0.01)	0.422	0.481
scg_2	0.534(0.01)	0.264	0.519	sci_3	0.582(0.01)	0.376	0.474
scg_3	0.417(0.01)	0.351	0.331	sci_4	0.580(0.01)	0.310	0.520
scg_4	0.573(0.01)	0.356	0.480	sci_5	0.637(0.01)	0.319	0.560

续表

	因子负荷估值(标准化)λ_i(标准误)	残方差(θ_{ii})	题器信度系数 $\dfrac{\lambda_i^2}{\lambda_i^2+\theta_{ii}}$		因子负荷估值(标准化)λ_i(标准误)	残方差(θ_{ii})	题器信度系数 $\dfrac{\lambda_i^2}{\lambda_i^2+\theta_{ii}}$
scg_5	0.595(0.01)	0.289	0.551	sci_6	0.565(0.01)	0.406	0.440
scg_6	0.588(0.01)	0.345	0.501	sci_7	0.557(0.01)	0.336	0.480
scg_7	0.537(0.01)	0.354	0.449	sci_8	0.614(0.01)	0.339	0.527
scg_8	0.597(0.01)	0.328	0.521	sci_9	0.650(0.01)	0.392	0.519
scg_9	0.593(0.01)	0.174	0.669	sci_10	0.651(0.01)	0.435	0.493
scg_10	0.513(0.01)	0.285	0.480	对政府执政能力的信任度量表(信度系数0.857)			
scg_11	0.609(0.01)	0.218	0.630	bgg_1	0.640(0.01)	0.346	0.542
对政府职能部门的信任度量表(信度系数0.856)				bgg_2	0.703(0.01)	0.487	0.504
bgd_1	0.701(0.01)	0.307	0.615	bgg_3	0.653(0.01)	0.516	0.452
bgd_2	0.690(0.01)	0362	0.568	bgg_4	0.718(0.01)	0.429	0.547
bgd_3	0.719(0.01)	0.438	0.539	bgg_5	0.698(0.01)	0.495	0.496
bgd_4	0.662(0.01)	0.513	0.461	bgg_6	0.589(0.01)	0.410	0.458
bgd_5	0.601(0.01)	0.476	0.421	对各级地方政府的信任度量表(信度系数0.742)			
bgd_6	0.554(0.01)	0.492	0.384	bga_1	0.619(0.01)	0.477	
指向社会地位的社会期望值量表(信度系数0.799)				bga_2	0.994(0.01)	0.988	0.500
sds_1	0.628(0.01)	0.312	0.558	bga_3	0.691(0.01)	0.384	0.554

续表

	因子负荷估值（标准化）λ_i（标准误）	残方差（θ_{ii}）	题器信度系数 $\dfrac{\lambda_i^2}{\lambda_i^2+\theta_{ii}}$		因子负荷估值（标准化）λ_i（标准误）	残方差（θ_{ii}）	题器信度系数 $\dfrac{\lambda_i^2}{\lambda_i^2+\theta_{ii}}$
sds_2	0.521（0.01）	0.291	0.483	总体性社会情绪量表（信度系数0.933）			
sds_3	0.540（0.01）	0.271	0.528	stg	0.756（0.01）	0.247	0.698
sds_4	0.558（0.01）	0.394	0.441	sti	0.666（0.01）	0.218	0.670
指向经济收入的社会期望值量表（信度系数0.799）				bgg	0.738（0.01）	0.241	0.693
sde_1	0.637（0.01）	0.272	0.599	bgd	0.729（0.01）	0.238	0.691
sde_2	0.555（0.01）	0.261	0.541	bga	0.685（0.01）	0.224	0.677
sde_3	0.510（0.01）	0.308	0.458	scg	0.548（0.01）	0.179	0.627
sde_4	0.522（0.01）	0.406	0.402	sci	0.444（0.01）	0.145	0.576

注：1. 表格中，stg代表对社会性事项的满意度，stg_1代表对社会性事项的满意度量表中的第一个题器的满意度，以此类推；sti代表对个体性事项的满意度，sti_1代表对个体性事项的满意度量表中的第一个题器的满意度，以此类推；scg代表对社会性事项的信心，scg_1代表对社会性事项的信心量表中的第一个题器的信心，以此类推；sci代表对个体性事项的信心，sci_1代表对个体性事项的信心量表中的第一个题器的信心，以此类推；bgd代表对政府职能部门的信任，bgd_1代表对政府职能部门的信任度量表中的第一个题器的信任度，以此类推；bgg代表对政府执政能力的信任度，bgg_1代表对政府执政能力的信任度量表中的第一个题器的信任，以此类推；bga代表对各级地方政府的信任度，bga_1代表对各级地方政府的信任度量表中的第一个题器的信任，以此类推；sde代表指向经济收入的社会期望值，sde_1代表指向经济收入的社会期望值量表中的第一个题器的社会期望值，以此类推；sds代表指向社会地位的社会期望值，sds_1代表指向社会地位的社会期望值量表中的第一个题器的社会期望值，以此类推。

2. 此处关于信度系数的计算参照我们以往的研究，即在验证性因子分析框架下，常用的量表信度系数Cronbach的α值不能恰当地拟合指标和因子间关系，从而采用Raykov的信度系数，其计算公式为：$\rho = \dfrac{u^2}{u^2+v} = \dfrac{(\sum_{i=1}^{k}\lambda_i)^2}{(\sum_{i=1}^{k}\lambda_i)^2 + \sum_{i=1}^{k}\theta_{ii}}$，其中$\lambda_i$是第i个题器的因子载荷，$\theta_{ii}$是第i个题器的残方差。参见李汉林、渠敬东、夏传玲、陈华珊《组织变迁的社会过程：以社会团结为视角》，上海：东方出版中心，2006年，第49页。

表8-6 总体性社会情绪、社会期望值与人们对社会总体发展水平的感受的方差分析

	差异源	离差平方和SS	自由度df	均方MS	F值	显著性p
对个体性事项的信心	组间	71291.408	4	17822.852	47.20	0.0000
	组内	2010988.98	5326	377.579605		
	总计	2082280.39	5330	390.671742		
对社会性事项的信心	组间	135053.394	4	33763.3485	96.28	0.0000
	组内	1867723.61	5326	350.680362		
	总计	2002777	5330	375.755535		
对个体性事项的满意度	组间	110445.193	4	27611.2982	147.40	0.0000
	组内	997684.178	5326	187.323353		
	总计	1108129.37	5330			
对社会性事项的满意度	组间	254580.199	4	63645.0498	365.34	0.0000
	组内	927819.242	5326	174.205641		
	总计	1182399.44	5330			
对政府执政能力的信任度	组间	112300.141	4	28075.0351	116.41	0.0000
	组内	1284521.96	5326	241.179489		
	总计	1396822.1	5330	262.067936		
对政府职能部门的信任度	组间	86335.1986	4	21583.7996	91.38	0.0000
	组内	1257963.69	5326	236.192957		
	总计	1344298.89	5330	252.213675		
对各级地方政府的信任度	组间	116246.903	4	29061.7257	88.41	0.0000
	组内	1750782.34	5326	328.723683		
	总计	1867029.24	5330	350.286912		
社会信心	组间	99473.779	4	24868.4447	88.25	0.0000
	组内	1500794.82	5326	281.786485		
	总计	1600268.6	5330	300.238011		
满意度	组间	174649.791	4	43662.4477	340.79	0.0000
	组内	682373.38	5326	128.121175		
	总计	857023.171	5330	160.79234		
社会信任	组间	101429.131	4	25357.2827	143.92	0.0000
	组内	938417.09	5326	176.195473		
	总计	1039846.22	5330	195.0931		

续表

差异源		离差平方和SS	自由度df	均方MS	F值	显著性p
总体性社会情绪	组间	120848.974	4	30212.2435	300.38	0.0000
	组内	535691.366	5326	100.580429		
	总计	656540.339	5330	123.1783		
指向经济收入的社会期望值	组间	2466.62373	4	616.655932	3.95	0.0033
	组内	831967.587	5326	156.208709		
	总计	834434.21	5330	156.554261		
指向社会地位的社会期望值	组间	1746.34719	4	436.586797	4.05	0.0028
	组内	573513.015	5326	107.681753		
	总计	575259.362	5330	107.928586		
社会期望值	组间	1874.11669	4	468.529172	4.50	0.0012
	组内	554147.809	5326	104.045777		
	总计	556021.925	5330	104.319311		

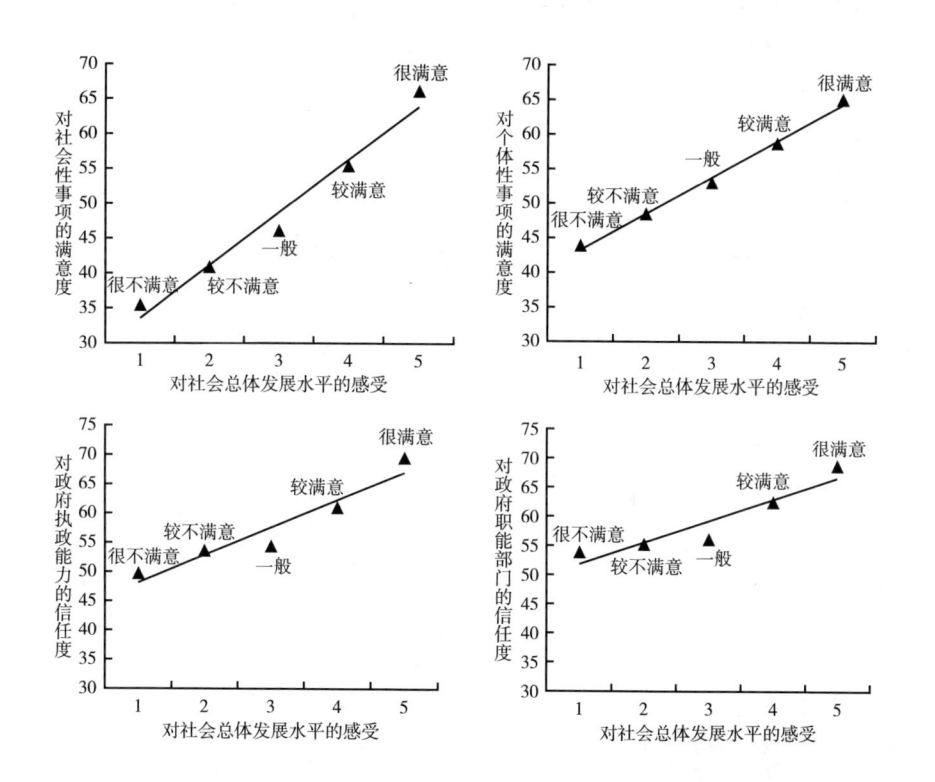

社会景气与总体性社会情绪 | 理论、方法与数据分析

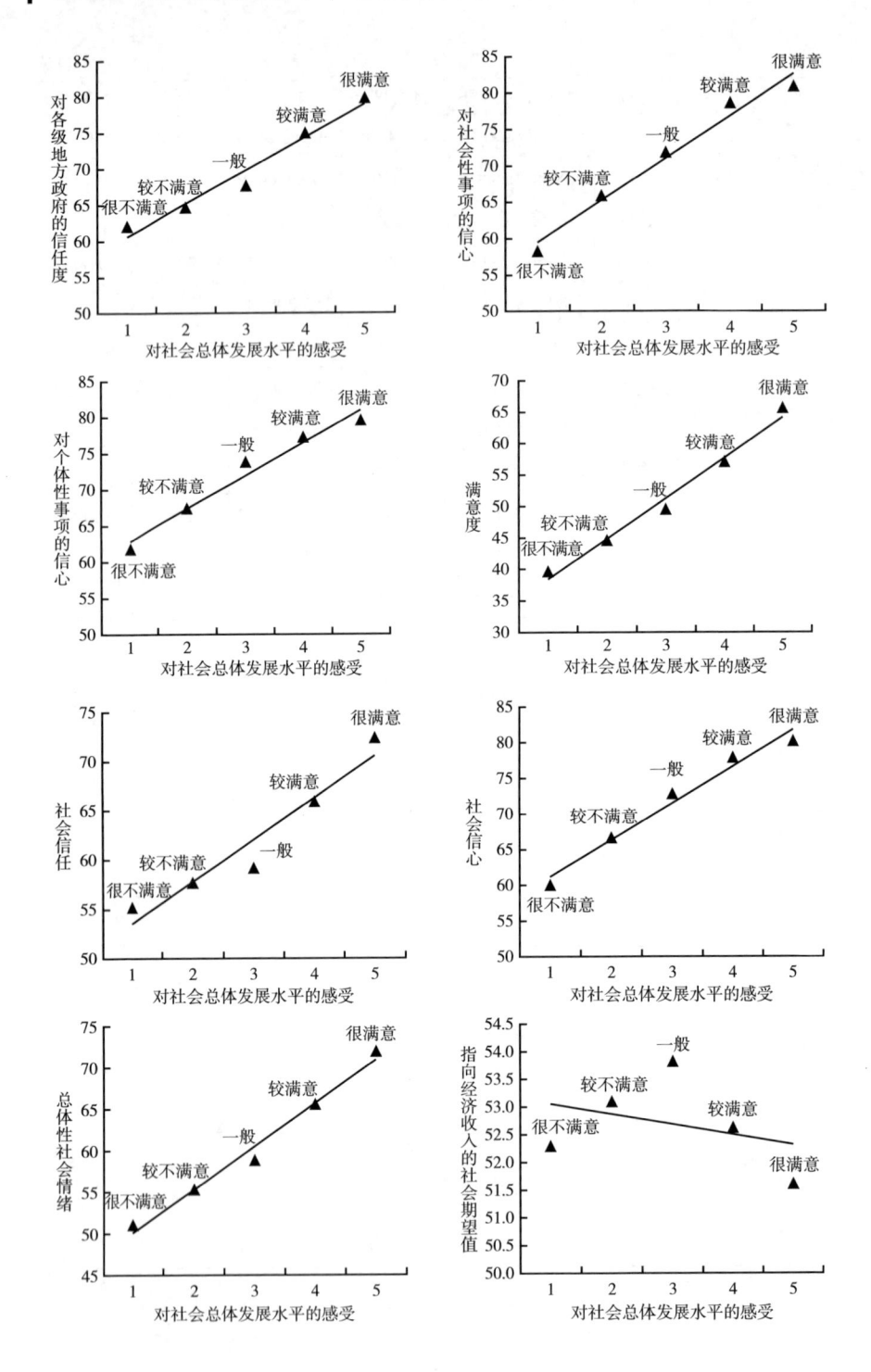

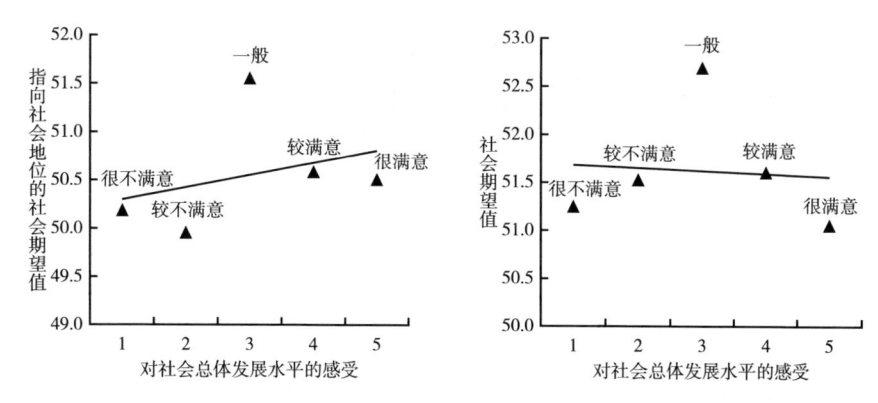

图8-1 总体性社会情绪、社会期望值与人们对社会总体发展水平的感受

同理可推，当公众认为自身的社会经济地位与参照群体相比差不多甚至较高时，这种相对优越的感知也会溢出到其对整个社会发展状况的满意度上，呈现较高的满意度。反之亦然。从而，如果表征公众感知到的社会期望值测量结果与人们对社会整体发展水平的满意度状况略微呈相反的发展趋势，那么我们就可以认为所设计的量表具有较好的效度。方差分析结果如表8-6和图8-1所示，F值为12.66，且在0.01统计水平上显著，社会期望值越高的公众，对社会总体发展水平越不满意，从而证明社会期望值量表的外部校标效度较好。

（二）总体性社会情绪指数和社会期望值的计算

在上述对量表的信度和效度检验的基础上，此处需要从两个方面进一步对指数的构建进行论证。

首先，在合成指标前，需要处理缺失值。在一个指标下的题器存在缺失值且缺失值数量不超过1/3的样本，我们按照该样本在未缺失题目中的得分均值进行插补。其次，由于指标的量纲不同，因此在合成对社会性事项的满意度、对个体性事项的满意度、对个体性事项的信心、对社会性事项的信心、对政府执政能力的信任度、对政府职能部门的信任度和对各级地方政府的信任度七个指标前，我们需要对指标进行归一化处理，公式如下：

$$Indicate_i = \frac{indicate - \min(indicate)}{\max(indicate) - \min(indicate)} \times 100$$

其中，$Indicate_i$ 表示该指标下的第 i 项题器上的分值。

在考虑各项题器权重①的条件下，上述七个指标的计算公式如下：

$$index = \frac{\sum_{i}^{k} W_i Indicate_i}{\sum_{i}^{k} W_i}, i=1,\ldots,k$$

其中，$Indicate_i$ 表示该指标下的第 i 项题器，W_i 表示该指标下的第 i 项题器的权重。以此类推，算出满意度、社会信任和社会信心三个维度和社会期望值上的分值。

同样按照上述对缺失值、量纲不一致的处理方式将对社会性事项的满意度、对个体性事项的满意度、对个体性事项的信心、对社会性事项的信心、对政府执政能力的信任度、对政府职能部门的信任度和对各级地方政府的信任度七个指标进行处理，并依据上述权重计算方法，最终得到总体性社会情绪指数。

四 样本抽样与特征分析

中国社会科学院社会发展战略研究院于 2014 年所实施的"中国社会态度与社会发展（2014）"问卷调查，在国家统计局发布的《第六次全国普查（分县）数据》（简称"六普"）数据的基础上建立抽样框，抽取全国直辖市、地级市、县级市中居住在社区（居委会）辖区中的 16 岁及以上人口为调查对象。调查采取多阶抽样设计，其中县级行政区划（市辖区、县级市）为一级抽样单位（primary sampling unit, PSU），社区（居委会）为二级抽样单位（second sampling unit, SSU），家庭户作为三级抽样单位（third sampling unit, TSU），最终抽样单位为个人（ultimate sampling

---

① 对题器权重的计算，我们依据各项指标在潜变量上的因子负荷大小而定，在此不再赘述。

unit，USU）。① 调查的执行工作是通过公开招标方式，委托商业性的专业调查机构负责执行的。在执行过程中，调查组通过督导进行了较为严格的质量控制。所得样本情况如表8-7所示。

表8-7 受访者人口学变量情况

变量	类别	频率	百分比	变量	类别	频率	百分比
性别	男	2327	43.15%	户口	农业户口	1588	29.46%
	女	3066	56.85%		非农业户口	3803	70.54%
年龄	16—19岁	225	4.17%	所在地	上海	99	1.84%
	20—29岁	1437	26.62%		云南	111	2.06%
	30—39岁	1334	24.71%		吉林	102	1.89%
	40—49岁	1263	23.39%		北京	152	2.82%
	50—59岁	813	15.06%		四川	176	3.26%
	60—69岁	269	4.98%		天津	145	2.69%
	70岁及以上	58	1.07%		安徽	231	4.28%
受教育程度	没有受过教育	71	1.32%		山东	53	0.98%
	小学	279	5.18%		山西	148	2.74%
	初中	1276	23.69%		广东	245	4.54%
	高中	1450	26.92%		广西	366	6.78%
	中专/技校	577	10.71%		江苏	265	4.91%

① 此次调查的PSU抽样框来自"六普"数据，但考虑到2010年距2014年已经有4年之久，为了校正人口变动的效应，我们根据"六普"数据中的分性别、分年龄的粗死亡率对2010年人口普查数据中的12岁及以上城镇人口进行死亡率校正，将校正后的数据作为PSU的抽样框（包括1226个PSU），把12岁及以上城镇人口作为加权权重。根据抽样设计方案，我们从1226个PSU中，按照PPS的原则，抽取60个PSU（除新疆和西藏之外的地区中抽取），经专门编制的Stata程序运行所得的60个PSU分布在24个省自治区直辖市，均值为2.5，样本数量最多的是湖北省（包含5个PSU），样本数量最少的是云南省（包含1个PSU）。SSU抽样框来自"六普"的原始数据，国家统计局相关部门提供了2010年SSU的户数和12岁及以上城镇人口数。我们根据抽样方案，在SSU抽样框中，利用专门编制的Stata程序，按照PPS的原则，从每个PSU中抽取9个社区居委会作为SSU，总共抽取540个社区居委会。由于有的SSU人口规模较大，我们进行了分割处理，共有涉及不同地区的20个SSU被进行了分割。TSU样本框来自调查实施单位，主要来源有如下两种情况：居委会（社区）有现成的户籍资料（可以从居委会或者当地派出所获取）、依据地块现场制作的"户样本框"。在TSU阶段，我们采用系统抽样法（等距抽样）。居内抽户的工作完成后，抽样员和访问员不可更换样本户。在USU抽样中，抽中的家庭户中，所有16岁及以上家庭成员构成第四级样本框，在成功入户后，访问员需要借助问卷首页上的Kish表从户内成员中抽选出被访者。

续表

变量	类别	频率	百分比	变量	类别	频率	百分比
受教育程度	大学专科	955	17.73%	所在地	江西	75	1.39%
	大学本科	708	13.14%		河北	307	5.69%
	研究生	71	1.32%		河南	385	7.13%
政治面貌	共产党员	463	8.59%		浙江	59	1.09%
	共青团员	802	14.88%		湖北	640	11.85%
	民主党派	17	0.32%		湖南	348	6.45%
	群众	4109	76.22%		福建	87	1.61%
民族	汉族	5218	96.70%		辽宁	355	6.58%
	少数民族	178	3.30%		重庆	334	6.19%
					陕西	465	8.61%
					海南	56	1.04%
					黑龙江	195	3.61%

五 总体性社会情绪与社会期望值的现状及变动

在调查数据（2012年、2013年的全国性抽样调查数据）和对观测量表进行检验的基础上，课题组构建了用以分析社会发展状况的重要指针——总体性社会情绪指数。[①] 2014年，我国城镇居民的总体性社会情绪指数为61.79，标准差为11.11。基于总体性社会情绪指数的回归方程进行Shapley值分解，结果如表8-8所示，社会信任对总体性社会情绪指数差异贡献最大，为46.72%；其次是满意度，贡献率为33.24%；最后是社会信心，贡献率为20.04%。

表8-8 总体性社会情绪三维度的描述性分析与Shapley值分解

	均值	标准差	Shapley值	贡献率（%）
满意度	52.84	12.68	0.33	33.24%
社会信任	62.41	3.96	0.47	46.72%
社会信心	74.39	17.34	0.20	20.04%

---

① 关于量表的测量和指数的构建由于较为复杂，此处我们不再赘述，参见李汉林、魏钦恭《社会景气与社会信心研究》，北京：中国社会科学出版社，2013年。

以 2012 年为基准，2013—2014 年总体性社会情绪指数呈现稳定的增长态势（见图 8-2）。这意味着民众对社会发展现状的满意度不断提升，社会在总体上稳步前进。虽然统计分值的变化呈现微弱增势，却蕴含着重要的社会意义。第一，党的十八大以来，新一届中央领导集体用"踏石留印，抓铁有痕"的决心，全面深化改革，扎实稳健地推进中国发展，民众的主观感受亦反映出近年来社会发展取得的成就。第二，经济增长结构性减速的"新常态"所蕴含的积极意义在于促进就业更加充分、收入不断均衡、社保日趋完善、增长更为平稳、物价保持稳定等方面，① 总体性社会情绪指数的稳步上升亦显现与经济社会结构良性协同变化的新迹象。第三，一个景气的社会是一个发展状况良好的社会，也是人们对未来有着良好预期的社会。

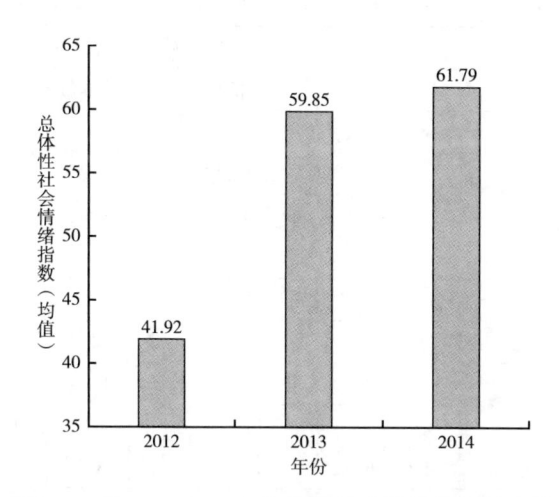

图8-2　2012—2014年总体性社会情绪指数的比较

比较不同群体的总体性社会情绪发现（见表 8-9），总体性社会情绪指数并没有显著的性别、收入差异，却有明显的年龄、受教育程度和地域差异。具体来看，随着年龄的增加，受访者在总体性社会情绪指数上的得分先降后升，呈现出明显的 U 形发展态势；其中，30—39 岁受访者的总体性社会情绪指数最低，均值为 60.78。30—39 岁的受访者大多正处于工作上升期，同时也是"上有老、下有小"的阶段，抚养与赡养负担较重，

---

① 许志峰、成慧：《新常态，辩证看》，《人民日报》2014 年 8 月 11 日，第 17 版。

工作压力和生活压力都比较大。在这种情形下，这个年龄段的受访者面对工作、住房和收入等个人状况和家庭状况更容易感受到现实压力，届时，如果受访者无法从就业、政府服务等社会性事项中获取支持和帮助，就可能呈现较为消极的总体性社会情绪。不同受教育程度的受访者在0.1的置信水平下与总体性社会情绪指数略微存在差别，具体比较来看，拥有较高学历的受访者的总体性社会情绪指数反而略低，尤其是研究生群体的总体性社会情绪指数均值仅有59.24，低于其他学历的群体。通常来讲，拥有较高学历的受访者所具有的辩证思考能力会更强，对于个人状况和社会发展状况的感知会更趋向于理性和冷静。东北地区受访者的总体性社会情绪最积极，其后依次是西部、东部、中部地区。

表8-9 不同群组民众总体性社会情绪指数的方差分析

	总体性社会情绪指数			
	均值	标准差	样本量	显著性检验
性别				
男	61.93	11.27	2326	$T=0.8530$, $p=0.3937$
女	61.67	10.99	3068	
年龄				
16—19岁	62.96	11.44	225	
20—29岁	61.14	10.81	1437	
30—39岁	60.78	10.41	1334	
40—49岁	61.76	11.23	1263	$F=11.36$, $p=0.0000$
50—59岁	62.76	11.89	813	
60—69岁	65.27	11.15	269	
70岁及以上	67.65	12.99	59	
月收入				
1000元及以下	60.87	15.34	67	
1001—2000元	61.79	11.72	681	
2001—3000元	61.05	11.00	1278	
3001—5000元	62.15	10.87	1135	$F=1.17$, $p=0.3219$
5001—78000元	61.86	10.87	259	
7001—10000元	62.23	10.22	106	
10001元及以上	62.53	13.16	38	

续表

	总体性社会情绪指数			
	均值	标准差	样本量	显著性检验
受教育程度				
小学及以下	62.85	11.27	350	
初中	61.98	10.92	1275	
高中、中专、技校	61.65	11.24	2028	$F=1.87$, $p=0.0964$
大学专科	61.39	10.68	956	
大学本科	62.16	11.48	708	
研究生	59.24	12.27	71	
经济区域				
东部	61.52	10.95	1162	
中部	61.05	11.22	2134	$F=23.37$, $p=0.0000$
西部	61.60	10.47	1452	
东北	65.12	11.85	652	

任何社会个体都"嵌入"各种形式的社会关系之中,其自身在构建各种关系的同时也受到这些关系的影响与制约。在2014年调查中,为了深入分析社会关系状况对总体性社会情绪的影响,我们设置了专门的量表用于考察我国调查时点主要的社会关系状况,包括老板与员工关系、穷人与富人关系、城里人与农村人关系、汉族与其他民族关系、信教者与不信教者关系、干部与群众关系以及本地人与外地人的关系等。统计结果显示,民众对上述各种社会关系的积极评价占比最大的是"汉族与其他民族",39.93%的受访者认为二者关系较好,其后依次是本地人与外地人、信教者与不信教者、城里人与农村人、老板与员工、干部与群众、穷人与富人。尤其需要注意的是,人们认为穷人与富人的关系不好的人数占比高达45.23(见图8-3)。

在此基础上,通过方差检验我们发现,调查时点对各个社会关系评价越好的受访者在总体性社会情绪指数的得分上往往越高(见图8-4),即是说,社会关系的和谐状况影响受访者的总体性社会情绪,那些认为不同群体间关系更为和谐的受访者的总体性社会情绪也更为积极。

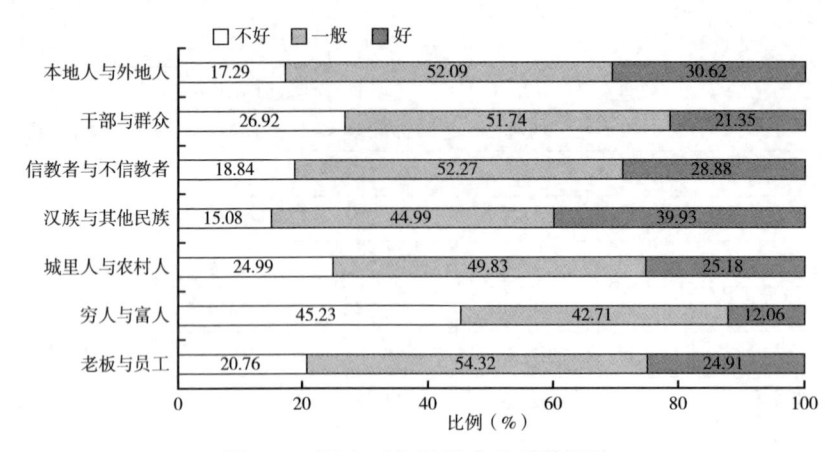

图8-3 民众对各种社会关系的评价

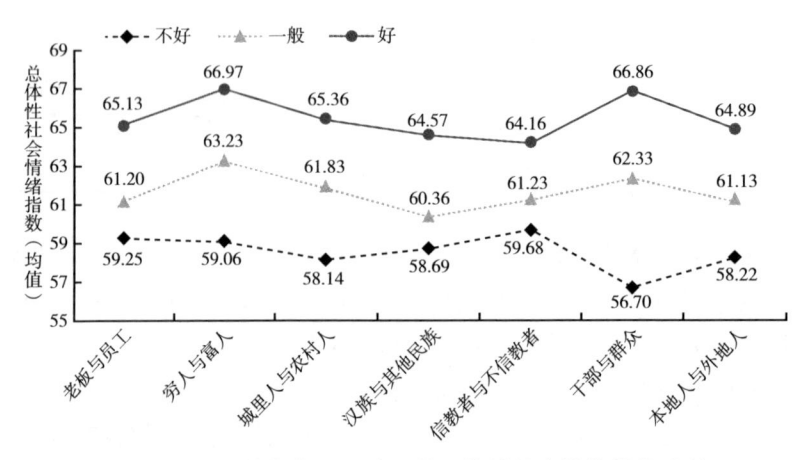

图8-4 不同社会关系评价上的总体性社会情绪指数比较

（一）总体性社会情绪的分析

在对总体性社会情绪指数的历年变动趋势描述的基础上，下文将对其构成因素——满意度、社会信任、社会信心及其属性特征进行分析，以进一步察看哪些因素更多地影响民众总体性社会情绪的感受和未来预期，进而为下一步的决策制定和制度安排提供事实基础。

1. 对满意度的分析

在严格的意义上，满意度或不满意度是一个社会心理学的概念，它测量的主要是人们在心理层面的一种主观感受。当人们的付出与劳动（effort）不能够得到其所认为应该得到的回报、补偿和奖励（reward）的时候，就会自然而然地在心理上产生一种相对不公平和不满足的感觉。两者之间的差距愈大，或者说，付出远多于所得时，人们的不满意程度就会增强。这里需要强调三点。

第一，不满意度强调的是在投入—产出的行为过程中自我的不断权衡和比较，以及由此在心理上所产生的一种相对不平衡和不公平的感受。不满意度同时也是一种在交换过程中趋于追求利益最大化的理性行为感受。[1] 事实上，人们在投入后所获取的利益回报愈大，其在心理上的成功与满足、平衡与公平的感觉就会变得愈强烈，否则，人们就会产生强烈的不满意度。在这里，不满意度强调的是社会行动者的行为过程及其对主观感受的影响。

第二，我们在分析不满意度的过程中，必须重视和考虑的重要因素是社会成员的期望值以及期望实现的程度，当一个社会提供的价值能力能够满足社会成员的期望值则满意度水平较高，反之则低；另外一种情况则是人们的期望值并非恒定，会随着社会的发展而不断变化，如果社会发展所能够提供的期望实现能力低于社会成员的期望值，那么也会产生较高的不满意度。

在实际的社会行动过程中，人们不满意度的高低往往取决于其期望实现的程度。从表8-10我们可以看出，期望实现的程度高，人们的满意度水平也就相应地变高；反过来，当人们的期望值高于其期望实现程度的时候，其便会感到失望，其不满意度也就相应地变得较高。[2]

表8-10　不满意度水平与人们期望值及其实现程度的变化

期望	期望实现的程度	不满意度
高	高	低
低	高	低
高	低	高
低	低	不高不低（趋中）

---

[1] 在许多情形之下，情感和理性的逻辑非常相似，以至于我们很难认定某一行为是出于理性还是出于情感，作为社会行动者，人们的社会行为总是交织在理性与情感之中而无法剥离，在这个意义上，我们不是去探讨哪种行为是理性抑或是感性驱动，而更应该着眼于在何种结构环境之下，人们的社会行为是理性主导或情感驱动。就人们的满意度而言，其既是某种主观心理感受的反映，也受到社会结构环境的影响；同时其既可以看作情感性的，也可以看作出于理性的考量。

[2] 李汉林、魏钦恭、张晨曲：《发展过程中的满意度》，《社会学评论》2013年第1期，第75—88页。

第三，不满意度所蕴含的不平衡与不公正的感觉似乎并不在于回报绝对值的高低，更多的是在于这种回报与奖赏是否公平或者与自己的付出等值。这种公平或等值的判断，以及人们实际上对某种事物或事件做出满意或不满意的评价时，受到参照群体、社会结构环境等各种外在因素的影响，也就是说，主观态度与社会结构之间有着不可分割的关联。不是说人们不满意于自己的绝对生活状况，而是在与参照群体比较之下，满意度相对降低，"不患寡而患不均"往往成为导致人们满意度降低的重要原因。[①]

在一定程度上，人们对自己、对组织与社区、对国家与政府满意或不满意的主观感受能够直接或间接地反映一个国家与社会的稳定水平，政治、经济与社会的发展程度。当人们的满意度处于低水平的状态时，预示着其所处的社会可能是一个矛盾和冲突时常发生的不稳定的社会。在上述意义上，对社会成员满意度状况的量度不仅必要，而且重要，制定有效、可信的满意度量表和获取人们调查时点满意度状况的客观数据成为我们研究的一项重要任务。

作为人们心理上的一种主观感受，群体乃至社会整体层面的满意度水平亦能反映一个社会在特定发展阶段的景气状况；人们的满意度不仅是个人期望是否得以实现的体现，同样受到社会发展情势的影响。在一定程度上，民众对个体性事项和社会性事项的满意度水平是衡量一个社会发展与稳定程度的有力指针。也在此意义上，一个矛盾凸显和冲突频发的社会必定是人们满意度处于很低水平的社会，反之，一个发展态势良好、总体景气的社会也必定是大多数人满意度较高的社会。[②]

图8-5是2012年、2013年、2014年满意度指数的变动趋势，可以看到，以2012年为基准，2014年的调查数据显示人们无论是对社会性事项还是个体性事项的满意度都呈现不同程度的增长态势。2014年，总体上人们的满意度均值为52.84，对个体性事项的满意度均值为55.44，对社会性事项满意度指数为50.25。这表明，总体上我国社会正在朝着良性、协调的方向发展。虽然总体的发展趋势令我们振奋，但仅凭这种总体印象，我们

---

① 李汉林、魏钦恭、张晨曲：《发展过程中的满意度》，《社会学评论》2013年第1期，第75—88页。

② 李汉林、魏钦恭、张晨曲：《发展过程中的满意度》，《社会学评论》2013年第1期，第75—88页。

难以"对症下药"进行更为细致的判断,所以我们接下来还需要对满意度进一步分解,以知晓哪些因素是当时民众最不满意的、哪些因素是阻碍人们满意度提升的关键。

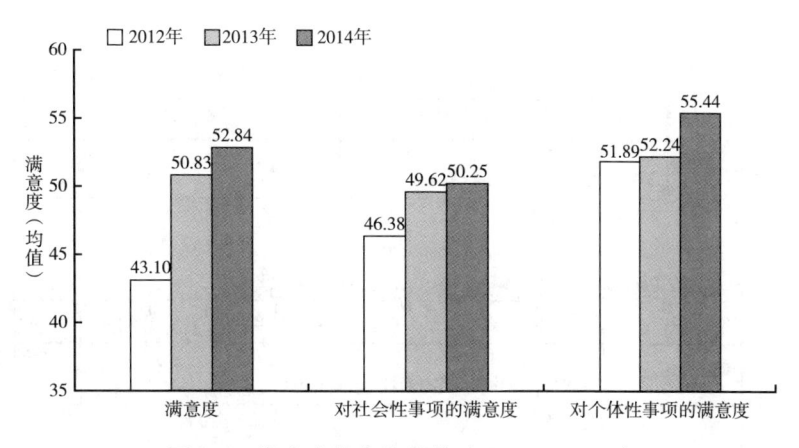

图8-5 满意度的变化趋势(2012—2014)

(1)对社会性事项满意度的分析

图 8-6 是 2012—2014 年不同年份民众对社会性事项的满意度状况,可以看出,在三个年份的比较中,满意度水平较高的社会性事项分别是基础设施状况、教育水平和治安状况;满意度水平较低的社会性事项分别是物价水平、食品安全状况和环境质量。其中,2014 年,人们对国家基础设施的建设水平(满意的比例为 49.11%)、教育水平(满意的比例为 42.51%)以及治安状况(满意的比例为 41.09%)的满意程度较高。

为了对社会性事项满意度的内在结构进行分析,我们采用夏普利值分解方法对社会性事项满意度所包含各维度所对应的题器的重要性进行排序。在这里,运用这种方法进行排序的原则主要是,社会性事项满意度的各个题器或事项将依据被访者对相关题器认知上的贡献率大小来进行排序。统计结果表明,贡献率较高的事项分别是社会公平公正(贡献率为 14.11%)、食品安全状况(贡献率为 11.88%)和医疗服务水平(贡献率为 11.73%)(见表 8-11)。然后,我们再根据满意度水平高低和影响大小进行矩阵分析,以确定哪些因素满意度较低且对社会总体和谐状况的贡献率最高。

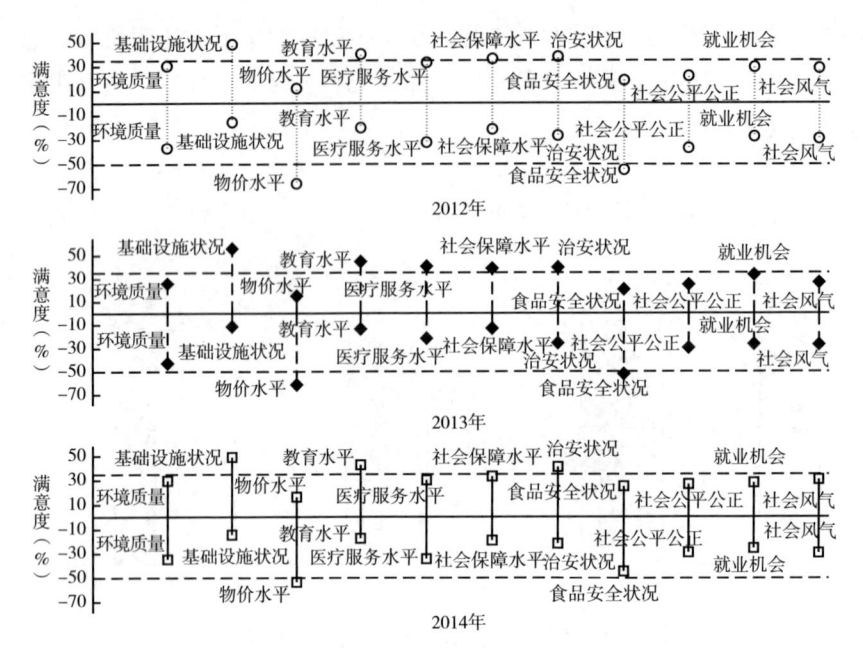

图8-6　民众对社会性事项的满意度状况（2012—2014）

表8-11　对社会性事项满意度影响因素的夏普利值分解

因素	贡献额	贡献率（%）
环境质量	0.07731	7.73
基础设施状况	0.06066	6.07
物价水平	0.07200	7.20
教育水平	0.08443	8.44
医疗服务水平	0.11726	11.73
社会保障水平	0.08475	8.48
治安状况	0.06674	6.67
食品安全状况	0.11881	11.88
社会公平公正	0.14112	14.11
就业机会	0.07859	7.86
社会风气	0.09833	9.83
总计	1.00000	100.00

图 8-7 是民众对社会性事项的不满意度与各因素影响力大小的关系矩阵，可以看到，不仅民众在食品安全状况（不满意比例为 42.78%）和医疗服务水平（不满意比例为 32.69%）满意度水平较低，而且这两方面对社会和谐状况的贡献率也很大（食品安全状况贡献率为 11.88%，医疗服

务水平贡献率为 11.73%），故而对此两项问题的解决更需要保持政策和制度安排的优先性，进而有效提升总体满意度。

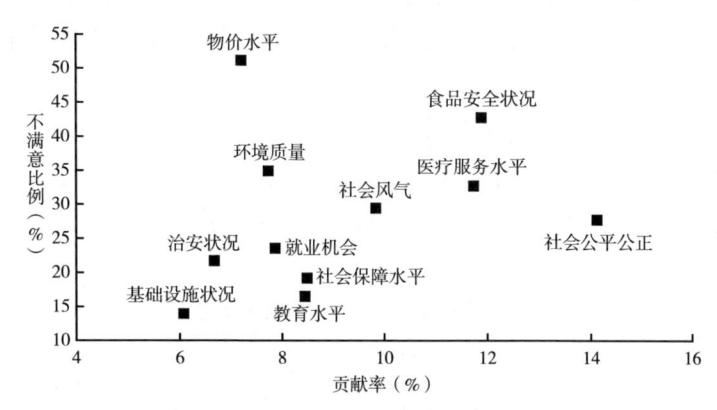

图8-7　社会性事项满意度水平与内部具体因素重要性的关系矩阵

（2）对个体性事项满意度的分析

与上述分析逻辑一致，首先察看民众对个体性事项满意度各个具体因素的分布状况。图 8-8 的结果表明，在 2012—2014 年三个年度的调查中，

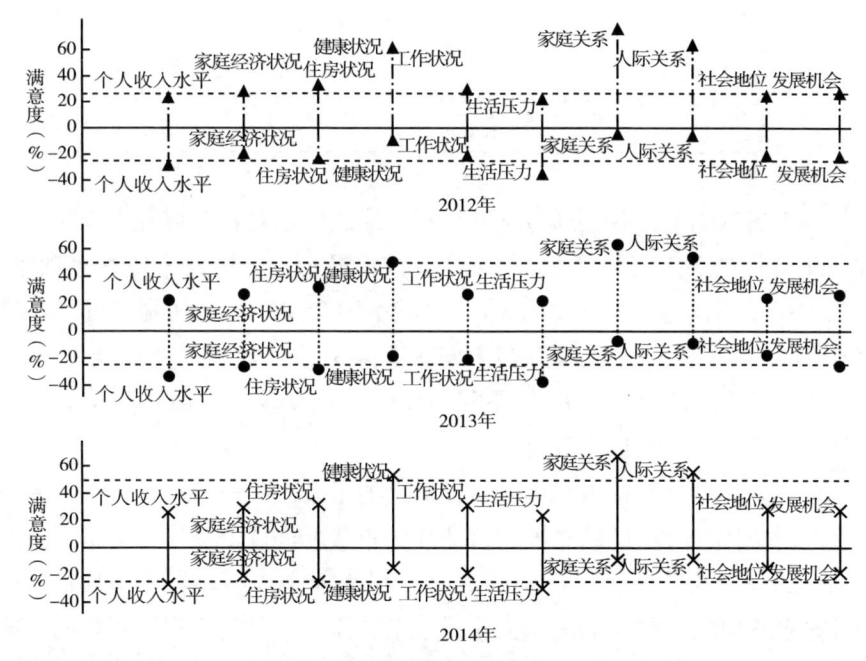

图8-8　民众对个体性事项的满意度状况（2012—2014）

民众满意度较高的个体性事项分别是家庭关系、健康状况和人际关系；相比之下，满意度较低的个体性事项分别是生活压力、个人收入水平和住房状况。

在我们的调查中，有一项题器专门询问受访者对个体性事项的总体满意度，答案分为"很满意"、"较满意"、"一般"、"较不满意"和"很不满意"五个层次。在此基础上，我们通过统计进一步分析各类事项对总体满意度的影响大小。夏普利值分解的结果表明，个人收入水平、家庭经济状况和住房状况三类事项的贡献率最高，也意味着在所调查的个体性事项中，这三类因素更多地影响民众的总体满意度水平（见表8-12）。

表8-12　对个体性事项满意度影响因素的夏普利值分解

因素	贡献额	贡献率%
个人收入水平	0.08102	25.20
家庭经济状况	0.04473	13.91
住房状况	0.03598	11.19
健康状况	0.02232	6.94
工作状况	0.02729	8.49
生活压力	0.02387	7.42
家庭关系	0.01933	6.01
人际关系	0.01672	5.20
社会地位	0.02554	7.94
发展机会	0.02475	7.70
合计	0.32154	100.00

在上述基础上，我们通过交互分析，形成民众对各个体性事项满意度和其重要性的关系矩阵（见图8-9）。结果显示，在所有个体性事项中，收入水平（不满意比例为27.03%，贡献率为25.20%）、住房状况（不满意比例为24.97%，贡献率为11.19%）和家庭经济状况（不满意比例为20.70%，贡献率为13.91%），不仅民众的满意度较低，而且其构成了对总体满意度水平影响最为重要的因素。

前述统计结果对构成总体性社会情绪的子量表——对社会性事项的满意度和对个体性事项的满意度的特征与分布状况进行了描述性分析。结果表明，2014年影响民众满意度的关键事项分别是社会层面的环境质量、社会公平公正以及个体层面的个人收入水平、住房状况和家庭经济状况。这样我们就能较为清晰地确定影响民众满意度的关键要因，进而使得政策安排能够有的放矢。同时也意味着，在当前以及今后一段时期内，需要加大如上几个方面的政策力度，使得民众的收入与经济发展同步增长、社会实现公平公正、环境质量改善，以进一步满足人们不断增长的需求，提升民众的满意度。

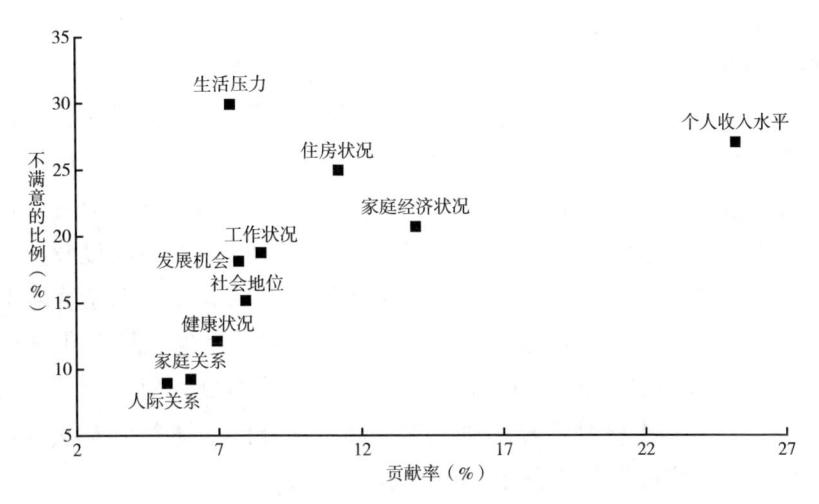

图8-9 个体性事项满意度水平与其重要性的关系矩阵

上述结果所隐含的其他意义还在于，一方面，通过对民众满意度诸事项的调查与分析，也即对民众社会态度走向的把握可以从根本上反映出我们社会处于何种发展阶段。与 GDP 水平或者 Gini 系数等过于单一的客观指标不同，民众的满意度是其对社会发展状况的综合主观感知，因此结合 GDP 水平等客观指标和满意度这样能反映民众感受的主观指标来分析社会的发展状况，才有助于更为全面地反映一个社会的发展水平。另一方面，此处的分析纠正了以往关于民众满意度研究的一个偏误，即只对总体的满意度水平进行判断，忽视满意度的组成因素及各因素间的差异。如果只关注满意度的总体水平，那么我们对于社会的发展状况只能有一个模糊的把握，只有进一步探寻在宏观社会性事项和微观个体性事项两个层面的满意度及其内部各因素之间的差异才能帮助我们更清楚、更细致地描摹出社会发展的状况。当然，更重要的意义在于，对不同事项满意度水平的测量，可以从一个侧面反映出我们社会在践行各项政策时所存在的差距以及面临的问题，从而为政府解决这些问题和进行合理的制度安排提供一项事实基础。

(3) 满意度的群体差异

将不同群组民众对社会性事项和个体性事项的满意度状况进行比较，如表 8-13 所示。在社会性事项的满意度上，存在显著的地域、性别、年龄和受教育程度的差异。东北地区民众对社会性事项最为满意，其后依次是西部地区、东部地区和中部地区；男性对社会性事项的满意度显著高于女性近 1 个单位；随着年龄的增加，民众对社会性事项的满意度呈现先降再升的 U 形发展态势，30—39 岁群组对社会性事项满意度最低；值得注意的是，民众的受教育程度与其对社会性事项的满意度呈显著负相关，研究生学历群组对社会性事项的满意度最低。在个体性事项的满意度上，不仅存在显著的地域、性别、年龄和文化水平的差异，而且与民众的月收入水平显著相关。东北地区和中部地区民众对个体性事项的满意度较高，而西部地区民众满意度却最低；男性对个体性事项的满意度也显著高于女性；随着年龄的增加，民众对个体性事项的满意度呈现先降再升的 U 形发展态势，40—49 岁群组对个体性事项的满意度最低；随着受教育程度的提升，民众对个体性事项的满意度提高；同样的，随着个人收入的增加，民众对个体性事项的满意度也提高。

表8-13 不同群组民众有关满意度状况的方差分析

	对社会性事项的满意度				对个体性事项的满意度			
	均值	标准差	样本量	显著性检验	均值	标准差	样本量	显著性检验
性别								
男	50.94	14.97	2326	$T=2.9649$, $p=0.0030$	56.00	14.64	2326	$T=2.5560$, $p=0.0106$
女	49.72	14.85	3068		54.99	14.24	3068	
年龄								
16—19岁	51.68	15.40	225	$F=12.12$, $p=0.0000$	58.36	14.13	225	$F=12.68$, $p=0.0000$
20—29岁	49.29	14.45	1437		56.23	13.56	1437	
30—39岁	48.43	14.24	1334		54.49	14.34	1334	
40—49岁	50.82	15.02	1263		53.89	15.12	1263	
50—59岁	51.74	15.77	813		55.50	14.31	813	
60—69岁	54.63	14.34	269		58.24	13.95	269	
70岁及以上	56.59	18.01	59		65.90	17.28	59	

续表

	对社会性事项的满意度				对个体性事项的满意度			
	均值	标准差	样本量	显著性检验	均值	标准差	样本量	显著性检验
月收入								
1000元及以下	47.56	20.74	67	$F=1.18$, $p=0.3161$	49.95	17.89	67	$F=9.02$, $p=0.0000$
1001—2000元	49.94	15.37	681		55.20	14.20	681	
2001—3000元	49.39	14.44	1278		55.18	13.75	1278	
3001—5000元	50.67	14.78	1135		56.18	14.73	1135	
5001—78000元	50.61	15.39	259		58.71	12.80	259	
7001—10000元	49.66	13.68	106		61.50	13.93	106	
10001元及以上	48.39	15.90	38		63.41	18.36	38	
受教育程度								
小学及以下	53.25	13.81	350	$F=4.23$, $p=0.0008$	50.85	18.25	350	$F=19.65$, $p=0.0000$
初中	50.37	14.25	1275		54.19	14.29	1275	
高中、中专、技校	50.36	15.55	2028		55.27	14.21	2028	
大学专科	49.47	14.66	956		56.28	13.69	956	
大学本科	49.54	14.96	708		58.85	13.29	708	
研究生	47.45	14.41	71		60.46	12.45	71	
经济区域								
东部	50.13	14.16	1162	$F=12.56$, $p=0.0000$	52.64	16.27	1162	$F=20.33$, $p=0.0000$
中部	48.90	14.58	2134		56.40	13.25	2134	
西部	51.53	15.27	1452		55.60	13.72	1452	
东北	52.02	16.00	652		56.92	15.45	652	

（4）社会参与和满意度

社会参与最初被当作社会地位的一个维度，将同伴的地位作为指标来测量某个体的社会地位；参与同样被视作自我实现的一种方式与途径，也被看作社区整合的催化剂，还可被看作日益弱化的家庭和宗教初始纽带的替代，亦可被认作政治社会化和主导价值体系的表现形式，同样也是促进社会变迁的途径之一。[①] 由此可知，社会参与是社会地位的一种表征，有

---

① Parker, Robert N. "Measuring social participation," *American Sociological Review,* Vol.48, No.6(1983), pp.864–873.

利于促进自我实现,使个体在此过程中感受到自我价值;有利于社会整合,促进群体之间的凝聚以及和谐社会关系的营造。所以,良好的社会参与能够使民众产生关于自我价值与和谐社会关系的感知,对于满意度有着积极意义。在我们的分析中,主要考察了对社区或居委会活动、单位活动、民间活动和网络活动的参与。均值分析的结果显示,除网络活动(不具有显著差异性)外,在其他类型的社会活动方面参与活动的受访者的满意度均高于未参与的受访者(见表8-14)。

表8-14 不同社会参与状况的民众的满意度差异

	均值	标准差	样本量	差异性检验
参加社区/居委会组织的活动				
参加	53.51	13.40	1115	$T=1.9705$, $p=0.0488$
未参加	52.67	12.48	4281	
和邻居面对面谈论社区事务				
有	53.38	12.65	1558	$T=1.9837$, $p=0.0473$
没有	52.63	12.69	3841	
参加单位中工会组织的活动				
参加	56.35	13.09	638	$T=7.4639$, $p=0.0000$
未参加	52.38	12.55	4756	
参加社会团体(如协会、学会、联合会)组织的活动				
参加	54.55	12.50	494	$T=3.1472$, $p=0.0017$
未参加	52.67	12.68	4899	
参加基金会或民办非企业单位组织的活动				
参加	54.47	13.63	241	$T=2.0265$, $p=0.0428$
未参加	52.78	12.63	5150	
在网上发表评论或转发消息				
有	52.84	12.44	2880	$T=-0.1899$, $p=0.8494$
没有	52.78	12.81	2405	

接下来我们进一步分析哪些群体的社会参与程度更高,并对其满意度产生了怎样的影响。为此我们对社会参与量表(为了与上述均值分析一致,我们在此剔除了"网络参与"的题器)进行主成分分析。结果显示,

5项因子自然地归聚到了一起,因子载荷较高,特征值为2.66,解释了约53%的差异。然后我们进一步对该量表进行Alpha检验,以检验量表的稳定性,结果显示,在去掉一些变量后,其Alpha值仍维持在0.69以上,表现出较好的稳定性和可靠性。在此基础上我们生成社会参与潜变量,该变量的数值越高,表示参与程度越高。

回归分析的结果如下。表8-15模型1中,受访者的年龄显著负向影响其社会参与程度,年龄越小,社会参与程度越高,但是该模型的解释力较小(R^2=0.2%)。模型2是在模型1的基准上引入受访者的月收入水平和受教育年限两个变量,结果显示,月收入水平越高,社会参与程度越高,月收入每提升1个单位,社会参与程度提高约0.21个单位;受教育年限的影响作用显著,受教育年限越长,社会参与程度越高,受教育年限每增加1年,社会参与程度提高约0.51个单位。模型3是在模型1的基础上引入户口与户口所在地变量,结果显示,在0.05的置信水平下,两个变量均具有显著的影响作用。就户籍而言,以"农业户口"为参照组,非农业户口的受访者社会参与的程度更高;户口所在地以"本市县户口"为参照组,外市县组受访者的社会参与程度更高。模型4是在模型1的基础上考察工作状态对受访者社会参与程度的影响,统计结果显示,以"有固定工作"者为参照组,有临时性工作者、失业下岗者和在家持家者的社会参与程度显著较低;在校学生和离退休者社会参与程度与有固定工作者相比没有显著的差异性。

表8-15 关于社会参与的多元回归分析

变量	模型1 社会参与	模型2 社会参与	模型3 社会参与	模型4 社会参与
性别(以男性为参照)				
女性	−0.08 (−1.44)	0.09 (1.26)	−0.09 (−1.74)	0.01 (0.25)
年龄(连续变量)	−0.07** (−3.27)	0.11** (3.11)	−0.10*** (−4.56)	−0.07* (−2.48)
月收入水平(连续变量)		0.21*** (6.05)		
受教育年限(连续变量)		0.51*** (11.93)		

续表

变量	模型1 社会参与	模型2 社会参与	模型3 社会参与	模型4 社会参与
户口（以农业户口为参照）				
非农业户口			0.51*** （8.93）	
户口所在地（以本市县户口为参照）				
外市县户口			0.18* （2.38）	
工作状态（以有固定工作为参照）				
有临时性工作				−0.47*** （−5.86）
离退休				0.17 （1.59）
在校学生				0.17 （1.59）
失业下岗				−0.780*** （−6.31）
在家持家				−0.77*** （−8.79）
截距	7.02*** （71.50）	4.32*** （21.05）	6.07*** （34.79）	7.02*** （65.18）
R^2	0.2%	7.2%	1.5%	3.0%

注：括号中为t值；$^+ p<0.1$, $^* p<0.05$, $^{**} p<0.01$, $^{***} p<0.001$。

2. 对社会信任的分析

沿用2012年和2013年对社会信任的操作化方式，将社会信任操作化为民众对政府的信任度，包括人们对政府执政能力的主观感受、对政府职能部门和各级政府的信任程度。将民众对政府的信任作为社会信任的操作化内容并纳入对总体性社会情绪的考量之中，关键在于学界关于政府信任的理解视角的变化。与前期研究将政府信任仅当作民众对政府绩效的评判观不同，另外一种视角在某种程度上将政府信任看作社会信任在政治领域的扩散和投射，将政府主体看作一般性社会主体之一。① 随着两种视角的争辩，后期的研究则发现二者并不是截然两分，而是相互补充、互相融合的。也正是在这种意义上，一个景气的社会，既是政府有效履行职责、提供公共服务，民众对其绩效认可的社会；也是民众社会信任资源充分、民众合理预期有效实现的社会。

（1）社会信任的变动

社会信任包括对政府职能部门的信任度、对政府执政能力的信任度和对各级地方政府的信任度。基于历年的调查数据，我们发现在总体变化上，以2012年为基准，对政府职能部门信任度在2013年迅速提升，2014年也略有提高；对政府执政能力的信任度在2013年也迅速攀升，但2014年与2013年相比却略微下降（见图8-10）。同时，我们可以清晰地看到，2013年和2014年民众对中央政府的信任比例均在80%左右，对省市政府的信任比例均高于65%，对区县政府的信任比例则在50%左右，呈现民众的信任比例从中央政府到省市政府到区县政府逐级降低，说明民众对政府信任"央强地弱"的差序结构仍然明显（见图8-11）。这一结果与以往的众多研究结果相符，即民众对中央政府的信任度最高，依次是各级地方政府，这也意味着，在普通民众心目中，中国政府并不是一个完整的整体，而是一个多层次的复杂系统，② 也就是说，民众对于政府的认知不是一个模糊抽象的总体政府，而是分为中央政府、各级地方政府的多层级认知，并且对不同层级的政府怀有的信任程度不同。

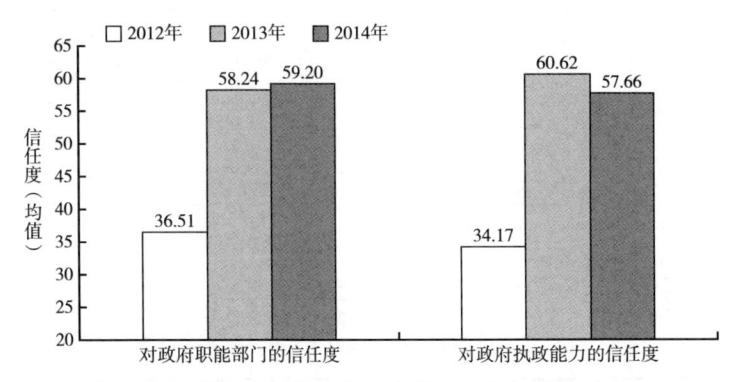

图8-10 对政府职能部门和执政能力的信任度变化趋势（2012—2014）

---

① 高勇：《参与行为与政府信任的关系模式研究》，《社会学研究》2014年第5期，第98—119页。

② 高学德、翟学伟：《政府信任的城乡比较》，《社会学研究》2013年第2期，第1—27页。

社会景气与总体性社会情绪 | 理论、方法与数据分析

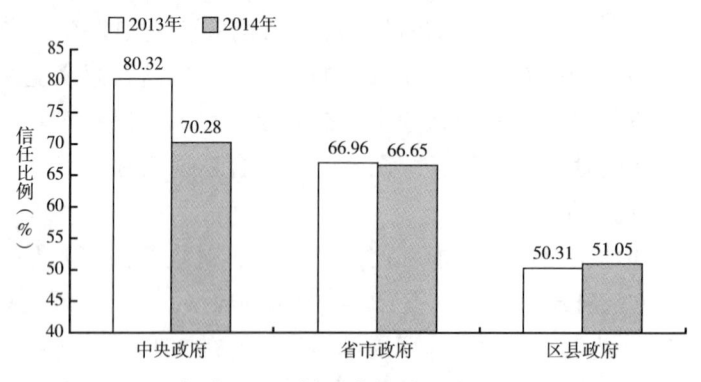

图8-11 民众对不同层级政府的信任度（2013—2014）

注：对不同层级政府的信任度以及相关事项的测量题器由于在2012年的调查中没有设置，从而在此处的分析中出现缺失。

在上述对社会信任的总体印象进行勾勒之后，接下来，我们具体关注民众对政府服务和行为方式的满意度。可以清晰地看到，在不同年份的比较中，民众满意度较高的主要是对弱势群体的社会保护，满意度较低的是廉洁自律、惩治腐败、办事效率和公开透明等。2014年，民众对政府廉洁自律、惩治腐败、办事效率和公开透明的不满意比例出现了明显下降（见图8-12）。这在一定程度上意味着，随着政府"以零容忍态度惩治腐败"和强力推进政府工作作风建设，民众"灵敏"地捕捉到了政府行为方式的转变。

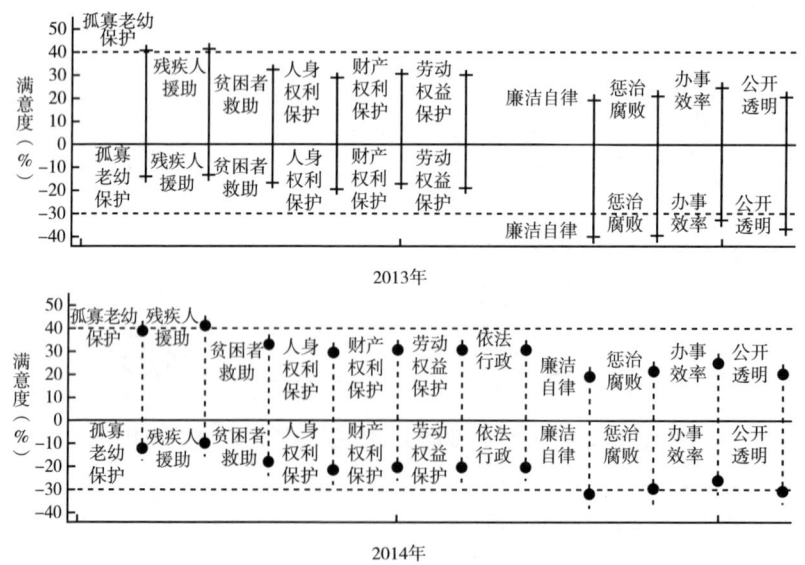

图8-12 民众对政府服务和行为方式的满意度状况（2013—2014）

（2）社会保护与社会信任

以社会信任为因变量，以政府所提供的社会保护和行为方式为自变量，夏普利值分解的结果表明，"政府公开透明"和"政府能够做到依法行政"两个事项对社会信任的贡献率最高，分别为13.73%和12.62%（见表8-16）。在此基础上，通过交互方式生成民众对政府行为的满意度和其贡献率大小的关系矩阵，结果表明，政府"公开透明"（不满意比例为27.75%）和政府能够做到"依法行政"（不满意比例为34.88%）不仅满意度较低，而且是关乎社会信任高低的关键因素（见图8-13）。从而，在政府职能转变和工作方式改进的过程中，需要对这些方面进一步加强。

表8-16 对社会信任影响因素的夏普利值分解

因素	贡献额	贡献率%
对孤寡老幼的社会保护	0.04112	10.89
对残疾人的社会援助	0.01696	4.49
对贫困群体的社会救助	0.02149	5.69
法律对公民人身权利的保护状况	0.03876	10.27
法律对公民财产权利的保护	0.02612	6.92
法律对公民劳动权益的保护	0.03473	9.20
政府能够做到依法行政	0.04763	12.62
公务员廉洁自律	0.03242	8.59
预防和惩治腐败	0.02580	6.84
政府办事效率	0.04060	10.76
政府公开透明	0.05182	13.73
合计	0.37745	100.00

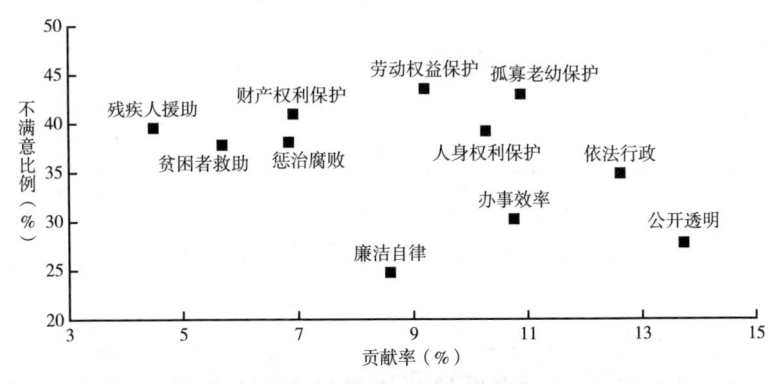

图8-13 政府行为的满意度水平与其重要性的关系矩阵

(3) 社会关系与社会信任

社会关系的和谐程度势必与人们的社会信任相关。本研究通过测量受访者对老板与员工、穷人与富人、城里人与农村人、汉族与其他民族、信教者与不信教者、干部与群众、本地人与外地人七组关系好坏的感知，考察社会关系的和谐程度，再采用方差分析的方法，探索对社会关系的好坏有不同认知的群体在社会信任得分上的差异。结果显示，对各种社会关系的感知较为"好"的受访者的对政府执政能力的信任度和对政府职能部门的信任度高于对社会关系的感知不好的受访者（见图8-14和图8-15），这样的差异均在0.001显著性水平下具有显著性。

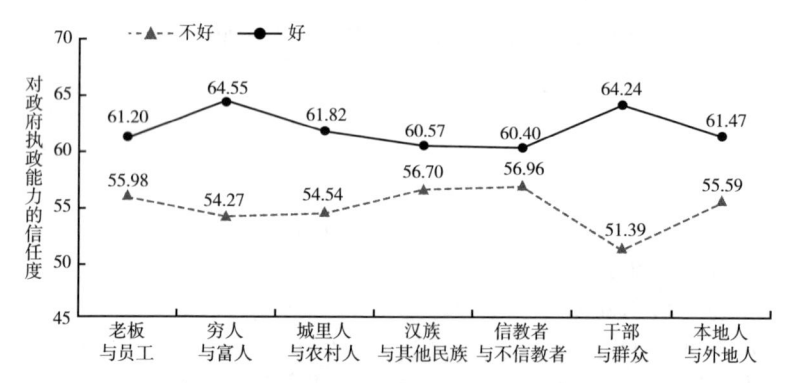

图8-14 社会关系与对政府执政能力的信任度

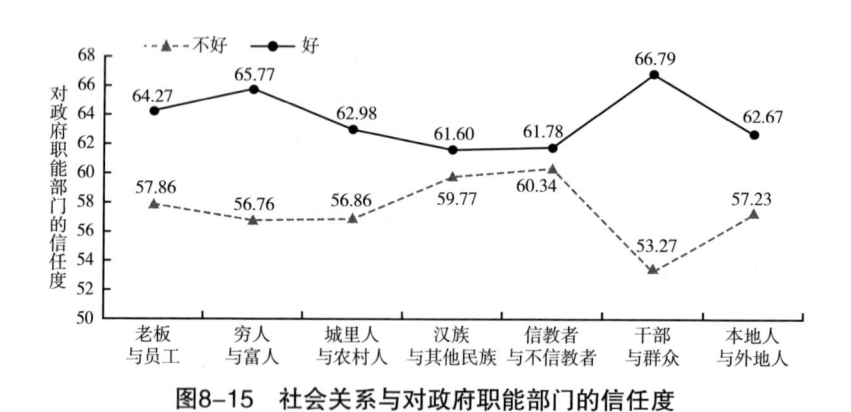

图8-15 社会关系与对政府职能部门的信任度

（4）信息获取方式和社会信任

随着我国社会民主政治建设的推进和现代化信息技术的发展，民众能够通过各种渠道获得信息。为了探索不同信息获取方式与民众的社会信任之间的影响关系，本研究建构了六个模型，分别考察传统媒介（如电视、广播或报刊等）和网络媒介（如博客/微博、新闻门户网站或手机短信/微信等）的使用如何影响民众对政府执政能力的信任度和对政府职能部门的信任度（见表8-17）。

首先，模型1和模型4均为基准模型，将性别、年龄、经济区域、政治面貌和受教育程度作为控制变量，考察传统媒介和网络媒介的使用如何影响民众对政府执政能力的信任度、对政府职能部门的信任度。模型1结果表明，在保持上述控制变量保持不变的情况下，传统媒介的使用会显著正向影响民众对政府执政能力的信任度，而网络媒介使用的影响则在0.1置信水平下不具有显著性。模型4结果表明，在保持上述控制变量不变的情况下，传统媒介和网络媒介的使用均会显著正向影响民众对政府职能部门的信任度。这表明，民众越频繁地使用传统媒介（如电视、广播或报刊等）来获取社会信息，越信任政府职能部门及政府执政能力；越多地通过网络媒介（如博客/微博、新闻门户网站或手机短信/微信等）来获取社会信息，民众对政府职能部门的信任度越会有所提升。

其次，模型2和模型5分别考察受教育程度不同的民众在网络媒介使用与对政府执政能力的信任度、对政府职能部门的信任度在影响上的区别。模型2在模型1的基础上加入受教育程度与网络媒介使用的交互项后，结果显示，网络媒介的使用会显著负向影响民众对政府执政能力的信任度。即是说，总体来看，民众越多地使用网络媒介来获取信息，反而会越不信任政府的执政能力。但是比较交互项可以发现，在受教育程度不同的群组身上这种影响是不同的。初中及以下、大学专科学历水平的民众越多地使用网络媒介反而越不信任政府的执政能力，学历越低，这种负向影响越大；而高中/中专/技校、大学本科及以上学历水平民众越多地使用网络媒介则会越信任政府的执政能力，其中，在大学本科学历水平的民众中，这种正向影响最大（见图8-16）。模型5在模型4的基础上加入受教育程度与网络媒介使用的相互项后，结果显示，网络媒介的使用不会显著影响民众对政府职能部门的信任度，但其交互项显著。这表明，尽管网络媒介的使用不会显影响民众对政府职能部门的信任度，但在受教育程度不同的群组中这种影响还是存在显著差异的。具体如图8-17所示，小学及以下学历水平的民众在网络媒介使用对政府职能部门信任度的影响上，与其他群组（除初中和研究生学历水平之外）均存在显著的差异。小学及以下学历的民众越频繁使用网络媒介获取信息,越不信任政府职能部门;而高中或中专或技校及以上(除研究生)学历的民众则越频繁使用网络媒介,越信任政府职能部门。

最后,模型3和模型6分别考察受教育程度不同的民众在传统媒介使用与对政府执政能力的信任度、对政府职能部门的信任度影响上的区别。模型3和模型6分别在模型1和模型4的基础上加入受教育程度与传统媒介使用的相互项后,结果显示,传统媒介的使用既不会显著影响民众对政府执政能力的信任度,也不会显著影响其对政府职能部门的信任度,但两个模型中的交互项均有在0.1置信水平下显著的。这表明,虽然传统媒介的使用不会显著影响民众对政府职能部门及政府执政能力的信任度,但在受教育程度不同的群组之间,这种影响确有明显的区别。具体如图8-18所示,随着人们使用传统媒介来获取社会信息频率的增多,其对政府执政能力的信任度也随之提高;其中,这种正向影响在大学专科学历水平民众身上明显最大。在对政府职能部门的信任度上,也存在同样的共变关系,其中,与小学及以下学历水平的群体相比,这种正向影响在研究生学历水平受访者身上显著更大一些(见图8-19)。

上述一系列的回归模型结果表明,随着时代的进步,报刊、电视和广播等传统媒介对于传播社会信息、宣传政府行为、构建政府形象依然起着至关重要的作用。这种积极影响随着民众受教育程度的提高有所增大。但是,博客、微博、微信、新闻门户网站等网络媒介对政府信任的正向影响效应却会因民众自身的受教育程度而有所区别。值得注意的是,受教育程度较低的民众在使用网络媒介获取信息时,因知识水平所限,反而容易偏听、轻信,无法分辨信息的真伪,进而受到一些虚假信息的影响,降低对政府的信任度。因此,增强民众信息辨别的能力,积极营造清朗的网络空间对于提升社会信任水平具有重要意义。

表8-17 信息获取方式对社会信任的影响

变量	模型1	模型2	模型3	模型4	模型5	模型6
	对政府执政能力的信任度	对政府执政能力的信任度	对政府执政能力的信任度	对政府职能部门的信任度	对政府职能部门的信任度	对政府职能部门的信任度
传统媒介的使用	0.15*** (10.36)	0.15*** (10.45)	0.03 (0.58)	0.10*** (7.00)	0.10*** (7.09)	0.09 (1.56)

续表

变量	模型1 对政府执政能力的信任度	模型2 对政府执政能力的信任度	模型3 对政府执政能力的信任度	模型4 对政府职能部门的信任度	模型5 对政府职能部门的信任度	模型6 对政府职能部门的信任度
网络媒介的使用	0.005 （0.45）	−0.10* （−2.11）	0.006 （0.47）	0.03* （2.51）	−0.06 （−1.23）	0.03* （2.52））
性别（以男性为参照）						
女	−0.35 （−0.81）	−0.40 （−0.91）	−0.37 （−0.84）	0.91* （2.09）	0.84+ （1.93）	0.85* （1.97））
年龄（以16—19岁为参照）						
20—29岁	−1.14 （−0.99）	−1.10 （−0.95）	−1.08 （−0.93）	−2.42* （−2.13）	−2.39* （−2.10）	−2.33* （−2.05）
30—39岁	−1.85 （−1.60）	−1.85 （−1.60）	−1.83 （−1.58）	−3.19** （−2.80）	−3.20** （−2.81）	−3.14** （−2.76）
40—49岁	−0.56 （−0.48）	−0.57 （−0.49）	−0.65 （−0.55）	−2.13+ （−1.84）	−2.18+ （−1.88）	−2.16+ （−1.86）
50—59岁	0.65 （0.52）	0.56 （0.45）	0.65 （−0.52）	−1.62 （−1.32）	−1.81 （−1.46）	−1.49 （−1.21）
60—69岁	3.84* （2.53）	3.67* 2.41）	4.03** （2.66）	0.06 （0.04）	−0.23 （−0.16）	0.33 （0.22）
70岁及以上	5.02* （2.09）	4.84* （2.01）	5.51* （2.28）	0.69 （0.29）	0.40 （0.17）	0.92 （0.39）
经济区域（以东部地区为参照）						
中部	−1.71** （−2.89）	−1.63** （−2.74）	−1.62** （2.74）	−5.66*** （−9.72）	−5.60*** （−9.59）	−5.67*** （−9.72）
西部	3.21*** （5.07）	3.32*** （5.23）	3.24*** （5.12）	−0.88 （−1.42）	−0.77 （−1.23）	−0.98 （−1.57）
东北	5.37*** （6.75）	5.48*** （6.87）	5.46*** （6.86）	1.87* （2.38）	1.96* （2.49）	1.90* （2.42）
政治面貌（以非党员为参照）						
党员	1.06 （1.29）	1.02 （1.25）	0.96 （1.17）	0.28 （0.35）	0.25 （0.31）	0.09 （0.11）
受教育程度（以小学及以下为参照）						
初中	−0.76 （−0.78）	−3.55+ （−1.83）	−4.29 （−1.21）	−3.50*** （−3.63）	−4.90* （−2.57）	−0.57 （−0.16）
高中/中专/技校	−1.91* （−1.97）	−5.64** （−2.95）	−7.41* （−2.19）	−4.27*** （−4.48）	−7.37*** （−3.91）	−3.25 （−0.98）

续表

变量	模型1 对政府执政能力的信任度	模型2 对政府执政能力的信任度	模型3 对政府执政能力的信任度	模型4 对政府职能部门的信任度	模型5 对政府职能部门的信任度	模型6 对政府职能部门的信任度
大学专科	−3.02** (−2.81)	−5.25* (−2.17)	−14.58*** (−3.98)	−5.02*** (−4.73)	−7.97*** (−3.34)	−7.95* (−2.19)
大学本科	−2.82* (−2.46)	−9.37** (−3.41)	−9.25* (−2.44)	−4.36*** (−3.85)	−10.83*** (−4.00)	−9.61* (−2.57)
研究生	−7.03** (−3.27)	−11.37 (−1.31)	−16.01* (−2.03)	−9.80*** (−4.62)	−10.95 (−1.28)	−28.15*** (−3.62)
受教育程度*网络媒介的使用（以小学及以下*网络媒介的使用为参照）						
初中*网络媒介的使用		0.10+ (1.87)			0.06 (1.14)	
高中/中专/技校*网络媒介的使用		0.12* (2.30)			0.10+ (1.91)	
大学专科*网络媒介的使用		0.09+ (1.67)			0.09+ (1.69)	
大学本科*网络媒介的使用		0.16** (2.74)			0.14* (2.55)	
研究生*网络媒介的使用		0.12 (1.00)			0.07 (0.55)	
受教育程度*传统媒介的使用（以小学及以下*传统媒介的使用为参照）						
初中*传统媒介的使用			0.07 (1.10)			−0.05 (−0.81)
高中/中专/技校*传统媒介的使用			0.11+ (1.75)			−0.02 (−0.26)
大学专科*传统媒介的使用			0.22** (3.21)			0.05 (0.80)
大学本科*传统媒介的使用			0.13+ (1.83)			0.09 (1.39)
研究生*传统媒介的使用			0.17 (1.28)			0.31* (2.41)
常数项	50.53*** (30.47)	53.67*** (24.96)	56.46*** (17.04)	59.87*** (36.64)	62.50*** (29.50)	60.42*** (18.51)
F值	20.00***	16.03***	16.34***	16.12***	13.02***	13.50***
R^2	0.0632	0.0647	0.0659	0.0516	0.0532	0.0550

注：括号中数值为t值；+ $p<0.1$，* $p<0.05$，** $p<0.01$，*** $p<0.001$。

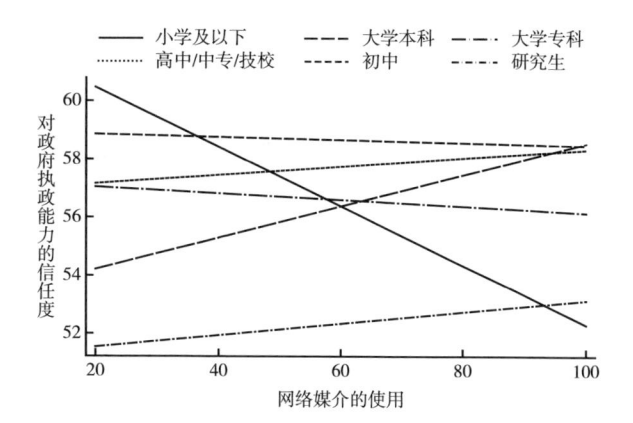

图8-16　不同受教育程度民众对政府执政能力的信任度与其网络媒介使用的关系

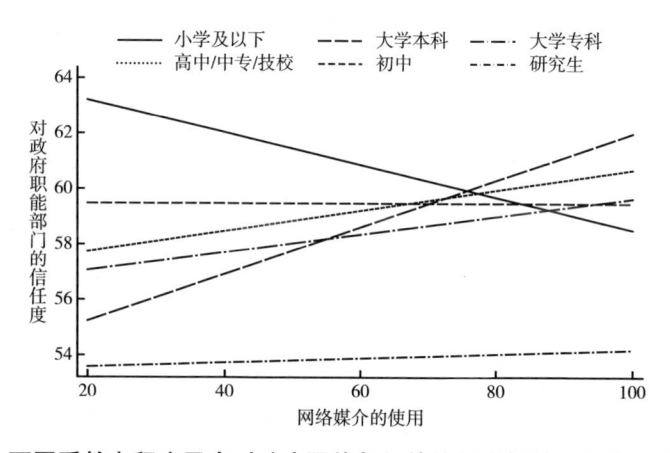

图8-17　不同受教育程度民众对政府职能部门的信任度与其网络媒介使用的关系

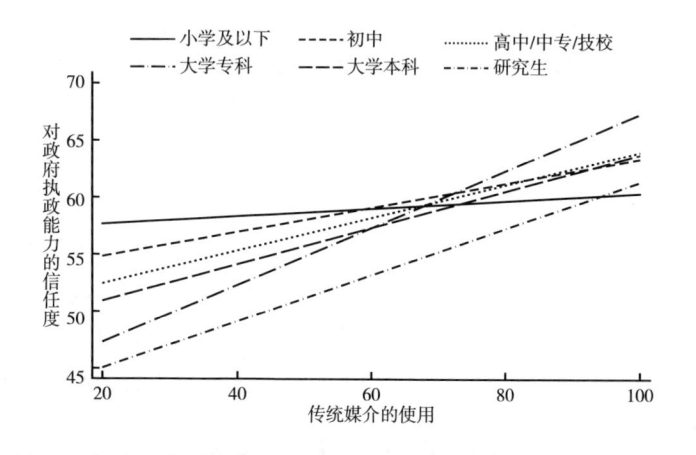

图8-18　不同受教育程度民众对政府执政能力的信任度与其传统媒介使用的关系

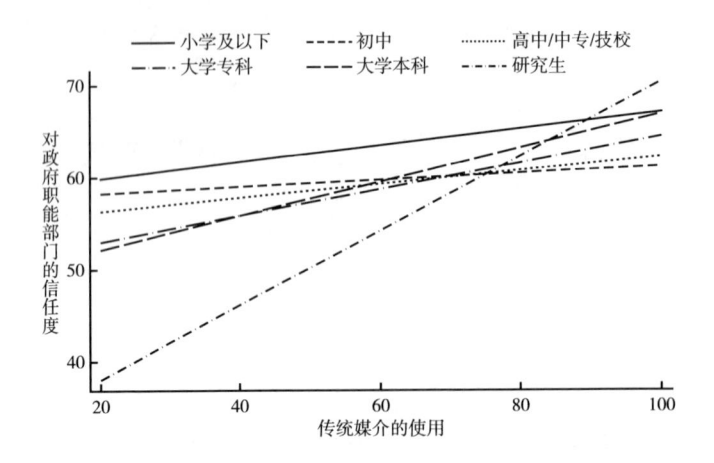

图8-19 不同受教育程度民众对政府职能部门的信任度与其传统媒介使用的关系

将表征民众对政府执政能力、职能部门和各级地方政府的信任度的社会信任作为总体性社会情绪的一个重要方面，还具有如下的理论和现实意义。首先，对政府的信任问题在国内长期未被研究者所论及。一方面是因为新中国成立后，国家和政府拥有改造社会的强大动员能力，可以赢得社会的认可和支持，且国家有足够的资源汲取和配置能力，能够保证社会改造目标的实现。[①] 因而政府在民众中拥有很高的合法性地位，在政策执行中具有很高的效率。另一方面，新中国的国家政权以其巨大的革命功绩赢得了民众的广泛拥护。改革开放以来，随着国家的合法性基础从以"意识形态"为主转向以"绩效"为主，社会管理的方式从以"运动式"的动员为主转向以政策制度的推动为主，政府与民众的关系从以"革命教化"为主转向以"治理参与"为主，各级政府的执政情况成为改革不断推进和社会经济发展的着力点，是民众社会信任的源泉。在这层意义上，通过调查反映政府行为的不足和民众的需求，对于提高政府执政能力、增强社会信任、稳固执政的民众基础具有现实意义。

其次，需要辩证地看待民众社会信任。以对政府及其执政情况感知为表征的社会信任，是政府有效施政的"蓄水池"。一个具有高度社会信任的社会里，即使政府职能部门在工作时出现微小的失误、工作行为发生略微偏差，若能及时纠正，仍能得到民众的支持，从而为政府提供一个缓

[①] 冯仕政：《中国国家运动的形成与变异：基于政体的整体性解释》，《开放时代》2011年第1期，第73—97页。

冲。但如果执政者不能及时意识到民意的变化，过度地利用民众信任资源而偏废执政绩效和民众诉求，那么由于民众过高的信任度而产生的反弹作用将会更加强烈，进而威胁到执政合法性和社会的稳定性。当然，民众的社会信任度也与一个社会的政治文化传统密切相关，在一个权力集中且以绩效为主要合法性基础的社会，民众对政府的信任度一般较高，但政府也因此背负了一个沉重的包袱，那就是一旦政府绩效不能适时满足民众需求，那么过高的信任度会负向转化为对政府的不满和愤慨，从而使执政者长期处于不断提高执政绩效的压力下。事实上，从古今中外的历史变迁来看，一个社会在发展和改革的进程中，政府在调整利益格局、改变惯性思维、打破社会藩篱的过程中，总会涉及一部分人的既得利益，从而引发不满甚至抵抗，虽然如此但并不用偏激地看待社会信任，只要政府改革顺应大多数人的意愿，使民众信任度处于一个合理区间，便不会对社会的发展和政府执政产生掣肘。

3. 对社会信心的分析

与满意度、社会信任的关注点不同，社会信心强调的是对未实现之状态的某种期望，是对某事物发生（或不发生）的预期和欲求。社会信心作为一种心理状态，是分析人们行为的重要微观基础。因为人们的行为是心理状态作用下的结果，通过把握人们的心理状态能够较好地预测即将可能发生的行为。[1] 由此，社会信心成为社会行动发生的主要心理机制之一，成为预测行动发生的动机和因果基础。这也是人们对一系列有关行为方式的信心状态，如消费信心、发展信心等进行研究的意义。2014年末召开的中央经济工作会议强调要更加注重引导社会预期，[2] 也从侧面说明了对社会信心研究的重要性。

有研究者把社会信心理解为包括三个相互整合的层面，即对国家政权的信心、对己身所处社会的信心和对社会中自我的信心。其中，个人对自我的信心是基础，横向延展出去形成对社会的信心，纵向攀升而上的是对国家政权的信心。[3] 我们此处的分析更强调与社会发展事项相关的民众预期，如个体性的收入和住房状况等以及总体性的社会公平公正、环境质

---

[1] 彼得·赫斯特洛姆：《解析社会：分析社会学原理》，陈云松等译，南京：南京大学出版社，2010年，第42—43页。

[2] 司徒宇乾：《中央经济工作会议在北京举行 习近平 李克强作重要讲话》，中国政府网，2014年12月11日，https://www.gov.cn/xinwen/2014-12/11/content_2789754.htm。

[3] 褚松燕：《公众信心聚散机理与重塑对策》，《人民论坛》2013年第5期，第6—9页。

量等。同时，社会信心的变动状况从另一个层面反映出当下社会的发展状况，因为人们对未来的预期并非空泛而生，而是在对当下社会发展状况评判的基础上产生的。所以，满意度、社会信任和社会信心的研究成为相互勾连、互为条件的对民众总体性社会情绪状况进行观测的三个维度。

从社会信心的影响结果而言，信心不足会延滞人们的预期行为或者改变行为取向，在宏观的意义和更为严重的后果上，如果一个社会民众总体的信心出现不足或溃散，则会影响整个社会的发展前景。正因如此，有研究者在对金融危机的社会后果进行分析后指出，社会信心的不足成为经济风险发生和扩大的助推器，当一个国家或社会遭遇经济危机之时，重建民众社会信心成为走出危机的关键所在。① 由上述分析可以看出，社会信心既是一定时期民众的总体性心理预期，具有稳定性，但其又容易受到结构环境变迁的影响。不仅是人们的主观心理表征，而且会引导行为取向，进而影响总体的经济社会发展状况。②

以 2012 年为基准，社会信心指数呈现稳定的增长态势，2014 年社会信心指数为 74.39，其中对社会性事项的信心指数为 74.17，对个体性事项的信心指数为 74.62（见图 8-20）。与 2013 年相比，2014 年民众对社会性事项和个体性事项的信心指数的差距大大缩小，二者基本持平。这显现出，民众对未来的发展趋势信心充足、预期良好。

	2012年	2013年	2014年
◆ 社会信心	30.36	67.92	74.39
▲ 对社会性事项的信心	30.17	66.20	74.17
● 对个体性事项的信心	29.04	75.83	74.62

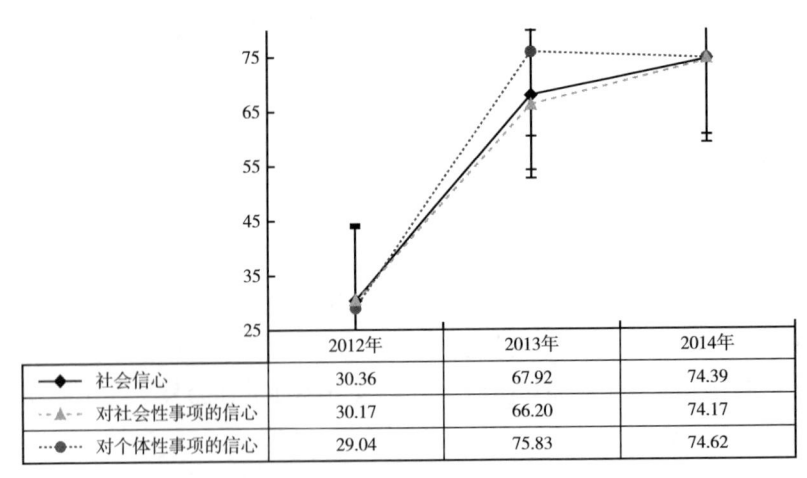

图8-20 社会信心指数的均值比较（2012—2014）

---

① 孙立平：《金融危机的逻辑及其社会后果》，《社会》2009 年第 2 期，第 1—29 页。
② 张彦、魏钦恭、李汉林：《发展过程中的社会景气与社会信心——概念、量表与指数构建》，《中国社会科学》2015 年第 4 期，第 64—84 页。

接下来,将对构成社会信心指数的各维度和相关影响因素进一步展开分析。

(1) 对社会性事项的未来预期

通过对 2012—2014 年三个年份的调查数据进行统计比较,结果表明,以 2012 年为基准,在对未来三年的发展预期中,基础设施状况、教育水平和社会保障水平是民众预期变好比例最高的社会性事项;相比之下,物价水平和社会公平公正的未来预期明显不足(见图 8-21)。事实上,这一结果与前文分析中民众对当下相关社会性事项的满意度状况呈明显的关联状态,即那些在当下最不满意的事项也是民众对未来预期不足的事项,这也进一步凸显了在社会发展进程中,满意度与社会信心的关联属性,以及从实证的角度指向了我们今后制度安排的着力点。

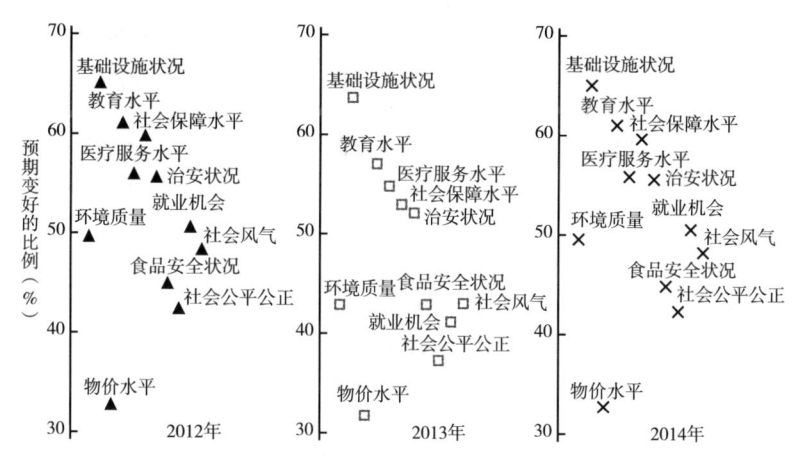

图8-21 民众对社会性事项的发展预期(2012—2014)

与前文的分析逻辑一致,在历年比较的基础上,通过进一步的统计分析来确认各事项在总体信心中的贡献率大小。夏普利值分解结果显示,社会风气、食品安全状况和社会公平公正三个事项是影响人们总体预期的关键因素(见表 8-18)。

在上述各自分析的基础上,构建民众对各社会性事项的预期状态与其贡献率的关系矩阵,交互结果告诉我们,社会风气(预期变好的比例为 58.95%,贡献率为 11.29%)、食品安全状况(预期变好的比例为 54.82%,贡献率为 10.86%)和社会公平公正(预期变好的比例为

52.64%，贡献率为10.45%）不仅是影响民众对社会性事项满意度的前三个关键因素，也成为危及人们社会信心提升和对未来良好预期的要因（见图8-22）。

表8-18 2014年对社会性事项的信心状况影响因素的夏普利值分解结果

因素	贡献额	贡献率（%）
环境质量	0.06292	6.29
基础设施状况	0.06967	6.97
物价水平	0.07524	7.52
教育水平	0.09358	9.36
医疗服务水平	0.10366	10.37
社会保障水平	0.10370	10.37
治安状况	0.07973	7.97
食品安全状况	0.10858	10.86
社会公平公正	0.10449	10.45
就业机会	0.08559	8.56
社会风气	0.11286	11.29
合计	1.00000	100.00

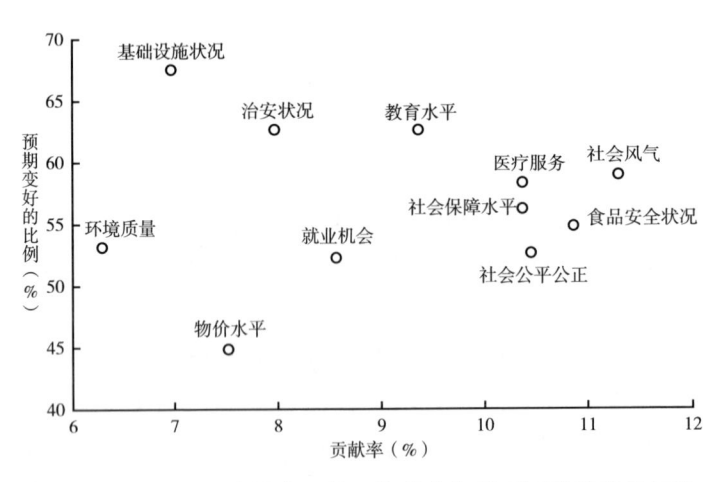

图8-22 民众对社会性事项的预期状态与其重要性的关系矩阵

（2）对个体性事项的未来预期

对个体性事项未来预期的分析结果表明，在2012—2014年三个年度中，人们预期较高的个体性事项分别是家庭关系、家庭经济状况和人际关系；相比之下，住房状况的改善、社会地位的提升和生活压力的减轻仍然预期不足，但历年比较的结果显示出，这几项因素预期不足的比例明显下降（见图8-23）。然后我们以总体预期为因变量、以相关事项为自变量，进行回归分析基础上的因素影响力分解，统计结果表明，贡献率较高的因素由高到低依次是个人收入水平、发展机会和社会地位（见表8-19）。

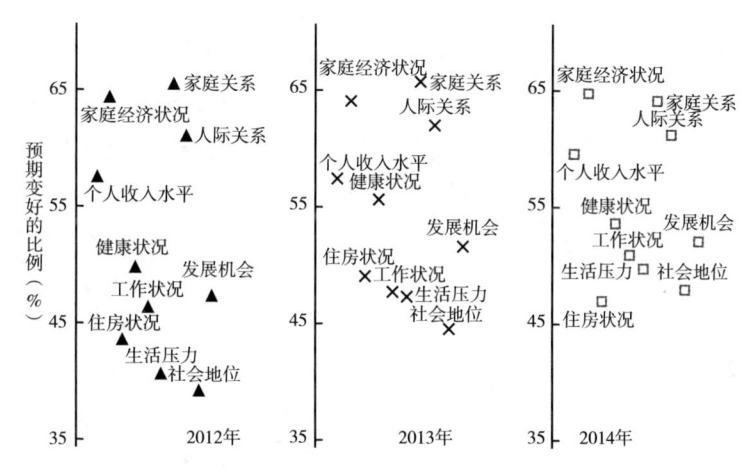

图8-23 民众对个体性事项的发展预期（2012—2014）

表8-19 对个体性事项的信心状况影响因素的夏普利值分解结果

因素	贡献额	贡献率%
收入水平	0.12115	12.11
家庭经济状况	0.10463	10.46
住房状况	0.08603	8.60
健康状况	0.08994	8.99
工作状况	0.10715	10.72
生活压力	0.08463	8.46
家庭关系	0.08017	8.02
人际关系	0.09544	9.54
社会地位	0.11431	11.43

续表

因素	贡献额	贡献率%
发展机会	0.11655	11.65
合计	1.00000	100.00

在上述统计基础上，未来预期状态和因素影响力的关系矩阵显示，民众住房状况（预期变好的比例为46.86%，贡献率为8.60%）的改善是今后一段时期内影响民众社会信心提升的最为重要事项（见图8-24）。"社会态度与社会发展（2014）"调查结果显示，受访者中租房的比例为16%，其中40岁以下者占70%。事实上，住房状况与个人收入水平以及生活压力紧密关联，甚至在某种意义上，如桑德斯所认为的，当下社会，衡量一个人的时候，其住房状况比工作状况更为重要，住房已成为社会不平等的主要来源之一。① 随着我国城镇化的不断推进，住房问题在一段时期内仍然是一项关乎民生的重要问题，需要政府从制度层面进行改革和完善。

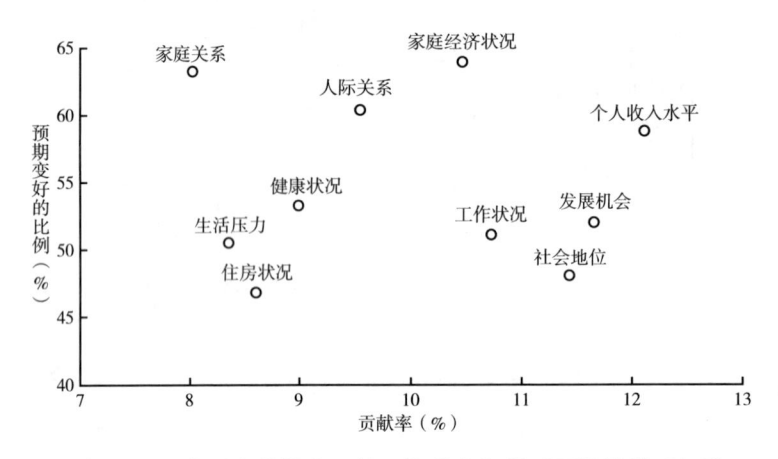

图8-24 民众对个体性事项的预期状态与其重要性的关系矩阵

上述对社会信心组成因素的属性进行了分析，但在理论上，仍需要强调社会信心对社会发展的重要意义。一个社会的发展取决于多重因素，但

---

① Peter Saunders, "beyond housing classes: the sociological significance of private property rights in means of consumption," *International Journal of Urban and Regional Research*, Vol.8, Issue2(1984), pp. 202-227.

要确认哪些因素对社会发展具有决定性作用,则会陷入各种争执之中。对于如何确认这个关乎人类社会发展的终极首要性或确定性问题,既让人神伤,又难以得到答案,因为"社会比我们有关它们的理论更加混杂"。在毫无争议的状态下,人类行动无疑是社会发展的基础,其他诸如地理环境、资源要素、技术手段、制度文化等则是社会发展的条件。也正是在这个意义上,马克思强调,"人们自己创造自己的历史,但是他们不是随心所欲地创造,并不是在他们自己选定的条件下创造,而是在直接碰到的、既定的、从过去继承下来的条件下创造"①。在承认人类行动是社会发展的基础以及人类是不断追求其目标的主体这一先决认识下,主体行动的预期对更加深入地理解社会行动具有基础性意义。

在社会学的分析概念中,由默顿所提出的"自证预言",在某种意义上指的正是人们的行为预期对社会产生的非预期性后果。默顿以银行的破产为例指出,一家原本运转良好的银行,由于储户对谣言的信任和对银行偿付存款的信心不足而进行的挤兑行为最终酿成倒闭后果的发生。② 正是在这个意义上,从个人行动的社会性角度看,个人的决策既受到他人行为的影响,同时,在迅速变化的社会中,人们也会把宏观走势作为个人决策的依据。③ 从而,特定时段、特定群体的行为预期和社会信心状况会对其行为产生关键影响,进而对社会的发展产生或积极或消极的后果。如"买涨不买跌""高储蓄、低消费"等都是在特定的结构环境下,由人们的行为预期和社会信心状况所引致的行为模式。④

人们对未来的预期和信心构成了一个社会发展的民众行为基础,在政策实践意义上,时刻把握民众对未来的预期和信心状况,对民众反映强烈的事项加大关注和解决力度,则能及时化解社会问题乃至社会危机的蔓延和传导,进而推动社会更为景气地发展。

(3)社会信心的群体差异

比较不同群体民众对社会性事项和个体性事项的信心指数,结果如表

---

① 《马克思恩格斯选集》(第一卷),北京:人民出版社,2012年,第669页。
② 罗伯特·K.默顿:《社会理论和社会结构》,唐少杰、齐心等译,南京:译林出版社,2008年,第549—550页。
③ 刘世定:《危机传导的社会机制》,《社会学研究》2009年第2期,第27—38页。
④ 张彦、魏钦恭、李汉林:《发展过程中的社会景气与社会信心——概念、量表与指数构建》,《中国社会科学》2015年第4期,第64—84页。

8-20所示，民众对社会性事项和个体性事项的信心均没有显著性别差异。东北地区的民众对社会性事项和个体性事项的信心显著高于其他经济区域民众。随着年龄的递增，民众对社会性事项和个体性事项的信心均呈现先降后升的U形发展态势；其中，20—29岁群体对社会性事项的信心最低，50—59岁群体对个体性事项的信心最低。不同收入水平的民众对社会性事项和个体性事项均有显著差异，但没有明显的发展态势，值得注意的是，月收入最低的1000元及以下群体对社会性事项的信心最高，而对个体性事项的信心则最低。随着受教育程度的提高，民众对社会性事项的信心呈现递减态势，而对个体性事项的信心则波动上升。

表8-20 不同群组民众有关社会信心状况的方差分析

	对社会性事项的信心				对个体性事项的信心			
	均值	标准差	样本量	显著性检验	均值	标准差	样本量	显著性检验
性别								
男	74.11	18.97	2326	$T=-0.1631$, $p=0.8795$	74.36	19.65	2326	$T=-0.7914$, $p=0.4288$
女	74.20	19.74	3068		74.79	19.89	3068	
年龄								
16—19岁	75.05	19.25	225		78.23	20.05	225	
20—29岁	72.31	19.04	1437		77.23	19.54	1437	
30—39岁	73.21	19.52	1334	$F=8.09$, $p=0.0000$	74.08	19.27	1334	$F=8.53$, $p=0.0000$
40—49岁	74.56	19.45	1263		72.97	19.72	1263	
50—59岁	76.26	19.64	813		72.88	20.54	813	
60—69岁	78.21	18.98	269		72.96	19.48	269	
70岁以上	82.04	16.37	59		76.12	20.34	59	
月收入								
1000元及以下	77.37	23.31	67		73.67	23.94	67	
1001—2000元	74.57	19.79	681		75.77	19.39	681	
2001—3000元	72.47	19.95	1278	$F=2.35$, $p=0.0291$	74.01	20.16	1278	$F=2.72$, $p=0.0122$
3001—5000元	74.23	18.52	1135		74.27	19.56	1135	
5001—78000元	71.43	19.85	259		76.67	17.81	259	
7001—10000元	71.49	17.18	106		77.34	17.66	106	
10001元及以上	74.64	17.68	38		83.49	16.05	38	

续表

	对社会性事项的信心				对个体性事项的信心			
	均值	标准差	样本量	显著性检验	均值	标准差	样本量	显著性检验
受教育程度								
小学及以下	78.12	17.33	350		69.89	18.40	350	
初中	75.60	19.04	1275		74.40	19.65	1275	
高中、中专、技校	73.58	20.02	2028	F=6.54, p=0.0000	73.79	20.32	2028	F=9.81, p=0.0000
大学专科	73.38	19.34	956		76.02	19.11	956	
大学本科	72.87	18.88	708		77.91	19.26	708	
研究生	69.30	20.09	71		76.22	20.58	71	
经济区域								
东部	76.57	17.83	1162		72.59	19.44	1162	
中部	75.83	19.03	2134	F=62.91, p=0.0000	77.99	19.04	2134	F=70.17, p=0.0000
西部	68.35	19.72	1452		69.43	20.17	1452	
东北	77.41	19.40	652		78.74	18.81	652	

（4）满意度、社会信任对社会信心的影响

将经济区域、工作状况、单位类型、主观经济地位和主观社会地位作为控制变量，探讨满意度和社会信任对社会信心的影响（见表8-21）。模型1为基准模型，满意度对社会信心有显著正向影响，在保持控制变量恒定不变的条件下，民众的整体满意度每提高1个单位，其对社会发展的整体信心会随之提高0.522个单位。模型2为中介效应模型，在模型1的基础上引入社会信任这一中介变量后，满意度的回归系数大小虽略有下降，但已然在0.001置信水平下显著，民众的社会信任也对社会信心有显著正向影响。这表明，满意度部分是通过影响社会信任最终作用于民众的社会信心的。通过KHB回归命令的结果可知，9.01%满意度的效应被社会信任解释了。模型3为调节效应模型，在模型2的基础上引入满意度与社会信任的交互项。结果显示，满意度对民众的社会信心被其对社会的信任度调节。选取社会信任在0%、25%、50%、75%、100%五个等级值进行对比可见，随着民众对社会信任度的提高，满意度对社会信心的影响缓慢降低（见图8-25）。

表8-21 以社会信心为因变量的多元线性回归统计结果

变量	模型1 社会信心	模型2 社会信心	模型3 社会信心
经济区域	−2.004*** (−7.05)	−2.072*** (−7.28)	−2.069*** (−7.28)
工作状况	3.955*** (6.16)	3.921*** (6.12)	3.961*** (6.18)
单位类型	0.314* (2.04)	0.340* (2.21)	0.329* (2.13)
主观经济地位	−1.119*** (−3.99)	−1.123*** (−4.01)	−1.155*** (−4.12)
主观社会地位	0.780** (2.77)	0.758** (2.70)	0.763** (2.72)
满意度	0.522*** (24.55)	0.475*** (18.97)	0.627*** (7.83)
社会信任		0.080*** (3.54)	0.200** (3.12)
满意度*社会信任			−0.002* (−2.00)
截距	45.802*** (25.78)	43.472*** (22.98)	36.072*** (8.67)
F值	114.61***	100.34***	88.37***
调整的R^2	0.1578	0.1604	0.1611

注：+ $p<0.1$，* $p<0.05$，** $p<0.01$，*** $p<0.001$；括号中为t值。

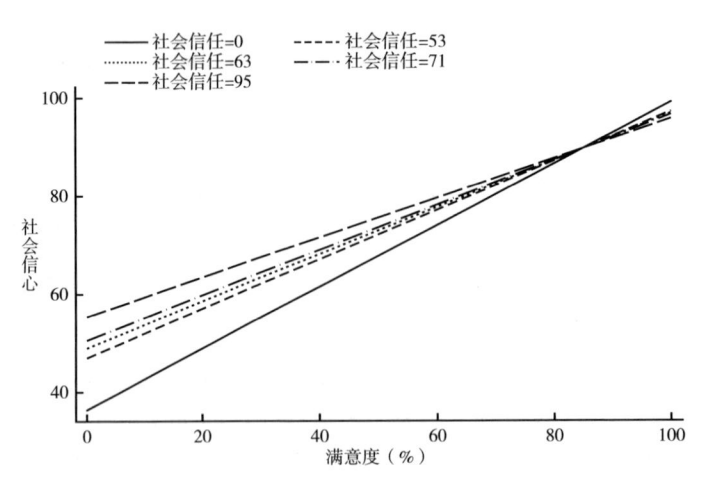

图8-25 不同社会信任满意度对社会信心的影响

(二)社会期望值的分析

社会期望值主要是指人们期望得到的与实际获得的不一致感。社会期望值的主要意涵在于强调相对比较,即是说,社会期望值更多是在个体与自己和重要他人进行比较下产生的。在某种意义上,个体自身也构成了主体可比较的参照群体。但正如默顿所指出的,人们据以进行比较的参照群体虽然广泛且多元,但在特定的社会结构环境下,特定个体乃至群体的参照群体则是由制度结构所规约和塑造的。① 虽然,不同群体进行比较的参照系和参照点各有不同,但在较为宽泛的意义上,由"经济收入—社会地位"和"组织内比较—社会上他人比较"两个范畴构成的分类图式可以成为我们对社会期望值进一步分析的基础(见图8-26)。基于此,社会期望值的测量包括单位同事的经济收入、社会地位比较以及与社会上其他人的经济收入、社会地位比较。

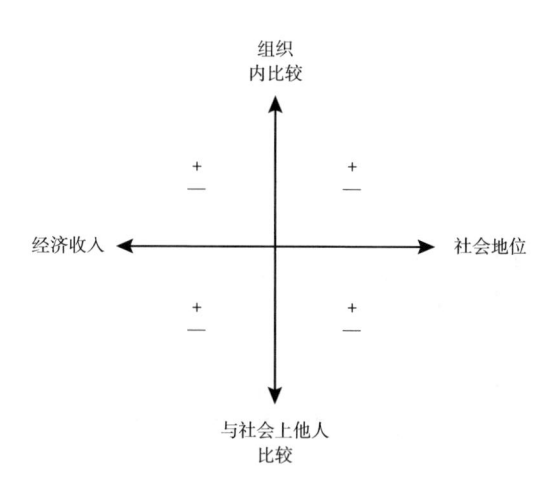

图8-26 社会期望值影响因素的分类图式

1. 社会期望值的变动趋势

图8-27是2012—2014年社会期望值的变动趋势,以2012年为基准,从2012年到2014年,由我们的调查数据所推论的民众总体社会期望值有

---

① 罗伯特·K.默顿:《社会理论和社会结构》,唐少杰、齐心等译,南京:译林出版社,2008年,第549—550页。

所下降。这表明，在总体进程中，社会资源的分配状况并未朝着不公平的方向恶化，而是整体朝着公平的方向发展。在以往的研究中，与社会期望值相近的一个概念——相对剥夺感——往往被用来作为一个社会收入差距程度的测量指标，[①] 或者被当作一个社会收入不公平感的替代物，[②] 还被用以表征一个社会民众对资源获得差异的容忍。[③] 但无论如何，相对剥夺感往往都被视为一种个人消极的社会心态。社会期望值却不同。低社会期望值在某种程度上是社会积极正向发展的一种表现，即意味着民众的期望与其实际获得之间的一致性程度较高，是一种"劳有所获"的均衡状态。而高社会期望值往往有积极和消极两方面的意义。从本质上看，高社会期望值的确反映了个体的期望与实际获得之间存在较大的不一致；但从影响作用来看，高社会期望值未必产生消极的社会心态，在某种程度上，它反而具有"发展性"，会激发个体通过调整自我认知、改变个人行为或外部结构来缩小这种不一致，竭力实现自己期望的目标。

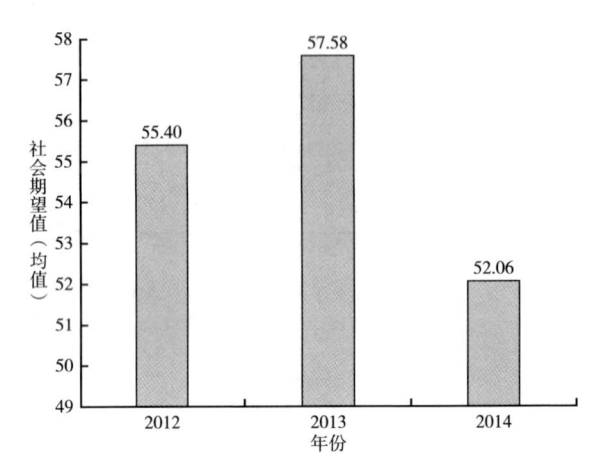

图8-27　社会期望值的变化趋势（2012—2014）

[①] Nanak Kakwani, "The Relative Deprivation Curve and Its Applications," *Journal of Business & Economic Statistics*, Vol.2, No.4(1984), pp. 384-394.

[②] 付允:《可持续发展的公平度量：相对剥夺感理论、模型与实证研究》，北京：中国发展出版社，2011年，第53—55页。

[③] 阿尔伯特·赫希曼、刁琳琳:《经济发展过程中收入不平等容忍度的变化》,《比较》2010年第3期，第32—48页。

图 8-28 是对 2012 年、2013 年、2014 年三个年份的调查数据进行分析后描绘的社会期望值四类测量指标的变动趋势，图中的标示是与参照群体比较后，民众认为自身经济收入和社会地位较低的比例。可以看出，在总体趋势上，2014 年的调查结果与前两个年份相比，社会期望值各项组成指标都呈下降态势。同时，还可以看到，无论是对经济收入还是对社会地位状况变动的认知，在组织内工作的社会期望值显著低于组织外，这也在某种意义上表明，随着市场化的推进和传统单位制度的式微，组织内外资源的分化已甚于组织内资源可得性的差异。其所蕴含的另外一层含义在于，组织内外的比较不仅在参照对象上不同，而且据以进行比较的机制也有差异。组织内的比较更多的是建立在组织制度的认同基础上，与社会其他人的比较更多的是建立在社会制度认同的基础上。[①] 这种从组织内向组织外比较的扩展过程包含众多复杂因素，如社会的分配制度、地位获得的文化观念、阶层的固化属性、对不公平的容忍度等，由于受到数据变量的约束，此处不再展开分析。

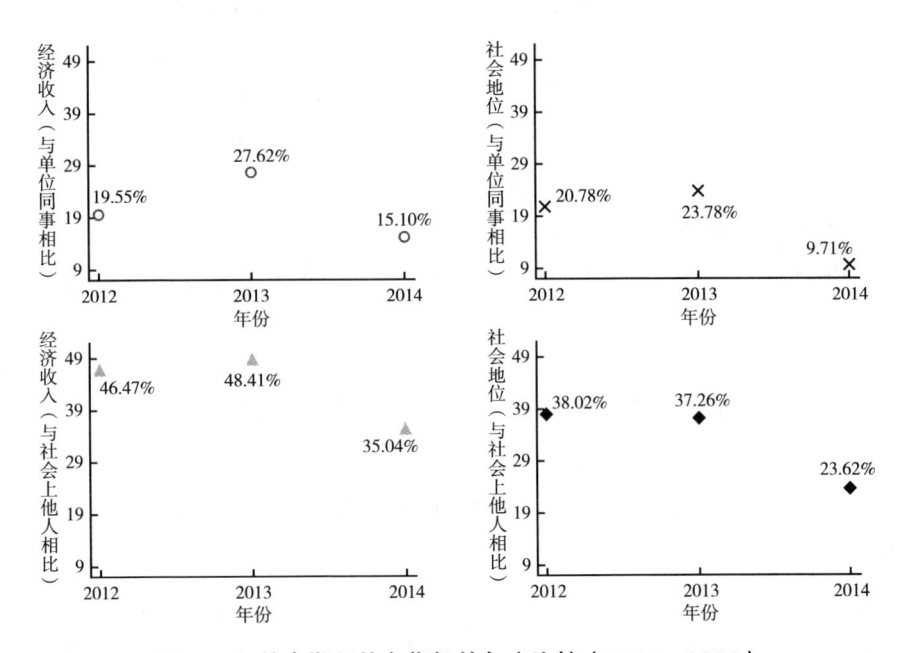

图8-28 社会期望值各指标的年度比较（2012—2014）

[①] 魏钦恭、张彦、李汉林：《发展进程中的"双重印象"：中国城市居民的收入不公平感研究》，《社会发展研究》2014 年第 3 期，第 1—32 页。

对比在经济收入和社会地位上的社会期望值可知，在调查时点上，民众对经济收入的社会期望值（均值为53.15）略高于对社会地位的社会期望值（均值为50.95）。这表明，民众在与其他群体进行比较后对自己期望与实际获得的经济收入之间存在的不一致感受更甚。具体分析不同参照群体这种不一致感受的差异发现，无论是在经济收入还是在社会地位上，民众在与单位内同事、相同职业的人比较时，感知到的不一致程度较高，即产生的社会期望值较高。这表明，工作是个人实现自我价值的重要途径，因而民众的社会期望值更多来自工作场域内或相似场域下他人的比较。

为了进一步分析影响民众社会期望值强弱的主要因素，此处从三个层面进行分类与解析。第一个层面主要是横向的群体比较，即在与参照群体比较的过程中，自身利益得失与社会期望值的变化；第二个层面主要是与自身的历史状况进行纵向比较，来反映社会地位和经济收入状况的变动与社会期望值的变化；第三个层面将人们社会期望值的产生放置到仍未实现的预期之中，通过对自身社会经济地位变动的未来期望程度来反映社会期望值的高低。[①] 与前两个层面不同，第三个层面的地位变动虽未实现，但令人信服的逻辑是，无论个体或群体在现实中的社会经济地位处于较高、一般还是较低状态，如果预期在未来其地位会下降，这本身就是一种个人期望与实际获得之间的不一致感受。

2. 社会期望值的群体比较

横向比较不同群体在经济收入和社会地位上的社会期望值，结果如表8-22所示。

表8-22　不同群组民众有关社会期望值状况的方差分析

	指向经济收入的社会期望值				指向社会地位的社会期望值			
	均值	标准差	样本量	显著性检验	均值	标准差	样本量	显著性检验
性别								
男	52.49	12.69	2326	$T=-3.4728$, $p=0.0005$	50.86	10.82	2326	$T=-0.5507$, $p=0.5818$
女	53.66	12.40	3068		51.02	10.09	3068	

---

① 魏钦恭、张彦、李汉林：《发展进程中的"双重印象"：中国城市居民的收入不公平感研究》，《社会发展研究》2014年第3期，第1—32页。

续表

	指向经济收入的社会期望值				指向社会地位的社会期望值			
	均值	标准差	样本量	显著性检验	均值	标准差	样本量	显著性检验
年龄								
16—19岁	52.84	12.67	225	$F=11.67$, $p=0.0000$	50.38	9.57	225	$F=4.86$, $p=0.0001$
20—29岁	52.65	11.42	1437		50.66	9.25	1437	
30—39岁	51.31	11.70	1334		50.16	9.56	1334	
40—49岁	53.75	13.30	1263		51.10	10.86	1263	
50—59岁	55.43	13.76	813		52.49	12.38	813	
60—69岁	55.12	13.06	269		51.70	11.69	269	
70岁及以上	55.10	12.80	59		50.48	10.93	59	
月收入								
1000元及以下	61.01	17.58	67	$F=57.24$, $p=0.0000$	57.47	14.84	67	$F=32.69$, $p=0.0000$
1001—2000元	55.90	12.23	681		53.28	10.28	681	
2001—3000元	53.77	11.42	1278		51.42	9.55	1278	
3001—5000元	49.72	10.84	1135		49.16	9.14	1135	
5001—78000元	46.82	11.65	259		47.35	9.48	259	
7001—10000元	43.39	11.89	106		44.76	10.02	106	
10001元及以上	39.84	12.42	38		46.14	7.26	38	
受教育程度								
小学及以下	55.64	13.93	350	$F=16.00$, $p=0.0000$	53.12	11.30	350	$F=16.32$, $p=0.0000$
初中	54.70	12.86	1275		52.20	11.41	1275	
高中、中专、技校	53.23	12.48	2028		50.95	10.28	2028	
大学专科	51.69	11.94	956		50.03	9.19	956	
大学本科	51.48	11.72	708		49.40	9.10	708	
研究生	46.48	10.53	71		45.00	10.86	71	
经济地区								
东部	52.66	11.61	1162	$F=24.60$, $p=0.0000$	51.52	8.59	1162	$F=36.87$, $p=0.0000$
中部	54.46	12.31	2134		51.67	10.22	2134	
西部	51.04	13.09	1452		48.61	10.52	1452	
东北	54.44	12.95	652		52.83	12.65	652	

相比其他地区，西部地区的民众无论在经济收入还是在社会地位上，都具有相对较低水平的社会期望值；男性在经济收入层面的社会期望值显著低于女性，而在社会地位上的社会期望值没有显著的性别差异；不同年龄段的群体在经济收入和社会地位上的社会期望值都存在显著差异，虽然尚未观察到稳定的发展态势，但50岁及以上群体在指向经济收入的社会期望值上得分明显较高，40—69岁群体则在指向社会地位的社会期望值上得分较高；月收入水平与民众在经济收入和社会地位的社会期望值之间呈明显的负相关，随着月收入水平的提升，人们对经济收入和社会地位的社会期望值会明显降低，值得注意的是，在这样的发展态势中，10001元及以上收入群体对社会地位的社会期望值较7001—10000元收入群体有略微升高；同样的，随着受教育程度的提高，人们对经济收入和社会地位的社会期望值会明显降低。

3. 社会经济地位变动状况与社会期望值

将人们的社会期望值与其经济收入和社会地位变动进行纵向比较结果如图8-29所示。与五年前相比，人们无论是在经济收入还是在社会地位上的变动与其社会期望值都呈现出显著关联。比较来看，经济收入或社会地位提高幅度越大，人们当下的社会期望值越低。

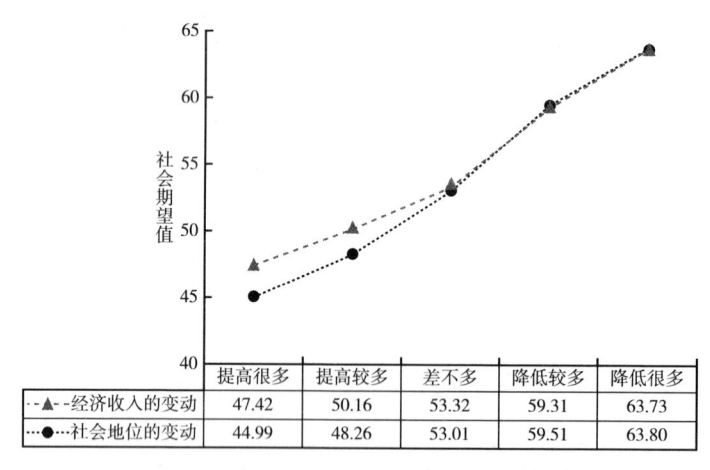

	提高很多	提高较多	差不多	降低较多	降低很多
经济收入的变动	47.42	50.16	53.32	59.31	63.73
社会地位的变动	44.99	48.26	53.01	59.51	63.80

图8-29 社会期望值与社会经济地位变动的关系

4. 主观社会经济地位与社会期望值

人们的主观社会经济地位也会显著影响其社会期望值。从整体相关趋势来看，主观经济收入水平或社会地位越高，人们的社会期望值越低；但值得注意的是，主观社会经济地位处于"高层"的群体，其社会期望值显著反弹（见图8-30）。这势必与"高层"社会经济地位群体自身的高要求、高期望有关。

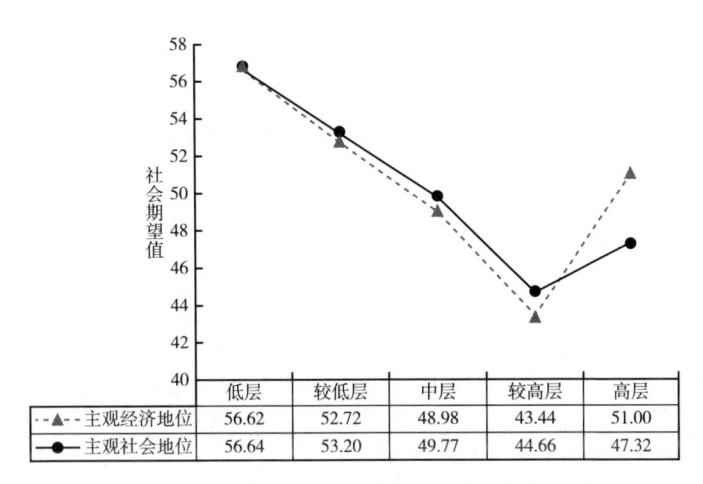

	低层	较低层	中层	较高层	高层
--▲-- 主观经济地位	56.62	52.72	48.98	43.44	51.00
—●— 主观社会地位	56.64	53.20	49.77	44.66	47.32

图8-30　社会期望值与主观社会经济地位的关系

在此基础上，具体分析处于各个主观社会经济地位水平的群体在社会期望值上的差异，结果如表8-23和表8-24所示。在主观经济地位上，"高层"的群体与"较低层"群体和"中层"群体之间的社会期望值水平并没有显著区别，而其他各层级之间在社会期望值上均存在显著差异。相较而言，主观经济地位较高的民众的社会期望值往往低于主观经济地位较

表8-23　主观经济地位在社会期望值上的多元比较检验

较低层−低层=−3.90 （p=0.000）			
中层−低层=−7.64 （p=0.000）	中层−较低层=−3.75 （p=0.000）		
较高层−低层=−13.18 （p=0.000）	较高层−较低层=−9.29 （p=0.000）	较高层−中层=−5.54 （p=0.000）	
高层−低层=−5.63 （p=0.044）	高层−较低层=−1.73 （p=0.535）	高层−中层=2.02 （p=0.469）	高层−较高层=7.56 （p=0.008）

注：表格中数值是不同层回归系数之差。

低的民众,但也有例外,高层群体的社会期望值显著高于较高层群体。在主观社会地位上,除了"高层"群体与"中层"群体之间、"高层"群体与"较高层"群体之间的社会期望值在统计学意义上没有显著差异之外,其余各层级之间均有不同程度的显著差异。并且与主观经济地位上的差异相同,主观社会地位较高的民众的社会期望值往往低于主观社会地位较低的民众。

表8-24 主观社会地位在社会期望值上的多元比较检验

较低层-低层=-3.44(p=0.000)			
中层-低层=-6.87(p=0.000)	中层-较低层=-3.43(p=0.000)		
较高层-低层=-11.98(p=0.000)	较高层-较低层=-8.54(p=0.000)	较高层-中层=-5.11(p=0.000)	
高层-低层=-9.32(p=0.000)	高层-较低层=-5.88(p=0.001)	高层-中层=-2.45(p=0.165)	高层-较高层=2.66(p=0.152)

注:表格中数值是不同层回归系数之差。

5. 主观社会经济地位变动与社会期望值

表8-25是在控制受访者的公平感、对资源获得的价值取向以及客观收入水平之后,从历史比较、当下现状和未来预期三个方面的主观社会经济地位变动状况考察对社会期望值的影响。

表8-25 以社会期望值为因变量的多元线性回归统计结果和夏普利值分解结果

影响因素	回归分析结果		夏普利值分解结果	
	回归系数	标准误	贡献额	贡献率%
宏观社会公正	-0.8901***	0.2192	0.0095	3.50
微观收入公平感	-0.8843**	0.2996	0.0093	3.42
能力取向	-0.5066*	0.2218	0.0002	0.09
运气取向	0.0257	0.2161	0.0019	0.70
机会取向	-0.4727*	0.2139	0.0040	1.46
客观收入水平	0.0004***	0.0001	0.0241	8.86
经济收入(五年前相比)	-1.3436***	0.2682	0.0295	10.87
社会地位(五年前相比)	-2.2668***	0.2808	0.0360	13.28

续表

影响因素	回归分析结果		夏普利值分解结果	
	回归系数	标准误	贡献额	贡献率%
经济收入（当下）	−1.8342***	0.3768	0.0464	17.09
社会地位（当下）	−1.4565***	0.3687	0.0375	13.83
经济收入（未来预期）	0.4873*	0.2888	0.0000	0.00
社会地位（未来预期）	−0.3840	0.2864	0.0034	1.26
截距/合计ª	98.2569***	0.3169	0.2019	74.38
样本数/残差ª	3750		0.0695	25.62
调整的R^2/总计ª	0.13		0.2714	100

注：$^+p<0.1$，$^*p<0.05$，$^{**}p<0.01$，$^{***}p<0.001$；ª表示的是夏普利值分解结果相关事项。

可以看到，人们的社会期望值更多地受到历史比较和当下现状的影响。也就是说，那些与过去相比以及与周围群体相比社会经济地位上升的受访者，社会期望值更低。这也在很大程度上表明，社会期望值的更多是由预期—实现的对比机制决定。如果用福利经济学的术语来表示，即社会期望值的提高会增进人们的总体福利，而一个人的福利状况不仅取决于自身的收入多寡抑或地位高低，而且取决于其所预期的目标能否实现。假如某人原本无法预计自身社会经济地位的变动状况，那么周围的人以及社会上其他人的境遇则构成了其预期的标杆。①

（三）总体性社会情绪与社会期望值的关系

前文我们分析了构成总体性社会情绪指数和社会期望值相关因素的属性及分布特征，为了进一步了解总体性社会情绪和社会期望值是否以及在多大程度上受到其他事项的影响，根据调查所涉题器构建了多元线性回归模型。表8-26中，模型1和模型2以社会保障、主观社会经济地位、社会保护和价值失范等为自变量，探寻上述主客观因素分别对总体性社会情绪指数和社会期望值的影响。在模型1的基础上，模型3将社会期望值也纳入自变量，探寻社会期望值与上述主客观因素共同对总体性社会情绪的影响。

---

① 阿尔伯特·赫希曼、刁琳琳：《经济发展过程中收入不平等容忍度的变化》，《比较》2010年第3期，第32—48页。

模型1结果表明，民众的总体性社会情绪状况显著地受到其个人受教育程度、"三险一金"享有状况、主观社会地位和所处环境的社会保护状况、价值失范程度的影响。具体而言，受访者主观社会地位越高，获得的总体性社会情绪越积极；所处环境的社会保护状况越好、价值失范程度越低，受访者就会获得越积极的总体性社会情绪。此外，模型2结果显示，受访者的社会期望值受到其个人年龄、收入水平、"三金一险"享有状况、主观经济社会地位和所处环境的社会保护状况、价值失范程度的影响。其中，个人感知的主观经济地位社会地位越高，其社会期望值越低；所处环境的社会保护状况越好、价值失范程度越高，受访者的社会期望值就会越低。最后，模型3将社会期望值纳入自变量进行回归分析发现，社会期望值对总体性社会情绪有显著负向影响。

表8-26　以总体性社会情绪为因变量的多元线性回归统计结果[①]

变量	模型1 总体性社会情绪	模型2 社会期望值	模型3 总体性社会情绪
性别	0.755* （2.12）	−0.178 （−0.56）	0.744* （2.09）
年龄	0.024 （1.32）	0.040** （2.44）	0.027 （1.45）
收入水平	0.180 （0.97）	−1.677*** （−10.23）	0.076 （0.41）
房产数量	0.007 （0.55）	−0.004 （−0.35）	0.007 （0.53）
受教育程度	−0.381** （−2.97）	−0.009 （−0.08）	−0.381** （−2.98）
"三险一金"享有状况	0.609* （2.17）	−0.437+ （−1.75）	0.582* （2.07）

① 公共服务变量主要指受访者所在地区是否有残疾人、孤儿、乞讨者救助或托养机构，接收农民工子女的中小学，公益性养老服务机构，社区公共卫生服务机构，免费就业信息、就业指导和技能培训等，公共租赁住房。社会保护变量主要指受访者是否具有最基本的养老保险、医疗保险、失业保险和住房公积金。价值失范变量主要考察受访者在下述三个方面的主观态度，"社会上的是非标准变得很模糊""很难找到可信赖的朋友""前途渺茫，对未来没有信心"。消费意愿变量包括受访者在未来三年对购买大宗电器、购买房产和汽车的打算和计划。

续表

变量	模型1 总体性社会情绪	模型2 社会期望值	模型3 总体性社会情绪
主观经济地位	−0.055 (−0.28)	−0.965*** (−5.64)	−0.114 (−0.59)
主观社会地位	1.098*** (5.92)	−0.829*** (−5.03)	1.047*** (5.63)
社会保护状况	4.430*** (24.25)	−1.219*** (−7.52)	4.354*** (23.67)
价值失范	−0.426* (−1.97)	−0.667** (−3.47)	−0.468* (−2.16)
社会期望值			−0.062** (−3.18)
截距	43.005*** (26.63)	69.709*** (48.62)	47.313*** (22.46)
样本量	3362	3362	3362
调整的R^2	0.1804	0.1819	0.1826

注：$^+ p < 0.1$，$^* p < 0.05$，$^{**} p < 0.01$，$^{***} p < 0.001$；括号中为t值。

在总体性社会情绪内部结构中，满意度与社会信心分别反映民众对当下社会状况和未来社会发展的态度，二者的关系也值得重视。依据当下满意程度与对未来社会信心的不同状况，可将民众预期划分为以下四种类型。第一种类型是"积极预期"状态，此种类型的民众对当下状况不满意却对未来信心充足；第二种类型是"双重充足"状态，这种类型的民众既对当下状况满意又对未来信心充足；第三种类型是"双重匮乏"状态，此种类型的民众既不满于当下状况又对未来信心不足；第四种类型是"消极预期"状态，此种类型的民众对当下状况满意却对未来信心不足（见图8-31）。类型不同，其所隐含的问题及潜在风险亦不同。①

---

① 魏钦恭：《和谐发展需理性引导民众预期》，《民生周刊》2019年第8期，第62—64页。

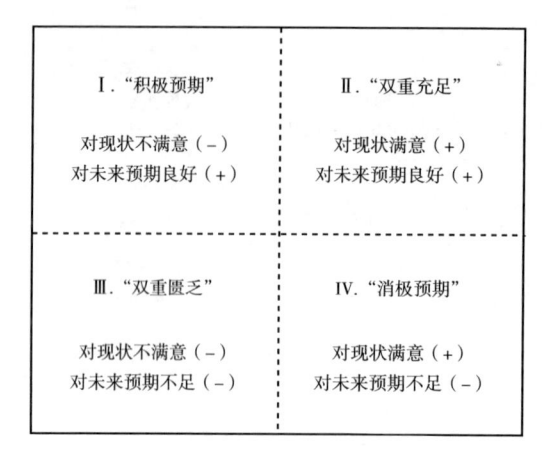

Ⅰ. "积极预期" 对现状不满意（-） 对未来预期良好（+）	Ⅱ. "双重充足" 对现状满意（+） 对未来预期良好（+）
Ⅲ. "双重匮乏" 对现状不满意（-） 对未来预期不足（-）	Ⅳ. "消极预期" 对现状满意（+） 对未来预期不足（-）

图8-31 民众预期状况的类型划分

第一，"双重匮乏"——分配失衡可能导致的发展乏力问题。

从调查时点的数据来看，在社会层面和个体层面处于"双重匮乏"状态的民众比例分别为20.74%和20.72%。有约两成民众既对现状不满又对未来预期低迷。具体来看，这部分群体无论是收入状况还是社会地位都处于较低层次，具有较为强烈的被剥夺感和不公平感。如果这部分群体的状态不能得到改善，而持续处于"叠加效应"的影响之中，将严重影响社会稳定和发展。回顾改革以来的中国社会发展历程，国家首先通过引入市场机制，打破"大锅饭"，让一部分人先富起来。这种制度导向大大激发了全社会发展经济、创造财富的积极性，但同时也导致财富向一部分人集中，社会的收入和财富鸿沟如果逐渐拉大，就势必动摇经济社会的动力基础。也就是说，一旦贫富差距超出合意区间，非但难以起到合理激励的作用，反而会起到负面影响，进而对总体性的经济社会系统产生重创。因此，我们需要密切关注民众的总体性社会情绪，时刻把握民众的社会心态，避免出现不满于现实、预期低迷、信心匮乏的状况出现。

第二，"消极预期"——预期过低可能导致的社会焦虑问题。

统计发现，2014年在社会层面和个体层面处于"消极预期"状态的民众比例分别为2.93%和6.51%。可以看出，对现状满意但对未来预期低迷的民众比例较低，但仍需关注这部分群体的社会属性。从2014年调查来看，民众收入水平与发展预期呈现明显的U形关系（见图8-32），而持有"消极预期"的民众在收入水平和社会地位上多处于"夹心层"。也就是说，部分中间阶层者相较于地位较低者反而预期更低。这种具有反差的状况，表现出社会预期状况的新特征，即对未来预期不足不是利益受损者所独有的感受，部分受益者也开始产生不同程度的焦虑情绪。一方面，随着经济社会的快速变化，社会中间群体更加敏感于自身利益的得失，对如何巩固并提升既有地位焦虑不安；另一方面，当房价高企、生活成本攀升、社会保障不足、未来经济前景不明的时候，"比上不比下"的意识使得在与地位较高阶层比较的过程中，"夹心层"的相对剥夺感受更为强烈，极易陷入缺乏安全感和方向感的"旋涡"之中。

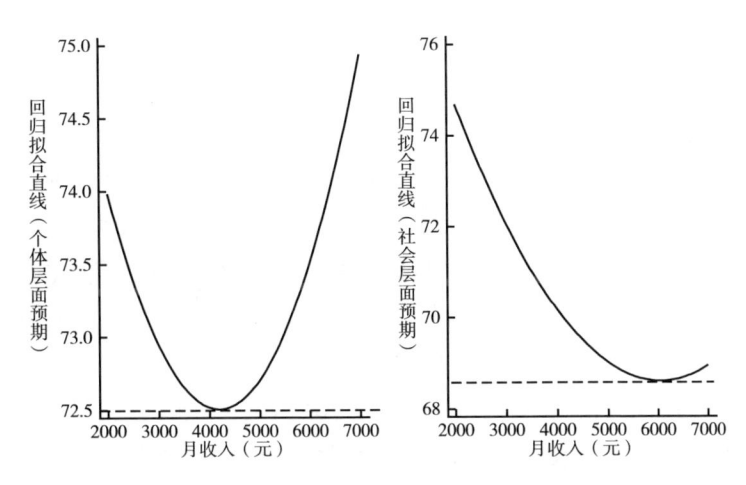

图8-32 民众收入水平与社会预期的关系

第三，"积极预期"——预期过高可能导致的政府绩效压力问题。

统计结果显示，在社会层面和个体层面处于"积极预期"状态的民众比例分别为55.24%和44.35%，这意味着半数左右民众虽对现状不满，却对未来发展抱有着较高预期。良好的预期与充足的信心是社会发展的"润滑剂"。许多后发展国家的历史经验表明，在经济高速发展的阶段，即使有许多不尽如人意的地方，但民众仍可能对此持相当宽容的态度，因为当下境遇不佳者预期在不久的将来自身也能从发展中获益，这被称为"隧道效应"。但如果这部分群体的预期不能得到实现，或实现程度不及预期增长程度，甚或一再落空，"隧道效应"便会急剧消减，进而发生逆转，引发集体性的不满。应该承认，民众预期应该有一个合意区间，预期过低，会削弱社会发展活力；但不切实际的高预期，如果不能实现，形成的失落感会更加强烈，同样不利于社会发展和秩序稳定。在调研中，有基层干部就提出以下令人深思的问题："为什么社会保障越来越好，民生投入越来越多，群众的满意度却没有越来越高？为什么居住环境越来越好，物质生活水平越来越高，群众的幸福感却没有越来越强？"不可否认的是，改革以来多数民众的物质生活水平显著提高。但同时也应看到，由于经济社会发展的速度太快，民众对生活改变的期望值越来越高，对获得改善的满足度却不断降低，由此导致政府的绩效压力越来越大。

六 小结

通过对2014年调查数据的分析，尤其是结合2012年、2013年调查数据的比较，我们发现如下。

以2012年为基准，总体性社会情绪指数呈现出一定的增长态势。2014年总体性社会情绪指数为61.79，其中，满意度均值为52.84，社会信任均值为62.41，社会信心均值为74.39。这一方面意味着，民众对社会发展现状的满意度不断提升，社会在总体上稳步前进；另一方面也显现出民众对未来的发展趋势信心充足、预期良好。

对满意度状况的分析结果表明，以2012年为基准，在2014年，人们无论是对社会性事项还是对个体性事项的满意度都呈现出不同程度的增长态势，社会性事项满意度指数为50.25，个体性事项满意度指数为55.44。在具体社会性事项上，人们对国家基础设施的建设水平（满意的比例为49.11%）、教育水平（满意的比例为42.51%）以及治安状况（满意的比例为41.09%）的满意程度较高。这表明，在总体上，我们社会正在朝着良性、协调的方向发展。如果把人们对社会性事项的满意度和对个体性的事项的满意度联系起来分析，我们发现，2014年，影响民众满意度高低的关键事项分别是社会层面的社会公平公正（贡献率为14.11%）、食品安全状况（贡献率为11.88%）和医疗服务水平（贡献率为11.73%）以及个体层面的个人收入水平（不满意比例为27.03%，贡献率为25.20%）、住房状况（不满意比例为24.97%，贡献率为11.19%）和家庭经济状况（不满意比例为20.70%，贡献率为13.91%）。这样就能较为清晰地确定影响民众满意度的关键要因，进而使得政策安排能够有的放矢。同时也意味着，在此后一段时期内，需要加大如上几个方面的政策力度，使得民众的收入与经济发展同步增长、社会实现公平公正、食品安全状况改善和医疗服务水平提高，以进一步实现人们不断增长的需求，提升民众的满意度。

对社会信任度状况的分析结果表明，与2012年、2013年调查数据相比，2014年，人们对政府职能部门的信任度稍有提升（59.20%），但对政府执政能力的信任度与2013年相比略有下降。我们可以清晰地看到，民众对政府信任"央强地弱"的差序结构仍然明显。值得关注的是，与2013年（50.31%）相比，2014年（51.05%）人们对区县政府的信任度出现了提升，虽然提升的幅度并不是很大，但这在一定程度上意味着，长期颇遭"微词"的基层政府，在落实中央八项规定和转变工作作风的制度环境下，在民众心目中的总体印象出现了好转。另外，2014年，人们对政府廉洁自律、惩治腐败、办事效率和公开透明的不满意比例出现了明显下降。这也在一定程度上意味着，随着政府"以零容忍态度惩治腐败"和强力推进政府工作作风建设，民众开始转变对政府的主观态度。对影响社会信任的影响因素分析结果表明，政府是否公开透明和依法行政两个事项对社会信任的贡献率最高，分别为13.73%和12.62%。在此基础上，通过交互方式，生成民众对政府行为的满意度和其影响力大小的关系矩阵，结果表明，公开透明（不满意比例为27.75%）和依法行政（不满意比例为34.88%）不仅满意度较低，而且是关乎社会信任高低的关键因素。因而，在政府职能转变和工作方式改进的过程中，需要对这些方面进一步加强。

对社会信心状况的分析结果显示，2024年社会层面的社会风气（预期变好的比例为58.95%，贡献率为11.29%）、食品安全状况（预期变好的比例为54.82%，贡献率为10.86%）和社会公平公正（预期变好的比例为52.64%，贡献率为10.45%）和个体层面的民众住房状况（预期变好的比例为46.86%，贡献率为8.60%）是此后一段时期内影响民众社会信心提升的最为重要事项。人们对未来的预期和信心构成了一个社会发展的民众行为基础，在政策实践意义上，时刻把握民众对未来的预期和信心状况，对民众反映强烈的事项加大关注和解决力度，则能及时化解社会问题乃至社会危机的蔓延和传导，进而推动社会更为景气的发展。

对社会期望值状况的分析结果表明，尽管从2012年到2014年，由我们的调查数据所推论的民众社会期望值有所下降，但是在总体进程中，社会资源的分配状况并未朝着不公平的方向恶化，而是逐渐朝向期望与实际获得相一致的方向积极发展。

总体性社会情绪的影响因素分析的结果表明，民众的总体性社会情绪显著地受到其个人受教育程度、"三险一金"享有状况、主观社会地位和所处环境的社会保护状况、价值失范程度的影响。受访者的社会期望值也受到其个人年龄、收入水平、"三险一金"享有状况、主观经济社会地位和所处环境的社会保护状况、价值失范程度的影响。另外，社会期望值对总体性社会情绪有显著负向影响。

最后，民众预期既不能过多超出社会实现能力，也不能低于现实境遇状况。只有让预期保持在一个张弛有度的合理区间，才能激发社会活力，促进经济社会健康稳定发展。

第九章

2015 年的调查

一 结构背景

2015 年,"一带一路"的政策构想以及"亚投行"的制度安排进一步激发了我国产能与资本双重输出的冲动,强烈刺激着中国创业者、企业家以及政治家走出国门,从全球化的角度布局筹划发展的雄心壮志,这从宏观与微观两个层次上推动着国内国外双向的结构变迁与调整。从发展社会学的角度来看,任何社会互动情境中的群体与群体之间、国与国之间都存在优势和劣势的情境差异,进而形成一种中心与边陲的关系。也就是说,居优势地位的组织、群体和社会成员更加具有影响、控制和决定处于劣势地位的组织、群体和社会成员的机会和能力,并在这个基础上,形成一种支配与被支配、依赖与被依赖的社会互动关系形式,特别是当一些组织、群体和社会成员掌握和占有较多短缺社会资源的时候,他们就会自然而然地产生一种向外发散的要求,以期达到扩展权力、利益和影响力的目的。① 另外,"一带一路"的政策构想以及"亚投行"的制度安排是讲好中国故事、扩大中国影响,使中国了解世界、让世界理解中国的一个不可多得的途径,给了我们一个在全球化宏观背景下使中国与世界相互连接的宝贵机会,也给了一个思考中国的社会发展与社会治理如何与全球的社会发展与社会治理联系在一起的过程与条件,这对于中国国内与全球相关区

---

① 参见格奥尔格·西美尔《社会学:关于社会化形式的研究》,林荣远译,北京:华夏出版社,2002 年,第 258—259 页;李汉林、王奋宇、李路路《中国城市社区的整合机制与单位现象》,《管理世界》1994 年第 2 期,第 192—200 页。

域的经济、政治及社会发展的双向互动具有意味深长的意义。

在经济层面上，2015年是"十二五"规划的收官之年，中国经济不断放慢，进入比较平稳的发展新常态，逐步地转向经济的中低速增长，标志着"超高速增长时代"的结束。事实上，中国30多年来经济高速增长的积累，为中国经济社会进一步的结构调整与转型提供了强有力的物质基础与保障，仍然会持续拉动中国的发展，把经济下行的压力转化为结构改革的动力。2015年以来，国家不断释放政策红利，用诱导性制度变迁的方式推动和鼓励中国经济从单纯依赖政府释放短期政策红利转向依靠市场，用市场配置资源的力量从根本上促进中国经济结构的转型与变迁；从单纯强调需求侧结构性变迁明确地开始转向供给侧结构性改革，以此提高经济增长的效率和质量。2015年，"跨太平洋伙伴关系协定"（TPP）12个谈判国在美国达成基本协议，[①] 这在某种程度上刺激和倒逼中国进一步的改革开放与发展；另外，在2015年，政府试图鼓励用"互联网+"、全民创业的方式，从互联网与传统行业的优势整合角度来调整中国的经济结构。

在社会发展的层面上，2015年中国社会发展进入一个新拐点的特征变得愈来愈明显：一方面，2.7亿的农民工正在逐步变成"新工人"，成为新时代工人阶级重要的组成部分；另一方面，2014年，中国的城镇化率就已经达到了54.77%。这两个不寻常的数字说明了我国的城乡区域结构和人口结构发生了具有深远影响的变化，城镇的结构以及城镇居民的行为在事实上主导着中国社会的变迁；2014年，城镇居民发展型消费支出为64%，农村居民则为60%，这说明人们的消费结构也在发生重要的变化。[②] 2015年的中国社会已经从满足基本需求即低收入阶段步入了满足社会发展更高层次需求的中等收入阶段。[③] 在这个阶段里，人们的诉求更多地在自身权益的保护，关注自己在经济社会等诸方面实实在在的"获得感"，关注自己与周围社会群体生活质量的提高，强调社会公平正义的实现以及对公共事务参与表达出强烈的意愿。事实上，我们在调查中很容易

[①] 2015年10月5日，美国、日本、澳大利亚等12个国家已成功结束"跨太平洋伙伴关系协定"（TPP）谈判，达成TPP。这个协议产生了重大的社会影响，可能整合亚太的两个经济区域合作组织，成为亚太区域内的小型"世界贸易组织（WTO）"。2017年美国宣布退出这一协定。

[②] 迟福林：《中国经济转型升级的历史节点》，《中国经济报告》2015年第10期。

[③] 2010年中国经济总量跃升至全球第二，第二年世界银行首度将中国列为中等偏上收入经济体，这意味着人们的需求已经实现跨越。

触摸到：人们的一些重要的期盼，已经不再是基于温饱的点点滴滴，而是提高生活质量的方方面面；人们的一些重要的关注点已经转移到国家宏观的形势、社会与政治参与的程度以及实现社会公平正义的问题上来了；人们的一些重要诉求也主要放在了住房、环境质量、食品安全状况、物价水平等关乎民生的基本问题上，放在了自身权益的保护以及一些实实在在"获得感"的实现上。另外，2015年，我们越来越能够清晰地发现，人们被一种感受强烈地包围着，即对于民众来说，出于一种对国家的热爱和参与的责任，强烈地感到要改变现状，用改革来促进国家的发展；对广大干部来说，也看到国家与社会在发展中存在的各种问题，出于对民族和对历史的责任感，也强烈地感到不改革不行，也希望通过改革促进国家的发展，实现中华民族伟大复兴的中国梦。事实上，当国家与民众不约而同产生的不安与焦虑，和人们不断提高的物质生活水平以及由之所产生的更高层次的诉求交织在一起的时候，中国的改革与发展不可避免地被倒逼，中国社会发展的拐点的出现也会变得不可避免。①

2015年，我们在推进变迁的同时，也感受到发展面临的困难、问题与挑战。面对环境治理，年初在网络中流传的一部关于中国雾霾的电视纪录片、年终在华北地区蔓延的重度雾霾，开始引发老百姓对空气污染的担忧；天津港危险品的大爆炸，让我们触摸到风险社会的脉搏以及其带来的危机；股市与人民币汇率的波动引发了人们对经济前景的惶恐、焦虑和不安；"十一"黄金周山东青岛一份38元的普通大虾无端涨价，经由网络媒体的传播，触动着老百姓的神经，反映了人们维护自身权益、保障公平正义的强烈愿望；2.4亿的"新工人"虽然已经成为工人阶级的一部分，但是其价值观念与行为规范的"工人阶级化"还有很长的路要走，改变其"在城里待不下、到农村回不去"的窘境以及生活的艰辛和无奈，不仅需要他们自身的奋斗，而且需要国家更多的制度安排以及社会更大的关注和努力。目前，越来越多的人日益感到经济的发展虽然能够为社会的变迁提供物质基础，但不可能自动地推动社会的发展。一个社会的变迁更多的是需要人们对这种变迁有不断加深的认识、不断提高的觉悟以及主动的担当和积极的参与。

我们在2015年去重庆市南岸区调查的时候，那里的同志提出了三个

---

① 李汉林：《社会发展促奔小康集体意识形成》，《中国社会科学报》2015年12月9日。

令人深思的问题：社会保障越来越好，民生投入越来越多，为什么群众的满意度却没有越来越高？基层管理越来越细，基层干部越来越忙，为什么群众的认同感却没有越来越强？居住环境越来越好，物质生活水平越来越高，为什么群众的幸福感却没有越来越强？[①] 我们发现，这三个问题反映了全国不少地区干部和群众的一些惶惑，呼唤着国家与社会高质量的治理。

在上述经济社会的背景下，我们开展了一年一度的社会态度调查。

二 核心概念的操作化

首先，和2012年的调查一样，在对社会发展进行研究的过程中，我们继续从总体性社会情绪出发，对整个社会的发展状况进行评估。我们认为，城镇居民的总体性社会情绪作为一张社会发展程度的"晴雨表"，所有的外在客观变化都能在人们的主观感受中稳定地表现出来。具有正向积极总体性社会情绪的社会，理应是一个民众满意度水平高、对政府信任且对社会未来发展充满信心的社会。正是依据上述的研究逻辑，我们将总体性社会情绪的测量操作化为满意度、社会信任和社会信心三个维度。其次，从预期—实现的对比机制出发，人们对宏观社会和微观个体的发展均有一个预期，一旦发现自身预期未能实现或实现程度较低时，就易产生消极的总体性社会情绪；而只有当实际获得与自身预期基本相符甚至高于自身预期时，才会产生积极的总体性社会情绪，即是说，公众在一定程度上感到社会是欣欣向荣的。因此，我们继续使用总体性社会情绪来把握人们对社会的总体态度，并继续从社会期望值的视角来解释这种社会情绪。

（一）总体性社会情绪及其测量

我们继续将这种总体性社会情绪操作化为满意度、社会信任和社会信心三个维度。其中，满意度和社会信任指向公众对当下社会的感受，社会信心指向公众对未来社会发展的预期，两层面三维度相结合共同表征公众对所处社会的总体性社会情绪。

---

① 重庆市南岸区人民政府：《推进三事分流 创新社区治理》，2015年，会议材料。

1. 满意度

满意度是人们在心理层面的一种主观感受，是个体对当下自己在各个方面所拥有的水平满足自身需求水平的一种主观感知，主要包括对社会性事项的满意度和对个体性事项的满意度两个方面。其中，个体对环境质量、基础设施状况、物价水平、教育水平、医疗服务水平、社会保障水平、社会治安状况、食品安全状况、社会公平公正、就业机会和社会风气十一个方面的感知用以测量社会总体层面的满意度水平；对个人收入水平、家庭经济状况、住房状况、健康状况、工作状况、生活压力、家庭关系、人际关系、社会地位和发展机会十个方面的感知用以测量个体层面的满意度水平。这些感知均分为五个层次，即很不满意、较不满意、一般、较满意、很满意，分别赋值为1—5分，分值越高，表示满意度越高。我们希望，通过这十一个方面的问题，人们能够从宏观上勾画出其对国家和政府的感受；与此同时，我们又从十个角度设计了有关个人生活方面的问题，希望从微观上把握人们的主观感受（见表9-1）。

表9-1　满意度的测量题目

维度	题目	赋值
对社会性事项的满意度	您对社会以下具体方面是否感到满意： 01.环境质量 02.基础设施状况 03.物价水平 04.教育水平 05.医疗服务水平 06.社会保障水平 07.社会治安状况 08.食品安全状况 09.社会公平公正 10.就业机会 11.社会风气	5-很满意 4-较满意 3-一般 2-较不满意 1-很不满意
对个体性事项的满意度	您对生活的以下具体方面是否感到满意： 01.个人收入水平 02.家庭经济状况 03.住房状况 04.健康状况 05.工作状况 06.生活压力 07.家庭关系 08.人际关系 09.社会地位 10.发展机会	5-很满意 4-较满意 3-一般 2-较不满意 1-很不满意

2. 社会信任

我们将社会信任操作化为公众对政府的信任程度，是指人们对政府执政能力的主观感受，是对政府所做的相应制度安排的评价，同时也是人们对政府行为绩效的一种认可以及人们对政府行为的一些预期与这些预期实现状况之间关系的评判。① 它由公众对政府执政能力的信任度、对政府职能部门的信任度和对各级地方政府的信任度三个维度构成。对政府执政能力的信任度包括对政府服务是否贴近民众需要、对政府服务是否能让民众得到实惠、对政府服务是否公道、对政府处理突发事件的能力、对政府服务是否能够征询民意和提供的服务是否方便的感受和评价，并采用李克特五度量表，1代表不赞同、5代表完全赞同，分值越高，表示民众对该表述的赞同度越高、对政府的总体信任度越高；对政府职能部门的信任度既包括对公安局或派出所、法院、工商或税务部门、社会保障部门、信访部门和城管部门的信任度；对各级地方政府的信任度包括对中央、省市和县区自上而下各级地方政府的信任度，采用李克特五度量表，赋值1—5分，分值越高，表示信任度越高（见表9-2）。

表9-2 社会信任的测量题目

维度	题目	赋值
对政府执政能力的信任度	您是否下列说法赞同： 01.政府服务贴近我的需要 02.政府服务让我得到实惠 03.政府处理问题公道 04.政府能够处理好各种突发事件 05.政府愿意听取老百姓意见 06.政府提供的服务很方便	5-完全赞同 4-比较赞同 3-一般 2-比较不赞同 1-完全不赞同
对政府职能部门的信任度	总的来说，您对下列政府部门是否信任： 01.公安局/派出所 02.法院 03.工商/税务部门 04.社会保障部门 05.信访部门 06.城管部门	5-很信任 4-较信任 3-一般 2-较不信任 1-很不信任
对各级地方政府的信任度	总的来说，您对下列政府部门是否信任： 01.中央政府 02.省市政府 03.县区政府	5-很信任 4-较信任 3-一般 2-较不信任 1-很不信任

---

① 张彦、魏钦恭、李汉林：《发展过程中的社会景气与社会信心——概念、量表与指数构建》，《中国社会科学》2015年第4期，第64—84页。

3. 社会信心

我们将社会信心理解为公众信心，定义为一种能够使公众相信某一事物（目标）在未来可以实现的心理力量，指公众对某一行动主体、某一事物、某个具体对象的一种认可、信任的心理状态以及在此基础上形成的稳定的心理期望。[①] 基于此定义，我们将社会信心操作化为个体对社会性事项的信心和对个体性事项的信心两个方面。对社会性事项的信心可以操作化为公众对宏观社会在环境质量、基础设施状况、物价水平、教育水平、医疗服务水平、社会保障水平、社会治安状况、食品安全状况、社会公平公正、就业机会和社会风气十一个方面未来三年发展的预期；对个体性事项的信心，可以操作化为公众对微观个人在个人收入水平、家庭经济状况、住房状况、健康状况、工作状况、生活压力、家庭关系、人际关系、社会地位和发展机会十个方面未来三年发展的预期。公众在这两个层面的预期均分为三个档次，1代表变差、2代表不变、3代表变好，分值越高，表示公众的信心越高（见表9-3）。

表9-3 社会信心的测量题目

维度	题目	赋值
对社会性事项的信心	您认为下列项目未来三年有什么变化： 01.环境质量 02.基础设施状况 03.物价水平 04.教育水平 05.医疗服务水平 06.社会保障水平 07.社会治安状况 08.食品安全状况 09.社会公平公正 10.就业机会 11.社会风气	3-变好 2-不变 1-变差
对个体性事项的信心	您认为未来三年下面一些方面是否会有变化： 01.个人收入水平 02.家庭经济状况 03.住房状况 04.健康状况 05.工作状况 06.生活压力 07.家庭关系 08.人际关系 09.社会地位 10.发展机会	3-变好 2-不变 1-变差

---

① 朱力：《公众信心聚散的社会心理学解读》，《人民论坛》2013年第5期，第10—12页。

上述总体性社会情绪的三个方面既有各自的侧重点，又相互交织。尽管社会信心与满意度和社会信任一样，都是人们对自身所处的社会在宏观层面与微观层面上产生的一种主观感受，但后两者之间一个最根本的区别是，满意度和社会信任研究的是人们对当下社会环境的主观感受与看法，而社会信心则是人们在综合考虑各方面因素的基础上对社会未来发展的理性预期和心理期望，折射的是人们对国家未来发展的预期，反映的是人们对未来社会发展与进步的期待和希望。它们三者是分析与研究总体性社会情绪积极与消极的两个重要方面。①

（二）社会期望值及测量

在具体研究的过程中，我们首先要关注的是产生总体性社会情绪的社会机制。我们知道，期望与实际获得的一致性程度能够影响人们的主观感受，同时影响个体在期望与目标实现问题上产生的社会情绪。上述这种总体性社会情绪只能在与他人或者群体社会互动的过程中才能产生，因为在这种互动过程中，人们能够比较深刻地感受到期望以及实际获得的状况，并在此基础上形成相应的社会认知。在这个意义上，我们将这种个体的期望与目标实现的一致性程度称为"社会期望值"，它是人们从期望得到的和实际得到的差距中（discrepancy between expectation and actuality）所产生的或所感受到的，特别是与相应的参照群体的比较过程中所产生的一种主观感受。因此，社会期望值并不是绝对性感知，而是一种相对性感知。在 2015 年的调查中，我们将社会期望值操作化为指向经济收入的社会期望值和指向社会地位的社会期望值两个维度，分别衡量期望的经济收入和社会地位与实际获得之间差距的自我感知。需要注意的是，每个指向上的社会期望值都是在个人与身边的亲朋好友、单位内同事、相同职业的人和社会上其他人相比时产生的（见表 9-4）。我们采用李克特五度量表来表征人们在上述比较中的高低水平，1 代表很高、2 代表较高、3 代表差不多、4 代表较低、5 代表很低，分值越高，表示人们在与他人比较中产生的社会期望值越高，即个人的期望与其实际获得之间的不一致程度越大。

---

① 李汉林：《要注重和加强社会景气和社会信心的研究》，《中国社会科学报》2012 年 12 月 31 日，A02 版。

表9-4 社会期望值的测量题目

维度	题目	赋值
指向经济收入的社会期望值	与下面的人群相比,您在经济收入上的状况如何? 01.身边的亲朋好友 02.单位内同事 03.相同职业的人 04.社会上其他人	1-很高 2-较高 3-差不多 4-较低 5-很低
指向社会地位的社会期望值	与下面的人群相比,您在社会地位上的状况如何? 01.身边的亲朋好友 02.单位内同事 03.相同职业的人 04.社会上其他人	1-很高 2-较高 3-差不多 4-较低 5-很低

三 量表检验与指数构建

该部分主要包含了对量表的信效度检验和总体性社会情绪指数和社会期望值的计算。首先,确认各维度量表的可信度和有效性,分别对满意度、社会信心和社会信任三个子量表进行检验,结果如表9-5所示。其次,为了后续进一步分析与比较,我们在该部分对总体性社会情绪指数和社会期望值进行百分制处理,展现了转换的运算过程。

(一)量表的信效度检验

为了做好总体性社会情绪与社会期望值的分析,需要对所使用的量表和题器进行信度与效度检验,通过验证性因子分析(confirmative factor analysis),检验我们所构建的测量模型是否能够得到经验数据的支持。

数据分析的结果显示(见表9-5),满意度量表中,"对社会性事项的满意度"的信度系数为0.916,"对个体性事项的满意度"的信度系数为0.905;社会信任量表中,"对政府职能部门的信任度"的信度系数为0.857,"对各级地方政府的信任度"的信度系数为0.741,"对政府执政能力的信任度"的信度系数为0.856;社会信心量表中,"对社会性事项的信心"的信度系数为0.916,"对个体性事项的信心"的信度系数为0.908。从总体性社会情绪的这七个一阶因子来看,测量模型具有比较高的信度系数。就整个测量模型而言,总体性社会情绪量表的信度系数为0.894。同时,用以测量公众的社会期望值的信度系数均接近0.800。总体而言,研究所设计的量表具有较高的稳定性与一致性，能够较为可靠地测量我们所预设的总体性社会情绪状况与公众的社会期望值。

表9-5 总体性社会情绪与社会期望值的验证性因子分析[1]

	因子负荷估值（标准化）λ_i（标准误）	残方差(θ_{ii})	题器信度系数[2] $\dfrac{\lambda_i^2}{\lambda_i^2+\theta_{ii}}$		因子负荷估值（标准化）λ_i（标准误）	残方差(θ_{ii})	题器信度系数 $\dfrac{\lambda_i^2}{\lambda_i^2+\theta_{ii}}$
对社会性事项的满意度量表（信度系数0.916）				对个体性事项的满意度量表（信度系数0.905）			
stg_1	0.455（0.01）	0.416	0.332	sti_1	0.672（0.01）	0.470	0.490
stg_2	0.509（0.02）	0.331	0.439	sti_2	0.691（0.01）	0.493	0.492
stg_3	0.538（0.01）	0.468	0.382	sti_3	0.606（0.01）	0.211	0.635
stg_4	0.579 0.01）	0.385	0.465	sti_4	0.402（0.01）	0.409	0.586
stg_5	0.596（0.01）	0.306	0.537	sti_5	0.661（0.02）	0.114	0.520
stg_6	0.594（0.01）	0.353	0.500	sti_6	0.636（0.01）	0.404	0.480
stg_7	0.553（0.01）	0.355	0.463	sti_7	0.338（0.01）	0.438	0.414
stg_8	0.621（0.02）	0.336	0.534	sti_8	0.459（0.02）	0.162	0.364
stg_9	0.684（0.01）	0.290	0.617	sti_9	0.702（0.01）	0.477	0.508
stg_10	0.576（0.01）	0.259	0.562	sti_10	0.686（0.01）	0.451	0.511
stg_11	0.645（0.01）	0.207	0.668	对个体性事项的信心度量表（信度系数0.908）			
对社会性事项的信心度量表（信度系数0.916）				sci_1	0.569（0.01）	0.461	0.413
scg_1	0.449（0.01）	0.371	0.352	sci_2	0.568（0.01）	0.454	0.415
scg_2	0.464（0.01）	0.299	0.419	sci_3	0.607（0.01）	0.301	0.550
scg_3	0.421（0.01）	0.406	0.304	sci_4	0.579（0.01）	0.248	0.575
scg_4	0.555（0.01）	0.339	0.476	sci_5	0.639（0.01）	0.322	0.559
scg_5	0.556（0.01）	0.277	0.527	sci_6	0.567（0.01）	0.408	0.441
scg_6	0.553（0.01）	0.305	0.501	sci_7	0.498（0.01）	0.335	0.425
scg_7	0.526（0.01）	0.309	0.472	sci_8	0.548（0.01）	0.369	0.449
scg_8	0.582（0.01）	0.308	0.524	sci_9	0.674（0.01）	0.323	0.584
scg_9	0.638（0.01）	0.177	0.697	sci_10	0.679（0.01）	0.324	0.587
scg_10	0.547（0.01）	0.216	0.581	对政府执政能力的信任度量表（信度系数0.856）			
scg_11	0.609（0.01）	0.201	0.649	bgg_1	0.643（0.01）	0.333	0.554
对政府职能部门的信任度量表（信度系数0.857）				bgg_2	0.682（0.01）	0.534	0.5466
bgd_1	0.695（0.01）	0.355	0.576	bgg_3	0.664（0.01）	0.509	0.464
bgd_2	0.653（0.01）	0.436	0.494	bgg_4	0.714（0.01）	0.441	0.536
bgd_3	0.701（0.01）	0.470	0.511	bgg_5	0.731（0.01）	0.465	0.535
bgd_4	0.685（0.01）	0.492	0.488	bgg_6	0.577（0.01）	0.414	0.446

续表

	因子负荷估值（标准化）λ_i（标准误）	残方差（θ_{ii}）	题器信度系数 $\dfrac{\lambda_i^2}{\lambda_i^2+\theta_{ii}}$		因子负荷估值（标准化）λ_i（标准误）	残方差（θ_{ii}）	题器信度系数 $\dfrac{\lambda_i^2}{\lambda_i^2+\theta_{ii}}$
bgd_5	0.660（0.01）	0.426	0.506	对各级地方政府的信任度量表（信度系数0.741）			
bgd_6	0.596（0.01）	0.483	0.424	bga_1	0.613（0.01）	0.479	0.440
指向社会地位的社会期望值量表（信度系数0.799）				bga_2	1.004（0.01）	1.008	0.500
sds_1	0.677（0.01）	0.364	0.557	bga_3	0.692（0.01）	0.376	0.560
sds_2	0.594（0.01）	0.410	0.463	总体性社会情绪量表（信度系数0.894）			
sds_3	0.640（0.01）	0.353	0.537	stg	0.804（0.01）	0.354	0.646
sds_4	0.603（0.01）	0.458	0.443	sti	0.711（0.01）	0.494	0.506
指向经济收入的社会期望值量表（信度系数0.799）				bgg	0.784（0.01）	0.385	0.615
sde_1	0.692（0.01）	0.382	0.556	bgd	0.794（0.01）	0.370	0.630
sde_2	0.561（0.01）	0.417	0.430	bga	0.661（0.01）	0.563	0.437
sde_3	0.646（0.01）	0.314	0.571	scg	0.527（0.01）	0.278	0.500
sde_4	0.618（0.01）	0.479	0.444	sci	0.395（0.01）	0.156	0.500

注：1.表格中，stg代表对社会性事项的满意度，stg_1代表对社会性事项的满意度量表中的第一个题器的满意度，以此类推；sti代表对个体性事项的满意度，sti_1代表对个体性事项的满意度量表中的第一个题器的满意度，以此类推；scg代表对社会性事项的信心，scg_1代表对社会性事项的信心量表中的第一个题器的信心，以此类推；sci代表对个体性事项的信心，sci_1代表对个体性事项的信心量表中的第一个题器的信心，以此类推；bgd代表对政府职能部门的信任度，bgd_1代表对政府职能部门的信任度量表中的第一个题器的信任度，以此类推；bgg代表对政府执政能力的信任度，bgg_1代表对政府执政能力的信任度量表中的第一个题器的信任度，以此类推；bga代表对各级地方政府的信任度，bga_1代表对各级地方政府的信任度量表中的第一个题器的信任度，以此类推；sde代表指向经济收入的社会期望值，sde_1代表指向经济收入的社会期望值量表中的第一个题器的社会期望值，以此类推；sds代表指向社会地位的社会期望值，sds_1代表指向社会地位的社会期望值量表中的第一个题器的社会期望值，以此类推。

2.此处关于信度系数的计算参照我们以往的研究，即在验证性因子分析框架下，常用的量表信度系数Cronbach的α值不能恰当地拟合指标和因子间关系，从而采用Raykov的信度系数，其计算公式为 $\rho = \dfrac{u^2}{u^2+v} = \dfrac{(\sum_{i=1}^{k}\lambda_i)^2}{(\sum_{i=1}^{k}\lambda_i)^2+\sum_{i=1}^{k}\theta_{ii}}$，其中$\lambda_i$是第$i$个题器的因子载荷，$\theta_{ii}$是第$i$个题器的残方差。参见李汉林、渠敬东、夏传玲、陈华珊《组织变迁的社会过程：以社会团结为视角》，上海：东方出版中心，2006年，第49页。

在信度测量的基础上，进一步对量表的效度进行检验，以察看所设计的量表的有效性，即能否真正反映我们所要观察的总体性社会情绪状况。[①] 在我们的调查中，有一项题器可以用来对总体性社会情绪量表的效度进行检查，这项题器询问受访者"对社会整体发展水平的满意度"，答案分为"很满意"、"较满意"、"一般"、"较不满意"和"很不满意"五个层级。按照我们前述的理论逻辑，民众拥有积极总体性社会情绪的社会应该是一个发展态势良好的社会，也应该是人们对社会发展状况满意的社会，从而，如果每个量表的测量结果与人们对社会发展水平的满意度状况相一致，那么我们就可以认为所设计的量表具有较好的效度。结果如表9-6和图9-1所示，无论是总体性社会情绪二阶因子还是各项一阶因子，都与人们对社会整体发展水平的满意度态势相一致，且两两之间在0.001统计水平上显著相关，从而证明我们所设计的总体性社会情绪量表具有较好的效度。

表9-6 总体性社会情绪、社会期望值与人们对社会总体发展水平的满意度的方差分析

	差异源	离差平方和SS	自由度df	均方MS	F值	显著性p
对个体性事项的信心	组间	35131.7736	4	8782.9434	26.92	0.0000
	组内	1952658.87	5985	326.258793		
	总计	1987790.65	5989	331.906937		
对社会性事项的信心	组间	84865.9442	4	21216.486	64.71	0.0000
	组内	1962214.89	5985	327.855453		
	总计	2047080.83	5989	341.806784		
对个体性事项的满意度	组间	175177.796	4	43794.3391	211.56	0.0000
	组内	1238944.12	5985	207.008207		
	总计	1414121.91	5989	236.119872		
对社会性事项的满意度	组间	317431.787	4	79357.9468	370.82	0.0000
	组内	1280826.05	5985	214.006023		
	总计	1598257.83	5989	266.865559		

---

① 关于信度与效度间的关系有以下四种：（1）信度低，效度必定低；（2）信度高，效度未必高；（3）效度低，信度有可能很高；（4）效度高，信度必然高。也就是说信度是效度的必要条件，效度是信度的充分条件。

续表

	差异源	离差平方和SS	自由度df	均方MS	F值	显著性p
对政府执政能力的信任度	组间	217660.966	4	54415.2414	218.80	0.0000
	组内	1488438.61	5985	248.694838		
	总计	1706099.57	5989	284.872194		
对政府职能部门的信任度	组间	191943.273	4	47985.8183	196.83	0.0000
	组内	1459110.48	5985	243.794567		
	总计	1651053.76	5989	275.681041		
对各级地方政府的信任度	组间	151323.84	4	37830.9601	118.67	0.0000
	组内	1907991.94	5985	318.795646		
	总计	2059315.78	5989	343.849688		
社会信心	组间	57042.4389	4	14260.6097	55.47	0.0000
	组内	1538793.7	5985	257.108387		
	总计	1595836.14	5989	266.461201		
满意度	组间	240878.499	4	60219.6249	378.74	0.0000
	组内	951618.332	5985	159.000557		
	总计	1192496.83	5989	199.114515		
社会信任	组间	186126.593	4	46531.6481	261.58	0.0000
	组内	1064672.71	5985	177.890176		
	总计	1250799.3	5989	208.84944		
总体性社会情绪	组间	177521.279	4	44380.3198	393.99	0.0000
	组内	674173.346	5958	112.643834		
	总计	851694.625	5989	142.209822		
指向经济收入的社会期望值	组间	13226.5713	4	3306.64283	19.33	0.0000
	组内	1023855.05	5985	171.070183		
	总计	1037081.62	5989	173.164404		
指向社会地位的社会期望值	组间	16119.6905	4	4029.92263	35.21	0.0000
	组内	685061.399	5985	114.463058		
	总计	701181.09	5989	117.078158		
社会期望值	组间	14475.0804	4	3618.7701	30.32	0.0000
	组内	714417.173	5985	119.367949		
	总计	728892.253	5989	121.705168		

社会景气与总体性社会情绪 | 理论、方法与数据分析

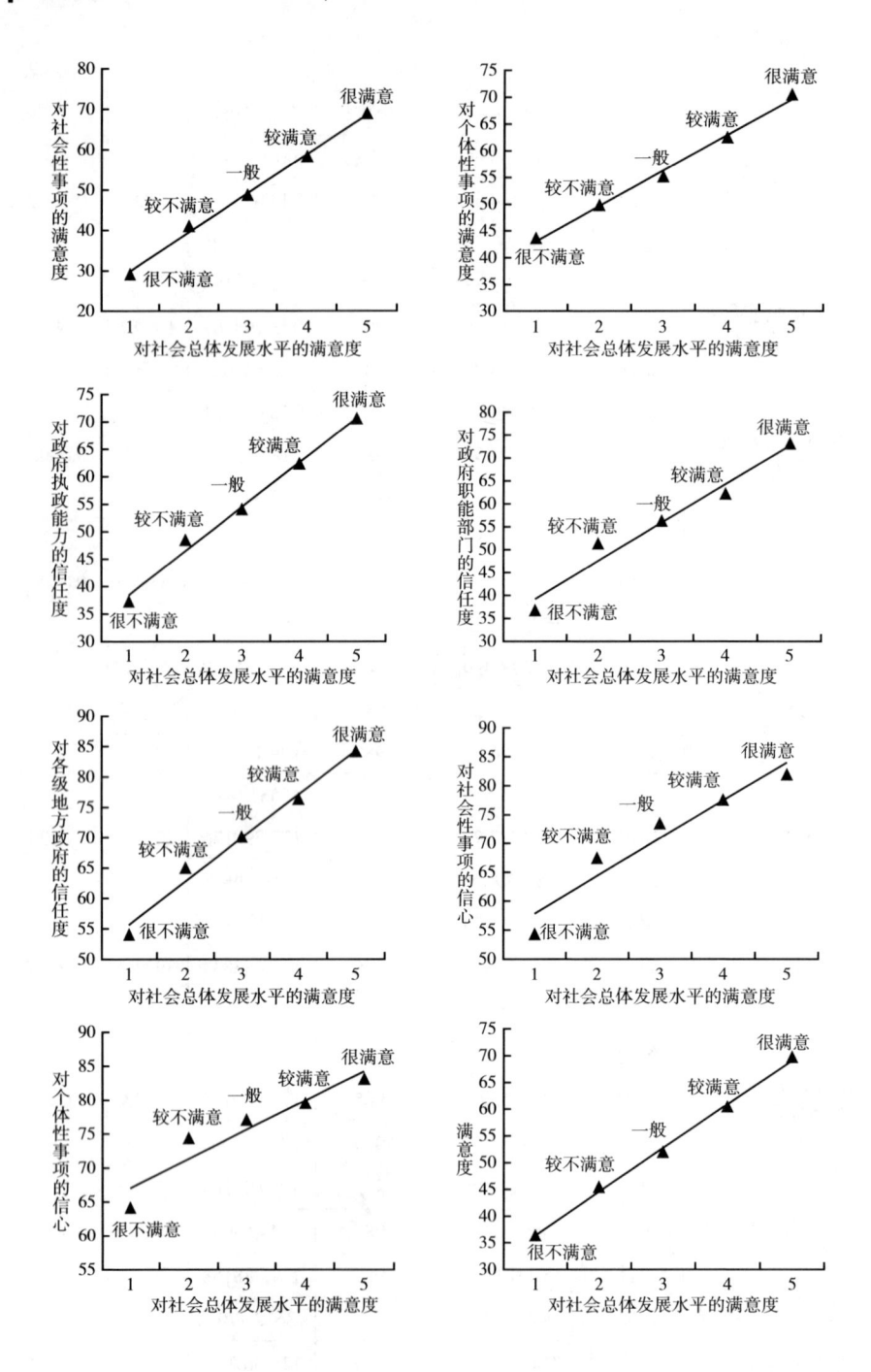

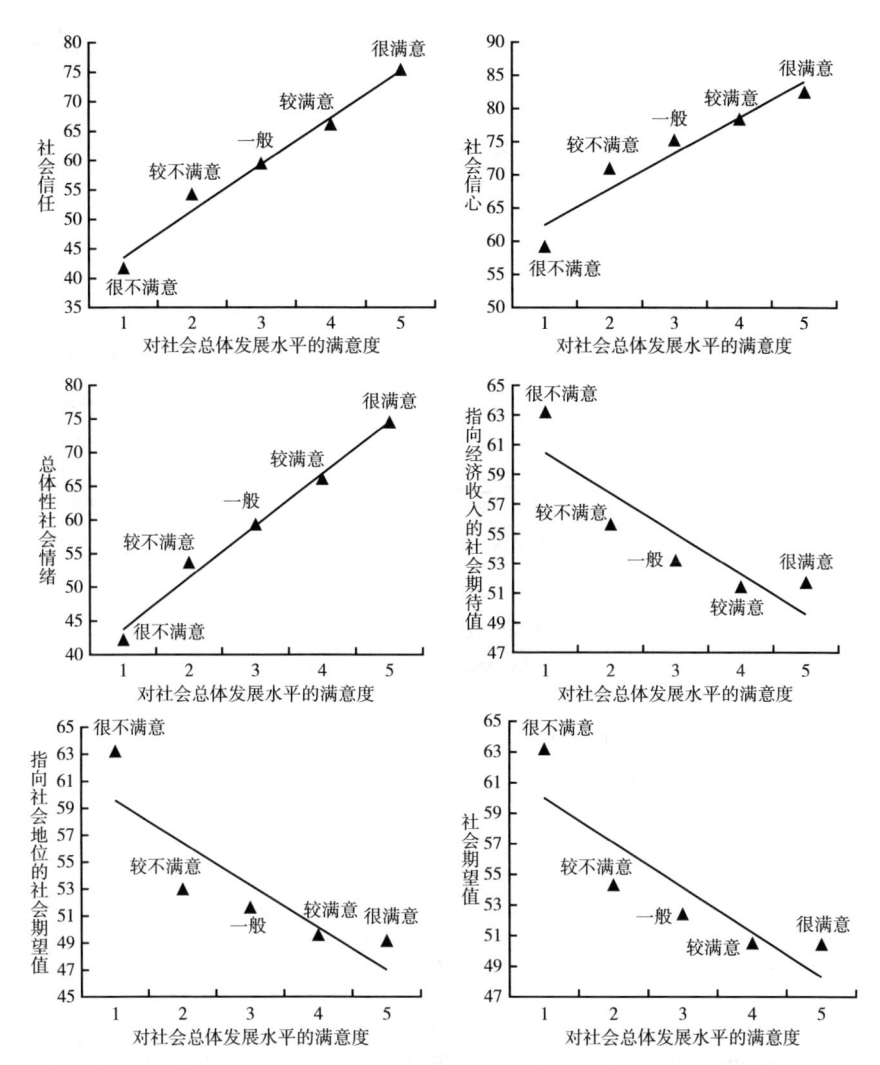

图9-1　总体性社会情绪、社会期望值与人们对社会总体发展水平的满意度

同理可推，当公众认为自身的社会经济地位与参照群体相比差不多甚至较高时，这种相对优越的感知也会溢出到其对整个社会发展状况的满意度上，反之亦然。社会期望值越小表示个体在期望与实际获得的一致性越高，满意度越高，从而，如果表征公众感知到的社会期望值测量结果与人们对社会总体发展水平的满意度状况呈相反的发展趋势，那么我们就可以认为所设计的量表具有较好的效度。方差分析结果如表9-6和图9-1所示，F值为30.32，且在0.001统计水平上显著，社会期望值越高的公众，对社会总体发展水平越不满意,从而证明社会期望值量表的外部校标效度较好。

(二)总体性社会情绪指数和社会期望值的计算

在上述对量表的信度和效度检验的基础上,此处需要从两个方面进一步对指数的构建进行论证。

首先,在合成指标前,需要处理缺失值。在一个指标下的题器存在缺失值且缺失值数量不超过 1/3 的样本,我们按照该样本在未缺失题目中的得分均值进行插补。其次,由于指标的量纲不同,因此在合成对社会性事项的满意度、对个体性事项的满意度、对个体性事项的信心、对社会性事项的信心、对政府执政能力的信任度、对政府职能部门的信任度和对各级地方政府的信任度七个指标前,我们需要对指标进行归一化处理,公式如下:

$$Indicate_i = \frac{indicate - \min(indicate)}{\max(indicate) - \min(indicate)} \times 100$$

其中,$Indicate_i$ 表示该指标下的第 i 项题器上的分值。

在考虑各项题器权重[①]的条件下,上述七个指标的计算公式如下:

$$index = \frac{\sum_i^k W_i Indicate_i}{\sum_i^k W_i}, i = 1, \ldots, k$$

其中,$Indicate_i$ 表示该指标下的第 i 项题器,W_i 表示该指标下的第 i 项题器的权重。以此类推,算出满意度、社会信任和社会信心三个维度和社会期望值上的分值。

同样按照上述对缺失值、量纲不一致的处理方式,将对社会性事项的满意度、对个体性事项的满意度、对个体性事项的信心、对社会性事项的信心、对政府执政能力的信任度、对政府职能部门的信任度和对各级地方政府的信任度七个指标进行处理,并依据上述权重计算方法,最终得到总体性社会情绪指数。

---

① 对题器权重的计算,我们依据各项指标在潜变量上的因子负荷大小而定,在此不再赘述。

四　样本抽样与特征分析

中国社会科学院社会发展战略研究院于2015年所实施的"社会态度与社会发展（2015）"调查，在国家统计局"六普"数据的基础上建立抽样框，抽取全国直辖市、地级市、县级市中居住在社区（居委会）辖区中的16岁及以上人口为调查对象。调查采取多阶抽样设计，其中县级行政区划（市辖区、县级市）为一级抽样单位（primary sampling unit，PSU），社区（居委会）为二级抽样单位（second sampling unit，SSU），家庭户作为三级抽样单位（third sampling unit，TSU），最终抽样单位为个人（ultimate sampling unit，USU）。[①] 调查工作是通过公开的招标方式，委托商业性的专业调查机构负责执行的。在执行过程中，调查组通过督导进行了较为严格的质量控制。所得样本情况如表9-7所示。

[①] 2015年调查的PSU抽样框来自2010年由国家统计局实施并发布的《2010年第六次全国人口普查主要数据公报（第1号）》，2011年4月28日，www.stats.gov.cn/sj/tjg6/rkpcg6/8grkpcgb/202302/t20230206_190199。为了校正人口变动的效应，我们根据"六普"数据中的分性别、分年龄的粗死亡率对2010年人口普查数据中的12岁及以上城镇人口进行死亡率校正，以校正后的数据作为PSU的抽样框（包括1226个PSU），12岁及以上城镇人口作为加权权重。根据抽样设计方案，我们从1226个PSU中，按照PPS的原则，抽取60个PSU（除新疆和西藏之外的地区中抽取），经专门编制的Stata程序运行所得的60个PSU分布在24个省自治区直辖市，均值为2.5，样本数量最多的是湖北省（包含5个PSU），样本数量最少的是云南省（包含1个PSU）。此次调查的SSU抽样框来自2010年国家统计局《第六次全国普查数据》的原始数据，国家统计局相关部门提供了2010年SSU的户数和12岁及以上城镇人口数。我们根据抽样方案，在SSU抽样框中，利用专门编制的Stata程序，按照PPS原则，在每个PSU中抽取9个社区居委会作为SSU，原则上共抽取540个社区居委会。在实际抽样过程中，由于有的社区居委会人口规模较大，我们进行了分割处理，因此可能同一个社区居委会可能被重复抽中。最终抽样设计中共涉及533个社区居委会。在此次调查中，家庭户包括户籍登记的家庭、集体户以及各类集体居住点。TSU样本框来自调查实施单位，抽样员都可以依据户籍资料建立"户样本框"；如果社区（居委会）没有现成的户籍资料，抽样员需要会同有关知情人，依据已知的地理信息（如地图、地址簿等），依据地块现场制作"户样本框"。在TSU阶段，我们采用系统抽样法（等距抽样）。为了能够把流动人口纳入此次调查的范围之内，此次调查TSU的抽样采取"以户定人"的原则，即以住户为抽样单元，无论住户内的成员是户籍人口、常住人口还是流动人口，都是此次调查的潜在对象。抽中的家庭户中，所有16岁及以上家庭成员构成第四级样本框。在成功入户后，访问员需要借助问卷首页上的Kish表从户内成员中抽选出被访者。

表9-7 被访者人口学变量情况

变量	类别	频率	百分比	变量	类别	频率	百分比
性别	男	2887	47.84%	户口	农业户口	1713	28.50%
	女	3147	52.16%		非农户口	4298	71.50%
年龄	16—19岁	247	4.09%	所在地	上海	78	1.29%
	20—29岁	1574	26.09%		云南	30	0.50%
	30—39岁	1503	24.91%		吉林	105	1.74%
	40—49岁	1521	25.21%		北京	201	3.33%
	50—59岁	747	12.38%		四川	190	3.15%
	60—69岁	318	5.27%		天津	233	3.86%
	70岁及以上	123	2.04%		安徽	150	2.49%
受教育程度	没有受过教育	25	0.42%		山东	306	5.07%
	小学	259	4.31%		山西	219	3.63%
	初中	12596	20.96%		广东	319	5.29%
	高中	1678	27.93%		广西	493	8.17%
	中专/技校	666	11.09%		江苏	187	3.10%
	大学专科	1170	19.47%		江西	114	1.89%
	大学本科	901	15.00%		河北	276	4.57%
	研究生	50	0.83%		河南	395	6.55%
政治面貌	共产党员	509	8.45%		浙江	454	7.53%
	共青团员	873	14.49%		海南	68	1.13%
	民主党派	11	0.18%		湖北	545	9.03%
	群众	4630	76.87%		湖南	326	5.40%
民族	汉族	5826	96.68%		辽宁	331	5.49%
	少数民族	200	3.32%		重庆	270	4.48%
					陕西	504	8.35%
					黑龙江	239	3.96%

五 总体性社会情绪现状及变动趋势

在调查数据（2012年、2013年和2014年的全国性抽样调查数据）和对观测量表进行检验的基础上，课题组沿用了分析社会发展状况的重要指针——总体性社会情绪指数。[①] 2015 年，我国城镇居民的总体性社会情绪指数为 63.60，标准差为 11.96。基于总体性社会情绪指数的回归方程进行 Shapley 值分解，结果如表 9-8 所示，社会信任对总体性社会情绪指数差异贡献最大，为 47.95%；其次是满意度，贡献率为 37.89%；最后是社会信心，贡献率为 14.17%。

表9-8 总体性社会情绪三维度的描述性分析与Shapley值分解

	均值	标准差	Shapley值	贡献率（%）
满意度	57.30	14.13	0.38	37.89
社会信任	63.75	14.50	0.48	47.95
社会信心	77.19	16.36	0.14	14.17

以 2012 年为基准，总体性社会情绪指数均呈现一定程度的增长态势，2015 年总体性社会情绪指数为 63.60 分，比 2014 年上升了 1.81 个单位（见图 9-2）；其中民众对社会总体的满意度和对社会未来发展的信心呈现逐年递增的趋势，对社会的信任度在 2013—2015 年比较稳定，均值在 63 左右（见图 9-3）。这一方面意味着，民众对国家社会发展状况的要求越来越高，期望国家在社会发展上能够"百尺竿头，更进一步"；另一方面也显现出，尽管国家在社会发展上存在这样和那样的问题，但是，大家对未

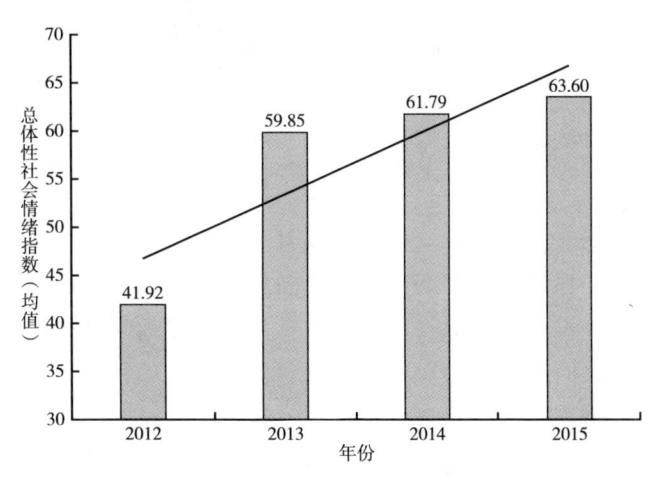

图9-2 2012—2015年总体性社会情绪指数的比较

[①] 关于量表的测量和指数的构建由于较为复杂，此处我们不再赘述，可参见李汉林、魏钦恭《社会景气与社会信心研究》，北京：中国社会科学出版社，2013 年。

来的发展趋势仍然信心充足、预期良好。虽然统计的分值只有微弱增势或减势的变化,而且这种变化及差异在统计学意义上并不显著(见表9-9),但是,这种分值的细微变化仍然蕴含着重要的社会意义。

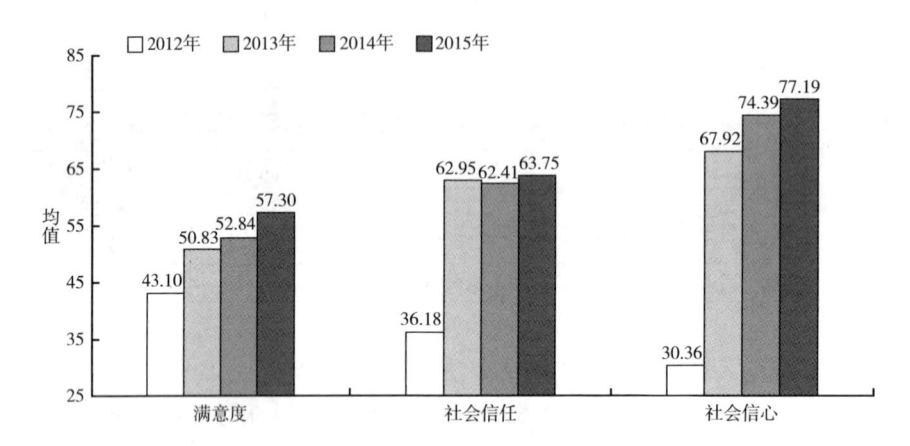

图9-3 2012—2015年总体性社会情绪三因子的比较

表9-9 总体性社会情绪指数年度比较的显著性检验

	总体性社会情绪指数_2015	总体性社会情绪指数_2014	总体性社会情绪指数_2013
总体性社会情绪指数_2012	diff=0.092 t=0.433	diff=0.566 t=2.322*	diff=−0.026 t=−0.108
总体性社会情绪指数_2013	diff=0.118 t=0.536	diff=0.592 t=2.393	
总体性社会情绪指数_2014	diff=−0.474 t=−2.140		

第一,党的十八大以来,尤其是2015年以来,新一届中央领导集体用"踏石留印,抓铁有痕"的决心,全面深化改革,扎实稳健地推进中国的发展。在这一过程中,深层次的矛盾日益变得清晰起来,改革的难度变得愈来愈大,人们对改革的期望值以及对新一届中央领导集体的期待也变得愈来愈高,当这种期望与目标实现有一些距离的时候,当人们感知到愈来愈多的"成长的烦恼"的时候,人们对发展的满意度就会出现下降的趋势,同时也会影响民众的社会信任。构建人民满意的社会除了需要政府拥有较强的执政能力,还需要走到群众中去,了解他们对美好生活的向往如何表现在政府执政与制度安排中。认识到这一点,对于促进政府进一步努

力,激励人们在改革过程中迎难而上,加快改革的步伐,是一种鞭策和鼓励。

第二,人们即便看到一些来自社会发展滞后所带来的结构性紧张以及变迁过程中的严峻挑战,仍然对国家的发展前景充满信心。对总体事项的信心指数逐年趋高,反映了人们对国家未来发展的预期,反映了人们对未来社会发展进步的期待和希望。在国家艰难推进改革的过程中,我们不丧失信心,且充满期待,正是国家进一步推进改革的最重要的基础和条件。

具体分析不同群组的城镇居民的总体性社会情绪,结果如表9-10所示。

表9-10 总体性社会情绪指数在各项社会自然特征上的均值分布

	特征值	均值	标准差	样本数	差异显著性
性别	男性	63.30	12.25	2886	$T=-1.8642$,$df=1$ $p=0.0623$
	女性	63.87	11.69	3147	
年龄	16—19岁	64.73	10.65	247	$F=17.04$,$df=6$ $p=0.0000$
	20—29岁	62.40	11.22	1574	
	30—39岁	62.92	11.61	1503	
	40—49岁	63.71	11.81	1521	
	50—59岁	64.22	12.96	747	
	60—69岁	66.74	14.00	318	
	70岁及以上	71.50	13.06	123	
婚姻状况	未婚	62.34	11.72	1363	$T=-4.5350$,$df=1$ $p=0.0000$
	已婚	64.01	12.01	4638	
管理层级	领导	62.29	13.17	38	$F=0.38$,$df=2$ $p=0.6850$
	中层管理者	64.03	11.93	381	
	普通职工	63.82	11.68	2090	
受教育程度	小学及以下	65.02	15.24	284	$F=1.92$,$df=5$ $p=0.0874$
	初中	63.42	13.19	1259	
	高中/中专/技校	63.24	11.17	2344	
	大学专科	63.67	11.38	1170	
	大学本科	64.28	11.64	901	
	研究生	62.87	13.74	50	
单位所有制性质	国有	63.95	12.78	588	$F=3.16$,$df=5$ $p=0.0075$
	集体所有	65.90	12.40	200	
	私有/民营	63.22	11.29	1553	
	港澳台资	68.29	9.29	13	
	外资所有	64.86	11.53	50	
	中外合资	65.64	10.73	126	

续表

特征值		均值	标准差	样本数	差异显著性
户籍	农业户口	62.51	12.09	1713	$T=-4.5317$, $df=1$ $p=0.0000$
	非农户口	64.05	11.90	4298	
户口所在地	本市县户口	63.88	12.10	5287	$T=4.7489$, $df=1$ $p=0.0000$
	外市县户口	61.61	10.76	707	
区域	东部	67.54	12.86	2122	$F=138.25$, $df=3$ $p=0.0000$
	中部	61.03	12.50	1749	
	西部	60.88	9.08	1487	
	东北	63.82	9.51	675	

女性的总体性社会情绪略高于男性，这一略微的差距在0.05置信水平上具有显著性。随着年龄的增加，民众在总体性社会情绪指数上的得分呈先降后升的U形发展态势，其中值得注意的是，20—29岁的青年群体的均值为62.40，相对低于其他年龄段，这表明在我国民众整体较为积极的总体性社会情绪的背景下，我国青年群体的满意度、社会信任和社会信心亟待提高。这可能是因为与劳动力市场需求成反比、青年难以找到满意的工作，从而积极总体性社会情绪水平不高。另外，与未婚人士相比，已婚人士获得更积极的总体性社会情绪。总体性社会情绪指数还存在明显的地区和户籍差异，东部地区的民众的总体性社会情绪指数明显高于其他地区的民众，持非农户口的或持本市县户口的民众的总体性社会情绪指数更高。除此之外，不同所有制单位的民众在总体性社会情绪指数上也存在明显的差异。港澳台资企业员工的总体性社会情绪明显最优，均值为68.29，而私有或民营企业员工则最低，均值为63.22；但是，在单位中，管理层级不同的员工感知到民众获得的总体性社会情绪不存在显著差异，说明员工的社会情绪更表现出社会性，同一单位中的员工具有相似的情绪。

（一）满意度

我们认为，在一般的情况下，人们总是会从微观、中观和宏观三个维度来感受和评价其对自身及所处社会环境的满意状况。在微观上，人们会直接从自身经济收入、社会地位以及工作状况等方面，即从生活现状的角度来感受和评价。在中观和宏观上，人们可以从社区对自身生活的影响、国家政策对生活质量的改善、社会包容对自身的影响程度等方面，来感受社会是否发生变化以及在多大程度上发生了变化。

在我们的此次调查中,对满意度的测量由社会总体层面的满意度和个体层面的满意度两部分构成,其中对环境质量、基础设施状况、物价水平、教育水平、医疗服务水平、社会保障水平、社会治安状况、食品安全状况、社会公平公正、就业机会和社会风气的感受用以测量社会性事项的满意度水平;对个人收入水平、家庭经济状况、住房状况、健康状况、工作状况、生活压力、家庭关系、人际关系、社会地位和发展机会十个方面的感受用以测量个体性事项的满意度水平。这些感受均分为五个层次,即"很满意""较满意""一般""较不满意""很不满意",依次赋值为5—1分,分值越高,表示满意度水平越高。我们希望,通过对这些问题的测量,不仅能够从宏观上勾画出人们对国家和政府以及对社会发展的满意度,也能从微观上把握人们的满意度变化,进而比较两者之间的差距。我们在此处隐含的假设是,社会发展过程中的满意度不仅体现在宏观层面,而且也关涉社会成员个体的发展,我们身处社会结构中,外部环境的改变给人们带来了直接的个体层面感受的变化,社会结构一方面约束个人的行动,另一方面也被行动塑造。只有当宏观社会层面和微观个体层面的重要事项上体验到满足感时,整个社会的发展才会体现出包容和可持续性,偏废一方都将有碍于社会的发展。我们在进行满意度研究的时候,一项最为基本的判断是:某一社会个体的满意度状况可能会具有较大变动性,因为个体对满意与否的判断是依据其当时的感受做出的,在不同的时候可能有不同的感受和判断(这也是许多研究者抨击问卷调查不能获知受访者真实感受的主要原因),但某一群体乃至社会总体性的满意度状况则更多地具有结构性和稳定性的特征,不可能时此时彼(当然这些结论须建立在科学抽样和规范调查所获得的数据基础上),这也是我们进行统计分析以及通过满意度来分析社会发展状况的理论基础。①

正是在这个意义上,民众对个体性事项和社会总体性事项的满意度水平可以成为衡量一个社会发展与稳定程度的有力指针,由图9-4可知,两类满意度之间存在紧密关联。下面我们将展开维度对满意度进行数据分析。

---

① 李汉林、魏钦恭、张晨曲:《发展过程中的满意度》,《社会学评论》2013年第1期,第75—88页。

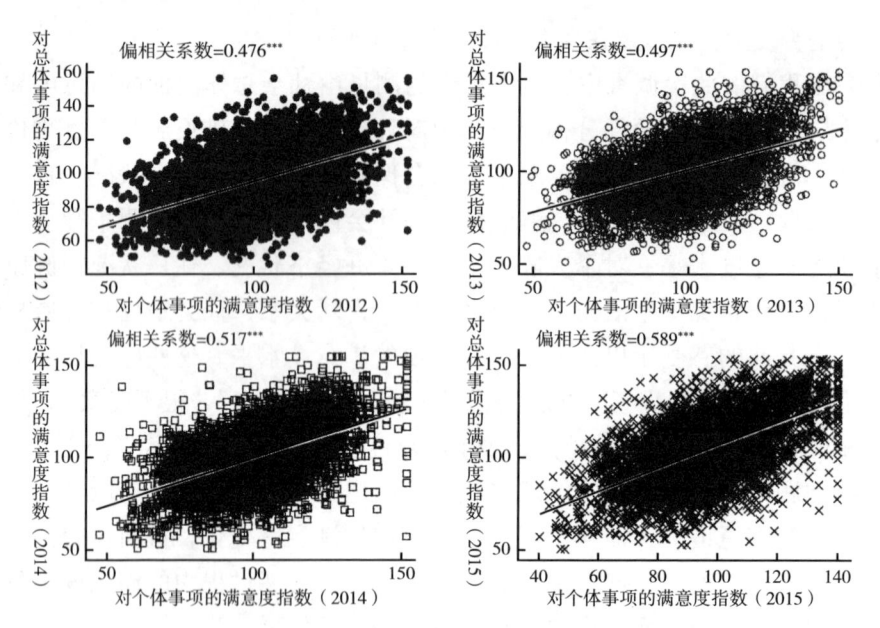

图9-4 2012—2015年个体性事项与社会性事项的满意度相关关系的比较

注：$^+p<0.1$，$^*p<0.05$，$^{**}p<0.01$，$^{***}p<0.001$。

1. 满意度的变动趋势

图9-5是满意度指数的变动趋势，可以看到，以2012年为基准，人们对社会性事项的满意度都呈现逐年增长的态势。这表明我们社会在总体上正朝着良性、协调的方向发展。虽然总体的发展趋势令我们振奋，但

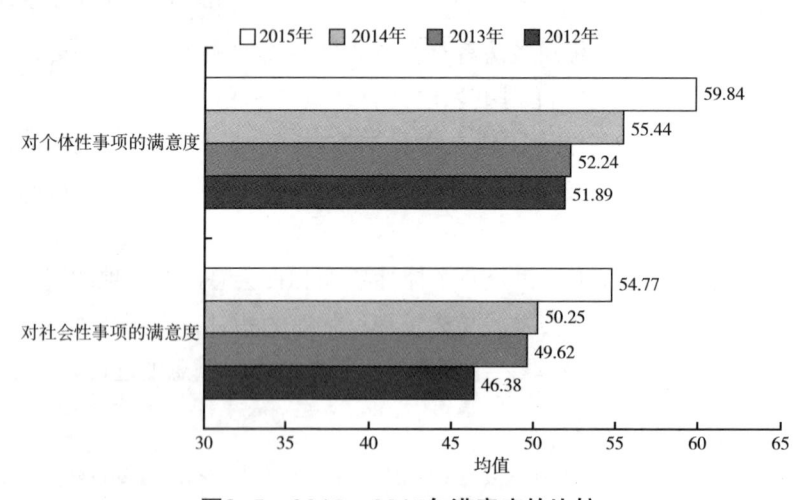

图9-5 2012—2015年满意度的比较

这种总体印象无法帮助我们判断出影响满意度的具体事项，接下来还需要对满意度的各事项进一步分解，以知晓哪些因素是民众最不满意的以及哪些因素是阻碍人们满意度提升的关键。

图 9-6 和表 9-11 的数据显示出，与 2014 年相比，2015 年人们对环境质量（均值为 48.39）、基础设施状况（均值为 56.80）、教育水平（均值为 47.26）以及治安状况（均值为 50.61）满意度有明显的提高。同样，与 2014 年相比，2015 年人们对物价水平以及食品安全状况的不满意度均下降了近 10 个单位。

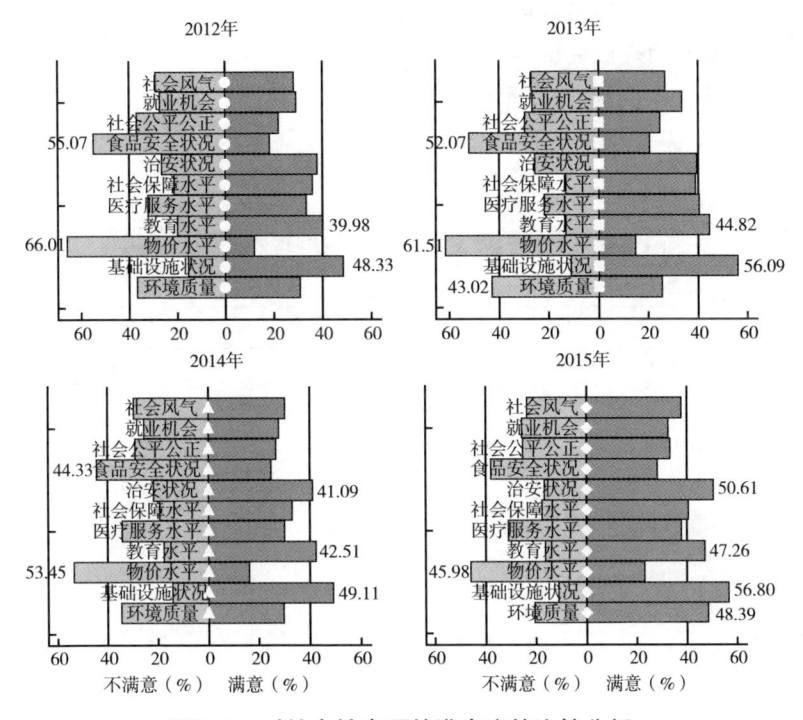

图9-6　对社会性事项的满意度的比较分析

表9-11　对社会性事项的满意度指数年度比较的显著性检验

	对社会性事项的满意度_2015	对社会性事项的满意度_2014	对社会性事项的满意度_2013
对社会性事项的满意度_2012	diff=-0.186 t=-0.863	diff=-0.109 t=-0.444	diff=-0.073 t=-0.304
对社会性事项的满意度_2013	diff=-0.113 t=-0.505	diff=-0.035 t=-0.143	
对社会性事项的满意度_2014	diff=-0.077 t=-0.343		

2. 对社会性事项和个体性事项满意度的内在结构分析

为了对社会性事项的满意度的内在结构进行分析，我们采用夏普利值分解方法对社会性事项满意度所包含的维度所对应的题器的重要性进行了排序。在这里，运用这种方法进行排序的原则主要是，社会性事项满意度的各个题器或事项将依据被访者在相关题器认知上的贡献率高低来进行排序。根据这种方法，我们以人们对社会性事项的满意度为因变量、以构建对社会性事项的满意度的各事项为自变量，通过夏普利值分解方法来探讨各项因素对社会满意状况的影响力大小。分析的结果表明，贡献率较高的社会性事项分别是社会保障水平（贡献率为14.66%）、就业机会（贡献率为11.08%）、社会风气（贡献率为10.81%）和医疗服务水平（贡献率为10.22%）（见表9-12）。

表9-12 以对社会性事项的满意度为因变量的相关影响因素夏普利值分解

因素	贡献额	贡献率（%）
环境质量	0.022	9.07
基础设施状况	0.022	9.08
物价水平	0.021	8.79
教育水平	0.009	3.66
医疗服务水平	0.025	10.22
社会保障水平	0.035	14.66
治安状况	0.019	8.03
食品安全状况	0.024	10.04
社会公平公正	0.011	4.55
就业机会	0.027	11.08
社会风气	0.026	10.81
总计	0.241	100.00

然后，我们根据满意度和贡献率进行矩阵分析，以确定哪些因素满意度较低且对总体性社会情绪的影响力最高。图9-7是民众对社会性事项满意度与各因素影响力大小的关系矩阵，结果显示，物价水平（不满意比例为45.98%，贡献率为8.79%）、食品安全状况（不满意比例为37.4%，贡献率为10.04%）和医疗服务水平（不满意比例为30.8%，贡献率为10.22%）问题不仅民众满意度较低而且对总体性社会情绪的贡献率也很

高，故而对这些问题的解决更需要保持政策和制度安排的优先性，进而有效提升民众对社会性事项的满意度。

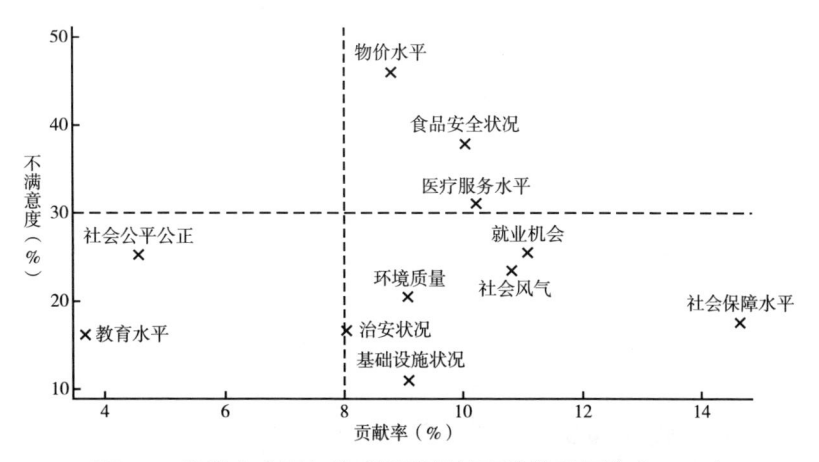

图9-7 满意度水平与构成要素贡献率的关系矩阵（2015）

在对个体性事项的满意度的分析过程中，我们首先分析人们对个体性事项满意度各个具体因素的分布状况（见图9-8）。比较欣慰的是，与2014年

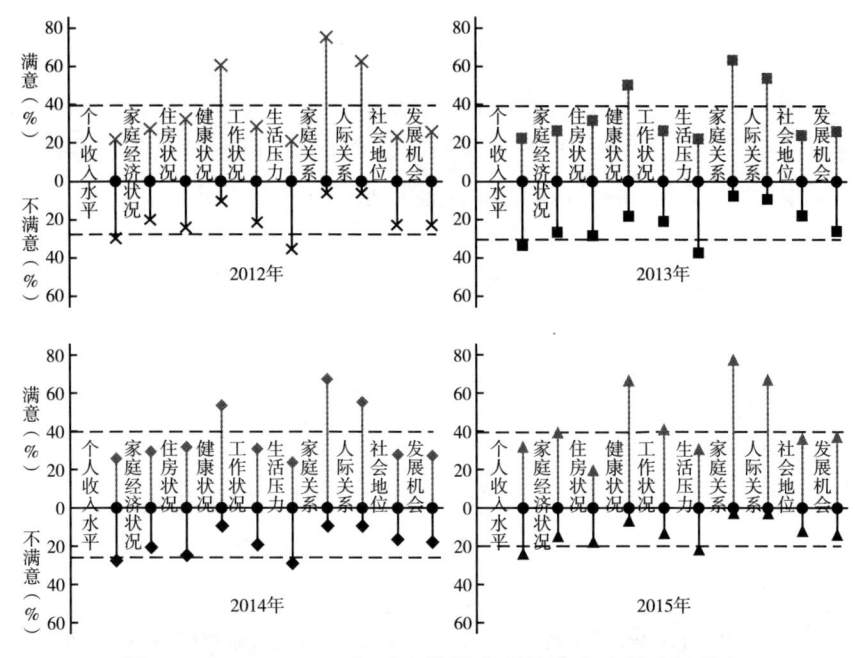

图9-8 2012—2015年对个体性事项的满意度的比较分析

对个体性事项的满意度相比，2015年人们对个体性事项的满意度均呈上升趋势（见表9-13）。① 在这里，人们对自己的家庭关系、人际关系与健康状况持比较满意的态度。值得注意的是，2015年，个人收入水平与生活压力仍然处于满意度最低的水平，说明社会的发展与人们对美好生活的需求是不平衡不充分的，个人收入水平和生活压力始终伴随个人的生命历程，这是社会发展的常态。

表9-13 对个体性事项的满意度指数年度比较的显著性检验

	对个体性事项的满意度_2015	对个体性事项的满意度_2014	对个体性事项的满意度_2013
对个体性事项的满意度_2012	diff=−0.095 t=−0.447	diff=−1.027 t=−4.045***	diff=−0.491 t=−1.917
对个体性事项的满意度_2013	diff=0.396 t=−0.505	diff=−0.536 t=−1.948	
对个体性事项的满意度_2014	diff=0.932 t=4.094***		

在2015年的调查中，有一项题器专门询问受访者对个体事项的满意度，答案分为"很满意"、"较满意"、"一般"、"较不满意"和"很不满意"五个层级。在此基础上，通过统计分析进一步察看各类事项对总体满意度的影响大小。夏普利值分解的结果表明，个人收入水平、家庭经济状况和生活压力三类事项的贡献率较高，也意味着在所调查的个体事项中，这三类因素更多地影响民众的总体满意度水平（见表9-14）。

表9-14 以对个体性事项的满意度为因变量的相关影响因素夏普利值分解

因素	贡献额	贡献率（%）
个人收入水平	0.063	18.32
家庭经济状况	0.078	22.72
住房状况	0.023	6.76
健康状况	0.017	4.93

---

① 这里需要解释的是，我们把2014年调查与2015年调查中对一些个体事项满意度单独拿出来相比，其结果与总指数稍微有所不同，这主要是因为计算方法上略有不同，但其结果也没有统计学意义上的差别。

续表

因素	贡献额	贡献率%
工作状况	0.027	8.00
生活压力	0.043	12.53
家庭关系	0.012	3.52
人际关系	0.019	5.54
社会地位	0.032	9.25
发展机会	0.029	8.43
总计	0.342	100.00

在上述基础上，通过交互分析，形成民众对各个体性事项的满意度和其重要性的关系矩阵（见图9-9）。结果显示，在所有事项中，家庭经济状况（不满意比例为18.60%，贡献率为22.72%）、个人收入水平（不满意比例为22.90%，贡献率为18.32%）和生活压力（不满意比例为22.30%，贡献率为12.53%），不仅民众的满意度较低，而且其也构成了对满意度水平影响最为重要的因素。

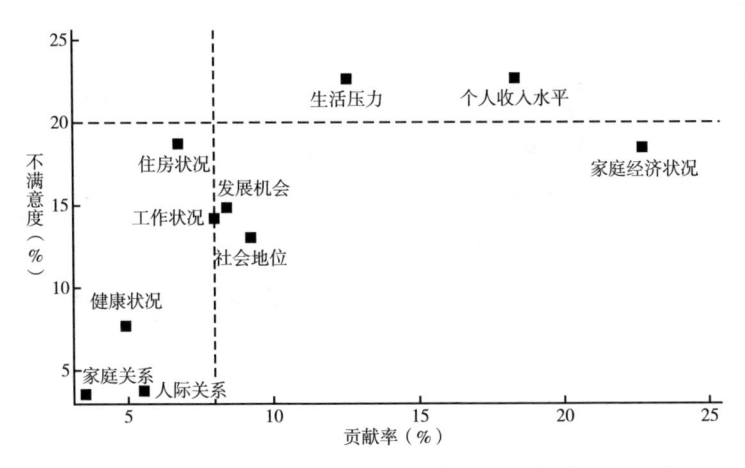

图9-9 对个体性事项的满意度与构成要素贡献率的关系矩阵（2015）

3.满意度的群体差异

比较不同群体在对社会性事项和个体性事项的满意度上的差异发现，无论是对社会性事项的满意度还是对个体性事项的满意度，均没有显著的性别差异，但其他分类群组之间确有不同程度的显著差异，结果如表9-15所示。

表9-15 不同群组民众有关满意度状况的方差分析

	对社会性事项的满意度				对个体性事项的满意度			
	均值	标准差	样本量	显著性检验	均值	标准差	样本量	显著性检验
经济区域								
东部	58.72	18.44	2122	$F=78.06$, $p=0.0000$	65.38	16.97	2122	$F=162.02$, $p=0.0000$
中部	51.05	15.62	1749		56.56	14.09	1749	
西部	53.35	13.82	1487		55.96	13.21	1487	
东北	55.15	13.60	675		59.44	12.28	675	
性别								
男	54.77	16.39	2886	$T=-0.0242$, $p=0.9807$	59.90	15.61	2886	$T=0.3167$, $p=0.7514$
女	54.78	16.35	3147		59.78	15.15	3147	
年龄								
16—19岁	55.16	14.92	247	$F=11.69$, $p=0.0000$	60.27	14.81	247	$F=8.87$, $p=0.0000$
20—29岁	53.04	15.67	1574		59.02	14.61	1574	
30—39岁	54.22	16.44	1503		59.26	15.21	1503	
40—49岁	54.96	16.02	1521		59.72	14.76	1521	
50—59岁	56.22	17.77	747		60.12	16.75	747	
60—69岁	58.30	16.84	318		63.15	18.02	318	
70岁及以上	62.74	16.91	123		67.54	16.12	123	
月收入								
2000元及以下	52.45	17.60	401	$F=4.19$, $p=0.0008$	55.47	16.65	401	$F=20.18$, $p=0.0000$
2001—4000元	54.61	15.23	1927		59.26	14.32	1927	
4001—6000元	56.00	17.13	1053		62.49	15.60	1053	
6001—8000元	52.92	16.04	262		61.50	14.49	262	
8001—10000元	54.02	16.13	158		63.63	13.69	158	
10001元及以上	57.29	15.34	107		66.30	14.26	107	

续表

		对社会性事项的满意度				对个体性事项的满意度			
		均值	标准差	样本量	显著性检验	均值	标准差	样本量	显著性检验
受教育程度									
	小学及以下	57.37	19.09	284	$F=2.46$, $p=0.0312$	58.44	17.57	284	$F=10.40$, $p=0.0000$
	初中	54.72	17.20	1259		58.72	16.92	1259	
	高中、中专、技校	54.48	15.80	2344		59.14	14.39	2344	
	大学专科	55.20	16.46	1170		60.35	15.19	1170	
	大学本科	54.61	15.40	901		62.70	14.75	901	
	研究生	50.44	18.58	50		64.86	14.60	50	

东部地区的受访者对社会性事项和个体性事项的满意度均显著高于其他区域受访者；中部地区受访者对社会性事项的满意度相较最低；西部地区受访者对个体性事项的满意度相较最低，个体层面的测量包含收入，地区经济差异也体现在满意度中，反映出社会结构与个人体验的联系。随着年龄的增长，受访者对社会性事项和个体性事项的满意度均呈现先降后升的U形发展态势，其中需要注意的是，20—29岁群体无论在社会性事项还是个体性事项的满意度上均出现明显的下滑，反映出现代年轻人的工作和生活压力较大。在收入方面，随着个人收入的增加，受访者的社会性事项和个体性事项的满意度也呈现相似的波动上升态势，其中，6001—8000元群体是前期上升趋势中的下滑点，需要予以关注。随着受教育程度的提高，受访者对社会性事项的满意度并没有明显的提高态势，但个体性事项的满意度明显提高。总的来说，不同群组之间的差异表现在性别、地区、年龄、个人收入与受教育程度上，这些变量反映的是民众当下的社会情绪。

4.社会关系与满意度

社会关系是中国社会中不可避免的重要部分，表现在现代社会的方方面面，反映的是民众在当下互动情境中的态度，个人在比较中产生对其他社会关系的认知，从而塑造自己在组织中的行为，因此从民众社会关系的角度去观测满意度，较为符合中国国情。满意度与社会关系状况间的均值分析结果显示，越是认为各类群体间关系（劳资关系、贫富关系、城乡关系、干群关系和地域关系）和谐的受访者，满意度越高（见表9-16）。进一步对社会关系认知进行方差分析之后,我们发现:普通职工认为劳资关系更不和谐;经济收入低者,认为贫富差距更大;农村受访者认为城乡关系更不和谐;在干群关系上,普通群众认为干群关系不和谐的比例更高;在地域关系上,本市县户口受访者认为关系不好的比例显著低于外市县户口者。由此可见,在不同两两群体关系情况的认知中,往往拥有较少资源的受访者会产生更消极的社会关系感受。因此,我们在努力消减社会不平等,避免落入"中等收入陷阱"之时,更应该关注普通民众对生活质量提升的需求。

表9-16 不同社会关系认知状况下的满意度

	均值	标准差	样本量	差异性检验
老板与员工				
不好	58.19	15.90	1165	
一般	54.51	12.87	3098	$F=149.45$, $p=0.0000$
好	61.55	13.82	1758	
穷人与富人				
不好	52.34	13.07	2438	
一般	59.07	13.30	2704	$F=359.23$, $p=0.0000$
好	65.52	14.27	882	
城里人与农村人				
不好	53.68	14.70	1326	
一般	56.20	13.43	2751	$F=135.93$, $p=0.0000$
好	61.30	13.76	1950	
干部与群众				
不好	52.06	14.46	1627	
一般	56.36	12.32	2886	$F=367.92$, $p=0.0000$
好	64.74	13.91	1511	
本地人与外地人				
不好	54.72	15.40	929	
一般	55.82	13.85	2773	$F=77.98$, $p=0.0000$
好	60.09	13.43	2326	

以上的分析结果表明,人们所处的社会位置决定了其对各种关系的判断与认知。为了进一步分析不同的受访者对社会关系状况的认知,2015年的调查问卷中在社会关系量表的基础上生成社会关系状况潜变量。由于在我们数据样本中,少数民族受访者的比例(2.7%)和有宗教信仰者的比例(7.1%)太低,对此两个群体间关系的比较会因为样本量的差异而造成统计偏差,因而在生成量表的过程中,我们剔除了评价此两个群体间关系的题器。

我们首先对社会关系量表进行主成分分析,结果显示 5 项因子自然归聚到了一起,因子载荷较高,特征值为 2.30,解释了 46.0% 的差异。进一步的分析结果显示,量表的可靠性程度较高,Alpha 值为 0.71,删除部分题器后,量表的 Alpha 值仍维持在 0.64 以上。在此基础上我们生成社会关系状况潜变量,变量的数值越高,表示社会关系状况越和谐。

多元回归分析的结果显示,在不控制变量的前提下,受访者的性别和年龄显著影响其对社会关系状况的判断。女性比男性认为社会关系状况更好;受访者的年龄越大,认为社会关系状况越好。模型 2 是在模型 1 的基础上引入月收入水平和受教育程度两个变量。月收入水平对受访者关于社会关系状况的认知没有显著影响。受教育程度的影响具有显著意义,以小学及以下为参照组,受教育程度越高,认为社会关系状况越好。模型 3 是在模型 1 的基础上引入了户籍、户口所在地和管理层级三项变量。户籍的影响作用显著,以农业户口为参照组,城市户籍者认为社会关系状况更好。户口所在地不具有统计上的显著意义。管理层级以领导为参照组,普通职工认为社会关系状况更差。模型 4 引入了工作状态变量,以有固定工作者为参照组,临时性工作者和在校学生认为社会关系状况更差(见表9-17)。

表9-17　关于社会关系状况的多元回归分析

变量	模型1 社会关系	模型2 社会关系	模型3 社会关系	模型4 社会关系
性别(以男性为参照)				
女性	0.25*** (4.77)	0.15* (2.08)	0.23** (2.70)	0.23*** (4.22)
年龄	0.28*** (13.46)	0.24*** (6.29)	0.18*** (4.04)	0.24*** (9.00)

续表

变量	模型1 社会关系	模型2 社会关系	模型3 社会关系	模型4 社会关系
月收入水平（以2000元及以下为参照）				
2001—4000元		0.07 （0.55）		
4001—6000元		0.03 （0.21）		
6001—8000元		0.18 （1.17）		
8001—10000元		0.07 （0.54）		
10001元及以上		0.08 （0.44）		
受教育程度（以小学及以下为参照）				
初中		0.50** （2.93）		
高中、中专、技校		0.50** （2.95）		
大专及以上		0.50** （2.83）		
户籍（以农业户口为参照）				
非农业户口			0.33*** （3.33）	
户口所在地（以本市县户口为参照）				
外市县户口			−0.21 （−1.79）	
管理层级（以领导为参照）				
中层管理人员			−0.40 （−1.50）	
普通职工			−0.63* （−2.57）	
工作状态（以有固定工作为参照）				
临时性工作				−0.25** （−3.05）
离退休				0.07 （0.70）

续表

变量	模型1 社会关系	模型2 社会关系	模型3 社会关系	模型4 社会关系
在校学生				−0.51*** (−4.28)
失业下岗				−0.17 (−1.41)
在家持家				−0.04 (−0.52)
截距	8.75*** (87.80)	8.60*** (35.55)	9.30*** (24.74)	8.95*** (80.86)
R^2	2.4%	1.2%	2.1%	2.8%

注：括号中数值为t值；$^+ p<0.1$，$^* p<0.05$，$^{**} p<0.01$，$^{***} p<0.001$。

5. 社会经济地位与满意度

人们的社会经济地位一般被划分为主观和客观两种，主观社会经济地位是社会成员对自身在社会层级中的地位归类，因而会出现相同收入水平、相同职业的人由于参照系的不同而被归为不同的社会地位层级；客观社会经济地位是研究者依据某些标准（收入水平、受教育程度、职业声望等）而将社会成员划分为不同的社会层级。就实质而言，社会经济地位的分层体现的是一种社会不平等状态，比较而言，主观社会经济地位能够较为真实地反映社会成员自身的不平等感受；客观社会经济地位在考虑多重标准的情况下，能够较为综合地反映社会的分层结构，更具稳定性。我们在问卷调查的基础上，将分析受访者客观社会经济地位状况与满意度之间的关系，并将客观社会经济地位操作化为经济水平（收入水平）和社会地位两个方面。①

月收入水平与受访者满意度间的关系分析结果显示，二者之间呈现显著的正相关关系，受访者收入水平越高，满意度越高，相关系数为0.0873，且在0.001置信水平上具有统计显著性。将月收入水平划分为不同的层级（2000元及以下、2001—4000元、4001—6000元、6001—8000元、8001—10000元、10001元及以上），均值分析的结果同样表明，受访者

---

① 李汉林、魏钦恭、张晨曲：《发展过程中的满意度》，《社会学评论》2013年第1期，第75—88页。

的经济地位越高，满意度越高（F 值为 11.61，p 在 0.001 水平下显著）。但受访者管理层级与满意度之间的统计结果显示，受访者的满意度并没有表现出随着在单位中权力地位的提高而提高（F 值为 0.18，p 大于 0.1 不显著）。就社会地位而言，从总体趋势来看，主观社会地位越高，受访者的满意度越高，相关系数为 0.2285，在 0.001 的置信水平上具有统计显著性。

上述分析表明人们的社会经济地位确实影响其满意度水平，但人们的经济地位、权力地位以及社会地位间往往有着较为复杂的相关性，究其哪些因素对人们的满意度起主要影响作用（main effect）还需要在综合考虑的基础上进行判断。下面我们将满意度作为因变量，将社会经济地位诸操作变量作为自变量，通过回归方程进一步确认在控制其他条件变量的情况下，各变量对满意度的影响作用。

首先我们构建回归方程：

$$Y = \beta_0 + \beta_1 \chi_1 + \beta_2 \chi_2 + \beta_3 \chi_3 + \beta_4 \chi_4 + \varepsilon$$

其中，Y 为因变量满意度，χ_1 表示收入水平，χ_2 表示受教育程度，χ_3 表示管理层级，χ_4 表示主观社会地位认知。

通过日常经验，我们可以判断收入水平与人们的受教育程度、管理级别有着较强的相关性，而受教育程度与社会地位亦有着较强的关联性。为了更加准确地估计各变量对满意度的影响，我们需要考虑变量间的交互效应（interactive effects），从而构建交互项。这些交互项有收入水平 * 受教育程度、收入水平 * 管理层级和受教育程度 * 社会地位。这样方程 2 可表示如下：

$$Y = \beta_0' + \beta_1' \chi_1 + \beta_2' \chi_2 + \beta_3' \chi_3 + \beta_4' \chi_4 + \beta_6' \chi_1 \cdot \chi_2 + \varepsilon_1$$

$$Y = \beta_0' + \beta_1' \chi_1 + \beta_2' \chi_2 + \beta_3' \chi_3 + \beta_4' \chi_4 + \beta_7' \chi_1 \cdot \chi_3 + \varepsilon_2$$

$$Y = \beta_0' + \beta_1' \chi_1 + \beta_2' \chi_2 + \beta_3' \chi_3 + \beta_4' \chi_4 + \beta_8' \chi_2 \cdot \chi_4 + \varepsilon_3$$

统计分析的结果显示（见表 9-18），在模型 1 中，受教育程度的影响不显著；收入水平的影响作用虽然较低但显著，收入水平越高满意度越高；管理层级具有显著的影响效应，以普通职工为参照组，管理级别越高，满意度越高，其中中层管理人员与普通职工之间的差异显著，而领导与普通职工之间的差异不显著；主观社会地位亦具有显著意义，主观社会地位高的受访者满意度显著提高。在模型2中，我们纳入受教育程度与收入水平的交互项后，结果显示受教育程度的影响依然不显著，管理层级和主观社会地位仍具有显著意义，而收入水平的显著性消失。同时，受教育程度与收入水平的交互项仅在"大学专科*收入水平"上在0.1置信水平下具有微弱的显著性。这也就意味着收入水平对满意度的影响作用略微与受教育程度相关，但更多是独立作用于人们的满意度。在模型3中，我们纳入管理层级与收入水平的交互项后，交互项中仅"领导*收入水平"上在0.1置信水平下具有微弱的显著性；收入水平恢复对满意度的正向影响，管理层级和主观社会地位依然保持对满意度的影响，受教育程度对满意度影响仍不显著。这表明，人们在单位中管理层级高低对其满意度的影响虽然略微与其收入有关，但更多是产生独立影响的。在模型4中，我们纳入受教育程度与主观社会地位的交互项后，收入水平、管理层级和主观社会地位的影响作用依旧存在，受教育程度对满意度的影响突然显著起来，且受教育程度与主观社会地位的交互项也显著。这表明，受教育程度与主观社会地位相互作用进而影响人们的满意度。但四个模型的解释力较小（R^2小于10%），表明社会经济地位的并非决定人们满意度的主要因素。

表9-18 社会经济地位对满意度的影响

变量	模型1 满意度	模型2 满意度	模型3 满意度	模型4 满意度
收入水平（连续变量）	0.0004*** (3.97)	−0.00002 (−0.02)	0.0005** (3.21)	0.0004*** (4.17)
受教育程度（以小学及以下为参照）				
初中	−1.71 (−0.55)	2.18 (0.45)	−1.34 (−0.43)	3.85 (0.60)
高中/中专/技校	−1.43 (−0.47)	−5.26 (−1.24)	−1.12 (−0.37)	8.99 (1.46)
大学专科	−0.02 (−0.01)	−6.06 (−1.41)	0.26 (0.09)	12.43* (2.00)

续表

变量	模型1 满意度	模型2 满意度	模型3 满意度	模型4 满意度
大学本科	−0.19 （−0.06）	−0.84 （−0.20）	−0.09 （−0.03）	13.53* （2.10）
研究生	−3.46 （−0.81）	−2.06 （−0.28）	−3.38 （−0.79）	7.12 （0.65）
管理层级（以普通职工为参照）				
中层管理人员	−2.95** （−3.05）	−3.63*** （−3.72）	−5.43** （−3.14）	−2.81** （−2.91）
领导	−4.32 （−1.34）	−3.84 （−1.18）	−0.53 （−0.14）	−4.43 （−1.37）
主观社会地位（连续变量）	1.84*** （9.23）	1.82*** （9.22）	1.86*** （9.35）	4.51** （3.40）
交互项1（以小学及以下*收入水平为参照）				
初中*收入水平		−0.001 （−1.30）		
高中/中专/技校*收入水平		0.001 （1.33）		
大学专科*收入水平		0.002+ （1.92）		
大学本科*收入水平		0.0003 （0.36）		
研究生*收入水平		−0.0001 （−0.11）		
交互项2（以普通职工*收入水平为参照）				
中层管理人员*收入水平			0.0004 （1.48）	
领导*收入水平			−0.0004+ （−1.78）	
交互项3（以小学及以下*主观社会地位为参照）				
初中*主观社会地位				−1.41 （−0.99）
高中/中专/技校*主观社会地位				−2.66+ （−1.95）
大学专科*主观社会地位				−3.12* （−2.27）
大学本科*主观社会地位				−3.35* （−2.38）

续表

变量	模型1 满意度	模型2 满意度	模型3 满意度	模型4 满意度
研究生及以上*主观社会地位				-2.71 (-1.30)
常数项	50.49*** (16.45)	52.10*** (12.63)	49.80*** (16.15)	39.93*** (6.68)
F值	13.83***	10.66***	12.12***	9.88***
R^2	0.0603	0.0717	0.0644	0.0668

注：括号中数值为t值；$^+ p<0.1$，$^* p<0.05$，$^{**} p<0.01$，$^{***} p<0.001$。

（二）社会信任

2012年以来，我们一直延续性地将社会信任操作化为民众对当地政府的信任度。我们认为，对政府的信任度是人们对政府执政能力的主观感受，是对政府所做的相应制度安排的评价，同时也是人们对政府行为绩效的一种认可以及人们对政府行为的一些预期与这些预期实现状况之间关系的评判，它足以代表民众对该政府执政下整个社会的信任程度。一个不被民众信任的政府，很可能是一个执政能力不高、绩效不好的政府，在这样一个政府的领导下，社会很可能不会稳定，人们对这个社会的经济、社会与政治发展也很可能不满意。[①] 对政府信任度的研究事实上涉及的是政治信任（political trust）的核心议题，即政府执政的合法性（legitimacy）和政策执行的有效性（effectiveness）问题。就合法性而言，对政府的信任程度反映了一个国家（或地区）的政府及其行为在多大程度上得到了一般民众的认可，因此我们用对各级地方政府的信任度进行解释；对于政策执行的有效性而言，民众对政府的信任度过低则意味着政治体系或政府行为丧失了民众基础，从而使政策的制定和执行过程遇到更多的阻力和反对，需付出更大的社会成本，[②] 此处我们用对政府职能部门的信任度进行解释。下面我们将从以上三个社会信任维度出发，解释其动态变化与差异，探讨法律、政府行为与社会保护与社会信任的关系。

---

① 李汉林：《关于社会景气研究》，《社会发展研究》2016年第2期，第63—77页。
② 马得勇：《政治信任及其起源——对亚洲8个国家和地区的比较研究》，《经济社会体制比较》2007年第5期，第79—86页。

1. 社会信任的动态变化

图 9-10 是在我们多年调查数据基础上计算出来的社会信任指数。首先我们看到，自 2013 年以来，民众的社会信任总体上呈波动上升趋势。

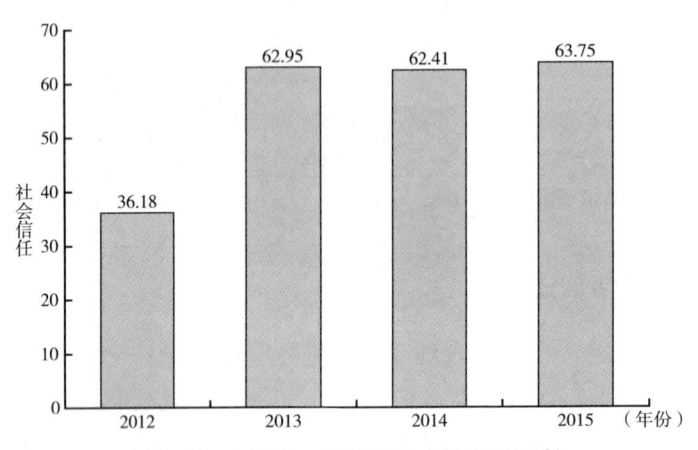

图9-10　2013—2015年社会信任的比较

在各级政府的信任方面，与 2014 年调查数据（70.28%）相比，2015 年民众对中央政府的信任度上升了近 11 个百分点（81.09%）；与往年调查数据相比，2015 年人们对区县、省市政府的信任度也是呈上升趋势，分别为 60.08%（对区县政府的信任）和 73.63%（对省市政府的信任）（见表 9-19）。同时，我们在这里仍然可以明显地感觉到，2015 年，人们对政府信任"央强地弱"的差序结构仍然明显。

表9-19　2013—2015年对各级政府的信任度比较

对中央政府的信任度			
	2013年	2014年	2015年
信任	80.32%	70.28%▽	81.09%▲
一般	15.39%	18.26%▲	16.40%▽
不信任	4.29%	3.46%▽	2.50%▽
对省市政府的信任度			
	2013年	2014年	2015年
信任	66.97%	66.65%▽	73.63%▲
一般	28.14%	27.93%▽	22.19%▽

续表

对省市政府的信任度

	2013年	2014年	2015年
不信任	4.90%	5.42%▲	4.19%▽

对县区政府的信任度

	2013年	2014年	2015年
信任	50.31%	51.05%▲	60.08%▲
一般	30.05%	37.71%▲	31.36%▽
不信任	19.64%	11.24%▽	8.57%▽

注：▽与上一年度相比下降；▲与上一年度相比上升。

图 9-11 是 2012 年到 2015 年人们对政府工作的一个评价，实际是对政府执政能力的评价。在图中我们看到，和 2014 年相比，2015 年，政府在处理突发事件、服务惠民、工作贴近民众、工作听取民众意见以及公道处理

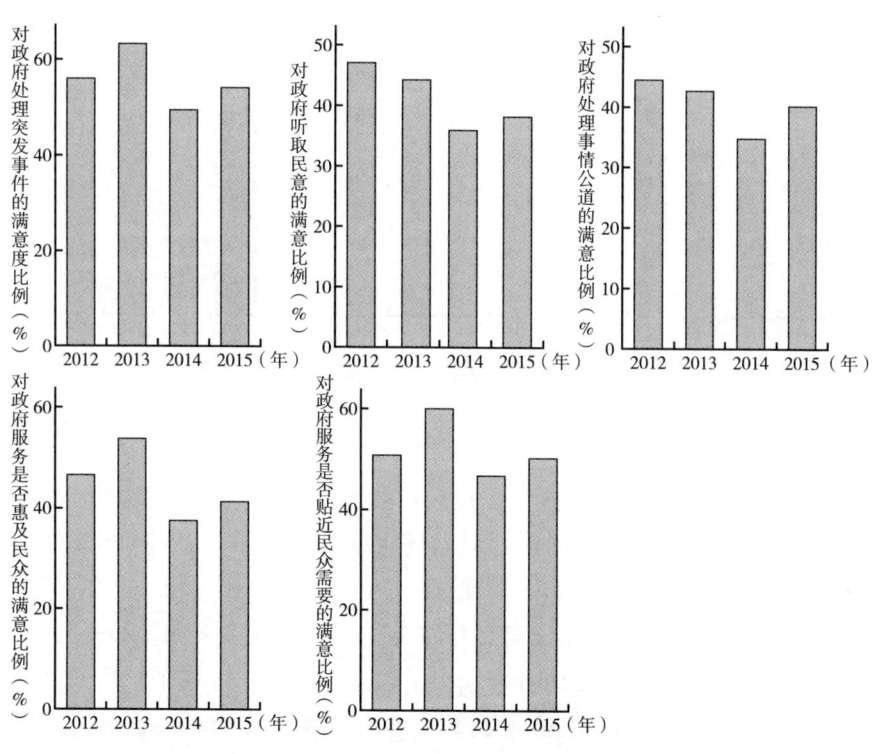

图9-11　2012—2015年对政府执政能力的信任度比较

事情方面有了明显的进步,政府在这些方面的努力说明了政府治理能力的提高,这也恰恰是人们信任政府、信任政府构筑下的社会的重要事实基础。

图9-12列出的是人们对政府职能部门信任状况的年度比较。在2015年,人们对政府职能部门的信任状况依次是公安局、派出所（58.8%）、法院（57.8%）、社会保障部门（49.6%）、工商、税务部门（43.3%）、信访部门（38.2%）、城管部门（26.2%）。从纵向比较来看,与往年相比,在2015年,人们对政府职能部门的信任度略有提高,说明在国家的治理以及提高公务员的工作效率方面有积极的成效。

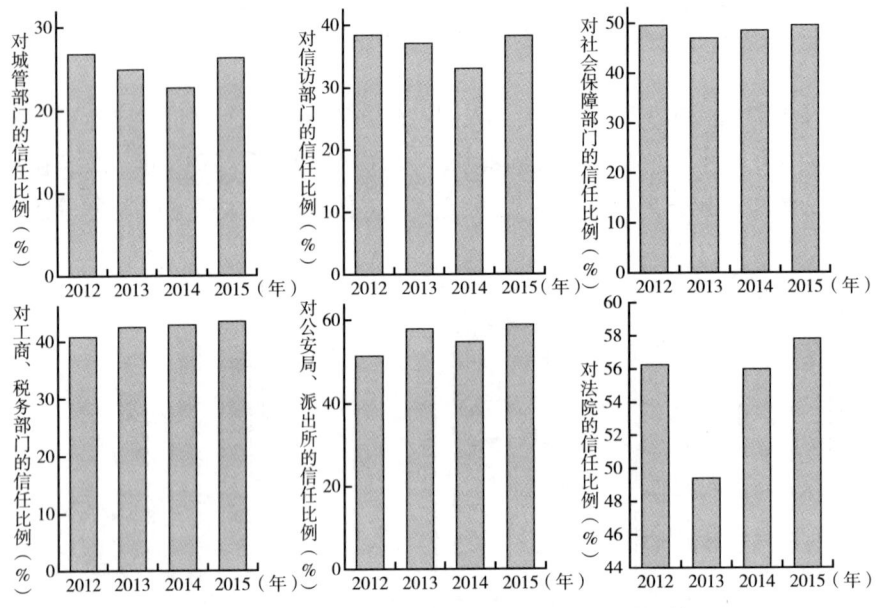

图9-12 对政府职能部门信任状况的年度比较

2. 社会信任的群体差异

表9-20是对不同社会群体在社会信任水平上的差异状况分析。分析发现,女性群体比男性群体在社会信任水平上显著略高一些。比较不同年龄段受访者的社会信任水平发现,随着年龄的增长,受访者的社会信任水平呈现一种波动上升的态势,仔细分析,我们就会发现,20—29岁、30—39岁两个年龄段的受访者表现出了较低的社会信任水平,16—19岁的受访者在社会信任水平上略高于20—39岁年龄段受访者。看到这一点,对于我们能够针对特定社会群体有的放矢地去做一些思想工作,改进我们

的工作作风、提高政府的管理水平是很重要的,加强培养20—29岁群体的社会信心水平对提升总体性社会情绪有重要推进作用。

表9-20 不同群组民众社会信任的方差分析

	均值	标准差	样本量	显著性检验
性别				
男	63.30	14.80	2886	$T=-2.3151$,$p=0.0206$
女	64.17	14.21	3147	
年龄				
16—19岁	65.01	12.76	247	
20—29岁	62.12	14.26	1574	
30—39岁	63.01	13.99	1503	
40—49岁	64.09	14.64	1521	$F=16.46$,$p=0.0000$
50—59岁	64.61	14.58	747	
60—69岁	67.20	16.26	318	
70岁及以上	73.00	14.43	123	
月收入				
2000元及以下	61.94	16.81	401	
2001—4000元	64.90	13.04	1927	
4001—6000元	63.33	13.60	1053	$F=5.73$,$p=0.0000$
6001—8000元	61.60	13.99	262	
8001—10000元	62.54	14.76	158	
10001元及以上	63.36	15.31	107	
受教育程度				
小学及以下	65.51	18.12	284	
初中	63.42	15.67	1259	
高中、中专、技校	63.54	13.77	2344	$F=1.34$,$p=0.2428$
大专	64.01	13.61	1170	
本科	64.02	14.45	901	
研究生	62.04	16.31	50	

在对2015年不同受教育程度的城镇居民进行分析时我们发现，虽然社会信任不存在统计学意义上的受教育程度差异，但受教育程度最高的研究生群体对政府更容易持批评和怀疑的态度。从积极的角度去理解，在改革开放的中国，有这样一类高知群体，其能够用更严格的标准来看待社会，势必有利于督促和推动政府工作，对我们社会的变迁与发展是有积极意义的。

在对样本中不同月收入水平群体的分析过程中我们发现，2015年，月收入6001—8000元的这个群体的社会信任水平相对低于其他群体；而月收入2001—4000元的这个群体相对于其他群体而言则表现出较高的社会信任水平。在2015年中国的城镇居民中，月收入在2001—4000元的群体属于中等偏下的收入群体，在这个群体中企业职工和新工人群体居多，其在日常的生活中比较容易敏感地感受到国家点点滴滴的改变，对党和政府怀有一种特殊的朴素感情。一旦政府的行为有了向好的变化，社会经济状况有了一些好的改善，他们都会记在心里，从而产生一种比较强烈的获得感。这个群体是政府执政的基础，是我们党和政府依靠的主要对象。月收入在6001—8000元的群体属于中等偏上的收入群体，在这个群体中一般知识分子和白领阶层居多，其有的本身就属于受教育程度比较高的群体，或者说，他们与受教育程度比较高的群体相类似，对政府更容易持批评和怀疑的态度。

3. 法律、政府行为与社会信任

本书通过"法律对公民人身权利的保护状况"、"法律对公民财产权利的保护状况"和"法律对公民劳动权益的保护状况"三个题目考察现行法律对人们的保护状况，通过"政府依法行政"、"公务员廉洁自律"、"预防和惩治腐败"、"政府办事效率"、"政府公开透明"和"有关部门及负责人在违规失职后受到追究"几个题目考察政府的作为。方差分析发现，现行法律对人们的保护状况越好，人们的社会信任水平越高；同时，政府行为令人们越满意，人们就对社会越信任（见表9-21）。

4. 社会保护与社会信任

本书从为弱势群体提供的社会保护措施以及人们对社会保护的评价两个方面，考察政府在社会保护方面所做的工作。这些具体的保护措施和民众对其保护质量的评价，往往会影响社会信任水平。

表9-21 法律、政府行为评价对社会信任的方差分析

	均值	标准差	样本量	显著性检验
法律对公民人身权利的保护状况				
不满意	49.98	15.89	560	$F=738.83$，$p=0.0000$
一般	59.85	12.24	2336	
满意	69.72	12.82	2945	
法律对公民财产权利的保护状况				
不满意	51.39	16.09	607	$F=638.23$，$p=0.0000$
一般	59.63	12.64	2118	
满意	69.18	12.79	3093	
法律对公民劳动权益的保护状况				
不满意	53.58	15.47	868	$F=571.36$，$p=0.0000$
一般	60.75	12.39	2233	
满意	69.43	13.13	2794	
政府依法行政				
不满意	51.72	15.11	990	$F=900.45$，$p=0.0000$
一般	60.93	12.09	2110	
满意	70.58	12.09	2749	
公务员廉洁自律				
不满意	55.85	13.97	1597	$F=605.88$，$p=0.0000$
一般	62.96	12.32	2173	
满意	71.18	13.24	1943	
预防和惩治腐败				
不满意	54.20	15.21	1054	$F=465.46$，$p=0.0000$
一般	61.96	12.33	1985	
满意	68.55	13.45	2828	
政府办事效率				
不满意	53.89	14.97	1256	$F=773.06$，$p=0.0000$
一般	61.83	11.94	2372	
满意	71.22	12.68	2281	
政府公开透明				
不满意	54.28	14.41	1390	$F=813.35$，$p=0.0000$
一般	62.32	12.05	2317	
满意	71.97	12.53	2042	
有关部门及负责人在违规失职后受到追究				
不满意	54.17	14.28	1187	$F=670.13$，$p=0.0000$
一般	61.97	11.92	2120	
满意	70.62	13.23	2347	

首先，在保护措施方面，除了不知道城市是否提供相关保护措施的民众之外，77.76%的受访者所在城市设有残疾人、孤儿、流浪乞讨人员救助或托养机构，82.52%的受访者所在城市设有接收农民工子女的中小学，81.11%的受访者所在城市设有公益性养老服务机构，90.27%的受访者所在城市设有社区公共卫生服务机构，82.09%的受访者所在城市提供了公共租赁住房或廉租房，71.28%的受访者所在城市提供有免费的就业信息、就业指导和技能培训。总体来看，我国城市基本上为弱势群体设有较完整的社会保护机构或保护措施。具体分析上述保护机构或措施的提供与否与社会信任的关系，结果显示，如果城市中设有上述保护机构或提供了上述保护措施，所在城市的居民就会产生更高的社会信任（见图9-13）。

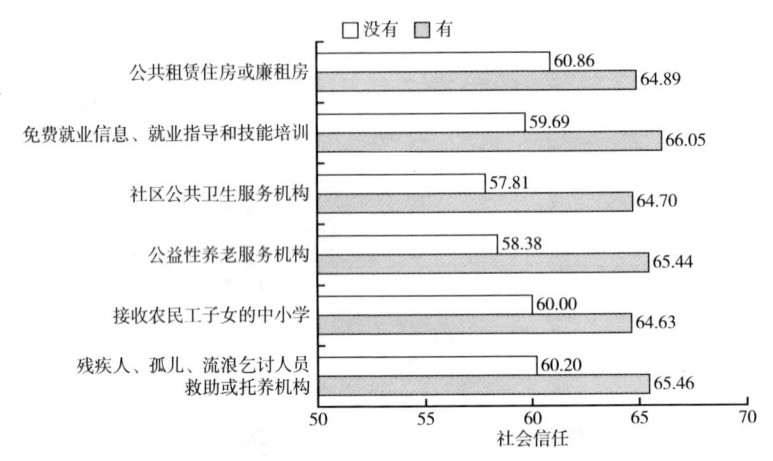

图9-13 社会保护措施与社会信任

其次，2015年，46.71%的民众对孤寡老人、孤儿的社会保护表示满意，48.08%的民众对残疾人的社会援助表示满意，45.75%的民众对贫困群体的社会救助表示满意，39.81%的民众对继续教育和岗位培训机会表示满意。这表明，民众对政府在社会保护方面的评价尚可，但仍有较大的提升空间。探究上述各项的评价与社会信任的关系发现，对上述社会保护措施越满意，受访者就会产生越强的社会信任（见图9-14）。

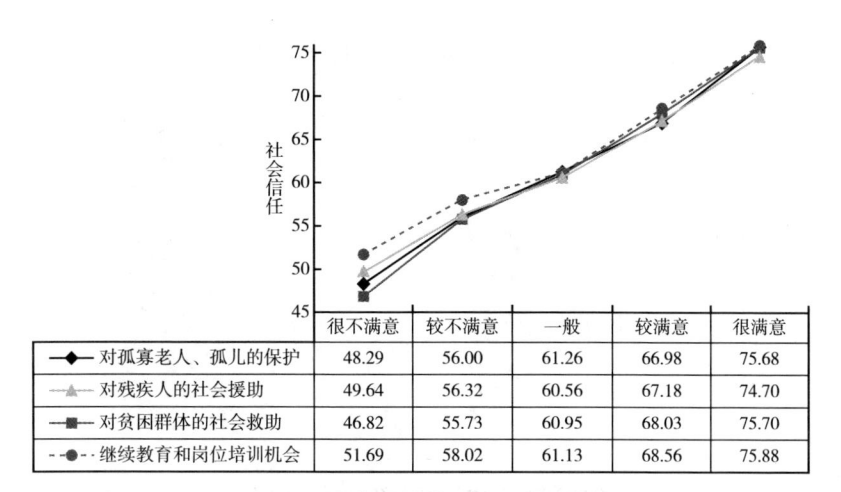

	很不满意	较不满意	一般	较满意	很满意
◆ 对孤寡老人、孤儿的保护	48.29	56.00	61.26	66.98	75.68
▲ 对残疾人的社会援助	49.64	56.32	60.56	67.18	74.70
■ 对贫困群体的社会救助	46.82	55.73	60.95	68.03	75.70
● 继续教育和岗位培训机会	51.69	58.02	61.13	68.56	75.88

图9-14 社会保护的评价与社会信任

（三）社会信心的比较与分析

在我们的研究中，社会信心主要是指人们在当下社会发展状况的基础上对社会未来发展的预期。图9-15是我们2012年到2015年的调查数据，自2012年以来，民众对社会未来发展的信心均在稳步提升。其中，2015年我国城镇居民对个体性事项的社会信心（均值为79.59）略高于对社会性事项的信心（均值为75.79），说明人们对微观的个人日常参与的活动有更大的把握；纵贯比较2012—2015年的均值发现，对个体性事项和社会性事项的信心整体上均上升（见图9-16）。

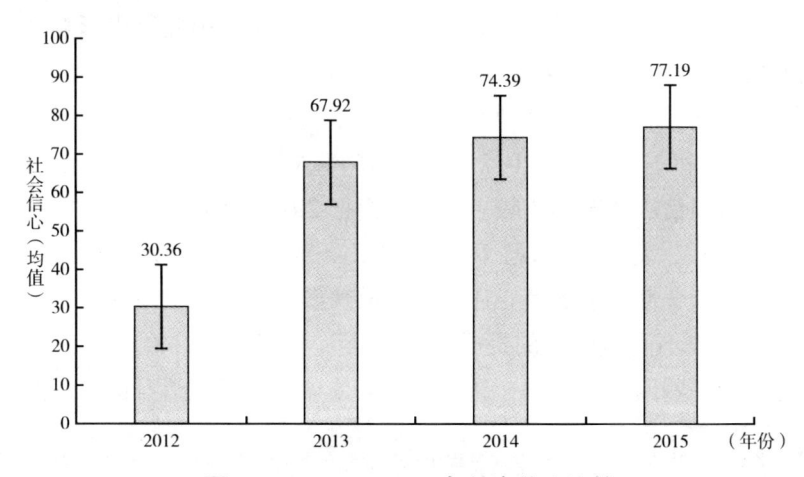

图9-15 2012—2015年社会信心比较

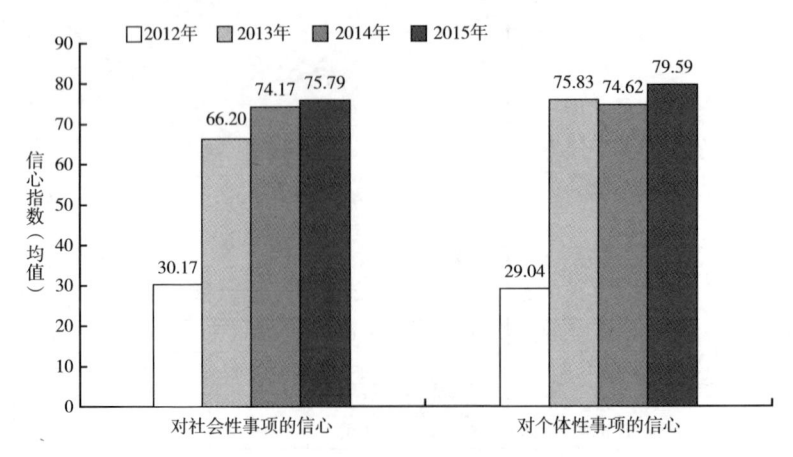

图9-16　2012—2015年对个体性事项和对社会性事项的社会信心比较

从理论上说，个体层次上的主观态度一旦"化合"到总体性社会情绪便具有了社会事实的特征，这是因为所有外在的客观变化都能在人们的主观感受中稳定地表现出来。社会信心是人们在综合考虑各方面因素的基础上对社会未来发展状况的预期，是人们某种主观态度的总和性体现，但反映的是整个社会结构是否整合有序、整个社会环境是否安定团结、整个社会方向是否顺应民意。[①] 上述数据反映的社会信心的这种稳步提升的发展态势，是社会向好发展、民众对未来充满信心的表现。

对整体向好的社会信心现状了解后，我们进一步对其进行比较分析，先是打开概念对各维度事项纵向对比，再对不同社会群体进行比较，并结合社会现象进行对比分析，最后进行影响机制分析，由此得出影响社会信心的变量。

1. 社会信心各维度事项的纵向比较

图9-17和图9-18是2012年到2015年人们对各个不同社会性事项和个体性事项信心状况的比较。如果我们把2012年到2015年4年的数据连接起来比较，就可以发现，和历年相比，2015年人们无论是在对反映宏观层面的社会性事项的信心还是在对反映微观层面的个体性事项的信心上，均表现出不同程度上的提升。2015年，虽然我国在经济增长与社会发展上遇到一些困难，但是，新一届中央领导集体用"踏石留印，抓铁有

---

① 张彦、魏钦恭、李汉林：《发展过程中的社会景气与社会信心——概念、量表与指数构建》，《中国社会科学》2015年第4期，第64—84页。

痕"的方式处理发展中的难题,扎实稳健地推动中国社会的发展与改革。人们对国家未来发展中各个事项的信心呈现一定程度的上升趋势,从一个角度肯定了我们国家和政府一年来的工作与成绩。

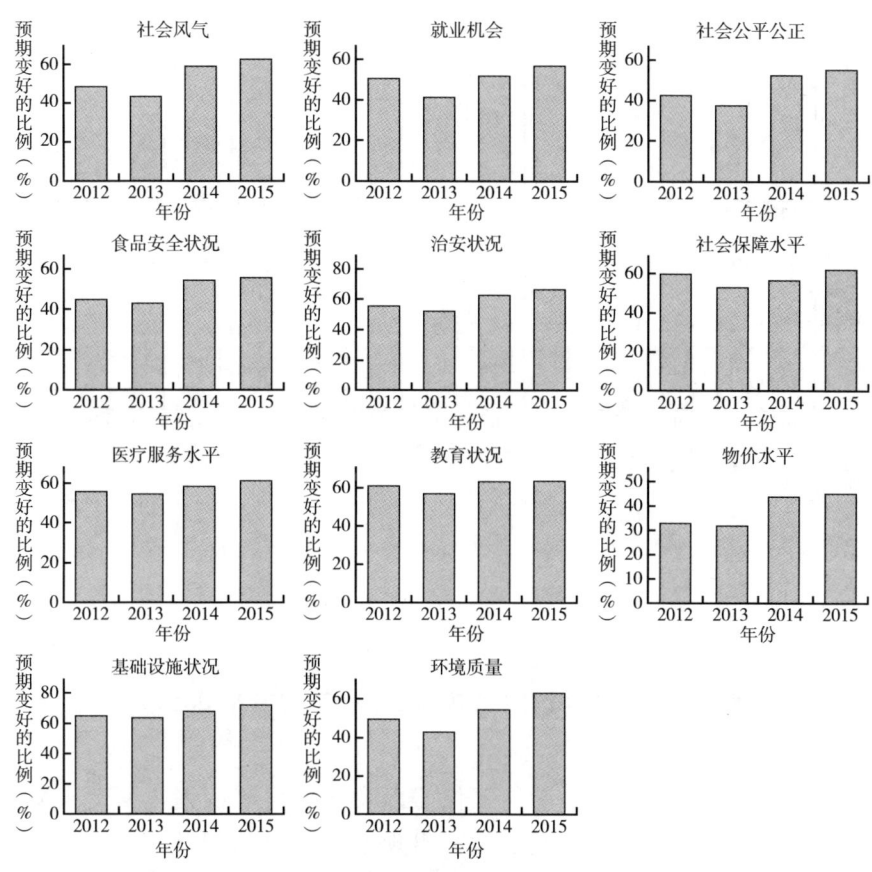

图9-17 民众对社会性事项的信心程度（2012—2015）

2. 不同群组的社会信心比较

表9-22呈现了不同群体在社会信心两个维度上的差异。人们对个体性事项的信心没有显著的性别差异,但女性群体对社会性事项的信心显著高于男性群体。在年龄结构上,对反映宏观层面的社会性事项未来的发展,60岁及以上的被访者表现出了相对最强的信心;而对反映微观层面的个体性事项未来的发展,29岁及以下的年轻人表现出了最充足的信心。说明了其对国家2015年一年以来工作的充分肯

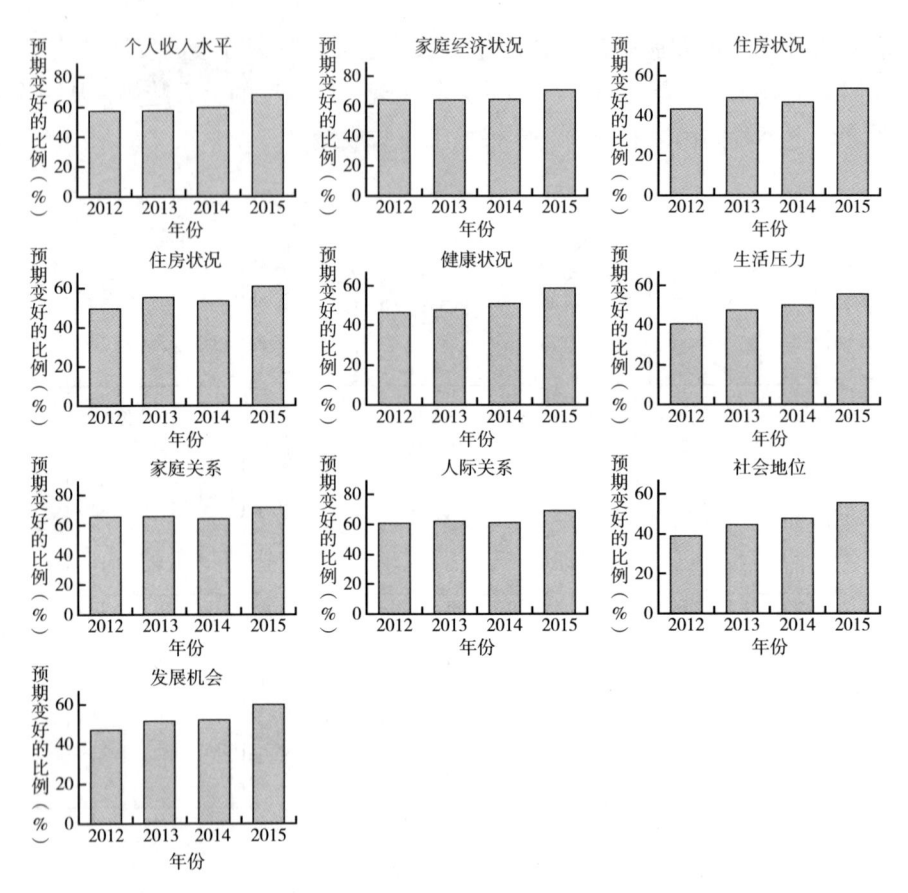

图9-18 民众对个体性事项的信心程度（2012—2015）

定。年轻人如果在收入、工作、住房以及职业发展等诸方面对未来不抱希望的话，这个国家的发展就会出现不可忽视的问题。在某种意义上说，年轻人的希望代表着这个国家的希望。在受教育程度上，受教育程度较低的被访者对宏观层面的社会性事项的信心较强，而受教育程度较高的被访者对微观层面的个体性事项的信心则较强。此外，从户籍结构上看，持农村户口的被访者无论是在对反映宏观层面社会性事项的信心还是在对反映微观层面个体性事项的信心上，都表现出相对于持城镇户口的被访者较高的信心，这说明，国家在农民帮扶和扶持上所做的诸多工作，得到了许多农村户口持有者的拥护，其在具体的日常生活中看到了自身发展的希望，从而对这个国家的发展充满了信心。

表9-22 不同群组民众社会信心状况的方差分析（2015）

	对社会性事项的信心指数				对个体性事项的信心指数			
	均值	标准差	样本量	显著性检验	均值	标准差	样本量	显著性检验
性别								
男	75.24	18.71	2886	$T=-2.2085$ $p=0.0272$	78.22	18.61	2886	$T=-1.5013$ $p=0.1333$
女	76.30	18.43	3147		78.93	17.88	3147	
年龄								
16—19岁	76.20	17.49	247	$F=13.06$ $p=0.0000$	82.94	16.79	247	$F=12.97$ $p=0.0000$
20—29岁	74.27	18.50	1574		81.07	17.43	1574	
30—39岁	74.61	18.38	1503		78.64	18.01	1503	
40—49岁	76.13	18.55	1521		77.17	18.08	1521	
50—59岁	76.61	19.33	747		76.07	19.00	747	
60—69岁	81.89	16.91	318		75.32	20.56	318	
70岁及以上	84.07	18.21	123		78.82	19.39	123	
月收入								
2000元及以下	77.15	20.82	401	$F=3.53$ $p=0.0034$	78.18	21.16	401	$F=3.16$ $p=0.0075$
2001—4000元	73.78	18.36	1927		77.26	17.96	1927	
4001—6000元	74.55	17.64	1053		78.34	17.26	1053	
6001—8000元	73.43	18.30	262		78.54	17.59	262	
8001—10000元	77.17	17.96	158		81.60	17.63	158	
10001元及以上	77.09	16.36	107		82.12	14.50	107	
受教育程度								
小学及以下	77.71	19.85	284	$F=4.02$ $p=0.0012$	78.27	20.26	284	$F=5.76$ $p=0.0000$
初中	77.28	18.98	1259		78.29	18.66	1259	
高中、中专、技校	75.49	18.53	2344		77.87	18.12	2344	
大学专科	74.23	17.98	1170		77.97	18.24	1170	
大学本科	75.68	18.37	901		81.34	17.20	901	
研究生	76.06	18.30	50		82.94	15.74	50	
户籍								
农村	76.90	18.68	1713	$t=2.8270$ $p=0.0047$	81.61	18.00	1713	$t=8.0662$ $p=0.0000$
城镇	75.83	18.51	4298		77.43	18.20	4298	

3. 社会信心状况的国际对比

图9-19是2013年中国民众的社会信心与欧盟相关调查涉及的28个国家和地区的一些比较的数据。由于没有欧盟2015年这些方面的数据，所以不能用2015年的数据与欧盟国家在社会信心方面进行比较。但是，仅利用2013年的数据仍然可以看到，中国民众在经济发展状况、住房状况、社会保障水平等方面对国家发展的信心在与欧盟相关调查涉及的28个国家和地区的比较中处于一种比较先进的状态，说明中国民众对中国的信任以及对将来发展的信心。

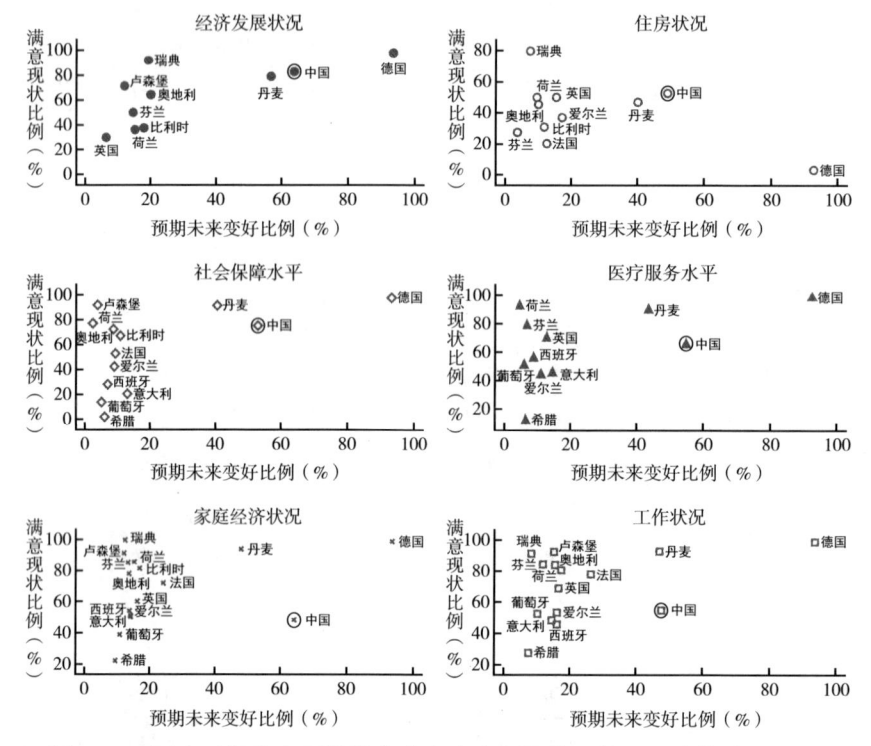

图9-19 民众对相关事项的满意度和未来预期状况的国际比较（2013）

资料来源：http://zacat.gesis.org[①]。

[①] 欧盟"Eurobarometer（2013）"调查对相关国家民众的未来预期状况进行了测量，样本量为26680，涵盖了28个国家和地区。其中有些题器与我们组织实施的"社会态度与社会发展"调查中的题器相一致。此处，我们依据2013年的调查数据，对相关事项的民众预期程度进行了国家间的对比分析。

4. 主观社会经济地位与社会信心

社会经济地位是由客观的指标（如个体或家庭的收入、受教育程度以及职业）将个体按照一定标准划分为不同等级。而主观社会阶层除了能够在一定程度上反映个体的客观社会经济地位之外，还包含了个体在社会比较之后的结果。研究发现，随着主观社会经济地位的提高，人们对社会的信心水平呈现波动下降趋势。具体来看，主观经济收入最低的民众反而对社会信心最高，均值为81.03；而主观经济收入在第二层级的民众，对社会地位的信心水平陡降至74.32，然后，随着主观经济收入层级的提高，民众的社会信心也逐渐提升，直至主观经济地位在第五层级时到达第二个高峰值（均值为78.82）；随后，随着主观经济地位层级的提高，民众对社会的信心转而逐渐下降。另外，在主观社会地位与社会信心二者的关系上，也同样存在上述这种共变关系（见图9-20），稍有不同的是主观社会地位社会信心在较高层次时的表现更不稳定，没有超越较低水平的最大值。

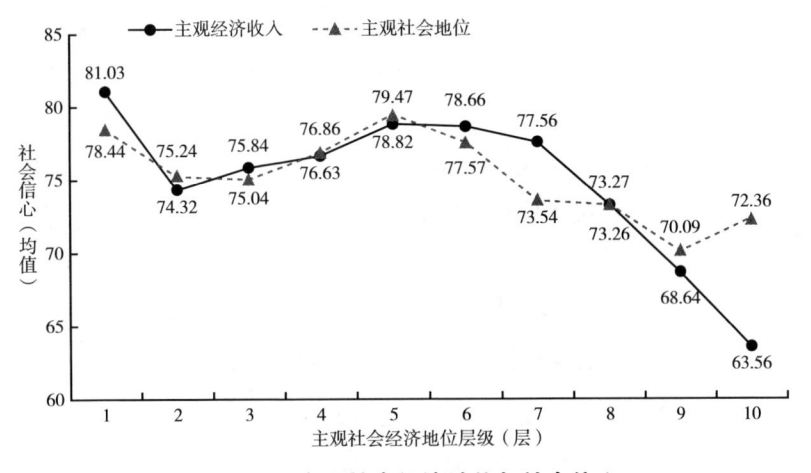

图9-20 主观社会经济地位与社会信心

5. 行为意愿与社会信心

民众对社会未来发展的信心水平，还表现在生活中一些重大行为意愿上。一般来说，当民众对社会未来发展充满信心时，往往更敢于在当下生活状态的基础上进行积极的改进；当民众信心较低时，往往不敢改变，只能维持现状，或者反过来对生活状态进行极大的颠覆性改变。本研究设有更换大宗家用电器、买房、买车、跳槽、投资创业、移民/出国定居和搬迁至外省市等关系个人和家庭生活的重大事件，调查民众在其中的行为意愿。调查结果显示，在一些维持当下生活状态的基础上进行积极改进的事项上，民众的行为意愿较强，例如，46.86%的民众有更换大宗家用电器的打算，25.32%的民众有买房的打算，30.21%的民众有买车的打算，30.33%的民众有投资创业的打算，33.86%的民众有"跳槽"的打算，这些基础事项涉及越多的经济投入就表现出越低的行为意愿，反映出民众的消费理性。而在一些颠覆性地改变生活状态的事项上，民众的行为意愿则极低，例如，仅5.91%的民众有搬迁至外省市的打算，3.95%的民众有移民或出国定居的打算。在此基础上，本研究统计了在上述事项上行为意愿不同的群组对社会的信心水平。结果显示，在更换大宗家用电器、买房、买车、投资创业和跳槽上有清晰打算的民众，对社会更有信心；而在搬迁至外省市、准备移民或出国定居上有清晰打算的民众，对社会的信心相对较低，且上述这种差异均在0.001置信水平上存在显著性（见图9-21）。这也表明，在调查时点民众的社会信心正处在一个较高的水平上，人们对社会发展和个人未来均有较充足的信心，但是在具体事项上仍然存在显著差异，行为意愿较高的一般是对个人和家庭稳定状态没有变化影响的事项，而行为意愿较低的事项表现为可能影响生命历程的重大事件，个人和家庭的资源变动较大，在一定时间段内在社会环境中不具有发展优势。因此，稳定的现状是民众评价社会信心的重要来源。

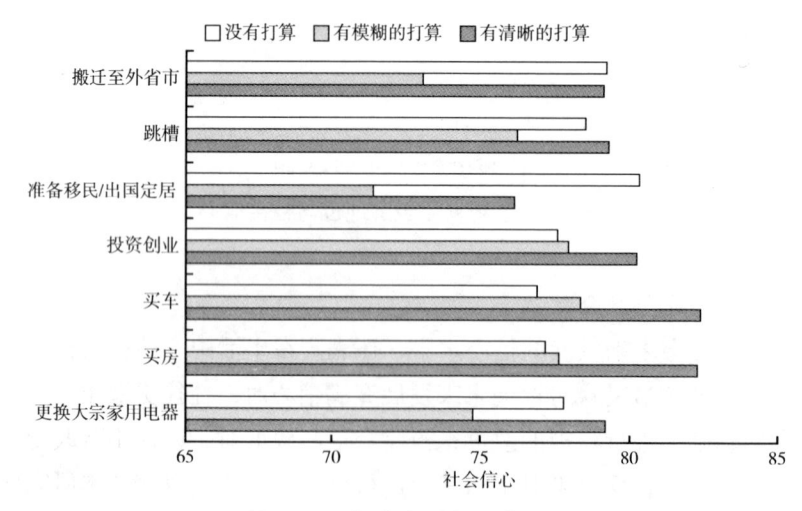

图9-21　行为意愿与社会信心

六 社会期望值现状及变动趋势

社会期望值与总体性社会情绪不同,并不是数值越高越积极,而是表示个人的期望与目标实现的不一致感知,这种差距感兼具消极和积极双向作用。本节分为四个部分,从社会期望值的现状出发,比较纵向年份和群体差异,并在此基础上我们期望在社会期望值与总体性社会情绪之间建立分析的桥梁,讨论主观社会经济地位、社会关系与社会期望值的联系。

(一)社会期望值的变动

图 9-22 是 2012 年到 2015 年人们社会期望值的横向比较,从中可以看出,以 2012 年为基准,2013—2015 年人们在日常生活中个人期望与实际获得之间的不一致感呈逐年下降的趋势。这说明,经过多年的努力,群体之间的那种结构性紧张得到了缓和,群体之间的那种不平衡、不平等以及不公平的状况也得到了一定程度的改善,大家的社会情绪就变得平和了一些,由此积聚的一些正能量对于社会的稳定与和谐具有积极的意义。

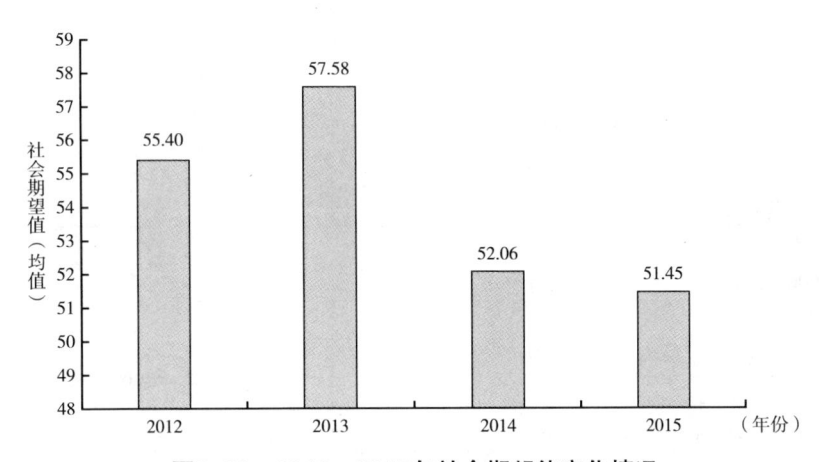

图9-22 2012—2015年社会期望值变化情况

(二)社会期望值的群体差异

表 9-23 是 2015 年不同结构群体的社会期望值。首先,在性别上,女性受访群体比男性受访群体更能够强烈地感受到期望与实际获得之间的不一致,在一定程度上说明性别不平等仍然存在。其次,从年龄结构上看,30—39 岁受访群体期望与实际获得之间不一致的感受最低,而 60—69

岁的受访群体则表现出较高的期望与实际获得之间的不一致感。30—39岁受访者正值青壮年时期，在职场中起骨干和中坚的作用，血气方刚，对国家、民族、事业、家庭都有着一种强烈的责任感和上进心，能够通过自身努力和较多的发展机会来实现个人期望；而60—69岁的受访者刚步入老年阶段，同时也是刚从职场上退下来，无论在经济收入还是在社会地位上往往会出现较大的落差，这势必会让其感受到强烈的个人期望与实际获得的不一致感。这样的群体的社会感受在很大程度上反映一个社会的舆情与发展趋势，值得研究者和社会管理者的高度重视。

表9-23 2015年不同群组民众的社会期望值方差分析

	均值	标准差	样本量	方差检验
性别				
男	51.06	11.08	2886	$T=-2.6217$, $p=0.0088$
女	51.81	10.93	3147	
年龄				
16—19岁	51.47	9.22	247	
20—29岁	51.18	10.22	1574	
30—39岁	50.93	10.69	1503	
40—49岁	51.03	10.70	1521	$F=6.72$, $p=0.0000$
50—59岁	52.38	12.86	747	
60—69岁	54.66	12.77	318	
70岁及以上	52.57	12.88	123	
月收入				
2000元及以下	56.37	11.86	401	
2001—4000元	51.29	9.73	1927	
4001—6000元	48.04	9.45	1053	$F=66.77$, $p=0.0000$
6001—8000元	47.08	9.25	262	
8001—10000元	47.17	8.50	158	
10001元及以上	42.76	10.78	107	
受教育程度				
小学及以下	57.87	12.54	284	
初中	54.02	11.31	1259	
高中、中专、技校	51.32	10.39	2344	$F=52.98$, $p=0.0000$
大专	49.24	11.12	1170	
本科	49.19	9.92	901	
研究生	48.73	10.82	50	

在不同的收入群体中以及在不同受教育程度的社会群体中，我们看到一个值得人们注意的现象，即在 2015 年，受访者的收入水平和受教育程度越高，其社会期望值越低。收入水平和受教育程度是反映个人社会经济地位的重要指标，这一现象也反映出社会经济地位越高，个人越有能力去实现个人期望，进而让期望变为实际获得，期望与实际获得的不一致感便不那么强烈。从社会背景分析，至调查时点虽然也存在不可忽视的不平等、不公正和不公平的现象，但总体社会还是较为公平公正的。

大量社会学的研究表明，当一个社会的不平等、不公平和不公正超过大众所能承受的限度的时候，就会在很大程度上影响这个社会的稳定。[①] 任何一个社会不可能有绝对的平等、公平和公正。没有差异，就不可能有发展；不让一部分人先富起来，就不可能最终实现全体人民的共同富裕。但是，问题的关键在于，一个政府是否有可能通过相应的制度安排，在不平等造成贫富差距过大的时候，努力缩小贫富差距；当社会的不公平和不公正导致利益分配机制严重失衡的时候，努力调整其利益分配政策。

从社会学理论上说，一个社会的不平等和不公正并不能直接影响这个社会的稳定。只有在以下三个条件递进并不断强化的情况下，才有可能导致一个社会的不稳定。[②] 这三个条件简单地说就是：首先，人们的期望与实际获得之间的不一致感、地位的不一致性和不满意度变得越来越高；其次，社会的基本价值取向和行为规范发生动摇和混乱；最后，政府不作为。具体地说，不平等、不公平和不公正首先造成的一个最明显的社会后果是利益分配不当、激励机制扭曲和贫富差距过大。先富起来的群体以及一些腐败分子的炫耀性消费的示范效应，人们在经济制度中行为的激励结构扭曲以及社会生活中经济、政治行为规范与取向混乱，使人们的羡慕与妒忌、攀比与模仿、失落与愤怒等各种情绪交织在了一起，如果再加上媒体不适当的炒作与推动，就会使其他社会群体的期望与实际获得的不一致

---

① Gurr, T. R. *Why Men Rebel*. Princeton: Princeton University Press, 1971, pp.45–50.

② Hanlin Li, Atteslander, Tanur & Wang, *Searching for Hidden Reality: Anomie and Social Change*. Biel: Swiss Academy of Development, 1998, pp.98–108; Merton, R. K. & A. S. Rossi, "Contributions to the theory of reference group behavior," In R. K. Merton, *Social Theory and Social Structure*, New York: The Free Press, 1968, pp.145–167; Nee, V., "A theory of market transition: From redistribution to markets in state socialism," *American Sociological Review*, Vol.54, No.5(1989), pp. 663–681.

感和地位的不一致性在相互比较的过程中变得愈来愈强烈，由此引发的不满意度就会变得愈来愈高。如果在这样的一种情况下，我们政府的政策没有做适当的调整，在结构上没有做出适当的制度安排，那么我们走向共同富裕和社会主义的道路就会更加曲折。在这种情况下，任何一个偶然的事件都可能会引起这个社会大规模的动荡和全面的不稳定，人们的愤怒与不满就可能会用一种极端的方式发泄出来。关注个人期望与实际获得的不一致感受对于研究这样一个结构紧张与冲突的过程有着举足轻重的作用。①

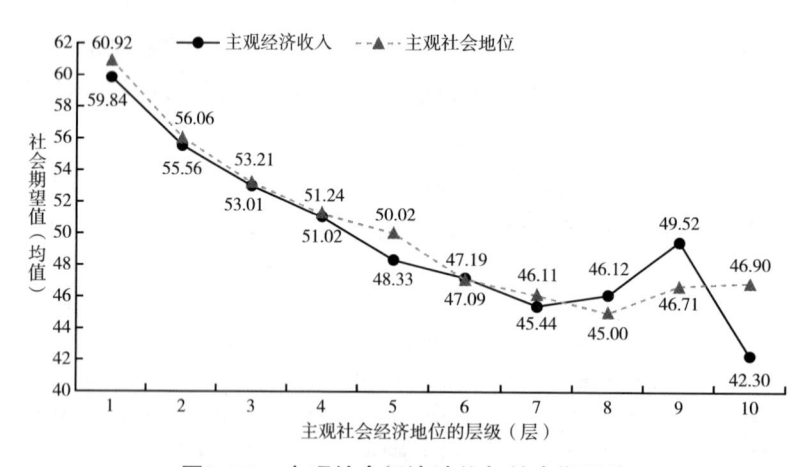

（三）主观社会经济地位与社会期望值

上述统计结果显示，随着个人收入的提高，民众的社会期望值也会出现显著下降的趋势。除了收入这一代表个人客观经济地位的影响之外，本研究还探究了主观社会经济地位对民众社会期望值的影响。结果显示，随着个人主观社会经济地位的提升，民众的社会期望值呈现明显的波动下降态势。但值得注意的是，在主观经济收入水平和社会地位水平上，上述这种共变下降的趋势分别在高层（第八层或第九层）上出现了明显的回升（见图9-23）。这表明，当个人主观感知的自我经济收入水平和社会地位越高时，其目标与实际获得之间的不一致感越低。但是，当主观社会经济地位处于高层级时，可能因为民众对自我的要求和目标都会更高的缘故，自我实现的难度也随之加大，进而民众的目标与实际获得之间的不一致感又会提高。

图9-23 主观社会经济地位与社会期望值

---

① 李汉林：《哪些因素会影响我们社会的稳定》，《中国社会报》2006年5月15日。

此外，社会期望值还与个人社会经济地位的变动有关。统计结果显示，与五年前相比，民众的社会经济地位提高越多，其调查时点的社会期望值就越低；与五年前相比，民众的社会经济地位降低越多，其调查时点的社会期望值则会越高（见图9-24）。

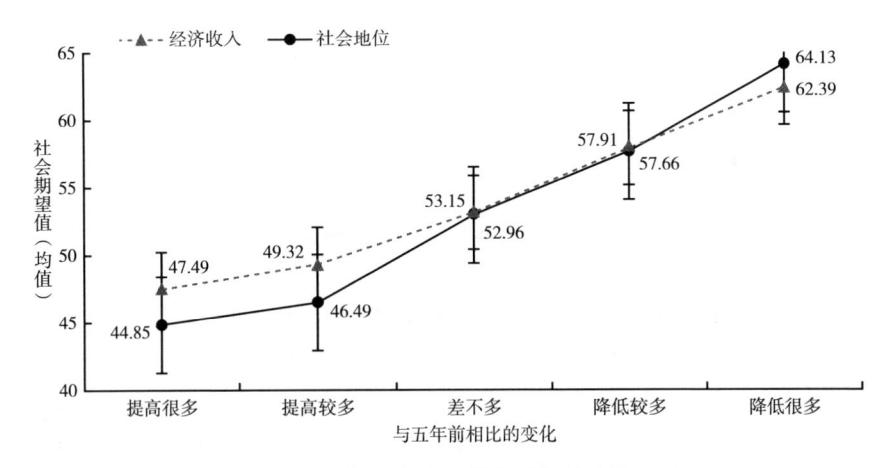

图9-24 社会经济地位的变动与社会期望值

（四）社会关系与社会期望值

本研究通过"您认为当前社会的总体状况是否和谐"一题来测评民众对社会和谐的感知。统计结果显示，63.42%的民众认为当前社会的总体状况是和谐的。进一步探讨社会和谐程度与民众社会期望值之间的关系发现，认为社会和谐程度更高的民众，往往其社会期望值较低，即其目标与实际获得之间的不一致感更低（见图9-25）。

事实上，群体之间的比较是人们产生社会期望值的重要因素之一。因此，本研究通过探究老板与员工、穷人与富人、城里人与农村人、汉族与其他民族、信教者与不信教者、干部与群众、本地人与外地人之间的关系融洽程度，进而了解不同群体之间关系是否影响社会期望值。统计结果显示，除了城里人与农村人关系状况对社会期望值没有显著影响之外，其他各群体之间的关系越和谐，民众的社会期望值越低（见表9-24）。

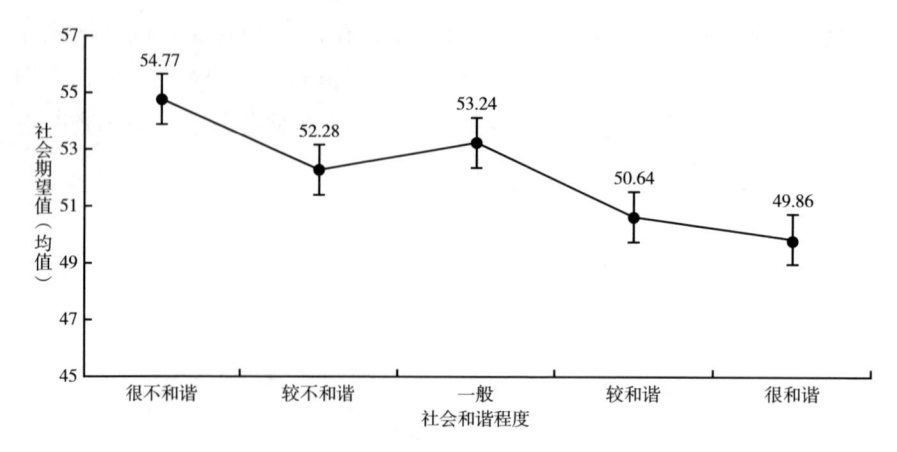

图9-25 社会和谐与社会期望值

表9-24 社会期望值在社会关系状况上的均值分布

	均值	标准差	样本量	显著性检验
老板与员工				
不好	50.98	10.39	1758	$F=37.36$ $p=0.0000$
一般	52.50	10.57	3098	
好	49.34	12.59	1165	
穷人与富人				
不好	52.89	11.35	2438	$F=41.51$ $p=0.0000$
一般	50.81	10.25	2704	
好	49.39	11.77	882	
城里人与农村人				
不好	52.00	12.15	1326	$F=2.40$ $p=0.0909$
一般	51.38	10.43	2751	
好	51.16	10.98	1950	
汉族与其他民族				
不好	51.67	10.53	696	$F=28.06$ $p=0.0000$
一般	52.05	10.99	2169	
好	48.56	12.68	3160	
信教者与不信教者				
不好	51.33	10.87	860	$F=17.13$ $p=0.0000$
一般	52.10	10.76	2830	
好	49.61	12.00	2322	
干部与群众				
不好	52.87	11.98	1627	$F=22.90$ $p=0.0000$
一般	51.27	10.12	2886	
好	50.26	11.40	1511	
本地人与外地人				
不好	52.01	11.17	929	$F=5.58$ $p=0.0038$
一般	51.21	10.73	2773	
好	50.75	11.38	2326	

七 社会期望值与总体性社会情绪的关系

本书的研究是在对总体性社会情绪的分析中展开的，包括满意度、社会信心与社会信任三个方面，在此基础上我们添加了社会期望值与之的关系的分析，但不同的概念之间的关系目前还尚未清晰，因此在本部分我们将概念之间进行连接，进而回答我们的研究问题：为何人们感觉不幸福？2015年我国民众的总体性社会情绪表现是什么？我们需要从哪些方面提升？

（一）社会期望值与满意度、社会信任和社会信心的关系

如果我们以社会期望值为自变量来分析人们满意度、社会信心和社会信任的状况，那么我们就可以看到，社会期望值与三者在统计学意义上均显著相关（见表9-25）。

其中，模型1结果表明，在控制变量保持不变的情况下，社会期望值越高，人们的总体满意度越低。模型4和模型5表明，社会期望值对满意度的这种消极影响也可以分解到对个体性事项和社会性事项两个维度的满意度上。同时，社会期望值与社会信任的关系也体现了这种负向影响，这种影响也可分解到对政府执政能力的信任度和政府职能部门的信任度上（模型3、模型8和模型9结果可见）。模型2结果表明，在控制变量不变的情况下，随着社会期望值的上升，人们对未来发展的总体信心呈现先升后降的倒U形的曲线发展态势。值得注意的是，该模型发现，一定程度的目标与实际获得的不一致会提高人们对未来发展的信心，此时的社会期望值表现为一种"发展性"的内驱力；但是，当这种不一致程度过高时，人们容易产生"踮踮脚、努努力都无法实现"的虚无感，势必丧失发展信心。这说明，人们对目标与实际获得之间的不一致感的强弱可以直接影响人们对其他诸如像满意度和信心度方面的感受，从而从总体上影响人们的总体性社会情绪。在这个意义上，关注人们是否、为什么、在什么方面产生目标与实际获得不一致的感受，对我们理解国民总体性社会情绪状况具有不可忽视的重要意义。

（二）满意度与社会信心的关系

满意度是民众当下的社会情绪，社会信心是未来的情绪指向，讨论二者的关系有利于进一步探索具体事项在满意度中的贡献。图9-26和图9-27试图说明人们2012年到2015年对社会发展状况的满意度与社会信心之间的关系。

表9-25 以社会期望值为自变量的分析

	模型1 满意度	模型2 社会信心	模型3 社会信任	模型4 对个体性 事项的满意度	模型5 对社会性事项 的满意度	模型6 对个体事项 的社会信心	模型7 对社会事项 的社会信心	模型8 对政府执政 能力的信任度	模型9 对政府职能 部门的信任度
社会期望值	-0.23* (-2.36)	0.94*** (7.71)	-0.28*** (-12.77)	-0.44*** (-18.92)	-0.45*** (-17.63)	0.10** (3.36)	0.11*** (3.75)	-0.35*** (-13.18)	-0.31*** (-11.97)
社会期望值* 社会期望值	-0.002* (-2.15)	-0.008*** (-7.01)							
性别	1.31** (3.04)	0.33 (0.62)	1.03* (2.32)	1.70*** (3.64)	0.95+ (1.86)	0.41 (0.70)	0.37 (0.62)	1.01+ (1.91)	1.87*** (3.64)
年龄	0.79*** (3.68)	-0.24 (-0.91)	0.94*** (4.25)	0.75** (3.25)	0.80** (3.15)	-1.48*** (-5.05)	0.90** (3.00)	1.50*** (5.75)	0.61* (2.40)
受教育程度	0.41+ (1.90)	0.31 (1.18)	0.51* (2.32)	0.96*** (3.91)	-0.15 (-0.59)	0.41 (1.41)	0.21 (0.69)	0.25 (0.96)	0.80** (3.12)
收入	0.21 (0.98)	0.66* (2.55)	-1.05*** (-4.83)	0.89*** (3.91)	-0.46+ (-1.82)	1.00** (3.46)	0.43 (1.45)	-0.84** (-3.28)	-0.87*** (-3.45)
常数项	68.40*** (22.65)	48.21*** (12.91)	74.45*** (37.49)	71.90*** (34.51)	74.93*** (32.93)	73.17*** (27.78)	63.66*** (23.59)	71.50*** (30.46)	70.66*** (30.83)
F值	87.55***	12.05***	41.13***	104.82***	67.37***	10.90***	4.61***	43.72***	37.73***
R^2	0.1190	0.0183	0.0502	0.1187	0.0797	0.0138	0.0059	0.0532	0.0463

注：括号中为值；$^+ p<0.1$，$^* p<0.05$，$^{**} p<0.01$，$^{***} p<0.001$。

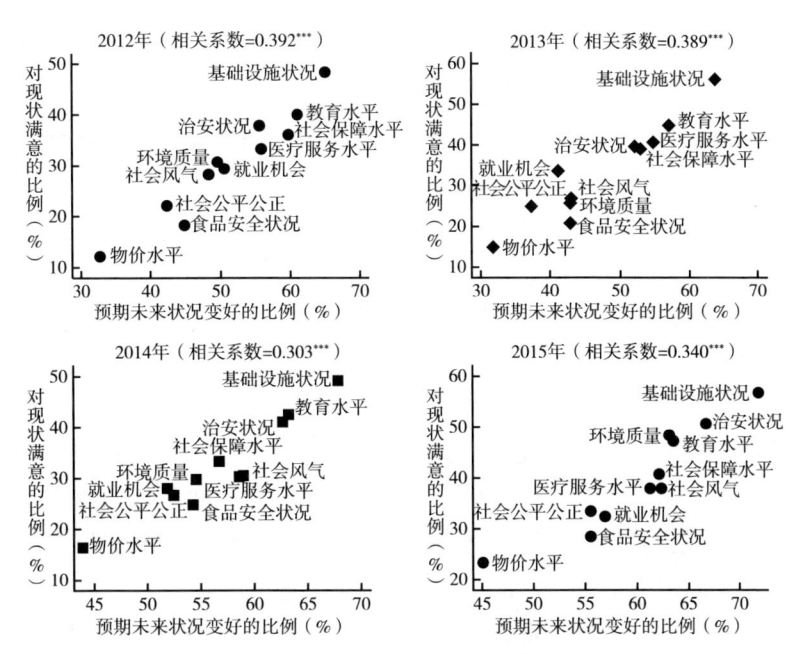

图9-26 对社会性事项的满意度与社会信心的相关关系（2012—2015）

注：$^+p<0.1$，$^*p<0.05$，$^{**}p<0.01$，$^{***}p<0.001$。

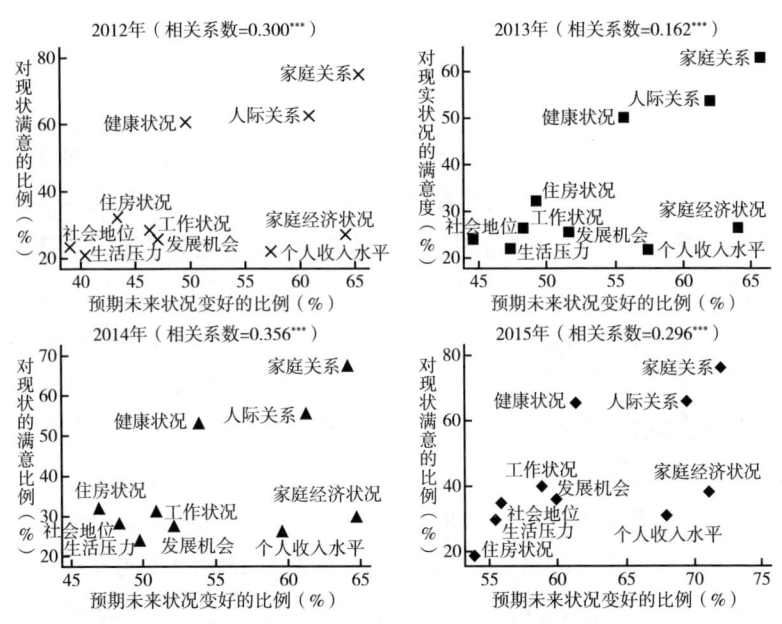

图9-27 对个体性事项的满意度与社会信心的相关关系（2012—2015）

注：$^+p<0.1$，$^*p<0.05$，$^{**}p<0.01$，$^{***}p<0.001$。

从图 9-26、图 9-27 中我们看到，在对总体性事项的满意度与社会信心方面，从 2012 年到 2014 年人们对基础设施状况与教育水平的满意度与社会信心始终处于前列，而到了 2015 年，对基础设施状况与治安状况的满意度与社会信心处于前列，预期环境质量未来状况变好的比例上升至第三位，说明了人们对青山绿水的向往，对国家与政府在环境治理上更上一层楼的盼望。另外，人们对物价水平、食品安全状况以及社会公平公正方面的满意度与社会信心从 2012 年到 2015 年始终处于较低的水平，应该引起我们的重点注意。

在对个体性事项的满意度与社会信心方面，从 2012 年到 2015 年，对家庭关系、人际关系以及健康状况的满意度与社会信心始终处于前列，没有发生变化。同样，在这四年里，人们对生活压力、个人收入水平、发展机会方面的满意度与社会信心也始终处于较低的水平。2015 年，住房状况则成为人们预期最不乐观的一个方面。在这些问题上的改善与努力应该是国家与各级政府工作的重点。

八　小结

通过 2015 年调查数据的分析，尤其是结合 2012—2015 年调查数据的比较，我们发现如下。

——以 2012 年为基准，总体性社会情绪指数均呈现一定程度的增长态势，2015 年总体性社会情绪指数为 63.60，比 2014 年上涨了 1.81 个单位。这一方面意味着，民众对国家社会发展状况的要求越来越高，期望国家在社会发展上能够"百尺竿头，更进一步"；另一方面也显现出，尽管国家在社会发展上存在这样和那样的问题，但是，大家对未来的发展趋势仍然信心充足、预期良好。虽然统计的分值只有微弱增势的变化，而且，这种变化及差异在统计学意义上并不呈现出显著，但是，这种分值的细微变化仍然蕴含着重要的社会意义。

——以 2012 年为基准，人们对社会性事项的满意度呈现出逐年增长的态势。这表明我国社会在总体上正朝着良性、协调的方向发展。数据还显示，与 2014 年相比，2015 年人们对环境质量（均值为 48.39）、基础设施状况（均值为 56.80）、教育水平（均值为 47.26）以及治安状况（均值为 50.61）满意度有明显的提高。同样，与 2014 年相比，人们对物价水平以及食品安全状况的不满意度均下降了近 10 个单位。

为了对社会性事项满意度的内在结构进行分析，我们采用夏普利值分解方法对社会总体事项满意度所包含的维度即采用的题器的重要性进行了排序。分析的结果表明，对人们对社会总体事项满意度贡献率较高的事项分别是社会保障（贡献率为 14.66%）、就业机会（贡献率为 11.08%）、社会风气（贡献率为 10.81%）和医疗服务（贡献率为 10.22%）。

然后，我们根据满意度水平高低和影响大小进行矩阵分析，以确定哪些因素满意度较低且对社会总体和谐状况的贡献率最高。结果显示，物价水平（不满意比例为 45.98%，贡献率为 8.79%）、食品安全状况（不满意比例为 37.4%，贡献率为 10.04%）和医疗服务水平（不满意比例为 30.8%，贡献率为 10.22%）问题不仅民众满意度水平较低而且对社会和谐状况的贡献率也很大，故而对这些问题的解决更需要保持政策和制度安排的优先性，进而有效提升总体满意度，促进民众的总体性社会情绪积极发展。

在对个体性事项满意度的分析过程中，我们看到，与 2014 年对个体性事项的满意度相比，2015 年人们对个体性事项的满意度均呈上升趋势。人们对自己的家庭关系、人际关系与健康状况持比较满意的态度。值得注意的是，2015 年，个人收入水平与生活压力仍然是处于满意度最低的水平。

研究结果表明，在 2015 年，影响民众满意度的关键事项分别是总体层面的物价水平、食品安全状况、医疗服务水平以及个体层面的收入水平、生活压力和家庭经济状况。基于此，我们能较为清晰地确定影响民众满意度的关键要因，进而使得政策安排能够有的放矢。同时也意味着，国家在当前以及今后一段时期内，需要加大如上几个方面的政策力度，使得民众的收入与经济发展同步增长、社会实现公正，以进一步实现民众不断增长的需求，提升民众的满意度。

——2015 年，社会信任仍然呈上升的趋势。对中央政府的信任度，与 2014 年调查数据（70.28%）相比，2015 年上升了近 11 个百分点（81.09%）；与往年调查数据相比，2015 年人们对区县、省市政府的信任度也是呈上升趋势，分别为 60.08%（对区县政府的信任）和 73.63%（对省市政府的信任）。同时，我们仍然可以明显地感觉到，2015 年，人们对政府信任"央强地弱"的差序结构仍然明显。

与2014年相比，2015年，政府在处理突发事件、服务惠民、工作贴近民众、工作听取民众意见以及公道处理事情方面有了明显的进步，政府在这些方面的努力说明了其治理能力的提高，这也恰恰是人们信任政府的重要事实基础。

　　2015年，人们对政府职能部门的信任状况依次是公安局、派出所（58.8%），法院（57.8%），社会保障部门（49.6%），工商、税务部门（43.3%），信访部门（38.2%），城管部门（26.2%）。从纵向比较来看，与往年相比，在2015年，人们对政府职能部门的信任度略有提高，说明在国家的治理以及提高公务员的工作效率方面还是有积极的成效。

　　——通过数据分析我们发现，和历年相比，2015年人们无论是在对反映宏观层面的社会性事项的信心还是在对反映微观层面的个体性事项的信心上，均表现出不同程度上的提升。

　　数据结果表明，在年龄结构上呈现两个方向，一方面60岁及以上的被访者表现出更高的社会性事项满意度，而29岁及以下的年轻人表现出更高的个体性事项满意度，这表明调查时点的年轻人更加关注当下的生活细节，乐于从能及的范围中提升幸福感。而年纪较大的老年人对住房、医疗和教育等社会性事项满意度表现更高水平，反映出对社会福利的依赖。

　　同样表现在受教育程度上，受教育程度较低的被访者对宏观层面的社会性事项的信心较强，而受教育程度较高的被访者对微观层面的个体性事项的信心则较强。

　　此外，从户籍结构上看，持农村户口的被访者无论是在对反映社会宏观层面具体事项的信心上还是在对反映社会微观层面具体事项的信心上，都表现出相对于持城镇户口的被访者更高的信心，这说明，国家政策在对弱势群体的倾斜上，得到了许多弱势群体的拥护，其在具体的日常生活中看到了自身发展的希望，从而对这个国家的发展充满了信心。

　　——我们的数据还表明，在对总体性事项的满意度与信心方面，从2012年到2014年人们对基础设施状况与教育水平满意度与信心始终处于前列，而到了2015年，对基础设施状况与治安状况满意度与信心处于前列，预期环境质量未来状况变好的比例上升至第三位，说明了人们对青山绿水的向往，对国家与政府在环境治理上更上一层楼的盼望。另外，人们对物价水平、食品安全状况以及社会公平公正方面的满意度与信心从2012年到2015年始终处于较低的水平，应该引起我们的严重注意。

在对个体性事项的满意度与信心方面，从2012年到2015年，对家庭关系、人际关系以及健康状况的满意度与信心始终处于前列，没有发生变化。同样，在这四年里，人们对生活压力、收入水平、发展机会方面的满意度与信心也始终处于较低的水平。2015年，住房状况则成为人们预期最不乐观的一个方面。在这些问题上的改善与努力应该是国家与政府工作的重点。

——在分析2015年社会期望值时，我们把2012年到2015年人们期望与实际获得的不一致感受做了一个纵向比较，从中可以看出，以2012年调查数据为基准，人们在日常生活中那种期望与实际获得的不一致的感受呈逐步下降的趋势。这说明，经过多年的努力，群体之间的那种结构性紧张得到了缓和，群体之间的那种非常不平衡、不平等以及不公平的状况也得到了一定程度的改善，大家的社会情绪就变得比较平和，由此集聚的一些正能量对于社会的稳定与和谐具有积极的意义。

与此同时，我们也发现了两个值得注意的现象。

第一，在年龄结构上，30—39岁受访群体期望与实际获得之间的不一致的感受最低（均值为50.93），而60—69岁的受访群体则表现出较高的期望与实际获得之间的不一致感（均值为54.66），两个群体之间在社会期望值上表现出了统计学意义上的显著差异。30—39岁受访者正值青壮年时期，在职场中起骨干和中坚的作用，血气方刚，对国家、民族、事业、家庭都有着一种强烈的责任感和上进心，能够通过自身努力和较多的发展机会来实现个人期望。而60—69岁的受访者刚步入老年阶段，同时也是刚从职场上退下来，无论在经济收入还是在社会地位上往往会出现较大的落差，这势必会让其感受到强烈的个人期望与实际获得的不一致感。这样的群体的社会感受在很大程度上反映一个社会的舆情与发展趋势，值得研究者和社会管理者的高度重视。

第二，2015年，人们的收入水平和受教育程度越高，社会期望值越低。收入水平和受教育程度是反映个人社会经济地位的重要指标，这一现象也反映出社会经济地位越高，个人越有能力去实现个人期望，进而让期望变为实际获得，期望与实际获得的不一致的感受便不那么强烈。从社会背景上分析，在调查时点虽然也存在不可忽视的不平等、不公正和不公平的现象，但总体社会还是较为公平公正的。

第十章

2016 年的调查

一　结构背景

随着全球化的不断深入，2016 年中国参与全球经济与社会治理的程度不断加深，并在这一过程中提供了具有中国经验的理念性和制度性公共产品。2016 年，中国成功地举办了 G20 杭州峰会。此次峰会的举行，一方面用华丽的方式向世界展示了中国形象与中国力量，另一方面用具体的行动体现中国在关乎全球发展的重大议题上所尽的责任与担当。

2016 年，中国经济发展稳中向好，趋稳改善迹象明显。根据初步核算，上半年，国内生产总值按可比价格计算，同比增长 6.7%，略高于市场此前预期。中国居民消费价格指数上涨 2.1%，物价水平总体平稳。"新经济"日益释放活力，网上零售额约 2.2 万亿元，同比增长 28.2%。同期，中国高技术产业和装备制造业增加值同比分别增长 10.2% 和 8.1%，比规模以上工业整体增速分别快 4.2 个和 2.1 个百分点。与此同时，在就业稳定的背景下，居民收入亦稳步增长。2016 年上半年，全国居民人均可支配收入为 11886 元，同比名义增长 8.7%，扣除价格因素实际增长 6.5%。城乡居民人均收入倍差为 2.80，较上年同期缩小 0.03，表明城乡收入差距有所收窄。①

当我们为各项发展成就感到欢欣鼓舞的时候，也要认真看待目前中国

---

① 参见《2016 上半年中国经济十大亮点》，中国新闻网，2016 年 7 月 17 日，http://www.askci.com/news/finance/20160717/17023742650_2.shtml。

社会发展中存在的诸多问题与挑战。

首先我们看到，大中城市房价的急剧攀升，使工薪阶层收入与城市奇高的房价不可匹配。① 据统计，2016年，中国居民家庭每年负担的房贷还款金额占家庭可支配收入的比重从2015年的28%飙升至近40%，中国人的还款负担已经超越了次贷危机时期的美国人。② 相对买几套房就能坐等倍增的房地产业，实体经济却陷入发展迟缓的泥潭难以自拔。这里有必要尽快形成的一个共识是，在推动全面建成小康社会的过程中，住房与医疗、教育一样，不宜也不能作为市场经济的骨干和命脉的重要组成部分，而更多地应该作为民生不可或缺的基本需求。只有在此基础上不断和及时调整我们的经济政策与社会政策，才可能有力地推动中国经济社会的可持续发展。

同时我们也可以看到，在今天农村的很多地方，田间已经很难看到年轻的种田人，农村社会结构空心化的现象严重。"70年代出生的不愿种地、80年代出生的不会种地、90年代出生的不提种地"的说法在农村流传。面对高昂的房价，户籍制改革的制度红利可能会很快被吞噬，且逐步演变成"住不起城市，回不去农村"的尴尬境地。如此下去，所形成的一种扭曲的社会结构必然会给中国社会的稳定与发展带来巨大的隐患。事实上，如果我们的产业政策和社会政策能够让中国的农业成为有奔头的产业，如果中国的农民也像城市居民那样过得体面，产生更高的获得感，他们进城的梦想变成一个可望实现的梦想，那么，这种社会发展的尴尬局面就会有很大的改观。

上述这些结构紧张的表现可能会导致焦虑与不安开始在社会蔓延。从根本上说，这种焦虑主要来自人们在社会中的不安全感：富裕的阶层对自己已经获得的财富不安全而感到焦虑；奋斗中的中产阶层对其所处地位的不稳定和不安全而感到不安；刻苦努力的蓝领阶层为自己饭碗的不安全而

---

① 据统计，2015年全国城镇非私营单位在岗职工年平均工资为63241元，同期全国商品房单位面积销售均价为6792元/平方米，即普通居民不吃不喝工资全部用于买房，2015年全年工资可购买9.3平方米房子。2015年，中国房价与年平均工资的比值是9.3倍，大大高于国际上3—5倍的合理水平，这不仅抑制了普通工薪阶层住房购买力，同时也成为房地产库存居高不下的主要原因之一。参见《中国新闻周刊》2016年第20期，第1页。

② 《中国的房奴们 还款负担已超次贷危机时的美国人》，搜狐网，2016年9月9日，https://www.sohu.com/a/114057821_284577。

感到惶恐。在深层次上，当一个社会中的不同阶层对自己努力的方向感到迷茫，对未来自己与社会的发展方向没有一个稳定预期以及符合发展逻辑的积极判断的时候，当不同阶层各自的参照群体也陷入不稳定和迷茫的时候，这个社会中的不同阶层就会陷入一种莫名的焦虑与紧张。在这种情况下，失序与失范以及由之引发的越轨行为和集体行动就会不断威胁社会的转型与变迁，这种社会中的结构就会逐渐失去张力。尤其严重的是，这种社会性的焦虑与紧张有时会像瘟疫一样蔓延与扩散，很容易由个体的宣泄转变成一种总和性社会情绪，在总体上影响社会的稳定，干扰社会的转型与变迁。因此，我们需要未雨绸缪，通过关注民众的总体性社会情绪进而把握当前社会的发展状况。

上述无论是总体性的经济社会结构、城乡关系结构、收入分配结构，还是民众的社会态度与情绪，都构成了我们分析2016年中国城镇居民总体性社会情绪状况的结构性背景。

二　核心概念的操作化

首先，和往年的调查一样，在对社会发展进行研究的过程中，我们依然从总体性社会情绪出发，对整个社会的发展状况进行评估，将总体性社会情绪的测量操作化为满意度、社会信任和社会信心三个维度。其次，从预期—实现的对比机制出发进行研究：人们对宏观社会和微观个体的发展均有一个预期，一旦发现自身预期未能实现或实现程度较低时，就易产生消极的总体性社会化情绪；而只有当实际获得与自身预期不尽相同甚至高于自身预期时，才会产生积极的总体性社会情绪，即是说，公众在一定程度上感到社会是欣欣向荣的。因此，我们继续使用社会期望值来解释这种影响，我们假设社会期望值是总体性社会情绪的微观深层原因。

（一）总体性社会情绪及其测量

我们继续将这种总体性社会情绪操作化为满意度、社会信任和社会信心三个维度。其中，满意度和社会信任指向公众对当下社会的感受，社会信心指向公众对未来社会发展的预期，两层面三维度相结合，共同表征公众对所处社会结构的总体性社会情绪。

1. 满意度

满意度是人们在心理层面的一种主观感受,是个体对当下自己在各个方面所拥有的水平满足自身需求水平的一种主观感知,主要包括对社会性事项的满意度和对个体性事项的满意度两个方面。其中,个体对环境质量、基础设施状况、物价水平、教育水平、医疗服务水平、社会保障水平、治安状况、食品安全状况、社会公平公正、就业机会和社会风气十一个方面的感知用以测量社会总体层面的满意度水平;对个人自身的收入水平、家庭经济状况、住房状况、健康状况、工作状况、生活压力、家庭关系、人际关系、社会地位和发展机会十个方面的感知用以测量个体层面的满意度水平。这些感知均分为五个层次,即很不满意、较不满意、一般、较满意、很满意,分别赋值为1—5分,分值越高,表示满意度水平越高。我们希望,通过上述十一个方面的问题,能够从宏观上勾画出人们对我们国家和政府的感受;与此同时,通过有关个人生活方面的十个方面的问题,从微观上把握人们的主观感受(见表10-1)。

表10-1 满意度的测量题目

维度	题目	赋值
对社会性事项的满意度	您对社会以下具体方面是否感到满意: 01.环境质量 02.基础设施状况 03.物价水平 04.教育水平 05.医疗服务水平 06.社会保障水平 07.治安状况 08.食品安全状况 09.社会公平公正 10.就业机会 11.社会风气	5-很满意 4-较满意 3-一般 2-较不满意 1-很不满意
对个体性事项的满意度	您对生活的以下具体方面是否感到满意: 01.个人收入水平 02.家庭经济状况 03.住房状况 04.健康状况 05.工作状况 06.生活压力 07.家庭关系 08.人际关系 09.社会地位 10.发展机会	5-很满意 4-较满意 3-一般 2-较不满意 1-很不满意

2. 社会信任

我们继续将社会信任操作化为公众对政府的信任程度，是指人们对政府执政能力的主观感受，是对政府所做的相应制度安排的评价，同时也是人们对政府行为绩效的一种认可以及人们对政府行为的一些预期与这些预期实现状况之间关系的评判。① 它由公众对政府执政能力的信任度、对政府重要职能部门的信任度和对各级地方政府的信任度三个维度构成。对政府执政能力的信任度包括对政府处理突发事件的能力、对政府服务是否能够征询民意、对政府服务是否公道、对政府服务是否能让民众得到实惠、对政府服务是否贴近民众需要和提供的服务是否方便的感受和评价，并采用李克特五度量表，1代表不赞同、5代表完全赞同，分值越高，表示民众对该表述的赞同度越高、即对政府执政能力的信任度越高；对政府职能部门的信任度既包括对城管部门、信访部门、社会保障部门、工商或税务部门、公安局或派出所和法院的信任度；对各级地方政府的信任度包括对中央、省市和县区自上而下各级地方政府的信任度，采用李克特五度量表，赋值1—5分，分值越高，表示信任度越高（见表10-2）。

表10-2 社会信任的测量题目

维度	题目	赋值
对政府执政能力的信任度	您是否赞同下列说法： 01.政府服务贴近我的需要 02.政府服务让我得到实惠 03.政府处理问题公道 04.政府能够处理好各种突发事件 05.政府愿意听取老百姓意见 06.政府提供的服务很方便	5-完全赞同 4-比较赞同 3-一般 2-比较不赞同 1-完全不赞同
对政府职能部门的信任度	总的来说，您对下列政府部门是否信任： 01.公安局/派出所 02.法院 03.工商/税务部门 04.社会保障部门 05.信访部门 06.城管部门	5-很信任 4-较信任 3-一般 2-较不信任 1-很不信任
对各级地方政府的信任度	总的来说，您对下列政府部门是否信任： 01.中央政府 02.省市政府 03.县区政府	5-很信任 4-较信任 3-一般 2-较不信任 1-很不信任

① 张彦、魏钦恭、李汉林：《发展过程中的社会景气与社会信心——概念、量表与指数构建》，《中国社会科学》2015年第4期，第64—84页。

3. 社会信心

我们将社会信心理解为公众信心,定义为一种能够使公众相信某一事物(目标)未来可以实现的心理力量,指公众对某一行动主体、某一事物、某个具体对象的一种认可、信任的心理状态以及在此基础上形成的稳定的心理期望。[①] 基于此定义,我们将社会信心操作化为个体对社会性事项未来发展的信心和对个体性事项未来发展的信心两个方面。对社会性事项的信心可以操作化为公众对宏观社会在环境质量、基础设施状况、物价水平、教育水平、医疗服务水平、社会保障水平、治安状况、食品安全状况、就业机会、社会公平公正和社会风气十一个方面未来三年发展的预期;对个体性事项的信心可以操作化为公众对微观个人在个人收入水平、家庭经济状况、住房状况、健康状况、工作状况、生活压力、家庭关系、人际关系、社会地位和发展机会十个方面未来三年发展的预期。公众在这两个层面的预期均分为三个档次,1代表变差、2代表不变、3代表变好,分值越高,表示公众的社会信心越高(见表10-3)。

表10-3 社会信心的测量题目

维度	题目	赋值
对社会性事项的信心	您认为下列项目未来三年有什么变化: 01.环境质量 02.基础设施状况 03.物价水平 04.教育水平 05.医疗服务水平 06.社会保障水平 07.治安状况 08.食品安全状况 09.社会公平公正 10.就业机会 11.社会风气	3-变好 2-不变 1-变差
对个体性事项的信心	您认为未来三年下面一些方面是否会有变化: 01.个人收入水平 02.家庭经济状况 03.住房状况 04.健康状况 05.工作状况 06.生活压力 07.家庭关系 08.人际关系 09.社会地位 10.发展机会	3-变好 2-不变 1-变差

---

① 朱力:《公众信心聚散的社会心理学解读》,《人民论坛》2013年第5期,第10—12页。

总的来说，上述总体性社会情绪的三个维度既有各自的侧重点，又相互交织。尽管社会信心与满意度、社会信任一样，都是人们对自身所处的社会在宏观与微观层面上产生的一种主观感受，但它们之间一个最根本的区别是，满意度和社会信任研究的是人们对目前社会环境的主观感受与看法，而社会信心则是人们在综合考虑各方面因素的基础上对社会未来发展的理性预期和心理期望，折射的是人们对国家未来发展的预期，反映的是人们对未来社会发展与进步的期待和希望。

（二）社会期望值及测量

在具体研究的过程中，我们首先要关注的是产生总体性社会情绪的社会机制。我们知道，期望与目标实现的一致性程度能够影响人们的主观感受，同时影响个体在期望与目标实现问题上产生的总体性社会情绪。上述总体性社会情绪只能在与他人或者群体社会互动的过程中才能产生，因为在这种互动过程中，人们能够比较深刻地感受到期望与目标实现的状况，并在此基础上形成相应的社会认知。在这个意义上，我们将这种个体的期望与目标实现的一致性程度称为社会期望值，它是人们从期望得到的和实际得到的差距中（discrepancy between expectation and actuality）所产生的或所感受到的，特别是与相应的参照群体的比较过程中所产生的一种主观感受。因此，社会期望值并非绝对性感知，而是一种相对性感知。在2016年的调查中，我们将社会期望值操作化为指向经济收入的社会期望值和指向社会地位的社会期望值两个维度。每个指向上的社会期望值都是在个人与身边的亲朋好友、单位内同事、相同职业的人和社会上其他人相比时实际的经济收入和社会地位与自我期望之间的差距（见表10-4）。我

表10-4　社会期望值的测量题目

维度	题目	赋值
指向经济收入的社会期望值	与下面的人群相比，您在经济收入上的状况如何？ 01.身边的亲朋好友 02.单位内同事 03.相同职业的人 04.社会上其他人	1-很高 2-较高 3-差不多 4-较低 5-很低
指向社会地位的社会期望值	与下面的人群相比，您在社会地位上的状况如何？ 01.身边的亲朋好友 02.单位内同事 03.相同职业的人 04.社会上其他人	1-很高 2-较高 3-差不多 4-较低 5-很低

们采用李克特五度量表来表征人们在上述比较中的高低水平,1代表很高、2代表较高、3代表差不多、4代表较低、5代表很低,分值越高,表示人们在与他人比较中产生的社会期望值越高,即个人的期望与其实际获得之间的不一致程度越大。

三 量表检验与指数构建

(一)量表的信效度检验

为了做好总体性社会情绪与社会期望值的分析,需要对所使用的量表和题器进行信度与效度检验,通过验证性因子分析(confirmative factor analysis),检验我们所构建的测量模型是否能够得到经验数据的支持。

数据分析的结果显示(见表10-5),"对社会性事项的满意度"的信度系数为0.916,"对个体性事项的满意度"的信度系数为0.906,"对政府职能部门的信任度"的信度系数为0.857,"对各级地方政府的信任度"的信度系数为0.744,"对政府执政能力的信任度"的信度系数为0.856,"对社会性事项的信心"的信度系数为0.916,"对个体性事项的信心"的信度系数为0.909。从总体性社会情绪的这七个一阶因子来看,测量模型具有比较高的信度系数。就整个测量模型而言,总体性社会情绪量表的信度系数为0.866。同时,用以测量公众的社会期望值的信度系数均接近0.800。总体而言,研究所设计的量表具有较高的稳定性与一致性,能够较为可靠地测量我们所预设的总体性社会情绪状况与社会期望值。

表10-5 总体性社会情绪与社会期望值的验证性因子分析[1]

	因子负荷估值 (标准化) λ_i (标准误)	残方差 (θ_{ii})	题器信度系数[2] $\dfrac{\lambda_i^2}{\lambda_i^2+\theta_{ii}}$		因子负荷估值 (标准化) λ_i (标准误)	残方差 (θ_{ii})	题器信度系数 $\dfrac{\lambda_i^2}{\lambda_i^2+\theta_{ii}}$
对社会性事项的满意度量表(信度系数0.916)				对个体性事项的满意度量表(信度系数0.906)			
stg_1	0.468(0.01)	0.401	0.353	sti_1	0.655(0.01)	0.430	0.499
stg_2	0.481(0.02)	0.323	0.417	sti_2	0.666(0.01)	0.412	0.518
stg_3	0.481(0.01)	0.467	0.331	sti_3	0.563(0.01)	0.182	0.635
stg_4	0.5660.01)	0.381	0.457	sti_4	0.426(0.01)	0.115	0.612

续表

	因子负荷估值（标准化）λ_i（标准误）	残方差 (θ_{ii})	题器信度系数 $\dfrac{\lambda_i^2}{\lambda_i^2+\theta_{ii}}$		因子负荷估值（标准化）λ_i（标准误）	残方差 (θ_{ii})	题器信度系数 $\dfrac{\lambda_i^2}{\lambda_i^2+\theta_{ii}}$
stg_5	0.599（0.01）	0.290	0.553	sti_5	0.651（0.01）	0.351	0.547
stg_6	0.610（0.01）	0.372	0.500	sti_6	0.592（0.01）	0.424	0.453
stg_7	0.539（0.01）	0.359	0.447	sti_7	0.338（0.01）	0.181	0.387
stg_8	0.617（0.02）	0.320	0.543	sti_8	0.427（0.01）	0.317	0.365
stg_9	0.684（0.01）	0.231	0.669	sti_9	0.641（0.01）	0.444	0.481
stg_10	0.568（0.01）	0.232	0.582	sti_10	0.656（0.01）	0.429	0.501
stg_11	0.633（0.01）	0.219	0.647	对个体性事项的信心量表（信度系数0.909）			
对社会性事项的信心量表（信度系数0.916）				sci_1	0.606（0.01）	0.436	0.457
scg_1	0.452（0.01）	0.340	0.375	sci_2	0.587（0.01）	0.434	0.443
scg_2	0.468（0.01）	0.277	0.442	sci_3	0.671（0.01）	0.322	0.503
scg_3	0.435（0.01）	0.371	0.338	sci_4	0.590（0.01）	0.276	0.558
scg_4	0.540（0.01）	0.363	0.445	sci_5	0.622（0.01）	0.307	0.558
scg_5	0.565（0.01）	0.292	0.522	sci_6	0.554（0.01）	0.387	0.442
scg_6	0.578（0.01）	0.334	0.500	sci_7	0.526（0.01）	0.348	0.443
scg_7	0.540（0.01）	0.319	0.478	sci_8	0.567（0.01）	0.326	0.497
scg_8	0.602（0.01）	0.292	0.554	sci_9	0.659（0.01）	0.345	0.557
scg_9	0.609（0.01）	0.189	0.672	sci_10	0.660（0.01）	0.367	0.543
scg_10	0.527（0.01）	0.219	0.559	对政府执政能力的信任度量表（信度系数0.856）			
scg_11	0.583（0.01）	0.204	0.625	bgg_1	0.645（0.01）	0.356	0.539
对政府职能部门的信任度量表（信度系数0.857）				bgg_2	0.682（0.01）	0.595	0.439
bgd_1	0.711（0.01）	0.364	0.581	bgg_3	0.660（0.01）	0.554	0.440
bgd_2	0.673（0.01）	0.460	0.496	bgg_4	0.744（0.01）	0.436	0.559
bgd_3	0.722（0.01）	0.489	0.516	bgg_5	0.771（0.01）	0.466	0.561
bgd_4	0.700（0.01）	0.521	0.485	bgg_6	0.596（0.01）	0.416	0.461
bgd_5	0.679（0.01）	0.453	0.504	对各级地方政府的信任度量表（信度系数0.744）			
bgd_6	0.603（0.01）	0.505	0.419	bga_1	0.663（0.01）	0.501	0.468
指向社会地位的社会期望值量表（信度系数0.799）				bga_2	0.973（0.01）	0.947	0.499
sds_1	0.685（0.01）	0.338	0.581	bga_3	0.708（0.01）	0.441	0.532
sds_2	0.636（0.01）	0.349	0.537	总体性社会情绪量表（信度系数0.866）			
sds_3	0.591（0.01）	0.405	0.463	stg	0.797（0.01）	0.365	0.635
sds_4	0.581（0.01）	0.469	0.419	sti	0.662（0.01）	0.562	0.438

续表

因子负荷估值（标准化）λ_i（标准误）	残方差(θ_{ii})	题器信度系数 $\dfrac{\lambda_i^2}{\lambda_i^2+\theta_{ii}}$		因子负荷估值（标准化）λ_i（标准误）	残方差(θ_{ii})	题器信度系数 $\dfrac{\lambda_i^2}{\lambda_i^2+\theta_{ii}}$
指向经济收入的社会期望值量表（信度系数0.798）			bgg	0.765（0.01）	0.415	0.585
sde_1　0.757（0.01）	0.448	0.561	bgd	0.787（0.01）	0.381	0.619
sde_2　0.583（0.01）	0.311	0.522	bga	0.693（0.01）	0.519	0.481
sde_3　0.557（0.01）	0.339	0.478	scg	0.625（0.01）	0.610	0.390
sde_4　0.669（0.01）	0.573	0.439	sci	0.497（0.01）	0.753	0.247

注：1.表格中，stg代表对社会性事项的满意度，stg_1代表对社会性事项的满意度量表中的第一个题器的满意度，以此类推；sti代表对个体性事项的满意度，sti_1代表对个体性事项的满意度量表中的第一个题器的满意度，以此类推；scg代表对社会性事项的信心，scg_1代表对社会性事项的信心量表中的第一个题器的信心，以此类推；sci代表对个体性事项的信心，sci_1代表对个体性事项的信心量表中的第一个题器的信心，以此类推；bgd代表对政府职能部门的信任度，bgd_1代表对政府职能部门的信任度量表中的第一个题器的信任度，以此类推；bgg代表对政府执政能力的信任度，bgg_1代表对政府执政能力的信任度量表中的第一个题器的信任度，以此类推；bga代表对各级地方政府的信任度，bga_1代表对各级地方政府的信任度量表中的第一个题器的信任度，以此类推；sde代表指向经济收入的社会期望值，sde_1代表指向经济收入的社会期望值量表中的第一个题器的社会期望值，以此类推；sds代表指向社会地位的社会期望值，sds_1代表指向社会地位的社会期望值量表中的第一个题器的社会期望值，以此类推。

2.此处关于信度系数的计算参照我们以往的研究，即在验证性因子分析框架下，常用的量表信度系数Cronbach的α值不能恰当地拟合指标和因子间关系，从而采用Raykov的信度系数，其计算公式为 $\rho=\dfrac{u^2}{u^2+v}=\dfrac{(\sum_{i=1}^{k}\lambda_i)^2}{(\sum_{i=1}^{k}\lambda_i)^2+\sum_{i=1}^{k}\theta_{ii}}$，其中$\lambda_i$是第$i$个题器的因子载荷，$\theta_{ii}$是第$i$个题器的残方差。参见李汉林、渠敬东、夏传玲、陈华珊《组织变迁的社会过程：以社会团结为视角》，上海：东方出版中心，2006年，第49页。

在信度测量的基础上，进一步对量表的效度进行检验，以察看所设计的量表的有效性，即能否真正反映我们所要观察的总体性社会情绪状况。① 在我们的调查中，有一项题器可资用来对总体性社会情绪量表的效度进

---

① 关于信度与效度存在以下四种关系：（1）信度低，效度必定低；（2）信度高，效度未必高；（3）效度低，信度有可能很高；（4）效度高，信度必然高。也就是说信度是效度的必要条件，效度是信度的充分条件。

行检查,这项题器询问受访者"对社会整体发展水平的满意度",答案分为"很满意"、"较满意"、"一般"、"较不满意"和"很不满意"五个层级。按照我们前述的理论逻辑,一个充满积极总体性社会情绪的社会应该是一个发展态势良好的社会,也应该是人们对社会发展状况满意的社会,如果每个量表的测量结果与人们对社会整体发展水平的满意度状况相一致,那么我们就可以认为所设计的量表具有较好的效度。结果如表10-6和图10-1所示,无论是总体性社会情绪二阶因子还是各项一阶因子,都与人们对社会整体发展水平的满意度态势相一致,且两两之间在 0.001 统计水平上显著相关,从而证明我们所设计的总体性社会情绪量表具有较好的效度。[①]

表10-6 总体性社会情绪、社会期望值与人们对社会整体发展水平的感受的方差分析

	差异源	离差平方和SS	自由度df	均方MS	F值	显著性p
对个体性事项的信心	组间	64573.6574	4	16143.4144	50.03	0.0000
	组内	1910641.83	5921	322.689044		
	总计	1975215.49	5925	333.369703		
对社会性事项的信心	组间	173349.98	4	43337.495	138.19	0.0000
	组内	1856821.19	5921	313.599256		
	总计	2030171.17	5925	342.644924		
对个体性事项的满意度	组间	352765.643	4	88191.4108	479.94	0.0000
	组内	1088012.11	5921	183.754789		
	总计	1440777.75	5925	243.16924		
对社会性事项的满意度	组间	139368.686	4	34842.1716	218.70	0.0000
	组内	943323.256	5921	159.318233		
	总计	1082691.94	5925	182.732817		
对政府执政能力的信任度	组间	222816.511	4	55704.1279	230.36	0.0000
	组内	1431750.92	5921	241.808971		
	总计	1654567.43	5925	279.251887		
对政府职能部门的信任度	组间	202656.631	4	50664.1578	198.89	0.0000
	组内	1508258.09	5921	254.730298		
	总计	1710914.72	5925	288.761979		
对各级地方政府的信任度	组间	156212.682	4	39053.1705	124.33	0.0000
	组内	1859885.69	5921	314.11682		
	总计	2016098.37	5925	340.269767		
社会信心	组间	111985.265	4	27996.3162	112.91	0.0000
	组内	1468181.24	5921	247.961703		
	总计	1580166.51	5925	266.694769		

[①] 张彦、魏钦恭、李汉林:《发展过程中的社会景气与社会信心——概念、量表与指数构建》,《中国社会科学》2015年第4期,第64—84页。

续表

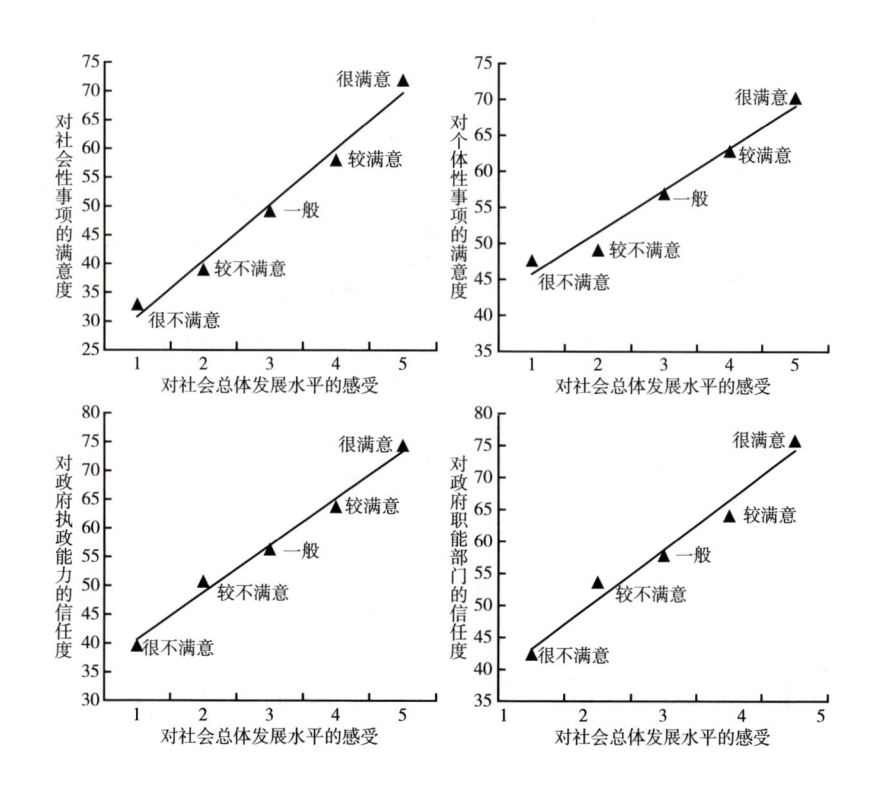

	差异源	离差平方和SS	自由度df	均方MS	F值	显著性p
满意度	组间	233358.595	4	58339.6487	468.75	0.0000
	组内	736918.29	5921	124.458418		
	总计	970276.885	5925	163.759812		
社会信任	组间	193805.772	4	48451.4431	264.07	0.0000
	组内	1086365.06	5921	183.476619		
	总计	1280170.83	5925	216.062588		
总体性社会情绪	组间	194574.714	4	48643.6785	444.59	0.0000
	组内	647825.445	5921	109.411492		
	总计	842400.159	5925	142.177242		
指向经济收入的社会期望值	组间	10133.2133	4	2533.30332	12.98	0.0000
	组内	1155338.78	5921	195.125617		
	总计	1165471.99	5925	196.704134		
指向社会地位的社会期望值	组间	6940.00059	4	1735.00015	14.92	0.0000
	组内	688639.318	5921	116.304563		
	总计	695579.319	5925	117.397353		
社会期望值	组间	8344.75846	4	2086.18962	15.93	0.0000
	组内	775581.374	5921	130.988241		
	总计	783926.133	5925	132.308208		

| 社会景气与总体性社会情绪 | 理论、方法与数据分析

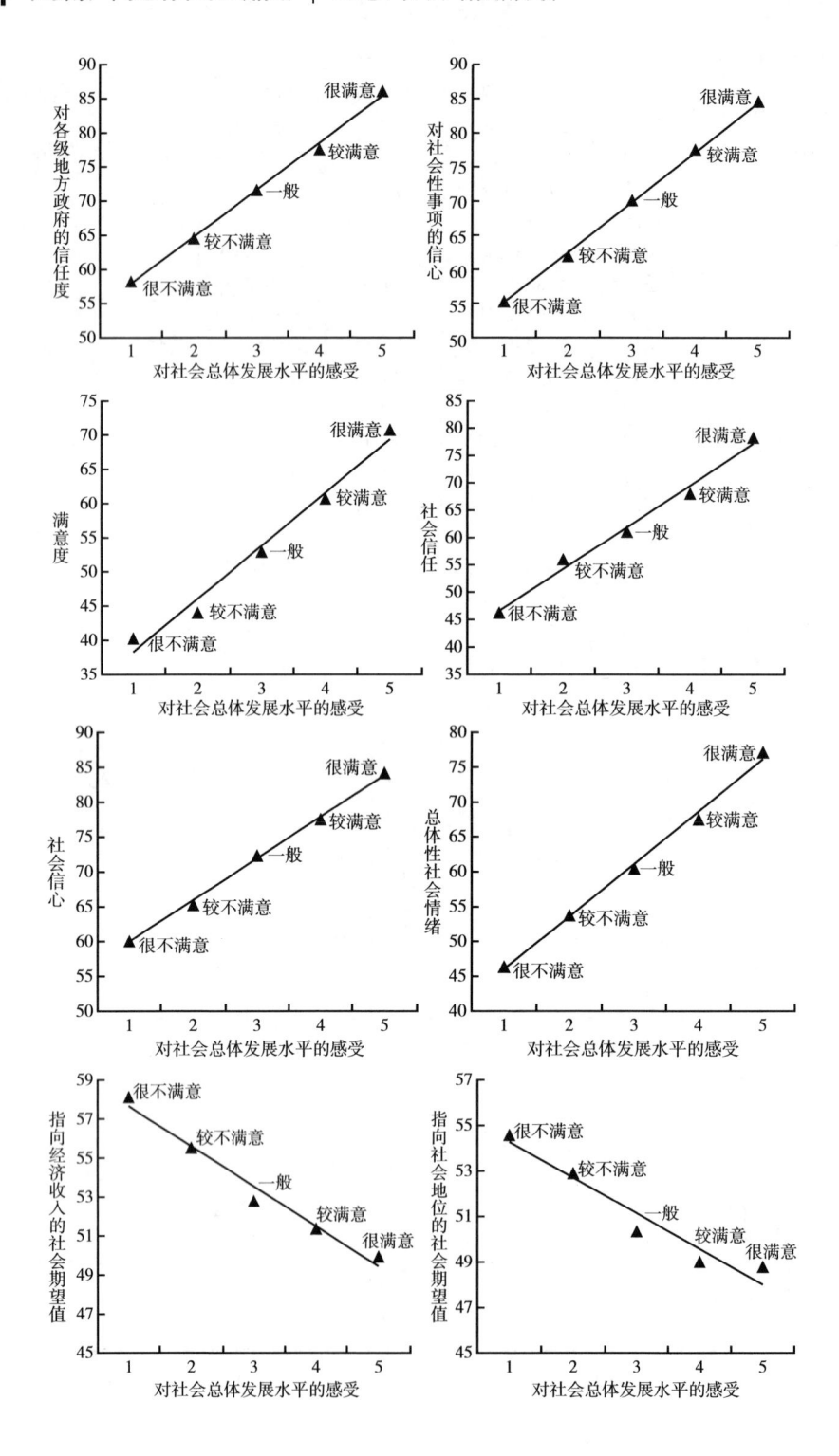

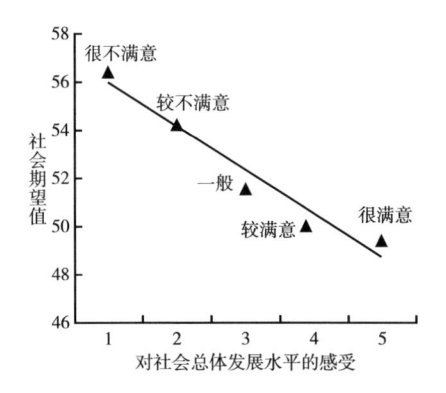

图10-1 总体性社会情绪、社会期望值与人们对社会总体发展水平的感受

同理可推,当公众认为自身的社会经济地位与参照群体相比差不多甚至较高时,这种相对优越的感知也会溢出到其对整个社会发展状况的满意度上,反之亦然。从而,如果公众感知到的社会期望值测量结果与人们对社会发展水平的满意度状况略微呈相反的发展趋势,那么我们就可以认为所设计的社会期望值量表具有较好的效度。方差分析结果如表10-6和图10-1所示,社会期望值的 F 值为15.93,且在0.001统计水平上显著,社会期望值越高的公众,对社会整体发展水平越不满意,从而证明社会期望值量表的外部校标效度较好。

(二)总体性社会情绪指数和社会期望值的计算

在上述对量表的信度和效度检验的基础上,此处需要从两个方面进一步对指数的构建进行论证。

首先,在合成指标前,需要处理缺失值。在一个指标下的题器存在缺失值且缺失值数量不超过 1/3 的样本,我们按照该样本在未缺失题目中的得分均值进行插补。其次,由于指标的量纲不同,因此在合成对社会性事项的满意度、对个体性事项的满意度、对个体性事项的信心、对社会性事项的信心、对政府执政能力的信任度、对政府职能部门的信任度和对各级地方政府的信任度七个指标前,我们需要对指标进行归一化处理,公式如下:

$$Indicate_i = \frac{indicate - \min(indicate)}{\max(indicate) - \min(indicate)} \times 100$$

其中，$Indicate_i$ 表示该指标下的第 i 项题器上的分值。

在考虑各项题器权重①的条件下，上述七个指标的计算公式如下：

$$index = \frac{\sum_i^k W_i Indicate_i}{\sum_i^k W_i}, i = 1, ..., k$$

其中，$Indicate_i$ 表示该指标下的第 i 项题器，W_i 表示该指标下的第 i 项题器的权重。以此类推，算出满意度、社会信任和社会信心三个维度和社会期望值上的分值。

同样按照上述对缺失值、量纲不一致的处理方式，将对社会性事项的满意度、对个体性事项的满意度、对个体性事项的信心、对社会性事项的信心、对政府执政能力的信任度、对政府职能部门的信任度和对各级地方政府的信任度七个指标进行处理，并依据上述权重计算方法，最终得到总体性社会情绪指数。

四 样本抽样与特征分析

中国社会科学院社会发展战略研究院于2016年实施的"社会态度与社会发展（2016）"调查，在国家统计局"六普"数据的基础上建立抽样框，抽取全国直辖市、地级市、县级市中居住在社区（居委会）辖区中的16岁及以上人口为调查对象，并通过问卷调查获得的数据对我国社会发展的总体状况与运行态势进行观测与评估。调查采取多阶抽样设计，其中县级行政区划（市辖区、县级市）为一级抽样单位（primary sampling unit, PSU），社区（居委会）为二级抽样单位（second sampling unit, SSU），家庭户作为三级抽样单位（third sampling unit, TSU），最终抽样单位为个人（ultimate sampling unit,

---

① 对题器权重的计算，我们依据各项指标在潜变量上的因子负荷大小而定，在此不再赘述。

USU）。① 调查工作是通过公开招标的方式，委托商业性的专业调查机构负责执行的。在执行过程中，调查组通过督导进行了较为严格的质量控制。所得样本情况如表10-7所示。

表10-7 被访者人口学变量情况

变量	类别	频率	百分比	变量	类别	频率	百分比
性别	男	2853	47.78%	户口	农业户口	1542	25.83%
	女	3118	52.22%		非农户口	4427	74.17%
年龄	16—19岁	163	2.73%	所在地	上海	98	1.64%
	20—29岁	1493	25.00%		云南	59	0.99%
	30—39岁	1591	26.65%		吉林	125	2.09%
	40—49岁	1525	25.54%		北京	131	2.19%
	50—59岁	737	12.34%		四川	212	3.55%
	60—69岁	359	6.01%		天津	228	3.82%
	70岁及以上	103	1.73%		安徽	136	2.28%

---

① 本次调查的PSU抽样框来自2010年由国家统计局实施并发布的《2010年第六次全国人口普查主要数据公报（第1号）》，2011年4月28日，载：www.stats.gov.cn/sj/tjg6/rkpcg6/8grkpcgb/202302/t20230206_190199。为了校正人口变动的效应，我们根据"六普"数据中的分性别、分年龄的粗死亡率对2010年人口普查数据中的12岁及以上城镇人口进行死亡率校正，以校正后的数据为PSU的抽样框（包括1226个PSU），12岁及以上城镇人口作为加权权重。根据抽样设计方案，我们从1226个PSU中，按照PPS的原则，抽取60个PSU（除新疆和西藏之外的地区中抽取）。60个PSU分布在24个省自治区直辖市，样本数量最多的是湖北省（包含5个PSU），样本数量最少的是云南省（包含1个PSU）。此次调查的SSU抽样框来自2010年国家统计局《第六次全国普查数据》的原始数据，国家统计局相关部门提供了2010年SSU的户数和12岁及以上城镇人口数。我们根据抽样方案，在SSU抽样框中，按照PPS原则，在每个PSU中抽取9个社区居委会作为SSU，原则上共抽取540个社区居委会。在实际抽样过程中，由于有的社区居委会人口规模较大，我们进行了分割处理，因此可能同一个社区居委会可能被重复抽中。最终抽样设计中共涉及529个社区居委会。TSU样本框来自调查实施单位，抽样员需要会同有关知情人，依据已知的地理信息（如地图、地址簿等），依据地块现场制作"户样本框"。建立"户样本框"后，由调查督导统一用计算机程序随机抽取出所需要调查的入户地址。为了能够把流动人口纳入此次调查的范围之内，此次调查TSU的抽样采取"以户定人"的原则，即以住户为抽样单元，无论住户内的成员是户籍人口、常住人口还是流动人口，都是此次调查的潜在对象。抽中的家庭户中，所有16岁及以上家庭成员构成第四级样本框。在成功入户后，访问员需要借助问卷首页上的Kish表从户内成员中抽选出被访者。

续表

变量	类别	频率	百分比	变量	类别	频率	百分比
受教育程度	没有受过教育	20	0.34%	所在地	山东	255	4.27%
	小学	248	4.16%		山西	158	2.65%
	初中	1226	20.55%		广东	303	5.07%
	高中	1477	24.76%		广西	427	7.15%
	中专/技校	595	9.97%		江苏	204	3.42%
	大学专科	1294	21.69%		江西	136	2.28%
	大学本科	1016	17.03%		河北	327	5.48%
	研究生	89	1.49%		河南	222	3.72%
政治面貌	共产党员	594	9.96%		浙江	444	7.44%
	共青团员	878	14.73%		海南	90	1.51%
	民主党派	16	0.27%		湖北	603	10.10%
	群众	4474	75.04%		湖南	334	5.59%
民族	汉族	5682	95.19%		福建	114	1.91%
	少数民族	287	4.81%		辽宁	368	6.16%
					重庆	325	5.44%
					陕西	426	7.13%
					黑龙江	246	4.12%

五 总体性社会情绪现状及变动趋势

在调查数据（2012年、2013年、2014年和2015年的全国性抽样调查数据）和对观测量表进行检验的基础上，我们沿用了分析社会发展状况的重要指针——总体性社会情绪指数。① 2016年，我国城镇居民的总体性社会情绪指数为64.74，标准差为11.94。基于总体性社会情绪指数的回归方程进行Shapley值分解，结果如表10-8所示，社会信任对总体性社会情绪指数差异贡献最大，为47.67%；其次是满意度，贡献率为32.40%；最后是社会信心，贡献率为19.92%。

---

① 关于量表的测量和指数的构建由于较为复杂，此处我们不再赘述，可参见李汉林、魏钦恭《社会景气与社会信心研究》，北京：中国社会科学出版社，2013年。

表10-8　2016年我国城镇居民总体性社会情绪三维度的描述性分析与Shapley值分解

	均值	标准差	Shapley值	贡献率（%）
满意度	57.53	12.82	0.32	32.40
社会信任	65.38	14.71	0.47	47.67
社会信心	75.39	16.36	0.20	19.92

2016年的调查数据显示，我国城镇居民的总体性社会情绪呈现上行的态势。就总体性社会情绪指数而言，和2012年以来的四个年份相比，2016年的总体性社会情绪指数最高，分值为64.74（见图10-2）。

	2012年	2013年	2014年	2015年	2016年
总体性社会情绪指数	41.92	59.85	61.79	63.60	64.74

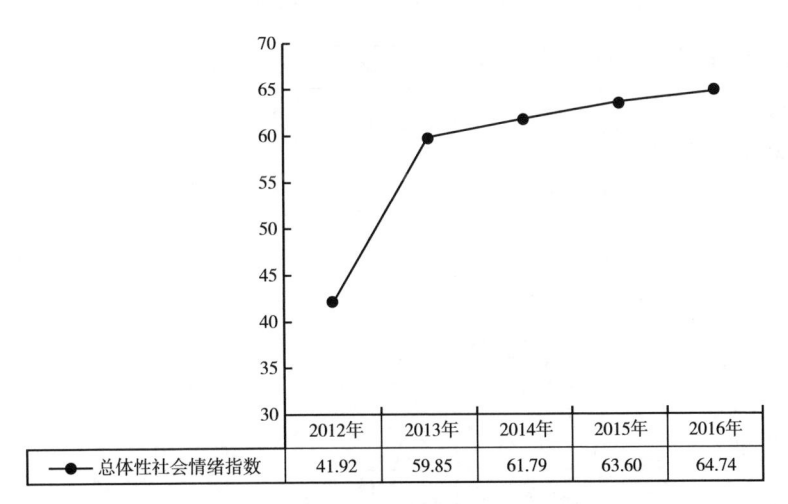

图10-2　我国城镇居民总体性社会情绪指数的变动趋势（2012—2016）

具体分析不同结构性特征的社会群体的时候，我们发现（见表10-9），总体性社会情绪指数并不存在显著的性别差异；在年龄结构上，40—49岁年龄组的人群的总体性社会情绪最消极；在收入结构上，随着月收入水平的提高，人们的总体性社会情绪指数感受波动上升，其中值得关注的是，月收入6001—10000元的群体在总体性社会情绪指数上出现下降的现象；在受教育程度结构上，具有高中、中专、技校学历的民众的总体性社会情绪较消极。

表10-9 不同群组民众总体性社会情绪指数的方差分析

	均值	标准差	样本量	显著性检验
性别				
男	64.90	12.19	2853	$T=0.9891$, $p=0.3226$
女	64.59	11.70	3118	
年龄				
16—19岁	66.18	12.00	163	
20—29岁	64.19	11.21	1493	
30—39岁	65.25	11.92	1591	
40—49岁	63.78	11.69	1525	$F=10.58$, $p=0.0000$
50—59岁	64.35	12.67	737	
60—69岁	67.14	13.26	359	
70岁及以上	71.12	12.40	103	
月收入				
2000元及以下	65.80	12.76	529	
2001—4000元	63.95	11.63	2145	
4001—6000元	65.00	11.69	1096	$F=3.63$, $p=0.0028$
6001—8000元	64.92	10.98	307	
8001—10000元	64.73	11.76	186	
10001元及以上	66.75	10.18	132	
受教育程度				
小学及以下	66.16	12.93	268	
初中	64.73	12.13	1226	
高中、中专、技校	64.19	11.96	2072	$F=2.58$, $p=0.0244$
大学专科	65.44	11.94	1294	
大学本科	64.62	11.36	1016	
研究生	64.22	11.59	89	

下文将从满意度、社会信任和社会信心三个方面具体来分析民众的主观态度及其变动趋势，进而对总体性社会情绪状况的变动有更为深入的理解。

（一）满意度

一个明显的事实是，改革开放以来中国的发展，给社会带来了巨大的进步，同时也带来了严重的问题。收入分配的不平等就是其中的一个突出问题。应该看到，中国在发展的初期，强调效益优先，让一部分人先富起来，同时引入市场机制，造成原来社会的结构与功能失调。经过逐步的调整以后，达到了新的协调，实现了发展的突破与超越。这样的一种改革和发展理念，对于中国经济社会持续较快的发展起到了举足轻重的作用，形成了中国宝贵的发展经验。但是，"带着问题发展，在发展中解决问题"的方式已经不能适应目前中国发展的要求。不转变经济发展的方式，不强调社会的发展，中国就可能陷入发展的陷阱。①

大量社会学的研究表明，当一个社会的不平等、不公平和不公正超过大众所能承受的限度之时，就会在很大程度上影响这个社会的稳定。② 我们知道，任何一个社会不可能有绝对的平等、公平和公正。没有差异，就不可能有发展；不让一部分人先富起来，就不可能最终实现全体人民的共同富裕。但是，问题的关键在于，一个政府是否有可能通过相应的制度安排，在不平等造成贫富差距过大的时候，努力缩小贫富差距；当社会的不公平和不公正导致利益分配机制严重失衡的时候，努力调整利益分配结构。这些无疑对社会的持续稳定发展具有决定性影响。

从社会学理论来说，一个社会的不平等和不公正并不会直接影响这个社会的稳定，只有在以下三种条件逐步递进并不断强化的情况下，才有可能导致一个社会的不稳定。③ 这三个条件简单地说就是：(1) 人们的

---

① 在分析"中等收入国家陷阱"形成的原因时，一般的看法是，当一国经济开始起飞后，首先都是劳动力从农村向城市的大规模转移。刚开始时，劳动力处于无限供给状态，所以工资非常低廉，吸引了大量的资本，使工业化得以顺利进行。但是一旦农村剩余劳动力转移完毕，从学术上讲，即一旦过了所谓的"刘易斯拐点"，工资开始上涨。工资上涨如果是由劳动力市场供需造成，而不是由劳动者技能的提高造成，这样的工资上涨是不可持续的，因为资本可以找到另外更便宜的劳动力与它结合。随着资本的离去，如果劳动者技能不思进取，整个经济就会陷入停顿。这时候如果国家采取货币政策刺激经济，经济就会陷入恶性通货膨胀。同时由于资本的离去，就业机会的丧失，失业率就会上升，这些失业工人可能去从事犯罪活动；政府官员掌握着资源，也可能趁乱浑水摸鱼，腐败横行。参见高伟《中等收入陷阱假说》，《人民论坛》2010年第16期，第12—13页。

② Gurr, T. R., *Why Men Rebel*, Princeton: Princeton University Press, 1971, pp.45-50.

③ Hanlin Li,, Atteslander, Tanur & Wang, *Searching for Hidden Reality: Anomie and Social Change*, Biel: Swiss Academy of Development, pp.98-108; Merton, R. K. & A. S. Rossi, "Contributions to the theory of reference group behavior," In R. K. Merton, *Social Theory and Social Structure*, New York: The Free Press, 1968, pp.145-167, 279-330; Nee, V., "A theory of market transition: From redistribution to markets in state socialism," *American Sociological Review*, Vol.54, No.5(1989), pp. 663-681.

社会期望值、地位的不一致性和不满意度变得愈来愈强烈;(2)社会的基本价值取向和行为规范发生动摇和混乱;(3)政府不作为。具体地说,不平等和不公正首先造成的一个最明显的社会后果便是利益分配不当、激励机制扭曲和贫富差距过大。先富群体以及一些政府腐败官员炫耀性消费的示范效应、人们在经济制度中的激励结构扭曲以及社会生活中行为规范与取向的混乱,使人们的羡慕与妒忌、攀比与模仿、失落与愤怒等各种情绪交织在一起。如果再加上媒体不适当的炒作与推动,就会使利益受损群体心理上的社会期望值与地位的不一致性在相互比较的过程中变得愈来愈强烈,由此引发的不满意度就会变得愈来愈高。① 所以,正是基于这样的一种认识,我们有必要对发展过程中的满意度进行深层次的分析与探讨。在往年实证研究的结果的基础上,我们主要围绕2012—2016年满意度的发展趋势、2016年满意度的群组差异和经过历年研究证实社会保护状况和主观社会经济地位两个对满意度有着突出影响的相关因素展开。

1. 满意度的发展趋势

在一般的情况下,人们总是会从微观、中观和宏观三个维度来感受和评价对自身所处的社会环境是否满意。在微观上,人们会直接从自身经济收入状况、社会地位状况以及向上流动机会状况,即从个人可持续发展的角度来感受和评价。在中观和宏观上,人们可以从社区对自身生活的影响、国家政策对个人生活质量的改善、社会包容和社会参与对自身的影响程度等诸方面来感受和评价。

对满意度的测量由社会宏观层面的满意度和个体微观层面的满意度两部分构成,其中对环境质量、基础设施状况、物价水平、教育水平、医疗服务水平、社会保障水平、治安状况、食品安全状况、社会公平公正、就业机会和社会风气的感受用以测量民众对社会性事项的满意度;对个人收入水平、家庭经济状况、住房状况、健康状况、工作状况、生活压力、家庭关系、人际关系、社会地位和发展机会十个方面的感受用以测量民众对个体性事项的满意度。这些感受均分为五个层次,即"很不满意""较不满意""一般""较满意""很满意",分别赋值为1—5分,

---

① 李汉林、魏钦恭、张晨曲:《发展过程中的满意度》,《社会学评论》2013年第1期,第75—88页。

分值越高，表示满意度水平越高。① 具体来看（见图 10-3），2016 年人们对社会性事项的满意度与 2015 年相比略微下降，对个体性事项的满意度与 2015 年相比略微上升，民众对个体性事项的满意度仍高于对社会性事项的满意度。

	2012年	2013年	2014年	2015年	2016年
▲ 对社会性事项的满意度（%）	46.38	49.62	50.25	54.77	54.66
● 对个体性事项的满意度（%）	51.89	52.24	55.44	59.84	60.40

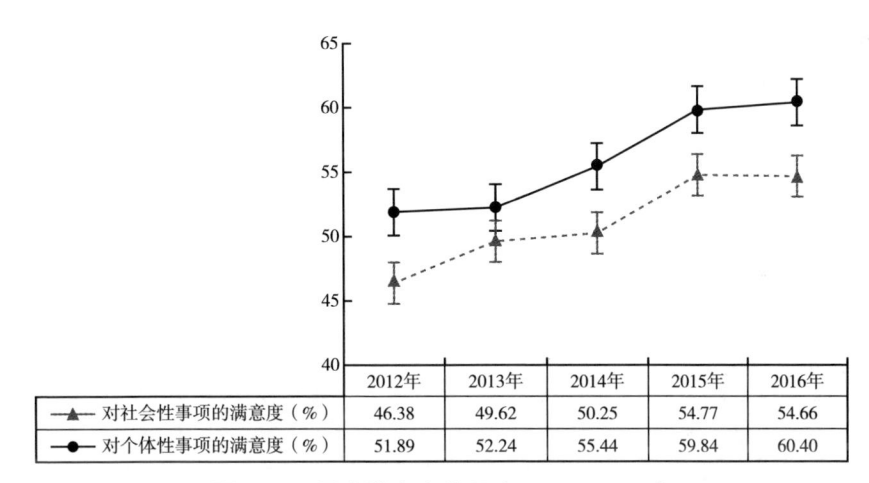

图10-3　民众满意度状况（2012—2016）

在上述描述性统计的基础上，我们想进一步察看民众在个体性事项和社会性事项上，其中分别哪些方面的满意程度较低，换言之，哪些方面成为影响民众总体满意状况的关键变量。对此，我们一方面通过民众对各事项的满意度频数来呈现，另一方面在构建回归的基础上进行影响因素的权重分解，这样便能较好地回答上述提问。

统计结果显示（见图 10-4），在个体性事项层面，自 2012 年以来（除 2015 年），生活压力与个人收入水平始终是人们较不满意的维度。在社会性事项层面，从 2012 年到 2016 年，人们最不满意的前两项始终是物价水平与食品安全状况；从 2012 年到 2014 年，人们第三序次不满意的是社会公正，在 2015 年和 2016 年，社会公平公正让位于就业机会。另外，对环境质量的不满意比例从 2013 年的第四位降至 2015 年的第九位和 2016 年的第八位。这表明，自 2012 年以来，虽然我国在环境质量的改进上得到

---

① 李汉林、魏钦恭、张晨曲：《发展过程中的满意度》，《社会学评论》2013 年第 1 期，第 75—88 页。

了较为广泛的认可，但在宏观社会物价水平、食品安全状况和微观个体收入水平、生活压力方面还需要继续加强宏观调控。

为了对社会性事项满意度的内在结构进行分析，我们采用夏普利值分解方法对社会性事项所包含的维度即采用的题器的重要性进行了排序。分析结果表明（见表10-10），2015年，贡献率较高的前三个事项分别是社会保障水平、就业机会和社会风气。2016年，贡献率较高的前三个事项则分别是就业机会、社会保障水平和食品安全状况。进一步以各事项的满意度和贡献率为维度构建关系矩阵（见图10-5），可以很明显地看到，无论是在2015年还是2016年，物价水平和食品安全状况都成为民众满意度较低且影响权重较大的事项，这也为我们今后的制度设计和政策制定提供了一定的数据基础。

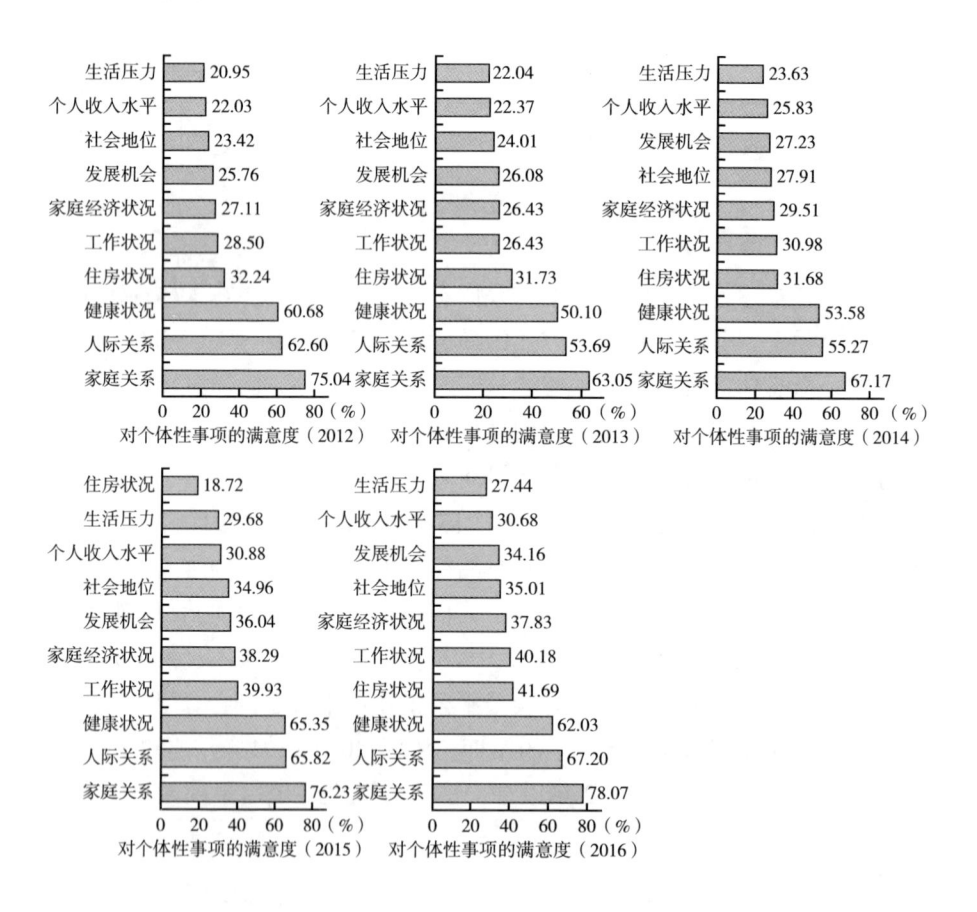

对个体性事项的满意度（2012）	对个体性事项的满意度（2013）	对个体性事项的满意度（2014）
生活压力 20.95	生活压力 22.04	生活压力 23.63
个人收入水平 22.03	个人收入水平 22.37	个人收入水平 25.83
社会地位 23.42	社会地位 24.01	发展机会 27.23
发展机会 25.76	发展机会 26.08	社会地位 27.91
家庭经济状况 27.11	家庭经济状况 26.43	家庭经济状况 29.51
工作状况 28.50	工作状况 26.43	工作状况 30.98
住房状况 32.24	住房状况 31.73	住房状况 31.68
健康状况 60.68	健康状况 50.10	健康状况 53.58
人际关系 62.60	人际关系 53.69	人际关系 55.27
家庭关系 75.04	家庭关系 63.05	家庭关系 67.17

对个体性事项的满意度（2015）	对个体性事项的满意度（2016）
住房状况 18.72	生活压力 27.44
生活压力 29.68	个人收入水平 30.68
个人收入水平 30.88	发展机会 34.16
社会地位 34.96	社会地位 35.01
发展机会 36.04	家庭经济状况 37.83
家庭经济状况 38.29	工作状况 40.18
工作状况 39.93	住房状况 41.69
健康状况 65.35	健康状况 62.03
人际关系 65.82	人际关系 67.20
家庭关系 76.23	家庭关系 78.07

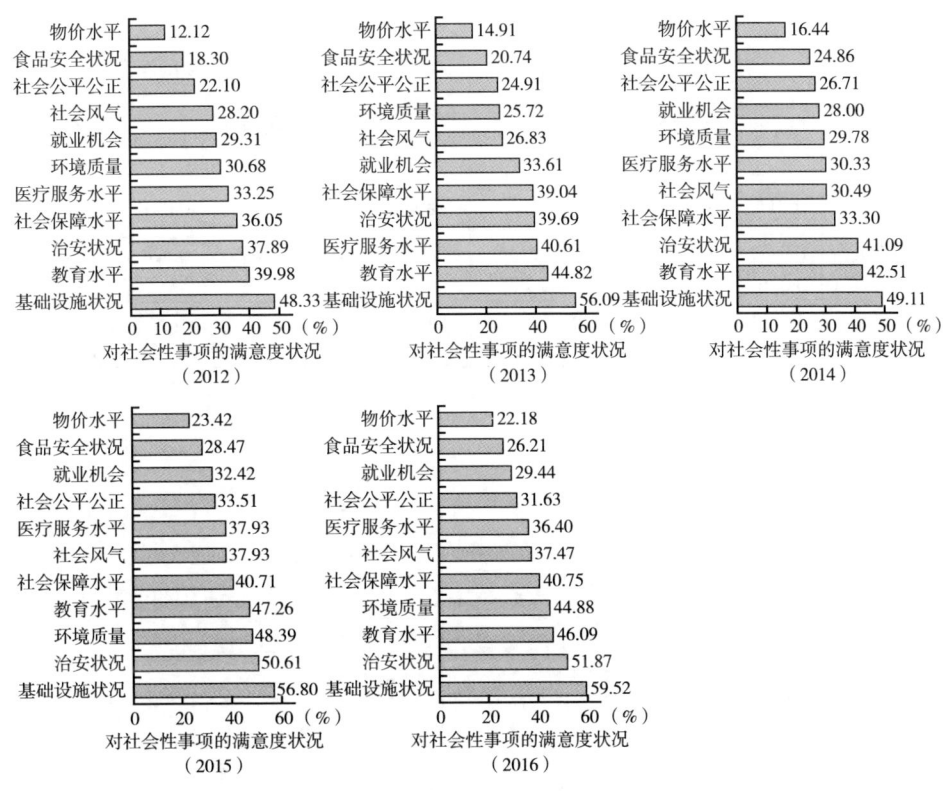

图10-4 民众对各事项的满意度排序（2012—2016）

2012年对社会性事项的满意度状况：
- 物价水平 12.12
- 食品安全状况 18.30
- 社会公平公正 22.10
- 社会风气 28.20
- 就业机会 29.31
- 环境质量 30.68
- 医疗服务水平 33.25
- 社会保障水平 36.05
- 治安状况 37.89
- 教育水平 39.98
- 基础设施状况 48.33

2013年对社会性事项的满意度状况：
- 物价水平 14.91
- 食品安全状况 20.74
- 社会公平公正 24.91
- 环境质量 25.72
- 社会风气 26.83
- 就业机会 33.61
- 社会保障水平 39.04
- 治安状况 39.69
- 医疗服务水平 40.61
- 教育水平 44.82
- 基础设施状况 56.09

2014年对社会性事项的满意度状况：
- 物价水平 16.44
- 食品安全状况 24.86
- 社会公平公正 26.71
- 就业机会 28.00
- 环境质量 29.78
- 医疗服务水平 30.33
- 社会风气 30.49
- 社会保障水平 33.30
- 治安状况 41.09
- 教育水平 42.51
- 基础设施状况 49.11

2015年对社会性事项的满意度状况：
- 物价水平 23.42
- 食品安全状况 28.47
- 就业机会 32.42
- 社会公平公正 33.51
- 医疗服务水平 37.93
- 社会风气 37.93
- 社会保障水平 40.71
- 教育水平 47.26
- 环境质量 48.39
- 治安状况 50.61
- 基础设施状况 56.80

2016年对社会性事项的满意度状况：
- 物价水平 22.18
- 食品安全状况 26.21
- 就业机会 29.44
- 社会公平公正 31.63
- 医疗服务水平 36.40
- 社会风气 37.47
- 社会保障水平 40.75
- 环境质量 44.88
- 教育水平 46.09
- 治安状况 51.87
- 基础设施状况 59.52

表10-10 以对社会性事项的满意度和对个体性事项的满意度为因变量的夏普利值分解

因素	对社会性事项的满意度				因素	对个体性事项的满意度			
	2015年		2016年			2015年		2016年	
	贡献额	贡献率（%）	贡献额	贡献率（%）		贡献额	贡献率（%）	贡献额	贡献率（%）
环境质量	0.022	9.07	0.024	8.32	收入水平	0.063	18.32	0.049	15.32
基础设施状况	0.022	9.08	0.024	8.31	家庭经济状况	0.078	22.72	0.060	18.65
物价水平	0.021	8.79	0.026	9.00	住房状况	0.023	6.76	0.037	11.43
教育水平	0.009	3.66	0.008	2.74	健康状况	0.017	4.93	0.024	7.42
医疗服务水平	0.025	10.22	0.026	9.00	工作状况	0.027	8.00	0.020	6.35
社会保障水平	0.035	14.66	0.038	13.26	生活压力	0.043	12.53	0.037	11.47
治安状况	0.019	8.03	0.026	9.02	家庭关系	0.012	3.52	0.017	5.32
食品安全状况	0.024	10.04	0.028	9.96	人际关系	0.019	5.54	0.018	5.50

续表

因素	对社会性事项的满意度				因素	对个体性事项的满意度			
	2015年		2016年			2015年		2016年	
	贡献额	贡献率（%）	贡献额	贡献率（%）		贡献额	贡献率（%）	贡献额	贡献率（%）
社会公平公正	0.011	4.55	0.007	2.63	社会地位	0.032	9.25	0.031	9.80
就业机会	0.027	11.08	0.051	17.99	发展机会	0.029	8.43	0.028	8.74
社会风气	0.026	10.81	0.028	9.79	—	—	—	—	—
残差	-0.746		-0.806		残差	-0.967		-0.834	
总计	0.241	100.00	0.284	100.00	总计	0.342	100.00	0.320	100.00

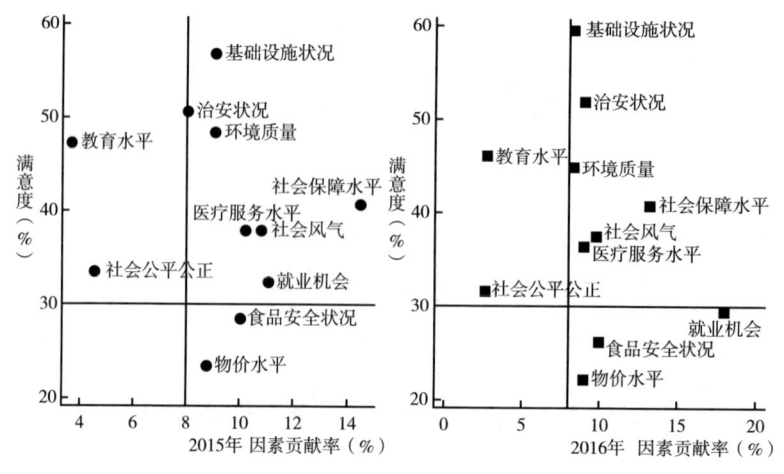

图10-5 对社会性事项的满意度水平与要素贡献率的关系矩阵

与上述分析一致，以对个体性事项的满意度为因变量，统计结果表明，2015年与2016年影响力较大的前三位事项保持不变，分别是家庭经济状况、收入水平和生活压力。也就是说，在分析所选取的个体性事项中，上述三项对民众有关自身生活的总体满意度具有关键影响作用。同样，仍以满意度和贡献率为维度构建矩阵关系（见图10-6），可以看出，生活压力和收入水平不仅影响效应较大而且满意度较低，这也为进一步提升民众生活满意度提供了具有可操作性和依据性的政策方向。①

---

① 近日，国务院印发了《关于激发重点群体活力带动城乡居民增收的实施意见》，目标是到2020年，城乡居民人均收入比2010年翻一番。参见《国务院印发〈关于激发重点群体活力带动城乡居民增收的实施意见〉》，中央政府门户网站，2016年10月21日，https://www.gov.cn/xinwen/2016-10/21/content_5122845.htm。

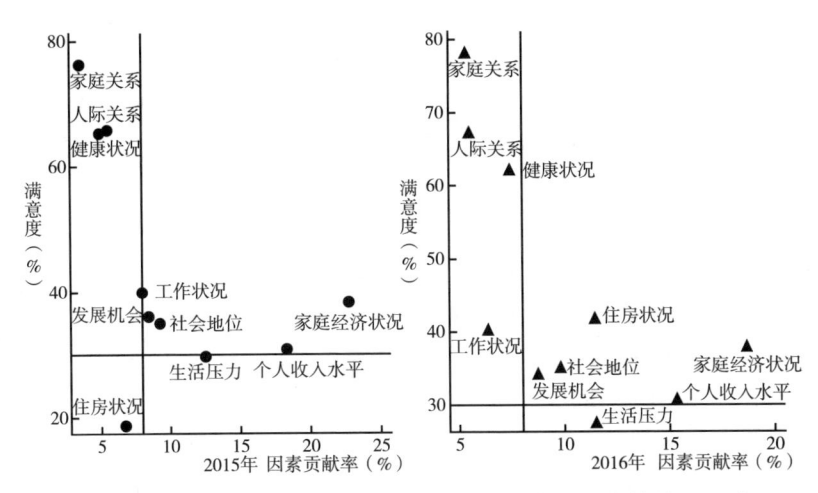

图10-6 对个体性事项的满意度水平与要素贡献率的关系矩阵

2. 不同群组的满意度状况

深入分析不同群组民众的满意度状况，可以发现（见表10-11）：相对于男性，女性对社会性事项的满意度明显更低；而在个体性事项的满意度上，尽管女性低于男性，但是两者之间没有显著性差异。从年龄结构上分析，在社会性事项的满意度上，20—29岁受访群体的满意度较低；而在个体性事项上呈现出满意度随年龄的递增而波动上升发展态势，50—59岁这个年龄段的民众表现出较低的满意度。从收入结构上分析，在对个体性事项的满意度上呈现出显著正相关的关系，也就是说，人们的收入愈低，满意度愈低；但是，在社会性事项上，则呈现出无规律的波动性，这种类似的状况也表现在受教育程度的结构上。

表10-11 不同群组民众有关满意度状况的方差分析

	对社会性事项的满意度				对个体性事项的满意度			
	均值	标准差	样本量	显著性检验	均值	标准差	样本量	显著性检验
性别								
男	55.38	15.65	2853	$T=3.4084$, $p=0.0007$	60.58	13.84	2853	$T=0.9514$, $p=0.3414$
女	54.00	15.57	3118		60.24	13.26	3118	

续表

	对社会性事项的满意度				对个体性事项的满意度			
	均值	标准差	样本量	显著性检验	均值	标准差	样本量	显著性检验
年龄								
16—19岁	53.73	15.41	163	$F=8.04$, $p=0.0000$	62.15	14.04	163	$F=10.17$, $p=0.0000$
20—29岁	53.59	14.67	1493		60.11	12.60	1493	
30—39岁	55.82	15.51	1591		61.37	12.58	1591	
40—49岁	53.90	15.75	1525		59.32	14.38	1525	
50—59岁	53.94	16.36	737		58.85	14.13	737	
60—69岁	57.39	16.73	359		62.67	14.98	359	
70岁及以上	60.71	16.43	103		66.27	14.17	103	
月收入								
2000元及以下	54.73	15.97	529	$F=8.23$, $p=0.0000$	57.21	14.49	529	$F=31.32$, $p=0.0000$
2001—4000元	53.59	14.97	2145		59.64	12.76	2145	
4001—6000元	56.72	16.31	1096		62.77	12.81	1096	
6001—8000元	55.40	15.01	307		64.33	12.14	307	
8001—10000元	54.41	15.22	186		64.08	13.30	186	
10001元及以上	59.09	13.74	132		67.74	10.93	132	
受教育程度								
小学及以下	57.78	16.63	268	$F=5.92$, $p=0.0000$	58.06	15.26	268	$F=10.45$, $p=0.0000$
初中	54.82	15.46	1226		59.42	13.79	1226	
高中、中专、技校	54.22	15.55	2072		59.62	13.76	2072	
大学专科	55.80	15.83	1294		61.97	12.92	1294	
大学本科	53.29	15.23	1016		61.47	12.89	1016	
研究生	52.14	15.69	89		64.16	12.04	89	

3. 社会保护与满意度

社会保护（social protection）是一个较为宽泛的概念，其常被当作与社会保障（social security）和福利（welfare）等同的概念使用，但其实质上具有不同的内涵，社会保护主要是指应该对那些处于风险地位（at risk）的有需求者（being in need）进行的保护。[1] 有研究认为社会保护以政府

---

[1] Standing, G. "Social protection," *Development in Practice,* Vol.17, Issue 4-5(2007), pp.511-522.

和社会为主体,通过一系列政策和制度安排以及培育富有效率的劳动力市场降低人们面对就业的风险,提高居民保护自身收入和生活水平的能力,从而降低贫困发生率和脆弱性。① 事实上,在我们的传统中有关于社会保护理想状态的描述,那就是"大同社会"②。在我们的分析中,社会保护被操作化为受访者对城市是否设有社会保护性的服务机构或项目的认知、实际获得的保护(如住房、养老、医疗、失业)、对某些弱势群体给予保护(贫穷、残疾、孤寡)的评价。

在调查中,实际获得的保护主要是询问受访者"有无基本医疗保险""有无失业保险""有无住房公积金""有无基本养老保险";城市是否设有社会保护性的服务机构或项目的认知是询问受访者所在城市是否设有"残疾人、孤儿、乞讨者救助或托养机构"、"接收农民工子女的中小学"、"公益性养老服务机构"、"社区公共卫生服务机构"、"免费就业信息、就业指导和技能培训等"和"公共租赁住房或廉租房";对某些弱势群体给予保护的评价是询问受访者是否满意"对孤寡老人、孤儿的社会保护"、"对残疾人的社会援助"和"对贫困群体的社会救助"。

数据结果显示,除了"不清楚"或"不知道"相关情况的受访者,59.94%的受访者所在城市设有残疾人、孤儿、乞讨者救助或托养机构,66.82%的受访者所在城市设有接收农民工子女的中小学,62.64%的受访者所在城市设有公益性养老服务机构,82.53%的受访者所在城市有社区公共卫生服务机构,50.49%的受访者所在城市提供免费就业信息、就业指导和技能培训等,71.14%的受访者所在城市提供公共租赁住房或廉租房。这表明,城市在社会保护方面的管理措施和服务提供较好。同时,

---

① 这类制度安排主要包括:(1)旨在保护就业安全性和劳动者权益的就业政策和劳动力市场制度;(2)旨在保护居民免受失业、疾病、伤残和老龄困扰的社会保障体系;(3)对特殊困难和脆弱人群如儿童、"三无"老人、特殊地区居民的社会救助和福利等。参见蔡昉《刘易斯转折点与公共政策方向的转变——关于中国社会保护的若干特征性事实》,《中国社会科学》2010年第6期,第125—137页。

② 儒家经典著作《礼记·礼运》篇对"大同社会"做了如下描绘:"大道之行也,天下为公,选贤与能,讲信修睦。故人不独亲其亲,不独子其子,使老有所终,壮有所用,幼有所长,矜、寡、孤、独、废疾者,皆有所养。男有分,女有归,货恶其弃于地也,不必藏于己,力恶其不出于身也,不必为己。是故谋闭而不兴,盗窃乱贼而不作,故外户而不闭,是谓大同。"在这段描述中,"大同社会"有几个主要特点:天下为公、选贤与能、讲信修睦、人各得其所、人人为公、各尽其力。参见郭齐勇解读《礼记(节选)》,北京:科学出版社,2020年,第176—198页。

69.27%的受访者享有基本养老保险，83.92%的受访者享有基本医疗保险，34.32%的受访者享有失业保险，31.28%的受访者享有住房公积金。48.35%的受访者对孤寡老人、孤儿的社会保护给予了积极肯定、50.97%的受访者对残疾人的社会援助给予了积极肯定，45.55%的受访者对贫困群体的社会救助给予了积极肯定，总体评价积极。

进一步分析的结果表明，较好的社会保护能提升人们的满意度（见表10-12）。这具体表现在，所在城市设有残疾人、孤儿、乞讨者救助或托养机构，接收农民工子女的中小学，公益性养老服务机构，社区公共卫生服务机构，提供免费就业信息、就业指导和技能培训等，提供公共租赁住房或廉租房的受访者，对社会总体的满意度显著高于所在城市没有上述社会保护机构或项目的受访者。同时，享有基本养老保险、基本医疗保险、失业保险或住房公积金这类社会福利保障的受访者，对社会满意度明显更高。同时，2016年对孤寡老人、孤儿的社会保护，对残疾人的社会援助或对贫困群体的社会救助给予越积极评价的受访者，往往对社会总体的满意度也会显著越高。

表10-12 不同社会保护状况下民众的满意度差异

	均值	标准差	样本量	差异性检验
残疾人、孤儿、乞讨者救助或托养机构				
有	58.12	12.66	3578	$T=5.4168$, $p=0.0000$
没有	55.71	12.34	1036	
接收农民工子女的中小学				
有	58.02	12.61	3988	$T=5.2286$, $p=0.0000$
没有	55.60	12.31	907	
公益性养老服务机构				
有	58.60	12.59	3735	$T=7.2091$, $p=0.0000$
没有	55.39	12.84	1031	
社区公共卫生服务机构				
有	57.93	12.74	4924	$T=2.6623$, $p=0.0078$
没有	56.41	12.71	560	
免费就业信息、就业指导和技能培训等				
有	58.97	13.29	3013	$T=8.8508$, $p=0.0000$
没有	55.25	11.98	1476	

续表

	均值	标准差	样本量	差异性检验
公共租赁住房或廉租房				
有	57.89	12.97	4245	$T=2.2368$，$p=0.0253$
没有	56.81	12.19	845	
基本养老保险				
有	58.14	12.97	4135	$T=5.8752$，$p=0.0000$
没有	56.02	12.30	1786	
基本医疗保险				
有	57.81	12.86	5009	$T=4.3088$，$p=0.0000$
没有	55.84	12.46	929	
失业保险				
有	58.54	13.55	2047	$T=4.3237$，$p=0.0000$
没有	57.03	12.27	3771	
住房公积金				
有	59.83	13.31	1866	$T=9.1541$，$p=0.0000$
没有	56.60	12.21	3955	
对孤寡老人、孤儿的社会保护				
很满意	69.97	13.55	674	
较满意	61.15	10.64	2088	
一般	54.14	10.11	2187	$F=506.96$，$p=0.0000$
较不满意	49.03	11.25	561	
很不满意	42.14	13.37	202	
对残疾人的社会援助				
很满意	70.91	13.74	649	
较满意	60.21	10.43	2228	
一般	54.49	10.26	2131	$F=491.04$，$p=0.0000$
较不满意	48.94	11.37	476	
很不满意	39.98	13.94	160	
对贫困群体的社会救助				
很满意	70.98	14.52	603	
较满意	61.45	10.44	1992	
一般	54.73	9.60	2397	$F=491.04$，$p=0.0000$
较不满意	47.95	11.17	499	
很不满意	41.27	15.03	206	

4. 主观社会经济地位与满意度

分析个体的主观社会经济地位与其对社会性事项满意度之间的关系发现，主观社会地位层级越高，民众对当前社会性事项的状况越满意；但是，主观经济收入水平与民众对社会性事项满意度之间却呈现出"先升后降"的态势，主观经济收入处于"较高层"的民众或"高层"的民众，对社会性事项的满意程度反而比主观经济收入水平处于"中层"的民众有所降低（见图10-7）。具体比较各层级之间社会性事项满意度的差异，结果显示（见表10-13），在主观经济收入层面，主观经济收入处于"高层"的民众对社会性事项的满意度与"较低层"的民众、"中层"的民众和"较高层"的民众之间均不存在显著差异，而其余各层级之间在社会性事项满意度上差异显著。总体来看，主观经济收入水平越高，民众对当前社会性事项的状况越满意。但值得注意的是，主观经济收入水平较高的民众虽然比较低水平和低水平民众对当前社会性事项的状况更满意，但与主观经济收入中等水平的民众相比，却明显较低，且这种差距在0.01置信水平上存在显著性（见表10-13）。在主观社会地位层面，除了"较高层"民众与"中层"民众在社会性事项满意度上不存在显著差异之外，其余各层级之间均有显著差异，且主观社会地位越高，民众对当前社会性事项越满意（见表10-14）。

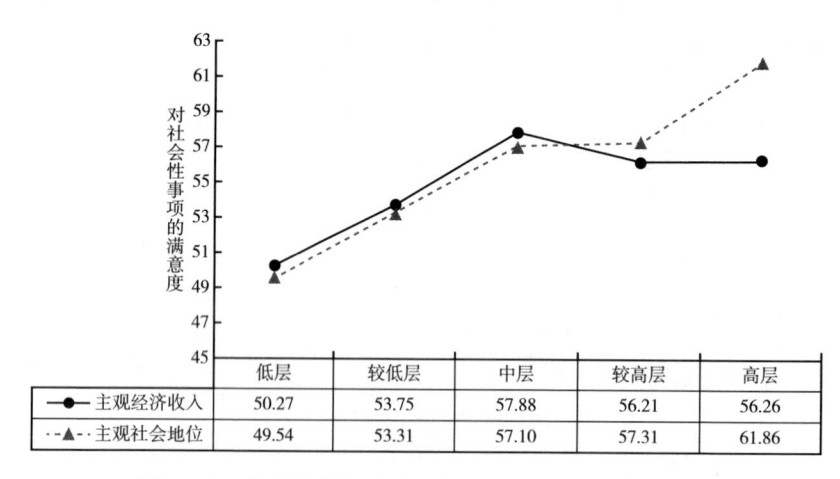

	低层	较低层	中层	较高层	高层
─●─ 主观经济收入	50.27	53.75	57.88	56.21	56.26
┈▲┈ 主观社会地位	49.54	53.31	57.10	57.31	61.86

图10-7 主观社会经济地位与对社会性事项的满意度

表10-13 主观经济收入与对社会性事项的满意度的多元比较检验

较低层–低层=3.48 （p=0.000）			
中层–低层=7.61 （p=0.000）	中层–较低层=4.13 （p=0.000）		
较高层–低层=5.94 （p=0.000）	较高层–较低层=2.46 （p=0.002）	较高层–中层=−1.67 （p=0.038）	
高层–低层=5.99 （p=0.015）	高层–较低层=2.51 （p=0.306）	高层–中层=−1.62 （p=0.509）	高层–较高层=0.05 （p=0.985）

注：表格中数值是不同层回归系数之差。

表10-14 主观社会地位与对社会性事项的满意度的多元比较检验

较低层–低层=3.77 （p=0.000）			
中层–低层=7.56 （p=0.000）	中层–较低层=3.79 （p=0.000）		
较高层–低层=7.77 （p=0.000）	较高层–较低层=4.00 （p=0.000）	较高层–中层=0.22 （p=0.780）	
高层–低层=12.32 （p=0.000）	高层–较低层=8.55 （p=0.000）	高层–中层=4.76 （p=0.019）	高层–较高层=4.54 （p=0.032）

注：表格中数值是不同层回归系数之差。

接着，分析不同主观社会经济地位与民众对个体性事项状况的满意度之间的关系发现，经济收入水平与民众对个体性事项的满意度之间呈"先升后降"的倒U形发展态势，主观经济收入水平处在"中层"以上时，民众对个体性事项的满意程度反而下降；不同的是，随着主观社会地位水平的上升，民众对个体性事项的满意度呈稳步上升态势（见图10-8）。具体比较不同层级之间的差异，结果如表10-15和表10-16所示。一方面，主观经济水平位于"低层"的民众，对个体性事项状况的满意程度显著低于其他各层，主观经济水平处于"较低层"的民众与其他各层（除"高层"之外）的民众相比，对个体性事项满意度显著更低。另一方面，主观社会地位处于"中层"的民众与"较高层""高层"的民众之间，"高层"的民众与"较高层"的民众之间，在对个体性事项的满意度上不存在显著差异，除此之外，其余各主观社会地位层级之间在个体性事项满意度上均存在显著差异，主观社会地位越高的民众，往往对个体性事项越满意。

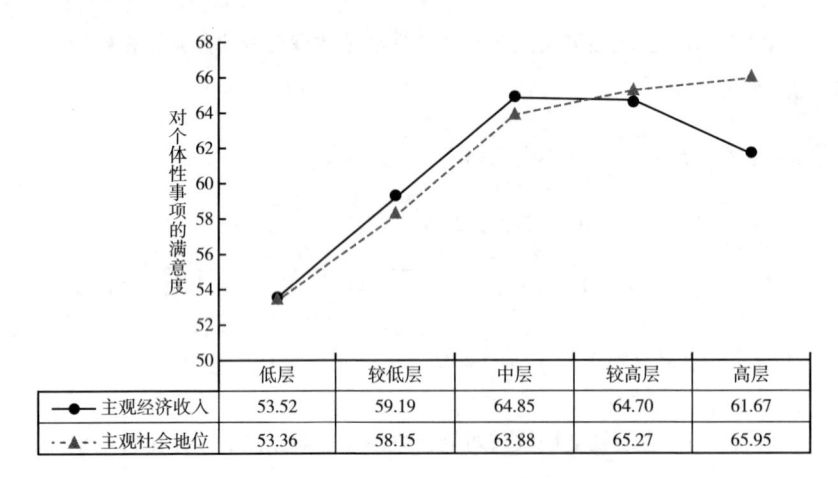

	低层	较低层	中层	较高层	高层
──●── 主观经济收入	53.52	59.19	64.85	64.70	61.67
··▲·· 主观社会地位	53.36	58.15	63.88	65.27	65.95

图10-8 主观社会经济地位与对个体性事项的满意度

表10-15 主观经济收入与对个体性事项的满意度的多元比较检验

较低层−低层=5.66 (p=0.000)			
中层−低层=11.33 (p=0.000)	中层−较低层=5.66 (p=0.000)		
较高层−低层=11.18 (p=0.000)	较高层−较低层=5.51 (p=0.000)	较高层−中层=−0.15 (p=0.824)	
高层−低层=8.14 (p=0.000)	高层−较低层=2.48 (p=0.226)	高层−中层=−3.18 (p=0.120)	高层−较高层=−3.03 (p=0.152)

注：表格中数值是不同层回归系数之差。

表10-16 主观社会地位与对个体性事项的满意度的多元比较检验

较低层−低层=4.79 (p=0.000)			
中层−低层=10.52 (p=0.000)	中层−较低层=5.73 (p=0.000)		
较高层−低层=11.91 (p=0.000)	较高层−较低层=7.12 (p=0.000)	较高层−中层=1.39 (p=0.033)	
高层−低层=12.59 (p=0.000)	高层−较低层=7.80 (p=0.000)	高层−中层=2.07 (p=0.222)	高层−较高层=0.68 (p=0.702)

注：表格中数值是不同层回归系数之差。

（二）社会信任

延续2012年以来社会信任的操作化路径，2016年，我们继续将社会信任操作化为人们对政府的信任度。

当我们在深入分析对政府信任度的时候，有必要从以下三个方面来加以强调。

首先，对政府的信任度是对政府行为绩效以及执政能力的一种肯定与社会承认。在理论的意义上，政府代表公众来掌握和分配公共资源，提供公共物品与公共服务。政府与公众之间实际上是一种特殊的"委托—代理"关系，为公众服务是政府的职责所在，也是政府存在的题中应有之义。不努力地为公众服务的政府，不但不可能取得公众的信任，而且迟早会被公众所推翻。在某种程度上，政府分配的公共资源愈公平，为公众提供的公共物品与公共服务愈多、质量愈高，满足公众的利益需求与期望愈高，那么，人们对这样的政府以及政府的绩效的评价就会愈高，对其执政能力就会持一种赞赏与肯定的态度。这样一种公众的肯定与社会承认，体现的就是一种对政府的信任。在这里，有两个关键的概念，一个是政府行为的绩效与表现，另一个是公众的需求与期望。政府行为的绩效愈高，公众的需求与期望实现得愈好，那么，公众对政府的信任度就会愈高。

其次，对政府的信任是一个政府合法性的根本基础。从理论上说，合法性是一种特性，这种特性不仅来自正式的法律或命令，更重要的是来自根据有关价值体系所判定的、由社会成员给予积极的社会支持与认可的政治统治的可能性或正当性。如果按照韦伯对统治的定义来理解政府统治的合法性，起码有三点值得我们充分注意。第一，统治是一种社会承认的权力。只有对政府行为及其行为的能力给予充分的肯定和认可的情况下，政府管理作为一种统治才可能真正实现。因为统治的基础是顺从，是一种社会承认的、发自内心的顺从。第二，统治是一种具有合法性的权力。在这里，政府的统治的合法性与公众的认可形成了一种高度相关的关系：政府提供公共产品与公共服务的质量愈高，满足公众的利益需求与期望愈好，那么，人们对这样的政府就会愈信任，其政府实施管理与统治的合法性就愈巩固。从中人们可以看到，人们的社会承认以及发自内心的顺从是一个政府具有合法性的前提条件，也表明了政府实施管理与统治合法性的群众基础。因此，政府经常用自身的行为来唤起人们对统治合法性的认识、维护与依赖，既是政府的一种责任，也是保持其统治的稳定性与连续性的条件。第三，统治是一种制度化的权力。这表明，合法要通过程序，权力合法性的确立是要通过一定的程序，遵循特定的规范来实现的。

最后，对政府的信任同时也是对形成政府行为的一系列制度安排与框架的承认与肯定。从实质上说，当我们对政府行为的绩效以及政府的管理和执政能力表示认可和承认的时候，这同时也意味着，我们对承载政府行为的一系列制度安排与框架的认可和承认。这主要是因为，政府的行为往往是嵌入一定的社会与政治结构以及制度之中的，政府行为被这种结构与制度所规范与制约。也恰恰在这个意义上，对政府的信任反映的同时也是对政治系统与制度的信任。

总之，对政府的信任度表达出来的是公众对政府工作的满意或不满意，具体来说就是对政府所制定的相应的制度安排和政策措施、对政府提供的社会公共服务的质量、对政府履行的社会责任和社会义务以及对政府社会管理水平满意或不满意。这些都直接或间接影响人们对政府的信任、政府的权威以及政府行为的合法性。对政府的信任度是人们对政府执政能力与自我治理的主观感受，是对政府所做的一些相应的制度安排的评价。由于公众对政府信任是建立在对政府行为的表现的感受上，所以我们就可以通过公众的这种感受来测量社会信任水平。① 接下来，我们在分析2016年社会信任的总体情况的基础上，与历年社会信任水平进行比较分析；进而具体分析2016年社会信任的群组差异，探讨社会信任与社会服务的现状和民众对其体验的关系。

1. 社会信任的总体情况

通过对2013年到2016年的调查数据分析，我们比较欣喜地看到，人们对各级政府的信任度稳中有升，且呈现出逐年提高的趋势。数据显示，2016年，民众对中央政府信任的比例为82.16%，对省市政府信任的比例为74.04%，对县市级政府信任的比例为60.08%，均为以往五年来的最高（见图10-9）。这说明，各级政府在改进工作作风，提高办事效率与能力，为人民办实事等诸方面均有了长足的进步。

从理论上说，国家与政府担负着管理、分配以及提供各种公共资源、公共产品和公共服务的重大责任。一直以来，中国政府具有很强的动员、集中以及分配资源的能力，一方面，这可以从根本上保证政府对国家社会经济发展宏观的可控性和稳定性，避免社会的分裂和对抗；另一方面，长

---

① 李汉林：《关于社会景气研究》，《社会发展研究》2016年第2期，第63—77页。

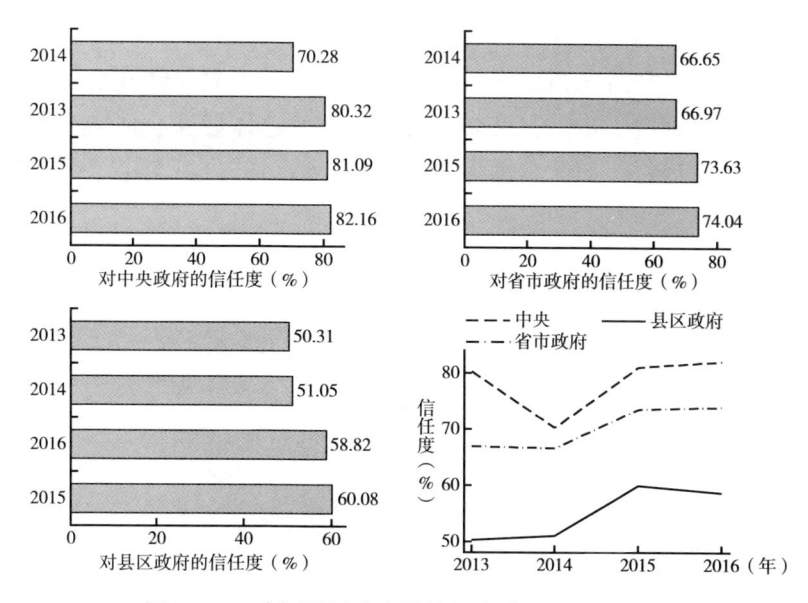

图10-9 对各层级政府的信任度（2013—2016）

期以来政府在其行为过程中所形成的权威以及在长期的发展过程中人们对政府形成的信任，使得政府对社会的有效治理有了一个根本的前提保证。没有了政府，一个社会的发展就没有了组织者，发展的过程就不会有合理秩序和有效的规则。政府与公众是在一个发展的社会中互动的两个最重要的主体。离开了这两个主体，我们就无从分析社会、分析一个社会的结构、分析一个社会的环境乃至这个社会的景气状况。

在数据分析过程中我们发现，2016年人们对政府执政能力的信任度较之以往三个年份有显著提高，而对政府职能部门的信任度则始终徘徊，四年来未有实质性改观（见图10-10）。根据2013—2016年来的实地调查和数据分析，我们也发现，当前不仅仅是在政府的行政部门，而且在不少组织中，存在不同层级的管理者认为"多一事不如少一事"的现象，极大地影响了组织效率。人们在组织中的不作为、效率低下且没有一个明确的评估标准，使"磨洋工与不作为"成为组织中的常态，党和政府的意志贯彻以及"上情下达与下情上达"都不同程度遭遇"肠梗阻"。这些问题，特别是在政府的职能部门中的问题如果不尽快加以研究和解决，一方面会拉高组织内外的不满意度，在宏观上贻误国家改革与发展的大局；另一方面也会严重影响一个组织的景气乃至我们整个社会的景气，这一问题值得引起高度注意。也正是在上述意义上，我们有必要进一步察看组织成员对其所在组织运行状况的主观感受与总体性社会情绪之间的关联关系，更进一步说，民众是否有积极的总体性社会情绪有赖于各种组织的景气运行，如此，也为总体性社会情绪的分析奠定了组织分析的现实基础。

	2013年	2014年	2015年	2016年
▲ 对政府执政能力的信任度	60.62	57.66	59.20	61.92
◆ 对政府职能部门的信任度	58.24	59.20	60.32	60.88

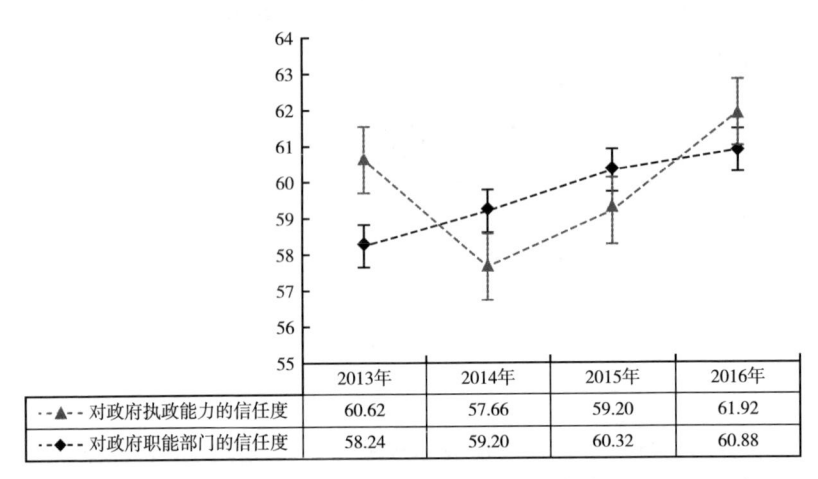

图10-10 对政府职能部门和执政能力的信任度（2013—2016）

2. 社会信任的群组差异

具体来看不同群组民众的社会信任状况，我们发现（见表10-17），不同性别、不同受教育程度的民众在社会信任上不具有显著差异性。不同年龄段、不同收入水平的民众对社会的信任存在显著差异，但都并没有清晰的态势。值得注意的是，在59岁及以下群体中，16—19岁的民众的社会信任水平显著最高；月收入在2000元及以下、10001元及以上的民众的社会信任水平显著高于其他收入段群体。

表10-17 不同群组民众的社会信任状况的差异分析

	均值	标准差	样本量	显著性检验
性别				
男	65.52	15.21	2853	$T=0.7187$, $p=0.4724$
女	65.24	14.25	3118	

续表

	均值	标准差	样本量	显著性检验
年龄				
16—19岁	66.56	15.99	163	
20—29岁	64.04	14.49	1493	
30—39岁	65.86	14.91	1591	
40—49岁	64.85	13.97	1525	$F=10.25$, $p=0.0000$
50—59岁	65.31	14.92	737	
60—69岁	68.30	15.69	359	
70岁及以上	73.27	14.66	103	
月收入				
2000元及以下	66.96	15.00	529	
2001—4000元	64.75	14.37	2145	
4001—6000元	65.56	14.73	1096	$F=2.51$, $p=0.0283$
6001—8000元	64.67	14.23	307	
8001—10000元	65.51	15.11	186	
10001元及以上	66.89	13.89	132	
受教育程度				
小学及以下	67.20	15.80	268	
初中	65.33	14.64	1226	
高中、中专、技校	64.85	14.44	2072	$F=2.21$, $p=0.0501$
大学专科	66.00	15.22	1294	
大学本科	65.37	14.41	1016	
研究生	63.20	14.29	89	

注：此处有关民众的社会信任状况的因子得分是按照调查问卷中的相关题器运用主成分分析方法生成，因子指标分别是：（1）对政府执政能力的信任状况；（2）对政府职能部门的信任状况；（3）对各级地方政府的信任状况。

对此种情况的可能解释是，年轻人对国家社会经济发展的变化更为敏感，对新一届中央领导集体行为的认可与认同亦在不断提高；相反，随着改革的深入，一些年龄较大的群体在经济上受到的冲击可能相对更大，其获得感也相对要弱一些。

3. 公共服务与社会信任

增进民生福祉是社会发展的根本目的。政府必须多谋民生之利、多解民生之忧，在发展中补齐民生短板、促进社会公平正义，在幼有所育、学有所教、劳有所得、病有所医、老有所养、住有所居、弱有所扶上不断取得新进展，才能保障全体人民在共建共享发展中得到更高的获得感[①]，进而增进其对地方政府的信任与支持。关于公共服务的测量，国内有学者明确提出对基本公共服务的测量应采用"基本公共服务供给情况"与"公民满意度"的双元模式。[②] 同时，大量对地方政府信任影响因素的研究表明，政府绩效的提高，特别是公共产品和社会福利水平的提升对地方政府信任有着积极显著的影响。[③]

首先，在公共服务供给方面，本研究在了解所在地基本公共服务供给情况的被访者群体中调查地方政府为民众提供公共服务的客观事实。结果发现，所在地提供有残疾人、孤儿、流浪乞讨人员救助或托养机构，接收农民工子女的中小学，公益性养老服务机构，社区公共卫生服务机构，免费就业信息、就业指导和技能培训等，公共租赁住房或廉租房的占比分别为 59.94%、66.82%、62.64%、82.53%、50.49% 和 71.14%。由此可见，2016 年地方政府在关系民生问题的公共服务供给上表现较好，其中在医疗和住房保障方面做得尤为突出，而在就业指导方面还有上升空间。在此基础上，我们进行了独立样本 t 检验，结果显示，残疾人、孤儿、流浪乞讨人员救助或托养机构，接收农民工子女的中小学，公益性养老服务机构，社区公共卫生服务机构，免费就业信息、就业指导和技能培训等这五项公共服务的提供有利于提高民众对政府执政能力的信任度；残疾人、孤儿、流浪乞讨人员救助或托养机构，接收农民工子女的中小学，公益性养老服务机构，免费就业信息、就业指导和技能培训等这四项公共服务的提供则有利于提高民众对政府职能部门的信任度（见表 10-18）。

[①]《中国共产党第十九次全国代表大会工作报告（全文）》，中国青年网，2017 年 10 月 18 日，https://xibu.youth.cn/gzdt/zxyw/201710/t2017 1030_10935323.htm。

[②] 陈振明、刘祺、蔡辉明、邓剑伟、陈昱霖：《公共服务绩效评价的指标体系建构与应用分析——基于厦门市的实证研究》，《理论探讨》2009 年第 5 期，第 130—134 页。

[③] 胡荣、池上新：《社会资本、政府绩效与农村居民的政府信任》，《中共天津市委党校学报》2016 年第 2 期，第 62—75 页。

表10-18 社会公共服务设施的设立与社会信任

	对政府执政能力的信任度				对政府职能部门的信任度			
	均值	标准差	样本量	显著性	均值	标准差	样本量	显著性
残疾人、孤儿、乞讨者救助或托养机构								
有	61.53	16.28	3578	$T=3.8111$ $p=0.0001$	62.49	16.69	3578	$T=5.7102$ $p=0.0000$
没有	59.33	16.35	1036		59.15	16.26	1036	
接收农民工子女的中小学								
有	61.62	16.47	3988	$T=5.5496$ $p=0.0000$	62.18	16.82	3988	$T=4.3739$ $p=0.0000$
没有	58.28	15.77	907		59.50	16.01	907	
公益性养老服务机构								
有	62.18	16.13	3735	$T=6.5492$ $p=0.0000$	62.84	16.41	3735	$T=7.4692$ $p=0.0000$
没有	58.42	16.87	1031		58.48	17.15	1031	
社区公共卫生服务机构								
有	61.33	16.70	4924	$T=2.2575$ $p=0.0240$	62.19	16.94	4924	$T=0.7399$ $p=0.4594$
没有	59.66	16.43	560		61.63	16.81	560	
免费就业信息、就业指导和技能培训等								
有	62.43	16.92	3013	$T=6.6779$ $p=0.0000$	63.27	17.22	3013	$T=7.5652$ $p=0.0000$
没有	58.89	16.15	1476		59.20	16.27	1476	
公共租赁住房或廉租房								
有	61.02	16.86	4245	$T=-0.8119$ $p=0.4169$	61.90	17.07	4245	$T=0.1173$ $p=0.9066$
没有	61.53	15.89	845		61.82	16.04	845	

其次，通过"对孤寡老人、孤儿的社会保护"、"对残疾人的社会援助"和"对贫困群体的社会救助"这三个方面研究，了解民众是否满意当前针对社会弱势群体的公共服务。结果表明，48.35%的民众对孤寡老人、孤儿的社会保护表示满意，50.97%的民众对残疾人的社会援助现状表示满意，45.55%的民众对贫困群体的社会救助现状表示满意，整体来看，民众对针对社会弱势群体的公共服务现状满意度一般，在这方面还有很大的提升空间。我们进一步探究民众满意度与社会信任的关系发现，对上述三项社会公共服务越满意，民众就表示出对社会越多的信任（见图10-11）。

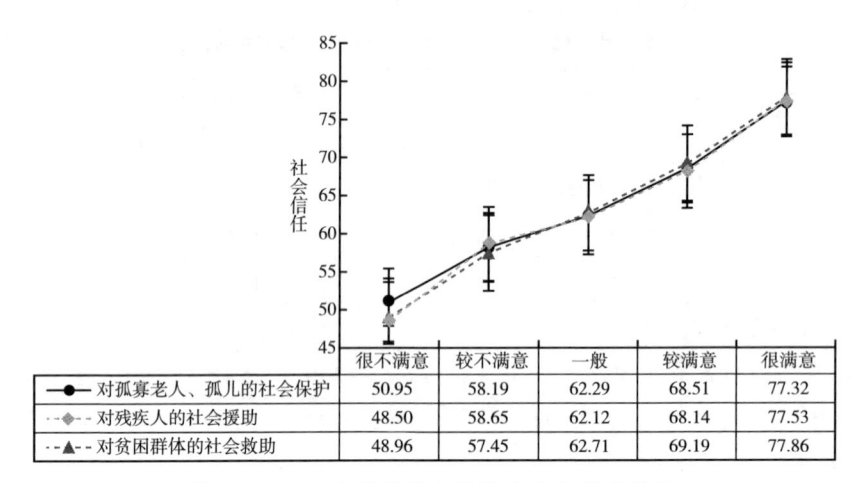

	很不满意	较不满意	一般	较满意	很满意
对孤寡老人、孤儿的社会保护	50.95	58.19	62.29	68.51	77.32
对残疾人的社会援助	48.50	58.65	62.12	68.14	77.53
对贫困群体的社会救助	48.96	57.45	62.71	69.19	77.86

图10-11 社会公共服务的满意度与社会信任

（三）社会信心

社会信心主要是指人们对国家的经济社会发展形势，对物价水平、教育水平、社会保障水平、治安状况、食品安全状况、社会公平公正、就业机会和社会风气等宏观层面以及对个体的收入、住房、工作、健康、发展机会等微观方面的主观感受进行综合判断后得出的对未来发展前景的看法，折射则是人们对国家未来社会发展的预期，反映的是人们对未来社会发展与进步的期待和希望。中国与世界社会发展的历史反复地证明，一个国家在发展过程中遇到困难与曲折并不可怕，最可怕的是这个国家的人民对未来的发展失去信心，丧失希望。一个对未来没有信心与希望的民族不可能推动这个国家的社会发展，在这种状况下，政府的行为很容易受到人们的质疑，其合法性地位也一定会受到严峻的挑战。所以，认真地研究城镇居民的社会信心，对于我们提高执政能力，搞好社会管理与社会建设，具有举足轻重的意义。① 接下来，我们以分析2012—2016年社会信心的变动情况为基础，具体了解2016年不同群组在社会信心上的差异，进而探寻民众的主观社会经济地位对其社会信心的影响与社会信心对民众未来相关事项的行为意愿的影响。

1. 社会信心的变动

2016年的调查数据表明，无论对社会性事项还是对个体性事项，民众的社会信心较之2015年均有不同程度的下降（见图10-12）。

---

① 李汉林：《要注重和加强社会景气和社会信心的研究》，《中国社会科学报》2012年12月31日，A02版。

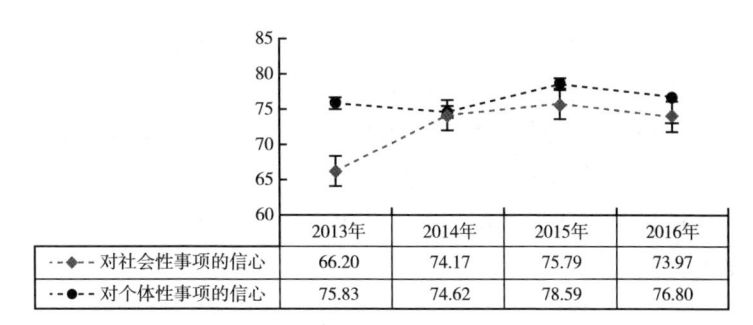

	2013年	2014年	2015年	2016年
对社会性事项的信心	66.20	74.17	75.79	73.97
对个体性事项的信心	75.83	74.62	78.59	76.80

图10-12 社会信心状况变动趋势（2013—2016）

进一步对历年来民众有关社会性事项各构成要素的预期状况进行对比后可以发现（见图10-13）：第一，从2012年到2016年，社会公平公正始终是人们对国家总体性事项信心较弱的方面，其在各事项中的排序未发生改变；第二，从2014年到2016年，民众对就业机会的预期最为充足，

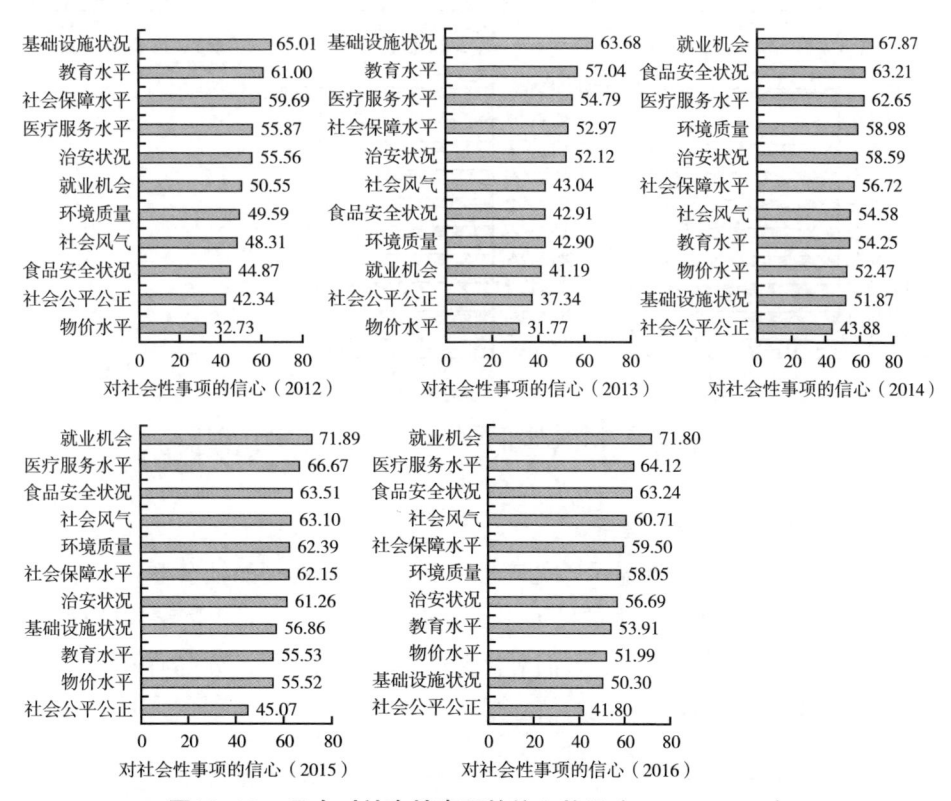

对社会性事项的信心（2012）
- 基础设施状况 65.01
- 教育水平 61.00
- 社会保障水平 59.69
- 医疗服务水平 55.87
- 治安状况 55.56
- 就业机会 50.55
- 环境质量 49.59
- 社会风气 48.31
- 食品安全状况 44.87
- 社会公平公正 42.34
- 物价水平 32.73

对社会性事项的信心（2013）
- 基础设施状况 63.68
- 教育水平 57.04
- 医疗服务水平 54.79
- 社会保障水平 52.97
- 治安状况 52.12
- 社会风气 43.04
- 食品安全状况 42.91
- 环境质量 42.90
- 就业机会 41.19
- 社会公平公正 37.34
- 物价水平 31.77

对社会性事项的信心（2014）
- 就业机会 67.87
- 食品安全状况 63.21
- 医疗服务水平 62.65
- 环境质量 58.98
- 治安状况 58.59
- 社会保障水平 56.72
- 社会风气 54.58
- 教育水平 54.25
- 物价水平 52.47
- 基础设施状况 51.87
- 社会公平公正 43.88

对社会性事项的信心（2015）
- 就业机会 71.89
- 医疗服务水平 66.67
- 食品安全状况 63.51
- 社会风气 63.10
- 环境质量 62.39
- 社会保障水平 62.15
- 治安状况 61.26
- 基础设施状况 56.86
- 教育水平 55.53
- 物价水平 55.52
- 社会公平公正 45.07

对社会性事项的信心（2016）
- 就业机会 71.80
- 医疗服务水平 64.12
- 食品安全状况 63.24
- 社会风气 60.71
- 社会保障水平 59.50
- 环境质量 58.05
- 治安状况 56.69
- 教育水平 53.91
- 物价水平 51.99
- 基础设施状况 50.30
- 社会公平公正 41.80

图10-13 民众对社会性事项的信心状况（2012—2016）

其排序在各个年间亦未发生改变。① 这一结果提醒我们，社会公平正义是一个社会在发展过程中能够不断取信于民的关键。

同样，在对个体性事项各构成要素的未来发展预期进行历年状况的对比中，我们可以看出（见图10-14）：民众预期欠佳的前三项分别是生活压力、住房状况与社会地位。这一结果也为我们此后的政策制定提供了可资借鉴的方向。

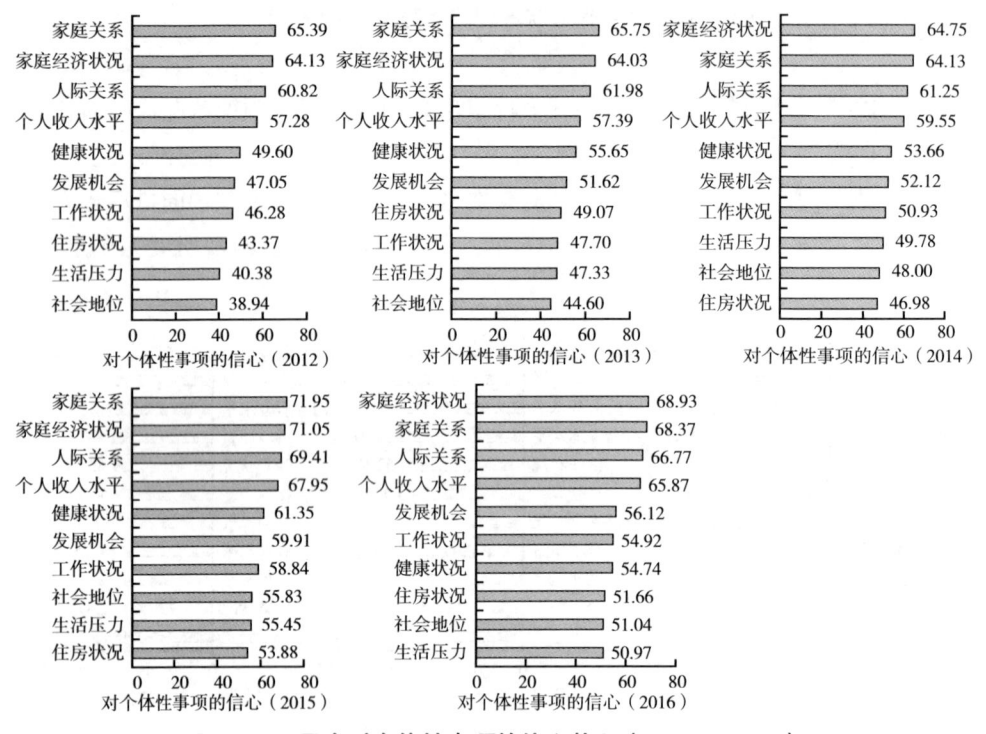

对个体性事项的信心（2012）		对个体性事项的信心（2013）		对个体性事项的信心（2014）	
家庭关系	65.39	家庭关系	65.75	家庭经济状况	64.75
家庭经济状况	64.13	家庭经济状况	64.03	家庭关系	64.13
人际关系	60.82	人际关系	61.98	人际关系	61.25
个人收入水平	57.28	个人收入水平	57.39	个人收入水平	59.55
健康状况	49.60	健康状况	55.65	健康状况	53.66
发展机会	47.05	发展机会	51.62	发展机会	52.12
工作状况	46.28	住房状况	49.07	工作状况	50.93
住房状况	43.37	工作状况	47.70	生活压力	49.78
生活压力	40.38	生活压力	47.33	社会地位	48.00
社会地位	38.94	社会地位	44.60	住房状况	46.98

对个体性事项的信心（2015）		对个体性事项的信心（2016）	
家庭关系	71.95	家庭经济状况	68.93
家庭经济状况	71.05	家庭关系	68.37
人际关系	69.41	人际关系	66.77
个人收入水平	67.95	个人收入水平	65.87
健康状况	61.35	发展机会	56.12
发展机会	59.91	工作状况	54.92
工作状况	58.84	健康状况	54.74
社会地位	55.83	住房状况	51.66
生活压力	55.45	社会地位	51.04
住房状况	53.88	生活压力	50.97

图10-14 民众对个体性事项的信心状况（2012—2016）

2. 社会信心的群组差异

进一步的统计结果显示（见表10-19），不同性别的社会群体，在个体性事项和社会性事项上的信心上无显著差异；在不同年龄结构的社会群体中，随着年龄的增长，人们对社会性事项的信心呈"先降后升"的U形发展态势，对个体性事项的信心则表现出愈弱的倾向。

---

① 魏钦恭：《和谐发展需理性引导民众预期》，《民生周刊》2019年第8期，第62—64页。

表10-19　不同群组民众有关社会信心状况的差异性分析

		对社会性事项的信心				对个体性事项的信心			
		均值	标准差	样本量	显著性检验	均值	标准差	样本量	显著性检验
性别									
	男	73.62	18.33	2853	$T=-1.3845$, $p=0.1662$	76.55	18.66	2853	$T=-1.0361$, $p=0.3002$
	女	74.29	18.74	3118		77.04	17.95	3118	
年龄									
	16—19岁	77.64	17.42	163	$F=12.55$, $p=0.0000$	80.74	17.03	163	$F=21.96$, $p=0.0000$
	20—29岁	73.63	17.87	1493		80.37	16.68	1493	
	30—39岁	72.65	18.53	1591		77.69	17.50	1591	
	40—49岁	72.60	18.71	1525		74.19	18.99	1525	
	50—59岁	76.26	18.96	737		73.75	19.52	737	
	60—69岁	78.33	18.22	359		73.96	19.80	359	
	70岁及以上	82.14	19.58	103		75.36	18.23	103	
月收入									
	2000元及以下	77.80	18.89	529	$F=11.69$, $p=0.0000$	78.59	19.48	529	$F=3.30$, $p=0.0056$
	2001—4000元	72.79	18.36	2145		76.32	17.87	2145	
	4001—6000元	70.99	18.57	1096		75.47	18.33	1096	
	6001—8000元	71.80	16.79	307		78.78	16.07	307	
	8001—10000元	70.35	17.67	186		77.51	18.07	186	
	10001元及以上	69.53	16.82	132		77.50	17.80	132	
受教育程度									
	小学及以下	78.17	18.44	268	$F=7.87$, $p=0.0000$	73.68	19.50	268	$F=9.90$, $p=0.0000$
	初中	75.84	18.16	1226		75.58	19.13	1226	
	高中、中专、技校	73.70	18.58	2072		75.85	18.23	2072	
	大学专科	73.18	18.58	1294		77.73	17.96	1294	
	大学本科	72.12	18.57	1016		79.30	17.28	1016	
	研究生	74.39	18.90	89		82.30	14.93	89	

有意思的是，在对收入结构进行分析的时候，我们发现，收入最高的社会群体反而对社会性事项的信心最低，而收入最低的社会群体则表现出最高的信心，且这种差异具有显著性。这一结果在某种程度上意味着，高收入群体的不安全感、危机意识以及焦虑、困惑与彷徨更为强烈，从而

使得对未来的预期更为悲观；而处于社会底层的群体对国家总体发展有着其更加积极的预期。在个体性事项上，表现出最没有信心的是月收入在4001—6000元的社会群体，且与其他群体相比具有显著差异。对这一结果的一种可能解释是，收入"夹心层"群体对生活的压力可能感受更为明显。

就受教育程度而言，人们对社会性事项的信心与对个体性事项的信心表现出两种完全不同的方向，即在对社会性事项的信心方面，民众的受教育程度愈高，反而信心愈低（除研究生学历群体）；在对个体性事项上则呈现完全相反的态势，受教育程度越高的民众，对社会未来发展有着越大的信心。这一结果所隐含的可能解释是，受教育程度高的群体对国家在社会性事项上的发展状况期待更高，一旦期望与实际获得有较大差距，就更容易表现出不满情绪以及对未来发展的失望。受教育程度低的群体可能更多面对日常生活方面的压力，当这种压力不能在可预期的时段内得到有效舒缓，对未来发展预期不足的感受则会表现得更加明显。

3. 行为意向与社会信心

如果人们对社会未来发展信心十足，那么一些行为意愿上也会有明显的积极反应。我们比较在更换大宗家电、买房、买车、投资创业、移民或出国定居、换单位、搬迁至外省市几个方面民众的行为意愿与其社会信心的关系时发现，在更换大宗家电、买房、买车、创业投资和换单位上有清晰打算的群体往往对社会未来发展的信心会更高，而有清晰打算准备移民或出国定居、搬迁至外省市的群体往往对社会未来发展信心不足（见图10-15）。这反映，个体对社会发展有足够的信心，才敢于继续在当下生活环境中去做一些对个人和家庭生活有重大影响的事情；而当个体对社会发展信心不足时，则会采取规避等方式对生活进行结构性的改变。

4. 主观社会经济地位与社会信心

主观社会经济地位是人们对自己所处社会阶层的主观感受和一种自我认知意识，对自我主观社会经济地位评价反映了个体对生活的幸福感及自信感，其对社会信心的关系或预测作用较强。

首先，在对社会性事项的信心上，随着主观社会经济地位的提高，民众对社会性事项的信心呈波动上升趋势（见图10-16）。在整体稳步上升态势中，主观社会经济地位处在"较低层"和"较高层"群体对社会性事项的信心水平出现明显的回落，值得注意的是，主观社会经济地位较高的

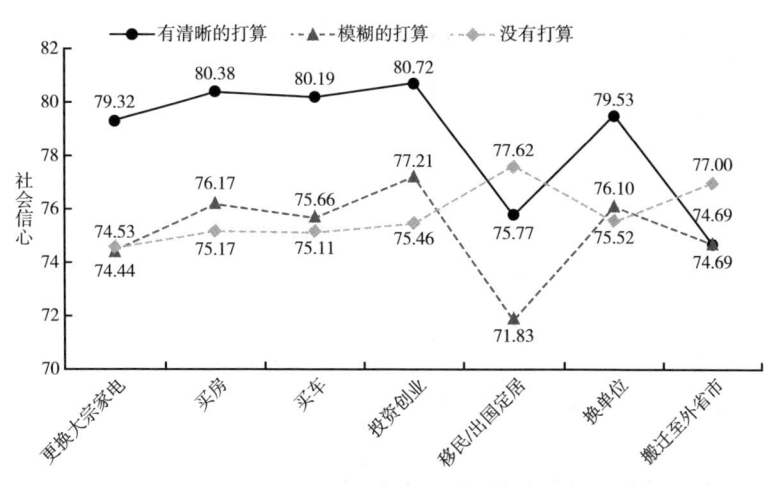

图10-15 社会信心与各项行为意愿的关系

群体对社会性事项的信心水平相对最低。进一步比较不同主观经济收入和主观社会地位群体之间在社会性事项信心上的差异，结果显示，主观经济收入为"高层"的群体与其他层级群体之间、主观经济收入"较低层"群体与"低层"群体之间在社会性事项信心上并没有显著差别，而其他各层级群体之间在社会性事项信心上的大小差别在 0.1 置信水平下显著（见表10-20）。同时，除"中层"与"低层"、"较高层"与"中层"、"高层"与"较高层"以外，其余各层级群体之间在社会性事项信心上均不呈显著（见表10-21）。

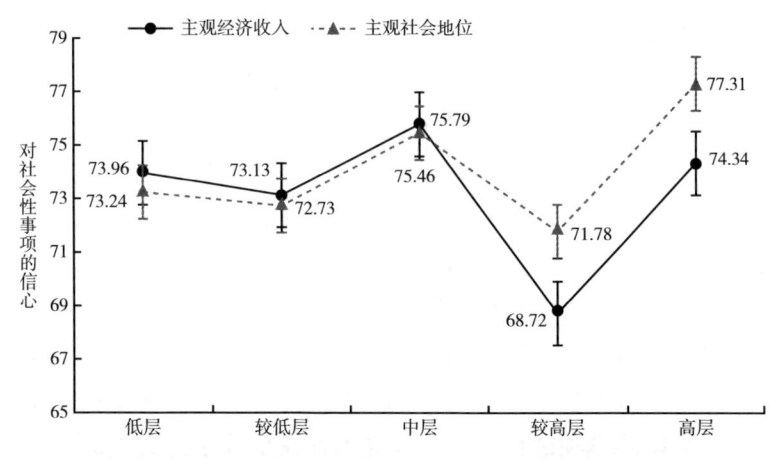

图10-16 主观社会经济地位与对社会性事项的信心

表10-20 主观经济收入与对社会性事项的信心的多元比较检验

较低层-低层=-0.82 （p=0.208）			
中层-低层=1.83 （p=0.005）	中层-较低层=2.65 （p=0.000）		
较高层-低层=-5.24 （p=0.000）	较高层-较低层=-4.41 （p=0.000）	较高层-中层=-7.07 （p=0.000）	
高层-低层=0.38 （p=0.899）	高层-较低层=1.20 （p=0.684）	高层-中层=-1.45 （p=0.623）	高层-较高层=5.61 （p=0.066）

注：表格中数值是不同层回归系数之差。

表10-21 主观社会地位与对社会性事项的信心的多元比较检验

较低层-低层=-0.51 （p=0.477）			
中层-低层=2.22 （p=0.001）	中层-较低层=2.73 （p=0.477）		
较高层-低层=-1.46 （p=0.158）	较高层-较低层=-0.95 （p=0.324）	较高层-中层=-3.68 （p=0.000）	
高层-低层=4.07 （p=0.100）	高层-较低层=4.58 （p=0.061）	高层-中层=1.86 （p=0.446）	高层-较高层=5.53 （p=0.031）

注：表格中数值是不同层回归系数之差。

其次，在对个体性事项的信心方面，随着民众主观社会经济地位的提高，其对个体性事项的信心水平呈现波动上升态势（见图10-17）。其中，值得注意的依旧是在主观社会经济地位处于"较高层"的群体，在个体性事项的信心水平上均出现了明显的回落。进一步探究各层级之间在个体性事项信心水平上的差别，结果如表10-22和表10-23所示。在主观经济收入水平层面，"中层"群体对个体性事项的信心显著高于"低层"群体和"较低层"群体、低于"较高层"群体，"较低层"群体对个体性事项的信心显著高于"低层"群体，"低层"群体对个体性事项的信心显著低于"较低层"群体、"中层"群体和"高层"群体；在主观社会地位层面，"中层"群体与"较高层""高层"群体之间，"高层"群体与"较高层"群体之间在个体性事项的信心水平上并不存在统计学意义上的显著差异，除此之外，其余各层级群体之间的个体性事项信心差异显著。

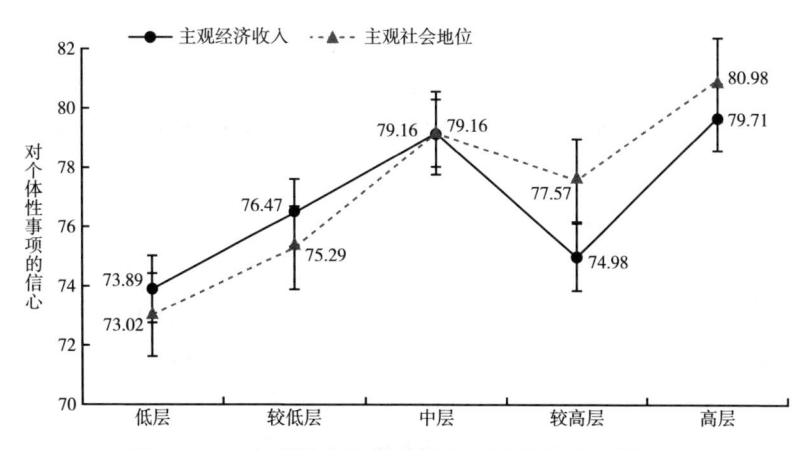

图10-17　主观社会经济地位与对个体性事项的信心

表10-22　主观经济收入与对个体性事项的信心的多元比较检验

较低层–低层=2.58 （p=0.000）			
中层–低层=5.27 （p=0.000）	中层–较低层=2.68 （p=0.000）		
较高层–低层=1.09 （p=0.275）	较高层–较低层=-1.49 （p=0.119）	较高层–中层=-4.17 （p=0.000）	
高层–低层=5.82 （p=0.046）	高层–较低层=3.23 （p=0.265）	高层–中层=0.55 （p=0.849）	高层–较高层=4.73 （p=0.115）

注：表格中数值是不同层回归系数之差。

表10-23　主观社会地位与对个体性事项的信心的多元比较检验

较低层–低层=2.27 （p=0.001）			
中层–低层=6.14 （p=0.000）	中层–较低层=3.87 （p=0.000）		
较高层–低层=4.55 （p=0.000）	较高层–较低层=2.28 （p=0.016）	较高层–中层=-1.59 （p=0.083）	
高层–低层=7.96 （p=0.001）	高层–较低层=5.69 （p=0.018）	高层–中层=1.82 （p=0.446）	高层–较高层=3.41 （p=0.174）

注：表格中数值是不同层回归系数之差。

六　社会期望值现状及变动趋势

社会期望值主要是指人们从期望得到的和实际得到的差距中所产生的

或所感受到的，特别是与相应的参照群体的比较过程中所产生的一种主观感受。就社会的总体环境来说，社会期望值产生的一个基本条件，就是人们的期望值不切实际地大幅度提高。特别是在急剧的社会转型过程中，当社会的贫富差距越来越大的时候，人们在各种各样的参照群体或个人的比照下，很容易使自己的期望值和实际实现值的差距不断拉大，从而产生越来越强烈的落差感。适中的社会期望值是推动人们努力奋斗的内驱力，但过高的社会期望值会给人们带来一些负面情绪。当这种情绪在群体内或者是群体之间蔓延开来，就会形成一种不满的社会情绪，造成群体之间的结构性紧张，进而从根本上影响一个社会的稳定。[①] 基于此，社会期望值就成为我们研究城镇居民总体性社会情绪、了解社会发展状况的一个重要主观指标。

（一）社会期望值的波动

值得欣喜的是，从 2012 年到 2016 年，人们期望与实际获得之间的不一致感呈现一种波动下降的趋势（见图 10-18），尤其是 2014 年以来，这种下降的趋势趋于平稳。这表明，这五年间，我国民众主观感知到的期望与实际获得之间的不一致程度是在逐年变小的，即民众实际获得水平在稳步靠近其个人期望，获得感递增。

	2012年	2013年	2014年	2015年	2016年
社会期望值	55.40	57.58	52.06	51.45	50.91

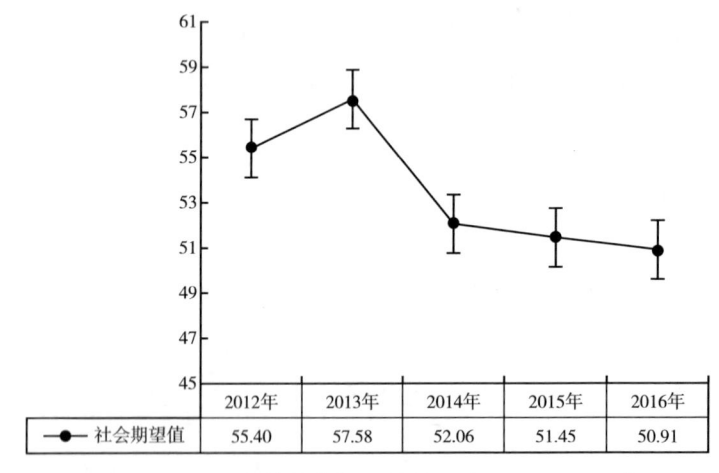

图 10-18 民众的社会期望值状况（2012—2016）

注：图中数值愈大，个人期望与实际获得之间的差距感受愈强烈。

---

① 李汉林：《放大"隧道效应"抑制"马太效应"》，《经济日报》2016年1月28日。

（二）社会期望值的群组差异

深入分析不同群组民众的社会期望值，可以发现（见表10-24），相对于男性，女性的期望与实际获得的不一致感更加强烈；从年龄结构上分析，年龄愈大，不一致感愈强烈；从收入结构上分析，人们的社会期望值与收入水平呈现负相关关系，也就是说，收入愈低，期望与实际获得的不一致感愈强烈；这种类似的状况也表现在受教育程度上，受教育程度愈低的民众，期望与实际获得的不一致感愈强烈。

表10-24 不同群组民众社会期望值的方差分析

	均值	标准差	样本量	显著性检验
性别				
男	50.22	11.40	2853	$T=-4.4844$,
女	51.55	11.56	3118	$p=0.0000$
年龄				
16—19岁	50.36	13.09	163	
20—29岁	50.75	10.72	1493	
30—39岁	49.32	10.85	1591	
40—49岁	50.65	11.72	1525	$F=17.52$,
50—59岁	53.09	12.79	737	$p=0.0000$
60—69岁	54.34	11.15	359	
70岁及以上	55.03	12.39	103	
月收入				
2000元及以下	56.80	11.87	529	
2001—4000元	51.55	9.91	2145	
4001—6000元	45.90	9.87	1096	$F=149.06$,
6001—8000元	45.23	9.31	307	$p=0.0000$
8001—10000元	42.58	9.50	186	
10001元及以上	40.77	9.54	132	
受教育程度				
小学及以下	56.80	13.51	268	
初中	54.27	10.56	1226	
高中、中专、技校	51.11	11.23	2072	$F=62.22$,
大学专科	48.41	11.21	1294	$p=0.0000$
大学本科	48.59	11.29	1016	
研究生	45.73	11.68	89	

注：表中均值愈大，期望与实际获得之间的不一致感愈强烈。

(三)主观社会经济地位与社会期望值

除了上述从社会期望值指数进行的分析,下文将从民众主观社会经济地位的变动状况来进一步分析民众的社会期望值。在我们的理解中,民众的主观地位认同与客观阶层地位的划分不同,是人们在综合考虑各种因素后进行的地位归属。一个处于转型期的社会,非常容易因为利益分配与再分配过程中所产生的贫富分化和社会不公而让一些处于劣势地位的社会群体通过比较产生个人预期与实际获得的不一致感,产生不满足的情绪。当这种心态和情绪在社会中蔓延开来,又得不到有效的疏导和宣泄的时候,就会很容易引发人们对社会的大规模的不满,从而造成社会不稳定,影响社会的变迁与发展。所以,从这个意义上说,人们对自己主观地位评估得愈低,这种主观地位认同下移的趋势发展得愈快,对一个社会的稳定与发展就会变得愈不利。

根据2016年的调查及以往的调查数据分析,我们发现,民众对自己的主观地位认同呈现逐步上移的趋势,人们的经济社会地位的获得感逐步增强。从图10-19、图10-20可知,2012年人们主观经济地位自我认同为"低层"的受访者比例为38.82%,而到了2016年,这一比例则降低为25.23%,减少了近14个百分点;与此同时,认为自己属于"中层"的受访者,由2012年的25.35%上升到了2016年的34.28%,提高了近9个百分点;自我归属为"高层"的受访者比例由2012年的0.29%提升为2016年的0.70%,上升0.4个百分点左右。在对自己社会地位的主观评价上也是如此。2012年,

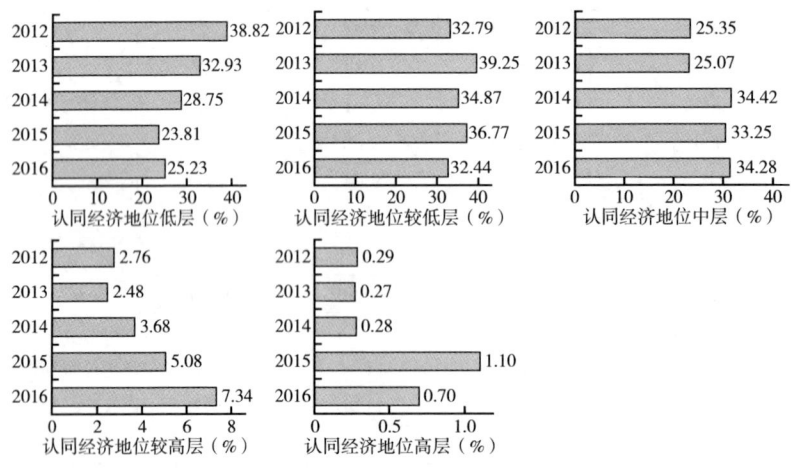

认同经济地位低层(%): 2012—38.82, 2013—32.93, 2014—28.75, 2015—23.81, 2016—25.23

认同经济地位较低层(%): 2012—32.79, 2013—39.25, 2014—34.87, 2015—36.77, 2016—32.44

认同经济地位中层(%): 2012—25.35, 2013—25.07, 2014—34.42, 2015—33.25, 2016—34.28

认同经济地位较高层(%): 2012—2.76, 2013—2.48, 2014—3.68, 2015—5.08, 2016—7.34

认同经济地位高层(%): 2012—0.29, 2013—0.27, 2014—0.28, 2015—1.10, 2016—0.70

图10-19 民众主观经济地位认同的变动(2012—2016)

认为自己的社会地位属于"低层"的被访者占比为32.57%，而到了2016年，这一比例下降为19.61%，下降了近13个百分点；认为自己的社会地位为"中层"的被访者的比例，在2012年为32.07%，到了2016年则上升到了42.12%，提升了10个百分点；自我归属为"高层"的受访者比例则从2012年的0.36%上升为2016年的1.09%，提升了约0.7个百分点。这种状况的存在，非常大的可能是因为人们在实际的工作和生活中，通过自己的奋斗和努力，获得了许多实实在在的利益，获得感的增强进一步提升了主观地位认同。

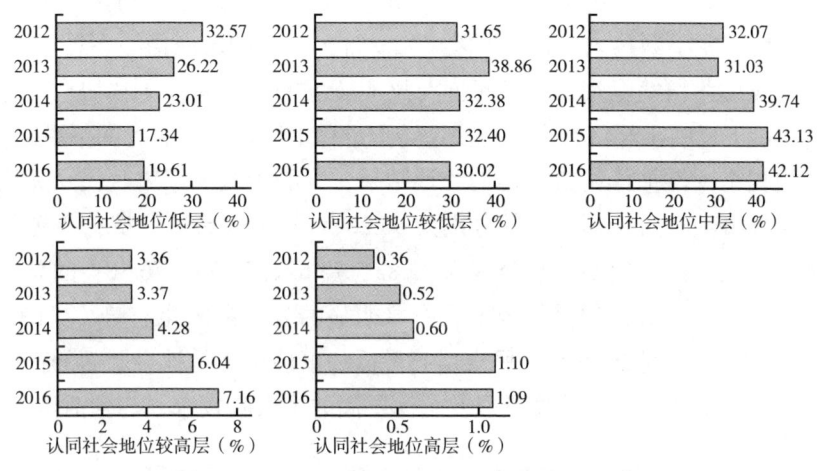

认同社会地位低层（%）	认同社会地位较低层（%）	认同社会地位中层（%）
2012: 32.57	2012: 31.65	2012: 32.07
2013: 26.22	2013: 38.86	2013: 31.03
2014: 23.01	2014: 32.38	2014: 39.74
2015: 17.34	2015: 32.40	2015: 43.13
2016: 19.61	2016: 30.02	2016: 42.12

认同社会地位较高层（%）	认同社会地位高层（%）
2012: 3.36	2012: 0.36
2013: 3.37	2013: 0.52
2014: 4.28	2014: 0.60
2015: 6.04	2015: 1.10
2016: 7.16	2016: 1.09

图10-20 民众主观社会地位认同的变动（2012—2016）

七 社会期望值与总体性社会情绪

鉴于历年社会期望值对总体性社会情绪及其内在三维度的影响机制研究结论，2016年我们将关注的重点放在两个方面：在总体性社会情绪的内在结构中，我们希望探寻满意度（指向当下的社会情绪）与社会信心（指向未来的社会情绪）的关系；在社会期望值与总体性社会情绪的关系上，我们希望继续了解在保持不同影响总体性社会情绪的重要个人、单位等因素的基础上两者的关系是否发生变化。

（一）满意度与社会信心

人们的日常行为以对未来的信心为牵引，譬如，消费信心会影响消费行为、就业信心会影响就业行为、生育信心会影响生育行为等。信心不足会延滞或改变既定的行为方式，更甚会使得人们无所适从、焦虑不安、悲观失望。稳定民众预期、增强社会信心是激发社会活力的前提保证。如果多数民众对未来没有明确的预期，消极情绪蔓延，那么无论是经济发展还是社会发展定会受阻。在此意义上，对民众社会预期与发展信心的把握与调适，是促进经济社会发展不能忽视的社会心理资源与条件。

从总体上判断，2016年民众预期呈现"双重面向"。一方面，随着经济增长，物质生活水平提高，多数民众对生活改善与社会持续发展的信心亦不断提升；但另一方面，由于近年来经济增长率的趋势性下滑、收入及财富分配差距不断拉大、社会风险多发，部分民众的发展信心不足，消极、悲观、焦虑等情绪显现。这种正向与反向态度的并存看似不尽协调，却在一定程度上反映出经济社会结构快速转型过程中民众社会心态的不平衡。[①]

根据全国性抽样调查数据的统计结果，党的十八大以来，民众无论是对社会性事项（历年预期指数分别为66.20、74.17、75.79、73.97）还是对个体性事项（历年预期指数分别为75.83、74.62、78.59、76.80）的总体预期状况均稳中趋好，但其构成要素有着明显的分化和固化态势（见图10-21）。从2012年到2016年，民众信心最低的事项始终是社会层面的物价水平、食品安全状况、环境质量以及个体层面的个人收入水平与生活压力。

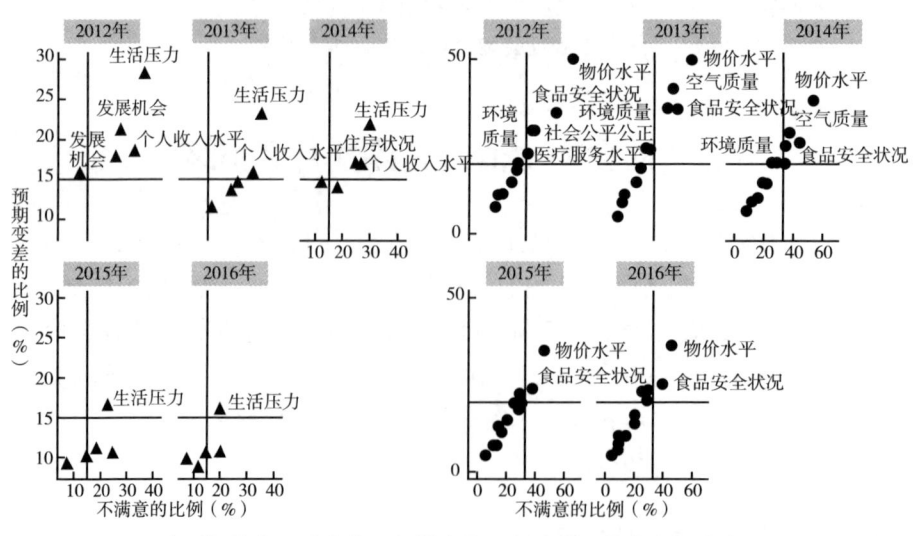

图10-21 民众对相关事项满意状况与社会信心各项状况的分布矩阵（2012—2016）

① 魏钦恭：《和谐发展需理性引导民众预期》，《民生周刊》2019年第8期，第62—64页。

（二）社会期望值与总体性社会情绪

我们将月收入、主观经济社会地位、经济社会地位的变动、单位类型和单位所有制性质、社会和谐程度作为控制变量，探寻社会期望值对民众总体性社会情绪的影响，结果如表10-25所示。模型1、模型2、模型3、模型4的结果显示，人们的社会期望值不仅对其总体性社会情绪指数有显著负向影响，其中，对总体性社会情绪中两个指向现状的维度（满意度、社会信任）均有不同程度的显著负向影响，而对指向未来预期的维度社会信心有显著的正向影响。这表明，总体来言，人们感知到个人期望与实际获得之间的不一致程度越大，其获得总体性社会情绪越消极。社会期望值所产生的这种负面影响也可分解到满意度和社会信任这两个指向现状的社会情绪上。同时，社会期望值除了这种消极意义之外，也具有一定的积极的"发展性"意义。在一定程度上，个人期望与实际获得之间的不一致反而会激发民众对未来的积极预期。

表10-25 社会期望值对总体性社会情绪的影响

变量	模型1 总体性社会情绪	模型2 满意度	模型3 社会信任	模型4 社会信心
社会期望值	−0.11*** (−6.47)	−0.20*** (−10.81)	−0.16*** (−7.40)	0.11*** (4.18)
社会和谐	4.97*** (24.24)	4.94*** (22.58)	5.87*** (22.79)	2.28*** (7.33)
月收入（以2000元及以下为参照组）				
2001—4000元	−2.05** (−3.48)	−0.56 (−0.88)	−2.68*** (−3.61)	−2.00* (−2.23)
4001—6000元	−3.32*** (−4.97)	−0.08 (−0.11)	−4.65*** (−5.55)	−4.26*** (−4.20)
6001—8000元	−3.36*** (−3.93)	−0.27 (−0.30)	−5.31*** (−4.94)	−2.28+ (−1.75)
8001—10000元	−3.51** (−3.45)	−0.92 (−0.85)	−4.64*** (−3.64)	−3.40* (−2.20)
10001元及以上	−3.63** (−3.17)	0.85 (0.70)	−5.59*** (−3.90)	−5.09** (−2.93)
主观经济地位	−0.07 (−0.44)	0.02 (0.14)	0.05 (0.26)	−0.38 (−1.53)

续表

变量	模型1 总体性社会情绪	模型2 满意度	模型3 社会信任	模型4 社会信心
主观社会地位	0.50** （3.12）	0.47** （2.76）	0.42* （2.05）	0.75** （3.05）
经济收入向上变动	2.31*** （8.49）	2.16*** （7.44）	2.28*** （6.67）	2.89*** （6.99）
社会地位向上变动	1.24*** （3.80）	1.64*** （4.72）	1.26** （3.08）	0.72 （1.45）
单位类型（以企业为参照组）				
党政机关	0.03 （0.03）	−1.68 （−1.27）	2.52 （1.62）	−3.54+ （−1.88）
事业单位	−0.06 （−0.11）	−0.87 （−1.55）	0.19 （0.29）	0.62 （0.78）
个体工商户	1.54*** （3.84）	1.14** （2.67）	0.92+ （1.83）	4.04*** （6.66）
单位所有制性质（以国有为参照组）				
集体所有	0.69 （0.93）	0.07 （0.09）	1.74+ （1.85）	−1.45 （−1.28）
私有/民营	−1.44** （−2.82）	−0.98+ （−1.81）	−1.07+ （−1.68）	−3.47*** （−4.49）
港澳台资	−2.29 （−0.79）	0.93 （0.30）	−5.35 （−1.47）	−0.89 （−0.20）
外资所有	4.42** （3.44）	3.60** （2.63）	5.37** （3.34）	2.20 （1.13）
中外合资/中外合作	3.75*** （3.69）	2.34* （2.16）	4.74*** （3.72）	2.30 （1.49）
截距	60.94*** （35.28）	57.33*** （31.14）	61.26*** （28.26）	70.82*** （27.00）
F值	61.00***	67.57***	52.63***	13.21***
R^2	0.2296	0.2482	0.2045	0.0606

注：括号中数值为t值；$^+p<0.1$，$^*p<0.05$，$^{**}p<0.01$，$^{***}p<0.001$。

八 小结

毫无疑问，每个人都对其所处时代的社会发展有着自身的直观认识与感受，即使多数民众并不具备专业的分析框架与理论知识，但需要肯定的是，并不能由此忽视这种直观认识的重要性。无论是从个体行为的微观基础还是从社会心态的微观构成出发，民众对社会发展过程中有关事项的态度与感受都构成了我们可用以分析一个社会发展状况的事实资料。也正因如此，有研究者强调，在总结和阐述中国社会发展变迁之时，中国民众的社会心态亦成为这一过程和经验不可或缺的组成部分。① "春江水暖鸭先知"，民众的总体性社会情绪与社会期望值就如同"温度计"或"晴雨表"，我们多年来所做的关于总体性社会情绪状况的调查与分析，就是力图通过民众的主观感受来观测中国社会的发展状况。

对此，如果将社会发展状况看作一头"大象"，不同的人势必有着各自的"摸象"方法。那么接下来的问题便是，选择哪些维度与指标才可以使我们的观测简单（simple）、灵敏（sensitive）、易于操作（easy to use）。

当我们论及社会指标的构建与测量之时，一般会将其归为西方社会科学研究的经验与"舶来品"，但事实上，这种思想与做法中国古已有之。2000多年前，管子在其"八观"的论述中，用睿智的眼光告诉人们应该如何从八个方面去观察一个国家的发展状况。② 在理论概括与多年调查实践的基础上，我们认为通过对民众满意度、社会信任和社会信心三个方面的观测可以在一定程度上实现上述研究目标。③

---

① 周晓虹：《转型时代的社会心态与中国体验——兼与〈社会心态：转型社会的社会心理研究〉一文商榷》，《社会学研究》2014年第4期，第1—23页。

② 他认为，观察一个国家，最重要的是观察这个国家是否用制度规范人们的行为，使国民"故形势不得力非，则奸邪之人悫愿；禁罚威严，则简慢之人整齐；宪令著明，则蛮夷之人不敢犯；赏庆信必，则有功者劝"，从而使国民"闭其门，塞其涂，夺其迹，使民毋由接于淫非之地，是以民之道正行善也若性然。故罪罚寡而民以治矣"。展开来具体说就是，一是要"行其田野，视其耕芸，计其农事，而饥饱之国可知也"；二是要"行其山泽，观其桑麻，计其六畜之产，而贫富之国可知也"；三是要"入国邑，视宫室，观车马衣服，而侈俭之国可知也"；四是要"课凶饥，计师役，观台榭，量国费，实虚之国可知也"；五是要"入州里，观习俗，听民之所以化其上者，而治乱之国可知也"；六是要"入朝廷，观左右本来朝之臣，论上下之所贵贱者，而强弱之国可知也"；七是要"置法出令，临众用民，计威严宽惠而行于其民不行于其民，可知也"；八是要"计敌与，量上意，察国本，观民产之所有余不足，而存亡之国可知也"。总之，只要我们能够细致地观察，了解一个国家饥饱、贫富、侈俭、虚实以及治乱的状况，那么人们就大概可以知道这个国家繁荣兴旺的程度，从而也就能够知道其前途和命运。参见《管子·八观》。

③ 指标构建的理论和方法可参见张彦、魏钦恭、李汉林《发展过程中的社会景气与社会信心——概念、量表与指数构建》（《中国社会科学》2015年第2期，第64—84页）。

前文用较大篇幅对2016年中国城镇居民总体性社会情绪进行了描述，并在某些关键维度上进行了历时性比较。在整体走势上，民众无论是对调查时点社会发展状况的判断还是对未来发展的预期都呈下行态势，对此，我们有必要从以下方面进一步展开讨论。

（一）经济结构失衡与心理结构紧张

经济与社会的相互影响并非简单的交互关系，现代性的增长导致的一项后果便是经济与社会之间的界限看似明显，但在其内部关联上，二者间的传导机制却更加灵活和多变。这种关系特征的非期然性后果便是，风险社会成为一种常态。这在本质上意味着处理经济与社会的关系时，人们常常处于一种两难之中：必须预见经济发展必然带来的不可预见的风险，控制经济发展必然带来的不可控制的危机。也就是说，当我们将经济问题与社会问题联系起来加以考虑之时，就不能将二者断然两分，而是需要一种更加宏观的视角。①

为了有效应对当下的经济问题，2015年底召开的中央经济工作会议提出，要着力推进供给侧改革。也就是说，对中国经济发展问题的诊断，从增长速度换挡期、结构调整阵痛期、前期刺激政策消化期"三期叠加"的判断，②到经济结构性减速的"新常态"共识形成，再到聚焦推进供给侧结构性改革。这在实质上表明，当前经济发展的体制机制在结构层面出现了问题。这种结构性的失衡是长期累加的后果，不可能在短期内得到化解。这种结构性的失衡首先表现在经济增长率的趋势性下滑，且这种变动轨迹并非多数人所一厢情愿的V形或U形，可能会经历一个L形增长阶段；③其次，这种趋势性下滑不仅导致与之内洽的一系列宏观经济指标呈现新性状，而且带来了新挑战；④最后，经济性状的改变和政府为此所做的制度安排不可避免地会影响到社会结构的状态与属性。也就是说，对经济发展状况的把握需要时刻关注经济与社会之间的内在关系、二者间的协

---

① 刘世定：《危机传导的社会机制》，《社会学研究》2009年第2期，第27—38页。
② 《"三期叠加"的阶段性特征》，中国共产党新闻网，2015年1月30日，http://theory.people.com.cn/n/2015/0129/c392798-26472376.html。
③ 《七问供给侧结构性改革（权威访谈）——权威人士谈当前经济怎么看怎么干》，《人民日报》2016年1月4日，第2版。
④ 李扬、张晓晶：《论"新常态"》，《第一财经日报》2014年12月11日。

同变化及总体性的经济社会结构特征。另外，经济状况对社会生活的影响既深且远，其既构成了人们价值和行为取向的约束条件，也影响到人们对社会发展的期望和信念。

具体而言，经济结构的失衡所引致的社会结构要素之间的紧张与脱节以及引发的矛盾与冲突在人们的主观层面主要表现为失范感受的凸显和期望与实际获得之间不一致感的增强。

在国家主导的"渐进市场化"模式下，人们普遍承认市场在促进经济增长方面的作用，但对"市场社会化"的趋势及其后果关注不足。诸如环境污染、食品安全、信任缺失等现象无不与市场，更确切而言，与市场规则在社会层面的扩张和渗透相关。事实上，波兰尼早在其《大转型》中就对社会市场化的危机进行了"入木"的刻画，其反对那些自由主义者的论调，强调自发调节的市场是一个乌托邦，其会在物质上毁灭人类，并把人类的环境变成一片荒野，而土地、劳动力和货币的商品化便是市场社会最为明显的标志。正如斯蒂格利茨所认为的那样，"波兰尼所提出的问题和视野并没有丧失其优越性……常让人们感觉到，他是在针对当下的问题发言"。当一切东西都可以金钱来衡量的时候，市场和市场价值观已经以一种前所未有的方式主宰了我们的生活，在这种市场排挤社会、市场规则战胜社会道德的状况下，我们更需要重新思考市场在我们的生活实践、人际关系和日常生活中的角色和范围。① 尽管有研究者指出中国在 20 世纪 90 年代经历了短暂的"市场社会"梦魇，② 但其显然对这种"危机"的严重性估计不足。近年来发生的许多社会问题在不断昭示市场价值在社会领域的不断扩张。这就使得广大民众的价值目标系统呈现匮乏状态，表现为个体从社会规定的目标和规范中疏离出来，并出现诸如无所适从、混乱、冷漠、颓废等状态。

前文已述，经济结构的变动在社会层面构成了民众行为与价值取向的外部环境，这种结构性的变动愈是频繁，变动过程中的利益分配愈是有利于某一群体或阶层，那么不仅会导致社会阶层结构的固化和社会刚性的增

---

① 迈克尔·桑德尔：《金钱不能买什么：金钱与公正的正面交锋》，邓正来译，北京：中信出版社，2012 年。
② 王绍光：《大转型：1980 年以来中国社会的双向运动》，《中国社会科学》2008 年第 1 期，第 129—148 页。

强，同样也会使利益受损群体的期望与实际获得的不一致感更为强烈。①也就是说，与一个稳定的社会相比，在一个变动剧烈的社会中，人们会更加敏感于自身的得失。更进一步而言，相比于一般的主观态度，社会期望值的社会属性更强。在一个不平等程度较高、社会包容性较差的社会，一旦人们认为自身的经济社会地位直接或间接与参照群体相比没有达到既定预期，且这种预期状态在经济社会的频繁变动中仍不能实现时，就不可避免地会产生强烈的被剥夺感。② 如果这种负面感受成为某一特定群体挥之不去的心理特征，那么由之引发矛盾与冲突的可能性就会大大提升。

（二）贫富差距过大与社会发展乏力

一个社会的发展取决于多重因素，但要确认哪些因素对社会发展具有决定性作用，则会陷入各种争执之中。对于如何确认这个关乎人类社会的终极首要性或确定性问题，既让人神伤，又难以得到一致答案，因为"社会比我们有关它们的理论更加混杂"。但是在毫无争议的状态下，人类及其行动无疑构成了一个社会发展的基础，其他诸如地理环境、物质资源、科学技术、制度文化等则构成了社会发展的条件。也正是在这个意义上，马克思强调，"人们自己创造自己的历史，但是他们不是随心所欲地创造，并不是在他们自己选定的条件下创造，而是在直接碰到的、既定的、从过去继承下来的条件下创造"③。从人类行动出发，对于追求美好事物的享用而不断竞争成为无须加以解释的常项，更确切而言，人类的行动（不包含纯心理层面的活动，如主观内省）都是以某种目标为出发点的。在承认人类行动是社会发展的基础以及人类是不断追求其目标的主体这一先决认识下，主体行动的原因，即人们如何做出行动对于更加深入地理解社会发展具有基础性意义。

回顾改革以来的中国社会发展历程，首先是通过引入市场机制，打破"大锅饭"，让一部分人先富起来，经过逐步调整，扩大公共产品的服务范围，从而达到新的协调，实现发展的均衡与突破。这种"让一部分人

---

① Hirschman, A. O. & M. Rothschild, "The changing tolerance for income inequality in the course of economic development," *The Quarterly Journal of Economics*, Vol. 87, No. 4(1973), pp.544-566.
② 魏钦恭：《和谐发展需理性引导民众预期》，《民生周刊》2019年第8期，第62—64页。
③ 《马克思恩格斯选集》（第一卷），北京：人民出版社，1995年，第585页。

先富起来，先富带动后富，最后实现共同富裕"的制度导向大大激发了全社会发展经济、创造财富的积极性，进而在很大程度上引致了几十年来中国经济持续高速发展的辉煌。在这里，人们在收入分配上形成的"差序格局"对改革开放初期的发展起到了至关重要的作用。[①] 但彼时的情况是，由于分配和激励机制的不当甚至扭曲，中国社会的收入和财富鸿沟呈逐年拉大的趋势，这种现状也深深地动摇了经济社会发展的动力基础。

根据北京大学2015年发布的《中国民生发展报告》可知，"近30年来，中国居民收入基尼系数从80年代初的0.3左右上升到2015年的0.45以上，大大超出0.4的警戒线。财产不平等的程度更加严重，中国家庭财产基尼系数从1995年的0.45扩大到2012年的0.73。顶端1%的家庭占有全国约三分之一的财产，底端25%的家庭拥有的财产总量仅在1%左右"。[②] 这种结果不得不引起我们的警惕。

贫富差距过大会影响经济的平稳健康发展。我们都知道，当前中国经济运行的一项主要特征就是国民高储蓄与国内需求不足，但实质上这一特征与过大的贫富差距有着过密的关联。巴特拉就指出，财富过度集中是经济萧条的主要内在原因。一方面，由于财富过度集中，银行账面上的高储蓄额并不是一般民众的储蓄，而恰恰是部分收入和财富顶尖群体的储蓄，这就使得穷人或中等收入阶层的借款需求超过富人的需求，以致对贷款的需求增加，但这也使得银行不可靠贷款的数目增加，进一步加剧了银行的运行风险。另一方面，财富分配不均日益严重的副作用就是投机性投资增加，为了获得像富人一样的高额利润，穷人纷纷效仿，进一步增加了经济系统运行的风险。[③] 这种论述并非孤证，有研究在对两次全球经济危机进行对比研究后发现，收入分配差距过大往往是经济危机出现的前兆，同时，在危机来临前，大众的心理都处于极端的投机状态，许多人追求一夜暴富。[④] 也就是说，一旦贫富差距超出合意区间，那么这种差距非但难以起到合理激励经济行为的作用，反而会起到负面影响，进而对总体性的经

[①] 魏钦恭、张彦、李汉林：《发展进程中的"双重印象"：中国城市居民的收入不公平感研究》，《社会发展研究》2014年第3期，第1—32页。

[②] 李建新等：《中国民生发展报告2015》，北京：北京大学出版社，2015年，第102—105页。

[③] 莱维·巴特拉：《1990年大萧条》，中国国际信托投资公司国际研究所译，上海：上海三联书店，1988年，第57—60页。

[④] 刘鹤主编：《两次全球大危机的比较研究》，北京：中国经济出版社，2012年，第98—106页。

济系统产生重创。

贫富差距过大会影响社会的和谐稳定发展。改革以来,随着贫富差距的不断拉大,不少研究者认为,这一因素成为中国社会矛盾与冲突频发的根源,甚至有观点认为快速拉大的收入差距使得较低收入者对社会分配状况极为不满,中国已经坐落于随时可能喷发的"社会火山"(social volcano)之上。虽然亦有研究认为人们对当前的收入分配颇有微词,但总体上这种收入的不公仍在人们可接纳和忍受的限度之内。[①] 无可否认的是,过大的贫富差距需要一个社会付出很大的代价去承受,正如斯蒂格利茨所言,减少不平等带来的收益要远远超出可能产生的成本,这些成本不仅会导致经济增长乏力,而且会导致民众认同感缺失和政治制度不稳定。[②] 如果皮克提所言的社会分化机制,即资本收益率大于经济增长率具有一定的合理性,那么可以预见的是,当下中国的贫富差距并未见顶,而是会随着代际黏性和财产继承进一步加剧。由此,收入和财富顶端10%和1%的群体会牢牢占据社会"金字塔"的顶端,整个社会的流动机制出现分割性的闭循环。这种社会格局就形同《北京折叠》中所描绘的情境,无论是阶层分化的危机感还是挣脱阶层固化的无力感,让人细思极恐,也会让社会发展失去动力。

(三)未来预期不足与焦虑情绪蔓延

人们的日常行为都是以预期目标为牵引,预期不足会延滞或改变既定的行为轨迹,更甚会使人们无所适从、焦虑不安。当房价高企、生活成本攀升、社会保障不足、未来经济前景不明的时候,民众对未来的期望会出现程度不一的下降,进而影响其行为方式和价值取向。从个人行为角度来分析,中国的改革开放,极大地释放了人们创造财富和追求财富的能力。这种个人行为的强大驱动力,一旦摆脱了思想上和体制上的束缚,其巨大的能量就会像火山爆发一样释放出来,极大地推动国家经济增长与发展的速度。同样,人们对财富的追求与渴望,如果没有合理的制度安排,没有

[①] 怀默霆:《中国民众如何看待当前的社会不平等》,《社会学研究》2009年第1期,第96—120页。

[②] 斯蒂格利茨:《不平等的代价》,张子源译,北京:机械工业出版社,2015年,第67—71页。

明确的预期前景，就会由理性的行为蜕变为狂热或幻觉。① 投机盛行，越来越多的人试图通过非制度化手段达到目标；焦虑蔓延，不同的群体都陷入缺乏安全感和方向感的"旋涡"之中。在这种环境下，人们的行为趋向不可避免地发生迷茫，甚至变得焦躁、愤怒和失望。

还需要注意的是，人们大多数的行为是嵌入一定的组织之中，并通过组织来完成的。所以，当一些社会成员在自己所隶属的组织中不愉快、不满意，感受不到组织的激励，体会不到其他组织成员的帮助和支持时，其由此产生的负面情绪和感受就会或多或少地以各种方式宣泄到社会之中，在各种机制的交错影响下形成社会性焦虑。

从理论上说，这种社会性焦虑的蔓延，不可避免地会对一个社会的稳定与景气产生很大的影响。因为在这种情绪的影响下，人们的羡慕与妒忌、攀比与模仿、失落与愤怒等各种情绪就会交织在一起，心理上个人期望与实际获得之间的不一致感也会越来越强烈，进而总体性社会情绪越来越消极。如果在这样的一种情况下，我们政府的制度安排没有做适当的调整，那么，人们就会对一个社会的诸如像共同富裕、社会主义道路等基本目标产生怀疑和动摇，对我们的政府以及政府的行为愈来愈不信任，对未来的发展失去信心。在这样一种情况下，任何一个偶然的事件都可能会引起冲突或者群体性事件，人们的焦虑、愤怒与不满就可能会以一种极端的方式发泄出来。②

针对上述讨论和调查数据反映的问题，我们提出以下建议。

首先，要考虑如何有效引导和处理不同社会群体的利益表达、利益综合和利益实现，这是实现社会稳定的一个根本问题。发展的过程就是一个不平衡的过程、一个失调与协调不断互动的过程、一个矛盾冲突不断出现并不断地得以解决的过程。改革的过程总是不可避免会触及不同群体的利益，关键的化解之道就是用一种制度化的方式让人们将利益诉求表达出

---

① 这种投机性的效仿行为被金德尔伯格如是描述"当从事这些活动的公司和家庭数目增加时，人口中那些通常避开这类投机活动的人也被吸引进来。为了获得利润的投机诱使那些正常的、合理的行为蜕变为所谓的'狂热'或'幻觉'。'狂热'这个词强调的是非理性，而'幻觉'则意味着要破产"。转引自莱维·巴特拉《1990年大萧条》，中国国际信托投资公司国际研究所译，上海：上海三联书店，1988年，第97页。

② 魏钦恭、张彦、李汉林：《发展进程中的"双重印象"：中国城市居民的收入不公平感研究》，《社会发展研究》2014年第3期，第1—32页。

来，并对这些诉求做出合理的回应与解决。特别是对诸如征地、拆迁、收入分配、住房、社会保障、就业等关乎百姓生活的大事，更要在政策制定和制度安排的过程中以多数民众的基本诉求和日常感受为起点和终点。① 反过来，如果人们的利益诉求无法表达，渠道也不畅通，那么"郁结"就会越积越大，在某一个时点上，任何一个偶然的事件都可能触发人们蓄积的不满，甚至会以难以控制的极端方式爆发。②

其次，是要充分运用现有的制度资源，促进社会稳定与景气。

第一，"支部建在连上"是我们特有的制度文化。在几十年的革命和建设过程中，通过这样的一种制度安排，为坚持党的领导，实现有效社会管理起到了极其重要的作用。在制度创新和变迁的过程中，发挥基层党组织的作用，就会大大地降低改革引发社会危机、动荡和不景气的风险，大大地减少制度创新与变迁的社会成本，有助于缓解不同利益群体之间的矛盾与焦虑。③

第二，工作和社会组织要成为不同社会群体利益综合与表达的制度化载体。也就是说要使各类组织成为人们社会合作及利益分享的基础单元。罗尔斯在论述差异化分配得以实现的社会基础之时，一再强调一个社会的典型标志虽然是利益的不一致，而且经常会出现利益冲突，但与每一个人都靠自己单独生活相比，社会合作能够使每一个人都过上更好的生活，所以在更大的意义上存在的是利益的一致。④ 不仅如此，社会中间组织的发育完善对于增强人们的自尊感和社会认同感亦有极其重要的意义。也就是说，如果人们社会行动的参与对象越广泛，用以比较的参照群体越多元，对某一事项衡量的权重也就越分散。这样，人们在一个组织中产生的诸如相对剥夺感、嫉妒等负面情绪就能在另外一个组织的参与过程中得以化解。相反，一个社会的组织越单一，人们用以衡量和比较的标准也就越单

---

① 《李克强：把民众日常感受变成政策起点终点》，中国政府网，2016年10月16日，https://www.gov.cn/premier/2016-10/15/content_5119507.htm。

② 刘国富、李汉林：《关于和谐社会建设的社会学思考》，《江苏社会科学》2007年第4期，第157—163页。

③ 李汉林：《转型社会中的整合与控制——关于中国单位制度变迁的思考》，《吉林大学社会科学学报》2007年第4期，第46—55页。

④ 罗尔斯：《正义论》，何怀宏、何包钢、廖申白译，北京：中国社会科学出版社，2009年，第91—103页。

一，由此差别化的特性也就越显著。①

第三，要充分发挥意识形态的作用。意识形态是一个社会的上层建筑，也是国家合法性的重要来源和基石。在一般意义上，意识形态也是引导人们行为取向的价值规范和意义体系。当通过一套合理完善的意识形态使人们相信新的制度安排更加公正合理且可以给自己带来更多利益之时，或者说，当人们把这种规范和信仰最终作为一种习惯渗透到自己的行为方式之时，意识形态就会发挥其内隐的强大作用。恰恰在这个意义上，意识形态同时表现为一种特殊的生产力，一种能够激励人们创造、降低制度创新成本的生产力。从另外一个角度来看，新的制度通过意识形态的过程使其得到合法化，制度规范行为在一定程度上亦是通过意识形态的作用来实现的。意识形态不仅在制度变迁的过程中以及人的社会化过程中起到极其重要的作用，而且成为变迁过程中社会保持稳定与景气的一个重要前提条件。②

第四，从改革与发展的实践出发，要变"消极社会"为"能动社会"（active society），充分激发社会活力。从政府层面出发，要放弃"大包大揽"的传统管理模式，敏锐捕捉民众需求的变化，积极回应民众的关切与诉求，努力提高公共服务水平与质量。从社会层面出发，要着力培育社会自组织，让民众能够广泛参与各项社会事务之中，提升民众的主体性地位。只有在实现政府与民众有效沟通的基础上，才能实现社会的有效治理，实现国家与社会的良性互动，实现"放手让一切劳动、知识、技术、管理和资本的活力竞相迸发，让一切创造社会财富的源泉充分涌流"的社会目标。

---

① 诺奇克：《无政府、国家和乌托邦》，姚大志译，北京：中国社会科学出版社，2008年，第54—60页。

② 李汉林：《转型社会中的整合与控制——关于中国单位制度变迁的思考》，《吉林大学社会科学学报》2007年第4期，第46—55页。

第十一章

2017 年的调查

一 结构背景

2017年,时值我国社会主义现代化建设承前启后的关键节点,如党的第十九次全国代表大会报告所言,国内外形势正在发生深刻复杂变化,我国发展仍处于重要战略机遇期,前景十分光明,挑战也十分严峻。① 基于我国当前的社会经济发展状况,党中央作出了新的总体判断,即中国特色社会主义进入新时代,我国社会的主要矛盾已经转化为人民日益增长的美好生活需要和不平衡不充分的发展之间的矛盾。这一认识和表述指向的是人的全面发展,倡导以人民为中心、民生持续改善的高质量发展模式,反映了我国此后相当一段时间内的发展思想和发展路径。换言之,我国仍需要全面深化体制改革,建立和健全相应的关键机制,助推我国社会经济状况向好发展,既保障经济运行态势稳中求进,也兼顾且有效回应人民日常生活中的急难愁盼。梳理当前的制度环境和结构性背景,具体如下。

在经济发展方面,作为供给侧结构性改革的深化之年,2017年全国规模以上企业② 增加值比上年实际增长6.6%,其中,制造业增加值实际

---

① 《决胜全面建成小康社会 夺取新时代中国特色社会主义伟大胜利——在中国共产党第十九次全国代表大会上的报告》,中国政府网,2017年10月27日,https://www.gov.cn/zhuanti/2017-10/27/content_5234876.htm。
② "规模以上企业"是一个统计术语。一般以年产量作为企业规模的标准,国家对不同行业的企业都制定了一个规模要求,达到规模要求的企业就称为规模以上企业,规模以上企业也分若干类,如特大型企业、大型企业、中型企业、小型企业等。国家统计时,一般只对规模以上企业做全数统计,达不到规模的企业采取抽样、利用行政资料、推算等方式统计。

增长7.2%；1月至11月，全国规模以上工业企业实现利润总额68750亿元，同比增长21.9%，比2016年同期加快12.5个百分点；规模以上工业企业主营业务收入利润率为6.36%，比上年同期提高0.54个百分点。① 我国供给体系的活力、动力和潜力正在不断释放，供给质量不断提升，这奠定了我国经济长期稳定发展的基础。与此同时，从产业结构看，2017年全年第三产业增加值同比增长8.2%，比第二产业快2.1个百分点，第三产业对经济增长贡献率达58.8%，比上年同期提高1.3个百分点；从需求结构看，2017年全国最终消费支出对经济增长的贡献率高达58.8%，高于资本形成总额26.7个百分点。消费保持第一驱动力的地位，中国内需潜力持续释放，也成为我国经济平稳增长的重要动力，经济结构日益优化。②另外，2017年全年中国经济增速6.9%，经济总量827122亿元。截至四季度6.8%的增速，中国经济已连续十个季度保持在6.7%—6.9%的运行区间内，③ 经济运行保持中高速增长且波动较小。

在2017年，中央决定设立河北雄安新区，将之称为"千年大计、国家大事"。设立雄安新区，对于集中疏解北京非首都功能，探索人口经济密集地区优化开发新模式，调整优化京津冀城市布局和空间结构，培育创新驱动发展新引擎具有重大意义。同样在2017年，《国务院关于废止〈中华人民共和国营业税暂行条例〉和修改〈中华人民共和国增值税暂行条例〉的决定》通过，这标志着实施60多年的营业税正式退出历史舞台。官方数据显示，截至9月，我国内地全面推开营改增试点一年来累计减税1.06万亿元④。这些不囿于一时一地的战略性举措为我国社会经济的可持续性发展开拓了空间，同时提升了人们对政府的信任程度，提振了人们对未来发展的信心。

在社会发展方面，2017年我们也取得了很大成绩，为今后我国解决社会主要矛盾、实现高质量发展积蓄了力量，探索了方向和路径。首先，

---

① 张杰：《2017年中国经济交出亮丽成绩》，光明网，2018年1月22日，https://m.gmw.cn/baijia/2018-01/22/120367572.html#verision=b92173f0。

② 王梦妍：《2017中国经济成绩单：GDP首破80万亿 转型升级步入收获季》，百度百家号，2018年01月19日，https://baijiahao.baidu.com/s?id=1589977790826977972&wfr=spider&for=pc。

③ 王梦妍：《2017中国经济成绩单：GDP首破80万亿 转型升级步入收获季》，百度百家号，2018年01月19日，https://baijiahao.baidu.com/s?id=1589977790826977972&wfr=spider&for=pc。

④ 《2017"中国时间"年度经济盘点：十大中国经济新闻》，中国产业经济信息网，2018年1月17日，http://www.cinic.org.cn/xw/cjxw/417991.html。

收入分配更趋公平。居民的收入增速快于国内生产总值（GDP）增速，农村居民收入增速快于城镇居民收入增速，体现了收入分配向居民尤其是农村居民倾斜，收入分配结构更趋公平合理。全年全国居民人均可支配收入25974元，扣除价格因素，实际增长7.3%，比 GDP 增速快0.4个百分点，比上年加快1.0个百分点，居民收入增速再次"跑赢" GDP 增速。农村居民人均可支配收入13432元，扣除价格因素，实际增长7.3%，比城镇居民人均可支配收入实际增速快0.8个百分点。城乡居民人均收入倍差为2.71，比上年缩小0.01，城乡居民收入差距进一步收窄。其次，社会保障体系日益健全。年末全国参加城镇职工基本养老保险人数40199万人，比上年末增加2269万人；参加城乡居民基本养老保险人数51255万人，比上年末增加408万人；参加基本医疗保险人数117664万人，增加43272万人。① 最后，稳就业工作成效显著。2017年1—11月，全国城镇新增就业1280万人，同比增加31万人，再创历史新高；全国城镇调查失业率和31个大城市城镇调查失业率都保持在4.9%以下，创下近期低水平。②

2017年，新技术发展所孕育的数字经济蓬勃兴起，对人们的生产和生活亦有深远影响。目前，我国已成为世界数字用户最大国、移动支付最大国。截至2017年6月，我国网民规模达到7.51亿，占全球网民总数的1/5，互联网普及率为54.3%，手机网民规模达7.24亿。同时，我国已经建成全球规模最大的4G网络，用户平均体验速率达到13.5兆比特/秒。2017年我国全球网速排名上升50多个位次，跃居世界第二十三位。③ 从经济的角度看，我国的数字经济持续积聚新动能，创造出三大数字新红利。一是创造消费增长红利。我国移动支付交易规模已超81万亿元，位居全球之首，2017年全国网上零售额7.18万亿元，同比增长32.2%，比社会消费品零售总额增速高20多个百分点，说明数字经济极大地拉动了市场消费。二是创造数字经济红利。我国深入推进"互联网+"行动和国

---

① 毕超：《2017年经济社会发展成果丰硕，开启我国高质量发展新时代》，百度百家号，2018年03月1日，https://baijiahao.baidu.com/s?id=1593709324874361758&wfr=spider&for=pc；《中华人民共和国2017年国民经济和社会发展统计公报》，人民网，2018年2月28日，http://politics.people.com.cn/n1/2018/0301/c1001-29840368.html。

② 陆娅楠、赵展慧：《稳中有进，一份提气的成绩单》，中国政府网，2017年12月17日，https://www.gov.cn/xinwen/2017-12/17/content_5247788.htm。

③ 清华大学国情研究院：《2017年中国经济亮点回眸》，《人民日报》2018年1月22日，07版。

家大数据战略,基于互联网、云计算和大数据等数字技术驱动的新兴产业已成为新的经济支柱产业。三是创造数字就业创业红利。数字经济带动了大量直接就业,在线医疗、在线教育、餐饮外卖等新型消费模式爆发式增长,成为名副其实的新经济增长点。① 我们重视高速发展的数字经济及其巨大的数字红利,但也要警惕数字经济时代新的社会风险和挑战,不断完善相关的社会政策。

尤其是在我们当下这样一个急剧变迁的社会中,虽然经济运行比较积极,社会民生也取得了长足进步,但发展不平衡不充分的一些突出问题尚未解决,② 结构性紧张持续存在且变幻莫测,各种利益群体之间处于一种摩擦、紧张甚而冲突的状态,人们的观念、认知以及行为取向趋于彷徨和混乱,部分社会群体由此迸发出比较强烈的疏离感、焦虑感、颓废感和无规范感。在这个时候,一些偶然性的事件可能引起人们的共鸣与共情,像导火索一样把人们长期积累的这种情绪唤醒、点燃,从而爆发。其中,互联网和现代媒体为人们表达和分享社会情绪提供了最为普适、便捷的渠道与平台,同时也使得社会情绪的传播变得更生动,更容易感染别人,得到更多人的共鸣,由分享而共享,由共感而共情,进而让人们的认知、认同与行为取向在社会互动过程中以及在社会情绪相互感染的过程中得以强化,唤醒了沉淀和弥散在社会中的总体性社会情绪,切实影响人们以后的行为。对于国家治理来说,培育一个强有力的大众传媒力量,的确能够在影响舆论、控制舆论以及左右社会中的总体性社会情绪方面起到举足轻重的作用,但关键是,我们要洞悉一个社会中的总体性社会情绪,把握人们在认知、认同以及行为取向上的总体状况以及分殊,国家治理才可能真正

---

① 清华大学国情研究院:《2017年中国经济亮点回眸》,《人民日报》2018年1月22日,07版。
② 经济增长内生动力还不够足,创新能力还不够强,发展质量和效益不够高,一些企业特别是中小企业经营困难,民间投资增势疲弱,部分地区经济下行压力较大,金融等领域风险隐患不容忽视。脱贫攻坚任务艰巨,农业农村基础仍然薄弱,城乡区域发展和收入分配差距依然较大。重特大安全生产事故时有发生。在空气质量、环境卫生、食品药品安全和住房、教育、医疗、就业、养老等方面,群众还有不少不满意的地方。政府职能转变还不到位。政府工作存在不足,有些改革举措和政策落实不力,一些干部服务意识和法治意识不强、工作作风不实、担当精神不够,形式主义、官僚主义不同程度存在。群众和企业对办事难、乱收费意见较多。一些领域不正之风和腐败问题仍然多发。参见李克强《政府工作报告——2018年03月05日在第十三届全国人民代表大会第一次会议上》,中国政府网,2018年3月22日,https://www.gov.cn/premier/2018-03/22/content_5276608.htm。

实现简约、灵活、有效以及有预见力。

2017年，社会发展的总体态势欣欣向荣，但结构性紧张持续存在且变幻莫测，人们的认知、认同和行为取向也趋于彷徨和混乱，日常生活中一些紧要的急难愁盼很可能"一呼百应"，反过来消解社会向好发展的基础。正是在这种宏观的背景下，我们探索当时沉淀和弥漫在不同群体之中的、具有波动风险的、还不够稳定的总体性社会情绪。

二 数据来源、操作化说明

（一）数据来源

"中国社会状况综合调查"（Chinese Social Survey，CSS）是中国社会科学院社会学研究所于2005年发起的一项全国范围的大型连续性抽样调查项目，目的是通过对全国公众的劳动就业、家庭及社会生活、社会态度等方面的长期纵贯调查，来获取转型时期中国社会变迁的数据资料，从而为社会科学研究和政府决策提供翔实而科学的基础信息。该调查是双年度的纵贯调查，采用概率抽样的入户访问方式，调查区域覆盖了全国31个省、自治区、直辖市，包括了151个区市县，604个村（居）委会，每次调查访问7000—10000个家庭。此调查有助于获取转型时期中国社会变迁的数据资料，其研究结果可推论全国年满18—69周岁的住户人口。

为了获得高质量的调查数据，CSS调查从多个层面保障调查的科学严谨。在抽样环节，CSS调查利用第5次全国人口普查和第6次全国人口普查分区县市资料设计抽样框；在调查点采用地图地址抽样方式以涵盖更多的流动人口。在执行管理环节，CSS调查依托全国各地高校和科研机构，建立地方调查团队，开设为期3—5天的督导、访问员培训课程和多样的访问模拟训练，制定"现场小组工作方法"，设计调查管理的系列流程，并配有高效的后勤支持。在质量监控环节，各调查点、省级、全国不同层面都会进行一定比例的问卷复核以确保问卷质量，全部问卷进行双次录入。此外，项目组会对数据信息做匿名化处理，以确保任何受访者都不会因为参与调查而受到任何负面影响。[①] 高质量的调查数据以

[①] 关于该调查更具体的设计和执行情况，参见李炜、张丽萍《全国居民纵贯调查抽样方案设计研究》(《科研信息化技术与应用》2014年第6期，第17—26页）。

及有的放矢的调查设计为我们探索这一时期的总体性社会情绪提供了扎实的基础。

（二）操作化说明

1. 指标设计

总体性社会情绪是一个较为抽象的概念，按照理论概念演绎的方式，我们将其具体操作化为三个维度，即满意度、社会信任和社会信心。其中，满意度是人们在心理层面的一种主观感受，包含对个体福祉状况的评价，也包括人们对自身所处社会环境的评价；社会信任则是人们对人与人和人与组织之间关系的主观感受，是对社会互动环境的一种主观评价，社会信任的高低将切实影响人们社会互动、社会参与的积极程度；社会信心主要是指人们对宏观经济社会发展形势和微观个体生活进行综合判断后得出的对个人与社会未来发展的预期。

在我们看来，一个社会积极的总体性社会情绪应该至少表现在三个方面：第一，社会成员对当前的社会发展状况有较高的评价；第二，社会成员对其他社会成员和组织遵守社会道德与制度规范保持较高的信任，进而愿意广泛参与社会生活，进行社会互动；第三，社会成员对社会共同体维系和发展有积极的预期。将上述三个维度紧密结合起来，可以比较有效地反映出沉淀和弥散在社会中的总体性社会情绪。我们从"中国社会状况综合调查（2017）"中筛选出若干相关指标，并具体规整为五个方面[①]来观测这一年度人们在满意度、社会信任和社会信心上的表现。操作化思路详见表11-1。

可以看到，各个子量表的信度在 0.80 和 0.91 之间，量表的内部一致性都相对较好。各个子量表的值越高，分别表示满意度越高、社会信任程度越高以及社会信心越充分。在 2017 年，我们的满意度量表更加简约，具体指标集中在个人生活和社会发展的某些重要方面；社会信任量表则更加清晰和有效，一方面继续考察人们对组织与平台的信任，对包括各级地

---

① 从理论上来说，总体性社会情绪包含三个主要维度，即满意度、社会信任和社会信心，每一个主要维度下包含两个次要维度——面向个人的和面向社会的。但是由于数据受限，缺少社会信心维度下"社会发展信心"的有效的测量指标，因而调查时点的测量仅包含五个维度。尽管缺少一个维度的信息，但是我们认为，这种缺失对整体指数的影响是有限的，由于各个维度之间存在紧密的相关性，该维度的信息将一定程度上通过其他维度的测量指标进行反映。

表11-1 2017年总体性社会情绪的指标体系

概念	维度		具体指标	信度
总体性社会情绪	满意度	对个体性事项的满意度	教育程度满意度 社交生活满意度 休闲娱乐满意度 家庭关系满意度 经济状况满意度	0.84
		对社会性事项的满意度	居住环境满意度 社会保障满意度 社会宽容满意度 社会公平满意度 社会风气满意度 政府工作满意度 社会安全满意度	0.80
	社会信任	人际信任	对朋友的信任 对邻居的信任 对同事的信任 对陌生人的信任	0.82
		组织信任	对中央政府的信任 对区县政府的信任 对乡镇政府的信任 对群团组织的信任 对慈善机构的信任 对新闻媒体的信任 对互联网的信任 对银行的信任 对保险公司的信任 对医院的信任 对法院的信任	0.91
	社会信心		个人发展现状 个人发展预期	

方政府在内的各种社会性组织的信任程度，另一方面也注重人们在微观互动中的人与人之间的信任程度；在社会信心量表上，我们的操作化变化相对较大，受限于调查设计和数据，我们主要观测的是人们对个体未来发展的看法，具体通过"您认为在未来的5年，您本人的社会经济地位在本地大体会属于哪个层次"来测量"个人发展预期"、通过"您认为目前您本人的社会经济地位在本地大体属于哪个层次"来测量"个人发展现状"，并以"个人发展预期"与"个人发展现状"之间的差距来反映人们的社会

信心。①

2. 权重设计

总体性社会情绪的测量采用的是综合评价法。综合评价法是相对于单项评级而言的，它们之间的区别不在于评价的客体的数量多少，而在于评价的标准的复杂性。"复杂性"最直观的表现是评价指标数目上的多与少。虽然评价最终也是归结为单个指标，但是综合评价时的"单个指标"与单项评价的"单个指标"在本质上是有差别的，它是高度综合的。

在综合评价指标的构建过程中，权重是权衡评价指标在总体中相对重要程度的量值。为了使评价结果更为客观可行，需要给各指标赋予恰当的权重。这是一个重要的问题，所赋权重系数合适与否直接影响整个指标体系的使用效果。② 目前确定指标权重的方法很多，基本上可以归结为两大类：一类是主观赋权法，这是一种以理论和经验为导向的权重设计方法，要求评价者对指标的重要程度给出人为的评价，通常采用向专家征集意见的方法，如主观经验法、德尔菲法、专家会议法、层次分析法等；另一类是客观赋权法，根据指标数值变异程度所提供的信息来计算相应的权数，是一种数据驱动的权重设计方法，具体有熵值法、变异系数法、因子分析法、主成分法等。

在本研究中，由于调查时间跨度较大、数据来源多样，因此，出于简洁、客观、稳定、可重复和可比较等原则，我们采用客观赋权法确定权重，具体使用因子分析法根据数据的内在相关性获得权重信息。因子分析的基本思想是按照相关性大小将原始变量进行分组，使得同组内的变量之间相关性较高，而不同组的变量之间的相关性则较低。每组变量代表一个基本结构，并用一个不可观测的综合变量表示，这个基本结构就成为公共因子。③

---

① 考虑到不同层级的人的个人发展预期与个人发展现状之间保持一致时的意义不同，即同样差值为 0，但个人发展预期和个人发展现状为"下层—下层""中层—中层""上层—上层"的个人，其社会信心应是依次递增的，对此，我们分别进行赋值，以增强指标的测量效度。相关学理讨论参见廉思、袁晶、张宪《成就预期视域下的中国青年发展——基于时间洞察力理论的新认知》，《中国青年研究》2022 年第 11 期，第 30—51 页。

② 符建华、王涛：《和谐社会统计指标权重的确定及实证分析》，《黑龙江科技信息》2008 年第 32 期，第 120 页。

③ 陈龙、陈婷、袁莹静、周芷仪、谢鹏辉：《基于 SPSS 的我国各省市自治区经济发展状况分析》，《软件》2019 年第 2 期，第 121—128 页。

具体来说，采用两步合成指数的办法。第一步是从指标到维度，对所属维度内的指标进行因子分析，提取一个特征根大于1的公共因子，然后计算各个指标的因子得分，对因子得分进行归一化处理后作为指标的权重。第二步是从维度到总体性社会情绪指数，采用同样的方法，[①]对五个维度进行因子分析，提取一个特征根大于1的公共因子，然后计算各个维度的因子得分，对因子得分进行归一化处理后作为各个维度的权重。

3. 指数合成

指标合成常用的方法是线性加权综合法，即将各指标分数与权重相乘后加总，这种方法简单且易于理解。不过，在进行指标合成前，还存在两个问题：一是存在缺失值，二是量纲不同。

（1）缺失值处理。对于在采用单一题目测量的维度中存在缺失值的样本，我们进行了删除处理；对于采用多个题目量表测量的维度中存在缺失值且在缺失值数量不超过三分之一的样本，我们采用该样本在未缺失题目中的评分均值（取整）进行插补。我们在此的基本假设是量表具有较高的内部一致性，从各量表的内部一致性系数来看，这一假设也能够得到满足。

（2）量纲不同的处理。由于指标的量纲不同，因此，在合成五个维度前，我们对指标进行归一化处理，并且为了便于理解和表述，在去量纲之后，我们对所有指标乘以100。处理之后的所有指标量程一致，介于0和100之间。处理公式如下：

$$x' = \frac{x - \min(x)}{\max(x) - \min(x)} \times 100$$

在解决上述两个问题之后，我们依据之前确定的权重计算方法，依次计算各项的权重并生成了五个维度和最终的总体性社会情绪指数。其中，五个维度的权重分别为17.36%、37.73%、13.44%、26.00%和5.48%，也就是说：

[①] 尽管在理论上我们认为五个维度对于测量总体性社会情绪具有同样的重要性，但是由于数据受限，我们就必须考虑数据本身的客观结构，如果完全按照理论设定采用等权法，会因为单一指标的权重过大，增加随机误差，导致测量的效度降低。

总体性社会情绪 = 对个体性事项的满意度 ×17.36%+ 对社会性事项的满意度 ×37.73%+ 人际信任 ×13.44%+ 组织信任 ×26.00%+ 社会信心 ×5.48%

三 数据分析

如何在宏观与微观的结合上把握我国社会发展的态势，如何理性地分析和应对发展中出现的问题，对于研究者以及政策制定者能够在事实基础上做出实事求是的选择与决策是至关重要的，这一环节深刻影响着我们国家今后的发展状况。在2017年，整个社会欣欣向荣，经济运行良好，人民的日常生活日益改善，但我们也深知，某些结构性紧张持续存在且变幻莫测，较为深入地理解人们的认知、认同和行为取向，然后因势利导，是国家治理的题中应有之义。也只有把握住弥散和沉淀在社会之中的总体性社会情绪，我们的国家治理方能有的放矢，既简约灵活，又高效且有预见力。如此这般，国家可以持续保持社会稳定和社会团结，通过凝聚多元主体的共识形成治理合力，助推社会经济的健康发展。

在这样一种目标下，我们利用"中国社会状况综合调查（2017）"的数据，努力去描述和分析人们在总体性社会情绪及其子量表上的状况，尽可能将人们的主观感受同社会的宏观环境勾连起来，为我们理解当时的社会状况提供一个真实可靠的基础。同时，我们知道，人们对于期望与期望实现差距的认识，会影响人们对特定问题的看法及感受，逐渐形成一种情绪，这种情绪的积累会影响人们对问题的态度及以后形成的看法及感受。[①] 在这个意义上，社会期望值可能是生成总体性社会情绪的深层原因。因此，我们也尝试刻画人们在期望与期望实现之间的差距及其感受，即社会期望值，并探索社会期望值与总体性社会情绪的关联。具体的数据分析结果见下。

（一）总体性社会情绪的状况与分析

经过多年的探索，我们对总体性社会情绪的思考愈加清晰，相应的，

[①] 李路路、王鹏：《转型中国的社会态度变迁（2005—2015）》，《中国社会科学》2018年第3期，第83—101页。

总体性社会情绪量表也愈发成熟。2017年，我们通过前文中的操作化思路生成了总体性社会情绪指数，在把握其总体状况的基础上，进一步观察了总体性社会情绪在各种社会群体上的差异分布，也将其同自评社会经济地位、互联网使用和社会参与等因素勾连起来，探索这些身份认同、行为特征与总体性社会情绪间的关联。通过这些分析，我们可以相对全面地了解当时人们在总体性社会情绪上的表现。

1. 总体状况

统计结果显示，2017年，我国总体性社会情绪指数的均值为61.13，大于中值（50）[①]，也超过经验及格线（60）。数据表明，我国总体性社会情绪指数整体向高取值端倾斜，民众对微观个人生活状况和宏观社会发展状况均给予较为积极的评价。同时，如图11-1所示，其直方图拟合的正态分布曲线呈现为比较标准的正态分布，整体结构平稳。

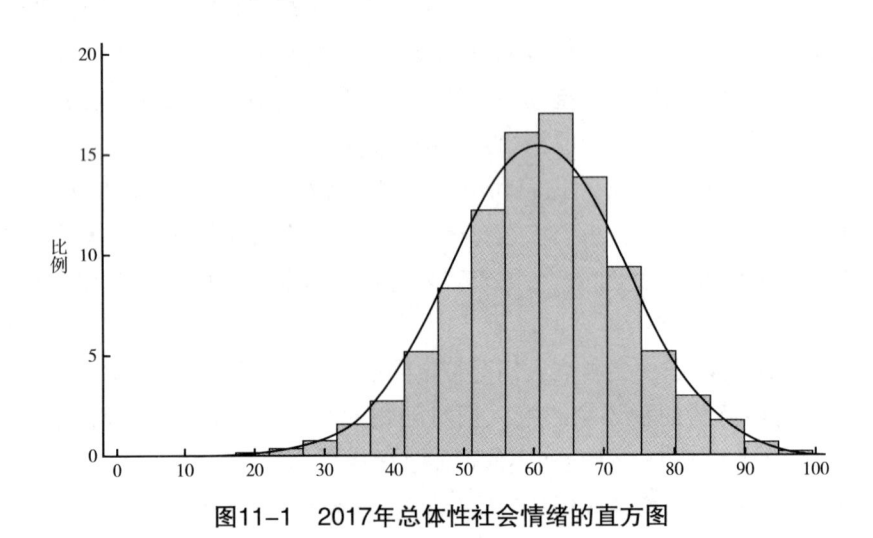

图11-1 2017年总体性社会情绪的直方图

2. 群体差异分布

为了了解当时人们在总体性社会情绪上的差异分布，我们将其同性别、年龄、受教育程度、收入和户籍等自然社会特征进行方差分析，结果如表11-2所示。

[①] 50代表民众的总体性社会情绪感知没有积极或消极的倾向，大于50则表明民众的感知倾向于积极，超过50越多，积极倾向程度越高，下同。

表11-2 各项自然社会特征与总体性社会情绪的方差分析

	均值	标准差	样本量	方差检验
性别				
男	61.76	12.93	3541	$F=16.40$, $p=0.000$
女	60.59	12.34	4157	
年龄				
30岁以下	61.25	11.49	1390	
30—39岁	58.62	12.09	1256	
40—49岁	59.49	12.67	1769	$F=49.15$, $p=0.000$
50—59岁	61.43	13.33	1642	
60岁及以上	64.42	12.46	1641	
受教育程度				
小学及以下	62.30	13.71	2436	
初中	59.43	12.48	2558	
高中（中专、技校）	60.31	12.18	1453	$F=24.00$, $p=0.000$
大专	61.81	10.98	594	
本科	64.25	10.62	679	
研究生	63.89	7.64	65	
月收入				
1000元及以下	60.26	12.48	1664	
1001—7000元	62.20	13.12	1363	
7001—20000元	60.62	13.18	1673	$F=5.34$, $p=0.000$
20001—40000元	60.88	12.55	1530	
40001—80000元	62.01	11.68	1005	
80001元及以上	61.71	11.24	383	
户籍				
农业户籍	61.20	12.79	5275	$F=0.44$, $p=0.505$
非农户籍	60.99	12.30	2504	

我们发现，2017 年，我国总体性社会情绪指数在群体间存在以下特征。

第一，性别方面，男性群体的总体性社会情绪指数（均值为 61.76）略高于女性群体的总体性社会情绪指数（均值为 60.59）。尽管男性在对社会的感知和态度上更为积极，但是性别的差异是相对有限的，在主观层面上没有呈现出较大的性别不平等问题。

第二，年龄方面，我国总体性社会情绪指数在年龄上大体呈现出 U 形变化趋势，即随着年龄增加，民众的总体性社会情绪指数先下降后升高，30—39 岁群体在总体性社会情绪上的表现（均值为 58.62）相对不那么积极，而 60 岁及以上群体在总体性社会情绪上的表现（均值 64.42）相对最积极。这一结果展示出在工作和生活中"压力山大"的中青年群体和退休后怡然自乐的老年群体对个人生活和社会状况的差异化感受。

第三，学历方面，总体上，高学历群体的总体性社会情绪指数高于低学历群体。不过，在低学历群体中，小学及以下学历群体的总体性社会情绪指数（均值为 62.30）相对较高；而在高学历群体中，本科学历群体的总体性社会情绪指数（均值为 64.25）相对最高，而非研究生学历群体（均值为 63.89）。这一结果表明，学历与总体性社会情绪的关联并不是线性的关系，鉴于不同学历的人们在技能、认知、文凭的符号价值等方面存有的差异，其生活现状不同，所形塑的预期亦不同，探索学历之于总体性社会情绪的影响需要更深入、系统的研究。但就现状而言，总体性社会情绪在学历这个向度上的分化比较适宜，既形成较为明显的梯度，鼓励人们求知求学，又不至于造成结构性的区隔，让部分低学历群体的体验向消极端极化。

第四，收入方面，总体性社会情绪在月收入上存在显著差异，但两者间未呈现出清晰的变化趋势。月收入处于 1001—7000 元群体和 40001—80000 元群体的总体性社会情绪指数（均值分别为 62.20、62.01）都相对较高，1000 元及以下群体的总体性社会情绪指数（均值 60.26）相对最低。这一结果表明，收入与总体性社会情绪的关联同样不是线性的关系，虽然人们的主观体验受到客观经济状况的影响，但更为直接地由认知、预期等因素形塑。可以看到，2017 年，总体性社会情绪在收入这个向度上的分化相对较弱，不同收入的社会群体有着相对一致且较为积极的表现。

第五，户籍方面，农业户籍群体的总体性社会情绪指数（均值为61.20）略高于非农业户籍群体（均值为60.99），但是这一差异并不具备统计学上的显著性。这一结果表明，2017年，一种比较积极的总体性社会情绪突破了结构性的户籍区隔，进行跨群体弥散与传染，不同户籍群体有着十分接近的主观感受与体验。

3. 影响因素分析

一个人的认知、认同和行为取向相对集中地表现在其身份认同和社会行为上，我们尝试将人们的自评社会经济地位、互联网使用行为和社会参与同其总体性社会情绪指数勾连起来，借助于概率抽样和数理统计方法过滤到个体异质性，考察这些因素之于总体性社会情绪的影响，从而更为深入地把握当时的总体性社会情绪状况。

（1）自评社会经济地位与总体性社会情绪

经典社会学理论认为，社会结构深刻地影响着个体对于社会的认知、感受和行为。毋庸置疑，那些外在于个体的社会事实约束和塑造着每个人的思想和行为，但社会存在阶层化的事实，每个人所享有的经济、政治、文化等资本不同，这种差异所带来的后果是，面对同样的结构性约束，不同个体或不同群体的行动机会和选择存在很大差异，他们由此所表现出来的态度、品位、行为偏好等都会不同。因此，我们研究的一个重要任务是探索社会地位与总体性社会情绪间的关联。社会地位是一个抽象概念，其测量方法一般分为两种，一种是确定其维度，然后寻找客观性指标，另一种则采用主观自评的方法。在这里，我们使用自评的方法，使用"您认为目前您本人的社会经济地位在本地大体属于哪个层次"一题进行测量，这种方法操作简单并且具有一定综合性。

图11-2展示了总体性社会情绪指数均值随自评社会经济地位变化的趋势，可以看到，随着社会经济地位的提升，总体性社会情绪也逐步提升。其中，社会经济地位处于"下层"的群体的总体性社会情绪指数相对最低，均值为57.49，而社会经济地位处于"上层"的群体的总体性社会情绪指数相对最高，均值为68.38。

一方面，从绝对值来看，主观定位为"下层"的群体的总体性社会情绪指数相对最低，但也高于中值（50），这表明不同定位的社会群体对社会发展都有着较为积极的感知，反映了中国社会的发展总体上是具有包容性的。这里，包容性发展指的是福祉在全社会的生产过程和公正分配的一种状况，是拉美"不正当增长"和"排斥性增长"的反式，倡导通过规范稳定的制度安排让每个人有自由发展的平等机会和享受改革和发展的成果。① 党的十八大以来，包容性社会发展日益成为我国社会发展的核心理念。② 上述数据在一定程度上验证了包容性发展理念在我国得到了较好的践行，即使是处于社会底层的民众，也同样能够感知到社会的良性运转以及个人福祉与社会福祉的同步增长。

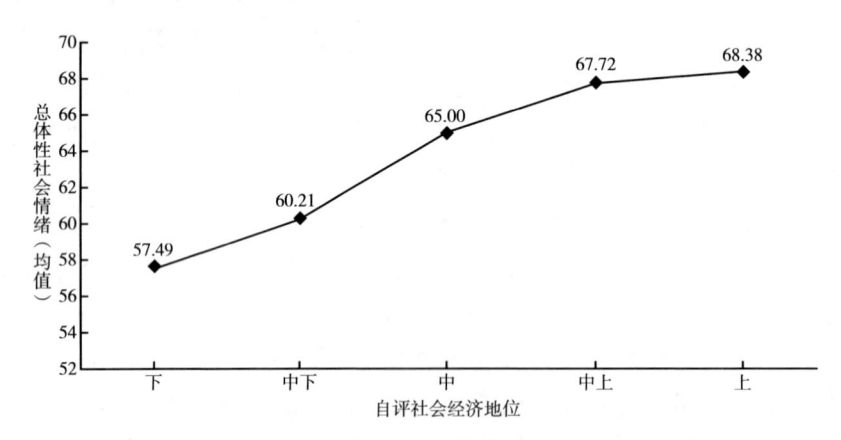

图11-2 自评社会经济地位与总体性社会情绪变化的趋势图

另一方面，从群体差异来看（见表11-3），主观定位为"上层"和"下层"的群体间，总体性社会情绪指数差距近11个单位，表明不同社会阶层群体在主观层面上对社会发展状况的感受与评价仍然存在不小的差异。这种主观感知的差异很大程度上反映的是不同社会阶层群体所面对的社会约束与行动机会和选择的差异，更进一步来说，是社会资源分配上的差异。这就要求我国的包容性发展战略进一步坚持机会均等的根本原则，

---

① 世界银行增长与发展委员会：《增长报告——可持续增长和包容性发展的战略》，孙芙蓉等译，北京：中国金融出版社，2008年，第1—9页。

② 党的十八大报告指出："加强社会建设，必须以保障和改善民生为重点。提高人民物质文化生活水平，是改革开放和社会主义现代化建设的根本目的。"党的十九大报告进一步指出："坚持在发展中保障和改善民生。增进民生福祉是发展的根本目的。必须多谋民生之利、多解民生之忧，在发展中补齐民生短板、促进社会公平正义，在幼有所育、学有所教、劳有所得、病有所医、老有所养、住有所居、弱有所扶上不断取得新进展，深入开展脱贫攻坚，保证全体人民在共建共享发展中有更多获得感，不断促进人的全面发展、全体人民共同富裕。建设平安中国，加强和创新社会治理，维护社会和谐稳定，确保国家长治久安、人民安居乐业。"

在政策要素方面，兼顾与努力实现以下五个方面：一是促进我国社会事业发展模式转变，实现城乡教育、卫生等基本公共服务均等化，逐步实现城乡一体化；二是建立一体化的社会保护机制，克服社会福利二元化、碎片化对社会包容的威胁，尤其要关注对妇女、儿童、老人和失能者的社会保护；三是促进基层民主和社会参与、增强广大公民特别是弱势群体的话语权和其他各项社会权利；四是深化不同群体之间、不同阶层之间、不同民族之间的沟通、交流和认同，去同存异、增进包容；五是深耕社区，发展社会资本，填补物质资本撕裂的社会鸿沟。

表11-3　自评社会经济地位与总体性社会情绪的多元比较检验

	下	中下	中	中上
中下	中下−下=2.82			
	$p=0.000$			
中	中−下=7.50	中−中下=4.79		
	$p=0.000$	$p=0.000$		
中上	中上−下=10.23	中上−中下=7.51	中上−中=2.72	
	$p=0.000$	$p=0.000$	$p=0.008$	
上	上−下=10.88	上−中下=8.16	上−中=3.38	上−中上=0.65
	$p=0.000$	$p=0.009$	$p=1.000$	$p=1.000$

注：表格中数值是不同层回归系数之差。

（2）互联网使用与总体性社会情绪

信息网络化是我们这个时代的总体特征。信息网络化极大地改变了信息的传播方式与速度，使人们有可能从正反两个角度、积极与消极两个方面迅速地放大与传播信息，这既为社会管理提供了新的平台，也增加了政府管理社会的难度。

一方面，网络使人们找到了一个发表意见的渠道，在事实上实现了社会参与，起到了吸纳和整合不同群体诉求与利益的重要作用。网络的开放性，同时也为人们提供了一个宣泄极端情绪的虚拟空间与舆论平台，引导得当，它就会起到"安全阀"的积极作用。此外，互联网的社交网络是人们交流和分享信息的重要平台，它们通过提供与人互动的机会来帮助人们建立社会联系并加强社会关系。在社交网络上，人们可以与亲友分享自己的经历和感受，以及接收来自他人的支持和激励，这种社交体验有助于人们获得满足感和幸福感，从而产生积极的社会情绪，如喜悦和满足等。

另一方面，互联网是一个虚拟的空间，信息过载、信息不实等问题普遍存在，人们在使用互联网过程中，可能遭受他人的欺骗、批评与攻击、遭遇信息泄露和隐私侵犯等问题，产生紧张和焦虑的情绪。同时，互联网上的言论自由意味着每个人都可以自由表达自己的观点，但也可能导致极端化和对立情绪的增加，这种对立情绪不仅会在个人之间产生冲突，而且会在整个社会中产生紧张和不稳定。此外，网络信息的复杂性又可能会使极端的声音更容易放大与传播，形成一种可怕的"网络暴力"，进而威胁一个社会的和谐与稳定。

因为互联网使用的这种双重效应，我们有必要分析互联网使用行为对人们总体性社会情绪感知的影响。我们试图考察两个问题：第一，互联网使用行为是否影响总体性社会情绪；第二，不同上网内容是否对总体性社会情绪的影响存在差异。①

从表11-4可以看到，使用互联网的群体的总体性社会情绪指数（均值为60.86）略低于不使用互联网的群体的总体性社会情绪指数（均值为61.35），但总体性社会情绪在是否使用互联网上并没有统计学上的显著差异（$p>0.05$），这表明使用互联网的负面效应与正面效应间有相互抵消的作用。

在使用互联网的群体中，具体就上网内容来看（见表11-4），总体性社会情绪在浏览政治新闻、浏览娱乐新闻、查找资料和参与或转发话题讨论上具有显著差异，并且经常浏览政治新闻、浏览娱乐新闻、查找资料和参与或转发话题讨论的群体的总体性社会情绪指数相对更高，而在聊天交友，玩网络游戏，网上购物或网上支付，网上投资理财，听音乐、看视频或读小说等内容上没有显著差异。相较而言，具有差异的那些事项表现出公共性和交互性，而没有差异的那些事项更偏向于私人性。由此观之，那些使用互联网关注、了解和参与公共议题的群体，其总体性社会情绪指数通常相对较高，这是因为这些群体借助互联网的信息查询、接收和交换功能，拓展了信息的来源，增强了对社会的理性认知，继而产生了更为积极的社会感知和评价。

---

① 在上网内容的操作化上，我们将"每周多次"或"每天"进行某项互联网活动的视为经常从事该项活动，进而编码为1，标签为"是"，否则编码为0，标签为"否"。

表11-4 互联网使用与总体性社会情绪的方差分析

项目	类别	均值	标准差	样本量	方差检验	
是否使用互联网	否	61.35	10.90	3388	$F=3.36$	$p=0.067$
	是	60.86	12.34	4310		
浏览政治新闻	否	60.95	12.10	5532	$F=4.75$	$p=0.029$
	是	61.6	10.72	2166		
浏览娱乐新闻	否	60.98	12.14	5994	$F=4.66$	$p=0.031$
	是	61.67	10.13	1704		
查找资料	否	60.92	12.04	5993	$F=8.71$	$P=0.003$
	是	61.87	10.55	1705		
聊天交友	否	61.08	12.31	5258	$F=0.38$	$p=0.536$
	是	61.25	10.36	2440		
参与或转发话题讨论	否	61.01	11.90	6840	$F=6.12$	$p=0.013$
	是	62.06	10.27	858		
玩网络游戏	否	61.06	11.87	6903	$F=2.56$	$p=0.110$
	是	61.76	10.41	795		
网上购物或网上支付	否	61.09	11.88	6939	$F=1.35$	$p=0.245$
	是	61.61	10.24	753		
网上投资理财	否	61.1	11.77	7447	$F=2.02$	$p=0.155$
	是	62.16	10.34	251		
听音乐、看视频或读小说	否	61.06	12.22	5341	$F=0.67$	$p=0.412$
	是	61.3	10.54	2357		

（3）社会参与和总体性社会情绪

社会参与是指社会成员以某种方式参与、干预、介入国家的政治生活、经济生活、社会生活、文化生活以及社区的共同事务，从而影响社会发展的过程。[①] 社会参与既是公民的权利，也是民主的重要组成部分。公民的社会参与能够使社会公众真正成为处理自己相关事务、推动社会发展的主体，而不是只被看成工具或手段。通过积极和有效的社会参与，公民

---

① 王兵:《当代中国人的社会参与研究述评》，《哈尔滨工业大学学报（社会科学版）》2012年第6期，第22—26页。

的公共意识可以得到强化,从而提高人们在社会生活中的自主意识和自主空间。① 人们是否以及在多大程度上参与社会的事务影响着其对社会发展状况的感知与评价。

针对社会参与的具体内容,我们划分了三类社会参与的类型:公共事务型、公共活动型和公共问题型。第一,公共事务型社会参与主要指向的是一种政治参与,即公共权力机构在进行立法、制定公共政策、决定公共事务或进行公共治理时,由公共权力机构通过开放的途径从公众和利害相关的个人或组织获取信息,听取意见,并通过反馈互动对公共决策和治理行为产生影响的各种行为。② 公共事务型社会参与具体包括与他人讨论政治问题、参加村(居)委会选举和参加所在村居或单位的重大决策讨论3个具体指标。从表11-5的统计结果来看,这三种参与形式中,公共事务型参与中的第一种"与他人讨论政治问题"与总体性社会情绪并不存在显著的相关性,而有后两种参与行为的群体,其总体性社会情绪则显著更高。其原因在于,与他人讨论政治问题是一种非正式的政治参与行为,政治参与意识和程度都还流于表面,人们也无法在形式或实质上产生对公共事务具有影响力的感知;而参加村(居)委会选举和参加所在村居或单位的重大决策讨论则是一种相对正式和深入的政治参与行为,这种基于规范程序、身份识别并且在局部范围内具有社会影响的参与形式,可以更好地使人们产生参与感、认同感和主人翁意识,有助于人们形成更为积极的社会感知。这启示我们要继续建设和完善政治参与的渠道与平台,让政治参与行为落在实处,并在这个过程中进一步提高人们的自主参与意识,增益人们对社会的理性认识和积极感知。

第二,公共活动型社会参与通常是我们在狭义上界定的社会参与,具体包括参与志愿者活动、公益活动等。从表11-5的结果来看,无论是参加志愿者活动还是参加公益活动的群体,其总体性社会情绪指数均显著更高,这与理论预测相一致。这类活动本身具有很强的利他性质,参与其中能够给参与者带来一种精神性体验,这种体验在一定程度上可以对人们的

---

① 王兵:《当代中国人的社会参与研究述评》,《哈尔滨工业大学学报(社会科学版)》2012年第6期,第22—26页。
② 刘红岩:《国内外社会参与程度与参与形式研究述评》,《中国行政管理》2012年第7期,第121—125页;蔡定剑主编:《公众参与:风险社会的制度建设》,北京:法律出版社,2009年,第2—5页。

价值观念造成影响，促使参与者弱化自身的工具理性，而希望通过帮助他人、服务社会来获取精神性回报。正是这种对公共价值的追求影响着其对于社会共同体的认知和评价，包括形成一种更具有包容性的社会心态。因此，有公共活动型社会参与的群体，其在总体性社会情绪上的表现通常更加积极。

表11-5 社会参与和总体性社会情绪的方差分析

类型	项目	类别	均值	标准差	样本量	方差检验	
公共事务型	与他人讨论政治问题	否	61.08	11.89	6615	$F=0.71$	$p=0.400$
		是	61.41	10.64	1083		
	参加村（居）委会选举	否	60.4	11.89	5199	$F=62.98$	$p=0.000$
		是	62.65	11.24	2499		
	参加所在村居或单位的重大决策讨论	否	60.78	11.72	7037	$F=75.63$	$p=0.000$
		是	64.91	11.16	661		
公共活动型	参加志愿者活动	否	60.76	11.77	6931	$F=70.02$	$p=0.000$
		是	64.48	10.77	767		
	参加公益活动	否	60.8	11.82	6452	$F=32.35$	$p=0.000$
		是	62.86	11.08	1246		
公共问题型	通过媒体反映社会问题	否	61.19	11.72	7472	$F=6.38$	$p=0.012$
		是	59.19	11.73	226		
	向政府部门反映意见	否	61.31	11.71	7116	$F=23.68$	$p=0.000$
		是	58.86	11.69	582		
	参加集体性维权行动	否	61.18	11.72	7583	$F=10.84$	$p=0.001$
		是	57.55	11.81	115		

第三，公共问题型社会参与指的是公众以发现问题为出发点，以解决问题为目标，以向媒体和政府反映或亲自采取行动为手段而做出的社会行动。由于这种行动的出发点是"发现问题"，因而与前两种类型相比，公共问题型社会参与者往往表现出更多负面的、消极的情绪。表11-5的结果也显示，总体性社会情绪在公共问题型社会参与上存在着显著差异，有过公共问题型社会参与的群体，其总体性社会情绪指数相对更低。特别是参加集体性维权行动这类涉及私人权益程度相对更大的公共活动，其参与

者在总体性社会情绪上表现相对更消极一些。

综上，在考察社会参与和总体性社会情绪间的关联的时候，我们需要区分社会参与的类型，公共事务型、公共活动型社会参与多属于主动参与行为，参与者通常能够从中获得正面、积极的体验，在总体性社会情绪上的表现更为积极；而公共问题型社会参与多属于被动的抗争行为，这种经历通常产生的是负面效应，其参与者在总体性社会情绪上的表现会相对不那么积极。

（二）总体性社会情绪各子量表的状况与分析

1. 满意度的状况与分析

满意度是人们在心理层面的一种主观感受，其包含对个体福祉状况的评价，也包括人们对自身所处社会环境的评价。在微观上，人们会直接从自身经济收入状况、社会地位状况以及向上流动机会，即从个体福祉和可持续发展的角度，来感受和评价个人生活的状况；在中观和宏观上，人们能够对自身生活的社区以及社会的各个方面有直接或间接的感知，形成安全与否、公平与否、环境友好与否的感受，这是关于社会发展状况的评价。这两个方面共同构成人们的满意度。

因此，对满意度的测量具体由对个体性事项的满意度和对社会性事项的满意度两部分构成。其中对个体性事项的满意度，其具体指标涉及人们对其教育程度、社交生活、休闲娱乐、家庭关系、经济状况五个方面的评价；对社会性事项的满意度，其具体指标涉及人们对居住环境、社会保障、社会宽容、社会公平、社会风气、政府工作和社会安全七个方面的评价。在此基础上，我们具体考察满意度的总体状况和差异分布，也努力将对个体性事项的满意度同对社会性事项的满意度勾连起来。

（1）总体状况与差异分布

统计结果显示，2017年，人们的满意度平均为58.70，其中，对个体性事项的满意度均值为57.00，对社会性事项的满意度均值为60.39，均大于中值（50），但是对个体性事项的满意度低于经验及格线60，这表明人们的满意度总体上趋好，但对个体性事项的满意度相对而言尚处于低位。

为了了解人们在满意度上的具体状况，我们采用夏普利值分解方法探索各项指标的相对重要性程度。就对个体性事项的满意度而言，结果如表

11-6所示，2017年，对满意度影响较大的前三个个体性事项分别是经济状况、休闲娱乐和家庭关系。进一步以各个体性事项的满意度均值和 R^2 贡献值为维度构建关系矩阵（见图11-3），可以很明显地看到，人们在家庭关系上的满意度是偏高的，而经济状况上，民众的满意度较低，并且这一因素又是对人们满意度影响较大的个体性事项。因此，在未来的政策设计中，我们依然要将重心放在提高和改善人们的经济状况上。

表11-6　对个体性事项和社会性事项的满意度测量指标夏普利值分解

因素	对个体性事项的满意度		因素	对社会性事项的满意度	
	R^2贡献值	贡献率（%）		R^2贡献值	贡献率（%）
教育程度	0.048	10.37	居住环境	0.020	4.47
社交生活	0.058	12.70	社会保障	0.069	15.56
休闲娱乐	0.077	16.65	社会宽容	0.080	17.90
家庭关系	0.067	14.57	社会公平	0.042	9.46
经济状况	0.211	45.71	社会风气	0.142	31.90
—	—	—	政府工作	0.034	7.70
—	—	—	社会安全	0.058	13.01
总计	0.461	100.00	总计	0.446	100.00

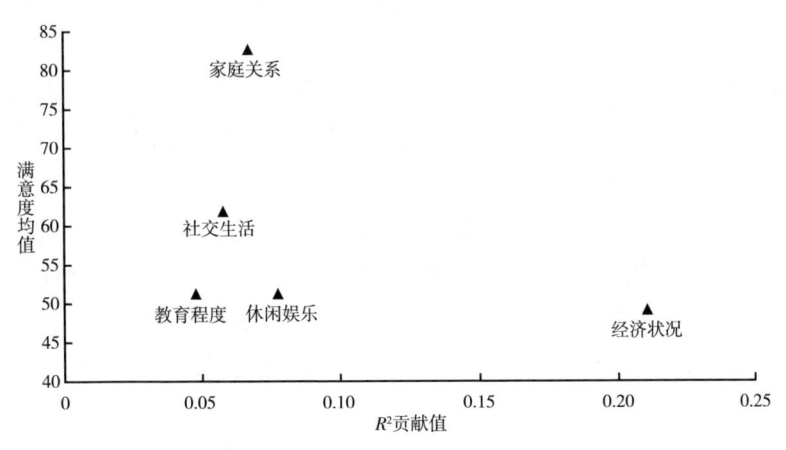

图11-3　对个体性事项的满意度均值与 R^2 贡献值的关系矩阵

就对社会性事项的满意度而言，从表11-6的结果来看，在2017年，对民众满意度影响较大的前三个社会性事项分别是社会风气、社会宽容和社会保障。进一步以各社会性事项的满意度均值和 R^2 贡献值为维度构建关系矩阵（见图11-4），可以看到，第一，人们在社会安全方面保持了较高的满意度水平；第二，社会风气是对满意度影响最大的社会性事项；第三，社会保障是民众满意度偏低但是影响权重相对较大的社会性事项。这些结果表明，此后的公共政策设计中，一方面要持续弘扬社会主义核心价值观、加强法律和道德教育，引导和推动社会风气向上向善；另一方面，应该着重加强社会保障制度的完善和落实，提升人们在社会保障方面的获得感和满意度。

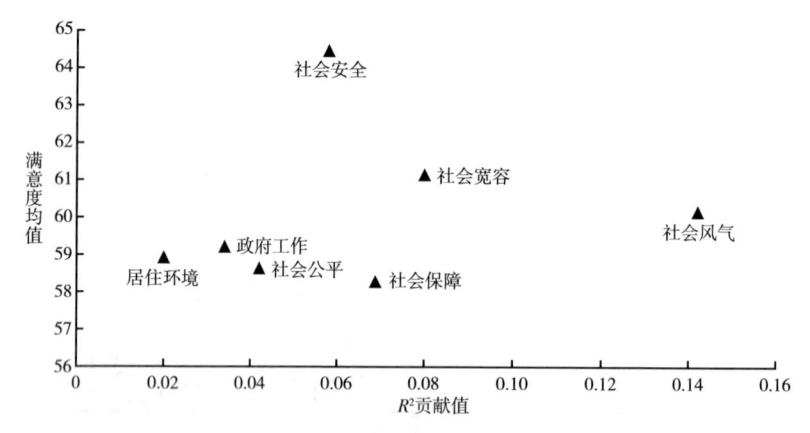

图11-4　对社会性事项的满意度均值与 R^2 贡献值的关系矩阵

接下来，我们将满意度同各项自然社会特征做方差分析，以深入分析不同社会群体的满意度状况，可以发现（见表11-7）如下。

第一，性别方面，女性对个体性事项和对社会性事项的满意度都显著低于男性。这是因为社会对男性和女性的期望不同，女性通常被期望承担更多的家庭和子育责任，这可能导致女性在工作和家庭生活之间面临更大的压力和矛盾；同时，女性通常在职业和经济方面也面临相对更多的困难和挑战，如工资差距、职业晋升机会不足等，这也可能导致女性在经济和职业上感到不安和不满，从而影响其在满意度上的表现。

第二，年龄方面，年龄与对个体性事项和社会性事项的满意度都呈现 U 形变化趋势。其中，40—49 岁群体对个体性事项的满意度（均值为 53.53）相对最低，30—39 岁群体对社会性事项的满意度（均值为 57.27）相对最低。中青年期是一个人生的重要转折点，伴随着诸如家

表11-7　各项自然社会特征与满意度的方差分析

	对个体性事项的满意度				对社会性事项的满意度			
	均值	标准差	样本量	方差检验	均值	标准差	样本量	方差检验
性别								
男	58.29	20.09	3541	$F=26.82$, $p=0.000$	61.27	14.83	3541	$F=15.87$, $p=0.000$
女	55.90	20.27	4157		59.64	14.40	4157	
年龄								
30岁以下	62.04	18.49	1390	$F=42.44$, $p=0.000$	58.39	13.52	1390	$F=55.17$, $p=0.000$
30—39岁	54.88	19.18	1256		57.27	13.97	1256	
40—49岁	53.53	20.43	1769		59.21	14.56	1769	
50—59岁	56.34	20.66	1642		61.25	15.23	1642	
60岁及以上	58.76	20.72	1641		64.88	14.33	1641	
受教育程度								
小学及以下	53.45	21.88	2397	$F=101.28$, $p=0.000$	62.69	15.93	2397	$F=19.89$, $p=0.000$
初中	54.18	19.47	2534		59.33	14.45	2534	
高中（中专、技校）	58.71	18.83	1442		58.60	13.93	1442	
大专	64.12	16.61	590		59.81	12.59	590	
本科	68.97	15.46	673		60.60	12.74	673	
研究生	71.87	14.52	62		59.59	10.04	62	
月收入								
1000元及以下	55.57	21.20	1664	$F=38.73$, $p=0.000$	59.21	14.45	1664	$F=6.53$, $p=0.000$
1001—7000元	54.37	20.98	1363		62.13	15.37	1363	
7001—20000元	54.74	20.26	1673		60.36	15.36	1673	
20001—40000元	57.65	19.18	1530		60.38	14.32	1530	
40001—80000元	61.87	18.17	1005		60.58	13.28	1005	
80001元及以上	66.06	16.88	383		59.30	13.12	383	
户籍								
农业户籍	55.39	20.35	5222	$F=104.11$, $p=0.000$	60.72	15.00	5222	$F=7.91$, $p=0.005$
非农户籍	60.40	19.51	2470		59.71	13.76	2470	

庭角色的变化、职业生涯的转型、经济压力和健康状况等方面的挑战，同时，随着年龄的增长，进入中青年期后，人们可能会开始思考自己的人生意义和价值，也面临存在意义问题。这些变化和挑战导致中青年人感到焦虑、不安和失落，从而影响其满意度。

第三，学历方面，学历越高的群体，人们对个体性事项的满意度越高；人们对社会性事项的满意度在学历上亦有显著差异，但不同学历群体之间并无明显的变化趋势。就对个体性事项的满意度而言，学历通常被视为一个人的人力资本，能够转换为一定的经济价值，即在市场经济的背景下，个人的学历水平越高，其获得高收入、高职位和更好的工作机会的可能性也越大；并且，高学历群体通常具有更多的社会资源和更广泛的社交圈子，这些资源和圈子可以为其提供更多的支持、帮助和激励，从而有利于提高其对个体性事项的满意度；此外，高学历群体通常更加重视自我提升和追求自我完善，从而有更强的自我实现感，满意度也就相对更高。从对社会性事项的满意度来看，小学及以下学历群体对社会性事项的满意度（均值为62.69）相对最高，初中、高中（中专、技校）学历群体对社会性事项的满意度（均值分别为59.33和58.60）相对较低，其他学历的群体则居于其间。总体上，人们对社会性事项的满意度在学历上的分化较弱，但人们对个体性事项的满意度在学历上的分化要明显得多。

第四，收入方面，收入与满意度的关系与学历与满意度的关系十分类似。在对个体性事项的满意度上，收入越高的群体，其满意度越高；但在对社会性事项的满意度上，两者间则呈现出无明显规律的波动性。从资源的角度来进行考虑，收入较高的人可以更好地满足其生活需求，比如食物、住房、医疗和教育等，这会明显提升人们的生活质量和幸福感。并且高收入通常与高教育水平、好的职业和广泛的社会网络有关，其社会地位通常更高，这给个体带来更多的自尊和自信心，从而也提高了其对个体性事项的满意度。而人们对社会性事项的满意度在收入上的分化较弱，相互间的差异程度较小。

第五，户籍方面，城镇户籍群体在个体性事项上的满意度（均值为60.40）相对更高，但是农业户籍群体在社会性事项上的满意度（均值为60.72）相对更高。显然，与农村居民相比，城镇居民享受更优质、更全面的公共服务，通常接受过更高的教育，有更高的收入水平，也从事着更具有挑战性和发展前景的职业，因此，这一群体对于个体性事项的满意度会相对更高。但与此同时，由于城镇居民已经具有较高的生活水平，对于社会的期望也更高，这反而使得其对社会性事项的满意度低于农村户籍群体。

（2）微观—宏观勾连机制

在此基础上，我们需要进一步回答的问题是，两类满意度之间是否存在着关联，更确切地说，人们对于个体性事项的满意度，是否会影响到其对社会性事项的评价。这涉及微观与宏观勾连的问题。

我们知道，我们身处的社会并不是一个自然形成的联合体，而是基于特定目标、以特定方式、遵循特定规则，有目的地建立、维持和发展起来的。社会学最基本的议题即是探究社会何以可能的问题，这一议题在宏观层面上是社会各系统如何配合，维持"社会机器"或"社会有机体"协调运作的问题，在微观层面上是社会成员何以接受支配、相互合作，维持社会共同体存续的问题。从理性选择的角度来看，人们之所以愿意加入一个社会共同体并接受共同体的制度约束，根本上是因为加入的选择是有利可图的。传统的社会契约论传递的是类似的观点，人们让渡了部分权利给国家，国家保障了人们某些更为基本和重要的权利，例如生命权、财产权和自由权。在这种契约关系之下，个人命运与国家命运勾连在了一起，国家的兴衰决定了个人权利的基本权益能否得到保障。进入21世纪以来，在国际地区战争频发的背景下，这种个体与国家祸福相依的认知会更为明显。当国家身陷囹圄时，其人民的生命财产安全也难以得到保障。

契约论为人的先赋权利的合法性提供了一个强有力的解释，不过，很显然，这种契约关系的存在只是一种想象，因为对于社会成员而言，没有谁真正签署过所谓的契约；也从来没有两个选项（签或不签）放在我们面前，让我们谨慎思考后做出选择。我们发现，人与社会的联结是与生俱来的，是没有选择的；无论这个社会从我们身上拿走什么，又给予了我们什么，我们都必须首先接受。这意味着，个体同社会的关系不是经过深思熟虑之后，以契约为形式建立的理性交换关系，而是以文化、习俗和传统为基础，以情感为纽带建立的社会交换关系。在这种交换关系中，涉及双方的一部分权利和义务通过法律的形式予以明确，但是更多的契约内容只是通过文化、习俗和传统等形式隐藏于生活的意识和行为之中，是一种社会共识，或是一种"隐性契约"。从过去的实践来看，为了维持社会的共同体的存续，这种隐性契约的内容在不断扩大，以至于人与社会的交换内容已经扩展到方方面面。换句话说，社会开始介入个体生活的方方面面，个体开始将更多的个体权利交予社会。尤其是近代福利国家的兴起，促使这种个人与社会间的联结大大加强，从摇篮到坟墓，个体事务的方方面面都深刻地嵌入到社会之中。由此形成的社会共识是，社会（政府）需要为个人的生活状况全面负责。在这一背景下，人们会将个人的生活寄予社会，将个人生活遭遇的不幸归咎于各种社会制度的不公、政府的无能或其他群体的压迫。这种外部归因取向是长期以来由于人与社会间的强联结而导致的一种因果解释模式。

正是由于个人与社会间的强联结，个人对社会产生较强的依赖，并想当然地认为社会对个人的生活状况负有不可推卸的责任。这种观念在中国这样的社会主义国家中基本是一种社会共识。于是，当个体的个人生活陷入窘境，其不可避免地会将这种不幸的发生一部分归咎于社会，进而对社会发展状况表达出不满。因此，我们假设，微观层面上个体对自我生活状况的评价将影响其对社会发展状况的评价，即人们对个体性事项的满意度将影响其对社会性事项的满意度。

我们通过回归分析验证上述假设，结果如表11-8所示。回归模型1考察了各项自然社会特征对社会性事项的满意度的影响，除年收入外，其他变量均对社会性事项的满意度有显著影响。具体来说，女性对社会性事项的满意度平均比男性低1.03个单位；年龄组每增加1个单位，人们对社会性事项的满意度平均增加1.94个单位；学历每上升1个等级，人们对社会性事项的满意度平均增加0.571个单位；非农户籍群体对社会性事项的满意度比农业户籍群体低约1.51个单位。这些自然社会特征共同解释了对社会性事项的满意度3.2%的变异。回归模型2在回归模型1的基础上，增加了对个体性事项的满意度，考察其对社会性事项的满意度的影响，在控制变量保持不变的情况下，回归模型的R^2有较大幅度的提升，变为32.9%，相较于回归模型1增加了10.3倍，表明自变量对因变量的变异有较好的解释力。具体来说，在控制变量保持不变的情况下，人们对个体性事项的满意度每增加1个单位，其对社会性事项的满意度平均增加0.43个单位。这一结果验证了我们做出的假设，的确，人们在微观层面上对日常生活的感受同其在宏观层面上对社会发展的评价是紧密勾连在一起的。

表11-8 对个体性事项的满意度与对社会性事项的满意度的回归分析

	模型1	模型2
	对社会性事项的满意度	对社会性事项的满意度
对个体性事项的满意度		0.434***
		(0.009)
性别	−1.029**	−0.872**
	(0.345)	(0.284)
年龄	1.943***	1.397***
	(0.137)	(0.115)
学历	0.571***	−1.186***
	(0.163)	(0.142)
年收入	0.050	−0.341***
	(0.117)	(0.097)
户籍	−1.506***	−1.183***
	(0.400)	(0.332)
样本量	7689	7689
R^2	0.032	0.329

注：+ $p<0.10$，* $p<0.05$，** $p<0.01$，*** $p<0.001$，括号内为稳健标准误。

2. 社会信任的状况与分析

社会信任是人们对人与人关系和人与组织关系的主观感受，是对社会互动环境的一种主观评价。社会信任的高低将影响人们社会互动、社会参与的积极性。我们将社会信任操作化为人际信任和组织信任，其中，人际信任涉及四类对象，即朋友、邻居、同事和陌生人的信任评价；组织信任则涉及人们对中央政府、区县政府、乡镇政府、群团组织、慈善机构、新闻媒体、互联网、银行、保险公司、医院和法院十一类组织的信任评价。在此基础上，我们具体考察社会信任的总体状况和差异分布，并具体探索社会参与和社会信任之间的关联。

（1）总体状况与差异分布

统计结果显示，2017年，人们的社会信任平均为64.11，其中，人际信任的均值为63.40，组织信任的均值为64.82。可以看到，总体上，人们的社会信任水平较高，不过，相较于组织信任，人际信任水平相对更低。这一结果与经济学、组织社会学关于信任的研究是一致的。在市场交换中，由于个人具有经济理性和投机动机，在交易过程中，双方容易怀疑对方具有损害自身利益的行为而抱着不信任的心态，而这会增加交易的成本、降低交易的效率，同时引发市场中的逆向选择问题，即由于交易双方信息不对称和市场价格下降产生的劣质品驱逐优质品，进而导致市场交易产品平均质量下降的现象[①]。组织作为一种手段可以解决由于个体之间信任缺失而导致的市场交易问题。一方面，组织通常建有较为规范的制度，其行为在法律上受到更为严格的约束，因而组织的投机行为更少；另一方面，组织通常注重长期的存续和发展，因而组织会出于维护自我的声誉而抑制投机行为，同时，人们也可以通过考察组织过去的交易记录而判定自身与其交换的风险。基于这些原因，人们的组织信任往往会高于人际信任。

为了了解人们在社会信任上的具体状况，我们采用夏普利值分解方法探索各项指标的相对重要性，结果如表 11-9 所示。就人际信任来说，人们对朋友、邻居和同事等社会互动较为密切群体的信任对人际信任的影响力都相对较高，但对陌生人的信任对人际信任的影响力相对较弱。进一步来看，以人际信任的均值和 R^2 贡献值为维度构建关系矩阵（见图 11-5），可以很明显地发现，人际信任的内在结构表现如下：对朋友、邻居和同事等的信任不仅对人际信任有较大的影响，而且人们对于这些群体本身具有较高的信任程度；与之相对的，对陌生人的信任度不仅影响力较小而且信任程度本身也较低。这一结果很大程度上反映出了人们在人际信任上的"内外有别"，对于社会关系网络之中的人会给予较高程度的信任，而对社会关系网络之外的人，则表现出更多的谨慎与怀疑。

造成这种人际信任上"内外有别"的一个重要原因是社会互动的时间预期，即未来与该群体互动的可能性与频繁程度预期。"囚徒困境"[②] 是博弈论中的典型问题，解决囚徒困境的方法之一是将一次博弈转变为重复博弈，在重复博弈的过程中，双方参与者不仅要考虑此次如何博弈，还要考虑此次博弈对以后的博弈会产生什么影响。为了实现整个过程的利益最大化，人们就不能在一次博弈中采取投机行为，而要规范自己的行为，在

---

① 杨明基主编：《新编经济金融词典》，北京：中国金融出版社，2015 年。
② 在一次博弈中，由于双方都试图将利益最大化，因而都具有投机动机，同时也会怀疑对方具有投机动机，因而互不信任，最终会导致双方都无法达到最优状态。

这样的背景下，双方的信任程度也会大大提升。运用这一理论观照现实，可以发现，与朋友、邻居和同事的互动都属于重复博弈的类型，由于人们相信双方对彼此的互动都有较长的时间预期，不太可能会做"损人利己"的事，所以彼此会报以较高的信任程度；而与陌生人的互动通常是一次性的，人们会警惕与怀疑对方为了自我利益而采取投机行为，故而通常难以产生较高的信任水平。

表11-9 人际信任和组织信任测量指标夏普利值分解

因素	人际信任		因素	组织信任	
	R^2贡献值	贡献率（%）		R^2贡献值	贡献率（%）
朋友	0.026	26.35	中央政府	0.006	4.16
邻居	0.034	33.99	区县政府	0.018	11.61
同事	0.029	29.24	乡镇政府	0.019	12.56
陌生人	0.010	10.41	群团组织	0.018	11.58
—	—	—	慈善机构	0.013	8.88
—	—	—	新闻媒体	0.011	7.53
—	—	—	互联网	0.010	6.38
—	—	—	银行	0.008	5.29
—	—	—	保险公司	0.015	10.01
—	—	—	医院	0.016	10.55
—	—	—	法院	0.017	11.46
总计	0.100	100.00	总计	0.151	100.00

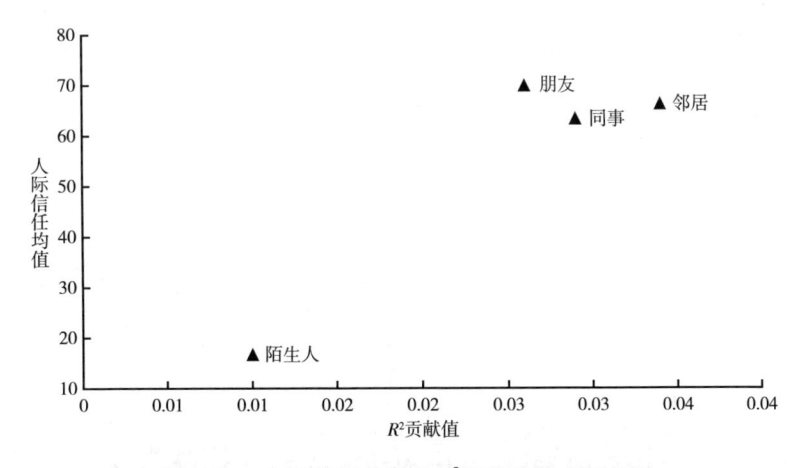

图11-5 人际信任均值与R^2贡献值的关系矩阵

另外，按照社会学的观点，人际互动很多时候不是经济学中的"交易"，完全将人视为"理性人"，从利益最大化来考察人们的互动行为，而更多将其看作一种"社会交换"。这种社会交换并不会通过合同等形式对双方的权利和义务进行规定，也常常不受法律法规对交换公平性的保护，而是由社会中的非正式道德所规范和约束的。在互动过程中，一旦一方做了"损人利己"的事，其便会在社会关系网络中受到其他人的道德谴责，由于人们具有长期活动于特定社会网络的预期，因此，人们会努力维护自身声誉，约束自身行为。一旦产生这种对于长期社会互动规则与惩罚机制的共识，人们会大大提升互动双方对彼此的信任。

就组织信任而言，结果显示（见表11-9），2017年，对组织信任影响力较大的前三个因素分别是对乡镇政府、区县政府和群团组织的信任，由此观之，对政府组织的信任是影响人们组织信任的关键因素。进一步以组织信任均值和R^2贡献值为维度构建关系矩阵（见图11-6），可以看到，对乡镇政府的信任有很大的影响力，但是人们对乡镇政府的信任程度处于一个相对较低的水平；相反，人们对中央政府持有最高的信任度，但是对中央政府的信任对组织信任的影响力却最弱。这一结果表明，人们对中央与地方政府的态度呈现较大的差异，加强基层政府执政能力的建设，提升基层政府在民众心中的形象是国家治理中的重要内容。

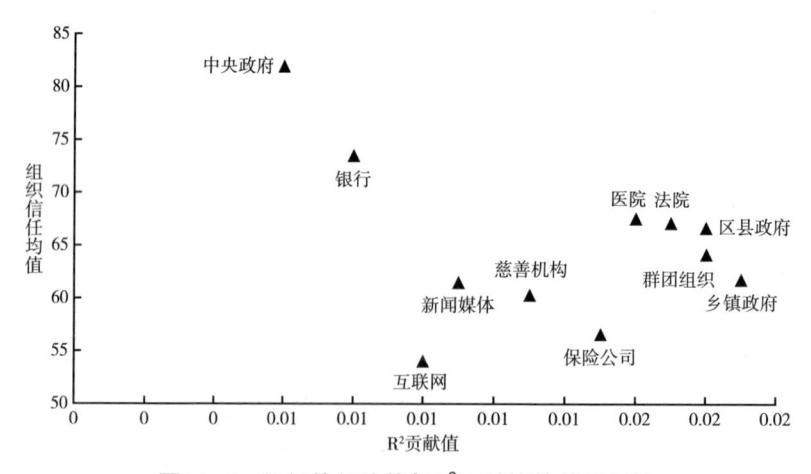

图11-6　组织信任均值与R^2贡献值的关系矩阵

接下来，我们将社会信任同各项自然社会特征作方差分析，深入分析不同社会群体的信任状况，可以发现如下（见表11-10）。

表11-10 各项自然社会特征与社会信任的方差分析

	人际信任				组织信任			
	均值	标准差	样本量	方差检验	均值	标准差	样本量	方差检验
性别								
男	65.06	17.58	3541	$F=56.00$, $p=0.000$	64.62	19.14	3541	$F=0.73$, $p=0.392$
女	61.99	18.19	4157		64.98	17.89	4157	
年龄								
30岁以下	61.55	15.67	1390		61.84	16.87	1390	
30—39岁	61.16	16.86	1256		60.99	17.98	1256	
40—49岁	62.79	18.11	1769	$F=19.93$, $p=0.000$	63.31	18.45	1769	$F=72.36$, $p=0.000$
50—59岁	64.81	19.32	1642		65.93	19.06	1642	
60岁及以上	65.93	18.67	1641		70.79	18.01	1641	
学历								
小学及以下	64.51	19.93	2397		69.42	19.11	2397	
初中	62.05	18.45	2534		62.66	18.50	2534	
高中（中专、技校）	62.95	16.75	1442	$F=7.08$, $p=0.000$	62.40	18.01	1442	$F=45.64$, $p=0.000$
大专	63.19	14.16	590		62.12	16.60	590	
本科	65.67	13.73	673		64.26	15.80	673	
研究生	63.34	14.50	62		63.25	13.58	62	
月收入								
1000元及以下	61.19	17.97	1664		64.63	18.28	1664	
1001—7000元	64.18	19.44	1363		69.13	18.57	1363	
7001—20000元	63.52	18.60	1673	$F=6.94$, $p=0.000$	65.17	18.91	1673	$F=24.95$, $p=0.000$
20001—40000元	63.75	17.43	1530		63.21	18.46	1530	
40001—80000元	64.77	15.99	1005		62.70	17.03	1005	
80001元及以上	63.87	15.81	383		60.32	17.51	383	
户籍								
农业户籍	63.47	18.45	5222	$F=0.23$, $p=0.634$	65.78	18.63	5222	$F=43.79$, $p=0.008$
非农户籍	63.26	16.96	2470		62.81	17.97	2470	

第一，性别方面，人际信任在性别上存在显著差异，男性群体的人际信任（均值为 65.06）明显高于女性群体（均值为 61.99）；而组织信任不存在显著的性别差异。社会信任由多重复杂因素所决定，人们在不同情境之下，面对不同的人会表现出更多差异化的信任程度。一般来说，女性更倾向于安全和稳健的互动情境，男性则更愿意冒险和信任陌生人，关注收益而忽视风险，这可能是男性群体在人际信任上相对较高的原因。

第二，年龄方面，年龄与人际信任和组织信任都呈现出 U 形变化趋势。30—39 岁群体的人际信任（均值为 61.16）和组织信任（均值为 60.99）都相对最低。一般来说，认知发展是导致年龄与信任水平相关的重要因素之一。随着年龄的增长，人们的认知水平不断提高，能够更好地理解和解释他人的行为，也更加理解社会规则和道德准则，这将有助于人们更好地分辨出哪些人值得信任，哪些人不值得信任。其次，根据社会化理论，随着年龄的增长，人们接受的社会化教育和经验也随之增加，他们更了解社会规则和人际关系的复杂性，这些因素也有助于人们更好地理解和接受他人的行为，从而提升其社会信任水平。

第三，学历方面，人们的人际信任和组织信任在学历上都存在显著差异。其中，初中、高中（中专、技校）和大专群体的人际信任和组织信任都相对较低，本科群体的人际信任（均值为 65.67）相对最高，而小学及以下群体的组织信任（均值为 69.42）相对最高。可以看到，相较于人际信任，组织信任在学历上的分化更为明显。另外，人们的人际信任和组织信任受到认知、生活经历和社会宣传等多方面因素的影响，而不同学历群体的个体认知、生活经历，对主流意识形态宣传的接受度和认同度不同，因此，学历与人际信任和组织信任均未表现出某种稳定的、线性的关系。

第四，收入方面，月收入在 1000 元及以下的群体，其人际信任（均值为 61.19）明显弱于其他收入群体；月收入在 1001—7000 元的群体，其组织信任（均值为 69.13）相对最高，并且月收入在此基础上每提升一个等级，其组织信任均向下滑落约 0.5—4 个单位。可以看到，人际信任在收入上的分化相对较弱，而组织信任在收入上的分化比较明显。需要特别注意的是，高收入群体的组织信任相对较低，一方面是该群体对政府等公共组织的预期更高，另一方面则是该群体与这些公共组织之间的利益瓜葛更深，对社会上不透明、不公正以及腐败等问题的了解或接触更多，从而影响其组织信任水平。

第五，户籍方面，农业户籍群体的人际信任（均值为 63.47）和组织信任（均值为 65.78）都高于非农户籍群体，但人际信任在户籍上不存在统计学上的显著差异。组织信任上的差异主要是源于党和国家长期以来大力关注和解决"三农"问题，采取了一系列有力措施改善农村的生产生活条件，提高农民的地位和待遇，建立了对农民比较友好的政策和制度，进而增加了农村户籍群体对政府以及其他公共组织的信任程度。

（2）社会参与和社会信任

社会参与是指社会成员以某种方式参与、干预、介入国家的政治生活、经济生活、社会生活、文化生活以及社区的共同事务，从而影响社会发展的过程。社会参与既是公民的权利，也是民主的重要组成部分。公民的社会参与能够使社会公众真正成为处理自己相关事务、推动社会发展的主体，而不是只被看成工具或手段。通过积极和有效的社会参与，公民的公共意识可以得到强化，从而提高并拓展人们在社会生活中的自主意识和自主空间。[1] 人们是否以及在多大程度上参与社会事务影响着其对社会发展状况的感知与评价。

针对社会参与的具体内容，我们划分了三类社会参与的类型：公共事务型、公共活动型和公共问题型。首先，公共事务型社会参与主要指向的是一种政治参与，即公共权力机构在进行立法、制定公共政策、决定公共事务或进行公共治理时，由公共权力机构通过开放的途径从公众和利害相关的个人或组织获取信息，听取意见，并通过反馈互动对公共决策和治理行为产生影响的各种行为。[2] 公共型社会参与具体包括与他人讨论政治问题、参加村（居）委会选举和参加所在村居或单位的重大决策讨论。

表 11-11 展示了社会参与和人际信任之间的方差分析结果，可以看到，在社会参与的三种类型中，只有公共事务型社会参与中的两项与人际信任存在显著的相关性，即"参加村（居）委会选举"和"参加所在

---

[1] 王兵：《当代中国人的社会参与研究述评》，《哈尔滨工业大学学报（社会科学版）》2012年第6期，第22—26页。

[2] 刘红岩：《国内外社会参与程度与参与形式研究述评》，《中国行政管理》2012年第7期，第121—125页；蔡定剑主编：《公众参与：风险社会的制度建设》，北京：法律出版社，2009年，第2—5页。

村居或单位的重大决策讨论"。结果表明,有过上述两种参与行为的群体,其人际信任水平相对更高;人际信任在其他社会参与行为上则没有显著差异。

表11-11 社会参与和人际信任的方差分析

类型	项目	类别	均值	标准差	样本量	方差检验	
公共事务型	与他人讨论政治问题	否	63.48	18.33	6624	$F=0.92$	$p=0.337$
		是	62.91	15.66	1067		
	参加村(居)委会选举	否	62.59	18.05	5199	$F=32.91$	$p=0.000$
		是	65.09	17.72	2492		
	参加所在村居或单位的重大决策讨论	否	63.15	18.04	7039	$F=16.41$	$p=0.000$
		是	66.13	17.17	652		
公共活动型	参加志愿者活动	否	63.38	18.28	6932	$F=0.05$	$p=0.822$
		是	63.54	14.95	759		
	参加公益活动	否	63.36	18.22	6463	$F=0.17$	$p=0.684$
		是	63.59	16.66	1228		
公共问题型	通过媒体反映社会问题	否	63.46	17.99	7466	$F=2.75$	$p=0.097$
		是	61.44	17.46	225		
	向政府部门反映意见	否	63.48	18.00	7112	$F=1.95$	$p=0.162$
		是	62.40	17.79	579		
	参加集体性维权行动	否	63.41	17.99	7578	$F=0.33$	$p=0.567$
		是	62.44	17.49	113		

表11-12展示了社会参与和组织信任之间的方差分析结果,可以看到,组织信任在公共事务型和公共问题型社会参与上存在显著差异,但在公共活动型社会参与上没有显著差异。其中,有过"参加村(居)委会选举"和"参加所在村居或单位的重大决策讨论"这两种公共事务型社会参与行为的群体,其组织信任水平相对更高;而有过"与他人讨论政治问题"这种公共事务型社会参与行为,和有过"通过媒体反映社会问题"、"向政府部门反映意见"或"参加集体性维权行动"这三种公共问题型社会参与行为的群体,其组织信任水平相对更低。

表11-12 社会参与和组织信任的方差分析

类型	项目	类别	均值	标准差	样本量	方差检验	
公共事务型	与他人讨论政治问题	否	65.42	18.65	6624	$F=52.71$	$p=0.000$
		是	61.01	16.87	1067		
	参加村（居）委会选举	否	63.46	18.66	5199	$F=86.03$	$p=0.000$
		是	67.62	17.75	2492		
	参加所在村居或单位的重大决策讨论	否	64.31	18.55	7039	$F=60.69$	$p=0.000$
		是	70.18	16.69	652		
公共活动型	参加志愿者活动	否	64.69	18.73	6932	$F=3.17$	$p=0.075$
		是	65.94	15.93	759		
	参加公益活动	否	64.86	18.62	6463	$F=0.37$	$p=0.546$
		是	64.52	17.72	1228		
公共问题型	通过媒体反映社会问题	否	64.97	18.46	7466	$F=18.28$	$p=0.000$
		是	59.63	18.32	225		
	向政府部门反映意见	否	65.14	18.52	7112	$F=29.86$	$p=0.000$
		是	60.78	17.49	579		
	参加集体性维权行动	否	64.91	18.46	7578	$F=16.75$	$p=0.000$
		是	57.76	17.92	113		

3. 社会信心的状况与分析

社会信心主要是指人们对宏观经济社会发展形势和微观个体生活进行综合判断后得出的对个人与社会未来发展的预期。中国与世界社会发展的历史反复地证明，一个国家在发展过程中遇到困难与曲折并不可怕，最危险的状况是这个国家的民众对未来发展失去了信心，丧失了希望。一个对未来没有信心与希望的民族，是不可能推动这个国家的健康运行和可持续性发展的，在这种状况下，政府的行为就很容易受到人们的质疑，其合法性地位也一定会受到严峻的挑战。正是在这个意义上，研究人们的社会信心对于国家治理具有至关重要的意义。[①]

2017年，我们通过"您认为在未来的5年，您本人的社会经济地位在本地大体会属于哪个层次"来测量"个人发展预期"、通过"您认为目前您本人的社会经济地位在本地大体属于哪个层次"来测量"个人发展现

---

① 李汉林：《要注重和加强社会景气和社会信心的研究》，《中国社会科学报》2012年12月31日，A02版。

状"，并以"个人发展预期"与"个人发展现状"之间的差距来反映人们的社会信心。在此基础上，我们可以对当时的社会信心进行描述与分析，在把握其总体状况与差异分布的基础上，也探索自评社会经济地位与社会信心间的关联。具体分析见下。

（1）总体状况与差异分布

统计结果显示，2017年，人们的社会信心均值为56.23，大于中值（50），但是小于经验及格线（60），这表明人们对于自我向上发展有一定信心，但尚不充足。

为深入把握不同社会群体的社会信心状况，我们具体探索社会信心在各项自然社会特征上的差异分布，结果如表11-13所示。

表11-13　各项自然社会特征与社会信心的方差分析

	社会信心			
	均值	标准差	样本量	方差检验
性别				
男	54.50	35.27	3541	$F=16.00$, $p=0.000$
女	57.72	35.01	4157	
年龄				
30岁以下	74.82	27.98	1390	
30—39岁	62.26	32.08	1256	
40—49岁	54.00	35.21	1769	$F=179.23$, $p=0.000$
50—59岁	49.27	36.00	1642	
60岁及以上	45.28	34.99	1641	
学历				
小学及以下	48.52	37.15	2397	
初中	55.05	35.76	2534	
高中（中专、技校）	60.70	33.09	1442	$F=61.64$, $p=0.000$
大专	63.33	30.00	590	
本科	70.93	26.51	673	
研究生	72.58	19.58	62	
月收入				
1000元及以下	59.40	36.59	1664	
1001—7000元	49.69	37.68	1363	
7001—20000元	52.26	36.24	1673	$F=28.51$, $p=0.000$
20001—40000元	56.43	33.56	1530	
40001—80000元	62.22	29.72	1005	
80001元及以上	65.88	26.90	383	

续表

	社会信心			
	均值	标准差	样本量	方差检验
户籍				
农业户籍	55.60	36.28	5222	$F=5.10$,
非农户籍	57.54	32.62	2470	$p=0.024$

可以发现如下。

第一，性别方面，女性群体的社会信心（均值为57.72）显著高于男性群体（均值为54.50），这表明女性的心态更加积极、对未来的信心更为充足。其原因在于，女性通常有更强的社交技能和更好的沟通能力，愿意分享自己的感受和需要，也善于处理与他人的关系，从而在某些方面具有更强的适应能力和弹性，这些能力可以帮助她们在未来的挑战中感到更加自信和有力。与此同时，在人们的认知水平逐渐提高、女性群体在工作生活中发挥更大作用等因素的作用下，性别不平等问题逐渐改善，女性群体的地位逐步提升，这也促使女性群体对未来有着更为充足的信心。

第二，年龄方面，年龄越大的群体，其社会信心相对越低。这里，我们侧重于观测个人未来发展的信心，由于年龄是限制个人未来发展的关键因素，因此这一结果与理论是相符合的。伴随年龄的增长，人们通常感到生活的压力越来越大，这种压力来自许多方面，例如事业发展、财务状况、家庭责任、身体健康等等。中老年群体的社会信心相对较弱既是因为各方面负担越来越重，也是由于人们的学习能力、健康状况会随着年龄增长而逐渐下滑，发展空间和机会越来越小。

第三，学历方面，社会信心在学历上存在显著差异，即高学历群体的社会信心相对更加充足，并且社会信心在学历上的分化比较突出。究其缘由有以下四点。首先，高学历群体接触到的知识和信息更为广泛，能够更加深入地了解社会、经济、科技等方面的发展趋势，从而更加客观、理性地看待未来，应对变化。其次，在这个信息化的时代，了解和应用信息技术已经成为人们生活和工作的必备技能，而高学历群体通常更熟练地掌握了这些技能，可以更好地应对未来的挑战。再次，高学历群体经过多年的学习和训练，具备了较强的思维能力和分析能力，通常拥有更强的问题解决能力和创新能力，在面对未来的各种挑战时，其能够更好地制订应对方案，并快速解决问题，也勇于创新创造和抓住新的机遇。最后，高学历群体的职业发展和收入水平也相对较高，这使其更加有信心应对未来的挑战，并且较高的收入也能够使其更加容易实现自己的梦想和目标，从而提高这一群体对未来发展的信心。

第四，收入方面，人们的社会信心在收入上有着显著差异，收入与社会信心之间呈现出 U 形变化趋势。其中，月收入在 1001—7000 元的群体，其社会信心（均值为 49.69）相对最弱，在此基础上，月收入每提高 1 个等级，该群体的社会信心上涨约 2.5—4.2 个单位，月收入在 80001 元及以上的群体，其社会信心（均值为 65.88）相对最高。高收入群体的社会信心通常更好有两方面的原因。一方面，高收入通常意味着更好的经济状况和更多的机会，有足够的财力可以更好地应对生活中的挑战和风险，由此，高收入群体会更有信心面对未来。相比之下，低收入群体可能会面临更多的财务压力和限制，这可能会导致其更加担心未来。另一方面，高收入群体往往会受到更好的教育和培训，其通常拥有更广泛的技能和知识，这些技能和知识使其更有信心应对各种挑战和未来的不确定性，而低收入群体可能面临着更少的教育和培训机会，这可能会导致这一群体在面对未来时感到更加无助和不安。此外，高收入群体可能更容易获得媒体和文化的认同和支持，例如，互联网上充斥着对"金钱等于成功"的文化，这种文化可以鼓舞并增加高收入群体的信心，而相比之下，低收入群体更可能成为边缘群体，在主流话语中失去声音，而使这一群体对未来感到迷茫。

第五，户籍方面，非农户籍群体的社会信心（均值为 57.54）显著高于农业户籍群体（均值为 55.60），这种差异主要是因为在城市化进程中非农户籍群体享受了更多优质的生活资源。随着城市化的不断推进，城市中的工业、商业和服务业不断发展壮大，为城镇居民提供了更多的就业机会和更好的收入来源。在城市中，他们更容易获得社会保障和医疗福利，这些措施可以缓解贫困、疾病和失业等因素对未来的不确定性。与之相对的是，农业户籍群体往往生活在农村地区，尽管国家在不断提高农村地区的公共服务质量，但是其仍然只拥有相对更少的社会保障和医疗福利，也更加缺乏收入来源和就业机会，这些因素会削弱这一群体对未来的信心。

（2）自评社会经济地位与社会信心

社会经济地位既可以由客观指标来决定（如个体或家庭的收入、受教育程度以及职业等），将个体按照一定标准划分为不同等级，也可以经由个人的主观判断来进行观察。相较而言，自评社会经济地位除了能够在一定程度上反映个体的客观社会经济地位之外，还是个体在社会比较之后的结果。显然，人们对自身社会经济地位的主观认同与其对未来发展的信心有着紧密的联系。考察自评社会经济地位与社会信心，结果如图11-7所示，随着人们主观社会经济地位的提升，人们对于未来个人发展的信心度总体上呈现波动式上升。主观社会经济地位处于"下层"的群体的社会信心仅为39.59，处于"中层"的群体的社会信心攀升至75.59，虽然"中上层"群体的社会信心（均值为63.41）略有下降，但"上层"群体的社会信心又提升至86.67。可以看到，人们的社会信心在自评社会经济地位上有着非常明显的分化。人们关于社会经济地位的主观感受是人们对自我经济状况、职业地位、社会声望等方面进行综合评估后的结果，这些因素反映了人们占有的物质或非物质资源的多寡，同时也反映了其在未来获取资源的能力或潜力，因此，我们不难理解，自评社会经济地位会极大地影响人们对于未来发展的信心。

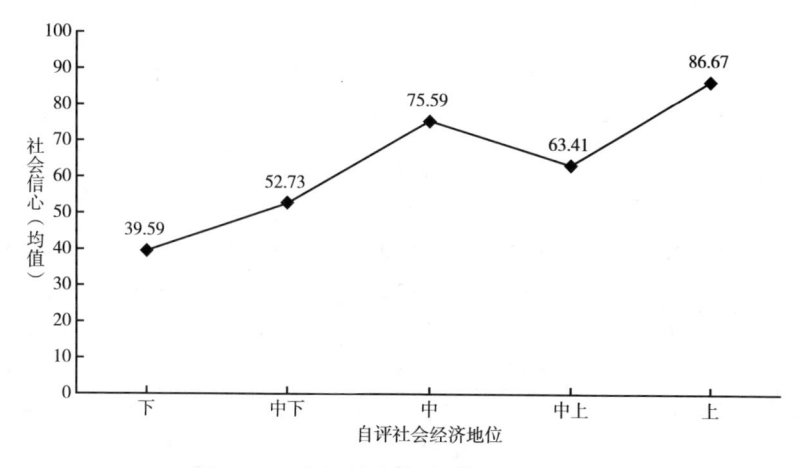

图11-7 自评社会经济地位与社会信心

（三）社会期望值与总体性社会情绪

在具体研究的过程中，我们首先要关注的是产生总体性社会情绪的社会机制。我们知道，期望与目标实现一致性程度能够影响人们的主观感受,同时影响个体在期望与目标实现问题上产生的社会情绪。我们将这种个体的期望与目标实现的差距程度称为社会期望值,它是人们从期望得到的和实际得到的差距中(discrepancy between expectation and actuality)所产生出来的或所感受到的,特别是与相应的参照群体的比较过程中所产生出来的一种主观感受。它对于人们的主观感受以及以后的行为有着举足轻重的影响,可能是形成总体性社会情绪的深层原因。因此,我们也努力去描述与分析当时人们的社会期望值状况,并探索社会期望值与总体性社会情绪之间的关联。

1. 社会期望值的状况与分析

在2017年的调查中,我们将社会期望值具体操作化为被访者对所处社会经济地位的变化的感知,即考察受访者自评5年前社会经济地位与自评现在社会经济地位之间的差距。这是一种从历时性角度观测社会期望值的方法,其暗含的基本假定是人们有维持或提升社会经济地位的期望。

在测量中,社会经济地位被分为下、中下、中、中上和上5个等级,分别赋值为1—5,从表11-14的列联表中我们可以看到人们在社会经济地位上发生的流动情况。

表11-14 5年前和现在社会经济地位的列联表

单位:%

5年前社会经济地位	现在社会经济地位					
	上	中上	中	中下	下	合计
上	22.22	18.52	35.19	1.85	22.22	100.00
	50.00	4.08	0.77	0.04	0.48	0.71
中上	1.34	30.75	43.05	15.78	9.09	100.00
	20.83	46.94	6.53	2.48	1.35	4.89
中	0.19	3.89	65.89	17.76	12.28	100.00
	16.67	33.88	57.02	15.9	10.37	27.92
中下	0.09	1.52	29.32	57.62	11.45	100.00
	8.33	13.47	25.75	52.37	9.82	28.34
下	0.03	0.14	8.4	23.87	67.56	100.00
	4.17	1.63	9.94	29.21	77.99	38.15
合计	0.31	3.21	32.26	31.17	33.05	100.00
	100.00	100.00	100.00	100.00	100.00	100.00

第一，在 5 年前社会经济地位处于"上层"的人中，只有 22.22% 认为现在依然是"上层"；第二，在 5 年前社会经济地位处于"中上层"的人中，有 30.75% 认为现在依然是"中上层"；第三，在 5 年前社会经济地位处于"中层"的人中，有 65.89% 认为现在依然是"中层"，并且认为向上流动的比例只有不到 5%；第四，在 5 年前社会经济地位处于"中下层"的人中，有 57.62% 认为现在依然是"中下层"，不过，约 29.32% 的人认为其向上流动至"中层"；第五，在 5 年前社会经济地位处于"下层"的人中，有 67.56% 认为现在依然是"下层"，其余人认为自身有不同程度向上流动。数据结果在一定程度上表明，人们的社会经济地位有向中间层次靠拢的趋势，"中上层"群体主观上向下流动，"中下层"群体主观上向上流动。

在此基础上，我们进一步考察主观社会经济地位的变化，即受访者对 5 年前和当下社会经济地位进行自评的差异情况，其值域为 −4—4，0 代表主观社会经济地位没有变化，4 则代表主观社会经济地位上升 4 个等级。从图 11-8 的结果来看，人们主观社会经济地位的流动整体接近于正态分布，62.15% 的人 5 年间主观社会经济地位没有改变，22.34% 的人 5 年间主观社会经济地位向上流动，另有 15.51% 的人 5 年间主观社会经济地位向下流动。这一结果表明，在 2017 年，多数人过去 5 年间有主观社会经济地位保持不变或向上流动的感知。

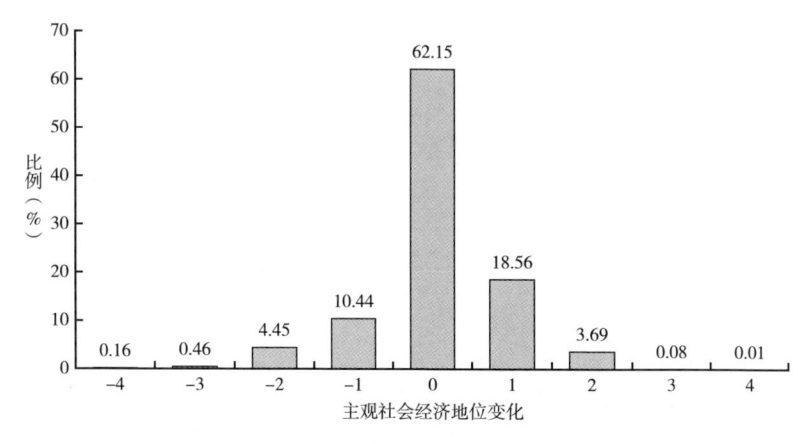

图11-8 主观社会经济地位变化的直方图

在本年度调查中，我们将过去 5 年间主观社会经济地位的变化情况作为测量社会期望值的操作化指标，不过，由于社会期望值反映的是期望与现实的差距情况，其测量方向与主观社会经济地位感知变化取值相反，因此，我们对指标进行反向编码，同时为了便于理解和与前期数据进行比较，我们通过归一化方法将其值域范围设置为0—100。数据处理之后，2017年，人们在社会期望值上的均值为49.38，略小于中值（50），表明整体上人们期望与期望实现之间的差距并不大，也即现实不及期望和现实超过期望的倾向不那么明显。

2.社会期望值对总体性社会情绪的影响

我们进一步要回答的问题是，社会期望值是否会影响人们的总体性社会情绪。图11-9采用局部加权回归散点平滑法（locally weighted scatterplot smoothing, LOWESS）来描述两者的变化趋势。LOWESS是取一定比例的局部数据，在这部分子集中拟合多项式回归曲线，以观察数据在局部展现出来的规律和趋势。总体来看，社会期望值与总体性社会情绪呈现出负相关关系，随着社会期望值的提升，总体性社会情绪的得分在不断下降。

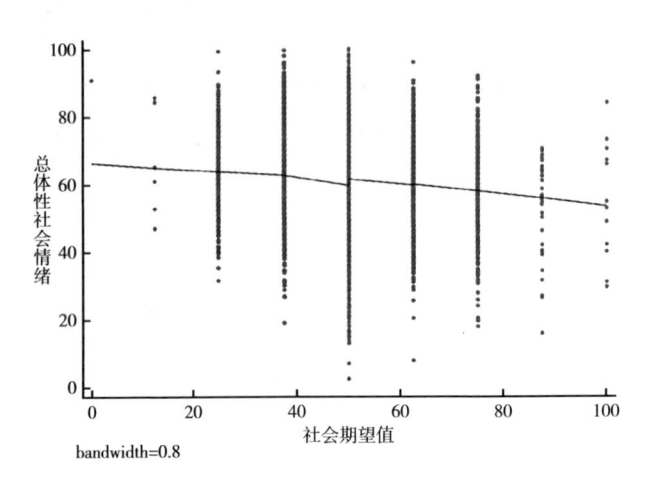

图11-9 总体性社会情绪与社会期望值的散点图

通过回归分析具体探索社会期望值之于总体性社会情绪的影响，结果如表11-15所示。在回归模型2中，控制性别、年龄等各项自然社会特征保持不变的情况下，社会期望值对总体性社会情绪有显著的负向影响，即社会期望值每上升1个单位，总体性社会情绪指数的得分平均下降0.145个单位，即期望与期望实现之间的差距愈大，人们对个人生活和社会发展的感受愈发消极。

表11-15 社会期望值与总体性社会情绪的回归分析

	模型1	模型2
	总体性社会情绪	总体性社会情绪
社会期望值	-0.137^{***}	-0.145^{***}
	（0.014）	（0.014）
性别		-0.712^{*}
		（0.303）
年龄		1.544^{***}
		（0.122）
学历		1.249^{***}
		（0.144）
收入		0.010
		（0.103）
户籍		-1.483^{***}
		（0.356）
样本量	7644	7562
R^2	0.013	0.037

注：$^{+}p<0.10$，$^{*}p<0.05$，$^{**}p<0.01$，$^{***}p<0.001$，括号内为稳健标准误。

如何解释两者之间的关联呢？首先，社会期望值是社会行动者通过比较行为期望和期望实现的程度，形成对期望与期望实现之间差距的感知与感受。当人们的现实状况总是不及期望时，就会感到失望和失落。更重要的是，一旦人们将与其相应的参照群体纳入自身主观的比较和判断过程之中，上述感受会再叠加一个维度，从而变得更加强烈。① 在这里，参照群体指的是这样一些社会群体或个人，其行为规范和价值取向通常被其他某些社会群体或个人当作自身的行为规范和价值取向，而由此造成的社会行为及其效果也被这些群体或个人用来与自身相比较。也就是说，社会期望值的一个重要基础，在于人们从主观上将他人的境况作为自己行动的参

---

① Kelly, "Two functions of reference groups," in G. H. Swanson et al., eds, *Readings in Social Psychology*, New York: Henry Holt & Company, Inc, 1952, pp. 401-414; Merton and Rossi, "Contributions to the theory of reference group behavior," in R. K. Merton, eds, *Social Theory and Social Structure*, New York: The Free Press, 1968, pp. 279-333.

照。人们总是在与自己所认同的参照群体与个人的比较过程中,不断认定或修正自己的行为,而这种比较的过程,同时也是在权衡自己是否受到不公平不公正对待的过程。

就社会的总体环境来说,导致总体性社会情绪走向消极的重要原因,是不切实际地大幅度提高人们的期望。特别是在巨大的社会转型过程中,组织与社会变迁具有诸多不确定性,加之各种各样的、新的社会因素,使各种不同的组织结构形成了许多交叉、重叠和错落的局面,所有制度的调整和转换都有可能使制度本身变得越来越不透明与越来越不明确,社会成员也越来越难于确定自身的行动目的和价值。在这种情况下,倘若整个社会通过文化系统进一步做出许多难以实现或无法实现的承诺,在各种各样的参照群体或个人的比照下,人们现实获得的很难达到其预期水平,这就会导致人们的总体性社会情绪向消极面演化。[①]

其次,我们通过进一步的数据分析发现,社会期望值与满意度、社会信任和社会信心分别在统计学意义上显著相关。基于此,我们假设,人们在社会期望值上的状况,直接影响人们在满意度、社会信任和社会信心等方面的表现,进而在总体上形塑人们的社会情绪。也就是说,社会期望值可能是生成总体性社会情绪的微观、深层机制。恰恰在这个意义上,关注人们的社会期望值,对我们理解和解释总体性社会情绪的变化,进而稳定国家发展所必需的心理基础具有不可忽视的重要意义。

总体性社会情绪被操作化为三个维度,即满意度、社会信任和社会信心。在2017年,我们主要从五个方面来观测人们在满意度、社会信任和社会信心上的表现。通过回归分析考察社会期望值与总体性社会情绪各子量表的关系,结果如表11-16所示。可以看到,除了人际信任与社会期望值之间没有显著的相关性之外,其他4个因变量均受到社会期望值的影响。具体来说,在控制各项自然社会特征保持不变的情况下,社会期望值每增加1个单位,对个体性事项的满意度平均减少0.210个单位,对社会性事项的满意度平均减少0.113个单位,对组织信任平均减少0.121个单位,对社会信心平均减少0.567个单位。相较而言,社会期望值对社会信心的影响程度是最大的,且解释力度也是最大的。也就是说,人们对期望与期望实现之间差距的评判与感受在相当大的程度上影响其对个人未来发

---

① 李汉林:《关于社会景气研究》,《社会发展研究》2016年第2期,第63—77页。

展的信心。总的来说，除人际信任以外，社会期望值对总体性社会情绪各子量表也有显著的负向影响，即人们期望与期望实现之间的差距愈大，人们对个人与社会的感知与评价也愈消极，这也再次验证了我们关于社会期望值与总体性社会情绪的假设。

表11-16　社会期望值与总体性社会情绪各子量表的回归分析

	（1）对个体性事项的满意度	（2）对社会性事项的满意度	（3）人际信任	（4）组织信任	（5）社会信心
社会期望值	−0.210***	−0.113***	−0.024	−0.121***	−0.567***
	（0.022）	（0.017）	（0.020）	（0.021）	（0.039）
性别	−0.685	−1.239***	−2.329***	0.115	2.874***
	（0.475）	（0.348）	（0.427）	（0.440）	（0.799）
年龄	1.597***	1.934***	1.659***	2.419***	−5.733***
	（0.192）	（0.140）	（0.174）	（0.178）	（0.318）
学历	4.367***	0.450**	0.990***	0.256	2.222***
	（0.223）	（0.167）	（0.205）	（0.214）	（0.370）
收入	0.718***	0.004	0.370*	−0.765***	0.609*
	（0.161）	（0.118）	（0.144）	（0.151）	（0.261）
户籍	−0.513	−1.304**	−1.548**	−2.338***	−1.572+
	（0.560）	（0.406）	（0.511）	（0.519）	（0.937）
n	7562	7562	7562	7562	7562
R^2	0.081	0.037	0.020	0.043	0.113

注：+ $p<0.10$，* $p<0.05$，** $p<0.01$，*** $p<0.001$，括号内为稳健标准误。

最后，在我们理解社会期望值这个概念的过程中，有三点需要格外强调。第一，社会期望值反映的是人们对期望与实现比较之后产生的一种主观感受。这种感受既有消极面向，也有积极面向。当人们期望得到并且应该得到的东西在实际上没有得到的时候，就会自然而然地感到在实际行为过程中受到剥夺，进而产生不满意的感受；相反，如果人们感知到的情况是现实超过了期望，那么便可能产生满意的感受。第二，社会期望值主要是人们在其行为的过程中，不断地与其相应的参照群体相比较的结果。在这里，社会期望值的特殊之处在于，人们更多地在意自己所得到的回报和奖赏在和自己的参照群体比较的过程中，是否处于一种等值或公平的状态。人们在拿自己的付出和回报与其相应的参照群体比较的过程中愈感到平衡与公平，那么，其所感知到的期望与现实的差距就会愈小，人们社会期望值就会愈低，总体性社会情绪也愈积极。反过来，如果人们在拿自己的付出和回报与其相应的参照群体比较的过程中愈感到不公平和愤恨，那么，不可避免地产生消极的社会情绪。第三，人们感受到期望与期望实现具有较大的差距，很大程度上是因为人们的期望值不切实际地提升，究其根源，当社会给人们做出许多难以实现或无法实现的允诺时，便会使人们的期望值和实际实现值间的差距不断拉大，进而使人们经常陷入失望、失落、不满和愤慨的情绪之中。①

四 小结

我们对 2017 年我国总体性社会情绪状况的分析概述如下。

第一，2017 年，我国总体性社会情绪状况良好。总体性社会情绪指数为 61.13，大于中值（50），也超过经验及格线（60），表明我国总体性社会情绪指数整体向高取值端倾斜，民众对微观个人生活状况和宏观社会发展给予较为积极的评价。其中，男性群体、老年群体、高学历群体的总体性社会情绪指数相对更高；但总体性社会情绪在收入和户籍上不存在明显的差异。探索其影响因素，自评社会经济地位、互联网使用行为、社会参与等均会对总体性社会情绪产生影响。具体来说，自评社会经济地位越高的群体，其总体性社会情绪通常越积极；经常通过互联网浏览政治新闻、浏览娱乐新闻、查找资料和参与或转发话题讨论等群体，其总体性社会情绪指数会相对更高；有公共事务型、公共活动型等主动社会参与行为的群体，其在总体性社会情绪上的表现相对更为积极，而有公共问题型社会参与行为的群体，其总体性社会情绪更趋于消极。

第二，2017 年，人们的满意度相对较高，平均值为 58.70，其中，对个体性事项的满意度均值为 57.00，对社会性事项的满意度均值为 60.39，

---

① 李汉林、渠敬东：《制度规范行为——关于单位的研究与思考》，《社会学研究》2002 年第 5 期，第 1—22 页。

均大于中值（50），但是个人满意度低于经验及格线（60），这表明人们的满意度总体上趋好，但对个体性事项的满意度相对而言尚处于低位。其中，经济状况是民众满意度偏低但是影响权重较大的个体性事项；社会保障是民众满意度偏低但是影响权重相对较大的社会性事项。因此，此后的公共政策设计中应该着重提升人们经济状况和社会保障方面的获得感和满意度。此外，对个体性事项的满意度与对社会性事项的满意度间呈正相关关系，也就是说，微观层面上个体对自我生活状况的评价将影响其对社会状况的评价。

第三，2017年，人们的社会信任相对较高，但相较于组织信任而言，人际信任水平相对更低。人们的社会信任平均为64.11，其中，人际信任的均值为63.40，组织信任的均值为64.82。进一步分析发现，民众在人际信任中存在较强的"内外有别"现象，对于社会关系网络之中的群体（朋友、邻居和同事等）会给予较高程度的信任，而对社会关系网络之外的陌生人则表现出更多的谨慎与怀疑。对民众组织信任影响较大的前三个因素分别是乡镇政府、区县政府和群团组织，其中对乡镇政府的信任虽然对组织信任有很大的影响力，但是人们对乡镇政府的信任程度却处于一个相对较低的位置。因此，加强基层政府执政能力的建设，提升基层政府在民众心中的形象是国家治理中的重要内容。

第四，2017年，人们的社会信心均值为56.23，大于中值（50），但是小于经验及格线（60），这表明人们对于自我向上发展有一定信心，但尚不充足。个人发展与社会发展相辅相成，个人对自我发展有良好的预期，才可能积极投身社会生产，发挥能动性和创造性，进而推动社会生产力的提升和社会的持续发展；反过来，社会良性发展也为个人发展提供机会和空间。我们侧重观测人们对个人未来发展的信心，数据结果表明，未来的政策制定需要格外注重社会发展的微观基础，让个人发展与社会发展保持同步。

第五，2017年，人们在社会期望值上的均值为49.38，略小于中值（50），表明整体上人们期望与期望实现之间的差距并不大，也即现实不及期望和现实超过期望的倾向不那么明显。本研究还指出，社会期望值与总体性社会情绪呈现出显著的负相关关系，随着社会期望值的提升，总体性社会情绪的得分在不断减少。社会期望值是生成总体性社会情绪的微观、深层机制，我们在探索总体性社会情绪时需要重点把握社会期望值这一因素。

　　总之，我们的研究说明，我们面对的是一个欣欣向荣与严峻挑战并存的中国。人们主观感受到的欣欣向荣主要还是我们国家宏观的经济发展与增长，人们主观感受到的严峻挑战主要来自社会发展滞后所带来的结构性紧张。如何理性地面对严峻挑战，按照变迁与发展的自身逻辑与规律来处理发展过程中的问题，如何冷静和实事求是地评估我国的成绩，在发展中凝聚共识，并进一步地推进我国的社会发展，这不仅是国家与政府的责任，同时也是我们生活在这个社会中的群体与个体的责任。

第十二章

2019 年的调查

一　结构背景

2019 年，我国经济运行总体平稳，综合国力迈上新台阶，但我国发展也面临诸多困难挑战，例如世界经济低迷、中美贸易摩擦、经济下行压力加大等，这对社会经济进一步发展、全面深化改革以及人民的日常生活都带来了剧烈的冲击。对我国调查时点的制度环境和结构性特征梳理如下。

第一，总体上，经济运行稳中有进。2019 年，国内生产总值达到 99.1 万亿元，比上年增长 6.1%，稳居世界第二位，人均国内生产总值 70892 元，按年平均汇率折算达到 10276 美元，首次突破 1 万美元大关。①

第二，具体从季度来看，经济增速逐季放缓、下行压力持续增大。2019 年前三个季度，中国 GDP 同比增长 6.2%（增速比上年全年放缓 0.4 个百分点），其中第一季度增长 6.4%，第二季度增长 6.2%，第三季度增长 6.0%，GDP 增速降至 1990 年以来最低。经济景气持续下行缘于经济效益走弱，前三个季度，全国规模以上工业企业利润累计下降 2.1%，而上年同期为增长 14.7%；亏损企业亏损额累计增长 11.4%，同比加快了 5.6 个百分点；财政收入增长 3.3%，增速比上年同期放缓 5.4 个百分点；全国城镇居民人均可支配收入实际增长 5.4%，增速比上年同期放缓 0.3 个百分点。中国经济下行压力持续增大，根源来自外部环境收紧和国内经济的大

---

① 盘和林：《2019 年我国经济近百万亿，我国经济长期趋势依然向好》，百度百家号，2020 年 3 月 5 日，https://baijiahao.baidu.com/s?id=1660250378845577933&wfr=spider&for=pc。

调整两个方面：外部环境收紧与全球经济减速、中美贸易摩擦升级有关；内部"大调整"既与中国经济新旧动能转换的结构性因素有关，也与去杠杆、防风险、控房市等政策性因素相关联。①

第三，国际经济形势低迷，中美贸易摩擦不断，我国经济结构迫切需要战略转型。2019年，世贸组织最新货物贸易晴雨表读数为95.7，已连续四个季度低于趋势水平（100），全球商品贸易预计下降2.4%，至19万亿美元；服务贸易预计增长2.7%（至6万亿美元），较2018年（7.7%）的增幅大幅减速。各项指标显示出全球贸易大幅放缓且增长乏力，各地区及不同发展水平的国家进出口均有所下降，全球贸易总体呈疲弱状态，其主因是贸易紧张局势加剧。② 在这个意义上，中美贸易关系不仅事关国内经济发展大局，也影响全球的经济秩序。③ 其间，中美贸易谈判呈现为螺旋式上升，虽然最终取得实质性突破，但在过程中，美国所采取的对华技术高压政策对我国经济发展产生了较为负面的影响，部分企业短期受挫严重。需要反省的是，对外贸易失衡本质上是内部结构失衡的延续。面对中美贸易摩擦带来的冲击，我国真正的问题在于自身以出口和投资为导向的发展模式，迫切需要进行的是新的战略规划，以建立高水平的市场经济和开放体制。这推动我们不断追索国内消费疲软的原因，关注、培育并壮大国内市场，形成以需求牵引供给、供给创造需求的更高水平动态平衡。④

第四，社会民生方面，物价和就业状况成为老百姓的关注焦点，甚至引发了某些群体的共同忧虑。在物价上，"猪肉荒"导致食品价格上涨以及引导物价涨幅扩大。2019年前十个月，食品价格累计上涨7.4%，涨幅

---

① 中宏国研：《2019年经济形势回顾与2020年展望》，经济形势报告网，2019年12月1日，http://www.china-cer.com.cn/hongguanjingji/201912011478.html；王密《2019年中国经济发展回顾及2020年中国经济发展趋势分析》，智研咨询，2020年7月13日，https://www.chyxx.com/industry/202007/881083.html；清华大学社会科学学院经济学研究所：《互联网时代零工经济的发展现状、社会影响及其政策建议》，清华大学社会科学学院，2020年11月12日，https://www.tioe.tsinghua.edu.cn/info/1109/1801.htm。

② 杨海泉：《全球贸易低迷不振，来年机遇挑战并存》，人民网，2019年12月25日，http://www.ce.cn/xwzx/gnsz/gdxw/201912/25/t20191225_33969968.shtml。

③ 李巍、张玉环：《从应对贸易摩擦到预防经济脱钩：2019年中国经济外交形势分析》，《战略决策研究》2020年第2期，第3—30页。

④ 任泽平等：《中美贸易摩擦：本质、影响、进展与展望》，澎湃新闻，2020年12月28日，https://www.thepaper.cn/newsDetail_forward_10559971；兰小欢：《置身事内：中国政府与经济发展》，上海：上海人民出版社，2021年。

比上年同期扩大 5.8 个百分点，同时，全国居民消费价格指数（CPI）上涨 2.6%，涨幅比上年同期扩大 0.5 个百分点，预计全年上涨 2.7% 左右。① 相较于过去房价、股价的变化，猪肉等食品价格的波动，更直接性地影响老百姓的日常生活，牵动老百姓的心弦。在就业状况上，从数量的角度来看，城镇新增就业 1352 万人，调查失业率在 5.3% 以下，② 就业形势相对稳定。但从质量的角度来看有两点值得注意。一方面，在经济景气下行以及中美贸易摩擦加剧的背景下，员工求职难，企业裁员增多，离职频繁。根据 2020 年的社会蓝皮书，截至 2019 年 5 月底，深圳 1331 家涉美出口企业用工总量下降了 3.7%，与苹果手机配套的相关工厂用工总量下降了 7% 左右。③ 根据 2019 年 6 月中国劳动关系学院在深圳对数千名农民工的调查，农民工加班在 0—2 小时的占 57.0%；2—4 小时的占 40.1%；并且在十年前，员工每月离职率为 3%—5%，而现在是 40%。④ 另一方面，关于就业条件与劳动过程，自程序员群体自嘲"996.ICU"伊始，对于工作时间的讨论逐步进入公众视野的中心，劳动者为争取自身的权益而不断抗争，这是推动工作环境不断改善的根本动力，从而开始改变劳动力市场中普遍存在的"企业失控、监管失序、工会失灵"问题。

第五，2019 年也是新中国历史上具有里程碑意义的一年，即五四运动 100 周年、中华人民共和国成立 70 周年。事实上，个人、国家与社会走向怎样的未来，往往取决于人们是如何梳理、整理和面对自己的传统、文化与过去，取决于社会记忆的质量。一个主流社会的社会记忆会告诉人们，什么值得记忆、哪些值得扬弃。这种社会记忆通过知识、情感、情绪的传递，使人们产生一种社会的认同，⑤ 一种特定的情感和情绪。正是这种强化且有选择性的传递，使这种社会记忆嵌入特定的社会情绪和社会

---

① 清华大学社会科学学院经济学研究所：《互联网时代零工经济的发展现状、社会影响及其政策建议》，2020 年 11 月 12 日，https://www.tioe.tsinghua.edu.cn/info/1109/1801.htm。

② 李克强：《政府工作报告——2020 年 5 月 22 日在第十三届全国人民代表大会第三次会议上》，中国政府网，2020 年 5 月 29 日，https://www.gov.cn/premier/2020-05/29/content_5516072.htm。

③ 皮书说：《报告精度——社会蓝皮书:2020 年中国社会形势分析与预测》，皮书网，2019 年 12 月 24 日，https://www.pishu.com.cn/skwx_ps/ps/mobiledetail?ArticleID=544045&CatalogID=11392&SiteID=14。

④ 皮书说：《报告精度——社会蓝皮书：2020 年中国社会形势分析与预测》，https://www.tioe.tsinghua.edu.cn/info/1109/1801.htm。

⑤ 社会记忆"在一个集体——特别是民族集体——回溯性的身份认同中起到了持久的作用"。参见格罗塞《身份认同的困境》，王鲲译，北京：社会科学文献出版社，2010 年，第 37 页。

结构之中，形成比较固定的认知、认同与行为取向。在这种不断反复的过程中，人们逐渐形成了与主流意识形态趋同的认知、认同与行为取向。在五四运动100周年、中华人民共和国成立70周年之际，通过回忆重要的历史事件、开庆祝会、举办大型展览、推出文艺作品等各种方式，系统梳理人们的社会记忆，告诉人们"只有共产党才能救中国"的道理，能够夯实中国共产党的合法性以及执政基础。① 实际上，对一些过去事件的纪念以及强调是为了传承，是为了通过这样的一种社会记忆来实现立足于现在对过去的一种社会性建构，② 恰恰在这个意义上，把握人们的社会记忆，就能够把握一个社会的现在与未来，就可以夯实一个社会的合法性基础，从而也就能够从容推进社会的稳定与发展。③ 因此，2019年，我们对辉煌70年的系统梳理和总结，在很大程度上提升了人们对政府的信任程度，并进而凝聚起对未来发展的信心。

第六，2019年，互联网技术发展所推动的数字化革命正在以不可阻挡之势澎湃来袭，深刻地影响整个社会的深层结构，并形塑着人们的认知、认同与行为取向。这种变革孕育了诸多新经济模式，使得个人与组织都受到了前所未有的影响。以零工经济为例，零工经济是一种以网络平台为基础，以独立自主且有特定能力的劳动者为主体，以碎片化任务为工作内容，工作时间、地点、方式灵活，最大限度地实现供需匹配的新兴经济模式。在2019年，零工经济对GDP总增量的贡献度已达到10.43%，对GDP增长率的拉动为0.64%，预计到2035年，零工经济占GDP的比重将达到6.82%，对GDP增量的贡献将达到13.26%。④ 零工经济的行为主要

---

① "合法性和认同是社会记忆的固化中的两个主要维度，其实质则是政治权力和社会权力对社会记忆进行保存和巩固的重要成果。"参见周海燕《记忆的政治》，北京：中国发展出版社，2013年，第16页。

② 阿斯曼认为，社会记忆的作用范围"包括两个方向：向后和向前。记忆不仅重构着过去，而且组织着当下和未来的经验。……两者互为条件，相互依存"。参见阿斯曼《文化记忆：早期高级文化中的文字、回忆和政治身份》，金寿福、黄晓晨译，北京：北京大学出版社，2015年，第35页。

③ "通过和现在一代的群体成员一起参加纪念性的集会，我们就能在想象中通过重演过去来再现集体思想，否则过去就会在时间的迷雾中慢慢地飘散。"参见哈布瓦赫《论集体记忆》，毕然、郭金华译，上海：上海人民出版社，2002年，第43页；同时参见张莉《建构社会的记忆力量》，人民网，2013年4月7日，http://media.people.com.cn/n/2013/0401/c360068-20991086.html。

④ 清华大学社会科学学院经济学研究所、北京字节跳动公共政策研究院：《互联网时代零工经济的发展现状、社会影响及其政策建议》，清华大学社会科学学院，2020年11月，https://www.tioe.tsinghua.edu.cn/__local/1/DA/40/32B29C65A5E630FEC38A1853619_570B5EF1_45D3EB.pdf。

以不同的个性需求为导向,通过互联网搭建的商业基础与经济平台,能够最大限度地避免信息的不对称,从而使个人与社会的"供给"和"需求"能够非常好地连接,真正实现中国经济以需求驱动的高质量发展,在经济与社会结构层面上努力地实践马克思所说的"自由人的联盟"[①]。与此同时,共享经济、平台经济、循环经济等新经济模式也在蓬勃发展,[②]重塑人们的生产和生活方式。在这个过程中,开放共享、跨界融合、移动互联的大数据时代迅速演进,使得整个中国的经济与社会结构不得不进行调整以适应这种急剧的变化。而调整和适应这种新技术趋势及其背后的新思维理念,是我国迈向高质量发展模式的前提与基础。

总的来说,2019年,在经济运行保持高速发展的惯性、中美关系趋于紧张、国家社会总结辉煌70年并继续砥砺前行等背景下,人们的认知、认同以及行为取向有着相对一致的表现,弥散和沉淀在社会当中的总体性社会情绪较为积极。但是,经济景气下行压力加大,部分社会群体的生产生活受到较大冲击,新技术发展带来新的机遇和不确定性,我们也需要格外警惕总体性社会情绪的波动,在科学监测的基础上及时进行调整和干预。正是在这种结构性背景之下,我们利用"中国社会状况综合调查(2019)"的调查数据,对人们的主观感受进行描述与分析,以探究当时弥散在不同社会群体之间的总体性社会情绪,从而把握这一时期的社会发展态势以及各方面政策设计与政策实践的针对性、科学性和有效性。如此这般,我们才可能从根本上提升政府执政能力,实现良政善治。

二 数据来源、操作化说明

(一)数据来源

"中国社会状况综合调查"(Chinese Social Survey,CSS)是中国社会

[①] 每个人的自由个性的发展以"自由人联合体社会的发展为根基,每个人的自由发展和社会的发展有着密切的联系,每个人的自由发展会促进社会的发展,而社会的发展也会为每个人的自由发展提供保障"。参见赵敏《马克思恩格斯"自由人联合体"思想的发展脉络及理论内涵》,《中共郑州市委党校学报》2019年第5期,第72—75页。

[②] 神译局:《变革劳动力市场的5种新经济模式:数字经济、共享经济、零工经济等》,36氪,2019年8月2日,https://www.36kr.com/p/1724099117057。

科学院社会学研究所于 2005 年发起的一项全国范围的大型连续性抽样调查项目，目的是通过对全国公众的劳动就业、家庭及社会生活、社会态度等方面的长期纵贯调查，来获取转型时期中国社会变迁的数据资料，从而为社会科学研究和政府决策提供翔实而科学的基础信息。

该调查是双年度的纵贯调查，采用概率抽样的入户访问方式，调查区域覆盖了全国 31 个省、自治区、直辖市，包括了 151 个区市县，604 个村（居）委会，每次调查访问 7000—10000 个家庭。此调查有助于获取转型时期中国社会变迁的数据资料，其研究结果可推论全国年满 18—69 周岁的住户人口。

为了获得高质量的调查数据，CSS 调查从多个层面保障调查的科学严谨。在抽样环节，CSS 调查利用第 5 次全国人口普查和第 6 次全国人口普查分区县市资料设计抽样框；在调查点采用地图地址抽样方式以涵盖更多的流动人口。在执行管理环节，CSS 调查依托全国各地高校和科研机构，建立地方调查团队，开设为期 3—5 天的督导、访问员培训课程和多样的访问模拟训练，制定"现场小组工作方法"，设计调查管理的系列流程，并配有高效的后勤支持。在质量监控环节，各调查点、省级、全国不同层面都会进行一定比例的问卷复核以确保问卷质量，全部问卷进行双次录入。此外，项目组会对数据信息做匿名化处理，以确保任何受访者都不会因为参与调查而受到任何负面影响。[①] 同样的，高质量的调查数据以及有的放矢的调查设计为我们探索这一时期的总体性社会情绪提供了扎实的基础。

（二）操作化说明

1. 指标设计

我们知道，一个社会的总体性情绪是反映一个社会发展程度的"晴雨表"，许多外在客观变化都能在人们的主观感受中稳定地表现出来。在这个意义上，我们对总体性社会情绪的测量，反映的是整个社会结构是否整合有序、整个社会环境是否安定团结、整个社会方向是否顺应民意。一个发展良好的社会理应是一个民众满意度水平高的社会，是一个民众对其他社会成员和社会组织感到信任的社会，是一个民众对未来有着良好预期与

---

① 关于该调查更具体的设计和执行情况，见李炜、张丽萍《全国居民纵贯调查抽样方案设计研究》，《科研信息化技术与应用》2014 年第 6 期，第 17—26 页。

信心充足的社会。按照理论概念演绎的方式，我们将总体性社会情绪具体操作化为三个维度，即满意度、社会信任和社会信心。其中，满意度是人们在心理层面的一种主观感受，包含对个体福祉状况的评价，也包括人们对自身所处社会环境的评价；社会信任则是人们对人与人和人与组织之间关系的主观感受，是对社会互动环境的一种主观评价，社会信任的高低将切实影响人们社会互动、社会参与的积极程度；社会信心主要是指人们对宏观经济社会发展形势和微观个体生活进行综合判断后得出的对个人与社会未来发展的预期。通过考察人们在这三个向度上的表现，我们努力把握调查时点弥散和沉淀下来的总体性社会情绪。

2019年，我们从"中国社会状况综合调查（2019）"中筛选出若干相关指标，并具体规整为五个方面[①]来观测这一年度人们在满意度、社会信任和社会信心上的表现。操作化思路详见表12-1。

可以看到，各个子量表的信度在0.75和0.89之间，量表的内部一致性都相对较好。各个子量表的值越高，分别表示满意度越高、社会信任程度越高以及社会信心越充分。需要说明的是，2019年，人际关系的操作化更加简约，我们直接通过受访者对"现在人与人之间的信任水平"的评价来观察人际关系。

表12-1　2019年总体性社会情绪的指标体系

概念	维度	具体指标	信度
总体性社会情绪	满意度	对个体性事项的满意度 教育程度满意度 社交生活满意度 休闲娱乐满意度 家庭关系满意度 经济状况满意度	0.75
		对社会性事项的满意度 居住环境满意度 社会保障满意度 社会宽容满意度 社会公平满意度 社会风气满意度 政府工作满意度	0.82

---

① 从理论上来说，总体性社会情绪包含三个主要维度，即满意度、社会信任和社会信心，每一个主要维度下包含两个次要维度——面向个人的和面向社会的。但是由于数据受限，缺少社会信心维度下"社会发展信心"的有效的测量指标，因而本次的测量仅包含五个维度。尽管缺少一个维度的信息，但是我们认为，这种缺失对整体指数的影响是有限的，由于各个维度之间存在紧密的相关性，该维度的信息将一定程度上通过其他维度的测量指标进行反映。

续表

概念	维度		具体指标	信度
总体性社会情绪	社会信任	人际信任	人与人之间的信任水平	0.89
		组织信任	对中央政府的信任 对区县政府的信任 对乡镇政府的信任 对群团组织的信任 对慈善机构的信任 对新闻媒体的信任 对银行的信任 对保险公司的信任 对医院的信任 对法院的信任 对公安部门的信任	
	社会信心		个人发展现状 个人发展预期	

注：考虑到不同层级的人的个人发展预期与个人发展现状之间保持一致时的意义不同，即同样差值为0，但个人发展预期和个人发展现状为"下层—下层""中层—中层""上层—上层"的个人，其社会信心应是依次递增的，对此，我们分别进行赋值，以增强指标的测量效度。相关学理讨论参见廉思、袁晶、张宪《成就预期视域下的中国青年发展——基于时间洞察力理论的新认知》（《中国青年研究》2022年第11期，第30—51页）。

2. 权重设计

总体性社会情绪的测量采用的是综合评价法。综合评价法是相对于单项评级而言的，它们之间的区别不在于评价的客体的多少，而在于评价的标准的复杂性。①"复杂性"最直观的表现是评价指标数目上的多与少。虽然评价最终也是归结为单个指标，但是综合评价时的"单个指标"与单项评价的"单个指标"在本质上是有差别的，它是高度综合的。

在综合评价指标的构建过程中，权重是权衡评价指标在总体中相对重要程度的量值。为了使评价结果更为客观可行，需要给各指标赋予恰当的权重。这是一个重要的问题，所赋权重系数合适与否直接影响整个指标体系的使用效果。②确定指标权重的方法很多，基本上可以归结为两大类：一类是主观赋权法，这是一种以理论和经验为导向的权重设计方法，要求评价者对指标的重要程度给出人为的评价，通常采用向专家征集意见的方

---

① 邓聚龙：《灰色系统（社会·经济）》，北京：国防工业出版社,1985年，第3页。
② 符建华、王涛：《和谐社会统计指标权重的确定及实证分析》,《黑龙江科技信息》2008年第32期，第120页。

法，如主观经验法、德尔菲法、专家会议法、层次分析法等；另一类是客观赋权法，根据指标数值变异程度所提供的信息来计算相应的权数，是一种数据驱动的权重设计方法，具体有熵值法、变异系数法、因子分析法、主成分法等。

在本研究中，由于调查时间跨度较大、数据来源多样，因此，出于简洁、客观、稳定、可重复和可比较等原则，我们采用客观赋权法确定权重，具体使用因子分析法根据数据的内在相关性获得权重信息。因子分析的基本思想是按照相关性大小将原始变量进行分组，使得同组内的变量之间相关性较高，而不同组的变量之间的相关性则较低。每组变量代表一个基本结构，并用一个不可观测的综合变量表示，这个基本结构就成为公共因子。①

具体来说，采用两步合成指数的办法。第一步是从指标到维度，对所属维度内的指标进行因子分析，提取一个特征根大于1的公共因子，然后计算各个指标的因子得分，对因子得分进行归一化处理后作为指标的权重。第二步是从维度到总体性社会情绪指数，采用同样的方法，② 对五个维度进行因子分析，提取一个特征根大于1的公共因子，然后计算各个维度的因子得分，对因子得分进行归一化处理后作为各个维度的权重。

3. 指数合成

指标合成的常用方法是线性加权综合法，即将各指标分数与权重相乘后加总，这种方法简单且易于理解。不过，在进行指标合成前，还存在两个问题：一是存在缺失值，二是量纲不同。

（1）缺失值处理。对于在采用单一题目测量的维度中存在缺失值的样本，我们进行了删除处理；对于采用多个题目量表测量的维度中存在缺失值且在缺失值数量不超过三分之一的样本，我们采用该样本在未缺失题目中的评分均值（取整）进行插补。我们在此的基本假设是量表具有较高的内部一致性，从各量表的内部一致性系数来看，这一假设也能够得到满足。

---

① 陈龙、陈婷、袁莹静、周芷仪、谢鹏辉：《基于 SPSS 的我国各省市自治区经济发展状况分析》，《软件》2019 年第 2 期，第 121—128 页。

② 尽管我们在理论上认为五个维度对于测量总体性社会情绪具有同样的重要性，但是，由于数据受限，我们就必须考虑数据本身的客观结构，如果完全按照理论设定采用等权法，会因为单一指标的权重过大，增加随机误差，导致测量的效度降低。

（2）量纲不同的处理。由于指标的量纲不同，因此，在合成五个维度前，我们对指标进行归一化处理，并且为了便于理解和表述，在去量纲之后，我们对所有指标乘以 100。处理之后的所有指标量程一致，介于 0 和 100 之间。处理公式如下：

$$x' = \frac{x - \min(x)}{\max(x) - \min(x)} \times 100$$

在解决上述两个问题之后，我们依据之前确定的权重计算方法，依次计算各项的权重并生成了五个维度和最终的总体性社会情绪指数。其中，五个维度的权重分别为 14.87%、40.61%、20.27%、18.38% 和 5.87%，也就是说：

总体性社会情绪 = 对个体性事项的满意度 ×14.87%+ 对社会性事项的满意度 ×40.61%+ 人际信任 ×20.27%+ 组织信任 ×18.38%+ 社会信心 ×5.87%

4. 信效度检验

（1）信度检验

这里，我们通过计算克隆巴克 α 系数来检验量表的内部一致性程度，其中对个体性事项的满意度量表内部一致性系数为 0.746；对社会性事项的满意度量表内部一致性系数为 0.824；组织信任量表的内部一致性系数为 0.892。总体上，各子量表的信度都相对较高，其内部一致性表现良好，能较为稳定地测量总体性社会情绪。具体的信度检验结果见表 12-2、表 12-3、表 12-4。

表12-2　对个体性事项的满意度量表的Alpha检验

测量题器	项与总计相关性 （Item-test correlation）	项与其余项总计相关性 （Item-rest correlation）	删除后的Alpha值
家庭关系满意度	0.502	0.319	0.759
经济状况满意度	0.727	0.548	0.687
教育程度满意度	0.730	0.528	0.695
休闲娱乐满意度	0.807	0.634	0.650
社交生活满意度	0.719	0.526	0.695
总体			0.746

表12-3 对社会性事项的满意度量表的Alpha检验

测量题器	项与总计相关性 （Item-test correlation）	项与其余项总计相关性 （Item-rest correlation）	删除后的Alpha值
居住环境满意度	0.764	0.643	0.786
社会保障满意度	0.766	0.615	0.794
社会宽容满意度	0.710	0.561	0.803
社会公平满意度	0.794	0.673	0.779
社会风气满意度	0.609	0.460	0.822
政府工作满意度	0.735	0.617	0.793
总体			0.824

表12-4 组织信任量表的Alpha检验

测量题器	项与总计相关性 （Item-test correlation）	项与其余项总计相关性 （Item-rest correlation）	删除后的Alpha值
对中央政府的信任	0.508	0.423	0.892
对区县政府的信任	0.765	0.696	0.877
对乡镇政府的信任	0.745	0.663	0.880
对群团组织的信任	0.759	0.697	0.878
对慈善机构的信任	0.667	0.580	0.885
对新闻媒体的信任	0.657	0.574	0.885
对银行的信任	0.650	0.578	0.885
对保险公司的信任	0.644	0.547	0.887
对医院的信任	0.698	0.616	0.882
对法院的信任	0.764	0.704	0.877
对公安部门的信任	0.767	0.707	0.877
总体			0.892

（2）效度检验

另外，我们对量表的内容效度和效标效度进行了检验。内容效度考察的是量表是否完整涵盖了概念的关键特征，一般采用定性的分析方法。在这方面，总体性社会情绪量表根植于理论，即从一个完整的理论框架出发去构建测量维度和进行指标选择，自2012年第一版量表提出以来，我们在保持原有结构框架的基础上，对量表进行了多轮修订，经过多年的打磨，量表内容上已经趋于稳定且能够比较完整地涵盖概念的关键特征。

效标效度的检验是将量表测量结果与其他外部标准进行比较，考察其一致性程度。由于总体性社会情绪是一个新提出的概念，并不存在公认的外部标准，因此我们使用一个具有表面效度的指标进行比照。在调查中，我们询问了受访者"您认为当前社会的总体状况如何"，答案分为十个等级。该题询问了受访者对于社会的总体性感受和评价，从逻辑上来说，人们在该题上的作答结果越积极，他们在总体性社会情绪量表及其子量表中的得分也应该越高，两者应该具有一定的相关性。从图12-1的结果来看，总体性社会情绪及其五个指标（对个体性事项的满意度、对社会性事项的满意度、人际信任、组织信任和社会信心）与人们对社会总体状况评价保持了相同的变动趋势，表明我们所设计的总体性社会情绪量表具有较好的效标效度。

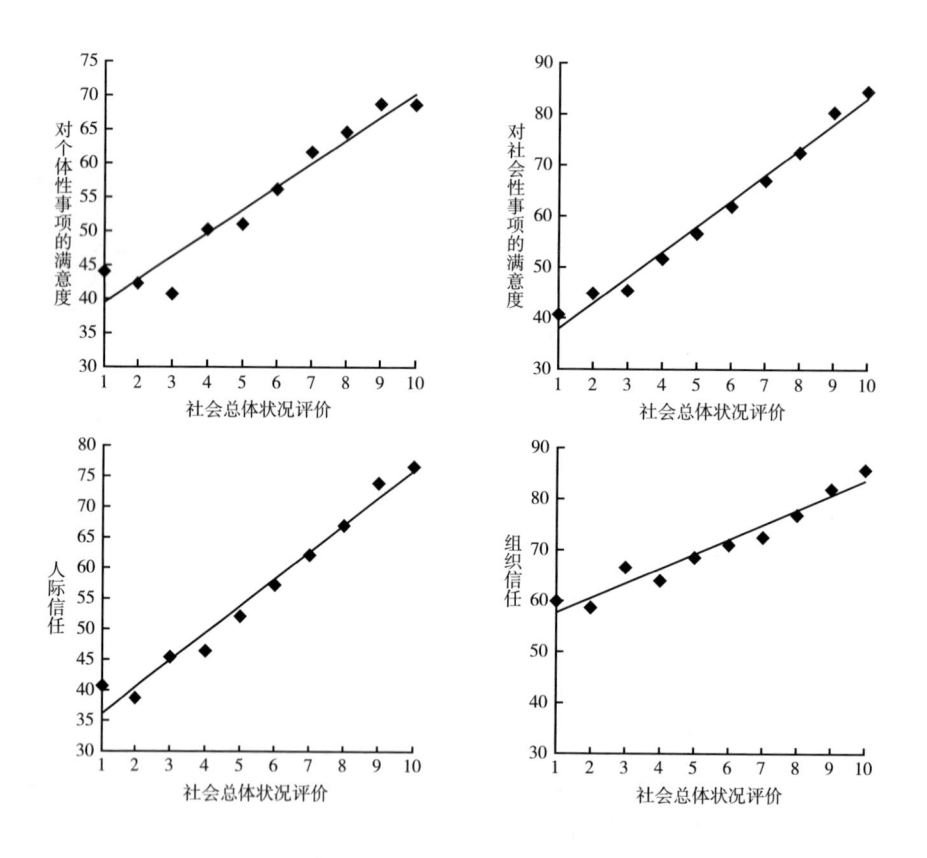

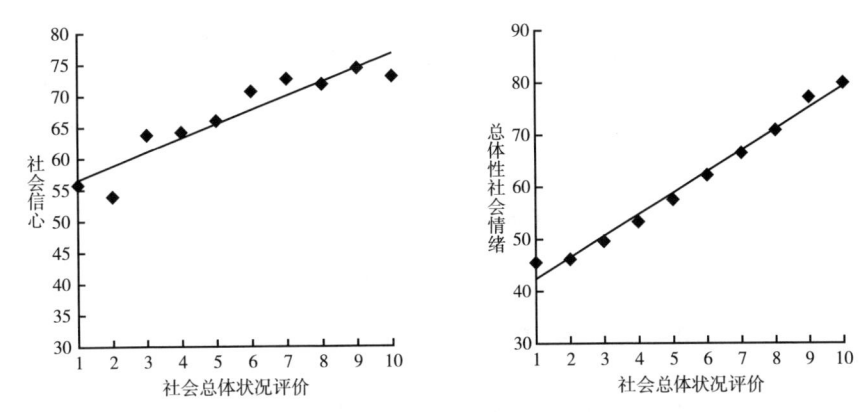

图12-1　总体性社会情绪与人们对社会总体状况评价的变化趋势图

三　数据分析

我们通过人们对自身所处的社会在宏观与微观层面上产生的主观感受来观测总体性社会情绪，从而把握其社会发展态势。对人们这种主观感受的分析，可以使我们从宏观与微观两个层面来把握国家的一些制度安排在哪些方面取得成绩、一些政策的制定与贯彻在哪些方面存在问题，使我们的研究者能够在这些社会事实的基础上提出有针对性的建议，使我们的政策制定者也能够在这些数据的基础上相应地调整制度安排，从而能够更好地回应人们的需求与期待，在保持与提升人们满意度的同时，社会也愈发公平公正、发展活力动力愈加充足。同时，总体性社会情绪折射的是人们对国家未来社会发展的预期，反映出人们对未来社会发展与进步的期待和希望，而这深刻塑造着国家社会持续、健康发展的能力与潜力。

2019年，人们的认知、认同以及行为取向有着相对一致的表现，弥散和沉淀在社会当中的总体性社会情绪较为积极；但是，面对经济景气下行压力加大，部分社会群体的生产生活受到较大冲击，新技术发展带来新的机遇和不确定性，我们也需要格外警惕总体性社会情绪的波动与变化。在这样一种目标下，我们利用"中国社会状况综合调查（2019）"的调查数据，对人们的主观感受进行描述与分析，把握当时弥散和沉淀在社会之中的总体性社会情绪，为理解当时的社会状况提供一个真实可靠的基础。

同时，我们知道，人们对于期望与期望实现差距的认识，会影响人们对特定问题的看法及感受，逐渐形成一种情绪，这种情绪的积累会影响人们对问题的态度以及以后形成的看法及感受。① 在这个意义上，社会期望值可能是生成总体性社会情绪的深层原因。因此，我们尝试描述并分析人们在期望与期望实现之间的差距及其感受，即社会期望值，并探索社会期望值与总体性社会情绪的关联。具体的数据分析结果见下。

（一）总体性社会情绪的状况与分析

2019年，我们通过前文中的操作化思路生成了总体性社会情绪指数，在把握其总体状况的基础上，进一步观察了总体性社会情绪在各种社会群体上的差异分布，并重点考察了工作环境、组织景气与总体性社会情绪之间的关联，探索人们在组织场域中的状况以及所感受到的氛围是如何影响自身对个人与社会的感知与评价的。通过这些分析，我们可以相对全面地了解当时人们在总体性社会情绪上的状况。

1. 总体状况

统计结果显示，2019年，我国总体性社会情绪指数的均值为63.44，大于中值（50）②，也超过经验及格线（60）。数据表明，我国总体性社会情绪整体向高取值端倾斜，相较于2017年（均值为61.13），2019年的总体性社会情绪指数也有所提升，民众对微观个人生活状况和宏观社会发展有更为积极的感受。同时，如图12-2所示，其直方图拟合的正态分布曲线呈现为比较标准的整体分布，分布结构平稳。进一步考察构造总体性社会情绪的各个子量表（见图12-3），可以看到，人们对个体性事项的满意度均值为57.58、对社会性事项的满意度均值为65.30、人际信任的均值为60.34、组织信任的均值为67.49、社会信心的均值为63.36，得分均超过或接近60，即人们在总体性社会情绪的五个子量表有着较为良好的表现，对个人与社会各方面的感知与评价相对均衡。

---

① 李路路、王鹏：《转型中国的社会态度变迁（2005—2015）》，《中国社会科学》2018年第3期，第83—101页。

② 50代表民众的总体社会情绪感知没有积极或消极的倾向，大于50则表明民众的感知倾向于积极，超过50越多，积极倾向程度越高，下同。

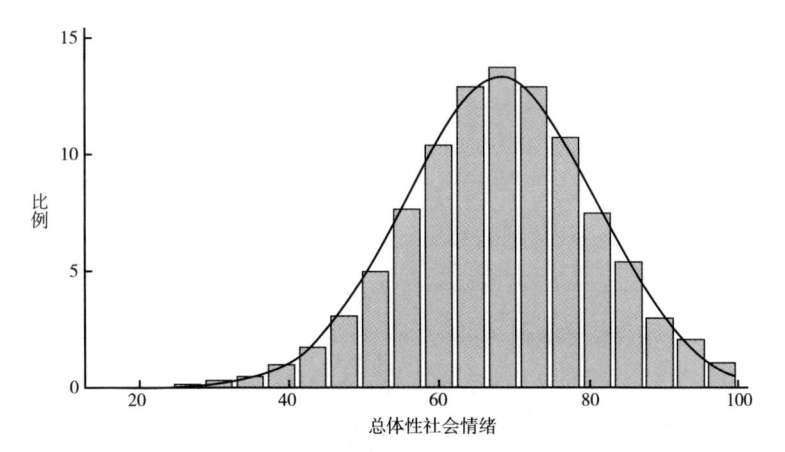

图12-2　2019年总体性社会情绪的直方图

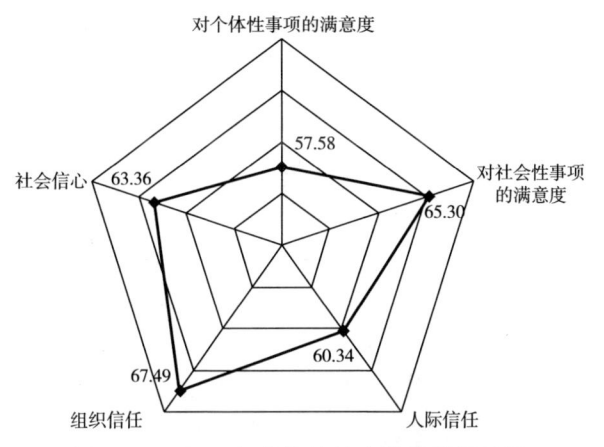

图12-3　2019年总体性社会情绪的雷达图

2. 群体差异分布

为了了解当时人们在总体性社会情绪上的差异分布，我们将其同性别、年龄、学历、收入和户籍等自然社会特征进行方差分析，结果如表12-5所示，我们发现，2019年，我国总体性社会情绪指数在群体间存在以下特征。

第一，性别方面，男性群体的总体性社会情绪指数（均值为63.53）略高于女性群体（均值为63.36），两者间差异非常小，并不具有统计学上的显著性（$p > 0.05$）。这一结果表明，人们对个人与社会的感知和评价没有呈现出明显的性别差异，与2017年的情况基本一致。

表12-5　各项自然社会特征与总体性社会情绪的方差分析

	均值	标准差	样本量	方差检验
性别				
男	63.53	14.62	3709	$F=0.31$, $p=0.577$
女	63.36	14.25	4630	
年龄				
30岁以下	64.09	12.36	1467	
30—39岁	61.52	13.53	1512	
40—49岁	62.32	14.36	1674	$F=28.58$, $p=0.000$
50—59岁	62.88	15.49	2021	
60岁及以上	66.40	15.09	1665	
学历				
小学及以下	64.26	16.16	2325	
初中	61.67	14.57	2661	
高中（中专、技校）	63.31	14.01	1617	$F=15.54$, $p=0.000$
大专	64.40	12.04	807	
本科	65.87	11.00	854	
研究生	65.16	10.01	75	
年收入				
1000元及以下	62.51	15.24	1640	
1001—7000元	64.83	15.08	1457	
7001—20000元	63.06	15.37	1693	$F=5.53$, $p=0.000$
20001—40000元	62.86	14.16	1654	
40001—80000元	63.90	12.60	1272	
80001元及以上	64.24	11.51	622	
户籍				
农业户籍	63.39	15.03	5589	$F=0.14$, $p=0.711$
非农户籍	63.52	13.08	2750	

第二，年龄方面，中青年群体的总体性社会情绪指数显著低于老年群体。与2017年的情况一致，2019年我国总体性社会情绪指数在年龄上呈现出U形变化趋势，其中，30—39岁群体的总体性社会情绪指数（均

值为 61.52）相对最低，30 岁以下和 60 岁及以上群体的总体性社会情绪指数（均值分别为 64.09、66.40）相对更高。这一结果表明，由于在工作和生活中面临更大的压力，中青年群体对于个人生活和社会发展状况的感受相对不那么积极，而初入职场、尚未建立家庭的年轻人，以及退休后更少为生活奔波的老年群体，其生活压力相对较小，因此，在总体性社会情绪上的表现相对更积极。

第三，学历方面，总体来看，高学历群体的总体性社会情绪指数显著高于低学历群体，相对于大专及以上学历群体，高中（中专、技校）及以下学历群体的总体性社会情绪指数相对更低。在低学历群体中，初中学历群体的总体性社会情绪指数（均值为 61.67）相对最低；在高学历群体中，本科学历群体的总体性社会情绪指数（均值为 65.87）相对最高。这一结果表明，学历与总体性社会情绪的关联并不是线性的关系，而是一种波动式正向变化的关系，这也意味着尽管学历会带来物质上的增益，但同时也提升了人们对于生活的预期，[①] 两者作用方向相反，使得学历与总体性社会情绪间的关联趋于复杂，探索学历之于总体性社会情绪的影响需要更深入、系统的研究。

第四，收入方面，总体性社会情绪在年收入上存在显著差异，但两者间未呈现出清晰的变化趋势。年收入处于 1001—7000 元群体和 80001 元及以上群体的总体性社会情绪指数（均值分别为 64.83、64.24）相对较高，而 1000 元及以下群体和 20001—40000 元群体的总体性社会情绪指数（均值分别为 62.51、62.86）相对较低。可以看到，与 2017 年相一致，总体性社会情绪在收入这个向度上的分化较弱，不同收入的社会群体有着相对一致且较为积极的表现。这告诉我们，收入等资源因素的确对总体性社会情绪有影响，但这种影响并非关键性的因素，探究总体性社会情绪的生成机制需要考虑更直接的因素。

第五，户籍方面，非农户籍群体的总体性社会情绪指数（均值为 63.52）略高于农业户籍群体（均值为 63.39），但是两者间的差异并不具备统计学上的显著性。一方面，同样与 2017 年一致，一种比较积极的总体性社会情绪突破了结构性的户籍区隔，进行跨群体弥散与传染，不同户

[①] 李颖晖：《教育程度与分配公平感：结构地位与相对剥夺视角下的双重考察》，《社会》2015 年第 1 期，第 143—160 页。

籍群体有着十分接近的主观感受与体验；另一方面，我们也注意，2017年，农业户籍群体的总体性社会情绪指数略高于非农业户籍群体，而2019年，非农户籍群体的总体性社会情绪指数略高于农业户籍群体。这种变化可能是统计抽样造成的随机波动，也可能是实际发生的状况，这警示我们进一步关注农业户籍群体，解决其"上学难、就业难、养老难"等各个方面的急难愁盼问题，真正让发展成果惠及这一群体。

3. 工作环境、组织景气与总体性社会情绪

我们知道，在今天的中国社会，大多数的经济、政治与社会行为都是嵌入一定的组织之中，并通过组织来完成的；党和政府在经济、政治以及社会上的意志也都是通过一个个具体的组织来加以贯彻的；人们在经济、政治以及社会方面的期望更多的也是通过组织来实现的。在这个意义上，组织是党和政府贯彻国家意志、组织成员实现自身期望的重要制度载体。当一个组织不能完成制度载体这种社会角色的时候，或者说不能做到上传下达、使得上上下下都不满意的时候，这个组织就会呈现出不景气的状况。而当一些社会成员在自己所隶属的组织中不愉快、不满意，感受不到组织的激励，体会不到其他组织成员的帮助和支持，由此产生的负面情绪和感受就会或多或少地以各种方式宣泄到社会之中，在各种机制的交错影响下形成社会性焦虑与愤恨，从而制约个人生活与社会运行向好发展。

在这里，组织景气主要是指组织成员所感受到的一种工作氛围。工作组织与单位作为一个社会中重要的制度载体，主要是通过其所形成和营造的独特的社会环境或者说组织文化来影响和规范人们的社会行为。因此，我们可以通过观测组织成员所感受到的工作氛围来研判一个组织的景气程度。部分研究者推动的工作环境研究，考察劳动者在其工作单位中从主观上所感受到的一种工作状态与工作氛围，① 实际上就是要将组织秩序与个体感受紧密勾连起来，反映一个组织的景气程度，而不断改善工作环境，就是要提升组织治理的效能，让组织成员体验到良好的工作状况与工作氛围，从而促使组织健康运行和可持续性发展下去。

鉴于人们在组织场域中的主观感受很大程度上受到其客观状态的约束和影响，在接下来的研究中，我们侧重于在客观状态上考察工作环境，具

---

① 张彦、李汉林：《治理视角下的组织工作环境：一个分析性框架》，《中国社会科学》2020年第8期，第87—107页。

体观察人们在工作时间、工作报偿、工作场所和工作参与四个维度① 上的状况；同时将组织景气操作化为对月收入、工作时间、工作设施、岗位培训、单位奖励等九个方面的满意度评价，倾向于以主观感受反映组织成员所感到的工作氛围。在此基础上，我们利用"2019年中国工作环境研究"的调查数据来验证工作环境和组织景气之于总体性社会情绪的影响，并探索人们在组织中所感到的状态与氛围具体在多大程度上作用于人们对个人生活与社会发展的感知和评价。把握人们在工作环境和组织景气上的状态及其对总体性社会情绪的影响，可以帮助我们更深入地理解弥散和沉淀在社会中的总体性社会情绪。

（1）数据来源

对组织景气与总体性社会情绪关系的检验将采用"2019年中国工作环境研究"（The Research on the Chinese Working Conditions，RCWC 2019）的调查数据，该调查由信阳师范大学资助，中国工作环境研究团队主持完成。

RCWC 2019 的目标总体为中国大陆城镇16岁及以上的就业人口，调查抽样分为两部分。第一部分采用分层随机抽样进入家庭户开展调查，具体包含以下几个步骤：①根据国家统计局"六普"数据，在除新疆和西藏之外的省、自治区、直辖市，抽取60个县（市、区）作为一级抽样单元（primary sampling unit, PSU），60个PSU涵盖24个省（自治区、直辖市），同一省（自治区、直辖市）内PSU数量最多为5个；②在每个PSU中抽取8个社区居委会作为二级抽样单元（second sampling unit, SSU）；③根据实地绘制的地块示意图和家庭地址表，在每个社区居委会（SSU）中抽取13户家庭作为三级抽样单元（third sampling unit, TSU）；④访问员根据KISH表，从户内满足条件（16岁及以上的就业者）的成员中抽选出被访者。第二部分进入指定企业采取方便抽样开展调查，具体包含以下几个步骤：①课题组在全国16个省份指定165家企业；②访问员进入企业利用配额抽样法选择受访者，要求涵盖企业的所有工种。

同时，RCWC 2019 采取了多重数据质量控制手段，访问员进行访问过程全程录音、访问地点定位和收集被访者电话信息；调查项目组则依据

---

① 张彦、李汉林：《治理视角下的组织工作环境：一个分析性框架》，《中国社会科学》2020年第8期，第87—107页。

录音文件，对记录数据进行了百分之百全覆盖重听校对以保证数据的真实性和准确性。科学、规范的调查过程为我们研究工作环境与总体性社会情绪提供了真实可靠的实证材料。

（2）操作化

①工作环境。表12-6展示了工作环境的指标体系，工作环境被具体操作化为四个维度（一级指标），每个维度下又包含不同数量的二级指标。其中，工作时间包含工作时长、工作时点和工作时间自主性；工作报偿包括物质性报偿（主要是金钱收入）和非物质性报偿（包括社会声望、知识技能、社会尊重等）；工作场所包括物理环境即基本的保护型设施（例如劳保用品）和福利设施即促进型设施（例如食堂、医院、健身房等）；工作参与则涉及参与权与决策权，两者在参与程度方面是递进关系。

②组织景气。组织景气主要采用主观指标进行观测，涉及对月收入、工作时间、工作设施、岗位培训、单位奖励、工作安全、工作强度、工作自主性、单位福利待遇九个方面的满意度评价。

③总体性社会情绪。总体性社会情绪的测量依然涉及三个维度，即满意度、社会信任和社会信心，具体操作化为五个方面，即对个体性事项的满意度、对社会性事项的满意度、人际信任、组织信任和社会信心。

表12-6 2019年工作环境指标体系

一级指标	二级指标
工作时间	工作时长
	工作时点
	工作时间自主性
工作报偿	物质性报偿
	非物质性报偿
工作场所	物理环境
	福利设施
工作参与	参与权
	决策权

（3）统计结果

我们首先通过描述总体性社会情绪与工作环境和总体性社会情绪与组

织景气之间的散点图来初步观察两组变量之间的关系。从图12-4可以看到，总体性社会情绪与工作环境之间呈较强的正相关关系，无论是局部加权回归还是线性回归的结果都显示，两种之间呈现线性相关，工作环境的得分越高，总体性社会情绪指数也越高。从图12-5可以看到，总体性社会情绪与组织景气之间也呈较强的正相关关系，组织景气的得分越高，总体性社会情绪指数也越高。但从局部加权回归线来看，这种现象关系主要是在组织景气指数大于35以后，而在此之前回归线趋于水平，表明两个变量的关联度相对较低。

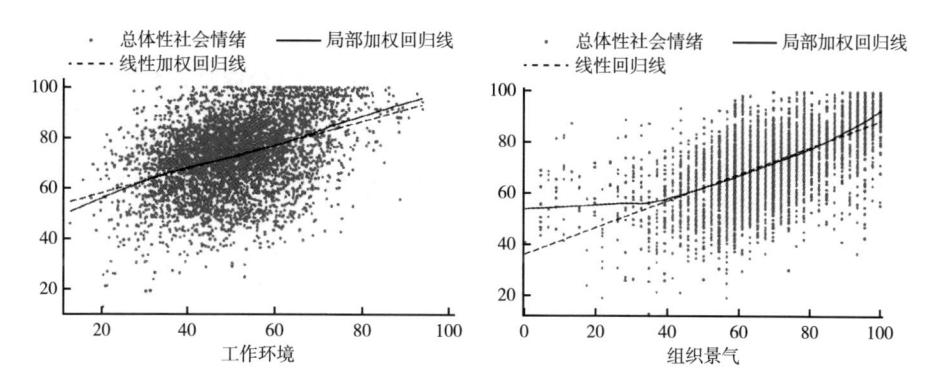

图12-4 总体性社会情绪和工作环境的散点图

图12-5 总体性社会情绪和组织景气的散点图

从相关分析的结果来看（见表12-7），工作环境、组织景气两者与总体性社会情绪之间均呈显著的正相关关系。其中，工作环境和总体性社会情绪的皮尔逊相关系数为0.390，相较而言，组织景气与总体性社会情绪的相关性更高，皮尔逊相关系数达到0.625。结果表明，一个社会的景气离不开各种不同类型组织的景气，当人们在其工作单位中从主观上所感受到一种良好的工作状态与工作氛围时，一个社会的总体性社会情绪也会相对积极；若一些社会成员在自己所隶属的组织中由于工作条件与待遇较差感受不到组织的激励、体会不到其他组织成员的帮助和支持，那么，就特别容易生成不公平、不满意的感受，并且这些情绪会或多或少地以各种不同的方式宣泄到社会当中去，在一定程度上影响社会总体的景气状况，影响总体性社会情绪。在这个意义上，研究工作环境和组织景气，能够帮助我们在更深层次上理解总体性社会情绪。

表12-7 工作环境、组织景气与总体性社会情绪间的相关分析

	工作环境	组织景气	总体性社会情绪
工作环境	1.000		
组织景气	0.479***	1.000	
总体性社会情绪	0.390***	0.625***	1.000

注：$^+p<0.1$，$^*p<0.05$，$^{**}p<0.01$，$^{***}p<0.001$。

为了进一步考察工作环境、组织景气与总体性社会情绪之间的关联，我们通过回归分析进行探索，结果如表12-8所示。

表12-8 工作环境、组织景气与总体性社会情绪的回归分析

	模型1	模型2	模型3
	总体性社会情绪	总体性社会情绪	总体性社会情绪
工作环境	0.459*** （0.017）		
组织景气		0.517*** （0.011）	
工作时间			0.011 （0.008）
工作报偿			0.408*** （0.013）
工作参与			0.031*** （0.007）
工作场所			0.199*** （0.014）
控制变量	控制	控制	控制
样本量	5061	5061	5061
R^2	0.167	0.392	0.303

注：$^+p<0.1$，$^*p<0.05$，$^{**}p<0.01$，$^{***}p<0.001$；括号内为稳健标准误。

从模型1可以看出，在控制了性别、年龄、学历、户籍等自然社会特征之后，工作环境在0.001的显著性水平上对总体性社会情绪具有正向

影响，工作环境的得分每上升 1 个单位，总体性社会情绪指数平均提升约 0.459 个单位。模型 2 在控制变量保持不变的情况下，考察组织景气与总体性社会情绪的关联，结果显示，组织景气也对总体性社会情绪具有显著的正向影响，组织景气的得分每上升 1 个单位，总体性社会情绪指数平均提升约 0.517 个单位。

模型 3 进一步对工作环境四个维度与总体性社会情绪的关系进行了分析。从结果来看有如下两点。第一，在控制了其他变量的情况下，工作时间对总体性社会情绪没有显著的影响，这一点与理论预期存在一定差异。自 1978 年改革开放和 2001 年我国正式加入世界贸易组织以来，中国经济的市场化和全球化程度不断提升，随之而来的就业、工作时间、劳动分配、社会保障、劳动安全与卫生等问题也日益凸显。尽管政府不断通过增加就业机会、扩大劳动合同覆盖范围、推行集体合同制、建立劳动关系三方协商机制、完善劳动标准体系、健全劳动争议处理体制等手段维护劳动者的权益，[①] 但是这些制度的维护效应依然有限，以超时工作为代表的劳动权益问题成为显性的社会议题，2019 年 "996" 事件[②] 更是将该问题推向了舆论的风口浪尖，相关讨论持续发酵。尽管超时工作问题受到民众的广泛关注，引发了大范围的消极情绪，但是从实证结果来看，在个体层面上，工作时间本身并不会显著影响人们在总体性社会情绪上的表现。一方面，可能是因为工作时间与总体性社会情绪并非纯粹的线性关系，工时不足也可能同超时工作一样对人们在总体性社会情绪上有负向影响。另一方面，我们认为，与超时工作问题相关的消极情绪很可能是一种情绪的弥漫机制引发的，即人们只是借 "996" 事件来发泄对工作环境整体的不满情绪，这种不满在个体层面上并不完全来自加班问题，个体还可能因为待遇较低、压力较大、工作条件较差等问题而有较为强烈的不公平、不满意的感受，只是借由 "996" 事件通过超时工作问题表达出来。以致工作时间

---

① 姜颖：《我国劳动立法与劳动者权益保障》，《工会理论与实践（中国工运学院学报）》2003 年第 3 期，第 40—43 页。

② 有程序员在知名代码托管平台 GitHub 上发起了一个名为 "996.ICU" 的项目，以此抵制 "996" 工作制。此举立即得到大批程序员响应。所谓的 "996" 是指从每天上午 9 点工作到晚上 9 点，每周工作 6 天，"996.ICU" 意为 "工作 996，生病 ICU"。参见蒋萌《"996 工作制"是谁的如意算盘》，人民网，2019 年 4 月 2 日，http://opinion.people.com.cn/n1/2019/0402/c119388-31009768.html。

本身的客观状态不那么重要，人们普遍在工作时间上感受到压力，有"时间荒"的感受。也就是说，组织成员所感受到的工作状态与工作氛围是一种整体性的感知，人们对工作环境的不满可能通过一种情绪的弥漫机制在某一点上集中爆发出来，并传染和弥散开来，影响人们对社会的感知与评价。

第二，工作报偿、工作参与和工作场所均对总体性社会情绪有显著的正向影响。结果显示，工作报偿的得分每上升1个单位，总体性社会情绪指数平均提升约0.408个单位；工作参与的得分每上升1个单位，总体性社会情绪指数平均提升约0.031个单位；工作场所的得分每上升1个单位，总体性社会情绪指数平均提升约0.199个单位。也就是说，人们工作报偿、工作参与和工作场所的改善，会促使人们在总体性社会情绪上表现得更加积极。

其中，工作报偿对总体性社会情绪的影响相对最大。这一点不难理解，在雇佣劳动关系下，工作本身带有强烈的工具性，人们用劳动力同雇主交换金钱等报偿，以满足生存、生活和自我发展的需要。因此，人们更多关注报偿的多寡。尤其在购房压力、子女抚育压力、消费主义和储蓄观念等的多重作用下，劳动者对金钱的需求普遍强烈。"2019年中国工作环境研究"的调查数据显示，当要求在时间和金钱上做出选择时，受调查的4935位员工中，54.22%的人希望"增加工作时间且增加收入"，39.43%的人选择"保持现状"，仅有6.34%的人希望"减少工作时间且减少收入"。并且，在选择"增加工作时间且增加收入"的员工中，约一半的人的实际工时已经超过了法律的限制（月工作时长超过212个小时）。该结果也表明，对于我国劳动者来说，在对付出和回报的关注上，其更加在意的是回报而非付出，这也部分解释了为什么"工作时间"不会对总体性社会情绪产生显著影响，而"工作报偿"的影响却是相对较明显的。

上述数据分析结果验证了组织成员所感到的工作状态与工作氛围显著作用于人们对个人生活与社会发展的感知和评价。某种意义上，组织景气状况是总体性社会情绪的中观基础，对组织成员有着多方面的、深远的影响，事关社会发展的总体态势。具体如下。

首先，组织景气与否会直接影响组织成员的社会化过程。在现代社会，工作组织与单位是大多数社会成员除了家庭、学校以外的一个重要的"栖身"场所。人们在这样的组织与单位中，能够逐渐找到自己的社会认同、社会位置以及社会角色，积累社会经验，完成人生中重要的自我实现，并且逐渐走完自己最主要的社会生命历程。恰恰在这个意义上，工作组织与单位是一个社会中极其重要的制度载体。这个制度载体中的环境如何、氛围如何，可以直接影响组织成员的社会化过程，对组织成员行为的形塑起着至关重要的作用。良好的工作环境和组织景气状况能够帮助人们更好地适应社会，顺利实现从"自然人"到"社会人"的转变。

其次，组织景气与否会直接影响组织成员的成长和组织自身的效率。我们知道，一个景气状况良好的组织，在微观个体层面，能够帮助个体更好地在组织中实现自我，激发潜能，能够使人们在组织中有更多和更高质量的获得感，能够为人们的情感满足提供必要的社会归属；在中观组织层面，能够为人们的自我成长和满足提供必要的公共场所，能够促进良好的组织文化构建，以此提高组织成员对组织的认同感和满意度，提高组织效率，进而快速推动组织的创新与发展；在宏观层面，有助于我国的经济与社会实现"新常态"下的健康、平稳发展，同时也能够为稳定协调的社会发展提供合理的预期。[1] 另外，通过营造良好的工作环境来提高人们对组织乃至社会的认同程度，提高组织成员的人力素质，进而削减社会矛盾，实现社会团结及广泛的社会公平，也是社会治理的重要内容之一。[2]

总的来说，我们认为，组织景气是总体性社会情绪的中观基础，有必要强化组织景气的研究。随着组织景气研究的深入，我们能够为组织的评估提供一个良好的学术与方法的基础。从实践意义上说，运用科学的方法对一个组织的景气状况进行评估，对于提高组织的效率、提高员工的满意度和获得感、增强员工对组织的认同感与归属感也具有很重要的意义。在这方面，工作环境研究已经做出一些有益的探索。[3] 当我们了解与把握组织景气上的状况时，一方面，这有助于我们更为深入地理解总体性社会情绪的状况及其变化；另一方面，也促使我们在科学的基础上提高组织管理

---

[1] 任宇东、王毅杰：《工作环境、工作意义与工作满意度——基于中国城镇居民工作环境调查的分析》，《中国劳动》2019年第8期，第25—40页。

[2] 张彦：《从个体情绪到总体性情绪的跃迁：中国城镇居民工作环境满意度实证研究》，《社会发展研究》2016年第1期，第48—79页。

[3] 张彦、李汉林：《治理视角下的组织工作环境：一个分析性框架》，《中国社会科学》2020年第8期，第87—107页。

水平，更好地兼顾组织秩序与个体感受，夯实总体性社会情绪保持并使其持续向积极面演进的基础。

（二）总体性社会情绪各子量表的状况与分析

1. 满意度的状况与分析

满意度是人们在心理层面的一种主观感受，其包含对个体福祉状况的评价，也包括人们对自身所处社会环境的评价。在微观上，人们会直接从自身经济收入状况、社会地位状况以及向上流动机会，即从个体福祉和可持续发展的角度来感受和评价个人生活的状况；在中观和宏观上，人们能够对自身生活的社区以及社会的各个方面有直接或间接的感知，形成安全与否、公平与否、环境友好与否的感受，这是关于社会发展状况的评价。这两个方面共同构成了人们的满意度。

因此，对满意度的测量具体由对个体性事项的满意度和对社会性事项的满意度两部分构成。其中对个体性事项的满意度，其具体指标涉及人们对其家庭关系、经济状况、教育程度、休闲娱乐、社交生活五个方面的评价；对社会性事项的满意度，其具体指标涉及人们对居住环境、社会保障、社会宽容、社会公平、社会风气和政府工作六个方面的评价。在此基础上，我们具体考察满意度的总体状况和差异分布，也努力将对个体性事项的满意度同对社会性事项的满意度勾连起来。

（1）总体状况与差异分布

统计结果显示，2019年，人们的满意度平均值为61.44，其中，对个体性事项的满意度均值为57.58，对社会性事项的满意度均值为65.30，均大于中值（50），表明人们对个人生活状况和社会发展状况都给予了较为积极的评价，不过人们对个体性事项的满意度低于经验及格线60，这也意味着人们在个体性事项上的满意度相对较低。与2017年相比，人们对个体性事项的满意度没有明显变化，但对社会性事项的满意度提升近5个单位。

为了了解人们在满意度上的具体状况，我们采用夏普利值分解方法探索各项指标的相对重要性程度。就对个体性事项的满意度而言，结果如表12-9所示，2019年，对满意度影响较大的前三个个体性事项分别是经济状况、社交生活和休闲娱乐。进一步以各个体性事项的满意度均值和R^2贡献值为维度构建关系矩阵（见图12-6），可以很明显地看到，人们在家庭关系上的满意度是偏高的但影响权重较小，而经济状况是民众满意度偏低但影响权重较大的个体性事项。在此后的政策设计中，我们仍然应以保障和提升民众的经济状况为着力点。

表12-9　对个体性事项和社会性事项的满意度测量指标夏普利值分解

因素	对个体性事项的满意度		因素	对社会性事项的满意度	
	R^2贡献值	贡献率（%）		R^2贡献值	贡献率（%）
家庭关系	0.059	13.43	居住环境	0.057	11.75
经济状况	0.148	33.53	社会保障	0.079	16.31
教育程度	0.055	12.39	社会宽容	0.069	14.21
休闲娱乐	0.088	19.89	社会公平	0.121	24.89
社交生活	0.092	20.76	社会风气	0.123	25.24
—	—	—	政府工作	0.037	7.60
总计	0.442	100.00	总计	0.487	100.00

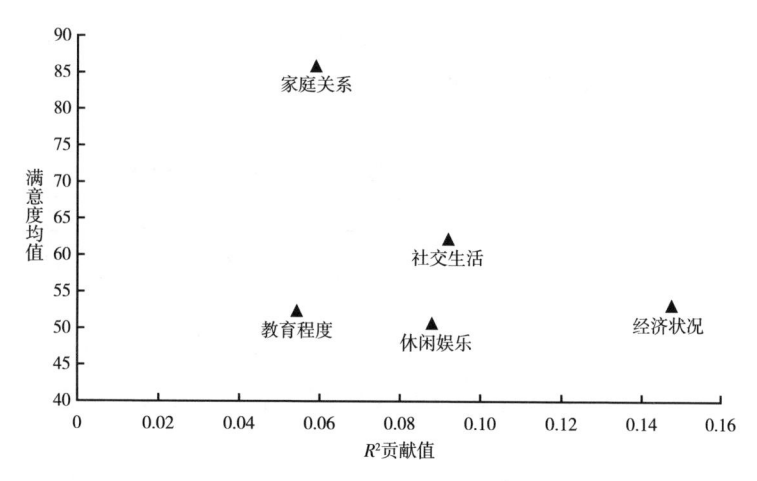

图12-6　对个体性事项的满意度均值与R^2贡献值的关系矩阵

就对社会性事项的满意度而言，从表12-9的结果来看，在2019年，对民众满意度影响较大的社会性事项是社会公平和社会风气。进一步以各社会性事项的满意度均值和R^2贡献值为维度构建关系矩阵（见图12-7），可以看到，人们在政府工作上保持较高的满意度水平，但对社会公平和社会风气的满意度则相对偏低，并且后两个事项对满意度的影响权重相对较大。因此，在今后的公共政策设计中，我们应着重关注物质资源分配的公平性以及对公共道德和核心价值观的培育。

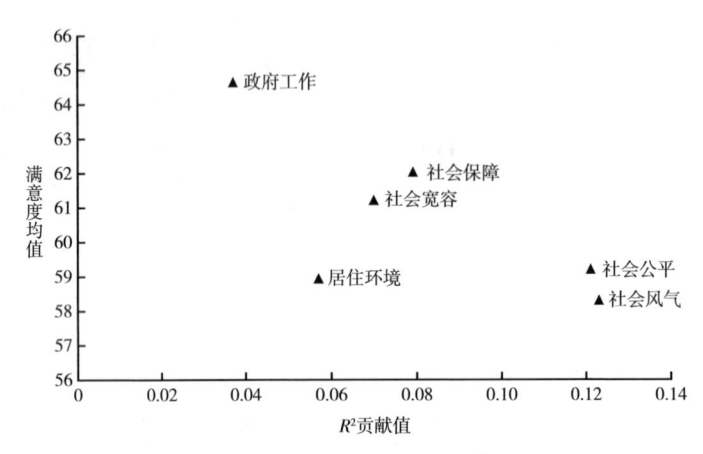

图12-7 对社会性事项的满意度均值与 R^2 贡献值的关系矩阵

接下来，我们将满意度同各项自然社会特征做方差分析，以深入分析不同社会群体的满意度状况，可以发现如下（见表12-10）。

表12-10 各项自然社会特征与满意度的方差分析

	对个体性事项的满意度				对社会性事项的满意度			
	均值	标准差	样本量	方差检验	均值	标准差	样本量	方差检验
性别								
男	58.35	21.04	3709	$F=8.83$, $p=0.003$	65.85	16.42	3709	$F=7.41$, $p=0.007$
女	56.96	21.36	4630		64.86	16.39	4630	
年龄								
30岁以下	62.60	19.13	1467	$F=46.32$, $p=0.000$	63.84	13.85	1467	$F=36.66$, $p=0.000$
30—39岁	55.03	20.69	1512		62.99	15.40	1512	
40—49岁	54.80	20.98	1674		64.52	16.34	1674	
50—59岁	55.69	21.78	2021		65.44	17.88	2021	
60岁及以上	60.57	21.91	1665		69.30	16.86	1665	

续表

	对个体性事项的满意度				对社会性事项的满意度			
	均值	标准差	样本量	方差检验	均值	标准差	样本量	方差检验
学历								
小学及以下	52.64	23.03	2325	$F=122.88$, $p=0.000$	67.20	18.87	2325	$F=9.46$, $p=0.000$
初中	54.10	20.77	2661		64.19	16.55	2661	
高中（中专、技校）	60.71	19.78	1617		64.71	15.60	1617	
大专	63.81	18.02	807		64.89	13.25	807	
本科	68.84	15.75	854		65.28	12.37	854	
研究生	71.13	14.14	75		63.14	11.31	75	
收入								
1000元及以下	54.87	21.84	1640	$F=39.41$, $p=0.000$	64.09	17.43	1640	$F=5.99$, $p=0.000$
1001—7000元	56.01	22.24	1457		67.13	17.29	1457	
7001—20000元	55.47	22.15	1693		65.23	17.65	1693	
20001—40000元	57.42	20.58	1654		65.00	16.11	1654	
40001—80000元	62.13	18.72	1272		65.67	13.75	1272	
80000元以上	65.31	17.67	622		64.45	13.10	622	
户籍								
农业户籍	55.32	21.56	5589	$F=197.41$, $p=0.000$	65.40	17.30	5589	$F=0.62$, $p=0.430$
非农户籍	62.18	19.76	2750		65.10	14.43	2750	

第一，性别方面，女性群体在对个体性事项的满意度和对社会性事项的满意度上都显著低于男性。社会对男性和女性的期望不同，女性通常被期望承担更多的家庭和子育责任，这可能导致女性在工作和家庭生活之间面临更大的压力和矛盾。同时，女性通常在职业和经济方面面临更多的困难和挑战，如工资差距、职业晋升机会不足等，这也可能导致女性在经济和职业上感到不安和不满，从而影响其满意度。

第二，年龄方面，年龄与对个体性事项和社会性事项的满意度都呈现U形变化关系。其中，40—49岁群体对个体性事项的满意度（均值为54.80）相对最低，30—39岁群体对社会性事项的满意度（均值为62.99）相对最低。中青年期是一个人生的重要转折点，伴随着诸如家庭角色的变化、职业生涯的转型、经济压力和健康状况等方面的挑战，同时，随着年龄的增长，进入中青年期后，人们可能会开始思考自己的人生意义和价值，也面临存在意义问题。这些变化和挑战导致中青年人感到焦虑、不安和失落，从而影响其满意度。

第三，学历方面，学历越高的群体，人们对个体性事项的满意度越高；人们对社会性事项的满意度在学历上亦有显著差异，但不同学历群体之间并无明显的变化趋势。其中，小学及以下学历群体（均值为67.20）对社会性事项的满意度相对最高，研究生学历群体（均值为63.14）对社会性事项的满意度相对最低。就对个体性事项的满意度而言，学历通常被视为一个人的人力资本，能够转换为一定的经济价值，即在市场经济的背景下，个人的学历水平越高，其获得高收入、高职位和更好的工作机会的可能性也越大；并且，高学历人群通常具有更强的社会资源和更广泛的社交圈子，这些资源和圈子可以为其提供更多的支持、帮助和激励，从而有利于提高其对个体性事项的满意度；此外，高学历人群通常更加重视自我提升和追求自我完善，从而有更强的自我实现感，对个体性事项的满意度也就相对更高。总体上，人们对社会性事项的满意度在学历上的分化较弱，但人们对个体性事项的满意度在学历上的分化要明显得多。

第四，收入方面，收入与满意度的关系与学历与满意度的关系十分类似。在对个体性事项的满意度上，收入越高的群体，其满意度也相对更高；但是，在对社会性事项的满意度上，则两者间呈现出无明显规律的波动性。从资源的角度来进行考虑，收入较高的人可以更好地满足生活需求，比如更好的食物、住房、医疗和教育等，这样可以明显提升人们的生活质量和幸福感。并且高收入通常与高教育水平、好的职业和广泛的社会网络有关，其社会地位通常更高，这给个体带来更多的自尊和自信心，从而也提高了其对个体性事项的满意度。同样的，人们对社会性事项的满意度在收入上的分化较弱，相互间的差异程度较小。

第五，户籍方面，非农户籍群体在个体性事项上的满意度（均值为62.18）显著高于农业户籍群体（均值为55.32）；但对社会性事项的满意度在户籍上没有显著差异。与农村居民相比，城镇居民享受更好的公共服务，有更高的收入水平，接受过更高的教育，从事更具有挑战性和发展前景的职业，因此，相对来说这一群体对于个体性事项的满意度通常更高。但在社会性事项上，城乡发展已经比较协调了，人们对其的评价也比较接近，没有表现出统计学上的差异。

(2) 微观—宏观勾连机制

在此基础上，我们需要进一步回答的问题是，两类满意度之间是否存在着关联，更确切地说，人们对于个体性事项的满意度，是否会影响到其对社会性事项的评价。这涉及微观与宏观勾连的问题。

我们的基本假设是，由于个人与社会的强联结，个人对社会产生较强的依赖，会认为社会对个人的生活状况负有不可推卸的责任。这种观念在中国这样的社会主义国家中基本是一种社会共识。于是，当个体的个人生活陷入窘境，其不可避免地会将这种不幸的发生一部分归咎于社会，进而对社会发展状况表达出不满。因此，我们假设，微观层面上个体对自我生活状况的评价将影响其对社会发展状况的评价，即人们对个体性事项的满意度将正向影响其对社会性事项的满意度。

我们通过回归分析验证上述假设，结果如表12-11所示。模型1考察各项自然社会特征对社会性事项的满意度的影响，其中，只有年龄和学历在0.05的显著性水平上对社会性事项上的满意度有显著影响。具体来说，年龄组每增加1个单位，人们对社会性事项的满意度平均增加1.518个单位；学历每上升1个等级，人们对社会性事项的满意度平均增加0.416个单位，模型共同解释了人们对社会性事项的满意度1.4%的变异。模型2在模型1的基础上，增加了对个体性事项的满意度，考察其对社会性事项上的满意度的影响，在控制变量保持不变的情况下，R^2有了较大幅度提升，变为22.6%，表明自变量对因变量的变异有较好的解释力。具体来说，在控制变量保持不变的情况下，人们对个体性事项的满意度每增加1个单位，其对社会性事项的满意度平均增加0.371个单位。这一结果验证了我们做出的假设，的确，人们在微观层面上对日常生活的感受同其在宏观层面上对社会发展的评价是紧密勾连在一起的。

表12-11 对个体性事项的满意度与对社会性事项的满意度的回归分析

	模型1	模型2
	对社会性事项的满意度	对社会性事项的满意度
对个体性事项的满意度		0.371***
		(0.009)
性别	−0.654+	−0.807*
	(0.372)	(0.329)

续表

	模型1	模型2
	对社会性事项的满意度	对社会性事项的满意度
年龄	1.518***	0.746***
	（0.154）	（0.137）
学历	0.416*	−1.411***
	（0.173）	（0.159）
年收入	0.027	−0.249*
	（0.120）	（0.106）
户籍	−0.795+	−0.941*
	（0.422）	（0.376）
样本量	8338	8338
R^2	0.014	0.226

注：+ $p<0.10$，* $p<0.05$，** $p<0.01$，*** $p<0.001$；括号内为稳健标准误。

2. 社会信任的状况与分析

社会信任是人们对人与人关系和人与组织关系的主观感受，是对社会互动环境的一种主观评价。社会信任的高低将影响人们社会互动、社会参与的积极性。我们将社会信任操作化为人际信任和组织信任，其中，我们通过受访者对"现在人与人之间的信任水平"的评价来观测人际关系；组织信任的测量指标则涉及人们对中央政府、区县政府、乡镇政府、群团组织、慈善机构、新闻媒体、银行、保险公司、医院、法院和公安部门十一类组织的信任评价。在此基础上，我们具体考察社会信任的总体状况和差异分布。

统计结果显示，2019年，人们的社会信任平均值为63.92，其中，人际信任的均值为60.34，组织信任的均值为67.49。可以看到，总体上，人们的社会信任相对较高，但相较于组织信任而言，人际信任水平相对更低。这一结果与经济学、组织社会学关于信任的研究是一致的。在市场交换中，由于个人具有经济理性和投机动机，在交易过程中，双方容易怀疑对方具有损害自身利益的行为而抱着不信任的心态，而这会增加交易的成本、降低交易的效率，同时引发市场中的逆向选择问题，即由于交易双方信息不对称和市场价格下降产生的劣质品驱逐优质品，进而导致市场交易产品平均质量下降的现象。① 组织作为一种手段可以解决由于个体之间信任缺失而导致的市场交易问题。一方面，组织通常建有较为规范的制度，其行为在法律上受到更为严格的约束，因而组织的投机行为更少；另一方面，组织通常注重长期的存续和发展，因而组织会出于维护自我的声誉而抑制投机行为，同时，人们也可以通过考察组织过去的交易记录而判定自身与其交换的风险。基于这些原因，人们的组织信任往往会高于人际信任。

为了了解人们在组织信任上的具体状况，我们采用夏普利值分解方法探索各项指标的相对重要性，结果如表 12-12 所示。2019 年，对组织信任度影响较大的前三个因素分别是对乡镇政府、群团组织和医院的信任。图 12-8 进一步展示了以社会信任均值和 R^2 贡献值为维度构建关系矩阵，可以看到，对乡镇政府的信任有很高的影响力，但是人们对乡镇政府的信任处于一个相当较低的位置；人们对中央政府持有相对最高的信任度，但是对中央政府的信任却影响力最弱。这一结果表明，人们对中央与地方政府的态度呈现较大的差异，加强基层政府职能能力的建设，提升基层政府在民众心中形象是国家治理中的重要内容。此外，还可以看到，人们对保险公司的信任度是相对最低的，这种信任危机可能制约我国的保险体系的完善，国家应该进一步引导和监督保险公司，使其采取更加公平、公正、公开的运行方式，从而提升自身的公信力。

表12-12　组织信任测量指标夏普利值分解

因素	组织信任	
	R^2贡献值	贡献率（%）
中央政府	0.003	1.93
区县政府	0.016	10.70
乡镇政府	0.021	14.41
群团组织	0.019	12.76
慈善机构	0.014	9.25
新闻媒体	0.009	6.02
银行	0.007	4.93

---

① 杨明基主编：《新编经济金融词典》，北京：中国金融出版社，2015 年。

续表

因素	组织信任	
	R^2贡献值	贡献率%
保险公司	0.011	7.51
医院	0.018	12.03
法院	0.013	9.24
公安部门	0.016	11.22
总计	0.146	100.00

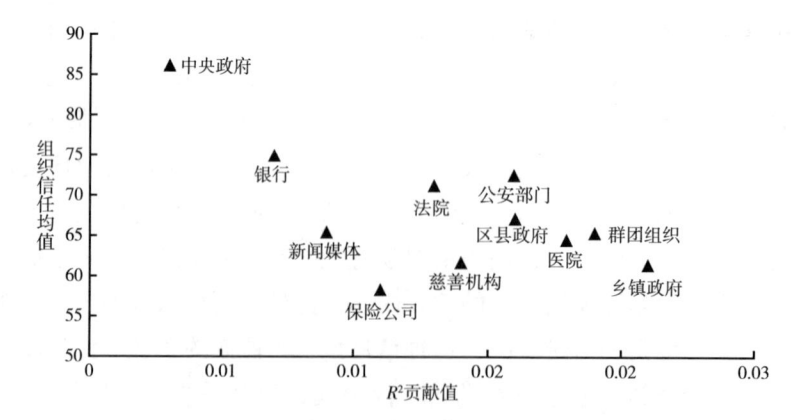

图12-8 组织信任均值与R^2贡献值的关系矩阵

接下来，我们将社会信任同各项自然社会特征做方差分析，深入分析不同社会群体的信任状况，见表12-13。

可以发现如下。

第一，性别方面，2019年，人们的人际信任不存在显著的性别差异，但组织信任存在显著的性别差异，即女性群体的组织信任（均值为67.86）高于男性群体（均值为67.03）。总体上，社会信任在性别上的分化比较小，人们都表现为较高的人际信任和组织信任水平。

第二，年龄方面，年龄与人际信任和组织信任都呈现出U形变化趋势。30—39岁群体的人际信任（均值为58.94）和组织信任（均值为64.01）都相对最低。这个年龄阶段的群体，工作与生活压力都相对较大，在利益方面的考量也相对更多，因此，在与他人和公共性组织的互动过程中更可能出现冲突，自身也更倾向于表现出谨慎与怀疑，因此，社会信任

表12-13 各项自然社会特征与社会信任的方差分析

	人际信任				组织信任			
	均值	标准差	样本量	方差检验	均值	标准差	样本量	方差检验
性别								
男	60.08	23.08	3709	$F=0.84$, $p=0.360$	67.03	19.06	3709	$F=4.12$, $p=0.042$
女	60.55	23.05	4630		67.86	18.16	4630	
年龄								
30岁以下	59.55	20.41	1467	$F=6.57$, $p=0.000$	66.69	16.18	1467	$F=36.45$, $p=0.000$
30—39岁	58.94	21.40	1512		64.01	17.69	1512	
40—49岁	59.74	23.20	1674		66.95	18.22	1674	
50—59岁	60.49	24.40	2021		67.66	19.69	2021	
60岁及以上	62.72	24.72	1665		71.71	19.47	1665	
学历								
小学及以下	62.38	26.58	2325	$F=8.29$, $p=0.000$	71.18	20.25	2325	$F=28.59$, $p=0.000$
初中	58.38	23.36	2661		65.24	18.49	2661	
高中(中专、技校)	59.69	21.33	1617		66.11	17.74	1617	
大专	60.98	19.13	807		67.03	17.12	807	
本科	61.46	17.80	854		67.62	15.30	854	
研究生	61.04	16.58	75		66.57	16.43	75	
月收入								
1000元及以下	59.42	24.56	1640	$F=3.43$, $p=0.004$	67.31	18.93	1640	$F=14.39$, $p=0.000$
1001—7000元	62.53	24.61	1457		70.79	18.96	1457	
7001—20000元	60.08	24.33	1693		67.95	19.47	1693	
20001—40000元	59.88	21.89	1654		66.44	17.90	1654	
40001—80000元	59.92	20.57	1272		65.65	17.56	1272	
80001元及以上	60.49	18.97	622		65.62	16.84	622	
户籍								
农业户籍	60.74	24.15	5589	$F=5.15$, $p=0.023$	68.09	19.00	5589	$F=17.34$, $p=0.000$
非农户籍	59.52	20.66	2750		66.29	17.61	2750	

水平相对较低。

第三,学历方面,人们的人际信任和组织信任在学历上都存在显著差异。其中，小学及以下学历群体的人际信任（均值为62.38）和组织信任（均值为71.18）都表现出相对最高的水平，而初中学历群体的人际信任（均值为58.38）和组织信任（均值为65.24）都相对最低。总体上，社会信任在学历上的分化较小，不同的学历群体有着比较一致的社会信任水平。

第四，收入方面，人际信任和组织信任均在收入上存在显著差异。其中，月收入处于1001—7000元群体的人际信任（均值为62.53）和组织信任（均值为70.79）都处于相对最高的水平，1000元及以下群体的人际信任（均值为59.42）相对最低，而80001元及以上群体的组织信任（均值为65.62）相对最低。值得注意的是，高收入群体的组织信任反而相对较低，一方面是由于该群体对政府等公共组织的预期更高，另一方面则是因为该群体与这些公共组织之间的利益瓜葛更深，对社会上不透明、不公正以及腐败等问题的了解或接触更多，从而影响其组织信任水平。

第五，户籍方面，人际信任和组织信任在户籍上都存在显著差异，农业户籍群体的人际信任（均值为60.74）和组织信任（均值为68.09）都高于非农户籍群体。虽然农业户籍群体与非农户籍群体的社会信任存有差异，但其差异程度较小，不同户籍群体间有着相对一致的高社会信任水平。而农业户籍群体人际信任和组织信任略高，前者是源于农民群体自身的朴实，后者则是因为党和国家长期以来大力关注和解决"三农"问题，采取一系列有力措施改善农村的生产生活条件，提高农民地位和待遇，建立了对农民比较友好的政策和制度，进而增加了农村户籍群体对政府以及其他公共组织的信任程度。

3. 社会信心的状况与分析

社会信心主要是指人们对宏观经济社会发展形势和微观个体生活进行综合判断后得出的对个人与社会未来发展的预期。如果人们对未来发展充满信心，那么这种信心可以反过来促进社会的经济、政治和文化发展，提高社会凝聚力，促进社会和谐。

首先，社会信心是促进经济发展的重要因素。在一个信心充足的社会，人们更愿意投资、消费和创业。人们相信自己的投资和努力将获得回报，这样就会增加经济活动和创造就业机会。同时，信心充足的社会也会吸引更多的外国投资和商业机会，从而增强经济发展的活力。其次，社会信心也是政治稳定和发展的关键因素。政治领导者和政府机构必须获得人们的信任和支持才能实现良好的治理和公共服务。如果人们对政治领导人和政府机构没有信心，可能会对政治体系产生不信任感和不满意度，这可能导致社会不稳定、政治动荡甚至社会秩序的崩溃。最后，社会信心还有助于促进社会文化的发展。在一个信心充足的社会，人们更愿意参与社会和文化活动，促进文化多样性和社会和谐，这也有助于增强社会凝聚力。正是在这个意义上，研究人们的社会信心对于国家治理具有至关重要的意义。

2019年，我们通过"您认为在未来的5年，您本人的社会经济地位在本地大体会属于哪个层次"来测量"个人发展预期"、通过"您认为目前您本人的社会经济地位在本地大体属于哪个层次"来测量"个人发展现状"，并以"个人发展预期"与"个人发展现状"之间的差距来反映人们的社会信心。在此基础上，我们把握社会信心的总体状况与差异分布。

统计结果显示，2019年，人们的社会信心均值为63.36，大于中值（50），也高于经验及格线（60），表明人们对于自我向上发展具有较充足的信心，这种心理预期也是积极的总体性社会情绪的重要组成部分。

为深入把握不同社会群体的社会信心状况，我们具体探索社会信心在各项自然社会特征上的差异分布，结果如表12-14所示，可以发现如下。

第一，性别方面，女性群体的社会信心（均值为64.74）显著高于男性群体（均值为61.64），这表明女性的心态更加积极、对未来的信心更为充足。相较于2017年，人们的社会信心愈发充足，但社会信心的性别差异程度没有明显变化。

第二，年龄方面，总体上，年龄越高的群体，其社会信心越低。这里，我们侧重于观测个人未来发展的信心，数据结果不难理解，因为伴随年龄的增长，人们通常感到生活的压力越来越大，这种压力来自许多方面，例如事业发展、财务状况、家庭责任、身体健康等等。中老年群体的社会信心相对较弱。既是因为各方面负担越来越重，也是由于人们的学习能力、健康状况会随着年龄增长而逐渐下滑，发展空间和机会越来越小。

表12-14 各项自然社会特征与社会信心的方差分析

	社会信心			
	均值	标准差	样本量	方差检验
性别				
男	61.64	33.75	3709	$F=17.60$, $p=0.000$
女	64.74	33.39	4630	
年龄				
30岁以下	77.03	27.26	1467	
30—39岁	68.94	30.58	1512	
40—49岁	60.63	34.11	1674	$F=114.14$, $p=0.000$
50—59岁	56.66	35.51	2021	
60岁及以上	57.16	33.96	1665	
学历				
小学及以下	58.29	36.19	2325	
初中	63.48	34.19	2661	
高中（中专、技校）	63.95	32.62	1617	$F=25.35$, $p=0.000$
大专	66.13	30.68	807	
本科	72.17	26.32	854	
研究生	73.78	24.07	75	
收入				
1000元及以下	66.54	34.54	1640	
1001—7000元	60.60	35.60	1457	
7001—20000元	62.32	34.91	1693	$F=10.59$, $p=0.000$
20001—40000元	60.86	33.80	1654	
40001—80000元	64.41	29.78	1272	
80001元及以上	68.76	27.37	622	
户籍				
农业户籍	64.47	34.16	5589	$F=18.45$, $p=0.006$
非农户籍	61.12	32.28	2750	

第三，学历方面，社会信心在学历上存在显著差异，即高学历群体的社会信心相对更加充足。2019年，社会信心在学历上的分化依然比较明显，

但相较于2017年，社会信心在学历上的分化没有那么突出了，并且，小学及以下学历群体的社会信心由48.52（2017年均值）提升到58.29（2019年均值），研究生学历群体的社会信心由72.58（2017年均值）提升到73.78（2019年均值）。这一结果表明，不同学历群体在社会信心上的差异正在缩小，并且人们较为一致地表达出充足的社会信心。

第四，收入方面，人们的社会信心在年收入上存在着显著差异，但两者间并没有呈现出相对清晰的变化趋势。其中，1000元及以下群体和80001元及以上群体的社会信心（均值分别为66.54、68.76）相对较高；1001—7000元群体和20001—40000元群体的社会信心（均值分别为60.60、60.86）则相对较低。我们通常认为收入越高，人们的社会信心越充足。2019年的数据结果则表明，收入等资源因素与社会信心之间并非单纯的线性关系，我们有待挖掘形塑人们社会信心更为直接、深层次的机制。

第五，户籍方面，农业户籍群体的社会信心（均值为64.47）显著高于非农户籍群体（均值为61.12），这种差异可能是因为在脱贫攻坚的过程中，党和国家投入了大量资源助推农村地区的发展，保障农业户籍群体在各方面的权益，农业户籍群体的生活日益改善，对未来发展的信心也更为充足。

（三）社会期望值与总体性社会情绪

在具体研究的过程中，我们首先要关注的是产生总体性社会情绪的社会机制。我们知道，期望与目标实现一致性程度能够影响人们的主观感受，同时影响个体在期望与目标实现问题上产生的社会情绪。我们将这种个体的期望与目标实现的一致性程度称为社会期望值，它是人们从期望得到的和实际得到的差距中（discrepancy between expectation and actuality）所产生的或所感受到的，特别是与相应的参照群体比较的过程中所产生的一种主观感受。它对于人们的主观感受及以后的行为有着举足轻重的影响，可能是形成总体性社会情绪的深层原因。因此，我们也努力去描述与分析当时人们的社会期望值状况，并探索社会期望值与总体性社会情绪之间的关联。

1. 社会期望值的状况与分析

在本年度的调查中，我们将社会期望值具体操作化为被访者对所处社会经济地位的变化的感知，即考察受访者自评 5 年前社会经济地位与自评现在社会经济地位之间的差距。这是一种从历时性角度观测社会期望值的方法，其暗含的基本假定是人们有维持或提升社会经济地位的期望。

在测量中，经济社会地位被分为下、中下、中、中上和上五个等级，分别赋值 1—5，从表 12-15 的列联表中，我们可以看到人们在经济社会地位上发生的流动情况。第一，在 5 年前社会经济地位处于"上层"的人中，只有 27.56% 认为现在依然是"上层"；第二，在 5 年前社会经济地位处于"中上层"的人中，有 35.38% 认为现在依然是"中上层"，向上流动的比例为 2.16%；第三，在 5 年前社会经济地位处于"中层"的人中，有 67.09% 认为现在依然是"中层"，并且认为向上流动的比例只有约 7.67%；第四，在 5 年前社会经济地位处于"中下层"的人中，有 47.95% 认为现在依然是"中下层"，不过，约 42.75% 的人认为其向上流动至"中层"、"中上层"或是"上层"；第五，在 5 年前社会经济地位处于"下层"的人中，有 51.84% 认为现在依然是"下层"，其余人认为自身有不同程度向上流动。

数据结果在一定程度上表明，人们的社会经济地位有向中间层次靠拢的趋势，"中上层"群体主观上向下流动，"中下层"群体主观上向上流动。

在此基础上，我们进一步考察主观社会经济地位的分布情况，即受访者 5 年前与当下进行的社会经济地位自评的差异情况，其值域为 –4—4，0 代表主观社会经济地位没有变化，4 则代表主观社会经济地位上升 4 个等级。

从图 12-9 的结果来看，2019 年，人们主观社会经济地位的流动整体接近于正态分布，54.42% 的人 5 年间主观社会经济地位没有改变，相较于 2017 年，低了大约 7.73 个百分点；29.21% 的人 5 年间主观社会经济地位向上流动，相较于 2017 年，高了 6.87 个百分点；另有 16.38% 的人 5 年间主观社会经济地位向下流动，相较于 2017 年，高了 0.87 个百分点。这一结果表明，在调查的期间内，与 5 年前相比，大部分受访者认为其社会经济地位没有变化，同时认为向上流动的群体比向下流动的群体更多。此外，纵向来看，与 2017 年相比，2019 年，有更多人有主观社会经济地位向上流动的感知。

表12-15 5年前和现在社会经济地位的列联表

5年前社会经济地位	现在社会经济地位					
	上	中上	中	中下	下	合计
上	27.56	18.9	33.07	7.09	13.39	100.00
	44.30	4.02	1.13	0.35	0.87	1.43
中上	2.16	35.38	36.71	19.6	6.15	100.00
	16.46	35.68	5.92	4.62	1.90	6.76
中	0.60	7.07	67.09	16.07	9.17	100.00
	22.78	35.51	53.91	18.86	14.14	33.66
中下	0.20	4.14	38.41	47.95	9.30	100.00
	6.33	17.42	25.88	47.18	12.03	28.23
下	0.30	1.65	18.42	27.79	51.84	100.00
	10.13	7.37	13.16	28.99	71.05	29.92
合计	0.89	6.70	41.89	28.69	21.83	100.00
	100.00	100.00	100.00	100.00	100.00	100.00

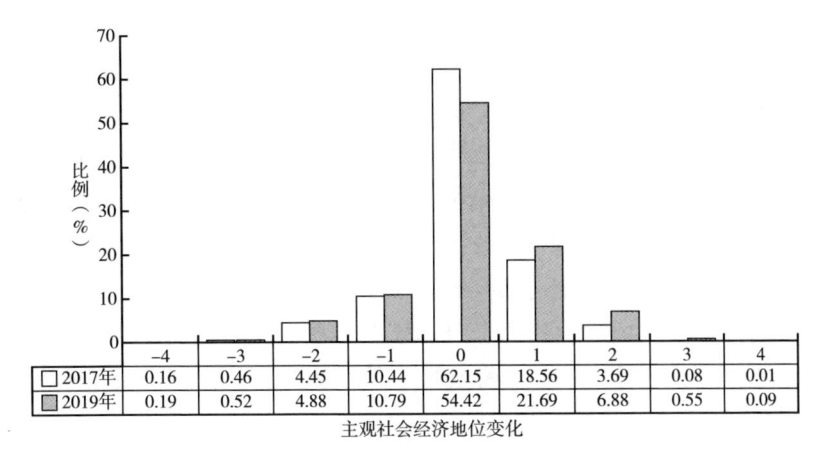

主观社会经济地位变化	-4	-3	-2	-1	0	1	2	3	4
2017年	0.16	0.46	4.45	10.44	62.15	18.56	3.69	0.08	0.01
2019年	0.19	0.52	4.88	10.79	54.42	21.69	6.88	0.55	0.09

图12-9 主观社会经济地位变化的直方图

社会经济地位在主观层面上的变化是人们社会期望值的一种反映,即社会期望值作为人们的一种主观感受,所要测量的是人们在比较过程中所产生的对期望与期望实现之间差异的主观感受。① 差距愈大，其感受一般而言愈加负面和消极，会表现出一种相对不满和愤慨的情绪。不过，有些时候，当人们具有期望值较低，而实现程度较高时，人们也会产生积极的感受。从我们的调查结果来看，这种可能的负面情绪在整体层面呈现出不断缩小的趋势，2019年，人们在社会期望值上的均值为48.17，与2017年（均值为49.38）相比，有小幅度下降（见图12-10），这反映出人们期望与期望实现之间的差距在不断缩小。

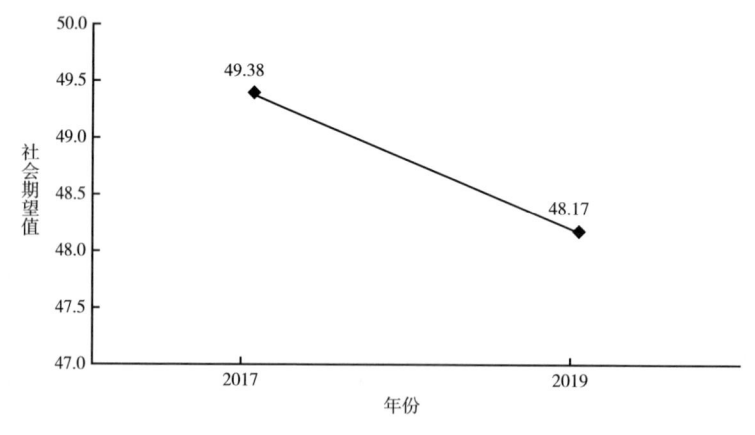

图12-10 2017—2019年社会期望值变化

2. 社会期望值对总体性社会情绪的影响

我们进一步要回答的问题是，社会期望值是否会影响人们的总体性社会情绪。图12-11采用局部加权回归散点平滑法（locally weighted scatterplot smoothing，LOWESS）来描述两者的变化趋势。LOWESS是取一定比例的局部数据，在这部分子集中拟合多项式回归曲线，以观察数据在局部展现出来的规律和趋势。总体来看，社会期望值与总体性社会情绪呈现出线性变化的关系，随着社会期望值的提升，总体性社会情绪的得分在不断降低。

---

① 同2017年的处理方法一样，社会期望值是对主观社会经济地位感知变化进行反向赋值之后获得的，并且通过"MAX-MIN归一化"处理，将其值域范围设置为0—100。

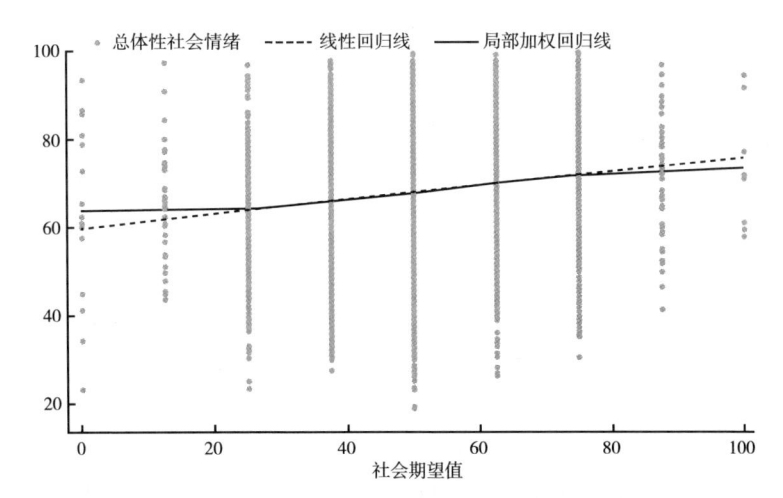

图12-11 总体性社会情绪与社会期望值的散点图

那么，社会期望值是如何对总体性社会情绪产生影响的呢？大量研究表明，当一个社会的不平等、不公平和不公正超过大众所能承受的限度的时候，就会在很大的程度上影响这个社会的稳定。[①] 但一个社会的不平等和不公正并不是直接影响这个社会的稳定的，只有在以下三种条件逐步递进并不断强化的情况下，才有可能导致一个社会的不稳定。[②] 这三个条件简单地说就是：第一，人们的期望与实际获得之间的差距、地位的不一致性和不满意度变得愈来愈高；第二，社会的基本价值取向和行为规范发生动摇和混乱；第三，政府不作为。具体地说，不平等和不公正首先造成的一个最明显的社会后果是利益分配不当、激励机制扭曲和贫富差距过大。先富起来的群体以及一些腐败分子的炫耀性消费的示范效应，人们在经济制度中行为的激励结构扭曲以及社会生活中经济、政治行为规范与取向混乱，使人们的羡慕与妒忌、攀比与模仿、失落与愤怒等各种情绪交织在了一起。如果再加上媒体不适当的炒作与推动，就会使得其他社会群体心理上的期望与实际获得的差距和地位的不一致性在相互比较的过程中变得愈

---

① T. R. Gurr., *Why Men Rebel*, Princeton: Princeton University Press, 1971.

② Hanlin Li, Atteslander, Tanur & Wang, *Searching for Hidden Reality: Anomie and Social Change*, Biel: Swiss Academy of Development, 1998; Merton and Rossi, "Contributions to the theory of reference group behavior," In R. K. Merton, eds, *Social Theory and Social Structure*, New York: The Free Press, 1968, pp. 279–333; V. Nee, "A theory of market transition: From redistribution to markets in state socialism," *American Sociological Review*, Vol. 54, No.5 (1989), pp. 663–681.

来愈高，由此引发的不满意度就会变得愈来愈强烈。如果在这样一种情况下，政府在政策上没有做出适当的调整，在结构上没有做出适当的制度安排，那么，人们就会对一个社会的基本价值观念产生怀疑和动摇，对政府以及政府的行为愈来愈不信任，从而丧失对未来的信心。在这样的一种情况下，任何一个偶然的事件都必然引起这个社会大规模的动荡和全面的不稳定，人们的愤怒与不满就可能会用一种极端的方式发泄出来。[①] 在此结构紧张与冲突的过程中，人们在期望与实际获得上的差距及其感受，即社会期望值，发挥了举足轻重的作用。也正是在上述意义下，我们认为，社会期望值是影响总体性社会情绪的微观、深层原因，并假设社会期望值对总体性社会情绪及其子量表有显著的负向影响。

通过回归分析具体探索两者间的关联，结果如表12-16所示，在回归模型2中，控制性别、年龄等各项自然社会特征保持不变的情况下，社会期望值对总体性社会情绪有显著的负向影响，即社会期望值每上升1个单位，总体性社会情绪的得分平均减少0.159个单位，也就是说，期望与期望实现之间的差距愈大，人们对个人生活和社会发展的感受愈消极。另外，我们还可以看到，在控制变量中，年龄、学历和户籍都对总体性社会情绪有显著的影响，具体来说，年龄越大、学历越高，其总体性社会情绪指数越高，非农户籍群体的总体性社会情绪相对更高。

表12-16　总体性社会情绪与社会期望值的回归分析

	模型1	模型2
	总体性社会情绪	总体性社会情绪
社会期望值		−0.159[***]
		（0.011）
性别	0.126	0.078
	（0.274）	（0.273）
年龄	1.045[***]	1.085[***]
	（0.113）	（0.112）

[①] 李汉林、魏钦恭、张晨曲：《发展过程中的满意度》，《社会学评论》2013年第1期，第75—88页。

续表

	模型1 总体性社会情绪	模型2 总体性社会情绪
学历	1.152*** (0.127)	1.113*** (0.126)
收入	0.072 (0.089)	0.031 (0.089)
户籍	−1.258*** (0.317)	−1.080*** (0.314)
样本量	9007	8908
R^2	0.012	0.035

注：+ $p<0.10$，* $p<0.05$，** $p<0.01$，*** $p<0.001$；括号内为稳健标准误。

我们进一步通过回归分析考察社会期望值与总体性社会情绪各子量表的关系，结果如表12-17所示。

表12-17 总体性社会情绪各子量表与社会期望值的回归分析

	（1）对个体性事项的满意度	（2）对社会性事项的满意度	（3）人际信任	（4）组织信任	（5）社会信心
社会期望值	−0.218*** (0.017)	−0.136*** (0.013)	−0.129*** (0.020)	−0.106*** (0.013)	−0.416*** (0.024)
性别	0.306 (0.405)	−0.806* (0.317)	0.735 (0.461)	0.370 (0.309)	2.174*** (0.536)
年龄	1.879*** (0.169)	1.353*** (0.132)	1.162*** (0.191)	1.176*** (0.125)	−3.035*** (0.220)
学历	4.376*** (0.187)	0.349* (0.149)	0.819*** (0.215)	0.311* (0.145)	1.361*** (0.253)
收入	0.663*** (0.132)	−0.002 (0.103)	0.002 (0.151)	−0.443*** (0.102)	0.157 (0.177)
户籍	0.510 (0.470)	−0.597+ (0.361)	−2.058*** (0.524)	−1.472*** (0.360)	−3.662*** (0.641)

续表

	（1）对个体性事项的满意度	（2）对社会性事项的满意度	（3）人际信任	（4）组织信任	（5）社会信心
N	8908	8908	8908	8908	8908
R^2	0.101	0.026	0.010	0.024	0.087

注：$^+ p<0.10$，$^* p<0.05$，$^{**} p<0.01$，$^{***} p<0.001$；括号内为稳健标准误。

可以看到，总体性社会情绪的五个子量表均受到社会期望值显著的负向影响。具体来说，在控制各项自然社会特征保持不变的情况下，社会期望值每增加1个单位，对个体性事项的满意度平均减少0.218个单位，对社会性事项的满意度平均减少0.136个单位，人际信任平均减少0.129个单位，组织信任平均减少0.106个单位，社会信心平均减少0.416个单位。也就是说，人们期望与期望实现之间的差距愈大，其对个人与社会的感知与评价也愈加消极，我们再次验证了关于社会期望值与总体性社会情绪的假设。上述数据分析结果表明，社会期望值是影响总体性社会情绪的微观、深层原因，关注人们的社会期望值，对于我们理解和解释总体性社会情绪的变化，进而稳定国家发展所必需的心理基础，具有不可忽视的重要意义。

四 小结

我们对2019年我国总体性社会情绪状况的分析概述如下。

第一，2019年，我国总体性社会情绪状况良好。总体性社会情绪指数为63.44，大于中值（50），表明我国总体性社会情绪整体向高取值端倾斜，民众对微观个人生活状况和宏观社会状况有较为积极的感受。其中，男性群体、老年群体、高学历群体、高收入群体的总体性社会情绪指数相对更高，而总体性社会情绪指数在性别和户籍上并不存在显著差异。在对工作环境、组织景气与总体性社会情绪关系的分析上，我们发现，工作环境、组织景气与总体性社会情绪之间呈显著正相关关系。进一步对工作环境四个维度与总体性社会情绪的关系分析表明，工作时间对总体性社会情绪没有显著的影响；工作报偿、工作参与和工作场所均对总体性社会情绪有显著的正向影响。

第二，2019年，人们的满意度相对较高，平均值为61.44，其中，对个体性事项的满意度均值为57.58，对社会性事项的满意度均值为65.30，表明人们对个人生活和社会发展状况都给予了较为积极的评价。其中，经济状况是民众满意度偏低但是影响权重较大的个体性事项；社会公平是民众满意度偏低但是影响权重相对较大的社会性事项。因此，在今后的公共政策设计中，我们应该着重提升人们经济状况和社会公平方面的获得感和满意度。此外，对个体性事项的满意度与对社会性事项的满意度间呈正相关关系，也就是说，微观层面上个体对自我生活状况的评价将影响其对社会状况的评价。

第三，2019年，人们的社会信任也相对较高，但相较于组织信任而言，人际信任水平相对更低。人们的社会信任平均值为63.92，其中，人际信任的均值为60.34，组织信任的均值为67.49。进一步分析发现，对民众组织信任影响较大的前三个因素分别是对乡镇政府、群团组织和医院的信任，其中对乡镇政府的信任有很大的影响力，但是人们对乡镇政府的信任处于一个相对较低的位置。因此，加强基层政府职能能力的建设，提升基层政府在民众心中形象是国家治理中的重要内容。

第四，2019年，人们对于自我向上发展具有较充足的信心。人们的社会信心均值为63.36，大于中值（50），也高于经验及格线（60）。其中，女性群体的社会信心显著高于男性群体；年龄越高的群体，其社会信心越低；高学历群体的社会信心相对更加充足；收入与社会信心没有呈现出相对清晰的变化趋势；农业户籍群体的社会信心显著高于非农户籍群体。

第五，2019年，人们在社会期望值上的均值为48.17，与2017年（均值为49.38）相比，有小幅度下降，表明人们由于期望未被实现的失望、失落和不满的情绪在逐渐减小。研究还指出，社会期望值对总体性社会情绪有着显著的负向影响，随着社会期望值的提升，总体性社会情绪的得分在不断减少。因此，探索总体性社会情绪的生成机制需要重点把握社会期望值。

总之，每个人都对其所处时代的社会发展有着自身的直观认识与感受，即使多数民众并不具备专业的分析框架与理论知识，但需要肯定的是，我们并不能由此忽视这种直观认识与感受的重要性。无论是从个体行为的微观基础还是从社会心态的微观构成出发，民众对个人生活和社会发展有关事项的态度与感受都构成了我们研判社会发展态势的事实资料。"春江水暖鸭先知"，弥散和沉淀在社会中的总体性社会情绪与社会态度就如同"温度计"或"晴雨表"一般，帮助我们理解社会变迁的过程，从而能够比较理性地梳理社会发展的经验和教训，推动社会向好发展。简言之，我们多年来所做的关于总体性社会情绪状况的调查与分析，就是力图通过民众的主观感受来观测中国社会的发展状况。

就2019年的调查来说，我们努力勾连当时的结构背景和人们在总体性社会情绪上的表现，不难发现，相较于2017年的调查数据，人们在总体性社会情绪上有着更为积极的表现。与此同时，国内外形势风云变幻，我国进一步发展面临着诸多困难挑战，如经济景气下行压力加大，部分社会群体的生产生活受到较大冲击，新技术发展又带来新的机遇和不确定性等等。在这种状况下，一方面，我们要凝聚共识、强化认同，各方形成合力推动社会向好发展；另一方面，我们也需要警惕不切实际地提高人们的期望值，时刻监测与回应人们的急难愁盼，预防一些负面事件极化进而影响弥散和沉淀在社会中的总体性社会情绪。可以这样形容当时的中国，即平静的水面下暗流涌动，在这个时候，尤其需要舵手和船员勠力同心，既"胆大"地进行结构调整，缓和结构性紧张；也"心细"地关注和处理每一处裂痕，凝聚多元力量共商共建共享。现实状况的确受到各种因素的影响和制约，我们所处的时代也面临更多的风险和挑战，这对我们提出更高的要求。尽管如此，我们始终以为，中国人民和中华民族有理想、有信念，也有能力迈向更好的明天。

第十三章

2021年的调查

一 结构背景

2021年,在百年未有之大变局与世纪大疫情叠加作用的背景下,全球秩序迷雾笼罩。① 这个时期,大国博弈空前激烈,各种矛盾错综交织;单边主义、保护主义、霸凌主义逆流而动,治理赤字、信任赤字、和平赤字、发展赤字有增无减;新冠疫情仍在肆虐,传统和非传统安全问题挑战增大,各国人民生命健康遭受严重威胁。② 而我国始终在变局之中砥砺前行,实现了新的突破和发展,但我们所面临的挑战和困难也呈现出纷繁复杂和高度不确定的特征,整个制度环境和结构性特征概括如下。

首先,我国经济韧性较强,运行表现相对较好,整体上保持强劲恢复态势,但也面临着需求收缩、供给冲击、预期转弱三重压力。③ 2021年,我国国内生产总值(GDP)增长8.1%,GDP总量突破110万亿元,达114.4万亿元,按美元计算达到17.7万亿美元,占世界GDP的比重约为18%。在国际国内形势复杂严峻、疫情散发的背景下,取得这般成绩实属不易。但是,分季度来看,受到煤炭供给短缺、限电限产、疫情散发、汛

---

① 凌朔:《迷雾中跋涉 变局中前行——回眸2021年的世界》,新华网,2021年12月23日,http://www.news.cn/world/2021-12/23/c_1128192427.htm。

② 徐步:《国际形势和中国外交蓝皮书(2021/2022)》,中国国际问题研究院,2022年4月15日,https://www.ciis.org.cn/yjcg/zzybg/202204/t20220415_8517.html。

③ 《中央经济工作会议举行 习近平李克强作重要讲话》,中国政府网,2021年12月10日,https://www.gov.cn/xinwen/2021-12/10/content_5659796.htm。

情等多方面扰动因素的影响,我国的经济增速逐季回落,第一至第四季度GDP同比分别增长18.3%、7.9%、4.9%、4.0%。[①]"生产强、需求弱,外需强、内需弱"的供需失衡格局在第三季度发生了不利变异,导致出现"供需双弱"的局面,经济景气度呈下降趋势。[②] 具体考察经济下行压力,从生产端观察,虽然第二产业增加值保持较快增长,但受制造业和建筑业影响,增速回落较快;第三产业对经济增长贡献最大,信息传输、软件和信息技术服务业增加值保持较快增长,但受房地产业市场调控影响,房地产业增加值增速下滑明显;部分服务业仍处在补齐缺口的进程中,复苏进度参差不齐,也使得服务业整体徘徊不前。从消费端来看,我国的出口需求延续强势增长态势,外资外贸对经济复苏起重要拉动作用,1—9月,以美元计价,我国出口累计同比增长33.0%,出口累计同比增长32.6%,净出口同比增长35.0%,实际使用外商直接投资1138亿美元,同比增长27.8%;同时,消费需求对经济增长的贡献率也稳步提升,1—9月,剔除价格因素,社会消费品零售总额实际累计同比增长15.0%,两年平均增长2.2%,较上半年回落0.4个百分点,但增速与疫情前相比仍有差距;2021年,我国在投资需求上的表现相对较弱,虽然民间投资和制造业投资强劲复苏,但房地产和基础设施投资放缓,使投资需求的复苏有较快回落,甚至第四季度对经济增长起负向拉动作用。总体而言,我国经济表现较好,经济复苏依然在可控范围内,但下半年出现的经济下行压力意味着经济复苏基础还不稳固、复苏进程还面临不确定性,我们仍需要审慎地进行宏观调控,强化内需动力,维护并保持经济运行和社会大局的持续稳定。[③]

[①] 许宪春、唐雅、靖骐亦:《2021年中国经济形势分析与2022年展望》,《经济学动态》2022年第2期,第3—17页。

[②] CMF:《2021年中国宏观经济运行趋势分析》,经济形势报告网,2021年11月27日,http://www.china-cer.com.cn/hongguanjingji/2021112715881.html;中国人民大学中国宏观经济分析与预测课题组、刘元春、刘晓光、闫衍:《疫情反复与结构性调整冲击下的中国宏观经济复苏——2021—2022年中国宏观经济报告》,《经济理论与经济管理》2022年第1期,第13—34页。

[③] 许宪春、唐雅、靖骐亦:《2021年中国经济形势分析与2022年展望》,第3—17页;CMF:《2021年中国宏观经济运行趋势分析》,经济形势报告网,2021年11月27日,http://www.china-cer.com.cn/hongguanjingji/2021112715881.html;中国人民大学中国宏观经济分析与预测课题组、刘元春、刘晓光、闫衍:《疫情反复与结构性调整冲击下的中国宏观经济复苏——2021—2022年中国宏观经济报告》,《经济理论与经济管理》2022年第1期,第13—34页。

其次，2021年5月，第七次全国人口普查主要数据结果公布，我们全面查清了我国人口数量、结构、分布等方面的情况，并掌握了人口变化的趋势性特征。① 数据结果显示，全国人口共 141178 万人，与 2010 年"六普"数据相比，增加 7206 万人，增长 5.38%，年平均增长率为 0.53%，比 2000 年到 2010 年的年平均增长率下降 0.04 个百分点。② 可以看到，我国人口增速放缓，低生育将成为我国面临的现实问题，为了保持我国人口结构稳定，我们亟待进一步改革生育、教育等方面的社会政策。其中，在年龄结构上，我国 0 岁至 14 岁人口占 17.95%；15 岁至 59 岁人口占 63.35%；60 岁及以上人口占 18.70%，65 岁及以上人口占 13.50%。数据表明，我国人口老龄化程度加剧，未来相当长一段时间内，家庭养老负担和基本公共服务供给压力将持续攀升，但挑战中也蕴含着机遇，我国步入老年社会将促进"银发经济"发展，并通过扩大老年产品和服务消费来有力推动适老化技术的进步。就城乡人口和流动人口来看，居住在城镇的人口为 90199 万人，占 63.89%，居住在乡村的人口为 50979 万人，占 36.11%，与 2010 年"六普"数据相比，城镇人口比重上升 14.21 个百分点；流动人口增加 154390107 人，与 2010 年"六普"数据相比，增长 69.73%。数据表明，我国城镇化率提高较快，人口流动频繁，而这一现象正是我国经济社会持续发展、人力资源和人才资源有效配置的体现，也是部分地区经济发展活力增强的结果。在人口素质上，我们也看到我国人口受教育水平明显提高，具有大学文化程度的人口为 21836 万人，与 2010 年"六普"数据相比，每 10 万人中具有大学文化程度的由 8930 人上升为 15467 人；15 岁及以上人口平均受教育年限由 9.08 年提高至 9.91 年；文盲率由 4.08% 下降为 2.67%。③ 人口素质提升带来人口和人才福利的同时，也导致结构性就业矛盾日益凸显，即劳动力供给和需求存在错位，招工难与就业难并存。尤其是针对高校毕业生，其总量每年超过千万人，专业、区域、意愿等结构性矛盾短期难以缓解，青年失业水平仍将高位运行。④ 无论是做好稳就

---

① 国家统计局：《第七次全国人口普查公报》，中国政府网，2021 年 5 月 11 日，https://www.gov.cn/guoqing/2021-05/13/content_5606149.htm。
② 宁吉喆：《第七次全国人口普查主要数据情况》，《中国统计》2021 年第 5 期，第 4—5 页。
③ 宁吉喆：《第七次全国人口普查主要数据情况》，《中国统计》2021 年第 5 期，第 4—5 页。
④ 冯添：《新时代十年我国就业工作取得显著成效——国务院关于就业工作情况的报告提请审议》，《中国人大》2023 年第 2 期，第 53—54 页。

业保就业工作，还是维护劳动者群体的权益，都需要我们进一步强化就业政策，完善就业服务体系。① 把握并深刻理解上述这些人口状况与特征，有助于我们完善我国人口发展战略和政策体系、制定经济社会发展规划，从而推动社会经济高质量发展。

最后，2021年是中国共产党成立100周年，我们如期打赢脱贫攻坚战，如期全面建成小康社会、实现第一个百年奋斗目标，开启全面建设社会主义现代化国家、向第二个百年奋斗目标进军新征程。② 在这个具有特殊社会意义的节点，我们在全党开展党史学习教育，③ 并胜利召开党的十九届六中全会，对党的百年奋斗重大成就和历史经验进行全面、系统和理性的梳理，最终制定并审议通过了党的第三个历史决议。这篇马克思主义的纲领性文献深刻揭示了"过去我们为什么能够成功、未来我们怎样才能继续成功"，必定能够更好凝聚全党共识，统一全党思想、意志、行动，指引全党全国各族人民齐心协力奋进新时代、创造新伟业，新时代赢得更加伟大的胜利和荣光。④ 的确，一百年来，中国共产党从诞生到发展壮大，用她的不懈奋斗改变了中华民族和中国人民的命运，让中华民族真正站起来、富起来和强起来，也让中国人民的生活发生了翻天覆地的向好变化。党和社会各界隆重纪念中国共产党建党一百周年，通过开庆祝会、举办大型展览、推出文艺与影视作品等各种方式来系统梳理以及强化人们的社会记忆，告诉人们"只有共产党才能救中国"，这从根本上夯实了中国共产党的合法性以及执政基础。⑤ 实际上，对一些过去事件的纪念以及强调是

---

① 参见国家统计局《第七次全国人口普查公报》，中国政府网，2021年5月11日，https://www.gov.cn/guoqing/2021-05/13/content_5606149.htm；谢希瑶、姜琳、吴昊《第七次全国人口普查数据结果十大看点》，新华网，2021年5月11日，http://www.xinhuanet.com/2021-05/11/c_1127433978.htm；俞家栋《国务院关于就业工作情况的报告——2022年12月28日在第十三届全国人民代表大会常务委员会第三十八次会议上》，中国政府网，2022年12月29日，http://www.npc.gov.cn/npc/c30834/202212/65f17bdcafd4426db20b659c04510041.shtml。

② 李克强：《政府工作报告——2022年3月5日在第十三届全国人民代表大会第五次会议上》，2022年3月12日，https://www.gov.cn/premier/2022-03/12/content_5678750.htm。

③ 《在党史学习教育动员大会上的讲话》，中国政府网，2021年3月31日，https://www.gov.cn/xinwen/2021-03/31/content_5597017.htm。

④ 《求是》杂志编辑部：《对第三个历史决议的深刻阐释》，求是网，2021年11月30日，http://www.qstheory.cn/dukan/qs/2021-11/30/c_1128110965.htm。

⑤ "合法性和认同是社会记忆的固化中的两个主要维度，其实质则是政治权力和社会权力对社会记忆进行保存和巩固的重要成果。"参见周海燕《记忆的政治》，北京：中国发展出版社，2013年，第16页。

为了传承,是为了通过这样的一种社会记忆来实现立足于现在对过去的一种社会性建构。① 恰恰在这个意义上,把握人们的社会记忆,就能够把握一个社会的现在与未来,就可以夯实一个社会的合法性基础,从而也就能够从容推进社会的稳定与发展。② 2021年,在经济复苏尚不稳定,疫情防控治理难度较大,"电荒"、信用风险扩大等结构性矛盾突出③ 的背景下,诸如河南"7·20"特大暴雨等极端的公共事件牵动着老百姓的心弦,人们的情绪时常处于一种相对激荡的状态,而关于中国共产党的社会记忆能够让人们的注意力聚焦于国家社会勠力同心、共克时艰之上,人们对于党和国家的高度认同也反过来影响人们的行为,使得各种社会群体在党的领导和政府统筹下紧密团结在一起,社会主体的生机活力充分迸发,从而推动社会经济持续向好发展。

另外,人们将2021年俗称为"新冠二年",疫情的消长跌宕考验着各个国家社会的治理体系和治理能力,在大疫的影响下,世界范围内的生产、生活方式都在彻底变革。2021年,我国疫情主要呈现多点发生、局部暴发的态势。④ 其间,一方面,"一方有难、八方支援",折射出中华民族同舟共济、共渡难关的血脉深情;另一方面,瑞丽居民与伊犁游客的困顿与窘迫、西安类似于武汉2019年时的全城封控,也让人们有如感同身受。受疫情的影响,人们的经济行为与社会行为受到各种限制,诸多微小企业和商铺纷纷关门,部分区域食品和药品价格涨幅明显,人们居家隔离时负面情绪起伏不定。换言之,在抗疫防疫的过程中,人们日常生活中的某些急难愁盼未能得到及时、有效的回应,普遍性、集体性的焦虑情绪逐渐蔓延开来,这暴露出国家治理中的许多短板和不足。与此同时,各种媒

---

① 阿斯曼认为,社会记忆的作用范围"包括两个方向:向后和向前。记忆不仅重构着过去,而且组织着当下和未来的经验。……两者互为条件,相互依存"。参见阿斯曼《文化记忆:早期高级文化中的文字、回忆和政治身份》,金寿福、黄晓晨译,北京:北京大学出版社,2015年,第35页。

② "通过和现在一代的群体成员一起参加纪念性的集会,我们就能在想象中通过重演过去来再现集体思想,否则过去就会在时间的迷雾中慢慢地飘散。"参见哈布瓦赫《论集体记忆》,毕然、郭金华译,上海:上海人民出版社,2002年,第43页;同时参见张莉《建构社会的记忆力量》,人民网,2023年4月1日,http://media.people.com.cn/n/2013/0401/c360068-20991086.html。

③ 参见李旭《"电荒"背后:结构性矛盾和体制性痼疾》,澎湃新闻,2021年10月04日,https://www.thepaper.cn/newsDetail_forward_14779905;柏禹含《2021年债券市场回顾与展望》,2022年1月11日,https://finance.sina.com.cn/money/bond/market/2022-01-11/doc-ikyamrmz4457505.shtml。

④ 国家卫健委:《全国疫情呈多点发生、局部暴发态势》,央视网,2021年8月4日,https://news.cctv.com/2021/08/04/ARTIedGrTtRUSu23TZBGGxU1210804.shtml。

介如电视、微信、微博等，从正反两个方面、积极和消极两个角度放大和传播信息，推动人们宣泄其切身感受，引起局部乃至全国范围内的共情和共鸣，极大地促进了人们对公共生活和社会治理的关注，也切实推动了政府与公众之间的互动，促使国家政策和治理实践真正兼顾和回应人们的急难愁盼和小民琐事。其中，人们正面情绪的表达固然难能可贵，彰显了我们民族的不挠不撓和敢于斗争的气概，充分展现了中华文明的深厚底蕴，增强了全党全国各族人民的自信心和自豪感、凝聚力和向心力；① 负面情绪的激荡则格外值得我们回过头来反思，思考如何让政策设计与治理实践因势利导，增益人们对政策以及制定这种政策的国家与政府的认同与亲近，提升其满意度和获得感。在我们看来，党与政府以及社会各界在多大程度上能够虚心总结和认真吸取应对新冠疫情这种系统性风险的经验与教训，决定着中国之治行稳致远的根基。

总的来说，2021年，各种社会群体对党和政府有着高度的信任和认同，紧密团结与高度协作，实现了新的突破与发展，但具体过程当中挑战巨大、困难重重，不同方面、不同地区、不同领域所面临的状况也存在差异，人们的社会情绪有时变得激荡，有时又相对平稳；有时正面积极，有时又相对消极。这些社会情绪弥散和沉淀下来，势必会作用于这一时期的总体性社会情绪。究其本质，是人们的认知、认同和行为取向面临着多方面因素的冲击，尚且保持稳定，但又随时可能受到特殊事件的"唤醒"而发生变化。因此，我们迫切需要在宏观与微观的结合上把握中国社会发展的形势，理性地分析和应对出现的各种结构性问题。正是在上述背景下，我们利用"中国社会状况综合调查（2021）"的调查数据，对人们在这一时期的主观感受进行描述与分析，努力去把握弥散和沉淀在不同社会群体之间的总体性社会情绪，研判这一时期的社会发展态势。

二　数据来源、操作化说明

（一）数据来源

"中国社会状况综合调查"（Chinese Social Survey，CSS）是中国

---

① 申少铁：《伟大抗疫精神是中国精神的生动诠释》，人民网，2021年10月14日，http://politics.people.com.cn/n1/2021/1014/c1001-32252841.html。

社会科学院社会学研究所于 2005 年发起的一项全国范围内的大型连续性抽样调查项目,目的是通过对全国公众的劳动就业、家庭及社会生活、社会态度等方面的长期纵贯调查,来获取转型时期中国社会变迁的数据资料,从而为社会科学研究和政府决策提供翔实而科学的基础信息。

该调查是双年度的纵贯调查,采用概率抽样的入户访问方式,调查区域覆盖了全国 31 个省、自治区、直辖市,包括了 151 个区市县,604 个村(居)委会,每次调查访问 7000—10000 个家庭。此调查有助于获取转型时期中国社会变迁的数据资料,其研究结果可推论全国年满 18—69 周岁的住户人口。

为了获得高质量的调查数据,CSS 调查从多个层面保障调查的科学严谨。在抽样环节,CSS 调查利用第 5 次全国人口普查和第 6 次全国人口普查分区县市资料设计抽样框;在调查点采用地图地址抽样方式以涵盖更多的流动人口。在执行管理环节,CSS 调查依托全国各地高校和科研机构,建立地方调查团队,开设为期 3—5 天的督导、访问员培训课程和多样的访问模拟训练,制定"现场小组工作方法",设计调查管理的系列流程,并配有高效的后勤支持。在质量监控环节,各调查点、省级、全国不同层面都会进行一定比例的问卷复核以确保问卷质量,全部问卷进行双次录入。此外,项目组会对数据信息做匿名化处理,以确保任何受访者都不会因为参与调查而受到任何负面影响。① 这些科学、规范和严谨的调查工作为我们提供了真实可靠的实证材料,对于我们分析调查时点的总体性社会情绪十分有益。

(二)操作化说明

1. 指标设计

总体性社会情绪是一个较为抽象的概念,按照理论概念演绎的方式,我们将其具体操作化为三个维度,即满意度、社会信任和社会信心。其中,满意度是人们在心理层面的一种主观感受,包含对个体福祉状况的评价,也包括人们对自身所处社会环境的评价;社会信任则是人们对人与人

---

① 关于该调查更具体的设计和执行情况,参见李炜、张丽萍《全国居民纵贯调查抽样方案设计研究》,《科研信息化技术与应用》2014 年第 6 期,第 17—26 页。

和人与组织之间关系的主观感受,是对社会互动环境的一种主观评价,社会信任的高低将切实影响人们社会互动、社会参与的积极程度;社会信心主要是指人们对宏观经济社会发展形势和微观个体生活进行综合判断后得出的对个人与社会未来发展的预期。

我们认为,一个社会的总体性社会情绪是反映一个社会发展程度的"晴雨表",许多外在客观变化都能在人们的主观感受中稳定地表现出来。一个发展良好的社会理应是一个民众满意度水平高的社会,是一个民众对其他社会成员和社会组织感到信任的社会,是一个民众对未来有着良好预期与充足信心的社会。观察人们在这三个向度上的表现,并将其与结构性背景紧密勾连起来,我们可以努力把握到当时沉淀和弥散在社会中的总体性社会情绪,进而研判社会发展的态势。

2021年,我们利用"中国社会状况综合调查(2021)"的调查数据,从中筛选出相关指标,具体规整为五个方面①来观测人们在满意度、社会信任和社会信心上的表现,尝试对这一时期的总体性社会情绪加以描述和分析。其操作化思路详见表13-1。

表13-1　2021年总体性社会情绪的指标体系

概念	维度		具体指标	信度
总体性 社会情绪	满意度	对个体性事项 的满意度	教育程度满意度 社交生活满意度 休闲娱乐满意度 家庭关系满意度 经济状况满意度	0.76
		对社会性事项 的满意度	居住环境满意度 社会保障满意度 社会宽容满意度 社会公平满意度 社会风气满意度 政府工作满意度	0.86

---

① 从理论上来说,总体性社会情绪包含三个主要维度,即满意度、社会信任和社会信心,每一个主要维度下包含两个次要维度——面向个人的和面向社会的。但是由于数据受限,缺少社会信心维度下"社会发展信心"的有效的测量指标,因而本次的测量仅包含五个维度。尽管缺少一个维度的信息,但是我们认为,这种缺失对整体指数的影响是有限的,由于各个维度之间存在紧密的相关性,该维度的信息将一定程度上通过其他维度的测量指标进行反映。

续表

概念	维度		具体指标	信度
总体性社会情绪	社会信任	人际信任	人与人之间的信任水平	
		组织信任	对中央政府的信任 对区县政府的信任 对乡镇政府的信任 对群团组织的信任 对慈善机构的信任 对新闻媒体的信任 对医院的信任 对法院的信任 对公安部门的信任	0.90
		社会信心	个人发展现状 个人发展预期	

注：考虑到不同层级的人的个人发展预期与个人发展现状之间保持一致时的意义不同，即同样差值为0，但个人发展预期和个人发展现状为"下层—下层""中层—中层""上层—上层"的个人，其社会信心应是依次递增的，对此，我们分别进行赋值，以增强指标的测量效度。相关学理讨论参见廉思、袁晶、张宪《成就预期视域下的中国青年发展——基于时间洞察力理论的新认知》，《中国青年研究》2022年第11期，第30—51页。

2. 权重设计

总体性社会情绪的测量采用的是综合评价法。综合评价法是相对于单项评级而言的，它们之间的区别不在于评价客体的数量多少，而在于评价标准的复杂性。"复杂性"最直观的表现是评价指标数目的多与少。虽然评价最终也是归结为单个指标，但是综合评价时的"单个指标"与单项评价的"单个指标"在本质上是有差别的，它是高度综合的。

在综合评价指标的构建过程中，权重是权衡评价指标在总体中相对重要程度的量值。为了使评价结果更为客观可行，需要给各指标赋予恰当的权重。这是一个重要的问题，所赋权重系数合适与否直接影响整个指标体系的使用效果。确定指标权重的方法很多，基本上可以归结为两大类：一类是主观赋权法，这是一种以理论和经验为导向的权重设计方法，要求评价者对指标的重要程度给出人为的评价，通常采用向专家征集意见的方法，如主观经验法、德尔菲法、专家会议法、层次分析法等；另一类是客观赋权法，根据指标数值变异程度所提供的信息来计算相应的权数，是一种数据驱动的权重设计方法，具体有熵值法、变异系数法、因子分析法、主成分法等。

在本研究中，由于调查时间跨度较大、数据来源多样，因此，出于简洁、客观、稳定、可重复和可比较等原则，我们采用客观赋权法确定权重，具体使用因子分析法，根据数据的内在相关性获得权重信息。因子分析的基本思想是按照相关性大小将原始变量进行分组，使得同组内的变量之间相关性较高，而不同组的变量之间的相关性则较低。每组变量代表一个基本结构，并用一个不可观测的综合变量表示，这个基本结构就成为公共因子。[①]

具体来说，采用两步合成指数的办法。第一步是从指标到维度，对所属维度内的指标进行因子分析，提取一个特征根大于1的公共因子，然后计算各个指标的因子得分，对因子得分进行归一化处理后作为指标的权重。第二步是从维度到总体性社会情绪指数，采用同样的方法，[②] 对五个维度进行因子分析，提取一个特征根大于1的公共因子，然后计算各个维度的因子得分，对因子得分进行归一化处理后作为各个维度的权重。

3. 指标合成

指标合成的常用方法是线性加权综合法，即将各指标分数与权重相乘后加总，这种方法简单且易于理解。不过，在进行指标合成前，还存在两个问题：一是存在缺失值，二是量纲不同。

（1）缺失值处理。对于在采用单一题目测量的维度中存在缺失值的样本，我们进行了删除处理；对于采用多个题目量表测量的维度中存在缺失值且在缺失值数量不超过三分之一的样本，我们采用该样本在未缺失题目中的评分均值（取整）进行插补。我们在此的基本假设是量表具有较高的内部一致性，从各量表的内部一致性系数来看，这一假设也能够得到满足。

（2）量纲不同的处理。由于指标的量纲不同，因此，在合成五个维度前，我们对指标进行归一化处理，并且为了便于理解和表述，在去量纲之

[①] 陈龙、陈婷、袁莹静、周芷仪、谢鹏辉：《基于 SPSS 的我国各省市自治区经济发展状况分析》，《软件》2019 年第 2 期，第 121—128 页。

[②] 尽管我们在理论上认为五个维度对于测量总体性社会情绪具有同样的重要性，但是，由于数据受限，我们就必须考虑数据本身的客观结构，如果完全按照理论设定采用等权法，会因为单一指标的权重过大，增加随机误差，导致测量的效度降低。

后，我们对所有指标乘以100。处理之后的所有指标量程一致，介于0和100之间。处理公式如下：

$$x' = \frac{x - \min(x)}{\max(x) - \min(x)} \times 100$$

在解决上述两个问题之后，我们依据之前确定的权重计算方法，依次计算各项的权重并生成了五个维度和最终的总体性社会情绪指数。其中，五个维度的权重分别为14.58%、40.05%、20.61%、18.43%和6.32%。也就是说：

总体性社会情绪 = 对个体性事项的满意度 ×14.58%+ 对社会性事项的满意度 ×40.05%+ 人际信任 ×20.61%+ 组织信任 ×18.43%+ 社会信心 ×6.32%

4. 信效度检验

（1）信度检验

这里，我们通过计算克隆巴克α系数来检验量表的内部一致性程度，其中对个体性事项的满意度量表内部一致性系数为0.769；对社会性事项的满意度量表内部一致性系数为0.862；组织信任量表的内部一致性系数为0.896。总体上，各子量表的信度都相对较高，其内部一致性表现良好，能较为稳定地测量总体性社会情绪。具体的信度检验结果见表13-2、表13-3、表13-4。

表13-2 对个体性事项的满意度量表的Alpha检验

测量题器	项与总计相关性（Item-test correlation）	项与其余项总计相关性（Item-rest correlation）	删除后的Alpha值
家庭关系满意度	0.471	0.301	0.792
经济状况满意度	0.755	0.593	0.709
教育程度满意度	0.757	0.573	0.716
休闲娱乐满意度	0.823	0.665	0.679
社交生活满意度	0.751	0.574	0.715
总体	–	–	0.769

表13-3 对社会性事项的满意度量表的Alpha检验

测量题器	项与总计相关性 （Item-test correlation）	项与其余项总计相关性 （Item-rest correlation）	删除后的 Alpha值
居住环境满意度	0.996	0.994	0.793
社会保障满意度	0.785	0.642	0.846
社会宽容满意度	0.738	0.603	0.848
社会公平满意度	0.822	0.720	0.826
社会风气满意度	0.639	0.490	0.866
政府工作满意度	0.715	0.602	0.848
总体	-	-	0.862

表13-4 组织信任量表的Alpha检验

测量题器	项与总计相关性 （Item-test correlation）	项与其余项总计相关性 （Item-rest correlation）	删除后的 Alpha值
对中央政府的信任	0.540	0.448	0.899
对区县政府的信任	0.798	0.730	0.879
对乡镇政府的信任	0.794	0.716	0.880
对群团组织的信任	0.793	0.728	0.880
对慈善机构的信任	0.710	0.615	0.889
对新闻媒体的信任	0.689	0.592	0.890
对医院的信任	0.731	0.647	0.886
对法院的信任	0.798	0.735	0.879
对公安部门的信任	0.789	0.724	0.880
总体	-	-	0.896

（2）效度检验

我们对量表的内容效度和效标效度进行了检验。内容效度考察的是量表是否完整涵盖了概念的关键特征，一般采用定性的分析方法。在这方面，总体性社会情绪量表根植于理论，即从一个完整的理论框架出发去构建测量维度和进行指标选择，我们在保持原有结构框架的基础上，对量表进行了多轮修订，经过多年的打磨，量表内容上已经趋于稳定且能够比较完整地涵盖概念的关键特征。

效标效度的检验是将量表测量结果与其他外部标准进行比较，考察其一致性程度。由于总体性社会情绪是一个新提出的概念，并不存在公认的外部标准，因此我们使用一个具有表面效度的指标进行比照。在调查中，我们询问了受访者"您认为当前社会的总体状况如何"，答案分为十个等级。该题询问了受访者对于社会的总体性感受和评价，从逻辑上来说，人们在该题上的作答结果越积极，在总体性社会情绪量表及其子量表中的得分也应该越高，两者应该具有的一定的相关性。从图13-1的结果来看，总体性社会情绪及其五个指标（对个体性事项的满意度、对社会性事项的满意度、人际信任、组织信任和社会信心）与人们对社会总体状况评价保持了相同的变动趋势，表明我们所设计的总体性社会情绪量表具有较好的效标效度。

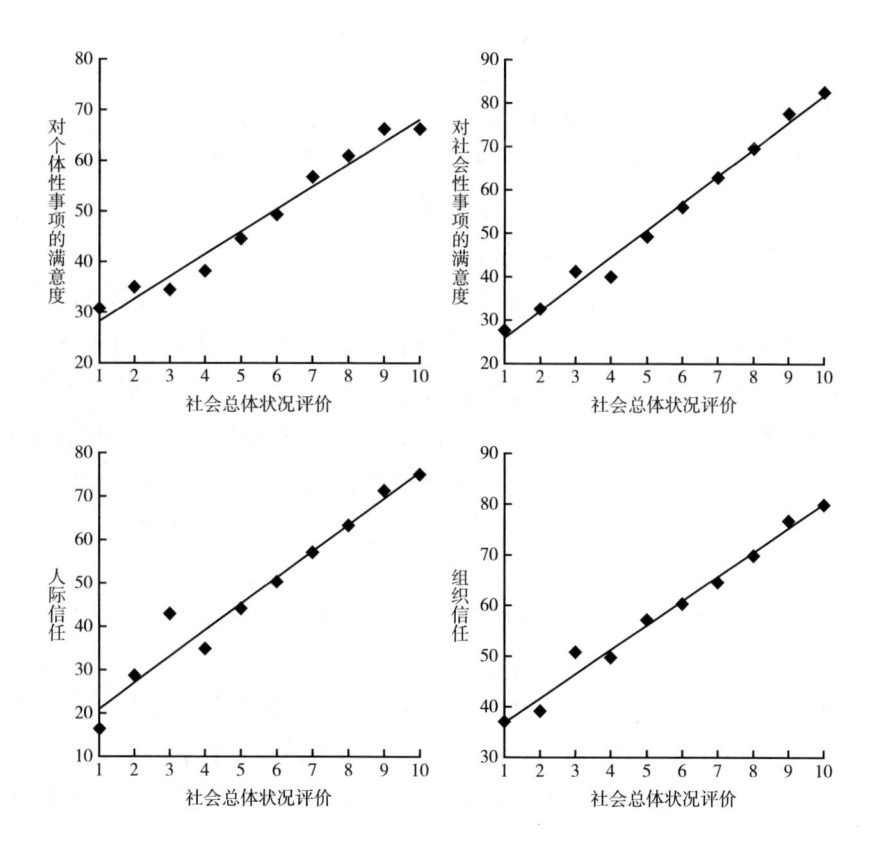

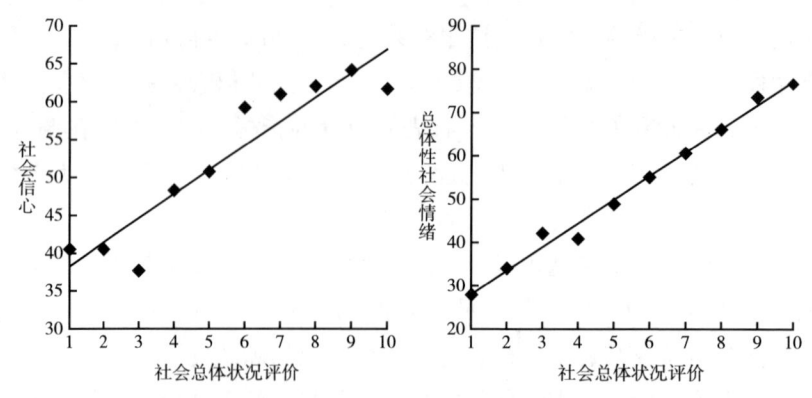

图13-1　总体性社会情绪与人们对社会总体状况评价变化趋势图

三　数据分析

我们清楚地认识到，如何在宏观与微观的结合上把握我国社会发展的形势，如何分析和看待在发展过程中出现的问题，对于我们国家今后的发展至关重要。欣欣向荣与严峻挑战并存的状况构成了中国社会发展的基本国情。我们所面临的这些严峻挑战与风险，很多是一个发展中国家在当前的世界格局与国际背景下进行社会转型与变迁不可避免地会遭遇的问题，它既有此时此地的特色，也有社会变迁的共性。因此，我们既不能轻心，也不应夸大；应该实事求是地从社会变迁与发展的逻辑出发来处理出现的问题和应对挑战。如此这般，我们就能从这个基本判断出发，做出相应的制度设计、安排与调适。反之，如果未能把握社会发展基本形势，我们就很难做出正确的判断以及在此基础上进行相应的制度设计与安排。所以，在这个意义上，对我们国家的社会发展状况有一个直观清晰的判断，对社会发展的趋势有一个动态的监测，对学术研究和政府政策的制定都具有至关重要的意义。我们认为，一个社会的总体性社会情绪是反映一个社会发展态势的"晴雨表"，许多外在客观变化都能在人们的认知、认同和行为取向中稳定地表现出来，通过其主观感受得以观测。因此，把握弥散和沉淀在社会之中的总体性社会情绪，既是一种学术使命，也是国家治理的题中应有之义。

2021年，各种社会群体对党和政府有着高度的信任和认同，紧密团结与高度协作，实现了新的突破与发展，但各方面挑战与困难又对人们的生产生活方式及其感受产生剧烈的冲击。在这种状况下，我们利用"中国社会状况综合调查（2021）"的数据，努力去描述和分析人们在总体性社会情绪及其子量表上的状况，尽可能将人们的主观感受同社会的宏观环境勾连起来，为我们理解当时的社会状况提供一个真实可靠的基础，从而可以理性地分析和应对出现的各种结构性问题。同时，我们知道，人们对于期望与期望实现差距的认识，会影响人们对特定问题的看法及感受，逐渐形成一种情绪，这种情绪的积累会影响人们对问题的态度以及以后形成的看法及感受。[①] 在这个意义上，社会期望值可能是生成总体性社会情绪的深层原因。因此，我们也尝试刻画人们在期望与期望实现之间的差距及其感受，即社会期望值，并探索社会期望值与总体性社会情绪的关联。具体的数据分析结果如下。

（一）总体性社会情绪的状况与分析

2021年，我们通过前文中的操作化思路生成了总体性社会情绪指数，在了解其总体状况的基础上，也将总体性社会情绪同各种自然社会特征勾连起来，考察其差异分布，并重点探索了组织景气和互联网使用行为与总体性社会情绪之间的关联。通过这些分析，我们可以相对全面地了解当时人们在总体性社会情绪上的状况。

1. 总体状况

统计结果显示，2021年，我国总体性社会情绪指数均值为66.06，大于中值（50）[②]，也超过经验及格线（60），表明2021年中国总体性社会情绪整体向高取值端倾斜。同时，如图13-2所示，其直方图拟合的正态分布曲线接近正态分布，不过在右侧尾部有轻微的堵截特征，理论上有超越取值上限的可能性，也再次说明总体性社会情绪向高取值端倾斜的特征。

[①] 李路路、王鹏：《转型中国的社会态度变迁（2005—2015）》，《中国社会科学》2018年第3期，第83—101页。

[②] 50代表民众的总体性社会情绪感知没有积极或消极的倾向，大于50则表明民众的感知倾向于积极，超过50越多，积极倾向程度越高，下同。

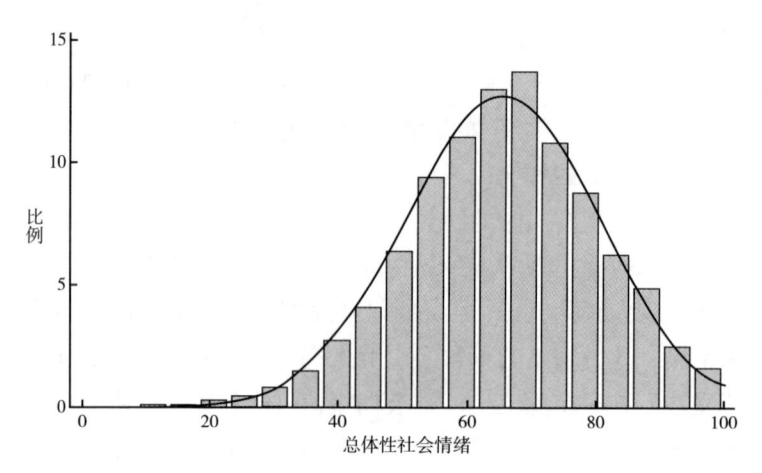

图13-2　2021年总体性社会情绪指数直方图

纵向进行比较，结果如图13-3所示，从2017年至今，我国总体性社会情绪指数稳步提升，从2017年的61.13提升到2019年的63.44，2021年再度增长，达到66.06。进一步考察构造总体性社会情绪的各子量表（见图13-4），也可以看到，与2017年和2019年的调查数据相比，2021年总体性社会情绪的各个子量表指数都有不同程度的提升，其中，社会信心的提升幅度相对最大，组织信任和对社会性事项的满意度也有相对较大的提升。究其缘由是，党的十九大以来，面对世界经济复苏乏力、局部冲突和动荡频发、全球性问题加剧的外部环境，以及我国经济发展进入新常态等一系列深刻变化，中国的社会经济大局稳定：一方面，经济保持中高速增长，经济结构不断优化，稳中有进；另一方面，公共服务和社会保障体系不断完善，人民生活稳定有序。这一系列的发展成果投射到人们的主观层面上，即表现为民众对微观个人生活状况和宏观社会发展的感受更加积极，对未来发展有着良好预期。

2.群体差异分布

为了了解当时人们在总体性社会情绪上的差异分布，我们将其同性别、年龄、学历、收入和户籍等自然社会特征进行方差分析，结果如表13-5所示。我们发现，2021年，我国总体性社会情绪指数在群体间存在以下特征。

第一，性别方面，男性群体和女性群体的总体性社会情绪指数没有显著差异，表明不同性别群体在总体性社会情绪上有着相对一致的表现，对社会运行和发展状况的整体感知都较为积极。

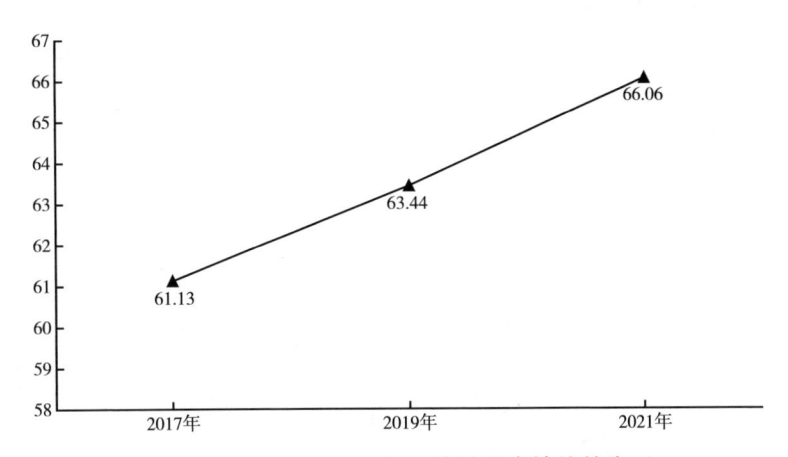

图13-3 2017—2021年总体性社会情绪的变迁

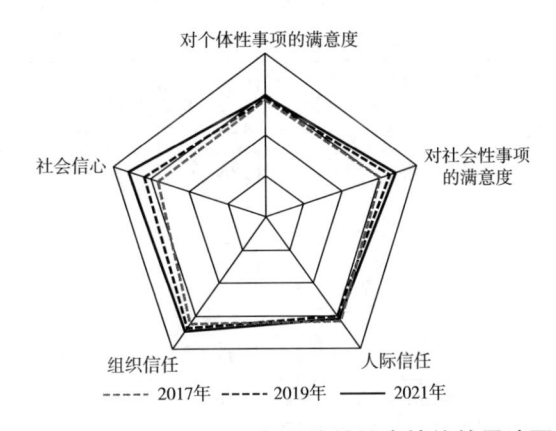

图13-4 2017—2021年总体性社会情绪的雷达图

第二，年龄方面，我国总体性社会情绪指数在年龄上有显著差异，呈现U形变化趋势。其中，40—49岁群体的总体性社会情绪指数（均值为64.45）最低，30岁以下群体和60岁及以上群体的总体性社会情绪指数（均值分别为66.85、68.04）相对更高。这一结果表明，由于在工作和生活中面临更大的压力，中青年群体对于个人生活和社会状况的感受相对不那么积极，而初入职场和尚未建立家庭的年轻人，以及退休后更少为生活所困的老年群体，由于生活压力更小，因此各方面主观感受更为积极。整体来看，总体性社会情绪在年龄上的差异程度较小，不同年龄群体的表现都相对较好。

表13-5 各项自然社会特征与总体性社会情绪的方差分析

	均值	标准差	样本量	方差检验
性别				
男	66.06	15.32	2104	$F=0.00$, $p=0.994$
女	66.06	14.71	2420	
年龄				
30岁以下	66.85	13.12	958	
30—39岁	65.06	14.26	826	
40—49岁	64.45	15.47	939	$F=7.52$, $p=0.000$
50—59岁	66.21	15.61	1074	
60岁及以上	68.04	16.26	727	
学历				
小学及以下	66.51	16.94	1184	
初中	63.72	15.12	1460	
高中（中专、技校）	65.85	14.48	885	$F=16.43$, $p=0.000$
大专	68.91	12.98	435	
本科	69.60	11.01	499	
研究生	67.18	11.01	61	
月收入				
1000元及以下	64.91	14.77	1005	
1001—7000元	66.19	16.08	661	
7001—20000元	65.37	15.66	832	$F=3.86$, $p=0.002$
20001—40000元	66.01	15.38	847	
40001—80000元	67.55	13.34	755	
80001元及以上	67.51	14.07	423	
户籍				
农业户籍	65.58	15.28	2906	$F=8.6$, $p=0.003$
非农户籍	66.95	14.41	1617	

第三，学历方面，总体性社会情绪指数在学历上有显著差异，相较于大专及以上学历群体，高中（中专、技校）及以下学历群体的总体性社会情绪指数相对更低。在低学历群体中，初中学历群体的总体性社会情绪指

数（均值为 63.72）相对最低；在高学历群体中，本科学历群体的总体性社会情绪指数（均值为 69.60）相对最高。也可以看到，学历对总体性社会情绪的影响并不是线性的，而是一种波动式正向变化关系，这意味着尽管学历会带来物质上的增益，但是同时也提升了人们对于生活的预期，①两者作用方向相反，使得学历对总体性社会情绪的影响变得复杂。

第四，收入方面，总体性社会情绪在年收入上存在显著差异，但两者间未呈现出清晰的变化趋势。月收入处于 1000 元及以下群体的总体性社会情绪指数（均值为 64.91）相对较低，40001—80000 元群体和 80001 元及以上群体的总体性社会情绪指数（均值分别为 67.55、67.51）相对较高。一方面，2021 年，高收入群体更有底气和信心面对各方面困难和风险，在总体性社会情绪上的表现相对更积极；另一方面，总体性社会情绪在收入这个向度上的分化较弱，不同收入层级的社会群体还是有着相对一致且较为积极的表现。这告诉我们，收入等资源因素的确对总体性社会情绪有影响，但这种影响并非关键性的因素，探究总体性社会情绪的生成机制需要考虑更为直接的因素。

第五，户籍方面，非农户籍群体的总体性社会情绪指数（均值为 66.95）显著高于农业户籍群体（均值为 65.58）。虽然总体性社会情绪在户籍差异程度上相对较小，但我们注意到，2017 年，农业户籍群体的总体性社会情绪指数略高于非农业户籍群体，而 2019 年，非农户籍群体的总体性社会情绪指数略高于农业户籍群体，但没有显著差异；而 2021 年，非农户籍群体的总体性社会情绪指数显著高于农业户籍群体。这警示我们要进一步关注农业户籍群体，解决其"上学难、就业难、养老难"等各个方面的急难愁盼问题，真正让发展成果惠及这一群体。此时，我国社会发展战略的一个重点就是要做好乡村振兴与精准扶贫之间的有效衔接。

3. 影响因素分析

（1）组织景气与总体性社会情绪

我们知道，在中国社会，大多数的经济、政治与社会行为都是嵌入一定的组织之中，并通过组织来完成的；党和政府在经济、政治以及社会上的意志也都是通过一个个具体的组织来加以贯彻的；人们在经济、

---

① 李颖晖：《教育程度与分配公平感：结构地位与相对剥夺视角下的双重考察》，《社会》2015 年第 1 期，第 143—160 页。

政治以及社会方面的期望更多的也是通过组织来实现的。在这个意义上，组织是党和政府贯彻意志、组织成员实现自己期望的重要制度载体。当一个组织不能完成制度载体这种社会角色的时候，或者说不能做到上传下达、使得上上下下都不满意的时候，这个组织就会呈现出不景气的状况。

在这里，组织景气主要是指组织成员所感受到的一种工作氛围。工作组织与单位作为一个社会中重要的制度载体，主要是通过其所形成和营造的独特社会环境或者说组织文化来影响和规范人们的组织行为。[①] 当一些社会成员在自己所隶属的组织中不愉快、不满意，感受不到组织的激励，体会不到其他组织成员的帮助和支持时，那么，由此产生的负面情绪和感受就会或多或少地以各种方式宣泄到社会之中，在各种机制的交错影响下形成社会性焦虑与愤恨，从而制约个人生活与社会运行向好发展。因此，我们假设，组织景气对于总体性社会情绪有显著的正向影响，即人们在组织中所感受到的一种工作氛围会影响到其对个人生活与社会发展的感知和评价。而把握人们在工作环境和组织景气上的状态及其对总体性社会情绪的影响，可以帮助我们更深入地理解弥散和沉淀在社会中的总体性社会情绪。

在本研究中，我们将组织景气具体操作化为被访者对工作在总体上的满意度评价。我们具体通过回归分析探索组织景气与总体性社会情绪间的关联，结果如表13-6所示。从模型1可以看出，在各项自然社会特征中，除性别外，年龄、学历、户籍等变量均对总体性社会情绪具有显著的影响（$p<0.05$），这些变量共同解释了总体性社会情绪2.8%的变异，该模型的整体解释力度较小。而模型2在模型1的基础上加入了组织景气，考察组织景气对于总体性社会情绪的影响，结果显示，在控制变量保持不变的情况下，组织景气每提升1个单位，人们的总体性社会情绪指数平均提升2.400个单位，该模型解释了总体性社会情绪22.2%的变异。结果表明，组织景气对总体性社会情绪有显著的正向影响，并且解释力度相对较大。上述数据分析结果验证了我们的假设，即人们在组织中所感到的工作状态与氛围显著作用于人们对个人生活与社会发展的感知和评价。

---

① 张彦、李汉林：《治理视角下的组织工作环境：一个分析性框架》，《中国社会科学》2020年第8期，第87—107页。

表13-6 组织景气与总体性社会情绪的回归分析

	模型1 总体性社会情绪	模型2 总体性社会情绪
组织景气		2.400*** （0.123）
性别	0.987+ （0.542）	0.202 （0.486）
年龄	1.088*** （0.250）	0.583** （0.226）
学历	0.934*** （0.235）	0.475* （0.209）
户籍	0.407* （0.205）	0.062 （0.190）
样本量	1997	1997
R^2	0.028	0.222

注：$^+ p<0.10$，$^* p<0.05$，$^{**} p<0.01$，$^{***} p<0.001$；括号内为稳健标准误。

组织景气之所以对总体性社会情绪有较大的影响力和较大的解释力，有多方面的原因。我们至少考虑以下两个方面。首先，组织景气与否会直接影响组织成员的社会化过程。在现代社会，工作组织与单位是大多数社会成员除了家庭、学校以外的一个重要的"栖身"场所。人们在组织与单位中，能够逐渐找到自己的社会认同、社会位置以及社会角色，积累社会经验，完成人生中重要的自我实现，并且逐渐走完自己最主要的社会生命历程。在这个意义上，工作组织与单位是一个社会中极其重要的制度载体。这个制度载体中的环境如何、氛围如何，可以直接影响组织成员的社会化过程，对组织成员行为的形塑起着至关重要的作用。良好的工作环境以及组织景气状况能够帮助人们更好地适应社会，顺利实现从"自然人"到"社会人"的转变。

其次，组织景气与否会直接影响组织成员的成长和组织自身的效率。我们知道，一个景气状况良好的组织，在微观个体层面，能够帮助个体更好地在组织中实现自我，激发潜能，能够使人们在组织中有更多和更高质量的获得感，能够为人们的情感满足提供必要的社会归属；在中观组织层面，能够为人们的自我成长和满足提供必要的公共场所，能够促进良好的组织文化构建，以此提高组织成员对组织的认同感和满意度，提高组织效率，进而快速推动组织的创新与发展；在宏观层面，有助于我国的经济与社会实现"新常态"下的健康、平稳发展，同时也能够为稳定协调的社会发展提供合理的预期。① 另外，通过营造良好的工作环境来提高人们对组织乃至社会的认同程度，提高组织成员的人力素质，进而削减社会矛盾，实现社会团结及广泛的社会公平，也是社会治理的重要内容之一。②

在上述意义下，我们认为，组织景气是总体性社会情绪的中观基础，有必要强化组织景气的研究。随着组织景气研究的深入，我们能够为组织的评估提供一个良好的学术与方法的基础。当我们了解与把握组织景气上的状况时，一方面，这有助于我们更为深入地理解总体性社会情绪的状况及其变化；另一方面，也促使我们在科学的基础上提高组织管理水平，更好地兼顾组织秩序与个体感受，③ 夯实总体性社会情绪保持并使其持续向积极面演进的基础。

（2）互联网使用行为与总体性社会情绪

信息网络化是我们这个时代的总体特征。信息网络化极大地改变了信息的传播方式与速度，使人们有可能从正反两个角度、积极与消极两个方面迅速地放大与传播信息，这既为社会管理提供了新的平台，也增加了政府管理社会的难度。一方面，网络使人们找到了一个发表意见的渠道，在事实上实现了社会参与，起到了吸纳和整合不同群体诉求与利益的重要作用。网络的开放性，同时也为人们提供了一个宣泄极端情绪的虚拟空间与舆论平台，引导得当，它就会起到"安全阀"的积极作用。但是，另一方面，网络信息的复杂性又可能会使极端的声音更容易放大与传播，形成一种可怕的"网络暴力"，进而威胁一个社会的和谐与稳定。正因为互联网使用的这种双重效应，我们就有必要分析互联网使用行为对总体性社

---

① 任宇东、王毅杰：《工作环境、工作意义与工作满意度——基于中国城镇居民工作环境调查的分析》，《中国劳动》2019年第8期，第25—40页。
② 张彦：《从个体情绪到总体性情绪的跃迁：中国城镇居民工作环境满意度实证研究》，《社会发展研究》2016年第1期，第48—79页。
③ 张彦等人的研究做了一些有益的探索。参见张彦、李汉林《治理视角下的组织工作环境：一个分析性框架》，《中国社会科学》2020年第8期，第87—107页。

会情绪的影响。我们试图考察两个问题：第一，互联网使用行为是否影响总体性社会情绪；第二，不同上网内容是否对总体性社会情绪的影响存在差异。①

从表13-7可以看到，使用互联网的群体的总体性社会情绪指数（均值为65.24）略低于不使用互联网的群体（均值为65.73），但总体性社会情绪在是否使用互联网上并没有统计学上的显著差异（$p>0.05$），这表明使用互联网的负面效应与正面效应间有相互抵消作用，人们在总体性社会情绪上的表现相对一致。

在使用互联网的群体中，具体就上网内容来看（见表13-7），总体性社会情绪在浏览时政信息、商务或者工作、学习教育、网上购物上具有显著差异，借助互联网浏览时政信息、商务或者工作、学习教育、网上购物的群体，其总体性社会情绪指数相对更高；但总体性社会情绪在娱乐休闲、聊天交友上没有显著差异。可以看到，充分利用互联网信息查询、接收和交换功能的群体，一方面，拓展了社会信息的来源，增强了对社会的理性认知，另一方面，也提高了工作效能和效率，能够更好地实现某些现实目标，因此，通常具有更为积极的社会感知和评价。但与此同时，在互联网所提供的虚拟社会中，因泛化、极化、娱乐化的信息与内容，人们反而难以真正放松，难以与他人进行深入的沟通并建立强联结，因此，专注娱乐休闲、聊天交友等上网内容的群体，其总体性社会情绪相对不那么积极。

表13-7 互联网使用与总体性社会情绪的方差分析

项目	类别	均值	标准差	样本量	方差检验	
是否使用互联网	否	65.73	16.69	1288	$F=0.95$	$p=0.329$
	是	65.24	14.40	3236		
浏览时政信息	否	64.39	15.99	2525	$F=24.59$	$p=0.000$
	是	66.63	13.77	1999		
娱乐休闲	否	65.11	16.37	2103	$F=1.29$	$p=0.256$
	是	65.62	13.88	2421		

① 在上网内容的操作化上，我们将"每周多次"或"每天"进行某项互联网活动的视为经常从事该项活动，进而编码为1，标签为"是"，否则编码为0，标签为"否"。

续表

项目	类别	均值	标准差	样本量	方差检验	
聊天交友	否	64.94	16.19	2158	$F=3.45$	$p=0.063$
	是	65.78	14.00	2366		
商务或者工作	否	64.97	15.36	3682	$F=14.28$	$p=0.000$
	是	67.15	13.72	842		
学习教育	否	64.41	15.49	3432	$F=59.81$	$p=0.000$
	是	68.43	13.29	1092		
网上购物	否	65.01	15.50	3597	$F=10.35$	$p=0.001$
	是	66.80	13.31	927		

（二）总体性社会情绪各子量表的状况与分析

1. 满意度的状况与分析

满意度是人们在心理层面的一种主观感受，其包含对个体福祉状况的评价，也包括人们对自身所处社会环境的评价。在微观上，人们会直接从自身经济收入状况、社会地位状况以及向上流动机会，即从个体福祉和可持续发展的角度来感受和评价个人生活的状况；在中观和宏观上，人们能够对自身生活的社区以及社会的各个方面有直接或间接的感知，形成安全与否、公平与否、环境友好与否的感受，这是关于社会发展状况的评价。这两个方面共同构成了人们的满意度。

因此，对满意度的测量由对个体性事项的满意度和对社会性事项的满意度两部分构成。对个体性事项的满意度，其具体指标涉及人们对家庭关系、经济状况、教育程度、休闲娱乐、社交生活五个方面的评价；对社会性事项的满意度，其具体指标涉及人们对居住环境、社会保障、社会宽容、社会公平、社会风气和政府工作六个方面的评价。在此基础上，我们具体考察满意度的总体状况和差异分布，也努力将对个体性事项的满意度同对社会性事项的满意度勾连起来。

（1）总体状况与差异分布

统计结果显示，2021年，人们的满意度均值为63.70，其中对个体性事项的满意度均值为59.02，对社会性事项的满意度均值为68.37，均大于中值（50），表明人们对个人生活状况和社会发展状况都给予了较为积极的评价,不过人们对个体性事项的满意度低于经验及格线(60),这也意味着人们在个体性事项上的满意度相对较低,仍有较大提升空间。

纵向进行比较,结果如图13-5所示,从2017年至今,人们对个体性事项的满意度和对社会性事项的满意度都在稳步上升。相较而言,社会性事项上的满意度的增长幅度明显更大,且指数均值一直明显高于同期对个体性事项的满意度。这表明在主观感受上,宏观社会发展状况与微观个人生活状况之间并未保持高度一致,而是出现一定程度的"脱钩"。我们知道,社会发展的重要主体是民众,社会发展的根本动力源自民众,只有当人们对自我生活感到满意时,才更可能积极投身社会生产,发挥能动性和创造性,进而推动社会生产力的提升和社会的持续发展;反之,当人们对自我发展感到失望时,就会采取"躺平"甚至"摆烂"的策略。因此,在未来的政策制定和实践中,我们需要格外注重社会发展的微观基础,让个人发展与社会发展尽可能保持同步,让发展的成果惠及绝大多数民众。

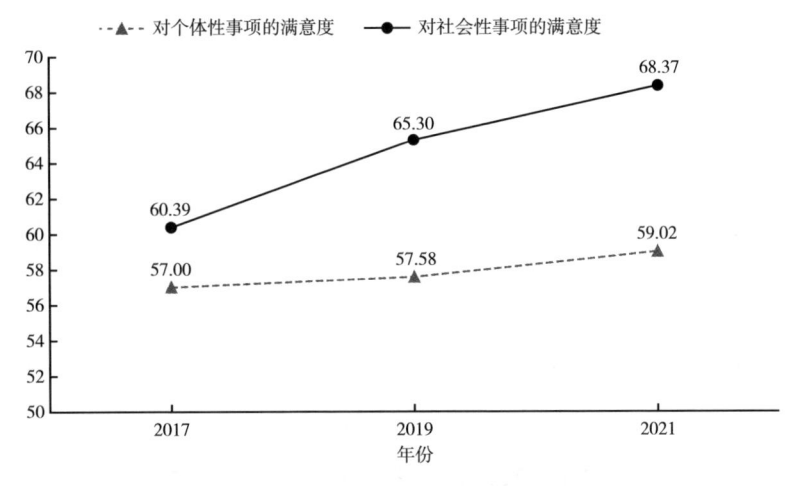

图13-5 2017—2021年满意度的变迁

为了了解人们在满意度上的具体状况,我们采用夏普利值分解方法探索各项指标的相对重要性程度。就对个体性事项的满意度而言,结果如表13-8所示,2021年,对满意度影响较大的前三个个体性事项分别是经济状况、社交生活和休闲娱乐。进一步以各个体性事项的满意度均值和 R^2

贡献值为维度构建关系矩阵（见图13-6），可以很明显地看到，人们在家庭关系上的满意度是偏高的但影响权重较小，而在经济状况和社交生活上的满意度偏低，但是它们属于影响权重较大的个体性事项。在此后的发展中，我们应该重点关注和兼顾经济发展与社会生活，既保障和提升人们的经济状况，也引导并丰富人们的社交生活。

表13-8 对个体性事项和社会性事项的满意度测量指标夏普利值分解

因素	对个体性事项的满意度		因素	对社会性事项的满意度	
	R^2贡献值	贡献率（%）		R^2贡献值	贡献率（%）
家庭关系	0.062	12.51	居住环境	0.134	27.83
经济状况	0.135	27.56	社会保障	0.057	11.80
教育程度	0.066	13.44	社会宽容	0.056	11.51
休闲娱乐	0.094	19.08	社会公平	0.089	18.38
社交生活	0.135	27.41	社会风气	0.107	22.16
—	—	—	政府工作	0.040	8.32
总计	0.491	100.00	总计	0.482	100.00

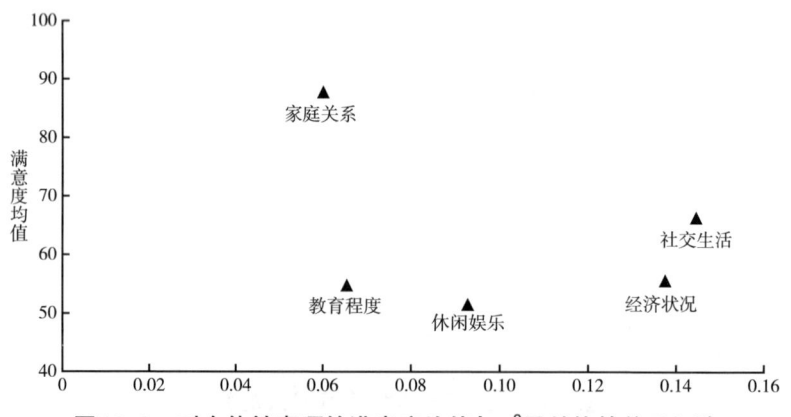

图13-6 对个体性事项的满意度均值与R^2贡献值的关系矩阵

就对社会性事项的满意度而言，从表13-8的结果来看，在2021年，对民众满意度影响较大的社会性事项是居住环境、社会风气和社会公平。进一步以各社会性事项的满意度均值和R^2贡献值为维度构建关系矩阵（见图13-7），可以看到，人们在社会风气上保持了较高的满意度水平且影响力较大，而对社会公平的满意度则相对偏低，该事项对满意度的影响权重也较大。因此，在此后的政策设计和制度安排中，我们应该着重关注分配的公平性问题。

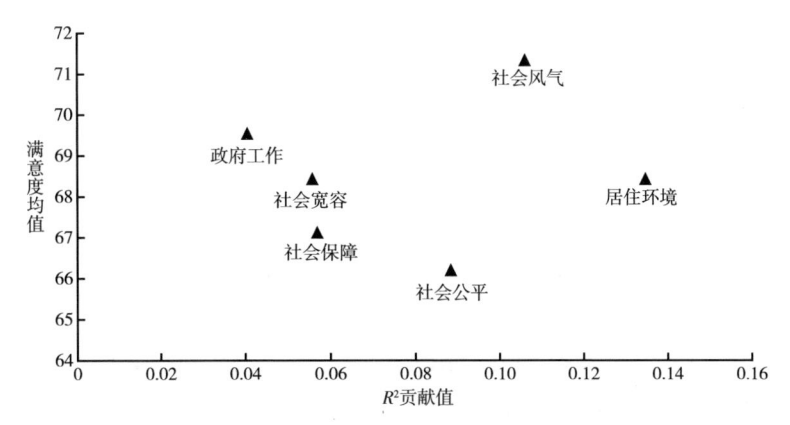

图13-7 对社会性事项的满意度均值与R^2贡献值的关系矩阵

接下来，我们将满意度同各项自然社会特征做方差分析，以深入分析不同社会群体的满意度状况，可以发现如下（见表13-9）。

表13-9 各项自然社会特征与满意度的方差分析

	对个体性事项的满意度				对社会性事项的满意度			
	均值	标准差	样本量	方差检验	均值	标准差	样本量	方差检验
性别								
男	59.91	22.26	2104	$F=6.18$, $p=0.013$	68.77	16.71	2104	$F=2.33$, $p=0.127$
女	58.25	22.47	2420		68.02	16.41	2420	
年龄								
30岁以下	63.73	20.56	958	$F=25.03$, $p=0.000$	67.50	14.60	958	$F=6.08$, $p=0.000$
30—39岁	57.18	22.25	826		67.36	15.87	826	
40—49岁	55.28	22.10	939		67.48	16.91	939	
50—59岁	57.21	22.66	1074		69.20	17.38	1074	
60岁及以上	62.42	23.34	727		70.59	17.75	727	

续表

	对个体性事项的满意度				对社会性事项的满意度			
	均值	标准差	样本量	方差检验	均值	标准差	样本量	方差检验
学历								
小学及以下	54.01	23.50	1184	$F=75.54$, $p=0.000$	69.81	18.92	1184	$F=6.28$, $p=0.000$
初中	54.50	22.23	1460		66.79	17.06	1460	
高中（中专、技校）	61.76	21.15	885		67.90	15.56	885	
大专	66.36	19.45	435		70.28	13.92	435	
本科	71.24	16.95	499		69.08	12.31	499	
研究生	72.36	15.49	61		65.65	12.63	61	
收入								
1000元及以下	57.00	22.57	1005	$F=27.04$, $p=0.000$	66.62	16.74	1005	$F=3.53$, $p=0.000$
1001—7000元	57.03	22.66	661		68.35	17.71	661	
7001—20000元	54.99	22.70	832		68.48	17.64	832	
20001—40000元	58.59	22.22	847		69.03	16.89	847	
40001—80000元	63.96	21.10	755		69.66	14.12	755	
80001元及以上	67.01	19.89	423		68.82	14.96	423	
户籍								
农业户籍	56.03	22.25	2906	$F=150.36$, $p=0.000$	68.15	17.14	2906	$F=1.54$, $p=0.214$
非农户籍	64.41	21.59	1617		68.79	15.41	1617	

第一，性别方面，对社会性事项的满意度在性别上没有显著差异，但女性群体对个体性事项的满意度（均值为58.25）显著低于男性群体（均值为59.91）。不同性别群体对社会发展状况的感知和评价相对一致，但女性群体在个人生活中主观体验要稍差于男性群体，这可能与就业歧视、工作生活冲突等问题相关。这种差异程度相对较小，但我们仍需要关注和提升女性群体在家庭、职场中的福祉，尽可能实现性别平等。

第二，年龄方面，年龄与对个体性和社会性事项的满意度都呈现 U 形变化趋势。其中，30 岁以下群体对个体性事项的满意度（均值为63.73）相对最高，而 40—49 岁群体对个体性事项的满意度（均值为55.28）相对最低；60 岁及以上群体对社会性事项的满意度（均值为70.59）相对最高，而 30—39 岁群体对社会性事项的满意度（均值为

67.36）相对最低。总的来说，对个体性事项的满意度在年龄上的分化相对较明显，处于不同生命历程阶段的群体，其生活压力、生活境遇和发展机会均存在差异，反映在满意度上即中青年在对个体性事项的满意度相对较低；虽然对社会性事项的满意度在年龄上的分化较弱，但可以看到中老年人在社会性事项上的满意度相对更高，这可能与其生活经历有关，他们从物质贫乏的年代走来，更加珍惜当下的美好生活，也更清楚它的来之不易。

第三，学历方面，学历越高的群体，人们对个体性事项的满意度越高；人们对社会性事项的满意度在学历上亦有显著差异，但不同学历群体之间并无明显的变化趋势。其中，小学及以下学历群体对个体性事项的满意度（均值为54.01）相对最低，研究生学历群体对个体性事项的满意度（均值为72.36）相对最高；而小学及以下学历群体对社会性事项的满意度（均值为69.81）相对最高，研究生学历群体对社会性事项的满意度（均值为65.65）相对最低。总体上，人们对社会性事项的满意度在学历上的分化较弱，但人们对个体性事项的满意度在学历上的分化要明显得多。在此后的发展中，我们要格外关注低学历群体的个人生活状况，预防和有效应对技术发展与迭代、产业结构转型等因素给这个社会群体的生产生活带来的剧烈冲击。

第四，收入方面，对个体性事项的满意度和对社会性事项的满意度在收入上均有显著差异，总体上看，高收入群体的满意度相对更高。具体来看，人们对个体性事项的满意度在收入上的分化比较明显，高收入群体能够更好地满足其生活需求，不同收入群体对个人生活的感知与评价较为不同；但其对社会性事项的满意度在收入上的分化相对较弱，不同收入群体间的差异程度较小，这表明人们对社会发展状况的感知与评价有着相对一致的表达，在社会性事项上的满意度都比较高。

第五，户籍方面，非农户籍群体在个体性事项上的满意度（均值为64.41）显著高于农业户籍群体（均值为56.03）；但对社会性事项的满意度在户籍上没有显著差异。与农村居民相比，城镇居民享受更好的公共服务，有更高的收入水平，接受过更高的教育，从事更具有挑战性和发展前景的职业，因此，相对来说这一群体对于个体性事项的满意度通常更高。但在社会性事项上，城乡发展已经比较协调了，人们对其的评价也比较接近，没有表现出统计学上的差异。

（2）微观—宏观勾连机制

我们需要进一步回答的问题是，两类满意度之间是否存在着关联，更确切地说，人们对于个体性事项的满意度，是否会影响到其对社会性事项的评价。这涉及一个微观与宏观勾连的问题。

我们的基本假设是，由于个人与社会的强联结，个人对社会产生较强的依赖，会认为社会对个人的生活状况负有不可推卸的责任。这种观念在中国这样的社会主义国家中基本是一种社会共识。于是，当个体的个人生活陷入窘境，其不可避免地会将这种不幸的发生一部分归咎于社会，进而对社会发展状况表达出不满。因此，我们假设，微观层面上个体对自我生活状况的评价将影响其对社会发展状况的评价，即人们对个体性事项的满意度将正向影响其对社会性事项的满意度。

我们通过回归分析验证上述假设，结果如表13-10所示。模型1考察各项自然社会特征对社会性事项上的满意度的影响，其中，只有年龄和年收入在0.05的显著性水平上，对社会性事项上的满意度有正向影响。具体地说，年龄组每增加1个单位，人们对社会性事项的满意度平均增加0.935个单位；收入每增加1个单位，人们对社会性事项的满意度平均增加0.483个单位，该模型共同解释对社会性事项的满意度0.8%的差异。

表13-10 对个体性事项的满意度与对社会性事项的满意度的回归分析

	模型1	模型2
	对社会性事项的满意度	对社会性事项的满意度
对个体性事项的满意度		0.352***
		（0.012）
性别	−0.226	−0.284
	（0.512）	（0.455）
年龄	0.935***	0.248
	（0.213）	（0.192）
学历	0.303	−1.405***
	（0.227）	（0.209）
收入	0.483**	0.202
	（0.154）	（0.138）

续表

	模型1	模型2
	对社会性事项的满意度	对社会性事项的满意度
户籍	0.154	−0.926+
	（0.557）	（0.495）
样本量	4523	4523
R^2	0.008	0.214

注：+ $p<0.10$，* $p<0.05$，** $p<0.01$，*** $p<0.001$；括号内为稳健标准误。

模型2在模型1的基础上，增加了对个体性事项的满意度，考察其对社会性事项的满意度的影响，在控制变量保持不变的情况下，R^2有了较大幅度提升，变为21.4%，表明自变量对因变量的变异有较好的解释力。具体来说，在控制变量保持不变的情况下，人们对个体性事项的满意度每增加1个单位，其对社会性事项的满意度平均增加0.352个单位。这一结果验证了我们做出的假设，的确，人们在微观层面上对日常生活的感受同其在宏观层面上对社会发展的评价是紧密勾连在一起的。

2. 社会信任的状况与分析

社会信任是人们对人与人关系和人与组织关系的主观感受，是对社会互动环境的一种主观评价。社会信任的高低将影响人们社会互动、社会参与的积极性。我们将社会信任操作化为人际信任和组织信任，其中，我们通过受访者对"现在人与人之间的信任水平"的评价来观测人际关系；组织信任的测量指标则涉及人们对中央政府、区县政府、乡镇政府、群团组织、慈善机构、新闻媒体、医院、法院和公安部门九类组织的信任评价。在此基础上，我们具体考察社会信任的总体状况和差异分布。

统计结果显示，2021年，人们的社会信任平均为65.68，其中，人际信任均值为62.00，组织信任均值为69.35。这一结果表明，人们的社会信任都比较高，但相较于对组织的信任而言，人际信任水平要较低一些。这一结果与经济学、组织社会学关于社会信任的研究是一致的。在市场交换中，由于个人具有经济理性和投机动机，在交易过程中，双方容易怀疑对方具有损害自身利益的行为而抱着不信任的心态。这会增加交易的成本、降低交易的效率，同时引发市场中的逆向选择问题，即由于交易双方信息不对称和市场价格下降产生的劣质品驱逐优质品，进而导致市场交易产品平均质量下降的现象。[①] 组织作为一种手段可以解决由于个体之间信任缺失而导致的市场交易问题。一方面，组织通常建有较为规范的制度，其行为在法律上受到更为严格的约束，因而组织的投机行为更少；另一方面，组织通常注重长期的存续和发展，因而，组织会出于维护自我的声誉而抑制投机行为，同时，人们也可以通过考察组织过去的交易记录而判定与其交换的风险。基于这些原因，人们的组织信任往往会高于人际信任。

纵向进行比较，结果如图13-8所示，从2017年至调查时点，人们的组织信任在稳步上升，从2017年的64.82上升到2021年的69.35，而人际信任却有所波动，先从2017年的63.40下降到2019年的60.34，然后回升至2021年的62.00。就组织信任来说，这几年来，我们的经济运行稳中有进，人民生活稳定有序，政府与公共组织的服务不断完善，在应对各种挑战与问题时迎难而上，这是人们组织信任水平不断提升的根源；而就人际关系来说，有研究表明，在我国的市场化进程中，我们正在面对一个确定的事实，即人际信任逐年衰落，[②] 而2021年，人们的人际信任有所回升，其原因可能是共同抗疫防疫过程中，人们互相帮助和扶持，增进了彼此间的信任程度，这也启示我们进一步建设健全社会参与的渠道和路径，培育社会参与的氛围，从而提升人们的人际信任水平。

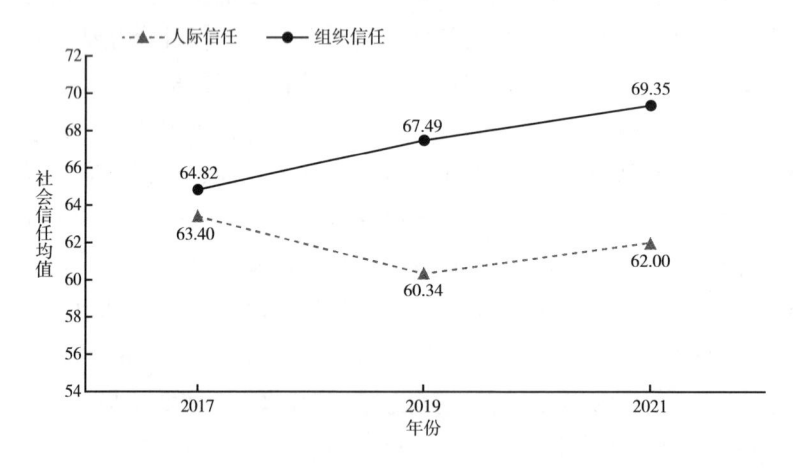

图13-8 2017—2021年社会信任的变迁

[①] 郑芳、高一鹏：《从道德自律到契约协同：高校师德建设保障制度构建》，《长春师范大学学报》2021年第9期，第13—17页。

[②] 辛自强：《市场化与人际信任变迁》，《心理科学进展》2019年第12期，第1951—1966页。

为了了解人们在组织信任上的具体状况,我们采用夏普利值分解方法探索各项指标的相对重要性,结果如表13-11所示。2021年,对民众组织信任影响较大的前三个分别是对公安部门、医院和乡镇政府的信任。图13-9进一步展示了以组织信任均值和 R^2 贡献值为维度构建关系矩阵。可以看到,一方面,人们对新闻媒体、慈善机构和乡镇政府的信任度较低,其中,乡镇政府的信任度对组织信任还有较大的影响力;另一方面,人们对中央政府持有最高的信任度,但对中央政府的信任对组织信任的影响力也相对最弱。这一结果与政府信任研究的相关成果相呼应,即我国民众的政府信任存在着"央强地弱"或"政治信任层级差"的结构特征,政府的层级越高,影响力越弱,但民众的信任度越高。① 民众的政府信任实际上是政治信任(political trust)的核心议题,即政府执政的合法性(legitimacy)和政策执行的有效性(effectiveness)问题。"央强地弱"的政府信任结构反映的是,民众对中央政府执政的合法性有较高的认可,但对基层政府施政的有效性的认同相对较低。正是在这个意义上,加强基层政府职能能力的建设,提升基层政府在民众心中形象成为国家治理中的重要内容。

表13-11 组织信任测量指标夏普利值分解

因素	组织信任	
	R^2 贡献值	贡献率(%)
中央政府	0.004	2.37
区县政府	0.020	12.36
乡镇政府	0.022	13.19
群团组织	0.019	11.48
慈善机构	0.016	9.87
新闻媒体	0.017	10.20
医院	0.023	13.68
法院	0.020	12.22

---

① 参见沈士光《论政治信任——改革开放前后比较的视角》,《学习与探索》2010年第2期,第60—65页; Lianjiang Li, "Political trust in rural China," *Modern China*, Vol. 30, No. 2 (2004), pp. 228-258; 胡荣《农民上访与政治信任的流失》,《社会学研究》2007年第3期,第39—55页。

续表

因素	组织信任	
	R^2贡献值	贡献率（%）
公安部门	0.024	14.62
总计	0.165	100.00

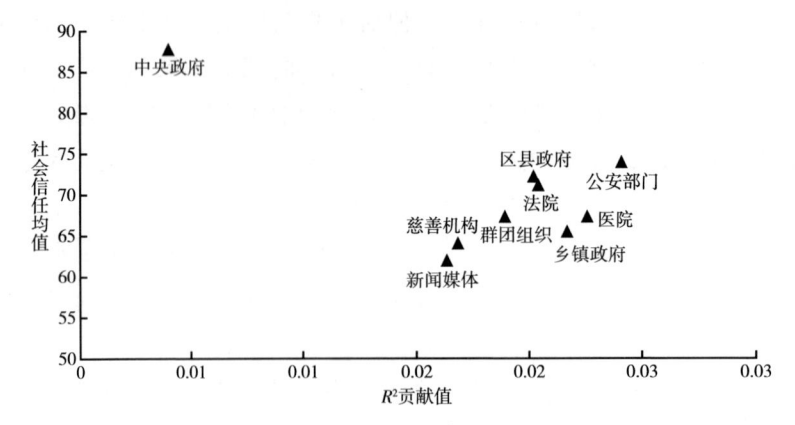

图13-9　组织信任均值与R^2贡献值的关系矩阵

另外，我们也注意到，人们对新闻媒体的信任度是相对最低的，这种信任危机一方面制约我国的新闻媒体行业的发展，另一方面反映出我国舆论引导与舆情监控能力较弱，如果任由不实信息传播、负面信息极化，弥散在社会中的总体性社会情绪可能向消极面演进，影响人们对个人生活和社会发展状况的感知与评价。因此，政府与社会各界有必要引导和监督新闻媒体机构和从业者，肃清新闻行业乱象，促使新闻媒体更加注重信息来源的可靠性、信息报道的客观性，从而提升人们对新闻媒体行业的信任，让人们通过新闻媒体报道相对理性和积极地认识周遭的图景，而不是相反。

接下来我们将社会信任同各项自然社会特征做方差分析，深入分析不同社会群体的信任状况，我们可以发现如下（见表13-12）。

第一，性别方面，人际信任在性别上不存在显著差异；而女性群体的组织信任（均值为70.15）显著高于男性群体（均值为68.43），但组织信任上的性别差异相对较小。这表明不同性别群体在社会信任上非常接近，都表现出较高的社会信任水平。

表13-12　各项自然社会特征与社会信任的方差分析

	人际信任				组织信任			
	均值	标准差	样本量	方差检验	均值	标准差	样本量	方差检验
性别								
男	61.71	24.02	2104	$F=0.84$, $p=0.360$	68.43	20.47	2104	$F=8.53$, $p=0.004$
女	62.25	23.98	2420		70.15	19.21	2420	
年龄								
30岁以下	61.30	20.35	958	$F=6.57$, $p=0.000$	69.84	17.87	958	$F=6.30$, $p=0.000$
30—39岁	61.46	22.87	826		67.10	19.38	826	
40—49岁	60.40	24.28	939		68.09	19.91	939	
50—59岁	62.58	25.73	1074		70.45	20.31	1074	
60岁及以上	64.77	26.34	727		71.26	21.58	727	
学历								
小学及以下	63.50	28.40	1184	$F=8.29$, $p=0.000$	72.35	21.45	1184	$F=14.36$, $p=0.000$
初中	59.99	24.33	1460		66.70	19.98	1460	
高中	60.85	22.46	885		67.68	19.36	885	
大专	64.16	19.54	435		70.80	18.26	435	
本科	64.37	17.10	499		71.92	16.37	499	
研究生	62.84	15.43	61		67.46	15.01	61	
收入								
1000元及以下	61.26	23.81	1005	$F=3.43$, $p=0.004$	69.42	19.54	1005	$F=3.17$, $p=0.007$
1001—7000元	62.72	26.43	661		71.84	20.34	661	
7001—20000元	61.53	25.41	832		69.43	19.86	832	
20001—40000元	61.29	25.07	847		68.99	20.31	847	
40001—80000元	63.44	20.42	755		68.43	18.79	755	
80001元及以上	62.54	21.04	423		67.57	20.13	423	
户籍								
农业户籍	61.95	25.01	2906	$F=0.05$, $p=0.824$	69.88	20.13	2906	$F=5.72$, $p=0.017$
非农户籍	62.12	22.04	1617		68.41	19.22	1617	

第二，年龄方面，年龄与人际信任和组织信任都呈现出U形变化趋势。其中，60岁及以上群体的人际信任（均值为64.77）和组织信任（均

值为71.26）都相对最高；而40—49岁群体的人际信任（均值为60.40）相对最低，30—39岁群体的组织信任（均值为67.10）相对最低。总体上，社会信任在年龄上的分化相对较小，虽然中青年群体在人际信任和组织信任上都会略低一些，不同的年龄群体还是有着比较一致的、高度的社会信任水平。

第三，学历方面，人们的人际信任和组织信任在学历上都存在显著差异，但都未呈现出比较清晰的变化趋势。其中，初中学历群体的人际信任（均值为59.99）和组织信任（均值为66.70）都相对最低，而本科学历群体的人际信任（均值为64.37）相对最高，小学及以下学历群体的组织信任（均值为72.35分）相对最高。总体上，社会信任在学历上的分化较小，不同的学历群体有着比较一致的社会信任水平。另外，人们的人际信任和组织信任受到认知、生活经历和社会宣传等多方面因素的影响，而不同学历群体的个体认知、生活经历，对主流意识形态宣传的接受度和认同度不同，因此，学历与人际信任和组织信任均未表现出某种稳定的、线性的关系。

第四，收入方面，人际信任和组织信任都在收入上存在显著差异。其中，1000元及以下群体的人际信任（均值为61.26）相对最低，40001—80000元群体的人际信任（均值为63.44）相对最高；1001—7000元群体的组织信任（均值为71.84）相对最高，并且收入在此基础上每提升1个等级，其组织信任均向下滑落约0.4—2.4个单位。可以看到，人际信任在收入上的分化相对较弱，而组织信任在收入上的分化也不是很明显，表明收入与社会信任间的关系是较为复杂的。

第五，户籍方面，人际信任在户籍上不存在显著差异，但农业户籍群体的组织信任（均值为69.88）显著高于非农户籍群体（均值为68.41）。农业户籍群体的组织信任相对较高是因为党和国家长期以来大力关注和解决"三农"问题，采取一系列有力措施改善农村的生产生活条件，提高农民地位和待遇，建立了对农民比较友好的政策和制度，进而增加了农村户籍群体对政府以及其他公共组织的信任程度。

3. 社会信心的状况与分析

社会信心主要是指人们对宏观经济社会发展形势和微观个体生活进行综合判断后得出的对个人与社会未来发展的预期。中国与世界社会发展的历史反复地证明，一个国家在发展过程中遇到困难与曲折并不可怕，最危险的状况是这个国家的人民对未来的发展失去信心,丧失希望。一个对未来没有信心与希望的民族是不可能推动这个国家的健康运行和可持续性发展的,在这种状况下,政府的行为就很容易受到人们的质疑,其合法性地位也一定会受到严峻的挑战。而如果人们对社会的发展充满信心,那么这种信心可以反过来促进社会的经济、政治和文化发展,提高社会凝聚力,促进社会和谐。

具体地说,首先,社会信心是促进经济发展的重要因素。在一个信心充足的社会,人们更愿意投资、消费和创业。人们相信自己的投资和努力将获得回报,这样就会增加经济活动和创造就业机会。同时,信心充足的社会也会吸引更多的外国投资和商业机会,从而增强经济发展的活力。其次,社会信心也是政治稳定和发展的关键因素。政治领导者和政府机构必须获得人们的信任和支持才能实现良好的治理和公共服务。如果人们对政治领导人和政府机构没有信心,可能会对政治体系产生不信任感和不满意度,这可能导致社会不稳定、政治动荡甚至社会秩序的崩溃。最后,社会信心还有助于促进社会文化的发展。在一个信心充足的社会,人们更愿意参与社会和文化活动,促进文化多样性和社会和谐,这也有助于增强社会凝聚力。正是在这个意义上,研究人们的社会信心对于国家治理具有至关重要的意义。

2019年,我们通过"您认为在未来的5年,您本人的社会经济地位在本地大体会属于哪个层次"来测量"个人发展预期"、通过"您认为目前您本人的社会经济地位在本地大体属于哪个层次"来测量"个人发展现状",并以"个人发展预期"与"个人发展现状"之间的差距来反映人们的社会信心。在此基础上,我们把握社会信心的总体状况与差异分布。

统计结果显示,2021年,人们的社会信心均值为71.67,远大于中值(50),也高于经验及格线(60),表明人们对于自我向上发展具有比较充足的信心,这种心理预期也是积极的总体性社会情绪的重要组成部分。纵向进行比较,结果如图13-10所示,从2017年至2021年,人们的社会信心有比较明显的增幅,从2017年的56.23上升至2019年的63.36,再攀升到2021年的71.67。一方面,在面临各种挑战和问题的情况下,社会发展始终稳中有进,人们对未来发展的信心日益充足,这是难能可贵和令人振奋的结果,也为我们直面困难,进一步改善个人生活和社会发展积蓄了动能,提供了活力;但另一方面,我们也要警惕不切实际地提升人们的预期，预防因各种因素冲击导致预期与预期实现之间的差距扩大所带来的风险。

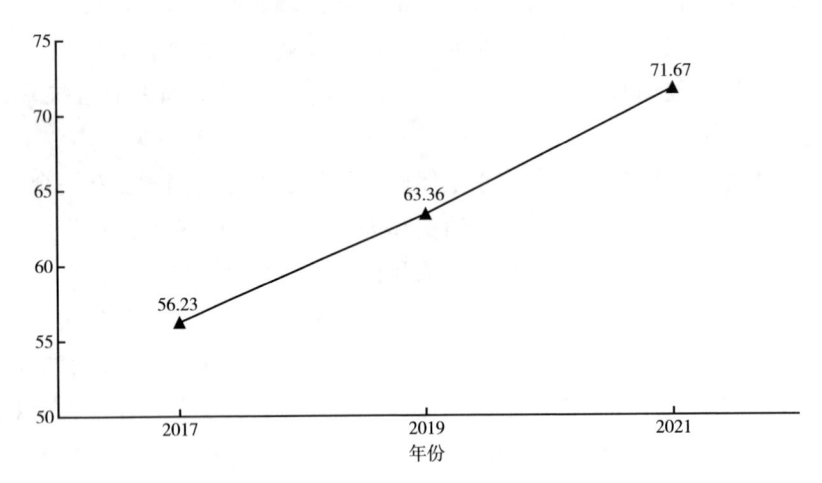

图13-10　2017—2021年社会信心的变迁

为深入把握不同社会群体的社会信心状况，我们具体探索社会信心在各项自然社会特征上的差异分布，结果如表13-13所示。

表13-13　各项自然社会特征与社会信心的方差分析

	社会信心			
	均值	标准差	样本量	方差检验
性别				
男	70.63	27.96	2104	$F=5.51$, $p=0.017$
女	72.58	27.84	2420	
年龄				
30岁以下	81.04	23.99	958	$F=50.93$, $p=0.000$
30—39岁	75.21	25.78	826	
40—49岁	69.12	28.29	939	
50—59岁	67.09	28.49	1074	
60岁及以上	65.36	29.94	727	

续表

	社会信心			
	均值	标准差	样本量	方差检验
学历				
小学及以下	66.57	30.39	1184	$F=28.34$, $p=0.000$
初中	69.14	29.81	1460	
高中（中专、技校）	74.10	25.84	885	
大专	77.06	22.81	435	
本科	81.12	19.06	499	
研究生	80.33	22.65	61	
收入				
1000元及以下	71.46	30.49	1005	$F=7.48$, $p=0.000$
1001—7000元	68.29	30.32	661	
7001—20000元	70.36	27.80	832	
20001—40000元	70.89	27.97	847	
40001—80000元	73.85	24.96	755	
80001元及以上	77.78	20.65	423	
户籍				
农业户籍	70.80	28.94	2906	$F=8.09$, $p=0.005$
非农户籍	73.26	25.90	1617	

可以发现如下。

第一，性别方面，女性群体的社会信心（均值为72.58）显著高于男性群体（均值为70.63），这表明女性的心态更加积极、对未来的信心更为充足。相较于2017年和2019年，人们的社会信心愈发充足，但社会信心的性别差异程度没有明显变化。

第二，年龄方面，总体上，年龄越大的群体，其社会信心越低。这里，我们侧重于观测个人未来发展的信心，数据结果不难理解，因为伴随年龄的增长，人们通常会感到生活的压力越来越大，这种压力来自许多方面，例如事业发展、财务状况、家庭责任、身体健康等等。既是因为各方面负担越来越重，也是由于人们的学习能力、健康状况会随着年龄增长而逐渐下滑，发展空间和机会越来越小，这些因素共同促使中老年群体的社会信心相对较弱。

第三，学历方面，社会信心在学历上存在显著差异，即总体上，高学历群体的社会信心相对更充足。一方面，2021年，社会信心在学历上的分化比较明显，接受高等教育的群体，因其认知、技能、社会资本、学习和创新能力、文凭的符号价值等方面的优势，该群体生活境遇和发展机会更好一些，对未来发展的信心也更为充足一些。另一方面，相较于2017年和2019年，不同学历群体在社会信心上的差异正在缩小，并且人们较为一致地表达出充足的社会信心。

第四，在收入方面，人们的社会信心在收入上存在显著差异。其中，1000元及以下群体的社会信心（均值为71.46）相对较高；而1001—7000元群体的社会信心（均值为68.29）相对最低，并在此基础上，收入等级每提高1个等级，人们的社会信心增长约0.5—4个单位。总的来说，高收入群体的社会信心通常更为充足，但1000元及以下群体的社会信心也相对较高，表明收入等资源因素与社会信心之间并非单纯的线性关系，我们有待挖掘形塑人们社会信心更为直接、深层次的机制。

第五，户籍方面，非农户籍群体的社会信心（均值为73.26）显著高于农业户籍群体（均值为70.80），这种差异主要是在因为在世界经济低迷、新冠疫情等的冲击下，人们的生产生活受到较大的影响，而相较于非农户籍群体，农业户籍群体抗逆力相对较弱，因此，对此后发展的信心也相对不那么充足。目前，社会信心上的户籍差异程度还比较小，但我们需要持续监测并及时进行干预与调整。

（三）社会期望值与总体性社会情绪

在具体研究的过程中，我们首先要关注的是产生总体性社会情绪的社会机制。我们知道，期望与目标实现一致性程度能够影响人们的主观感受，同时影响个体在期望与目标实现问题上产生的社会情绪。我们将这种个体的期望与目标实现的一致性程度称为社会期望值，它是人们从期望得到的和实际得到的差距中（discrepancy between expectation and actuality）所产生的或所感受到的，特别是与相应的参照群体比较的过程中所产生的一种主观感受。它对人们的主观感受及以后的行为产生至关重要的影响，可能是形成总体性社会情绪的深层原因。因此，我们也努力去描述与分析当时人们的社会期望值状况，并探索社会期望值与总体性社会情绪之间的关联。

1. 社会期望值的状况与分析

在2021年的调查中，我们对社会期望值的操作分为两个部分，一是与参照群体（亲戚、教育程度相同的同学、同事、邻居）相比，被访者对个人生活水平的感知与评价；二是与5年前相比，被访者对家庭经济状况水平的感知与评价。综合这两个方面，我们可以更全面地把握人们期望与期望实现之间的差距状况。我们具体采用李克特五度量表来测量人们在上述比较中的感知与评价，1代表好很多、2代表好一些、3代表差不多（没变化）、4代表差一些、5代表差很多，分值越高，表示人们在社会比较中，期望与期望实现之间的差距越大。

从图13-11的结果来看，2021年的生活水平与参照群体（亲戚、教育程度相同的同学、同事、邻居）进行比较时，更大比例的人选择"差不多"，并且选择"差一些"的比例要比选择"好一些"的大；而调查时点的家庭经济状况与5年前进行比较时，更大比例（62.54%）的人选择"好一些"和"好很多"。

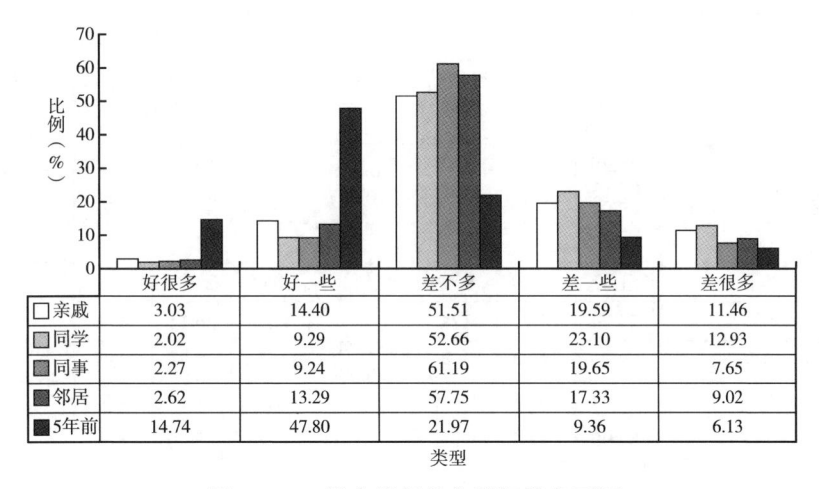

类型	好很多	好一些	差不多	差一些	差很多
亲戚	3.03	14.40	51.51	19.59	11.46
同学	2.02	9.29	52.66	23.10	12.93
同事	2.27	9.24	61.19	19.65	7.65
邻居	2.62	13.29	57.75	17.33	9.02
5年前	14.74	47.80	21.97	9.36	6.13

图13-11 社会期望值各指标的条形图

我们进一步将被访者在与各种参照群体进行比较时对个人生活水平的感知与评价做算术平均，生成"社会期望值（参照群体）"；将被访者与5年前进行比较时对个人生活水平的感知与评价作为"社会期望值（过去）"的操作化指标。统计结果显示，2021年时，人们的社会期望值平均为

43.48，其中，社会期望值（参照群体）的均值为56.41，标准差为17.96，社会期望值（过去）的均值为35.97，标准差为26.14。可以看到，社会期望值（过去）的均值明显低于社会期望值（参照群体），这一结果表明：随着社会的发展进步，人们的生活水平与过去相比都有了较大幅度的提升，但相对而言，与周围的参照群体进行比较时，人们的生活水平没有太大差距。

接下来，我们将社会期望值同各项自然社会特征做方差分析，具体探索社会期望值的差异分布，结果如表13-14所示。可以看到：第一，性别方面，社会期望值（参照群体）和社会期望值（过去）在性别上都没有显著差异；第二，年龄方面，总体上，年轻群体的社会期望值显著更低；第三，学历方面，高学历群体的社会期望值显著低于低学历群体；第四，收入方面，相较于低收入群体，高收入群体的社会期望值（参照群体）和社会期望值（过去）都显著更低；第五，户籍方面，非农户籍群体在社会期望值（参照群体）上显著低于农业户籍群体，而社会期望值（过去）在户籍上没有显著差异。

表13-14 各项自然社会特征与社会期望值的方差分析

	社会期望值（参照群体）				社会期望值（过去）			
	均值	标准差	样本量	方差检验	均值	标准差	样本量	方差检验
性别								
男	56.29	17.61	2089	$F=0.21$, $p=0.647$	36.52	26.72	2088	$F=1.71$, $p=0.191$
女	56.53	18.26	2394		35.49	25.61	2392	
年龄								
30岁以下	51.42	14.20	952		30.60	23.02	951	
30—39岁	54.94	16.97	824		37.74	26.11	824	
40—49岁	59.09	18.04	934	$F=31.24$, $p=0.000$	39.16	27.26	932	$F=16.71$, $p=0.000$
50—59岁	58.64	19.21	1062		37.76	27.11	1062	
60岁及以上	57.99	19.96	711		34.25	25.96	711	
学历								
小学及以下	62.00	20.47	1167		36.15	27.33	1166	
初中	57.97	17.76	1448		37.92	26.83	1447	
高中	53.73	15.92	879	$F=59.06$, $p=0.000$	34.98	25.32	879	$F=5.23$, $p=0.000$
大专	51.48	15.21	431		36.72	25.95	431	
本科	48.91	12.89	497		31.60	22.43	496	
研究生	47.58	11.12	61		30.74	22.08	61	

续表

	社会期望值（参照群体）				社会期望值（过去）			
	均值	标准差	样本量	方差检验	均值	标准差	样本量	方差检验
收入								
1000元及以下	57.62	18.48	992	$F=47.29$, $p=0.000$	38.90	26.98	991	$F=5.32$, $p=0.000$
1001—7000元	61.31	19.96	650		36.71	27.00	649	
7001—20000元	59.58	19.08	826		36.32	27.09	826	
20001—40000元	56.06	16.86	839		35.34	25.35	839	
40001—80000元	52.71	14.38	753		33.13	23.23	753	
80001元及以上	47.09	13.86	422		33.43	26.51	421	
户籍								
农业户籍	58.06	18.32	2883	$F=68.91$, $p=0.000$	36.06	26.75	2882	$F=0.13$, $p=0.722$
非农户籍	53.44	16.89	1599		35.77	24.95	1597	

2. 社会期望值对总体性社会情绪的影响

我们进一步要回答的问题是，社会期望值是否会影响人们的总体性社会情绪。图 13-12 采用局部加权回归散点平滑法（locally weighted scatterplot smoothing，LOWESS）来描述两者的变化趋势。LOWESS 是取一定比例的局部数据，在这部分子集中拟合多项式回归曲线，以观察数据在局部展现出来的规律和趋势。总体来看，社会期望值（参照群体）和社会期望值（过去）都与总体性社会情绪呈现出线性变化的关系，随着社会期望值的提升，总体性社会情绪的得分在不断减少。

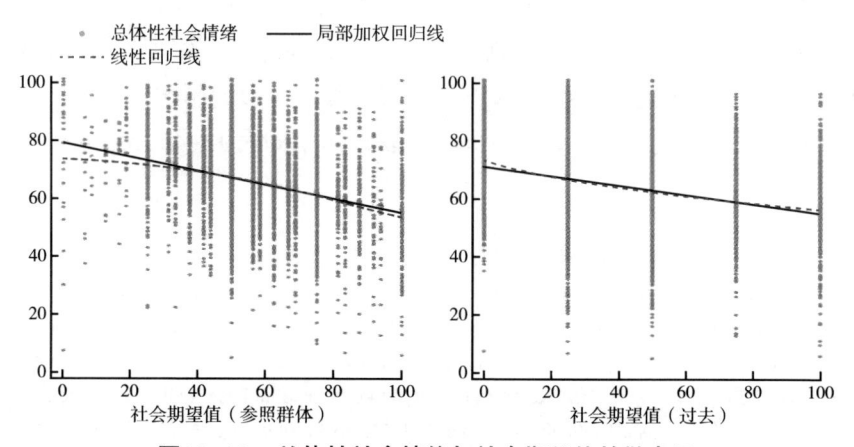

图13-12 总体性社会情绪与社会期望值的散点图

那么，社会期望值是如何对总体性社会情绪产生影响的呢？大量研究表明，当一个社会的不平等、不公平和不公正超过大众所能承受的限度的时候，就会在很大的程度上影响这个社会的稳定①。但一个社会的不平等和不公正并不是直接影响这个社会稳定的原因，只有在以下三种条件逐步递进并不断强化的情况下，才有可能导致一个社会的不稳定②。这三个条件简单地说就是：第一，人们的期望与实际获得之间的差距、地位的不一致性和不满意度变得愈来愈高；第二，社会的基本价值取向和行为规范发生动摇和混乱；第三，政府不作为。具体地说，不平等和不公正首先造成的一个最明显的社会后果是利益分配不当、激励机制扭曲和贫富差距过大。先富起来的群体以及一些腐败分子的炫耀性消费的示范效应，人们在经济制度中行为的激励结构扭曲以及社会生活中经济、政治行为规范与取向混乱，使人们的羡慕与妒忌、攀比与模仿、失落与愤怒等各种情绪交织在一起。如果再加上媒体不适当的炒作与推动，就会使得其他社会群体心理上的期望与实际获得的差距和地位的不一致性在相互比较的过程中变得愈来愈高，由此引发的不满意度就会变得愈来愈强烈。如果在这样一种情况下，我国政府在政策上没有做出适当的调整，在结构上没有做出适当的制度安排，那么，人们就会对一个社会的基本价值观念产生怀疑和动摇，对我国政府以及政府的行为越来越不信任，从而丧失对未来的信心。在这样的一种情况下，任何一个偶然的事件都必然引起这个社会大规模的动荡和全面的不稳定，人们的愤怒与不满就可能会用一种极端的方式发泄出来③。在此结构紧张与冲突的过程中，人们在期望与实际获得上的差距及其感受，即社会期望值，发挥了举足轻重的作用。也正是在上述意义下，我们认为，社会期望值是影响总体性社会情绪的微观、深层原因，并假设社会期望值对总体性社会情绪及其子量表有显著的负向影响。

通过回归分析具体探索两者间的关联，结果如表13-15所示。

---

① T. R. Gurr., *Why Men Rebel*, Princeton: Princeton University Press, 1971.

② Hanlin Li, Atteslander, Tanur & Wang, *Searching for Hidden Reality: Anomie and Social Change*, Biel: Swiss Academy of Development, 1998; Merton and Rossi, "Contributions to the theory of reference group behavior," in R. K. Merton, eds, *Social Theory and Social Structure*, New York: The Free Press, 1968, pp. 279-333; V. Nee, "A theory of market transition: From redistribution to markets in state socialism," *American Sociological Review*, Vol. 54, No.5 (1989), pp. 663-681.

③ 李汉林等：《发展过程中的满意度》，《社会学评论》2013年第1期，第75—88页。

表13-15 总体性社会情绪与社会期望值的回归分析

	模型1	模型2	模型3	模型4
	总体性社会情绪	总体性社会情绪	总体性社会情绪	总体性社会情绪
社会期望值（参照群体）		−0.239*** (0.014)		−0.186*** (0.015)
社会期望值（过去）			−0.159*** (0.010)	−0.124*** (0.010)
性别	0.626 (0.467)	0.287 (0.451)	0.289 (0.448)	0.098 (0.439)
年龄	0.830*** (0.192)	0.937*** (0.184)	0.937*** (0.186)	0.999*** (0.181)
学历	1.328*** (0.204)	0.713*** (0.199)	1.248*** (0.197)	0.790*** (0.195)
收入	0.292* (0.141)	−0.062 (0.137)	0.083 (0.135)	−0.146 (0.134)
户籍	−0.016 (0.512)	−0.184 (0.490)	0.183 (0.493)	−0.005 (0.479)
样本量	4482	4482	4174	4174
R^2	0.013	0.088	0.089	0.130

注：+ $p<0.10$，* $p<0.05$，** $p<0.01$，*** $p<0.001$；括号内为稳健标准误。

首先，在回归模型2中，控制性别、年龄等各项自然社会特征保持不变的情况下，社会期望值（参照群体）对总体性社会情绪有显著的负向影响，即社会期望值（参照群体）每上升1个单位，总体性社会情绪的得分平均减少约0.239个单位。回归模型2解释了总体性社会情绪8.8%的变异，相较于回归模型1，解释力度有较大提升。其次，回归模型3中，控制性别、年龄等各项自然社会特征保持不变的情况下，社会期望值（过去）对总体性社会情绪也有显著的负向影响，社会期望值（过去）每上升1个单位，总体性社会情绪的得分平均减少约0.159个单位。回归模型3解释了总体性社会情绪8.9%的变异，相较于回归模型1，该模型的解释力度也有较大提升。最后，回归模型4中，我们同时加入了两个自变量，可以看到，两个自变量的回归系数依然显著，该模型显著解释了总体性社会情绪

13.0%的变异,解释力度再次提升。其中,社会期望值(参照群体)的回归系数相对更大,表明相较于社会期望值(过去),社会期望值(参照群体)对总体性社会情绪的影响要更大一些,① 也即相比过去自身的情况,人们对于个人和社会的感知和评价更多受到与家人、朋友、同事等参照群体相互比较的影响。总的来说,我们的假设初步得到验证,社会期望值对总体性社会情绪有着显著的负向影响,并且其解释力度也相对较大。

我们进一步通过回归分析考察社会期望值与总体性社会情绪各子量表的关系。首先,总体性社会情绪的五个子量表均受到社会期望值(参照群体)显著的负向影响,结果如表13-16所示。具体来说,在控制各项自然社会特征保持不变的情况下,社会期望值(参照群体)每增加1个单位,对个体性事项的满意度平均减少0.397个单位,对社会性事项的满意度平均减少0.191个单位,人际信任平均减少0.205个单位,组织信任平均减少0.144个单位,社会信心平均减少0.562个单位。相较而言,社会期望值对社会信心的影响程度是最大的,且解释力度也是相对较大的。总的来说,在与参照群体的比较过程中,人们对期望与期望实现之间差距的评判与感受在相当大的程度上影响其对个人与社会的感知与评价。

表13-16 总体性社会情绪各子量表与社会期望值(参照群体)的回归分析

	模型1	模型2	模型3	模型4	模型5
	对个体性事项的满意度	对社会性事项的满意度	人际信任	组织信任	社会信心
社会期望值(参照群体)	−0.397*** (0.019)	−0.191*** (0.016)	−0.205*** (0.023)	−0.144*** (0.019)	−0.562*** (0.029)
性别	−0.436 (0.629)	−0.619 (0.503)	0.631 (0.733)	1.367* (0.609)	2.852** (0.978)
年龄	2.062*** (0.265)	0.961*** (0.208)	1.341*** (0.303)	0.983*** (0.256)	−4.008*** (0.400)
学历	3.937*** (0.278)	−0.188 (0.226)	0.633+ (0.325)	0.534+ (0.279)	0.566 (0.438)

① 因为社会期望值(参照群体)和社会期望值(过去)的量纲一致,所以可以直接通过读取回归系数进行比较。

续表

	模型1 对个体性事项的满意度	模型2 对社会性事项的满意度	模型3 人际信任	模型4 组织信任	模型5 社会信心
收入	0.298 （0.193）	0.214 （0.152）	−0.040 （0.222）	−0.596** （0.188）	−0.246 （0.292）
户籍	3.048*** （0.680）	0.278 （0.545）	−0.873 （0.788）	−1.929** （0.665）	−1.553 （1.063）
N	4482	4482	4482	4482	4482
R^2	0.181	0.044	0.025	0.022	0.128

注：$^+p<0.10$，$^*p<0.05$，$^{**}p<0.01$，$^{***}p<0.001$；括号内为稳健标准误。

其次，总体性社会情绪的五个子量表也都受到社会期望值（过去）显著的负向影响，结果如表13-17所示。

表13-17 总体性社会情绪各子量表与社会期望值（过去）的回归分析

	模型1 对个体性事项的满意度	模型2 对社会性事项的满意度	模型3 人际信任	模型4 组织信任	模型5 社会信心
社会期望值（过去）	−0.205*** （0.012）	−0.133*** （0.010）	−0.142*** （0.015）	−0.139*** （0.012）	−0.342*** （0.019）
性别	−0.225 （0.638）	−0.604 （0.500）	0.640 （0.729）	1.300* （0.602）	3.045** （0.975）
年龄	2.098*** （0.268）	1.004*** （0.209）	1.389*** （0.306）	1.041*** （0.255）	−3.935*** （0.402）
学历	4.761*** （0.280）	0.199 （0.222）	1.052** （0.320）	0.814** （0.272）	1.688*** （0.437）
收入	0.515** （0.195）	0.278+ （0.150）	0.033 （0.221）	−0.594** （0.186）	−0.010 （0.293）
户籍	3.431*** （0.700）	0.484 （0.545）	−0.663 （0.789）	−1.727** （0.660）	−0.886 （1.079）
N	4479	4479	4479	4479	4479
R^2	0.151	0.051	0.029	0.040	0.122

注：$^+p<0.10$，$^*p<0.05$，$^{**}p<0.01$，$^{***}p<0.001$；括号内为稳健标准误。

具体来说，在控制各项自然社会特征保持不变的情况下，社会期望值（过去）每增加 1 个单位，对个体性事项的满意度平均减少 0.205 个单位，对社会性事项的满意度平均减少 0.133 个单位，人际信任平均减少 0.142 个单位，组织信任平均减少 0.139 个单位，社会信心平均减少 0.342 个单位。相较来说，社会期望值（过去）对社会信心的影响程度是最大的，且解释力度也是最大的。与社会期望值（参照群体）对社会信心的影响相似，这说明人们对期望与期望实现之间差距的评判与感受在相当大的程度上影响其对个人未来发展的信心。总的来说，在与 5 年前进行比较时，人们对期望与期望实现之间差距的评判与感受也在相当大的程度上影响其对个人与社会的感知与评价。

上述数据分析结果表明，社会期望值是影响总体性社会情绪的微观、深层原因，关注人们的社会期望值，对于我们理解和解释总体性社会情绪的变化，进而稳定国家发展所必需的心理基础，具有不可忽视的重要意义。

四　小结

我们对 2021 年我国总体性社会情绪状况的分析概述如下。

第一，2021 年，我国总体性社会情绪状况良好。总体性社会情绪指数为 66.06，大于中值（50），表明 2021 年中国总体性社会情绪整体向高取值端倾斜，民众对微观个人生活状况和宏观社会状况都给予了较为积极的评价。其中，青年和老年群体、高学历群体的总体性社会情绪指数相对更高；总体性社会情绪在性别和城乡户籍上并不存在显著差异；收入与总体性社会情绪之间未呈现出清晰的变化趋势。在影响因素上，组织景气、互联网使用等均会对总体性社会情绪产生影响。具体来说，组织景气越高，其总体性社会情绪越积极；通过互联网浏览时政信息、商务或者工作、学习教育、网上购物的群体，其总体性社会情绪指数会相对更高。此外，从纵向比较来看，2017 年至 2021 年间，人们的总体性社会情绪的取值持续提高，增加了 4.93 个单位，表明人们对个人生活和社会发展状况有着积极的态度和评价，社会总体情绪稳定且积极。

第二，2021 年，人们的满意度相对较高，均值为 63.70，其中，对个体性事项的满意度均值为 59.02，对社会性事项的满意度均值为 68.37，表明人们对个人生活状况和社会发展状况都给予了较为积极的评价。其中，经济状况是民众满意度偏低但是影响权重较大的个体性事项；社会公平是民众满意度偏低但是影响权重相对较大的社会性事项。因此，今后的公共政策设计中应该着重提升人们的经济状况，并重点关注分配的公平性问题，提升人们的公平感和满意度。此外，对个体性事项的满意度与对社会性事项的满意度间呈正相关关系，也就是说，微观层面上个体对自我生活状况的评价将影响其对社会状况的评价。对满意度进行纵向比较，从2017年至2021年，人们对个体性事项的满意度和对社会性事项的满意度都在稳步上升。相较而言，社会性事项上的满意度的增长幅度明显更大，且指数均值一直明显高于同期对个体性事项的满意度。

第三，2021年，人们的社会信任平均为66.68，其中，人际信任均值为62.00，组织信任均值为69.35。这一结果表明，人们的社会信任都比较高，但相较于对组织的信任而言，人际信任水平要较低一些。进一步分析发现，人们对新闻媒体、慈善机构和乡镇政府的信任度较低，其中，乡镇政府的信任度对人们组织信任还有较大的影响力。因此，加强基层政府职能能力的建设，提升基层政府在民众心中形象是国家治理中的重要内容。

第四，2021年，人们的社会信心均值为71.67，表明人们对于自我向上发展具有比较充足的信心。纵向进行比较，从2017年至今，人们的社会信心有比较明显的增幅，增加了27.44%。其中，女性群体、青年群体、高学历群体、高收入群体和非农户籍群体的社会信心相对更为充足。

第五，2021年，人们的社会期望值平均为43.48，其中与参照群体比较所生成的社会期望值的均值为56.41，与过去状况比较所生成的社会期望值的均值为35.97，表明与过去相比，人们追求更好生活的期望的实现程度较高，但与参照群体比较，人们期望与期望实现间的差距相对更大。进一步的分析表明，社会期望值对总体性社会情绪及其各子量表都有显著的负向影响，其中，社会期望值（参照群体）对总体性社会期望的影响相对更大，这表明相比过去自身的情况，人们对于个人和社会的感知和评价更多受到与家人、朋友、同事等参照群体相互比较的影响。

可以看到，我们不厌其烦地描述与分析人们的主观感受，它基于这样一个事实，即人们或许对于宏观的社会运行态势理不清和道不明，但是对于个体生活与周遭环境的变化有着最为直接和深刻的感受，即自己的生活过得好不好、满不满意，与他人相处信不信任，对未来有没有信心。当这些社会情绪跨群体弥散开来并沉淀下来时，就形成了一个社会的总体性社会情绪，并具有反映一个社会总体性社会事实的特征。也就是说，总体性社会情绪可以反映一个社会是否运行稳健，当各种社会群体普遍感到自己的生活稳定、安全、舒适和有意义时，就更倾向于遵守社会的价值规范、支持社会的发展，并且更有可能主动参与社会的建设；相反，当各种社会群体普遍感到不满、担忧或不安全时，就容易对社会的发展产生怀疑和抵制，表现出抗拒社会规范、疏远社交关系，甚至破坏社会秩序的行为倾向，从而限制社会的发展潜力。正是在这个意义上，我们通过描述与分析民众对个人生活状况和社会发展状况的感知与评价，来把握一个社会的总体性社会情绪，具有重要的理论和实际意义，它构成了我们研判社会发展态势的事实资料。

就调查时点来说，我们努力勾连当时的结构背景和总体性社会情绪，可以看到的是，相较于2017年和2019年，人们在总体性社会情绪上的表现持续向积极面演进，已经达到一个相当高的程度。这一方面是因为，在世界经济低迷、新冠疫情肆虐等因素的冲击下，我国社会经济大局保持稳定，既推动体制机制改革不断深入，直面并逐步解决各种结构性矛盾，也不断完善公共服务体系、提升公共服务水平，监测并回应老百姓的急难愁盼，整体上取得了新的突破和成绩，人民生活安定有序；另一方面也是因为，面对新冠疫情等系统性风险所导致的苦难时，中国人民和中华民族表现出强大的韧性和高度的团结，尤其是在一个特殊的时间节点上，即中国共产党建党一百周年，我们系统地回忆和梳理一百年来我们党和国家所付出的努力和取得的成绩，也促使全社会的向心力和凝聚力极大提升。这种高度积极的总体性社会情绪可以为社会发展提供充足的动力，但与此同时，我们也要警惕情绪振奋所带来的自大、盲从甚而是集体无意识。因为我们必须清楚地认识到，我国所面临的挑战和风险依然巨大，深化改革和社会转型之路道阻且长，这个时候，我们尤其需要理性地认识、果敢地判断和坚韧地应对发展中的各种问题。其基本前提和重点是要预防我国的总体性社会情绪过度"悬浮"于客观的个人与社会状况，让全党全国各族人民经得起敲打、耐得住性子、面对得了批评。在这个意义上，我们要宽容总体性社会情绪此后可能出现的波动，并且当各种问题渐次暴露出来的时候，要因势利导包括政府、市场、社会在内的各种主体发挥其能动作用，夯实国家能力的基础，从而使得总体性社会情绪更加稳定且积极,让社会经济可持续发展的动力、空间和潜能也相对更大。这个过程,有待中国人民和中华民族仰望星空,坚定共产主义理想信念;脚踏实地,探索共商共建共享机制。新的征程刚刚开启,未来由我们共同书写。

第十四章

总体性社会情绪的趋势分析

一 总体性社会情绪的变化趋势：1987—2021年

改革开放以来，中国的经济从低效率的计划经济转向效率更高的市场经济，从封闭走向开放。在此转变下，中国经济发展迅速，成为当之无愧的制造大国，综合国力也在不断增强，对世界经济格局的影响也越来越大，中国在国际社会中的地位和作用越来越重要，这对我国以后的发展起着重要的作用。从计划经济走向市场经济的转型，促使中国经济走向富足。1978年实行了家庭联产承包制，废除了原来人民公社"一大二公"①的低效率体制，恢复了农户个体经营的方式，逐步解决了农民的温饱问题，缩小了城乡差距。这同时证明，农村改革先行不仅实现了农民生活上的自给自足，而且推动了整个中国经济的快速发展，缩小了中国与发达国家之间的差距，为中国科技、教育的发展提供了坚实的基础。从封闭走向开放，中国经济逐步走向繁荣。1980年我国建立了四个经济特区，吸引外资，逐步开放自由贸易。80年代中期把特区的一部分政策扩大到天津、上海等十四个沿海开放城市，随后逐步把这些开放政策推向全国，打破了当时中国封闭的状态。② 从"引进来"到"走出去"，吸引了大量外资，促

---

① 1958年中共中央在社会主义建设总路线的指导下开展了人民公社运动，该运动有两个特点，简称"一大二公"。"一大"指规模大，一个公社平均有500户农民，1000个劳动者和1000亩土地；"二公"指的是公有化程度高，原属于农业社员的一切土地连同耕畜、农具等生产资料以及一切公共财产都无偿收归公社所有。对农业生产进行管理的机构设置为三级，包括管理委员会、生产大队和生产队。

② 王小鲁：《改革40年与中国经济的未来》，《新金融》2018年第7期，第25—30页。

进了对外贸易增长，使外贸迅速发展起来，同时提升了中国在国际上的影响力。改革开放40多年以来，中国改革已经开始逐步深化，并实现了从农村到城市、从经济领域到其他各个领域的全面展开；中国对外开放的大门已经全方位打开，实现了从沿海到沿江沿边、从东部到中西部的循序打开，中国的进出口业务也逐渐增多，对世界经济格局产生了不小的影响。

国家统计局对外发布改革开放40年经济社会发展成就报告显示[①]如下。首先，在经济方面，40年来中国经济实现巨变，经济发展跃上新台阶。第一，经济总量实现跨越式增长。1978年，中国国内生产总值只有3679亿元，2017年站上80万亿元的历史新台阶，达到827122亿元。1978年，中国经济总量居世界第十一位，2010年超过日本，成为世界第二大经济体。2017年，中国国内生产总值折合12.3万亿美元，占世界经济总量的15%左右。近年来中国对世界经济增长的贡献率超过30%，日益成为世界经济增长的动力之源、稳定之锚。第二，经济结构实现重大变革，发展的协调性和可持续性明显提高。2017年，服务业比重提升至51.6%，比1978年上升27个百分点，对经济增长的贡献率为58.8%，提高30.4个百分点。经济增长由主要依靠第二产业带动转向依靠三次产业共同带动。2017年末，中国常住人口城镇化率为58.52%，比1978年末上升40.6个百分点，年均上升1个百分点。城乡居民收入差距持续缩小，2010年以来农村居民收入实际增长速度连续8年快于城镇。第三，对外经济发展成绩斐然，全方位开放新格局逐步形成。改革开放初期，中国对外经济活动十分有限，1978年货物进出口总额仅为206亿美元，居世界第二十九位。2017年，货物进出口总额达到4.1万亿美元，比1978年增长197.9倍，年均增长14.5%，居世界第一位。外商投资规模和领域不断扩大。

其次，在产业结构方面，基础产业和基础设施跨越式发展，供给能力实现从短缺匮乏到丰富充裕的巨大转变。第一，农业基础地位不断强化。2017年，我国粮食总产量稳定在1.2万亿斤以上，比1978年翻一番。近年来，我国谷物、肉类、花生、茶叶产量稳居世界第一位，油菜籽产量稳居世界第二位，甘蔗产量稳居世界第三位。第二，工业生产能力不

[①] 参见李婕《国家统计局发布改革开放40年经济社会发展成就报告》，中国政府网，2018年8月29日，http://www.gov.cn/xinwen/2018-08/29/content_5317294.htm。

断提升。2017年，钢材产量10.5亿吨，比1978年增长46.5倍；水泥产量23.4亿吨，增长34.8倍；汽车产量2902万辆，增长193.8倍。第三，交通运输建设成效突出。2017年末，铁路营业里程达到12.7万公里，比1978年末增长1.5倍，其中高速铁路达到2.5万公里，占世界高铁总量的60%以上。2017年末，公路里程477万公里，比1978年末增长4.4倍。第四，邮电通信业快速发展。2017年末，全国移动电话普及率达到102.5部/百人；建成了全球最大的移动宽带网，移动宽带用户达11.3亿户。第五，科技创新成果大量涌现，发展新动能快速崛起。载人航天、探月工程、量子科学、深海探测、超级计算、卫星导航、高铁、核电、特高压输变电……近年来，战略高技术领域取得重大原创性成果，高端装备大步走向世界。2017年，中国研究与试验发展（R&D）经费支出17606亿元，比1991年增长122倍，年均增长20.3%。中国研发经费总量在2013年超过日本，成为仅次于美国的世界第二大研发经费投入国家。

最后，在民生方面，人民生活发生翻天覆地的巨大变化，占世界1/5的人口从温饱不足迈向全面小康。第一，人均可支配收入大幅提高。1978年，全国居民人均可支配收入仅171元，2009年突破万元大关，2014年突破2万元大关，正向3万元大关迈进。2017年，全国居民人均可支配收入达到25974元，扣除价格因素，比1978年实际增长22.8倍，年均增长8.5%。第二，就业人数大幅增加。1978—2017年，全国就业人员从40152万人增加到77640万人，年均增加961万人。城镇登记失业率长期处于低位，城镇调查失业率低于全球平均水平。按照2010年标准，改革开放之初，全国有7.7亿农村贫困人口，贫困发生率高达97.5%。2017年末，全国农村贫困人口减少为3046万人，累计减少7.4亿人，贫困发生率下降至3.1%。第三，社会事业繁荣发展，经济社会发展协调性全面提高。15岁及以上人口平均受教育年限由1982年的5.3年提高到2017年的9.6年，劳动年龄人口平均受教育年限达到10.5年。高等教育向普及化阶段快速迈进。2017年，高等教育毛入学率达到45.7%，高于中高收入国家平均水平。①

我们对总体性社会情绪的趋势分析就是在这样的一个结构背景下进

---

① 《国家统计局发布改革开放40年经济社会发展成就报告——中国实现历史性跨越》，《人民日报（海外版）》，2018年8月29日，http://paper.people.com.cn/rmrbhwb/html/2018-08/29/content_1877751.htm。

行的。我们希望通过对1987—2021年总体性社会情绪的调查分析，验证国家客观发展的状况和人们日常关于柴米油盐的具体的主观感受是否耦合，两者能否相互验证且是否能够反映发展的趋势。也只有在主观感受与客观事实相互耦合、微观与宏观相互勾连验证以及反映发展趋势的情况下，总体性社会情绪的研究才可能为进一步的学术研究提供科学基础，为高质量的国家治理提供有效的政策工具。同时，我们也试图说明在中国社会发展与变迁的这30多年时间里，总体性社会情绪始终如影相随，时起时伏地推动着社会向前发展。而有意识地抓住我国社会中的总体性社会情绪，适时调整我国的社会政策，那么，就会极大地提高我国的治理水平和能力。

需要再次强调的是，在这12个全国性的问卷调查数据中[①] 1987年、1993年和2001年的调查与其他年份的调查在问卷设计等方面存在一定的差异。因为早期的调查是根据当时的需要，针对当时所要解决的问题而拟定研究假设和设计问卷，而并没有刻意地去设计关于总体性社会情绪的测量量表，实事求是地说，当时对这方面的认识应该说也是十分模糊的。从2012年的调查开始，我们才有针对性地围绕社会景气、总体性社会情绪等概念进行系统性的研究、量表设计和优化。因此，从严格的方法论意义上来说，将早期数据与2012年之后的数据放在一起比较，可能由于测量指标不同而显得不那么严谨。但是，在这项研究中，我们仍然试图利用这些数据来刻画总体性社会情绪的变化趋势，以及去检验我们的量表和研究假设。我们这样做，主要是基于以下两点考虑。

第一，尽管各年度的测量指标不尽相同，但是都能一定程度上测量总体性社会情绪的主要特征，只是效度水平存在一定差异。1987年、1993年和2001年的调查对总体性社会情绪的测量是一种粗线条式，没有像2012年及之后的调查一样从满意度、社会信任和社会信心三个维度进行精细化的测量，但是从结果上看依然能够反映出人们对于个人和社会发展的总体感受和态度，这种总体感受和态度与人们的满意度、社

---

① 为了对数据进行深入分析，在2019年的调查中我们用了两项调查数据。一个来自中国社会状况综合调查（CSS），据此来分析2019年总体性社会情绪；另一个用的是中国工作环境研究团队实施的中国工作环境研究的调查，以此来分析2019年组织景气的状况。在这里做趋势分析的时候，我们只用了11项数据。

会信任和社会信心有着紧密的联系。用一个形象的比喻，早期的量表更类似于传统的秤，尽管不如后来的电子秤那么准确，但是依然能够一定程度上测量事物的特定属性。事实上，测量工具的优化和发展是一定存在的，2012年及之后，随着我们对相关概念认知的不断加深，我们的测量量表也在不断修订和完善。从方法论的角度，尽管各年度指标并不完全一致，但是只要指标测量的是相似的概念特征，就具有一定的比较基础。

第二，总体性社会情绪的研究到目前为止依然处在初级阶段，本研究呈现的也是一种初步的、探索性的研究结果，我们希望通过这些调查所做的分析以及由此所得出的分析结论能够为将来进一步的研究奠定基础。因此，我们一方面承认由于抽样方法的限制、时间跨度长、我们在不同时期对总体性社会情绪理解存在差异以及样本量大小的局限等诸多因素会削弱各年度结果的比较基础；但是另一方面我们也认为，这种限制条件下的比较结果具有一定的学术价值，它依然能够一定程度上揭示出总体的一些结构性特征和发展趋势。这些探索性的知识和结论，对于我们进一步理解目前中国所发生的社会变迁，理解在中国社会变迁的大背景下人的态度和社会行为，都是非常有益的。

我们客观地把这一问题摆出来，既是为了给同行一个实事求是的交代，也是为了让同行对我们研究的轨迹有一个清楚和历史的了解，同时也为我们自己对过去的研究进行一个比较理性的梳理。

图14-1展示了1987—2021年总体性社会情绪的变动情况与趋势。可以看到，从1987年到2021年，人们的总体性社会情绪取值呈现波动式上升的态势。首先，在1987年，总体性社会情绪处于相对较低的水平，处于情绪不稳定的状态之中；到了1993年，总体性社会情绪出现了较大程度回升，达到61.51；不过随后又开始下降，2001年之后才再次进入上升阶段；之后，人们的总体性社会情绪都处于较高水平，并且稳步提升。这表明中国民众对个人和社会的现状与预期表现出较为积极的态度，对个人与社会的发展状况的主观感受良好，情绪积极向上，对未来有很好的期望。

进一步观察总体性社会情绪三个维度（满意度、社会信任和社会信心）的变化。首先，如图14-2所示，1987—2021年，满意度总体上呈现上升态势，从1987年的40.21增长到2021年的63.70，增长幅度较大。满意度是人们在心理层面的一种主观感受，其包含对个体福祉状况的评价，也包括人们对自身所处社会环境的评价。在微观上，人们会直接从自身经济收入状况、社会地位状况以及向上流动机会状况，即从个人可持续发展的角度来感受和评价。在中观和宏观上，人们可以从社区对自身生活的影响、国家政策对生活质量的改善、社会包容和社会参与对自身的影响程度等诸方面来感受和评价。从1987—2021年满意度的变化来看，人们对于个人和社会发展状况的评价从相对消极转变为相对积极，这种变化正是这一时期社会经济与民生发展的真实写照。

	1987年	1993年	2001年	2013年	2015年	2017年	2019年	2021年
总体性社会情绪	43.20	61.51	52.88	59.85	63.60	61.13	63.44	66.06

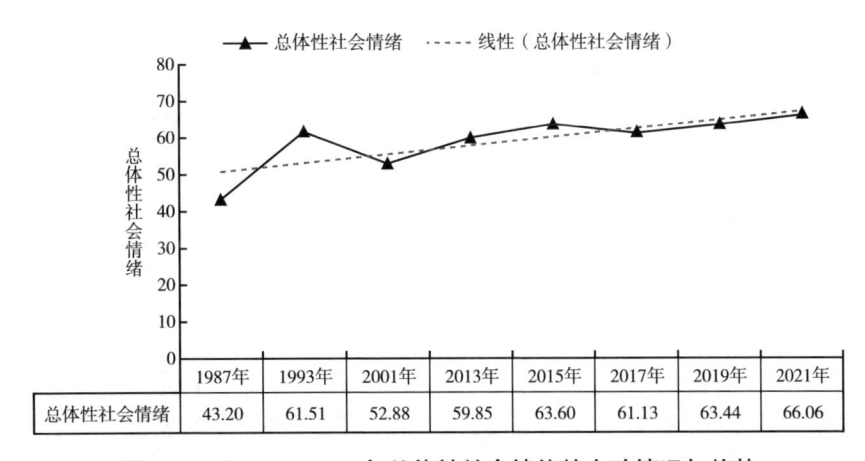

图14-1　1987—2021年总体性社会情绪的变动情况与趋势

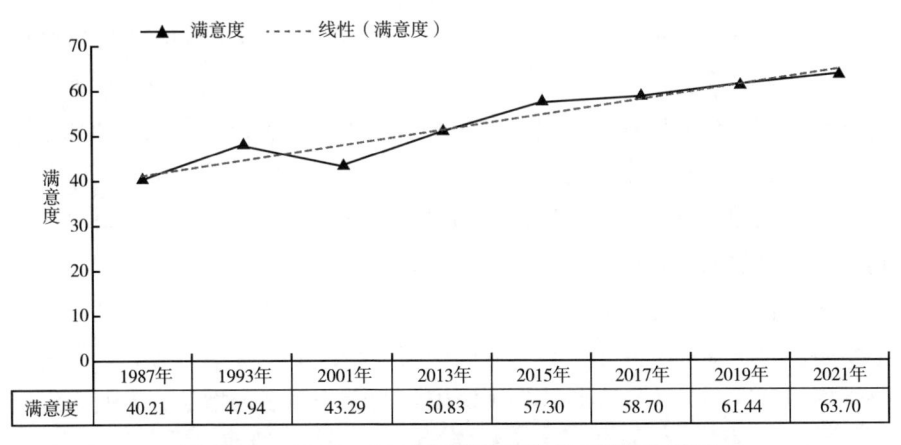

	1987年	1993年	2001年	2013年	2015年	2017年	2019年	2021年
满意度	40.21	47.94	43.29	50.83	57.30	58.70	61.44	63.70

图14-2　1987—2021年满意度的变动情况与趋势

其次，从图 14-3 可以看到，在 1987—2021 年，除了 1987 年和 1993 年的数据存在一定的偏离之外，中国民众的社会信任度总体上稳中有进，2001—2021 年，社会信任从 62.49 增长至 65.68，一直处于较高水平。信任作为人们社会互动系统中的通讯媒介，和其他社会子系统的通讯媒介一样，在维持系统运行以及发挥系统功能的过程中起着不可替代的作用。一个社会的社会信任度愈高，那么这个社会的系统功能就会发挥得愈好，系统效率就会愈高。在这一时期，中国经济和社会经历了高速的发展，我们相信这一发展背后，正是以我们观察到的较高的社会信任度为支撑的。

	1987年	1993年	2001年	2013年	2015年	2017年	2019年	2021年
社会信任	46.36	75.47	62.49	63.07	63.75	64.11	63.92	65.68

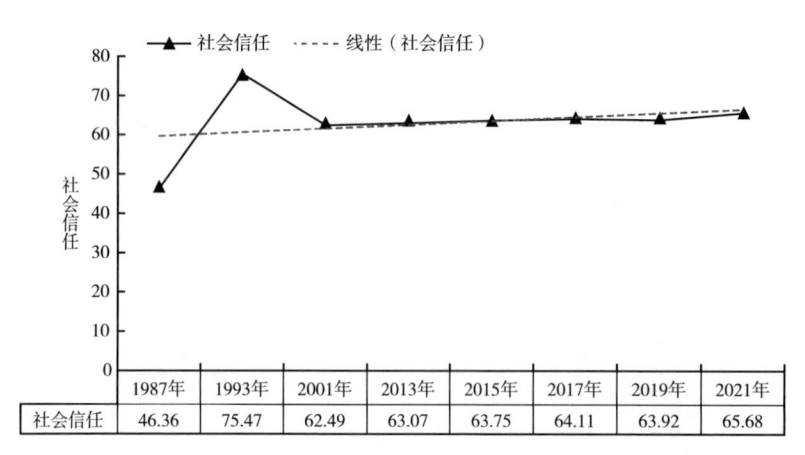

图14-3　1987—2021年社会信任的变动情况与趋势

最后，如图 14-4 所示，在 1987—2021 年，中国民众的社会信心处于波动状态之中。社会信心主要是指人们对国家的经济社会发展形势，对物价、教育、社会保障、治安、食品安全、社会公平公正、就业和社会风气等宏观层面以及对个体的收入、住房、工作、健康、发展机会等微观方面的主观感受进行综合判断后得出的对未来发展前景的看法，折射出来的则是人们对国家未来社会发展的预期，反映的是人们对未来社会发展与进步的期待和希望。这一时期，中国民众社会信心的波动在一定程度上反映了转型发展时期社会处于一种欣欣向荣与严峻挑战并存的状态，人们主观感受到的欣欣向荣主要还是我们国家宏观的经济发展与增长，人们主观感受到的严峻挑战主要来自社会发展滞后所带来的结构性紧张。① 正确认识和处理这种结构性紧张,使得经济发展与社会发展保持同步,是中国在新的发展阶段面临的一个重要课题。

	1987年	1993年	2001年	2013年	2015年	2017年	2019年	2021年
社会信心	46.36	75.47	62.49	67.92	77.19	56.23	63.36	71.67

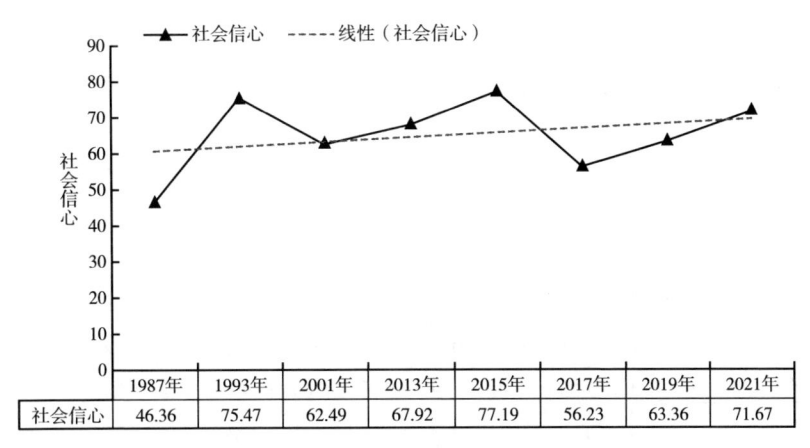

图14-4　1987—2021年社会信心的变动情况与趋势

二　变化趋势的进一步分析:基于年龄—时期—世代模型

前面我们对于总体性社会情绪变化趋势的分析只是考察了"时期"这一个时间因素,并且是在未控制其他变量下的一个粗效应。已有的研究表明,社会学领域主要有三种可识别的时间趋势效应:年龄、时期与世代效应。② 具体而言,年龄效应反映的是与年龄相关的、伴随生命历程和因社会角色更替而产生的变化;时期效应反映的是不同调查年份的宏观社会经济状况差异对不同时期个体产生的差异性影响;世代效应则反映的是相同社会变迁因素(如早年生活条件、社会因素或社会经历)对出生于同一年

---

① 李汉林:《要注重和加强社会景气和社会信心的研究》,《中国社会科学报》2012年12月31日,A02版。

② N.D. Glenn, "Distinguishing age, period, and cohort effects," in J. T. Mortimer and M. J. Shanahan, eds, *Handbook of the Life Course*, New York: Kluwer Academic/Plenum, 2003, pp. 465-476;吴晓刚、李晓光:《中国城市劳动力市场中教育匹配的变迁趋势——基于年龄、时期和世代效应的动态分析》,《中国社会科学》2021年第2期,第102—122页。

代的人群可能会有相似的影响。① 我们对中国总体性社会情绪的变迁研究也同样需要考虑这三方面的效应。因此,本部分将基于 2013—2019 年的调查数据,同时通过更换模型的方式进行进一步分析。其中,时期效应的分析可以视为是对上一部分结论的稳健性检验,年龄效应和世代效应的分析可以视为趋势研究的拓展和深化。

(一)数据、变量与方法

1. 数据来源

具体涉及两个调查项目:中国社会态度与社会发展调查(2013 年、2014 年、2015 年和 2016 年)和中国工作环境与社会态度调查(2019 年②),两个项目均由中国社会科学院项目团队设计实施完成。③ 项目均采用多阶段 PPS 抽样和入户访问结合的调查设计,覆盖全国 20 多个省(自治区、直辖市)。经过数据清理,本研究最终样本量为 29363。

2. 变量

(1)因变量为总体性社会情绪,包含三个主要维度,即满意度、社会信任和社会信心,具体包含五个指标——个人满意度、社会满意度、社会信任、个人信心和社会信心。④ 由于总体性社会情绪测量具有复杂性,并且一直在不断改进,因此每个年度调查所采用的指标并不完全一致。不

---

① Yang Yang, Kenneth C. Land, "A mixed models approach to the age-period-cohort analysis of repeated cross-section surveys, with an application to data on trends in verbal test scores," *Sociological Methodology*, Vol. 36, No.1 (2006), pp. 75-97; Yang Yang, Kenneth C. Land, "Age-period-cohort analysis of repeated cross-section surveys: Fixed or random effects?" *Sociological Methods and Research*, Vol. 36, No. 3 (2008), pp. 297-326.

② 需要说明的是,第十二章的 2019 年总体性社会情绪相关数据来自中国社会状况综合调查(CSS),本章节的分析采用的则是"中国工作环境与社会态度调查"的调查数据,后一项调查与测量题目的设计上与 2013—2016 年调查保持高度一致。因此,由于数据来源不同,2019 年的分析结果可能在前后文中有所差异。

③ 前文分析中使用的 1987 年、1993 年和 2001 年三个年度的调查也是由中国社会科学院相关项目团队设计实施的,但是由于当时总体性社会情绪的概念尚未提出,因而并未进行专门性测量,为了保证概念测量的信效度,在变化趋势的进一步分析中,我们舍弃了该部分数据。

④ 理论上包含六个指标,不过由于个人信任在一些调查年度没有测量,也无法找到可以替代的题目,因此在此部分做了省略处理。尽管缺少一个指标的信息,但是我们认为,这种缺失对总体性社会情绪测量的影响是有限的,由于各个指标之间存在紧密的相关性,该指标的信息可以在一定程度上通过其他指标得以反映。

过，这种差异对跨期比较的影响较小。我们测量的是一种总体性社会情绪，其三个维度之间具有紧密的相关性，基于因子分析法的权重确定方式，使得内在相关度高的指标有更大权重，少数几个指标的差异对总体概念的影响较小。具体来说，以2019年总体性社会情绪测量为例，个人满意度的测量包含六个指标，涉及人们对个人收入水平、家庭经济状况、住房状况、工作状况、社会地位、发展机会等方面的满意度评价，量表的内部一致性系数为0.90；社会满意度的测量包含七个指标，涉及人们对幼儿抚育、教育、就业、养老、医疗、住房和社会救助等方面的满意度评价，量表的内部一致性系数为0.91；个人信心和社会信心是对上述个人事项和社会事项各方面"变好"或"变差"的预期，量表的内部一致性系数分别为0.90和0.89；社会信任是对政府及社会制度环境的信任度评价，量表包含三个题项，内部一致性系数为0.86。总体性社会情绪的计算采用等权法赋权，利用线性加权法进行指标合成，指标的内部一致性系数为0.92。

（2）自变量包括年龄、时期和世代。年龄仅保留16—70岁区间样本，采用两种处理方式，一是作为连续变量，同时生成年龄的平方项，二是处理为虚拟变量，采用通常使用的5岁一组，将年龄处理为"16—20岁""21—25岁"等11个组别。时期为调查年份，分别为2013年、2014年、2015年、2016年和2019年，处理为虚拟变量，分别编码1—5。世代为出生年份，值域为1942—2003年，同样处理为虚拟变量，将5个年份分为一组，同时为了同"80后""95后""00后"等经验表达一致，我们对首尾分组进行了特别处理，将"1942—1949年"和"2000—2003年"分别处理为一组。

（3）控制变量方面包含基本的社会人口学变量，即性别、学历、婚姻状况、户籍、政治面貌，也纳入了两个涉及社会分层的变量——相对收入和社会地位自评。

变量的描述性统计结果见表14-1。

表14-1　总体性社会情绪趋势分析中相关变量的描述性统计结果

变量	均值/频率	标准差	编码或值域情况说明
总体性社会情绪	63.90	12.95	值域1.87—100
年龄	37.87	12.34	值域16—70岁

续表

变量	均值/频率	标准差	编码或值域情况说明
年龄组	4.96	2.48	16—20岁=1，66—70岁=12
时期	3.46	1.68	2013年=1，2014年=2，2015年=3，2016年=4，2019年=5
世代组	6.98	2.55	1942—1949年=1，2000—2003年=11
性别（男）	45.91%	-	值域16—70
学历	4.16	1.19	未读书=1，小学=2，初中=3，高中（中专）=4，大专=5，本科=6，研究生=7
婚姻状况（已婚）	76.55%	-	未婚=0，已婚=1
户籍（农业）	19.48%	31.33%	非农户籍=0，农业户籍=1
政治面貌	8.82%	-	非党员=0，党员=1
相对收入	2.70	0.84	很低=1，较低=2，一般=3，较高=4，很高=5
社会地位自评	4.00	1.75	值域1—10

3. 方法

对总体性社会情绪的变迁研究采用年龄—时期—世代模型（Age-Period-Cohort Model，简称"APC 模型"）。APC 模型的基本表达式为：

$$Y=\alpha+\beta_1 Age+\beta_2 Period+\beta_3 Cohort+\beta_i X_i+e$$

其中，α 为截距项，Y 为因变量总体性社会情绪，β_1 表示年龄效应，β_2 表示时期效应，β_3 代表世代效应，β_i 是控制变量的回归系数，X_i 为控制变量，e 表示残差。由于年龄、时期和世代之间存在"年龄—时期—世代"的关系，导致模型出现严重的共线性问题。为了解决 APC 模型的识别问题，学者提出了很多解决方法。[①] 本章选择最基本的虚拟变量分组法，虚拟变量分组模型是将年龄、时期和世代进行分组处理，从而解决原始方程识别不足的问题。参照吴晓刚和李晓光[②]的做法，本章在操作中具体采用两种分组法：一是将年龄作为连续变量（同时纳入年龄和年龄平方），

---

① 王金水、吴愈晓、许琪：《年龄—时期—世代模型的发展历程与社会科学应用》，《社会研究方法评论》2022 年第 2 期，第 100—132 页。

② 吴晓刚、李晓光：《中国城市劳动力市场中教育匹配的变迁趋势——基于年龄、时期和世代效应的动态分析》，《中国社会科学》2021 年第 2 期，第 102—122 页。

将时期和世代作为虚拟变量纳入模型，二是将年龄、时期、世代都作为虚拟变量纳入模型，其中时期为实际调查年份，年龄和世代以5年为时间间隔。

此外，由于APC模型的不同的估计方法存在一定不足，有学者建议应该使用至少两种方法进行估计。对此，本章使用学者常用的多层交叉随机效应模型（HAPC模型）进行稳健性检验。该模型的基本原理是基于多层次模型（亦称作混合模型）的设定，将年龄、时期和世代三者中的一个或两个放到第二层，从而使得三者不在同一测量层次，这样就避开三者的完全共线性问题，从而可以较准确地识别三者的"净效应"。在具体分析中，本研究将年龄作为个体层次的变量，即多层模型的第一层（固定效应部分），将时期和世代作为更高层次变量，即多层模型的第二层（随机效应部分）来拟合分层较差随机效应。[①] 其数学表达如下：

第一层模型：

$$Y_{ijk}=\beta_{0jk}+\beta_1 Age_i+e_{ijk} \tag{1}$$

其中，其中 β_{0jk} 为模型截距，Age_i 代表 i 个年龄效应，e_{ijk} 为误差项。

第二层模型：

$$\beta_{0jk}=\gamma_0+Period_{0j}+Cohort_{0k} \tag{2}$$

其中 γ_0 为模型截距，$Period_{0j}$ 代表第 j 个时期效应，且 $Period_{0j}$ 服从正态分布，$Cohort_{0k}$ 代表第 k 个世代效应，且 $Cohort_{0k}$ 服从正态分布。将上述式（2）代入式（1）就可以得到HAPC模型的最终方程：

$$Y_{ijk}=\gamma_0+Period_{0j}+Cohort_{0k}+\beta_1 Age_{ijk}+e_{ijk} \tag{3}$$

（二）实证结果

表14-2展示了基于虚拟变量法APC模型估计结果，其中模型1是

[①] 吴愈晓、王金水、王旭洋：《中国性别角色观念变迁（1990—2018）：年龄、时期和世代效应及性别差异模式》，《中华女子学院学报》2022年第4期，第76—90页。

将年龄作为连续变量（同时纳入年龄和年龄平方），将时期和世代作为虚拟变量纳入模型，模型2是将年龄、时期和世代都作为虚拟变量纳入模型。

从两个模型可以看到，所有控制变量均会对总体性社会情绪产生显著的影响。具体来说，女性群体、高学历群体、已婚群体、党员群体、相对收入和自评社会地位较高群体的总体性社会情绪感知更高。我们将在控制这些变量的前提下，进一步讨论总体性社会情绪的年龄、时期和世代效应。

表14-2 基于虚拟变量法的APC模型估计结果

	模型1 总体性社会情绪	模型2 总体性社会情绪
年龄	−0.234* （0.104）	
年龄平方	0.002⁺ （0.001）	
年龄组 （以16—20岁为参照组）		
21—25岁		−1.527*** （0.431）
26—30岁		−1.564** （0.539）
31—35岁		−1.215⁺ （0.666）
36—40岁		−1.600* （0.796）
41—45岁		−1.374 （0.916）
46—50岁		−1.720⁺ （1.036）

续表

	模型1 总体性社会情绪	模型2 总体性社会情绪
51—55岁		−2.186+
		(1.169)
56—60岁		−2.070
		(1.334)
61—65岁		−0.741
		(1.526)
66—70岁		0.058
		(1.746)
时期 （以2013年为参照组）		
2014年	1.842***	1.819***
	(0.219)	(0.217)
2015年	2.663***	2.581***
	(0.234)	(0.224)
2016年	3.371***	3.247***
	(0.259)	(0.241)
2019年	7.059***	6.776***
	(0.384)	(0.335)
世代 （以1942—1949年为参照组）		
1950—1954年	−0.973	−0.227
	(0.683)	(0.778)
1955—1959年	−1.727+	−0.176
	(0.895)	(0.993)
1960—1964年	−3.465**	−1.936+
	(1.148)	(1.133)
1965—1969年	−3.914**	−2.644*
	(1.359)	(1.215)
1970—1974年	−4.736**	−3.497**
	(1.550)	(1.292)

续表

	模型1 总体性社会情绪	模型2 总体性社会情绪
1975—1979年	−5.402** （1.730）	−3.820** （1.375）
1980—1984年	−5.885** （1.883）	−4.060** （1.453）
1985—1989年	−6.036** （2.023）	−3.570* （1.534）
1990—1994年	−6.101** （2.157）	−3.270* （1.619）
1995—1999年	−5.856* （2.302）	−3.377+ （1.729）
2000—2003年	−3.980 （2.839）	−1.496 （2.321）
性别	−0.977*** （0.127）	−0.985*** （0.127）
学历	0.339*** （0.066）	0.336*** （0.066）
婚姻状况	0.502* （0.209）	0.432* （0.208）
户籍	0.558*** （0.142）	0.577*** （0.142）
政治面貌	0.691** （0.237）	0.741** （0.238）
相对收入	2.122*** （0.083）	2.122*** （0.083）
自评社会地位	0.955*** （0.041）	0.954*** （0.041）
常数项	58.778*** （2.997）	53.183*** （1.683）

续表

	模型1	模型2
	总体性社会情绪	总体性社会情绪
样本量	29363	29363
R^2	0.174	0.175

注：$^+p<0.10$，$^*p<0.05$，$^{**}p<0.01$，$^{***}p<0.001$；括号内为稳健标准误。

1. 时期效应

时期效应，反映的是不同调查年份的宏观社会经济状况差异对不同时期个体产生的差异性影响。从表14-2中的模型1和模型2可以看出，以2013年为参照组，其余年份的总体性社会情绪都显著增加（$p<0.001$），表明总体性社会情绪存在显著的时期效应。图14-5展示了总体性社会情绪预测值的时期粗效应和时期净效应，其中粗效应未控制年龄、世代和其他变量，净效应则将其他变量控制为变量均值。从该图可以看出，粗效应与净效应的重合度很高，2013—2019年，中国总体性社会情绪稳步提升，2019年已经达到较高水平。

总体性社会情绪预测值	2013年	2014年	2015年	2016年	2019年
净效应	61.04	62.88	63.71	64.41	68.10
粗效应	60.48	62.98	64.03	64.64	67.91

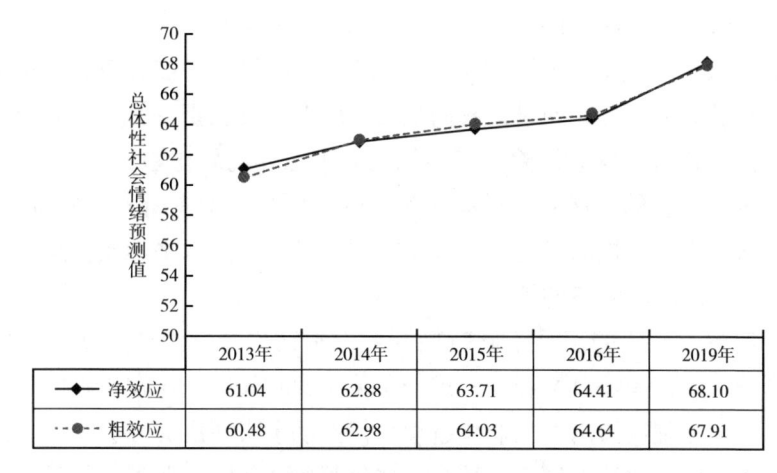

图14-5 总体性社会情绪的时期效应（2013—2019）

由于时期效应呈现线性形态，我们进一步将时期处理为连续变量，然后构造一条线性回归线（见图14-6），回归线的斜率约为1.07，即在控制其他变量的情况下，2013—2019 年，每年总体性社会情绪平均增长 1.07 个单位。同时，我们还可以估算出缺失的 2017 年和 2018 年总体性社会情绪值约为 65.74 和 66.81。

图14-6　总体性社会情绪时期线性趋势（2013—2019）

2013—2019 年，我们国家正是处于秉持新发展理念、推动更深层次改革、构建新发展格局的黄金时期。党的十八大以来，我国通过对供给侧的结构性改革，实现了供求双方在更高水平上的动态平衡。数字经济和实体经济在融合中发展，农村、农民和农业全面推进，中国经济高质量发展的特征日益显著。与此同时，我们最大程度上脱贫致富，努力摆脱绝对贫困、防范和化解了重大风险、有力地遏制生态环境恶化趋势。在总体上，社会稳定祥和，幼有所育、学有所教、劳有所得、老有所养、病有所医、住有所居、弱有所扶的状况在一步步实现，且向更高水平和质量迈进，整个国家呈现出欣欣向荣的景象。

时期效应反映的正是不同时期社会宏观结构差异给个体所带来的差异化影响，这也是经典社会变迁理论所关注的时间效应。在较长的时间跨度中，现代化理论指出，工业化过程不仅推动了宏观层面社会生产方式的转变，也引发了政治、经济、社会、文化等各个系统的调整，并重塑了人们的日常生活，促使人们不断调整价值观念和行为方式去适应新的社会秩序。在这种转变之中，当制度无法满足社会运作的条件，就会出现社会失范问题，使人们主观上感到失望，甚至绝望。而在社会处于稳定的状态之中时，时期效应主要源于制度改革所带来的经济水平的提升和社会结构的优化。这里，我们分析的时段是2013—2019年，这一时期正是处于由制度改革所带来的加速发展时期。

党的十八大在确定全面建成小康社会宏伟目标的同时，明确提出了全面深化改革的战略部署。2013年11月，党的十八届三中全会通过《中共中央关于全面深化改革若干重大问题的决定》，正式拉开全面深化改革的大幕。① 党的十八届四中、五中、六中全会又相继围绕全面依法治国、贯彻新发展理念、全面建成小康社会、全面从严治党提出了一系列重要改革举措。党的十九大进一步将"全面深化改革"列入新时代坚持和发展中国特色社会主义的基本方略，全面深化改革开启了新征程。

具体来说，第一，在经济领域，中国开始从以高速增长为主导的经济发展模式向以创新驱动和质量效益为主导的发展方式转变，政府重点推进新型城镇化和农村改革，促进城乡一体化发展；制定了一系列的对外开放政策，包括提高市场准入门槛、加强知识产权保护、优化外商投资环境等。政府还积极推动"一带一路"倡议，促进与共建国家的经贸合作；推动国企改革，包括混合所有制改革、市场化改革、提高管理效率等。此外，政府还积极鼓励私营企业发展，增强市场竞争力；加大财税体制改革力度，采取一系列措施减轻企业负担、优化税收结构，提高财政支出效率和公共服务水平。

第二，在社会领域，政府加强教育改革，包括改善教育资源配置、推进职业教育发展、提高教育质量和公平性等；推进医疗改革，包括建立医疗联合体、优化医疗资源配置、推进医药分开等，以提高医疗服务水平和保障人民健康；推进养老保险改革，建立了全国统一的社会养老保险制度，逐步提高退休年龄和缴纳比例，以应对人口老龄化的挑战；加强环境保护工作，采取一系列措施减少污染物排放、推进节能减排、加强生态保护等，以提高环境质量和人民生活质量；推出了一系列就业政策，包括扶持创业、加强职业培训、提高就业稳定性等，以促进就业和经济发展。

第三，在政治领域，加强党风廉政建设，推进反腐败斗争，加强党的自我净化和建设；进行政府机构改革，精简政府部门和职能，提高政府治理效率和透明度；推进司法体制改革，加强司法公正和独立性，提高司法效率和人民满意度；加强国家安全建设，加强网络安全和信息化建设，维

---

① 《亲自抓、带头干，习近平推动全面深化改革的10个瞬间》，环球网，2019年1月20日，https://china.huanqiu.com/article/9CaKrnKhdKO。

护国家安全和社会稳定。

　　改革为社会发展提供了动力和活力。在这里，我们需要进一步探讨的是，总体性社会情绪作为人们的主观感受在我们分析的时段里是否能够耦合中国社会经济的客观发展状况，或者反过来同样需要弄清楚，国家社会经济的发展是否能够影响人们的主观感受。为了回答这些问题，用数据说明客观与主观、微观与宏观之间的关系，我们选择了2013—2019年时期的四类客观数据：人均国内生产总值、人均可支配收入、居民消费水平以及恩格尔系数，这些数据从不同角度反映一个国家的生产、分配、消费以及生活质量的状况。从数据分析的结果来看，如图14-7所示，国家社会

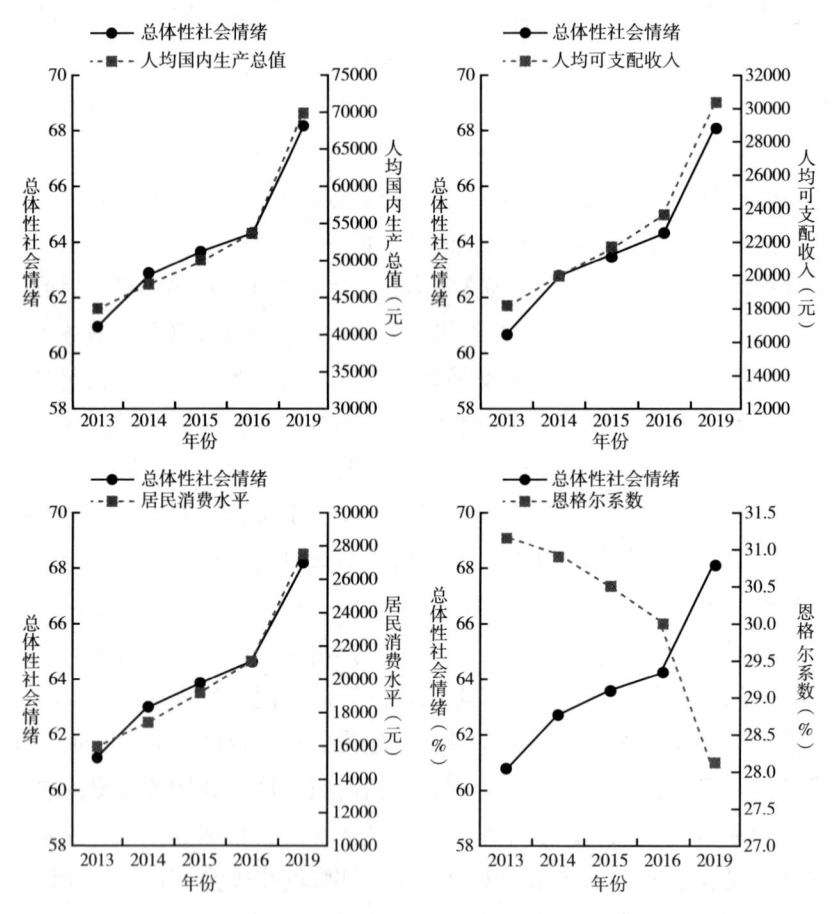

图14-7　2013—2019年总体性社会情绪及相关客观指标变化情况

数据来源：人均国内生产总值、人均可支配收入、居民消费水平以及恩格尔系数等数据来源于国家统计局数据库，参见 https://data.stats.gov.cn/easyquery.htm?cn=C01。

经济的客观发展状况与人们的主观感受耦合：随着人均国内生产总值、人均可支配收入、居民消费水平等指标的增长以及恩格尔系数的降低，人们总体性社会情绪的得分在同步提升。这一结果表明，我们通过总体性社会情绪量表对人们主观感受的测量能够较好地反映中国社会经济发展的客观事实。

这种客观数据与主观感受一致性的状况，至少可以说明：在一般的情况下，一个国家的社会经济发展状况能够影响人们的主观感受；而如果人们在就业、教育、医疗、托育、养老、住房等一些具体问题上感觉日子过得不大好且不满意，那么从一个角度也能够反映宏观社会经济不佳的发展状况。人们往往从自己感受的基础上推己及人，对社会的总体状况做出自己的判断。我们同时可以看到的是，通过这种趋势分析，我们能够观察客观数据与主观感受之间的内在联系，从而为我们进一步分析与预测人们的行为提供了一个坚实的数据与社会事实基础。

当然，任何宏观社会性问题，并不能一下子纯粹转换为具体的个体问题，并简单地诉诸个体独自解决，这样只会使人感觉到国家政策的隔靴搔痒，降低人们对国家宏观政策科学性与有效性的信任。反过来，一些微观层次上的急难愁盼问题，如果不反思与研究其产生的宏观社会原因、条件与背景，并在社会政策层面上加以考虑，那么，就会使人们在主观上无形地强化了不满意、不信任以及对自己未来沮丧的主观感受，加剧人们的焦虑。只有在研究的过程中把诸如像柴米油盐问题产生的社会背景与原因结合起来一起分析，同时我们的宏观社会政策能够因势利导，那么，才会使人们极大地增加对这种政策以及制定这种政策的国家与政府认同与亲近，满意与获得的感受也会因之油然而生。只有这样，人们才会在解决具体问题的过程中认同其所隶属的共同体，国家治理才能够有的放矢，国家与社会才会具有凝聚力和动员力。也正是在这样的一个社会化过程中，个人的主观感受与国家的发展状况以及社会的制度安排联系在了一起，个人、国家与社会通过这种客观与主观、微观与宏观的耦合联系在了一起。

接下来，对于总体性社会情绪的时期效应，我们也进一步按照总体性社会情绪的维度进行拆分。如图14-8所示，尽管在个别年份有所波动，但是五个指标总体上都随时期变化呈现上升趋势。图14-9进一步展示了线性趋势情况，可以看出，在总体性社会情绪的五个指标中，社会满意度和社会信心的回归线更加陡峭，它们对时期的回归系数分别为2.61和

2.07，表明在 2013—2019 年，人们对于宏观层面的社会发展有更强的积极性感受和情绪；相较而言，个人满意度和个人信心的变化幅度稍弱，回归系数分别为 1.73 和 1.06。这表明，从主观层面透视 2013—2019 年"社会"与"个人"的关系，可以发现，宏观社会与微观个人之间在发展速度上存在着一定程度的不一致，"个人"慢于"社会"，并且在 2019 年，反映社会层面的两个指标得分均已经超过个人层面的指标。这一结果传递的重要信息是，在当前阶段，需要格外注重解决人们社会生活中关乎切身利益的现实问题，让人们享受宏观社会经济发展的成果，使得"社会"与"个人"的发展保持同步。

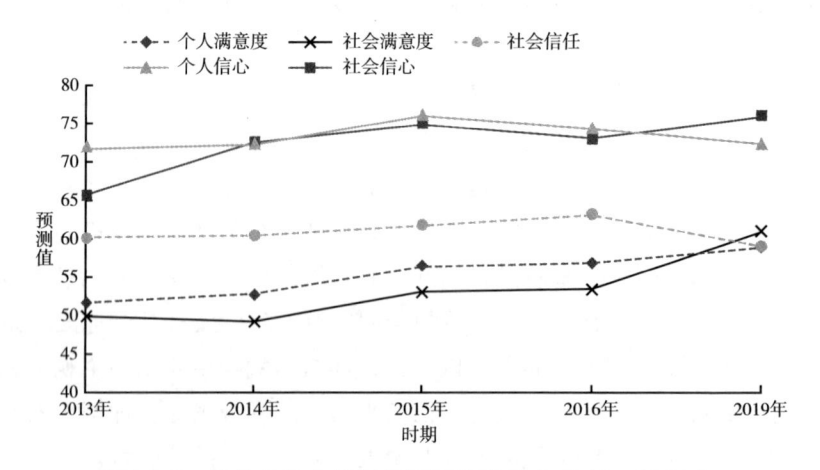

图14-8　总体性社会情绪指标时期效应（2013—2019）

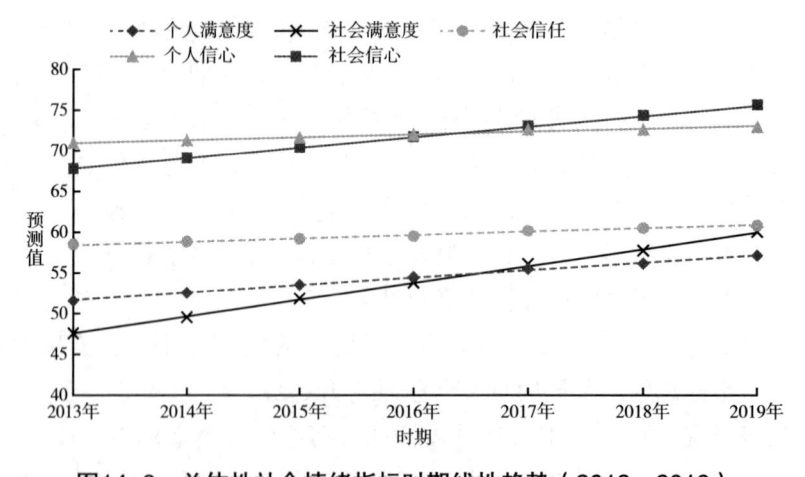

图14-9　总体性社会情绪指标时期线性趋势（2013—2019）

时期是社会变迁中最为关键的时间因素。"时期"是从社会时间出发，考察的宏观社会结构的持续性变迁及其对微观个体的影响。在"社会—个人"的二元划分之中，"时期"很好地反映了社会与个人的互动过程，解释了个人层面价值、态度、行为的变迁背后的结构性因素，本质上是将时间因素纳入个人与社会关系的深度考量，对于从历时维度理解社会对个人的作用过程具有重要意义。然而，尽管社会结构对个人态度和行为的影响具有全面性，但是不得不承认，由于社会分层结构的存在，不同群体所面对的客观社会结构是存在差异的。换句话说，由于资源分配的差异，不同群体所面对的社会环境是不同的。例如，高收入阶层由于拥有更多的经济资源，其能够通过资源交换更好地应对生活中的角色压力，以维持较高的生活质量；相反，低收入群体在面对住房、教育、医疗等需求时，由于资源有限，这些需要很多时候无法得到有效满足，进而陷入生活困境。

因此，我们对于总体性社会情绪时期效应的考察有必要从群体差异视角进一步做出分析。我们关心的核心问题是：在2013—2019年，不同群体的总体性社会情绪是否有相同的变迁趋势。我们选择了两类群体划分的指标，一是反映社会人口学特征的变量，包括性别、婚姻状况和户籍；二是具有社会分层效应的变量，包括学历、政治面貌、相对收入和自评社会地位。

表14-3展示了基于社会人口学特征变量的总体性社会情绪时期效应的异质性分析结果。其中，模型1展示的是性别对时期与总体性社会情绪关系的调节效应，模型2展示的是婚姻状况的调节效应，模型3展示的是户籍的调节效应。

表14-3 总体性社会情绪时期效应的异质性（社会人口学特征变量）

	模型1	模型2	模型3
	总体性社会情绪	总体性社会情绪	总体性社会情绪
时期	1.307*** （15.18）	1.268*** （9.58）	1.313*** （16.60）
性别	−1.709*** （−6.63）		
婚姻状况		0.451 （1.24）	

续表

	模型1 总体性社会情绪	模型2 总体性社会情绪	模型3 总体性社会情绪
户籍			−0.233 （−0.85）
时期×性别	0.193** （3.06）		
时期×婚姻状况		−0.009 （−0.11）	
时期×户籍			0.237*** （3.62）
控制变量	控制	控制	控制
样本量	35573	35573	35573
R^2	0.173	0.173	0.173

注：$^+p<0.10$，$^*p<0.05$，$^{**}p<0.01$，$^{***}p<0.001$；括号内为稳健标准误。

首先，从表14-3中模型1可知，交互项"时期×性别"的系数显著（$\beta=0.193$，$p<0.01$），且符号与主效应（$\beta=1.902$，$p<0.001$）相同，表明性别对时期与总体性社会情绪的关系具有显著的正向调节效应。具体来说，相较于女性群体，男性群体中时期对总体性社会情绪的边际效应大0.193个单位，换句话说，在2013—2019年，男性群体的总体性社会情绪比女性每年平均多增长0.193个单位。图14-10进一步展示了性别的调节效果。可以看到，相较于女性，男性的回归线更加陡峭，即在2013—2019年，男性总体性社会情绪增长幅度更大。不过，我们还可以看到，两条回归线的斜率是比较接近的，这也意味着性别的调节效应是有限的。

社会发展中的性别平等问题一直是重要的社会议题。社会性别与发展理论认为，社会的发展不应该过度强调经济发展，而应该把人放在发展的中心位置，关注社会发展中的不平等问题，尤其是社会性别结构的不平等。① 从既有的研究来看，随着经济发展与教育的扩张，性别不平等一直

---

① 何萍:《性别理论与社会发展》，《探索》2001年第6期，第73—75页。

呈现下降趋势。① 具体来说，首先，社会经济的发展推动更多女性从农业生产转入工业生产体系之中，进而规避了女性在农业生产中体力上的弱势地位；第二，社会经济的转型发展意味着以服务业为主导的第三产业的崛起，女性在此方面具有明显的比较优势，同时也能获得更高的收入报酬；第三，教育的扩张提高了女性的知识和技能水平，提升了女性在就业市场和组织晋升中的竞争力。这一系列变化的结果使女性的社会地位得到很大程度的提升，性别不平等在逐渐减少。不过，既有的研究仍然指出，社会发展过程中，男性与女性在职业晋升、收入报酬等方面仍然存在差异，就业和劳动过程中的性别歧视问题依然存在。② 在现代社会中，尽管政府不断通过制度设计与实施促进性别平等，但是由于生理结构的差异，女性不得不面对生育所导致的职业中断，在市场竞争加剧的背景下，企业出于自我利益的考虑，会尽可能规避风险和节省成本，而使女性在职业发展过程中处于劣势地位。并且，这种劣势地位在社会宏观经济水平发展到一定程度之前，很难彻底消除。

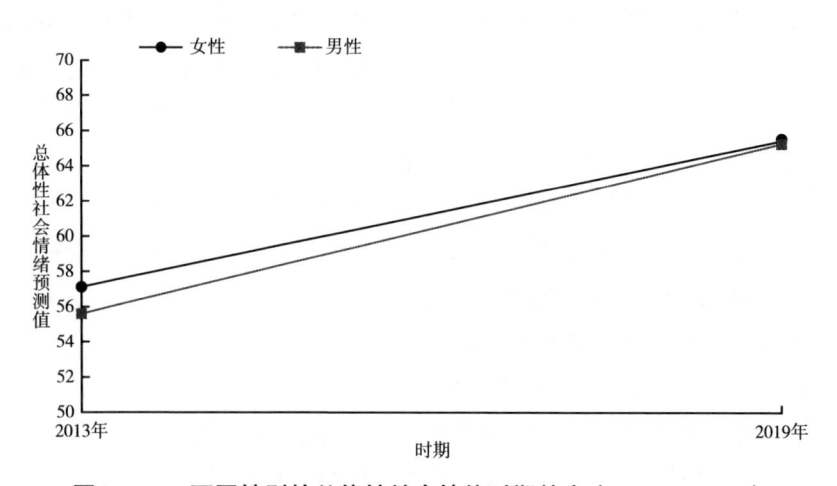

图14-10 不同性别的总体性社会情绪时期效应（2013—2019）

不过，如果我们将视野从客观转向主观，会发现性别上呈现一种"男性向女性的追赶式趋同"现象。具体来说，一方面，在2013年，女性群

---

① Duflo E., "Women empowerment and economic development," *Journal of Economic Literature*, Vol. 50, No. 4 (2012), pp.1051–1079.

② 贺光烨、吴晓刚：《市场化、经济发展与中国城市中的性别收入不平等》，《社会学研究》2015年第1期，第140—165页。

体的总体性社会情绪是高于男性群体的，表明在主观层面上女性群体有更加积极的总体性情绪；另一方面，在 2019 年，男性和女性的总体性社会情绪没有显著的差异，社会发展的社会不平等在主观层面上被打破。由此，在历史维度上形成了男性不断靠近女性的情况，而非男性在此阶段逐渐拉大与女性的差距。这一结果很大程度上表明，需要在传统的性别和发展理论中加入主观维度的考量，这样才能更准确地把握发展过程中的性别不平等的变化趋势。

其次，从表 14-3 中模型 2 可知，从婚姻状况来看，交互项"时期 × 婚姻状况"并不显著，表明无论是已婚群体还是未婚群体，在观察年份中的总体性社会情绪增长幅度是十分接近的。从理论上来说，婚姻对于总体性社会情绪的影响具有双刃剑效应。一方面，基于社会角色理论，组建新的家庭会使个体承担更多的社会角色，包括丈夫或妻子、父亲或母亲、儿媳或女婿等等。这种新增的家庭角色带来的是角色压力，甚至角色冲突，尤其在当前劳动力市场竞争加剧的背景下，工作压力普遍会渗透进家庭生活，而导致工作—家庭冲突的问题。[①] 此时，相较于未承受来自家庭压力的未婚群体而言，已婚人群的总体性社会情绪可能更加消极。不过，另一方面，基于社会整合理论而言，个人的情绪、态度与行为偏好受到其社会整合程度的重要影响。涂尔干在《自杀论》中首次阐述了社会整合与自杀行为的关联，指出家庭层面的社会整合有利于减轻个人的消极情绪和抑制自杀行为。[②] 这是从积极视角下审视家庭对于个人生活的影响，家庭生活在带来角色压力的同时，也增加了个人与社会深度的情感联结，扩大了其社会网络和社会资本，更有利于其应对来自生活的各种困难。从功能论的角度来说，组建家庭的本质即是采取深度合作的方式来共同解决生存难题。从模型 2 的结果来看，婚姻状况的系数也并不具有统计学上的显著性（$p < 0.05$）。概言之，婚姻的双刃剑效应使得总体性社会情绪的时期效应没有呈现出明显的异质性。

最后，从表 14-3 中模型 3 可以看出，交互项"时期 × 户籍"的系数显著（$\beta=0.237$, $p < 0.001$），并且与主效应的系数同方向，表明户籍能够增强时期对总体性社会情绪的正向影响。具体来说，与非农户籍群体相

[①] 刘云香、朱亚鹏:《中国的"工作—家庭"冲突：表现、特征与出路》,《公共行政评论》2013 年第 3 期，第 38—60 页。

[②] 涂尔干:《自杀论》，冯韵文译，北京：商务印书馆，1996 年。

比，在 2013—2019 年，农业户籍群体的总体性社会情绪增长幅度更大，每年平均多增长 0.237 个单位。图 14-11 进一步展示了户籍对时期与总体性社会情绪关系的调节效应情况。可以看出，第一，在 2013 年，总体性社会情绪并不存在城乡户籍上的差异，表明原本由于制度结构导致的城乡居民客观资源差异，在主观层面上被消解，不同户籍群体的总体性社会情绪趋于一致，体现了政府长期以来在打破城乡二元分割和促进城乡共同富裕上的积极成效。第二，2013 年之后，城乡总体性社会情绪的增长开始向农业户籍群体倾斜，农业户籍群体的总体性社会情绪增长速度高于非农户籍群体，到了 2019 年，两个户籍群体之间开始呈现出一定程度的差异，但是总体差异较小。这一改变总体上体现了党的十八大以来，国家对于"三农"问题的高度重视，通过大力推动农业农村现代化，改善农民居住和生活环境，提高农民物质和精神生活水平，以及帮助农民群体在城市就业和落户，这一系列措施的结果是农业户籍群体有更强的获得感和更积极的总体性社会情绪。

可以看到，无论是性别还是户籍，在传统观念中处于弱势地位的女性和农业户籍群体在主观层面上一定程度处于优势地位。这种主客观状况的差异，体现了多视角考察不同群体处境的必要性。

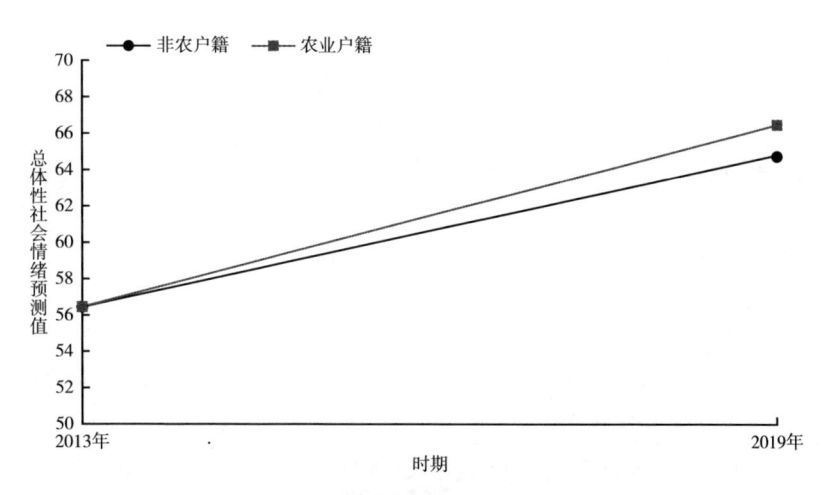

图14-11　不同户籍的总体性社会情绪时期效应（2013—2019）

表 14-4 展示了基于社会分层变量的总体性社会情绪时期效应的异质性分析结果。其中，模型 1 展示的是学历对时期与总体性社会情绪关系的

调节效应，模型 2 展示的是政治面貌的调节效应，模型 3 展示的是相对收入的调节效应，模型 4 展示的是自评社会地位的调节效应。

表14-4 总体性社会情绪时期效应的异质性（社会分层变量）

	模型1 总体性社会情绪	模型2 总体性社会情绪	模型3 总体性社会情绪	模型4 总体性社会情绪
时期	0.888*** （4.33）	1.334*** （18.29）	−0.185 （−0.96）	0.489** （3.29）
学历	−0.130 （−1.11）			
政治面貌		0.866+ （1.85）		
相对收入			0.779*** （4.73）	
自评社会地位				0.535*** （6.63）
时期×学历	0.129*** （4.77）			
时期×政治面貌		−0.042 （−0.38）		
时期×相对收入			0.356*** （9.22）	
时期×自评社会地位				0.099*** （5.32）
控制变量	控制	控制	控制	控制
样本量	35573	35573	35573	35573
R^2	0.173	0.173	0.175	0.174

注：$^+ p<0.10$，$^* p<0.05$，$^{**} p<0.01$，$^{***} p<0.001$；括号内为稳健标准误。

首先，从表 14-4 中模型 1 可以看到，交互项"时期 × 学历"的系数在 0.001 的水平上显著（$\beta=0.129$，$p<0.001$），同时与主效应（时期对总体性社会情绪的影响）的回归系数同向（$\beta=1.435$，$p<0.001$），表明学历

能够显著增强时期对总体性社会情绪的正向影响。具体来说，学历每提升1个等级，时期对总体性社会情绪的边际效应平均增加0.129个单位。图14-12进一步展示了学历的调节效果。可以看到，随着学历的增加，总体性社会情绪对时期的回归线更加陡峭，表明在2013—2019年，高学历群体的总体性社会情绪增长幅度更大。

学历主要反映的是不同群体之间文化资本的差异。这种文化资本的差异所导致的后果是多方面的。第一是认知上的差异，高学历意味着受过更多的文化教育。文化教育对社会情绪的影响具有两面性，一方面，促进个体的社会化和对社会既有秩序的认同，这将积极作用于人们的总体性社会情绪感知；另一方面，文化教育还会提升人们的思辨和批判能力，使人们更多采取批判的态度来审视个人和社会发展状况，同时对未来的发展抱着更加谨慎的态度。因此，理论上来说，由学历所导致的认知差异对总体性社会情绪的作用方向是未知的，只能通过经验数据加以描述和检验。第二是资源上的差异，高学历可以带来更多的物质资源，因为当前的社会资源分配依然是以能力和付出为导向的，拥有更高水平知识和技能的人能够在就业市场中拥有更多的选择权，进而获得更高质量的工作，进而维持更高水平的生活，因而从资源获得的角度来说，学历对总体性社会情绪有促进作用。不过，学历同样意味着期望上的差异，从经济学的视角来看，学历的提升实质上是一种时间、经历和经济资源上的投入，高学历意味着高投入，高学历群体也自然会期望更高水平的回报，即更高质量的生活。[①] 因此，尽管高学历可能带来更多资源，但是由于对更高质量生活的期望也在同步提高，因此学历对社会影响的作用方向依然是不确定的。我们认为，只有当高学历带来的回报高于其期望时，学历对总体性社会情绪的影响才是正向的。

通过对2013—2019年学历对时期与总体性社会情绪关系的考察，我们发现，学历的正向调节效应开始凸显。具体来说，在2013年，不同学历之间的总体性社会情绪状况是十分相近的，这意味着学历所带来的资源上的提升幅度并没有超过人们期望的增加幅度。到了2019年，学历之间的总体性社会情绪状况已经形成了一定差距，高学历群体的总体性社会情

[①] 李颖晖：《教育程度与分配公平感：结构地位与相对剥夺视角下的双重考察》，《社会》2015年第1期，第143—160页。

绪程度明显更高。如果我们假定不同学历的批判性认知程度和回报期望保持恒定，那么就意味着在2013—2019年，学历的社会认同效应和资源效应得到更大程度的提升，这与实践中我国思想政治教育和人才培养体系的不断完善紧密联系。

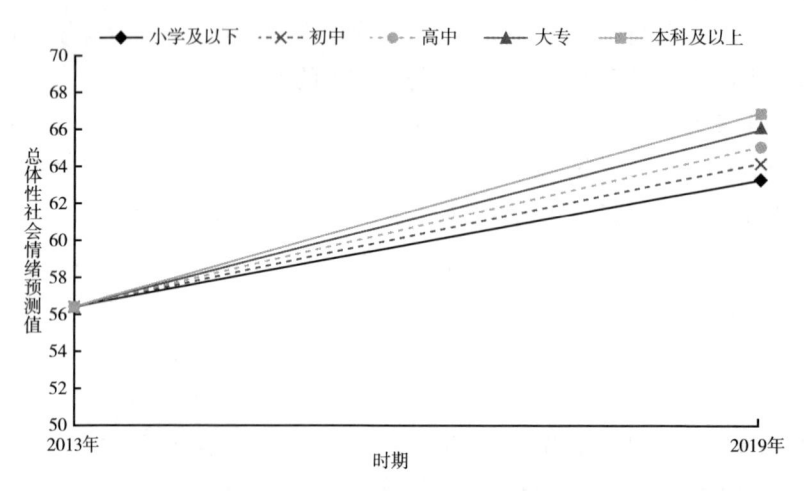

图14-12　不同学历的总体性社会情绪时期效应（2013—2019）

第三，从表14-4中模型2可以看到，交互项"时期 × 政治面貌"的系数并不具有统计学上的显著性（$p<0.1$），表明政治面貌并不能显著调节时期对总体性社会情绪的影响。政治面貌一定程度上反映了个体的政治资本，所谓政治资本是指政党和政权所提供的身份、权力、资源以及由此而来的威慑力、影响力。[①] 理论上，政治资本影响总体性社会情绪的路径有两条，一是资源路径，二是认知路径。就资源路径而言，政治资本可以通过寻租等路径向经济资本转换。在制度主义的视角下我们认为，当转型主导力量本身就是既得利益者时，阶层相对关系并不会发生颠覆性变化，原有的社会分层结构仍然会在一定程度上保留下去，进入延续和继承的"再生产"状态。[②] 一旦形成了政治资本的优势阶层，社会流动性将大大减弱，

[①] 边燕杰、吴晓刚、李路路主编：《社会分层与流动：国外学者对中国研究的新进展》，北京：中国人民大学出版社，2008年，转引自王生发、刘金东《政治资本、代际传递、进入与晋升：以公共部门为例》，《南方经济》2016年第5期，第46—61页。

[②] 李路路：《制度转型与分层结构的变迁——阶层相对关系模式的"双重再生产"》，《中国社会科学》2002年第6期，第105—118页。

社会制度会逐渐演化为一种以职业分类为基础、强者排斥弱者的社会等级结构,[①] 导致经济资源的分配将以政治资源结构为基础,这种资源结构差异必然会进一步作用于人们的总体性社会情绪。就认知路径而言,政治身份意味着更多参与政治思想学习和实践的机会。不过,从统计数据结果来看,政治面貌的这一促进效应似乎并不明显。从表14-4模型2中"政治面貌"的回归系数来看,在2013年,党员群体的总体性社会情绪仅比非党员群体高约0.866个单位,并且仅在0.1置信水平上具有显著性。从交互项系数来看,党员身份甚至具有负向调节效应($\beta=-0.042$)。导致这一结果的原因可能在于:一是资源路径的关闭。党的十八大接续开展的党内集中教育,都把贯彻落实中央八项规定精神、加强作风建设作为重要内容,深入推进党风廉政建设和反腐败斗争,这一举措有效切断了政治与经济之间的非法关联,使得政治面貌无法通过资源路径影响总体性社会情绪。二是认知路径的开放化。党的十八大以来,国家高度重视并全面加强思想政治教育工作,并在全社会范围内倡导和推行社会主义核心价值观的学习实践活动,这种学习渠道的开放使得党员和非党员在对社会的理性认知上趋于一致。

第四,从表14-4模型3可以看到,交互项"时期 × 相对收入"的系数显著数在0.001的水平上显著($\beta=0.356, p<0.001$),同时与主效应(时期对总体性社会情绪的影响)的回归系数($\beta=1.016, p<0.001$)同向,表明相对收入能够显著增强时期对总体性社会情绪的正向影响。具体来说,相对收入每提升1个等级,时期对总体性社会情绪的边际效应平均增加0.356个单位。图14-13进一步展示了相对收入的调节效果。可以看到,随着相对收入的增加,总体性社会情绪对时期的回归线更加陡峭,表明在2013—2019年,相对收入高的群体的总体性社会情绪增长幅度更大。

相对收入是将自身收入状况与当地其他人的收入状况进行主观比较的结果,在客观收入信息收集普遍存在缺失和不准确的情况下,这种自评的收入测量方法能够较好地反映个体的经济状况。很显然,收入是影响人们总体性社会情绪的重要因素。收入量的多寡决定了个体包括衣、食、住、行、休闲等在内的基本生理需求的满足程度,拥有更高收入的人更可能过

[①] 王生发、刘金东:《政治资本、代际传递、进入与晋升:以公共部门为例》,《南方经济》2016年第5期,第46—61页。

上衣食无忧的生活，其也更可能比那些朝不保夕的人对当前的收入状况感到满意；同样的，收入的多寡还决定了人们对未来风险的担忧程度，拥有更多资源的人能够更好地抵御意外事故、疾病等对生活的冲击，这种对未来生活的相对安全感也会使其对当前的收入现状有更高的满意度。基于这一需求满足的逻辑，只要一个社会仍然处于"以物的依赖性为基础的人的独立性"[①] 阶段时，或者说社会的绝大多数成员在生理、安全等方面物质性需求还无法得到完全满足时，那么更高的收入便能够给人们带来更高的满意度和更积极的总体性社会情绪。

从数据结果来看，2013年开始，相对收入较高的群体的总体性社会情绪已经处于更高水平，到了2019年不同收入水平之间的总体性社会情绪差距已经进一步扩大，且差异十分明显。这意味着在2013—2019年，收入对总体性社会情绪的影响在逐渐放大，经济需求是否得到满足成为影响总体性社会情绪的重要因素。

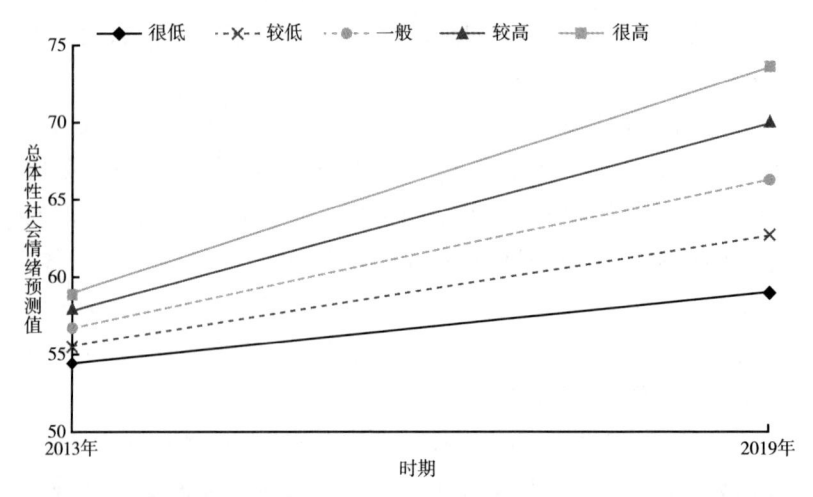

图14-13 不同相对收入的总体性社会情绪时期效应（2013—2019）

第五，从表14-4中模型4可以看出，交互项"时期×自评社会地位"的系数显著（$\beta=0.099$, $p<0.001$），并且与主效应的系数同方向（$\beta=1.617$, $p<0.001$），表明社会地位能够增强时期对总体性社会情绪的正向影响。具体来说，自评社会地位每上升1个等级，总体性社会情绪随年增长幅度平

---

① 《马克思恩格斯全集》第46卷（上），北京：人民出版社，1979年，第104页。

均增加 0.099 个单位。图 14-14 进一步展示了自评社会地位对时期与总体性社会情绪关系的调节效应情况。从图中可以看出，2013—2019 年，在总体性社会情绪的预测值逐年增长的同时，自评社会地位处于"上层"群体的总体性社会情绪预测值增长更快，其回归线看上去更为陡峭。

社会地位是一个十分抽象、不易测量的概念，让受访者进行自我评判是一种常用的办法。社会地位综合性地反映了一个人在社会中所处的位置，社会学的一个基本假设是，由于在社会中所处的位置不同，人们的行为偏好会存在差异。将这一假设应用于总体性社会情绪的归因分析，也能够很好地解释社会地位与总体性社会情绪之间的关联。不过，从数据结果来看，相较于"相对收入"，社会地位的调节效应是相对较小的，到 2019 年，不同社会地位群体之间的总体性社会情绪程度差异并不算大。从"预期—实现"的角度来解释，处于不同社会地位的人不仅现实资源存在差异，其对个人和社会的预期也有所不同，高社会地位的群体对期望可能更高，这将限制这一群体对个人和社会的积极性感知。

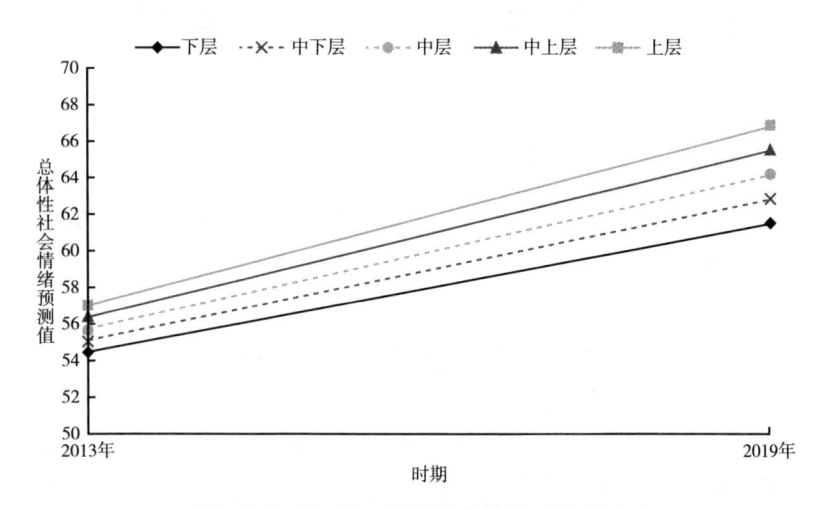

图14-14 不同自评社会地位的总体性社会情绪时期效应（2013—2019）

2. 年龄效应

年龄效应反映的是与年龄相关的、伴随生命历程和因社会角色更替而产生的变化。从表 14-2 的模型 1 可以看到，年龄的二次方系数为正，且在 0.1 置信水平上显著，表明总体性社会情绪和年龄上总体呈现 U 形的变化趋势。表 14-2 中模型 2 的结果也显示，随着年龄组的增加，总体性社会情绪呈现波动式下降趋势，到"61—65 岁"阶段又出现回升。

图 14-15 展示了总体性社会情绪预测值随年龄变化情况，其中粗效应未控制时期、世代和其他变量，净效应则将其他变量控制为变量均值。从结果来看，年龄的粗效应呈现明显的波动，具体来说，16—25 岁年龄段的总体性社会情绪程度处于低位，随后开始升高，36—40 岁又开始下降，46—50 岁阶段逐步上升。净效应的走势略有不同，具体来说，16—25 岁，总体性社会情绪保持了相对较高的水平；在 21—60 岁，由于受到工作和家庭的双重压力，人们的总体性社会情绪持续保持低位；到了 60 岁之后，总体性社会情绪又迅速回升。

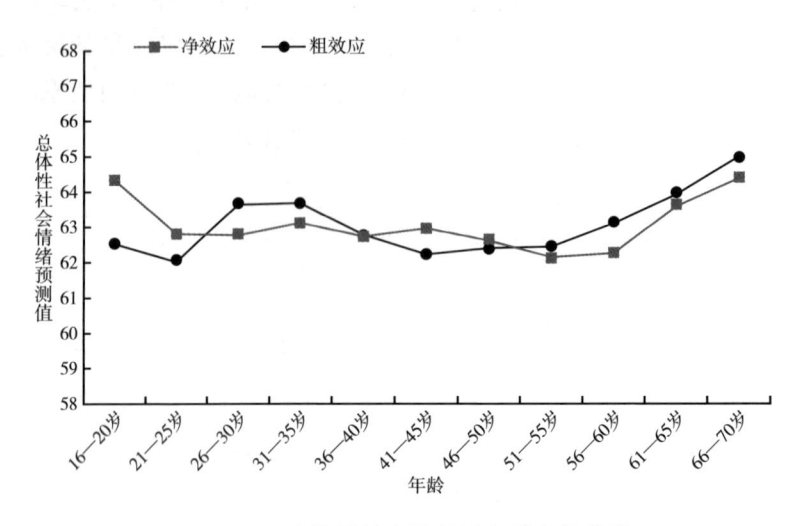

图14-15　总体性社会情绪随年龄变化趋势

如何解释这一总体性社会景气的年龄效应呢？生命历程理论（life course theory）将个体的生命历程看作是更大的社会力量和社会结构的产物，这为总体性社会情绪的年龄效应提供了解释。该理论指出，人们从出生到成熟会经历不同的阶段，在不同阶段人们所处的社会位置和所承担的社会角色会发生变化，这相应地会影响人们对个人的境况和所处的社会环境的感受和评价。生命历程理论强调生命历程的动态性和多样性，即每个人的生命历程轨迹都是独特的，而且在整个生命周期中会发生变化。例如，一个人的生命历程轨迹可能会因为生物学的变化、社会环境的改变、个体经历的事件等因素而发生变化。生命历程理论的核心概念是生命历程轨迹，这是一个人从出生到死亡所经历的生命事件和转折点的总体轨迹。这些事件和转折点包括生理特征上的发展（如生理和健康状况）、心理上的发展（如个性和认知能力）、社会和文化环境的变化（如家庭、学校、工作和社区等的改变），以及历史和时代的影响（如政治、经济、文化和技术变革）等。这些因素相互作用，形成一个人独特的生命历程轨迹，决定了个体的价值观念、行为偏好等结果。根据生命历程理论，在现代社会中，人们的生命历程有三个与工作有关的重要转折点，也经常被区分为与工作有关的三个阶段：早期是致力于工作前的教育与培养阶段，中间是持续从事工作活动的阶段，最后是退休和休闲阶段。① 这种"教育—工作—休闲"的三阶段划分是大部分的生活轨迹的真实写照，也构成了我们理解总体性社会情绪年龄效应的基础。

首先，在20岁之前的受教育阶段，人们的总体性社会情绪感知处于高位。一方面，个人正处于生命历程的开端，未来充满了机会和可能性，根据时间洞察力理论，人们会对个人发展抱着更高的期望和更为充足的信心。② 这种积极预期不只是个人理性计算的结果，还是一种青年人普遍存在的积极心态。另一方面，学生们还生活于"象牙塔"之内，并未真正在社会分工和家庭分工中承担重要角色以及应对相应的角色压力，因而缺少对社会发展状况的负面感知，而来自家庭和学校的保护为该群体构建的舒适的生活环境又会增强他们对于个人和社会环境的积极感受。

其次，在20岁至60岁的工作阶段，人们总体性社会情绪感知迅速降低。在企业的市场竞争加剧和工作内容"去技能化"程度加深的背景下，现代工作往往呈现出时间长、任务重、报酬低、无意义等消极特征。我们知道，工作是个人生活的最为关键性活动之一，工作组织是大多数社会成员除了家庭、学校以外的一个重要的"栖身"场所，因而组织景气也就成

---

① Richard A. and Settersten Jr., "Age structuring and the rhythm of the life course," in J. T. Mortimer and M. J. Shanahan, eds, *Handbook of the Life Course*, New York: Kluwer Academic/Plenum, 2003, p. 82.

② 廉思、袁晶、张宪：《成就预期视域下的中国青年发展——基于时间洞察力理论的新认知》，《中国青年研究》2022年第11期，第30—51页；Kooij D., Kanfer R., Betts M., Rudolph C. W., "Future time perspective: A systematic review and meta-analysis," *Journal of Applied Psychology*, Vol.103, No. 8, 2018, pp. 867–893.

为影响总体性社会情绪的核心因素。所谓组织景气，主要是指组织成员所感受到的一种工作氛围。一般来说，人们是通过工作组织来满足自我的社会需求、寻找自我的社会位置和形成对社会的认同。因而，工作组织实质上是一个社会中极其重要的制度载体，这个制度载体中的环境如何、氛围如何，会直接影响组织成员对于社会的感受和评价。如果工作环境较差，人们对工作的负面情绪和感受便会外溢至社会层面，形成消极的社会评价。

进一步来说，在工作阶段中还交织着家庭因素。当人们结婚和生育之后，会承担来自工作和家庭的双重压力，需要应对更为复杂的住房、教育、安全等问题，对社会资源的管理和配置会提出更高的要求；当需要难以满足时，也会降低人们的总体性社会情绪感知。

最后，在60岁之后的退休和休闲阶段，人们的总体性社会情绪感知有明显提升。一方面，来自工作和家庭的压力骤降，老年人在物质方面的需求普遍不高，这很大程度上降低了其对社会的要求和预期。另一方面，随着国家社会保障体系的不断完善以及"积极老龄化"政策的推行，老年人在物质和精神方面的需要得到了很大程度的满足。基于"预期—实现"的满意度生成机制，当老年人的低预期得到较为充分的满足，其对个人生活和社会发展的满意度会处于较高水平。

根据生命历程理论，总体性社会情绪的年龄效应源于个体在不同生命阶段由于社会角色和角色压力不同，而产生的对个人处境和社会状况的差异性感受和情绪。如图14-16所示，我们将这种总体性社会情绪进一步细化，考察年龄与总体性社会情绪的三个维度（满意度、社会信任和社会信心）之间的关系。可以看到以下三点。第一，总体性社会情绪的三个维度中，社会信心（包括个人信心和社会信心）处于较高水平，并且呈现比较明显的U形特征。具体来说，随着年龄的增加，人们的社会信心逐渐降低，"46—55岁"处于底部阶段，随后开始上升。社会信心反映的是人们对自我生活状况改善和社会良性发展的预期，它根本上受到人们生活现状的影响，即当人们对当前现状感到满意时，便可能基于一种"强化效应"对未来产生积极的预期。第二，如果进一步考察满意度维度，会发现无论是个人满意度还是社会满意度都呈现U形形态，这与理论上人们处于不同人生阶段对于个人和社会现状的感受是一致的。我们还可以看到，尽管两个满意度指标得分都大于50，但是都相对偏低，表明人们对当前状况仍然存在较多的不满情绪。第三，对现状的不满与对未来的强烈信心的并存，反映了发展时期民众独特的总体性社会情绪结构，社会信任是解释这种现象的重要因素。可以看到，总体上人们对政府部门的信任一直处于较高水平，这种对政府的信任提高了人们对未来发展的信心。进一步来看，同其他指标的变化一样，在"受教育阶段"向"工作阶段"的转变过程中，人们的社会信任出现一定程度的下降，但是又迅速回升。我们认为，这种较为快速的回升是人们较强的社会认知能力与政府塑造的良好管理者形象共同作用的结果。

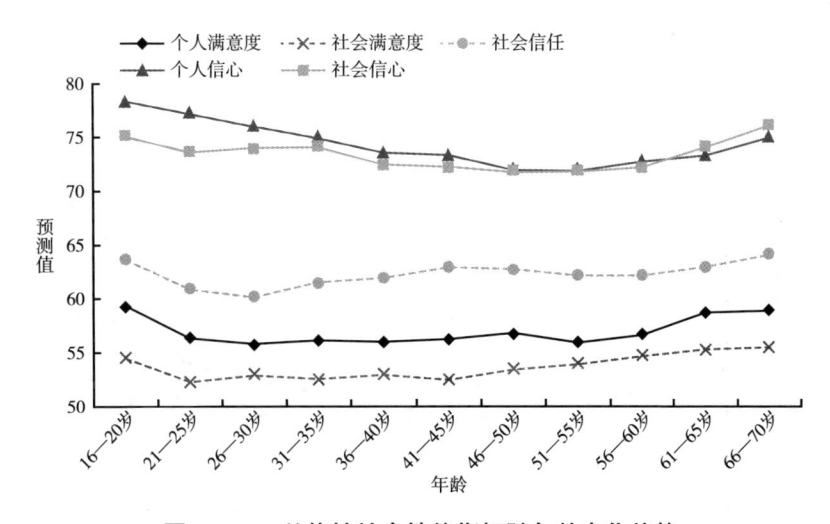

图14-16 总体性社会情绪指标随年龄变化趋势

3. 世代效应

从表14-2中模型1和模型2可以看到，以1942—1949世代作为参照，大部分世代的回归系数具有显著性，表明总体性社会情绪存在显著的世代效应。从具体的回归系数来看，由于年龄不同的处理方法（作为连续变量和作为虚拟变量），回归系数略有不同。对此，图14-17展示两部分内容，一是总体性社会情绪预测值的世代粗效应和世代净效应，其中粗效应未控制年龄、世代和其他变量，净效应则将其他变量控制为变量均值；二是区分不同模型的净效应。

结果表明如下。首先，从两个模型的净效应比较来看，二者尽管并不完全重合，但是所描绘的总体性社会情绪随世代变化的轨迹是十分接近的。具体来说，"1942—1954世代"群体的总体性社会情绪处于高位，随着世代的推进，总体性社会情绪不断降低，到了2000世代，又出现较为明显的回升。这一变化趋势与前文提出的假设是十分接近的。在经济体制变革过程中，个人生活出现了由社会资源生产和分配方式变化而引发的"阵痛"，随着社会经济体制不断完善和宏观制度的有序调控，新一代人的总体性社会情绪开始出现回升。其次，从就粗效应和净效应的比较来看，二者存在一定差异，主要表现为粗效应在1960年后便开启了总体性社会情绪的增长趋势，这与社会转型可能给人们造成的主观上冲击的理论预测是不一致的。因此，如果不控制年龄、时期等效应，就无法准确理解总体性社会情绪的世代效应。

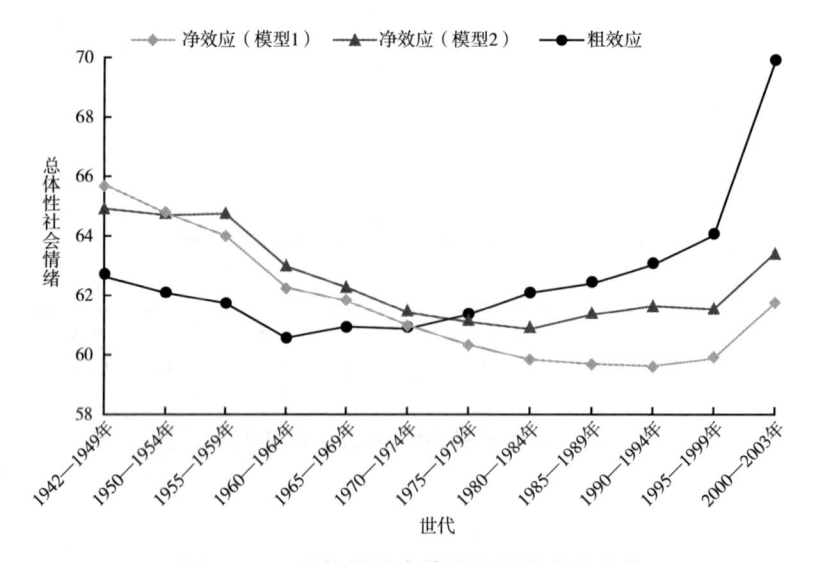

图14-17 总体性社会情绪随世代变化趋势

世代效应反映的是相同社会变迁因素（如早年生活条件、社会因素或社会经历）对出生于同一年代的人群可能会有相似的影响。曼海姆的"社会代"（social cohort 或 social generation）理论指出，在个体成长的关键时期所经历的重大历史事件将会深刻影响这一群体，使其面对区别于前辈群体的社会环境，并在价值观念、社会态度及行为模式上产生差异。[①] 例如，

---

① Karl Mannheim, "The problem of generations," in Karl Mannheim(ed.), *Essays on the Sociology of Knowledge*, London：Routledge and Kegan Paul,1952, 转引自吴玉玲《中国人福利态度变迁趋势研究（2001—2018）——基于年龄-时期-世代模型的实证分析》，《社会保障评论》2022年第4期，第147—159页。

20世纪90年代由国有企业改革引发的"下岗潮",20世纪末的教育扩招、"包分配"制度和"福利分房"制度取消等事件,都很大程度地改变了特定世代群体所面对的社会环境,并对其社会境遇产生持续性影响。就生活境遇的影响而言,"工作"是最具有影响性的因素,它决定了个体物质状况及在此基础形成的价值观念和行为偏好。因此,我们可以从不同世代所面临的不同的工作环境与状况,来理解人们的总体性社会情绪差异。

一是出生于1960年之前的一代。这一代人处于"单位制"和"公社制"时代,尽管物资相对匮乏,但是社会财富的分配采取的是平等原则,资源分配的差异主要体现在行政级别、工龄等方面,但是这种差异仍然有限。[①] 在人们可认知的局部社会中,个体和群体基本不存在相对剥夺问题,加上强烈的集体意识和国家意识,人们对于个人生活和社会的总体感知是十分积极的。

二是出生于1960年和1980年之间的一代。这一代人处于集体经济向市场经济转型阶段,社会资源的生产和分配由国家交给了市场,通过价格这只"无形之手"进行调配。这种变化的一个直接后果是在群体间开始形成了资源和社会地位的分化,处于相对弱势地位的群体就可能对现状感到不满和对未来失去信心。不过,尽管经济改革对原有单位福利制度形成了冲击与影响,但是在过渡时期依然保留了就业"包分配"、"福利分房"等制度,一定程度上缓解了生活压力。与此同时,很多人通过自主创业也享受到了市场经济发展初期带来的机会红利。因而,整体上该世代的总体性社会情绪处于相对较高水平。

三是出生于1980—2000年的一代。相较于"60后","80后"所面对的个人和社会环境更为复杂。2001年中国加入世贸组织,中国市场化和全球化程度加深,但由于技术水平落后,中国在全球生产体系中主要从事劳动密集型的加工制造业。这一产业利润低、人力成本占比高,企业为了压缩成本以生存和攫取利润,通常采取压低时薪、延长工作时间等控制手段,其结果就是很多劳动者的工作质量差,组织景气感低。从工作到生活,当微薄的收入需要应对住房、教育、医疗以及现代消费主义催生的各种消费需求,人们便会产生一种不满意的情绪和对未来的无力感。相较于上一代,

---

[①] 李路路、李汉林:《单位组织中的资源获得》,《中国社会科学》1999年第6期,第90—105页。

"80后"既没有享受改革的红利,又面对"包分配"制度和"福利分房"制度全面取消,其必须投入由市场化带来的激烈的资源竞争之中。这一代人虽然经济上比上一代人更为富足,但是需要面对的就业、住房、子女抚育等压力却大大增加。因此,对个人和社会环境的感受和情绪更消极。

四是出生于2000年之后的一代。"00后"是改革开放以来的中国第三个十年期出生的年轻一代,这一代人出生和成长于中国社会经济发展最快的时期,享有比前一代人更高的物质生活和文化生活水平。同时,由于基础教育的普及和高等教育的扩招,这一代人的文化、思想、政治素养更高,对国家和社会的发展道路有更强的认同感。加之仍然处于受教育阶段,未承受过多的来自工作和家庭的压力,因而"00后"一代的总体性社会情绪会出现回升。

如图14-18所示,我们进一步考察了总体性社会情绪五个指标的世代效应。可以看到如下。第一,个人信心不存在显著的世代效应,各个世代对于个人生活条件的改善都抱了相似且较高的预期。这反映的一个基本事实是,不同世代的人尽管社会结构背景不一致,但是对美好生活的期望是相似的。第二,个人满意度、社会满意度、社会信心和社会信任都一定程度呈现出U形变化趋势,特别是1960年代前后都出现了明显的下降,并在"00后"一代出现回升,这与总体性社会情绪整体的世代效应趋势一致。

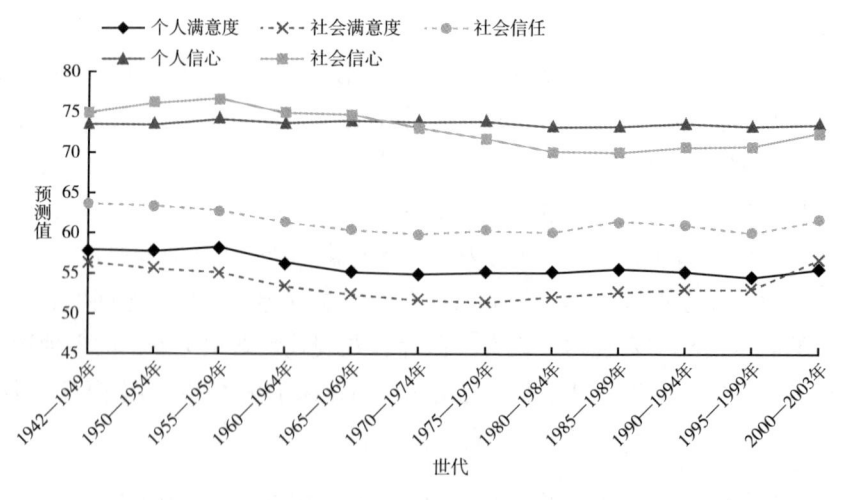

图14-18 总体性社会情绪指标随世代变化趋势

(三)稳健性检验

在定量研究中,稳健性检验指的是通过检验数据分析结果的稳健性来评估研究结果的可靠性和有效性,即评估研究中使用的统计方法对数据的不同分布、异常值或极端值的敏感度。在实际研究中,数据分析结果可能受到许多不同因素的影响,例如样本量、数据分布、异常值、缺失值等。这些因素可能会导致结果偏差,从而影响研究的可靠性和有效性。因此,研究者需要进行稳健性检验,以评估使用的统计方法对这些因素的敏感性,从而确保结果的稳健性和可靠性。稳健性检验通常涉及使用不同的统计方法来比较结果,例如使用不同的假设检验方法、回归方法或聚类方法。

如表14-5和图14-19所示,基于HAPC模型的稳健性检验结果,与基础检验基本一致。首先,在年龄效应上,总体性社会情绪随年龄增加呈现出"先降低、后增长"的U形趋势;其次,在时期效应上,总体性社会情绪在2013—2019年持续增长;最后,在世代效应上,总体性社会情绪也呈现出U形变化趋势。

表14-5 基于HAPC模型的回归结果

	模型	
	系数	标准误
固定效应		
年龄组(以16—20岁为参照组)		
21—25岁	−1.645***	0.348
26—30岁	−1.793***	0.373
31—35岁	−1.627***	0.402
36—40岁	−1.910***	0.412
41—45岁	−1.292**	0.415
46—50岁	−0.951*	0.423
51—55岁	−0.533	0.450
56—60岁	0.782+	0.471
61—65岁	2.394***	0.521
66—70岁	3.370***	0.618

续表

模型	系数	标准误
性别	−0.988***	0.127
学历	0.335***	0.065
婚姻状况	0.380+	0.200
户籍	0.568***	0.142
政治面貌	0.791***	0.229
相对收入	2.124***	0.080
自评社会地位	0.948***	0.038
截距	55.176***	2.075
随机效应		
2013年	−4.019*	2.027
2014年	−1.239	2.026
2015年	0.490	2.026
2016年	1.124	2.026
2019年	4.790***	2.028
1942—1949年	2.612**	0.816
1950—1954年	1.670*	0.712
1955—1959年	0.980	0.632
1960—1964年	−0.570	0.554
1965—1969年	−0.799	0.503
1970—1974年	−1.308**	0.477
1975—1979年	−1.530**	0.486
1980—1984年	−1.497**	0.515
1985—1989年	−1.055+	0.563
1990—1994年	−0.506	0.631
1995—1999年	0.407	0.725
2000—2003年	1.595	1.086
协方差参数		
时期	24.21+	15.34
世代	2.25*	1.29

注：$^+ p < 0.10$，$^* p < 0.05$，$^{**} p < 0.01$，$^{***} p < 0.001$。

(1)总体性社会情绪的年龄效应

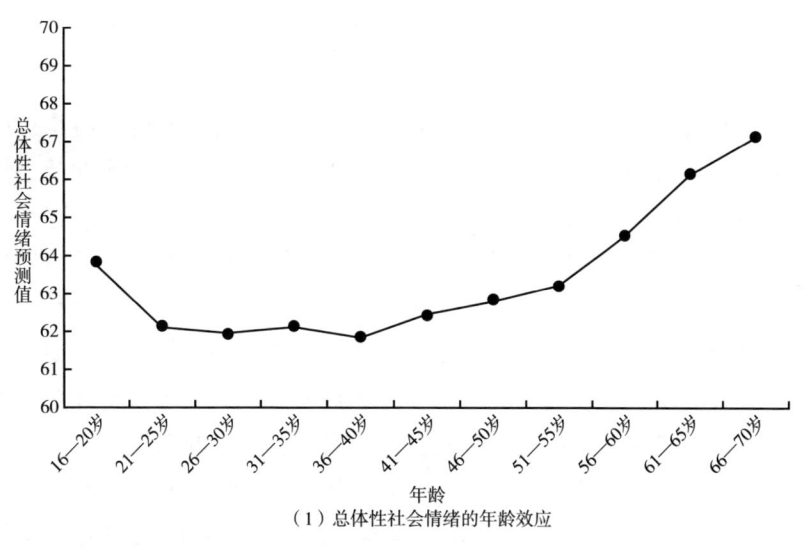

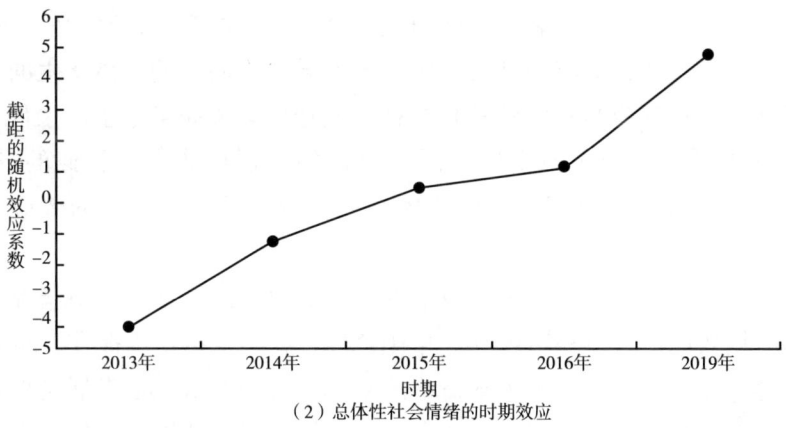

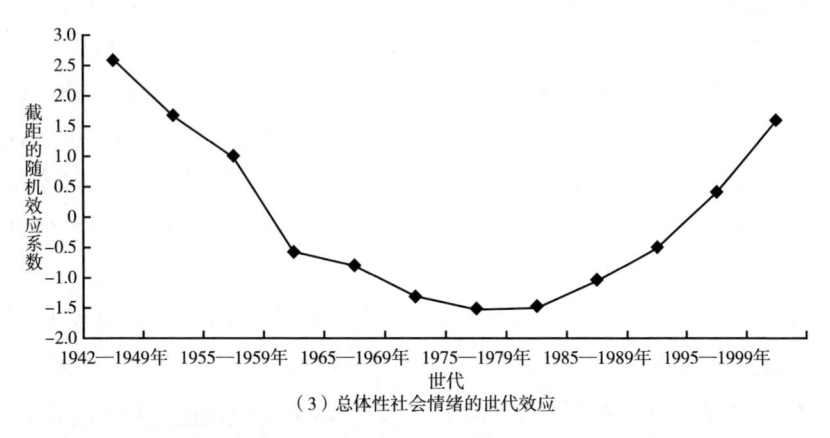

(2)总体性社会情绪的时期效应

(3)总体性社会情绪的世代效应

图14-19 总体性社会情绪的年龄、时期和世代效应（HAPC模型）

三　小结

本章首先对中国 1987—2021 年的总体性社会情绪的变化趋势进行了详细的分析。分析结果显示，在 1987—2021 年，人们的总体性社会情绪取值呈现波动式上升的态势。在 1987 年，总体性社会情绪处于感受波动大，处于情绪不稳定的状态之中；到了 1993 年，总体性社会情绪出现了较大程度提升；不过随后又开始下降，2001 年开始进入上升阶段，之后，中国民众的总体性社会情绪都处于较高水平，并且稳步提升，表明人们对个人和社会的现状与预期表现出了较为积极的态度，对个人与社会的发展状况的主观感受良好，情绪积极向上，对未来有很好的期望。

此外，已有的研究表明，社会学领域主要有三种可识别的时间趋势效应：年龄、时期与世代效应。具体而言，年龄效应反映的是与年龄相关的、伴随生命历程和因社会角色更替而产生的变化；时期效应反映的是不同调查年份的宏观社会经济状况差异对不同时期个体产生的差异性影响；世代效应则反映的是相同社会变迁因素（如早年生活条件、社会因素或社会经历）对出生于同一年代的人群可能会有相似的影响。在进一步研究中，我们对中国总体性社会情绪的这三方面的效应进行分析。

从研究结果来看，首先，与基本分析一致，总体性社会情绪存在明显的时期效应，2013—2019 年，中国总体性社会情绪稳步提升，2019 年已经达到较高水平，这种主观情绪的变化与客观经济社会发展是保持一致的，也即表明，一个国家的社会经济发展状况能够影响人们的主观感受，总体性社会情绪可以作为反映客观经济社会发展的"晴雨表"。在对总体性社会景气时期效应的分析中，我们还进行了异质性分析，研究结果表明，性别、户籍、学历、相对收入和自评社会地位能够显著调节时期对总体性社会情绪的影响，具体来说，男性群体、非农户籍群体、高学历群体、相对收入高群体、自评社会地位高群体在 2013—2019 年的总体性社会情绪的得分增长幅度更大。

其次，在年龄效应方面，总体性社会情绪在年龄上总体呈现 U 形的变化趋势，即随着年龄组的增加，总体性社会情绪呈现波动式下降趋势，到"61—65 岁"阶段又出现回升。这与理论预测的结果一致。在 20 岁之前的教育阶段，人们并未真正在社会分工和家庭分工中承担重要角色以及应对相应的角色压力,因而缺少对社会发展状况的负面感知,而来自家庭和学校的保护为该群体构建的舒适的生活环境又会增强其对于个人和社会环境的积极感受;在 20 岁至 60 岁的工作阶段,人们需要承担繁重的工作和处理琐碎的家庭事务,在工作和家庭中产生的负面情绪和感受便会外溢至社会层面,形成消极的社会评价;最后,在 60 岁之后的退休和休闲阶段,人们来自工作和家庭的压力骤降,老年人在物质方面的需求普遍不高,这很大程度上降低了其对社会的要求和预期,并且随着国家社会保障体系的不断完善以及"积极老龄化"政策的推行,老年人在物质和精神方面的需要得到了很大程度的满足,因此,这一群体对个人生活和社会发展的满意度会处于较高水平。

最后,总体性社会情绪呈现出明显的世代效应。具体来说,"1942—1954"世代群体的总体性社会情绪处于高位,随着世代的推进,总体性社会情绪不断降低,到了 2000 世代,又出现较为明显的回升。这一变化趋势与前文提出的假设是十分接近的。在经济体制变革过程中,个人生活出现了由社会资源生产和分配方式变化而引发的"阵痛",随着社会经济体制不断完善和宏观制度的有序调控,新一代人的总体性社会情绪开始出现回升。

第十五章

总体性社会情绪的结构分析

一 理论模型

在这一章节里,我们将深入探讨总体性社会情绪的内部结构以及它们之间的关系,从而使我们在结构分析的基础上能够更深刻地理解总体性社会情绪。如图15-1所示,我们构建了反映总体性社会情绪内部结构的路径关系图。该模型包含了总体性社会情绪三个维度下的六个指标,分别是对个体性事项的满意度、对社会性事项的满意度、人际信任、组织信任、对个体性事项的信心和对社会性事项的信心。这六个指标共同反映的是人们对于个人层面和社会层面事项的感受和情绪,变量之间相互关联,共同构成了总体性社会情绪的内在结构。就其关联的机制而言,可以归纳为两个:"微观—宏观勾连机制"和"当下—未来勾连机制"。其中,"微观—宏观勾连机制"解释的是个人面向的变量与社会面向的变量是否具有相互作用的问题;"当下—未来勾连机制"解释的是人们对当前的状况的认知是如何影响人们未来预期的。我们认为,分析这两种理论机制,是我们理解总体性社会情绪内部结构的重要条件和基础。在这一章里,我们将用2015年的调查数据来分析与验证这两种理论机制,进而在这个基础上,完成对总体性社会情绪的结构分析。

(一)微观—宏观勾连机制

微观—宏观的勾连问题,根本上来说是指个人与社会的关系的问题。我们身处的社会并不是一个自然形成的联合体,而是基于特定目标、以特

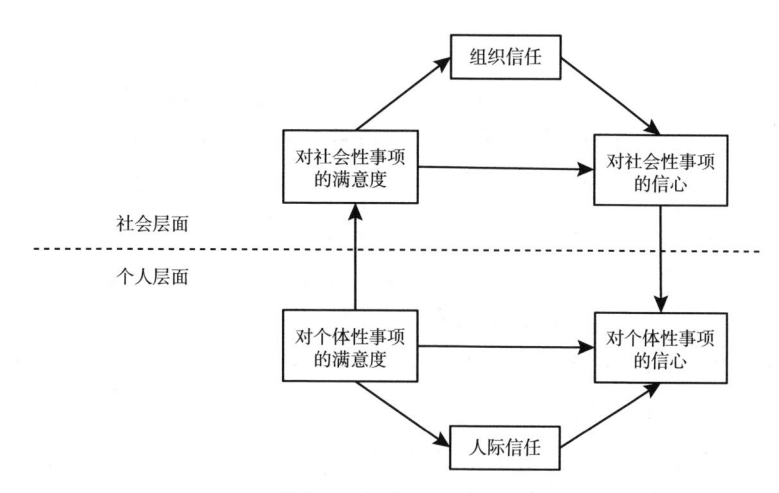

图15-1 总体性社会情绪结构分析的路径关系

定方式、遵循特定规则有目的地建立、维持和发展起来的。社会学最基本的议题即是探究社会何以可能的问题。这一议题，在宏观层面上是社会各系统如何配合维持"社会机器"或"社会有机体"的协调运作的问题，在微观层面上即是社会成员何以接受社会规范、相互合作来维持社会共同体存续的问题。从理性选择的角度来看，人们之所以愿意加入一个社会共同体并接受共同体的制度约束，根本上是因为加入的选择是有利可图的。传统的社会契约论也认为，人们让渡了部分权利给国家，国家保障了人们的另一些更为基本和重要的权利，例如生命权、财产权和自由权。在这种契约关系之下，个人命运与国家命运勾连在了一起，国家的兴衰决定了个人的基本权利能否得到保障；一旦国家身陷囹圄，其人民的生命财产安全也必定遭受侵害。近来，在国际地区战争频发的背景下，这种个体与社会祸福相依的认知也开始显性化。

除了基本权益的保障，随着工业化的进程，人类的物质生产突破了自然的限制，总体物质水平得到了很大程度的提升，但是在"蛋糕"变大的同时，财富分配不均的问题开始凸显。在资本主义的生产和分配制度下，财富越来越多地流向少数有产阶级，劳动者受到资本家的严重剥削，无法从劳动生产中获得应有的收入，甚至常常无法满足生存和发展的需要，由此引发了一系列的社会问题。为了维系社会稳定，19世纪末期，进入垄断资本主义阶段国家开始采取局部的改良措施，由国家实施某些社会福利来削弱工人运动。到了20世纪20年代末期，全球经济出现了严重的衰退，进入"大萧条"时期。"大萧条"导致了全球范围内的失业、贫困和社会动荡。在这样的背景下,人们开始重新思考政府的角色和职责。传统上,政府的主要职责是维护国家安全和维持社会秩序,但是在"大萧条"期间,人们认为政府应该承担更多的社会责任,帮助民众渡过经济危机的难关。这很大程度上催生了现代福利国家制度的出现和发展。所谓福利国家制度,是指国家在社会保障、医疗保健、教育、住房等方面为公民提供全面的福利保障,以提高社会福利水平,增加公民的福祉。例如,美国在罗斯福执政期间初步建立社会保障体系,通过了《社会保障法》,使退休工人可以得到养老金和保险,失业者可以得到保险金,子女年幼的母亲、残疾人可以得到补助。[①] 在欧洲,瑞典也在20世纪30年代建立了全面的社会福利制度,涉及医疗保险、养老金、失业保险、教育、儿童津贴、住房等多个方面。

不过,到第二次世界大战结束以前,大多数国家所实施的社会福利项目并不多,范围也相对有限,并且主要是一些救济性措施,尚未形成一套体系。现代福利国家制度的最终形成主要是在第二次世界大战以后。战后初期,那些遭受战争巨大破坏的国家,都处于社会产品严重短缺,人民生活十分困难的状态;[②] 同时,苏联的崛起和共产主义思想的传播也引起了西方国家的担忧。为了解决失业和贫困等社会问题以维系社会稳定、促进经济恢复和发展,很多国家开始施行更为广泛的社会福利制度,包括普及免费医疗保健、社会保险、住房和教育等福利服务。例如,英国实施了国家医疗保健体系,并提供了国家养老金、家庭津贴等福利服务;法国则通过实施大规模的公共住房项目、教育和养老金制度等来保障人民福利。近代福利国家制度的兴起,很大程度上加强了个人与社会的联结,尤其是个人对社会的依赖。从摇篮到坟墓,个体事务的方方面面都是深刻地嵌入社会之中的。

在中国,自新中国成立起,个人与社会之间的关系从来都是紧密的。改革开放之前,中国采取的是社会主义集体经济模式,社会财富的生产和分配由国家进行主导,在城市中,基本的组织形式是单位。在学理意义上,中国的单位主要是指在中国社会中具有国家所有或全民所有制性质的

---

① 龙庆兰:《从所有权制度看现代性问题》,《政法论坛》2014年第4期,第41—51页。
② 陈俊欧:《论国家垄断资本主义的"社会福利制度"》,《世界经济》1982年第9期,第8—14页。

各种类型的社会经济和政治组织。在改革开放以前，中国社会中的各种类型的社会组织几乎全都是这种类型的单位组织。这样的一种单位组织，在结构上，政治组织与具体的专业组织合二为一；在行为取向上，专业取向和意识形态的行为取向融为一体。与此同时，个人和单位的关系由于资源主要由单位垄断性分配的机制而变得异常紧密，功能多元化是这种单位组织的一个显著的社会特征。① 这样的一种单位组织是我国1949年以后逐渐形成的一种中国社会生活与社会结构的主体形态。有人把这种状况归纳起来称为"中国的单位现象"，这种独特的单位现象主要是指，大多数社会成员被组织到一个一个具体的"单位组织"中，由这种单位组织给予单位成员社会行为的权利、身份和合法性，满足单位成员的各种需求，代表和维护单位成员的利益，控制单位成员的行为。②

在中国单位里，个人与单位的关系由于资源主要由单位垄断分配的机制而变得异常紧密。其成员从摇篮到坟墓，生生死死都离不开单位。在这里，单位社会的生活成为单位成员社会生活的常态，单位成员社会行为的常态。总的来说，一方面，制度上不允许人们割断与单位社会的联系，因为离开了单位，人们就会失去在社会上行为的身份和地位，国家和政府也就会失去像以往那样对人的控制。另一方面，失去与单位社会的联系，对个人本身而言，在当时的社会及社会化的环境中，也是一件并不轻松的事，它不仅会给单位成员的行为带来失落和迷茫，而且也会使单位成员逐渐失去自身社会存在的基础。换句话说，在相当长的一段时间里，国家与单位、单位与个人的关系总是处于这样的一种状况：国家全面占有和控制各种社会资源，处于一种绝对的优势地位，进而形成对单位的绝对领导和支配；单位全面占有和控制单位成员发展的机会以及其在社会、政治、经济及文化生活中所必需的资源，处于一种绝对的优势地位，进而形成对单位成员的绝对领导和支配。在此背景下，个人对单位组织和国家形成了巨大的依赖。

改革开放以来，由于经济体制改革这种纲举目张的作用，整个社会中的利益主体由一元变成了多元，不同利益主体的意识和不同的利益诉

---

① 李汉林：《中国单位社会：议论、思考与研究》，上海：上海人民出版社，2004年，第1页。

② 李汉林：《中国单位社会：议论、思考与研究》，上海：上海人民出版社，2004年，第3—14页。

求也随之变得愈来愈明确；改革的深入，也使得非国家控制的经济资源与社会资源急剧扩张和迅速成长，有了制度性的保证和空间。在这个基础上，社会成员在职业选择、空间流动、价值观念和行为取向等诸方面也获得了很大的自由。一方面，单位对国家的依赖性开始弱化。以前那种由国家统一集中管理、占有和分配各种资源的体制格局已经打破，并逐步松动和瓦解，单位对国家和上级单位的依赖性在不断地弱化；与此同时，随着社会化服务的发展以及人们需求满足和利益实现方式和途径的日益多样化，单位成员对单位组织的依赖性在逐渐地弱化。国家对单位成员的动员能力，国家对单位、单位对个人的控制和整合的能力也都随着单位对国家依赖性的弱化而弱化。另一方面，个人对单位的依赖也出现弱化。改革发展的过程中所形成的资源分配的弱化、分散化和市场化的趋势，对单位组织的行为、对单位成员的行为都产生了极其深刻的影响。不同单位的组织和不同单位组织中的成员，在资源、利益和社会地位获得等诸方面的方式和差异变得愈来愈大。这同时也说明，单位及单位成员的利益、资源和地位的获得，已经不仅仅是国家和政府分配的结果，它同时也可以表现为是市场交易的结果，是能力和需求相互在市场上交换的结果。[1]

不过，尽管我们国家进行了多年的改革，经过了这么多年的风风雨雨，但是我们制度的这些核心的东西仍然深深地嵌入在各种不同的单位组织之中，这种制度的内核仍然没有根本的改变。[2] 即便在经济与社会迅速发展的今天，如果我们能够承认以下三点——（1）一些掌握着国家命脉的经济组织和大型企业仍然是国家所有，行使着国家权力和统治的社会组织仍然是国家所有；（2）"支部建在连上"仍然是这种组织社会结构的重要组成部分，党在这些组织中发挥着举足轻重的作用；（3）单位组织中的一些基本特征仍然左右着这些组织的行为及行为取向——那么，我们就不可能不承认"单位"仍然是今天中国社会的一种基本结构。[3] 换句话说，党在中国不是一种抽象的概念和抽象的客观存在，她

---

[1] 李汉林：《转型社会中的整合与控制——关于中国单位制度变迁的思考》，《吉林大学社会科学学报》2007年第4期，第46—55页。

[2] 李汉林、魏钦恭：《嵌入过程中的主体与结构：对政企关系变迁的社会分析》，《社会科学管理与评论》2013年第4期，第51—61页。

[3] 谭文勇：《单位社区——回顾、思考与启示》，硕士学位论文，重庆大学，2007年。

是需要组织的载体来贯彻其统治的意志。恰恰在这个意义上，单位将来的发展，很可能会变迁、异化和弱化，但是，只要不放弃我们这个制度的这些最根本的东西，那么，在目前的中国社会里，单位制度恐怕就不可能从根本上被完全放弃。它可能仍然会作为一种制度、一种统治的形式以及作为一种中国特有的社会结构方式起作用，影响着中国组织及其成员的思维方式与行为方式，个人对组织和国家的依赖也不会从根本上被动摇。[①]

在这里，我们很容易看到，单位组织在中国社会里已经远远超出了一般社会组织的意义。它在实质上不仅是一种统治及统治的形式，而且更重要的是一种制度，一种深刻地受制度环境影响、"嵌入"在特定制度结构之中的特殊的组织形态。因此，要理解中国社会个人与社会的关系，首先要理解中国单位组织这种特殊的组织形态。为了进一步说明这一点，我们有必要先作一些理论与概念的讨论和分析。

在社会学里，制度则主要被看作在主流意识形态和价值观念基础上建立起来的，被认可、被结构化和强制执行的一些相对稳定的行为规范和取向。这种行为规范和取向融化于相应的社会角色和社会地位之中，用以保证人与人之间的社会互动，调整人们相互之间的社会关系，满足人们的各种基本社会需求。[②] 正是基于这样的一种观点，社会学认为，社会的延续需要不断地产生出新的成员，这些新的成员需要学习业已在特定社会中存在的观念、习俗、技能、知识、信仰和规范，使其在这种学习和社会化的过程中从自然人变成社会人，变成推动特定社会及社会的文化变迁和得以延续的成员。为了满足一个社会的这种基本需求，于是就有了相应的家庭制度和教育制度，就有了父母和子女、老师和学生在家庭和教育制度中的社会角色和社会地位以及相应这些角色和地位的行为规范和取向。正是基于这种观点，社会学同时认为，社会的发展需要一个特定的制度框架来保证社会中的各种紧缺资源和服务得以合理的利用、分配、生产和流通，借以满足人们经济生活中日益增长的需要。为了满足一个社会的这种基本需求，于是就有了相应的经济制度，就有了

[①] 李汉林、魏钦恭：《嵌入过程中的主体与结构：对政企关系变迁的社会分析》，《社会科学管理与评论》2013年第4期，第51—61页。

[②] 斯科特：《制度与组织——思想观念与物质利益》（第3版），姚伟、王黎芳译，北京：中国人民大学出版社，2010年，第13—22页。

雇主和雇员、白领和蓝领、消费者和生产者等各种不同的社会角色和社会地位以及相应于这些角色和地位的行为规范和取向。也正是基于这种观点，社会学还认为，人们在社会中生活需要一种安全感，需要社会的保护，需要维护一种"正常的"社会秩序，使其在受到外敌入侵或刑事犯罪等其他各种越轨行为的时候不受到伤害。为了满足这种基本需求，于是就有了相应的政治制度，就有了统治与被统治、领导与被领导、压迫与被压迫、支配与被支配等各种不同的社会角色和社会地位以及相应于这些角色和地位的行为规范和取向。此外，社会学也认为，一个社会需要能够给予其成员生活的意义、信仰和追求，以激励成员更好地工作，更好地实践成员相应的社会角色所规定的行为规范和取向。为了满足这种需求，于是就有了相应的宗教制度，就有了牧师和信徒等各种不同的社会角色和社会地位以及相应于这些角色和地位的行为规范和取向。按照结构功能主义的观点，一个社会的这些制度愈能够满足其成员的这些基本需求（basic need），那么，这个社会系统就愈能得到"正常的"维持，相对而言，这个社会就会变得愈稳定。①

在一个社会中，制度主要具有以下三个基本特征。首先，制度从内在的结构上总是具有抗拒变迁的倾向（resistance of change）。一些相对稳定的行为规范和取向成为一种制度，是人们长期社会化的结果。人们接受它，实践它，遵从它，并自然而然地成为一种行为的惯性。这些有时被称作为习惯和传统的东西是不可能一挥而去的。在一定程度上，一方面制度变迁的这种滞后性，保证了一个社会以及社会的结构在急剧变迁的过程中，人们的行为不至于完全处于一种迷茫和混乱的状态，从而使社会和组织得以相对稳定；但是另一方面，这种滞后性对一个社会以及一个组织的改革和变迁同时也会产生一种无形的巨大阻力。其次，制度与制度之间总是倾向于相互的依赖（interdependency of institutions），形为一体。一个社会的制度总是建立在一些基本的价值观念和意识形态之上的，作为一种制度的行为规范也会总是与那些基本的价值观念和意识形态相一致。在以往通常的情况下，人们不可以设想，在传统社会主义政治制度的框架里，能够允许人剥削人的资本主义经济制度的存在，因为两者之间在基本的价值观念和

---

① 吉登斯：《社会的构成：结构化理论大纲》，李康、李猛译，北京：生活·读书·新知三联书店，1998年，第89—100页；胡伟、李汉林：《单位作为一种制度——关于单位研究的一种视角》，《江苏社会科学》2003年第6期，第68—76页。

意识形态上存在着根本的冲突。最后，如果制度发生着变化和变迁，那么，通常的情况不是这个社会的某一个制度发生着变化或变迁，而是这个社会中的整个制度同时发生着变迁。1949年前后在中国发生的革命，不仅使中国的政治制度发生了变化和变迁，而且使整个中国的经济制度、教育制度、家庭制度、宗教制度等诸方面的制度都发生了变化和变迁。国有企业、私营企业、外资企业，它们的所有制形式发生巨大变化以后，连带的还有组织中一系列制度安排上的变化，当然，这同时也约束人们的行为发生相应的变化，使制度规范行为变成事实。制度的这样的一个特点，给我们提供了一个观察社会及组织变迁和制度变迁的极好角度。①

正因为制度具有稳定性和路径依赖，因此，即便改革开放之后，中国的社会结构发生了巨大的变化，但是在制度层面上仍倾向于保留过去的一些核心要素。具体来说，在个人与社会的关系上，国家依然主导着资源的分配，个体依然依赖于国家，只不过在形式上面，从过去纯粹依托单位的方式，转变成了市场、单位、社区相结合的多元资源分配路径。但是，归根到底，都是党和国家引导下的资源分配模式，这也是中国国家治理的基本特征和要求。

当明确了个人与社会之间存在着的强联结后，我们会进一步意识到，这种联结不仅是一种客观的社会事实，也同样成为人们主观上的一种共识、一种常识，以及一种道德，即人们普遍相信：国家要对个人的生活全方位地负责，这是国家的责任；个人可以全方位地依赖社会，这也是人们的权利。可以看出，这种观点已经从过去强调"简单政府"，扮演"守夜人"的角色，即政府只在保障人民生命权、财产权和自由权等基本权利上有所行动，转变为了提倡"全能政府"，即要求政府对人们除基本权益之外的教育、医疗、就业、抚育、养老等方方面面有所作为，正如当前中央所强调的："坚持在发展中保障和改善民生，全面推进幼有所育、学有所教、劳有所得、病有所医、老有所养、住有所居、弱有所扶，不断改善人民生活、增进人民福祉。"②

政府一方面在努力扮演"全能政府"的角色，另一方面，民众也相信

---

① 胡伟、李汉林：《单位作为一种制度——关于单位研究的一种视角》，《江苏社会科学》2003年第6期，第68—76页。

② 参见习近平《在庆祝改革开放40周年大会上的讲话》，中国政府网，2018年12月19日，http://www.gjbmj.gov.cn/n1/2018/1219/c409080-30475220.html。

这是政府应尽之职责，并将个人的生活寄予国家。其结果就是，人们想当然地认为，社会对个人的生活状况负有不可推卸的责任。一旦个人生活陷入窘境，人们不可避免地会将这种不幸的发生一部分归咎于社会，进而对社会状况和发展表达出不满的情绪。这种外部归因取向正是长期以来由于人与社会强关联而催生的因果解释模式。

我们可以利用归因理论更深入理解这种微观—宏观的勾连机制。所谓因果归因，是人们推断特定行为或事件原因的心理过程。Weiner 关于成就相关的因果归因研究推动了动机和情绪归因理论的形成。因果归因通常发生重要的或消极的结果出现时，一般包含三个维度：来源（原因来源于是内部还是外部）、稳定性（原因是相对不变的还是波动的）、可控性（原因在多大程度上受人的意志控制）。[①] Weiner 认为，人们的因果归因在维度上的不同情况，会对其动机和情绪产生差异性影响，并会进一步影响与成就相关的行为。具体来说，原因的来源会影响人们的自尊：如果将成功采取内部归因会提高自尊，但如果将失败采取内部归因则会降低自尊；原因的稳定性影响人们对未来成功的预期，从而引致希望或绝望的感觉；原因的可控性则可以决定情绪，如罪恶感（由于可控原因导致的失败）和羞耻感（由于不可控原因导致的失败）。

Weiner 的研究针对的是成就相关的因果机制，但他所提出的三个维度（尤其是原因的来源）对我们理解总体性情绪内部结构中微观—宏观的勾连机制有重要的参考意义。人们的情绪首先是来自对个人事项的感知和评价，人们可能对个人的处境感到满意和不满，相应地引发高兴、失望或是愤怒的情绪。从认知到情绪的过程中，归因是重要的心理过程，即人们对于当前境遇为什么好与坏的判断影响了情绪的生成。外部归因是将当前个人境遇的结果归功或归咎于外部环境，例如，社会政策、政府行为等；内部归因则是将之视为自我特征与个人行动的结果。已有的研究已经指出，人们更倾向于将贫困等个人事实归因于外部制度而非个人原因，[②] 这种外部归因的负面社会结果还会使人们倾向于参与社会运

---

① B. Weiner, "An attributional theory of achievement motivation and emotion," *Psychological Review*, Vol.92, (1985), pp. 548–573.

② J. Pandey, Y. Sinha, A. Prakash, and R. C. Tripathi, "Right–left political ideologies and attributions of the causes of poverty. European," *Journal of Social Psychology*, Vol.12, (1982), pp.327–331.

动。① 与之类似，在关于相对剥夺的研究中，Crosby 指出，如果人们将自身的相对劣势归因于外部因素，那么他们更可能对结果的正当性质疑，而产生愤怒等情绪。② 概言之，消极社会结果的外部归因往往会"削弱系统的合法性"。

正是由于这种外部归因的导向，人们对于个人处境的判断就会更加容易产生外溢效应，引发消极的社会情绪，进而使得人们对社会的发展状况感到失望和不满。基于此逻辑，我们首先需要通过数据分析搞清楚的是，人们对个体性事项的满意度是否会正向影响其对社会性事项的满意度。

我们一直强调，个人是嵌入社会结构之中的，个人的命运与社会的命运紧密联系，这既是一种客观社会事实，也是一种主观的社会共识。因此，如同对个体性事项的满意度和社会性事项的满意度的影响一样，对社会性事项的信心也基于相同的逻辑作用于对个体性事项的信心。即当人们对社会发展抱有较高期望时，也会认为自身能从中获益，得到良好的发展；反之，如果社会发展信心不足，个人的状况有所改善的期盼也很难产生。基于此，我们也需要通过数据分析搞清楚，人们对社会性事项的信心是否会正向作用于其对个体性事项的信心。

（二）当下—未来勾连机制

总体性社会情绪的内在结构不仅仅涵盖了相互勾连的微观和宏观两个层面，还纳入了时间维度。我们认为，总体性社会情绪不仅仅受当下境况的影响，而且在包含了过去、现在和未来等基本时间因素的框架中持续生成。其基本过程是，过去的期望与当下现实状况之间的关系决定了人们的满意度，这种满意度是对过去社会信任的检验，会影响人们当前的社会信任以及对未来的预期和社会信心；这里的预期和社会信心又构成了人们未来满意度的生成基础。在这样的循环过程中，总体性社会情绪表现出一种稳定且流动的特征。

---

① M. M. Ferree and F. D. Miller, "Mobilization and meaning: Toward an integration of social psychological and resource mobilization perspectives on social movements," *Sociological Inquiry*, Vol.55, (1985), pp. 38–51.

② F. J. Crosby, "A model of egoistical relative deprivation," *Psychological Review*, Vol.83, (1976), pp. 85–113.

从历时维度来考察总体性社会情绪的内在结构可以发现，社会信任处于关键位置，它连接了满意度和社会信心。而想要理解为何满意度会影响社会信任，社会信任又为何会影响社会信心，我们就需要首先对社会信任的发生与作用机制进行理解，这也是过去社会信任研究长期以来关注的基本议题。

齐美尔很早就强调信任的重要性，他在《货币哲学》一书中指出："离开了人们之间的一般性信任，社会自身将变成一盘沙，因为几乎很少有什么关系不是建立在对他人确定的认知上。"[①] 但是，直到20世纪70年代前后，社会信任才成为西方社会科学研究中的热门话题。人们开始意识到，社会信任是一个社会运作的基石。

现代社会是一个具有高度复杂性和风险性的社会。卢曼认为，现代社会是一个自我维持的系统，由许多相互关联的子系统和组织构成，如政治、经济、文化等。这些子系统又包含了许多不同的组织、机构和个体。这些组织、机构和个体之间的关系是复杂的，并且会随着时间的推移而不断变化。现代社会的复杂性不是简单的加法运算，而是乘法运算。也就是说，社会子系统之间的相互作用和影响是复合的，这导致了社会系统的复杂性和不确定性不断增加。这也意味着，社会系统中任何一处变化都可能会对其他子系统产生影响，甚至对整个社会系统产生影响。此外，现代社会的复杂性还来自其不断地自我组织和自我调整。这个过程需要大量的信息交流和协调，而这些信息又是分散在各个子系统和组织中的。由此，卢曼提出了"复杂性降低机制"的概念，并且认为信任发挥了降低复杂性的功能。[②] 如果在正常的社会关系中，每一个人都能对他人持有这种信任，确定他人在特定时间做出适当的行为，那么个人的行动安排就能少了许多困扰，就不需要考虑他人行为的种种可能性，从而减轻了个人决策的代价。很显然，卢曼所强调的这种具有化约社会复杂性的信任，也并不是建立在与个体之间的关系之上，而更多强调的是社会结构和制度，这些结构和制度可以让人们相互信任并遵循规则。

现代社会也同样是一个风险社会。德国学者贝克指出，现代性正从

[①] 齐美尔：《货币哲学》，陈戎女等译，北京：华夏出版社，1990年，第149页。
[②] 卢曼：《信任：一个社会复杂性的简化机制》，瞿铁鹏、李强译，上海：上海世纪出版集团 上海人民出版社，2005年，第30—40页。

古典工业社会的轮廓中脱颖而出，正在形成一种崭新的形式——（工业的）"风险社会"[1]。他认为，虽然科技的发展给人们的生活带来了便利，但也带来了与之相伴随的各种风险。所谓风险，"首先是指完全逃脱人类感知能力的放射性、空气、水和食物中的毒素和污染物，以及相伴随的短期和长期的对植物、动物及人的影响。它们引起系统的、常常是不可逆的伤害，而且这些伤害一般是不可见的"[2]。一方面，这些风险是无法预测和控制的，与传统的自然灾害和疾病不同，现代社会的风险是由人类活动产生的，是技术、科学和经济发展带来的结果；另一方面，现代社会中的风险问题不再是单个国家或地区所能独立解决的，而是全球性的问题，包括全球气候变化、跨国公司的资本流动、环境污染等。更为重要的一点，贝克认为，在现代社会中，风险承担不公现象普遍存在。在风险事件中，弱势群体往往会承担更大的风险，而强势群体则能够通过技术手段和经济手段来降低和规避风险，从而导致风险承担不均衡。这种不均衡性意味着在全球风险治理过程中，不可避免地涉及信任问题。

那么，信任到底是如何产生的呢？关于信任是如何产生的问题，已经有了诸多讨论。总结来说，有几种代表性的观点。

一是人格特质论。心理学研究信任的独特视角是将信任视为一种人格特质，并且这种人格特质是在人的婴幼儿阶段开始形成的。英国心理学家鲍比认为，个体在童年时对主要的照顾者（通常是母亲）的依恋，是信任形成的生物学基础。[3] 对于年幼的孩子，父母总是会提供细致的保护，孩子可以从父母那里寻找到安全感和依赖性。当孩子尝试踏入新环境时，可能会感到不安并迅速回到父母的怀中，以寻求依靠和庇护。如果父母能够在这时给予孩子信任和支持，那么在下一次的尝试中，孩子可能会更加勇敢地去探索新的事物。在这种互动过程中，儿童对于父母的信任会逐步扩散到对身边的其他人，甚至是不熟悉的陌生人，而习得一种信任他人的人格特质。相反，如果在童年时期，儿童无法从父母那里获得保护、无法形成对于父母的依恋和信任，那么成年之后的人际互动过程中，其更可能随时抱着怀疑的态度。艾里克森也将信任看作一种人格特质，强调童年经验

---

[1] 贝克：《风险社会》，何博闻译，南京：译林出版社，2004年，第2页。
[2] 贝克：《风险社会》，何博闻译，南京：译林出版社，2004年，第20页。
[3] Bowlby, *Attachment and Loss, Vol. 1: Attachment*, New York: Basic Books, 1969.

对这种人格特质形成的影响，只不过他将这一童年时期提前到1岁以前。他的"生命周期八阶段理论"将个体从出生到老年的成长过程分为八个阶段，并指出在这八个阶段的每一阶段中，都存在着两种不同倾向的冲突，而信任就产生于第一阶段信任与不信任的冲突阶段。① 在这一阶段中，新生儿处于无助的状态之中，他需要依赖父母来满足他的需求，如果父母能在他产生需求时及时出现，并给予持续性的照顾，那么婴儿便会产生信任感，反之，婴儿的需求得不到及时满足时，他可能会因此产生恐惧，会感到沮丧，觉得父母是不可靠的，并学会怀疑和不信任他人。概言之，信任的人格特质论将信任视为人的一种稳定的特质，并且这种人格特质是在早期阶段所习得的，拥有信任人格特质的人总是倾向于信任他人。

二是人际关系论。不同于心理学将信任视为人的一种内在于个体的人格特质，社会学是将信任视作人们在社会互动过程中形成的外部产物，因此，社会学更关注人们互动的对象以及互动情境。对象与情境不同，人们表达的信任程度也随之变化。在人际关系论的视角下，信任的产生至少受到两种关键性因素的影响：认知和情感。

关于影响信任产生的第一个因素即认知。我们知道，信任的产生有其认知基础，也即人们是在对他人人格和行为特征认知的基础上，从而做出是否相信对方的决定。梅耶等学者认为，评价一个人是否具有可信任的基本特质主要有三个方面：能力、善意和正直。具体来说，首先，能力是"使一方能在某一领域内产生影响的技能、特长或者特征的集合体"②，如果一个人能在某一技术领域内表现出较为出色的能力，那么别人就会对他的专业素养抱有信任，同时由于能力表达的是一种潜能，因此能力具有外溢性，也即人们的信任不仅会局限于特定的专业领域内，同时会外溢到与之相关的其他领域。其次，善意是指人们相信被信任者在排除以自我为中心的利益动机以后，会有给他人带来利益的可能性，也即相信被信任者有利他主义倾向。这种善意是对被信任者积极的人格特征的评估。最后，正直是个体会坚守一系列行为准则，不做出破坏规则的行为，反映的是被信任者接受社会约束的可能性。一个正直的人会坚守原则，将公共准则作为

---

① 埃里克·埃里克森：《童年与社会》，高丹妮、李妮译，北京：世界图书出版公司，2018年。

② R. C. Mayer, J. H. Davis and. F. D. Schoorman, "An integrative model of organizational trust," *Academy of Management Review*, Vol.20, No. 3 (1995), pp. 709–734.

指导自己行为的规则，而不会轻易失信。梅耶等学者认为能力、善意、正直这三大要素对于判断他人是否值得信任都十分重要，这三个要素相互独立有密切联系。在不同情境之下，三个要素的重要性也存在差异。例如，在工作场合中，能力要素更为重要，在亲密关系的互动过程中，善意要素更为重要，而在一般性互动过程中，人们更看重对方是不是一个正直的人。

认知的内容是被信任者在能力、善意和正直方面的表现，不过要真正做出认知判断，关键是要获取这些信息。因此，与认知因素紧密关联的内容是人们对对方的熟悉程度。我们只有通过与他人频繁与深入的交往，熟悉他人之后，才会形成充分的认知基础，以对是否信任他人做出一个合理的判断。需要强调的是，熟悉与信任并不是正相关关系，也即并不是对一个人越熟悉，就会越信任对方。熟悉的目的是获取信息，这些信息可以指向对方拥有能力、善意和正直等特质，也可能指向对方是一个无能、自私、狡诈的人。因此，熟悉可以增强我们判断的合理性，但是具体是否信任还是取决于我们所获得的信息的内容。

影响信任的第二个因素是情感。如果说认知因素是通过人们理性的判断对信任产生影响，那么情感因素更多是一种非理性的作用机制。这种以情感为基础的信任更多发生在亲密关系之中。克拉克依据关系的目的不同将人际关系划分为两大类型：交换关系（exchange relationship）与共有关系（communal relationship）。① 其中，交换关系是指个体之间的互动是以利益的交换为基础，个人的利益给予是以他人所给予的利益为基础；一旦接受了给予，就有回报他人的义务。共有关系则是指个体之间的给予与回报并不存在必然的联系，而仅仅依据双方的需要以及对彼此的关心程度，也即是说个体给予他人利益时并不期望相同的利益回报。交换关系与共有关系的界定代表了亲密关系与非亲密关系的区别。其中，交换关系是一个广泛存在的非亲密关系，人们的社会互动是以利益的交换为基础，尽管这种交换并不像市场中一样需要即时兑付，但是却依然存在着类似于马塞尔·莫斯在《礼物》中所阐述的带有义务性的礼物交换。② 交换关系也

---

① Clark M. S., Mills J. "Interpersonal attraction in exchange and communal relationships," *Journal of Personality & Social Psychology*, Vol.37, Issue(1978), pp. 12–24.

② 莫斯：《礼物——古式社会中交换的形式与理由》，汲喆译，北京：商务印书馆，2002年，第1—14页。

是现代社会人际互动的基本关系模式。共有关系则属于一种亲密关系，通常出现在亲属（主要是直系亲属）、夫妻（情侣）、关系要好的朋友（"闺蜜""死党""铁杆儿"）之间。在亲密关系中，人们并不会在意自己给予了对方多少，也不会因为对方的给予而感到太多亏欠，甚至如果在收到对方的给予后马上回报对方，还会影响彼此的感情基础，也就是俗话所说的"见外"。

在亲密关系中，信任是基本要求，情感则是亲密关系中信任产生的基础。亲密关系中，双方通常对彼此抱以无条件的信任，翟学伟将这种关系状态称为"放心关系"，在这种关系状态下，人们对对方抱以完全信任而毫无戒备之心，也不需要对"是否信任"的问题进行理性的分析和判断，信任尚处于一种未被唤醒的状态之中。[1] 很大程度上来说，在亲密关系之中，信任可以上升成为一种信念，即个体在完全没有事实依据的情况下，依然对对方的行为抱有信心。[2]

通常来说，在实际的生活中，影响信任的两种因素（认知因素和情感因素）是会同时出现的，完全只依靠理性认知或非理性情感的情况很少。换句话说，即便对于陌生人，我们依然可能出于某种情感而给予对方信任；即便对于家人和朋友，在信任之前，我们还是会考察对方的品行。列维斯和维加尔特也基于这种混合的思想区分了两种信任类型：认知型信任和情感型信任。在认知型信任中，理性因素的影响更大，人们更多是在自身所掌握的关于对方的信息基础上，做出是否信任的判断；在情感型信任中，情感因素则占主导地位，人们根据与他人的感情强烈程度自发地形成或不形成信任感。[3]

如果进一步分析，我们可以发现，认知型信任和情感型信任的产生是有先后顺序的。情感型信任是一种自发形成的信任，而认知型信任则是需要经过人们的理性判断，这就意味着，情感型信任的产生要先于认知型信任。换句话说，只有当人们没有基于情感因素自发形成情感型信任之后，人们才会根据所掌握的信息去判断是否信任对方，也即产生一种认知型信

---

[1] 翟学伟：《信任的本质及其文化》，《社会》2014年第1期，第1—26页。

[2] Rempel, Holmes and. Zanna, "Trust in close relationships," *Journal of Personality and Social Psychology*, Vol. 49, No. 1 (1985), pp. 95–112.

[3] J. D. Lewis and A. Weigert, "Trust as a social reality," *Social Forces*, Vol. 63, No.4 (1985), pp.967–985.

任。这种影响因素作用于信任的先后顺序，是理解信任生成过程的一个关键。

三是社会系统论。从涂尔干开始，社会学对于个人心理和行为的分析，都脱离不了对宏观结构性因素的关注，也即涂尔干所说的"社会事实"。这些社会事实对个人心理和行为具有强烈的约束效应，对于信任也是如此。就像卢曼所说的："在任何情况下，信任都是一种社会关系，社会关系本身从属于特殊的规则系统。信任在互动框架中产生，互动既受心理影响，也受社会系统影响，而且不可能排他与任何单方面相联系。"[①]

从社会系统的视角来讨论信任问题实质上是要将信任纳入整个社会系统运作的视域内，去分析微观层面的信任对于宏观社会系统运作的功能，以及社会系统为了维系和发展这种功能而在社会结构和制度上操作。卢曼在结构功能主义的视角下对信任的功能进行了阐述，指出信任的关键功能在于简化社会的复杂性，以维系社会的稳定。卢曼认为，人类所处的世界是一个极其复杂的环境，想要在这一复杂的环境中生存，社会系统就必须发展出一套旨在降低环境复杂性的机制。[②] 从另一个角度来说，信任也是现代性发展的必然要求。吉登斯认为，在现代社会中，随着科技的发展，时间和空间得到了延伸，"社会关系从彼此互动的地域性关联中，从通过对不确定的时间的无限穿越而被重构的关联中'脱离出来'"[③]，这种时空分离和脱域机制使得人们的交往不再具象化，而是十分抽象。人们在这种抽象的社会情境之下互动，使得信任对于社会正常运作的意义越来越重要。一旦失去信任基础，社会的其他系统就可能面临崩溃。

因此，为了维系一种普遍的信任，社会需要构建一些对人们行为的规范机制，这些规范机制一方面要约束人们的失信行为，使那些损害信任关系的人遭受惩罚；另一方面要鼓励人们的守信行为，使那些有助于维系信任关系的人获得奖励。从经验来说，具体的规范机制有三种：法律制度、关系网络和道德感。

法律制度是最高层次的信任约束手段。在社会交换过程中，一旦一方

[①] 卢曼：《信任：一个社会复杂性的简化机制》，瞿铁鹏、李强译，上海：上海世纪出版集团　上海人民出版社，2005年，第6—7页。

[②] 卢曼：《信任：一个社会复杂性的简化机制》，瞿铁鹏、李强译，上海：上海世纪出版集团　上海人民出版社，2005年，第3—11页。

[③] 吉登斯：《现代性的后果》，田禾译，南京：译林出版社，2000年，第18页。

未按照事先的约定而做出有损对方利益的行为，其便可能受到法律上的惩罚，这种惩罚通常是实质性的，包括经济赔偿、限制人身自由等。法律制度的建立有助于维系社会交往过程中的普遍信任，但是这种方式的适用范围往往有限。一方面，法律只针对特定的交往行为，例如较为重大的经济交换；另一方面，通过法律来惩罚失信行为是有较高成本的，包括时间和金钱上的，因此，对于日常生活中更为细微的交往活动，法律则无法给予支持。

关系网络很大程度上填补了法律的空白。所谓关系网络是人们在社会互动过程中所形成的相互关联的状态。因为人是社会性动物，需要与他人进行互动与合作，因此关系网络的建立具有普遍性，只不过中国由于长久以来受到农耕文明下家族文化的影响，关系网络上表现出一些明显的家族特征，即以血缘和地缘为基础建立的差序格局式的关系网络。这种关系网络状态下，关系是不流动的、稳定的，个人与其关系网络中核心人员（父母、子女、其他亲属等）始终紧密联系在一起。这种特征决定了关系网络对人们行为的控制是借助关系网络内的名声来实现的：当一个人做出了失信行为，并且被其关系网络中处于外层位置的人所知晓，那么不仅其自己，与其紧密联系的家人也会被他人议论，名声上受到损毁，导致"没脸见人"和"受人排挤"。由于血缘和地缘的不可改变或难以改变的属性，这种名声上的惩罚很大程度上难以消除，因而关系网络对信任的约束性是十分强的，某种程度上来说，这也是中国社会最主要的信任控制模式。[①] 马克·格兰诺维特是较早从关系网络的视角分析信任问题的学者。他在对关于人类行为分析"低度社会化"和"过度社会化"两种极端的观点进行批判的基础上，发展了经济学家卡尔·波兰尼的"嵌入性"概念，指出经济行为嵌入于社会结构之中，而核心的社会结构就是人们社会生活中的社会网络，而嵌入网络的机制则主要是信任。[②] 从根本上说，在人们的经济生活或经济行为的过程中，不是什么制度安排或普遍道德使人们相互间产生有效率的社会互动，而主要是由于人们已置于特定的网络之中，并由此产生了相互的信任，并在这个

---

① 翟学伟：《信任的本质及其文化》，《社会》2014年第1期，第1—26页。
② 格兰诺维特：《镶嵌——社会网与经济行动》，罗家德译，北京：社会科学文献出版社，2007年，第3—8页。

基础上才产生出有效率的互动。① 由此可见，信任是人们关系网络建立和发展的基础，也受到关系网络的制约。不过，如前文指出的是，关系网络得以运作的基本前提是失信行为被关系网络之中的大多数人所知晓，而现代的城市生活具有较强的流动性，人际关系往往是暂时性的，人们可以很容易逃离既有的关系网络，于是，只要行为信息未传入固定性的关系网络之中（例如：传回老家），那么个人完全可以通过换个城市工作和生活来消除名声上的影响。因此，相较于传统社会，在现代社会中，关系网络对于信任行为的规范效应便弱化了很多。

法律制度和关系网络都无法充分维系信任环境，最后一种可能的并且具有普遍适用性的方式是依靠人们的道德感。道德感是人们对自己或他人的动机、言行是否符合社会一定的道德准则而产生的一种内心体验。道德感是建立在对既有道德准则的认知和认同基础之上的，它约束和指导着人们的行为。当人们做出符合道德准则的行为时，会产生心安理得、自我满意等内心体验；反之，则会产生羞愧、自责、自我厌恶等内心体验。人会遵照自己所认同的道德准则行事，一旦人们认同诚信是必要的、失信是不道德的，那么其便有充分的自我能动性去按照这个标准行动，而减少缺失道德感的内心体验；并且，对于诚信的认同越强烈，人们对自我行为的约束也就越强。当然，道德感并不是天然存在的，而是社会化的结果。因此，从社会控制的角度来说，社会需要主动培养人们对于诚信等价值的道德感知，基本的方法包括学校教育、社会宣传等，在西方社会中，宗教也在这些方面发挥了十分重要的作用。

四是理性选择论。该视角是从自我的利益动机出发来理解人们信任的发生机制。理性选择论采用的是古典经济学的基本"理性人"假设，即假定个体的行动总是有目的性的，行动的基本原则就是最大化地获取效益。新古典学派经济学家加里·贝克尔认为，理性计算和效用最大化追求是人类一切活动的基础，他在《人类行为的经济分析》一书中，将这一思想推向婚姻、生育、选举等非经济领域现象的分析，试图将理性选择理论发展为一种社会现象的通用解释性理论。一些社会学家为了突破结构—功能主义的霸权地位，将经济学中的"理性人"思想引入了社会学。例如，霍曼

---

① 李汉林、魏钦恭：《嵌入过程中的主体与结构：对政企关系变迁的社会分析》，《社会科学管理与评论》2013年第4期，第51—61页。

斯大量借用了经济学的概念和思想,包括报酬、成本、投资、利润等来构建个体行动的基本图式。① 科尔曼的行动理论几乎直接引用了经济学关于理性人的假设,他将个体行动明确界定为有目的的行动,并用经济学中的"合理性"来说明"目的",即不同的行动有不同的"效益",行动者的行动原则就是最大化地获取效益。② 科尔曼也是较早基于理性选择理论对信任问题进行系统分析的社会学家。

科尔曼认为,最简单的信任关系包含两个行动者:委托人和受托人。两个行动者都是有目的的行动者,其目的是使个人利益得到满足。因为受托人有自利的动机,信任的给予意味着委托人会把某些资源给予受托人,使受托人可以利用这些资源为自己谋取利益,而使委托人遭受损失;当然,受托人也可能遵守约定,而使委托人获利。因此,在交换过程中,委托人需要慎重考虑多种因素,然后决定是否给予对方信任。科尔曼认为,这个过程就和下赌注时的考虑完全一样,人们需要考虑能赢多少、输多少以及输赢的概率,并且决定人们是否下赌注(信任)的原则也很简单:得胜概率与失败概率的比例是否大于可能遭受的损失与可能获得的利益之比。我们也可以将这个决策过程进行公式化的表达。③

信任的条件是:$\dfrac{P}{1-P} > \dfrac{L}{G}$

---

① 参见侯钧生主编《西方社会学理论教程》(第2版),天津:南开大学出版社,2006年,第224页。

② 科尔曼对使用这一基本假定的原因做了详细的解释。他指出,之所以采用个人行动具有目的性的行动理论主要有两个原因。一是在跨层次的因果分析中,目的论的使用不会产生因果循环的问题:"本书的理论认为个体行动具有目的性,但是理论的解释重点是社会系统的行为,系统行为间接地来源于个体行动。因此,对于系统行为的解释并非以(系统行为的)最终目的为原因,这种解释是非目的论的。"第二个原因是,如果不假设人是有目的的行动,那么将会导致一种"宿命论"。在那些缺乏个人行动基础的理论中,行动的原因不是个人的目标、目的或意图,而是个人之外的某些力量,或是个人未曾意识到的某种内在冲动。其结果是,这些理论除了描绘某种不可抗拒的命运,再无别用了。然而,无论是从实然还是应然的角度来看,人都是具有能动性,这种能动性就体现在,个体会有目的地去行动。而就为什么要假定个体的目的是为了最大限度获取效益问题,科尔曼同样给出了两个理由,一是用最大限度获取效益说明"有目的的行动"可以提升理论的预测能力,二是可以保持理论的简洁。参见科尔曼《社会理论的基础》(上、下),邓方译,北京:社会科学文献出版社,1999年,第20—24页。

③ 科尔曼:《社会理论的基础》(上、下),邓方译,北京:社会科学文献出版社,1999年,第20—24页。

不信任的条件是：$\dfrac{P}{1-P} < \dfrac{L}{G}$

式中，P是成功概率（受托人确实可靠的概率），L是可能的损失，G是可能的收获。

我们也可以用概率论中期望的概念来理解人们的信任决策，只有当信任所获得的期望收益（$P \times G$）大于期望损失[$(1-P) \times G$]时，人们才会选择做出信任对方的行为。不过，尽管这个过程看上去十分简单，但是在实际生活中，我们依然会发现很多人被欺骗而利益受损的现象。这是因为委托人没有按照这个原则来进行决策吗？一个合理的答案是，并非人们不想遵照这个理性原则，而是人们没有能力去严格遵循。这就涉及西蒙提出的"有限理性"的概念，西蒙指出，经济学的行动理论中，行动者的行动模式包含三个步骤。第一，在决策之前，全面寻找备选行动方案；第二，考察每一种行动方案的全部可能后果；第三，具备一套价值体系，作为从全部备选行动方案中选定其一的准则。但是，西蒙认为，真实的抉择过程中，每个步骤都可能难以实现。首先，信息的不完备导致行动者无法获取全部的行动方案，通常只能获取很少的几个；第二，知识的不完备导致行动者无法准确地预见决策的后果；第三，体验的不完备导致行动者无法准确估算行动的价值。因而，行动者几乎不可能做到完全理性。[①]

在信任决策中，人们同样只是部分地掌握关于P、L、G的信息。其中，人们对于可能的损失（L）的信息掌握得相对较多，这部分内容主要是委托人交予受托人的各种资源；对于可能的收获（G）也有所了解，但是并不全面，特别是在非正式的交换中，这部分信息是由对方所掌握的。相对而言，关于受托人值得信任的概率（P）的信息是最难获得和估算的。这种估算和本章前面几种观点具有密切的关联，人们要想了解受托人诚信的概率或失信的概率，需要收集关于他们的人格特征信息（是否有能力、善意和正直），还需要考察其所受到的结构性约束信息（法律、关系网络和道德感）等，而这些信息的获取存在一定的难度，并且需要较高的搜寻成本。即便对这些信息有所了解，人们也只能大体上估摸出一个概率值。由此可见，科尔曼提出的信任决策模型，尽管理论上站得住脚，但是由于人们信

---

① 西蒙：《管理行为》，杨砾、韩春立、徐立译，北京：北京经济学院出版社，1988年，第66页。

息获取和信息处理能力的有限性，这个决策公式很多时候只是一个理想的情况。现实情况中的决策结果往往与理论模型存在偏离。此外，人们还会采用一些简化的决策方式。主要有两种。第一，如果 L 很小时，甚至小于信息的获取成本，那么搁置 P，也即不去大费周章地了解对方，因为即使有很大概率遭受损失，这个损失的数量也会很小。人们的行为也具有很强的任意性，决策是否正确也无关紧要。在这种情况下的典型信任行为包括买彩票、施舍等。第二，当关于可信任概率（P）的掌握程度很高时，搁置 L 和 G，即不对可能的收益和损失信息进行太细致的考虑，而是直接做出信任与否的决定。这种情况主要发生在对对方信息掌握较多的情况之下。

上述四种理论都在一定程度上回答了信任是如何产生的问题。归纳起来，人格特质论认为，信任是个人长期以来形成的一种人格特质；人际互动论认为，信任受到认知和情感因素的共同影响；社会系统论认为，法律制度、关系网络和道德文化等结构性因素对人们的失信行为有约束效应；理性选择论认为，信任是人们在风险行动中对期望收益与期望损失关系进行理性判断之后的一种选择。这四种解释是从不同角度来分析信任的生成机制，但是都不全面，通过逻辑梳理，我们对四种解释进行了整合，提出了图15-2所示的"信任的决策树模型"。

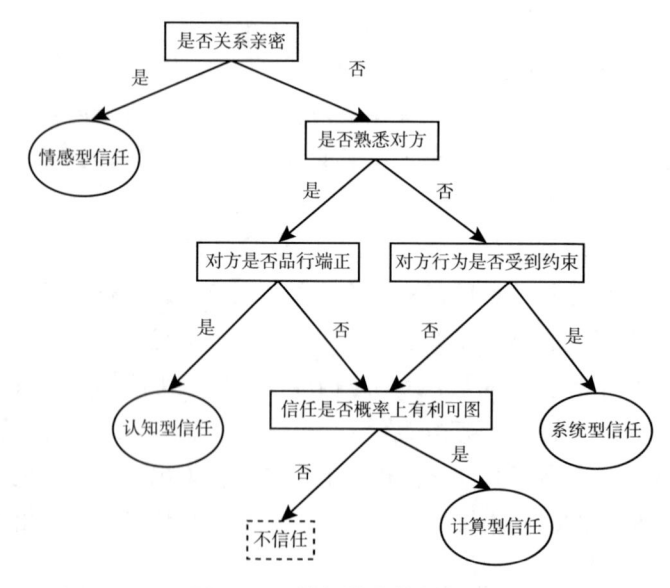

图15-2 信任的决策树模型

"信任的决策树模型"主要包含了四级判断以及四种类型的信任。

第一级是对双方情感联系程度的判断，这是一种无意识判断。如果双方关系亲密会自发形成对对方的信任，我们将这种信任称为情感型信任，它具有很强的非理性特征。

第二级是基于过去双方的互动经历，对对方品性做出判断。如果对方具备有能力、善良、正直等人格特征，那么人们倾向于信任对方，我们将这种信任称为认知型信任。情感型信任和认知型信任是在人际关系的视域下形成的，是一种长期的、稳定的、具有惯性的信任状态。一般情况下，只要双方的情感没有出现割裂、认知没有被颠覆，这种信任状态就会持续存在，并且不需要过多的理性计算。

如果对被信任一方并不熟悉，不了解对方的个人情况，那么需要进行第三级判断，即对对方所处的环境的行为约束效应进行判断。由于在这一阶段，被信任者的个人特征已经被抹去，信任判断的对象从个人上升到群体和系统，因此信任也从特殊走向了一般化。具体来说，人们是需要对法律制度、关系网络和道德文化对人们的失信行为的约束力进行判断。如果认为对方一旦失信就会受到法律的严惩、名声的损毁、道德上的自我愧疚，并且这种惩罚是大于他失信所获得的收益的，那么便可能对对方给予信任，我们将这种信任称为系统型信任。

第四级判断是从对方的利益结构转移到自身的利益结构之中的，即便对方存在品行上的不可信、行为上无法受到系统的约束，但是只要个体能在交换过程中概率上有利可图（有大于期望损失的期望收益），那么人们仍然有可能"下赌注"，做出信任行为。我们将这种信任称为"计算型信任"，这是理性选择理论的基本信任决策模型，也是最基本的信任类型。

上述四种类型并不存在完全的对立，在现实生活中，人们的信任往往交织着情感、认知、系统环境与功利计算，它们更像一个反映人们理性程度的连续统，一端是非理性的情感，另一端是纯粹理性的计算。信任或不信任的决定正是在这些连续意识和思维过程中产生的。还需要说明的是，信任的决策树模型不仅仅适用于对"人"的信任决策，也适用于个体之外的群体、组织、政府以及国家，因为互动本身并不限于个体之间，也存在于个体与抽象主体以及抽象主体之间，只要当中存在可供信任判断的情感、认知、系统环境与利益结构。

现在，回到本章对满意度、社会信任和社会信心关系的分析中来，我们可以利用信任的决策树模型来对三者的作用逻辑进行解释。

首先，满意度是如何影响社会信任的呢？满意度是一种心理层面的主观感受，它主要由"预期—实现"的对比机制所驱动，当人们认为现实没有达到预期，就会产生不满意的感受。这里的"预期"是一种过去产生的预期，"现实"则是对当前社会和个人发展境况的认知，这种预期和现实的对比过程可以认为是信任决策模型中的第二级判断。人们的满意度越高，意味着现实能够满足预期，也意味着人们基于过去的互动经验，会对参与个人生活的他人以及参与社会管理的政府等互动对象有更为积极的认知，即在对这些评价对象品行特征的判断上，会倾向于认为其具有可被信任的特质，包括有能力、善良和正直。换句话说，满意度是通过一种信息机制来影响社会信任的。这种信任机制的作用过程，使得人们更加了解被信任对象（无论是宏观层面的组织、制度以及社会系统，还是微观层面的亲友、同事或陌生人）的一些稳定的特质。当被信任对象具有一些积极的特质时，那么人们就会给予对方信任。这种信任从类型学上来说，是一种认知型信任，也可以被认为是一种策略性信任，也就是基于信息、知识和以往经验来决定是否信任。[1]

以组织信任为例，组织信任是建立在人们对社会管理者与参与者共同维系社会的良性运作和推动社会发展能力的判断基础上的。对政府的信任是组织信任的核心。像中国这样一个发展中的社会，国家与政府都承担着管理资源、分配公共产品以及提供公共服务的重要责任，同时也具有极强的资源动员与分配的能力。国家与政府的这种强势地位，可以从根本上保障经济发展过程中的社会稳定，避免社会的动荡。因此，缺少政府，社会就不会有秩序、规则与制度框架；忽略公众，政府的管理就缺少了社会与社会结构。正因为政府的治理能力、善意与正直情况是影响人们满意度的重要因素，因此，当人们不满于当前社会发展现状时，会对作为社会管理者的政府的治理能力、善意与正直产生怀疑，进而产生不信任感。反之，如果政府积极作为，有效地提高了公共服务的质量，使得人们对社会发展的状况感到满意，那么人们就会对政府的管理能力、善意与正直有积极的认知，进而产生认知型信任。

---

[1] 尤斯拉纳：《信任的道德基础》，张敦敏译，北京：中国社会科学出版社，2006年，第19页。

其次,社会信任是如何影响社会信心呢?关于社会信心,学界并没有一致的概念认定,依据社会信心所指涉对象的不同则有着不同的具体含义,比如消费信心、认知信心等。有研究将社会信心理解为公众信心,定义为一种能够使公众相信某一事物(目标)未来可以实现的心理力量,指公众对某一行动主体、某一事物、某个具体对象的一种认可,信任的心理状态以及在此基础上形成的稳定的心理期望。① 更通俗地说,社会信心主要是指人们对国家的经济社会发展形势,对物价、教育、社会保障、治安、食品安全、社会公平公正、就业和社会风气等宏观层面以及对个体的收入、住房、工作、健康、发展机会等微观层面的主观感受进行综合判断后得出的对未来发展前景的看法,折射出来的则是人们对未来社会发展的预期,反映的是人们对未来社会发展与进步的期待和希望。因此,从类型学上来说,社会信心可以分为两个层次,即对个体性事项的信心和对社会性事项的信心,前者是对个人发展的预期,后者是对社会发展的预期。社会信心既是一定时期民众的总体性心理预期,具有稳定性,但又易受经济社会等宏观结构环境变迁的影响;又是人们的主观心理表征,且会引导民众的行为,进而影响总体的经济社会发展状况。②

社会信任与社会信心具有紧密的关联性。吉登斯认为,信任是对一个人或一个系统的可信赖所持有的信心。什托姆普卡认为,信任就是相信他人未来的可能行动的赌博,而信心是构成信任的基本要素。③ 社会信心是指相信事情将会好的,相信好的事情会发生,是社会信任的必然产物。王俊秀等的研究也发现,信任是显著影响信心的因素④。尽管很多研究是将信任和信心视为同一个概念,但是梅耶等学者则认为信任和信心存在一定差异:信任要一方的预先卷入,他要感知并接受存在的风险。如果一方在有其他选择方案时,不顾这种方案中他人的行为可能会令自己失望的风险,而仍选择这种有风险的方案,那么这种可选择性的情境就是信任发生

---

① 朱力:《公众信心聚散的社会心理学解读》,《人民论坛》2013年第5期,第10—12页。
② 张彦、魏钦恭、李汉林:《发展过程中的社会景气与社会信心——概念、量表与指数构建》,《中国社会科学》2015年第4期,第64—84页。
③ 什托姆普卡:《信任:一种社会学的理论》,程胜利译,北京:中华书局,2005年,第31—32页。
④ 王俊秀、周迎楠、刘晓柳:《信息、信任与信心:风险共同体的建构机制》,《社会学研究》2020年第4期,第25—45页。

的情境；如果不存在选择的机会，那么他就是处于有信心的情境。梅耶等学者也强调，信任与信心的区别主要在于是否存在着感知、归因和可选择性。卢曼也认为，信任和信心都是指某种期望，而这种期望都还有可能落实。但它们之间也是有区别的，信任意味着已经意识到风险的存在，而信心则根本没有意识到或不得不忽视这些风险。① 因此，尽管信任和信心都会导致人们失望，但是，在信心的情境中，个体对于失望会归因于外因，而在信任情境中，个体则可能会将糟糕的结果归因于内因，并为自己的信任选择而懊恼不已。② 概言之，信心是信任的一种表现，当人们在互动过程中对对方产生信任感之后，便会对对方的未来行为形成一种积极的预期，也即信心。

最后，满意度也会对社会信心产生直接效应。社会信心是一个复杂系统，它揭示的是建立在个人与社会相互建构基础上的客观事实与主观心态之间的互动过程与机制，同样也具有"社会"的导向。社会信心是社会建构和社会变迁过程中弥散浮动于社会或群体中的重要的社会心理资源，它更多的是民众对当前异常多变的现实社会生活状况的直接的、即时性的回应。③ 特别是在医疗、住房、教育、就业、子女抚育、养老等方面，一旦人们对当前状态感到不满，这种不满情绪会演化成一种对未来的无望感。因此，可以发现，社会信心形成的社会机制并不复杂，主要取决于事物自身发展的稳定性，即依据事物发展的连贯性原则，未来该事物是今天该事物的持续发展。当某个公众关心的对象（某个事物、某个制度、规范、某个人物等），即当某个事物发展的基础（现状）处于稳定、良性、健康、持续的发展状态时，公众将其放在未来的时空区间进行考虑时，就会感到放心，产生特定的心理预期，即公众对某个事物有信心。反之，当某个事物当前的状态不稳定、不健康时，公众对该事物未来发展的心理预期就会产生信心不足；当某个事物发展处于恶性状态，向负面发展时，公众的

---

① 参见郑也夫编《信任：合作关系的建立与破坏》，杨玉明等译，北京：中国城市出版社，2003 年，第 116—132 页。
② 翟学伟、薛天山主编：《社会信任：理论及其应用》，北京：中国人民大学出版社，2014 年，第 35 页。
③ 丛玉飞：《价值维度：社会质量研究的重要取向——兼论社会质量视野下的社会信心》，《学习与探索》2014 年第 11 期，第 36—39 页。

信心就会丧失、溃散。① 概言之，影响人们对于未来判断的基本要素是当前的状况。这是由于"预期—现实"机制会产生一种强化效应，即人们基于过去的预期与当下的状况所形成的满意度，会进一步强化对于未来的判断。如果当下感到满意，意味着过去的预期得以实现，人们便会对未来寄予正向期望；反之，如果对当下感到不满意，便会降低对未来的预期，削弱对社会性事项的信心。

基于上述对"当下—未来勾连机制"的思考，我们需要通过我们的数据分析弄清楚，首先，人们对社会性事项的满意度是否正向作用于其对社会性事项的信心，并且组织信任在此过程中是否发挥中介效应；其次，人们对个体性事项的满意度是否正向作用于其对个体性事项的信心，并且人际信任是否在此过程中发挥中介效应。

二　数据和变量

（一）数据来源

本章的数据来自 2015 年"社会态度与社会发展状况调查"，该调查由中国社会科学院社会发展战略研究院课题组设计实施完成。该调查的目标总体为中华人民共和国 16 周岁及以上的中国城镇居民。数据通过分层抽样和入户调查等方法获得，具体包含以下几个步骤：①根据国家统计局"六普"数据，在除新疆和西藏之外的省、自治区、直辖市，抽取 60 个县市区作为一级抽样单元（primary sampling unit，PSU），60 个 PSU 涵盖 24 个省、自治区、直辖市，同一省、自治区、直辖市内 PSU 数量最多为 5 个；②在每个县市区（PSU）中抽取 9 个社区居委会作为二级抽样单元（second sampling unit，SSU）；③根据实地绘制的地块示意图和家庭地址表，在每个社区居委会（SSU）中抽取 15 户家庭作为三级抽样单元（third sampling unit，TSU）；④访问员根据 Kish 表，从户内满足条件（16 周岁及以上的就业者）的成员中抽选出被访者。

（二）变量说明

在结构分析部分，出于优化测量的目的，我们调整了总体性社会情

---

① 朱力：《公众信心聚散的社会心理学解读》，《人民论坛》2013 年第 5 期，第 10—12 页。

绪下六个变量（对个体性事项的满意度、对社会性事项的满意度、人际信任、组织信任、对个体性事项的信心和对社会性事项的信心）的测量量表，主要是试图对量表进行精简，使其更符合简单、敏感、易操作的测量原则。

"对个体性事项的满意度"采用李克特量表进行测量，涉及人们对个人收入水平、家庭经济状况、住房状况、工作状况、社会地位、发展机会等方面的满意度评价。对所有指标进行加总之后，采用归一法将值域处理为0—100，数值越高，对个体性事项的满意度越高。指标的内部一致性系数为0.84。

"对社会性事项的满意度"利用李克特量表进行测量，涉及人们对幼儿抚育、教育、就业、养老、医疗、住房和社会救助等方面的满意度评价。对所有指标进行加总之后，采用归一法将值域处理为0—100，数值越高，对社会性事项的满意度越高。指标的内部一致性系数为0.81。

"人际信任"采用单一题器测量人们的"总体人际信任"状况，为了便于比较和理解，也采用归一法将值域处理为0—100，数值越高，人际信任越高。

"组织信任"利用李克特量表进行测量，涉及人们对政府依法行政、办事效率、公开透明、问责追责以及廉洁自律等方面的信任度评价。对所有指标进行加总之后，采用归一法将值域处理为0—100，数值越高，组织信任越高。指标的内部一致性系数为0.83。

"对个体性事项的信心"利用李克特量表进行测量，涉及人们对个人收入水平、家庭经济状况、住房状况、工作状况、社会地位、发展机会等方面的信心度评价。对所有指标进行加总之后，采用归一法将值域处理为0—100，数值越高，对个体性事项的信心越高。指标的内部一致性系数为0.81。

"对社会性事项的信心"利用李克特量表进行测量，涉及人们对幼儿抚育、教育、就业、养老、医疗、住房和社会救助等方面的信心度评价。对所有指标进行加总之后，采用归一法将值域处理为0—100，数值越高，对社会性事项的信心越高。指标的内部一致性系数为0.76。

控制变量方面，本章考虑了常用的反映社会人口学特质的变量，包括性别、年龄、学历、婚姻状况、户籍、政治面貌、就业状况，以及反映人们社会分层属性的变量，包括自评社会地位和相对收入。

三 实证结果

（一）描述性分析

表 15-1 展示了所有变量描述性统计结果情况。首先，就总体性社会情绪三个维度下的六个指标（对个体性事项的满意度、对社会性事项的满意度、人际信任、组织信任、对个体性事项的信心和对社会性事项的信心）来看，所有指标都接近或超过 50，表明调查时点人们对个人生活和社会发展的状况有积极的评价，社会生活中其他主体给予了较高的信任，对于未来个人和社会的发展也表达了较为强烈的信心。其中，满意度的得分相对更低，社会信心的得分相对更高。这某种程度上反映出一种现实与预期之间的张力，也折射出当前社会是一种欣欣向荣与严峻挑战并存的局面。人们主观感受到的欣欣向荣主要还是我国宏观的经济发展与增长，给人们带来的一种对未来的美好希望，人们主观感受到的严峻挑战主要来自社会发展滞后于经济发展的一种结构性紧张。如何理性地面对严峻挑战，按照变迁与发展的自身逻辑与规律，来处理发展过程中的问题，如何冷静和实事求是地评估我国的成绩，在发展中凝聚共识，并进一步地推进我国的社会发展，是当前需要解决的重要现实问题。

表15-1 总体性社会情绪结构分析中相关变量的描述性统计结果

	均值	标准差	赋值说明
对个体性事项的满意度	57.31	17.28	0—100
对社会性事项的满意度	56.74	17.65	0—100
人际信任	62.34	22.81	0—100
组织信任	55.48	19.71	0—100
对个体性事项的信心	78.26	19.73	0—100
对社会性事项的信心	78.05	18.81	0—100
性别	0.47	0.50	1=男性，0=女性
年龄	37.82	12.61	16—70岁
学历	4.21	1.12	1=未读书，2=小学，3=初中，4=高中，5=大专，6=本科，7=研究生
婚姻状况	0.77	0.42	1=已婚，0=未婚

续表

	均值	标准差	赋值说明
户籍	0.71	0.45	1=城镇，0=农村
政治面貌	0.08	0.27	1=党员，0=非党员
自评社会地位	4.28	1.72	1—10
相对收入	2.79	0.82	1=很低，2=较低，3=一般，4=较高，5=很高
就业状况	0.64	0.48	1=已就业，0=未就业

我们进一步将六个指标合成为总体性社会情绪，如图15-3所示，中国社会的总体性社会情绪表现出一定程度的左偏，均值为64.52，标准差为12.97，中位数为64.62，① 表明人们对于个人生活与社会发展有较为积极的评价和较好的预期。

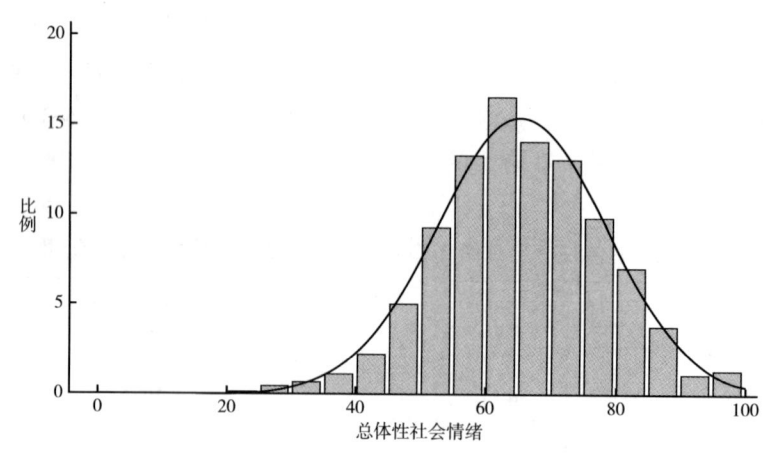

图15-3　总体性社会情绪直方图

如果进一步根据控制变量，按照性别、年龄、学历、婚姻状况、户籍、政治面貌、自评社会地位②、相对收入和就业状况进行分群体差异分

---

① 因为略微调整了总体性社会情绪的测量量表，所以这里计算的总体性社会情绪得分与"2015年的调查"一章中的略有不同，但是差异很小。

② 原有的自评社会地位分为十个层级，在方差分析时，出于简化的考虑，我们处理为三个层级，其中自评1—4为社会地位低，5和6为社会地位中，7—10为社会地位高。

析，如表15-2所示，可以看到在不同群体之中，总体性社会情绪具有差异，并且这种差异具有统计学上的显著性（$p<0.05$）。具体来说，女性、60岁及以上、小学及以下和本科及以上学历、已婚、党员、中间阶层、中等收入和未就业群体的总体性社会情绪相对更加积极。

表15-2 不同群体总体性社会情绪情况

类别	项目	均值	标准差	样本量	F值	P值
性别	女	66.05	12.57	3080	10.83	0.001
	男	64.93	13.39	2781		
年龄	30岁以下	65.16	11.96	1811	7.56	0.000
	30—39岁	65.08	12.58	1455		
	40—49岁	65.39	12.96	1483		
	50—59岁	65.79	14.74	745		
	60岁及以上	69.01	14.94	367		
学历	小学及以下	67.33	15.45	281	4.72	0.001
	初中	65.58	14.36	1241		
	高中（中专、技校）	64.90	12.40	2257		
	大专	65.26	12.25	1146		
	本科及以上	66.71	12.32	936		
婚姻状况	未婚	64.70	12.33	1370	7.21	0.007
	已婚	65.77	13.15	4491		
户籍	农业户籍	65.22	12.46	1714	1.28	0.258
	城镇户籍	65.64	13.18	4147		
政治面貌	非党员	65.32	12.87	5393	15.8	0.000
	党员	67.80	13.96	468		
自评社会地位	低	63.55	13.14	2809	70.73	0.000
	中	67.70	12.66	2590		
	高	65.27	11.72	462		
相对收入	很低	59.76	15.64	314	63.06	0.000
	较低	62.59	12.54	1683		
	一般	67.81	12.55	2889		
	较高	65.93	12.42	866		
	很高	63.30	12.31	109		

续表

类别	项目	均值	标准差	样本量	F值	P值
就业状况	未就业	66.13	13.32	2116	7.28	0.007
	已就业	65.18	12.76	3745		

（二）相关性分析

表 15-3 展示了六个主要变量两两之间的皮尔逊相关系数。从结果来看，首先，六个变量之间均在 0.001 置信水平上呈显著的正相关关系，表明六个变量具有构成总体性社会情绪的共性特征；其次，对个体性事项的满意度与对社会性事项的满意度之间相关度较高，达到了 0.509，这初步支持了本章的假设，即对个体性事项的满意度会正向影响对社会性事项的满意度；再次，对个体性事项的信心与对社会性事项的信心之间的相关度也较高，为 0.535，这也初步支持了我们的判断，即对社会性事项的信心会正向作用于对个体性事项的信心；复次，人际信任与对个体性事项的信心之间的相关度相对较低，为 0.093，这一定程度上表明人际信任作为连接对个体性事项的满意度和对社会性事项的满意度的中介机制的效应可能并不强烈；最后，对社会性事项的满意度与组织信任的相关度最高，为 0.678，这一定程度上支持了组织信任生成的信息机制解释。

表15-3 主要变量之间的皮尔逊相关矩阵

	对个体性事项的满意度	对社会性事项的满意度	人际信任	组织信任	对个体性事项的信心	对社会性事项的信心
对个体性事项的满意度	1.000					
对社会性事项的满意度	0.509***	1.000				
人际信任	0.220***	0.207***	1.000			
组织信任	0.459***	0.678***	0.206***	1.000		
对个体性事项的信心	0.274***	0.182***	0.093***	0.136***	1.000	
对社会性事项的信心	0.244***	0.353***	0.147***	0.277***	0.535***	1.000

注：$^+ p < 0.10$，$^* p < 0.05$，$^{**} p < 0.01$，$^{***} p < 0.001$。

(三) 共同方法偏差检验

本研究数据均来自同一份调查问卷,由于测量环境、项目语境以及项目本身等特征具有一致性,因此可能存在共同方法偏差问题。通过对所有指标进行探索性因子分析,发现第一个因子的解释比例为21.26%,小于经验标准40%。因此,本研究的共同方法偏差问题较小。

(四) 回归分析

回归分析分为两个部分,一是对"微观—宏观勾连机制"进行检验,具体分析对个体性事项的满意度对对社会性事项的满意度的影响,以及对社会性事项的信心对对个体性事项的信心的影响;二是对"当下—未来勾连机制"进行检验,具体分析对个体性事项的满意度对对个体性事项的信心的影响、对社会性事项的满意度对对社会性事项的信心的影响,以及对信任的中介效应进行检验。

表15-4展示了第一部分的检验结果。第一,模型1是对社会性事项的满意度对控制变量的回归结果情况,可以看到,性别、年龄、学历、户籍、自评社会地位、相对收入和就业状况都对人们的对社会性事项的满意度具有显著的影响($p<0.05$)。具体来说,女性、大龄、低学历、城镇户籍、社会地位高、相对收入高和未就业群体的对社会性事项的满意度会更高。这些控制变量解释了对社会性事项的满意度约3.7%的变异。

表15-4 "微观—宏观勾连机制"验证分析结果

	模型1	模型2	模型3	模型4
	对社会性事项的满意度	对社会性事项的满意度	对个体性事项的信心	对个体性事项的信心
对个体性事项的满意度		0.519*** (0.012)		
对社会性事项的信心				0.562*** (0.013)
性别	−1.589* (0.660)	−1.219* (0.571)	−0.750 (0.525)	−0.189 (0.442)
年龄	0.129*** (0.034)	0.061* (0.029)	−0.168*** (0.027)	−0.196*** (0.023)

续表

	模型1	模型2	模型3	模型4
	对社会性事项的满意度	对社会性事项的满意度	对个体性事项的信心	对个体性事项的信心
学历	−1.134**	−1.820***	0.788**	0.736**
	（0.348）	（0.307）	（0.272）	（0.226）
婚姻状况	−0.776	−0.992	0.338	0.149
	（0.908）	（0.786）	（0.738）	（0.618）
户籍	1.830*	0.384	−4.358***	−2.925***
	（0.736）	（0.646）	（0.586）	（0.493）
政治面貌	1.773	0.983	2.621*	0.380
	（1.271）	（1.110）	（1.021）	（0.873）
自评社会地位	0.932***	−0.530**	0.171	0.147
	（0.191）	（0.173）	（0.162）	（0.134）
相对收入	4.243***	1.787***	0.630+	0.618*
	（0.397）	（0.349）	（0.322）	（0.271）
就业状况	−1.702*	−2.449***	−3.018***	−1.519**
	（0.734）	（0.631）	（0.579）	（0.487）
样本量	5861	5861	5861	5861
R^2	0.037	0.277	0.030	0.313

注：+ $p<0.10$，* $p<0.05$，** $p<0.01$，*** $p<0.001$；括号内为稳健标准误。

第二，模型2在模型1基础上加入了解释变量"对个体性事项的满意度"，从结果来看，对个体性事项的满意度可以显著影响对社会性事项的满意度（$p<0.001$），对个体性事项的满意度每增加1个单位，对社会性事项的满意度增加约0.519个单位。从 R^2 的变化来看，在模型中加入对个体性事项的满意度之后，模型的 R^2 变为0.277，较基础模型（模型1）有了很大的提升，表明对个体性事项的满意度是解释对社会性事项的满意度变化的重要变量。我们关于对个体性事项的满意度会正向影响对社会性事项的满意度的判断也得到了支持。

第三，模型3是对个体性事项的信心对控制变量的回归情况，可以看到，年龄、学历、户籍、政治面貌和就业状况都对人们的对个体性事项的信心具有显著的影响（$p<0.05$）。具体来说，青年人、高学历、农村户籍、党员和未就业群体的对个体性事项的信心会更高。这些控制变量解释了对个体性事项的信心约3%的变异。

最后，模型4在模型3基础上加入了解释变量"对社会性事项的信心"，从结果来看，对社会性事项的信心可以正向影响对个体性事项的信心（$p<0.001$），对社会性事项的信心每增加1个单位，对个体性事项的信心增加约0.562个单位。从R^2的变化来看，在模型中加入对社会性事项的信心之后，模型的R^2变为0.313，较基础模型（模型3）有了很大的提升，表明对社会性事项的信心是解释对个体性事项的信心变化的重要变量。这里，我们关于对社会性事项的信心会正向作用于对个体性事项的信心的判断也得到了支持。

表15-5展示了第二部分的检验结果。其中，模型1、模型2、模型3、模型4、模型5、模型6均采用逐步检验法检验组织信任和人际信任的中介效应。首先，从模型1的结果来看，在控制其他变量的情况下，对社会性事项的满意度可以显著影响对社会性事项的信心（$\beta=0.272$，$p<0.001$），即对社会性事项的满意度每增加1个单位，对社会性事项的信心增加约0.272个单位，这意味着我们通过了第一步的检验，有必要对组织信任的中介效应进一步分析。从模型2可以看到，对社会性事项的满意度对组织信任有显著的正向影响（$\beta=0.751$，$p<0.001$），模型3显示，组织信任又会进一步作用于对社会性事项的信心（$\beta=0.051$，$p<0.001$），因此，组织信任发挥了显著的中介效应。

表15-5 "当下—未来勾连机制"验证分析结果

	模型1	模型2	模型3	模型4	模型5	模型6
	对社会性事项的信心	组织信任	对社会性事项的信心	对个体性事项的信心	人际信任	对个体性事项的信心
对社会性事项的满意度	0.272*** （0.010）	0.751*** （0.010）	0.234*** （0.013）			
组织信任			0.051*** （0.011）			
对个体性事项的满意度				0.245*** （0.011）	0.317*** （0.020）	0.238*** （0.011）

续表

	模型1	模型2	模型3	模型4	模型5	模型6
	对社会性事项的信心	组织信任	对社会性事项的信心	对个体性事项的信心	人际信任	对个体性事项的信心
人际信任						0.022** (0.007)
性别	−0.567 (0.470)	−2.407*** (0.561)	−0.445 (0.470)	−0.576 (0.499)	−3.053** (0.937)	−0.507 (0.499)
年龄	0.015 (0.024)	0.082** (0.029)	0.011 (0.024)	−0.200*** (0.026)	0.065 (0.048)	−0.202*** (0.026)
学历	0.401 (0.250)	−0.291 (0.294)	0.416+ (0.249)	0.464+ (0.259)	−0.214 (0.492)	0.469+ (0.259)
婚姻状况	0.548 (0.660)	0.695 (0.801)	0.513 (0.660)	0.236 (0.711)	2.982* (1.350)	0.170 (0.711)
户籍	−3.047*** (0.530)	1.518* (0.639)	−3.124*** (0.530)	−5.041*** (0.566)	1.039 (1.069)	−5.065*** (0.567)
政治面貌	3.505*** (0.892)	0.329 (1.115)	3.488*** (0.884)	2.248* (0.963)	4.903** (1.680)	2.138* (0.961)
自评社会地位	−0.211 (0.144)	0.649*** (0.164)	−0.244+ (0.144)	−0.520*** (0.153)	0.538+ (0.298)	−0.532*** (0.153)
相对收入	−1.131*** (0.294)	0.864* (0.351)	−1.175*** (0.294)	−0.530+ (0.308)	−2.410*** (0.615)	−0.476 (0.308)
工作状况	−2.206*** (0.520)	−0.036 (0.625)	−2.204*** (0.519)	−3.372*** (0.554)	−0.681 (1.052)	−3.356*** (0.554)
样本量	5861	5861	5861	5861	5861	5861
R^2	0.140	0.468	0.143	0.116	0.059	0.117

注：+ $p<0.10$，* $p<0.05$，** $p<0.01$，*** $p<0.001$；括号内为稳健标准误。

其次，从模型4的结果来看，在控制其他变量的情况下，对个体性事项的满意度对对个体性事项的信心有显著的正向影响（$\beta=0.245$，$p<0.001$），即对社会性事项的满意度每增加1个单位，对社会性事项的信心增加约0.245个单位，这意味着我们通过了第一步的检验，有必要对人

际信任的中介效应进一步分析。从模型 5 可以看到，对个体性事项的满意度对人际信任有显著的正向影响（$\beta=0.317$，$p<0.001$），模型 6 显示，人际信任又会进一步作用于对个体性事项的信心（$\beta=0.022$，$p<0.01$），因此，人际信任发挥了显著的中介效应。

（五）稳健性检验

为了保证研究结论的可靠性，在这里我们采用多种方法进行稳健性检验，包括替换模型和更改变量（组织信任）操作化方法。

首先，我们采用结构方差模型对六个主要变量的标准化路径系数重新进行计算。从图 15-4 的结果可以看到，与原模型的回归结果一样，所有路径系数均至少在 0.01 的显著水平上具有显著性，并且系数值与原模型的回归结果相似。此外，对模型的拟合评价显示：CFI=0.953，TLI=0.920，RMSEA=0.071，均在可接受范围内。

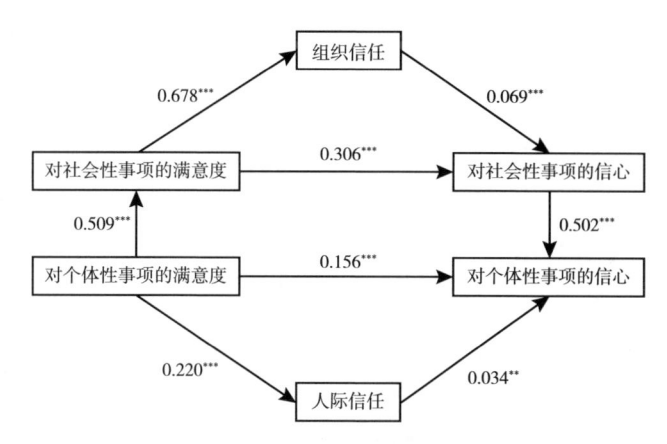

图15-4　基于结构方差模型的路径系数

注：$^+p<0.10$，$^*p<0.05$，$^{**}p<0.01$，$^{***}p<0.001$。

其次，我们改变了组织信任的测量题器，原有的测量主要是关于人们对于政府依法行政、办事效率、公开透明、问责追责和廉洁自律等方面的信任情况，新的测量方法是询问受访者对于各级政府（中央政府、省市政府、县区政府）以及主要政府部门（公安局、法院、工商、税务、社会保障、城管、信访等）的信任情况。从表 15-6 的结果来看，替换变量的测量方式之后，如模型 1 所示，对社会性事项的满意度依然对组织信任具有显著的正向影响（β=0.292，p<0.001），如模型 2 所示，组织信任也依然对对社会性事项的信心有显著影响（β=0.176，p<0.001）。因此，组织信任具有显著的中介效应，原有结论总体上依然成立。不过，如果对回归系数进行仔细观察会发现，替换了变量的测量方法之后，对社会性事项的满意度对组织信任的影响程度变小，组织信任对对社会性事项的信心的影响程度变大，表明概念的操作化方法对于考察变量间关系作用程度存在一定影响。

表15–6　组织信任中介效应的稳健性检验

	模型1 组织信任	模型2 对社会性事项的信心
对社会性事项的满意度	0.292*** （0.007）	0.220*** （0.011）
组织信任		0.176*** （0.021）
性别	−1.184*** （0.318）	−0.358 （0.466）
年龄	0.005 （0.016）	0.015 （0.024）
学历	0.241 （0.169）	0.358 （0.248）
婚姻状况	0.195 （0.453）	0.514 （0.656）
户籍	0.912* （0.370）	−3.208*** （0.527）
政治面貌	0.160 （0.597）	3.477*** （0.882）
自评社会地位	0.602*** （0.096）	−0.317* （0.144）
相对收入	0.077 （0.196）	−1.145*** （0.292）
工作状况	0.263 （0.358）	−2.252*** （0.517）

续表

	模型1	模型2
	组织信任	对社会性事项的信心
样本量	5861	5861
R^2	0.293	0.152

注：$^+p<0.10$，$^*p<0.05$，$^{**}p<0.01$，$^{***}p<0.001$；括号内为稳健标准误。

（六）异质性分析

社会学的基本假定是，不同阶层的人，在思想观念、态度行为等方面存在着差异。因而我们需要进一步回答的问题是，对于处于不同社会位置的群体而言，原有的4条主要路径关系[①]是否依然成立或者是否存在差异。对此，我们在原有回归方程中加入了自变量与反映社会分层变量的交互项。在这里，社会分层变量选择了学历、自评社会地位和相对收入，其中学历反映人们的文化资本，布尔迪厄（又译布迪厄）认为，文化资本具有向经济资本转化的潜能；[②] 自评社会地位是人们对于自身社会地位的评价，具有综合性和主观性的特征；相对收入是人们基于主观标准对自身收入与社会上其他人比较之后的感知和判断，反映的是人们经济资本相对优势或劣势情况。

表15-7展示了社会分层变量在"对个体性事项的满意度→对社会性事项的满意度"和"对社会性事项的信心→对个体性事项的信心"路径中的调节作用。首先，从模型1、模型2、模型3的回归结果来看，对个体性事项的满意度影响对社会性事项的满意度过程中，只有学历具有显著的调节作用（$\beta=-0.025$，$p<0.001$），也即随着学历的提升，对个体性事项的满意度影响对社会性事项的满意度的程度会逐渐降低，平均而言，学历每增加1个等级，对个体性事项的满意度影响对社会性事项的满意度的边际效应减少0.025个单位。

其次，从模型4、模型5、模型6的结果来看，三个指向社会分层的变

[①] 具体为：对个体性事项的满意度→对社会性事项的满意度、对社会性事项的信心→对个体性事项的信心、对社会性事项的满意度→对社会性事项的信心、对个体性事项的满意度→对个体性事项的信心

[②] 布尔迪厄：《区分：判断力的社会批判》，刘晖译，北京：商务印书馆，2015年，第355页。

量中，只有学历在0.1的显著水平上对对社会性事项的信心与对个体性事项的信心的关系具有调节效应，这一结果在一定程度上表明，对社会性事项的信心影响对个体性事项的信心的程度在不同社会阶层群体中是大致相当的。

表15-7 异质性分析结果（一）

	模型1 对社会性事项的满意度	模型2 对社会性事项的满意度	模型3 对社会性事项的满意度	模型4 对个体性事项的信心	模型5 对个体性事项的信心	模型6 对个体性事项的信心
对个体性事项的满意度×学历	−0.025* (0.010)					
对个体性事项的满意度×自评社会地位		0.007 (0.007)				
对个体性事项的满意度×相对收入			−0.017 (0.013)			
对社会性事项的信心×学历				−0.020+ (0.011)		
对社会性事项的信心×自评社会地位					0.003 (0.007)	
对社会性事项的信心×相对收入						0.017 (0.014)
控制变量	控制	控制	控制	控制	控制	控制
样本量	5861	5861	5861	5861	5861	5861
R^2	0.278	0.277	0.277	0.313	0.313	0.313

注：+ $p<0.10$，* $p<0.05$，** $p<0.01$，*** $p<0.001$；括号内为稳健标准误。

表15-8展示了社会分层变量在"对社会性事项的满意度→对社会性事项的信心"和"对个体性事项的满意度→对个体性事项的信心"路径中的调节作用。首先，从模型1、模型2、模型3的回归结果来看，三个社会分层变量（学历、自评社会地位、相对分层）在对社会性事项的满意度影响对社会性事项的信心过程中发挥了显著的调节作用。具体来说，学历每增加1个等级，对社会性事项的满意度对对社会性事项的信心的边际效

应减少 0.030 个单位；自评社会地位每增加 1 个等级，对社会性事项的满意度影响对社会性事项的信心的边际效应减少 0.017 个单位；相对收入每增加 1 个等级，对社会性事项的满意度影响对社会性事项的信心的边际效应减少 0.054 个单位。三个调节变量的结果具有一致性，表明社会地位越高，对社会性事项的满意度对对社会性事项的信心的影响越小。

其次，从表 15-8 中的模型 4、模型 5、模型 6 的结果来看，三个调节变量中，学历和相对收入在对个体性事项的满意度影响对个体性事项的信心过程中发挥显著的调节效应。具体来说，学历每增加 1 个等级，对个体性事项的满意度影响对个体性事项的信心的边际效应减少 0.026 个单位；相对收入每增加 1 个等级，对个体性事项的满意度影响对个体性事项的信心的边际效应减少 0.026 个单位。这一结果依然表明，人们所处的社会层级越高，对个体性事项的满意度影响对个体性事项的信心的程度会越小。

表15-8 异质性分析结果（二）

	模型1	模型2	模型3	模型4	模型5	模型6
	对社会性事项的信心	对社会性事项的信心	对社会性事项的信心	对个体性事项的信心	对个体性事项的信心	对个体性事项的信心
对社会性事项的满意度×学历	−0.030*** (0.009)					
对社会性事项的满意度×自评社会地位		−0.017** (0.007)				
对社会性事项的满意度×相对收入			−0.054*** (0.012)			
对个体性事项的满意度×学历				−0.026** (0.009)		
对个体性事项的满意度×自评社会地位					−0.005 (0.006)	
对个体性事项的满意度×相对收入						−0.026* (0.013)
控制变量	控制	控制	控制	控制	控制	控制
样本量	5861	5861	5861	5861	5861	5861
R^2	0.142	0.141	0.143	0.117	0.116	0.116

注：+ $p<0.10$, * $p<0.05$, ** $p<0.01$, *** $p<0.001$；括号内为稳健标准误。

四 小结

简而言之，总体性社会情绪主要指人们对自身所处的个人环境和社会环境的一种主观感受。按照理论概念演绎的方式，我们区分了总体性社会情绪的三个维度，即满意度、社会信任和社会信心，同时基于宏观和微观的结合视角，我们对三个维度都区分了个人面向和社会面向，得到构成总体性社会情绪的六个变量。在本部分中，我们对六个变量的相互作用关系进行了深入分析，以此展示总体性社会情绪的内在结构。

我们首先构建了反映总体性社会情绪内部结构的路径关系图，并指出总体性社会情绪内部存在两条主要的理论机制：微观—宏观勾连机制和当下—未来勾连机制。其中，"微观—宏观勾连机制"解释的是个人面向的变量与社会面向的变量是否具有相互作用的问题。理论分析指出，随着社会经济的不断发展，国家出于社会控制的需要，不断加强与社会成员的联系，通过"单位制""社会福利制度"等方式进行资源分配，使得个人与社会之间在客观上形成了一种强联结关系，并且也演化成了人们主观上的一种共识、一种常识，以及一种道德。即人们普遍相信：国家要对个人的生活全方位地负责，这是国家的责任；个人可以全方位地依赖社会，这也是个人的权利。由此，个人与社会（政府）之间的关系，从强调扮演"守夜人"角色的"简单政府"，即政府只在保障人民生命权、财产权和自由权等基本权利上有所行动，转变为了提倡"全能政府"，即要求政府对人们除基本权益之外的教育、医疗、就业、抚育、养老等方方面面有所作为。这种对于个人与社会关系的认知，又进一步促成了人们在心理层面的外部归因模式，即将当前个人境遇的结果归功或归咎于外部环境，例如，社会政策、政府行为等。正是由于这种外部归因的导向，人们对于个人处境的判断就会更加容易产生外溢效应，引发消极的社会情绪，进而使得人们对社会的发展状况感到失望和不满。

"当下—未来勾连机制"解释的是人们对当前的状况的认知是如何影响人们未来预期的。理论分析指出，信任在此过程中发挥了重要的作用，信任主要包含四种类型：情感型信任、认知型信任、系统型信任和计算型信任。在"当下—未来勾连机制"中，满意度是通过一种信息机制来影响信任的，这种信任机制的作用过程，使得人们更加了解被信任对象（无论是宏观层面的组织、制度以及社会系统，还是微观层面的亲友、同事或陌生人）的一些稳定的特质，当被信任对象具有一些积极的特质时，那么人们就会给予对方信任。这种信任从类型学上来说，是一种认知型信任。认知型信任是一种理性判断之后给予的具有持续性和惯性的信任，通常出现在持续的互动过程之中，这种持续性与"当下—未来勾连机制"所强调的强化效应是一致的；换句话说，人们对于未来的预期和判断首先是建立在自身所掌握的信息基础上的，当这种判断得到既有经验的证明，便会产生一种强化效应，使得人们对之后结果更加笃定。

基于上述两种理论机制，我们利用2015年问卷调查的经验数据对相应的研究假设进行了实证检验。结果显示：第一，对个体性事项的满意度可以正向影响对社会性事项的满意度；第二，组织信任能够正向影响对个体性事项的信心；第三，对社会性事项的满意度可以正向影响对社会性事项的信心，并且组织信任在此过程中发挥了显著的中介效应；第四，对个体性事项的满意度可以正向影响对个体性事项的信心，并且人际信任在此过程中发挥了显著的中介效应。我们还通过替换模型和更改部分变量的操作化方法对上述主要结论进行了稳健性检验，结果依然支持研究假设。最后，我们还分析了三个社会分层变量（学历、自评社会地位、相对收入）的调节效应，结果显示：第一，学历能够反向调节对个体性事项的满意度对对社会性事项的满意度的影响；第二，学历能够反向调节对社会性事项的信心对对个体性事项的信心的影响；第三，学历、自评社会地位、相对分层都能反向调节对社会性事项的满意度对对社会性事项的信心的影响；第四，学历和相对收入在对个体性事项的满意度影响对个体性事项的信心过程中发挥显著的调节效应。总的来说，异质性分析的结果表明，在四条关系路径中，社会地位越高，自变量对因变量的影响会越低。

第十六章

从社会景气到组织景气：一种中观的分析

一 组织景气与中观分析

我们在本项研究中，从理论探讨与数据分析相结合的角度试图努力说明，一个社会中社会景气的深层结构是总体性社会情绪，社会景气的状况可以通过总体性社会情绪反映出来，它可以体现为人们在一段时期内可以观察到或感受到的一种弥散在不同社会群体之中的总体性社会情绪。所以，理解总体性社会情绪，是理解社会景气的前提。特别是对于正处于急速变迁的中国社会来说，能够在人们微观感受与宏观社会状况之间进行有效勾连的，就是这种弥漫以及沉淀在社会中的总体性社会情绪。正是受这种总体性社会情绪所驱动，社会发生着不断的变迁。不了解一个社会中的总体性社会情绪，就不可能从根本上理解一个社会的景气状况，也不可能从根本上实现有效的国家治理，从而也不能够从实质上把握社会的发展与变迁。努力去做到这一点，恰恰也是我们研究总体性社会情绪的学术与实践意义。

我们知道，在今天的中国社会里，人们大多数的经济、政治与社会行为都是嵌入一定的组织之中，并通过组织来完成的；党和政府在经济、政治以及社会上的意志也都是通过一个个具体的组织来加以贯彻的；人们在经济、政治以及社会方面的期望更多的也是通过组织来实现的。组织是党和政府贯彻意志、组织成员实现自己期望的重要制度载体。当一个组织不能做到上传下达、上上下下都不满意的时候，微观与宏观的联系由于缺乏单位组织这样的有效的中观制度载体的上下沟通而会变得无效和失灵，就组织本身而言，这个组织的景气或工作环境就会出现恶化的状况。

随着研究的深入，我们同时感到，当我们把总体性社会情绪的三个结构性要素即满意度、社会信任与社会信心看作为形成总体性社会情绪的底层逻辑和条件，同时又可以勾连一个国家与社会的景气状况，是一个国家治理效率与合法性的重要证明的时候，我们往往可以进一步说明，人们总是从自己的状况来感受日子过得好不好，满意不满意，对他人信任不信任，对将来的发展有没有信心。只有在这个基础上，人们才可能推己及人，对社会的总体环境做出合乎实际的判断。在这里，个人的满意度、信任与信心就成为人们对国家与社会宏观状况判断的基础。但是，我们同时还需要进一步讨论和分析，形成总体性社会情绪的底层逻辑和条件往往和人们所在的单位与组织息息相关，人们在组织中的一些主观感受往往是形成这种底层逻辑和条件的基础。同样，当我们在将宏观社会景气与微观个人感受进行勾连的时候，往往也是通过人们在组织中的感受来实现的。有了组织这样的一个中观的制度载体，微观与宏观的分析才会具有深度和张力。

我们在报告中也试图论证，在微观上，满意度能够反映人们在与他人以及群体比较过程中的主观感受，信任能够勾连对他人的信任，成为与他人进行社会互动的基础，而信心则能够反映个人未来发展期望实现的感受；在宏观上，满意度则能够反映人们对社会一些宏观事项的主观感受，勾连人们对社会群体、对单位、对组织以及对政府部门或机构的满意或者不满意的主观感受，信任能够勾连对制度、对政府、对政府机构以及对社会的信任，而信心则能够反映对国家社会未来发展期望实现的感受。三项指标从不同的角度通过简单、敏感和容易操作的方式折射出一个国家一定时期内总体性社会情绪状况。换句话说，组织与单位成为人们勾连微观与宏观的中间制度载体。一方面，人们对社会、对组织、对他人以及个人的主观感受在很多情况下是在组织与单位的环境下与单位成员的互动过程中产生的。人们可能说不清一些大道理，但是他们却可以从组织与单位日常生活中切切实实地来感受幸福不幸福、认可不认可、满意不满意。在很多情况下，我们还可以观察到，一个社会的景气离不开这个社会中各种不同类型组织中良好的工作环境。当一些社会成员在自己所隶属的组织中不愉快、不满意，感受不到组织的激励，体会不到其他组织成员的帮助和支持，那么，其不满的感受和情绪就会或多或少地以各种不同的方式宣泄到社会当中去，在一定程度上会影响一个社会的景气。所以，研究一个组织的景气（工作环境）能够使我们在更深层次上理解一个社会的景气，这恰恰也是我们研究组织景气（工作环境）的学术意义。

事实上，根据我们2014年到2020年的调查数据分析发现，人们对组织中工作环境的感受与人们的获得感呈正相关：中国组织中工作环境的指数由2014年的63.1稳步上升到2020年的74.3；与之相呼应，人们在组织中的获得感也从2014年的0.66稳步上升为2020年的1.15，令人可喜。与此同时，我们在调查过程中还发现，在各种组织中不同层级的管理者不作为状况普遍，"多一事不如少一事"的现象严重，极大地影响组织的效率；人们在组织中的不作为，效率低下，且没有一个明确的评估标准，使"磨洋工与不作为"成为组织中的常态，党和政府的意志贯彻以及"上情下达与下情上达"都不同程度遭遇中观层次上的"肠梗阻"。这些问题如果不尽快加以研究解决，一方面会拉高组织内外的不满意度，在宏观上贻误国家改革与发展的时机，另一方面也会严重影响一个组织的工作环境和景气状况。

在这里，组织景气与工作环境主要是指从业者在其工作单位中从主观上所感受到的一种工作氛围与工作状态。工作组织作为一个社会中重要的制度载体，主要是通过其所形成和营造的独特的社会环境或者组织文化来影响和规范员工的组织行为的。① 在欧洲，工作环境研究已经初具规模，成为一个很重要的交叉学科领域。由于在这里组织景气与工作环境作为学术概念表述的是同样的内容，所以在下面的表述中，我们采用工作环境的概念来说明组织景气的状况。在我们国家，对工作环境的研究才刚刚开始，我们主要试图从工作时间、工作报偿、工作场所以及工作中的员工参与四个方面展开研究。

一个好的工作环境以及良好的组织景气，在微观个体层面，能够为人们获得幸福与满足提供必要的物质保障和前提，为人们的情感满足提供必要的社会归属，能够帮助个体更好地在组织中实现自我，激发潜能，为人们的自我成长和满足提供必要的公共场所；在中观组织层面，能够促进

---

① 张彦、李汉林：《治理视角下的组织工作环境：一个分析性框架》，《中国社会科学》2020年第8期，第87—107页。

良好的组织文化构建，提高组织成员对组织的认同感和满意度，提高组织效率，进而快速推动组织的创新与发展；在宏观层面，有助于我国的经济与社会实现新常态下的健康、平稳，同时也能够为高质量发展提供合理的预期。①

事实上，经济增长的质量和效率取决于参与经济活动劳动者的质量，取决于这种经济活动组织者所营造的工作环境的质量以及组织景气的状况。一个高质量发展的中国，需要创新劳动者的工作环境，需要提高劳动者工作的质量，构建良好的营商环境重要基础。事实上，只有高质量的工作环境才可能创造工作的效率和质量，才能够最终实现一个国家的高质量发展。良好的工作环境，能够造就有质量的工作，它既是一个社会高质量发展的前提，也是条件。

另外，随着工作环境研究的深入，能够为组织的评估提供一个良好的学术与方法的基础。在具体分析、研究和评估组织在工作时间、工作报偿、工作场所和员工参与方面的制度设计和安排的时候，我们同时需要认真地考虑和分析，这些制度设计与安排是否有利于促进组织中的团结与整合，是否有利于促进组织中的保护与包容，是否有利于组织中结构与功能的优化。只有通过这种相互勾连起来的思考，我们对一个组织的工作环境状况的观察才会深入，我们的分析才会有扎实的理论与实践基础。

事实上，当我们用科学抽样的办法把每一个具体员工个人的主观感受"归纳"成为整个员工不同群体的主观感受的时候，那么我们所观察到的主观感受就具有了总体性社会情绪的特征，或者说变成了一种可以观察到的，能够反映总体的"社会事实"和主观感受。根据这些总体性的主观感受，我们就能够分析、判断和评估一个组织中的工作环境状况。②

总而言之，我们认为，一个社会的景气离不开这个社会中各种不同类型组织的景气，离不开组织中良好的工作环境。人们对社会、对组织、对他人以及个人的主观感受在很多情况下是在组织与单位的环境下以及在与单位成员的互动过程中产生的。人们可能说不清一些大道理，但是他们却可以从组织与单位中的日常生活中切切实实地来感受幸福不幸福、认可不

---

① 张彦：《从个体情绪到总体性情绪的跃迁：中国城镇居民工作环境满意度实证研究》，《社会发展研究》2016年第1期，第48—79页。

② 张彦、李汉林：《治理视角下的组织工作环境：一个分析性框架》，《中国社会科学》2020年第8期，第87—107页。

认可、满意不满意。当一些社会成员在自己所隶属的组织中不愉快、不满意，感受不到组织的激励，体会不到其他组织成员的帮助和支持，那么，他们这种不满的感受和情绪就会或多或少地以各种不同的方式宣泄到社会当中去，在一定程度上会影响一个社会的景气。我们在许多田野中观察到，形成总体性社会情绪的底层逻辑和条件往往和人们所在的单位与组织息息相关，人们在组织中的一些主观感受往往是形成这种底层逻辑和条件的基础。同样，当我们在对宏观社会景气与微观个人感受进行勾连的时候，往往也是通过人们在组织中的主观感受来实现的。有了组织这样的一个中观的制度载体，微观与宏观的分析才会具有深度和张力。所以，从某种意义上说，研究一个组织的景气（工作环境）能够使我们在更深层次上理解一个社会的景气，这恰恰也是我们研究组织景气（工作环境）的学术意义，也是我们把社会景气与组织景气联系起来思考的根本原因。

这项研究能够给予我们的一个重要启示是，仅仅停留在弄清楚社会景气的深层结构是总体性社会情绪还不够，还需要深入思考总体性社会情绪的组织与制度载体。工作组织是人们生活与行为乃至社会化的重要场所，人们对他人、对家庭以及对社会的一些主观感受主要来源于自身的工作单位。近年来我们在做田野调查的时候发现，人们对社会上的一些牢骚以及不满意的感受往往和自身在组织中的牢骚和不满意联系在一起。人们对未来社会的发展没有信心也往往和自身在组织中发展的不如意状况息息相关。因此，深入推进社会景气以及总体性社会情绪的研究，有必要认真分析一个组织的景气状况即工作环境，从而使我们对微观与宏观的分析有了一个中观的勾连。通过对组织中的工作环境及组织景气这样中观层次的研究，能够使我们把人们在微观与宏观层次上的感受很好地联系起来，使我们对社会景气与总体性社会情绪的研究更具有学术底蕴与张力。为了达到这个目的，我们有必要对组织景气即工作环境从理论、方法以及实证研究几个方面结合起来推进这项研究，为社会景气与总体性社会情绪微观—中观—宏观的分析提供一个具有可操作性的理论思考与框架。

二 理论思考与分析框架

组织景气（organization climate）和工作环境（working conditions）主要指的是从业者在其工作单位中，从主观上所感受到的一种工作氛围

（working climate）与工作状态（working state）。① 工作组织与单位作为一个社会中重要的制度载体，主要是通过其所形成和营造的独特的社会环境或者组织文化来影响和规范员工的组织行为的。②

从历史发展的过程来看，工业文明的一个重要特点，就是使人们从农业文明中互不关联的"个体劳动"脱离出来，走向互为关联的"集体劳动"。人们在"集体劳动"过程中不断互动，社会交往日益频繁。这种不断互动与频繁交往使人们产生对公共品的要求，同时也发展出公共道德规范。随着公共（集体）空间和公共品在质量与数量上不断提高，"集体劳动"的效率会不断提高，与此同时，"集体劳动"的环境以及公共空间的环境也会不断改善，这既是文明发展的历史趋势，也是文明发展的条件和前提。③ 在现代社会，工作组织是各类组织的最主要形式，也是多数社会成员的主要"栖身"场所。工作是人们一生最重要的组成部分，它会给人们带来完全的满足与充分的意义。一方面，人们的工作以及其所工作的那个环境深深地影响着人们的行为，这样的组织及其环境实际上是人们在社会生活中价值观与行为取向重塑的社会场所；另一方面，人们的行为也深深地嵌入到了其所工作的那个单位，或者说他们的职业或工作之中。在很多情况下，人们在这种环境中完成自身的社会化过程。恰恰在这个意义上，人们在工作单位中感受到的组织氛围与工作状态，对人们在组织中的行为会产生至关重要的影响。

按照社会学的理论，在一个组织的发展过程中，人们的行为结构总是嵌入到组织的结构之中。④ 在这个意义上，工作环境作为组织员工行为的结构性因素，同样也发挥着至关重要的作用。毋庸置疑，好的工作环境、工作质量，作为衡量人类福祉的重要指标，不应该也不能够被忽略在社会

---

① 如前所述，由于在这里组织景气与工作环境作为学术概念表述的是同样的内容，所以在下面的表述中，我们采用工作环境的概念来说明组织景气的状况。

② Eurofound, *Working Conditions in a Global Perspective*, Luxembourg: Publications Office of the EU, 2019, p.vii, p.3; Rabi S.Bhagat, Richard M. Steers. eds., *Cambridge Handbook of culture, organizations, and work*, New York: Cambridge University Press, 2009, p.219; S Drobnič, B Beham, P Präg,"Good Job, good life? Working conditions and quality of life in europe," In *Social Indicators Research*, Vol.99(2010), pp.205-225.

③ 郑永年：《当代中国个体道德下沉根源》，《联合早报》2019年7月23日。

④ M.Granovetter and R.Swedberg ed., *The Sociology of Economic Life*, Boulder CO: Westview Press, 1992, p.6.

发展的关注范畴之外。① 良好的工作环境，能够造就有质量的工作，它既是一个社会高质量发展的前提，也是条件。一个高质量发展的中国，首先需要创新劳动者的工作环境，同时也需要提高劳动者工作的质量，这是中国发展的重要基础。②

从学科特点来说，组织"工作环境"问题是社会学研究的重要内容，特别是从组织社会学角度出发进行研究具有明显的学科特长和优势。就研究路径而言，将组织社会学的相关理论、方法和观点运用于对"工作环境"问题的研究，不仅使我们从学术视角对组织环境变迁的结构特征及影响机制有更为深入的认识，而且由于"工作环境"贴近现实生活实践，勾连社会成员与各类工作组织，因而使其成为宏观与微观社会治理的一个重要环节。

我们的研究拟从组织治理的角度切入工作环境的探讨，尝试提供一种具有学科意义的分析性框架。组织治理不同于组织管理的最根本之处在于，组织管理更多指涉的是组织管理者自上而下的教育与规范被管理者行为的过程，③ 而组织治理是一个组织管理者与被管理者共同参与的过程，主要是指组织成员以维持组织秩序、提高组织效率、以更好地实现组织共同目标所实施的行为以及开展的活动。④ 组织成员既是参与治理的主体，

---

① 在国际学术界的语境里，工作环境（working condition）同时也被表述和理解为组织景气（organizational climate）、工作质量（quality of work）、工作生活质量（quality of working life）、岗位质量（job quality）、好工作（good work or good job）以及体面工作（decent work），这些表述的重点不一样，但是其所指的学术含义大体相同。这一方面说明，科研人员都试图从各个不同的角度来补充和完善工作环境研究中这一重要的基本概念，另一方面也说明了这个领域还需要进一步深入发展，因为基本概念不一致，很难奠定一个学科的理论与方法基础。正是根据各方面的考虑，我们在本书中运用工作环境这个概念来概括和表述上述的一些内容。

② 张彦、李汉林：《治理视角下的组织工作环境：一个分析性框架》，《中国社会科学》2020年第8期，第87—107页。

③ Hufty, Marc, "Governance: Exploring four approaches and their relevance to research," *Research for sustainable development: Foundations, experiences, and perspectives*, Vol.6(2011), pp.165-183；百度词条：《治理理论》，2023 年 02 月 09 日，https://baike.baidu.com/item/治理理论/7671508?fr=aladdin；《什么是社会治理》，https://zhidao.baidu.com/question/8521973.html；《"治理"与"管理"的区别和联系是什么？》，https://zhidao.baidu.com/question/566346397117732644.html。

④ Kaufmann, Daniel, and Aart Kraay, "Growth without governance," *Economia*, Vol.3. No.1(2002), pp.169-229; Kaufmann, Daniel, "Governance matters IV: Governance indicators for 1996-2004," *World Bank Policy Research Working Paper*, Vol.3630(2005), pp.1-61; Crossan, M., and M.Apaydin, "A multi-dimensional framework of organizational innovation: A systematic review of the literature," *Journal of Management Studies*, Vol.47, No.6(2010), pp.1154-1191；百度词条：《组织治理》，https://baike.baidu.com/item/组织治理/1752712?fr=aladdin。

同时也是治理的对象。换句话说，组织治理就是组织成员共同参与治理组织。从组织治理的视角研究组织工作环境，关注的是全体组织成员对工作环境的认知和建构工作环境的实践。

（一）文献综述

工作环境的研究源于生活质量（quality of life，QOL）研究。① 在生活质量指标研究渐成体系的过程中，② 一些学者③ 发现，在客观条件指标中，个体获得报酬的工作是实现高生活质量最重要的决定因素之一。研究者认为，工作不仅能够为个体提供足够的金钱以维持个体生活，还可以带给个体认同感、社会地位、个人发展的机会等附加价值。不谋而合的是，还有学者在生活质量的主观感受指标中发现了工作对个体积极情绪体验的影响。Sirgy借用等级域和特点域两种观点阐释了一个好的工作对个体生活满意度的积极影响，并且在实证研究中验证了这一理论假说。④ 由此，有部分学者开始着力从劳动经济学的视角不断探索一个好的工作（good work or good job）的决定因素有哪些，探讨如何通过工作质量的提高，来提高个体生活质量。⑤

---

① 生活质量这个概念最早出现在美国经济学家J.K.加尔布雷思所著的《富裕社会》（1958）一书中。该书主要揭示美国居民较高的生活水平与满足社会的、精神的需求方面相对落后之间的矛盾现象。他在1960年发表的美国《总统委员会国民计划报告》和R.R.鲍尔主编的《社会指标》文集中正式提出生活质量这个专门术语。此后，生活质量逐渐成为一个专门的研究领域。

② 学者们致力于客观指标体系，包括人口出生率和死亡率、居民收入和条件、社区各种团体种类的参与率、社会安全或社会保障等。通过客观综合指标的比较分析，可以权衡社会变迁的程度。同时，主观指标的建构则主要以人际关系、社会结构和心理状况等因素决定的生活满意度和幸福感。

③ Clark, Andrew E, "What really matters in a job? Hedonic measurement using quit data," *Labour economics*, Vol.8, No.2(2001), pp.223-242; Clark, Andrew E, "What makes a good job? Evidence from OECD countries," In S. Bazen, C. Lucifora, & W. Salverda Eds., *Job quality and employer behaviour*, London: Palgrave Macmillan UK, 2005, pp.11-30; Haller, Max, and Markus Hadler, "How social relations and structures can produce happiness and unhappiness: An international comparative analysis," *Social indicators research*, Vol.75(2006), pp.169-216.

④ Sirgy, M. Joseph, *The Psychology of Quality of Life, Social Indicators Research Series Vol.12*, Dordrecht: Kluwer Academic Publishers, 2002.

⑤ 学者常用工作报酬和工作时间等客观指标来定义工作质量（quality of work）；也有学者指出，工作质量也可以从主观指标加以衡量，包括员工的幸福感、满意度、工作生活平衡、工作自主性和个人发展。主观指标和客观指标的结合应用，目前在工作环境研究中始终是一个没有完全解决的方法与测量问题。参见 Oswald, Andrew J., and Stephen Wu, "Objective confirmation of subjective measures of human well-being: Evidence from the USA," *Science*, Vol.327, No.5965(2010), pp.576-579.

除了学术上的专项讨论，工作质量和工作生活质量亦成为欧洲社会的重要政治议题。① 在引起广泛关注的关于工作质量的讨论中，人们逐渐明确，工作质量的衡量实质上就是对个体工作行为所处的物理环境和组织环境的评估。从1991年到2015年，欧盟率先在其成员国进行了为期五年的"欧洲工作环境调查"，用以了解欧洲社会中工作变迁与社会变迁在多大程度上相互影响，由此为政策制定提供相应的选择依据。到2016年这项研究已经发布了六份报告。② 这六份报告通过人们的主观感受来评估工作环境的好坏，客观地展示了欧盟成员国员工工作环境的历时性发展过程及特点。③ 虽然这六份报告没有提供系统的工作环境研究数据，甚至在对工作环境的概念上都缺乏统一的表述，但其最大的贡献在于，随着数年来参与"欧洲工作环境调查"的欧盟成员国数量不断增加，工作环境的测量维度几经聚类、归纳，大

---

① 欧盟于2001年制定并执行了一项欧洲就业战略（European Employment Strategy, EES）。在此战略中，欧盟对工作质量做了一个明确的界定。它指出，工作质量这一概念内涵，应基于一个多元的视域，它既包含客观的工作岗位特点，还应包含员工的主观工作评价、员工性格，以及员工与岗位的匹配程度。在欧洲就业战略研究框架下，欧盟各国的学者们发现，影响工作质量的因素有十个，分别是：内在工作质量；技术、终身学习与职业生涯发展；性别平等；工作健康与安全；灵活性与安全性；劳动市场的进出自由；工作组织和工作生活平衡；社会对话和员工参与；多样性和非歧视；完整的经济体现和产量。在这些影响因素的相关研究中，有学者指出，工作满意度更大可能的是工作质量的结果变量，而非工作质量的一个构成维度。随后，这一发现不断被后来的学者相继证明。参见 Ventegodt, Søren, and Joav Merrick, *Health and Happiness from Meaningful Work: Research in Quality of Working Life*, New York: Nova Science Publishers, 2009, pp.9–22; Sirgy, M.Joseph, *Handbook of Quality-of-life Research: An Ethical Marketing Perspective*, Dordrecht, Netherlands: Kluwer Academic Publishers, 2001, pp.24–25.

② 六份报告分别为 Pascal Paoli, *First European Survey on the Work Environment 1991-1992*, Dublin: Publications Office, 1992; Pascal Paoli, *Second European Survey on Working Conditions*, Dublin: Publications Office,1997; Pascal Paoli and Damien Merllié, *Third European Survey on Working Conditions 2000*, Dublin: Publications Office, 2001; Agnès Parent-Thirion, Enrique Fernández Macías, John Hurley, Greet Vermeylen, *Fourth European Working Conditions Survey*, Dublin: Publications Office, 2007; Agnès Parent-Thirion, Greet Vermeylen, Gijs van Houten, Maija Lyly-Yrjänäinen, Isabella Biletta, Jorge Cabrita, *5th European Working Conditions Survey*, Dublin: Publications Office, 2012; Agnès Parent-Thirion, Isabella Biletta, Jorge Cabrita, Oscar Vargas, Greet Vermeylen, Aleksandra Wilcynska and Mathijn Wilkens, *6th European Working Conditions Survey*, Dublin: Publications Office, 2016.

③ 《欧洲工作环境调查报告》延续生活质量、工作质量和工作生活质量等概念的内部结构体系，将员工的工作环境分成了物理工作环境（包括工作时间、工场设施等方面），即客观工作环境和包括工作压力、工作自主性、工作—生活平衡、待遇公平等方面在内的主观心理环境。

致形成了"工作发展""工作强度与自主性""工作的社会性创新""工作中的物理及心理风险""工作—生活平衡""工作质量""工作环境满意度"等几个方面。①

欧洲工作质量的学术研究和六次欧洲工作环境的调查报告表明,工作环境的研究与工作质量的研究在评估指标体系的建构上几乎相伴相生,如影随形。学者们一直致力于筛选出一些简单、敏感和易操作的指标,然后将这些指标聚类和整合到一起,用来衡量个体工作环境的状况和生活质量的水平;同时,客观指标与主观指标保持测量上的结构平衡。

我国国内对工作环境的研究则相对薄弱,主要是从不同的学科角度关注组织中工作环境所产生的一些问题,并围绕这些问题展开了一些分析。

比如,一些研究特别关注城市外来务工人员或农民工的工作环境状况,发现其往往超时加班严重,又多处于污染较大的生产环境中,致使其身体和精神健康状态都较为糟糕,而且与其他社会经济变量的影响相比,

---

① 第一次欧洲工作环境报告尝试以个体工作行为为中心,找到影响工作行为的环境因素,且几乎为客观指标,此时的工作环境是组织成员工作时候的所有客观条件集合。第二次欧洲工作环境报告,尝试将工作环境划分为物理环境、组织环境、工作中的互动环境。同时,强调工作环境的产出系统,进而试图借此评估个体工作环境的优劣。此外,在分报告中聚焦于不同雇佣状态下的工作环境、男女工作环境的差异和工作中的约束与自主性问题。此次报告是工作环境研究的重要发展阶段,首次关注到了工作环境下的产出部分,其中包含了个体对工作环境的主观感受。第三次欧洲工作环境报告将工作环境聚焦在岗位要求、围绕工作产生的人际互动、工作的产出,以及影响个体工作的家庭情况这四个方面。该报告第一次把调查对象的人口学特征纳入分析的框架以及将工作与家庭生活平衡问题纳入工作环境考察范围。此外,在工作环境维度的分析上主要集中在探讨以工作行为为中心的各个具体问题上,没有对这些具体问题进行有效整合。第四次欧洲工作环境报告则强调了工作环境的产出系统,且从收入、健康、工作环境满意度、工作生活平衡四个方面重点阐述工作环境对个体的影响,并在第三次报告的基础上,一方面对工作时间、工作生活平衡等诸问题进行更加细致的分析,另一方面,对工作环境状况的测量指标体系开始有了偏重提炼主观测量指标的重大研究转向。与此同时,学界对工作质量主观与客观指标的建构问题以及在测量过程中的结构与功能进行了持久且深入的讨论。第五次欧洲工作环境报告,将工作环境划分为三个层次,宏观——劳动力市场环境,中观——工作环境与组织中的互动环境,微观——主观工作感受,即工作质量。另外,首次提出工作质量这一概念,将第四次调查中的产出部分,几乎全部纳入工作质量的考察中。也就是说,工作质量成为工作环境测量体系中重要的主观测量指标。第六次欧洲工作环境报告,进一步弱化了工作环境的客观测量指标,强调个体对工作质量的感受,并根据工作质量的七个维度区分出了五种类型的工作质量。据此,欧洲工作环境的测量指标开始全面与工作质量的测量指标相聚合。

环境对身心健康的影响效应更为突出。① 在这里，这些研究主要是在物质意义上理解工作环境，比如关注工作场所中是否存在有毒有害物质或噪声，是否存在冒险作业，是否经常甚至过度加班，等等。还有一些研究从法学的角度出发，主张用工作环境权来取代以往的劳动安全卫生权，倾向于在物质意义上理解工作环境及工作环境权，认为组织中的工作过程应该符合国家标准或者能够有利于劳动者的身心健康等。②

又比如，一些研究从管理学与心理学的角度，认为工作环境对工作倦怠感具有显著影响，比如管理制度的正式性、工作控制感、组织内人际关系和权益保护等与工作倦怠感呈负相关，而工作技术要求、工作机械化程度、工作时间等则与工作倦怠感呈正相关。③ 一些研究指出，不良的工作性质、工作压力和职业紧张会带来焦虑和抑郁的增加，而工作场所中的人际支持和健康服务则会减少焦虑和抑郁。④

还有一些研究聚焦工作环境及工作质量指标，并探讨这些指标在国内运用的适应性问题。⑤ 还有一些研究侧重于管理心理学和组织行为学领域探讨了衡量组织治理有效性的指标。⑥ 与此同时，一些研究侧重于对职业群体与组织过程的分析，探讨工作环境作为结构性因素对组织功能乃至社会功能的作用，试图揭示转型过程中上述群体工作环境的复杂性、易变

---

① 牛建林、郑真真、张玲华、曾序春:《城市外来务工人员的工作和居住环境及其健康效应——以深圳为例》，《人口研究》2011 年第 3 期，第 64—75 页；孙中伟、张莉、张晓莹:《工作环境污染、超时加班与外来工的精神健康——基于"二次打击"的理论视角》，《人口与发展》2018 年第 5 期，第 14—23 页；俞林伟:《居住条件、工作环境对新生代农民工健康的影响》，《浙江社会科学》2016 年第 5 期，第 75—84 页。

② 范围:《论工作环境权》，《政法论丛》2012 年第 4 期，第 79—86 页；义海忠、谢德成:《工作环境权的内容及价值》，《宁夏社会科学》2012 年第 5 期，第 14—20 页。

③ 王毅杰、卢楠:《工作环境、相对剥夺与农民工工作倦怠》，《南通大学学报（社会科学版）》2014 年第 3 期，第 107—114 页。

④ 姜学文、鞠巍、常春:《职业人群焦虑和抑郁状况与工作环境的通径分析》，《中国心理卫生杂志》2019 年第 5 期，第 375—380 页。

⑤ 参见孙钰华《工作生活质量：追求教师工作与生活的和谐发展》，《比较教育研究》2008 年第 4 期，第 83—87 页；卿涛、丛庆、罗键《企业知识员工工作生活质量结构及测度研究》，《南开管理评论》2010 年第 1 期，第 146—154 页；黄维德、柯迪《各国体面劳动水平测量研究》，《上海经济研究》2011 年第 11 期，第 40—48 页。

⑥ 相关研究参见王雁飞编著《管理心理学》，广州：华南理工大学出版社，2005 年；苏东水《管理心理学》（第 5 版），上海：复旦大学出版社，2013 年；陈国权主编《组织行为学》，北京：清华大学出版社，2006 年。

性，以及这些群体对工作环境质量的主观感受对社会治理与组织治理的影响。①

国内目前的这些研究表现出了在两个主要方面的明显不足：一是对于社会整体性的雇员群体，缺乏经验研究成果；二是对于工作质量理论的变迁，缺乏深入论述。

综观国内外关于工作环境的研究，一个值得引起关注的问题是，整个工作环境的研究缺乏一个整体的理论设计和研究框架，考虑分析具体的工作环境问题多，而深入探究能够将这些具体问题整合起来的理论与逻辑远远不够。

从欧洲现有的研究来看，它们突出了人在工作中的幸福感，强调工作与生活的和谐与平衡，把人的主观正面的积极感受放在了衡量一个组织中的工作环境质量的重要位置，但明显地忽略了组织秩序对提高工作环境质量重要性的认识。实际上，一个组织中好的工作环境，不仅需要人们有主观正面的积极感受，同时也需要强调组织秩序和规则对规范人们在组织中的行为的重要作用。

另外，欧洲工作环境的研究还具有三个方面的主要缺憾。①偏重微观性、个体性和主观性的研究，缺乏将这些研究嵌入客观指标与宏观经济社会结构中的研究取向。②研究数据的解读性描述侧重于经验性描述，不注重对事物之间因果逻辑的解释性阐述。在欧盟历次工作环境研究报告中，多见关于变量的频数描述和相关分析，虽然力图比较各年份的变化及各成员国之间的差异，却没有提供分析这些差异的内在逻辑。③工作环境的概念、量表和指标缺乏理论建构和方法论的深入探讨。在欧盟工作环境研究报告中，工作环境更多的是一个操作性概念，缺乏系统的理论阐释，因此在操作化过程中，很容易丧失理论上的解释力。例如，欧盟的研究设计了

---

① 蔡禾、曹志刚：《农民工的城市认同及其影响因素——来自珠三角的实证分析》，《中山大学学报（社会科学版）》2009年第1期，第148—158页；蔡禾、刘林平、万向东等：《城市化进程中的农民工：来自珠江三角洲的研究》，北京：社会科学文献出版社，2009年；蔡禾主编：《中国劳动力动态调查：2017年报告》，北京：社会科学文献出版社，2017年；沈原、闻翔：《转型社会学视野下的劳工研究》，载郭于华主编《清华社会学评论》第5辑，北京：社会科学文献出版社，2012年，第155—173页；沈原：《农民工生产体制与新生代农民工》，https://wenku.baidu.com/view/28dbe8abaaea998fcc220e95.html；刘爱玉：《城市化进程中的农民工市民化问题》，《中国行政管理》2012年第1期，第112—118页；刘爱玉、陈彦勋：《工作满意度：农民工与城镇工人的比较》，《江苏行政学院学报》2010年第2期，第63—68页。

15个关于工作环境的指标，但在发表的报告中并没有说明这15个指标之间的内在逻辑关系是什么，为何使用这些指标而不是那些指标，致使工作环境这一概念在指标体系的"自循环"中丧失了概念的内涵。就方法论而言，工作环境的量表，其指标既缺信度，也缺效度的检验，研究也未对指标间的相关性给出合理的解释。欧洲工作环境研究目前的状况与构建一个简单、敏感、便于操作量表的目标还相去甚远。

总之，从1990年开始，欧洲工作环境研究团队在欧盟的范围内，组织了多次的大型调查。经过20多年的学术积累，他们开拓了一个崭新的学术领域，形成了一个学术社区，这些都为这个领域在中国国内的发展与深入提供了一个比较坚实的基础。我们这项研究的一个重要任务，就是要在国内外目前研究的基础上，把强调秩序与强调个人良好的主观感受结合起来，从治理的角度来关注与分析人们在组织中正面积极的主观感受，为以后中国组织景气与工作环境的研究提供一个比较好的理论背景与框架。[1]

（二）中国组织中工作环境的制度背景

为了更好地理解我们研究工作环境的理论背景与理论框架，我们有必要从下面的一些概念切入，做进一步的梳理与思考。

我们认为，分析今天的中国社会，尤其是分析今天中国社会中的工作环境，最需要注意以及最本质的结构性背景主要表现在两个方面。一方面是要在分析的过程中充分考虑在中国各种不同类型组织中的嵌入性问题，换句话说，对中国组织结构的任何分析，都要顾及组织中被嵌入的其他的非专业性的结构性要素。忽略这一点，实际上就忽略了中国组织中的一些最本质的且能够起决定性作用的结构和因素。另一方面，就是要充分顾及"单位"这个中国组织中工作环境的重要的制度载体，认真分析"单位制"传统以及由此形成的独特的基层治理的意识形态、思维图式和生活方式。[2] 尽管今天的中国已经发生了翻天覆地的变迁，但是"单位"作为一种依托于总体制度的"客观存在"，对今天中国组织中成员的行为结构乃至整个组织的行为结构产生潜移默化的重要影响。"嵌入性"的结构性背

---

[1] 张彦、李汉林：《治理视角下的组织工作环境：一个分析性框架》，《中国社会科学》2020年第8期，第87—107页。

[2] 渠敬东：《项目制：一种新的国家治理体制》，《中国社会科学》2012年第5期，第113—130页。

景与单位制传统相互强化，使得中国的各类组织在不同程度上承担了基层治理这一非专业性职责。因此，当我们在今天展开讨论任何中国组织中的工作环境问题的时候，首先需要充分顾及这两个重要的中国组织中工作环境的制度背景。不了解这两个方面，我们就很难全面地把握中国的组织，同时也很难深入地理解中国组织中的工作环境。

1. 嵌入性作为结构背景

我们知道，嵌入（embedness）作为这个理论的核心概念，首先主要是指人们经济行为对非经济的结构与制度的依赖。或者说，人们对某些经济行为与模式的选择，受制于自身所赖以生存的那个社会的社会结构、社会生活方式和思维模式，① 甚至可进一步认为，经济行为只是社会行为的一种形式，即便其内容和方式是理性选择结果，但在这个理性选择过程中，社会结构的诸多因素也都会被考虑进来，② 其中非常重要的因素就包括社会支持、信任、道德规范等社会环境因素。另外，嵌入性概念也同样存在于组织与制度层面，正如经济行为受到其行为发生的那个社会环境及其社会结构的影响，特定的组织与制度是那个社会的社会结构的一个重要组成部分③，并因此而受到外部制度环境影响。另外，这个核心概念要求人们，对于嵌入性的研究不但要弄清楚嵌入性为什么会存在，还需要深入地分析嵌入性对经济行动与制度的影响以及嵌入性的构建问题。④

在这里，我们感兴趣的问题是，一种新的组织与制度嵌入社会结构环境的过程是如何发生的，或者说，这种新的组织与制度是如何逐步地嵌入社会结构性环境之中并逐渐影响人们在其中的工作环境的。

首先是变通。一个组织不可能简单地拿来和照搬一些外部的制度以及人们行为的规则，更多的是要按照自身所处的社会结构环境做出相应

---

① Polanyi, K., "The economy as instituted process," In Granovetter M and Swedberg R Ed., *The Sociology of Economical Life*, Boulder CO: Westview Press, 1992, pp.27-50.

② Polanyi, K., "The economy as instituted process," In Granovetter M and Swedberg R Ed., *The Sociology of Economical Life*, Boulder CO: Westview Press, 1992, pp.27-50.

③ "we suggest that 1.economic action is a form of social action; 2.economic action is socially situated and 3.economic institutions are social constructions," In M.Granovetter and R.Swedberg ed., *The Sociology of Economic Life*, Boulder CO: Westview Press, 1992, p.6.

④ 李汉林、魏钦恭：《嵌入过程中的主体与结构：对政企关系变迁的社会分析》，《社会科学管理与评论》2013 年第 12 期，第 51—61 页；李汉林、渠敬东、夏传玲、陈华珊：《组织和制度变迁的社会过程——一种拟议的综合分析》，《中国社会科学》2005 年第 1 期，第 94—108 页。

的修正和改变。在这里，变通，是制度与组织中一种新的规则，① 或者说是一种新的制度安排嵌入新的社会结构环境中的第一步，也是最重要的一步。②

其次是适应。变通更多指的是一种新的制度安排、一种新的规则逐步嵌入社会结构环境的过程；而适应在这里则是指人们的行为要逐步地适应制度中规则的变化。这主要是因为制度对于人们行为的选择具有主导作用；个人"嵌入"在制度中，并被其所创造和指引，故对个人的行为解释离不开对制度的理解，个人在很大程度上是一个因变量。在这里，有两个方面的问题值得注意。

一方面，一种制度一旦建立起来，它就能够规范人们进一步的行动。制度规范行为，在这里带有着一种强制性的意味。另一方面，在制度的制约下，人们在组织中行为的适应，不仅仅是一个被动的过程，在更多的情境下，同时还表现为一个积极学习的过程。或者更确切地说，在意识形态的帮助下，人们对新的制度、对新的规范与规则是逐渐地由被动适应到主动学习和接受，即制度本身可以成为一种思维过程。③ 在这样的一个社会过程中，人们逐渐地被社会化，逐渐地接受这种新的制度安排，力图使其变成约束自己的行为规范，并最终使这种制度的安排"嵌入"特定的社会结构之中，"嵌入"人们自身的行为结构之中，变成社会结构的一部分，变成人们自身行为结构的一部分。在这里，当一种制度真正嵌入了它所赖以生存的社会结构与社会环境之中去的时候，那么这种制度同时也就被深深地打上了这种社会环境、社会结构乃至社会文化的烙印，形成为一种互依互存，逐渐混为一体的状况。④

那么，理解嵌入性对我们研究中国组织中的工作环境有什么样的理论意义呢？

我们知道，在今天的中国，任何一个社会、政治、经济及文化的组织，都或多或少地承载着完成其非专业性的责任和任务。党政组织作为一

---

① 王汉生、刘世定、孙立平：《作为制度运作和制度变迁方式的变通》，《中国社会科学季刊》（香港），1997年冬季卷（总第21期），第45—68页。
② 周雪光：《组织社会学十讲》，北京：社会科学文献出版社，2003年。
③ Douglas M., *How Institutions think*, New York: Syracuse University Press, 1986, pp.1-8.
④ 李汉林、渠敬东、夏传玲、陈华珊：《组织和制度变迁的社会过程——一种拟议的综合分析》，《中国社会科学》2005年第1期，第94—108页。

种结构已经深入广泛地嵌入中国的社会组织之中,并成为极其重要的组成部分。这种政治嵌入,使中国的社会组织在结构上赋予了非专业性的要素,在功能上赋予了政治上的责任。以企业组织即经济组织为例,这种政治嵌入以后,企业在其结构与功能上同时具有了双重的价值取向(政治的价值取向以及经济的和市场的价值取向),其企业行为同时也受到双重规范的制约。在这种情况下,对待这样一种具有中国特色的社会事实,任何一种现存的西方组织理论的解释可能都会显得很不充分:因为我们既不能用纯粹的经济组织理论来解释,也不能用单一的政治组织理论来论证,西方的企业制度理论更无法阐述清楚中国这样一种组织现象的产生过程、条件与后果以及对经济生产过程的影响。[①] 换句话说,党政组织在中国各种组织中的这种政治嵌入,是我们理解、研究与分析中国组织中工作环境的最重要的基础、背景和出发点。若非如此,我们对中国组织中工作环境的分析与研究就会既缺乏深度与张力,也不会具有实际操作性的意义。

另外,这种嵌入性与单位制传统之间还存在相互强化的效果。一方面,各种组织都因这种独特的政治嵌入性而被赋予了不同程度的政治职责,即在不同程度上有参与基层治理的责任要求;另一方面,在单位制传统这种体制思维习惯下,政府的这种将各类组织作为基层治理载体的倾向会进一步加强。在这种情况下,从治理的角度来理解和分析各类组织的工作环境就是一种必然且合理的角度了。事实上,组织的物质条件、组织制度安排和道德规范状况等,不仅在情感层面直接影响甚至决定成员的满意度、认同感和归属感,而且可以在认知和规范层面对成员进行规训和教化,协调成员之间的关系,增进组织的内聚力,实现组织内在的秩序和团结。[②]

2. 单位制作为制度载体

新中国成立 70 多年来,在中国社会中最重要的组织形式就是单位制。尽管中国的单位制随着中国社会的变迁在发生着或多或少的变化,但它作为与历史、与现代乃至当代勾连的一种重要的社会生活的组织形式和组织环境,却始终与共和国的成长如影相随。正是在这个意义上,不理解中国

---

① 刘世定:《占有、认知与人际关系——对中国乡村制度变迁的经济社会学分析》,北京:华夏出版社,2003 年。
② 张彦、李汉林:《治理视角下的组织工作环境:一个分析性框架》,《中国社会科学》2020 年第 8 期,第 87—107 页。

的单位，就很难理解中国的组织、中国组织中的工作环境，以及中国组织中成员的行为、态度与感受，也就很难开展有质量的深入的中国组织中的工作环境研究。

在学理意义上，中国的单位主要是指在中国社会中具有国家所有或全民所有制性质的各种类型的社会经济和政治组织。在改革开放以前，中国社会中的各种类型的社会组织几乎全都是这种类型的单位组织。这样的一种单位组织，在结构上，政治组织与具体的专业组织合二为一；在行为取向上，专业取向和意识形态的行为取向融为一体。与此同时，个人和单位的关系由于资源主要由单位垄断性分配的机制而变得异常的紧密，功能多元化是这种单位组织的一个显著的社会特征。这样的一种单位组织是我们国家1949年以后逐渐形成的一种中国社会生活与社会结构的主体形态。[①]

虽然经过长时间的发展与变迁，目前中国的社会组织或者说单位体制与以往40多年以前相比发生了很大的变化，但是，单位在中国作为一种制度、一种支配的形式以及作为一种中国特有的社会结构方式，其影响一直存在。单位制是在特殊的政治经济背景下产生的一种中国特有的组织与制度形式，通过这种制度形式，不仅能够有效组织和动员各种资源进行工业化建设，而且也能将城市人口组织起来，即通过各个单位来将城市绝大多数成员纳入与国家直接相连的组织之中，并在这些单位中建立起国家与工人之间的一种社会主义家长制的互惠关系，[②] 以此确立牢固的群众基础，所以，单位实质上是国家行政机构的基层环节，[③] 单位也成为"支部建在连队上"这一组织原则的重要载体。

这种通过单位来进行基层管理的方式也就逐渐变成了一种体制思维习惯，因此，即便随着改革开放的不断深化，传统意义上的单位制被严重削弱，但作为一种制度行为的惯性却始终影响着现在的基层治理方式，各种不同的社会组织仍然作为重要的制度载体来实现对组织成员的社会治理。这种制度行为的惯性不只是路径依赖意义上的结果，也是与我们国家社会

---

① 参见李路路、李汉林《中国的单位组织：资源、权力与交换》，杭州：浙江人民出版社，2000年；李汉林《中国单位社会：议论、思考与研究》，上海：上海人民出版社，2004年。

② 华尔德：《共产党社会的新传统主义》，龚小夏译，香港：牛津大学出版社，1996年，第253—254页。

③ 孙立平：《转型与断裂——改革以来中国社会结构的变迁》，北京：清华大学出版社，2004年，第226—227页。

组织和社会空间的独特发展状态密切相关，通过调解的方式化解组织中的矛盾以及保持组织乃至社会的稳定，在很多情形下都是在各种不同社会组织中完成的，这对于党政机关事业单位以及国有或国有控股的经济组织是如此，对于很多非公有组织来说，也是如此。

总之，在目前的中国社会里，单位制仍然影响着中国的社会组织以及组织成员的思维方式与行为方式，并且从根本上影响和定义中国组织中的工作环境。通过"单位"去研究中国的组织以及组织中的工作环境，是一种前提、一种条件，也是一种学术观察的途径和方式。我们理解了中国单位这种特殊的社会组织结构的历史、现状与发展趋势以后，就能够比较清楚地理解组织成员在这种组织结构下的行为方式与特点以及成员之间的行为互动与交流、组织认同、组织规范与观念等诸方面逐渐形成的过程、特征以及产生的后果。这样一来，我们对中国组织的工作环境就会有一个符合实际的了解和真切的实感。结构定义行为，制度规范行为，在这样的一种情况下来分析人们对组织中工作环境的感受，才会鲜活，才会有理论与实践相结合的意义。①

从大的方面来说，中国共产党在中国不是一种抽象的概念和抽象的客观存在，她是需要组织的载体来贯彻其统治的意志。所以，恰恰在这个意义上，单位将来的发展，它可能会变迁、异化和弱化，但是，只要不放弃我们这个制度的这些最根本的东西，那么，在目前乃至未来的中国社会里，单位制度就仍然会作为一种制度、一种统治的形式以及作为一种中国特有的社会结构方式起作用，② 影响着中国组织以及成员的思维方式与行为方式，并且从根本上影响和定义中国组织中的工作环境。所以，也恰恰在这个意义上，单位是我们分析与理解中国工作环境的一个不可忽视的制度载体。

（三）中国组织工作环境的理论背景与框架

如果从治理的角度切入，按照社会学理论思考的逻辑，我们主要应该从哪些方面来观察与分析中国组织中的工作环境状况呢？或者说，什么样

---

① 张彦、李汉林：《治理视角下的组织工作环境：一个分析性框架》，《中国社会科学》2020年第8期，第87—107页。
② 李汉林、魏钦恭：《嵌入过程中的主体与结构：对政企关系变迁的社会分析》，《社会科学管理与评论》2013年第4期，第51—61页。

的结构性要素以及从什么样的理论视角的分析,能够构成我们以后中国组织工作环境研究的基础呢?一般来说,社会治理主要强调一个社会中处于不同组织与地位的多种行动主体,通过平等的合作、对话、协商、沟通等方式,依法对社会事务、社会组织和社会生活进行引导和规范,推动在特定组织中社会秩序的建构,最终实现不同行动主体公共利益最大化。[①] 在一个组织中,则是要通过有效率的互动和参与、协商与沟通,引导组织中的利益各方在博弈的过程中实现各方利益的最大化,努力改善组织中的工作环境,提高组织的经济效益与社会效益,从而实现组织中的治理。所以,从治理的角度切入来观察组织中的工作环境,一方面是要推动构建组织中良好的内在秩序,另一方面则是要营造良好的组织氛围,提高组织成员对组织的满意度和认同感,用正面积极的主观感受促进组织目标的实现。

我们认为,从治理的角度切入来观察在一个组织中的工作环境,需要观察与分析下面六个方面的状况,即组织中的社会团结、组织中的冲突与整合、组织中的保护与包容、组织成员的参与、组织成员的角色结构与互动以及组织中的结构与功能。这六个方面的状况不仅能够反映一个组织中所不断形成的和谐"秩序",而且同时能够体现组织成员对自身发展良好预期的信心,激发他们对组织的信任以及对组织中"秩序"的认同。在这个基础上形成的组织成员对组织的"总和性社会情绪",能够反映组织成员良好的主观感受,同时比较全面地说明一个组织中的治理水平,进而折射出这个组织中的工作环境状况。事实上,当我们用科学抽样的办法把每一个组织成员个人具体的主观感受"归纳"成为整个组织中不同群体主观感受的时候,那么我们所观察到的主观感受就具有了"总和性"社会情绪的特征,或者说变成了一种可以观察到的、能够反映一个组织中总体的"社会事实"和主观感受。[②] 根据这些总体性的主观感受,我们就能够分析、判断和评估一个组织中的工作环境状况。也正是通过这样的分析,能够使强调组织中的秩序与强调组织成员良好的主观感受很好地结合在一起。[③]

[①] 参见王浦劬《国家治理、政府治理和社会治理的基本含义及其相互关系辨析》,《社会学评论》2014年第3期,第12—20页。

[②] 参见张彦、魏钦恭、李汉林《发展过程中的社会景气与社会信心——概念、量表与指数构建》,《中国社会科学》2015年第4期,第64—84页。

[③] 张彦、李汉林:《治理视角下的组织工作环境:一个分析性框架》,《中国社会科学》2020年第8期,第87—107页。

1. 组织中的社会团结

社会团结（social solidarity），是法国社会学家涂尔干在其《社会分工论》中提出来的关键概念①。他继承了欧洲社会民主思想的传统，认为资本主义社会危机形成的关键，是在从传统社会向工业社会急剧转变的过程中，利益和价值的分化造成了社会冲突和社会失范，传统的利益协调方式和价值体系解体，社会矛盾不断加深。解决这一问题的根本出路，是在新的社会基础上进行社会重组，构建新的"社会团结"，防止"社会排斥"和"社会分裂"②。在他看来，法律是维护社会团结的重要力量；社会团结的精神基础是集体意识，物质基础则是社会分工；在区分机械团结与有机团结的时候，他同时指出，建立在社会分工和相互依赖基础上的有机团结，比主要建立在相似的价值观和信仰等集体意识基础上的机械团结能够更彻底、更有效和更深刻地实现社会的整合③。

从社会团结的理论出发，我们思考的重点是分析组织中的社会团结以及对构建良好的工作环境的意义。我们知道在个人和社会的关系中，组织是一个重要的中介变量，因为社会中的个人总是或多或少地被整合到各种不同的社会组织中。在整个社会的治理以及社会冲突的管理中，组织具有放大、缓冲和解决社会冲突，维护社会团结与和谐、实现整合的三种潜在功能④。组织成员之间的局部冲突和潜在紧张，可以通过各种"组织团结"机制在组织内部得到有效的解决，从而把社会冲突消灭在萌芽状态之中，为构建良好的工作环境奠定基础。这主要是因为，组织内部的和谐既是良好工作环境的必要前提条件，也是社会整体和谐的微观基础。事实上，当我们比较清楚地了解了造成一个组织团结的机制、条件和过程的时候，我

---

① 涂尔干：《社会分工论》，渠东译，北京：生活·读书·新知三联书店，2000年。
② 李汉林：《组织团结与和谐社会建设》，《社会科学管理与评论》2006年第3期，第22—24页。
③ 我们知道，"社会团结"的理念今天在整个欧洲仍有很大的影响。在很多国家社会民主党的党纲里，追求"社会团结"是这些党的一个很重要的目标和内容。俄罗斯总统普京所归纳的"俄罗斯思想"主要包括四个方面，除了爱国主义、强国意识、国家作用以外，就是强调社会团结。作为一种重大的客观事实，认真地研究一下社会团结的理论和在欧洲各国的实践，对于我们构建和谐社会，尤其是当前对中国组织中工作环境的分析，具有很重要的借鉴意义。
④ 参见 James A. Chamberlain, *Undoing Work, Rethinking Community: A Critique of the Social Function of Work*, New York: Cornell University Press, 2018, p.18；李汉林、渠敬东、夏传玲、陈华珊《组织变迁的社会过程：以社会团结为视角》，上海：东方出版中心，2006年，第13—15页。

们就能够从容地因势利导，去构造一个和谐与团结的组织与社会。①

在组织中社会团结的程度，主要指的是一个组织的凝聚力和向心力的水平，它可以反映出组织成员对组织的主观感受和认同状态，以及组织成员彼此之间的整合程度。②而这样的一种组织成员对组织的主观感受以及彼此之间的整合与认同状态，是构成组织中良好工作环境的重要基础。社会团结作为一种组织属性，它总是会嵌入组织成员作为行动主体的主观感受中去，或者说，这种组织属性往往会通过组织成员的主观感受体现出来。正是基于这样的一种认识，我们感到，组织中的社会团结可以从以下三个方面来展开分析。

首先，检验组织中的社会团结水平，可以从凝聚力和脆弱性这两个不同的维度进行分析。组织的凝聚力主要是指组织吸引和整合组织成员为实现特定组织目标的集体行为的能力，而组织的脆弱性则主要是指组织在环境压力下能否保持自己整体性的能力。组织作为一种制度化的集体行为，它需要组织成员的认同，需要组织成员在集体行为的过程中产生一种集体意识，同时还需要组织成员的行为能够自觉地遵从组织内部的规范与规则，甚至并作为了自己在组织中行为的一部分。团结的程度在一定意义上是能够说明一个组织凝聚作用的强弱，以及这个组织在环境压力下保持自己整体性能力的高低。在具体的研究过程中，组织的凝聚力可以从社会支持、垂直整合以及组织认同的角度来考察，而组织的脆弱性则可以从不满意度（dissatisfaction）、相对剥夺感（relative deprivation）以及失范（anomie）的角度来研究。

其次，我们可以从组织中不同的制度安排上来观察组织中的社会团结。这种不同的制度安排，既可以表现为不同的所有制结构，也可以表现为组织中具体的行为规则。从理论上说，这种不同的组织制度会在一些最根本的问题上给人们的行为提供稳定的、被大家所认可并可以不断重复的行为模式，并以此来定义人们在特定组织制度中社会行为的条件，而且在很大的程度上影响组织中社会团结的程度，进而进一步影响整个组织中的工作环境状况。团结作为组织的根本规定性所致力于形成的是组织中人际

---

① 李汉林：《关于组织中的社会团结——一种实证的分析》，《社会科学管理与评论》2012年第12期，第3—13页。
② 李汉林、渠敬东、夏传玲、陈华珊：《组织变迁的社会过程：以社会团结为视角》，上海：东方出版中心，2006年，第45—69页。

关系和谐的秩序，在组织中引入治理的概念，其实质是对传统管理概念的修正，旨在用秩序和团结取代权力和利益，并以此作为组织的内部规定性来影响组织的行为，影响组织中的工作环境。①

最后，我们可以从组织成员的参与状况来研究组织中的社会团结。组织成员对一个组织中事务的关心程度与参与状况，可以直接反映出组织成员对组织的认同程度，而从人们这种认同程度的高低中又可以折射出组织中社会团结的水平。只有雇员自觉地认同于企业组织，积极参与企业的事务，把企业组织的事当成与自己利益相关的事，才能够从根本上提高企业的社会团结的程度，提高自身在市场上的竞争力，进而从根本上实现雇主自身利益的最大化。

总之，深入理解组织中的社会团结，我们就会在推动组织变迁的同时充分顾及组织之中的制度化文化或被制度化文化对组织成员行为的影响，利用组织及组织成员行为的惯性，因势利导地推动组织的创新与变迁，提高组织的效益，从根本上优化组织中的工作环境。②

2. 组织中的冲突与整合

组织中良好工作环境的一个重要基础，就是组织中成员之间的和谐以及有效率的行为互动。按照一般的组织理论，组织具有放大、缓冲和解决冲突，维护组织成员之间的和谐，实现整合的潜在的重要功能。③ 在一定意义上，一个组织中的管理就是努力地整合不同组织成员的利益与期望，使之最大限度地和组织的期望及利益能够结合在一起，形成一种在组织中双赢的局面，营造出一个良好的工作环境。个人参与组织，总是对自己在组织中的发展，自己的经济、职业发展以及其他利益的实现抱有一个良好的愿望与预期。而组织作为另外一个重要的行为主体，也同样对组织中成员的行为抱有一定的期望、要求和约束。当个人的期望与组织期望通过管理这个行为媒介有效地整合在一起的时候，一个组织的效率就会得到很大

---

① 李汉林、渠敬东、夏传玲、陈华珊：《组织变迁的社会过程：以社会团结为视角》，上海：东方出版中心，2006年，第12页。

② 刘国富、李汉林：《关于和谐社会建设的社会学思考》，《江苏社会科学》2007年第4期，第157—163页。

③ Vicki Smith, "Introduction: Worker participation: Current research and future trends," In Vicki Smith ed., *Worker Participation: Current Research and Future Trends*, New York: Jia Press, 2006, pp.xi；James A. Chamberlain, *Undoing Work, Rethinking Community: A Critique of the Social Function of Work*, New York: Cornell University Press, 2018, p.18.

的提高，组织成员积极向上努力的情绪就会被调动起来，人们在组织中就会感到愉快，感到团结和被激励。

但是，如果组织与个人的期望与预期不能够通过有效的管理整合在一起，个人的预期与期望在组织中通过努力还得不到实现，或者说大大低于了组织的期望与预期，两者之间甚至发生矛盾并得不到解决的时候，那么，组织中的冲突就会发生、激化，甚至会变得不可协调。而且，组织成员之间的局部冲突还可能突破组织边界，在其他组织或社会领域引发共鸣或响应，进而引发更大范围的社会动荡（放大冲突的功能）。事实上，组织中的不满、愤怒乃至绝望的情绪的蔓延，甚至跨出组织的边界，那么，很容易引起其他组织成员的共鸣与同情，进而在客观上引发更大规模的社会矛盾与冲突。这种组织与社会的相互效应，从一个角度说明了组织工作环境的极端重要性。[①]

在一些具体的组织中，人们很容易从实实在在的感性层次上理解：一些人对单位短缺资源不公平占有的同时就意味着对另一些人资源不公平的剥夺。紧密的关系以及全力的投入，很容易造成组织成员之间的紧张、摩擦和冲突。当一些人在资源、机会和利益的占有与分配方面对另一些人感到不满，当人们对自身的资源、利益和机会的占有与分配状态感到失望、不满意且又无改变之力的时候，就很容易把这种不满与愤怒转化成怨恨和内耗，转化成一种破坏性的行为动机和冲突。事实上，一个组织成员之间充满冲突和矛盾，相互内耗严重的组织是不可能具有良好的工作环境，同时也不可能实现发展与效益的。

在一般的意义上，一个组织中的整合可以通过下面五个因素的相互作用而逐步实现。[②] 第一个是共享的意义和价值体系，它有助于降低人们的认同分歧，减少协调成本，增强人们的社会共识；第二个是行为规范，人们通过社会化实践，学习这些对行为设置的限制来约束自己的行为以适应组织与社会，满足期待；第三个是权力与权威，通过对组织中权力与权威

[①] 李汉林：《构建和谐劳资关系》，载冷溶主编《科学发展观与构建社会主义和谐社会》，北京：社会科学文献出版社，2007 年，第 115—119 页。

[②] 张静：《"法团主义"模式下的工会角色》，《工会理论与实践》2001 年第 1 期，第 1—6 页；张静、董彦峰：《组织分化、政治整合与新时代社会治理》，《文化纵横》2018 年第 4 期，第 76—87 页；张静：《社会治理为何失效？》，《复旦政治学评论》2016 年第 1 期，第 229—255 页；张静：《社会整合纽带比较：文化与政治》，《二十一世纪》2013 年第 140 期，第 1—11 页。

的承认与服从，以期即使在组织成员分歧加剧、冲突激烈的时候尽可能地达到行为的一致性；第四个是组织本身，即通过这种制度化的载体努力增强成员之间的互动，逐步形成分工性依赖，通过合作而彼此联结；第五个是社会互动网络，通过由此提供的信任、安全、合作等社会资本，努力促进广泛的团结与内聚。

在一个组织中要避免冲突，实现整合，关键是在制度上有一种情绪的宣泄机制，或者说安全阀机制，① 使组织成员一些不满的负面情绪能够得以宣泄，用一种制度化或非制度化的方式让人们把自身的利益诉求表达出来，反映上去，组织的管理层能够对这种诉求做出合理的解释和反应，耐心地听取组织成员的利益诉求，认真地分析和对待组织成员的要求，以理服人，以理待人。在这里，员工参与能够起到很重要的作用：它通过制度的渠道让组织成员了解更多的信息，使得上下能够相互理解，有效沟通，一些由于相互不理解、沟通不顺等诸方面产生的问题能够得到合理的解决，有了合适的说法，组织成员之间的怨气能够平复，由此也能够释然。在一些诸如像工资、待遇、福利、提职提薪等关乎组织成员切身利益的重大问题上，通过员工的有效参与，能够起到避免冲突、提高整合、营造良好工作环境的重要作用。②

3. 组织中的员工参与

在社会学的意义上，组织中的员工参与主要是指组织成员通过在组织中一系列的利益表达、综合和实现的过程，参与组织中的事务，保障自身的权益，并在这个过程中不断加强对组织的认同感和满意度；与此同时，通过员工在组织中的积极参与，其组织中的工作环境的优化与质量得以提高。③ 就企业组织而言，在社会学意义上，企业在解决"归谁所有，谁来管理"这样一个根本的经营权问题以后，马上需要解决和面对的，是如何调整好企业内部雇主与雇员之间的社会关系，以期提高企业在市场上的竞争力和生命力。换句话说，改制以后，企业亟须解决的是社会学意义

---

① Lewis Coser, *The Functions of Social Conflict*, New York: The Free Press, 1956.
② 张彦、李汉林：《治理视角下的组织工作环境：一个分析性框架》，《中国社会科学》2020年第8期，第87—107页。
③ 中国社会科学院员工参与课题组：《中国企业组织的变迁与员工参与研究报告》，未刊稿，2010年5月；李汉林、吴建平：《组织团结过程中的员工参与》，北京：中国社会科学出版社，2010年。

上的管理问题，是雇主通过怎样的制度安排来激励雇员，雇员又如何以及在多大的程度上实现对企业组织的认同、提高组织中社会团结的水平，进而从根本上改善组织中的工作环境的问题。① 因为从根本上说，只有雇员自觉地认同于企业，积极参与企业的事务，把企业的事当成与自己利益相关的事，才能够从根本上实现提高企业在市场上的竞争力，从根本上实现雇主自身利益的最大化。事实上，如果一个组织不能把自身的发展与组织成员个人的发展目标建立联系，并提供组织成员具有人生导向意义的发展目标，那么，组织成员就没有理由和动力长时间关注这个组织的发展和效率。② 换句话说，就是对这个组织没有根本的认同感，优化组织的工作环境也就因此变成了无本之木、无源之水。

展开来看，从员工的角度来看，组织中员工参与的重要意义来自以下几个方面的要求。第一是组织治理结构的复杂化和人力资源要求的多元化的趋势。第二是以人为本，比如以企业职工为治理主体的现代企业制度要求。第三是生产中的分工与协作，以及项目合作作为现代组织新的劳动模式。第四是员工自我发展和实现的需要，是组织集约自身资源、提高效率和维持可持续发展的根本途径。第五是员工参与亦是塑造组织文化和意识形态，实现对组织、社会和国家的价值认同的重要渠道。③ 在这个过程中，员工参与首先来自政府机关、法律机构等统一制度的推动和要求，如职工代表大会制度的推行、工会组织的确立等，都是组织必须履行的社会责任。市场环境和社会环境也会对企业的员工参与制度做出要求。比如，商会和协会设立的行业专业化标准、行业最低工资标准和各工种的标准，上级主管部门推动的各种劳动竞赛、评比和社会标准，或是国际市场或协会制定的认证标准，都是企业规范化要求。以上这些都是改善组织中工作环境的一些基本条件。④

---

① 李汉林：《关于组织中的社会团结——一种实证的分析》，《社会科学管理与评论》2012年第4期，第3—13页。

② Elizabeth Chell, *Participation and organization: A social psychological approach*, London: The Macmillan Press LTD, 1985.

③ 刘国富、李汉林：《关于和谐社会建设的社会学思考》，《江苏社会科学》2007年第4期，第157—163页。

④ 中国社会科学院员工参与课题组：《中国企业组织的变迁与员工参与研究报告》，未刊稿，2010年5月；Vicki Smith eds., *Worker Participation: Current Research and Future Trends*, New York: Jia Press, 2006.

从组织治理的角度，如果把组织看作一个社会系统，治理就不可能是单向性的自上而下的统治和管理，因为组织成员不只是统治和管理的被动受体，其本身就是治理可资动员的积极行动者，治理是在固化的法定占有关系下更为灵活的组织方式，主要是双向的互动、影响、调适和制约，更像是一种经过参与、协商、选择和决策的动态过程而建立的社会关系。另外，我们知道，组织成员是组织生存和发展的根本动力，组织的稳定与发展需要通过其成员制度的创新来实现。

在这里，一个有效率组织制度的核心是就业、保障和发展，这种制度的实现机制就是参与；只有将组织理解为一个社会共同体，激活其社会属性时，参与才是一个真正有意义的机制，一个组织中工作环境的改善才能从根本上得以实现。因为从根本上说，当员工视组织为"家"的时候，他们就会不由自主地逐渐产生抗拒个体化的行为；与此同时，他们更愿意在那些不断产生归属感，产生共识的组织中凝聚到一起，更愿意在那些具有良好的组织文化与组织环境的条件下工作在一起。① 而要达成这样的结果，就需要一个社会动员过程，动员员工参与到共同行动中来，通过参与而找到对组织的认同、对工作的热情、对彼此共同利益的确认和保护的渠道。也正是在这样的一种状况下，才能从根本上构成一个组织的社会基础。另外，组织内部的充分（团结）合作是在不断地调节其内部的社会关系，解决成员之间、成员与管理者之间等诸方面的冲突的过程中来实现的。而且，这样的一种机制表现为组织治理，或者说是通过组织治理来实现的。而治理的核心要素，就是组织成员的积极参与，唯有如此，才可能成为改善一个组织中工作环境的重要的前提与条件。

4. 组织中的保护与包容

社会保护（social protection）是一个较为宽泛的概念，常常被当作与社会保障（social security）和福利（welfare）等同的概念使用，但其实质上则具有不同的内涵。社会保护主要是指应该对那些处于风险地位（at risk）的有需求者（being in need）进行的保护。有研究认为社会保护主要是以政府和社会为主体，通过一系列的政策和制度安排以及培育富有效率的劳动力市场降低人们面对就业的风险，提高居民保护自身收入和生活

---

① 中国社会科学院员工参与课题组：《中国企业组织的变迁与员工参与研究报告》，未刊稿，2010年5月；Adrian Wilkinson, Paul J.Gollan, Mick Marchington and David Lewin, *The Oxford handbook of Participation in Organizations*, Oxford: Oxford University Press, 2010.

水平的能力，从而降低贫困发生率和减少脆弱性。[①] 在一般的意义上，社会保护主要是指一个国家、政府和相关机构通过立法、社会保险、社会保障以及社会援助关注、帮助与支持社会中的弱势群体与个人，保证这一群体在社会上的基本权益。社会包容则是指一个社会要兼顾其成员有差异性的利益诉求，允许"和而不同"的追求，承认"己所不欲勿施于人"的理念。[②] 这里需要进一步说明的是，分析和研究在一个组织中的社会保护与包容状况对营造良好的工作环境具有什么样的意义。

一个组织要营造一种良好的工作环境，最重要的是要调动组织成员的工作积极性，让他们能够自觉地为组织与自己去努力工作与创造，使其在工作与创造的过程中能够深刻体验成就与获得感，体验个人价值的实现以及能够不断地加深对其组织的认同。而要实现这样的一个目标，最重要的一个条件就是组织的包容。具体来说，就是组织要有能力认可组织成员在组织中的期望，承认组织成员在组织中能力上的差异，鼓励与激励不同层次的员工尽自己能力在工作中的创造，从而使每一个组织成员能够通过组织中的这种包容以及自己的奋斗实现个人价值在组织中的最大化，通过个人的努力能够共享组织发展的成果。正是在这样的一个过程中，组织能够在良好的工作环境中得到长足的发展。

良好的工作环境，同时也需要强化对组织成员的保护。相对于组织而言，其成员始终处于一种弱势的地位。在组织中如果失去或者说不重视对组织成员的保护，那么长此以往，组织中就会充满马太效应与丛林法则，组织中的弱者则可能在这个过程中被剥夺一切。在一般情况下，组织总是需要通过一系列的规范与制度确立组织中的道德、权力与惩罚，从而努力做到奖勤罚懒，鼓励上进，提高组织效益。但是，如果在这个过程中，在组织层面上的这些制度与规范不能保障其成员的权益、诉求等诸方面的期望及其实现，如果组织不能公正地用其合法的道德、权力与惩罚机制来对待其处于弱势地位的组织成员，那么，组织成员的选择很可能是隐忍、消极怠工、反抗或者离职，在某一个时点上，组织成员不满意的感受就会像火山一样爆发出来，一个良好的组织环境也会因此

[①] 蔡昉：《刘易斯转折点与公共政策方向的转变——关于中国社会保护的若干特征性事实》，《中国社会科学》2010年第6期，第125—137页。

[②] Marjorie L. DeVault ed., *People at Work: Life, Power and Social Inclusion in the New Economy*, New York: New York University Press, 2008.

受到极大的破坏。

对组织中的社会保护,起码可以从两个方面来观察。一方面是要保护组织成员在工作中的积极性,使其在组织中有激情工作,有能力创造,有机会参与,有渠道表达,有机制激励,使其在工作的过程中能够不断体验正面的、积极的良好工作环境的感受。另一方面是对组织成员在工作与劳动过程中身体、健康、疾病等诸方面的保护。不能设想,在这一方面对组织成员保护的疏忽能够长久地激发其在工作劳动中的积极性,并使其能够对组织中的工作环境有一种正面的体验。

5. 组织成员的角色结构与互动

在一个组织中,组织成员被赋予了各种不同的位置(position)和角色(role),完成不同的工作任务,在不同位置的相互作用、配合和协调下,实现组织的目标,同时实现自己的职业期望。换句话说,在一个组织中,组织成员的工作是通过不同的位置,扮演不同的角色,完成不同的工作任务,从而形成一个连贯的行为与生产过程与关系模式,用各种不同的"角色结构"串联起来,推动和努力实现组织的目标。[①] 在这里,理解组织中角色与角色结构,对于更好地理解组织成员的行为及过程,提高管理的效益,优化组织中的工作环境,实现组织的目标具有重要的意义。

在分析组织中的角色结构与互动状况的时候,我们主要可以从四个方面来观察。

第一是分析角色的定义。人们说要做好本职工作,首先要明确自己的工作任务与职责范围。有了明确的角色要求,那么作为管理者就可以据此来规范、考核与评估组织成员的工作。与此相联系的是角色期望。从角色定义的角度,角色期望就是要明确行为双方履行角色的义务与责任。角色期望同时分为正式与非正式的角色期望。正式的角色期望主要是指组织对履行一个角色作为一种工作职责和任务所做的明确要求;而非正式的角色期望则是指组织成员对其他成员以及管理者所期待的对其工作的认可、相互的支持、鼓励和赞扬。当这种角色定义与期望在一个组织中明确的时候,人们就可以各司其职,明确自己在组织中的定位,知道做什么和怎么做以及如何努力。特别是组织中的这种非正式的角色期望也能够同时实现

---

① Britannica Premium: role, https://www.britannica.com/topic/role; Role: The Meaning and Characteristics of Role in Sociology, http://www.yourarticlelibrary.com/sociology/role-the-meaning-and-characteristics-of-role-in-sociology/8537.

的时候，那么，在一个组织中组织成员的行为就会受到很好的激励，同时也就能够营造出一种良好的工作环境与氛围。①

第二是观察角色的相容性，就是角色的责任、义务与权利是否一致。换句话说，一个具有了较高地位且责任较大的角色同时拥有与之相应的荣誉、地位与经济报偿，就表现出了角色较一致的相容性。相反，如果一个角色具有较大的责任，但是赋予了与之不匹配的荣誉、地位与经济报偿（high effort, low reward），②那么，表现出来的则是角色的不相容性，或者说地位的不一致性（status inconsistency）。这种状况产生的一个直接后果是严重影响人们的工作积极性，影响组织成员之间的关系，进而影响组织中宏观与微观的工作环境。

第三是分析组织中角色的紧张状况。人们的组织内外同时承担着多种角色（role set）：上下级关系中领导与被领导的角色；同事、同僚、朋友之间的角色互动；在组织外则同时要承担父子、亲友、朋友等角色的互动。在一个良好的工作环境里，组织成员能够得到良好的社会支持，正式的和非正式的角色期望都能够不同程度地得以实现，能够在组织和同事的帮助鼓励下较好地处理各种角色之间的关系，使之处于一种和谐的状态。反之，如果不是这样，角色之间的关系就会紧张。③比如，上下级以及同事之间的关系处理不好，形成的是组织内部的角色冲突；工作与生活不平衡、工作与家庭不平衡说明的是和工作以外的角色之间产生的紧张状况，反过来影响着工作，影响着工作成员在组织中履行角色的情况。角色紧张，会使得组织成员的行为始终处于一种撕裂的状态，使组织成员在组织中的工作质量下降，使组织中良好的工作环境受到影响。

第四是分析角色的冲突与角色压力。一般情况下，组织中角色冲突的出现主要有三个方面的原因④。一是角色的定义不清楚。当组织成员不清楚自己和其他组织成员任务和责任，不清楚哪些该做，哪些不该做的时

---

① 张彦、李汉林：《治理视角下的组织工作环境：一个分析性框架》，《中国社会科学》2020年第8期，第87—107页。

② J.Siegrist, "Adverse health effects of high-effort/low-reward conditions," *Journal of Occupational Health Psychology*, Vol.1, No.1(1996), pp.27–41.

③ Goode,William J., "A theory of role strain," *American Sociological Review*, Vol.25, No.4(1960), pp.483–496.

④ Kerry Ferris and Jill Stein, *The Real World: A Introduction to Sociology*, New York: W.W.Norton & Company, 2016, pp.113–114.

候，相互之间就会为应该履行的责任与义务产生矛盾，久而久之，冲突就会变得不可避免。另外，与之相联系，人们在组织中正式的期望实现模糊，非正式的期望实现受阻，比如得不到领导和同事的理解、支持、帮助和鼓励的时候，人们心理上的怨气就会累积，反映在与其他组织成员与领导的互动过程中，则会形成一种角色的冲突。二是角色地位的不一致。也就是说，当组织成员长期纠结于干活多，回报少，同时又得不到别人的理解和支持的时候，其在组织中的满意度就会下降，怨气就会上升，一段时间的积累，就会爆发冲突。三是角色结构的紧张。如果组织成员在组织中的角色长时期地超负荷，而同时又处理不好自己所承担的组织内外其他角色的关系，使自身的角色结构处于一种不平衡和不协调状态，其相应的行为也处于一种撕裂的状态，在这种心理紧张又得不到宣泄的情况下，和其他成员互动过程中的冲突有时就会变得不可避免。

组织中角色冲突的先兆表现为组织成员自身所感到的难以承受的角色压力（role stress）。这种压力来源于自身角色的超负荷，投入与回报不匹配以及角色地位的不一致。这种角色压力在很多情况下会不可避免地转换成为人们的心理压力和怨气。不少研究表明，当这种压力和怨气得不到合理的宣泄，当这种高压力和高度紧张的角色结构得不到合理的解构和重构的时候，或者说，没有一种有效的安全阀机制来释放这种压力和紧张，那么，随着时间的推移，这种压力的积累就会变成组织内的角色冲突，从而在很大的程度上破坏一个组织中良好的工作环境。

6. 组织中的功能与结构

按照帕森斯结构功能主义的定义，结构是组成一个社会系统的相关成分与要素，功能则是说明系统中各种成分和要素之间的关系，表示系统在特定条件下所要达到的目的。结构功能分析方法主要是从现存的社会系统结构出发，分析社会系统应该具备什么样的社会功能才能产生一定的社会效应，使现存的社会系统得到更好的保持。而为了完成这些社会功能，系统结构应该做出哪些变化和调整。这种分析方法要求我们在分析一个社会系统时的基本出发点就是要充分地认识到，任何一个社会系统总是在倾向于保持平衡的过程中致力于自我维持。运用这种方法来分析一个社会系统，就是要努力揭示这个社会系统中所具有的正功能与负功能，在不断完善其系统的社会功能的过程中，因势利导地保持一个社会系统结构的稳定性。与此同时，这种分析方法要求人们在分析一个社会系统的时候，要充分顾及它的四个基本的社会功能条件即适应性（adaption）、目标实现（goal attainment）、整合性（integration）、系统维持（latent pattern maintenance）。结构功能主义分析方法最根本的内在规定性就在于，总是从现存的系统结构出发去分析系统的功能，总是要求人们在分析任何一个社会系统的时候，首先要从现存的社会系统结构出发，对更好地完成系统功能做某些结构调整和改良。①

对结构功能主义分析方法进行颠覆性改造的是卢曼的功能结构主义的分析方法。② 这种分析方法一反传统地从结构出发来研究系统功能的思维方法，认为要分析一个社会系统，首先不是要去搞清楚它具有什么样的系统结构，而是一开始就要从环境—系统的更大范围里去思考：这样的一个社会系统具备什么功能或者说应该具备什么功能，才能和其他环境系统平衡与协调起来，同时也才能发挥社会系统的效益。在这样的一个前提下，再去考虑一些系统结构性变革与调整，以适应社会系统在最大限度上达到系统目标，发挥系统功能。在这里，系统功能是系统结构的基础，系统结构是系统功能的表现，系统结构随系统功能的变化而调整。

卢曼认为，每一个社会系统都有着自己独特的通讯媒介（Communicationsmedium），并且围绕着通讯媒介专业化，以此区别于其他的社会系统。系统内特有的通讯媒介是系统所应完成的特定社会功能的反映。在这里，卢曼具体分析了四个社会系统：一个是政治系统，其通讯媒介是权力（Macht）；一个是经济系统，其通讯媒介是货币（Geld）；一个是科学系统，其通讯媒介是真理（Wahrheit）；一个是家庭系统，其通讯媒介是爱情（Liebe）。③ 卢曼指出，系统围绕自己特有的通讯媒介专业化程度愈高，系统功能就会发挥得愈好，系统效率就会愈高。反之，如果通讯媒介专业化程度低，各种非系统特有的通讯媒介混杂于一个系统内，比如，如果政治系统不用权力来进行互动而是用货币来进行沟通；科学系统不以追求真理来进行交流而是用权力或者货币来进行沟通；家庭系统不以爱情来维持

---

① T.Parsons, *The Social System*, London: Tavistock, 1952.

② Niklas Luhmann, *Soziale Systeme: Grundriß einer allgemeinen Theorie*, Frankfurt am Main: Suhrkamp, 1991; Niklas Luhmann, *Soziologische Aufklaerung 2*, Westdeutscher Verlag: Opladen, 1991.

③ Niklas Luhmann, *Soziale Systeme: Grundriß einer allgemeinen Theorie*, Frankfurt am Main: Suhrkamp, 1991, pp.242; Niklas Luhmann, *Soziologische Aufklaerung 4*, Westdeutscher Verlag: Opladen, 1991, pp.13–31.

家庭的关系而是用货币来维持；经济系统不以货币来互动而是以权力作为通讯媒介，那么，系统之间的界限就会变得模糊，系统自身也就逐渐走向异化，严重的则会使整个社会系统崩溃和解体。[①]

此外，功能结构主义的分析方法强调分析过程中要注意社会系统的两个特点，一个是自治性（Autonomie），要求一个社会系统能够针对环境系统需要，独立地按照自己系统的选择标准来加工处理并反馈到环境系统中去；另一个是适应性（Anpassungsfaehigkeit），要求一个社会系统能够及时根据环境系统的变化和要求调整自己本身的功能与结构，做出灵活的系统反应。与此同时，这种分析方法同时强调，在对一个社会系统进行分析的时候，可以从三个维度来分析：一是时间维度（zeitlich），主要是指一个社会系统在与环境系统进行社会互动的过程中，能够有时间逐步加工、处理、消化和吸收环境系统的影响，从而使社会系统在不破坏自身结构的基础上完成其与环境系统的社会互动，做出灵活的系统反馈；二是专业维度（sachlich），主要是指一个社会系统一方面有能力按照自己系统的专业结构和通讯媒介来自由选择自身的系统目标，确定自身的价值取向标准和行为规范，另一方面，要求社会系统同时有能力按照自身的需要选择、排列、加工和处理环境系统的影响和要求。三是社会维度（sozial），这主要是指社会系统对环境系统依赖于社会互动的多元化，它要求人们在保持社会系统自治性的时候，同时与多个环境系统就某一个或几个问题进行互动或者说实现依赖，这样一来，就避免了系统对某一个环境系统的过分依赖从而失去自己的自治和独立。[②]

了解一个组织中的结构与功能的状况对一个组织中的工作环境有什么意义呢？

首先最重要的意义是，通过理解和优化一个组织中所应承担的功能，并以此相应地来改善组织结构，实现组织的创新。在这样的一个组织功能与结构解构与重构的过程中，使组织中的工作环境得以根本改善。在这里，如果说一个组织中的功能是为了最大限度地优化其组织目标的实现，

[①] Niklas Luhmann, *Soziologische Aufklaerung 1*, Westdeutscher Verlag: Opladen, 1971, pp.154-157.

[②] Niklas Luhmann, Karl-Eberhard Schorr, *Reflexionsprobleme im Erziehungsystem*, Stuttgart: Klett-Cotta, 1979, pp.46-52; Niklas Luhmann, *Politische Planung*, Westdeutscher Verlag: Opladen, 1983, p.46.

促进组织内外资源的有效整合,提高组织对内对外的适应能力,从而使一个组织能够高效率地运转和维持,那么,组织的结构就应该为实现组织的这些功能来做一些根本的调整,从而使组织的功能与结构处于一种协调发展的稳定状态。

在一个组织中,雇员与雇主是一对最重要的社会关系。一个组织中的结构与功能的调整也主要是围绕着规范和影响雇员与雇主的行为及其行为结构来展开的。从根本上说,雇员与雇主在组织中的行为目的都是为其自身利益最大化。从雇员的角度,他们起码期望,有可能通过自己的努力不断满足自身在组织中日益增长的需求;有着一些看得见、摸得着、够得上的激励;和同事与领导有着一种相互理解、支持、帮助以及尊重的和谐关系;有着能够在组织中发挥才干的平台以及有一个良好的工作环境。从雇主的角度,他们从根本上期望,有着一种和谐的雇主与雇员的关系,组织的效益能够不断提高,用尽可能少的投入获得尽可能多的产出等。这样的一种期望与需求,恰恰是需要组织结构的有效调整才能够实现。比如,通过改善组织中的物理结构环境,给组织成员创造一个温馨的工作环境,或者说,让其成员在组织中"有家的感觉";通过调整组织中的制度环境,使制度能够更有效地规范组织成员的行为,使员工之间的协作、支持、帮助、鼓励与良性竞争能够制度化,从而使员工在这样的环境中形成一种对组织的认同感,能够有不断被激励的自我实现的冲动和行为等。恰恰是在这样的一种一系列功能与结构的调整过程中,一个良好的工作环境被塑造出来。这样的一种工作环境反过来吸引着更多的成员认同,激励其上进,提高组织的效益,促进组织的发展,最终形成一种良性的组织发展的循环。[①]

(四)组织景气(工作环境)的分析性框架

这里我们首先试图说明,形成总体性社会情绪的底层逻辑和条件往往和人们所在的单位与组织息息相关,人们在组织中的一些主观感受往往是形成这种底层逻辑和条件的基础。同样,当我们在对宏观社会景气与微观个人感受进行勾连的时候,往往也是通过人们在组织中的感受来实现的。

[①] 张彦、李汉林:《治理视角下的组织工作环境:一个分析性框架》,《中国社会科学》2020年第8期,第87—107页。

有了组织这样的一个中观的制度载体，微观与宏观的分析才会具有深度和张力。

另外，我们把工作环境的改善看作组织治理的过程，看作组织成员不断体验良好的获得感和幸福感的社会过程。我们试图在国内外目前研究的基础上，把强调秩序与强调个人良好的主观感受结合起来，从治理的角度来关注与分析人们在组织中正面积极的主观感受，并从这样的一种角度对工作环境的研究进行一些框架性的分析与讨论。我们认为，改善一个组织中的工作环境，实际上就是一种对组织进行治理的社会过程。把治理作为改善组织中工作环境的重要内容以及由此对组织中工作环境的分析，实际上要观察与分析的是这个组织在关乎其发展与效益等诸方面的治理状况及其组织成员对这些状况的一些主观感受。从这个意义上说，组织中的治理也应该是我们研究组织中工作环境的一个重要视角和切入点。

作为一种框架性的分析，我们讨论了工作环境研究的主要内容。我们感到，从治理的角度切入和进行归纳，有利于我们以后的深入研究。从治理的角度切入来观察在中国一个组织中的工作环境，我们似乎需要观察与分析下面六个方面的状况，即组织中的社会团结、组织中的社会冲突与整合、组织中的社会保护与包容、组织成员的参与、组织成员的角色结构与互动以及组织中的结构与功能。这六个方面的状况能够比较全面地反映一个组织中的治理水平，进而折射出这个组织中的工作环境状况。

同时我们也认为，一个好的工作环境应该表现为组织成员较强的凝聚力和向心力以及一个组织较高的团结水平，应该表现为较强的处理组织冲突的能力、良好的组织参与的渠道与氛围，应该注重扶助组织中的弱势群体，适时调整组织中不同的角色结构，较好解决工作角色与生活角色平衡等诸问题。而要实现上述的五个方面，则尤其需要注重适时调整组织中的结构与功能。前五个方面可以理解为治理的内容，最后一个方面则可以看作治理的条件。正是在这样的一种治理过程中，组织成员会体验到更多的获得感与幸福感，其在组织中自我实现与超越的信心也会逐渐变得强烈起来，与此同时，组织中的工作环境也会由此得到逐步改善。

上述的这种框架性的理论分析（见图16-1）对我们具体评估和测量一个组织的工作环境具有很重要的启发意义。

```
                    ┌─────────────────────────────────┐
                    │ 宏观层次：社会景气与总体性社会情绪 │
                    └─────────────────────────────────┘
```

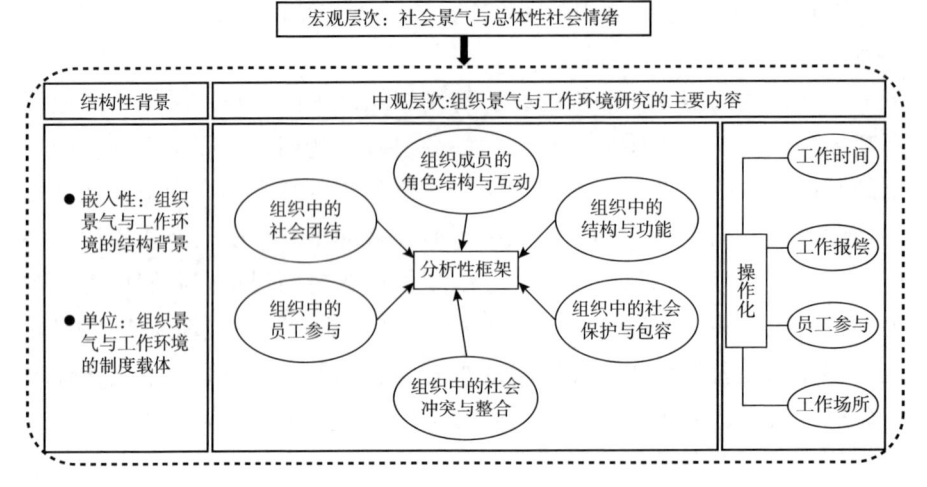

图16-1　组织景气（工作环境）的分析性框架

在这里，我们要考虑三个方面的问题。一是对中国组织结构的任何分析，都要顾及组织中被嵌入的其他的非专业性的结构性要素。忽略这一点，实际上就忽略了中国组织中的一些最本质的且能够起决定性作用的结构和因素。

二是在分析过程中要充分顾及"单位"这个中国组织中工作环境的重要的制度载体。尽管今天的中国已经发生了翻天覆地的变化，但是"单位"无论是作为一种"历史事实"还是作为一种依附于中国特色社会主义制度身上的"客观存在"，它都会对今天中国组织中成员的行为结构乃至整个组织的行为结构产生潜移默化且举足轻重的影响。认真地了解这一点，我们就会在更深的层次上了解中国的组织，了解中国组织中的工作环境。

三是我们在具体操作去评估和测量一个组织的工作环境的时候，同时需要强烈地意识到，我们是在从治理的角度来观察中国组织中的工作环境。当我们从工作时间、工作报偿、工作场所和工作参与四个层面来分析组织中的工作环境的时候，那么就应该从上述组织治理的六个方面来进行勾连，即组织中的社会团结、组织中的社会冲突与整合、组织中的社会保护与包容、组织成员的参与、组织中的结构与功能以及组织成员的角色结构与互动，并努力把上述六个方面的状况联系起来加以分析。① 这也就是

---

① 关于工作时间、工作报偿、工作参与、工作场所与组织治理五个方面的关系，我们在这里不展开分析，将另文详细叙述。

说，我们在分析、研究和评估组织在工作时间、工作报偿、工作场所和员工参与方面的制度设计和安排的时候，同时需要认真地考虑和分析，我们的这些制度设计与安排是否有利于促进组织中的团结与整合，是否有利于促进组织中的保护与包容，是否有利于组织中结构与功能的优化。只有通过这种相互勾连起来的思考，我们对一个组织的工作环境状况的观察才会深入，我们的分析才会有扎实的理论与实践基础。

事实上，当我们用科学抽样的办法把每一个员工个人具体的主观感受"归纳"成为整个组织中不同群体主观感受的时候，那么我们所观察到的主观感受就具有了"总和性"社会情绪的特征，或者说变成了一种可以观察到的，能够反映总体的"社会事实"和主观感受。根据这些总体性的主观感受，我们就能够分析、判断和评估一个组织中的工作环境状况。

总之，我们认为，通过对组织中工作环境的进一步研究，拟应试图搞清楚的主要问题是：人们在一个组织中的主观感受"外溢"到社会的机制与过程；一个组织中良好工作环境形成的过程、条件以及背后的机制是什么；如何评估一个组织的工作环境状况，通过什么样的指标与量表我们能够科学地"把握"一个组织的工作环境状况，勾连人们在微观与宏观上的一些主观感受；如何实现人们对工作环境状况的主观感受客观化、指标化，用一套科学的方法制作科学的量表来评估和测量一个组织中的工作环境状况。

（五）组织景气（工作环境）的操作化

我们在思考与研究组织景气（工作环境）的理论框架以后，同时需要考虑，如何把上述的一些理论思考操作化，从而使我们在理论的基础上能够具体地分析一个组织的景气与工作环境。因此我们考虑，对一个具体组织的工作环境的分析，可以从工作时间、工作报偿、工作场所和工作参与四个角度来进行。

第一，工作时间。工作时间是指法律规定的劳动者从事劳动的时间，其长度由法律直接规定，或由集体合同或劳动合同直接规定。从理论上说，每天工作8个小时，一周40个小时是我们国家对劳动时间的一般规定。事实上，我们很多的劳动者，为了完成任务，赶工期，往往工作远多于法定的劳动时间。如果把上下班的通勤时间算上去，人们与工作相关的时间付出就会更多。当在一个工作单位里，超时工作成为常态，当一些单位组织以降低底薪、加大提成的形式刺激员工加班，形成表面上的"主动"加班的时候，人们对工作的热爱与兴趣就会受到极大的伤害。

事实上，当我们的工作时间大规模地侵蚀我们的生活时间的时候，我们工作与生活的平衡就会遭到破坏。当工作中的赶任务工期逐步成为常态的时候，一种无形的工作压力就会像山一样让人感到沉重。如果人们没有对工作的热爱、兴趣与激情，那么一些重复的流水线和琐碎的工作会让劳动者丝毫无法对工作、任务、单位产生任何正面的价值和意义。研究工作环境中的工作时间，就是要弄清楚工作与生活平衡形成的机制、工作压力与工作倦怠产生的原因。

很多研究表明，当人们能够形成对工作的热爱与激情，对工作单位不断深化认同的时候，人们就会忘我地工作，工作的质量在劳动者不断创造的过程中就会得到升华与提高。在这里，人性化的时间管理，即一个组织在时间的角度上有相应合理的考勤、作息、加班、休假等规章制度，对人们在工作中的激励至关重要。

第二，工作报偿。工作报偿就是人们付出劳动以后所得到的报酬。这既包括类似于工资奖金方面的报酬，也包括表扬、荣誉方面的激励，表现出来的都是一种人们付出劳动之后的回报。一个单位给予劳动者高于付出的回报，往往被称为好单位，人们对这些单位的认同感也会由此提高。相反，高付出、低回报的单位往往是很多人跳槽离开的理由。付出与回报的平衡，是单位中每一个劳动者的基本权利，也是构造良好工作环境的基本条件。

在很多情况下，从事一个低质量的工作，人们感受的是一种工资低、工作满意度低、工作稳定性低、工作焦虑程度高、工作压力大的工作。对于一个现实中的劳动者，他的劳动付出总量是客观的，劳动回报程度也是客观实在的，从而付出与回报的平衡状态就成了客观工作环境范畴中的一个核心要素。

同样，在很多情况下，投入与回报不平衡，很容易使人们处于一种焦虑紧张的状态。当人们在单位工作中处于一种焦虑紧张状态的时候，那么其就很难与自信、从容结缘，对从事的工作只可能是应付，从而很难做到对工作进行主动创新和充满激情。而且，这种焦虑紧张的情绪也会像感冒一样，传染给单位中的其他人，破坏单位中的工作环境。

第三，工作场所。营造一个温馨的工作场所，是管理者的责任，也是很多劳动者勤奋工作的条件。枯燥乏味的工作场所，很容易弥漫一种抱怨甚至愤恨的气氛。长期在充满粉尘、污染、噪声的场所中工作，且没有受到良好的保护,很容易让人烦躁和疲惫,在这种条件下,不可能产生激情、愉悦与创造性的劳动。只有让每一个员工远离没有安全、没有保护的工作,才可能逐渐使其找到工作的意义与激情。

一个劳动者工作过程中直接接触到的客观物质条件固然是客观工作环境中的重要因素,而牵涉到劳动者权益的工作过程前后环节的维护条件,不管它们是一个组织独立设置和建设的各种福利服务设施,还是中国特色社会主义国家福利保障制度在组织内的贯彻落实,这些福利设施条件无疑构成了人们工作的另一个层面的物质条件,对工作者的人心向背、体面和尊严以及全面发展都有重要影响。

第四,工作参与。这主要是指组织成员通过在组织中一系列的利益表达、综合和实现的过程,参与组织中的事务,保障自身的权益,并在这个过程中不断加强对组织的认同感和满意度;与此同时,通过员工在组织中的积极参与,使员工能够感受到"主人翁"地位,使雇主与雇员的逻辑通过参与能够贴近,通过双方"参与式管理"共同感受幸福、获得与安全,其组织中的工作环境的优化与质量得以提高。20世纪50年代后期我国倡导的"两参一改三结合"讲的就是这个道理。

事实上,只有将组织理解为一个社会共同体,激活其社会属性时,参与才是一个真正有意义的机制,一个组织中工作环境的改善才能从根本上得以实现。因为从根本上说,只有当员工视组织为"家"的时候,才会不由自主地逐渐产生抗拒个体化的行为;与此同时,员工更愿意在那些不断产生归属感,产生共识的组织中凝聚到一起,更愿意在那些具有良好工作氛围的环境下工作在一起。单单让劳动者有高工资收入、有优越的办公条件、较短的工作时间是不够的,工作参与最大的社会意义就在于一旦它形成了一种稳定而持续的组织文化,组织所有的员工就能对组织产生一种强强的文化认同感,正是这样的组织认同让人们产生了"狗不嫌家贫"、"位卑未敢忘忧国"的巨大责任感,成为工作环境追求的最高境界。

一个理性缺乏的单位根源于员工在组织中根本没有多少机会作为权利主体参与实际的单位事务,从中找到自己在组织中的尊严。没有参与的机会以及没有尊严的参与不可能塑造良好的工作环境,从而形成一种有质量的工作。实际上,在今天的这个大时代里,雇主与雇员想过的是在单位中的一些小日子。只要领导多一点信任和鼓励,同事间多一点支持和帮助,工作与生活多一点平衡,那么,我们的工作环境就会多一些舒适与温馨,我们就会对单位多一些认同与参与，在工作中多一些激情和创造。一个国家有质量的发展呼唤所有的组织和单位能够保障有质量的工作。有质量的工作才是高质量增长的源泉与保证。

我们这里所提出的工作环境研究的四个维度是和前面讨论的组织治理的内容及目标紧密联系在一起的。

其一，分析组织中的社会团结，我们就可以从组织的规章制度环境入手，分析其在工作时间、工作场所、工作报偿和工作参与四个维度上所造成的客观工作环境特征，以及人们在这样的制度环境和客观工作环境影响下所形成的主观心理环境，进而把握这样的主客观工作环境所进一步嵌入个人行为中的社会团结状态，如人们把自己视为自己所在组织的成员的认同感、归属感，人们对所属组织的支持、保护和忠诚等，人们所感受或体验到的对组织的依恋感以及自愿留在组织中并更加努力投入工作的状态。

其二，分析组织治理中的社会冲突与整合状况，我们就可以根据组织的制度安排，从其在工作付出、工作报偿以及付出—报偿失衡上所造成的客观工作环境入手，研究这样的客观制度环境、工作环境进一步在人们心理上所造成的冲突和张力，如相对剥夺感、地位不一致性和不满意度等。这些现象都是牵连到人们最关心最直接最现实的利益问题，牵涉到工作生活中公平与正义等深层次的价值基础。而从治理角度看组织中的工作环境的改善，本质上也是要从制度层面切实改变或消除影响人们心理健康的分配差距、利益冲突、权力妄为等各种社会不公正现象，逐步提高人们的获得感、公平感和幸福感，满足人们日益增长的美好生活需要，以形成治理有效、秩序良好、和谐稳定的工作环境。

其三，组织中人们的角色结构与互动状况，比如组织中所发生的角色紧张、角色冲突与角色倦怠等，当然也包括积极性的角色投入等，主要是与组织中工作时间的制度安排以及由此而形成的工作时间质量紧密相关并受其巨大影响。严重的角色冲突和紧张既是对低劣工作时间质量的反映，也体现出一个组织的治理能力与高质量发展要求之间存在着"堕距"，当然也同时预示着要把提高员工的工作时间质量作为组织治理中的一个重要的努力方向。

其四，无论是作为考察组织工作环境的一个角度，还是作为现代组织治理的一种重要方式，考察来自雇主和员工双方的工作参与状况都是必不可少的。这首先要观察组织是否有相关制度安排以及在多大程度上给人们提供了工作参与的机会，是否建立起了各种制度化的沟通渠道以满足人们思想表达和信息交流的需要，是否有制度措施以及多大程度上保障了职工的决策参与权，等等。在此基础上我们就要把握人们对这样的客观制度环境和工作参与状况所形成的主观心理环境，如工作社会价值感、工作整体满意度以及非制度维权态度等，并可进一步把握嵌入于个人行为中的社会团结和整合状况，如组织认同感、工作投入等。

其五，加强对劳动者的社会保护作为组织治理的一项重要内容，必然与工作环境及其改善联系在一起。比如，组织成员在工作与劳动过程中存在着身体、健康、疾病、安全等诸方面的危害因素，这种客观有害的物理环境正是源于组织中健康和安全保护制度的缺失或无效。员工严重的工作疲倦或工作倦怠感，也是由于组织在他们的工作时间方面丧失了安全、合理的制度安排。工作场所的不满意感、工作倦怠感或工作—家庭冲突、相对剥夺感及收入不满意感等负面情绪都是个人对缺少保护的相关制度规定和客观工作环境的主观心理反应，因其会削弱组织的团结和降低组织运行效率而必然成为治理要关注的问题。

总之，对组织景气（工作环境）的理论思考与组织景气（工作环境）研究的操作化具有内在统一性，通过工作时间、工作场所、工作报偿和工作参与四个维度，一个组织在客观制度环境、客观工作环境和主观心理环境三个方面的状况既是其成员工作生活质量的反映，是激励其成员认同组织、积极工作的有力措施，更是组织实现治理或善治的重要途径或手段。从这四个角度对组织工作环境进行分析，可以使我们从结构与行动、客观与主观两个方面来把握组织的制度安排在哪些方面做出了成绩、在哪些方面还存在着问题，并在把握这些社会事实的基础上提出有针对性的治理和调整的对策，促使国家以及组织决策者或管理者能够对组织的结构与功能做出相应的调整，从而推动组织治理体系和治理能力现代化。

三 组织景气（工作环境）与总体性社会情绪

我们知道，在今天的中国社会，大多数的经济、政治与社会行为都是嵌入一定的组织之中，并通过组织来完成的；党和政府在经济、政治以及社会上的意志也都是通过一个个具体的组织来加以贯彻的；人们在经济、政治以及社会方面的期望更多的也是通过组织来实现的。组织是党和政府贯彻意志、组织成员实现自己期望的重要制度载体。当一个组织不能完成制度载体这种社会角色的时候，或者说不能做到上传下达、上上下下都不满意的时候，这个组织就会呈现出不景气的状况。而当一些社会成员在自己所隶属的组织中不愉快、不满意，感受不到组织的激励，体会不到其他组织成员的帮助和支持，那么，由此产生的负面情绪和感受就会或多或少地以各种方式宣泄到社会之中，在各种机制的交错影响下形成社会性焦虑。

在这里，组织景气主要是指组织成员所感受到的一种工作氛围。工作组织与单位作为一个社会中重要的制度载体，主要是通过其所形成和营造的独特的社会环境或者说组织文化来影响和规范人们的社会行为的。在近期的一项研究中，人们把组织景气同时概括为组织中的工作环境，指从业者在其工作单位中，从主观上所感受到的一种工作氛围与工作状态，具体包含四个维度：工作时间、工作报偿、工作设施和工作参与。[1] 工作环境与组织景气是十分接近的概念，都反映的是人们对工作组织整体氛围的感知，不同之处在于，工作环境的操作化倾向于使用客观指标，而组织景气的测量更多使用主观指标。

（一）数据来源

对组织景气与总体性社会情绪关系的检验将采用"2019年中国工作环境研究"（The Research on the Chinese Working Conditions, RCWC 2019）的调查数据和2021年"中国社会状况综合调查"（Chinese Social Survey, CSS）的调查数据，该两项调查分别由中国工作环境研究团队[2]以及中国社会科学院社会学研究所主持完成。RCWC 2019的目标总体为中华人民共和国城镇16岁及以上的就业人口，而2021年CSS的推论总体是全国年满18—69周岁的住户人口。RCWC的调查抽样分为两部分。第一部分采用分层随机抽样进入家庭户开展调查，具体包含以下几个步骤：①根据国家统计局"六普"数据，在除新疆和西藏之外的省、自治区、直辖市，抽取60个县（市、区）作为一级抽样单元（primary sampling unit, PSU），60个PSU涵盖24个省（自治区、直辖市），同一

---

[1] 张彦、李汉林：《治理视角下的组织工作环境：一个分析性框架》，《中国社会科学》2020年第8期，第87—107页。

[2] 该项研究由信阳师范大学资助。

省（自治区、直辖市）内 PSU 数量最多为 5 个；②在每个 PSU 中抽取 8 个社区居委会作为二级抽样单元（second sampling unit，SSU）；③根据实地绘制的地块示意图和家庭地址表，在每个社区居委会（SSU）中抽取 13 户家庭作为三级抽样单元（third sampling unit，TSU）；④访问员根据 KISH 表，从户内满足条件（16 岁及以上的就业者）的成员中抽选出被访者。第二部分进入指定企业采取方便抽样法开展调查，具体包含以下几个步骤：①课题组在全国 16 个省份指定 165 家企业；②访问员进入企业利用配额抽样法选择受访者，要求涵盖企业的所有工种。而 2021 年 CSS 属于双年度的纵贯调查，采用概率抽样的入户访问方式，调查区域覆盖了全国 31 个省、自治区、直辖市，包括了 151 个区市县，604 个村、居委会，每次调查访问 7000—10000 个家庭。另外，RCWC 2019 采取多重数据质量控制手段，包括访问过程全程录音、访问地点定位和收集电话信息等方式。调查项目组依据录音文件，对记录数据进行了百分之百全覆盖的重听校对以保证数据的真实性和准确性。

（二）操作化

工作环境。表 16-1 展示了工作环境测量的指标体系，具体包含四个维度（一级指标），每个维度下又包含不同数量的二级指标。其中，工作时间包含三个维度，即工作时长、工作时点和工作时间自主性；工作报偿包括物质性报偿（主要是金钱收入）和非物质性报偿（包括社会声望、知识技能、社会尊重等）；工作场所包括物理环境即基本的保护型设施（例如劳保用品）和福利设施即促进型设施（例如食堂、医院、健身房等）；工作参与涉及参与权与决策权，两者在工作参与程度方面是递进关系。

表16-1 工作环境指标体系

一级指标	二级指标
工作时间	工作时长
工作时间	工作时点
工作时间	工作时间自主性
工作报偿	物质性报偿
工作报偿	非物质性报偿

续表

一级指标	二级指标
工作场所	物理环境
	福利设施
工作参与	参与权
	决策权

组织景气。组织景气主要采用主观指标进行测量，涉及对月收入、工作时间、工作设施、岗位培训、单位奖励、工作安全、工作强度、工作自主性、单位福利待遇九个方面的满意度评价。

总体性社会情绪。总体性社会情绪的策略依然涉及三个维度：满意度、社会信任和社会信心。其中，满意度包含个人满意度和社会满意度，社会信任包含个人信任和制度信任，社会信心包含个人生活信心和社会信心。

（三）统计结果

我们首先通过描述总体性社会情绪与工作环境和组织景气之间的散点图来初步观察两组变量之间的关系。从图16-2可以看到，总体性社会情绪与工作环境之间呈十分强的正相关关系，无论是局部加权回归还是线性回归的结果都显示，二者之间呈现线性相关，随着工作环境指数的提升，总体性社会情绪的得分也在不断提升。从图16-3可以看到，总体性社会情绪与组织景气之间也呈十分强的正相关关系，随着组织景气的提升，总体性社会情绪的得分也在不断提升。局部加权回归线来看，这种现象关系主要是在组织景气指数大于35以后，而在此之前回归线趋于水平，表明两个变量的关联度较低。

从2019年数据分析的结果来看（见表16-2），工作环境、组织景气与总体性社会情绪之间呈显著的正相关关系。其中，工作环境和总体性社会情绪的皮尔逊相关系数为0.390，相较而言，组织景气与总体性社会情绪的相关性更强，皮尔逊相关系数为0.625。这一统计结果表明，一个社会的景气离不开各种不同类型组织的景气。当一些社会成员在自己所隶属的组织中不满意、感受不到组织的激励、体会不到其他组织成员的帮助和支持的时候，这种不满的感受和情绪就会或多或少地以各种不同的方式宣泄到社会当中去,在一定程度上影响社会总体的景气状况。所以,从某种意义上说,研究一个组织的景气状况能够使我们在更深层次上理解一个社会的景气状况。

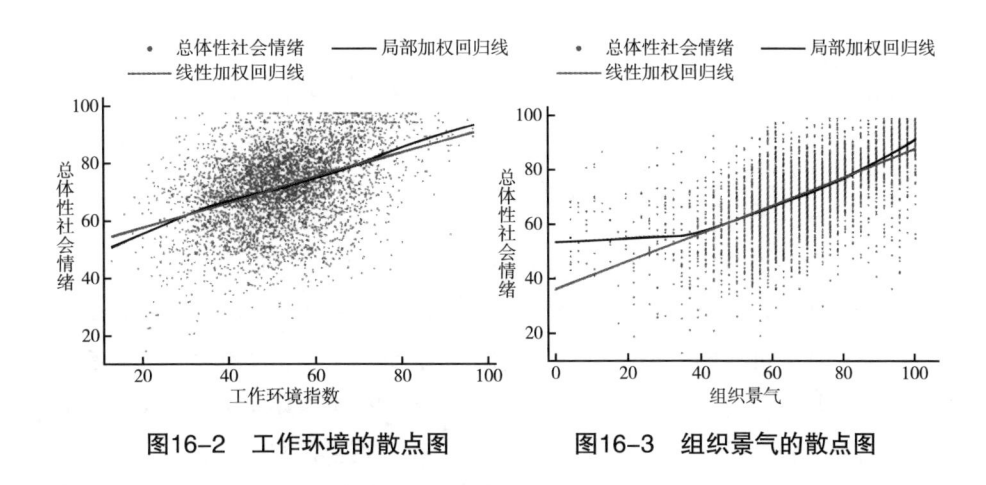

图16-2 工作环境的散点图

图16-3 组织景气的散点图

表16-2 2019年组织景气指标与总体性社会情绪指数间的相关关系

	工作环境	组织景气	总体性社会情绪
工作环境	1.000		
组织景气	0.479***	1.000	
总体性社会情绪	0.390***	0.625***	1.000

注:$^+ p<0.1$,$^* p<0.05$,$^{**} p<0.01$,$^{***} p<0.001$。

表 16-3 进一步展示了回归分析的结果。从模型 1 可以看出,在控制了性别、年龄、学历、户籍、婚姻状况等变量之后,工作环境在 0.001 的水平上对总体性社会情绪具有显著的正向影响,工作环境指数每上升 1 个单位,总体性社会情绪指数提升 0.459 个单位。从模型 2 可以看到,在控制了其他变量之后,组织景气也对总体性社会情绪具有显著的正向影响,组织景气指数每上升 1 个单位,总体性社会情绪指数上升 0.517 个单位。

模型 3 进一步对工作环境等四个维度与总体性社会情绪的关系进行了分析。从结果来看有如下两点。第一,在控制了其他变量的情况下,工作时间对总体性社会情绪没有显著的影响,这一点与理论预期存在一定差异。自 1978 年改革开放和 2001 年正式加入世界贸易组织以来,中国经济的市场化和全球化程度不断提升，随之而来的就业、工作时间、劳动分配、社会保障、劳动安全与卫生等问题也日益凸显。尽管政府不断通过增加就业机会、扩大劳动合同覆盖范围、推行集体合同制、建立劳动关系三方协商机制、完善劳动标准体系、健全劳动争议处理机制等手段维护劳动者的权益，① 但是这些制度的维护效应依然有限，以超时工作为代表的劳动权益问题成为显性的社会议题，2019 年"996"事件更是将该问题推向了舆论的风口浪尖。尽管超时工作问题受到民众的广泛关注，引发了大范围的消极情绪，但是从实证结果来看，在个体层面上，工作时间本身并不会影响人们对于总体性社会情绪的消极感知，换句话说，与超时工作问题相关的消极社会情绪很可能是一种情绪的弥漫机制引发的，即人们只是借"996"事件来发泄对工作环境整体的不满情绪，这种不满在个体层面上并不完全来自加班问题，但是个体可能因为待遇较低、压力较大、工作条件较差等问题，而借由他人对于超时工作问题表达的不满而宣泄自身对于工作环境的不满情绪。这意味着，组织景气是一种整体性的感知，人们工作环境中某一方面的不满都可能通过一种情绪的弥漫机制转变成对社会的普遍不满。

第二，工作报偿对总体性社会情绪的影响最大。这一点不难理解，在雇佣劳动关系下，工作本身带有强烈的工具性，人们用劳动力同雇主交换金钱等报偿，以满足生存、生活和自我发展的需要。因此，人们更多关注报偿的多寡。尤其在当前购房压力、子女抚育压力、消费主义和储蓄观念等的多重作用下，劳动者对金钱的需求普遍强烈。2019 年中国工作环境研究的调查数据显示，当要求在时间和金钱中做出选择时，受调查的4935 位员工中，54.22% 的人希望"增加工作时间且增加收入"，39.43%的人选择"保持现状"，仅有 6.34% 的人希望"减少工作时间且减少收入"。并且，在选择"增加工作时间"的员工中，约一半的人的实际工时已经超过了法律的限制（月工作时长超过 212 个小时）。这一结果也表明，对于中国劳动者而言，在对付出和回报的关注上，其更加在意的是回报而非付出，这也解释了为什么"工作时间"不会对总体性社会情绪产生显著影响，而"工作报偿"的影响却是巨大的。

---

① 姜颖：《我国劳动立法与劳动者权益保障》，《工会理论与实践（中国工运学院学报）》2003 年第 3 期，第 40—43 页。

表16-3　2019年工作环境、组织景气与总体性社会情绪的回归分析

	模型1	模型2	模型3
	总体性社会情绪	总体性社会情绪	总体性社会情绪
工作环境	0.459*** （0.017）		
组织景气		0.517*** （0.011）	
工作时间			0.011 （0.008）
工作报偿			0.408*** （0.013）
工作参与			0.031*** （0.007）
工作场所			0.199*** （0.014）
控制变量	控制	控制	控制
样本量	5061	5061	5061
R^2	0.167	0.392	0.303

注：$^+p<0.10$，$^*p<0.05$，$^{**}p<0.01$，$^{***}p<0.001$；括号内为稳健标准误。

表16-4展示了2021年组织景气与总体性社会情绪的回归分析结果。从模型1可以看出，控制变量中，年龄、学历、户籍等变量均对总体性社会情绪具有显著的影响（$p<0.05$），这些变量共同解释了总体性社会情绪2.8%的变异，该模型的整体解释力度较小。如模型2所示，当加入自变量"组织景气"之后，模型的解释力得到了很大提升，R^2变为0.222，表明组织景气对总体性社会情绪有很大影响。具体来说，在控制其他变量的情况下，组织景气每提升1个单位，总体性社会情绪提升2.4个单位。

表16-4　2021年组织景气与总体性社会情绪的回归分析

	模型1	模型2
	总体性社会情绪	总体性社会情绪
组织景气		2.400*** （0.123）
性别	0.987$^+$ （0.542）	0.202 （0.486）

续表

	模型1 总体性社会情绪	模型2 总体性社会情绪
年龄	1.088*** (0.250)	0.583** (0.226)
学历	0.934*** (0.235)	0.475* (0.209)
户籍	0.407* (0.205)	0.062 (0.190)
样本量	1997	1997
R^2	0.028	0.222

注：$^+ p<0.10$，$^* p<0.05$，$^{**} p<0.01$，$^{***} p<0.001$；括号内为稳健标准误。

另外我们也发现，组织是否景气会直接影响组织成员的社会化过程。在现代社会，工作组织与单位是大多数社会成员除了家庭、学校以外的一个重要的"栖身"场所。人们在这样的组织与单位中，能够逐渐找到自己的社会认同、社会位置以及社会角色，积累社会经验，完成人生中重要的自我实现，并且逐渐走完自己最主要的社会生命历程。恰恰在这个意义上，工作组织与单位是一个社会中极其重要的制度载体。这个制度载体中的环境如何、氛围如何，可以直接影响组织成员的社会化过程，对组织成员行为的形塑起着至关重要的作用。良好的工作环境以及组织景气状况能够帮助人们更好地适应社会，顺利实现从"自然人"到"社会人"的转变。

组织是否景气会直接影响组织成员的成长和组织自身的效率。我们知道，一个景气状况良好的组织，在微观个体层面，能够帮助个体更好地在组织中实现自我，激发潜能；能够使人们在组织中有更多和更高质量的获得感；能够为人们的情感满足提供必要的社会归属；在中观组织层面，能够为人们的自我成长和满足提供必要的公共场所，能够促进良好的组织文化构建，以此提高组织成员对组织的认同感和满意度，提高组织效率，进而快速推动组织的创新与发展；在宏观层面，有助于我国的经济与社会实现新常态下的健康、平稳发展，同时也能够为稳定协调的社会发展提供合理的预期。[1] 另外，通过营造良好的工作环境来提高人们对组织乃至社会

---

[1] 任宇东、王毅杰：《工作环境、工作意义与工作满意度——基于中国城镇居民工作环境调查的分析》，《中国劳动》2019年第8期，第25—40页。

的认同程度，提高组织成员的人力素质，进而削减社会矛盾，实现社会团结及广泛的社会公平，也是社会治理的重要内容之一。

组织景气研究的深入，能够为组织的评估提供一个良好的学术与方法的基础。从实践意义上说，如何运用科学的方法，对一个组织的景气状况进行评估，对于提高组织的效率、提高员工的满意度和获得感、加强员工对组织的认同与归属，都具有很重要的意义。我们现在更多的是从主观上来感受自己单位的工作环境。如果我们能够使人们的这种主观感受客观化、指标化，用一套科学的方法制作科学的量表来评估和测量一个组织的景气状况，那么对于组织以及对于组织成员都是一个激励和鞭策，是一个值得重视和努力的方向。

基于以上的一些考虑和数据分析，我们认为，为了改变这种状况，有必要加大对组织景气的研究力度，使我们能够在科学的基础上提高组织管理水平，加大对组织的评估与调控力度。

第十七章

社会景气与总体性社会情绪：
简短的结论与思考

在这项研究中，我们试图比较系统地从理论、方法与操作化的角度切入，集中分析社会景气的深层结构即总体性社会情绪。

在以往的社会景气与社会信心研究中，我们主要从以下四个方面来展开分析。

首先，我们试图说清楚社会景气的概念。我们认为，社会景气主要是指人们对自身所处的社会环境的一种主观感受。社会景气正是试图通过人们的主观感受来分析，在这种社会环境中，人们是否以及在多大的程度上被影响或被激励。事实上，人们的主观感受是能够反映一个社会的客观现实；人们主观感受到的客观现实也是能够反映出一个国家社会景气的水平和社会发展的程度。①

其次，我们认为，一个社会的社会环境可以从两个方面来观察。在社会结构层面，社会上的制度安排能否最大限度地照顾到大多数人的利益，努力实践公平正义、公正透明、惩恶扬善，推动机会均等、平等参与、激励向上，推动竞争。在人们的主观感受层面，人们是否以及在多大的程度上能够感受到自身所认可的这种制度安排。当社会结构层面的良好制度安排与人们事实上的主观感受比较一致的时候，一个蒸蒸日上的良好社会环境就会被营造出来，这个社会就会呈现出一种景气的状况。反过来，如果社会结构层面的制度安排及其后果与人们事实上的主观感受不一致或者完

---

① 张彦、魏钦恭、李汉林：《发展过程中的社会景气与社会信心——概念、量表与指数构建》，《中国社会科学》2015年第4期，第64—84页。

全背离，这个社会的社会环境就会变得日益恶化。

再次，我们同时认为，人们对社会环境的主观感受可以主要从以下三个方面来概括和观察。一是满意度，人们会从各个不同的角度感受和评价自身所处的社会环境。人们满意与否的感受与状况能够直接或间接地反映出一个社会宏观社会环境的状况。二是相对剥夺感，它主要是指人们从期望得到的和实际得到的差距中所产生出来的或所感受到的一种负面主观感受和不满的情绪。三是对政府的信任度，它主要是指是人们对政府执政能力与自我治理的主观感受，是对政府所做的一些相应的制度安排的评价。人们对政府的信任度愈高，那么，政府的公信力也就愈大，其行为合法性的基础也就愈牢固。另外，在社会发展过程中，政府职能的变化、政府责任的强化以及政府执政能力的提高在很多的情况下都是与社会、与市场、与公众不断博弈和互动的过程。

最后，我们在研究中还深入探讨了社会景气与社会信心之间的关系。在我们看来，社会景气所描述的主要是人们对其所处的宏观与微观环境的一种主观感受，而社会信心则主要是指人们对自己的日常生活状况以及国家的经济社会发展形势等诸方面的主观感受进行综合判断后得出的对未来发展前景的预期。社会景气与社会信心两者之间的一个根本区别是，社会景气研究的是人们对当下社会环境的主观感受，而社会信心则是人们对未来社会环境状况的一种预期。社会景气与社会信心是分析与研究一个社会的两个重要的方面。如果抽去对社会景气的研究，那么人们对社会信心的分析就没有了条件和前提；反过来说，如果放弃了对社会信心的探讨，那么，人们对社会景气的思考起码就缺少了理论与实践的张力。

我们的期望是，通过对社会景气的研究，能够使人们可以较为准确地把握社会变迁与发展的形势，较为全面地把握经济社会的运行状况，从而使理论的研究以及政策的制定有一个全面、可靠的数据基础。①

随着研究的推进，我们逐渐发现，在以往对社会景气的研究中，似乎很难对急剧社会变迁的状况用社会景气做更深层次的分析。特别是在解释人们主观感受与宏观社会发展状况之间联系的时候，似乎缺少一个理论与实践相结合的，且具有学术张力的分析工具。与此同时，我们也看到目前关于社会景气与社会信心研究中存在的四个主要问题。一是没

---

① 李汉林：《关于社会景气研究》，《社会发展研究》2016年第2期，第63—77页。

有能够很好地在理论和方法两个向度上对社会景气的深层结构进行深入思考和系统分析。二是以往关于社会景气的研究主要是对调查数据的解读性（interpretation）描述，缺少对事物之间内在因果逻辑的解释性（explanation）阐述。三是对分析过程中宏观、中观与微观之间的勾连，特别是对人们主观感受与宏观社会发展状况之间的联系缺少有学术张力的解释。四是以往的研究把社会信心作为了和社会景气平行的概念，而把满意度、相对剥夺感以及对政府的信任度作为社会景气的子量表。这样一来，不仅三个子量表内在的学术联系与逻辑关系不清楚，而且社会信心与三个子量表以及社会景气之间的关系也不明确，这就使得社会景气的学术张力以及相应的实际应用受到较大的限制。

正是在这个背景下，我们认为在原有社会景气与社会信心研究的基础上需要进一步推进。在这项研究中，我们把总体性社会情绪看作社会景气的深层结构，并深入地从研究的意义、理论与方法、操作化、量表与题器、信效度检验、趋势与结构分析、微观和中观与宏观勾连、个体与总体的联系等诸方面来展开分析。

关于研究的意义。在长期的田野工作中我们感到，在多数情况下，人们首先能直接观察到的，是发生在身边的以及自身所知晓的一些人和事。在对这些人和事的了解、比较与分析的基础上，人们才会得出相应的判断以及非常具体的主观感受，比如，腰包鼓不鼓、交通堵不堵、看病难不难、单位好不好、工作满意不满意等等。一些举足轻重的大国大事往往寓于许多柴米油盐的小民琐事。人民至上的国家治理，就是要让国家与政府治理的政策能够直击人们的急难愁盼，贴近人们的主观感受，高效率地实践全心全意为人民服务。面对这样一种复杂的"社会事实"，仅仅使用社会景气来进行归纳和阐释，似乎隔靴搔痒，一方面难以比较准确地把握人们的这种主观感受，另一方面，也未能为"社会事实"转换成为社会政策打下坚实的学术及理论基础。在研究的推进过程中，我们也认识到，人们个体的一些主观感受和主观态度只有通过科学的抽样方法来归纳与总结，才能够具有总体的意义，换句话说，个体层次上的主观态度一旦融入总体性的社会情绪之中，那么它就能够具有反映一个社会总体性社会事实的特征。

中国式现代化的历程告诉我们，一个国家的跃进与发展以及一个政权的没落与衰败，无一不是与总体性社会情绪这种社会景气的深层结构息息相关。无论是从理论思考还是从田野经验上观察，总体性社会情绪都是由每一个人的具体、琐碎甚至可能是渺小且看起来是微不足道的主观感受经过一个复杂的社会过程而积累、沉淀和形成的。人们经过一些事件的反复磨打和冲击，其一些表面上平静如水的日常行为和生活，可能会在沉默的深层结构中隐藏着总体性社会情绪的惊涛骇浪。通过总体性社会情绪的研究，我们不仅能够深刻地认识社会景气的深层结构，而且能够在理论与实践的结合上透过人们平静如水的社会生活与行为，把握住一个国家的总体性社会情绪。深度挖掘总体性社会情绪理论与实践应用的意义就在于，相比较社会景气而言，总体性社会情绪能够实现在微观层次上不悬浮，具体可触人们的主观感受；在宏观层次上可勾连，紧密联结个体与群体、国家与社会，并最终沉淀和嵌入我们社会的结构之中。总体性社会情绪通过满意度、社会信任与社会信心实现表达，并作为了人们所认知、认同以及认可的行为取向。它可以作为一种社会动员的方式来凝聚社会、国家与民族的共识，形成物质与精神上的铜墙铁壁。实际上，对未来的希望、渴望梦想变成现实以及通过努力能够进步与上升的空间，都会变成一股不可撼动的力量，支撑在大众情绪的深层，推动人们砥砺前行。用总体性社会情绪来分析与研究一个社会的景气状况，可能能够更深入且更具有学术张力，这恰恰是我们研究总体性社会情绪的学术与实践意义。

  关于研究的问题。深入的研究使我们看到，能够在人们微观感受及行为与宏观社会状况之间进行有效勾连的，可能就是这种弥漫以及沉淀在社会中的总体性社会情绪，而社会景气的深层结构也是这种总体性社会情绪。正是受这种总体性社会情绪所驱动，社会才会不断变迁。为了进一步推进社会景气与社会信心研究，需要我们从理论与实践的结合上探讨社会景气的深层结构，认真分析社会景气与总体性社会情绪之间的关系，特别是要在深入研究的实践中努力弄清楚：为什么社会景气的深层结构是总体性社会情绪；如果这个理论判断成立，那么，这种总体性社会情绪在景气的意义上如何、为什么以及在多大的程度上能够影响一个国家经济与社会的发展；与此同时，在景气的意义上我们应该如何解释一个社会的客观状况与人们的主观感受之间的关系；如果总体性社会情绪是社会景气的深层结构，那么它的理论依据是什么，学术张力在哪里；另外，如何实现总体性社会情绪理论概念的操作化；操作化过程中所形成的子量表之间以及子量表与总体性社会情绪之间具有什么样的内在逻辑联系；通过什么样的机制与社会过程实现它们内在的学术勾连；人们的微观层次上的主观感受如何通过总体性社会情绪作用于国家的宏观社会状况，或者反过来，国家宏观的社会状况如何影响人们的微观的主观感受；微观与宏观、当下与未来如何通过总体性社会情绪来实现勾连。只有在理论与实践的结合上弄清楚这些问题，我们才能够深刻地理解一个国家社会景气的深层结构，同时准确地把握一个国家总体性社会情绪状况。

关于总体性社会情绪的理论思考。我们在这项研究中首先具体地说明，一个社会中的社会景气可以体现为人们在一段时期内可以观察到或感受到的一种弥散在不同社会群体之中的总体性社会情绪，换句话说，社会景气的深层结构是总体性社会情绪，社会景气的状况可以通过总体性社会情绪反映出来。所以，理解总体性社会情绪，是理解社会景气的前提。然后，在文献综述的基础上，我们集中分析了一个社会中的总体性社会情绪。归纳起来我们认为，总体性社会情绪主要是指弥散在不同社会群体之中的、能够容易形成共鸣和分享的一种比较一致性的群体表达，是人们在社会认知、社会认同以及行为取向基础上形成的一种比较稳定的信念、精神和价值。总体性社会情绪的结构主要由社会认知、社会认同与行为取向组成，并通过满意度、社会信任与社会信心实现操作化；而总体性社会情绪的功能则主要表现为社会整合与结构维持。总体性社会情绪总是嵌入一个社会的结构之中，人们在总体性社会情绪引导下的社会行为既维持着结构，又改变着结构；对人们行为既有制约作用，同时也是人们行为的前提与条件，进而形成总体性社会情绪结构的二重性。所以，在这个意义上，国家治理从根本上说，就是在于把握一个社会中的总体性社会情绪，在于对这种总体性社会情绪的解构、建构和重构。事实上，把握住一个社会的总体性社会情绪，实际上就把握住了一个社会的发展和实践高效率国家治理的底气。

关于作用于总体性社会情绪的影响因素。我们发现，意见领袖与参照群体在形塑人们的社会认知、社会认同与行为取向过程中起到校正与对标的作用；意识形态则是通过宣传、大众传媒、社会动员与学习等方式来影响和作用于总体性社会情绪，在这种总体性社会情绪形成过程中起到至关重要的作用；社会记忆作为意识形态的一种补充，通过有选择地传递，使特定的社会历史事实通过社会记忆嵌入特定的社会情绪之中，使人们逐渐实现社会情绪的结构化和制度化，从而对形成、归纳出一种相对稳定的总体性社会情绪起到至关重要的强化作用；集体意识与社会团结既是总体性社会情绪的一个结果，同时会反过来加强或者削弱一个社会中的总体性社会情绪。在很多情况下，集体意识与社会团结很可能是人们对自身满意不满意状况的一种日积月累，同时在一些时间节点以及问题上表现为共鸣与共情，并且作为一个重要的影响因素作用于总体性社会情绪；结构紧张往往隐藏在总体性社会情绪背后，并作为结构二重性发挥作用，即既能够推动社会改革与向前变迁，也能够引发社会的动荡与向后倒退。在这个过程中，总体性社会情绪需要逐渐沉淀和"更新"，作为国家治理，需要在把握总体性社会情绪的同时把握社会变迁的方向；地位的不一致性是人们主观与客观比较的结果，在总体性社会情绪的形成过程中，地位的不一致性主要是作为一种解释变量并试图说明，地位的不一致性是如何通过不对称、不平衡的负面感受来影响和作用于总体性社会情绪。

关于产生总体性社会情绪的社会机制。我们认为，期望与目标实现一致性程度能够影响人们的主观感受，同时影响个体在期望与目标实现问题上产生的社会情绪。社会情绪只能在与他人或者群体社会互动的过程中才能产生，因为在这种互动过程中，人们能够比较深刻地感受到目标以及目标实现的状况，并在此基础上形成相应的社会认知。在这个意义上，社会情绪从一开始就带有非常强烈的社会性，特别是在一个急剧变迁的社会，当传统与现代对接和碰撞的时候，人们最明显以及最容易触摸到及感受到的就是不同群体中社会情绪的变化。总体性社会情绪的结构是在人们互动过程中以及由目标以及目标实现过程中逐步形成的，其显著的特征是趋同的社会认知、社会认同以及行为取向。人们可能分属于不同的阶层，有不同的价值观念与行为规范，但是在某一个点上或者在一些问题上却能够引起共鸣与共情，形成一种跨越群体和极具内聚力的社会共识。也恰恰是通过对分散在不同个体与群体当中社会情绪变化的观察，我们能够对弥漫与沉淀在一个社会之中的总体性社会情绪有一个基本的判断与预测，从而使我们能够从微观群体社会情绪的变化中，找到宏观的总体性社会情绪的变化趋势与发展过程，实现微观与宏观的勾连。

在研究的过程中，我们试图侧重于三个方面来讨论总体性社会情绪的研究方法，一个是比较的方法，一个是关于微观—中观—宏观的勾连，再一个就是关于个体到总体推论的思考。

关于比较。如果我们打开总体性社会情绪的结构，我们就可以比较清晰地看到，比较以及参照群体起到了举足轻重的作用，是我们研究总体性社会情绪的重要方法论。总体性社会情绪实际上就是人们与他人以及参照群体反复比较的过程中逐渐形成的。通过比较，人们逐渐形成稳定的认知，寻找相关群体的归属，确定自己与其他人的认同。就行动者而言，他们通过在日常生活中的比较来体验满意不满意，形成相应的判断与具体的主观感受；就研究者而言，通过观察行动者的比较行为以及由此产生的共鸣与共情的主观感受来分析行动者行为的动因与机制，把握社会中的总体性社会情绪。

关于微观—中观—宏观的勾连。总体性社会情绪能够承担微观—中观—宏观勾连的使命：通过总体性社会情绪结构化的过程使其成为个体与群体行为的参照系；通过个体与群体行为之间的相互影响以及通过组织这样的制度载体，使总体性社会情绪深深嵌入人们的行为以及组织与制度结构之中，并成为人们行为的认知、认同与行为取向。也正是在这个意义上，微观—中观—宏观的勾连比较清楚地说明了总体性社会情绪在宏观、中观与微观之间穿梭的能力和学术张力。

关于个体到总体的分析。在抽样基础上的数理统计分析是可以过滤掉个体的差异性，取而代之的是总体的一致性以及群体等一些结构变量的差异性。实际上，当不同个体以及不同群体对一些问题的感受趋于一致的时候，我们能够通过大量数据的分析，把握住总体性社会情绪的脉搏。另外，通过随机抽样得来的数据不是个体意义上的简单叠加，而是通过诸如共鸣与共情、情绪感染、去个性化等机制新生成的具有本身特质和功能的社会事实，反映出个体与宏观社会在总体性社会情绪意义上的联结与相互构建。[①]

关于总体性社会情绪的操作化。在这项研究中，我们首先对总体性社会情绪进行了理论与方法上的分析和界定。然后，我们需要把总体性社会情绪在应用的层次上做进一步的推进，使理论的概念能够实现操作化，使之成为人们在国家治理应用上看得见、摸得着且有效的政策工具。换句话说，操作化是为了建立与理论概念的学术联系，同时也是为了确定总体性社会情绪的具体测量工具。

[①] 杨宜音：《个体与宏观社会的心理关系：社会心态概念的界定》，《社会学研究》2006年第4期，第117—131页；杜甘：《比较社会学：马太·杜甘文选》，李洁等译，北京：社会科学文献出版社，2006年。

我们认为，虽然总体性社会情绪弥漫在一个社会之中，人们在实际的社会生活中也能够触摸到，但是仍然有一种看得见却摸不着、时隐时现的感觉。因此，需要从学术和学理上找到总体性社会情绪的表达方式，找到一种简单、敏感和容易操作的分析工具，使研究者以及政策制定者能够做出正确的判断与选择，使理论的研究以及政策的制定有一个全面、可靠的社会事实基础，进而在宏观与微观的结合上能够比较准确地把握一个社会中的总体性社会情绪。

在操作化过程中，我们试图把能够反映具有跨群体、累积、弥散和传染特征，且能够引起共鸣与共情的认知、认同与行为取向从人们诸多的主观感受中抽象出来，作为我们分析与研究总体性社会情绪的基础。因为只有通过这种方式操作化而获取的量表和指标，才可能使总体性社会情绪在微观层次上不悬浮，具体可触；在宏观层次上可勾连，紧密联结个体与群体以及国家与社会，并最终沉淀和嵌入我们社会的结构之中。正是基于这样的思考，我们认为，满意度、社会信任与社会信心可能是操作化的一个很好切入点，人们在满意度、社会信任与社会信心上蕴含的认知、认同与行为取向可能可以比较集中地反映一个国家的总体性社会情绪。

首先，满意度、社会信任与社会信心表现为形成总体性社会情绪的底层逻辑和条件，同时又可以勾连一个国家与社会的景气状况，是一个国家治理效率与合法性的重要证明。人们往往从自己的状况来感受日子过得好不好，满意不满意，对他人信任不信任，对将来的发展有没有信心。只有在这个基础上，人们才可能推己及人，对社会的总体环境做出合乎实际的判断。在这里，个人的满意度、信任与信心就成为了人们对国家与社会宏观状况判断的基础。很多国家的发展过程都反复说明，社会的不稳定首先表现出来的就是人们的不满，对政府的不信任以及对将来发展的无信心。缺少这种底层的逻辑与条件，就很难把握住积极的总体性社会情绪，推动社会向前发展。

其次，社会信任与社会信心是在期望与目标实现过程中所表现出来的一种比较稳定的预期。也只有在这种预期的基础上，人们才会体验到在各个不同方面的满意或者不满意的主观感受。事实上，当这种预期反映出信任或者不信任、有信心或者没有信心的时候，那么，表现出来的就是各种不同社会群体在一些方面的满意或者不满意的感受，最后沉淀下来的则是一种积极的或者消极的总体性社会情绪。在这个意义上，满意度、社会信任与社会信心就成为了形成总体性社会情绪的重要前提与条件。

另外，满意度、社会信任与社会信心都能够很好地实现微观与宏观的勾连。在微观上，满意度能够反映人们在与他人以及群体比较过程中的主观感受，社会信任能够勾连对他人的信任，成为与他人进行社会互动的基础，而社会信心则能够反映个人未来发展期望实现的感受；在宏观上，满意度则能够反映人们对社会一些宏观事项的主观感受，勾连人们对社会群体、对单位、对组织以及对政府部门或机构的满意或者不满意的主观感受。信任能够勾连对制度、对政府、对政府机构以及对社会的信任，而信心则能够反映对国家社会未来发展期望实现的感受。三项指标从不同的角度通过简单、敏感和容易操作的方式折射出一个国家一定时期内总体性社会情绪状况。

还需要指出的是，这三个子量表都有一种重要的溢出效应与联想机制，使人们在其他的一些问题上容易引起共情与共鸣，影响人们在其他一些问题上的基本判断。在与他人比较过程中不满意的感受，很可能同时会引发人们不公平正义以及地位的不一致性等一系列的愤慨，获得感和幸福感由此也会变得愈来愈低。人们所处的社会宏观与微观环境的直观感受，直接或者间接地会让人们产生联系，在参照群体的影响下引起共鸣与共情。人们可能说不清一些大道理，但是却可以从日常的生活中确确实实地来感受幸福不幸福、认可不认可、满意不满意。这里我们可以清楚地看到，满意度实际上已经成为了影响人们在其他问题主观感受的基础。

关于量表的设计与检验。在完成对总体性社会情绪操作化，且确定具体的测量工具即量表以后，我们还需要通过大量的田野和试调查，找寻合适的、能够比较准确反映量表内涵的题器，从而使量表一方面能够实现简单、敏感和容易操作，另一方面同时也能够做到科学、有效、可靠以及可重复，高效且准确地达到测量的目的。事实上从2012年到2023年，特别是2018年以来的三次大调查，我们组织了反复多次的田野和试调查，努力使我们确定的量表和题器能够更准确地反映理论逻辑与社会事实基础之间的契合状态。另外，基于对总体性社会情绪的概念及其维度的分析和阐释，以及基于简单、敏感、易操作的原则，我们设计并最终确定了总体性社会情绪的测量量表。该量表具体包含三个一级维度子量表（满意度、信任和信心）、六个二级维度子量表（个人满意度、社会满意度、个人信任、社会信任、个人信心和社会信心）以及32个题器。与此同时，我们对总体性社会情绪量表做了相应的信效度检验。信度检验就是通过计算克隆巴克α系数来检验量表的内部一致性程度；效度检验从两个方面展开，一则是内容效度，考察的是量表是否完整涵盖了概念的关键特征，另一则是效标效度，是将量表测量结果与其他外部标准进行比较，考察其一致性程度。信效度检验的结果表明，我们的理论逻辑与社会事实基础之间的契合性及研究的可行性都比较好。

关于权重设计。从类型学上来说，总体性社会情绪属于合并型多维概念，其测量指标属于构成型指标（formative indicator），各个指标通过一定的组合构成了整体概念。与反映型指标（reflective indicator）不同，构成型指标之间的关系并没有特别的要求，指标之间甚至可能完全不相关。以满意度的测量为例，我们设置了"教育""医疗"等指标，但是并不假定对教育满意的人一定要对医疗也感到满意（尽管它们总是表现出正相关）。因为没有预设指标之间具有较强的相关性，所以在权重设计的时候我们没有采用以指标间内在相关性为基础的因子分析法或主成分法，而是采用等权法进行权重赋值。一方面，总体性社会情绪的三个子量表（满意度、社会信任和社会信心）在理论上具有同等的重要性，子量表中的每一个题器在测量各个维度时也都同等重要；另一方面，等权法是一种更为简单、直接、易操作的赋权方法，与我们量表设计的基本原则是一致的。

关于缺失值处理。对存在缺失值且缺失数量不超过三分之一的样本，我们采用该样本在对应量表中未缺失项的得分均值进行插补。我们在此的基本假设是量表具有较高的内部一致性，从各量表的信度系数来看，这一假设能够得到满足。

关于量纲不同的处理。由于指标的量纲不同，因此，在合成总体性社会情绪前，我们对指标进行归一化处理，并且为了便于理解和表述，在去量纲之后，我们对所有指标乘以100。处理之后的所有指标量程一致，介于0和100之间。①

在完成对总体性社会情绪的理论、方法与操作化的分析以后，在这项

---

① 处理公式为 $x' = \dfrac{x - \min(x)}{\max(x) - \min(x)} \times 100$。

研究中，我们尝试用 1987 年到 2021 年共 12 个全国性的问卷调查数据，[①] 用总体性社会情绪以及相关的操作化分析工具来具体分析这一段时期中国社会发展变迁状况。我们试图说明，在中国社会发展与变迁的 34 年时间里，总体性社会情绪始终如影相随，时起时伏地推动着社会向前发展。而有意识地抓住我们社会中的总体性社会情绪，适时调整我们的社会政策，那么，我们就会极大地提高我们的社会治理的水平和能力。

关于数据的比较。需要指出的是，在这 12 个全国性的问卷调查数据中，每次研究的主题不尽相同，当时的调查总是根据当时的需要，针对当时所要解决的问题而设计问卷和拟定假设的。实事求是地说，当时我们并没有考虑到尔后会利用这些数据做相应的比较。12 个不同时期的经验研究所侧重的主题不同，所选择的样本不同，样本的大小也不一样，从严格方法论的意义上，应该说不具备相互比较的基础。但是在这项研究中，我们仍然试图利用这些数据来做一些分析和比较。我们这样做主要是基于以下两点考虑。

首先，我们做的是纵贯研究（longitudinal study），是试图通过纵贯 30 多年的数据来分析我们社会的发展与变迁过程，并从中努力找寻社会发展变迁的趋势与规律。对纵贯数据的分析比较灵活，没有像面板数据分析（panel study）那样对样本、指标及量表有严格的限定。我们在这里所做的比较，实际上是一种间接的比较、一种宏观的比较，而不是对同一个样本、同一批人群所做的追踪调查（panel study），因而这样的一种比较在方法论上是可以成立的。[②]

实际上，尽管各年度的测量指标不尽相同，但是都能在一定程度上反映和测量总体性社会情绪主要特征，只是效度水平存在一定差异。从方法论的角度，只要指标测量的是相似的概念特征，就能够具有一定的比较基

[①] 为了对数据进行深入分析，在 2019 年我们用了两个数据库。一个数据来自中国社会状况综合调查（CSS），据此来分析 2019 年总体性社会情绪；另一个用的是中国工作环境研究团队实施的中国工作环境研究数据库，以此来分析 2019 年组织景气的状况。

[②] 参见 Judy Tanur, *Questions about Questions: Inquiries into the Cognitive Bases of Surveys*, New York: Russell Sage Foundation, 1992; U. Engel, et al., *Panelanalyse*, Berlin: de Gruyter, 1994; D Nachmias, *Research Methods in the Social Sciences*, New York: St. Martin's, 1976; H Loether et al., *Desciptive and Inferencial Statistics*, Boston: Prentice Hall, 1988; S.Cole, *The sociological Method*, Chicago: Rand, McNally & co.'s, 1980; E.Babbie, *The Practice of Social Research*, Belmont: Wadsworth, 1989.

础。1987年、1993年和2001年调查对总体性社会情绪的测量是一种粗线条式，没有像2012年之后的调查一样从满意度、社会信任和社会信心三个维度进行精细化的测量，但是从结果上看依然能够反映出人们对于个人和社会发展的总体感受和态度，而这种总体感受和态度与人们的满意度、社会信任和社会信心是有紧密联系的。

其次，尽管我们的分析旨在检验我们的研究假设，同时也会得出相应的结论，但是，由于抽样方法的限制、时间跨度长、我们当时对总体性社会情绪理解的程度以及样本量大小的局限等诸方面的因素，我们只做一些有限的学术推论，虽然我们的一些分析结果或许也能够揭示出总体的一些结构性特征和发展趋势。这样一来，我们就会在很大的程度上避免了以偏概全，避免了方法论上的错误。这项研究的学术价值和意义主要是在于，其一，它是一种探索性研究的成果，通过这些调查所做的分析以及由此所得出的分析结论能够为将来进一步的研究、为将来从样本推论总体提供坚实的学术知识基础；其二，通过选择相应的角度，能够比较有效地检验我们相应的研究假设，为我们了解和掌握总体的一些情况和变化提供一个可靠的学术样本依据；其三，它能够为我们今后进一步的研究以及在更大范围内的随机抽样提供方法论上的依据。总之，这些调查所提供的探索性的知识和结论，对于我们进一步理解目前中国所发生的社会变迁，理解在中国社会变迁大的背景下人的社会行为，都是非常有益的。

需要说明的是，在2012年以前的各项调查数据中，我们事先并没有刻意地去设计关于总体性社会情绪这方面的假设，实事求是地说，当时对这方面的认识应该说也是十分模糊的。更多的是调查问卷以及而后分析调查数据的一个"偶然的发现"和"意外的收获"。正因为如此，在2012年以前的调查数据中，对总体性社会情绪量表及其子量表的制作远没有我们在后来调查过程中那么系统和自觉。这样的一种认识水平，不仅表现在当时总体性社会情绪量表的制作上，而且还表现在当时其他的一些量表的制作上。我们客观地把这些问题摆出来，是为了给同行一个实事求是的交代，是为了让同行对我们研究的轨迹有一个清楚和历史的了解，同时也是为了我们自己对过去的研究有一个比较理性的梳理。[1]

---

[1] 李汉林、渠敬东：《制度规范行为——关于单位的研究与思考》，《社会学研究》2002年第5期，第1—22页。

在1987—2021年12个全国性的问卷调查数据的分析中我们发现，如果联系当年的结构性背景分析就可以清楚地看到，那个年度的社会经济发展状况与人们的主观感受以及由此基础上形成的总体性社会情绪耦合，其相互勾连与联系的逻辑轨迹清晰。与此同时，也能够比较清楚地触摸到，人们期望与目标实现的状况如何以及在多大的程度上影响人们的满意度、信任与信心。而这种个人层次上的满意不满意、信任不信任、对未来是否有信心又是通过什么样的机制影响社会层面上的满意度、社会信任与社会信心。三个子量表内在的逻辑联系清楚，能够实现通过简单、敏感和容易操作的方式（simple and sensitive and easy to use）测量一个时期中我们社会的总体性社会情绪。进而实现我们的研究目标。

在分析完1987—2021年12个全国性的问卷调查数据以后，我们又做了三个方面的分析研究：趋势分析；结构分析；社会景气到组织景气——宏观到中观的分析。

关于趋势分析。作为对量表的测试，我们用1987—2021年12个全国性的问卷调查数据做趋势分析并试图说明，用总体性社会情绪量表能够以简单、敏感且容易操作的方式反映国家社会发展的状况，从而使我们理解中国式现代化过程有一个很好的学术数据基础，在推进高效率的国家治理变得更从容、更理性。我们的数据表明，2001年以后，中国社会的总体性社会情绪都处于较高水平，并且稳步提升，表明人们对个人和社会的现状与预期表达了较为积极的态度，对个人与社会的发展状况的主观感受良好，情绪积极向上，对未来有很好的期望。进一步观察总体性社会情绪三个子量表（满意度、社会信任和社会信心）的变化，情况大体相似。从1987—2021年满意度的变化来看，人们对于个人和社会的发展状况的评价从相对消极转变为相对积极，这种变化正是这一时期社会经济与民生发展的真实写照。人们的社会信任度总体上稳中有进，处于较高水平，而社会信心则处于一种不断波动的状态，这一方面和我们国家这一时期社会经济发展状况契合，同时也说明人们也能够感受到改革发展所带来的结构性紧张。

关于结构分析。我们首先构建了反映总体性社会情绪内部结构的路径关系图，并指出总体性社会情绪内部存在两条主要的理论机制：微观—宏观勾连机制和当下—未来演绎机制。其中，"微观—宏观勾连机制"解释的是个人面向的变量与社会面向的变量是否具有相互作用的问题；"当下—未来演绎机制"解释的是人们对当前的状况的认知是如何影响人们未来预期的。分析这两种理论机制，是我们理解总体性社会情绪内部结构的重要条件和基础。对数据的结构分析表明，过去的期望与当下现实的关系决定了人们的满意度，这种满意度是对过去信任的检验，会影响人们当前的信任以及对未来的预期和信心；这里的预期和信心又构成了人们未来满意度的生成基础。在这样的循环过程中，总体性社会情绪表现出一种稳定且流动的特征。

关于社会景气到组织景气——宏观到中观的分析。我们认为，一个社会的景气离不开这个社会中各种不同类型组织的景气。人们许多对社会、对组织、对他人以及个人的主观感受在很多的情况下是在组织与单位的环境下以及在与单位成员的互动过程中产生的。人们可能说不清一些大道理，但是却可以从组织与单位的日常生活中确确实实地来感受幸福不幸福、认可不认可、满意不满意。当一些社会成员在自己所隶属的组织中不愉快、不满意，感受不到组织的激励，体会不到其他组织成员的帮助和支持，那么，他们这种不满的感受和情绪就会或多或少地以各种不同的方式宣泄到社会当中去，在一定程度上会影响一个社会的景气。所以，仅仅停留在弄清楚社会景气的深层结构是总体性社会情绪还不够，还需要深入思考总体性社会情绪的制度载体。通过对组织中的工作环境及组织景气这样中观层次的研究，能够使我们把人们在微观与宏观层次上的感受很好地联系起来，使我们对社会景气与总体性社会情绪的研究更具有学术底蕴与张力。为了达到这个目的，我们有必要对组织景气及工作环境从理论、方法以及实证研究几个方面来推进这项研究，为社会景气与总体性社会情绪微观—中观—宏观的分析提供一个具有可操作性的理论思考与框架。

总之，通过这项研究，我们努力做到通过对总体性社会情绪的分析完成对社会景气的深层结构理论与方法上的深入思考。同时，我们努力做到不仅对调查数据的解读性（interpretation）描述与分析，同时对总体性社会情绪操作化的三个子量表之间逻辑及内在的联系做了深入的解释性（explanation）讨论。最后从方法论的角度，对分析过程中的宏观与微观的勾连，特别是对人们的主观感受与宏观社会发展状况之间的联系也做了深入且充分的讨论。在研究的实践中我们深深感到，知识的生产不仅仅要有理论上的思考和分析的逻辑，同时还需要能够转化为实际应用和社会政策，而理论的操作化则是这种知识转化的重要前提与条件。总体性社会情绪的学术魅力就在于，它能够反映一种比较真实的社会发展状况，为科学预警和国家治理的政策基础提供一个敏感、简单与容易操作和把握的社会事实依据。总体性社会情绪作为一个极具学术张力的理论，也只有在打通和实现理论到应用、微观与宏观勾连的条件下，才会更加彰显这一理论的学术魅力以及更广阔的发展前景。也恰恰在这个意义上，总体性社会情绪的研究还需要不断地深入，挖掘其在学科发展与政策研究的意义上更大的潜力。

当然，需要在将来的深入研究中进一步探讨，从社会学的角度，认知、认同与行为取向在什么样的情况下或者说通过什么样的机制影响总体性社会情绪的形成，满意度、社会信任与社会信心通过什么样的社会过程与社会机制来表达总体性社会情绪，人们的主观感受通过什么样的社会过程影响一个社会中的宏观社会状况，微观与宏观、客观数据与人们的主观感受通过什么样的机制才能够实现有效的跃迁和勾连。只有在理论与实践的结合上弄清楚这些问题，我们才能够从根本上理解总体性社会情绪形成的社会过程、社会条件以及社会机制，并以此作为高效率国家治理的学术基础。

参考文献

阿尔伯特·赫希曼、刁琳琳:《经济发展过程中收入不平等容忍度的变化》,《比较》2010年第3期。

阿隆:《社会学主要思潮》,葛智强等译,北京:华夏出版社,2000年。

阿普特:《现代化的政治》,陈尧译,上海:上海世纪出版集团,2011年。

阿斯曼:《文化记忆:早期高级文化中的文字、回忆和政治身份》,金寿福、黄晓晨译,北京:北京大学出版社,2015年。

埃里克·埃里克森:《童年与社会》,高丹妮、李妮译,北京:世界图书出版公司,2018年。

贝克:《风险社会》,何博闻译,南京:译林出版社,2003年。

彼得·赫斯特洛姆:《解析社会:分析社会学原理》,陈云松等译,南京:南京大学出版社,2010年。

边燕杰、吴晓刚、李路路主编:《社会分层与流动:国外学者对中国研究的新进展》,北京:中国人民大学出版社,2008年。

布尔迪厄:《区分:判断力的社会批判》,刘晖译,北京:商务印书馆,2015年。

蔡定剑主编:《公众参与:风险社会的制度建设》,北京:法律出版社,2009年。

蔡昉:《刘易斯转折点与公共政策方向的转变——关于中国社会保护的若干特征性事实》,《中国社会科学》2010年第6期。

蔡禾、刘林平、万向东等:《城市化进程中的农民工:来自珠江三角洲的研究》,北京:社会科学文献出版社,2009年。

蔡禾、曹志刚:《农民工的城市认同及其影响因素——来自珠三角的实证分析》,《中山大学学报(社会科学版)》2009年第1期。

蔡禾主编:《中国劳动力动态调查:2017年报告》,北京:社会科学文献出版社,2017年。
蔡文辉:《社会学与中国研究》,台湾:东大图书公司,1981年。
蔡文辉:《社会变迁》,台湾:三民书局,1983年。
陈冬红、王敏:《社会保障学》,成都:西南财经大学出版社,1996年。
陈光金:《收入差距扩大的原因》,载李培林等《当代中国民生》,北京:社会科学文献出版社,2010年。
陈国权主编:《组织行为学》,北京:清华大学出版社,2006年。
陈龙、陈婷、袁莹静、周芷仪、谢鹏辉:《基于SPSS的我国各省市自治区经济发展状况分析》,《软件》2019年第2期。
陈云松:《分析社会学:寻求连接微观与宏观的机制性解释》,《浙江社会科学》2008年第5期。
陈振明主编:《政治学——概念、理论和方法》,北京:中国社会科学出版社,2004年。
陈振明、刘祺、蔡辉明、邓剑伟、陈昱霖:《公共服务绩效评价的指标体系建构与应用分析——基于厦门市的实证研究》,《理论探讨》2009年第5期。
成伯清:《当代情感体制的社会学探析》,《中国社会科学》2017年第5期。
成思危:《转变经济发展方式 规避"中等收入陷阱"》,《拉丁美洲研究》2011年第3期。
程晓农:《维持稳定与深化改革:中国面临的抉择》,《当代中国研究》1994年第1、2期。
程晓农:《繁荣从何而来——中国经济现状与趋势的分析》,《开放时代》2000年第9期。
褚松燕:《公众信心聚散机理与重塑对策》,《人民论坛》2013年第5期。
丛玉飞:《价值维度:社会质量研究的重要取向——兼论社会质量视野下的社会信心》,《学习与探索》2014年第11期。
道格拉斯·诺斯、胡家勇:《历时经济绩效》,《经济译文》1994年第6期。
邓聚龙:《灰色系统(社会·经济)》,北京:国防工业出版社,1985年。
迪尔凯姆:《社会学方法的准则》,狄玉明译,北京:商务印书馆,2009年。
丁伟、汪晓东、刘晓鹏、张音、于洋:《转型十年 中国探索——十六大以来中国改革发展历程述评之二》,《新长征(党建版)》2012年第9期。

董赛:《关注城镇化 把握新契机》,《中国建筑金属结构》2013年第6期。

董运生:《地位一致性与阶层结构化》,《吉林大学社会科学学报》2007年第1期。

杜甘:《比较社会学:马太·杜甘文选》,李洁等译,北京:社会科学文献出版社,2006年。

发展研究所综合课题组:《改革面临制度创新》,上海:上海三联书店,1988年。

范围:《论工作环境权》,《政法论丛》2012年第4期。

费孝通:《缺席的对话——人的研究在中国——个人的经历》,《读书》1990年第10期。

冯仕政:《中国国家运动的形成与变异:基于政体的整体性解释》,《开放时代》2011年第1期。

符建华、王涛:《和谐社会统计指标权重的确定及实证分析》,《黑龙江科技信息》2008年第32期。

付允:《可持续发展的公平度量:相对剥夺感理论、模型与实证研究》,北京:中国发展出版社,2011年。

甘犁、尹志超、贾男、徐舒、马双:《中国家庭资产状况及住房需求分析》,《金融研究》2013年第4期。

高柏:《日本经济的悖论——繁荣与停滞的制度性根源》,刘耳译,北京:商务印书馆,2004年。

高柏:《金融秩序与国内经济社会》,《社会学研究》2009年第2期。

高尚全:《九年来的中国经济体制改革》,北京:人民出版社,1987年。

高伟:《中等收入陷阱假说》,《人民论坛》2010年第16期。

高文珺:《基于社会比较的主观社会阶层过程模型》,《湖南师范大学社会科学学报》2018年第4期。

高学德、翟学伟:《政府信任的城乡比较》,《社会学研究》2013年第2期。

高勇:《参与行为与政府信任的关系模式研究》,《社会学研究》2014年第5期。

格奥尔格·西美尔:《社会学——关于社会化形式的研究》,林荣远译,北京:华夏出版社,2002年。

格兰诺维特:《镶嵌——社会网与经济行动》,罗家德译,北京:社会科学文献出版社,2007年。

格罗塞:《身份认同的困境》,王鲲译,北京:社会科学文献出版社,2010年。

古斯塔夫·勒庞:《乌合之众》,冯克利译,北京:中央编译出版社,2005年。

关信平:《中共十八大报告对我国社会建设的理论发展》,《社会工作》2013年第2期。

国家统计局编:《中国统计年鉴2000》,北京:中国统计出版社,2000年。

国务院农研中心发展研究所:《走向现代化的抉择》,北京:经济科学出版社,1987年。

郭景萍:《西方情感社会学理论的发展脉络》,《社会》2007年第5期。

郭景萍:《情感社会学:理论·历史·现实》,上海:上海三联书店,2008年。

郭景萍:《中国情感文明变迁60年——社会转型的视角》,北京:人民出版社,2010年。

郭克莎:《中国所有制结构变动与资源总配置效应》,《经济研究》1994年第7期。

郭旭新:《经济转型中的秩序》,北京:社会科学文献出版社,2007年。

郭于华:《倾听底层:我们如何讲述苦难》,桂林:广西师范大学出版社,2011年。

哈布瓦赫:《论集体记忆》,毕然、郭金华译,上海:上海人民出版社,2002年。

贺光烨、吴晓刚:《市场化、经济发展与中国城市中的性别收入不平等》,《社会学研究》2015年第1期。

何萍:《性别理论与社会发展》,《探索》2001年第6期。

亨廷顿:《变化社会中的政治秩序》,王冠华等译,北京:生活·读书·新知三联书店,1989年。

侯钧生主编:《西方社会学理论教程》(第2版),天津:南开大学出版社,2006年。

胡鞍钢、赵黎:《我国转型期城镇非正规就业与非正规经济(1990—2004)》,《清华大学学报(哲学社会科学版)》2006年第3期。

胡代光、高鸿业主编:《西方经济学大辞典》,北京:经济科学出版社,2000年。

《坚定不移沿着中国特色社会主义道路前进 为全面建成小康社会而奋斗》，载《中国共产党第十八次全国代表大会文件汇编》，北京：人民出版社，2013年。

胡荣：《农民上访与政治信任的流失》，《社会学研究》2007年第3期。

胡荣、胡康、温莹莹：《社会资本、政府绩效与城市居民对政府的信任》，《社会学研究》2011年第1期。

胡荣、池上新：《社会资本、政府绩效与农村居民的政府信任》，《中共天津市委党校学报》2016年第2期。

胡伟、李汉林：《单位作为一种制度——关于单位研究的一种视角》，《江苏社会科学》2003年第6期。

胡伟：《制度变迁中的县级政府行为》，北京：中国社会科学出版社，2007年。

华尔德：《共产党社会的新传统主义》，龚小夏译，香港：牛津大学出版社，1996年。

华红琴、翁定军：《社会地位、生活境遇与焦虑》，《社会》2013年第1期。

怀默霆：《中国民众如何看待当前的社会不平等》，《社会学研究》2009年第1期。

黄维德、柯迪：《各国体面劳动水平测量研究》，《上海经济研究》2011年第11期。

黄宗智、李强、潘毅、李丁、许庆红、胡伟、刘世定、胡鞍钢、张静、郭伟和、张勇、万向东：《中国非正规经济》（上），《开放时代》2011年第1期。

吉登斯：《社会的构成：结构化理论大纲》，李康、李猛译，北京：生活·读书·新知三联书店，1998年。

吉登斯：《现代性的后果》，田禾译，南京：译林出版社，2000年。

纪江明：《新生代农民工身份认同困境与消费方式转型——基于2010年上海市外来农民工的调查》，载上海市社会科学界联合会编《国家治理：民主法治与公平正义——上海市社会科学界第十届学术年会文集（2012年度）政治·法律·社会学科卷》，上海：上海人民出版社，2012年。

姜学文、鞠巍、常春：《职业人群焦虑和抑郁状况与工作环境的通径分析》，《中国心理卫生杂志》2019年第5期。

姜颖:《我国劳动立法与劳动者权益保障》,《工会理论与实践(中国工运学院学报)》2003年第3期。

金炳燮、金镇炯、卻继红:《通过参与和透明的方式提升政府信任》,《经济社会体制比较》2008年第4期。

康纳顿:《社会如何记忆》,纳日碧力戈译,上海:上海人民出版社,2000年。

科尔曼:《社会理论的基础》(上、下),邓方译,北京:社会科学文献出版社,1999年。

科塞:《社会冲突的功能》,孙立平等译,北京:华夏出版社,1989年。

孔凡义:《信任、政治信任与政府治理:全球视野下的比较分析》,《中国行政管理》2009年第10期。

莱维·巴特拉:《1990年大萧条》,中国国际信托投资公司国际研究所译,上海:上海三联书店,1988年。

兰小欢:《置身事内:中国政府与经济发展》,上海:上海人民出版社,2021年。

李国武:《相对位置与经济行为:社会比较理论》,《社会学评论》2020年第1期。

李汉林:《科学社会学》,北京:中国社会科学出版社,1987年。

李汉林:《论科学与文化的社会互动》,《自然辩证法通讯》1987年第1期。

李汉林、方明、王颖、孙炳耀、王琦:《寻求新的协调——中国城市发展的社会学分析》,北京:测绘出版社,1988年。

李汉林:《知识流通论》,太原:山西人民出版社,1991年。

李汉林、王奋宇、李路路:《中国城市社区的整合机制与单位现象》,《管理世界》1994年第2期。

李汉林、渠敬东:《制度规范行为——关于单位的研究与思考》,《社会学研究》2002年第5期。

李汉林:《中国单位社会:议论、思考与研究》,上海:上海人民出版社,2004年。

李汉林、渠敬东:《中国单位组织变迁过程中的失范效应》,上海:上海人民出版社,2005年。

李汉林、渠敬东、夏传玲、陈华珊:《组织和制度变迁的社会过程——一种拟议的综合分析》,《中国社会科学》2005年第1期。

李汉林、渠敬东、夏传玲、陈华珊:《组织变迁的社会过程:以社会团结为视角》,上海:东方出版中心,2006年。

李汉林:《组织团结与和谐社会建设》,《社会科学管理与评论》2006年第3期。

李汉林:《构建和谐劳资关系》,载冷溶主编《科学发展观与构建社会主义和谐社会》,北京:社会科学文献出版社,2007年。

李汉林:《转型社会中的整合与控制——关于中国单位制度变迁的思考》,《吉林大学社会科学学报》2007年第4期。

李汉林:《改革与单位制度的变迁》,载李强主编《中国社会变迁30年》,北京:社会科学文献出版社,2008年。

李汉林、吴建平:《组织团结过程中的员工参与》,北京:中国社会科学出版社,2010年。

李汉林、魏钦恭、张晨曲:《发展过程中的满意度》,《社会学评论》2013年第1期。

李汉林、魏钦恭、张彦:《社会变迁过程中的结构紧张》,《中国社会科学》2010年第2期。

李汉林:《关于组织中的社会团结——一种实证的分析》,《社会科学管理与评论》2012年第12期。

李汉林、魏钦恭:《社会景气与社会信心研究》,北京:中国社会科学出版社,2013年。

李汉林:《社会景气调查:决策的一个依据》,《领导科学》2013年第4期。

李汉林、魏钦恭:《嵌入过程中的主体与结构:对政企关系变迁的社会分析》,《社会科学管理与评论》2013年第4期。

李汉林主编:《中国社会发展年度报告(2012)》,北京:中国社会科学出版社,2012年。

李汉林:《关于社会景气研究》,《社会发展研究》2016年第5期。

李建新等:《中国民生发展报告2015》,北京:北京大学出版社,2015年。

李路路、李汉林:《单位组织中的资源获得》,《中国社会科学》1999年第6期。

李路路、李汉林:《中国的单位组织:资源、权力与交换》,杭州:浙江人民出版社,2000年。

李路路:《制度转型与分层结构的变迁——阶层相对关系模式的"双重再

生产"》,《中国社会科学》2002年第6期。

李路路、王鹏:《转型中国的社会态度变迁(2005—2015)》,《中国社会科学》2018年第3期。

李培林等:《当代中国民生》,北京:社会科学文献出版社,2010年。

李强:《转型时期中国社会分层》,沈阳:辽宁教育出版社,2004年。

李强:《转型时期城市"住房地位群体"》,《江苏社会科学》2009年第4期。

李实、罗楚亮:《中国收入差距究竟有多大?——对修正样本结构偏差的尝试》,《经济研究》2011年第4期。

李炜、张丽萍:《全国居民纵贯调查抽样方案设计研究》,《科研信息化技术与应用》2014年第6期。

李小军编:《数读中国60年》,北京:社会科学文献出版社,2009年。

李扬:《借鉴国际经验 应对"中等收入陷阱"的挑战》,《拉丁美洲研究》2011年第3期。

李颖晖:《教育程度与分配公平感:结构地位与相对剥夺视角下的双重考察》,《社会》2015年第1期。

李友梅、肖瑛、黄晓春:《社会认同:一种结构视野的分析——以美、德、日三国为例》,上海:上海人民出版社,2007年。

廉思、袁晶、张宪:《成就预期视域下的中国青年发展——基于时间洞察力理论的新认知》,《中国青年研究》2022年第11期。

梁萌:《弹性工时制何以失效?——互联网企业工作压力机制的理论与实践研究》,《社会学评论》2019年第3期。

刘爱玉、陈彦勋:《工作满意度:农民工与城镇工人的比较》,《江苏行政学院学报》2010年第2期。

刘爱玉:《城市化过程中的农民工市民化问题》,《中国行政管理》2012年第1期。

刘东胜、孙艳婷:《产品伤害危机后消费者信心影响因素研究》,《中国市场》2010年第48期。

刘国富、李汉林:《关于和谐社会建设的社会学思考》,《江苏社会科学》2007年第4期。

刘鹤主编:《两次全球大危机的比较研究》,北京:中国经济出版社,2012年。

刘红岩:《国内外社会参与程度与参与形式研究述评》,《中国行政管理》

2012年第7期。

刘精明、李路路:《阶层化:居住空间、生活方式、社会交往与阶层认同——我国城镇社会阶层化问题的实证研究》,《社会学研究》2005年第3期。

刘军强、熊谋林、苏阳:《经济增长时期的国民幸福感——基于CGSS数据的追踪研究》,《中国社会科学》2012年第12期。

刘林平、任美娜、杨阿诺:《"新教伦理与资本主义精神"命题之反思》,《社会科学》2021年第2期。

刘世定:《危机传导的社会机制》,《社会学研究》2009年第2期。

刘伟:《转轨经济中的国家、企业和市场》,北京:华文出版社,2001年。

刘欣:《相对剥夺地位与阶层认知》,《社会学研究》2002年第1期。

刘雪菊:《个案研究的困境及出路——基于科学主义的反思》,《海南师范大学学报(社会科学版)》2016年第9期。

刘亚秋:《从集体记忆到个体记忆 对社会记忆研究的一个反思》,《社会》2010年第5期。

刘云香、朱亚鹏:《中国的"工作—家庭"冲突:表现、特征与出路》,《公共行政评论》2013年第3期。

龙庆兰:《从所有权制度看现代性问题》,《政法论坛》2014年第4期。

卢曼:《信任:一个社会复杂性的简化机制》,瞿铁鹏、李强译,上海:上海世纪出版集团 上海人民出版社,2005年。

罗伯特·K.默顿:《社会理论和社会结构》,唐少杰、齐心等译,南京:译林出版社,2008年。

罗尔斯:《正义论》,何怀宏、何包钢、廖申白译,北京:中国社会科学出版社,2009年。

罗纳德·英格尔哈特:《信任、幸福与民主》,载沃伦主编《民主与信任》,吴辉译,北京:华夏出版社,2004年。

马得勇:《政治信任及其起源——对亚洲8个国家和地区的比较研究》,《经济社会体制比较》2007年第5期。

马得勇、王正绪:《社会资本、民主发展与政府治理——对69个国家的比较研究》,《开放时代》2009年第5期。

马国泉、张品兴、高聚成主编:《新时期新名词大辞典》,北京:中国广播电视出版社,1992年。

马洪、孙尚清主编:《经济白皮书:中国经济形势与展望(1992—1993)》,北京:中国发展出版社,1993年。

《马克思恩格斯全集》第46卷(上),北京:人民出版社,1979年。

《马克思恩格斯选集》(第一卷),北京:人民出版社,1995年。

迈克尔·桑德尔:《金钱不能买什么:金钱与公正的正面交锋》,邓正来译,北京:中信出版社,2012年。

莫斯:《礼物——古式社会中交换的形式与理由》,汲喆译,北京:商务印书馆,2016年。

聂元飞:《地位象征和相对剥夺:主观分层的二律背反》,《社会》1989年第7期。

宁吉喆:《第七次全国人口普查主要数据情况》,《中国统计》2021年第5期。

宁可振:《社区建设中政府信任与公民参与意识内在关联的实证分析》,《管理观察》2009年第34期。

牛建林、郑真真、张玲华、曾序春:《城市外来务工人员的工作和居住环境及其健康效应——以深圳为例》,《人口研究》2011年第3期。

诺奇克:《无政府、国家和乌托邦》,姚大志译,北京:中国社会科学出版社,2008年。

齐美尔:《货币哲学》,陈戎女等译,北京:华夏出版社,1990年。

清华大学凯风发展研究院社会进步研究所、清华大学社会学系社会发展研究课题组:《"中等收入陷阱"还是"转型陷阱"?》,《开放时代》2012年第3期。

卿涛、丛庆、罗键:《企业知识员工工作生活质量结构及测度研究》,《南开管理评论》2010年第1期。

邱雅静:《欧洲工作质量研究的新进展:发展与挑战》,《社会发展研究》2015年第3期。

渠敬东:《社会发展的理念和评估》,载李汉林主编《中国社会发展年度报告》,北京:中国社会科学出版社,2012年。

渠敬东:《项目制:一种新的国家治理体制》,《中国社会科学》2012年第5期。

任宇东、王毅杰:《工作环境、工作意义与工作满意度——基于中国城镇居民工作环境调查的分析》,《中国劳动》2019年第8期。

荣敬本等:《从压力型体制向民主合作体制的转变:县乡两级政治体制改革》,北京:中央编译出版社,1998年。

汝信、陆学艺、单天伦主编:《2000年:中国社会形势分析与预测》,北京:社会科学文献出版社,2000年。

申明民:《政治转变中的中国共产党》,《二十一世纪》网络版,2005年第38期。

沈士光:《论政治信任——改革开放前后比较的视角》,《学习与探索》2010年第2期。

沈原:《又一个三十年?转型社会学视野下的社会建设》,《社会》2008年第3期。

沈原、闻翔:《转型社会学视野下的劳工研究》,载郭于华主编《清华社会学评论》第5辑,北京:社会科学文献出版社,2012年。

世界银行增长与发展委员会:《增长报告——可持续增长和包容性发展的战略》,孙芙蓉等译,北京:中国金融出版社,2008年。

什托姆普卡:《信任:一种社会学的理论》,程胜利译,北京:中华书局,2005年。

斯蒂芬·罗奇:《中国经济会实现软着陆》,《IT时代周刊》2012年第21期。

斯蒂格利茨:《不平等的代价》,张子源译,北京:机械工业出版社,2015年。

斯科特:《制度与组织——思想观念与物质利益》(第3版),姚伟、王黎芳译,北京:中国人民大学出版社,2010年。

斯梅尔塞:《社会科学的比较方法》,王宏周、张平平译,北京:社会科学文献出版社,1992年。

苏东水:《管理心理学》(第5版),上海:复旦大学出版社,2013年。

孙德忠:《社会记忆论》,武汉:湖北人民出版社,2006年。

孙立平:《断裂:20世纪90年代以来的中国社会》,北京:社会科学文献出版社,2003年。

孙立平:《转型与断裂——改革以来中国社会结构的变迁》,北京:清华大学出版社,2004年。

孙立平:《金融危机的逻辑及其社会后果》,《社会》2009年第2期。

孙立平:《以重建社会来再造经济》,《社会学研究》2009年第2期。

孙昕、徐志刚、陶然、苏福兵:《政治信任、社会资本和村民选举参与——基于全国代表性样本调查的实证分析》,《社会学研究》2007年第4期。

孙钰华:《工作生活质量:追求教师工作与生活的和谐发展》,《比较教育研究》2008年第4期。

孙中伟、张莉、张晓莹:《工作环境污染、超时加班与外来工的精神健康——基于"二次打击"的理论视角》,《人口与发展》2018年第5期。

谭文勇:《单位社区——回顾、思考与启示》,硕士学位论文,重庆大学,2007年。

涂尔干:《自杀论》,冯韵文译,北京:商务印书馆,1996年。

涂尔干:《社会分工论》,渠东译,北京:生活·读书·新知三联书店,2000年。

托尼·塞奇、李明:《公民对治理的认知:中国城乡居民满意度调查》,《经济社会体制比较》2011年第4期。

汪丁丁:《市场经济与道德基础》,上海:上海人民出版社,2007年。

王兵:《当代中国人的社会参与研究述评》,《哈尔滨工业大学学报(社会科学版)》2012年第6期。

王汉生、刘世定、孙立平:《作为制度运作和制度变迁方式的变通》,《中国社会科学季刊》(香港),1997年冬季卷(总第21期)。

王汉生、刘亚秋:《社会记忆及其建构——一项关于知青集体记忆的研究》,《社会》2006年第3期。

王金水、吴愈晓、许琪:《年龄—时期—世代模型的发展历程与社会科学应用》,《社会研究方法评论》2022年第2期。

王俊秀:《社会心态:转型社会的社会心理研究》,《社会学研究》2014年第1期。

王俊秀、周迎楠、刘晓柳:《信息、信任与信心:风险共同体的建构机制》,《社会学研究》2020年第4期。

王木木:《〈新教伦理与资本主义精神〉的启发》,《社会科学论坛》2013年第11期。

王鹏、侯钧生:《情感社会学:研究的现状与趋势》,《社会》2005年第4期。

王绍光:《大转型:1980年代以来中国的双向运动》,《中国社会科学》2008年第1期。

王生发、刘金东:《政治资本、代际传递、进入与晋升:以公共部门为例》,《南方经济》2016年第5期。

王小鲁:《改革40年与中国经济的未来》,《新金融》2018年第7期。

王雁飞编著:《管理心理学》,广州:华南理工大学出版社,2005年。

王毅杰、卢楠:《工作环境、相对剥夺与农民工工作倦怠》,《南通大学学报(社会科学版)》2014年第3期。

王召平、李汉林:《行为取向、行为方式与疾病——一项医学社会学的调查》,《社会学研究》2002年第4期。

王志平:《质疑"人均GDP 1000美元是道坎"》,《探索与争鸣》2005年第9期。

韦伯:《新教伦理与资本主义精神》,于晓、陈维纲等译,北京:生活·读书·新知三联书店,1987年。

韦伯:《学术与政治》,冯克利译,北京:生活·读书·新知三联书店,2005年。

韦尔策:《社会记忆:历史、回忆、传承》,季斌等译,北京:北京大学出版社,2007年。

魏钦恭、张彦、李汉林:《发展进程中的"双重印象":中国城市居民的收入不公平感研究》,《社会发展研究》2014年第3期。

魏钦恭:《和谐发展需理性引导民众预期》,《民生周刊》2019年第8期。

温家宝:《关于发展社会事业和改善民生的几个问题》,《求是》2010年第7期。

温家宝:《政府工作报告——2011年3月5日在第十一届全国人民代表大会第四次会议上》,《中国乡镇企业》2011年第3期。

吴建平:《中国式员工参与的实践与变迁——基于2007年和2017年两次全国抽样调查的数据分析》,《中国劳动关系学院学报》2020年第3期。

吴晓刚、李晓光:《中国城市劳动力市场中教育匹配的变迁趋势——基于年龄、时期和世代效应的动态分析》,《中国社会科学》2021年第2期。

吴文藻:《论社会学的中国化》,北京:商务印书馆,2010年。

吴莹:《基本公共服务均等化视角下的城市住房保障满意度研究——基于全国社会态度与社会发展状况调查》,《城市观察》2019年第2期。

吴玉玲:《中国人福利态度变迁趋势研究(2001—2018)——基于年龄—时期—世代模型的实证分析》,《社会保障评论》2022年第4期。

吴愈晓、王金水、王旭洋:《中国性别角色观念变迁(1990—2018):年龄、时期和世代效应及性别差异模式》,《中华女子学院学报》2022年第4期。

《习近平谈治国理政》(第三卷),北京:外文出版社,2020年。

西蒙:《管理行为》,杨砾、韩春立、徐立译,北京:北京经济学院出版社,1988年。

谢治菊:《政治信任的含义、层次(结构)与测量——对中西方学界相关研究的述评》,《南昌大学学报(人文社会科学版)》2011年第4期。

辛自强:《市场化与人际信任变迁》,《心理科学进展》2019年第12期。

熊万胜:《基层自主性何以可能——关于乡村集体企业兴衰现象的制度分析》,《社会学研究》2010年第3期。

熊钰:《网络"躺平"现象与青年奋斗精神培育》,《中国青年研究》2022年第2期。

许婵:《中国共产党从社会管理到社会治理的思想演变及发展》,博士学位论文,武汉理工大学,2018年。

杨大威、俞国良:《新冠肺炎疫情对社会情绪的影响:心理健康服务视角——本刊专访中国人民大学教授、博士生导师俞国良》,《黑龙江社会科学》2020年第5期。

杨建华、张秀梅:《浙江社会群际关系调查——基于社会冲突的视角》,《中共浙江省委党校学报》2010年第5期。

杨明基主编:《新编经济金融词典》,北京:中国金融出版社,2015年。

杨晓娟:《关于"两课"课程设置的再思考》,《山西高等学校社会科学学报》2005年第3期。

杨宜音:《个体与宏观社会的心理关系:社会心态概念的界定》,《社会学研究》2006年第4期。

杨宜音:《社会心态形成的心理机制及效应》,《哈尔滨工业大学学报(社会科学版)》2012年第6期。

叶敏、彭妍:《"央强地弱"政治信任结构的解析——关于央地关系一个新的阐释框架》,《甘肃行政学院学报》2010年第3期。

义海忠、谢德成:《工作环境权的内容及价值》,《宁夏社会科学》2012年第5期。

郭齐勇解读:《礼记(节选)》,北京:科学出版社,2020年。

尹俊国:《互联网的爱与忧》,《中国青年》2012 年第 14 期。

应星:《从宏观比较历史分析到微观比较历史分析——拓展中国革命史研究的一点思考》,《江苏社会科学》2018 年第 3 期。

尤斯拉纳:《信任的道德基础》,张敦敏译,北京:中国社会科学出版社,2006 年。

于晨:《也谈扩大内需与城镇化》,《创造》2012 年第 4 期。

于灵嘉:《情感社会学视域:浅析群体性事件发生的情感逻辑——读〈人类情感——社会学的理论〉》,《社会科学前沿》2017 年第 6 期。

俞林伟:《居住条件、工作环境对新生代农民工健康的影响》,《浙江社会科学》2016 年第 5 期。

翟学伟:《个人地位:一个概念及其分析框架——中国日常社会的真实建构》,《中国社会科学》1999 年第 4 期。

翟学伟:《信任与风险社会——西方理论与中国问题》,《社会科学研究》2008 年第 4 期。

翟学伟、薛天山主编:《社会信任:理论及其应用》,北京:中国人民大学出版社,2014 年。

翟学伟:《信任的本质及其文化》,《社会》2014 年第 1 期。

张厚安、蒙桂兰:《完善村民委员会的民主选举制度 推进农村政治稳定与发展——湖北省广水市村民委员会换届选举调查》,《社会主义研究》1993 年第 4 期。

张静:《"法团主义"模式下的工会角色》,《工会理论与实践(中国工运学院学报)》2001 年第 1 期。

张静:《社会整合纽带比较:文化与政治》,《二十一世纪》2013 年第 140 期。

张静:《社会治理为何失效?》,《复旦政治学评论》2016 年第 16 辑。

张静:《燕京社会学派因何独特?——以费孝通〈江村经济〉为例》,《社会学研究》2017 年第 1 期。

张静、董彦峰:《组织分化、政治整合与新时代的社会治理》,《文化纵横》2018 年第 4 期。

张彦、魏钦恭、李汉林:《发展过程中的社会景气与社会信心——概念、量表与指数构建》,《中国社会科学》2015 年第 4 期。

张彦:《从个体情绪到总体性情绪的跃迁:中国城镇居民工作环境满意度实

证研究》,《社会发展研究》2016年第1期。

张彦、李汉林:《治理视角下的组织工作环境:一个分析性框架》,《中国社会科学》2020年第8期。

赵鼎新:《社会与政治运动讲义》,北京:社会科学文献出版社,2006年。

赵鼎新、龚瑞雪、胡婉:《"天命观"及政绩合法性在古代和当代中国的体现》,《经济社会体制比较》2012年第1期。

赵敏:《马克思恩格斯"自由人联合体"思想的发展脉络及理论内涵》,《中共郑州市委党校学报》2019年第5期。

赵频、赵芬、刘欣:《美国社会学家关于地位不一致研究的概述》,《社会》2001年第5期。

赵新平、周一星:《改革以来中国城市化道路及城市化理论研究述评》,《中国社会科学》2002年第2期。

郑芳、高一鹏:《从道德自律到契约协同:高校师德建设保障制度构建》,《长春师范大学学报》2021年第9期。

郑也夫编:《信任:合作关系的建立与破坏》,杨玉明等译,北京:中国城市出版社,2003年。

中国人民大学中国宏观经济分析与预测课题组、刘元春、刘晓光、闫衍:《疫情反复与结构性调整冲击下的中国宏观经济复苏——2021—2022年中国宏观经济报告》,《经济理论与经济管理》2022年第1期。

中国社会科学院员工参与课题组:《中国企业组织的变迁与员工参与研究报告》,未刊稿,2010年5月。

中华人民共和国国家统计局编《中国统计年鉴2012》,北京:中国统计出版社,2012年。

周海燕:《记忆的政治》,北京:中国发展出版社,2013年。

周黎安:《中国地方官员的晋升锦标赛模式研究》,《经济研究》2007年第7期。

周其仁、杜鹰、邱继成:《发展的主题》,成都:四川人民出版社,1987年。

周晓虹:《转型时代的社会心态与中国体验——兼与〈社会心态:转型社会的社会心理研究〉一文商榷》,《社会学研究》2014年第4期。

周雪光:《组织社会学十讲》,北京:社会科学文献出版社,2003年。

周雪光:《基层政府间的"共谋现象"——一个政府行为的制度逻辑》,《社会学研究》2008年第6期。

朱力:《公众信心聚散的社会心理学解读》,《人民论坛》2013年第5期。

朱玲:《中国社会保障体系的公平性与可持续性研究》,《中国人口科学》2010年第5期。

A.Bellebaum(Hrg.), *Glueck und Zufriedenheit*, Westdeutscher Verlag: Opladen, 1992.

Abramson, P.R., & Inglehart, R., "Education, Security, and Postmaterialism: A Comment on Dutch and Taylor's, "Postmaterialism and the economic condition," *American Political Science Review*, Vol.88, Issue 2(1994).

A.B.Weinert, *Lehrbuch der Organisationspsychologie*, München: Urban & Schwarzenberg, 1981.

Adrian Wilkinson, Paul J.Gollan, Mick Marchington and David Lewin, *The Oxford handbook of Participation in Organizations*, Oxford: Oxford University Press, 2010.

Agnès Parent-Thirion, Enrique Fernández Macías, John Hurley, Greet Vermeylen, *Fourth European Working Conditions Survey*, Dublin: Publications Office, 2007.

Agnès Parent-Thirion, Greet Vermeylen, Gijs van Houten, Maija Lyly-Yrjänäinen, Isabella Biletta, Jorge Cabrita, *5th European Working Conditions Survey*, Dublin: Publications Office, 2012.

Agnès Parent-Thirion, Isabella Biletta, Jorge Cabrita, Oscar Vargas, Greet Vermeylen, Aleksandra Wilcynska and Mathijn Wilkens, *6th European Working Conditions Survey*, Dublin: Publications Office, 2016.

Atteslander, Peter, Bettina Gransow, and John Western eds., *Comparative Anomie Research: Hidden Barriers-hidden Potential for Social Development*, New York: Routledge, 2019.

Baron, James N., and Jeffrey Pfeffer, "The social psychology of organizations and inequality," *Social Psychology Quarterly*, Vol.57, No.3(1994).

Berger, P.L., et al., *Die Gesellschaftliche Konstruktion der Wirklichkeit*, Frankfurt am Main: Westdeutscher Verlag, 1992.

Bernhard-Oettel, Claudia, Magnus Sverke & Hans De Witte, "Comparing three alternative types of employment with permanent full-time work: how do employment contract and perceived job conditions relate to health complaints?" *Work & Stress*, Vol.19.No.4(2005).

Bevir, Mark, *Governance: A Very Short Introduction*, Oxford: Oxford University Press, 2012.

Bowlby, *Attachment and Loss, Vol. 1: Attachment*, New York: Basic Books, 1969.

B.P.Buunk & F.X.Gibbons,"Toward enlightenment in social comparison theory," In J.Suls & L. Wheeler eds., *Handbook of Social Comparison: Theory and Research*, New York: Kluwer Academic/Plenum Publishers, 2000.

Clark, Andrew E., "What really matters in a job? Hedonic measurement using quit data," *Labour economics*, Vol.8.No.2(2001).

Clark, Andrew E., "Your money or your life: Changing job quality in OECD countries," *British Journal of Industrial Relations*, Vol.43.No.3(2005).

Clark, Andrew E., "What makes a good job? Evidence from OECD countries," in S. Bazen, C. Lucifora, & W. Salverda eds., *Job Quality and Employer Behaviour*, London: Palgrave Macmillan UK, 2005.

Clark M S, Mills J. Interpersonal Attraction in Exchange and Communal Relationships, *Journal of Personality & Social Psychology*,Vol.37, Issue(1978).

Cooke, Gordon B., Jimmy Donaghey & Isik U. Zeytinoglu., "The nuanced nature of work quality: Evidence from rural Newfoundland and Ireland," *Human Relations*, Vol.66.No.4(2013).

Crosby, F. J., "A model of egoistical relative deprivation," *Psychological Review*, Vol. 83, (1976).

Crossan, M., and M.Apaydin, "A multi-dimensional framework of organizational innovation: A systematic review of the literature," *Journal of Management Studies*, Vol.47.No.6(2010).

David Peter MacKinnon, *Introduction to Statistical Mediation Analysis*, Hove: Lawrence Erlbaum Associates, 2008.

Davies, James C. "Toward a theory of revolution," *American Sociological Review*, 27(1962).

De Bustillo, Rafael Munoz, et al., *Measuring More than Money: The Social*

Economics of Job Quality, Cheltenham: Edward Elgar Publishing, 2011.

D. Gallie Ed., *Employment Regimes and the Quality of Work*, Oxford: Oxford University Press, 2007.

D. Nachmias, *Research Methods in Social Sciences*, New York: St. Martin's, 1976.

Douglas M., *How Institutions Think*, New York: Syracuse University Press, 1986.

Duflo E., "Women empowerment and economic development," *Journal of Economic Literature*, Vol. 50, No. 4 (2012).

Dutta, Mohan J., *Communicating Social Change: Structure, Culture, and Agency*, New York: Routledge Press, 2001.

E. Babbie, *The Practice of Social Research*, Belmont: Wadsworth, 1989.

Eisenstadt, Shmuel Noah, "Studies in reference group behaviour: 1. Reference norms and the social structure," *Human Relations*, Vol.7, No.2(1954).

Eliason, Scott R., "An extension of the Sørensen–Kalleberg theory of the labor market matching and attainment processes," *American Sociological Review*, Vol.60, No.2(1995).

Elizabeth Chell, *Participation and Organization: A Social Psychological Approach*, London: The Macmillan Press LTD, 1985.

E. Shils, *Tradition*, Chicago: Chicago University Press, 1981.

Eurofound, *Working Conditions in a Global Perspective*, Luxembourg: Publications Office of the EU, 2019.

Ferree, M. M. and F. D. Miller, "Mobilization and meaning: Toward an integration of social psychological and resource mobilization perspectives on social movements," *Sociological Inquiry*, Vol.55, (1985).

Findlay, Patricia, Arne L. Kalleberg & Chris Warhurst, "The challenge of job quality," *Human Relations*, Vol.66, No.4(2013).

Gallie, Duncan, "Production regimes and the quality of employment in Europe," *Annual Review of Sociology*, Vol.33(2007).

Goode, William J., "A theory of role strain," *American Sociological Review*, Vol.25, No.4(1960).

Granovetter, Mark. "Economic Action and Social Structure: The Problem of

Embeddedness," *American Journal of Sociology*, Vol.81, No.3(1985).

Gurr, T. R. *Why Men Rebel*. Princeton: Princeton University Press, 1971.

Guy Standing, "Social protection," *Development in Practice*, Vol.17, Issue.4–5(2007).

Haller, Max, and Markus Hadler, "How social relations and structures can produce happiness and unhappiness: An international comparative analysis," *Social Indicators Research*, Vol.75(2006).

Hanlin Li, *Ausdifferenzierung der Wissenschaftsbewertung in der Wissensproduktion*, Muenchen: Minerva Publikation, 1984.

Hanlin Li, *Die Grundstruktur der chinesischen Gesellschaft: vom traditionellen Klansystem zur modernen Danwei-Organisation*, Westdeutscher Verlag: Opladen, 1991.

Hanlin Li, Atteslander, Tanur & Wang, *Searching for Hidden Reality: Anomie and Social Change*, Biel: Swiss Academy of Development, 1998.

Hanlin Li, Atteslander, Tanur & Wang, "Anomie scale: Measuring social instability," in: Atteslander P., et al., *Comparative Anomie Research: Hidden Barriers, Hidden Potential for Social Development*, London: Ashgate Pub Ltd, 1999.

Hanlin Li, Atteslander, Tanur & Wang, "Potential social warning instrument: Concept and construction," in: J. Ariffin ed., *Social Challenges of Rapid Economic Transformation*, Malaysia: Insititute Sultan Iskandar, 2001.

H.Bosetyky, P.Heinrich, *Mensch und Organisation: Aspekte Bürokratischer Sozialisation*, Muenchen: Deutscher Gemeindeverlag, 1989.

Hebb, Donald Olding, *The Organization of Behavior: A Neuropsychological Theory*, New York: Psychology Press, 2002.

H. H. Kelly, "Two functions of reference groups," in: G. H. Swanson ed.al., *Readings in Social Psychology*, New York: Henry Holt, 1952.

Hirschman, A. O. & M. Rothschild, "The changing tolerance for income inequality in the course of economic development," *The Quarterly Journal of Economics*, Vol. 87, No. 4(1973).

H. J. Loether et al., *Desciptive and Inferencial Statistics*, Boston: Prentice Hall, 1988.

Holman, David, "Job types and job quality in Europe," *Human Relations*, Vol.66, No.4(2013).

Hufty, Marc, "Governance: Exploring four approaches and their relevance to research," *Research for sustainable development: Foundations, experiences, and perspectives*, Vol.6(2011).

Inglehart, R., & Abramson, P. R., "Measuring postmaterialism," *American Political Science Review*, Vol.93, Issue 3(1999).

James A. Chamberlain, *Undoing Work, Rethinking Community: A Critique of the Social Function of Work*, New York: Cornell University Press, 2018.

James S. Coleman, "Social theory, social research, and a theory of action," *American Journal of Sociology*, Vol.91, No.6(1986).

J. E. Maddux ed., *Subjective Well-being and Life Satisfaction*, New York: Taylor & Francis Group, 2018.

J.M. Barbalet, Emotion, *Social Theory and Social Structure: A Macrosociological Approach*, New York: Cambridge University Press, 2004.

J. M. Orbell & R. C. Shay, "Toward a theory of revolution: The legacy of James C. Davies in historical perspective," *Politics and the Life Sciences*, Vol.30, No.1(2011).

J. Siegrist, "Adverse health effects of high-effort/low-reward conditions," *Journal of Occupational Health Psychology*, Vol.1, No.1(1996).

J. Simon, *Basic Research Methods in Social Sciences*, New York: Random House, 1989.

J. Suls, R. L.Collins & L. Wheeler eds., *Social Comparison, Judgment and Behavior*, New York: Oxford university Press, 2020.

Judy Tanur, *Questions about Questions: Inquiries into the Cognitive Bases of Surveys*, New York: Russell Sage Foundation, 1992.

Kalleberg, Arne L., Michael Wallace & Robert P. Althauser., "Economic segmentation, worker power, and income inequality," *American Journal of Sociology*, Vol.87, No.3(1981).

Kalleberg, Arne L., *The Mismatched Worker*, New York: W.W. Norton & Company, 2007.

Kalleberg, Arne L., "The mismatched worker: When people don't fit their jobs", *Academy of Management Perspectives*, Vol.22, No.1(2008).

Kalleberg, Arne L., *Good Jobs, Bad Jobs: The Rise of Polarized and Precarious Employment* Systems in the United States, *1970s-2000s*, New York: Russell Sage Foundation, 2011.

Karal W. Deutsch, "Social mobilization and political development," *American Political Science Review*, 55(1961).

Karl Mannheim, "The problem of generations," in: Karl Mannheim(ed.), *Essays on the Sociology of Knowledge*, London: Routledge and Kegan Paul,1952.

Karl Dieter Opp, Petra Hartmann, *The Rationality of Political Protest: A Comparative Analysis of Rational Choice Theory*, New York: Westview Press,1989.

Kaufmann, Daniel, and Aart Kraay, "Growth without governance," *Economia*, Vol.3, No.1(2002).

Kaufmann, Daniel, "Governance matters Ⅳ: Governance indicators for 1996–2004," *World Bank Policy Research Working Paper*, Vol.3630(2005).

K. D. Opp, *The Rationality of Political Protest*, Boulder CO: Westview Press, 1989.

Keele, "Social capital and the dynamics of trust in government," *American Journals of Political Science*, Vol.51, Issue 2(2007).

Kelly, "Two functions of reference groups," in: G. E. Swanson, et al., *Readings in Social Psychology*, New York: Henry Holt and Company, Inc, 1952.

Kerry Ferris and Jill Stein, *The Real World: A Introduction to Sociology*, New York: W. W. Norton & Company, 2016.

Kevin J. O'BRIEN, Lianjiang LI, "Selective policy implementation in Rural China," *Comparative Politics*, Vol.31, No.2, (Jan.,1999).

K. H. Hillmann, *Wertwandel: zur Frage soziokultureller Voraussetzungen alternativer Lebensformen*, Darmstadt: Wissenschaftliche Buchgesellschaft, 1989.

Kooij D., Kanfer R., Betts M., Rudolph C. W., "Future time perspective: A systematic review and meta–analysis," *Journal of Applied Psychology*,

Vol.103, No. 8(2018).

Lewis Coser, *The Functions of Social Conflict*, New York: The Free Press, 1956.

Lewis, J. D. and A. Weigert, "Trust as a social reality," *Social Forces*, Vol.63, No.4 (1985).

Lianjiang Li, & O'BRIEN, K. J. "Villagers and popular resistance in contemporary China," *Modern China*, Vol.22, No.1(1996).

Lianjiang Li, "Political trust in Rural China," *Modern China*, Vol.30, No.2 (Apr., 2004).

Loether H.J., McTavish D G, *Descriptive and Inferential Statistics*, Hoboken: John Wiley & Sons Inc, 1980.

Logan, John Allen, "Opportunity and choice in socially structured labor markets," *American Journal of Sociology*, Vol.102, No.1(1996).

Loughlin, Catherine & Robert Murray, "Employment status congruence and job quality," *Human Relations*, Vol.66, No.4(2013).

Marjorie L. DeVault, ed., *People at Work: Life, Power and Social Inclusion in the New Economy*, New York: New York University Press, 2008.

Mayer, R. C., J. H. Davis and. F. D. Schoorman, "An integrative model of organizational trust," *Academy of Management Review*, Vol.20, No.3 (1995).

Merton, R. K., *Social Theory and Social Structure*, New York: The Free Press, 1968.

M. Granovetter and R. Swedberg ed., *The Sociology of Economic Life*, Boulder CO: Westview Press, 1992.

Mortimer, J. T. and M. J. Shanahan, *Handbook of the Life Course*, New York: Kluwer Academic/Plenum, 2003.

M. Walizer, P. Wienir, *Research Methods and Analysis: Searching for Relationships*, New York: Harper and Row, 1978.

Nanak Kakwani, "The relative deprivation curve and its applications," *Journal of Business & Economic Statistics*, Vol.2, No.4(1984).

Nee, V., "A theory of market transition: From redistribution to markets in state socialism", *American Sociological Review*, Vol.54, No.5(1989).

Niklas Luhmann, *Soziologische Aufklaerung 1*, Westdeutscher Verlag: Opladen, 1971.

Niklas Luhmann, *Trust and Power: Two Works by Niklas Luhmann*, New York: John Wiley & Sons Ltd, 1979.

Niklas Luhmann, Karl-Eberhard Schorr, *Reflexionsprobleme im Erziehungsystem*, Stuttgart: Klett-Cotta, 1979.

Niklas Luhmann, *Politische Planung*, Westdeutscher Verlag: Opladen, 1983.

Niklas Luhmann, *Soziale Systeme: Grundriß einer allgemeinen Theorie*, Frankfurt am Main: Suhrkamp, 1991.

Niklas Luhmann, *Soziologische Aufklaerung 2*, Westdeutscher Verlag: Opladen, 1991.

Niklas Luhmann, *Soziologische Aufklaerung 4*, Westdeutscher Verlag: Opladen, 1991.

Opp K. D. & Hartmann P., *The Rationality of Political Protest*, Boulder: Westview Press, 1989.

Osterman, Paul., "Job design in the context of the job market," *Journal of Organizational Behavior*, Vol.31, No.2-3(2010).

Oswald, Andrew J., and Stephen Wu, "Objective confirmation of subjective measures of human well-being: Evidence from the USA," *Science*, Vol.327, No.5965(2010).

Pandey, J., Y. Sinha, A. Prakash, and R. C. Tripathi, "Right-left political ideologies and attributions of the causes of poverty. European," *Journal of Social Psychology*, Vol.12, (1982).

Parker, Robert N. "Measuring social participation," *American Sociological Review*, Vol.48, No.6(1983).

Parsons T., *The Social System,* New York: The Free Press, 1951.

Pascal Paoli, *First European Survey on the Work Environment 1991-1992*, Dublin: Publications Office, 1992.

Pascal Paoli, *Second European Survey on Working Conditions*, Dublin: Publications Office, 1997.

Pascal Paoli and Damien Merllié, *Third European Survey on Working Conditions 2000*, Dublin: Publications Office, 2001.

Peter Saunders, "Beyond housing classes: The sociological significance of private property rights in means of consumption," *International Journal of Urban and Regional Research*, Vol.8, Issue 2(1984).

P. J. Sung & G. M. Armstrong, "Status inconsistency and Striving for Power in a Church," *Korea Journal of Population and Development*, Vol.26, No.1(1997).

P. Mayring, *Psychologie des Glücks*, Berlin: Verlag W. Kohlhammer, 1991.

Polanyi, K., "The Economy as Instituted Process," in: Granovetter M and Swedberg R Ed., *The Sociology of Economical Life*, Boulder CO: Westview Press, 1992.

Rabi S. Bhagat, Richard M. Steers, eds., *Cambridge Handbook of culture, organizations, and work*, New York: Cambridge University Press, 2009.

Rempel, Holmes and. Zanna, "Trust in close relationships," *Journal of Personality and Social Psychology*, Vol.49, No.1 (1985).

Richard A. Easterlin, "Dose money by happiness?" *The Public Interest*, No.30(1973).

Richard A. Easterlin, Robson Morgan, Malgorzata Switek, and Fei Wang, "China's life satisfaction, 1990–2010," *Proceedings of the National Academy of Sciences*, Vol.109, No.25(2012).

Richard Muench, N. J. Smelser, "Relating micro to macro," in: J. Alexander, B. Giesen, R. Muench, N. J. Smelser ed., *The Micro Macro Link*, Berkeley: University of California Press, 1987.

R. K. Merton, *Social Theory and Social Structure*, New York: The Free Press, 1968.

Runciman W. G., *Relative Deprivation and Social Justice*, London: ROUTLEDGE, 1972.

S. B. Bachrach, P. Bamberger & B. Mundell, "Status inconsistency in organizations: From social hierarchy to stress," *Journal of Organizational Behavior*, Vol.14, No.1(1993).

S. Cole, *The Sociological Method*, Chicago: Rand, McNally & co.'s, 1980.

S. Drobnič, B Beham, P Präg, "Good Job, good Life? Working conditions and quality of life in Europe," in: *Social Indicators Research*, Vol.99(2010).

Singleton Jr, Royce, et al., *Approaches to Social Research*, New York: Oxford University Press, 1988.

Sirgy, M. Joseph, *Handbook of Quality-of-Life Research: An Ethical Marketing Perspective*, Dordrecht, Netherlands: Kluwer Academic Publishers, 2001.

Sirgy, M. Joseph, *The Psychology of Quality of Life, Social Indicators Research Series Vol.12*, Dordrecht: Kluwer Academic Publishers, 2002.

Smith, Michael R., "What is New in 'New Structuralist' analyses of earnings?" *American Sociological Review*, Vol.55, No.6(1990).

Somavia, Juan, and ILO Director General, *Decent Work, Report of the Director-General to the 87th Session of the International Labour Conference*, Geneva: ILO, 1999.

Sorensen, Aage B., "Nancy brandon tuma, labor market structures and job mobility," In: Robert Robinson, ed., *Research in Social Stratification and Mobility Vol.1*, Greenwich: JAI Press, 1981.

Standing, G. "Social protection," *Development in Practice*, Vol.17, Issue 4–5(2007).

Tang, W. and Parrish, W. L., *Chinese Urban Life Under Reform: The Changing Social Contract*. New York: Cambridge University Press, 2000.

The World Bank, *A Decade of Measuring the Quality of Governance*, Washington: The World Bank, 2006.

T.J. Scheff, *Microsociology: Discourse, Emotion and Social Structure*, Chicago: The University of Chicago Press, 1990.

T. Parsons, *The Social System*, London: Tavistock, 1952.

T. Skocpol, *States and Social Revolution*, New York: Cambridge University Press, 1979.

U. Engel, et al., *Panelanalyse*, Berlin: de Gruyter, 1994.

U. Wuggenig, "Eine strukturelle Version der Theorie der Statusinkonsistenz," In: K. D. Opp & R.Wippler(Hrsg.), *Empirischer Theorievergleich*, Frankfurt am Main: Westdeutscher Verlag, 1990.

Ventegodt, Søren, and Joav Merrick, *Health and Happiness from Meaningful Work: Research in Quality of Working Life*, New York: Nova Science Publishers, 2009.

Vester, Michael, et al., *Soziale Milieus im gesellschaftlichen Strukturwandel*, Köln: Bund, 1993.

Vicki Smith, eds., *Worker Participation: Current Research and Future Trends*, New York: Jia Press, 2006.

Von Scheve, Christian, and Rolf Von Luede. "Emotion and social structures: Towards an interdisciplinary approach," *Journal for the Theory of Social Behaviour*, Vol.35, No.3(2005).

Weiner, B., "An attributional theory of achievement motivation and emotion," *Psychological Review*, Vol.92, (1985).

Yang Yang, Kenneth C. Land, "A mixed models approach to the age-period-cohort analysis of repeated cross-section surveys, with an application to data on trends in verbal test scores," *Sociological Methodology*, Vol.36, No.1 (2006).

Yang Yang, Kenneth C. Land, "age-period-cohort analysis of repeated cross-section surveys: Fixed or random effects?" *Sociol Methods and Research*, Vol.36, No.3 (2008).